צאי לך בעקבי הצאן ורעי את גדיותיך על משכנות הרועים

ספר

על גאולתינו

די געשיכטע און השתלשלות פון דער לעצטער גרויסער נסיון איידער ביאת המשיח; די ענטשטייאונג און היסטאריע פון די ציוני'סטישע באוועגונג און די פייערדיגע קאמף פון די געטרייע אידישע פאסטוכער, די גדולי וצדיקי הדורות ז"ל, צו היטן אויף דעם כרם ה' צבקות

ניסן תשע"ח לפ"ק

משה דוד הכהן כ"ץ
מנהל ויו"ר נטרונא

559 Flushing Ave. Apt #6-R
Brooklyn N.Y. 11206
(718) 388-8062

הערות והארות יתקבלו
בברכה, ובל"נ נשתדל לתקן
במהדורות הבאות
sefer@truetorahjews.org

מהדורא ראשונה
ניסן תשע"ח לפ"ק
2018 ©

Printed and Bound by:
EASTERN • BOOK • PRESS • INC.
Monsey, NY 10952 • 845.352.5600

PRINTED IN E. ISRAEL

זכר צדיק לברכה

לזכר עולם יהי' צדיק נשמתו הטהורה של
אדונינו מורינו ורבינו איש האלקים
רבן ומאורן של ישראל

רבינו הקדוש מרן יואל בן
מרן חנני' יו"ט זצוקללה"ה
מסאטמאר

עמוד האש שהלך לפני המחנה להשריש האמונה הצרופה,
ודבריו הקדושים שכתב בדם לבבו הטהורה,
האירו עיניהם ולבם של ישראל

עלה בסערה השמימה ביום כוא"ב שנת תשל"ט לפ"ק

ולזכר קדשו נתנדב המהדורה הזאת

מהדורת דברי יואל

תורתו מגן לנו הוא מאירת עיננו הוא ימליץ טוב בעדנו

נתנדב ע"י ידידינו היקר הנכבד
מוכתר בכתר שם טוב ונודע בצדקת פזרונו

הרבני הנגיד
מוה"ר יואל עפשטיין הי"ו
אבן יקר בעיר קרית יואל

שהוזיל זהב מכיסו וחכם לב לקח מצוה נשגבה להיות
פטרון המהדורא

זכותו הגדול של רביה"ק זי"ע וזכות הפצת האמונה הטהורה
יעמוד באלף המגן בעדו ובעד ביתו להתברך ממקור הברכות
מלוא חפניים נחת דקדושה אושר ועושר וכל מילי דמיטב

לזכרון בספר

לע"נ חמותי האשה החשובה
מרת **גאלדא** ב"ר **יצחק** ע"ה **עקשטיין**
נפטרה ד' כסליו תשע"ד לפ"ק

לע"נ זקיני הרה"ח ר' **אברהם שלום**
ב"ר **משה יהודה** ז"ל **עפשטיין**
נלב"ע י"ג שבט תשע"א לפ"ק

לע"נ זקיני הרה"ח ר' **מרדכי**
ב"ר **מנחם** ז"ל **הירש**
נלב"ע כ"ח אייר תשס"ו לפ"ק

ולע"נ זקינתי מרת **טשארנא**
בת הרה"ח ר' **חיים יחזקאל** ע"ה
נפטרה ר"ח אב תשס"ח לפ"ק

לע"נ זקיני הרה"ח ר' **ישראל מאיר**
ב"ר **אשר אנטשיל עקשטיין** ז"ל
נלב"ע י"ח תשרי תשכ"ח לפ"ק

ולע"נ זקינתי מרת **יוטא** בת ר' **אהרן** ע"ה
נפטרה כ"א אייר תשע"ב לפ"ק

לע"נ זקיני הרה"ח ר' **יצחק** ב"ר
מנחם חיים דאווידאוויטש ז"ל
נלב"ע ט' אייר תשנ"ג לפ"ק

ולע"נ זקינתי מרת **שבע** בת ר'
זאב דאווידאוויטש ע"ה
נפטרה ט' תשרי תשס"ג לפ"ק

הונצח ע"י ידידנו הנכבד
הרבני הנגיד
מו"ה יואל עפשטיין הי"ו
פטרון המהדורא

פתחו "שערים" ויבוא גוי צדק שומר אמונים

ברגשי הכרת הטוב בואו שערים בתודה
וברכה מרובה לכבוד קרואי מועד אנשי שם
שהשתתפו בעין יפה וברוח נדיבה

זכות שער הראשון

הרבני החסיד הישיש
רבי **דוד עסטרייכער** הי"ו
וזוגתו החשובה שתחי'

לע"נ אביו הרה"ח ר' משה אליהו בן ר' חיים אהרן ז"ל • נפטר כ"ח שבט תשל"ט - וזוגתו מרת אסתר רויזא ב"ר יעקב יודא הכהן ז"ל • נפטרה ערב יוה"כ תשמ"ט

ולע"נ אביה הרה"ח ר' יהוסף ב"ר משה ז"ל • נלב"ע י"ז אדר ב' תשל"ו לפ"ק - וזוגתו מרת יוטא ב"ר נחום ז"ל • נפטרה י"ח טבת תש"ע לפ"ק

זכות שער השני

הרבני הנגיד הרה"ח
מו"ה **מרדכי פארהאנד** הי"ו
מעיר הבירה ווין

זכות שער השלישי

הרבני הנגיד הרה"ח
מו"ה **אברהם ווידער** הי"ו
ראה"ק קיט"ל קרית יואל

לע"נ אביו הרה"ח ר' דוד ארי' ב"ר מנחם דוב ז"ל • נפטר ז' אדר תשמ"ג לפ"ק

ולע"נ בנו הרה"ח ר' ברוך בענדיט חיים ב"ר אברהם ז"ל • כ' תמוז תשס"ו לפ"ק

זכות שער הרביעי

הרבני הנגיד הרה"ח
מו"ה **דוד ענגל** הי"ו

לע"נ אביו הרה"ח ר' יצחק מנחם ב"ר דוד ע"ה • נלב"ע ה' אדר תשי"ח לפ"ק

ולע"נ אמו מרת פערל בת מוה"ר יחזקאל זאב ע"ה • נפטרה י"ב אלול תשס"ט לפ"ק

זכות שער החמישי

הרבני הנגיד הרה"ח
מו"ה **מנחם גרשון לעבאוויטש** שליט"א

זכות שער הששי

הרב הגאון
רבי **ישעי נחמן בערגער** שליט"א
ראש ישיבת אהל תורה

לע"נ אביו הרה"ח ר' שלום צבי ב"ר אליקים געציל ע"ה • נלב"ע י"ט שבט תשס"ג לפ"ק

ולע"נ אמו החשובה מרת פראדל בת מוה"ר יעקב ע"ה • נלב"ע י"א סיון תשמ"ג לפ"ק

זכות שער השביעי

האחים החשובים
הרבני הנגיד הרה"ח מו"ה **משה אהרן ווייס** הי"ו
הרבני הנגיד הרה"ח מו"ה **אלעזר ווייס** הי"ו
הרבני הנגיד הרה"ח מו"ה **שלום יוסף ווייס** הי"ו

לע"נ אביהם הרה"ח ר' ישכר דוב ב"ר יונה ע"ה נלב"ע ה' תמוז תשנ"ה לפ"ק

זכות שער השמיני

הרבני הנגיד הרה"ח
מו"ה **הערשל קויפמאן** שליט"א

לע"נ זקנתו מרת פערל ב"ר זאב ע"ה • נפטרה ח' אייר שנת תשע"ה לפ"ק

זכות שער התשיעי

הרבני הנגיד הרה"ח
מו"ה **אברהם בראך** שליט"א

זכות שער העשירי

הרבני הנגיד הרה"ח
מו"ה **יחזקאל דוד בערקאוויטש** שליט"א

לע"נ זקנו הרה"ח ר' ארי' (לייבעלע) ב"ר שלמה ע"ה נלב"ע כ"ד חשון שנת תשנ"ו לפ"ק

ויכתב בספר זכרון לפניו

לזכרון בספר הנאהבים והנעימים בחייהם ובמותם לא נפרדו

לזכרון בספר

הרה"ח ר' **יעקב** ב"ר **אברהם** ע"ה (שיפף)

נפטר ב' ראש חודש אדר ב' תשמ"ט לפ"ק

וזו' מרת **חנה** בת **ישראל** ע"ה

נפטרה י"ד טבת תשס"ט לפ"ק

הרה"ח ר' **עמרם** בן **מרדכי הלוי** ע"ה (גאלדרינג)

נפטר כ"ז סיון תשנ"א לפ"ק

וזו' מרת **פרומט** בת **אברהם משה** ע"ה

נפטרה ז' תשרי תשס"ד לפ"ק

נתנדב ע"י נכדם הרבני הנגיד הנכבד הרה"ח מו"ה **יצחק שיפף** הי"ו

ואחיו בדומה לו הרבני הנגיד הנכבד הרה"ח מו"ה **ישראל שיפף** הי"ו

ראה"ק קיט"ל מאנסי

שהשתתפו בעין יפה ורוח נדיבה להדפסת הספר

לזכרון בספר האי נפש יקרה

הרה"ח ר' **משה** ב"ר **יונה** ווייס ע"ה

נלב"ע י"ט אדר בעומר תש"ס לפ"ק

נתנדב ע"י בנו הרבני הנגיד הרה"ח מו"ה **יונה ישכר דוב (בערל) ווייס** הי"ו

מלאס אנדזשעלעס

שהשתתף בעין יפה ורוח נדיבה להדפסת הספר

לזכרון בספר

הרה"ח ר' **יודא צבי** ב"ר **חיים** ע"ה (בוים)

נפטר א' דראש חודש טבת תשע"ו לפ"ק

זו' מרת **אסתר** ב"ר **שמשון** ע"ה

נפטרה ר"ח אב תשנ"ה לפ"ק

הרה"ח ר' **יושע דוד** ב"ר **אליהו** ע"ה (באכנער)

נפטר ב' חשון תשע"ג לפ"ק

זו' מרת **אסתר** ב"ר **יצחק** ע"ה

נפטרה ר"ח סיון תשס"ד לפ"ק

הרה"ח ר' **משה יודא** ב"ר **חיים ישכר דוב** ע"ה (הירש)

נפטר כ"ז אייר תשל"ט

זו' מרת **דרעזיל** ב"ר **יחזקאל** ע"ה

נפטרה כ"ה תשרי תשס"ב לפ"ק

הרה"ח ר' **שמואל מאיר** ב"ר **בנימין** ע"ה (האלצער)

נפטר י"א טבת תשל"ו לפ"ק

זו' מרת **ריזל** ב"ר **ישעי' הלוי**

נפטרה כ"ג שבט תשע"א לפ"ק

נתנדב ע"י **משפחתם החשובה** שיחיו

שהשתתפו בעין יפה ורוח נדיבה להדפסת הספר

לזכרון בספר האי נפש יקרה

הרה"ח מו"ה **חיים מרדכי** ב"ר שמואל **שווארטץ** ז"ל

נפטר ר"ח אב תשע"ג לפ"ק

נתנדב ע"י **משפחתו החשובה** שיחיו

שהשתתפו בעין יפה ורוח נדיבה להדפסת הספר

לזכרון בספר האי נפש יקרה

הרה"ח מו"ה **יצחק** ב"ר צבי **ראזענבערג** ז"ל

ראה"ק קהל יטב לב סאטמאר

נפטר ט' אייר שנת תשע"ו לפ"ק

נתנדב ע"י **משפחתו החשובה** שיחיו

שהשתתפו בעין יפה ורוח נדיבה להדפסת הספר

לזכרון בספר האי נפש יקרה הרה"ח

מו"ה **יונה** ב"ר שרגא צבי **ריינער** ז"ל

נפטר י"א טבת תשס"ג לפ"ק

נתנדב ע"י נכדו היקר הרבני הנגיד הנכבד

מו"ה **חיים פסח ריינער** הי"ו • מעיר הבירה לאנדאן

שהשתתף בעין יפה ורוח נדיבה להדפסת הספר

ואלו מזכירין לשבח

לכבוד נדיבי לב שהשתתפו בעין יפה,
לזכות את הרבים ולפרסם האמונה הצרופה,
וזכו לקנות זכות "פרק"

הרה"ח מו"ה אלי' ענגלענדער הי"ו, לאנדאן

הרה"ח מו"ה יעקב יודא עסטרייכער הי"ו, לאנדאן

הרה"ח מו"ה מרדכי צבי קאהן הי"ו
ראה"ק קיט"ל מאנטריאל

הרה"ח מו"ה משה ארי' פריינד הי"ו, לאנדאן

הרה"ח מו"ה יושע חיים שווארטץ הי"ו
לע"נ אביו הרה"ח ר' שלום יחזקאל ב"ר יהושע ע"ה
נפטר בשם טוב י' אדר תשס"ח לפ"ק

משפחת גרינהוט - לאנדאן
לע"נ אביהם הרה"ח מו"ה צבי ב"ר חיים ע"ה (גרינהוט)
נפטר בשם טוב י"א אייר שנת תשע"ה לפ"ק

הרה"ח מו"ה אביגדור שלום מייזעלס הי"ו
לע"נ אביו הרה"ח ר' דוד מרדכי ב"ר שלמה ז"ל
נלב"ע ב' סיון שנת תשס"ח לפ"ק
ולע"נ חותנו הרה"ח ר' אליעזר ב"ר יהושע ז"ל (פרענקל)
נלב"ע ר"ח חשון שנת תשע"ד לפ"ק
ולע"נ חמותו מרת בילא ב"ר יצחק ע"ה
נפטרה ח' ניסן שנת תשע"ה לפ"ק
ת.נ.צ.ב.ה.

הרה"ח מו"ה משה אהרן צבי ווייס הי"ו
לע"נ אביו הרה"ח ר' ישראל דוד ב"ר אהרן צבי ע"ה
נלב"ע ה' חשון תשס"ב לפ"ק

הרה"ח רבי בנימין זאב זילבערשטיין הי"ו
לע"נ אביו הגה"ח ר' נתן דוד ב"ר משה שמואל ז"ל
נלב"ע ה' אלול תשס"ג לפ"ק

הרה"ח מו"ה שלמה הערש קארפען הי"ו

הרה"ח מו"ה נחמן סטרולאוויטש הי"ו

הרה"ח מו"ה חיים אלימלך קאהן הי"ו

הר"ר אהרן מתתי' דייטש הי"ו
לע"נ אביו הרה"ח ר' יצחק ב"ר ישראל ע"ה
נלב"ע ז' כסליו תשס"ז לפ"ק
ולע"נ אמו מרת פיגא בת מהר"ר משה יהודא ע"ה
נפטרה כ"ח חשון תשע"ז תנצב"ה

הרה"ח מו"ה געציל זופניק הי"ו

הרה"ח מו"ה שמואל דוד זעליגפעלד הי"ו
לע"נ אביו הרה"ח ר' יעקב מתתי' ב"ר שמואל דוד ע"ה
נלב"ע ז' טבת שנת תשע"ז לפ"ק

הרה"ח מו"ה בנימין ווייס הי"ו

הרה"ח מו"ה אליעזר מאיר לעפקאוויטש הי"ו

הרה"ח מו"ה שמעון ישראל כהנא הי"ו, מאנטריאל
לע"נ אביו הרה"ח יחזקאל שרגא ז"ל בן הרה"ח ר' צבי אלימלך הי"ו
נלב"ע כ"ט סיון שנת תשע"ה לפ"ק

הרה"ח מו"ה וואלף (ב"ר יוסף נח) לאנדא הי"ו,

הרה"ח מו"ה יקותיאל ראזנער הי"ו
לע"נ אביו הרה"ח ר' שלמה יחיאל מיכל ב"ר משה ראזנער ע"ה
מראה"ק קרית יואל רבות בשנים
נלב"ע י"א כסלו תשע"ד לפ"ק

הרה"ח מו"ה יעקב (ב"ר שלמה אהרן) וואלדמאן הי"ו
לע"נ הרה"ח יעקב ב"ר שלמה אהרן פריעדמאן ע"ה
נלב"ע ז"ך אדר שנת תשל"ד לפ"ק

הרה"ח מו"ה אברהם גרינהוט הי"ו

הרה"ח מו"ה אברהם יצחק מערץ הי"ו

הרה"ח מו"ה אברהם הערש קליין הי"ו

הרה"ח מו"ה יוסף זאב (ב"ר חיים הערש) לעפקאוויטש הי"ו

הרה"ח מו"ה אברהם מאיר רייך הי"ו

הרה"ח מו"ה יצחק שלום באכנער הי"ו

הרה"ח מו"ה אברהם שלמה יאקאבאוויטש הי"ו

הרה"ח מו"ה יואל (ב"ר מענדל) שווימער הי"ו

ואלו מזכירין לשבח

לכבוד נדיבי לב שהשתתפו בעין יפה,
לזכות את הרבים ולפרסם האמונה הצרופה,
וזכו לקנות זכות "פרק"

הרה"ח מו"ה דוב יחיאל יהושע שאהן הי"ו, לעיקוואד

הרה"ח מו"ה פייוויל ברעכער הי"ו, מאנטריאל

הרה"ח מו"ה יואל (ב"ר הילל יושע) קליין הי"ו
לע"נ אביו הרה"ח הילל יהושע ב"ר שלמה ע"ה
נלב"ע ליל א' דחנוכה כ"ה כסליו תשע"ח לפ"ק

הרה"ח מו"ה יואל מנחם בירנבוים הי"ו

הרה"ח מו"ה נחמי' פערלשטיין הי"ו
לע"נ אביו הרה"ח ר' בנימין יושע דוב ב"ר משה ע"ה
נלב"ע ט"ו אדר (שושן פורים) תשע"ח לפ"ק

הרה"ח מו"ה אברהם יונה ליפשיץ הי"ו

הרה"ח מו"ה יואל נחום מוטצען הי"ו

הרה"ח מו"ה יואל הארטמאן הי"ו
לע"נ זקינו הרה"ח ר' משה ארי' ב"ר חיים ע"ה (פריינד)
נלב"ע כ"ה אדר ב' שנת תשע"ד לפ"ק
לע"נ זקינו הרה"ח ר' ישעי' ב"ר גדלי' (הארטמאן)
נלב"ע י"ב טבת שנת תשע"ו לפ"ק
לע"נ זקינו הרה"ח ר' דוד ב"ר צבי' ע"ה (טעלער)
נלב"ע כ"ז כסלו תשס"ז לפ"ק
לע"נ זקינו הרה"ח ר' חיים יהודא ב"ר אליעזר ע"ה (וויינבערגער)
נלב"ע י"ד אדר ב' תשמ"ד לפ"ק

הרה"ח מו"ה ישראל משה ניימאן הי"ו,
לע"נ אמו מרת חנה ריזל ב"ר שמואל ע"ה
נפטרה כ"ז אב שנת תש"ע לפ"ק

הרה"ח מו"ה אברהם יואל לעפפלער הי"ו

הרה"ח מו"ה ליפא (ב"ר חיים יושע) לעפקאוויטש הי"ו
ואחיו הרה"ח מו"ה יואל (ב"ר חיים יושע) לעפקאוויטש הי"ו

הרה"ח מו"ה שלום הערמאן הי"ו
לע"נ אמו מרת גיטל אידל בת מוה"ר נחמי' ע"ה
נפטרה י"ח כסליו שנת תשע"ו לפ"ק

הרה"ח מו"ה יואל יודא רובינפעלד הי"ו

הרה"ח מו"ה ליפא גפן הי"ו
לע"נ אביו הרה"ח ר' אהרן מנחם גרשון בן מוה"ר שלמה ע"ה
נלב"ע כ' אדר ב' שנת תש"ס לפ"ק

הרה"ח מו"ה יואל (ב"ר שלמה יוסף) וואלדמאן הי"ו

הרה"ח מו"ה אפרים יואל זופניק הי"ו

הרה"ח מו"ה שמשון אלי' וויס הי"ו

הרה"ח מו"ה יואל (ב"ר שלמה דוב) לעפקאוויטש הי"ו

הרה"ח מו"ה חיים יושע גראס הי"ו

על הטוב יזכרו הנדיבים החשובים אשר נדבה לבם הטוב לנדב סכומים הגונים להדפסת הספר

הרה"ח מו"ה משה דוד מאיר אבערלענדער הי"ו

הרה"ח מו"ה יצחק מאיר פריעדמאן הי"ו

הרה"ח מו"ה חיים אלי' צוויבעל הי"ו

הרה"ח מו"ה מנחם זאב מאקאוועצקי הי"ו

הרה"ח מו"ה חיים הערש פריעדמאן הי"ו

הרה"ח מו"ה שמעון ישראל קליין הי"ו
לע"נ אביו הרה"ח ב"ר יואל ע"ה נפטר י"ג כסליו תשע"ח לפ"ק

הרה"ח מו"ה ברוך יקותיאל קליין הי"ו

הרה"ח מו"ה יואל (ב"ר יעקב יושע) פליישמאן הי"ו

הרה"ח מו"ה יואל גרינפעלד הי"ו
לע"נ אביו הרה"ח ר' יחזקאל שרגא ב"ר יצחק ע"ה נלב"ע כ"ג שבט תשע"ז לפ"ק

הרב חיים מאיר טייטלבוים שליט"א

הרה"ח מו"ה שלמה יודא (ב"ר ליפא) שווארטץ הי"ו

הרה"ח מו"ה יואל (ב"ר שלמה מיכל) גאלדבערגער הי"ו

הרה"ח מו"ה יואל יושע קאהן הי"ו

הרה"ח מו"ה מנחם ליבערמאן הי"ו מאנטריאל

BETH DIN TZEDEK
OF THE ORTHODOX
JEWISH COMMUNITY
26\A STRAUSS ST.
JERUSALEM

בית דין צדק
לכל מקהלות האשכנזים
שע"י "העדה החרדית"
פעיה"ק ירושלם תובב"א
רח' שטראוס 26/א

FAX 02-6221317 פאקס   TEL 02-6236550.טל   P.O.B 5006 .ת. ד

ב"ה

מכתב ברכה

יהיו דברינו אלה לברכה בראותינו ספר רב הכמות והאיכות בשם **"על גאולתינו"** והוא אסופת מאמרים בעיקרי האמתה השלימה, אשר בצפייתינו צפינו לגאולת עולם ע"י גואלינו ה"צ, ולקיום הבטחה לביאת גוא"צ ובנין בית הבחירה אשר אליו מייחלות עינינו, ונוסף גם הוא קורות דברי הימים במלחמה אשר ערכו גדולי הדורות במסלפי האמונה ובפרט המלחמה הגדולה אשר יצאו בדורות אחרונים לערוך מלחמה וקרב נגד נגע הציונות אשר התפשטה עד מאד בכרם בית ישראל כאש אוכלה לייצר דת חדשה, ובפרט בדורינו דור אחרון אשר זה כמה עשרות בשנים אשר דרך רשעים צלחה והצליחו במזימתם להקים שלטון וממשלה בניגוד לדעת תורתינו הק' תוך כדי עליה בחומה והתגרות נוראה באומות, הריסת הדת ועקירת התורה.

הנה כי כן יבורך גבר ירא ה' האי ניהו הרה"ח המפו' מו"ה משה דוד כ"ץ שליט"א יו"ר ארגון נטרונא - המפרסם דעת תורה הברורה והבהירה ושיטתו של רביה"ק מרנא בעל ויואל משה הגאב"ד דפעיה"ק זיע"א זצוק"ל ופועלים גדולות ונצורות, ומחזקינן ליה טיבותא יען לקח מקח טוב לעצמו לבאר את הדברים ולהעלותם עלי גליון למען יעמדו ימים רבים, והיה כל מבקש האמת יבא אל בין בתרי אמריו לדעת את דעתם של גדולי הדורות, להשמר משטף מים הזידונים ובורות נשברים אשר לא יכילו המים, וידעו את המלחמה מלחמת קודש אשר נהלו ראשונים כמלאכים.

ובוודאי שראוי הספר לבא אל בתי ישראל ויהיה לתועלת גדולה לחיזוק האמונה ומסורת אבותינו בידינו, ויתברכו על העוסקים והמסייעים בדבר. וברכה קובע לעצמו המחבר והמלקט אשר עשה דבר יפה בעטו עט סופר מהיר, יזכה לרב טוב ולכל הברכה האמורה בתורה, ובצפייתינו צפינו לגאולת עולמים ובנין בית הבחירה ומלאה הארץ דעה את ה' בב"א.

וע"ז באעה"ח ביום ח' שבט תשע"ו לפ"ק הביד"צ דפעיה"ק ת"ו

נאם

נאם

נאם

נאם: נפתלי ה' פרנקל   הריני מצטרף: משה שטרנבוך

נאם: אברהם יצחק אולמאן

נאם: יעקב מענדל יאראוויטש

נאם: יהושע ראזענבערגער

נאם: יהודה בהגרי"י פישער

הריני מצטרף לדברי הרבנים הגאונים הבד"צ שליט"א בברכה להרב המחבר הספר על גאולתינו בהשקפת התורה על מצב הדורות והדברים נחוצים בדורינו. ואחתום בברכה להמחבר שליט"א ולכל המתעסקים בענין הספר ולהמסייעים להפיצם.

יצחק טובי' ווייס

Rabbi I. Friedman
156 Ross Street
Brooklyn, N.Y. 11211
Tel. 387-3602

ישראל חיים מנשה פרידמאן
ראב"ד דקהל יטב לב ד'סאטמאר
ברוקלין נ.י. יע"א

ב"ה

חזיתי איש מהיר במלאכתו מלאכת שמים, ה"ה הרה"ח מו"מ בתוי"ש חו"ב כהן שדעתו יפה מו"ה משה דוד הכהן כ"ץ שליט"א, יושב ראש ומנהל מפעל נטרונא, אתא ואייתא חיבור נפלא מלא אמונה ודעת, ספר "על גאולתינו", תוכו רצוף אהבה יסודות האמונה בעניני הגלות והגאולה, כפי שהשריש לנו רביה"ק זי"ע וכפי שקיבלנו מרבותינו הק' מוסדי דור דור, מתובל עם קורות הדורות וסיפורים אמיתים, והכל בסגנון יפה ובשפת אידיש כדי להמשיך לבבות צעירי הצאן לידע את הדרך ישכון אור, ויסודות האמונה יחקק על לוח לבבם וגם כי יזקין לא יסור מהם.

את הכל עשה יפה, חכמה ומלאכה שנאסף ונקבץ ברוב כשרון ועבודה עם סייעת מרחמוהי, על ידי עושי המלאכה בתוככי מפעל "נטרונא" אשר זה עידן עדנים עוסקים ברוב אונים להאיר לארץ ולדרים ולפרסם שמו ית' בעולם, ובתחבולות עושים מלחמה לעשות רצון צדיק רביה"ק מסאטמאר זי"ע. והן עתה השתדלו ואספו כעמיר גורנה סדר השתלשלות מלחמה לה' בעמלק, בעט סופר מהיר כשמלה פרוסה, למען ידעו דור אחרון בנים יולדו דעת תורתם האמיתיות של רבותינו הק' אשר מפיהם אנו חיים, שאזרו חיל ולחמו בכל לבם ונפשם נגד טומאה גדולה זו.

ע"כ בואו ונחזיק טיבותא להרה"ח הנ"ל, ובודאי יהי' תועלת רבה ונשגבה להביא ברכה אל תוך בתי ישראל, להנחיל ולהשפיע בלבות בנ"י אמונה הטהורה והי' למאורות.

והשי"ת יזכנו שנזכה להמשיך בדרך האמת ויקוים בנו במהרה ומלאה הארץ דעה את ה' בביאת גוא"צ בב"א.

RABBI Y. ROTH
1556-53RD STREET
BROOKLYN, N. Y. 11219
TEL:(718) 435-1502

יחזקאל רוטה
אבדק"ק קארלסבורג
בארא פארק ברוקלין, נ.י. יע"א

להי"ו

ח"י שבט לסדר ושמרתם את בריתי תשע"ו לפ"ק

אחמיניה ועדיין לא ייתי נתקיים בנו בעוו"ה כשראתה עינינו בהתדרדר מצבינו דור עיקבתא דמשיחא שהומרו כבוד ה' בלא יועיל בבילבול ועירבוב יסודות הדעות והאמונה, עד שנגררו אפי' הטובים שבעם אחרי נגע צרעת הטומאה של מדינה הציונית ולכה"פ למחצה ולשליש ולרביע וכמעט שלא נשאר לנו שריד כמעט, וכבר נשמע קולו של מרן רבינו הגהקוה"ט זיעועכי"א בבואו אל הקודש בדרשותיו הנלהבים ובספריו הבהורים שדין גרמא לאריכות הגלות, שהגאולה והגלות צמודים יחדיו ובהפרת אחד מהם נחלש השני ה"י, והנה זה זמנים טובא שכבר יצא לאור ספר אפס בלתך גואלינו בענין הגלות והגאולה וארץ ישראל, לפקוח עינים עוורות ולריישר העקמומיות שבלבות בני אדם להזהירם על חומר הדבר הכל ע"פ שרשים ויסודות של צדיקי גאוני קדמונינו עם מקורות של חז"ל וספה"ק, ובי"ה שגדלו והצליחו וגם עשו פרי שהרבה נתעוררו עי"ז לבל יגררו וימשכו אחרי הציונות ואביזרייהו, וכ"ז נערך ונסדר ע"י ידידינו המופלג זך הרעיון וישר השכל ודעתו יפה כבוד הרה"ג **משה דוד הכהן כ"ץ** שליט"א העומד בראש מערכת **נטרונא** וסיעת מרחמוהי, ועתה באו לקיים כה תאמר לבית יעקב לתרגם את הכל בלשון אידיש המורגל בינינו, בקראו שמו **על גאולתינו** ובוודאי ירעיד וירעיש את כל העולם כולו, מכיון שכל הבא בידו יוכל בקל לירד ולהשיג בכדי להתרחק מהם ומהמונם, ועי"ז ירבה המיימינים ומאמינם בה' ובתורתו כמסורה לנו מסיני, וע"כ אנא נפשי כתבית יהבית להיות סעד וסומך לכבוד המחבר הנ"ל, שעל ידו ילמדו תועים בינה ויכירו כח מלכותו ית"ש, ולכל בני ישראל יהי' אור במושבותם, ויתרבה כבוד שמים, עדי נזכה לגאולתינו ולפדות נפשינו בב"א.

הכו"ח בקבלת עול הגלות ובציפוי להגאולה

הק' יחזקאל רוטה

יחזקאל רוטה
אבדק"ק קארלסבורג
בארא פארק, ברוקלין, נ.י. יע"א

שלום אליקים
געציל בערקאוויטש
דומ"ץ קרית יואל יצ"ו

RABBI G. BERKOWITZ
39 SATMAR DR. #201
MONROE, NY 10950
845-783-8715-8

בס"ד

הן הובא לפני חיבור נחמד ונעים בשם "על גאולתינו", וראיתי מבואר בו באר היטב באופן נפלא יסודות הדת בעניני גלות וגאולה ממקור קדוש יהלכון מדברי חכמינו ז"ל ומדברי רבותינו הקדושים מוסדי דור ודור, ובמיוחד כפי אשר שמענו הדברים היוצאים בטהרה מפה קדשו ומפי כתבו של ראש גולת אריאל רבינו הקדוש זי"ע, ועומד ליצא לאור ע"י האי כהן שדעתו יפה וברה הרב משה דוד הכהן כ"ץ שליט"א העומד בראש המוסד הק' נטרונא שזכו כבר לפרסם קבל עולם ומלואו דעת תורתינו הק' שאסור לדחות הקץ, ושמעם הולך בכל המדינות גלוי לכל העמים שאין לנו חלק ונחלה עם הממשלה הטמאה שהקימו הציונים בפלטרין של מלך.

וכל הרואה אומר ברקאי מלאכת מחשבת בעט סופר מהיר בלשון אידיש המדוברת ובסגנון מיוחדת באופן שיבינו אותו גם בית יעקב אלו הנשים וצעירי הצאן, והכל כשלחן הערוך מפי ספרים וסופרים מתובל בטוב טעם ודעת בתוספת הרבה סיפורי צדיקים עם קורות הדורות, ודבר גדול עשה בהוציאו לאור חיבור הנ"ל ללמד בזה את בני ישראל קשת לעמוד איתן במלחמה לד' בעמלק, ולמען ידעו דור אחרון חומר הענין ויסודות הדת באיסור דחיקת הקץ, ולקיחת ממשלה בידי אדם לפני בא עת גאולתינו ע"י משיח צדקינו.

אשר ע"כ ידי תכון עמו, ותועלת גדול יהי' מזה לבני ישראל להכניס אור במושבותם להשריש האמונה בדרך ישראל סבא, ויעזור הקב"ה שיזכה עוד רבות בשנים להמשיך במפעליו הכבירים להרבות פעלים לתורה ולתעודה ויתרבה הדעת, עדי נזכה ומלאה הארץ דעה בביאת גוא"צ בב"א.

ובאעה"ח ב' לסדר והתחזקתם ולקחתם מפרי הארץ
תשע"ו לפ"ק פה קרית יואל

הק' געציל בערקאוויטש
דומ"ץ קרית יואל

אינהאלט

באַפרייען אייראָפּע פונעם 'אידישן פּראָבלעם' ◦ דער פאַלשער אויסלייזער ◦ שוואַכע ערפאָלג ביי אידישע פילאַנטראָפּן | **יודענשטאַט, די דורכגעפאַלענע 'לעזונג' -** "דער יודענשטאַט" ◦ אַגיטאַציע צו באַקומען אַ "טשאַרטער" | **הערצל'ס אַגענדע: מוטיגן אַנטיסעמיטיזם -** וואָס הערצל זעלבסט שרייבט ◦ פיינטליכע העצע קעגן אייגענע ברידער ◦ קאָלאָבאַרירט מיט אַנטיסעמיטן ◦ ביטערע קאָנסעקווענצן פון שטייגנדע שנאת ישראל ◦ אַ טראַדיציע פון האַס צום גלות-איד ◦ זיין ציל: מ'זאָל אַרויסטרייבן אידן פון אייראָפּע ◦ "דאָס מלשינות אין 'יודענשטאַט' האָט געבערענגט דאָס אומגליק" ◦ "גדולי ישראל האָבן געכאַפּט אַ פחד פון זייערע שרעקליכע מלשינות" | **קאָנגרעס "באַזעל" -** תנו"ר וכירים יותץ ◦ די צילן פון די קאָנפערענץ ◦ קעגנערשאַפט אין דער ברייטער אידישער גאַס ◦ ערקלערונג דורך די רבנים פון דייטשלאַנד ◦ דער גלח אין שטיצע פון הערצל | **הערצל'ס רייזע קיין ארץ ישראל** ◦ דער דייטשער קייזער באַזוכט ארץ ישראל ◦ הערצל אַלס 'אידן-פאַרטרעטער' ◦ חילול שבת קודש אינעם פלטרין של מלך ◦ ירושלים שפייט אויס דעם רשע ◦ דער קייזער אַנטזאָגט זיך פון העלפן ◦ פרישע בוך: "אַלט-נוי לאַנד" | **ציוני'סטישע אַקטיוויטעטן** ◦ באַנק לאומי ◦ אויפגעשטעלט דעם "קרן קיימת" ◦ די פושקעס פון קרן קיימת ◦ "שטיצן דעם קרן איז אַ מחטיא את הרבים" ◦ באַלד פאַרשטאַנען זיין מהות ◦ בעלזער חסידים האַלטן צוריק "קרן קיימת" יונגען ◦ "בעסער געבן פאַר ע"ז ווי פאַר קרן קיימת" ◦ צעפליקט די געלט באַנקנאָטן ◦ "דעתי גלוי שאי אפשר לתמוך בקרנותיהם של הציונים" ◦ דער "מגן דוד" סימבאָל צום דינסט פון ציונות ◦ אע"פ שהיתה אהובה בימי האבות, עכשיו שנאה | **אוגאַנדאַ פּלאַן -** רויע פלענער אַרום "אל עריש" ◦ הערצל וויל "אוגאַנדאַ" אַלס אידישע שטאַט ◦ ציוני'סטישע פירער צעטיילט איבער אוגאַנדאַ ◦ טומל אינערהאַלב "חובבי ציון" שטרעמונגען ◦ בן יהודה העצט קעגן ארץ ישראל ◦ פּלאַן ענדגילטיג אַראָפּ פון טיש | **הערצל'ס טויט** ◦ לו יש חרב בידי כי עתה הרגתיו ◦ באבוד רשעים רנה ◦ הגר"ח מבריסק ווייטאָגט איפ'ן חילול בית הכנסת ◦ שם רשעים ירקב | **רוחניות'דיגער שמד איבער גאַנץ אייראָפּע** ◦ כיבוש הקהלות ◦ דער גרויזאַמער שמד-קאַמפּיין ◦ אפיקורס'ישע שרייבער פאַר'סמ'ן רבבות אידישע קינדער ◦ די יוגנט פאַלט פאַר די נייע ווינטן ◦ די פאַרשאָלטענע "הכשרה" "הכשרות" צו 'אַנטלויפן' קיין ארץ ישראל ◦ "קיבוץ", אַ שמד-פאַבריק פאַר טויזנטער ◦ ציוניסטיש-קאָמוניסטישע קאָלכאַזן ◦ | **גייסט פון כפירה און פריקת עול -** צוויי קאָנטראַסטן אין בורשטין ◦ די "קאַלטע שול" אין סלוצק ◦ דער קול תורה ווערט פאַרשטומט אין רובינשטוב ◦ אַ מהפיכה

דער גרעסטער כבוד ◦ וואס וועט זיין מיט די ציוני׳סטן ◦ ערוועלט דעם גוי ליבערשט ווי דעם ציוני׳סט | **הרה״ק בעל שפת אמת זי״ע** | **הרה״ק מקאָלאָשיץ זצ״ל הי״ד** ◦ אשר קינא לאלקיו ◦ אַ פּאַר׳סמ׳טער מנהל אין דער תלמוד תורה ◦ פלטרין של מלך ◦ והיא לא תצלח ◦ מקום מוכן לפורעניות ◦ בלייבן אַ ׳דעתו לחזור׳ ◦ אין זכות פונעם זיידן דער שינאָווער רב זי״ע ◦ שוא עמלו בוניו בו | **הגה״ק בעל בית אברהם מסלאָנים זצ״ל** - קיין ציונים - בלויזע רשעים ◦ לא יטמא בעל בעמיו - צום ״לאומיות״ ◦ | **הגה״ק רבי ישראל הינוקא מ׳סטאָלין זצ״ל** - קיינמאָל פון גיהנום נישט אַרויסגיין ◦ ״איך האָב מרגיש געווען אַ הגשמה אין דער לופט״ | **הרה״ק רבי דוד משה מטשאָרטקוב זי״ע** - ״למורת רוח כל ציוני... ובתוכם גם אנכי הכותב״... ◦ קאַליע געמאַכט די גאולה | **הגה״ק בעל קדושת יום טוב מסיגעט זי״ע** - דער שאַרפער בריוו קיין ווייטצען ◦ קובץ ״תל תלפיות״ אַנטשולדיגט זיך ◦ געשטערט די ערשיינונג פון ציוני׳סטישע צייטונגען | **הרה״ק בעל מנחת אלעזר ממונקאַטש זי״ע** - מקנא קנאה גדולה באש ◦ די הייליגע צוואה ◦ כי מרה אחריתם ר״ל ובכולם יש מינות ◦ די ״אגודה״ פלעגט אים בעסער וויי טון ◦ כל באיה לא ישובון ◦ אומוויסנדע בהמות לויפן אין גרעסטן פייער ◦ קרימינאַלע קלאַגעס אין געריכט ◦ קיבוץ גליות - נישט דורך ׳בעל-פעור׳ דעקלעראַציעס ◦ לא יכרע ולא ישתחוה - מעג ער זיין גרויס ווי המן ◦ ״דער קאָלאָניסט, אפילו אַ אגודיסטישער, איז נישט אַ מאמין״ ◦ הושענא למען למודך - בלויז דיין אמת׳דיגע תורה | **הרה״ק בעל אהבת ישראל מוויזניץ זי״ע** - דער ״חסיד ציוני״ איז באמת אַ ״מין ציוני״ ◦ ווי אַ דימאַנט אין בית הכבוד... | **הרה״ק רבי שניאור זלמן מקאפוסט זי״ע** ◦ **הגאון רבי מאיר אַריק זצוק״ל** - יעדן טאָג גערעדט קעגן די פּאַרטייען ◦ ציונות פירט צו אַ נאַציאָנאַלן שמד ◦ דער שטן שטערט נישט די עלי׳ ◦ והנביאים נבאו בבעל ◦ אותו יצר הרע העבירו מלבבכם | **הגאון רבי מאיר שמחה מדווינסק זצ״ל** - אַ צווייטע נוצרות | **הגאון רבי ברוך בער לייבאָוויץ זצ״ל** - ״אוי די רשעים״ ◦ נישט געלאזט איבערטרעטן די שוועל פון ישיבה ◦ די חורבן וואס ציונות האט געברענגט אויף כלל ישראל ◦ א רוצח דרייט זיך אין שטאט... ◦ די קאמף קעגן די ״תרבית״ שולע ◦ קעגן דאס פרומע ציונות; די מזרחי ◦ ענדערש דינען אין פוילישן מיליטער ◦ די ארגסטע גזירה איז התחברות צו ציונות ◦ באבוד רשעים | **הגה״ק בעל קדושת ציון מבאָבוב זצ״ל** ◦ אראנו נפלאות - אָן מענטשליכע הילף | **הגאון בעל חפץ חיים מראַדין זצ״ל** ◦ דער אַלטער וועג פון הכנעה אין גלות ◦ נישט ווערן פּאַרמאַטערט פון וואַרטן אויף משיח ◦ ״די גוים וועלן זיי אַרויסטרייבן פון דאָרט״ ◦ **הגאון רבי אלחנן וואַסערמאַן זצ״ל הי״ד** - די ״גלות פּאָליטיק״

פתיחה

נודה לשמו יתברך בתוך אמוני עם סגולה, על חסדיו ועזרתו הגיענו הלום, לעמוד בפתח הספר הזה "על גאולתנו", בו נקבצו פרקים נבחרים בקורות דברי הימים, תקופות הסוערות של תנועות דחיקת הקץ שעברו על עם ישראל באורך גלותו, עד האחרון שהכביד בימינו המעפילים לעלות לקבץ נדחי ישראל בכוחם ועוצם ידם לפני הזמן הנועד לגאולה ע"י קורא הדורות מראש, ולהחליף חלילה את עם ישראל להיות ככל האומות רח"ל.

בספר דנן ימצא הקורא גם השתלשלות הדברים של תנועת הציונות, מאז התנוצץ הרעיון הטמא מלפני יותר ממאה שנה, וימצא גם את מלחמתם הגדולה של כל גדולי וצדיקי ישראל זי"ע, שלחמו בחירוף נפש להעביר אותו יצר הרע מלבם של בני ישראל.

והעולה על כולנה, כי בספר הנוכחי נאספו פרקי אמונה ודעות, על עניני גלות ישראל וקץ הישועה, ודעת תורה האמתית בזה, ללמדה אל בני ישראל שימה בפיהם.

הרעיון להוציא לאור את הספר הזה, כבר התחיל לפני זמן רב, כאשר במרוצת השנים בעינינו ראינו ובאזננו שמענו חסרון ניכר וצימאון רב להעלות עלי ספר באידיש המדוברת השתלשלות וקורות טומאת הציונות ומלחמות גדולי ישראל נגדם, אשר בלי ספק הוא דבר נחוץ מאד בדור הזה, למען ידעו דור אחרון על מה הוטבעו אדניו של הרעיון הטמא הזה ומה ראו על ככה מייסדי הכת הזאת, ועד כמה היא מנוגדת ומהופכת לדעת תורה האמתית שניתנה לנו מסיני ודברי ראשונים כמלאכים אשר מפיהם אנו חיים, ועד היכן מסרי קמאי נפשיהו רבותינו הק' מצוקי תבל זי"ע, ללחום מלחמת ה' נגד כל צורה של פעולת גאולה וחירות, לפני שיעלה רצון מאת הבורא ית"ש.

על כן מתוך הכרת גודל האחריות, ניגשנו אל המלאכה הנכבדה הזאת, אשר היא מן המלאכות הקשות שבמקדש, ללקט כל פרטי הענינים ממקורות נאמנים, לבסס ולסדר כל מאורעות הימים על בוריים באופן נכון ומעולה, ולערוך דבר דבור על אפניו בטוב טעם ודעת. והוספנו גם כן תמונות ומכתבים רבים, אשר כמה מהם מתפרסמים כאן בפעם הראשונה.

חנוך לנער על פי דרכו גם כי יזקין לא יסור ממנו, מטרתנו מראשית עריכת הספר היתה בעיקר להגיע אל התכלית הרצויה, שהדור הצעיר ידע כבר בתקופת חינוכו, באר היטב כל עניני האמונה הצרופה, ומה המה הדעות הנכונות והישרות, וכל קורות דברי הימים ודעת גדולי ישראל השייכים לענינים אלה, פרטיהם וכלליהם, וע"כ שמנו דגש מיוחד שהכל יכתב בשפה ברורה וקלה, כדי שהדברים ימשכו את לבות צעירי הצאן למען ידעו את הדרך ישכון בה אור. וכמו כן כל מבקשי אמת ואמונה ימצאו משנה ברורה במקום אחד, וימצאו דברי חפץ להתבונן בינה בקורות העבר ויקישום אל ימינו אלה, ומתוך כך יוכלו להחזיק מעמד בעזהשי"ת נגד כל גל וגל בימים אלו, ימי הבירור והצירוף.

וכאן המקום לקבוע ברכה והודאה ממעמקי הלב לרבים וכן שלימים מטובי הסופרים, תלמידי חכמים מופלגים מנקיי הדעת וברי לבב שסייעו כל אחד לפי דרכו בהעשרת החומר למען יצא הספר כלול בהדרו, ולפי כללי הנימוס היה עלינו לפרסם שמות כל אחד ואחד מהם, אבל דעו נא רבותי כי אי אפשר לפורטם כי רבים הם, תשואות חן חן להם, ויהי נועם ה' עלינו להתברך בכל מילי דמיטב אכי"ר.

וזאת למודעי כי עשינו מאמצים מרובים לעבור על הכל בהגהה מדוייקת ע"י מגיהים מומחים במלאכתם, ישבו ודנו לברר אמיתת כל שורה ותג מכל הדברים אשר נאספו פה, וגם התבוננו בכל ענין, איזה רושם יעשו הדברים על כל הקוראים מקטן ועד גדול ומנער ועד זקן, באופן שתהא לקריאתם ההשפעה הנכונה, אבל דעת לנבון נקל כי אף שהשקענו הוצאות מרובות ועבודת משא בעריכת והגהת הספר, מתוך זהירות למען יצא דבר הגון, אמנם בני אדם עלולים לשגיאה וחסרון ואין בהם השלימות, ועל כן אחלה נא פני הקורא שאם המצא תמצא באיזהו מקום דבר הצריך תיקון נא להודיענו כדי שנוכל לתקן במהדורות הבאות בעז"ה.

*

התכלית של הבריאה כולה

טוב יצר כבוד לשמו

הן מבואר בכל ספרי הקודש, שבריאת כל העולמות ויצירתם בששת ימי בראשית, היתה רק לתכלית אחת, והיא שיתגלה ויתפרסם כבודו יתברך גם בתחתונים, וכל בני בשר יקראו בשמו ויכירו בכח מלכותו. כאשר שנו חכמים בלשון המשנה (אבות פ"ו מי"א):

> כל מה שברא הקדוש ברוך הוא בעולמו, לא בראו אלא לכבודו, שנאמר (ישעי' מג, ז) כל הנקרא בשמי ולכבודי בראתיו יצרתיו אף עשיתיו.

והרמב"ן ז"ל כתב בפירושו על התורה (שמות יג, טז) בזה הלשון:

> והיא כוונת היצירה, שאין לנו טעם אחר ביצירה הראשונה, ואין ק-ל עליון חפץ בתחתונים, מלבד שידע האדם ויודה לאלקיו שבראו.

עם זו יצרתי לי תהלתי יספרו

עדב יקר אחסנתיה חביבין - חבה יתירה נודעת לנו, ישראל עם קרובו זרע אהובו, שבנו בחר השי"ת מכל העמים, ועלינו פקד זאת הפקודה המיוחדת, למלאות את רצונו יתברך ולפרסם אלוקותו בעולם, כי יעקב בחר לו ק-ה שיתרבה כבודו יתברך על ידם, להוציא כוונת היצירה מכח אל הפועל, כמאה"כ (ישעי' מג, כ), עם זו יצרתי לי תהלתי יספרו. ובאהבת ה' אותנו, קבע שתכלית הבריאה של גילוי כבודו יתברך בתחתונים, מוכרח להיעשות על ידי האומה הישראלית דייקא, על ידי עבודתנו ועל ידי שנקדש שמו בכל עת מצוא.

ברוך הוא אלקינו שבראנו לכבודו להללו ולשבחו ולספר הודו. זכיה זו מורשה היא לנו מאבותינו הק', אברהם יצחק ויעקב, שהחלו בעבודה זו, לקרוא בשם ה' אלקי עולם, ומאז בחר בנו השי"ת להיות לו לעם סגולה, הטיל עלינו זאת העבודה. וכל העולם כולו תלוי ועומד במעשיהם של בני ישראל, שעל ידי שזרע ישראל מגלים כבודו יתברך, על ידי זה מתקיים תכלית הבריאה.

הנשר הגדול הרמב"ם ז"ל בספר הי"ד (הלכות ע"ז פ"א ה"ג) מבאר באריכות טעותי הדורות הראשונים שעבדו עבודה זרה שלב אחר שלב, החל בדור אנוש שעבדו לכוכבים וגלגלי השמים, ואחר שארכו השנים הוסיפו האנשים על טעותם וסכלותם בעבודת הצורות, ונשתכח שם הנכבד והנורא מפי כל היקום. עד שהעיר ממזרח צדק, ונולד עמודו של עולם אברהם אבינו, ולבו משוטט ומבין עד שהשיג דרך וקו האמת, ובן ארבעים הכיר אברהם אבינו את בוראו.

הרמב"ם ז"ל הולך ומתאר אהבת איתן להודיע ולפרסם אמונת אומן לכל יושבי תבל, בזה הלשון:

כיון שהכיר וידע, התחיל להשיב תשובות על בני אור כשדים ולערוך דין עמהם, ולומר שאין זו דרך האמת שאתם הולכים בה, ושיבר הצלמים, והתחיל להודיע לעם שאין ראוי לעבוד אלא לאלוקי העולם, ולו ראוי להשתחוות ולהקריב ולנסך, כדי שיכירוהו כל הברואים הבאים...

כיון שגבר עליהם בראיותיו בקש המלך להורגו, ונעשה לו נס ויצא לחרן והתחיל לעמוד ולקרוא בקול גדול לכל העולם ולהודיעם שיש שם אלוקי אחד לכל העולם, ולו ראוי לעבוד, והיה מהלך וקורא ומקבץ העם מעיר לעיר וממלכה לממלכה, עד שהגיע לארץ כנען והוא קורא, שנאמר (בראשית כא, לג) ויקרא שם בשם ה' קל עולם.

וכיון שהיו העם מתקבצין אליו ושואלין לו על דבריו, היה מודיע לכל אחד ואחד כפי דעתו עד שיחזירהו לדרך האמת, עד שנתקבצו אליו אלפים ורבבות, והם אנשי בית אברהם, ושתל בלבם העיקר הגדול הזה, וחבר בו ספרים.

אברהם אבינו השריש יסודות אמונת אומן בדורות הבאים, וציוה את בניו אחריו לשמור את דרך ה' כדי שתתפרסם אלקותו יתברך בעולם. כמש"כ הרמב"ם ז"ל בהמשך דבריו שם:

והודיעו ליצחק בנו, וישב יצחק מלמד ומזהיר, ויצחק הודיע ליעקב ומינהו ללמד, וישב מלמד ומחזיק כל הנלוים אליו, ויעקב אבינו למד בניו כולם, והבדיל לוי ומינהו ראש והושיבו בישיבה ללמד דרך השם ולשמור מצות אברהם, וצוה את בניו שלא יפסיקו מבני לוי ממונה אחר ממונה כדי שלא תשכח הלמוד, והיה הדבר הולך ומתגבר בבני יעקב ובנלוים עליהם, ונעשית בעולם אומה שהיא יודעת את ה'.

אומה קדושה זו, "שהיא יודעת את ה'", הרי היא מקיימת חובתה המיוחדת והחשובה, שהיא מטרת וכוונת הבריאה, שעל ידינו מתפרסם כבוד ה' לכל הבריאה כולה, ובכח המעלה הגדולה העליונה הזאת, נתעלינו מעל כל גויי הארץ ומעל כל בריות העולם, כי תכלית עם סגולה הוא, השראת הקדושה וכבוד השי"ת על כל יצור נוצר, וכמו שאמר הכתוב (תהלים קד, לא), *יהי כבוד ה' לעולם ישמח ה' במעשיו*.

חובת קידוש שם שמים מוטלת על כל יחיד ויחיד

אחרי שרבינו יונה מבאר בספרו שערי תשובה (השער השלישי, אות קמ"ח), יקרת מצות כיבוד תלמידי חכמים וחכמי התורה, הוא משנן לנו, עבודת כל אחד מישראל בכל עת ובכל זמן, והחיוב הגדול שמוטל עלינו, לקדש ולפרסם שמו יתברך בכל דרכינו ועניניו, כי זה כל האדם, וז"ל:

אחרי אשר התברר שהכל ברא השם יתברך לכבודו, חייב האדם לשום לבו בכל עת לכבד את השם ולקדשו בכל דבריו ולרוממו, להודות לו ולברכו תמיד, כמו שנאמר (תהלים לד, ב) אברכה את ה' בכל עת תמיד תהלתו בפי. וכאשר יתיצב בתוך העם וידבר עם חבריו, יתבונן בינה וְידקדק וישגיח בכל מוצא שפתיו, לקדש את השם בדבריו, ולדבר בשבח עבודתו ותְהִלת יראתו, ולשבח עבדיו ויראיו. ויזכה בזה בהגיון לבו ומבטא שפתיו בלא יגיעה ופעל - כפים, זכות גדולה עד לשמים, כי זה מעקרי יצירת האדם.

הרי שגילוי כבוד ה' מלבד מה שהיא תפקידה של האומה הישראלית בכלל, היא גם משימתו של כל איש ישראלי בפרטיות. שעל כל יחיד ויחיד מישראל מוטל החוב לכבד את ה' ולקדשו בכל פסיעותיו ומעשיו, גם כאשר מדבר עם חבריו על דא ועל הא צריך הוא בשיחתו להאיר את סביבתו בשבח עבודת השי"ת ובשבח עבדיו ויראיו, עבודה זו צריך להיות כל עסקינו ותפקידנו, והמתעסק בדיבורים כאלו זוכה לזכות גדולה עד לשמים, כי זה מעיקרי יצירת האדם.

תפקיד נעלה זו הוא סוד קיומו הנצחי של עם ישראל

וידועים דברי הרמב"ן בשירת האזינו על הכתוב (דברים לב, כו) אמרתי אפאיהם אשביתה מאנוש זכרם וזל"ק:

אשביתה מאנוש זכרם - גלותנו בין העמים אנחנו יהודה ובנימין, שאין לנו זכר בעמים ולא נחשב לעם ואומה כלל. והנה יאמר הכתוב, כי היה במדת הדין להיותנו כן בגלות לעולם, לולי כעס אויב.

ויורה זה, כי בגלותנו עתה תמה זכות אבות, ואין לנו הצלה מיד העמים רק בעבור שמו, כענין שאמר ביחזקאל (כ, מא-מד) וקבצתי אתכם מן הארצות אשר נפוצותם בם ונקדשתי בכם לעיני הגוים וידעתם כי אני ה', וכן נאמר עוד (שם פסוק ט) ואעש למען שמי לבלתי החל לעיני הגוים וגו'.

ולכך הזכיר משה בתפלתו (במדבר יד, טו) ואמרו הגוים אשר שמעו את שמעך לאמר וגו', והשי"ת הודה לו בזה (שם, כ) ויאמר ה' סלחתי כדברך. והטעם בטענה הזאת איננו כרוצה להראות כחו בין שונאיו, כי כל הגוים כאין נגדו מאפס ותוהו נחשבו לו (ישעי' מ, יז).

אבל השם ברא את האדם בתחתונים, שיכיר את בוראו ויודה לשמו, ושם הרשות בידו להרע או להטיב. וכאשר חטאו ברצונם וכפרו בו כולם, לא נשאר רק העם הזה לשמו, ופרסם בהם באותות ובמופתים כי הוא אלקי האלקים ואדוני האדונים, ונודע בזה לכל העמים. והנה אם ישוב ויאבד זכרם, ישכחו העמים את אותותיו ואת מעשיו ולא יסופר עוד בהם, ואם אדם יזכיר כן, יחשבו כי היה כח מכחות המזלות והכוכבים וחלף ועבר, והנה תהיה כוונת הבריאה באדם בטלה לגמרי, שלא ישאר בהם יודע את בוראו רק מכעיס לפניו.

ועל כן ראוי מדין הרצון שהיה בבריאת העולם, שיהיה רצון מלפניו להקים לו לעם כל הימים, כי הם הקרובים אליו והיודעים אותו מכל העמים.

מפורש יוצא מדברי הרמב"ן, כי עמוד ויסוד קיומו של עם ישראל בגלות - כשאינם זוכים בזכות עצמם, יען תמה זכות אבות - הוא רק משום שעל ידם מתקיים הרצון הקדום שהיה בבריאת העולם, שהאדם יכיר את בוראו ויודה לשמו. ועל פי זה נמצא, שהרצון הקדום בבריאה, מחייב את קיום עם ישראל לעד, ונצח ישראל לא ישקר, כי אחר שלא נשאר בעולם רק העם הזה, שעל ידיהם מתפרסם כבודו יתברך שמו, ובאם ח"ו יאבד זכרם, תיבטל לגמרי כוונת בריאת האדם. יוצא לנו מכל זה, שפרסום כבוד השי"ת על ידי עם ישראל, הוא תכלית קיום העולם, והזכות היחידה שיש לכלל ישראל בכל עת ובכל זמן.

והנה באחרית ימי עולם אלו, קודם התגלות אורו של משיח, והתגלות כבוד שמים על הבריאה כולה, שהוא התכלית הנרצה בבריאת העולם, ירדה לעולם הטומאה הכללית הנקראת "ציונות" שהחשיכה ומחשכת עיניהם ולבם של ישראל, ומחרפת ומגדפת ומכרזת קבל תבל ומלואה כאילו עם ישראל איננו העם שבחר בנו השי"ת כדי לגלות מלכותו בעולם, שהתורה אינו יסוד לעם ישראל, רק אנחנו ח"ו אומה בין האומות,

כשאר כל גויי הארץ ויושבי תבל, ככל הגויים בית ישראל, וכמו שבכל האומות הארץ והשפה יחד עם חנוכם (הקולטור), המה העיקרים והיסודות, כן גם עם ישראל, שאין להם מעלה עליונה יתירה וגבוהה על כל גויי הארץ, שכל הבריאה תלויה בהם, אלא גוי בארץ כשאר כל הגויים.

אמנם ידוע ומפורסם, כי זמן רב בטרם צאת רעיון הציוני, צצו מפעם לפעם כתות שונות בישראל, שפרקו מעליהם עול תורה רח"ל, ופרשו מעדת ה' בכפירתם ומרידתם, עד שיצאו לגמרי מן הכלל, ואין לכנסת ישראל חלק עמהם, המה טעו בדרכיהם ואנחנו בשם ה' אלקינו הזכרנו, המה קמו ונפלו ואנחנו קמנו ונתעודד. אך ההבדל הגדול בין אותן כתות נשכחות, ובין כת המכנה עצמה "ציונות", משום שבעוד קודמותיה מדור הפלגה ועד ההשכלה, כל אלה התביישו באמונת אבותיהם, ויצאו ופקרו, מה שאין כן הכפירה הכללית הזו, עשתה "מהות חדשה" לבני ישראל, הם הידשו כי אפשר להישאר יהודי מבלי שמירת התורה והמצות, אפשר להתיישב בארץ ישראל מבלי לקיים את המצוות התלויות בארץ, באופן כי התואר והתכלית של עם סגולה, תיבטל ותיעקר, עד כדי שישתכח חס וחלילה, מקרא שנאמר, "עם זו יצרתי לי תהלתי יספרו", ולמחוק לגמרי כל ענין "היום הזה נהיית לעם", שרק לשם זה הבדילנו מן התועים, כדי לספר הודו.

הכפירה הציונית לא באה לסתור עיקר אחד או כמה עיקרים ביהדות, היא נוגעת ומחללת את שורש קדושת ישראל "אתה בחרתנו מכל העמים", ובזה לבטל ח"ו מטרת וכונת בריאת שמים וארץ וזכות קיומו של עם ישראל. כי אם ח"ו הסר העיקר הגדול הזה, וככל הגוים בית ישראל, אזי חסר זכות הקיום של העולם ושל ישראל שנקראו ראשית, וכדברי הרמב"ן ז"ל, שבאופן זה 'תהיה כוונת הבריאה באדם בטלה לגמרי', כי עם ה' המה ומארצו יצאו.

*

ומן הכפירה הכללית של הציונות, שעם ישראל עם ככל העמים, הוסיפו חטא על פשע, לנתק מוסרות הגלות, ולהשתדל בזרוע בשר לקבץ נדחי ישראל, להתקומם נגד גזירת הגלות. כי לפי דרכם של הציונים, יש לבני ישראל אותן זכויות שיש לכל העמים, וכמו שיש לכל עם זכות להיות עם חפשי מבלי להשתעבד לאומה אחרת, כן הדבר בבני ישראל, שזכותם ללחום נגד העמים ולעלות מבור גלות ולהיות עם חפשי ככל העמים.

השי"ת יתנחם על עמו בזכות מה שעמדו בגלותם כעבדים

ברם, מיום שגלינו מארצנו ונתרחקנו מאדמתנו, מאז ועד עתה, כל עצם קיומנו תלוי בקבלת עול הגלות, אשר אחריה נזכה לגאולתנו ולפדות נפשנו במהרה בימינו, וכדברי הרמב"ן שם בסיום דבריו הק', וזל"ק:

> וזה טעם כי ידין ה' עמו ועל עבדיו יתנחם (דברים לב, לו), שיזכור ה' ברחמים כי הם עמו מאז, ויזכור כי הם עבדיו שעמדו לו בגלותם כעבדים לסבול הצרות והשעבוד, וכענין שנאמר (ישעיה סג, ח) ויאמר אך עמי המה בנים לא ישקרו. וכבר רמזתי בבריאת האדם סוד נשגב ונעלם, צריך ממנו שנהיה לו לעם והוא יהיה לנו לאלקים. כענין שנאמר (ישעיה מג, ז) כל הנקרא בשמי ולכבודי בראתיו וגו'.

הרמב"ן ז"ל מבאר, טעם הדבר למה ירחם השי"ת על עמו ישראל, כי יראה כי אזלת יד ויגאלנו גאולת עולם, מפני שיזכור כי הם עמו מאז, ועבדיו שעמדו לו בגלותם כעבדים, לסבול הצרות והשעבוד. למדנו מדבריו, שגאולתן של ישראל תהא רק בזכות מה שבני ישראל סבלו גזירת הגלות בדומיה ובהכנעה, כרחל לפני גוזזיה נאלמה, והקב"ה מתפאר בנו (ישעיה סג, ח) "אך עמי המה בנים לא ישקרו", וכפי שיסד הפייטן באקדמות שאומרים אנו בחג השבועות, שַׁבַּרְנָא לֵיהּ בְּשִׁבְיָן תְּקוֹף הֵימָנוּתָא, ורק בזכות זאת יזכה העם ההולכים בחושך, לראות האור הגדול והנצחי.

ועוד זאת הרעו לנו הציונים, שעל ידי הקמת תנועתם ומרידתם נגד גזירת הגלות, בזה גופא רחמנא יצילנו הם מסלקים מעלינו את הבטחת השי"ת "ועל עבדיו יתנחם" ומחלישים זכות קיומנו בגלות חלילה. והכל נצמח מאותו שורש פורה ראש ולענה, לדחוק את הקץ שמלכות המינות בעצם קיומה מרימה ראש למרוד במלך ישראל וגואלו, ובועטת בגזירת הגלות, ואינם מאמינים בגאולה על ידי משיחנו, ובזה עוברים על שלש השבועות שהשביע הקב"ה את ישראל. כי למן היום הראשון שגלינו, הלא כל סוג של סבל אשר סבלנו מכובד הצרות והשעבוד בכפיפת ראש, וקבלת גזירת הגלות בהכנעה, היא גרמה לעורר עלינו רחמים משמי מרומים, ובזכות זאת נזכה להיות נגאלים.

אבל בזכות הבטחת הקב"ה (דברים לא כא), "כי לא תשכח מפי זרעו", זה לעומת זה עשה אלקים, ועדיין נמצא רבבות שלומי אמוני ישראל אשר לא כרעו לבעל ולא נתפתו מגאולת משאות שוא ומדוחים, ועיניהם כלות ומצפות אל אפס בלתך גואלנו לימות המשיח, המה עומדים בקומה זקופה נגד קול ענות המחרפים והמגדפים מערכות אלקים חיים, ובזכותם קמה וגם נצבה, החבורה המפורסמת 'נטרונא', אשר מטרתה להשיב מלחמה שערה. וכלפי הפרסומים הגדולים שהציונים עושים יחד עם גרוריהם, מקצה העולם ועד קצהו, לעומתם מפרסמים השכם והערב בכל העולם כולו, שאין לציונות שום קשר ושייכות אל עם ישראל, וכי אין להם שום זכות לדבר בשם כל ישראל. ועם מעט האור דוחין הרבה מן החושך ומסירים את החרון אף שנגרם על ידי הציונים וגירוריהם, בבחינת אם יש דין למטה אין דין למעלה, כאשר 'נטרונא' מפרסמת תדיר, מה תעודת ישראל בעולם מאז בריאתו עד היום, להיות עם ה' המפרסם אלקותו בתחתונים, שומרי תורתו ומצוותיו כל הימים, וזה עיקר זכות קיום עם ישראל, וכאמור בדברי הרמב"ן דלעיל, ופשוט, כי ההכרזה על פני כל חוצות, שעם ישראל נאמן לה' ולתורתו ומקבל על עצמו עול הגלות, על ידי זה נזכה להבטחת, 'ועל עבדיו יתנחם', וכדברי הרמב"ן הנזכרים.

*

ועל כן מה נשיב לה' כל תגמולוהי עלינו, שהחיינו והגיענו וקיימנו לזמן שזכינו להוציא לאור עולם, ספר "על גאולתנו", תוכו רצוף אהבה, יסודות האמונה בעניני גלות וגאולה, לקדש שמות יתברך בעולם, שהוא טבעת בשלשלת הזהב של פירסום כבוד שמו יתברך בעולם, וגם מקיימים בזה מצות אהבת ה' ומצות זכירת מעשי עמלק, כמבואר בדברי הרמב"ם בספר המצות, מצות עשה ג', מצות אהבת ה':

> וכבר אמרו שמצוה זו כוללת גם כן שנדרש ונקרא האנשים כולם לעבודתו ית' ולהאמין בו. וזה כשתאהב אדם תשים לבך עליו ותשבחהו, ותבקש האנשים לאהוב אותו, וזה על צד המשל. כן כשתאהב הק-ל באמת כמה שהגיעה לך מהשגת אמיתתו, הנה אתה בלי ספק תדרש ותקרא הכופרים והסכלים לידיעת האמת אשר ידעת אותה.

ובמצות זכירת מעשי עמלק (שם מ"ע קפ"ט) כתב הרמב"ם וז"ל:

> צונו לזכור מה שעשה לנו עמלק מהקדימו להרע לנו, ושנאמר זה בכל עת ועת, ונעורר הנפשות במאמרים להלחם בו ונזרז העם לשנוא אותו, עד שלא תשכח המצוה ולא תחלש שנאתו.

*

על הטוב יזכרו לטובה ולברכה, ידידינו היקרים, כל אחד בשמו הטוב יבורך, אשר רחש לבם דבר טוב, לקנות זכות קבועה לדורות, להשריש בלבות ישראל, זאת התורה אשר שם ויואל משה לפני בני ישראל, דבר האמת, דעת חכמי ישראל קדושי עליון אשר בארץ המה, למען ידעו דורותינו העתידים מלחמת הקודש

העקובה בדם ובדמע נגד אותה הכת וכל הנספחים אליה, למען הרמת כבוד שמו יתברך וכבוד תורתו הקדושה.

ועד כמה גדול הענין, להפיץ בקרב ישראל פרסום עיקרי האמונה, ידוע למכביר דברי הרמב"ם בפי' המשניות (ברכות פ"ט מ"ה):

כי יקר בעיני ללמד עיקר מעיקרי הדת והאמונה, יותר מכל אשר אלמדהו.

ומה רבה הזכיה הגדולה בה זוכה המורה בני אדם ללכת בדרך הישרה, ובדבר סגולת המצוה כי רבה היא מאוד, כבר כתב החסיד רבינו בחיי ז"ל, בספרו חובת הלבבות (שער אהבת ה' פ"ו):

וראוי לך אחי לדעת, כי זכיות המאמין, אפילו אם יהיה מגיע אל התכלית הרחוקה בתיקון נפשו לאלקים ית', ואילו היה קרוב למלאכים ולנביאים במידותם הטובות ומנהגיהם המשובחים והשתדלותם בעבודת הבורא ואהבתם הזכה בו, אינם כזכיות מי שמורה בני אדם אל הדרך הטובה ומיישר הרשעים אל עבודת הבורא, שזכיותיו נכפלות בעבור זכיותם בכל הימים ובכל הזמנים...

וכן אחי, מי שאין מתקן אלא נפשו בלבד, תהיה זכותו מעטה, ומי שמתקן נפשו ונפשות רבות, תכפל זכותו כפי זכיות כל מי שיתקן לאלקים, כמו שאמרו רז"ל (אבות פ"ה י"ח) כל המזכה את הרבים אין חטא בא על ידו.

*

איתא במסכת מכות (כד.), בא חבקוק והעמידן על אחת, שנאמר (חבקוק ב, ד), וצדיק באמונתו יחיה. צדיק זה רבינו הק' מ'סאטמאר אבוהון ורבן של ישראל זי"ע, באמונתו של הקב"ה החיה נפשות ישראל, שר צבא ה' שהאיר את העולם עם אור האמת והאמונה השלימה, ולא נח ולא שקט מלהשריש בלבות בני ישראל דברי הנבואה "כה אמר ה' מלך ישראל וגואלו אני ראשון ואני אחרון ומבלעדי אין אלקים" (ישעיה מד, ו), רוב כחו ומיטב זמנו הקדיש להשיב על כנו את דבר האמת, תכלית ישראל עם קדוש בעולם. רוב דברי תורתו ופעולותיו, ייעד לענין הגדול הזה, להציל את ישראל מרדת שחת, שלא ישטפו במים הזדונים. גדר גדר ועמד בפרץ, לבל תת למשחית להשחית קדושת ישראל, ולא תשתלט שליטה מלאה על היהדות כולה. במיוחד בזמנים המקודשים, כאשר השמיע דברות קדשו באזני עם ה', בשבתות השנה ובמועדי ה', בימים הנוראים ובהושענא רבא, תמיד הרבה לעורר על התמורה הנוראה אשר המדינה הטמאה עשתה בקרב ישראל. ובתפלותיו הקדושים והטהורים, היה בוקע שחקים, בבקשה אחת ויחידה: "שיתגלה כבוד שמים עלינו במהרה", למעקר פולחנא נוכראה מארעא קדישא.

המלחמה הגדולה של רבינו הק' זי"ע נבעה מתוך עומק קדושת תורתו וגודל השגתו בקדושת ותכלית עם סגולה, והשתוקקותו הנפלאה לגאולתן ושמחתן של ישראל, ואכן ברוב סייעתא דשמיא זיכה רבים וזכה בכוחותיו העילאים לעצור בעד הקליפה הנוראה מלכבוש את כל ישראל כאשר היתה בדעתם. בקדושת מסירת נפשו טיהר את הלבבות וחפץ ה' בידו הצליח להשאיר שארית מישראל מחוץ לשליטת הטומאה, גדולים מעשי רבינו - כרבי חייא בשעתו - שפעל ועשה שלא תשתכח תורה מישראל.

בטוחים וסמוכים אנו על כוחו של אותו זקן, כמה דאיתא בספה"ק (דברי יואל מהודרא תנינא פרשת כי תבא עמוד שפ"ח) שבאותו ענין שהצדיק עסק בזה בעולם הזה, באותו הדבר עצמו הוא ממשיך ועוסק בשמי מעל בגו עדן גנתא, יום שכולו שבת לפי"ז אין צורך להכביר מילין, עד כמה גדולה הזכיה, ליטול חלק בהמשכת פעולות צדיק מחיים, למלאות רצון קדשו ומשאת נפשו הטהורה, ובודאי שאף שם עומד ומשמש (עי' סוטה י"ג ע"ב), ומעתיר בתפלה בעד כל העוזרים והמסייעים, להוציא הדבר מן הכח אל הפועל, להרבות כבוד שמים.

ויהי רצון מלפני השי"ת, שזכותו הגדולה וקדושת תורתו תגן עלינו ועל דורותנו, ולא תמוש התורה הזאת מפינו ומפי זרענו ומפי זרע זרענו מעתה ועד עולם, מתוך עונג נחת ושמחה.

ובצאתינו מן הכרך, נפרוש כפינו בתחנה אל ה' מעמקי לבבינו, יהא רעוא קדמך שהספר הזה יביא תועלת לרבים למלא את ייעדו ליישר דרך ולפקוח עינים, ושלא תצא חלילה כל תקלה מתחת ידינו, עדי נזכה בקרוב למלכות בית דוד משיחך, במהרה יבא ויגל לבנו, על כסאו לא ישב זר ולא ינחלו עוד אחרים את כבודו, והיתה לה' המלוכה בב"א.

באעה"ח ד' ניסן ה'תשע"ח לפ"ג

משה דוד הכהן כ"ץ

המוציא לאור

ציון לנפש חיה

בין דפי הספר, המלמד דרכי אמונה

יחרת לעד נשמת בתי הצנועה והיקרה

לב טוב וטובת עין, נתברכה בבינה יתירה

אנה הלך דודי לגנו, ולקט שושן ביכורה

פרח שושן, ותורת חסד על לשונה

יראת ה' היא חכמה, ודרכה באורח צדקה

גן נטע ד' בכרם בן שמן, ויהללוה בשערים מעשיה

אזובי קיר יקוננו על שלהבת שנפלה בגפן פוריה

בהעלותך ג', פניה כפני המנורה העלה

תמר דמתה בחכמתה, ובאמונת ה' התחזקה

מלכות שמים תקותה, ימיה י"ד על כס י-ה

שכבי עד הבוקר, הלא נפשך בצרור החיים צרורה

הן לציון מלך ימלוך, ושלמו ימי אבלה

דודאים רוח נתנה, עת הזמיר הגיעה

וערבה לה' מנחת, הלא קרבן ראשית נפשה הקריבה

דברי הספר הנוכחי יעלו לעילו נשמתה ולקץ הימין במהרה להחיותה

נפטרה י"ב סיון תשס"ז לפ"ק

ת.נ.צ.ב.ה.

שברנא ליה בשביין תקוף הימנותא
קביעין כן תהוון בהנהו חבורתא

מאמר האמונה

הגלות והגאולה

אַ רייכע ערקלערונג פון פסוקי התורה, דברי חכז"ל און ספרי קודש, איבער דעם הימלישן פלאַן פון דעם גזירת הגלות וואס איז שוין באשטימט געווארן פון ששת ימי בראשית פאַר דעם תכלית און דער תיקון העולם; איבער דאס גרויסקייט פון נשמות ישראל און די ספעציעלע באזונדערע הנהגה פון השי"ת מיט זיין באַליבט פאלק; איבער די שרעקליכע כפירה בה' ובתורתו וואס עס פארקערפערט אין זיך דאס אויפשטעלן א אידישע מדינה איידער דער קץ הגאולה; די הארבקייט פון די "שלש שבועות" להלכה ולמעשה, און געקליבענע יסודות'דיגע ווערטער פון ספרים הק' זיך צו שטארקן מיט די ריינע אמונה בביאת משיח צדקינו.

כי עוד חזון למועד ויפח לקץ ולא יכזב
אם יתמהמה חכה לו כי בא יבא לא יאחר
(חבקוק ב, ג)

גזירת הגלות

שלש שבועות בהלכה

לא האמינו באלקים

כי חלק ה' עמו

כה אמר
ה' גאלכם
קדוש ישראל
למענכם
שלחתי בבלה
והורדתי
בריחים

(ישעי' מג, יד)

שער א'

גזירת הגלות

"ידוע ומפורסם בודאי, כי הגלות והגאולה הוא עיקר מענין העולם וסדר שלו."

(מהר"ל, גבורות השם, פרק נד)

די פאָרכטיגע באַגריפן פון גליות ישראל און די נאָכפאלגענדע גאולת עולמים, איז א פארבארגענער געטליכער סדר וואס הקב"ה האט קובע געווען אלס טייל פון די בריאה, אזוי אז דער גלות און די גאולה איז א צענטראלע עיקר אין דעם ציל פון די וועלט, זינט איר באשאף.

אין די פסוקי התורה און אין מדרשי חז"ל געפינען מיר אז די גזירה פון די ביטערע ד' מלכיות איז אייגנטליך א געניער פלאן פון די כבשי דרחמנא און א הימלישער 'בלו-פרונט' פאר'ן תכלית הבריאה, וואס ווערט דערמאנט אין די תורה הק' סינאנים מיט די ששת ימי בראשית דורכאויס אלע תקופות און געשעענישן פון די אבות הק'.

גזירת הגלות אינאיינעם מיט בריאת העולם

באלד ביי די סאמע וועלט-ענטשטייאונג זאגט דער פסוק[1]: "בראשית ברא אלקים את השמים ואת הארץ, והארץ היתה תהו ובהו וחושך על פני תהום ורוח אלקים מרחפת על פני המים." און חז"ל דרש'נען דערויף אין מדרש, אז דאס צייגט אויף די פיר מלכיות וועלכע וועלן

1) בראשית א, א-ב.

הערשן אויף די וועלט און פארקנעכטן אידישע קינדער דורכאויס די טויזנטער גלות יארן, ביז דעם אנקום פון משיח צדקינו במהרה בימינו:

"רבי שמעון בן לקיש האט מפרש געווען דעם פסוק אויף די גליות, והארץ היתה "תהו" איז דער גלות בבל, "ובהו" איז דער גלות מדי, "וחושך" איז דער גלות יון, וואס האט טונקל געמאכט די אויגן פון אידן מיט זייערע גזירות, "על פני תהום" איז דער גלות פון די ממלכת הרשעה - אדום, וואס האט נישט קיין באשיידונג, אזוי ווי דער תהום. "ורוח אלהים מרחפת" דאס איז דער רוחו של מלך המשיח, ווי עס שטייט אין פסוק[2] ונחה עליו רוח ה'. מיט וועלכע זכות וועט דאס זיך צואיילן און קומען, "על פני המים", בזכות תשובה וואס איז געגליכן צו וואסער, ווי עס שטייט[3] שפכי כמים לבך[4].

די גלות אונטער די ארבע מלכיות, גענוי ווי די גאולה העתידה, איז א חלק פון דעם עצם מהות הבריאה. דער גלות פון אידישע קינדער רירט אן אין די העכסטע מושגים פונעם תכלית העולם און פירט די וועלט צו איר תיקון השלם וואס קיין מענטשליכע בריאה קען נישט משיג זיין און איז גלוי וידוע בלויז פארן רבוש"ע דער וועלט באשאפער, דער סדר פון די גליות און די מלכיות זענען נישט קיין צופאל און זענען שוין פאראויסגעזאגט געווארן אלס אן אינטערגראלער טייל פון בריאת העולם[5].

---

2) ישעי' יא, ב.

3) איכה ב, יט.

4) ב"ר ב, ד. ועיין בפירוש 'נחמד למראה' (שם ב, א-ב): "רבי שמעון בן לקיש פתר קריא בגליות, שמתחילת הבריאה ראה הקב"ה מעשיהן של ישראל שיחטאו, ועל כן תיקן להם גלות למרק... וזה חוזר למה שאמר לעיל שתכלית הכוונה מהבריאה על יום ראשון שהוא יומו של הגאולה... ועל ידי שיתמרקו בגלות שנמשל לחושך ותהו ובהו יזכו לאור הגאולה.
ובפסיקתא רבתי (פרשה לג): "אתה מוצא מתחילת ברייתו של עולם נולד מלך המשיח, שעלה במחשבה עד שלא נברא העולם... אתה מוצא כתב בבריאת עולם שהוא מזכיר שעבודם של מלכויות ושל גואל מלך המשיח... תהו זו מלכות בבל... ובהו זו מלכות מדי... וחשך זו מלכות יון... על פני תהום זו מלכות אדם הרשעה. ומנין אתה אומר שמתחילת ברייתו של עולם היה מלך המשיח, ורוח אלקים מרחפת זה מלך המשיח... ואימתי מרחפת על פני המים כשתשפכו כמים לבבכם נכח פני ה'".

5) "והנה תמצא כי בשעה שהשי"ת ברא את עולמו, סידר אלו ד' מלכיות, ואם כן יש לשאול, על מה זה ולמה זה סידר השי"ת כן... ובאור זה, כי ראוי שיהיו נרמזים אלו ד' מלכיות בראשית הבריאה... ודבר זה ראוי שיהיה נרמז בתחילת הבריאה"... (נר מצוה, מהר"ל, עמ' ז-ח).
ובספר נצח ישראל למהר"ל (פכ"ו): "ובזה יתורץ שאלה גדולה מאוד, מאחר כי הוא יתברך ויתעלה אלקי עולם נקרא, ואיך אפשר לומר כן מאחר כי בית המקדש הוא עיקר פאר העולם, אם כן לא היה ראוי שיהיה שמו יתברך נקרא על העולם לומר אלקי עולם כאשר בית המקדש חרב בעונינו, אבל מפני כי כל הויה יוקדם לה העדר, ואם כן העדר בית המקדש הוא סיבת הווייתו, וכאילו כבר התחיל הוויית בית המקדש, ולפיכך כמו שהלילה והיום הוא אחד, בעבור שהלילה הוא שייך ליום, מפני כי העדר הוא סיבת הוייתו, וכן חורבן בית המקדש סיבת הויתו. ולכך רמז הכתוב חורבן בית המקדש בהתחלת בריאתו של עולם כי מזה יש ללמוד כי אף חורבן בית המקדש כיון שהוא סיבת הוייתו נכנס בגדר הויה, ולכך נקרא "אלקי עולם", רק כי אין בית המקדש נמצא בדורותינו, על זה יש להתאונן, ואל הדור אשר אין בית המקדש נמצא אליהם הוא החסרון, ולהם נגלה השי"ת כמו שראוי להיות נגלה להם כמו שהתבאר למעלה...
ואין לך לשאול, סוף סוף היה אפשר בית שלישי שיהיה במהרה בימינו ולא יהיה כלל חורבן, כי דבר זה אינו כלל, כמו שלא היה האור נמצא בתחילת הבריאה רק היה צריך להיות נמצא בריאה שאינו כל כך במעלה קודם, ואז מעלין בקודש אל המדריגה יותר עליונה, וכמו שהיה בריאת האור, שהיה נמצא העדר בבריאה, שהיתה הארץ תוהו ובוהו, עד שהיה כאן העדר המציאות לגמרי, ואז נברא האור להשלים הבריאה, וכן בעצמו אינו ראוי שיהיה המדריגה העליונה, הוא הבית האחרון, נמצא ראשון, רק שמעלין בקודש, ולכך היה נמצאו שני הבתים הקודמים, כי אף אם חרב הבית אל תאמר שזה הוא כאילו לא היה כלל הבית בעולם, כי דבר זה אינו, שסוף סוף כבר היה נמצא הבית בעולם, וקדושה זאת לא נתבטלה, וחורבן של בית ראשון הוא לקבל הויה אחרונה

ארבע נהרות הגן עדן

אין די ווייטערדיגע פסוקים אין פרשת בראשית וואו עס ווערט דערמאנט די פיר טייכן פון גן עדן[6], ערקלערן חכמינו ז"ל אז דארט ווערט אויך מרומז די פיר מלכיות וועלכע וועלן אונטערטעניגן אידן אין גלות, אבער השי"ת וועט אין דער ענדע נקמה נעמען פון זיי[7].

פאר אדם הראשון האט השי"ת געצייגט די גליות און די גאולה דורך דוד בן ישי[8], און דאס זעלבע ווען נח איז ארויס געקומען פון די תיבה נאך דעם מבול האט השי"ת געזאגט[9]: "ואך את דמכם לנפשותיכם אדרוש מיד כל חיה אדרשנו ומיד האדם מיד איש אחיו אדרוש את נפש האדם." אויף וואס דער מדרש זאגט, אז דער אויבערשטער וועט זיך נוקם זיין אין די ד' מלכיות וועלכע האבן געפייניגט אידן, איבערהויפט וועט די נקמה זיין גרויס אויף די פערטע מלכות, גלות אדום, וועלכע האבן זיך ארויסגעצייגט מיט זייער גרויזאמע אכזריות קעגן אידישע קינדער[10].

מלחמת אברהם בארבעת המלכים

נאך א רמז אויף די ארבע מלכיות האט השי"ת געוויזן פאר אברהם אבינו ביי די מלחמה קעגן די פיר קעניגן אין פרשת לך[11]. ווי דער רמב"ן ציטירט פון מדרש, אז די געשיכטע פון אברהם אבינו'ס מלחמה מיט די ד' מלכים איז געווען צו צייגן "מעשי אבות סימן לבנים", אז אין לויף פון די קומענדיגע דורות וועלן פיר מלכיות אויפשטיין צו קעניגן אויף דער וועלט, און אין די ענדע וועלן זיי באזיגט ווערן בביאת גואל צדק[12].

עליונה כמו שיוקדם העדר לכל הויה, הר׳ לך כי כל אדם אשר נתן בו השי"ת דעת וחכמה מבין דברים אלו, כי מן השי"ת אשר מאתו מציאת העולם והוייתו אין ראוי שיהיה חורבן והפסד שהוא חורבן הבית, כי אם שיהיה מתעלה אל הויה יותר עליונה, וכל אלו דברים ביארו חכמים, וזה באמת קשור המציאות להעלותו אל תכליתו הוא שלימתו האחרון והבן הדברים האלו".

6) בראשית ב, י.

7) "אמר רבי תנחום בשם רבי יהושע בן לוי, עתיד הקב"ה להשקות כוס תרעלה לאומות ממקום שהדין יוצא... ומשם יפרד והיה לארבעה נהרים אין כתיב כאן, אלא לארבעה ראשים, אלו ד' גליות כנגד ד' ראשים. שם האחד פישון זו בבל... שעלה והקיף את כל ארץ ישראל... ושם הנהר השני גיחון זו מדי... חדקל זו יון שהיתה קלה וחדה בגזירותיה... והנהר הרביעי הוא פרת זו אדום פרת שהפירה והצירה לבניו... פרת שאני עתיד להפרע לה פרת על שם סופה (ישעיה סג) פורה דרכתי לבדי" (ב"ר טז, ד). ועיין מה שכתב ברמב"ן (בראשית ג, כב).

8) "אמר אדם [הראשון], שמחני הקב"ה והכניסני לגן עדן והראני מקום אכילת צדיקים בגן עדן, והראני ד' מלכיות משלן ואבדן, והראני דוד בן ישי שימשול לעתיד לבא, ולקחתי משנותי שבעים שנה והוספתי על ימיו... ונתתי רנן ושבח לאל במעשיו". (פרקי דרבי אליעזר, יח)

9) בראשית ט, ה.

10) "מיד כל חיה אדרשנו, אלו ארבע מלכיות, מיד האדם מיד אחיו זה עשו, אדרוש את נפש האדם אלו ישראל" (ב"ר לד, יט). ועיין בפירוש עץ יוסף, דאף שגם עשו הוא מד' מלכים, רמז לו בפני עצמו שיענש על מה שציער את אחיו ביחוד.

11) בראשית יד, א.

12) ב"ר מב, ב-ד. רמב"ן בראשית יד, א, ורבינו בחיי שם.

דאס זעלבע האט השי"ת געזאגט פאר אברהם אבינו ווען ער האט אים געוויזן דאס לאנד ארץ ישראל, "ושמתי את זרעך כעפר הארץ"[13]. פונקט ווי די זאמד פון דער ערד זענען פון איין עק וועלט צו דער אנדערער, דאס זעלבע וועלן דיינע קינדער זיין צעשפרייט מסוף העולם ואינו סופו, געווי ווי זאמד און שטויב וועלן זיי ווערן צעטרעטן דורך זייערע אונטערטעניגער, אבער דאס אלעס וועט זיין לטובה צו פארצייען זייערע זינד, און ענדגילטיג וועלן די אומות העולם בטל ווערן און אידישע קינדער וועלן אלעס איבערלעבן[14].

מראה הנורא: ברית בין הבתרים

דער גזירת הגלות איז צום ערשטן מאל בפירוש פאראויסגעזאגט געווארן אין די תורה הק' ביי די וואונדערליכע און פארכטיגע מראה פון "ברית בין הבתרים" ווען השי"ת האט, כביכול, געשלאסן אן אייביגע בונד מיט אברהם אבינו ע"ה, איבער די ביטערע גליות וואס זיינע קינדער וועלן דורכגיין, אנגעהויבן פון גלות מצרים און געענדיגט ביי דעם לאנגן גלות אדום. השי"ת האט אים דערביי געוויזן אלע ליידן און פיין וואס אידישע קינדער וועלן מיטמאכן, וואס וועט זיין פאר זייער אייגענע טובה און ער האט אים גלייכצייטיג פארשפראכן אז אין דער ענדע וועלן אידן באפרייט ווערן מיט א גרויס פארמעגן און די אלע פעלקער וועלכע האבן געפייניגט אידן וועלן באקומען זייער פארדינטן שטראף.

די תורה הק' דערציילט אין פרשת לך: השי"ת האט געזאגט צו אברהם אבינו: "איך בין דער אויבערשטער וואס האט דיך ארויסגעצויגן פון אור כשדים, דיר צו געבן דאס לאנד ארץ ישראל פאר א ירושה." דערויף האט אברהם אבינו געזאגט: "במה אדע כי אירשנה", רבוש"ע וויאזוי וועל איך וויסן אז איך וועל טאקע ירש'ענען ארץ ישראל, און נישט זיין באזארגט אז זינד וועלן צוריקהאלטן פון באקומען די דאזיגע מתנה?

דערויף האט אים השי"ת באפוילן ער זאל נעמען דריי קעלבלעך, דריי ציגן, און דריי ווידער'ס, א טערקל טויב און א טויב. אברהם אבינו האט אזוי געטוהן, ער האט צעשניטן די אלע בהמות אויף האלב און דאן צעטיילט די באשעפענישן אין צוויי, לייגענדיג יעדן באזונדערן שטיקל קעגן זיין אנדערן טייל.

די פייגל האט ער אבער נישט צעשניטן, נאר געשטעלט די צוויי פייגל גאנצערהייט איינע אקעגן די אנדערע.

---

13) בראשית יג, טז.

14) "ושמתי את זרעך כעפר הארץ, מה עפר הארץ מסוף העולם ועד סופו, כך בניך יהיו מפוזרים מסוף העולם ועד סופו... ומה עפר מבלה את כלי מתכות והוא קיים לעולם, כך ישראל כל עובדי כוכבים בטלים והם קיימים... ומה עפר עשויה דייש, אף בניך עשוין דייש לעובדי כוכבים, הדא הוא דכתיב (ישעי' נא כג) ושמתיה ביד מוגיך וגו', מה הוא מוגיך, אילן דממיגין מכתיך דמלחלחין מחתיך, אפילו כן לטובתיך משקשקין ליך מן חוביך (פי' מענין המסה ומירוק שיהיו עונותיהם נמסים והולכים להם על ידי היסורים. עץ יוסף). (ב"ר מא, ט).

דער מדרש ערקלערט דעם טעם פון צעטיילן די בהמות:

"וויבאלד השי"ת האט דאן געשלאסן אן אייביגן בונד מיט אברהם איבער גלות און גאולה, און דער שטייגער פון צוויי וועלכע שליסן א בונד איז צו צעטיילן א בהמה און אריבערגיין צווישן די שטיקער, איז אזוי אויך געווען דא, ווען בשעת דעם כריתת ברית איז א פלאם פייער אריבער צווישן די צעטיילטע שטיקער, ווי א שליח פון השי"ת כביכול.

די אלע באשעפענישן זענען מרמז אויף די פארשידענע פעלקער; בבל, מדי, יון, און אדום, וואס זענען צוגעגליכן צו די דאזיגע בהמות, און וועלן פארקנעכטן אידן אין לויף פון די גליות. ענדגילטיג וועלן זיי פארלענדעט ווערן אזוי ווי די בהמות וואס זענען צעשניטן געווארן[15].

ווידעראום דאס אידישע פאלק איז צוגעגליכן צו דעם טויבעלע, דערפאר האט ער דאס פייגל נישט צעשניטן, מרמז צו זיין אז דאס אידישע פאלק וועט שטענדיג עקזיסטירן און שטיין בלייבן[16]. אנדערש ווי אנדערע שטארקע בהמות איז דער פייגל פון נאטור א נכנע וואס פירט זיך נישט מיט קיין עזות, אט דאס וועט זיין דער סוד פון די אידישע עקזיסטענץ וויאזוי דורכצוגיין די שווערע גליות פון אלע פעלקער[17].

דער פייגל 'עיט', דאס איז אן עוף וועלכע עסט פלייש, האט גענידערט אויף די טויטע קערפער וועלכע זענען געליגן דארט צעטיילטערהייט. אברהם האט זיי אוועקגעבלאזן און געמאכט אוועקפליען אז זיי זאלן נישט קענען עסן פון די באשעפענישן.

דאס איז א רמז אויף דוד המלך, וועלכער האט האט געוואלט פארלענדן די פעלקער, אבער פון הימל האט מען אים נישט געלאזט, ווייל עס איז נאכנישט געווען די צייט פון ביאת המשיח, וועלכער וועט מאכן א סוף צו די פעלקער[18]. אברהם אבינו האט דאן געזען די גוואלדיגע לאנגע גלות און אירע מורא'דיגע צרות האט ער זיך געזארגט אז אידן וועלן חלילה זיך ערוועקן צו ארויסגיין פון גלות איידער עס קומט די צייט וואס השי"ת האט באשטימט און דעריבער האט ער פארטריבן דאס פייגל, צו צייגן אז אידן זאלן ח"ו נישט רעוואלטירן קעגן די פעלקער ביז השי"ת זעלבסט וועט זיי אויסלייזן[19].

---

15) ב"ר מד, טו.

16) רש"י שם.

17) "ואת הצפור לא בתר, ר' אבא בר כהנא בשם ר' לוי אמר הראה לו הקב"ה, כל מי שהוא מעמיד פנים בגל, הגל שוטפו, וכל מי שאינו מעמיד פנים בגל, אין הגל שוטפו (מדרש שם). ועיין בפירוש מהרז"ו ועץ יוסף שפירשו כמו שכתוב בפנים.

18) רש"י. - אין מדרש (ב"ר שם) ווערט געברענגט, אז אברהם אבינו ע"ה האט צוערשט פרובירט צו פארטרייבן די פייגל מיט שטעקנס אבער ער האט נישט געקענט, בלויז מיט תשובה זענען זיי פארטריבן געווארן. דאס איז א רמז, אז ווען אידן וועלן ליגן אין גלות ווי פגרים חלילה, און מען וועט זיי וועלן פארציקן, וועט נישט העלפן קיין שריט מיט'ן כח הזרוע, נאר דורך תשובה וועלן אידן אויסגעלייזט ווערן פון די צרות. (עיין בפירוש מתנות כהונה).

19) וההודעה השנית גלה באמרו (פרקי דר' אליעזר פרק כ"ז) בצאת השמש הי' אברהם יושב ומניף עליהם בסודרין שלא ימשול בהם העיט

אימה חשיבה: גזירת הגלות

ויהי השמש לבוא ותרדמה נפלה על אברם והנה אימה חשיכה גדולה נפלת עליו. עס איז געקומען די צייט פון די זון אונטערצוגיין, און א טיפן שלאף איז געפאלן אויף אברהם, עס האט אים באהערשט א ציטער און א גרויסע פינסטערניש.

מיט דעם גרויסן שרעק און פינסטערניש האט אים השי"ת געוויזן די שרעקליכע גליות און צרות וואס וועלן קומען אויף זיינע קינדער. אין דעם פסוק איז ווירקליך מרומז די פיר גליות: גלות בבל, גלות מדי, גלות יון, גלות אדום[20].

דעריבער האט אברהם צוערשט געשפירט א פארכט, דערנאך א פינסטערניש, דאן איז די פינסטערניש גרעסער געווארן, ביז ער האט געשפירט אז די ציטער און חשכות פאלט ארויף אויף אים ווי א שווער פעקל וואס ער קען נישט דורכטראגן. צו צייגן א רמז אויף די שרעקליכע פיר גליות, וועלכע וועלן זיין איינע שווערע ווי די אנדערע[21].

דאן האט השי"ת געזאגט צו אברהם: "ידוע תדע כי גר יהי' זרעך בארץ לא להם ועבדום ועינו אותם ארבע מאות שנה". וויסן זאלסטו וויסן, אז דיינע קינדער וועלן זיין פרעמד אין א לאנד וואס געהער נישט צו זיין, דארט וועלן זיי דינען די מצרים, און די מצרים וועלן זיי פייניגען פיר הונדערט יאר[22].

עד שיבא הערב (בראשית ט"ו י"א), ר"ל שראה אברהם אורך הגלות הזה וצרותיו העצומות, וחשש אולי בניו יתעוררו לצאת מהגלות קודם זמנו הגדור לפניו ית', כאשר עשו בני אפרים שנבהלו נחפזו לצאת מגלות מצרים קודם הקץ ואף ה' חרה בהם ויהרוג במשמניהם אוכלסין הרבה, ולזה אמר שאברהם בדעתו קץ הגאולה הי' מפריח את העיט שהוא בן דוד שלא ירד על הפגרים המורים על המלכיות עד עת ערב שהוא זמן הגאולה וקץ הגלות, כדכתיב (זכריה י"ד ז') והי' לעת ערב יהי' אור.

ואין זה ספק שעל זה עצמו אמר שלמה (שיר השירים ב' ז') השבעתי אתכם בנות ירושלים בצבאות או באילות השדה אם תעירו ואם תעוררו את האהבה עד שתחפץ, ואמרו בפרק שני דייני גזירות (כתובות קי"א ע"א), אמר ר' יוסי ברבי חנינא ג' שבועות הללו למה, אחת שהשביע הקב"ה את ישראל שלא יעלו בחומה, ואחת שהשביע את ישראל שלא ימרדו באומות העולם, ואחת שהשביע הקב"ה את אומות העולם שלא ישתעבדו בישראל יותר מדאי.

וענין המרד באומות העולם, הוא שיסבלו עול גלותם וישבו תחתם עד עת קץ בבוא חליפתם, ועל זה אמר הנביא צפני' (ג' ח') לכן חכו לי נאם ה' ליום קומי וגו', יצוה שיחכו עד עת הקץ ולא ימרדו לצאת מהגלות קודם העת הגדור לפניו ית'.... וכבר אמרו חז"ל בבבא מציעא בפרק הפועלים (דף פ"ה ע"ב), שאמר אליהו לרבי על ר' חייא ובניו, דאילו הוו מצלי בהדי הדדי הוה דחקא שעתא ואתא משיחא בלא זמניה.

הנה התבאר מזה כולו פירוש זה המאמר (פרקי דר' אליעזר פכ"ז), שהי' אברהם מעכב ומונע משיח בן דוד שלא יבוא על המלכיות עד עת ערב, שהוא קץ הגלות. ואל זה כיוון רש"י ז"ל בזה שכתב בפי' התורה (בראשית שם), "וישב אותם אברם (שם), לשון נשיבה והפרחה, כמו (תהלים קמ"ז י"ח) ישב רוחו, רמז שיבוא דוד בן ישי לכלותם, ולא יניחוהו מן השמים עד שיבוא זמנו". (ספר ישועות משיחו להאברבנאל, חלק א', דף י"א ע"ב).

20) ב"ר מד, יז. מכילתא יתרו, פט.

21) רמב"ן, בראשית טו, יב.

22) אט די דריי זאכן 1) וואוינען אין א פרעמד לאנד, 2) ארבעטן שווער, און 3) פייניגן, וועלן אנהאלטן א צייט פון פיר הונדערט יאר. לויט רוב מפרשי התורה האט דער חשבון זיך אנגעהויבן פון ווען יצחק איז געבוירן, דרייסיג יאר נאך ברית בין הבתרים, וואס זינט דאן האט אברהם און זיינע קינדער שטענדיג זיך אויפגעהאלטן ווי גרים אין זייערע וואוינערטער, ביז ענדגילטיג אין מצרים זעלבסט וואו אידן האבן זיך אויפגעהאלטן די לעצטע 210 יאר.

דער מדרש זאגט אויף דעם דאפלטן לשון "ידוע תדע" - וויסן זאלסטו וויסן, אז הקב"ה האט געזאגט פאר אברהם אבינו:

זאלסט וויסן אז איך וועל זיי פארשפרייטן אין גלות און איך וועל זיי צוריק צוזאמענעמען, איך וועלט זיי פאר'משכנ'ן און איך וועל זיי אויסלייזן, איך וועל זיי פארקנעכטן און איך וועל זיי באפרייען[23].

די ענינים פון גלות און גאולה זענען אנדערש ווי אנדערע סארט ענינים פון פרנסה אדער רפואה וכדו' וואו די תורה האט געגעבן רשות אז מען דארף אויך טוהן השתדלות און דערביי האבן בטחון אין השי"ת, אבער ווען עס האנדלט זיך פון דעם גזירת הגלות און די גאולה העתידה ליגט דאס אלעס בלויז אין די הענט פון השי"ת, דאס זענען פארבארגענע ענינים וועלכע ווערן געפירט נאר דורך השי"ת זעלבסט. אט דערפאר ווידערהוילט דער פסוק "ידוע תדע" צו לערנען אז דער גאנצער גלות וגאולה ווערט אויסשליסליך דירעקטירט דורך הקב"ה, דער מלך ישראל וגואלו[24].

ואחרי כן יצאו: בשורת הגאולה

דער רבוש"ע זאגט ווייטער פאר אברהם אבינו:

וגם את הגוי אשר יעבדו דן אנכי ואחרי כן יצאו ברכוש גדול. און אויך דאס פאלק וועמען די אידישע קינדער וועלן דינען, וועל איך שטראפן, און נאכדעם, ווען עס וועט קומען די צייט פון די גאולה, וועלן זיי ארויסגיין מיט א גרויס פארמעגן.

דאס לשון "גם" באציעט זיך אויך צו די אנדערע פעלקער און לענדער וואו אידן וועלן זיין במשך די פיר גליות, אז ענדגילטיג ווען אידן וועלן אויסגעלייזט ווערן וועט השי"ת זיי שטראפן אויף אלעם וואס זיי האבן געפייניגט אידישע קינדער[25].

אבער דו, אברהם, וועסט די אלע זאכן נישט זען ביי דיין לעבן נאר וועסט בשלום זיך אומקערן צו דיינע עלטערן, דיין נשמה וועט אנקומען אויף איר פלאץ צוזאמען מיט די נשמות פון דיינע עלטערן, און דו וועסט באערדיגט ווערן נאך א טיפן עלטער. הערשט דער פערטער דור, פון דיינע קינדער וועלכע האבן געווינדערט קיין מצרים, וועלן זיך צוריקקערן קיין ארץ ישראל. און דערפאר דארף עס נעמען אזויפיל צייט ביז מען וועט צוריק קומען, ווייל דערווייל האט זיך נאכנישט אנגעפולט די מאס פון די זינד פון דאס אמור'ישן פאלק ביז היינט.

---

23) "ויאמר לאברם ידוע תדע כי גר יהיה זרעך, ידוע שאני מפזרן תדע שאני מכנסן, ידוע שאני ממשכנן תדע שאני פורקן, ידוע שאני משעבדן תדע שאני גואלן", (ב"ר מד, יח).

24) ספה"ק ויואל משה, סי' מה, עיי"ש באריכות, ובספר נצח ישראל למהר"ל פרק כ"ד. זעהט ווייטער אין פרק "לא האמינו באלוקים" ווי דאס ענין ווערט ערקלערט באריכות.

25) מדרש רבה, שם.

נאך די דברי נבואה וואס אברהם אבינו האט געהערט פון השי"ת, פארציילט די תורה הק':

די זון איז דאן אונטערגעגאנגען, און א שטארקע פינסטערניש האט באהערשט דעם האריזאנט, דאן האט אברהם געזען ווי אן אויבן אנגעפולט מיט רויעך, און א פלאם פייער דערינען, גייען אדורך די שטיקער בהמות.

אין יענעם טאג האט דער אויבערשטער געשלאסן א בונד מיט אברהם, אז פאר דיינע קינדער האט איך געגעבן דאס לאנד ארץ ישראל פון דעם טייך מצרים ביז דעם גרויסן טייך, דער טייך פון פרס.

אברהם אבינו זעט אלע גליות

דער רמב"ן ערקלערט דארט, אז דער העלישער פייער וואס איז אריבערגעגאנגען די שטיקער, איז כביכול געווען א צייכן אז די שכינה הק' האט געשלאסן דעם בונד מיט אברהם אבינו אויף אלעם וואס וועט פאסירן מיט זיינע קינדער. אין די זעלבע צייט וואס השי"ת האט כורת ברית צו געבן דאס לאנד ארץ ישראל פאר זיינע קינדער אויף אייביג, האט ער ווי איבערגעלאזט א חלק אין די מתנה, אז די פיר גליות וועלן זיך משעבד זיין אויף די אידישע קינדער און וועלן במשך די גלות יארן געוועלטיגן אויף זייער לאנד[26].

אין יענע פלאמען און שרעקליכע פינסטערניש, האט השי"ת דעמאלט געצייגט פאר אברהם אבינו ע"ה געווי אלע גרויזאמע צרות און פיין וואס אידן וועלן מיטמאכן דורכאויס דעם לאנגען ביטערן קייט פון גליות[27], גלייכצייטיג האט אברהם אבינו אויך דאן געזען דעם גרויסע חסד און טובה וואס ליגט באהאלטן אינעם גלות. דער מדרש דערציילט אז השי"ת האט אנגעוויזן פאר אברהם אבינו אז ער זאל אויסקלויבן דעם גזירת הגלות פאר זיינע קינדער, ווייל דאס וועט ענדגילטיג אויסלייטערן אידן און זיי צוגרייטן צו מקבל זיין די ליכטיגקייט פון די גאולה העתידה[28].

---

26) "והנה אימה חשכה גדולה נופלת, דרשו בו רמז לשעבוד ארבע גליות, כי מצא הנביא [אברהם] בנפשו אימה, ואחר כך בא בחשיכה, ואחר כך גדלה החשיכה, ואחר כך הרגיש כאילו היא נופלת עליו, כמשא כבד תכבד ממנו. אמרו (ב"ר מד, יז) אימה זו בבל חשכה זו מדי, שהחשיכה עיניהם של ישראל בצום ובתענית, גדולה זו מלכות אנטיוכס, נופלת עליו זו אדום. והיה הענין הזה לאברהם, כי כשהקב"ה כרת עמו ברית לתת הארץ לזרעו לאחוזת עולם, אמר לו כמשייר במתנתו, שארבע גליות ישתעבדו בבניו וימשלו בארצם, וזה בעל מנת אם יחטאו לפניו, ואחרי כן הודיעו בביאור גלות אחרת שיגלו תחילה, שהוא גלות מצרים, שכבר נענש בו", (רמב"ן, בראשית טו, יב). וכן כתב הרמב"ן בספר הגאולה (כתבי הרמב"ן ח"א עמ' רצב).

27) "ולכן נרמז בזה כל הגליות, לא גלות מצרים בלבד אלא אף שיעבוד כל המלכיות, כמו שדרשו ז"ל (ב"ר שם), וגם לרבות שעבוד שאר מלכיות. והדין עמהם כמו שהראה הקב"ה לאברהם שיעבוד מצרים כך הראה לו שיעבוד כל המלכיות, כי הכל הוא נמשך מן השורש, והראה לו כל אשר ימשך לזרעו". (מהר"ל, גבורות השם, פרק ט).

28) ב"ר מד, כא. ועיין גבורות השם למהר"ל (פרק ח) בביאור הנ"ל.

וכן כתב החסיד רבי יוסף יעב"ץ ז"ל (חסדי ה' עמ' טז, ד"ה הפרק): "וזו היא הסיבה שלא התפלל אברהם אבינו על בניו כשהודיעו השם ית' הגליות, כי ראוי לתמוה מי שלפושעים אנשי סדום הפגיע בהשתדלות נמרץ ונפלא, למה לא יתפלל גם על בניו, אבל איך יתפלל והוא ע"ה היה צופה משקיף בנבואה גודל תועלתם, וכי זולתם הוא נמנע שבניו יהיו נוחלי העולם הבא... אחר עבור הגלות והיסורין יכופרו העונות ותזכו בשכר סבליכם אותם".

ובשל"ה הק' (פר' לך) כתב: "רמז לו ארבע גליות... כי סיבת גלות מאלו המלכיות בא הזדככות, כי יכלה הפשע ויקוים תם עונך בת

דער אייביגער בונד

דער פארכטיגער מעמד פון "ברית בין הבתרים", האט קלאר פאראויסגעזאגט די געשיכטע פון אידישן פאלק, אז זי וועט ליידן שווערע צייטן פון פייער, חורבן, און גליות, אבער וועט ענדגילטיג זוכה זיין אויסגעלייזט צו ווערן מיט די גרויסע ישועה אינאיינעם מיט א געוואלדיגע נקמה אין די פעלקער. דער ברית איז געווידמעט אויף די געטליכע צוזאג אז אידישע קינדער וועלן ירשנ'ען דאס לאנד ארץ ישראל, און טוט גלייכצייטיג פאראויסזאגן אז נישט אייביג וועלן אידן באהערשן זייער לאנד, נאר וועלן זיך וואלגערן אין גלות אונטער שווערע אומשטענדן פון ליידן און פיין, ביז די גאולה וועט קומען ווען זיי וועלן זען א גרויסע נקמה אין די פעלקער און ארויסגיין פון גלות דורך משיח צדקינו.

געוועזן איז דאס די אייביגע בונד וואס הקב"ה האט דעמאלט געשלאסן מיט אברהם אבינו, א בונד וואס האט צוגעזאגט דעם נצחיות'דיגן קשר פון אידישע קינדער מיט'ן רבוש"ע און די פארבארגענע און וואונדערליכע הנהגה וויאזוי אידישע קינדער ווערן געפירט דורך השי"ת זעלבסט. דער אויבערשטער האט כורת ברית געווען אויף דעם הויכן מהלך פון גלות וגאולה וואס רירט אן די סאמע יסודות פון די בריאה און איז העכער פון אלע מענטשליכע השגות, אלס א וועג וועלכע פירט ענדגילטיג די בריאה צו איר שלימות און צו דעם הויפט תכלית: "לתקן עולם במלכות שדי."

עקידת יצחק

ווען אברהם אבינו האט מקריב געווען זיין זון יצחק אויף דער עקידה, און דער מלאך ה' האט אים געזאגט אז ער זאל אנשטאט נעמען אן איל, האט אברהם געזען ווי דער ווידער טוט פארפלאנטערן פון איין וואלד צו די אנדערע. דאן האט השי"ת אים געזאגט, אזוי וועלן זיך דיינע קינדער פלאנטערן צווישן די קעניגרייכן, פון בבל קיין מדי, פון מדי קיין יון, פון יון קיין אדום, און ביי דער ענדע וועלן זיי אויסגעלייזט ווערן מיט דעם שופר פון אן איל[29]. דער אויבערשטער האט אים דאן געוויזן דעם בית המקדש אויפגעבויעט, דערנאך צעשטערט, און דאן ווידעראמאל אויפגעבויעט, 'בנוי וחרוב ובנוי'. און אברהם אבינו האט מתפלל געווען פאר דעם בנין הבית המקדש[30].

אין די קינות אויף ת"ב פון התנא רבי אליעזר הקליר, שטייט אז עס איז אנטפלעקט געווארן פאר אברהם און יצחק ביי דער עקידה די אלע ד' מלכיות, און פון גרויס צער און געוויין אויפ'ן

ציון (איכה ד כב), ואז יזדכך העולם להיותו בכוונת הבריאה... וכן אברהם אבינו רמז לו השי"ת באימה חשיכה גדולה נופלת וכ' ארבע מלכיות, ואח"כ הזכיר לו עשרה עממין שזה יתקיים לעתיד"... ועיין עוד שם פר' בלק. וע"ע בספה"ק נועם אלימלך (פר' בהעלותך).

29) ב"ר נו, ט; ויק"ר כט, ח-י.

30) שם, י-יא.

גלות איז די אויגן פון יצחק אפגעשוואכט געווארן[31]. יצחק אבינו האט אבער דאן אויך געזען די געוואלדיגע טובה און מעלה פונעם גלות דורך די קינדער פון עשו וואס וועט פארצייען די זינד פון אידן און זיי גענצליך אויסרייניגען[32].

אויך שפעטער לעת זקנותו, ווען יצחק האט געגעבן די ברכות פאר יעקב אבינו ע"ה, האט אים דער אויבערשטער געוויזן דעם אויפגעבויעטן בית המקדש אין איר פולן פראכט, וויאזוי עס וועט שפעטער חרוב ווערן און פארוואנדלט ווערן ווי אן אויפגעאקערטע פעלד און אזוי אויך דער ענדגילטיגער בית המקדש השלישי וואס וועט צוריק אויפגעבויעט ווערן לעתיד לבא.

יעקב אבינו: מראה החלום

ווען יעקב אבינו איז אנטלאפן קיין חרן און אויפן וועג געזען די מורא'דיגע מראות אינמיטן שלאף אין בית אל, שטייט אין פסוק: והנה סולם מוצב ארצה וראשו מגיע השמימה והנה מלאכי אלקים עולים ויורדים בו[33]. זאגן דערויף חכמינו ז"ל אז דאס איז געווען אזוי ווי ברית בין הבתרים, מען האט אים פון הימל געוויזן די ממשלה פון אלע פיר קעניגרייכן, זייער אויפגאנג און אונטערגאנג, און דער לאנגער שרעקליכער גלות אדום וואס וועט אויסקוקן ווי אן אייביגקייט חלילה, דער אויבערשטער האט אים צוגעזאגט אז ער וועט זיין מיט אידן איבעראל וואו זיי וועלן וואנדערן, זיי צו היטן און שיצן[34]. יעקב אבינו האט געזען דעם בית המקדש אויפגעבויעט די ערשטע צוויי מאל, איר גרויסע חורבן, און דערנאך וויאזוי עס איז ווידער אויפגעבויעט אויף אייביג[35].

אזוי אויך אנקומענדיג קיין חרן האט מען אים געוויזן די גליות פון אידן און איבערהויפט דעם לעצטן גלות אדום וועלכע וועט חרוב מאכן ציון וירושלים, אבער וועט קומען צו איר ענדע ווען משיח וועט קומען[36].

מיט יארן שפעטער, איז די רייזע פון יעקב אבינו אראפ קיין מצרים געווען א רמז אויף זיינע קינדער וואס וועלן פארטריבן ווערן אין גלות אדום, נאךביידע חורבנות פון די בתי מקדשות. יעקב אבינו האט דעמאלט מתפלל געווען לשעה ולדורות אז דער אויבערשטער זאל זיך דערבארעמען אויף זיי אין דעם גרויסן גלות[37].

31) קינות לתשעה באב, קינה יד.

32) שפתי כהן (פר' תולדות, ד"ה וכתב בעל שערי אורה).

33) בראשית כח, יב.

34) פרקי דרבי אליעזר (פרק לה), רמב"ן (בראשית כח, יב), רמב"ם (יסודי התורה, פרק ז, ג).

35) ב"ר סט, ז.

36) ב"ר ע, ח.

37) רמב"ן (בראשית מג, יד).
ובתחילת פר' ויחי כתב: "כבר הזכרתי, כי רדת יעקב למצרים הוא גלותינו היום ביד החיה הרביעית (דניאל ז ז) רומי הרשעה... וכן

כל הנביאים ראו המלכיות

אזוי ווערט אומצאליגע מאל דערמאנט אין מדרשי ואגדות חכמינו ז"ל וואס זענען מפרש די פסוקי התורה והנבואה אז אלע אבות הקדושים און נביאי אמת האבן געזען און מקבל געווען אויף זייערע קינדער דעם שווערן עול פון אריכות הגלות[38], ווען אידן וועלן פארטריבן ווערן פון ארץ ישראל און וואנדערן צווישן פרעמדע פעלקער און לענדער[39].

איבערהויפט איז דאס ענין מפורש אין די נבואות פון דניאל, וואס האט געזען אין חלום די ארבע חיות[40], וועלכע זענען מרומז אויף די ד' מלכיות וועלכע וועלן הערשן אויף אידן. די וואונדערליכע חלומות וואס איז געשריבן אין ספר דניאל איז לויט אלע מפרשים די געשיכטע פון די גרויזאמע ד' מלכיות, זייער אויפגאנג און אונטערגאנג, אלס א חלק פון די פארבארגענע הנהגה פון השי"ת פאר'ן תיקון העולם.

נאכמער, דער גאנצער גלות איז פונקטליך פאראויסגעזאגט געווארן מיט אלע אירע טרויעריגע דעטאלן און פרטים, אין די פסוקי התוכחה פון די תורה הק'. אין פרשת בחוקותי, און בעיקר אין פרשת כי תבא[41], און אין די פרשיות פון נצבים, וילך, האזינו, ווערט שטויגענד אראפגעמאלן די געגנויע שווערע ליידן וואס וועט קומען אויב אידן וועלן חלילה זינדיגן, און די נאכפאלגענדע גאולה ווען השי"ת וועט זיך דערבארעמען אויף זיין געליבט פאלק. פארכטיגע נבואות וועלכע זענען אקוראט נתקיים געווארן במשך די גלות יארן עד היום הזה, ביז די גרויסע הבטחה פון "ושב ה' אלקיך את שבותך ורחמך ושב וקבצך מכל העמים אשר הפיצך ה"א שמה"[42], בביאת הגואל בקרוב.

ווי דער הייליגער רמב"ן שרייבט ביי דער ענדע פון זיין פירוש אויף די שירת האזינו: אויך אויב וואלט די שירה געווען א בריוו פון א געוויסן שטערן-זעהער וואס האט פאראויסגעזאגט פון פריער וואס וועט זיין שפעטער, וואלטן מיר עס אויך געדארפט גלייבן, ווייל ס'איז דאך פארווירקליכט געווארן אלע זיינע רייד ביז היינט אן קיין שום אויסנאם. געוויס דארפן מיר

אנחנו עם רומי ואדום... והגלות ארך עלינו מאד, לא נודע קצו כשאר הגליות, ואנחנו בו כמתים, אומרים יבשו עצמותינו נגזרנו לנו (יחזקאל לז יא), ויעלו אותנו מכל העמים מנחה לה', ויהיה להם, אבל כבד בראותם כבודנו, ואנחנו נראה בנקמת ה', יקימנו ונחיה לפניו".

38) "אמר רבי שמואל בר נחמן כל הנב־אים ראו המלכיות בעיסוקן... (ויק"ר טז, ה, עיי"ש באריכות). ובמדרש (שם יג, ה, ב"ר פח, ה-ו, שמו"ר טו, ז-ו, לה, ה, תנחומא תרומה, ז, ירושלמי פסחים פ"י ה"א). ועיין עוד ליקוט נרחב מדברי חז"ל בספרינו 'אפס בלתך גואלנו', שער א, פרק א.

39) "הנה בארנו במה שיש בו די מענין מלכות רביעית, אשר חלק השי"ת אליו חלק גדול בעולם, עד עידן עדנין. וחכמי אמת והחסידים והקדושים קבלו עול מלכות זה עליהם, כאשר עמדו על סוד מלכות רביעית זאת". (מהר"ל, נצח ישראל, פרק יח).

40) דניאל ב, ושם ז.

41) "אבל הברית שבמשנה תורה ירמז לגלותנו זה ולגאולה שנגאל ממנו... וכן והפיצך ה' בכל העמים מקצה הארץ ועד קצה הארץ (דברים כח סד), הוא גלותנו היום שאנו מפוזרים מסוף העולם ועד סופו". (רמב"ן, ויקרא כו, טז) ועיין עוד בדבריו בספר הגאולה (שער ראשון, סי' כז).

42) דברים ל, ג.

גלייבן און האפן מיט'ן גאנצן הארץ צו די רייד פון השי"ת, פון זיין באגלייבטער נביא משה רבינו ע"ה[43].

אין די פסוקי התוכחה האט דער אויבערשטער אונז אויך צוגעזאגט, "ואף גם זאת בהיותם בארץ אויביהם לא מאסתים ולא געלתים לכלותם להפר בריתי אתם כי אני ה' אלקיהם", אז טראץ די ביטערע צרות וואס אידן וועלן מיטמאכן אין אלע גליות, וועט ער אונז קיינמאל נישט פארלאזן, ער וועט באגלייטן אידן אין אלע שווערע גליות ביז די גרויסע ישועה ווען עס וועט נתגלה ווערן זיין כבוד אויף דער וועלט במהרה בימינו[44].

געניער באדייט פון "גלות": שעבוד, יציאה, פיזור

אין די ספרים פון מהר"ל מפראג ז"ל איז מבואר, אז דער אפטייטש און מהות פון דעם גזירת הגלות, פארקערפערט אין זיך דריי באזונדערע ענינים וואס איז נגזר געווארן אויף אידן במשך דעם גלות[45]. **שעבוד:** אז אידן זאלן זיין משועבד אונטערגעווארפן אונטער די הערשאפט פון די

43) "והנה אין בשירה הזאת תנאי בתשובה ועבודה, רק היא שטר עדות שנעשה הרעות ונוכל, ושהוא יתברך יעשה בנו בתוכחות חימה, אבל לא ישבית זכרנו, וישוב ויתנחם ויפרע מן האויבים בחרבו הקשה והגדולה והחזקה, ויכפר על חטאתינו למען שמו, אם כן השירה הזאת הבטחה מבוארת בגאולה העתידה על כרחן של מינין, וכך הזכירו בספרי (האזינו מג), גדולה שירה זו שיש בה עכשיו, ויש בה לשעבר, ויש בה לעתיד לבוא, ויש בה בעולם הזה, ויש בה לעולם הבא, ולזה רמז הכתוב שאמר (פסוק מד) ויבא משה וידבר את כל דברי השירה הזאת באזני העם, הזכיר "כל" להגיד שהיא כוללת כל העתידות למו.

ואילו [= ואפילו] היתה השירה הזאת מכתב אחד מן החוזים בכוכבים שהגיד מראשית אחרית כן, היה ראוי להאמין בה מפני שנתקיימו כל דבריה עד הנה לא נפל דבר אחד, ואף [= ומכל שכן] כי אנחנו נאמין ונצפה בכל לב לדברי האלקים, מפי נביאו הנאמן בכל ביתו, אשר לא היה לפניו ואחריו כמוהו, עליו השלום". (רמב"ן, דברים לב, מ.). ועיין עוד בדבריו בספר הגאולה (שער ראשון, סי' יב).

44) "שמואל פתח, ואף גם זאת בהיותם בארץ אויביהם לא מאסתים ולא געלתים לכלותם להפר בריתי אתם כי אני ה' אלהיהם, לא מאסתים בבבל, ולא געלתים במדי, לכלותם ביון, להפר בריתי אתם במלכות הרשעה, כי אני ה' אלקיהם לעתיד לבוא". (אסת"ר פתיחה ד).

45) "ועוד שיש לבאר ענין הגלות תחילה... סידר [הקב"ה] את ישראל במקום הראוי להם, שהוא ארץ ישראל. והגלות מן מקומם הוא שינוי ויציאה לגמרי... וכמו כן הפיזור אינו דבר טבעי... ולפיכך פיזור ישראל בין האומות הוא דבר יוצא מן הטבע... ועוד, כי לפי סדר המציאות אין ראוי שתהיה אומה משעבדת באחרת להכביד עול עליה". (מהר"ל, נצח ישראל, פרק א).

"**ודבר** זה ראיה ברורה מחיבת שיהיה קץ לגליותינו, כי אם היו ישראל נשארים בגלותם, היה אפשר לומר כי נסתלק השם יתברך מאתם, והם כמו שאר גויי הארץ. אבל עתה שאינם בארצם, והם תחת רשות אחרים, ועל דבר זה לא נבראת שום אומה ולשון, והוא שלא כסדר העולם, דבר זה אי אפשר שיהיה כך תמיד, ולא יהיה קץ לדבר זה. ועם שאין הדבר הזה רק לזמן, מכל מקום אם לא שהשי"ת גזר דבר זה על ישראל שיהיו בגלות תחת רשות האומות, לא היה לדבר זה קיום אף זמן מה, לגודל ענין זה שתהיה האומה הזאת בארץ אחרת תחת ממשלת זרים. ואם לא כן, היה ראוי שיהיה מחויב אחד משני דברים; או שיהיה חוזר אל הסדר, ויהיה הגלות בטל. או חס ושלום שיהיו גוברים על עצמם לגמרי. אבל שיהיה קיים הגלות מצד עצמו - אינו ראוי לפי הסדר, לכך גזירת השי"ת הוא אשר מעמיד דבר זה". (שם, פרק כד)

"**והנה** נבאר לך בראיות ברורות, כי מורה פיזור ישראל בכל העולם על מעלה אלקית שלהם. וזה כי כאשר היו ישראל בארצם, היה מקומם כאשר ראוי. שכאשר תתבונן בכל הדברים אשר יש להם מקום, הנה מקום שלהם מתיחס וראוי להם. כי כל דבר לפי מה שהוא, יש לו מקום מיוחד. ואין דבר בעולם שלא יהיה לו מקום מתייחס לו, ודבר זה כבר התבאר למעלה. עד שאם הדבר יצא ממקומו המיוחד לו, הוא נחשב אליו אבוד. וראוי לאומה הזאת, שהיא עיקר בעולם, שיהיה מקום ישיבתם בארץ שהוא עיקר העולם. כי ארץ ישראל שהיא ארץ קדושה, ראוי לעם קדוש. והנה יש לישראל שהם עם קדוש, מקום מתייחס להם כראוי. אבל כאשר גלו מן הארץ, אם היו גולים למקום אחד פרטי, אין זה מתייחס אל ישראל, כי ישראל הם עיקר העולם. וכבר אמרנו כי ראוי שיהיה המקום מתייחס לבעל המקום. ולכך נתפזרו בכל העולם, שכך הוא ראוי לאומה שהיא כל העולם, שיהיה מקומם בכל העולם". (שם, פרק נו).

אומות העולם. **יציאה:** אידן זאלן זיך נישט געפינען אין ארץ ישראל נאר זיין פארטריבן אינדרויסן פון זייער לאנד. **פיזור:** אידן זאלן זיין צעשפרייט און צעזייט דורכאויס די וועלט לענדער[46].

דער מהר"ל ערקלערט, אז די דריי שבועות וואס השי"ת האט באשוואוירן, איז געווען צו היטן און פארזיכערן אז די ענינים פון גלות זאל טאקע פארבלייבן אקטועל ביז השי"ת וועט אונז אויסלייזן, דערפאר האט השי"ת באפוילן מיר זאלן נישט רעוואלטירן קעגן די פעלקער, כדי עס זאל בלייבן דער גזירה פון "יציאה", און מיר זאלן זיך נישט צוריקקערן מיט א פאראייניגטן כח קיין ארץ ישראל, כדי עס זאל בלייבן די גזירה פון "פיזור", עד שיעלה רצון מאת הבורא יתברך שמו[47].

די באַדייט פון דעם גזירת הגלות איז אַז אידן ווערן נישט פארערכנט ווי אַ גלייכע פאלק צווישן די פעלקער, נאר זעהן אויס צו זיין פארלוירן און צעשפרייט אָן קיין אידענטיטעט פון אַ הערשאפט אדער היימלאנד, און אָן קיין אייגענע רעגירונג אדער הערשער וואס זאָל זיך אננעמען פאר זייערע רעכטן[48].

טעם פון גזירת הגלות

דער תכלית און תועלת פון גלות ישראל צווישן די פעלקער, איז פון די גרעסטע סודות הבריאה וואס ווערט דערמאנט אין די תורה הק' אינאיינעם מיט בריאת שמים וארץ, אזוי אז דער

46) עיין בספרינו אפס בלתך גואלינו (פרק א), הרבה פסוקי תנ"ך ודברי חכמינו ז"ל על השיעבוד היציאה והפיזור בגלות.

47) "וכבר ביארנו למעלה אצל ידוע תדע כי גר יהיה זרעך (בראשית טז, יג), ידוע שאני ממשכנן, תדע שאני פורקן, ידוע שאני משעבדן, תדע שאני גואלם, ידוע שאני מפזרן, תדע שאני מכנסן (ב"ר מד, יח), כמו שהתבאר למעלה. והם הם אלו דברים שנזכרים כאן, כי כנגד שאני ממשכנן והמשכון הוא תחת מי שממושכן בידו, לכך גזר שלא ימרדו באומות לצאת מתחת רשותם. וכנגד שאני משעבדם גזר שלא יהיו האומות משעבדים בהם יותר מדאי, ואם לא כן, לא היה קיום אל הגלות שגזר השם יתברך עליהם, כי די בעצם הגלות אף שאינו יוצא מסדר העולם, ולכך לא יוסיפו עליהם בשעבוד. וכנגד שאני מפזרן גזר עליהן שלא יעלו בחומה, שזהו קבוץ גליות, והוא ביטול הפיזור. וכנגד אלו ג' יש כאן ג' שבועות, כי שלא יתגברו ישראל ויצאו מרשותם - השביעם שלא ימרדו באומות. נגד השני - שלא יתגברו האומות לגמרי עליהם, השביעם שלא ישתעבדו בהם יותר מדאי. נגד הג' - שלא יפרדו זה מזה, השביעם שלא יעלו בחומה". (מהר"ל, נצח ישראל, פרק כד).

וראה עוד מ"ש במהר"ל מפראג ז"ל, ועוד שיש לבאר ענין הגלות תחלה...סדר את ישראל במקום הראוי להם, שהוא ארץ ישראל. והגלות מן מקומם הוא שנוי ויציאה לגמרי...וכמו כן הפיזור אינו דבר טבעי...ולפיכך פיזור ישראל בין האומות הוא דבר יוצא מן הטבע,... ועוד כי לפי סדר המציאות אין ראוי שתהיה אומה משעבדת באחרת להכביד עול עליה...(נצח ישראל פרק א')

48) אשביתה מאנוש זכרם - גלותנו בין העמים אנחנו יהודה ובנימין, **שאין לנו זכר בעמים ולא נחשב לעם ואומה כלל.** (רמב"ן דברים פרק לב פסוק כו)

בא הנביא לסתור פי החולק עלינו בשמעו את שבחינו בסבלנו הגלות והצרות למען שמו ית' כי יאמר הלא קצת הישמעאלים תחת יד אדום וקצת אדום תחת יד הישמעאלים וכלם סובלים גלותם גם הם ומה דודך ישראל מדוד שככה תשבחנו. על זה השיב ואמר **כי ישראל לוקח ממלכות כי אין לו מלך ולא שר ושופט מה שאין כן האומות הנזכרות כי כל א' בוטחת על בשר ודם מלכו שיושיעהו היום או למחר.** (חסדי ה' להחסיד יעב"ץ (נלב"ע שנת רס"ז), דף כ"ה)

ואמר לו הקדוש ברוך הוא [לאברהם] בחר לך באחד מהם, כלומר בניך יקבלו הפסד או במלכיות או בגיהנם, כי כשם שהגיהנם הוא הפסד **כך המלכיות הם אבוד שבהם ישראל אבודים**, ואמר רב חנינא בר פפא שאברהם ברר לו המלכיות שודאי יותר היה ראוי לברר לו המלכיות כי המלכיות דינם יש לו קץ, אבל הגיהנם לעולם. ור' יודן ור' אבא סבירי להו שאברהם ברר לו הגיהנם, שכן דרך הצדיקים לשנאת עושה רשעה ואומר על הרשעים שירדו לגיהנם, ולפיכך ברר אברהם את הגיהנם, אבל הקדוש ברוך הוא מלא רחמים מביא יסורים על האדם לכפר ולנקותו ולהצילו מן הגיהנם ולכן ברר לו המלכיות, כי כאשר יבאו במלכיות יחשבו כאלו הם אבודים ונפסדים, ואז יוציא אותם הקב"ה מהם ויחדש אותם ברי' חדשה. וכאשר תבין דברים אלו תדע אמִיתתם כי הם דברים ברורים מאוד. (גבורות השם למהר"ל פרק ח).

מענטשליכער פארשטאנד באגרייפט דאס איבערהויפט נישט[49]. דער סדר וויאזוי דער אויבערשטער פירט זיך מיט זיין פאלק דורכאויס דעם גלות, איז פארבארגן און הימליש, אבער דאס איז העכער יעדע צווייפל אז ס'איז דער רצון השי"ת אז אידישע קינדער זאלן אין די צייט פון גלות, זיין פארוואגלט און וואוינען צווישן די גוים אין אלע וועלט לענדער[50], פאר די טובה פון כלל ישראל און פאר'ן תיקון השלם פון די בריאה.

דאס וואס אידישע קינדער זענען פארשפרייט און צעזייט אין גלות, טוט אפריייניגן און אפוואשן זייערע חטאים[51], און עס טוט גענצליך מזכך זיין נשמות ישראל צו דעם אייביגן ליכטיגקייט פון אורו של משיח און די לעכטיגע טעג וואס ערווארט אונז בביאת הגואל[52].

דאס זיצן אין גלות איז מפרסם די אמונה בהשי"ת איבער די גאנצע וועלט[53], די וועלט ווערט גערייניגט[54] און עס ווערט נתברר די ניצוצות הקדושים און נשמות הקדושות וואס דארפן מתוקן ווערן[55]. אזוי ווי עס שטייט אין מדרש שיר השירים[56], אז ווי לאנג אידן זענען נישט געווען ביי אלע זיבעציג פעלקער קענען זיי נישט ווערן אויסגעלייזט. און דער אריה"ק איז מסביר דעם טעם, ווייל אידן דארפן מתקן די אלע נשמות און ניצוצות הק' וואס זענען פארווארפן אין די אלע ערטער.

(49 ויואל משה (שלש שבועות, סי' יח-יט, ומאמר ישוב א"י סי' קט-קיד).

(50 בתוכחה שבתורת כהנים נאמר (ויקרא כו, לא) ואתכם אזרה בגוים, ובפרשת ואתחנן (דברים ד, כו): העידותי בכם היום את השמים ואת הארץ כי אבוד תאבדון מהר מעל הארץ הטובה וגו' והפיץ ה' אתכם בעמים. ובפרשת נצבים (ל א) והשבת אל לבבך בכל הגוים אשר הדיחך ה' אלהיך שמה.

(51 "וכל כך למה, כדי למרק עונותיהן של ישראל, שיהיו כולן טהורין ויבואו לחיי עולם הבא". (תנא דבי אליהו רבא יד, א). "שמתחילת הבריאה ראה הקב"ה מעשיהן של ישראל שיחטאו, ועל כן תיקן להם גלות למרק". (נחמד למראה, על ב"ר ב א-ב,), "כי הנה העבדות והגלות הזה הנה הוא ללבן עונותינו". (רבי חיים ויטאל ז"ל, עץ הדעת טוב, ריש פר' וישלח).

(52 עקידת יצחק (בראשית לג, יד, שער כו). תורת משה אלשיך (פר' תשא). "ויש בגלות סוד וחכמה לזכך הלב שיחול בו הענין האלקי". (הכוזרי, ד, כג).

(53 עיין פסחים (פ"ז ע"ב), "לא הגלה הקב"ה את ישראל לבין האומות אלא כדי שיתוספו עליהם גרים", "היינו לפרסם האמונה גם בשאר עובדי כוכבים" (מהרש"א ח"א שם). ועוד כתב במהרש"א (ע"ז י, ע"ב) "כן הם ישראל, שאלולי הם היה העולם מוחזר לתוהו ובוהו, ועל ידי שפירש ופיזר אותן בארבע רוחות יתפרסם בכל העולם אמונתו ותורתו, והוא קיומו של עולם".
ובפסיקתא (הובא בילקוט ראובני פר' שלח): שעל ידי שישראל גולים בין האומות נתמלא כבוד ה' את כל הארץ, שנתפרסם בכל העולם אמונתו ותורתו".

(54 אזוי שטייט אין ספר עשרה מאמרות להרמ"ע מפאנו ז"ל (ח"ד פי"ג), אז דער גלות איז מטהר די לופט פון אלע מדינות העולם עס זאל קענען זיין די גרויסע השראת השכינה וואס וועט זיין לעתיד, וויבאלד עס געפונען זיך אידן אויף די אלע מקומות און דינען דארט השי"ת.

(55 "טעם הגליות לברר הניצוצות הקדושים אשר בשביה בין האומות". (שער המצות פר' ראה, עץ חיים שער לט פ"ב). "כדי שיבררו הניצוצים של הקדושה מבין הארצות, כי כל מקום ומקום שימצאון שם ישראל באמצעות היסורין והתורה והמצות הניצוצות מתבררים מעצמם". (אוה"ח הק', ויקרא כה, לט).
ועיין עוד בענין זה בספרי קודש, עמק המלך (שער עולם התהו, מג), דגל מחנה אפרים (בחוקותי, ד"ה והשיג לכם), ראש דוד להחיד"א (ויצא, ד"ה דכל הגליות), מאור עינים (תולדות, עה"פ ויאמר ה' לה, ויצא, ד"ה וזה טעם הגלות, ויקהל, ד"ה קחו מאתכם, וריש פר' מטות), באר מים חיים (בראשית, ד"ה ועל הדבר הזה, תולדות, ד"ה נודע לכל, וישלח, ד"ה נודע אשר, שמות, ד"ה יודע ליודעי, נצבים, ד"ה ואמר הדור האחרון), אוהב ישראל (בא, ד"ה הנה יודע), בני יששכר (ניסן, ד, ד"ה ידוע סיבת כל הגליות), אגרא דכלה (נצבים, ד"ה ושב ה'), ליקוטי הלכות (חלה, ה"ד אות ב, ד"ה מה שישראל), תפארת שלמה (כי תצא, עה"פ ושבית שביו), שפת אמת (חנוכה תרנ"ג, ד"ה ארוממך, שמות תר"מ, ד"ה הבה נתחכמה לו).

(56 ב, יט.

דער גאנצער קיום און נצחיות פון דאס אידישע פאלק איז בלויז דורך דעם וואס מען איז פארוואגלט און אויסגעשפרייט בארבע כנפות הארץ, און השי"ת האט אונז דערויף מבטיח געווען אז ווי לאנג מיר וועלן זיין אין גלות וועט ער אונז געדענקן און היטן פון א כליון חלילה[57].

געוויס איז אויך דער רצון השי"ת אז עס זאלן זיין ערליכע אידן וואס זאלן וואוינען אין ארץ ישראל און דארט עוסק זיין בעבודת השי"ת צו מתקן זיין דארט די תיקונים וואס געהערט צו זייער שורש נשמה[58], די ענינים זענען תלוי נאר אין די השגחה מיוחדת פונעם אויבערשטן[59], און די אידן וואס די השגחה העליונה האט צוגעפירט אז זיי וואוינען אין ארץ ישראל ווערן ניצול פון געפאר אין זכות פון די אידן וועלכע זענען מקיים בפשטות דעם גזירת הפיזור בגלות און וואוינען אין חוץ לארץ[60].

'בני, אני תמה היאך המתנתם לי כל אותן השנים'

די איינציגע אויפגאבע וואס אידישע קינדער האבן יא זיצענדיג אין גלות איז צוווארטן און האפן מיט א שטארקייט אויף די ישועה וואס וועט קומען דורך השי"ת אליין, און חלילה נישט פארלירן דאס געדולד און אמונה טראץ דעם שווערן לאנגען גלות[61].

דער מדרש זאגט א משל אויפן פסוק[62] זאת אשיב אל לבי על כן אוחיל:

57) "כי ישיבתנו בגלות היא בהבטחה שאמר לנו (ויקרא כו, מד) ואף גם זאת בהיותם בארץ אויביהם לא מאסתים ולא געלתים לכלותם להפר בריתי אתם כי אני ה' אלהיהם. וכבר פירשתי סוד הברית הזאת, וכי הוא על זמן גלותנו היום ביד החיה הרביעית, ואחר כן יבטיח בגאולה ממנו" (רמב"ן, תבוא בסוף התוכחה, כח מב). וכן מבואר באוה"ח הק' (בחקותי, עה"פ ואף גם זאת). ועיין עוד ויואל משה (מאמר א, סי' יד).

58) "ובודאי שרצון ה' שגם בימי הגלות, אף שנגזרה גזירה על רוב ישראל שיהיו מפוזרין בד' רוחות השמים, גם ארץ ישראל הוא בכלל ד' רוחות השמים, וצריך שיהיו גם בארץ ישראל עובדי ה' ומקיימים מצות התלויות בארץ". (ויואל משה, מאמר ישוב א"י, סי' קטו).

59) "מה שנסתבב כן מהמסבב כל הסיבות, הוא מחמת שכן הוא רצונו ית"ש (שם, סי' קיח, ד"ה ומעתה). "תלוי הכל בהשגחה העליונה כאשר כן הוא בכל הנסיעות" (שם, ד"ה וכיון).

"**כי** אם האדם הולך לדבר עבירה או במחשבת עבירה ר"ל, בודאי שיש לו בחירה לילך נגד רצון הבורא ב"ה, כי הקב"ה אינו נוטל הבחירה משום אדם וכו', ולא שייך לומר בזה מה' מצעדי גבר כוננו, כי במה שאפשר לברר על פי הלכה לאיזה מקום ילך צריך לידע את ההלכה, והבחירה בידו לעשות כדין, אלא שאם רוצה לעשות חפץ הבורא ב"ה ואין מחשבתו לעבירה ח"ו, אלא שאין יודע איזה דרך ישכון אור ואנה ילך, על זה אנו מברכין המכין מצעדי גבר (שם). "והשתא בענין א"י וחו"ל אשר אנחנו לא נדע מי הוא הצריך להיות בא"י ומי הצריך להיות בחו"ל, אין לנו להשען אלא על אבינו שבשמים "שיהי' דעתינו לשם שמים, ואזי השי"ת יכין מצעדינו בדרך האמת" לעשות שלוחותינו המוטל עלינו (שם סוד"ה ומבואר, ושם ד"ה ומבואר).

60) "נמצא לפי זה שישיבת רוב ישראל בגולה כגזירת הבורא ית"ש היא המצלת גם תושבי ארץ ישראל (שם, מאמר שלש שבועות, סי' יד). "ולדעת הרמב"ן המה מצילים בישיבתם בחוץ לארץ את כלל ישראל מכלי' (שם מאמר ישוב א"י, סי' קיח, ד"ה ומעתה).

61) "אין ביד ישראל אלא הקווי, כדאי הן לגאולה בשכר הקווי", (ילקוט שמעוני תהלים רמז תשל"ו). וכן במדרש שוחר טוב (תהלים מזמור מ, אות א, דפוס באבער): "אין ביד ישראל אלא שיקוו שיגאלם הקב"ה בשכר קוה קויתי ה' וכו', שמא תאמר (ירמיה ח, כ) עבר קציר כלה קיץ ואנחנו לא נושענו, קוה אל ה' חזק ויאמץ לבך וקוה אל ה'. תקוה אחר תקוה, חזק ויאמץ לבך, אם קוויתם ולא נושעתם, קוו ושובו וקוו וכו', אם עושין כן, הרי אתם נושעים, שנאמר (ישעי' מט, כג) אשר לא יבושו קווי".

62) איכה ג, כא.

א קעניג וואס האט חתונה געהאט מיט א קעניגן האט איר אפגעשריבן אן אויסטערלישע גרויסע כתובה, מיט אוצרות און פאלאצן. האט פאסירט אז דער קעניג האט איר איבערגעלאזט, ער איז אוועקגעפארן ווייט למדינת הים און געשפעטיגט צוריקצוקומען. זענען אריין אירע שכינות צו איר און געטשעפעט, דער מלך האט דיר איבערגעלאזט און וועט מער נישט צוריק קומען, און זי פלעגט וויינען און קרעכצן. אבער ווען די קעניגן פלעגט אהיימקומען האט זי ארויסגענומען די כתובה און געליינט וויפיל גוטע און וואונדערליכע הבטחות דער מלך האט איר צוגעזאגט און דערמיט האט זי זיך געטרייסט. שפעטער ווען דער קעניג האט זיך טאקע אומגעקערט האט ער איר געפרעגט, 'בתי אני תמה, איך המתנת לי כל אותן השנים', מיין טאכטער, איך וואונדער זיך וויאזוי דו האסט געהאט די כוחות צו ווארטן אויף מיר די אלע יארן, האט די קעניגן געענטפערט, אדוני המלך, ווען נישט די גרויסע כתובה וואס דו האסט מיר געגעבן, וואלט איך שוין לאנג פארלוירן געווארן דורך די שכינים.

דאס זעלבע טוען די גוים טשעפענען כנסת ישראל און זאגן זיי, 'אלקיכם הסתיר פניו מכם וסילק שכינתו מכם', אייער באשעפער האט אייך פארלאזט, ער האט אוועקגענומען זיין שכינה פון אייך און וועט שוין נישט צוריק קומען צו ענק חלילה. און אידישע קינדער וויינען און קרעכצן דערויף.

אבער ווען אידן קומען אריין אין די בתי כנסיות און בתי מדרשות און ליינען די הבטחות האמורות בתורה, 'ופניתי אליכם והפריתי אתכם, ונתתי משכני בתוככם, והתהלכתי בתוככם', ווערט זיי דערמיט געטרייסט, דאס איז זייער נחמה דעם לאנגן גלות.

ווען דער קץ הגאולה וועט אנקומען, וועט הקב"ה זאגן פאר אידן, 'בני, אני תמה מכם היאך המתנתם לי כל אותן השנים', מיינע קינדער איך וואונדער זיך וויאזוי איר האט מיך אויסגעווארט אין דעם שווערן אריכות הגלות, 'והן אומרים לפניו, רבונו של עולם, אילולי תורתך שנתת לנו כבר אבדנו האומות', אידן וועלן ענטפערן אז ווען נישט די תורה הק' וואס דו האסט אונז געגעבן מיט די דברי נבואה ונחמה, וואלטן מיר שוין פארלוירן געגאנגען דורך די אומות.

מיט אט די גרויסע האפענונג און צפי' לגאולה זענען אידישע קינדער דורכגעשווימען די שרעקליכע כוואליעס אינעם גלות המר, דורכאויס אלע שווערע מצבים און זמנים בכלליות ובפרטיות האבן אידן זיך געטרייסט מיט דעם שיינעם עתיד וואס ווארט אונז אפ בעז"ה, מען האט געאטעמט און געלעבט מיט די האפענונג פון די גאולה שלמה און דאס האט געגעבן די כח און שטארקייט אריבערצוגיין אלעס מיט א שטארקע אמונה און נחמה, אם יתמהמה חכה לו כי בא יבוא ולא יאחר.

בזכות נטרונא: אויסווארטן אין גלות

אויף דעם יסוד פון כלל ישראל'ס אויסווארטן די גאולה שלימה, שטייט אין פסיקתא דרב כהנא[63]:

"ווער האט אייך געהאלפן און באפרייט אין גלות מדי? מרדכי ואסתר. ווער האט אייך געהאלפן און באפרייט אין גלות יון? די בני חשמונאים. ווער וועט אייך העלפן פון די מלכות רביעית, דער יעצטיגער גלות אדום? ווארטן! דאס ווארטן אין גלות וועט ברענגען די ישועה פאר אידן. זאגט דער מדרש ווייטער: 'אל תאכלו ממנו נא[64], לא תבעיניה מהבהבה'. דאס הייסט אז מען זאל עס נישט עסן האלב געקאכט, מען זאל נישט כאפן א גאולה איידער די ריכטיגע צייט.

חכמינו ז"ל רעכענען אויס אלע גלות'ן וואו אידן זענען געווען, און דערמאנען די צדיקים וואס אין זייער זכות איז דארט אויסגעלייזט געווארן, אמאל איז עס געווען בזכות מרדכי ואסתר, אמאל בזכות בני חשמונאים, אבער אינעם לעצטן גרויסן גלות זאגט דער מדרש איז דא איין איינציגער זכות, וואס בלויז אדאנק דעם וועלן מיר בעז"ה זוכה זיין צו דער גאולה, דאס איז דער ענין פון אויסווארטן אויף די ישועת ה'. די עבודה פון אידן אין דעם יעצטיגן גלות פון מלכות רביעית איז בלויז צו ווארטן מיט געדולד און נישט בועט זיין אין דעם גזירת הגלות[65].

דאס ענין פון "נטרונא", ווארטן און מצפה זיין לישועה, איז דער יסוד אמונת אומן וואס השי"ת האט באפוילן אידן נאך איידער די ערשטע גאולה, אז אין דעם לעצטן גלות וועט די ישועת עולמים קומען דייקא דורך דעם זכות פון נטרונא, וואס אידן ווארטן אויס מיט אמונה און פרובירן נישט זיך צו באפרייען פונעם גלות, דאס וועט מגין זיין אז מען זאל אויסגעלייזט ווערן פון די מלכות רביעית.

וארשתיך לי באמונה, הגאולה בזכות הצפי'

דאס זעלבע געפונען מיר בדברי חז"ל, אז די גאולה העתידה און דער קיבוץ גליות וועט זיין בשכר פון די אמונה וואס אידן האבן געגלייבט אין די הבטחת השי"ת[66]. אזוי טייטשט אויך רש"י

63) פסיקתא דרב כהנא (פרשת החודש, אות כה, הובא במדרש ילקוט רמז קצא).

64) שמות יב, ט.

65) "ומבואר בזה, שאין לנו עכשיו זכות אחר לצאת מן הגלות, אלא אותו הזכות לשמור ולהמתין שלא לאכול ח"ו נא, ושלא להנות מגאולה כזאת הבאה קודם הזמן", (ויואל משה, הקדמה).

66) "וכן אתה מוצא, שאין הגליות מתכנסות אלא בשכר אמונה, שנאמר (שיר השירים ד, ח) אתי מלבנון תבואי תשורי מראש אמנה". (מכילתא, בשלח, עה"פ ויאמינו בה' ובמשה עבדו). וכתב על זה המהר"ל (נצח ישראל, פרק כט): "ולכך כאשר ישראל מאמינים בו יתברך בבטחון גמור, אז הגליות מתכנסות אל השי"ת, לכך מה נעים תקותינו בו יתברך, ומה יפה אחריתנו של התקוה והתוחלת הזאת, שאם חשבה השי"ת לאברהם לזכות ולצדקה עד עולם, ומכל שכן לישראל המייחלים לחסד ה' תמיד, ועיניהם מצפים וחוזרים ומצפים אל השי"ת".

הק' אויפ'ן פסוק[67] 'וארשתיך לי באמונה וידעת את ה', אז די גרויסע ישועה לעתיד לבא וועט זיין בשכר פון די אמונה וואס אידן האבן געגלייבט אין גלות די הבטחות וואס השי"ת האט אונז פארשפראכן דורך די נביאים. נאכמער איז מבואר בדברי חכמינו ז"ל, אז דער זכות פון האפן צום אויבערשטן איז אזוי גרויס, אז השי"ת כביכול אליין וועט עדות זאגן זיין אויף די אידן לטובה[68]. דער אויבערשטער בעט זיך צו אידן, ווארט אויף מיר, אויך אויב דער גלות וועט זיך פארלענגערן, און איך וועל אייך אין דעם זכות גרויס מאכן אזוי ווי די מלאכים אין הימל[69].

דאס ענין איז מבואר באריכות אין די ספרים הק' אז אפילו אויב אידן פארמאגן נישט גענוג מעשים טובים אז זיי זאלן זוכה זיין צו די גאולה, וועט זיי אבער ביישטיין דער זכות פון די האפענונג וואס זיי זענען מצפה ומחייל צו השי"ת אז ער וועט זיי אויסלייזן פון גלות, דער זכות פון ווארטן איז מגין אויף אידן און דאס וועט אין די ענדע מקרב זיין די גאולה[70].

אונזער איינציגע תקוה און ישועה אין דעם דור שפל פון עקבתא דמשיחא איז די האפענונג צו ביאת המשיח מיט א ריינקייט און נישט בועט זיין אין דעם גזירת הגלות. דער זכות פון נטרונא - אמונה און קיווי לה', באגלייט אידן בשנות גלותם און דאס וואס וועט ברענגען די גרויסע ישועה פאר אידן במהרה בימינו[71].

פרשת הגלות: הכנעה

אין אלע גלות יארן האבן אידישע קינדער געטריי מקבל געווען דעם גזירת הגלות, מען האט נישט רעוואלטירט אדער ווידערגעשפעניגט די פעלקער וואס האבן זיי אונטערדריקט. דער מדרש דערציילט שוין אויף די הייליגע חכמים ז"ל אז איידער זיי זענען געגאנגען קיין רוים זיך טרעפן מיט די קעניגרייך, האבן זיי צוערשט דורכגעלערנט פרשת וישלח, וואו עס איז מבואר

---

67) הושע ב, כב.

68) "אמר הקב"ה, שבועה היא לפני, שכל מי שיחכה למלכותי אני בעצמי מעיד בו לטובה, שנאמר (צפני' ג, ח) לכן חכו לי נאם ה' ליום קומי לעד, אלו אבלי ציון שהשפילו את רוחם ושמעו את חרפתם ושתקו ולא החזיקו טובה לעצמם", (ילקוט שמעוני, נ"ך, רמז תקסז).

69) "אמר רבי אושעיא, אמר הקב"ה לישראל, המתינו לי (אף על פי שיתארכו ימי הגלות לא תדחקו את הקץ, והמתינו לי - יפה קול) ואני עושה אתכם כצבא של מעלה. רבי יודן בשם רבי מאיר, אמר הקב"ה לישראל, אם תשמרו שבועתי אעשה אתכם כצבא של מעלה, ואם לאו, כצבא של מטה". (שה"ש רבה, ב, כ).

70) "המקוה, אף על פי שיש לו מעט מעשים טובים, לא יבוש, שנאמר (ישעי' מט, כג) וידעת כי אני ה' אשר לא יבושו קווי. וזה סוד התיקון, מגודל תקוות כל ישראל באורך הגלות, ובוטחים באמונה שיגאלו. בא חבקוק והעמידה על אחת (מכות כד.) אמונה, תקוה". (אוצרות רמח"ל עמ' רמז). ועיין עוד בספרינו 'אפס בלתך גואלינו' (פרק ב) דברים נפלאים מספריו הק' בענין זה.
אזוי שרייבט אויך דער קדמון רבי יוסף יעב"ץ (פירושו על תהלים לא כד, בא"ד עה"פ אהבו את ה' כל חסידיו אמונים נוצר ה'): "ודע כי זכות גדול הוא לנו מה שאנו עומדים לו בצרותינו מצפים ומחכים ישועתנו".
וכן כתב הגה"ק בעל ישמח משה זי"ע (תפלה למשה, תהלים ה ד): "בזה גופא שאנו מחכים זה זמן ארוך מאוד ואין קול ואין עונה, וכל האומות שוחקים עלינו ואעפ"כ אנו מצפים, זו האמונה לבד יבוא הגואל ב"ב אמן".

71) "וזה טעם כי ידין ה' עמו ועל עבדיו יתנחם (דברים לב, לו), שיזכור ה' ברחמים כי הם עמו מאז, ויזכור כי הם עבדיו שעמדו לו בגלותם כעבדים לסבול הצרות והשעבוד, (רמב"ן, שם כו).

מיט וויפיל הכנעה יעקב האט זיך געפירט מיט עשו, און זיי האבן דערפון זיך געלערנט צו גיין אין זיינע וועגן[72].

דער רמב"ן רופט אן די פרשה פון וישלח, "פרשת הגלות", זייענדיג דער ריכטיגער מעשי אבות וואס איז סימן לבנים, צו צייגן דעם אויסגעטרעטענעם וועג פון אידן בימי הגלות, זיך מכניע צו זיין פאר די רשעי אומות העולם, אראפבייגן דעם קאפ און סובל זיין דעם עול הגוים ועול הגליות מיט א שוויגעניש[73].

ווירקליך איז דער סימבאל פון אידישע קינדער בימי גלותם שטענדיג געווען די הנהגה פון יעקב אבינו ע"ה, 'בפנים כרוכות אני מהלך', שטיל און אונטערטעניגט מקבל זיין דעם גזירת ה'. ביז דעם גרויסן טאג פון נקמת ה' באדום, וועלן אידן זיין נכנע און איינגעהאלטן און אודאי נישט חלילה רעוואלטירן און גיין מיט עזות.

אין ספרי קודש[74] ווערט שטארק מבואר, אז דייקא דורך דעם וואס אידן זענען זיך מכניע פאר די אומות העולם און מ'גיבט זיי אפ דעם פולסטן רעספעקט, דאס איז די גרעסטע התעוררות רחמי שמים אז דער רבוש"ע זאל שוין זעהן אין אונזער ארימקייט און זיך שוין מרחם זיין אונז צו אויסלייזן פונעם ביטערען גלות.

גדול הוא הרועה שמצילן

דורכאויס דעם לאנגן ביטערן גלות האבן אידן אויף א רגע נישט פארגעסן פון אונזער פאסטוך און באשיצער, אידן האבן קיינמאל נישט פארלוירן דאס געדולד און סבלנות, מיט ליבשאפט און געטריישאפט האט כלל ישראל אנגענומען די גזירת השי"ת וויסענדיג אז אלעס ווערט געפירט מיט א חשבון און מיר וועלן נאך ווערן אויסגעלייזט.

דער מדרש דערציילט[75]:

אנדריאנוס קיסר האט געזאגט פאר רבי יהושע, ווי גרויס און וואונדערליך איז די שעפעלע וואס פארבלייבט צווישן זיבעציג וועלף. (נעמליך אידישע קינדער וועלכע זענען אין גלות צווישן די זיבעציג פעלקער)**, האט דערויף רבי יהושע אים געענטפערט: ווי גרויס און וואונדערליך איז דער פאסטוך וואס היט אויף די שעפעלע.** (אידישע קינדער קענען טאקע בדרך

---

72) "גם את כל ההולכים, זו גלות רביעית שהשכיחה כל הגליות, כדבר הזה תדברון אל עשו, שמלכותו מושכת עד המשיח, במוצאכם אותו, בגדולתו אל תקשו עורף לפניו", (מדרש לקח טוב).

73) רמב"ן (בראשית לג, טו).

74) נועם אלימלך (וישלח, בד"ה כה תאמרון), מאור ושמש (שם, ד"ה ויצו את הראשון).

75) אסת"ר (י, יא), תנחומא (תולדות ה).

הטבע נישט איבערלעבן דאס וויילן צווישן אזויפיל פארצוקענדע ווועלף אבער זיי פארמאגן א גרויסן פאסטוך וואס ראטעוועט און היט זיי שטענדיג, **'גדול הוא הרועה שמצילה ושוברן לפניהם'.**

כנסת ישראל איז געגליכן צו א 'רחל לפני גוזזיה נאלמה', שטילערהייט האבן מיר געשפאנט אין די פינסטערניש פונעם גלות מיט אן התבטלות און אמונה צום רצון ה', און אין שאטן פון די גרעסטע רדיפות און רציחות האבן אידן געלעבט מיט דער נצחיות'דיגער האפענונג און פארזיכערונג פון 'לא מאסתים ולא געלתים לכלותם כי אני ה' אלקיהם'[76].

דאס איז וואס האט אונז באגלייט אין גלות און דאס איז אונזער גאראנטיע צו איבערלעבן און דורכגיין דעם שרעקליכן גלות, מען האט אונז פארברענט און פארטריבן, מען האט אונז געקוילעט און אומגעברענגט, געיאגט און געפלאגט, אבער דאס אידישע פאלק האט איבערגעלעבט אלע אירע פייניגער אן דאס מינדסטע דרך הטבע'דיגע הסבה, אן סיי וועלכע מענטשליכער פארשטאנד, בלויז מיט די געטליכע הבטחה פון: 'כי בשם קדשך נשבעת לו שלא יכבה נרו לעולם ועד'[77].

שה אחת בין שבעים זאבים

אזוי זאגט דער חובת הלבבות[78], און דאס זעלבע שרייבט דער מהר"ל[79], אז אויך בימינו אלה קענען מיר זען נסים ענליך צו יציאת מצרים און מתן תורה, באטראכנדיג דעם אומנאטורליכן קיום פון אידישן פאלק צווישן די פעלקער, נאך אזויפיל יארן אין גלות, דאס איז בלויז דער גדול הרועה וואס היט זיי צווישן די אריות ונמרים, ווי עזרא הנביא האט געזאגט[80] 'כי עבדים אנחנו ובעבודתינו לא עזבנו אלקינו'.

באקאנט ביז גאר זענען די ווערטער פון הגאון רבי יעקב עמדין יעב"ץ זצוק"ל, וואס דרוקט זיך אויס אויף דעם וואונדערליכן נס פון די אידישע עקזיסטענץ אינעם גלות, אז ווען מען איז זיך מתבונן דערינען איז דאס פיל גרעסער פון די נסים ונפלאות וואס השי"ת האט געטון מיט אונזערע עלטערן אין מצרים, אין מדבר, און אין ארץ ישראל. וואס לענגער דער גלות ווערט איז דער נס פילפאכיג שטארקער און גרעסער.

---

76) במס' חגיגה (דף ה:): "ואנכי הסתר אסתיר פני ביום ההוא רב יוסף אמר ידו נטוי' עלינו (פרש"י להגן עלינו). ובפירוש רש"י (דברים לג, ג) "אף בשעת חיבתן של האומות שהראית להם פנים שוחקת ומסרת את ישראל בידם, כל קדושיו בידך, כל צדיקיהם וטוביהם דבקו בך, ולא משו מאחריך ואתה שומרם".

77) "וכן הבטיחנו הבורא על ידי נביאיו, שלא נאבד ולא יעשה עמנו כליה, ולא נסור לעולם מלהיות אומה חסידה. וכמו שאי אפשר שיתבטל מציאותו של הקב"ה, כן אי אפשר שנאבד ונתבטל מן העולם. שכן אמר מלאכי (ג, ו) אני ה' לא שניתי ואתם בני יעקב לא כליתם, (רמב"ם, אגרת תימן).

78) שער הבחינה (פרק ה).

79) נצח ישראל (פרק י) באריכות נפלא.

80) עזרא ט, ט.

אונזער ישועה איז נישט דורך קעמפן מיט די אייגענע כוחות, אונזער הצלה איז נישט דורך אהערשטעלן א גוטע באשיצונג, מיר זענען דער עם ה' און מיר ווערן געפירט און דירעקטירט דורך השי"ת אליין. פארקערט גאר, די אלע סארט פעולות בזרוע בשר נעמען חלילה אוועק די שמירה עליונה וואס איז דא אויף אידן אין גלות. אויב אידן זענען חלילה נישט מקיים די עצה פון די תורה זיך צו פירן בהכנעה אין גלות, פארלירט מען דורך דעם די ספעציעלע השגחה און שמירה עליונה וואס איז דא אין גלות, ווי עס שרייבט דער בעל עקידה[81], אז ווען מען וויל אליין צואיילן די גאולה איז פארהאן א געוואלדיגע געפאר פון כליון חלילה[82].

"גלות פאליטיק פון אונזערע עלטערן"

אין זיין קונטרס "אומר אני מעשי למלך", שרייבט הגאון רבי אלחנן וואסערמאן זצוק"ל, דער גרויסער תלמיד פונעם חפץ חיים זצוק"ל, א באזונדערן פרק "גלות פאליטיק פון אונזערע עלטערן", וואו ער באהאנדלט די נייע געפארפולע ווינטן וואס די ציונים האבן דאן געברענגט אויף כלל ישראל. צווישן אנדערע שרייבט רבי אלחנן:

"ביי די ערשטע דורות האָבן יידן געפירט זייער גלות פּאָליטיק לויט די אָנווייזונגען פון די תורה. בשעת די תנאים פלעגן דאַרפן גיין אין רוים אָפּבעטן גזירות אויף יידן, פלעגן זיי פריער דורכלערנען די פרשיות פון יעקב מיט עשו, און דאָרט האָבן זיי געפונען ריכטליניעס צו האַנדלען, (רמב"ן פרשת וישלח).

די לעצטע צייט האט מען דעגראדירט די תורה. ביי די תורה פרעגט מען נאָר שאלות וועגן קדיש זאָגן, אָבער פּאָליטישע פראַגן ה.ה. שאלות וואָס זיינען נוגע דעם גאנצן כלל ישראל, באַהויפּט מען אז זיי האָבן מיט דער תורה קיין שייכות נישט. דערויף האָבן מיר פּראָפעסיאנעלע פּאָליטיקערס און שרייבערס, און זיי זיינען די מנהיגי הדור.

און פון וועלכע קוועלע שעפן זיי די פּאָליטישע מעטאָדן? פון זייער תורה: "נהיה ככל הגוים", די תורת ה' ווערט גענצלעך איגנאַרירט. און אזוי ווי מען דאַרף נאָכמאַכן די גוים אין גאַנצן לעבנשטייגער, דאַרף מען אין פּאָליטיק אויך נאָכטאָן די גוים מיט זייער פּאַרטייען.

81) פר' וישלח.

82) "עברו על השבועה שהשביע הקב"ה את ישראל שלא ידחקו את הקץ, הן המה היו לצור מכשול ואבן נגף לבני ישראל... ולהרחיק מהם השגחת השי"ת הנפלאה אשר לא סרה להראות כחה בגלות החל הזה, (היעב"ץ, מגדל עז, סוף עליית הטבע אות ז).

אָבער זיי ווייסן נישט, אָדער ווילן נישט וויסן, דאָס אויב די יידן וואָלטן פון שטענדיק זיך געפירט מיט דער שיטה: נהיה כגוים, וואָלטן שוין לאַנג קיין יידן נישט געווען אויף דער וועלט, אזוי ווי עס זיינען פאַרשוואונדן פון דער וועלט פיל מעכטיקערע פעלקער. עס איז קלאָר פאַר יעדן דענקענדן מענטש, דאָס יידישע געשיכטע גייט מיט גאַנץ אַנדערע וועגן, אייגנאַרטיקע און אייציקאַרטיקע, וועלכע האָבן נישט זייער גלייכן ביי קיין אומה ולשון.

די וועלכע וועגדן אָן אַלגעמיינע מעטאָדן אין יידישע גלות פּאָליטיק, מעסטן מיט א פאַלשע מאָס און וועגן מיט אַ פאַלשע וואָג. דאָס זיינען אונזערע מאָדערנע פּאָליטיקערס, זיי מעסטן נישט מיט קיין אַנטשפּרעכנדיקער מאָס. די מעטאָדן וואָס זיינען אָנגעמאָסטן פאר די אומות וועלכע זיצן אויף זייער לאַנד, זיינען גאָרנישט צוגעפּאַסט צו דעם יידישן מצב: יעדע רעאַלע פּאָליטיק פאָדערט מען זאָל זיך צופּאַסן צו די אומשטענדן אין וועלכע מען געפינט זיך, און אַזוי ווי דער מצב פון יידן אַן אויסערגעוויינטלעכער, מוזן זיין אונזערע פּאָליטישע מעטאָדן אויך פון אַ גאַנץ באַזונדערער נאַטור. און די מעטאָדן געפינט מען נאָר אין דער תורה וועלכע האָט אַלעס פאָראויסגעזען און אַלעס פאָראויסגעזאָגט.

די צוועקמעסיקייט פון די תורה מעטאָדן האט זיך ארויסגעוויזן אין פאַרלויף פון טויזענטער יאָרן.

וועלכע זיינען די מעטאָדן פון דער תורה? שלש שבועות השביע הקב"ה את ישראל, דריי שבועות האָט דער אויבערשטער באַשוואוירן ישראל: אל תמרדו באומות וכו' (כתובות קיב.). איינע פון די דריי שבועות איז: יידן זאָלן נישט זיין קיין רעוואָלוציאָנערן. ירא את ה' בני ומלך, ועם שונים אל תתערב, און מען האָט אונז געוואָרנט: אויב דו וועט היטן די שבועות איז גוט, און אויב נישט, וועל איך מאַכן איר זאָלט ווערן הפקר ווי די הירשן נאָך וועלכע אַלע יאָגן זיך, זיי צו פאַנגען, השבעתי אתכם בצבאות או באילות השדה.

"ווען דו זעסט אז עס גייט גוט אַ רשע, רייץ אים נישט... ר' חייא זאָגט: ווען דו זעסט אז ער - עשו - וויל זיך אָנרייצן אויף אייך, שטעל זיך אים נישט אַנטקעגן, באַהאַלט זיך ביז זיין צייט וועט אַריבערגיין. זאָגט ריב"ש: יידן זאָגן: רבונו של עולם! זיין -עשו'ס - פאָטער האָט אים געבענטשט, ער זאָל לעבן פון זיין שווערד, און דו גיסט אים דיין הסכמה דערצו, און זאָגסט מיר זאָלן אונז באַהאַלטן? וואוהין זאָלן מיר לויפן? ענטפערט דער אויבערשטער: ווען איר זעט אַז ער גייט אייך אָנגרייפן, לויפט צו דער תורה. (מדרש דברים).

די אַלע מאמרים זיינען איינשטימיק, דאָס יידן טאָרן נישט שטעלן קיין ווידערשטאנד געגן זייערע רודפים, און דאָס איז צוזעקמעסיק לויט די מצב אין וועלכן יידן געפינען זיך אין גלות.

די איינציקע ווירקזאַמע וואָפן וועלכע יידן באַזיצן, זיינען תורה ותפילה. ונצעק אל ה' אלהי אבותינו, וישמע שועתנו, מיר האָבן געשריגן צום אויבערשטער דעם גאָט פון אונזערע עלטערן, און ער האָט צוגעהערט אונזער ווי געשריי. אין כוחינו אלא בפה, מיר זאָלן שרייען, אָבער מיר זאָלן נישט שרייען צו די "קולטור וועלט", צו דער פעלקער ליגע, נאָר צום הימל.

בשעת מען רעדט צו די אומות העולם, זאָלן מיר נישט פאָדערן, נאָר בעטן. לשון רכה תשבר גרם (משלי כה טו), א ווייכע שפראַך ברעכט א קנאָכן. "למה תתראו בפני אחיכם בני עשיו ובני ישמעאל", דאָ שטייט אַ וואָרענונג, יידן זאָלן זיך נישט וואַרפן אין די אויגן ביי די גוים. מיר זאָלן זיך היטן פון געבן אַ געלעגנהייט די אומות צו רעדן וועגן אונז. וואָס ווייניקער זיי וועלן געדענקן און רעדן וועגן אונז, איז אַלץ בעסער פאַר אונז.

נאָר אין איין זאַך זאָלן יידן זיין אייזן פעסט, און נישט נאָכגעבן אפילו כחוט השערה, דאָס איז בשעת זיי זיינען גוזר גזירות אויף דער תורה. בעת נבוכדנאצר האָט גוזר געווען מען זאָל זיך בוקן צו זיין צלם, און חנניה מישאל ועזריה האָבן נישט געפאָלגט, האָבן זיי צו אים געזאָגט: "מלכא נבוכדנאצר, אם מלכא למה נבוכדנאצר ואם נבוכדנאצר למה מלכא? אלא כך אמרו לו: אם למיסים וארנוניות מלכא את, אבל להעבירנו על דת תורתנו לאו מלכא את אלא נבוכדנאצר, את וכלבא שוין. "צו לייגן אויף אונז פאַרשידענע שטייערן ביסטו אונזער מלך, אָבער צווינגען אונז עובר זיין אויף דער תורה ביסטו ביי אונז גלייך ווי אַ הונט." אין דער הינזיכט זאָלן יידן זיין פעסט ווי אַ מויער, זיך נישט בייגן פאַר קיין שום שטורעם-ווינט.

דאָס זיינען אין קורצן די אָנווייזונגען פון דער תורה ווי עס זאָל זיין אונזער אומגאַנג מיט די גויים. און אַזוי האָבן זיך יידן געפירט אין אַלע צייטן, ביז די לעצטע דורות וואָס דאַן זיינען אויפגעשטאַנען מאָדערנע "פירערס" וועלכע ווילן נישט וויסן פון דער תורה מיט אירע עצות. פירן זיי די יידישע פאָליטיק, אַקוראַט פאַרקערט ווי די תורה לערנט אונז. יידן זאָלן קעמפן און פאָדערן, מיט וועמען זאָל מען קעמפן? מיט די מעכטיקסטע מלוכות אין דער וועלט. מיר באַיקאָטירן און טומלען מיט קאָנגרעסן, מיר זאָלן שיסן אויף זיי מיט צייטונגס אַרטיקלען, דערמיט וועלן מיר זיי אָפּשרעקן.

"נביאיך (דיינע רעדנערס און נביאי השקר), חזו לך שוא וטפל ולא גילו על עונך להשיב שבותך ויחזו לך משאת שוא ומדוחים" (איכה ב יד). עס איז ידוע דאָס בעת עס איז געווען נבואה

ביי יידן זיינען אויך געווען נביאי שקר. בשעת די נביאי אמת האָבן געשריגן: "הודע את ירושלים את תועבותיה" (יחזקאל טז ב), האָבן די נביאי השקר געזאָגט אז זיי זיינען עוכרי ישראל, זיי זאָגן נאָר שלעכטס אויף יידן. בשעת די נביאי האמת האָבן געשטעלט זייער לעבן אין סכנה, און האָבן מקיים געווען: 'גוי נתתי למכים ולחיי למורטים' (ישעי' נ ו), דאַן זיינען די נביאי השקר געווען פון די אוכלי שולחן איזבל.

יעצט האָבן מיר נישט קיין נבואה, אָבער נביאי שקר האָבן מיר די והותר: נאַציאָנאַלע און אינטערנאַציאָנאַלע, אוכלי שולחן איזבל, וועלכע שפייזן זיך אין פארשידענע פאָנדן. און אַזוי ווי דאַן האָט דער כלל ישראל שרעקלעך געצאָלט פאַר דעם וואָס זיי האבן זיך געלאָזט פירן פון די נביאי השקר, איז יעצט די זעלבע.

דער מצב פון יידן אין יעצטיקן מאמענט איז דער שרעקליכסטער פון די גאנצע צייט פון גלות. דער כח פון יידן אין אלע צייטן איז באשטאנען אין זייער צוגעבונדקייט צו דער תורה. דאס זיי געגעבן גייסטיקע קרעפטן. די תורה האט זיי געוויזן דעם וועג און האט זיי געטרייסט, געגעבן האפענונג און מוט. יידן האבן געוואוסט אז זיי זיינען נישט עלענד, דען עס איז שומר עמו ישראל.

די לעצטע דורות זיינען אויפגעשטאנען ביי אונז משכילים וועלכע האבן אפגעריסן יידן פון דער תורה, זיינען יידן געבליבן אן וועגווייזערס, אן טרייסט, און אן האפענונג, זיינען זיי יעצט די עלענדסטע אין דער וועלט, און געפינען נישט קיין שום אויסוועג, נאר זיך אליין נעמען דאס לעבן...

סוף דבר: כל זמן מיר לאָזן זיך פירן פון די מאָדערנע פאַרפירערס וועלכע האָבן ארייגעפירט יידן אין קריגסצושטאַנד מיט הקב"ה, האָבן מיר נישט קיין שום אויסזיכט אַז אונזער מצב זאָל בעסער ווערן. פאַרקערט, אַלע טאָג ווערט ערגער. נאָר איין איינציק מיטל צו אונזער רעטונג האָבן מיר: מאַכן שלום מיט השי"ת דעם שומר ישראל, דאַן וועט זיין שלום על ישראל.

ביז אהער פון די לויטערע דברי אמונה פון רבי אלחנן ז"ל.

אונזער איינציגע עצה אין דעם אריכות הגלות איז ווייטער צו גיין אין די פיסטריט פון די אבות הק' מיט הכנעה און אמונה אויך אין די שווערסטע אומשטענדן פון גלות. דאס וועט זיין אונזער זכות זיך צו האלטן אין גלות און אונזער הבטחה געהאלפן צו ווערן בקרוב מיט די גרויסע ישועה באמור לציון מלך אלקיך.

שער ב׳

שלש שבועות

השבעתי
אתכם
בנות ירושלים
בצבאות או
באילות השדה
אם תעירו
ואם תעוררו
את האהבה
עד שתחפץ

(שיר השירים ב,ז; ג,ה; ח,ד)

שער ב'

שלש שבועות

אמר ר' אושעיא, אמר הקב"ה לישראל, המתינו לי (פי' היפה קול: אע"פ שיתארכו ימי הגלות לא תדחקו את הקץ והמתינו לי) ואני עושה אתכם כצבא של מעלה.

(שיר השירים רבה, פרשה ב' פסקא כ').

די נבואה פון די שלש שבועות

די נבואה פון שלמה המלך ע"ה זאגט אין שיר השירים: "השבעתי אתכם בנות ירושלים בצבאות או באילות השדה אם תעירו ואם תעוררו את האהבה עד שתחפץ." השי"ת זאגט: איך באשווער אייך אידישע קינדער, וואס ווערן אנגערופן בנות ירושלים, איר זאלט זיין ווי די הערשן און די אינדן פונעם פעלד, אז איר זאלט נישט ערוועקן די ליבשאפט ביז עס וועט קומען די ריכטיגע צייט.[1]

אין מסכת כתובות[2] איז די גמרא מפרש, אז דערפאר שטייט אין שיר השירים דריי מאל דער פסוק פון השבעתי, ווייל השי"ת האט באשוואוירן אידישע קינדער מיט דריי באזונדערע שבועות: א. שלא יעלו בחומה, זיי זאלן נישט צוריקגיין קיין ארץ ישראל מיט א שטארקייט אזוי ווי א מויער, ב. שלא ימרדו באומות, זיי זאלן נישט רעוואלטירן קעגן די פעלקער, ג. שלא ידחקו

1) שיר השירים ב, ז - ג,ז - ח,ד.

2) דף קיא.

את הקץ, זיי זאלן נישט דרוקן און צוויילן דעם קץ הגלות איידער די צייט וועט קומען.[3]

פירט אויס די גמרא: "בצבאות ובאילות השדה, זאגט רבי אלעזר, השי"ת האט געזאגט צו אידן, אויב איר זענט מקיים אט די דריי שבועות וועט זיין גוט, און אויב וועט איר עובר זיין אויף זיי, "אני מתיר את בשרכם כצבאות וכאילות השדה", וועל איך ח"ו מפקיר זיין אייער פלייש, איר וועט ווערן הפקר אזוי ווי די הערשן און אינדן פון די פעלדער.[4]

צוליב[5] דעם וואס אין לויף פון הונדערטער יארן איז נישט אויפגעקומען ביי אידן אזעלכע באוועגונגען פון דחיקת הקץ, טרעפט מען ווייניג אין די פוסקים במשך די דורות איבער די ענינים פון די שבועות, אבער די טייל פוסקים וואס האבן יא בארירט דעם ענין פון די שבועות, האבן קלאר ארויסגעשריבען די גאנצע הארבקייט פון די שבועות וואס די גמרא ברענגט אן קיין שום חולק[6].

א. שלא יעלו בחומה

די שבועה "שלא יעלו בחומה" איז טייטש, אז אידן טארן נישט ארויף גיין קיין ארץ ישראל אינאיינעם, מיט א שטארקע התחזקות[7] אויף אן אופן פון פרייהייט[8].

לויט די שבועה איז פארבאטן צו מאכן סיי וועלכע פעולות אז אידן זאלן זיך צוזאם נעמען מיט אן אגיטאציע און שטארקע התחזקות ארויף צו גיין באזעצן ארץ ישראל ווילאנג זיי איז אין גלות[9].

3) רבי יוסי בן חנינא לערנט ארויס דריי שבועות פון די דריי מאל וואס עס שטייט דאס ווארט "השבעתי", אחת שלא יעלו ישראל בחומה, ואחת שהשביע הקב"ה את ישראל שלא ימרדו באומות העולם, ואחת שהשביע הקב"ה את העובדי כוכבים שלא ישתעבדו בהן בישראל יותר מדאי. ווידעראום רבי לוי לערנט אז יעדע "השבעתי" האט אין זיך צוויי שבועות, 'תעירו' מיט 'תעוררו', צוזאמען איז פארהאן זעקס שבועות, שלא יגלו את הקץ ושלא ידחקו את הקץ ושלא יגלו הסוד לעובדי כוכבים.
די פוסקים האבן אנגענומען להלכה ווי רבי זירא וואס האלט ווי לוי, אז עס איז פארהאן זעקס שבועות, וואס דערפון איז דער עיקר נוגע די דריי שבועות, שלא יעלו בחומה, ולא ימרדו באומות, ולא ידחקו את הקץ (עיין ויואל משה, מאמר א, סו"ס ט).

4) ענליך שטייט אין מדרש תנחומא (דברים, ד): "רב לכם סב את ההר הזה, זהו שאמר הכתוב השבעתי אתכם בנות ירושלים בצבאות או באילות השדה, שלש שבועות שהשביע הקב"ה בשיר השירים למה, אחת שהשביע הקב"ה את ישראל שלא יגלו את הקץ, ואחת שלא ידחקו את הקץ, ואחת שלא ימרדו על המלכיות, אמר להם הקב"ה לישראל אם אתם מקיימין את השבועות מוטב, ואם לאו אני מתיר בשרכם, כצבאות וכאילות שאין להם דורש ומבקש כך לא אדרוש את דמכם".

5) ויואל משה (הקדמה, עמ' יא, ד"ה וענין זה).

6) "וזה מבואר בגמ' שם, במה שטרחו ליישב על ר' זירא האיך יתרץ פסוקים הללו, ולא עלה על הדעת לומר שאינו נוהג השבועות להלכה, משום שהי' פשוט למסדרי הש"ס דאי אפשר לומר שיש איזה חולק על שבועות הללו")שם).

7) כן הוא מסקנת הדברים בויואל משה (שם סוף סי' י), וביתר ביאור בסי' טז (סוד"ה וצריך לומר), דכל ענין התחזקות קרוי בלשון חומה. אלא דשם כתב דההתחזקות הוא על ידי עלי' מרובה. והוסיף עוד (שם סי' עט, ד"ה כעת), שכל פעולות דחיקת הקץ נכללים בשבועה שלא יעלו בחומה.

8) "והמכוון במה שנאסר עלי' מרובה כחומה הוא אם עולין "בדרך חירות יחד", לא כיחידים העולים "בדרך גירות", (מסקנת מרן ז"ל, שם סי' עט, ד"ה גם).

9) "האומרים שכל ישראל מכל מקומות מושבותיהם יסעו לארץ ישראל, כל אלו מדברים נגד כל דברי חז"ל וכו', "גם יש בזה העברה על השבועה שלא יעלו בחומה", (שם, סי' כג).

דער טעם פון די שבועה איז, ווייבאלד השי"ת האט אונז אויסגעשפרייט אין אלע וועלט עקן, האבן מיר נישט קיין רשות זיך זעלבסט צוזאמען צו נעמען און ארויפגיין מיט א התחזקות קיין ארץ ישראל. אידןווארטן אויף משיח צדקינו און זענען פארבאטן צו טון די פעולות איידער משיח אליין וועט צוזאם קלויבן די גליות ישראל ווען עס קומען די באשטימטע צייט פון השי"ת[10].

דעריבער איז אין די שבועה אויך ארייגערעכנט יעדע סארט פעולה פון זיך וועלן אליין באפרייען פון גלות, דאס אלעס גייט אריין אין דעם איסור פון "עלי' בחומה", זייענדיג א שריט צו מקדים זיין א חלק פון די גאולה פאר דער צייט[11].

ווען די אומות געבן רשות: די שבועה "שלא יעלו בחומה" איז גילטיג אויך ווען די אומות העולם געבן רשות ארויף צו גיין[12], ווייל דער גזירת הגלות אז אידן זאלן זיין צושפרייט אונטערן רשות פון די מלכיות ביז צו די גאולה שלימה דורך השי"ת, איז א הימלישע גזירה פאר די טובה פון אידן און א תועלת פאר די וועלט[13], דעריבער איז א שרעקליכער איסור דאס צו מקדים זיין בעפאר די צייט[14].

נאכמער, אפילו אויב וואלטן די אומות העולם געצווינגען אידן מיט פייננגען ארויף צו גיין אויף אן אופן פון עלי' בחומה, טאר מען אויך נישט גיין[15].

פריוואטע מענטשן: יחידים וואס גייען ארויף, נישט אויף אן אופן פון פרייהייט און א פאראייניגטע פארבאנד, גייען נישט אריין אין דעם איסור

פארשטענדליך אז בזמנינו ווען עס הערשט אין ארץ ישראל א מלכות המינות, אויב וויל מען פארן איינציגוויז דארף מען אויך א שטארקע התבוננות און שיקול הדעת, צי מען וועט חלילה האבן דאס מינדסטע קורת רוח אדער גוטע געפיל לטובת די מדינה וואס קען זיך גרעניצן מיט

10) "ומבואר בזה שאיסור עלי' בחומה הוא מה שרוצים לעשות בעצמם טרם שהגיע הזמן מה שעתיד להיות על ידי מלך המשיח דוקא", (סי' ע"ט, ד"ה כעת, עיין באריכות שם).

11) "שלא לעורר הגאולה טרם שבא החפץ מהשי"ת, וגאולה וקיבוץ גליות חדא הוא", (שם).

12) "דהכא אפילו ברשות המלכיות קאמר, דכיון דה' פזרנו בכנפות הארץ אין לנו רשות להתקבץ ולהיות כחומה לעלות יחד לא"י עד שיקבצנו ה' ע"י משיח, (יפה קול מבעל יפה תואר על שיר השירים). וכן מוכח בדברי הרמב"ן (מאמר הגאולה, סוף שער ראשון), עיין ספה"ק ויואל משה (סי' יא, וסי' יב ד"ה והרמב"ן, ועוד האריך בראיות ברורות בסימן טז-יז, וסי' פו ריש ד"ה ויש טפשים).

13) "ומבואר בזה שרצון הבורא ב"ה הוא לטובת ישראל ולטובת העולם, שבזמן הגולה יהיו ישראל מפוזרין בכל ד' רוחות העולם ולא יעלו לארץ ישראל", (שם, סי' יח).

14) שם (סי' יז, סוד"ה ובזה).

15) שם (סי' כ) בשם המהר"ל מפראג ז"ל שכתב וזה לשונו: "אף אם יהיו רוצים להמית אותם בעינויים קשים, לא יהיו יוצאים ולא יהיו משנים בזה". וכתב מרן ז"ל על זה: "ונמצא לפי דבריו, שלא די מה שאסור לצאת מן הגלות אף ברשות, אלא אף אם יכופו עליהם בכפי' של מיתה ר"ל גם אז אסור לעבור על השבועה".
ווי מרן ז"ל איז דאס מבאר (שם, סי' ע"ו ד"ה ומובן), אז ווייבאלד דאס ענין פון גלות וגאולה איז געבינדן מיט די יסודות האמונה בהנהגת השי"ת, און ביי עבודה זרה און אמונה טאר מען נישט טוען קיין פעולה וואס צייגט אז מען גלייבט נישט חלילה, אפילו באמת גלייבט מען יא. טאר מען נישט מאכן קיין "עלי' בחומה" אפילו ווען דאס איז דורך צוואנג פון די גוים, ווייל עס איז א פעולה פון כפירה וואס צייגט אז מען גלייבט נישט אז השי"ת וועט אונז אויסלייזען אן א פעולה פון א בשר ודם, דערפאר דארף זיך מוסר נפש זיין נישט עובר צו זיין אויף דעם, כדי די גוים זאלען נישט מיינען אז מיר גלייבן נישט.

מחשבות פון כפירה רח"ל. אין ארץ ישראל דארף מען פילפאכיג מער נזהר זיין זיך צו פירן ערליך און הייליג, אז מען זינדיגט דארט אין הייליגן לאנד איז עס אסאך הארבער און מען איז זייער שטארק פוגם חלילה[16].

ב. שלא ימרדו באומות

די פון "שלא ימרדו באומות" באדייט, אז אידן זענען פארבאטן צו ווידערשפעניגען אין די פעלקער כדי צו דערקלערן פרייהייט. מען טאר נישט מורד זיין אין סיי וועלכע פון די אומות העולם, סיי אין ארץ ישראל און סיי אין חוץ לארץ[17], און פארשטענדליך אז די כוונה איז בעיקר אויף דאס פאלק וואס מען וואוינט צווישן זיי[18].

דער זעלבער הארבער איסור פון מרידה באומות און העברה על השבועות בלייבט אויך ווען מען קריגט זיך מיט א ספעציפישע אומה אויף אן אופן פון 'חירות', און עס זענען פארהאן אנדערע פעלקער אדער אפילו די פעלקער פֿאַרבאַנד וועלכע זענען אויך מסכים צו די מרידה[19].

אזוי האבן אידן געוואוסט במשך אלע דורות, אז מען טאר נישט רעוואלטירן קעגן די מלכיות מיט'ן ציל צו ערלייכן פרייהייט, אויך ווען מען האט דורך דעם געליטן אסאך שמדיות ורדיפות[20], ווייל אפילו במקום סכנה טאר מען אויך נישט טוהן קיין שום פעולות פון מרידה באומות[21], נאר האפן צו השי"ת און ווארטן אויף זיין ישועה.

ג. שלא ידחקו את הקץ

אלע מדרשים[22] און די ראשונים[23] טייטשן די שבועה "שלא ידחקו את הקץ" אז מען זאל נישט

---

16) מאמר ישוב א"י סימן קיט והלאה

17) שם (סוף סי' כג), ועיין בספר אור כי טוב (על ויואל משה, ח"א, פרק ד, הערה קנז).

18) שם, (מאמר שלש שבועות, סי' פו, ד"ה ויש טפשים, בא"ד השבועה שלא ימרדו בהאומה שיושבין ביניהם).

19) "ואם שאר כל האומות שבכל העולם יאמרו לישראל למרוד בהאומה שיושבין ביניהם, בודאי שאין בזה היתר למרוד, כיון דסוף סוף היא מרידה וזה אסרה התוה"ק. (שם, ועיי"ש באריכות).

20) "יען מאז הי' ישראל לגוי תחת כנפי אלקיו חסה ויהי' לו לבן וכו', הוא לבדו אסר את ידם בזיקי סבלות מצרים וכו', אבל איש לא ירים את ידו ואת רגלו כל ימי היות ישראל בשבי, וכאשר ייטב בעיני ה' הוא לבדו כאב רחמן באהבתו ובחמלתו ישוב ירחמנו אלה המכות אשר הכיתי את מאהבי הוא לבדו ירפאם וכו', מן הנסיון הנה זה קרוב לאלף ושמונה מאות שנה אשר הוגל ישראל מעל אדמתו וכו', באותם הימים הרבים ההם כמה שינויים נתהוו על פני כל הארץ, כמה עמים שברו עול מלכיהם, כמה עבדים התפרצו על אדוניהם וכו', אך אחת מעט היא, היא שה ישראל הנאלמה אשר עם שהיו כמה פעמים רוב האומה מקובצים יחד ויהיו כארבה לרוב וכו', עם כל זה לא עלה על לבם מימיהם לצאת חפשי ולקשור קשר להשיב המלוכה אליהם וכו', סבלו עול הברזל אשר הוטל על צוארם ואכזריות חמה אשר שופך על נפשם בעתים הראשונים מהגזירות והחרמות והשמדות ר"ל, באהבה, כי ידעו אשר יד ה' עושה כל אלה הוא אמר ויהי וכו' ויט שכמו לסבול", (ספר צרור החיים, חלק קץ הימין, הובא בדברי שאול מבעל שואל ומשיב פר' שמות, עיין שם שהביא כמה מעשיות ממדרשים ופסוקים, והאריך בזה בכמה דפים, ועצם הענין מוזכר בקצרה בדברי מרן ז"ל בויואל משה סי' קע ריש ד"ה ומה שהי').

21) שם, (סי' כ) בשם מהר"ל מפראג ז"ל.

22) שיר השירים רבה (ב, יח), תנחומא (דברים ד), מכילתא (בשלח ד"ה דרך ארץ פלשתים), ילקוט שמעוני (רמז רכו), ועוד מדרשים. תרגום יונתן (שה"ש ב ז).

23) רמב"ם באגרת תימן (ד' בודאפעסט עמ' מו), ושאר ראשונים שהזכירו השבועות לא פירשו בדרך אחר, וכן כתב מרן הישמח משה

טוהן קיין פעולות און השתדלות זיך צו באפרייען פונעם גלות איידער די צייט[24]. אידן טארן נישט צואיילן און פעדערן דעם קץ הגאולה, און זיך באפרייען פונעם גלות איידער די ריכטיגע צייט.

אין דעם כלל גייט אריין אלע סארט פעולות פון השתדלות צו האבן אן אייגענע מלוכה פאר די אנקום פון משיח צדקינו, אדער זיך זעלבסט באפרייען פון דעם שעבוד מלכיות פון די אומות העולם. דאס איז ווייל די גאולה העתידה וועט זיין בלויז דורך השי"ת אליין, אן קיין שום מענטשליכע השתדלות[25], און ווען מ'טוט פעולות צו ברענגען א באפרייאונג מיט די אייגענע כוחות, ווייזט מען דערמיט אז מ'גלייבט חלילה נישט אין דעם יסוד, מען וויל נישטווארטן אויף די ישועה פון השי"ת, וואס דאס איז א חסרון אמונה[26].

רש"י: מפציר זיין בתפלה פאר די גאולה

רש"י[27] איז מפרש די שבועה פון "שלא ידחקו את הקץ", אז מ'זאל נישט מקדים זיין די ריכטיגע גאולה דורך שטארק מרבה זיין און מפציר זיין מיט אזא סארט תפלה וואס זאל צווינגען צו ברענגען די גאולה.

די כוונה איז, דייקא אויף די גאר גרויסע צדיקים וואס האבן דעם כח מיט זייערע תפלות צו פועל'ן בהכרח אין הימל אז משיח זאל שוין קומען, אז זיי זאלן נישט אזוי שטארק איינרייסן צו ברענגן די גאולה פאר די באשטימטע צייט[28]. (א שטייגער ווי רבי חייא און זיינע קינדער וואס די גמרא דערציילט[29] אז זיי האבן געהאט א ספעציעלן כח מיט זייערע תפלות מכריח צו זיין די גאולה אין הימל[30]).

ז"ל (תפלה למשה, תהלים קכז ב).

24) "אמנם הרמב"ם ז"ל באגרת תימן וכו' וכן הוא בכל המדרשים וכו' ובמדרש רבה וכו'", (ויואל משה, שם סי' כד ד"ה ומעתה).

25) "לכשתחפץ מדת הדין מאליה אני מביאה בקולי קולות ולא אתעכב", (מדרש שה"ש שם).

26) "דבעושין פעולות בעצמם לגאולה טרם שמצאו חזון מה' שהגיע הזמן, הוי בזה חסרון אמונה, כדמצינו גם בבני אפרים וכו', אם כן אין שום ספק שעשיית פעולה קלה כל שהיא לנצח בזרוע בשר טרם שהגיע הזמן הוא נגד האמונה בה' ובתוה"ק, (ויואל משה שם, סי' כה).

27) כתובות שם (סי' כ"ד, ד"ה ומעתה, והנה רש"י ז"ל).

28) שם (סי' כט, ד"ה וכבר אמרתי).

29) ב"מ פה:

30) "אליהו הוה שכיח במתיבתא דרבי, יומא חד ריש ירחא הוה נגה ליה (נתאחר אליהו) ולא אתא, אמר ליה (רבי) מאי טעמא נגה ליה למר, אמר ליה אדאוקימנא לאברהם וכו', ולוקמינהו בהדי הדדי, סברי תקפי ברחמי ומייתי ליה למשיח בלא זמניה, אמר ליה ויש דוגמתן בעולם הזה, אמר ליה איכא רבי חייא ובניו, גזר רבי תעניתא אחתינהו לרבי חייא ובניו כו', כי מטא למימר מחיה המתים רגש עלמא, אמרי ברקיעא מאן גלי רזיא בעלמא" (ב"מ שם).

ויש לציין לדברי הרמב"ן בספרו האמונה והבטחון דף שס"ט, וז"ל:

כי מה שאמרו (ילקוט תהלים תתמ"ג) [מפני מה ישראל מתפללים ואינן נענין] לפי שאינם יודעים להתפלל בשם, לא אמרוהו אלא לפי שישראל בגלות ושכינה עמהם ואינם יודעים לעורר האהבה, כי נסתמו מישראל המעינות העוררים, בהשביעם שלא יעוררו את הקץ כמ"ש השבעתי אתכם בנות ירושלים, אבל בשאר ענינים אין ספק כי הם נענים. והתפילה היא שעמדה לאבותינו ולנו מיום גלות ירושלים וברית כרותה לי"ג מדות שלא יחזרו ריקם, וכפי רב המעשה הטוב תועיל התפילה בכל ענין וענין כפי הראוי לגלות, ומעשה דרבי חייא ובניו דבבא מציעא (פ"ה ע"ב) אינו סותר את דברינו כי יתכן לפרש שאותה שעה בלבד היה להם אותו הכח, כמו שאמרו אין לך אדם שאין לו שעה. והראיה לזה בכל יום ויום ר' חייא ובניו היו מתפללים י"ח אע"פ שלא היו יורדים לפני

דער טעם, לויט רש"י, פארוואס השי"ת האט פארבאטן צו איינרייסן און ברענגען די גאולה אויף אזא אופן, איז ווייל פאר די טובה פון כלל ישראל איז נישט גוט אויב די גאולה וועט זיך צואיילן איידער דעם זמן, אפילו ווען עס קומט דורך די הפצרה בתפלה פון צדיקי עליון[31].

פארשטענדליך, אז דער פשט אסר'ט נאר אזעלכע סארט תפלות פון גאר גרויסע מענטשן, וואס האבן דעם כח צו צווינגען אין הימל אז די גאולה זאל מוזן קומען. אבער לגבי אונזערע תפלות וואס זענען נישט אויף די מדריגה, איז זיכער דער רצון ה' אז אידישע קינדער זאלן שטענדיג בעטן און מתפלל זיין פאר די גאולה שלימה אן אויפהער[32], ווי מיר געפינען אז חכמינו ז"ל האבן מתקן געווען אסאך תפילות אויף די ענינים פון די גאולה[33].

לויט רש"י אז "שלא ידחקו את הקץ" באדייט אויף ריבוי תפלה, איז וויבאלד דער איסור פון טוהן מענטשליכע טבע'דיגע פעולות זיך צו באפרייען פונעם גלות איז שוין דערמאנט אין די ערשטע שבועה "שלא יעלו בחומה", וואס באדייט אז מען זאל ניש'ט מקדים זיין סיי וועלכע שריט פון די גאולה, אויף סיי וועלכע וועג, איידער די ריכטיגע צייט. אזוי זעט מען אויך פון רמב"ן[34] און דער יפה קול[35].

דער הארבער איסור פון העברה על השבועות

ווי עס איז מבואר אין מדרשי חכמינו ז"ל, איז דער איסור פון נעמען א אייגענע גאולה איידער די ריכטיגע צייט, פיל הארבער פון אן איינפאכע שבועה[36], עס איז א שרעקליכע כפירה בהשי"ת ובתוה"ק, און האט א דין פון יהרג ואל יעבור.

התיבה בכללם להביא את משיחנו. ועוד איך יתכן לומר שלא היה מחורבן הבית עד דורו של ר' חייא ובניו או בדורות שלאחריהן מי שהיה גדול בחכמה ובמעשים כמו ר' חייא ובניו, ולא נענש אליהו לפי דעתי אלא מפני שגלה השעה. (ספר האמונה והבטחון להרמב"ן דף שס"ט)

31) ויואל משה (שם, סי' כה, ד"ה ובמכילתא). עיי"ש שמביא ראי' ממה שדרשו חז"ל על הפסוק וירד העיט על הפגרים וישב אותם אברם.

32) "ולדינא אין נפק"מ, כי לכל הפירושים "תפלה בלבד לפני השי"ת הותר לנו בדורינו עד אין קצבה", ואדרבה הלואי שיתפלל אדם כל היום, (שם, סי' עט, סוד"ה ואין זה דומה).

33) "הלא בכל התפלות יסדו לנו להתפלל על הגאולה וכו', וצדיקים מסרו נפשם בכל ער. בתפלות האלו (שם, סי' כד ד"ה ומעתה), "ורוב התפלות מיוסדין על הגלות והגאולה, וצדיקים מסרו נפשם בתפלתם על הגאולה עד כלות הנפש, (שם, סוף סי' כח).

34) מאמר הגאולה (סוף שער הראשון).

35) ויואל משה (שם, סי' עט, מד"ה כעת עלה בדעתי, עד סוף ד"ה גם מ"ש רש"י).

36) ויואל משה (שם, סי' לב, ד"ה ולבאר, וד"ה ובעיקר, והמסקנא בסי' ע"ו עד סוד"ה וכבר כתב).
פאלגענד איז טייל פון די הוכחות אז דער ענין פון העברה על השבועות איז פארבינדן מיט מינות וכפירה ח"ו: א) דער מדרש שיר השירים טייטש אויס די פסוקים אין תהלים (עח, כב) "לא האמינו באלקים ולא בטחו בישועתו" אויף די בני אפרים וואס האבן עובר געווען אויף די שבועות און זיי ווערן אנגערופן "לא האמינו באלקים". ב) דער מדרש זאגט אויך אז אויף זיי איז געזאגט געווארען דער פסוק (שם י) "לא שמרו ברית אלקים ובתורתו מאנו ללכת", וואס צייגט אויף דעם חומר העון הנורא. ג) דער מדרש זאגט אז דערפאר איז געקומען אזא עונש אויף די בני אפרים ווייל זיי האבן "עובר געווען אויף דעם קץ, און אויף די שבועה", ער צוטיילט סיי דער איסור העברה על השבועות, און סיי העברה על הקץ, זעט אויס אז עס איז דא נאך א איסור חוץ די שבועות. ד) דער מהר"ל מפראג ז"ל (נצח ישראל פרק כד) שרייבט אז אויף די שבועות איז דא א דין פון יהרג ואל יעבור, און אויב זאל דער גאנצער איסור נאר זיין די שבועות, טרעפט מען נישט ביי אנדערע שבועות דער דין אז מ'דארף זיך לאזן הרג'נען, און נישט עובר זיין, וויבאלד דאס איז נישט פון די ג' עבירות וואס איז ביהרג ואל יעבור, מוז זיין אז דא איז דא נאך א איסור אויסער די שבועות.

די סיבה פארוואס עס ווערט דערמאנט אין די נבואה מיט א לשון פון א שבועה, ווי דער לשון הפסוק 'השבעתי אתכם', איז כדי צו מוסיף זיין אויף דעם איסור הנורא 'אויך' די הארבע עונשים וואס עס איז פארהאן ווען מען איז עובר אויף א שבועה[37], ווי ערקלערט שפעטער.

די 'כפירה' פון דוחק זיין את הקץ

א. כפירה בגאולה ע"י הקב"ה בעצמו:

אין מערערע פסוקי התורה ובדברי חכמינו ז"ל, איז מפורש אז די גאולה העתידה וועט זיין בלויז דורך השי"ת אליין אן דאס מינדסטע דרך הטבע אדער גשמיות'דיגע השתדלות פון מענטשן[38], און דערמיט וועט די לעצטע און אייביגע גאולה זיין אנדערש ווי די פריערדיגע גאולות - וואו השי"ת האט אויסגעליייזט אידן דורך שלוחים ווי משה ואהרן אדער מרדכי ואסתר - אבער די קומענדיגע גאולה וועט זיין אויסשליסליך דורך השי"ת אן קיין שום אנדערע פארמיטלער[39], דער אויבערשטער האט אויף דעם געשוואוירן אז דער ענין פון די גאולה ליגט נאר אין זיינע הענט[40].

אפילו די גאולה פון בית שני - וואס איז געווען אלעס במאמר ה' דורך די קלארע נבואה פון די נביאי אמת וועלכע זענען נאך געווען דאן ביי כלל ישראל - ווערט אבער אנגערופן בלויז א "פקידה", ווייל די חטאים האבן גורם געווען אז עס איז געווען אויך מיט רשות און הילף פון כורש מלך פרס[41]. אנדערש וועט אבער זיין די גאולה העתידה וואס וועט פאסירן אן קיין שום מענטשליכע השתדלות נאר דורך דעם רצון השי"ת, ישראל נושע בה' תשועת עולמים[42], אויף א

---

37) שם (סי' עח, ד"ה אך בשבועת).

38) "ואין צריך להאריך כל כך בכמה קראי ומאמרי חכז"ל המפורשים בהדיא שהגלות והגאולה הם רק בידי הקב"ה והוא בעצמו יביא את הגאולה וכו', "ולא יוכל לחשוב שנעשה מעצמינו גאולה אלא הכופר בתורה ובאמונה", (שם, סי' מח, ד"ה ובגאולה העתידה).

39) כן מפורש בדברי הנבואה (ישעי' ס כב ועוד) ובמדרשי ואגדות חז"ל, מדרש תנחומא (סוף פר' אחרי), ילקוט שמעוני (רמז תקעז), מדרש תהלים (מזמור לא). זוהר הק' (ח"ב דף רלט:, וח"ג דף ו.). ועיין ליקוט נרחב ומאות מראי מקום בענין זה מכל דברי התורה וחכז"ל, בספרינו אפס בלתך גואלינו (שער ג, פרק א).

40) ספרי (האזינו, פיסקא כה), ועיין ויואל משה (סי' מג).

41) עוד טרם נולד כורש מלך פרס כבר התנבא עליו ישעי' הנביא שיבנה את בית המקדש (ישעי' מד מה), ועיין רש"י עזרא (א ב). ובספר עזרא (ה, א-ב) מפורש כי חגי וזכריה התנבאו לבנות את בית המקדש, ואמרו בגמ' מגילה (טו.) כולם נתנבאו לבני הגולה שיחזרו לבנות בית המקדש, ואף על פי כן לא נקרא רק פקידה בעלמא (שם יב.), לפי שגרם החטא (ברכות ד.).

42) מדרש ילקוט (תהלים, רמז תשכז), ומדרש תהלים (מזמור לו), דגאולת בית שני היא כאור הנר לעומת הגאולה העתידה שהיא כזריחת שמש, כי תהיה על ידי הקב"ה לבדו ולא ע"י בשר ודם. ועיין בנצח ישראל למהר"ל (פרק יג).

והרמב"ן (ויקרא כו, טז) כתב: "תהיה גאולה שלימה מעולה על כולן ולא כגאולת בית שני". וכן כתב האברבנאל (ישעי' לה י): "שלא תהי' עלייתם לירושלים כעולי בבל שעלו ברשיון כורש מלך פרס, כי אלה פדויי ה' יהיו לא פדויי בשר ודם". וכתב עוד (זכרי' ב יד): "אל תחשוב שתהיה הגאולה העתידה כפקודת בית שני, לא תהיה כן, כי היא לא תלוי' ברוח אדם כמו כורש או דריוש". ובספרו משמיע ישועה (המבשר השני נבואה ג) כתב, שהשי"ת בעצמו ישיב שבותנו, כמו שנאמר (דברים ל ג) ושב ה' אלהיך את שבותך, ולא תהיה כפקידת בית שני ששבו ישראל לאדמתם ברשיון כורש מלך פרס ומצוותו". ועיין עוד שם (מבשר ג, נבואה ז).

וכתב החתם סופר: "והנה אפשר כבר היה ראוי מכמה פעמים להיות נגאלים גאולה שאינה שלימה וכו', או יותר מזה להיות גאולה ממש כמו בבית שני וכדומה, אבל אין חפץ בזה וכו', מכל מקום אבותינו הקדושים לא יתרצו עתה כי אם בגאולה שלימה,

וואונדערליכן חוץ לדרך הטבע'דיגן אופן, אויף א פארנעם וואס איז נאכנישט געווען זינט דער וועלט באשאף, מיט אויסטערלישע נסים ונפלאות, פילפאכיג מער און גרעסער אפילו פון די נסים פון יציאת מצרים[43].

דעריבער, ווען אידן מאכן חלילה סיי וועלכע השתדלות צו זעלבסט באקומען פרייהייט פון גלות, איז דאס אַן אפענע אפיקורסות אין די פסוקים און דברי חז"ל[44]. דער רמב"ם[45] פסק'נט אז אויב מען גלייבט נישט אפילו אין איין מאמר פון די תורה אדער פון דברי חז"ל, ווערט מען אנגערופן א כופר.

בנוסף דערצו, איז מבואר אין די גמרא און מדרשים[46] אז איידער משיח וועט קומען וועט נישט זיין קיין פרייהייט פאר אידן פון דעם שעבוד מלכיות. דעריבער ווען אידן פרובירן צו מאכן אן אייגענע מלוכה צו דערגרייכן א זעלבסשטענדיגע גאולה פון די מלכיות, איז דאס א באשיינפערליכע פעולה פון כפירה אין די דברי חז"ל דורך דערקלערן אז עס קען יא זיין א חירות איידער די אנקום פון משיח צדקינו[47].

ב. כפירה בהבטחת התשובה:

דער רמב"ם פסק'נט להלכה, דאס וואס די תורה דערמאנט אין מערערע פסוקים[48], אז עס

וטוב לישראל לסבול אורך הגלות כדי שתהי' בסוף גאולה שלימה", (תורת משה פר' שופטים).

43) "הנה ימים באים נאם ה' ולא יאמרו עוד חי ה' אשר העלה את בני ישראל מארץ מצרים כי אם חי ה' אשר העלה את בני ישראל מארץ מצרים (ירמי' טז יד, כג ז), לא שתעקר יציאת מצרים ממקומה, אלא שתהא שעבוד מלכיות עיקר, ויציאת מצרים טפל לו. (ברכות יב:). ועיין עוד בספרינו אפס בלתך גואלינו (שער ג, פרק ב).

44) ויואל משה (סי' מח, ד"ה ובגאולה העתידה).

45) הלכות תשובה (פרק ג, הלכה ח).

46) מס' סנהדרין (דף צט.) ונפסק להלכה ברמב"ם (הלכות תשובה ט, ב). ובהלכות מלכים (יא, א) כתב: "המלך המשיח עתיד לעמוד ולהחזיר מלכות דוד ליושנה לממשלה הראשונה, ובונה המקדש ומקבץ נדחי ישראל וכו', וכל מי שאינו מאמין בו, או מי שאינו מחכה לביאתו, לא בשאר נביאים בלבד הוא כופר, אלא בתורה ובמשה רבינו, שהרי החורה העידה עליו, שנאמר (דברים ל, ג-ה) ושב ה' אלהיך את שבותך ורחמך ושב וקבצך וגו' אם יהיה נדחך בקצה השמים וגו' והביאך ה'. ואלו הדברים המפורשים בתורה, הם כוללים כל הדברים שנאמרו על ידי כל הנביאים".

וכן כתב הרמב"ן (ספר הגאולה): "ודע כי אנחנו הסומכים על דעת רבותינו ז"ל, חושבים כי אנו היום בגלות אדום, ושאין לנו עמידה ממנה עד בא המשיח".

47) ויואל משה (שם, סי' מב, ד"ה ובמדרש רבה).

48) "ואם עדיין לא עשו תשובה, השריש לנו הרמב"ם בהלכותיו שאי אפשר שיהי' גאולה, וכתב שזה מבואר בקרא והבטחה מהתוה"ק שהתשובה מוקדמת לגאולה, "ואם כן מי שחושב ההיפך, שיש מציאות לגאולה בלי תשובה, הרי הוא נגד המבואר בקרא והוא כופר בתורה ר"ל", (שם, ד"ה והודיע).

וכתב הגאון רבי אפרים שלמה זלמן וויינגאט זצ"ל אב"ד ליפנא, בספרו אורה לציון (עמוד 22): הדרך הראשון אשר בחרה לה הציונות, להונות את ישראל... כמה עזין פני האומרים כזאת, שהם אומרים בפיהם שכופרים בתוה"ק שכתוב בה ושב ה"א את שבותך כו', [דברים למ"ד] ושם מפורש ושום שכל כתוב בתורה שבכתב, שהגאולה העתידה בב"א תהי' ע"י התעוררות התשובה, שיתעוררו לשוב בתשובה ויקבלו עליהם לשמוע בקול התורה הם ובניהם בכל לב ובכל נפש, ומפורש שם שהשי"ת ב"ה וב"ש ישיב שבותינו, והשי"ת יביאנו אל הארץ אשר יראו אבותינו, לרשת אותה, והשיבה שישיב אותנו לא תהי' בדרכים טבעים רק בנסים ונפלאות גלוים, למען יכירו כל יושבי תבל כי הוא ית"ש הגואל בלי שום העטפה טבעית, עד שדרשו חכמז"ל והשיב לא נאמר כביכול כו' להורות שבכל צרת ישראל כביכול עמו אנכי בצרה (ועי' עוד הרבה מאמרי חז"ל וספה"ק בענין אין ישראל נגאלין אלא בתשובה בספרינו אפס בלתך גואלינו פרק שלישי).

וזל"ק מרן רבינו הק' מסאטמאר זי"ע, בדרשת אסיפת הרבנים שנת תשי"ח לפ"ק: "ווי מ'זעהט אין די גמרא און אין די ראשונים

וועט נישט זיין קיין פרייהייט פון גלות אן קיין תשובה. די גאולה שלימה וועט נישט קומען איידער גאנץ כלל ישראל וועט תשובה טוהן און זיך צוריקקערן צו השי"ת.

ווען מען טוט השתדלות צו ברענגן פרייהייט און גאולה איידער אלע אידן האבן תשובה געטון, איז דאס א בפירוש'ע כפירה אין די פסוקי התורה און אין די גאנצע הבטחה פון ביאת המשיח וואס איז פון די י"ג עקרים[49].

די אמונה אין ביאת המשיח, באדייט אויך די אמונה אין די פסוקי התורה וואס זאגן פאר אז משיח וועט קומען נאר דורך תשובה שלימה, דאס איז איינס פון די יסודות הדת, און דערויף שרייבט דער רמב"ם[50] אז טאמער עס איז שוואך געווארען ביי א איד איינס פון די יסודות (י"ג עיקרים) איז ער ארויס פון כלל ישראל, ער איז א 'כופר בעיקר', א 'מין' ו'אפיקורס', און אויף אים איז געזאגט געווארען דער פסוק 'הלא משנאיך ה' אשנא'.

ג. כפירה באמונת ההשגחה:

דער סדר פון גלות און גאולה איז גענצליך אנדערש פון אלע אנדערע דרכי השם[51], טראץ דעם וואס יעדע דעטאל אויף דער וועלט ווערט געפירט נאר דורך השי"ת מיט השגחה פרטית, פונדעסטוועגן האט דער אויבערשטער געגעבן רשות אז די בריאה זאל זיך פירן אויף אן אופן פון השתדלות בדרך הטבע, מיר האבן אן ערלויבעניש פון די תורה אז די ברכה פון באשעפער זאל אריינקומען מיט א שלייער פון טבע און מענטשליכע השתדלות. אבער ביי די ענינים פון גלות און גאולה ווערט אלעס געפירט פון השי"ת אליין, סיי די השתדלות און סיי די הצלחה, און עס איז דערביי נישטא דער היתר צו טוהן אייגענע השתדלות בדרך הטבע.

ווען מען פרובירט יא צו מאכן אייגענע השתדלות פאר אן ענין פון גאולה, איז דאס א הכחשה אין די כלליות'דיגע הנהגה פון השי"ת, וואס האט אויסגעשטעלט אז ביי דעם ענין גאולה טוט ער אלעס אליין. וויבאלד מען מאכט השתדלות דארט וואו די תורה האט נישט געגעבן קיין רשות צו מאכען השתדלות, איז דאס א פעולה פון כפירה אין די אלגעמיינע השגחת השי"ת. נישט בלויז לייקנט מען אין די פסוקי התורה פון גאולה ותשובה נאר מען לייקנט אין דעם גאנצן ערשטן אני מאמין "שהוא בורא ומנהיג לכל הברואים"[52], אזעלכע פעולות זענען

אז מ'האט דאס אנגענומען פאר א כפירה, שטייט דאך אפילו ביי די בני אפרים שטייט אזוי, "עברו על הקץ ועל השבועה", ובתורתו מאנו ללכת". דאס איז א כפירה אין דער גזירת הבורא ב"ה, די תורה"ק האט געזאגט ווען ס'וועט זיין די גאולה, און דער רמב"ם זאגט "אין נגאלין אלא בתשובה וכו' מה כתיב אחריו ושב ה' אלקיך את שבותך". אז איך גיי מיך שלאגן מיט די גזירת הבורא און מיט דער תורה הק' איז מען א כופר, איבערדעם זאגט דער מהר"ל (שהוא ביהרג ואל יעבור), דאס איז פשוט, ער האט דאס ענין אנגענומען פאר א כפירה, איבערדעם קאן עס זיין יהרג ואל יעבור".

49) "שאין חילוק בין כופר בהבטחה זו שאי אפשר לגאולה בלי תשובה, להכופר בהבטחה של ביאת המשיח, ואדרבה הוא גרוע יותר, שכבר ביאר החת"ס וכו'. (שם ד"ה ואין ספק).

50) פירוש המשניות, סנהדרין פרק חלק משנה א, אחר שביאר הי"ג עיקרים.

51) ויואל משה (שם, סי' מה, מד"ה וכבר הבאתי עד ד"ה אבל האמת, ואם רואים).

52) "אמנם בעניני הגאולה שבפירוש אסרה התורה הקדושה לעשות שום זיז כל שהוא של דחיקת הקץ, והוי העושה בזה "לגמרי

אין דירעקטן קעגנזאץ צו די אמונה אז דער אויבערשטער פירט די וועלט און אין די יסודות התורה[53]. (מער דערוועגן אין פרק "לא האמינו באלקים.")

ד. כפירה בגזירת הגלות:

ביי די ענינים פון גלות און גאולה געפינען מיר אז דער אויבערשטער האט אנגעזאגט פאר אברהם אבינו ע"ה, ידוע תדע כי גר יהי' זרעך, "ידוע שאני מפזרן תדע שאני מכנסן", זאלסט וויסן אז איך פארשפרייט די אידן אין גלות און איך וועל זיי צ־זאמנעמען. וואס לערנט אונז אז דער גזירת הגלות איז אנדערש ווי די אלגעמיינע הנהגת העולם וואס השי"ת פירט בדרך הטבע, די ענינים פון גלות און גאולה ווערט געפירט דורך די הימלישע און פארבארגענע האנט פון השי"ת, און נאר ער וועט אונז אויסלייזן ווען די צייט וועט קומען.

כך גזרה חכמתו יתברך שמו. דער אויבערשטער וויל אז אידן זאלן זיין צעשפרייט בארבע כנפות הארץ און זיין משועבד אונטער דעם עול מלכיות. אויב טוט מען פעולות זיך זעלבסט צו באפרייען פון גלות איז דאס א מרידה אין דעם גזירת הגלות וואס השי"ת האט באשטימט פאר זיין הייליג פאלק לטובת די גאנצע בריאה און לטובת ישראל.[54] (מער דערוועגן אין פרק "גזירת הגלות."[55])

הארבקייט פון די איסורים

וויבאלד דער שרעקליכער איסור פון עובר זיין אויף די שלש שבועות איז אויך א מרידה וכפירה בגזירת השי"ת, איז דא דערביי פארשידענע חומרות פיל מער ווי ביי אנדערע עבירות:

א. אפילו אויב מען איז עובר בשוגג אויף די שבועות, איז חלילה דא א הארבער עונש[56],

---

נגד האמונה", (שם, סי' עו, סוד"ה וכדי להבין).

53) שם (סי' מה, ד"ה אבל, ומ"ש בפר' בא וכו', וסי' ע"ו שם והבאתי דברי הרמב"ן וכו' ואין לו חלק בתורת משה).

54) ואדרבה הזהירו אותנו חכמים לקבל עלינו מלכות וממשלת האומות, אחר שגזר השי"י שנהי' תחת רשותם ראוי עלינו לקבל ממשלתם ושלא לבטל הגזירה, בפרק בתרא דכתובות (קי"א ע"א) וכו', הרי גודל האזהרה שלא ימרדו במלכות אומות העולם, עד שיהי' ח"ו בשרם הפקר כצבאות וכאילות השדה.

ואין ספק כי טעם דבר זה, שאחר שהנה גזירת השם יתברך שיהיו ישראל תחת האומות, לא יבטלו גזירת השם יתברך בכח, שהי' זה נגד הגזירה, כי אם שיתפללו על מלכות של ישראל שתחזור. (מהר"ל בספרו באר הגולה, באר השביעי).

55) נצח ישראל (פרק כד). וכן מפורש מהעובדא המובא בספר זכות אבות להגאון הקדוש רבי אברהם גאלאנטי זצוק"ל מתלמידי הרמ"ק ז"ל: "אל תתוודע לרשות (אבות א, י), כלומר להשביע השבעות כנגדם ולמרוד באומות ולצאת למלחמה כנגדם, כמו שהעלו על לב אנשי פורטוגאל [שהיה שם גזירת שמד והריגות במיתות משונות כידוע], ורצו להרים ראש להרגם וללכוד המלוכה, והיה שם זקן אחד ושאל על ידי שם אחד, והשיבוהו "אם תעירו ואם תעו־רו" (שה"ש ב, ז), וכמו שפירשו ז"ל (כתובות קיא.) ג' שבועות השביע הקב"ה את ישראל, אחת שלא ימרדו בהקב"ה. וז"ש אל תת.וודע לרשות, דהיינו רשות הרבים, לילית ובן זוגה ס"מ, וע' שרים".

(**וכתב** עליו מרן הק' זי"ע (ויואל משה, סי' עה): ופלא בעיני הלשון שכתב בהשבועה שלא ימרדו בהקב"ה, ולא מצינו לשון זה בשום מקום, וצ"ל הכוונה שאם עוברים על אלו השבועות הוי מרידה בהקב"ה.)

וכן כתב המהר"ל מפראג (באר הגולה, באר השביעי): "הרי גודל האזהרה שלא ימרדו במלכות אומות העולם עד שיהיו ח"ו בשרם הפקר כצבאות וכאילות השדה, ואין ספק כי טעם דבר זה, שאחר שהנה גזירת השי"ת שיהיו ישראל תחת האומות, לא יבטלו גזירת השי"ת בכח שיהיו נגד הגזירה, כי אם שיתפללו על מלכות ישראל שתחזור וכו'."

56) "דאף בבני אפרים שלא היה אלא טעות, מכל מקום כיון שהוא טעות הנוגע לאמונה קרא עליהם את הכתובים הנ"ל [לא האמינו

ווייל ביי די ענינים פון די גאולה העתידה - וואס איז באהאלטן און פארהוילן, און ס'איז דאך נישט נתגלה געווארן דער זמן הגאולה - איז נישט פארהאן דערביי א מקום לטעות, און יעדע מינדסטע פעולה קלה צו נעמען אן אייגענע גאולה איז קעגן די אמונה בה' ובתורתו הק', דעריבער איז אפילו בשוגג אויך דא א טענה אז מ'האט געדארפט קודם מברר זיין בבירור אז דאס איז די ריכטיגע גאולה, איידער מען טוט סיי וועלכע פעולה, ווי מען געפינט ביי די בני אפרים אז זיי זענען נענש געווארן אפילו עס איז נאר געווען א טעות אינעם חשבון פונעם זמן.

ב. אפילו בלויז א 'מחשבה' אין די ענינים איז גאר הארב און קען חלילה ברענגען עונשים[57]. וויבאלד מינות איז הארבער פון ע"ז, איז זיכער אז עס גייען אן דערביי די דינים וואס איז דא ביי ע"ז, אז אויך א מחשבה ווערט גערעכנט פאר א מעשי עבירה. א איד טאר נישט קלערן אז עס איז פאראן א תועלת און א נוצן אין א מדינה וואס קומט דורך עובר זיין אויף איינע פון די שבועות, וואס איז א כפירה ומרידה בצור ישראל וגואלו[58].

ג. עס איז בגדר פון "יהרג ואל יעבור" נישט עובר צו זיין חלילה אויף די שבועות[59], פונקט ווי ביי עבודה זרה. ווייל מינות איז הארבער פון ע"ז פארלאנגט זיך מסירת נפש נישט צו עובר צו זיין דערויף.

ד. דער איסור פון יהרג ואל יעבור איז אפילו אויף א ספק און חשש אז ער וועט עובר

באלקים ולא בטחו בישועתו] ונענשו בעונש מר, ומכל שכן בקץ הגאולה [דלעתיד] שהוא טמיר ונעלם ולא נתגלה אפילו לנביאים ואין לנו שום ידיעה, "ואף אין מקום לטעות", אלא עינינו צופיות למרום שיתגלה לנו מן השמים על פי דרך התורה והמסורה, אם כן אין שום ספק שעשיית פעולה קלה כל שהוא לנצח בזרוע בשר טרם שהגיע הזמן הוא נגד האמונה בה' ובתוה"ק, (ויואל משה, שם, סי' כה ד"ה והנה, ותי' דאף שלפי חשבונם וכו', וד"ה ובמכילתא).

57) "וענין שיש בו מינות וכפירה ר"ל, ודאי פוגם אף במחשבה, כי מינות חמור מע"ז כמבואר בגמ' וברמב"ם, (שם, הקדמה, סוד"ה ועיין רמב"ן). "כי בע"ז מענישין גם על המחשבה וכו', וכל שכן במינות דגרוע מע"ז ועיקרה במחשבת הלב, ודאי דמענישין גם על המחשבה, ויכתב בספר זכרון לא רק הדיבור, כי אם גם המחשבה המסותרת, וצריך להשמר ממנה, (על הגאולה ועל התמורה, סי' עא, ד"ה אמנם).

ווי מרן ז"ל איז מבאר איז דאס נאך הארבער, ווייל באלד ווען מען קלערט זיך צו אנשליסן אין דעם רעיון הטמא, איז מען שוין נכשל געווארען אין א מחשבה וואס האט אין זיך א שורש פון מינות. "וכל החושב לנטות אחר הכיתות האלו נופל לרעיון שיש בו מעיקרי ושרשי המינות ר"ל ואף שאינו מרגיש בתחילת מחשבתו, אבל היא סוף מעשה במחשבה תחלה, (שם סוד"ה אמנם).

58) "וכל מי שיש לו אפילו מחשבה שיש צורך במדינתם, הרי זה מודה בע"ז בלי ספק", (על הגאולה ועל התמורה, סי' מד, ד"ה וגם).

"**מי** היה יכול לצייר לעצמו שימצאין בני אדם שיחשבו שעל ידי כופרים ומסיתים ומדיחים יבוא איזה ישועה לישראל, "דמי שהוא חושב כן הרי הוא מין וכופר" וכו', וכל רגע שסוברין כן שעל ידיהם יוכל להיות איזה ישועה "בודאי נתפס באותו רגע למינות וכפירה ל"ע", והוא דבר שאי אפשר לסבול שיהיו נמצאים גם יהודים לומדי תורה שיאמרו כן, (חידושי תורה וישלח תשי"ז, סוד"ה אבל חילוק).

"**והמאמין** בהשי"ת ובתורתו הקדושה, בשום אופן לא יוכל להאמין כי בא ישועה לישראל על ידם, כי זה הוי כפירה בתוה"ק ובנביאים ובדברי חכמים", (ויואל משה שם, סי' קלח, ד"ה ואם כן).

59) "לכן דעת המהר"ל שלוקחי הגאולה מעצמם קודם הזמן נגד שבועתו של הקב"ה, וחושבים שהם בזרוע בשר יכולים לבטל שבועתו של הקב"ה, הוא כפירה גמורה בתוה"ק ובאמונה וכו', וזה גרע מכפירה בביאת המשיח, על כן דעת המהר"ל בהחלט שהוא באיסור יהרג ואל יעבור כדין משומד, כמו כל הענינים שיש בהם מינות וכפירה בתוה"ק, (שם, סי' עו, ד"ה וכבר כתב).

זיין אויף דעם איסור, אזוי ווי יעדע ענין פון אפיקורסות איז דא דער איסור פון יהרג ואל יעבור אפילו אויף א ספק[60].

ה. אויך ווען מען איז עובר דעם איסור פון דחיקת הקץ בלויז מיט א פעולה חיצוניות און מען האלט נישט אזוי אין הארצן, איז דאס אסור ביהרג ואל יעבור. אזוי ווי ביי ע"ז וואס דער חיוב פון מסירת נפש איז אז עס זאל נישט אויסקוקען ווי מען איז מודה צו דעם[61].

דאס איז אין צוגאב וואס ביי די שבועות פון דחיקת הקץ האט דער פסוק מוסיף געווען דעם עונש נאכמער ווי ביי אנדערע שבועות, ווי עס שטייט 'אני מתיר את בשרכם', וואס מען געפינט נישט ביי קיין שום שבועה[62]. און אויך האבן חכמינו ז"ל בפירוש געזאגט, אז די עבירה טוט מאריך זיין דעם גלות[63], און איז באשיינפערליך מעכב גאולתינו ופדות נפשינו[64].

פרטים און הלכות ארום די שלש שבועות

די שלש שבועות זענען איסורים מפורשים והלכות קבועות, און ווערן געברענגט און אנגענומען להלכה דורך רבותינו הראשונים והאחרונים אשר מפיהם אנו חיים (זעה באריכות אין הערה)[65].

---

60) "דאף במקום דהיא רק ספיקא דחשש אפיקורסות, הוי ספיקא דאורייתא לחומרא, ולא שייך בזה ספק נפשות להקל, (שם, ד"ה וכדי להבין, בשם המהר"ם שיק ז"ל).

61) "והרי במה שנוגע לאמונה, החיוב למסור נפשו להריגה עבור זה, "שלא יחשבו עליו שיש בו כפירה ר"ל", אף שאין האמת כן, (שם, ד"ה ומובן).

62) שם (ד"ה בפרט בשבועה זו).

63) עי' סנהדרין צ"ח ע"א: אין בן דוד בא עד שתכלה מלכות הזלה מישראל. (פי' רש"י שלא תהא שום שלטנות לישראל אפי' שלטנות קלה ודלה). וכתב הרמב"ם באגרת תימן: כשיחשבו העכו"ם שאומה זו לא יהיה לה לעולם ממשלה, ולא יגאלו מן השיעבוד בו, וכל החכמים כלם פה אחד בעצה זאת, אז יגלה המשיח. ובספר תורת הקנאות להגר"י עמדין ז"ל, עבר על השבועה שהשביע הקב"ה את ישראל שלא ידחקו את הקץ, והוא דחק את השעה, לפיכך השעה דחקהו ונהפכה לו לרעה, ועונת הקץ הימין בימיו לא הגיעה. וע"ע בתהלים תפלה למשה עה"כ שוא לכם משכימי קום (קכ"ז ב) "שוא לכם משכימי קום", רצ"ל שהם משכימין ה"קום" הרומז על הגאולה - קום בתולת ישראל - בשקר ובהבל קודם זמנו, ועי"ז בעוה"ר "מאחרי שבת", כי מאריכין הגלות.

"**גם** אמרו חז"ל בפירוש על זה שמאריך את הגלות (שם). ולהלן (סי' מג) כתב: "ובילקוט פרשת בא וכו' מבואר בזה שבגלות הרביעית אין מי שיפרע מהם אלא זכות הנטרונא, לשמור ולהמתין ולקיים אל תאכלו ממנה נא, שרצה לומר קודם שבא העת וכו', ולוקחים באכילה המרה הלזו והאריכו את הגלות בעוה"ר". ועיין עוד לעיל (סי' כד, סוד"ה ובמדרש): "ובעוה"ר שעברו על השבועה ולא המתינו עוד מעט מזעיר, האריכו הגלות בעוה"ר עד אשר ירחם ה' על עמו ועל ארצו".

ודברים נוראים צעק מרן ז"ל בליל כניסת יום הקדוש שנת תשי"א לפ"ק בזה הלשון: "אני מכריז ומודיע ביום הקדוש הזה (יוכ"פ), ובמקום קדוש, ובספר תורה שבידי, שברור בעיני, דלולא הגאולה חשיכה ומרה שנטלו להם הכופרים בארה"ק בזרוע בשר, מכבר היינו עומדים אחר הגאולה שלימה וכבר היינו פטורים מכל הצרות, ורק דין גרמא דעציראה, שעל ידי זה נתעכבה גאולה האמיתית על ידי שלקחו להם גאולה לפני הזמן", (דברי יואל מועדים ח"א, עמ' שכח). ועיין עוד כעין זה בס' דברי יואל להושענא רבה (עמ' תסג).

64) ומה שאמר רבי אלעזר שהשביעם בשמים ובארץ, כלומר שהשביעם בשמים ובארץ שהם שומרים הסדר אשר השם יתברך סדר אותם, ולא ישנו ולא ימירו את אשר גזר השם יתברך, ואין אחד שיעבור. וכך ישמרו ישראל מה שגזר השם יתברך בגלותם על ישראל. וכמו שאם היו יוצאים שמים וארץ ממה שסדר השם יתברך להם, דבר זה היה הפסד לעולם, וכך אם יהיו יוצאים ישראל ממה שגזר השם יתברך הגלות, הוא איבוד לישראל, לכך לא ישנו הגזירה. (נצח ישראל פרק כ"ד).

65) די שלש שבועות ווערן נעתק און גע'פסק'נט להלכה אין אגרת תימן להרמב"ם, שו"ת הריב"ש (סימן קא), שו"ת הרשב"ש (סי' ב), מגילת אסתר על הרמב"ם (ספר המצות עשה ד, לדעת הרמב"ן), כפתור ופרח (פ"י עמ' קצז), אור זרוע (ח"ג פסקי ב"ק פ"י סי' תס), פסקי ריא"ז האחרון (כתובות פי"ג ה"ח), שו"ת מהרשד"ם (חו"מ סימן שסד), פאת השלחן (הלכות א"י סי' א, ס"ג), חתם

וועז די פעלקער פייניגן אידן

טראץ דעם וואס השי"ת האט אויך באשוואוירן די פעלקער אז זיי זאלן נישט משעבד זיין אידישע קינדער מער ווי די מאס (כמבואר בכתובות שם), פונדעסטוועגן זענען די שבועות נישט פארבינדן, און אפילו ווען די אומות העולם זענען עובר אויף זייער שבועה און פייניגן אידישע קינדער חלילה, איז נישט ערלויבט פאר אידן צו עובר זיין די שבועות אויף וואס זיי זענען באשוואוירן געווארן[66]; ס'איז נישט געבינדן איינס אין צווייטן, די שבועות זענען אן איסור פאר

סופר (דרשות, ז' אדר שני תקפ"ו), ערוך השלחן (חו"מ ס"ב ס"א). ועיין עוד בספרינו אפס בלתך גואלינו (שער ב, פרק ג).

"**והנה** זה ודאי שאלו השבועות המה הלכות קבועות בלי שום חולק, שהרי רב יהודה בסוף כתובות שחידש את ההלכה שאף יחיד אסור לעלות למדו מאלו השבועות, ורבי זירא שחלק על ר"י בהלכה זו טרחו שם בגמ' ליישב ולפרש השבועות גם אליבי', אלמא שאי אפשר לומר שיש איזה חולק באלו השבועות, אלא כולי עלמא מודי בהו דהלכתא רבתא נינהו בעונש חמור ומר ר"ל", (ויואל משה, הקדמה).

והמהר"ל בבאר הגולה (באר ו) ביאר הטעם שאין למדין הלכה מתוך אגדה, כי לא נתבררה ע"י קושיות ותשובות, ונמצא מדבריו אשר השבועות שנתבררו בגמ' כתובות הנ"ל המה להלכה ואינו כלל דרך אגדה, דהרי נושא ונותן בדין אי יחידים רשאין לעלות ודנו בזה למעשה אם נלמד מפסוקים הללו איסור לעלות לא"י גם ליחידים דזה תלוי בפירוש השבועות. מפורש מזה שאלמלי היה יוצא מפירוש השבועות שאסור גם ליחידים לעלות, הי' אסור להם לעלות, ולא הי' שייך בזה היתר מכח שהוא דברי אגדה.

וחוץ ממה שאינו נכון לומר שאין למדים מדברי גמרא מכח טענה זו דאין למידין מדברי אגדה, דמדברי הגמ' לומדים הלכה למעשה אף אם נאמר דרך אגדה, כן מפורש במקור הדבר בענין זה דאין למדין מדברי אגדה, בירושלמי (מס' פאה פ"ב ה"ד) דאמרו שם הלשון: אין למדין לא מן ההלכות ולא ההגדות ולא מן התוספתות "אלא מדברי הגמרא", הכוונה שאין למדין מדברי המדרשים שנאמרו דרך אגדה, אבל מן הגמרא למדין אף אם נאמר דרך אגדה כאשר אינם סותרים את דברי התלמיד במקום אחר, עיין שדה חמד (מערכת הא' אות צה) שהביא כן בשם הרבה פוסקים, וכן דעת רבינו תם (ספר הישר, מ"ה ג), וכן מוכח מתוס' (ברכות מח. ד"ה ולית), וע"ע בספר האשכול (הל' טומאת הכהנים), ש"ך (חו"מ פ"א נ"ו), כנסת הגדולה (כללי הגמרא ע), יד מלאכי (מערכת א אות עב), חיד"א (עין זוכר, א מב), פרי חדש (או"ח קכח, כ), שו"ת שבות יעקב (ח"ב, קעה), רד"ל (ב"ר נו, יד).

66) כן מצינו בגלות מצרים שמררו המצרים את ישראל יותר מדאי [ולדעת כמה ראשונים אף נענשו מטעם זה], כמבואר במכילתא (דרשב"י פ"ג), רמב"ן (בראשית טו, יד), השגות הראב"ד (הלכות תשובה ו, ה); רוקח (הגדה של פסח ד"ה ובמשה עבדו); קול אליהו (להגר"א פר' בא), ואף על פי נענשו בני אפרים קשות, ומבואר במדרש דסיבת העונש היה על שעברו את השבועה.

ובשעת חורבן בית ראשון עשו בבל הרשעה אכזריות נוראה על ישראל, ויטילו את עמך ישראל לחרב ויהרגו בזדון חסידי עליון, וכן בשעת חורבן בית שני שעברו מלכות רומי על השבועה והרגו טבחו ולא חמלו עד שכמעט אבדה שארית יהודה, (כמובא בפרק הנזקין דמס' גיטין, ובפתיחתא דמדרש איכה), ואף על פי כן מבואר במדרש (שהש"ר ב, יח) דחומר העונש שנענשו דורו של בן כוזיבא היה בשביל שעברו על השבועה. וכן מצינו בגמ' כתובות (קיא.) שטרחו ליישב דברי רבי זירא, האיך יפרש פסוקים הללו של השבועות, ולא אמרו שכבר נתבטלו אחר שעברו האומות על שבועתם בשעת החורבן, מזה נראה דאין הו"א כלל לומר שכבר נתבטלו השבועות אחר שעברו האומות על השבועות באכזריות נוראה.

וב"אגרת תימן" להרמב"ם כתב לבני תימן שעברו רדיפות קשים וצרות משונות מבני ישמעאל, ובכל זאת הזהירם בתוכחת מוסר בדברים בוטים כמדקרות חרב לבל יעברו על השבועה. וכן מבואר בספר זכות אבות להקדוש רבי אברהם גאלאנטי זצ"ל, שהזהירו משמים לאנשי פארטיגאל בימי גלות שפאניע שלא ירימו ראש נגד המלכות, שלא ימרדו בהקב"ה, ואף שעברו עליהם גזירות שמד והריגות במיתות משונות ר"ל. וכן נראה בתרגום יונתן בשיר השירים, שפירש השבועה האחרונה שלא למרוד במחילותיו דגוג ומגוג, אף כי ודאי המה עוברים על השבועה.

ויותר מזה מפורש בנצח ישראל למהר"ל (פרק כד), שכתב בהדיא שאף אם רוצים האומות ח"ו להמית אותם בעינויים קשים לא יהיו יוצאים. ועיין עוד ישועות משיחו (לר"י אברבנאל ח"א). וכן כתב להדיא הגאון רבי יצחק פאלאג'י ז"ל (יפה תלמוד, כתובות קיא.) שאין השבועות תלוין זה בזה, עיי"ש שהאריך.

"והטעם מובן, לפי שאין זה כמו שנים שנשבעו זה לזה שתלוי שבועות האחד בחבירו, אלא יש טעמים נשגבים גלויים ונסתרים על עצם הענין שלא לדחוק הקץ, ויש בזה מינות וכפירה ר"ל וכו', שכל עניני החירות והגאולה וקיבוץ גליות וכדו' הוא אך בידו של הקב"ה ולא נמסר לשום בריה, וסכנה גדולה לנגוע בקצהו טרם שיעשהו הקב"ה ע"י משיח בן דוד צדיקו וכו', וא"כ אין נפק"מ בזה מה שהאומות עברו על השבועה, דכי בשביל שעברו המה על השבועה הותר ח"ו לעשות דבר או חצי דבר שיש בו מינות וכפירה ושאר סכנות ר"ל". (ויואל משה, מאמר א, סימן עט).

וכן בס' מעשה ידי יוצר להגאון מהרש"ק ז"ל (ד"ה ואת לחצינו), הזכיר במפורש שנענשו בני אפרים על שעברו על השבועה, אע"פ שמבואר בכתוב וימררו את חייהם, שהיה השתעבדות יותר מדאי. (עיין ויואל משה שם שהביא דבריו). "ואין צריך להרבות בזה בראיות, כי הדבר פשוט דלאו הא בהא תליא, ואין בזה אלא להסית ולהדיח לעבור על התוה"ק", (שם סי' עה, סוד"ה ויש

זיך זעלבסט, עס איז נישט אנגעבינדען אין קיין אנדערע זאכן אדער אין די רשעות ורציחות פון די אומות העולם, ה"י.

מיט רשות פון די אומות העולם

אויך ווען אידן ערהאלטן רשות פון די אומות העולם צו עובר זיין אויף די שבועות, בלייבט עס דער זעלבער שרעקליכער איסור, דער חומר העון איז איבערהויפט נישט תלוי אין די ערלויבעניש אדער הסכמה פון די פעלקער[67].

ווען עס ברענגט נישט קיין הירות

אויך ווען די פעולות פון זיך באפרייען פון גלות ברענגט נישט קיין רעזולטאטן, איז דא דערביי די אלע שרעקליכע עונשים, ווי מיר געפינען ביי די בני אפרים, און ביי די געשיכטע אין תימן ווי דער רמב"ם האט אנגעזאגט אידן נישט עובר צו זיין אויף די שבועות, טראץ דעם וואס ביי די אלע פעלער האט זיך עס אויסגעלאזט מיט נאך גרעסערע גלות ויסורים. וויבאלד יעדע השתדלות זיך זעלבסט צו באפרייען פון גלות, איז אין כלל פון דעם איסור. דאס גופא האט די תורה פארבאטן, צו טוהן אזעלכע סארט פעולות, אפגעזען פון דעם פאקט אז דאס ברענגט נישט קיין גאולה נאר דאס פארקערטע[68].

אפיקורסים).

67) לא מבעי' לדעת רוב הפוסקים שהשבועה "שלא יעלו בחומה" קאי אף ברשות האומות (רמב"ן, יפה קול, עקידת יצחק, אברבנאל, אהבת יונתן וע"ע בספרינו אפס בלתך גואלינו שער ב' פרק שני), אולם אף להאבני נזר ודעימי' שפירשו השבועה בדרך מלחמה שלא ברשות, לא אמרו זה אלא על השבועה שלא יעלו בחומה, אבל על השבועה השלישית שלא ידחקו את הקץ, אדרבא כתב רש"י ז"ל דקאי על המרבה בתחנונים, אף שאינו עושה שום פעולה לא בדרך מלחמה ולא שום פעולה אחרת שבעולם, אלא מרבה בתחנונים בלבד, כי על עצם הענין של מהירות הגאולה חלה השבועה, ואין נפקא מינה בזה כלל דעת האומות אם הוא ברשות אם לאו. והלא יתר מזה כתב המהר"ל, שלא רק אם האומות מסכימים חלה השבועה, אלא אף אם האומות כופין אותם בכפי' של מיתה וכל מיני עינויים קשים ר"ל אסור לעבור על השבועה.

וגם ברור מה שהבינו מלשון ביד חזקה בדרך מלחמה וכדומה, הכוונה על האומה היושבת שם, שאם צריכים ללחום עמה ודאי דהוי ביד חזקה, ומה ששאר האומות מסכימים לא מעלה ולא מוריד, וכמו כן הוא בעליה לארץ ישראל, דאם העליה הוא עכ"פ ביד חזקה, אין בכח כל שאר האומות להתיר. זה הוא דבר פשוט וברור אף לפי דעת האבני נזר". (שם, סי' פו).

68) "דודאי אם אין רצון הבורא ית"ש בזה, אין בו הצלחה, דאם ה' לא יבנה בית שוא עמלו בוניו בו, אלא דעשיית צעדים לבטל גזירותיו ית"ש על ידי זרוע בשר הוי כפירה בעיקר, אף אם אינו משיג מאומה", (שם, סי' פב).

"**וממילא** כל פעולה שעושין בזה, אף שלבסוף יעלה בידם חרס, מכל מקום בהפעולות והמעשים שעשו בזה לבד עברו כבר על השבועה", (ויואל משה, הקדמה, ד"ה אולם).

שער ג'

לא האמינו באלקים

אם ה' לא
יבנה בית
שוא עמלו בוניו
בו, אם ה'
לא ישמר
עיר שוא
שקד שומר

(תהלים קכז, א)

שער ג'

לא האמינו באלקים

שאין לאדם חלק בתורת משה רבינו
עד שנאמין בכל דברינו ומקרינו שכלם
נסים אין בהם טבע ומנהגו של עולם

(רמב"ן פרשת בא)

צו פארשטיין און באגרייפן מיט א ברייטערן בליק די טיפע שרשים פון מינות און כפירה אויף וואס די טומאת הציונות איז געגרינדעט און באזירט ביז צום היינטיגן טאג, איז צום אלעם ערשט וויכטיג צו כאפן א טיפערן איבערבליק ארום די יסודות האמונה און די סוגיא פון אמונה בהשגחה ובטחון בהשי"ת, ענינים וואס ווערן אויסגעברייטערט אין די דברי הראשונים כמלאכים אשר מפיהם אנו חיים און זענען וויכטיג פאר יעדן איד צו לערנען און וויסן, וידעת היום והשבת אל לבבך כי ה' הוא האלקים בשמים ממעל ועל הארץ מתחת.

עס איז בלויז פארשטענדליך, אז אויב ווייסט מען נישט וואס איז דאס אמונה, פארשטייט מען זיכער נישט די דקות'דיגע ענינים פון כפירה בה' ח"ו[1]. אלזא איז שטענדיג אקטועל צו

1) הקדמת הרמב"ם לפירוש המשניות וז"ל: ומפני אלו הסבות סדרו החכמים ע"ה דבריהם בדרשות על ענין שירחיקהו שכל הכסיל לפי מחשבתו. ואין ראוי לסמוך החסרון אל הדרש ההוא, אבל יש לחשוב שהחסרון בא משכלו. וכשיראה משל ממשליהם שהוא קשה להשכיל אפילו פשוטו, **ראוי לו להשתומם מאד על שכלו, שלא הבין הענין, עד אשר חסרו בעיניו האמונות בתכלית הרחוק. שהרי הדעות יש להם יתרון זה על זה, כפי יתרונות המזגים. וכמו שנמצא מזג איש אחד שהוא ישר ממזג איש אחר, כן יש שכל איש אחד שלם משכל איש אחר.** ואין ספק, שאין שכל מי שידע דבר נכבד, כשכל מי שישכיל הדבר ההוא, שהאחד נקרא שכל בפועל, והאחד שכל בכח. **ובשביל זה יש דברים שהם בעיני אנשים בתכלית האמת והביאור, ואצל איש אחר הם רחוקים ונמנעים, מהיותם על פי המעלה בחכמה:**

"**כי** כך הם כל דברי אמת ויושר, נראים רחוקים בתחילת העיון, ולבסוף יתגלה ויאירו כשמש בצהרים", (מהר"ל, באר הגולה,

איבער'חזר'ן און פארשטיין די יסודות פון די פשוט'ע עיקרי האמונה - "אני מאמין באמונה שלימה שהבורא יתברך שמו הוא בורא ומנהיג לכל הברואים והוא לבדו עשה ועושה ויעשה לכל המעשים."

השי"ת פירט די וועלט מיט'ן לבוש פון טבע

השי"ת האט צוויי אופנים וויאזוי ער פירט די וועלט. דאס ערשטע איז מיט נסים ונפלאות, אותות ומופתים למעלה מדרך הטבע, וואס דאן זעהט מען בחוש אז השי"ת זעלבסט פירט דאס, מלכותך ה' אלקינו ראו בניך, וראו כל בשר יחדיו כי פי ה' דבר.

דער צווייטער - און געוועגליכער - מהלך איז בדרכי הטבע. השי"ת האט באשאפען די טבעיות'דיגע מהלך וואס עקזיסטירט מכחו וממאמרו יתברך שמו, און ווערט געפירט און מאנעווירט בלויז פון השי"ת, אשר לו הכח והממשלה בעליונים ובתחתונים לעשות בהם כרצונו, אבער פאר'ן מענטשליכן אויג קען זיך גלייכצייטיג דוכטן אז אלעס איז בלויז טבע[2].

כך עלתה במחשבה לפניו, דער רצון פון השי"ת איז אז די וועלט זאל זיך פירן מיט א לבוש און צודעק פון טבע, און אידישע קינדער גלייבן באמונה שלימה אז אלעס איז נסים וואס ווערן באהאלטן אינעם צודעק פון די טבע. השי"ת האט טאקע באשאפן די טבע און עס געגעבן דעם כח שולט צו זיין, אז די זון זאל לייכטן און טוישן די קלימאטן און די לבנה זאל ארומגיין די וועלט א.א.וו. אבער עס איז שטענדיג אין די האנט פון השי"ת, "כחומר ביד היוצר, ברצותו מרחיב וברצותו מקצר", און אלעס ווערט געפירט דורך השי"ת זעלבסט. די גאנצע טבע איז באמת נסים נסתרים, ומי שאמר לשמן וידלוק הוא יאמר לחומץ וידלוק, ווי ס'איז באקאנט דער אויסדריק פון ספרי אמת "הטבע הוא נס מתמיד"[3].

פייערדיגע ווערטער שרייבט דער רמב"ן[4], אז דאס אויבנדערמאנטע איז די סאמע עיקרי אמונה וואס יעדער איד איז מחויב צו גלייבן.

"פון די גרויסע נסים פון יציאת מצרים, באקומען מיר די אמונה צו גלייבן אויך אין די באהאלטענע נסים, וואס דאס איז די יסוד פון די גאנצע תורה.

א איד האט נישט קיין חלק אין די תורת משה ביז ער גלייבט אז אלע אונזערע פאסירונגען און געשעענישן זענען נסים, עס איז בכלל נישט דא קיין טבע, סיי ביי א

שער רביעי).

2) עי' באריכות ענינים נפלאים בזה בספה"ק פרי הארץ פרשת בא ד"ה שאל השואל

3) מלבי"ם שמואל א, ועוד.

4) סוף פרשת בא, שמות יג טז.

רבים און סיי ביי א יחיד, נאר אויב וועט ער טוהן מצוות וועט אים די שכר מאכן מצליח זיין, און אויב וועט ער טוהן עבירות וועט די עונש אים פארשניידן."[5]

דער רמב"ן לערנט אונז דא, אז אט די יסודות זענען פון די עקרי אמונה צו גלייבן אז עס איז בכלל נישט פארהאן אזא באגריף ווי טבע, השי"ת טוט און פירט יעדע מינדעסטע דעטאל וואס פאסירט מיט'ן רבים אדער מיט'ן יחיד, און דער דרך הטבע איז נסים נסתרים פונקט ווי די נסים פון יציאת מצרים און קריעת ים סוף. דער איינציגער דיפרענץ איז אז דארט האט השי"ת געמאכט די נסים אפען וואס יעדער האט געזען אז זיי זענען נסים, און ווען ער פירט די וועלט מיט די לבוש פון די טבע מאכט ער די נסים באהאלטן.

ענליך שרייבט דער רמב"ן אויך אין פרשת ויגש:

"אלע יסודות פון די תורה זענען מיט נסים נסתרים, און דאס אידישער פאלק האט נישט אין זיין סדר נאר נסים און נישט קיין טבע אדער 'שטייגער פון די וועלט'. ווייל אלע הבטחות פון די תורה זענען דאך אותות און מופתים. דאס איז נישט בדרך הטבע אז א מענטש וואס טוט אן עבירה באקומט אן עונש פון כרת און שטארבט, און אז אויב מען פלאנצט אן אין שמיטה קומט נישט קיין רעגן, דאס זעלבע זענען אויך אלע הבטחות פון די תורה צום גוטן און אלע הצלחות פון די צדיקים ווען זיי זענען ערליך, אלע תפלות פון דוד המלך און אלע אונזערע תפלות זענען נסים ונפלאות, נאר עס האט נישט קיין באוואוסטע טויש אין די טבע פון די וועלט."[6]

דער 'היתר' צו טוהן השתדלות?

מיט אט דער הנחה און יסוד פון 'הוא לבדו עשה ועושה ויעשה לכל המעשים', וואלט דער מושכל ראשון געזאגט, אז פונקט ווי ביי יציאת מצרים, קריעת ים סוף, ירידת המן, און אלע אנדערע נסים ונפלאות, האבן אידן גארנישט צוגעלייגט א האנט ווייל השי"ת האט אלעס געטון. - און עס איז טאקע אסור געווען צו טון[7], - דאס זעלבע וואלט געדארפט זיין אויך אצינד ווען

5) "ומן הנסים הגדולים המפורסמים אדם מודה בנסים הנסתרים, שהם יסוד התורה כולה, שאין לאדם חלק בתורת משה רבינו עד שנאמין בכל דברינו ומקרינו שכלם נסים אין בהם טבע ומנהגו של עולם, בין ברבים בין ביחיד, אלא אם יעשה המצות יצליחנו שכרו, ואם יעבור עליהם יכריתנו ענשו, הכל בגזרת עליון."

6) "כל יסודות התורה בנסים נסתרים הם, ועם התורה אין בכל ענינו רק נסים, לא טבע ומנהג, שהרי יעודי התורה כולם אותות ומופתים, כי לא יכרת וימות בטבע הבא על אחת מן העריות או האוכל חלב, ולא יהיו השמים כברזל בטבעם מפני זרענו בשנה השביעית, וכן כל יעודי התורה בטובות ההן וכל הצלחת הצדיקים בצדקתם, וכל תפלות דוד מלכנו וכל תפלותינו נסים ונפלאות, אלא שאין בהם שינוי מפורסם בטבעו של עולם".
דער ענין פון גלייבן אז טבע איז נסים נסתרים, ווערט איבערגע'חזר'ט אין רמב"ן אויך אין פרשת לך, וארא, בחוקותי, סוף עקב, ועוד.

7) ווי מיר געפינען ביי יציאת מצרים, אז די בני אפרים וועלכע האבן געטון אליין, ווערן זיי אנגערופן בלשון חכז"ל "לא האמינו

די וועלט פירט זיך בדרך הטבע, אז מיר זאלן גארנישט דארפן טון און עס וואלט גאר אסור געווען צו טון סיי וועלכע השתדלות, ווייל אז מ'טוט יא ווייזט מען דערמיט אז מ'גלייבט נישט חלילה אין די הנהגה פונעם רבוש"ע נאר מיר פארלאזן זיך אויף אונזערע מענטשליכע פעולות, צייגנדיג אז די דרכי הטבע איז יא שולט חלילה.

אביישפיל צו פארשטיין בעסער די שאלה, זענען די צוויי פרטים וועלכע ווערן דערמאנט אין חז"ל לגבי חובת השתדלות, די נושאים פון "פרנסה" און "רפואה".

ווען אידן זענען געווען אין מדבר איז דאן געפאלן פערציג יאר מן פון הימל. השי"ת האט געזאגט פאר משה רבינו "ויאמר ה' אל משה הנני ממטיר לכם לחם מן השמים ויצא העם ולקטו דבר יום ביומו"[8], אז ער זעלבסט וועט געבן מן פארן גאנצן פאלק טאג טעגליך, ס'וועט זיין פרנסה און שפייז צו דער זעט.

וויאזוי וואלט געווען ווען עס דרייט זיך ארום בשעת מעשה א איד און זאגט: מען מוז עפעס טון פאר פרנסה, אם אין אני לי מי לי, מען דארף דאך זיין א בעל אחריות... בלויז פארשטענדליך אז אזעלכע דיבורים וואלטן געווען א שרעקליכע כפירה און הכחשה אין השגחת ה'.

לויט דעם וואלט מען אויך היינט צוטאגס אויך נישט געמעגט טון השתדלות פאר פרנסה, ווייל מיט'ן טון פאר פרנסה בדרכי הטבע ווייזט מען דאך אז מיר דארפן צוקומען צו די טבע און כאילו די טבע איז שולט, און ווי ערוועגט פון רמב"ן איז דאך פון די עקרי אמונה אז עס איז נישט דא קיין טבע, נאר השי"ת טוט אלעס. - וואס איז אלזא די "היתר" פון אונזער השתדלות אין פרנסה?

די זעלבע פראגע שטעלט זיך לגבי "רפואה". וויאזוי מעגן מיר עוסק זיין אין רפואות, אין דער צייט וואס מיר גלייבן אז דער רבוש"ע פירט די וועלט, די קרענק קומט פון אים און די רפואה קומט פון אים, אני אמית ואחיה מחצתי ואני ארפא[9]. אויב גלייבן מיר אז עס נישט פארהאן קיין שום נפקא מינא צווישן אפענע "נסים נגליים" און באהאלטענע "נסים נסתרים", כי אני ה' רופאיך, נאר דער רבוש"ע איז דער רופא נאמן ורחמן, דאן פארוואס איז מותר השתדלות ברפואה אויף דער אייגענער האנט?

דער ציווי ה' איבער השתדלות אין די דרכי הטבע

דער ענטפער אויף די שאלות איז מבואר אין די ספרי הקדמונים, אז באמת וואלט מען

באלקים ולא בטחו בישועתו", אז זיי זענען נישט געווען קיין מאמינים בה' צוליב טוהן השתדלות מיט די אייגענע פויסט.

8) שמות טז, ד.

9) דברים לב, לט.

טאקע נישט געמעגט זיך משתדל זיין מיט טבע'דיגע מיטלען וויבאלד מיר גלייבן אין די אויסשליסליכע השגחה פון השי"ת, אבער ביי אזעלכע פעלער וואו השי"ת האט אונז מתיר געווען און געלאזט טון אייגענע השתדלות, מעג מען יא עוסק זיין אין השתדלות, ווייל עס איז דא דערויף א באזונדערע רשות פון די תורה הק'.

דער היתר אויף השתדלות ברפואה

אויף דעם ענין פון רפואה ווערט בפירוש דערמאנט אין די תורה א היתר זיך צו ווענדן צו דאקטוירים. ווי דער פסוק זאגט אין פרשת משפטים[10], "ורפא ירפא", אויף וועלכע חכמינו ז"ל זאגן[11] "מכאן שניתנה רשות לרופא לרפאות".

אזוי איז אויך מבואר אין תשובות הרשב"א[12] אז מיט דעם פסוק "ורפא ירפא" גיט אונז די תורה רשות עוסק זיין אין רפואות, און דערפאר איז דאס נישט קיין סתירה מיט די אמונה אין השגחת ה'[13].

השי"ת האט בפירוש מגלה געווען אין די פסוקי התורה אז מען מעג און מען דארף טון השתדלות בדרכי הטבע ביי אט די ענינים. און ווען נישט דעם 'היתר', וואלט דאס טאקע נישט געווען ערלויבט, זייענדיג א סתירה מיט די אמונת ההשגחה.

געוויס דארף מען אלעמאל געדענקן ווער ס'איז דער אמת'ער מנהיג הבירה און זיך פארלאזן בלויז אויף אים, ווי דער לשון פון רשב"א: "ומכל מקום מי שאירע לו מקרה מותר להתעסק ברפואות, ובלבד שיהא לבו לשמים וידע שאמיתת הרפואה ממנו יתברך." אבער פארט מעגן מיר טון די פעולה פון השתדלות נאך באקומען אן ערלויבעניש פון די תורה.

דאס זעלבע ווערט אויך מבואר באריכות אין ספר חובת הלבבות[14], אז ווען מען איז עוסק אין רפואות דארף דער מענטש זיך גענצליך פארלאזן אויף השי"ת וואס ער איז דער רופא נאמן, ישלח דברו וירפאם, און נישט גלייבן אין די רפואות נאר אין השי"ת וואס קען אויסהיילן מיט

---

10) *שמות כא, יט.*

11) בבא קמא, פה.

12) סי' תיג.

13) *שם, שמבאר שם מאמר הכתוב תמים תהי' עם ה' אלקיך, שהכוונה על אמונת ההשגחה, והכל כפי הזכות והחובה, והתורה והמצות מצילים מן המקרים, ומכל מקום מי שאירע לו מקרה מותר להתעסק ברפואות, ובלבד שיהא לבו לשמים וידע שאמיתת הרפואה ממנו ית': "והוא אמרו ורפא ירפא ואמרו ז"ל מכאן שנתנה רשות לרופא לרפאות, ואמרם 'ניתנה רשות' לומר שאין זה היפך מה שהזהירה התורה בהשגחה."*

ענליך שטייט אויך אין תוספות (בבא קמא שם, ד"ה שניתנה רשות): "חולי הבא בידי שמים [הוא-אמינא] כשמרפא נראה כסותר גזירת המלך, קמ"ל דשרי".

14) *שער הבטחון.*

א סיבה און אן א סיבה. ווי עס שטייט ביי משה רבינו וואס האט זיס געמאכט די וואסער אין מרה מיט א זויערע האלץ, אלישע האט מיט זאלץ אומשעדליך געמאכט די שלעכטע וואסער, און ישעי' הנביא האט אויסגעהיילט חזקי' המלך מיט פייגן. דער חובת הלבבות ברענגט די אלע ביישפילן קלארצושטעלן די נקודה אז אלעס איז ביד ה' און מיר דארפן בלויז טון די השתדלות אלס גזירת הכתוב פון 'ורפא ירפא'[15]. די תורה האט מתיר געווען אז מיר זאלן עוסק זיין ברפואה אבער עס דארף זיין מיט די ריכטיגע כוונה אז דער אמת'ער רופא איז השי"ת, דער רופא כל בשר ומפליא לעשות, און עוסק זיין ברפואה בדרכי הטבע איז נאר א לבוש פאר די ריכטיגע רפואה.

דער היתר אויף השתדלות בפרנסה

גענוי דאס זעלביגע געפינען מיר ביי פרנסה, ווי די תורה האט בפירוש ארויסגעשריבן אין פרשת ראה[16]: "למען יברכך ה' אלקיך בכל מעשי ידך אשר תעשה". אויף וואס חכז"ל דרשנ'ען[17] "וברכתיך יכול יהיה יושב ובטל, תלמוד לומר בכל אשר תעשה". השי"ת וויל אז מיר זאלן טון דרכי הטבע פאר פרנסה, און ווי עס איז משמע אין חובת הלבבות איז עס נישט נאָר א היתר, נאר גאָר א מצוה צו ארבעטן פאר פרנסה[18].

אבער פונקט ווי ביי רפואה, דארפן מיר צו די זעלבע צייט אויך ביי פרנסה געדענקן אז השי"ת איז דער וואס גיבט פרנסה מידו הרחבה והמלאה, אפגעזען צי מיט א סיבה אדער אן א סיבה, און מיר טארן זיך נישט פארלאזן חלילה אויף די סיבות נאר אויף דעם מסבב כל הסיבות, דער רבוש"ע וואס איז דער זן ומפרנס לכל.

אונזער גאנצער צוגאנג צו השתדלות מיט דרכים טבעיים, איז בלויז ווייל אזוי האט אונז השי"ת באפוילן אין די תורה, וברכתיך בכל אשר תעשה. אונזער השתדלות האט ווירקליך נישט

15) "וכן נאמר בענין הבריאות והחולי, כי על האדם לבטוח בבורא בזה ולהשתדל בהתמדת הבריאות בסיבות אשר מטבען זה, ולדחות המדוה במה שנהגו לדחותו, כמו שצוה הבורא יתעלה (שמות כא, יט) ורפא ירפא, מבלי שיבטח על סיבות הבריאות והחולי, שהן מועילות או מזיקות, אלא ברשות הבורא. וכאשר יבטח בבורא, ירפאהו מחליו בסיבה ובלתי סיבה, כמו שנאמר (תהלים קז, כ) ישלח דברו וירפאם. ואפשר שירפאהו בדבר המזיק הרבה, כמו שידעת מענין אלישע במים הרעים, שריפא היזקם במלח, וכן (שמות טו, כה) ויורהו ה' עץ וישלך אל המים, ואמרו הקדמונים, שהיה עץ של הרדופני, וכמוהו (ישעי' לח, כא) ישאו דבלת תאנים וימרחו על השחין ויחי. ואמר הכתוב (איוב ה, יח) כי הוא יכאיב ויחבש ימחץ וידיו תרפינה", (חובות הלבבות, שם).

16) דברים יד, כט.

17) ספרי, שם.

18) ווי דער חוה"ל ערקלערט (שער הבטחון, פרק ג): "ויכוין בטירדת לבו וגופו בסיבה מן הסיבות והסיבוב עליה, לעמוד במצות הבורא, שצוה [את] האדם להתעסק בסיבות העולם, כעבודת האדמה וחרישתה וזריעתה, כמו שכתוב (בראשית ב, טו): ויקח ה' אלהים את האדם ויניחהו בגן עדן לעבדה ולשמרה.
אין קורצן איבערטייטש: א מענטש זאל אינזין בשעת ער פלאגט זיך נאך צו גיין די סיבות פאר פרנסה, אז ער וויל מקיים די מצות הבורא וואס האט באפוילן דעם מענטש זיך צו באשעפטיגן מיט איינע פון די סיבות צו ברענגן פרנסה, ווי דער פסוק זאגט "לעבדה ולשמרה".

קיין שייכות מיט די פרנסה, נאר כך גזרה חכמתו יתברך אז מען דארף עפעס טון[19].

טעמים אויף חובת השתדלות לגבי רפואה און פרנסה

די סיבות פארוואס דער רבוש"ע האט אזוי אויסגעשטעלט דעם סדר העולם אז מען זאל דארפן טון השתדלות אויף פרנסה, ווערט גאר שיין ערקלערט אין חובת הלבבות[20]. איינס פון די טעמים זענען, ווייל אזוי ווערט געגעבן פאר מענטשן א געלעגנהייט פון דער כח הבחירה, וויאזוי מען זאל זיך אויפפירן. אויב וועט ער בוחר זיין בטוב און זיך פירן ביושר ובצדק, וועט ער באקומען שכר, און אויב חלילה פארקערט קומט אן עונש. השי"ת האט אויסגעשטעלט אז דער מענטש זאל זיך מוזן אליין באשפטיגען, און מיט דעם באקומט ער א בחירה צי ער וועט האנדלען ערליך אדער מיט גניבה, גזילה, רבית וכדומה. און דאס זעלבע איז עס מיט אנדערע ענינים וואס השי"ת האט מתיר געווען אז דער מענטש זאל מוזן זעלבסט טון.

אלענפאלס: די פעולות פון "רפואה" און "פרנסה", מעג מען - און מען דארף - טון, ווייל די תורה האט עס מתיר געווען און אזוי איז דער רצון הבורא צוליב טעמים נשגבים מכבשונו של עולם, אז דאס זאל נשפע ווערן פאר א מענטש אין א שלייער פון דרכי הטבע. אבער ביי אנדערע פעלער וואו די תורה איז נישט מתיר עוסק צו זיין דערינען, איז ווירקליך יעדע "פעולה" און "עשיה" א כפירה בהשגחה, ווייל דערמיט צייגט אז עס ווענדט זיך אין

19) "ואל יחשוב, כי טרפו מועמד על סיבה ידועה, ושאם תימנע הסיבה ההיא ממנו, לא יבוא בסיבה אחרת, אבל יבטח על האלהים בטרפו, וידע, כי הסיבות כולן אצל הבורא שוות, יטריפהו במה שירצה מהן ובעת שירצה מאיזה ענין שירצה, כמו שאמר הכתוב (שמואל א יד ו): כי אין לה' מעצור להושיע ברב או במעט, ואמר (דברים ח יח): כי הוא הנותן לך נח לעשות חיל, ואמר (זכרי' ד ו) לא בחיל ולא בכח כי אם ברוחי אמר ה' צבאות." (חובות הלבבות, שם).

אין אידישן איבערטייטש: א מענטש זאל נישט טראכטן אז זיין פרנסה איז אפהענגיג אין א געוויסע סיבה, און טאמער וועט פארמיטן ווערן פון אים די סיבה, וועט די פרנסה נישט קומען דורך אן אנדערע סיבה, נאר ער זאל זיך פארלאזן אויפן רבוש"ע מיט זיין שפייז, און ער זאל וויסן אז אלע סיבות זענען ביים באשעפער אייניג, ער וועט אים שפייזן מיט וואס ער וויל, אין די צייט ווען ער וויל, און דער ענין וואס ער וויל.

20) "והעילה, אשר בעבורה חייב הבורא את האדם לחזור ולסבב על סיבות הטרף ושאר מה שהוא צריך אליו, לשני פנים: אחד מהם - מפני שחייבה החכמה בחינת הנפש בעבודת האלהים ובהמרותו, בחן אותה במה שמראה זה ממנה, והוא הצורך והחסרון אל מה שהוא חוץ לה ממאכל ומשתה ומלבוש ומעון ומשגל, וצוה אותם לחזור עליהם להביאם בסיבות המוכנות להם על פנים מיוחדים ועתים ידועות. ומה שגזר הבורא שיוגמר לאדם מהם, יוגמר ויושלם בהשלמת הזדמנות הסיבות, ואשר לא גזר לו להיגמר בהן לא יוגמר וימנעו ממנו הסיבות. ונתבררו ממנו העבודה והעבירה בכוונה ובבחירה לאחת מהנה מבלתי האחרת, ויתחייב אחר זה הגמול והעונש, ואפילו לא גמר בהם המעשה. והשני - כי אילו לא הוצרך האדם לטרוח ולחזור ולסבב להבאת טרפו, היה בועט ורודף אחר העבירות, ולא היה משגיח על מה שהוא חייב בו על טובת האלהים עליו, כמו שנאמר (ישעי' ה יב) והיה כנור ונבל תוף וחליל ויין משתיהם ואת פועל ה' לא יביטו ומעשה ידיו לא ראו, ואמר (דברים לב טו) וישמן ישורון ויבעט שמנת עבית כשית ויטש אלוה עשהו. ואמרו ז"ל (אבות ב, ב) יפה תלמוד תורה עם דרך ארץ שיגיעת שניהם משכחת עון, וכל תורה שאין עמה מלאכה סופה בטלה וגוררת עון, וכל שכן מי שאין לו חלק באחד מהם ולא שם לבו על אחד מהם. והיה מחמלת הבורא, יתעלה, על האדם, שהטרידו בעניני עולמו ואחריתו להתעסק כל ימי חייו בזה, ולא יבקש מה שאינו צריך לו ולא יוכל להשיגו בשכלו, כמו עניני ההתחלה והתיכלה, כמו שאמר החכם (קהלת ג יא) גם את העולם נתן בלבם מבלי אשר לא ימצא האדם את המעשה אשר עשה האלהים מראש ועד סוף", (חובות הלבבות, שם).

אונזער מעשה, ווי כאילו די דרכי הטבע איז שולט ח"ו, ולא ה' פעל כל זאת חלילה, און ווי ערוועגט פון רמב"ן איז דאס קעגן די סאמע עיקרי אמונתינו[21].

די בחירה אין חובת השתדלות: זיך צו פירן בדרכי התורה

זאל טאקע באטאנט ווערן אז נישט יעדעס מאל ווען א איד פאלט דורך מיט אן עבירה, איז מען חלילה צוליב דעם א כופר בה'. ווען איינער איז עובר אויף איסור גזילה - צום ביישפיל - וואס די תורה ערלויבט נישט, ווערט ער נישט אנגערופן א כופר בעיקר, הגם ער טוט אן עבירה. ווייל די חלק העשי' פון די פרנסה האט די תורה מתיר געווען, דער סיסטעם פון השתדלות בדרך הטבע האט דער אויבערשטער אויסגעשטעלט, און טאקע מיט א גענויער ציל אז דער מענטש זאל האבן דערביי די בחירה בוחר צו זיין בטוב אדער ברע, ווי ציטירט פון חובת הלבבות. און ווי ס'איז דער לשון פון ספה"ק ויואל משה לעינינינו "שהקב"ה מניח בעלי בחירה לעשות"[22].

דאס צו פארשטיין וועלן מיר ברענגען א ביישפיל פון מלכותא דארעא דא אויף אונזער וועלט:

פארן מיט א קאר איז א שריט וואס די רעגירונג ערלויבט, פארשטענדליך אז ס'איז פארהאן געזעצן ווען און וועלכע ליניע מען מען מעג יא אדער נישט פארן. אויב ווער זיך מאכן עמיצער זאל עובר זיין אויפ'ן געזעץ און פארט ווען מען טאר נישט, האט ער פארלעצט דאס

21) צו באמערקן: טייל ראשונים לערנען אז אין די צייטן וואס גאנץ כלל ישראל האט זיך געפירט אפגעהיטן און ערליך איז אפילו "פרנסה" און "רפואה" נישט געווען בדרך הטבע. און דערפאר האט די נבואה גע'מוסר'ט די גרויסע מענטשן ווען זיי האבן זיך געווואנדן צו דאקטורים. צווישן די גדולי הראשונים איז באקאנט די ווערטער פון רמב"ן (ויקרא כו יא): "והכלל, כי בהיות ישראל שלמים והם רבים, לא יתנהג עניינם בטבע כלל, לא בגופם, ולא בארצם, לא בכללם, ולא ביחיד מהם, כי יברך השם לחמם ומימם, ויסיר מחלה מקרבם, עד שלא יצטרכו לרופא ולהשתמר בדרך מדרכי הרפואות כלל, כמו שאמר (שמות טו, כו) כי אני ה' רופאך, וכן היו הצדיקים עושים בזמן הנבואה, גם כי יקרם עון שיחלו, לא ידרשו ברופאים רק בנביאים, כענין חזקיהו בחלותו (מלכים ב כ, ב-ג), ואמר הכתוב (דהי"ב טז יב) גם בחליו לא דרש את ה' כי ברופאים, ואילו היה דבר הרופאים נהוג בהם, מה טעם שיזכיר הרופאים, אין האשם רק בעבור שלא דרש השם, אבל הוא כאשר יאמר אדם, לא אכל פלוני מצה בחג המצות כי אם חמץ. אבל הדורש השם בנביא, לא ידרוש ברופאים, "ומה חלק לרופאים בבית עושי רצון השם", אחר שהבטיח וברך את לחמך ואת מימיך והסירותי מחלה מקרבך, והרופאים אין מעשיהם רק על המאכל והמשקה להזהיר ממנו ולצוות עליו."

22) כתב בכלי יקר (פר' בראשית) על מה שאמרו שלא היה צריך להתחיל את התורה וכו' אלא כדי שלא יאמרו האומות לסטים אתם. וקשה מה בכך אם יאמרו לסטים אתם, וכי בעבור זה ישנה סדר התורה. תשובה לזו, לפי שדבר זה גורם כפירה בעיקר כי יאמרו לית דין ולית דיין וכל דאלים גבר, והאריך דמה שאמר לא היה צריך להתחיל, אין הפירוש שלא יכתוב בתורה כלל הסיפור שמבראשית עד החודש וגו', שהרי יש בו צורך גדול בסיפור חידוש העולם ועוד כמה ענינים עיקריים שמה. אלא ר"ל שמאחר שעיקר התורה למצותיה, היה לו להתחיל התורה במצוה ראשונה והסיפור שמבראשית יאמר אחר כך, על כן מתרץ שאילו היה כותב כן היה נותן יד לפושעים לפקור על התורה במינות וכפירה, על כן הוצרך להקדים סיפור חידוש העולם, להורות שלא על ידי לסטיות לקחו הארץ, עיי"ש שהאריך.

"**והנה** מה שנראה מדבריו [הכלי יקר] שכל מיני גזל הוי מינות וכפירה, בזה יש לפקפק, דידוע שהקב"ה מניח בעלי בחירה לעשות, וכן הוא בכל העבירות שהמה נגד רצונו ית"ש ואעפי"כ הבחירה חפשית, אבל באותו המאמר שכתב זה על מה שאמרו לא היה צריך להתחיל את התורה, דמיירי שמה מכיבוש הארץ וחירות מן המלכיות, בזה דבריו צודקים מאוד, כי כיבוש הארץ וחירות מן המלכיות הוא אך בידו של הקב"ה ונשבע על ככה..." (ויואל משה, סי' מ"ד, עמ' נז-נח).

געזעץ אבער איז נישט קיין מורד אין די רעגירונג, ווייל דאס עצם פאַרן איז א דבר המותה, ער האט נאר פארלעצט די רעגולאציעס פון פארן, א זייטיגע פעלער אויף וואס ער באקומט א שטראף.

אנדערש איז אבער ווען איינער זאל צוזאמנעמען מיליטער און דערקלערן קריג אויף אן אנדערע לאנד אן נעמען רשות פונעם מלך/פרעזידענט און די רעגירונג, אויך ווען ער טוט דאס לטובת המדינה, איז זיין שריט א פאקטישע "רעוואלט" אין די רעגירונג. די סארט דעקלעראציעס און שריט באלאנגען אינגאנצן נישט צו אים און ער מישט זיך אריין אין די הנהגה וואס געהערט פאר'ן מלך און די רעגירונג.

געוויס דאס זעלביגע איז ביי גזילה און אנדערע אזעלכע סארט עבירות, אדער אפילו ביי מאכלות אסורות וכדו', די דרכי הטבע פון די סארט ענינים האט די תורה מתיר געווען אז עס זאל נישט זיין קיין כפירה בהשגחה. נאכמער, השי"ת האט גאר אויסגעשטעלט אז דאס זאל זיין פאר'ן נסיון צום גוטן און צום שלעכטן. דער שריט פון פעולות איז אויסגעהאלטן על פי תורה עס האט בלויז רעגולאציעס, וואס אויב מען פאלגט איר נישט האט מען חלילה אן עבירה און אן עונש[23].

אבער לאידך גיסא ביי די ענינים וואס די תורה האט ביי קיין שום פאַל נישט מתיר געווען די דרכי הטבע, איז די עצם פעולות און השתדלות דערפון א כפירה בהשגחה. די שריט פון טון אזעלכע פעולות איז נישט מותר על פי תורה און איז א ביטערע "רעוואלט" כביכול קעגן דעם מלך העולם[24].

23) אויב א גזלן וועט "במחשבה תחילה" יא טראכטן אז ער וועט גזלנ'ען ווייל אזוי וועט ער קענען האבן מער ווי עס איז באשערט, מער ווי השי"ת האט אים אנגעשריבן, איז דאס טאקע א מחשבת כפירה, אבער געווענליך ווען א מענטש פאלט חלילה דורך, איז עס א בחינה פון 'אין אדם חוטא אלא אם כן נכנס בו רוח שטות' (סוטה ג.), ער האט זיכער אן עבירה חמורה אבער קיין דירעקטע "מחשבת כפירה" איז נישט דא, און די "מעשה איז אויך נישט קיין כפירה", ווייל אזוי האט השי"ת אויסגעשטעלט דער מענטש. **אזוי** ווערט מבואר אין ספה"ק ישמח משה (פר' נצבים) וז"ל: שאמרו חז"ל אין אדם עובר עבירה אא"כ נכנס בו רוח שטות, ובודאי כוונת רז"ל הוא משום זו הקושיא, דבלא רוח שטות אי אפשר לשום בר דעת לעבור עבירה משום זו הקושיא, רק שנכנס בו רוח שטות, ועל שוטה אין קושיא, ובאמת בשעת עבירה שוכח מכל זה, ואין נותן על לבו כלל שהשי"ת רואה, ואינו כופר, רק ששוכח מכל וכל, ואם כן לפי זה קלקולו זה תקונו אף אם עבר עבירה במזיד, מכל מקום הוי בשוגג לפי שהיה שכוח שהשי"ת רואה והשגיח עליו בעת ההוא, אבל אם היה זכור בזה ודאי לא היה עושה, אם כן מצד זה הוי שוגג ומוטעה ושכוח מהעיקר."

24) "יעדער ווייסט אז מ'נעמט נישט צו די בחירה, ער [הגזלן] גלייבן אין באשעפער, איי ס'געלונגט אים, ער גזל'ט, [והיא לכאורה נגד האמונה], אבער [וויבאלד] דער בוכ"ע נעמט נישט צו קיין בחירה, קען ער האבן די בחירה, אבער ער [הגזלן] ווייסט [אז] ער טוט נישט גוט, נאר ער קען נישט עומד זיין נגד תאוותו [ולכן בוחר ברע], אבער [משא"כ] ביי אר"י [שכתוב] ארץ אשר ה' אלקיך דורש אותה [תמיד וגו'], כסדר איז עס נאר א מתנה פון השי"ת [ולא ניתן רשות בחירה בזה], אז מ'נעמט עס בדרך לסטות, רירט דאס שוין יא אן אין די אמונה, ביי א"י אז "מ'קלערט" אז מ'האט עס כובש געווען און דאס איז א רצון הבוב"ה, און מלויבט גאר דעם באשעפער דערפאר, אז מ'נעמט עס בדרך לסטות נישט "בדרך נבואה" ווען השי"ת האט געהייסן, דאס רירט אן די אמונה, איז נישטא קיין תורה ממילא," (מרן הק' מ'סאטמאר זי"ע, ס"ג תצא תשכ"א).
מבואר מזה דבגזלן כיון שניתן לו הבחירה ויכול לבחור ברע ולגזול, ממילא אינו נגד האמונה, דאף שמאמין שהכל מהבורא ב"ה, ואינו יכול לעמוד נגד תאוותו לגזול הדבר שנראה לו, וניתן לו הרשות לבחור בזה, רק שאמרו לו שבוחר ברע ועושה עבירה, משא"כ בכבישת ולקיחת ארץ ישראל, לא ניתן רשות הבחירה כלל, כיון שהיא רק ביד הבוב"ה ליתנו, ואם גוזלו יש לו דין כופר,

ביי גלות וגאולה איז יעדע מינדסטע השתדלות כפירה בהשגחה

אט דאס איז דער ענין פון גאולתן של ישראל, דער גזירת הגלות און די גאולה שלימה.

סיי וועלכע השתדלות פאר די גאולה אויף דער אייגענער האנט, האט די תורה קיינמאל נישט מתיר געווען דורך די דרכי הטבע אין קיין שום פאל. פארקערט גאר, די תורה האט דאס גע'אסר'ט מיט גאר הארבע שבועות און עונשים, אזוי ארום אז די אלע סארט פעולות אדער השתדלות ארום דעם זענען א כפירה בהשגחה. יעדע שריט אין דעם ריכטונג איז א פעולה וואס זאגט כאילו אז עס ווענדט זיך חלילה אין אונזערע הענט, די דרכי הטבע איז שולט און נישט חלילה אז השי"ת פירט אלעס, דאס איז אויטאמאטיש א שרעקליכע כפירה בהשגחה און א מרידה אין די הנהגה פון הקב"ה בסדר עולמו.

אין אומצאליגע פסוקי התורה ווערט דערמאנט אז די גאולה העתידה וועט זיין מיט אותות ומופתים למעלה מדרך הטבע, כימי צאתך מארץ מצרים אראנו נפלאות. די גאולתן של ישראל איז א זאך וואס באלאנגט אויסשליסליך צו השי"ת, דער מלך ישראל וגואלו, ה' בדד ינחנו ואין עמו אל נכר, והוא ברחמיו יגאלנו במהרה.

אזוי זאגט דער מדרש זאגט אויפן פסוק "ידוע תדע" - "ידוע שאני מפזרן, תדע שאני מכנסן, ידוע שאני משעבדן, תדע שאני גואלם". השי"ת איז דער גואל ישראל, און די ענינים פון גלות וגאולה איז בלויז ביי אים אין די האנט, ומבלעדו לא יתערב זר, אפס בלתך גואלינו לימות המשיח ואין זולתך מלכינו[25], ווער עס רירט נאר צו אין די ענינים פון גלות וגאולה חלילה,

---

ואף שעושה מחמת תאוותו, אין לו רשות בזה לבחור תאוותו. וכן מבואר בספה"ק ויואל משה (מאמר א, סי' מד), "שבכל העבירות שהמה נגד רצונו ית"ש, הקב"ה מניח בעלי בחירה לעשות והבחירה חפשית, אבל בכיבוש הארץ וחירות המלכיות הוא אך בידו של הקב"ה ונשבע על ככה." ועיין עוד בדברי קדשו ס"ג תבוא תשי"ד, בראשית תשי"ט.

25) "אמר רבי אמי, משה מקלס לכנסת ישראל (דברים לג, כט) אשריך ישראל מי כמוך עם נושע בה', עם הושיע ה' אין כתיב, אלא עם נושע בה', משל לאדם שהיה לו סאה של חטין של מעשר שני, מהו עושה מהן, נותן מעות ופודה אותן, כך ישראל במה הן נפדין, כביכול בהקב"ה, שנאמר עם נושע בה'. אמר הקב"ה בעולם הזה הייתם נושעים על ידי בני אדם, במצרים על ידי משה ואהרן, בימי סיסרא על ידי ברק ודבורה, במדינים על ידי שמגר בן ענת, שנאמר (שופטים ג, לא) ויושע גם הוא את ישראל, וכן על ידי שופטים, ועל ידי שהיו בשר ודם הייתם חוזרין ומשתעבדין, אבל לעתיד לבא אני בעצמי גואל אתכם ושוב אין אתם משתעבדין, שנאמר ישראל נושע בה' תשועת עולמים. (מדרש תנחומא סוף פר' אחרי), ועוד יותר אין אתם משתעבדים, שנאמר (ישעי' מה, יז) ישראל נושע בה' תשועת עולמים." (ילקוט שמעוני רמז תקעז).

"**ונראה** לי עוד שהנהיגו כן [היינו שהכלה עושה סעודת הנשואין], עפ"י דברי הזהר על הפסוק (עמוס ה, ב) נפלה ולא תוסיף קום בתולת ישראל, היינו שלא תהיה עוד הגאולה כגאולות האחרות אשר בתולת ישראל באת בהחזרה [לבית] דודה החתן וקיבלה. ובגלות החל הזה שבועה היא שהשביע הקב"ה אם תעירו ואם תעוררו וכו', וצריכה בתולת ישראל להמתין עד בוא [דודה] החתן אליה להקימה. וזה הפירוש נפלה ולא תוסיף קום מעצמה עד בוא דודה להקימה... ולרמז זה תיקנו הסעודה בדורות האחרונים בבית הכלה. ובוא יבא החתן אליה לשמחה כימי עולם. לא כימים הראשונים שבאת [הכלה] לבית החתן. והיתה הסעודה בבית החתן. והנח להם לישראל כל עניניהם בנבואה הם כי בני נביאים הם." (ברכה משולשת על משניות להרה"ק בעל בני יששכר זי"ע, חולין ה, ג).

"**והנה** גם בגאולות הקודמות אף שידעו הזמן, אף על פי כן היה הכל על פי נבואה בשליחותו של הקב"ה, שגם בימי עזרא שלא היה הגלות כמו במצרים על ידי משה ואהרן, מכל מקום לא עשו זיז כל שהוא בלי נבואה כמבואר בכתובים, וכל תנועה ותנועה היתה בשליחותו של הקב"ה ועזרא הסופר שהיה נביא אמת היה המנהיג, ומכל מקום כתוב בזוהר הק' שכל הגאולות הקודמות

לייקנט דערמיט אין די הנהגה המופלאה פונעם רבוש"ע, כאילו מיר קענען זיך אן עצה געבן אין א זאך וואס באלאנגט אויסשליסליך צו השי"ת.

הייליגע רייד פון גדולי ישראל זי"ע איבער די כפירה בהשגחה פון ציונות

אזוי שרייבט דער גאון וצדיק רבי משה נתן כהנא שפירא זצ"ל אב"ד קשונז, איידעם פון הגאון בעל אבני נזר ז"ל און פון די גרויסע גדולי וחכמי התורה אין פולין בעפאר די קריג, אין א בריוו געדרוקט אין ספר 'דעת הרבנים':

"הנני אומר לכם, אשר אנחנו הולכי תום, חלילה לנו להלך בעקבות האנשים החוטאים האלה, החותרים להם והתירו לנפשם גאולה טבעית, אחרי שלא הותר לנו בפירוש, הרי רפואה שהוא טבעי ומועלת דרשו חכז"ל (ברכות ס. וב"ק פ"ה.) ורפא ירפא מכאן שניתן רשות לרופא לרפאות, וכן ברכות (ל"ה:) ת"ר ואספת דגנך מה ת"ל לפי שנאמר לא ימוש ס"ת הזה מפיך יכול דברים ככתבן ת"ל ואספת דגנך הנהג בהן מנהג דרך ארץ. הרי דאלמלא לא התירה לנו התורה בפירוש, היה אסור לנו לעסוק אף בדברים הטבעים מוכרחין כמו רפואה ודרך ארץ.

ועתה בנידון שלפנינו, לא די שלא התירה לנו התורה, אלא שגם אסרה לנו בפירוש בהמון הכתובים, נאמר בתורה (דברים ל א) "והיה כי יבואו עליך וגומר, והשבות אל לבבך בכל הגוים אשר הדיחך וגו', ושבת עד ה' אלקיך ושמעת בקולו וגו', ושב ה' אלהיך את שבותך ורחמך ושב וקבצך מכל העמים, אם יהיה נדחך בקצה השמים משם יקבצך ה' אלהיך ומשם יקחך, והביאך ה' אלהיך אל הארץ אשר ירשו אבותיך וירשתה". הרי נאמר "ה' אלהיך" בפעולת הקיבוץ ונשנה בפעולת ההבאה, להורות כי אך פעולות התשובה בלבדה נמסרה בידינו לקרב הקץ, אבל מעשה הקיבוץ וההבאה תלוים רק ביד ה' לבדו. (בנעים זמירות קכ"ז) אם ה' לא יבנה בית שוא עמלו בוניו בו, "אם ה' לא ישמור עיר שוא שקד שומר", (ובשיר השירים ב, ז) "השבעתי אתכם בנות ירושלים בצבאות או באילות השדה אם תעירו ואם תעוררו את האהבה עד שתחפץ", אך חכו עד (שם, ח) "קול דודי הנה זה בא וגו'", (ובישעי' מ, א) נחמו נחמו עמי יאמר אלהיכם, דברו על לב ירושלים וגומר, "הנה ה' אלהיכם בחזק יבוא" (ישעי' מ, י), לא בדרך הטבע רק "וזרועו מושלה לו", היינו בזרוע נטויה שהוא דרך ניסיי כימי צאתינו מארץ מצרים."

היו בבחינת שהיא 'תבת קמי מלכא', ולא יהיה כן בגלות הזה שלא תוכל לקום מעצמה כמו בגליות הראשונות, עד שיביא הקב"ה עם כל בני היכלי' ויוחד בידי' ויוקים לה. וכן מבואר בזוה"ק פר' פקודי דף רל"ט ע"ב ובתיקונים, שאסור למקם מעצמם, וע"כ שא"א אלא בבחינת גבוה יותר מהגאולות הקודמות, וקל וחומר שלא לקום מעצמו בבחינה שפילה שעשו האפיקורסים שזה ודאי נגד הקרא דלא תוסיף קום כמבואר בזה"ק, והחושב ע"ז אין זה אלא דעת מינות." (ויואל משה, מאמר א, סי' עה).

אין אידישע איבערזעצונג:

"מיר אידן וואס גייען בתמימות, חלילה פאר אונז צו גיין אין די פיסטריט פון אט די זינדיגע מענטשן, וואס זוכן און לאקערן אויף א גאולה בדרך הטבע, צוליב דעם וואס די תורה האט אונז דאס נישט מתיר געווען. ביי רפואה וואס איז בדרך הטבע האט די תורה ספעציעל געשריבן וכו' אויך ביי פרנסה וכו', זעהן מיר דערפון אז ווען די תורה וואלט עס נישט בפירוש מתיר געווען וואלט געווען פארבאטן עוסק צו זיין אויך אין טבע'דיגע וויכטיגע זאכן א שטייגער ווי רפואה און פרנסה.

אצינד צו אונזער ענין, נישט בלויז האט דאס די תורה נישט מתיר געווען, נאר זאגאר אויך בפירוש גע'אסר'ט אין פילצאליגע פסוקים. די פסוקי התורה זאגן אז השי"ת וועט צונויפזאמלען אידן און זיי ברענגען קיין ארץ ישראל, דאס איז אונז צו לערנען אז בלויז די פעולות פון תשובה איז איבערגעגעבן געווארן פאר אונז, כדי צו מקרב זיין די גאולה, אבער די שריט פון זיך צוזאמנעמען און אריינגיין קיין ארץ ישראל איז געוואנדן נאר אין די האנט פון השי"ת. ווי עס שטייט אין די פסוקים וכו' אז די גאולה וועט נישט זיין בדרך הטבע נאר מיט די אומבאגרייפליכע כח פון השי"ת בדרך נס, אזוי ווי ווען מיר זענען ארויסגעגאנגען פון לאנד מצרים.

דאס זעלבע שרייבט הגאון האדיר רבי יוסף זונדל מאיישישאק זי"ע בעל אולם המשפט אויף שלחן ערוך חושן משפט:

"ובדרשותי בעניותי הרביתי ראיות כי כל הנהגת ישראל וכ"ש גאולתן אשר היא יסודו של עולם אין לנו בעצמנו לעשות שום דבר

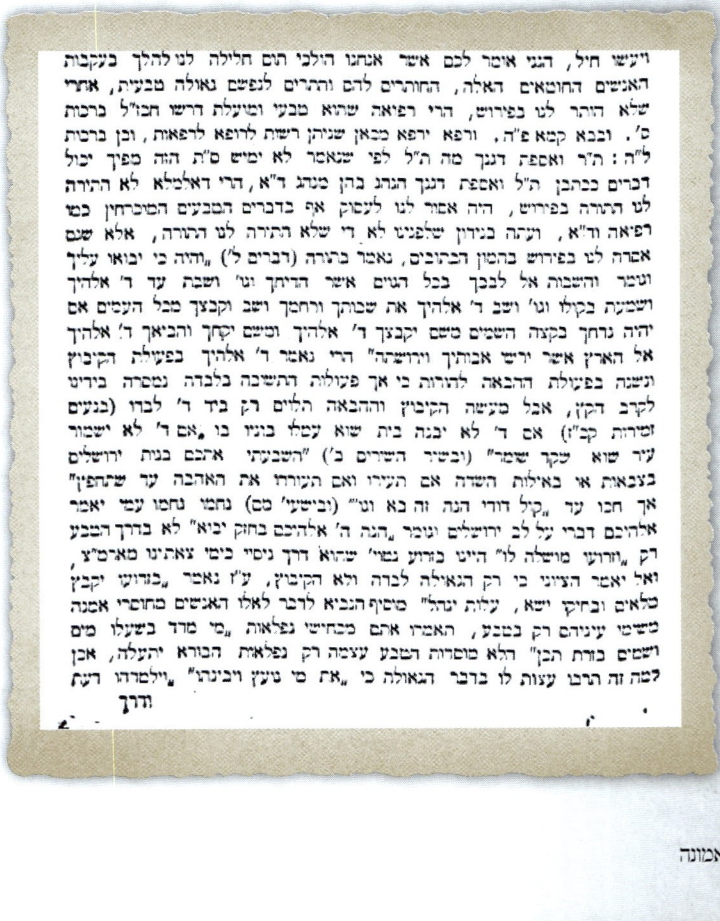
ויעשי חיל, הנני אומר לכם אשר אנחנו הולכי תום חלילה לנו להלך בעקבות האנשים החוטאים האלה, החותרים להם והתרים לנפשם גאולה טבעית, אחרי שלא הותר לנו בפירוש, הרי רפואה שהוא טבעי ותועלת דרשו חז"ל ברכות ס'. ובבא קמא פ"ה. ורפא ירפא מכאן שניתן רשות לרופא לרפאות, וכן ברכות ל"ה: ת"ר ואספת דגנך מה ת"ל לפי שנאמר לא ימיש ס"ת הזה מפיך יכול דברים ככתבן ת"ל ואספת דגנך הנהג בהן מנהג ד"א, הרי דאלמלא לא התירה לנו התורה בפירוש, היה אסור לנו לעסוק אף בדברים הטבעים המוכרחין כמו רפיאה וד"א, ועתה בנידון שלפנינו לא די שלא התירה לנו התורה, אלא שגם אסרה לנו בפירוש בהמון הכתובים, נאמר בתורה (דברים ל') "והיה כי יבואו עליך ונומר והשבות אל לבבך בכל הגוים אשר הדיחך וגו' ושבת עד ד' אלהיך ושמעת בקולו וגו' ושב ד' אלהיך את שבותך ורחמך ושב וקבצך מכל העמים אם יהיה נדחך בקצה השמים משם יקבצך ד' אלהיך ומשם יקחך והביאך ד' אלהיך אל הארץ אשר ירשו אבותיך וירשתה" הרי נאמר ד' אלהיך בפעולת הקיבוץ ושנה בפעולת ההבאה להורות כי אך פעולת התשובה בלבדה נמסרה בידינו לקרב הקץ, אבל מעשה הקיבוץ וההבאה תלוים רק ביד ד' לבדו (בנעים זמירות קכ"ז) אם ד' לא יבנה בית שוא עמלו בוניו בו "אם ד' לא ישמור עיר שוא שקד שומר" (ובשיר השירים ב') "השבעתי אתכם בנות ירושלים בצבאות או באילות השדה אם תעירו ואם תעוררו את האהבה עד שתחפץ" אך חכו עד "קול דודי הנה זה בא וגו'" (ובישעי' מם) נחמו נחמו עמי יאמר אלהיכם דברו על לב ירושלים וגומר "הנה ה' אלהיכם בחזק יבוא" לא בדרך הטבע רק "וזרועו מושלה לו" היינו בזרוע נטוי' שהוא דרך ניסיי כימי צאתינו מארמ"צ, ואל יאמר הציוני כי רק הגאולה לבדה ולא הקיבוץ, ע"ז נאמר "בזרועו יקבץ טלאים ובחיקו ישא, עלות ינהל" מוסיף הנביא לדבר לאלו האנשים כחוסרי אמנה משמשי עיניהם רק בטבע, האמרו אתם מכחישי נפלאות "מי מדד בשעלו מים ושמים בזרת תכן" הלא מוסרות הטבע עצמה רק נפלאות הבורא יתעלה, אכן למה זה תרבו עצות לו בדבר הגאולה כי "את מי נועץ ויבינהו" "וילמדהו דעת

ודרך

רק עפ"י הקב"ה, ואף בשאר דברים אשר אנו רשאים בזה כמו רפואה ביחיה, דבר רחוק מהטבע כזה הוא אסור יותר מדרכי אמורי."

אין אידישע איבערזעצונג:

"ווען איך האב געזאגט א דרשה האב איך געברענגט מערערע ראיות, אז די גאנצע הנהגה פון אידישע קינדער, און זיכער אזוי זייער גאולה, וואס איז דאך די יסוד פון די וועלט, זענען מיר נישט ערלויבט צו טון מיט די אייגענע הענט קיין שום זאך, נאר אויפ'ן באפעל פון השי"ת, און אפילו ביי אנדערע זאכן זענען מיר יא ערלויבט צו טון בדרך הטבע אזוי ווי רפואה, אבער ביי אזעלכע ענינים וואס זענען ווייט פון טבע איז עס אסור.

פייערדיגע ווערטער איבער אט די יסודות'דיגע נקודה שרייבט הגאון הקדוש רבי אברהם שאג זצוק"ל, וואס האט זוכה געווען נתגדל צו ווערן אלס יתום על ברכיו פונעם רבן של ישראל מרן החתם סופר זצ"ל און לערנען פון אים תורה אלס א תלמיד נאמן אויף א זעלטענעם פארנעם.

אין א דרשה פאר תקיעת שופר ראש השנה שנת תר"ל לפ"ק האט הגאון רבי אברהם שאג זצוק"ל מתריע געווען מיט שארפע רייד קעגן די ערשטע קערנדליך פון ציונות וואס האט אנגעהויבן זיך פארשפרייטן. פאלגענד איז טייל פון זיינע ווערטער, וועלכע זענען מועט מחזיק את המרובה און אנטהאלטן די אלע אויבנדערמאנטע יסודות האמונה:

"...וזאת יפלא, כי כל איש עקלקלות יבחר דרך לעצמו, ומסית ומדיח כי זה דרך הישר, והעם ילכו אחריו כסומים, והדור כולו זכאי, וכמה וכמה כיתות בתוך ישראל, עד ששלחו ידם להביא הגאולה, ובטחו ברוב חילם להשתדל מחורי הארץ למסור לנו את ארץ ישראל לשבות בה.

עם ה' אל תשימו לב בכל דברים האלה, הביטו אם הם מתלמידי חכמים וצדיקים הראויים במעשיהם לשמוע להם, גם התבוננו אם לא יכחישו דברי נביאים ודברי קבלת חז"ל, הכזה ח"ו יהיה תכלית המיועד לנו, הן באלקים נעשה חיל ולא בכח אדם, וכבר אמר החסיד בעל חובת הלבבות כי אין לנו בחירה רק ביראת ה', וזולת זה הבטחון בבורא ב"ה, ובפרט בכלל ישראל, ובפרט בגאולה הנצחית, והביטו אל צור חוצבתם (ישעי' נא, א)**, והן קרבת הגאולה - היום אם בקולו תשמעו..."**

אין אידישע איבערזעצונג:

"...פארשידענע גרופעס ביי אידן האבן אויסגעשטרעקט זייער האנט צו ברענגען א גאולה, און האבן זיך פארזיכערט אין זייער כח מיט אינטערוועניץ ביי די הויכראנגיגע

מיניסטארן אונז איבערצוגעבן ארץ ישראל, מיר זאלן זיך דארט באזעצן.

אידישע קינדער, דאס פאלק פון השי"ת! לייגט נישט צו אייער הארץ צו אט די אלע זאכן, קוקט אויב זענען די מענטשן תלמידי חכמים און צדיקים וואס זענען ראוי מיט זייערע מעשים מען זאל זיי צוהערן. אויך זייט אייך מתבונן אויב דאס טוט נישט אפלייקענען די רייד פון די נביאים און די רייד וואס חכמינו ז"ל האבן מקבל געווען. איז דען דאס אונזער ערווארטעטער תכלית? מיר פארלאזן זיך דאך אויף השי"ת'ס כח און נישט אויף מענטשליכע קרעפטן, ווי עס זאגט דער חסיד אין חובת הלבבות אז אונזער איינציגע בחירה, וואו מיר קענען טון מיט די אייגענע כוחות, איז ביי יראת ה'. און אלעס אויסער דעם מוזן מיר האבן בטחון אין הקב"ה, איבערהויפט ביי ענינים וואס באריר ן דעם גאנצן כלל ישראל, און איבערהויפט ביי די גאולה הנצחית."

די גדולי ישראל זי"ע זענען מבאר אט דעם ענין, אז די "מעשה" און "השתדלות" אין עניני גאולה איז א "מעשה כפירה" וויבאלד די תורה האט דאס נישט מתיר געווען נאר דאס גאר גע'אסר'ט בכל החומר, זייענדיג א זאך וואס ווערט געפירט כביכול פון השי"ת, "מלך ישראל וגואלו."

דערמיט האט הרה"ק רבי חנה מקאלאשיץ זי"ע געטייטשט דעם פסוק "נפשי לה' משומרים לבוקר שומרים לבוקר". אז איבער די טעמע פון ציונות און ארץ ישראל, איז דא וואס זאגן אז אז פונקט ווי לגבי פרנסה טוט מען זיך נישט פארלאזן אויף קיין נס, נאר דער מענטש דארף טון וואס איז אין זיין מעגליכקייט און השי"ת העלפט אים צו, ווי עס איז מפורש אין פסוק "וברכתיך בכל אשר תעשה", דאס זעלבע זאל זיין בענין ארץ ישראל אז מען זאל ח"ו דארפן טון וואס איז אין אונזער מעגליכקייט. דערפאר זאגט דוד המלך ע"ה "נפשי לה' משומרים לבוקר", איך היט און ווארט און האף אויף די גאולה, און איך בין פון די ערליכע אידן וואס טוען נישט קיין שום זאך בענין ארץ ישראל, נאר ווארטן אויפ'ן פרימארגן פון די גאולה, ווי דער פסוק זאגט "כימי צאתך מארץ מצרים אראנו נפלאות". (דברי חנה קונטרס דברי תורה)

עצם שריט פון נעמען אן אייגענע גאולה איז 'מעשה כפירה'

פארשטענדליך ביז גאר, אז אויך אויב עמיצער וועט טון השתדלות בדרכי הטבע צו נעמען א גאולה און זיך באפרייען פון גלות, אפילו ער האט נישט קיין שלעכטע מחשבה אז ער קען זיך זעלבסט באפרייען פון גלות, איז דאס גארנישט גורע פונעם כפירה, ווייל "מעשה כפירה" איז איבערהויפט נישט געוואנדען אין די מחשבה, און די "מעשה הכפירה" פארבלייבט באיסור יהרג ועל יעבור, אזוי צו אזוי.

אזוי איז דער דין ביים איסור עבודה זרה, אז ווען גוים צווינגען חלילה א איד צו דינען ע"ז

און סטראשען מיט א ביקס איבער'ן קאפ ער זאל זיך ביקן צו צלם ה"י, טראץ דעם וואס יעדער אנוועזענדער פארשטייט אז דער איד גלייבט נישט אין די ע"ז מרצונו הטוב, דארף ער זיך פארט מוסר נפש זיין און נישט עובר זיין. ווייל דאס דינען אן ע"ז איז א "מעשה כפירה", אויך ווען דער ביקס דעמאנסטרירט קלאר אז ער האט נישט דאס מינדסטע אמונה אין די ע"ז, דארף מען זיך מוסר נפש זיין נישט נכשל צו ווערן אין א מעשה כפירה.

גענוי דאס זעלבע איז ווען עס קומט צו די השתדלות אין ענייני גאולה, איז דאס א "מעשה הכפירה" אפילו אָן א שלעכטע מחשבה. און דערפאר איז יעדע סארט השתדלות בענייני הגאולה מיט דעם הארבן איסור פון ביהרג ואל יעבור, ווי דער מהר"ל שרייבט, אז אפילו מען ווערט צווינגען אידן טאר זיי נישט נעמען א באפרייאונג.

אפגעזען צי די כפירה איז מצליח צי נישט, בלייבט עס כפירה

אט די כפירה, וואס השתדלות פאר א גאולה שטעלט מיט זיך פאר, איז איבערהויפט נישט תלוי אויב עס מצליח אדער נישט. אפילו די מדינה איז איבערהויפט נישט מצליח, איז דאס עצם השתדלות אין די ענינים א מעשה הכפירה וואס איז א מרידה בהנהגת הקב"ה.

וכדי לשבר את האוזן, ווען די תורה וואלט נישט מתיר געווען "עסק פרנסה", עס וואלט געווען אזוי ווי אין מדבר מיט די מן. און א איד וואלט נישט אויסגעווארט אויף די ישועת ה' און געגאנגען עוסק זיין בפרנסה, אפילו אויב וואלט ער למעשה נישט מצליח געווען צו שאפן צו עסן, איז געוויס זיין מעשה א מעשה כפירה, אפגעזען צי ער איז מצליח מיט זיין פעולה.

דאס זעלבע אויב וואלט די תורה נישט מתיר געווען דאס עוסק זיין ברפואות און עמיצער וואלט יא געטון פאר רפואה און טאקע נישט מצליח געווען, איז דאס געוויס ווייטער א "מעשה כפירה". דאס נישט האבן הצלחה נעמט איבערהויפט נישט אוועק פון די עשי', און אויף די משמעות פון די עשי' אז די דרכי הטבע איז חלילה שולט און מ'מוז נישט צוקומען צום רבוש"ע, רחמנא לישזבן מהאי דעתא.

אויך ווען די מדינה איז נישט מצליח, עס איז נישט די "גאולה" וואס די ציונים האבן געפלאנט, נאר צרות פון אלע זייטן, פארבלייבט די "השתדלות און עשיה" זיך אויסצולייזן פאר די צייט מיט די אייגענע הענט א "מעשה כפירה".

מיר געפינען אזוי קלאר ביי די בני אפרים, אז אפילו זיי האבן נישט מצליח געווען מיט זייער גאולה און די אנשי גת האבן זיי גע'הרגעט, דאך רופט זיי אן די תורה "לא האמינו באלוקים ולא בטחו בישועתו" צוליב זייער "השתדלות" און עוסק זיין בגאולה. אזוי אויך ביי בר כוכבא וואס איז נהרג געווארן און ס'האט זיך אויסגעלאזט מיט א ביטערער אומגליק פאר אידן, ווערט עס

אויך אנגערופן א דחיקת הקץ און א פגם אין די אמונה.

אויך ווען די מדינה איז נישט מצליח; אויך ווען עס שטעלט זיך ארויס אלס א דורכגעפאלענער פלאן וואס זייערע גרונדער האבן זיך נישט געראכטן, פארבלייבט עס אבער נאך אלס יעדע רגע פון איר קיום א השתדלות אין א פעלד וואס באלאנגט נאר צום רבוש"ע און א ערלויבעניש פאר א מענטשליכע השתדלות, א מעשה הכפירה וואס איז יהרג ואל יעבור רח"ל, און א כפירה אין די סאמע הויפט עקרים פון אמונה בהשגחת השי"ת.[26]

26) דער פרק איז באזירט אויף די דיבורים קילורין לעינים פון ספה"ק ויואל משה סי' מד, סי' מה, און סי' עו ד"ה ומובן וד"ה ומבואר. און באציעט זיך פארשטענדליך בלויז אויף איינע פון די כפירות אויף וואס ציונות איז באזירט.

שער ד׳

כי חלק ה׳ עמו

והייתם לי
סגולה מכל
העמים...
ואתם
תהיו לי
ממלכת
כהנים וגוי
קדוש

(שמות יט ה-ו)

שער ד'

כי חלק ה' עמו

מן הענינים העמוקים שבהנהגתו יתברך הוא ענין ישראל ואומות העולם, שמצד טבע האנושי נראה היותם שווים באמת, ומצד עניני התורה הם שונים שינוי גדול, ונבדלים כמינים מתחלפים לגמרי...

(דרך ה' לרמח"ל, פרק ד, אות א)

אתה בחרתנו מכל העמים

פון די סאמע עיקרי אמונתינו הק' איז דער יסוד וואס ווערט מבואר אין אומצאליגע פסוקי התורה אז כלל ישראל איז אויסדערוועלט געווארן פון אלע פעלקער צו זיין דער עם קדוש און עם סגולה וואס איז באליבט ביי השי"ת ווי אן אייגן קינד[1]. דאס פאלק וואס איז דער עיקר און

1) "לא מרובכם מכל העמים חשק ה' בכם ויבחר בכם כי אתם המעט מכל העמים, כי מאהבת ה' אתכם" (דברים ז, ו-ח). "בנים אתם לה' אלהיכם וגו', ובך בחר ה' להיות לו לעם סגולה מכל העמים אשר על פני האדמה" (שם יד, א-ב). רק באבותיך חשק ה' לאהבה אותם ויבחר בזרעם אחריהם בכם מכל העמים כיום הזה (שם י, יד-טו).

"**ולהורות** שאהבת הש"י אל ישראל יותר מכל אומה ולשון אינה כאהבה ההדמות ולא כאהבה הטבעית, אבל אהבה בחיריית נמשכת אל רצון האוהב בלבד בלי שום טעם, יכנה הכתוב אהבת הש"י אל ישראל בשם חשק... כי שם חשק יאמר על הפלגת האהבה בלי טעם... כלומר אע"פ שהוא מוצא אחרת נאה ממנה, וכן אהבת הש"י את ישראל היא כחשק בלי טעם".

ולזה הוא שקרא הכתוב את האהבה הזאת סגולה, אמר כי עם קדוש אתה לה' אלקיך בך בחר ה' אלקיך להיות לו לעם סגולה מכל העמים אשר על פני האדמה לא מרבכם מכל העמים חשק ה' בכם ויבחר בכם, וביאור זה, כי כמו שהסגולה תמצא דביקה במין לא תפרד ממנו ואינה נמצאת בו לא מצד הכמות ולא מצד האיכות, כן האהבה הזאת ענין סגולה דבק באומה לא מצד הכמות, כי לא מרבכם מכל העמים חשק ה' בכם, וגם לבאר שלא היתה מצד האיכות, אמר במקום אחר לא בצדקתך וביושר לבבך וגו' כי עם קשה עורף אתה, אבל האהבה הזאת היא כחשק בלי טעם, אלא ענין נמשך לרצון החושק בלבד.

תכלית פון די גאנצע וועלט און וואס ברענגט די שלימות פון די וועלט דורך שמירת התורה והמצות.

נאכמער. דאס אידישע פאלק איז נישט קיין נאציאן צווישן אלע פעלקער און אונזער תכלית איז נישט די תכלית פון יעדע אנדערע אומה ולשון ארום די גאנצע וועלט. אלע מענטשן, אלע פעלקער שפראכן לענדער זענען איין זאך, און ישראל עם סגולה איז א באזונדערע זאך אפגעשיידט און דערהויבן. דעריבער ווערן מיר אויך נישט געפירט פון דעם זעלבן סדר ווי אנדערע פעלקער און מיר האבן נישט קיין שייכות מיט זיי. "והייתם לי סגולה מכל העמים כי לי כל הארץ, ואתם תהיו לי ממלכת כהנים וגוי קדוש"[2]

מתן תורה: בריתת ברית צווישן השי"ת מיט כלל ישראל

יעדעס קינד וואס לערנט חומש באגעגנט זיך באלד אין דער רש"י אינעם ערשטן פסוק "בראשית ברא אלקים, בשביל התורה שנקראה ראשית ובשביל ישראל שנקראו ראשית."[3] נעמליך אז די גאנצע בריאת העולם איז נאר געווען צוליב דעם כלל ישראל, נאך דעם מעמד הר סיני, ווען דאס פאלק וועט אנהויבן צו עקזיסטירן און השי"ת האט כורת ברית געווען מיט זיי דורך די תורה הקדושה[4].

והוא שהבטיח עליהן בשעת מתן תורה בשכר קבלתם התורה, ועתה אם שמוע תשמעו בקולי ושמרתם את בריתי והייתם לי סגולה מכל העמים וגו'... כן הש"י מעט העבודה המגיע אליו מאומת ישראל יותר נחשב אצלו מהרבה מאומה אחרת או מכל האומות.

וכן נמצא ג"כ כי יפליג הכתוב באהבת הש"י את ישראל כאב לבן מכל צד שאפשר שתהיה האהבה ביניהם, כי בעבור שמדרך האב לאהוב בנו הבכור כי הוא ראשית אונו, אמר הכתוב בני בכורי ישראל (שמות ד, כב), כי הייתי לישראל לאב ואפרים בכורי הוא (ירמי' לא, ח), וכן בעבור שלפעמים יאהב האדם את הבן מצד השירות שהוא משרת לפניו כנער, אמר הכתוב כי נער ישראל ואהבהו (הושע יא, א), וגם לפי שפעמים שתהיה אהבת האב את הבן מפני חשיבותו שהוא בן יקיר לו, או מפני שהוא ילד קטן שהוא משתעשע בו, אמר הכתוב הבן יקיר לי אפרים אם ילד שעשועים (ירמי' שם, יט), שנפשו קשורה באהבתו כאב בבן יקיר לו או כילד שעשועיו, עד שמדי דברי בו זכור אזכרנו עוד, כמו שמדרך האוהב שהוא מתענג בזכירת אהובו תמיד, ועל כן יחזור לזכור אותו כשמדבר בו, וגם לגודל חשיבותו בעיני ואהבתי אותו המו מעי לו ונכמרו רחמי עליו, כאדם המתפעל מצער בנו החביב לו, ועל כן ראוי לו לרחם עליו כמו שירחם האב על ילד שעשועיו או על הבן החביב לו וזהו רחם ארחמנו נאם ה'.

ונתבאר בכל זה, כי אהבת הש"י את ישראל היא אהבה יחסית כמלך את עבדיו, וכאב לבנים, וכבעל לאשה, ולהורות שאהבה זו ענין שכלי וקיים בלתי משתנה אמר הכתוב (ירמי' שם, ב) ואהבת עולם אהבתיך". (ספר העקרים, מאמר שלישי, פרק לז).

2) שמות יט, ה-ו.

וכתב בספר אור ה' (מאמר ב, כלל ב - פרק ו): "כשבחר הש"י באברהם להיותו אב המון גויים, וביחוד שורש והתחלה לאומה הנבחרת לחלקו וחבל נחלתו, להיות מונהגים ממנו ביחוד, אשר בעבור זה נקראו "עם סגולה" מכל העמים אשר חלק השם להם שופטים כפי מערכות השמים ותנועתם, הנה קירבם כולם לעבודתו, והסירם מההנהגה הכוללת, בקורבן כולל כלל האומה... הוסרו מהנהגת זולתו, ונתיחדו להנהגתו יתברך".

3) "במציאות העולם השפל, שאלולי שרצה השם יתברך להמציאו לא היה נמצא, ולולי ישראל שקבלו התורה לא המציאו השי"ת. והוא אמרם ז"ל (ב"ר א, א) מחשבתן של ישראל קדמה לכל... שכלם אינם עומדים אלא מחמתם, לפי שהם החלק הנבחר שבתחתונים ושברא השי"ת לספר תהלתו ולעמוד לפניו... ועליהם היתה הכוונה במציאות העולם השפל, ואמר הנביא עם זו יצרתי לי תהלתי יספרו", (שו"ת הרשב"א החדשות (מכתב יד) סי' שסח). ועיין עוד בספר גור אריה למהר"ל, פר' בראשית, פסוק א.

4) "הנה דם הברית אשר כרת ה', ולקח חצי הדם וישם אותו באגנות, וחציו האחר זרק על מזבח ה'. להורות, שהעם הנבחר התאחדו עם אלקיהם, כמו שהדם נושא הנפש הוא אחד בעצמו. ולכן היה חצי הדם בזריקה על מזבח השם". (אברבנאל, שמות כד יא).

בײ דעם מעמד הנבחר פון מתן תורה איז קלאר געווארן אז בלויז די דביקות בה' ותורתו הקדושה מאכט אונז פאר א פאלק[5], און אָן די תורה זענען מיר נישט בלויז א 'פעלערהאפטיג פאלק', נאר מיר עקזיסטירן בכלל נישט. ביז'ן מעמד הר סיני זענען אידישע קינדער ניטאמאל געווארן אנגערופען "ישראל". מיר זענען הערשט געווארן א פאלק בשעת מתן תורה ווען מיר האבן מקבל געווען די תורה בברית ובשבועה, ווי דער פסוק איז מעיד[6] **"היום הזה נהיית לעם לה' אלקיך"**, און די גמרא ערקלערט[7] לא נקראו "בני ישראל" עד סיני. דער מהות פון כלל ישראל איז די תורה, דאס איז די נשמה פון כלל ישראל, ווי רבי סעדיה גאון שרייבט[8]: "אומתינו בני ישראל אינה אומה אלא בתורותיה". דאס אידישע פאלק אן תורה איז נישט פעלערדיג, נאר זי איז גענצליך אויס.

בײ מתן תורה איז אויך נתגלה געווארן אז די גאנצע וועלט איז באשאפן געווארן צוליב אידן, בשביל ישראל שנקראו ראשית, און אז די גאנצע בריאה פון די עולמות העליונים גבוה מעל גבוה ביז דער עולם הזה התחתון, ווערן ווייטער געפירט און מסודר דורך די מעשים פון אידן און די פעולות פון תורה ומצוות וואס איז אונז געגעבן געווארן אויפן בארג סיני. די הנהגה פון די גאנצע וועלט פון אנהויב ביז'ן סוף זענען מקבל כח ושפע דורך די מעשי המצות פון אידן, און ווערן חלילה פארמינערט פון שפע דורך די חטאים ופשעים פון אידן.[9]

וברבינו בחיי שם כתב: "ויקח משה את הדם ויזרוק על העם, הזה הדם עליהם כדי שיכנסו בברית עם הקדוש ברוך הוא בדם... והיה להם עדות ואות שנכנסו בבריתו של הקדוש ברוך הוא וכו', דם הברית שהיה עדות ואות בין הקדוש ברוך הוא וביניהם, ולמה כרת הקב"ה עמהם ברית בדם, רמז להם אם אתם מקיימים את התורה מוטב, ואם לאו הריני מתיר דמכם לכרת ולמיתה, זה כתב רבינו חננאל ז"ל".

5) "דעו, שזאת היא תורת ה' האמיתית שנתנה לנו על ידי אדון כל הנביאים הראשונים והאחרונים, שבתורה הזאת הבדילנו הבורא משאר בני העולם... ואין זה לפי שהיינו ראויים לכך, אלא בחסדו של בורא טובו שהתחסד אלינו והטיב לנו". (אגרת תימן להרמב"ם).

6) דברים כז, ט.

7) חולין קיא:

8) האמונות והדעות (מאמר ג, אות ז).

9) "כד ישראל עבדין עובדין דלא כשרן כביכול, מתישין חילא דקוב"ה, וכד עבדין עובדין דכשרן יהבין תוקפא וחילא לקוב"ה, ועל דא כתיב (תהלים סח, לה) תנו עוז לאלוקים, במה בעובדין כשרין". (זוה"ק ריש פר' בא). וכן אמרו חז"ל (חגיגה יג. ומדרש איכ"ר א, לג) ישראל מתישין כח פמליא של מעלה. תן דעתך שלא תחריב את עולמי (קהלת רבה, ז). ועיין עוד בספרי (האזינו, פיסקא שיט) על הפסוק צור ילדך תשי.

וכתב בספר עקידת יצחק (שער יב): וכאשר ניתנה התורה האלקית ביד העם הנבחר, הנה נמסר בידם סוד הניגון הזה, וסדר עבודתו... כי בתקן האדם עצמו תחילה על זה האופן, ודאי יתייחסו עמו סדרי העולם הכולל, להיות שמים וארץ והמאורות והים והתהום... כולם עומדים על משמרתם, ונותנין השפע זה לזה תמידין כסדרן, ונוטלין זה מזה כהלכתן... ולזה אמר אם בחקותי תלכו כו' ונתתי גשמיכם כו', ולא אמר אם תעבדו את האדמה היטיב כמנהג העמים, לפי שאין הדבר תלוי אלא בשמירת יחס הניגון המשותף... ולזה כאשר האיש השלם איש חיל ויודע נגן, יקרא צדיק יסוד עולם, להיותו שומר סדר וחק כל הענינים האלה על מתכונתם, כן הבלתי סדר הנמצא ברשעים יקלקל סדר זה המציאות ויפסידהו".

זינט מתן תורה זענען מיר געווארן א ממלכת כהנים וגוי קדוש, אפגעשיידט פון אלע פעלקער פון דער גאנצע וועלט[10], אלס דער עם הנבחר וואס טוט דערציילן די לויב פון דעם רבוש"ע[11] און מגלה זיין זיין גרויסקייט, "עם זו יצרת לי תהלתי יספרו"[12].

ואבדיל אתכם מן העמים

אין ספרי קודש ווערט ערקלערט, אז כלל ישראל איז נישט קיין פאלק וואס איז בלויז העכער פון אלע פעלקער, קלוגער אדער הייליגער. נאר אידן זענען גענצליך אן אנדערע מציאות. דער עם ישראל איז נישט א פאלק "צווישן" פעלקער, נאר מיר זענען אינגאנצען "אנדערש" פון אלע פעלקער, ווי דער פסוק זאגט "עם זו קנית"[13]. און חז"ל זאגן "מחשבתן של ישראל קודמת לכל דבר"[14]. אז אט די מחשבה פון השי"ת כביכול צו באשאפן אידן, איז געווען די ערשטע איידער דעם וועלט באשאף[15].

באקאנט איז וואס רבי יהודה הלוי זאגט אין ספר הכוזרי, אז "כלל ישראל" דאס איז א באזונדערע סארט באשעפעניש אינעם אויבערשטנס בריאה, און אז מען זוכט א צווישנשייד צווישן כלל ישראל און אנדערע אומות איז דאס ממש ווי א הבדל צווישן א דומם און צומח, אדער צווישן חי און א מדבר, דאס א צווייטע סארט קאטעגאריע[16]. דער תניא אין ספה"ק

10) "ברא אומות ובחר לו אחד מהן זה ישראל, שנאמר ובך בחר ה' אלקיך להיות לו לעם סגולה (דברים ז, ו), גוי בשר ואתה בשר, ובך בחר ה' אלקיך, למה בחר אתכם הקדוש ברוך הוא, לפי שאהב אתכם, שנאמר כי מאהבת ה' אתכם"... (תנחומא, במדבר). ובדברים רבה (פר' עקב): כי תאמר בלבבך, זש"ה כל הגוים כאין נגדו (ישעי' מ, יז), אין אומות העולם חשובין לפני הקדוש ברוך הוא, ואין לו עסק בהם אלא עם ישראל בלבד, שנאמר ובך בחר ה' אלקיך, ואף על פי שהמטר יורד, ושדותיהם עושות פירות ומשפיעות, והן רואין שלוה, בזכות ישראל, שנאמר (דברים כח, יב) יפתח ה' לך את אוצרו הטוב, מהו לך, אלא בזכותך מוריד מטר".

11) ווי די באקאנטע ווערטער פון הייליגן רמב"ן (סוף פר' בא): "וכוונת כל המצוות, שנאמין באלקינו, ונודה אליו שהוא בראנו, והיא כוונת היצירה, שאין לנו טעם אחר ביצירה הראשונה, ואין אל עליון חפץ בתחתונים, מלבד שידע האדם ויודה לאלקיו שבראו".

12) "עם זו [קנית], אף על פי שכל העולם כולו שלך הוא, אין לך עם אלא ישראל, שנאמר (ישעי' מג, כא) עם זו יצרתי לי, (מכילתא דרשב"י, פרק טו). ובמדרש תהלים (בובר, מזמור קט): "אין לישראל תהלה אלא הקדוש ברוך הוא, שנאמר (דברים י, כא) הוא תהילתך והוא אלהיך, ואין להקב"ה תהלה אלא ישראל שנאמר עם זו יצרתי לי תהלתי יספרו". ובמדרש משלי (בובר, פרשה יד): "אמר ר' חמא בר חנינא, בא וראה שבחו וגדולתו של הקב"ה, שאף על פי שיש לפניו אלף אלפי אלפים וריבי רבבות כתות של מלאכי השרת שישרתוהו וישבחוהו, אינו רוצה בשבחן של כלם, אלא בשבחן של ישראל... אמר רבי סימון אימתי הקב"ה מתעלה בעולמו, בשעה שישראל נאספים בבתי כנסיות ובבתי מדרשות, ונותנין שבח וקילוס לפני בוראן.
ובילקוט שמעוני (נח, רמז סב): "וכי כל בריותיו אין משבחין אותו... מכאן אין ערב לו אלא ישראל... אבל העכו"ם כאין נגדו"... ובמכילתא דרבי ישמעאל (בשלח, מסכתא דשירה, פרשה ט): "עד יעבור עמך ה', לפי שכל העולם שלך ואין לך עם אלא ישראל".

13) שמות טו, טז.

14) בראשית רבה א, ד.

15) "ישראל בלבד שנקראו בנים, והיא חיבה יתירה... כי יצירת המין האנושי מתחילתו הוא בענין שאומת ישראל הם מיוחדים בהיותם מונהגים בהנהגתו יתברך, ולהיותם כאחד מהעליונים שהם נצחיים בעבודתו יתברך יותר משאר האומות... כי טבע היצירה כן חייב להיות אומת ישראל מיוחדת מכלל שאר האומות להיותה מוכנת ביותר מהם לעבודת הש"י, ולהבין הנמצאות הבנה אמיתית ולהיות הנהגתם בו יתברך, לא מצד כוכב או מלאך, ולזה נקראו בנים, כמו שהנהגת הבן אין האב מוסרה לזולתו, והוא היודע סודותיו, והוא המחויב בכבודו, והוא יורשו וקם תחתיו, כן הנהגת ישראל בו יתברך", (פירוש רבי מתתיה היצהרי).

16) בכוזרי (מאמר א, לה): "התייחד המדבר מכל החיים", וכן במאמר ה' כתב: "ההקדמה הרביעית מוסיף בהגדרת הסוג של עם ישראל, וכן הפחות שבבני תורת האלוקים יותר מעולה במדריגה מן המעולה שבאומות שאין להם תורת אלוקים, כי התורה

ליקוטי אמרים[17] איז מבאר בעומק אז ס'איז פאראן א "נפש השנית שבישראל". טראצדעם וואס קערפערליך זעהן די אידן אויס גלייך ווי אנדערע מענטשן, אבער דער "נפש השנית" וואס איז דא אין יעדן איד, דאס מאכט דעם איד פאר א צווייטע סארט בריה[18]. כי חלק ה' עמו יעקב חבל נחלתו[19].

ה' אלקי ישראל מלך

דער זוהר הקדוש זאגט[20], תלת דרגין אינון מתקשרן דא בדא, קוב"ה אורייתא וישראל. די דריי זאכן זענען געבינדן איינע מיט די אנדערע, דער רבונו של עולם, די תורה און כלל ישראל.

מלכותא דארעא כעין מלכותא דרקיעא. לגבי די אומות העולם פירט דער אויבערשטער זיין מלוכה, אויפ'ן שטייגער ווי, להבדיל, א מלך בשר ודם וועלכער האט אסאך מלוכות, און גיט איבער די הנהגת המלוכה פאר גרויסע שרים וואס זאלן פירן געוויסע לענדער אונטער זייער הערשאפט, אז די אלע געברויכן פון די מלוכות זאלן דורכגיין די שרים. דאס זעלבע האט השי"ת כביכול ממנה געווען די שרי מעלה וואס זאלן אויספירן דעם רצון ה' מיט יעדן לאנד און פאלק פון די אומות העולם. אזוי אויך די הנהגת הכוכבים און מזלות ווערן געפירט לויט דעם כח וואס

שהיא מאת האלקים מקנה הנפשות מנהג המלאכים ותכונתם".

17) פרק ב

18) "מן העבינים העמוקים שבהנהגתו יתברך, הוא ענין ישראל ואומות העולם, שמצד טבע האנושי נראה היותם שווים באמת, ומצד עניני התורה הם שונים שינוי גדול, ונבדלים כמינים מתחלפים לגמרי", (דרך ה', פ"ד, א).

ועיין עוד בספה"ק ליקוטי אמרים (פרק מט): "חמלה גדולה ויתירה, פי' יתירה על קרבת אלקים שבכל צבא מעלה. ובנו בחרת מכל עם ולשון, הוא הגוף החומרי הנדמה בחומריותו לגופי אומות העולם".

ובספר דברית (ח"ב, מאמר א, נפשות הישראלי) כתב: "והנה מודעת זאת בסדר המדריגה של הדצח"ם, שכל אחד מעולה מחבירו, על כן ראוי שתדע, כי כמו שהפחות שבצמח יותר מעולה במדריגה מן המעולה שבמוצקים, והפחות שבחי יותר מעולה מן המעולה שבצמח, והפחות שבמדבר יותר מעולה מן המעולה שבחי, ככה הפחות שבבני תורת אלקים מעולה מן המעולה שבמדבר, מפני שתורת האלקי מקנה הנפשות מנהג המלאכים ותכונתם".

(**ואף** גוף ישראל שונה מגוף האומות, כדברי החתם סופר זי"ע בחידושיו למס' שבת (דף פו:). ובחידושיו למס' עבודה זרה (דף לא.). ועיין עוד בשו"ת חת"ס (יו"ד סי' קעה, ד"ה והנה הב"ח, ואה"ע ח"ב סי' פ"ב).

19) "חביבין ישראל שנקראו בנים למקום, חיבה יתירה נודעת להם שנקראו בנים למקום, שנאמר (דברים יד, א) בנים אתם לה' אלהיכם (אבות פ"ג מי"ד). ובמס' גרים (פ"א ה"א) איתא שאומרים לגר צדק אחר שנתגייר, "במי נדבקת, אשריך, במי שאמר והיה העולם ברוך הוא, שלא נברא העולם אלא בשביל ישראל, ולא נקראו בנים למקום אלא ישראל, ואין חביבין לפני המקום אלא ישראל".

ובראשית חכמה (שער האהבה פ"ג אות ז): "באמרו 'חלק' יורה שהנשמות הם ממנו חצובות, והוא והם הם שני חלקים, כענין תרי פלגי דגופא, וזהו טבע מלת 'חלק' שנחלק הדבר ממנו, ובהתייחד חלק הנשמה התחתונה עמו שני החלקים נתייחדו ונעשו אחד... ולעולם אינו נפרד, לזה אמר יעקב חבל נחלתו, כי כמו שהחבל שזור משנים או משלשה חלקים, כן הוא קשור עמנו למטה ואנו קשורים עמו".

ובהקדמת כפה"ק שפע טל: "כל נפש ונפש בפני עצמה מישראל חביבה וחשובה בעיניו יותר מכל הנפשות של אומה מאומות עולם בכלל, ואומה ישראלית בכללה חביבה וחשובה בעיניו יותר מכל ע' אומות... אבל הנשמות של אומה ישראלית אצולות מקדושת האצילות ב"ה חלק ה' עמו, חלק ממש, בניו ממש".

ובספר דרך חיים למהר"ל (פ"ג מי"ד): "נקראו ישראל בנים אל השי"ת, שזאת המעלה על הכל, כי בשביל זה נותנים ישראל כתר בראש מלך מלכי המלכים... בשביל כי הם בנים של הקב"ה... ובזה תדע תמיד מעלת ישראל".

20) ח"ג, דף עג.

השי"ת האט זיי געגעבן, און דורך זיי ווערט נמשך די השפעות פאר יעדעס פאלק לויט איר אייגנארטיגע מזל און טבע[21].

אנדערש זענען אבער אידישע קינדער וועלכע זענען בנים למקום - בני בכורי ישראל. זייער געברויך און הנהגה ווערט נישט געפירט דורך קיין שום מזל אדער מלאך, נאר דורך דעם מלך מלכי המלכים זעלבסט. כלל ישראל איז נישט משועבד אדער געבינדן צו קיין מזלות אדער דרך הטבע, אידן ווערן געפירט דורך די הנהגה העליונה והפרטיות, וירם קרן לעמו, לא עשה כן לכל גוי[22].

ביי מתן תורה האבן מיר באקומען די מתנה אז טראץ דעם וואס דער סדר ההנהגה פון אלע אומות פירט זיך טבע'דיג און ערדיש, זייערע טובות און רעות זענען איינפאכע גשמיות'דיגע באגריפן, אבער דאס אידישע פאלק איז אויסדערוועלט געווארן פון אלע פעלקער צו געפירט ווערן מיט א הויכע הנהגה אלקית נעלה וואס איז באשטימט נאר פאר אידן, כי יעקב בחר לו י'ה ישראל לסגולתו.

דאס אידישע פאלק איז געבוירן געווארן אויף אן אומנאטירליכן שטייגער, אויף די עלטער פון אברהם אבינו און שרה אמינו, ווען קיינער האט שוין נישט געקלערט אז זיי קענען בדרך הטבע האבן א קינד, צו מרמז זיין אויף דעם מהות פון אידישע קינדער אז זיי ווערן געפירט מיט א ספעציעלע השגחה פון הימל, אן קיין שייכות צו טבע. דאס זעלבע איז געווען אין מצרים ווען עס האט פאר אלעמען אויסגעקוקט אז אידן האבן שוין נישט קיין צוקונפט, דייקא דעמאלט איז געקומען די ישועה, און אזוי וועט אויך זיין ביי ביאת המשיח[23].

---

21) רבינו בחיי פר' יתרו (שמות כ, א), ובסוף פרשת שלח.

22) "רבי יצחק פתח (שה"ש ב, ג) כתפוח בעצי היער, זכאה חולקהון דישראל מכל עמין, דהא כל שאר עמין אתיהיבו לרברבן ממנן בשלטנותא עלייהו, וישראל קדישין זכאה חולקהון בעלמא דין ובעלמא דאתי, דלא יהב לון קוב"ה לא למלאכא ולא לשליטא אחרא, אלא הוא אחיד לון לחולקיה, הה"ד כי חלק הוי"ה עמו, וכתיב כי יעקב בחר לו יה", (זוה"ק, האזינו, ח"ג רפו:).

ברמב"ן (דברים ד, טו) כתב: "אשר חלק ה' אלקיך אותם לכל העמים, כי לכולם כוכב ומזל, וגבוהים עליהם מלאכי עליון... ואמר ואתכם לקח ה', כי אתם חלק ה', לא תקימו עליכם שר או עוזר זולתו... והנה עשה כל זה כדי שתהיו לו נחלה ותהיו לשמו הגדול סגולה מכל העמים". ובפר' האזינו (דברים לב, יב) כתב: "ה' בדד ינחנו, כי אין לישראל שר ומושל מכל בני אלהים שינחנו או יעזור בהנחותו, בלתי השם לבדו, כי הוא חלקו ונחלתו".

וברבינו בחיי (שמות יט, ה): "והייתם לי סגולה מכל העמים כי לי כל הארץ... אמר 'מכל העמים' כלומר שאין מעלה זו לשאר העמים, כי הם היו תחת ממשלת פקידי המלך ושוטריו... כי ישראל לקוחים לחלקו יתברך וסגולה תחת ידו ביחוד"... "כי אין ישראל תחת ממשלת הכוכבים והמזלות אבל הם למעלה מהם, והמעלה הזאת לא זכתה שום אומה אליה ולא עשה כן לכל גוי", (שם, דברים כח י, ולב ז).

והאריך בענין זה באברבנאל (פר' אמור): "ונתיחדו מקריהם ועניניהם [של ישראל] מטוב ועד רע אל ההשגחה האלקית". ועיין עוד בדבריו פר' יתרו על מאמר אנכי ה', ובפר' ואתחנן. וכתב הגר"א (אדרת אליהו, דברים א יא): "לכך נקרא (בראשית לג, כ) "אלהי ישראל", אף שהוא שליט בכל העולם, מפני שהוא על ישראל ביחוד, וזהו שאמר (דברים ד, כ) ואתכם לקח ה'".

23) רבינו בחיי (פר' יתרו, עה"פ אשר הוצאתיך).

ואלו דברי הרמב"ם ז"ל (אגרת תימן): "דע, שמשה רבינו עליו השלום בשעה שעמד, היו כל האצטגנינים פה אחד אומרים שאומה זו לא תהיה לה תקומה ולא יקל מעליה השעבוד שהיא בו לעולם, ובשעה שחשבו שהיו בתכלית השפלות, אז ממעלה הופיע עליהם הרוממות ונולד אז מבחר מין האנשים שבהם, וכשהיו כולם על מחשבה אחת, שארץ מצרים ישלם אוירה וישמן, והיו

נאכמער, די שכר און טובה פון כלל ישראל איז נישט די זעלבע טובה ווי אנדערע אומות העולם. אפילו די הבטחות פון שכר גשמי וואס איז מפורש אין די פסוקי התורה אויב אידן וועלן זיך פירן ערליך, איז בעיקר כדי מיר זאלן קענען מיט די אלע הרחבות עוסק זיין מער אין תורה און מצוות און דאדורך זוכה זיין צו חיי עולם הבא, אבער דאס איז מרמז אויך אויף רוחניות'דיגע ענינים[24]. דאס איז אלעס פאר אידישע קינדער, אבער פאר גוים ווען ער צאלט זיי א שכר איז דאס נאר מיט שכר עולם הזה ענינים גשמיים, וואס איז נישט די קלענסטע פארגלייך צו די הימלישע שכר רוחני[25], יפה שעה אחת של קורת רוח בעולם הבא מכל חיי העולם הזה.

ממלכת כהנים וגוי קדוש

ווען מיר זענען אויסגעקליבן געווארן פאר אן עם קדוש סגולה מכל העמים, האט אונז השי"ת אויסגעוועלט און צוגעגרייט מיט א געוואלדיגע הימלישע מדריגה אז מיר זאלן זיין די צענטער פון די גאנצע בריאה, און בלויז דורך אונזערע מעשים זאל זיך דרייען די הנהגה פון דער גאנצער בריאה. ווען השי"ת האט אונז געגעבן זיין תורה האט ער זיך כביכול געבינדן מיט א ברית אז די שמירת המצוות פון אידן זאל גורם זיין אלע פעולות אויף דער וועלט לעד ולנצח און אלעס זאל זיך פירן ארום דעם צום גוטן אדער צום בייזן חלילה.[26]

יושביה בתכלית השלוה, אז באו עליהם המכות... וכן אירע למלכות נבוכדנצר כשהיו כל איצטגניניה וחכמיה וכל הנקרא בשם חכם על עצה אחת, שאז היתה התחלת רוממותה וממשלתה מתאמצת והולכת, אז נשמדה ממשלתם ואבדה... על זה הענין יהיה הדבר לימות המשיח מהרה יגלה, שכשיחשבו עובדי עבודה זרה שאומה זו לא תהיה לה לעולם ממשלה ולא יגאלו מן השעבוד שהם בו, וכל החכמים כולם פה אחד בעצה זאת, וגם הקוסמים בעלי הכחות, יפר הקדוש ברוך הוא מחשבתם וסברתם הנכחשת, ואז יגלה המשיח".

וכתב הרה"ק רבי צדוק הכהן מלובלין זצ"ל (דברי סופרים, אות טז): "וכל בנין אומה הישראלית היה אחר היאוש הגמור, דאברהם ושרה זקנים ומי מלל לאברהם הניקה וגו' (בראשית כא, ז), שלא עלה על דעת אדם עוד להאמין זה וכו', ואם היה רצון השי"ת לפקדם היה פוקדם מקודם, דלמעט בנס עדיף, ולא עביד ניסא במקום שאין צריך, אבל באמת מאת ה' היתה זאת שיהיה בנין האומה דוקא אחר היאוש הגמור שלא האמין שום אדם, ואפילו שרה, שתיפקד עוד, כי זה כל האדם הישראלי... וכן הישועה דלעתיד נאמר (ישעי' נג, א) מי האמין לשמועתינו, וכן אמרו (סנהדרין צז.) שאין בן דוד בא עד שיתייאשו מן הגאולה, ועל כן אמר (ישעי' נא, ב) הביטו אל אברהם אביכם ואל שרה תחוללכם, שגם התחלת בנינכם היה כן אחר היאוש".

24) רמב"ם (הל' תשובה פ"ט הלכה א-ב, והל' מלכים פי"ב הל' ד-ה). וכן כתב בפירוש המשנה (סנהדרין פ"י מ"א). ועיין עוד בדברי רבינו בחיי (פר' בחקותי עה"כ ופניתי אליכם, ותחילת פר' עקב, ובפר' וזאת הברכה עה"כ אשריך ישראל מי כמוך). ובספורנו בהדקמתו לפירושו על התורה בביאור כוונות התורה.

25) כמבואר כל זה במדרשי ואגדות חכז"ל אין ספור פעמים. ועיין מדרש תנחומא (פר' קדושים, ד"ה מהו ושער ראשה), פסיקתא רבתי (פיסקא כג, י הדברות פר' תליתאה), מדרש זוטא (רות, פרשה א עה"כ יעשה ה' עמכם). מדרש תהלים (מזמור ד: [יא] [ד, ח] נתתה שמחה בלבי). אגדת בראשית (פרק מג, עה"כ ויתן לך האלקים). מדרש תהלים (מזמור עג, פסוק א).

26) כתב הרמח"ל (דרך ה', פרק ד, אות א): "מן הענינים העמוקים שבהנהגתו יתברך הוא ענין ישראל ואומות העולם, שמצד טבע האנושי נראה היותם שווים באמת, ומצד עניני התורה הם שונים שינוי גדול, ונבדלים כמינים מתחלפים לגמרי... אבל כולם בבחינה האנושיות בשפלותו, וישראל בבחינת האנושיות בעילויו.

ואולם לא היתה הגזירה להאביד את האומות האלה, אבל היתה הגזירה שישארו במדריגה השפלה שזכרנו... והנה בשעה שנחלק העולם כך, שם הקב"ה שבעים פקידים מסוג המלאכיי, שיהיו הם הממונים על האומות האלה, ומשקיפים עליהם ומשגיחים על ענייניהם. והוא יתברך שמו לא ישגיח עליהם אלא בהשגחה כללית, והשר הוא ישגיח עליהם בהשגחה פרטית, בכח שמסר לו האדון ברוך הוא, על זה, ועל דבר זה נאמר (עמוס ג, ב) רק אתכם ידעתי מכל משפחות האדמה.

ואולם במעשיהם של ישראל תלה האדון ב"ה תיקון כל הבריאה ועילוי', ושיעבד כביכול את הנהגתו לפועלם, להאיר ולהשפיע או ליסתר ולהתעלם ח"ו על פי מעשיהם. אך מעשה האומות לא יוסיפו ולא יגרעו במציאות הבריאה, ובגילויו יתברך שמו או

אזוי זענען מיר מעיד צוויי מאל א טאג אין קריאת שמע, אז השי"ת האט זיך כביכול מקשר געווען מיט אונז לעד ולנצח אז אלעס וועט זיין תלוי אין אונזערע מעשי מצות התורה. "והיה אם שמוע תשמעו אל מצותי אשר אנכי מצוה אתכם היום... ונתתי מטר ארצכם בעתו ואכלת ושבעת, השמרו לכם פן יפתה לבבכם וסרתם ועבדתם אלהים אחרים, ועצר את השמים ולא יהיה מטר והאדמה לא תתן את יבולה ואבדתם מהרה מעל הארץ הטובה אשר ה' נותן לכם."

אט די עדות אז אלע טובות און חסרונות פון דער וועלט זענען תלוי אין קיום המצוות, מוזן מיר מעיד זיין יעדן טאג אינדערפרי און ביינאכט, אפילו ס'איז נישט מעגליך פאר אלעמען דאס צו זען מיט די אויגן, איז דאס אונזער אמונה פשוטה מיט דעם כח וואס איז איינגעקריצט אין יעדן נפש מישראל מזרע אברהם יצחק ויעקב.[27]

שכר ועונש: געקניפט און געבונדן מיט בחירת ישראל

אט דערפאר זענען די שכר ועונש פון אידישן פאלק א הימלישע און געטליכע מושג. אז א אידיש קינד עסט מצה אין די נאכט פון י"ד ניסן, איז ער דערמיט גורם פאר די גאנצע וועלט א שמחה און השפעה וואס ווערט נשפע פון זיין מעשי המצוה, און אויב ער עסט חלילה די נאכט פון י' בתשרי איז ער גורם א שרעקליכע קלקול און א כריתות הנפש. אז ער טוט אן תפילין מיט די רצועות ווערט ער נתקדש בקדושה של מעלה און איז גורם אלע תיקונים, ווידעראום אויב טוט ער אן כלאים צמר ופשתים יחדיו איז ער גורם שרעקליכע פגמים. לייגן תפילין פון הויט און זיצן אין א סוכה מיט סכך וואס וואקסט פון דער ערד, און הערן קול שופר בזמנה, מיט אלע חוקים און דינים פון די תורה, ברענגט א ברכה, "ונתן עץ השדה את פריו והארץ תתן יבולה והיו על אדמתם לבטח"[28]. און דאס זעלבע פארקערט, עסן פלייש פון א בהמה טהורה וואס איז געשאכטן געווארן מיט א סכין וואס האט א פגם, אויפהייבן א חפץ אין רשות הרבים אום שב"ק, אדער אפגאלן די בארד מיט א גאל מעסער, דאס ברענגט אז הארץ לא תתן את יבולה ועץ לא יתן פריו. די מצוה וואס א איד טוהט איז אים מקשר צו השי"ת און גורם א שפע רב און ח"ו מעשי העבירה איז גורם פגמים וקלקולים רח"ל.[29]

היסתרו, אבל ימשיכו לעצמם תועלת או הפסד, אם בגוף ואם בנפש, ויוסיפו כוח בשר שלהם או יחלישוהו".

עוד כתב (דעת תבונות, קכה-קל): "שכל תנועה קטנה שבאדם מנועעת דברים רבים וגדולים, כלל כל הנבראים העליונים והתחתונים, הגשמים והרוחניים וכל הכוחות הנבדלים והשפעותיו ית' בהם... הלא זאת ההכנה הכללית שנתן הקב"ה לעמו ישראל בתחילה, להיותם מקיימים ועושים כל התורה והמצוה, כי זולת זה לא היו יכולים לעשות במעשיהם מעשה התיקון הגדול שהם עושים לכלל כל הבריאה".

27) במס' יבמות (דף סג.): "מאי דכתיב (בראשית יב, ג) ונברכו בך כל משפחות האדמה, אפילו משפחות הדרות באדמה אין מתברכות אלא בשביל ישראל, ונברכו בו כל גויי הארץ (שם יח, יח), אפילו ספינות הבאות מגליא לאספמיא, אינן מתברכות אלא בשביל ישראל, א"ר אלעזר בר אבינא אין פורענות באה לעולם אלא בשביל ישראל".

28) יחזקאל לד, כז.

29) בספר נפש החיים האריך בזה בתחילת ספרו באריכות נפלא, וז"ל: "ברא הוא יתב' את האדם, והשליטו על רבי רבוון כוחות

די אלע תיקונים און ענינים, קענען נאר געשען דורך אידן, וירם קרן לעמו תהלה לכל חסידיו לבני ישראל עם קרובו. אבער ווען דער גוי וועט טוהן די גענוי זעלבע מעשים און די זעלבע צייטן, האט עס נישט דאס מינדסטע האפט. אז א פראנצויז עסט מצה פסח ביינאכט האט ער גארנישט מתקן געווען, און טאמער עסט ער חמץ האט ער גארנישט פוגם געווען נאר געגעסן אן אכילה גסה, אז אן ענגלישער גוי וועט זיצען אין די סוכה ליל ט"ו בתשרי האט ער גארנישט פועל געווען, נאר געזיצען אויף די טאראסע פאר לופט, און ווען א רוס וועט הערן שופר דעם ערשטן טאג אין תשרי האט ער געהערט סתם א פייפעריי. זאל דער גוי טוהן אלע מצוות און אלע עבירות וואס זענען געזאגט געווארן פאר אידן, וועט דאס נישט פועל זיין קיין שום פעולה אין די הנהגת העולם, אדרבה אין דעם ענין איז דא די הלכה פון 'עובד כוכבים ששבת חייב מיתה'[30], ווייל ער האט נישט קיין חלק אין דעם סדר העולם וואס פירט זיך דורך די תורה, און אויב גייט ער ארויס חוץ מגדרו איז ער חייב מיתה. דאס איז די כריתת ברית פון השי"ת בלויז מיט זרע אהובו בני אברהם יצחק ויעקב, אז די געטליכע חוקים פון די תורה זאלן פירן די הנהגה אויף דער וועלט.

אזוי איז אונז צוגעזאגט געווארן אין די תורה מערערע מאל אז דאס איז דער יסוד פון בחירת ישראל, וה' האמירך היום להיות לו לעם סגולה כאשר דבר ולשמור כל מצותיו, בלויז ווייל השי"ת האט דיך גרויס געמאכט, להיות לו לעם סגולה, דערפאר האסטו א כח לשמור כל מצותיו, אז די שמירת המצות פון זרע ישראל זאל פירן די גאנצע וועלט, ולתתך עליון על כל הגוים אשר עשה ולהיותך עם קדוש לה' אלקיך כאשר דבר.[31]

ועולמות אין מספר. ומסרם בידו שיהא הוא המדבר והמנהיג אותם על פי כל פרטי תנועות מעשיו ודבוריו ומחשבותיו, וכל סדרי הנהגותיו הן לטוב או להיפך ח"ו. כי במעשיו ודבוריו ומחשבותיו הטובים הוא מקיים ונותן כח בכמה כחות ועולמות עליונים הקדושים. ומוסיף בהם קדושה ואור... כי המה המסדרים עולמות העליונים כבונה המסדר בנינו... ובהיפוך ח"ו ע"י מעשיו או דבוריו ומחשבותיו אשר לא טובים, הוא מהרס ר"ל כמה כוחות ועולמות עליונים... או מחשיך או מקטין אורם וקדושתם ח"ו, ומוסיף כח לעומת זה במדורות הטומאה ר"ל".

ושם (פרק ד): "האדם בנשמת החיים שבתוכו, הוא נעשה נפש חיה לרבוי עולמות אין מספר, שכמו שכל פרטי הנהגות הגוף ותנועותיו הוא ע"י כח הנפש שבקרבו, כן האדם הוא הכח ונפש החיה של עולמות עליונים ותחתונים לאין שיעור, שכולם מתנהגים על ידו.

וזאת תורת האדם, כל איש ישראל אל יאמר בלבו ח"ו. כי מה אני ומה כחי לפעול במעשי השפלים שום ענין בעולם, אמנם יבין וידע ויקבע במחשבות לבו שכל פרטי מעשיו ודבוריו ומחשבותיו כל עת ורגע לא אתאבידו ח"ו, ומה רבו מעשיו ומאוד גדלו ורמו שכל אחד עולה כפי שרשה לפעול פעולתה בגבהי מרומים בעולמות וצחצחות האורות העליונים... וקרוב לשמוע שגם זה בכלל כוונתם ז"ל באבות (פ"ב מ"א) דע מה למעלה ממך. ר"ל אם כי אינך רואה בעיניך הענינים הנוראים הנעשים ממעשיך. אבל תדע נאמנה, כי כל מה שנעשה למעלה בעולמות העליונים גבוהים גבוהים, הכל ממך הוא, על פי מעשיך לאן נוטים, על פיהם יצאו ויבואו".

ונשנה שם בפרק ז': "שכל נטיית הכוחות והעולמות וסדרי המרכבה, תיקונם ובנינם והריסותם ח"ו, הוא רק כפי ענין ההתעוררות ממעשי האדם למטה... ולזאת לו לבדו ניתנה משפט הבחירה להטות עצמו ואת העולמות לאיזה צד אשר יחפוץ, או אף אם כבר גרם וסובב ח"ו בחטאיו הריסת העולמות וסדרי המרכבה וחורבנם וירידתם ח"ו, יש כח וסיפוק בידו לתקן את אשר עיוות ולבנות הנהרסות, מצד שהוא כלול ומשותף מכולם".

ועיין עוד בענין נשגב זה בספר פתחי שערים להג"ר יצחק אייזיק חבר ז"ל מתלמידי הגר"א ז"ל (נתיב שבירת הכלים, פרק א).

30) סנהדרין נח:

31) דברים כו, יח-יט.

די אויבנדערמאנטע ברכות און קללות זענען געזאגט געווארן אינאיינעם מיט א כריתת ברית, אלה דברי הברית אשר צוה ה' את משה לכרות את בני ישראל בארץ מואב מלבד הברית אשר כרת אתם בחורב[32]. א ברית באדייט אן הבטחה אז דאס וועט אייביג אזוי זיין, דאס איז די גרעסטע זכי' אין דער וועלט און די הויכע געטליכע אייביגע מעלה וואס מיר האבן דערגרייכט און דערויף איז געשלאסן געווארן מיט אונז א בונד וואס וועט נישט צעפאלן קיינמאל, לעולמי עד.

קדושת הארץ וגלות ישראל מעל ארמתן

אלס א טייל פון דעם בחירת ישראל וקדושתו האט אונז השי"ת אויך געגעבן ארץ ישראל, ירושלים עיה"ק און דער בית המקדש. דאס אריינגיין אינעם לאנד ארץ ישראל און זיך באזעצן דארט איז נישט געווען דער תכלית אז מען זאל זיצן אין אן אייגענעם לאנד במנוחה ובטח[33], נאר איז געווען א הכנה צו דעם גילוי שכינה און השראת הקדושה העליונה פון דעם בית המקדש על הר מרום הרים, בית זבול מכון לשבתך עולמים[34]. די עיקר כוונה פון מצות ישיבת הארץ איז געווען די גילוי האלקות פון דעם בית המקדש ראשון ושני.[35]

ווען עס האט זיך פארמערט די קדושה הכלליות פון כלל ישראל, האט די קדושה פון השי"ת זיך אויך קובע געווען אינעם מקום המקדש, מכון לשבתך פעלך ה', מקדש ה' כוננו ידיך[36]. די קדושת המשכן והמקדש איז געווארן מער און ווייניגער לויט די זכיות און קדושה וואס האט שורה געווען בישראל[37].

אין צייט ווען דאס אידישע פאלק בכלליות איז מקיים די מצות התורה בלב שלם, טוען זיי מרבה זיין א באשיינפערליכע שמחה ושפע אין די גאנצע בריאה, און אלע עולמות עליונים ותחתונים. דאס האט מען געזען ווען דאס בית המקדש איז געשטאנען אויפ'ן הר המורי' און אידן האבן עולה רגל דריי מאל א יאר לראות וליראות את פני ה', וואו מען האט געזען א גילוי

(32) דברים כח, סט.

(33) נצח ישראל למהר"ל (פרק ו).

(34) מלכים א ח, יג.

(35) עי' מס' כתובות דף קי ע"ב, ובביאור הדברים בספה"ק ויואל משה (מאמר שלש שבועות, סי' ה).
ובזוהר הק' (ח"ב, יתרו עט): "הכי תנינן, כל הדר בארץ ישראל דומה כמי שיש לו אלוה, וכל הדר בחוצה לארץ דומה כמי שאין לו אלוה, מאי טעמא, משום דזרעא קדישא לארעא קדישא סלקא, ושכינתא באתרא יתבא, והאי בהאי תליא". ובזוהר חדש (תיקונים ח"ב צד): "ובזמנא דישראל באינון קליפין דאינון ארבע גליות אינון בפירודא כביכול, כאילו לא היו גוי אחד, ושמיה דקב"ה לא שריא עלייהו, ובגין דא אוקמוה מארי מתניתין כל הדר בחוצה לארץ דומה כמי שאין לו אלוה. ועיין עוד רמב"ן (ויקרא יח, כה).

(36) שמות טו, יז.

(37) האלשיך הק' בספריו האריך הרבה בענין זה, עיין בפירושו על התורה (פר' תרומה), בפירושו לתהלים (מזמור כד), ובפירושו על שמואל (ב ז, ה).

שכינה מיט נסים גלוים, כי עזה כמות אהבה[38]. מען האט מיטגעהאלטן די עשרה נסים נעשו לאבותינו בבית המקדש אויף א חוץ לדרך הטבע'דיגן פארנעם, און אידן זענען נתעלה געווארן צו עולמות גבוהות אן קיין שייכות צו גשמיות.

אבער ווען אידן האבן געזינדיגט, ומפני חטאינו גלינו לארצינו, איז בוכשטעבליך אפגעטון געווארן די קדושה און השראת השכינה אין בית המקדש[39], סיי פון דעם עולם הזה און סיי אין די עולמות עליונים, נתמעטו כנפי החיות וכוחם של מלאכי מעלה[40]. אפילו ביים מקדש שני - ווען אידן זענען געפאלן פון זייער מדריגה - האט שוין געפעלט די פינף זאכן, דער ארון, שמן המשחה, אש, שכינה, און דער אורים ותומים[41]. ווייל די גאנצע בריאה, אנגעהויבן פון די הויכע עולמות מראשית המחשבה און געענדיגט ביז סוף מעשי העולם הזה, אלעס איז אפהענגיג אין די קדושה פון עם סגולה עם אלקי אברהם, אלעס איז באשאפן געווארן פאר זיי און אלעס פירט זיך דורך זיי און דורך די מעשי המצוות אדער חלילה פארקערט[42].

גלייכצייטיג איז דאס פארוואגלט ווערן פון ארץ ישראל בגשמיות געווען בעיקר א פארלוסט אויף די געהויבענע מתנות וואס מיר האבן געהאט. דער גלות איז נישט בלויז געווען אז מען איז פארטריבן געווארן פון דאס לאנד, נאר בשעת דעם יציאה לגלות איז אויך געווען דער חורבן בית המקדש וביטול התמיד, און די הסתלקות פון די אפענע השראת השכינה. א הסתרה אויף דעם גאנצן גרויסן ענין פון ישראל עם קדוש בכלליות.

ווידעראום במהרה בימינו ביים בנין בית העתיד - ווען אידן וועלן נתעלה ווערן - וועט דאס אויפהייבן און פארמערן די קדושה אויף דער וועלט אין א בחינה פון עין לא ראתה אלקים זולתך. די גאולה וועט נישט בלויז זיין אויף א שטיקל לאנד, נאר א התגלות אור ה' אויף דער גאנצער וועלט, תתגדל ותתקדש בתוך ירושלים עירך לדור ודור ולנצח נצחים.[43]

---

38) שיר השירים ח, ו.

39) ראש השנה (דף לא.) עשר מסעות נסעה שכינה, פירש"י, להסתלק מעל ישראל מעט מעט כשחטאו... וממדבר עלתה וישבה במקומה, שנאמר (הושע ה, טו) אלך אשובה אל מקומי. וכן הוא במדרשי חז"ל.

40) חגיגה (דף יג:). ועיין אברבנאל ישעי' ו.

41) יומא (דף כא:). עיין רבינו בחיי (בראשית מו, כז) ואוה"ח הק' (פר' תרומה עה"כ ושכנתי).

42) סוטה (דף מח.): "העיד רבי יהושע מיום שחרב בית המקדש אין יום שאין בו קללה, ולא ירד הטל לברכה, וניטל טעם הפירות. רבי יוסי אומר אף ניטל שומן הפירות. רבי שמעון בן אלעזר אומר הטהרה - נטלה את (הטעם ואת) הריח, המעשרות - נטלו את שומן הדגן. וחכמים אומרים הזנות והכשפים כילו את הכל".
ובגמ' תענית (דף כג.) איתא: "בימי שמעון בן שטח, ירדו להם גשמים בלילי רביעיות ובלילי שבתות עד שנעשו חטים ככליות ושעורים כגרעיני זיתים ועדשים כדינרי זהב, וצררו מהם דוגמא לדורות, להודיע כמה החטא גורם, שנאמר (ירמי' ה, כה) עונותיכם הטו אלה וחטאתיכם מנעו הטוב מכם. וכתב על כך המהר"ל (נצח ישראל, פרק נ): "הרי הברכה מוכנת לה הארץ, אם לא היה החטא... כי לעתיד, כאשר יסתלק החטא מבני אדם, האדמה אשר אררה השם בשביל חטא אדם, תחזור לקדמותה ולברכתה כאשר היה קודם שחטא האדם... כי דבר זה לא נקרא נס, שהרי היה בתחילת בריאת העולם אם לא היה החטא... ואין דבר כמו זה נקרא שנוהג העולם שלא בטבע".

43) ליקוטי אמרים, תניא (פרק לו).

די הנהגה פון בכלליות ישראל איז שטענדיג כפי השכר והעונש

די עיקר הבטחות פון ברכות און דאס פארקערטע ר"ל, באציען זיך צו יעדעס אידיש קינד בפרטיות, אבער נאך מער אזוי בכלליות פאר דאס אידישע פאלק, אין אלגעמיין צום כלל ישראל[44]. אזוי איז מפורש אין די פסוקים אין פרשת בחוקתי ונתתי שלום בארץ, ורדפתם את אויביכם, ונתתי משכני בתוככם, ואולך אתכם קוממיות[45], און פרשת כי תבא, ונתנך ה' עליון על כל גויי הארץ, וברכך בארץ אשר ה' אלקיך נותן לך, יקימך ה' לו לעם קדוש, וראו כל עמי הארץ כי שם ה' נקרא עליך ויראו ממך, והיית רק למעלה[46]. און דאס זעלבע דאס פארקערטע חלילה, והפיצך ה' בכל העמים מקצה הארץ ועד קצה הארץ, ונסחתם מעל האדמה אשר אתה בא שמה לרשתה, והארץ תעזב מהם.[47]

די פסוקים זענען בעיקר געזאגט געווארן פאר שכר ועונש פון כלל ישראל אלס א פאלק בכלליות. ווידעראום דער שכר ועונש וואס איז נוגע דעם יחיד מישראל ווערט צומאל באדעקט און פארהוילן פון אונז דא בעולם הזה און ווערט אוועקגעלייגט אויף עולם הבא. צומאל זענען די רשעים מצליח און זינדיגע מענטשן זעהן הצלחה, סיי כדי עס זאל בלייבן א פרייע בחירה, און סיי צוליב אנדערע ענינים גבוהים וואס זענען נאר באקאנט פאר'ן יודע תעלומות[48]. אבער וואס איז נוגע צום כלליות ישראל איז עס גלוי ומפורש אין די תורה הק' אז די מעשים פון אידן וועלן גורם זיין אלעס לטוב ולמוטב.

די הנהגה פון השי"ת אויף דער וועלט איז באהאלטן און פארהוילן פון א בשר ודם, ובפרט די הנהגה מן השמים מיט יעדן יחיד מישראל. אין די זמנים פון גלות ונסיון זעט מען אפט אז דרך רשעים צלחה שלו כל בוגדי בגד[49], אנחנו מאשרים זדים, גם נבנו עושי רשעה, גם בחנו אלקים וימלטו[50], און ווי דוד המלך ע"ה איז שופך שיח: ואני כמעט נטוי רגלי, כאין שפכו אשורי, כי קנאתי בהוללים שלום רשעים אראה[51], אבער די פרטיות'דיגע הסתרה איז נישט משנה צו די

---

44) וכדברי הרמב"ן ריש פר' בחוקותי.

45) ויקרא כו, ו-יג.

46) דברים כח, א-יג.

47) דברים שם, טו-סח.

48) רמב"ם הלכות מלכים (פי"א ה"ז): מחשבות בורא עולם אין כח באדם להשיגם, כי לא דרכינו דרכיו ולא מחשבותינו מחשבותיו". ובפירושו על המשניות (מס' ברכות פ"ט מ"ה). והרמח"ל (דרך ה', ח"ב פ"ג, השגחה האישיית) כתב: "ואין בברואים ידיעה שתוכל לכלול מחשבותיו יתברך שמו ועומק עצתו".

עי' בחוה"ל שער הבטחון כמה טעמים לזה "מפני מה צדיק ורע לו רשע וטוב לו"

49) ירמי' יב, א.

50) מלאכי ג, יד-טו.

51) תהלים עג, ב-ג.

עצם הנהגה וואס דער אויבערשטער פירט דערמיט די וועלט. בפרט וואס איז נוגע פאר כלליות ישראל איז די הנהגת ה' אפן פאר אלעמען לויט שכר און עונש.[52]

ומפני חטאינו גלינו מארצינו

ווען אידן האבן געהאט די גוטע צייטן, איז אלעס געווען מיט א באשיינפערליכע הנהגה פון הימל. יציאת מצרים איז געווען ביד חזקה ובזרוע נטויה באותות ובמופתים, דאס אריינגיין קיין ארץ ישראל בימי יהושע איז געווען מיט נסים ונפלאות, כיבוש יריחו וכיבוש ל"א מלכים, און אויך בימי עזרא זענען געווען נביאים וואס האבן מתנבא געווען בשם ה'.

ווידעראום דער חורבן בית ראשון און די נאכפאלגענדע גלות בבל, חורבן בית שני און דער גלות האחרון, וואס זענען געווען עונשים אויף אידישע עבירות, זענען אויך געקומען אויף א הימלישן וואונדערליכן אופן. ווייל אלע ענינים וואס רירן אן צו דעם כלליות פון כלל ישראל ווערן אנטפלעקט אויף אן אומשטייגערליכן שלא כדרך הטבע'דיגן פארנעם.[53]

דאס פארטריבן ווערן פון ארץ ישראל איז נישט געווען צוליב טבעיות'דיגע אורזאכן און סיבות, נאר אלס אן עונש פאר די חטאים ופשעים. מפני חטאינו גלינו מארצינו ווי מיר זאגן אין קריאת שמע, ואבדתם מהרה מעל הארץ הטובה.

אזוי האט פאקטיש פאסירט פאר די אויגן פון די גאנצע וועלט. אויך ווען מיר האבן געהאט ריזיגע שטארקע גבורים מיט מורא'דיגע כוחות ביים חורבן בית ראשון און ביים חורבן בית שני, איז עס אבער געווען מפני היד שנשתלחה במקדשך. די גאנצע חורבן פון בית המקדש איז געווען מיט א הנהגה גלוי' שלא כדרך הטבע. אין די מאמרי חכז"ל איז טאקע מפורש וויפיל נסים ס'איז געשען פאר די כשדים און די רוימער בשעת דעם חורבן[54], און וויפיל הימלישע סימנים זיי האבן געזען אז דער חורבן דארף פאסירן.

דער נביא איז דערויף מקונן: כי לא האמינו מלכי ארץ וכל יושבי תבל כי יבוא צר ואויב בשערי ירושלים[55], אידן זענען געווען בארימט מיט זייער גבורה און כח, אבער אלעס איז געווען

(52) שו"ת הרשב"א (ח"א סימן קמח): "הדבר הזה נחלקו בו חכמי ישראל בכמה מקומות בתלמוד אם יש מזל לישראל... ונראה לי כי לא נחלקו אלא במקרה היחידים, ולא במה שישיג את הציבור, כי לדעת כולם כח הציבור גדול לידון על פי מעשיהם לטוב או למוטב".

(53) נצח ישראל למהר"ל (פ"א, ד"ה ועוד שיש לבאר ענין הגלות תחילה).

(54) "כתיב (ישעי' מז, ב) קחי רחים וטחני קמח, אמר ר' יהושע בן לוי, כל עמא טוחנין חטים ואת אמרת קחי רחים וטחני קמח, אלא כך אמרה ירושלים לבת בבל, אילולי ממרום עשו מלחמה עמי את היית יכולה לי, אילולי שלח אש בעצמותי את היית יכולה לי, הוי קמחא טחינא טחנת ואריא קטילא קטילת ודרא יקידא יקדת", (שיר השירים רבה, ה, ג). ועיין כד הקמח לרבינו בחיי (ערך אבלות חורבן ירושלים, ד"ה ויקרא ה' צבקות לבכי).

(55) איכה ד, יב.

הימליש - נישט קיין טבע, גדע בחרי אף כל קרן ישראל[56]. קיינער האט נישט געגלייבט אז בדרך הטבע קענען אידן באזיגט ווערן, אבער ה' הוגה על רוב פשעיה[57]. חכמינו ז"ל זאגן אויפ'ן פסוק ממרום שלח אש[58], אז א פייער פון הימל איז אראפ צו מחריב זיין דעם בית המקדש, און נאך וואונדערליכע געשעענישן וואס עס האט זיך אלץ אפגעשפילט ביי די שרעקליכע חורבנות הבית ראשון והשני. ווייל וואס איז נוגע צום כלליות ישראל איז אייביג פארהאן א הנהגה פון אפענע נסים צו יעדע צייט.

דאס זעלבע זענען אלע גלות און צרות, שחיטות און הריגות וואס אידן האבן מיטגעמאכט במשך דעם שרעקליכן גלות אדום, געווען אומפארשטענדליך מיט קיין שום שכל'דיגע ערקלערונג, אלעס איז געווארן געפירט מיט א סדר אלקי באהאלטן און פארהוילן פון יעדן מענטשליכן פארשטאנד, אייניינעם מיט די געוואלדיגע הנהגת ה' און די השגחה אויף כלל ישראל אין גלות.

אין די נצחיות'דיגע שירת האזינו וואס איז כולל דעם גאנצן סדר הנהגה פאר אידן, ווארנט די תורה הקדושה אויף די נקודה, אז מיר זאלן חלילה נישט קלערן אז דער עונש איז א טבע'דיגער און ערדישער, ווייל אויך דער 'אופן' פונעם עונש און דער חורבן איז געווען מיט א התגלות אויף א הימלישן אופן שלא עשה כן לכל גוי. די צרות פון אידן זענען דירעקט געווען אויף אזא אויסטערלישן שטייגער, אז כלל ישראל זאלן זיך ח"ו נישט טועה זיין און נישט זיין קיין גוי אובד עצות ואין בהם תבונה, קיינער זאל אונז איינרעדן אז דאס איז בדרך הטבע, פן ינכרו צרימו, פן יאמרו הגוים, ידינו רמה, ולא ה' פעל כל זאת, לו חכמה ישכילו זאת[59] אז דאס איז נישט קיין חורבן אדער עונש ווי אנדערע געשעענישן איבער די וועלט, ביי דעם עם קדוש פאסירט אלעס אויף א וואונדערליכן אופן אלקי, איכה ירדוף אחד אלף ושנים ינוסו רבבה אם כי לא צורם מכרם וה' הסגירם.[60]

גאולה העתידה חוץ לדרך הטבע

אויף דעם זעלבן אופן פון העכער די טבע וועט זיין די גאולה העתידה און די אייביגע ישועה אויף וואס מיר האפן און וואס מיר זענען צוגעזאגט געווארן דורך השי"ת בתורת משה בנביאים

(56) שם ב, ג.

(57) שם א, ה.

(58) שם, יג.

(59) דברים לב, כז-כט.

(60) שם, ל. ובחזקוני פירש: "איכה ירדוף וגו' היאך נשתנה הענין, שהיום אחד מן האומות רודף אלף ממנו, ושנים מהם יניסו רבבה ממנו, ואמש אחד ממנו רודף אלף מן האומות ושנים ממנו יניסו מהם רבבה, ומפני מה אירע להם כך, אם לא כי צורם מכרם, צורם של ישראל מכרם". וברד"ק (תהלים לג, יב) כתב: "כל הברכות והקללות שיעדם הן יוצאות ממנהג העולם, כדי שידעו כי הכל בכוונה הוא מאתו".

ובדברי חז"ל. דאס וועט זיין הימליש און העכער פון יעדן מענטשליכן פארשטאנד[61]. דער סדר פון די גאולה האחרונה וועט זיין גרעסער ווי סיי וואס עס איז געווען אויף דער וועלט בעפאר, ווי מפורש בדברי חז"ל אומצאליגע מאל, ולא יאמר עוד חי ה' אשר העלוך מארץ מצרים, אלא חי ה' אשר העלוך וקבצוך מכל הארצות האל[62]. שתהא יציאת מצרים טפל ושיעבוד מלכיות עיקר[63]. דאס וועט זיין די ריכטיגע און ענדגילטיגע שלימות פון דעם ענין אלקי און די מדריגה עליונה פון ישראל עם קדושו, ווען די גאנצע בריאה וועט קומען צו איר תיקון השלם, צו די אייביגע מנוחה ושמחה, ישמח ישראל בעושיו[64], ישמח ה' במעשיו[65].

מיר זענען דער עם סגולה מכל העמים אשר על פני האדמה, און קיינער פון די פעלקער האט נישט קיין חלק מיט אונזער הנהגה, נישט אויף דער וועלט און נישט לעולם הבא ביי אונזער גרויסער עתיד, ווען עס וועט זיין הן עם לבדד ישכון ובגוים לא יתחשב[66], ערקלערט אונז רש"י: "כשהן שמחין אין אומה שמחה עמהם, שנאמר[67] ה' בדד ינחנו[68].

וואס איז ציונות?

דער גרויסער הסתר פון די אחרית ימי עולם, דאס קטנות און שפלות פון די נפשות פון דעם לעצטן דור וואו מיר לעבן, האט געמאכט דאס פלאץ מוכשר אז די טומאה פון ציונות זאל קענען אנהויבן פארשפרייט ווערן און זיך אויפשטעלן אלס מציאות.

דער רעיון הציונות זעלבסט, אויך אן די ארומיגע מעשים און פעולות וואס איז קעגן די מצוות התורה, איז דאס ארגסטע פארראט און כפירה אין דער עיקר ויסוד כל היהדות וכל התורה כולה, אין די י"ג עקרים המסורים לנו מסיני, און אין די גאנצע אמונה הק' וואס מיר

(61) "הנחמות העתידים לבוא על ישראל ועל ירושלים, אל יעלה על דעתך ואל יבא במחשבתך דבר שהוא מחשבת און שאפשר הסיפור, ויבא בהם הדבור על שפתי בן אדם, ואף שישלוט בהם המחשבה ויתפוס בו הרעיון ענין הנחמה, כי דבר זה אי אפשר והוא מן הנמנעות. ואם יבא בדעתך ויעלה דבר זה על מחשבתך, תשים לנגדך ואל יסור מעיניך הצרות אשר היו בעם ה'. וכי אפשר שיבא בהם המספר וישלוט בהם המחשבה, עד כאשר ישים האדם המחשבה על זה - הלא ישתומם ורעיוניו יבהלו ולבו ידום ויחרוש בקרבו. כי אם יהיו נאמרים בסיפור לא יפול בהם אמונה בלב, ויאמר האומר הלא זה דברי חידה ולא היה, אך ממשיל משלים הוא. ואם היינו ח"ו מזרע זרים, לא זרח כבוד ה' אלקי ישראל עלינו, ולא ראינו אור תורת אלקינו, היו הדברים קשים להאמין את אשר עבר על נפשנו בגלותינו ועד עתה", (מהר"ל, נצח ישראל פרק מט). ועיין עוד שם שכל סדר גלות וגאולת ישראל סובב הולך מפני מעלתם הרוחניות.

(62) ירמי' טז, יד-טו.

(63) ברכות יב:

(64) תהלים קמט, ב.

(65) שם קד, לא.

(66) במדבר כג, ט.

(67) דברים לב, יב.

(68) רבינו בחיי (פר' בלק): "והכוונה כשאמר "לבדד" כי הוא עם מיוחד, לא יתחשב בשאר העמים, אבל הוא מובדל מהם בתורתו ואמונתו... כי העם מיוחד בשאר הגוים לא יתחשב, והוא מיוחד לשם המיוחד שהוא אלקי ישראל אשר באלהי הגוים לא יתחשב".

ווייסן פון אברהם אבינו עד היום הזה. בלויז די פעולה פון זיך אויפשטעלן אין גלות און גרונדן אן אייגן לאנד אין ארץ ישראל איז דער גרעסטער סילוף אין די ריינע אידישע אמונה. עס האט געצילט צו עוקר צו זיין דאס קדושת ישראל און דעם ברית עולם וואס אידישע קינדער האבן מיט השי"ת דער נותן התורה, ישראל ואורייתא וקוב"ה חד[69].

ככל הגוים בית ישראל: א פאלק צווישן פעלקער

דער עיקר וואס ציונות האט פראקלאמירט פאר אידישע קינדער, אז זיי זענען באמת א פאלק ווי אלע אומות העולם, מיר ווערן שטארקער אדער שוואכער פאר די זעלבע סיבות וואס די ערלים וגויי הארץ ווערן שטארקער אדער שוואכער, און בעצם זענען מיר דער זעלבער מהות ווי די פראנצויזן, ענגלענדער אדער רוסן. די זעלבע טאקטיקן און ביישפילן וואס העלפט

69) הגאון הצדיק רבי אלחנן וואסערמאן זצ"ל אין זיין קונטרס "עיקבתא דמשיחא" איז מבאר דברים כדרבונות איבער די נאציאנאלע ווינטן וואס די ציונים האבן אנגעהויבן אריינברענגען ביי אידן בלש"ק:
"**אויסער** די אלגעמיינע איזמען, זיינען מיר געבענטשט מיט א ספעציעלן יידישן איזם. דער מאדערנער נאציאנאליזם וועלכער האט זיך פארמאסטן [צו] ברענגען א גאולה דעם כלל ישראל אין גשמיות, און איבערהויפט אין רוחניות; אויפשטעלן א ניי פאלק ישראל, וועלכער זאל אראפווארפן פון זיך דעם שטויב פון די פריערדיקע דורות.
די אויפגאבע פון אזא דור איז א באשיידענע: ארויסטרייבן דעם רבונו של עולם פון אלע יידישע הייזער, און פון אלע יידישע הערצער. ווער וועט אונז העלפן? מיר וועלן זיך העלפן. כוחי ועוצם ידי, ווער איז דאס מיר? דאס שיינען אונזער "נאציאנאלע" יוגענד. די העלדן וועלכע האבן אריינגעפירט יידן אין קריגס-צושטאנד מיט מלכות שמים. זיי וועלן ברענגען די גאולה? זיי האבן זיך פארגעשטעלט אז דאס איז א גאנץ לייכטע זאך. ווי עס ווייזט זיך אבער יעצט ארויס, איז טרייבן דעם רבונו של עולם, גאר נישט קיין לייכטע זאך, ער איז שטארקער ווי אלע אונזערע פירערס צוזאמען. און מיר בלייבן יעצט ווי אפגעשמיסענע טפשים... און נישט נאר טפשים זיינען מיר, נאר "טפשאי דטפשאי דמגמרי להו ולא גמרי" (מלשון הגמ' יומא נז.), טפשים אין פארגלייך מיט טפשים, מען לערענט מיט זיי, און זיי לערנען גארנישט אויס, מען לערענט מיט אונז און מען קלאפט אונז אין די קעפ, און מיר מאכן זיך נישט-הערענדיק.
די תורה פון מאָדערנעם נאַציאָנאַליזם באשטייט אין דריי ווערטער: נהיה ככל הגוים. צו זיין א ייד איז גענוג אַז מען איז א נאַציאָנאַל געזאנען, מער דאַרף מען נישט, נאָר צאָלן א שקל און זינגען 'התקוה', דערמיט ווערט מען פטור פון אַלע מצוות התורה. עס איז גאַנץ קלאָר דאָס אַזאַ שיטה איז על פי התורה - עבודה זרה.
מיט די עבודה זרה'ס זיינען יעצט פאַרפינצטערט די מוחות און די הערצער פון דער גאַנצער יידישער יוגענד. דען יעדע עבודה זרה באַזונדער האָט א גאַנצן שטאַב פון נביאי שקר אין דעם פאָרום, פון שרייבערס און רעדנערס וועלכע טוען זיי אַרבעט בשלימות.
די לעצטע האָבן געבראַכט א שרעקלעכע בלבול הדעת ועירבוב המושגים. פאַר זיי זיינען אויפגעשטאַנען איז געווען קלאָר דאָס א ייד איז נאָר דער וועלכער אָנערקענט אויף זיך דעם עול תורה. אַ כופר בתורה איז זעלבע ווי א משומד. ער איז מיט יידן קיין מחותן נישט. אָבער די נאַניאָנאַלע-רעליגיעזע זאָגן אנדערש: ער איז טאַקע א כופר, אָבער וויבאַלד ער איז נאַציאָנאַל-רעליגיעזע איז ער משלנו. די הלכה זאָגט: "כל אדם שאין בו יראת שמים אסור למנותו לשום מנוי בישראל" (רמב"ם ריש הלכות מלכים), זיינען זיי מכשיר כופרים צו זיין מנהיגים פון כלל ישראל.
די מאָדערנע נאַציאָנאַלע אידייא ביי יידן איז אַלט אומגעפאַר 60 יאָר. דאס איז אַ סוראָגאַט אַנשטאָט די תורה: "די נאַציאָנאַלע אידייע". די שיטה באַשטייט אין דעם: צו זיין אַ ייד איז גענוג אז מען איז נאַציאָנאַל געזאָנען, מער דאַרף מען נישט. מען קען זיין זאָגאַר גע'שמדט, און דאָך זיין גוטער נאַציאָנאַלער ייד.
וואָס איז די מיינונג פון דער תורה וועגן אַזאַ שיטה. אין 36 פלעצער אין חומש, האָט די תורה געוואָרנט איבער די אויפמערקזאמקייט, מיט וועלכע מוז מען באַהאַנדלען דעם גר. דער גר דאַרף מען צערטלען ווי מען צערטעלט אַ בן יחיד. פון וואַנען שטאַמט דעם גר? ער קען זיין אַן אייניקל פון המנ'ען. אָבער ווי איז פאַרקערט אַ זון פון דעם גרעסטן מענטש ביי יידן וואָס האָט זיך געשמדט? איז מורידין ולא מעלין, ער איז ביי אונז נידריקער ווי אַ הונט, אויף אַ הונט איז נישטאָ קיין מצוה מורידין.
מיר זעען פון דעם אז די אפשטאַמלונג אליין, אָן תורה, שפילט ביי אונז קיין ראלע נישט. קומט אויס אז די נאַציאָנאַלע אידייא איז א נייער אָפגאָט וואָס איז נישט אַנערקענט פון דער תורה, איז דאָס עבודה זרה".

זיי און דערנידערט זיי, ווירקט אויף פאר אונז. א ברייטע מיליטערישע קראפט, סטראטעגישע פלענער, און היינטצייטיגע פארשריט פאליטיש און פינאנציעל, וואס האבן אויפגעהויבן דעם נאציאנאלן שטאלץ פון אנדערע לענדער, ווערט אויך פאר דעם עם ישראל פארזיכערן א שטארקייט און רואיגקייט אין לאנד. אין קעגנזאץ צו די פשוט'ע אידישע אמונה אז מיר זענען אנדערש ווי אלע אומות העולם, אן עם סגולה וואס השי"ת האט אויסגעוועלט מכל העמים צו ווערן געפירט מיט א באשיינפערליכע הנהגה אלקות, און אז יעדע הנהגה אין גלות וגאולה בשייכות מיט ישראל עם סגולה איז אויף אן אופן וסדר אלקי נשגב ונעלה מן שכל אנושי.

דאס ציונות מיט אירע פינסטערע וויזיע האט באטראכט דעם מצב פון אידן לויט א טבע'דיגן בליק, און איז אלזא געקומען צו דער מסקנא, אז מיר זענען געשלאגן און געפייניגט געווארן צוויי טויזנט יאר אין גלות ווייל מיר זענען געווען הפקר אן דאס מינדסטע שוץ קעגן די וואס באהערשן זיך אויף אונז, רח"ל.

די רייץ פון די גוי'שע פעלקער אונז צו פיינט האבן און פייניגן, ווערט אויך פארשטאנען לויט אט דעם טבע'דיגן וועלטליכן בליק, אז וויבאלד מיר זענען צעשפרייט איבער אלע לענדער אין דער וועלט, נעמען מיר צו פון די גוים וואס באלאנגט צו זיי, זייער ארט און זייערע פרנסות, מיר זענען דערנידערט ביי אונז אליין זייענדיג א וואנדערדיג פאלק און א דריטע קלאס סארט מענטש וואס איז שווער צו געפינען. דאס ציונות האט געצילט דאס צו פארריכטן, און לויט זיי קענען מיר גאר דאס פארריכטן.

די ציוני'סטישע אידעאלאגיע איז געקומען דערויף אז מיר האבן טאקע יא די מעגליכקייט זיך צו גרופירן און צוזאמקלויבן אלע קרעפטן צו באאיינפלוסן די לענדער אז זיי פארמאגן א "אידישע פראבלעם" ביי זיי אין לאנד, און זיי זאלן אנערקענען דעם היסטארישן זכות וואס מיר האבן אויף ארץ ישראל. מיר דארפן לערנען דעם יוגנט פעלד ארבעט, בויען דערפער, מושטירן צו קעמפן, קויפן שטחים מיט געלט און דעאבירן דאס איבריגע מיט מאכט. צוביסלעך צו ערגייכן פאליטישע פרייהייט און א זעלבסשטענדיג לאנד, גרייכן א שטאנד צווישן די אלע לענדער און זיין געווני דאס זעלבע. ווייל עס איז דאך נישט פארהאן קיין חילוק אדער הבדל צווישן דעם מהות און גורל פון אידישן פאלק און די פון די גויי הארץ. ווען מיר וועלן זיך גלייכן צו זיי און זייערע שריט וועלן מיר באקומען אנערקענונג ביי די אומות, זייענדיג אויפגעקלערט און פארגעשריטן פונקט ווי זיי, מיר ברויכן דאס טון ווייל דאס איז אונזער ציל און איינציגער לעזונג.

דער קאנצעפט פון ציונות איז איינפאך. עס איז נישט פארהאן קיין אונטערשייד צווישן דעם מהות פון דאס אידישן פאלק צום מהות פון דעם איטאליענישן פאלק, בלויז די ארומיגע היסטארישע פאקטארן זענען אנדערש. צו די אנדערע פעלקער האט נישט פאסירט דער אומגליק אז מען האט זיי פארטריבן פון זייער לאנד, און אפילו אויב זיי זענען געפאלן פון זייער

קראפט און מאכט זענען זיי פארבליבן אין זייער לאנד. זיי האבן נישט געהאט די פארשידענע פראבלעמען וואס מיר האבן געהאט ביים חורבן. אבער דאס אידישע פאלק - צוליב פארשידענע שוואכע מיליטערישע שריט - זענען יא פארטריבן געווארן פון זייער לאנד, און דערפאר איז שווערער צו באנייען און פארגיטיגן זייער נאציאנאלער שטאנד.

דער געדאנקגאנג זאגט: אז דאס אידיש פאלק מוז אננעמען די בעסטע מיטלען וואס פאסן פאר אזא אייגנארטיגע מצב, פארשפרייטן פראפעגאנדע, קלייבן געלטער, אפקויפן די 'נאציאנאלע היימלאנד' און איר באהערשן, עס פעלט אויך אויס צו ערוועקן דעם נאציאנאלן גייסט פון שטאלץ און עזות וואס איז פארגעסן און אוועקגענומען געווארן פון דעם איד אין דעם לאנגן גלות פעריאד, אויך ברויך מען ערוועקן א שנאה צווישן די פעלקער און פארזיכערן אז די אומשטענדן זאלן נאך שווערער מאכן פאר אידן אין גלות, דאס וועט דריקן די אידישע איינוואוינער אין אלע לענדער צו איבערלאזן זייער וואוינארט און זיך אומקערן קיין ארץ ישראל. אזוי ארום צו דערגרייכן א בכבוד'יג ארט פאר דאס אידיש - גוי'איש פאלק אינערהאלב די וועלט צווישן אלע אנדערע פעלקער.

די ציונים האבן געטון אלעס צו ערגרייכן אט דעם ציל, ווייל ציונות זאגט נישט אז "נהיה ככל הגוים בית ישראל", מיר דארפן ווערן אזוי ווי גוים, ציונות זאגט אז "ככל הגוים בית ישראל", מיר זענען שוין אזוי ווי אלע גוים. און לויט דעם מהלך המחשבה אז ס'איז נישט דא קיין אינטערשיד צווישן דאס מהות און מעלה פון דאס אידישן פאלק און די פעלקער פון נארוועגיע און זידלאנד, און אז דער תכלית פון כלל ישראל איז נישט אנדערש ווי דער תכלית פון אנדערע אומות, איז דאך נישט פארהאן קיין חילוק צווישן אונזערע און זייערע דערגרייכונגען און צילן.[70]

די שרשיות'דיגע טומאה פון ציונות האט געזוכט צו מאכן פארגעסן פון אידן די בחירת ישראל מבין האומות, דעם יצב גבולות עמים למספר בני ישראל, כי חלק ה' עמו יעקב חבל נחלתו[71], ציונות האט געצילט מבשר צו זיין פאר אידן אז מיר זענען מער נישט דער עם לבדד

70) מהר"ל (נצח ישראל, פרק י, ד"ה ובמדרש או הנסה).

כתב הג"ר שמשון רפאל הירש ז"ל (פר' כי תבא): "היום הזה נהיית לעם! היום הזה! החובה המשותפת לתורה, שהוטלה זה עתה על כל הנמנים עמך, והשמירה המשותפת של התורה, שכולכם הועמדתם על משמרתה - היא העושה אותך לעם. היום - ולא קנין הארץ שבעתיד הקרוב, אלא הקנין המשותף של התורה הוא העושה אותך לעם. אפשר שתאבד מן הארץ כדרך שאתה בא לרשתה, אך התורה והתחייבותך הנצחית לשמירתה תישאר קשר נצחי המאחד אותך לעם, וקשר זה לא ינתק לעולם. עובדה זו יוצרת הבדל עמוק בין ישראל לבין כל העמים, ובה טמון הסוד של נצחיות האומה הישראלית. ואותה עובדה יסודית, על כל המסקנות הנובעות ממנה ביחס לעתיד ישראל, היא הנותנת כובד משקל רב - משמעות למשפט "היום הזה נהיית לעם". אמנם המסקנה הראשונה הנובעת מכך היא.

71) דברים לב, ח-ט.

ישכון ובגוים לא יתחשב[72], עס האט פארלייקנט די אמונה הטהורה פון אידישע הערצער איבער די באזונדערע הנהגת הקב"ה וואס פירט זיין אויסדערוועלט פאלק מיט א השגחה מיוחדת צום תיקון השלם פון די בריאה.

מגילת עצמאות - זעלבסטשטענדיג במשפחת האומות

לויט אט דעם כפירה'דיגן מהלך איז געפירט געווארן די ציוניסטישע קאנגרעסן אין די ערשטע יארן פון ציונות, און אין דעם גייסט איז געשריבן געווארן דער טרויעריג בארימטער מגילת עצמאות, וואס שטרייכט אונטער די דברי כפירה אז אידן זענען אן עם ככל העמים וואס זענען פארטריבן געווארן בכח הזרוע פון זייער מולדת און קערן זיך צוריק צו פארזעצן זייער פארגעסענע נאציאנאלע שטאלץ.

מיט זייער כפירה אין דעם ענין פון עם ישראל האבן די ציונים געארבעט פאר דעם ענדגילטיגן ציל אז מיר זאלן זיין א נאציאנאלע מדינה, א מיליטערישע שוץ קראפט און א גוט באזירטע עקאנאמיע. ומעשה שטן הצליח צו מנסה זיין אידן מיט דעם גרויסן לעצטן נסיון, ויצא העגל הציוני לפועל מיט די ענטשטייאונג פון א "אידישע מדינה" אין ארץ ישראל.

אבי אבות הטומאה וואס האט געצילט אין פינטל

ציונות איז איין זאך, און די מעשים פון די ציונים איז א באזונדערע זאך. די מעשים פון די ציונים ווי חילול שב"ק, אכילת כל דבר אסור, די ביטול המצות און פריקות עול תורה, זענען שרעקליכע איסורים וואס אלע זעהן אז דאס איז נגד התורה, אבער דאס אלעס איז א תוצאה און סיפטאמען פון ציונות זעלבסט, די מהות און עצמיות פון די כפירה מוחלטת.

דאס עצם רעיון פון ציונות במחשבה ובנפש, נאך איידער עס קומט צום אויסדרוק אין עבירות בפועל, איז פיל א גרעסערע טומאה און פגם ווי די פעולות וועלכע זענען בלויז רעזולטאטן און תוצאות פון איר. ווייל ציונות איז כולל אלע טומאות וואס איז שוין געווען אויף דער וועלט עד היום הזה.

ווען די קליפה האט אנגעהויבן וואקסן, האט הרה"ק מהרש"ב מליובאוויטש זי"ע געזאגט, אז "זינט ימות דור הפלגה איז נישט געווען אזא טומאה אויף דער וועלט ווי די טומאת הציונות." אזוי האט געזאגט הגאון רבי חיים בריסקער ז"ל: "אסאך טומאות זענען געווען אויף דער וועלט, אבער ציונות האט געצילט אין פינטל, אין עצם קדושת ישראל", און אזוי שרייבט מרן הק' מסאטמאר זי"ע: "כי אם נקח כל פירצות הדור והעבירות המרובות הנעשות בכל העולם,

72) במדבר כג, ט.

וישימו אותם בכף מאזנים אחת, ומדינה הציונית בכף מאזנים השני', תכריע את הכל, שהוא השורש פורה ראש ולענה של אבי אבות הטומאה שבכל אבות הנזיקין שבכל העולם כולו והן המה המטמאים את כל העולם כולו."[73]

ציונות גופא, אָן די ארומיגע עבירות, ציונות איידער די פרומע ציונים זענען געווארן מחללי שב"ק און פוקרים, ציונות וואס דריקט בלויז אויס א שאיפה אז אידן זאלן האבן א מדינה און א נאציאנאלע רואיג ארט אין ארץ ישראל. אט דער רעיון און שאיפה לייקנט אין דעם גאנצן ענין הבחירה וואס השי"ת האט אונז בוחר געווען מכל העמים, אין דעם גאנצן ענין פון גלות צוליב אונזערע זינד און די גאולה העתידה דורך הקב"ה[74]. און איז כולל א התנגדות צו אלע סדרי אמונה און אלע עקרי תורה הק', וואס דורך איר קומט דערנאך חילול התורה אויך במעשה.

די מחשבה פון זיך באפרייען פון גלות און שטיין אויף די אייגענע רעכטן בכח הזרוע, און דעאבירן אן אייגענע נאציאן און א מדינה, איז שולל דאס גאנצע ענין אלקי פון אידישן פאלק און די הימלישע הנהגה פון כנסת ישראל וואס שטייט ביים ברית בין הבתרים, מעמד הר סיני, ברית ערבות מואב, און שירת האזינו. דורך ווייזן אז מיר געבן זיך אן עצה מיט די זעלבע מעטאדן און אויף די זעלבע שניט ווי אלע פעלקער.

דער עצם פארשטאנד אז מיר זענען די זעלבע מהות, און ווערן געפירט מיט די זעלבע טבע'דיגע הנהגה ווי אלע גוים, טוט נישט בלויז לייקענען די גאנצע אמונה פון עם סגולה נאר טוט שולל זיין די קיום המצות במעשה ווי מיר זענען באפוילן געווארן אין די תורה. ווייל אלע מצוות קען מען נישט אנכאפן מיט א מענטשליכע פארשטאנד, זיי זענען געטליכע ענינים מסודר מיט א סדר אלקי נשגב ומרומם וואס איז נישט מעגליך צו פארשטיין מיט אן עולם הזה'דיגע שכל.

'ציונות' איז נישט גוזר צו מחלל שבת זיין, אבער עס רייסט אויס דעם גאנצן יסוד פון שמירת שבת. 'ציונות' איז נישט גוזר צו עובר זיין עבירות, אבער עס נעמט אוועק דעם שורש פון שמירת כל התורה כולה. די טומאה רירט אן ביז צו די טיפסטע שרשים פון קדושת ישראל און איז פוגם אלעס. דער חילול התורה פון די ציונים איז שוין א נאטורליכע צווייג פון דעם שורש הציונית. דאס מוז שוין נאכפאלגן בהכרח אלס א שטארקע קייט.

---

73) ויואל משה, הקדמה עמ' יא.

74) "ווי מ'זעהט אין די גמרא און אין די ראשונים אז מ'האט דאס אנגענומען פאר א כפירה, שטייט דאך אפילו ביי די בני אפרים שטייט אזוי, "עברו על הקץ ועל השבועה", ובתורתו מאנו ללכת". דאס איז א כפירה אין דער גזירת הבורא ב"ה, די תורה"ק האט געזאגט ווען ס'וועט זיין די גאולה, און דער רמב"ם זאגט "אין נגאלין אלא בתשובה וכו' מה כתיב אחריו ושב ה' אלקיך את שבותך". אז איך גיי מיך שלאגן מיט די גזירת הבורא און מיט דער תורה הק' איז מען א כופר, איבערדעם זאגט דער מהר"ל (שהוא ביהרג ואל יעבור), דאס איז פשוט, ער האט דאס ענין אנגענומען פאר א כפירה, איבערדעם קאן עס זיין יהרג ואל יעבור". (מרן הק' מסאטמאר זי"ע, באסיפת הרבנים שנת תשי"ח לפ"ק).

הז עם לבדד ישכון - התנגדות כלל ישראל צום ציונות

מיר אידן, מאמינים בני מאמינים, זענען נישט בלויז מחולק מיט די מעשים פון די ציונים - וואס האט שוין שפעטער נאכגעפאלגט מיט חילולי שבת און הארבע עבירות בפרהסיא - נאר טאקע בעיקר אויף דעם יסוד און שורש צו אט די אלע אקטיוויטעטן. מיר זענען לוחם קעגן די גאנצע הבנה אין דעם ענין פון עם ישראל, ווייל דאס איז א כפירה והתכחשות גמורה אין אלע עקרי אמונה. מיר זענען מאמינים בני מאמינים באמונה שלמה אז "לא ככל הגוים בית ישראל"; נישט בלויז האבן מיר אן אנדערע תורה און מצוות פונעם גוי, נאר אונזער גאנצער מהות, אלעס וואס פאסירט מיט אונז און אלעס וואס ווארט אויף אונז, זענען הימלישע געטליכע זאכן אויסגעשטעלט מיט א סדר התורה, א סדר האלקי וואס איז ספעציעל געווידמעט פאר כנסת ישראל. די טערקן, פראנצויזן, רוסן און אמעריקאנער און אלע פעלקער פון די וועלט זענען איין זאך, און דאס אידישע פאלק איז גאר אן אנדערע אפגעזונדערטע מהות, אן קיין שום אחוזה אדער חיבור מיט'ן דרך הטבע.

מיר זענען געקומען קיין ארץ ישראל מיט דעם כח ה', לא בחרבם ירשו ארץ, וזרועם לא הושיעה למו, כי ימינך וזרועך ואור פניך כי רציתם[75], מיר זענען פארטריבן געווארן פון דארט שלא כדרך הטבע בגזירת השי"ת, און מיר וועלן זיך בעז"ה אהין אומקערן מיט אפענע וואונדער בהבטחת השי"ת. און דעריבער איז די מטרה, די תכלית און די הנהגה פון עם ישראל גענצליך אנדערש פון די מטרה ותכלית פון די עמי העולם, און גארנישט וואס ברענגט הצלחה און סוקסעס פאר די עמי העולם קען אונז ברענגען א תועלת.

אט דער פונדאמענטאלער אמונת אומן איז דער ריחוק פון כנסת ישראל צו די טומאת הציונות. די התנגדות צו די ציוני'סטישע מדינה איז נישט ווייל זייער מדינה איז נישט גוט מסודר אדער ווייל די זעלבסשטענדיקייט וואס זיי האבן פרובירט צו עררייכן האט נישט געברענגט קיין רעזולטאטן און איז פארפלאגט מיט בלוטיגע רציחות און מלחמות מיום הווסדה, די מלחמה מיט ציונות איז נישט צוליב א טבע'דיגע קוק ווינקל אין די זאכן, נאר ווייל דאס איז א דראסטישע פינסטערע קעגנזאץ צו אונזער תורה און אמונה.

אין דער צייט וואס דער ענד-ציל פון יעדע אומה איז א זעלבסשטענדיג לאנד מיט א גינסטיגע עקאנאמישע פאליטישע לעבנסשטייגער, איז אונזער תכלית די גאולה העתידה וואס

---

75) תהלים מד, ד.

רבינו בחיי (כד הקמח, ערך רשות, אות ב) כתב: "ודבר ידוע כי מלחמותיהם של ישראל כשהיו נוצחין האומות לא היו נוצחין בריבוי עם גם לא היו נוצחין בסבת חרב וכלי זיין". וכן כתב בפר' ויחי): "מלכות ישראל הבא מיהודה אין עיקר נצחונן בכלי זיין כשאר האומות, כי החרב ירושה לעשו, אבל מלכות ישראל לא בחרבם ירשו ארץ, ואינה נוהגת מנהג הטבע ובכח היד, רק לפי הזכות והעונש בכח העליון יתברך".

איז פארגעשריבן אין תורה, נביאים ובדברי חז"ל, דורך משיח צדקינו, א בית המקדש שירד מן השמים, א התגלות אלקות אויף דער וועלט, און א תיקון פאר די גאנצע בריאה בתיקון השלם. וואס וועט אלעס פאסירן און געפירט ווערן אויף אן אופן אלקי ונשגב, העכער פון יעדע מענטשליכע פארשטאנד, אן קיין שום פארגלייך צו די גשמיות'דיגע ערדישע באגריפן.[76]

א מדינה און א זעלבסשטענדיג לאנד זענען גוט און געוואלדיג פאר אלע גוים אויף דער וועלט, יצב גבולות - איז פאר די - עמים, אבער אידישע קינדער זענען אנגעגרייט צו א פיל העכערע ענין, ישראל נושע בה' תשועת עולמים. אן אייגן לאנד בזרוע בשר איז א גרויסקייט בלויז פאר גויי הארץ, אבער פאר אונז איז עס א ביטערער בזיון והשפלה, א שרעקליכער טויש און א כפירה אין הנהגת השי"ת מיט זיין פאלק אין גלות. אזוי אז דער רעיון פון "התקוממות בגלות" צילט קעגן די סאמע-יסוד פון אונזער הייליגע אמונה און די גאנצע תורה מן השמים.

*

רבותכון מה חשובא קבל ההוא שבחתא. אידן האבן די הבטחה אז עס וועט ערשיינען א סדר עולם בגילוי אלקות וואס איז נאכנישט געווען אויף דער וועלט, און גלייכצייטיג בשעת אלע גוים פון די גאנצע וועלט האבן מדינות מיט ממשלות גדולה וכבוד, האבן אידן נישט קיין שום חיבור וצירוף צו די גרויסקייט פון די פעלקער, שלא שם חלקינו כהם וגורלינו ככל המונם. ואתם הדבקים בה' אלקיכם חיים כולכם היום.

בלויז אידישע קינדער זענען באפוילן געווארן צו טוהן די מצות הכתובות בתורה און זענען זוכה צום שכר ועונש וואס שטייט די תורה; בלויז אידישע קינדער זענען צוגעזאגט געווארן מיט די הבטחות והנחמות הנאמרים דורך נביאי אמת וצדק; און בלויז פאר זיי איז אנגעגרייט דער עולם העתיד יום שכולו טוב, ה' בדד ינחנו ואין עמו אל נכר, ה' בלחודוהי עתיד לאשריותהון בעלמא דהוא עתיד לאתחדתא.[77]

דעמאלט וועלן אלע זען וויאזוי אידן זענען דער עיקר פון די וועלט, און די גאנצע בריאה ארינגערעכנט אלע גרויסע און קליינע באשעפענישן פון אלע עולמות זענען א בלויזע טפל צו די עיקר פון די בריאה, החושך יכסה ארץ וערפל לאומים ועליך יזרח ה', והלכו גוים לאורך ומלכים לנוגה זרחך[78], כי הגוי והממלכה אשר לא יעבדוך יאבדו[79], אפים ארץ ישתחוו לך, ועפר רגליך ילחכו, וידעת כי אני ה' אשר לא יבושו קוי.[80]

---

76) עיין של"ה הק' (פר' מסעי) שהרחיב דתכלית הגלות היא הגאולה שלימה.

77) דברים לב, יב. ותרגום אונקלס שם.

78) ישעי' ס, ב-ג.

79) שם, יב.

80) שם מט, כג.

שער חמישי

משיחי שקר ודחיקת הקץ

עטליכע משיחי שקר אין דער היסטאָריע פון כלל ישראל וועלכע האָבן געוואָלט מדחיק זיין דעם קץ הגאולה, און זייער ביטערער עונש

- בני אפרים
- אויפשטאַנד פון בר כוזיבא
- אגרת תימן
- רבי יוסף דילה ריינה
- אנשי פּאָרטוגאַל
- הקדוש רבי שלמה מולכו הי"ד
- משיח שקר שבתי צבי
- די 'אידישע מדינה' אין ניו יאָרק

אריינפיר

דוד המלך ע"ה, דער נעים זמירות ישראל, איז מתפלל אין זיין הייליגן ספר תהלים[1] אין נאָמען פון כנסת ישראל: "**נפשי לה' משומרים לבוקר שומרים לבוקר**" - מיין זעל איז צו דיר רבוש"ע, וואַרטנדיג אויף דעם פרימאָרגן, וואַרטנדיג אויף דער גאולה.

זינט דעם גרויסן חורבן בית המקדש, ווען כלל ישראל איז צוליב זייער זינד פאַרטריבן געוואָרן אינעם לאַנגען גלות; דורכאויס אַלע ביטערע צייטן און שווערע עפאָכעס, האָט דאָס אידישע פאָלק קיינמאָל נישט אויפגעגעבן די האָפענונג און ערוואַרטונג צו דער גרויסער ליכטיגקייט וואָס איז פאַרשפראָכן געוואָרן דורכ'ן רבוש"ע; די גאולה שלימה וואָס וועט קומען בקרוב בימינו.

כנסת ישראל ווערט אָנגערופן אין דער נבואה פון ישעי' הנביא "נמהרי לב"[2], און ווי רש"י ערקלערט זיין אָפטייטש, "שממהרין את הגאולה ומצרים על איחורה" - די אידן ווילן צואיילן די גאולה מיט שטענדיגע האָפענונג און געבעט, און טוען וויי'טאָגן אויף איר פאַרשפעטיגונג. אין לויף פונעם געפלאָגטן און שווערן גלות, האָבן אידישע קינדער זיך שטענדיג געשטאַרקט און געטרייסט מיט די צוקונפטיגע שיינע צייטן וואָס וואַרט אונז אָפּ, ווען די ריכטיגע מינוט וועט קומען און משיח צדקינו וועט ערשיינען און אונז אויסלייזן.

1) תהלים קל ו.

2) ישעי' לה ד.

דער לאַנגער גלות האָט אָבער אין פאַרשידענע צייטן צומאָל ליידער אויך געברענגט - ספעציעל אין שווערע תקופות פון גזירות און השמדות - אַז אידן זאָלן חלילה פאַרלירן דאָס געדולד און פרובירן צו נעמען דעם גורל אין די אייגענע הענט, דורך זיך באַפרייען מיט די אייגענע קרעפטן פון די גלות-קייטן, אָן דעם וואָס מען זאָל באַקומען אַ קלאָרע אָנדייטונג פון הימל אַז ס'שוין געקומען דער זמן הגאולה.

אין אַלע צייטן זענען עס אָבער געווען די געטרייע פאַסטוכער, די רועי ומנהיגי ישראל, וועלכע האָבן מיט זייער ריינעם און ווייטגרייכנדן בליק שטייף באַקעמפט די אַלערליי באַוועגונגען, און געוואָרנט אידישע קינדער אַוועקצושטיין פון די געפאַרפולע פאַלשע גאולות. דער האַרבער זינד פון דחיקת הקץ, וואָס באַדייט, צו טון השתדלות זיך אויסצולייזן און זיך באַפרייען פון די גלות-קייטן איידער דער ריכטיגער צייט קומט און די ביטערע עונשים וואָס חז"ל זאָגן דערויף, האָט שטענדיג דערציטערט די אמת'ע גדולי ישראל, וועלכע האָבן לוחם געווען דערקעגן בדם לבבם.

קוקנדיג מיט אַ בליק אויף צוריק שטעלט זיך קלאָר אַרויס אַז די סאָרט פעולות פון פרובירן צו נעמען אַ גאולה פאַר דער צייט, האָבן שטענדיג בלויז געברענגט שאָדן און צער פאַר אידישע קינדער און ליידער פאַרערגערט זייער צושטאַנד, השם ירחם.

דער פאָלגנדער "שַׁעַר" וועט זיך באַציען צו די מער-באַוואוסטע און טרויעריג-באַרימטע עפיזאָדן פון דחיקת הקץ וואָס זענען זיך פאַרלאָפן אין לויף פון די דורות ביים אידישן פאָלק; געשיכטעס וועלכע לערנען אונז די אַזוי-וויכטיגע לימודים וויאַזוי זיך צו פירן ביז'ן היינטיגן טאָג.

קאַפּיטל א'

בני אפרים

אַרויס פון מצרים איידער דער צייט

אין יאָר ב' אלפים תי"ח לפ"ג[1], 180 יאָר נאָכדעם וואָס יעקב אבינו האָט געוואַנדערט קיין מצרים און 30 יאָר איידער דעם קץ הגאולה וואָס דער רבוש"ע האָט צוגעזאָגט פאַר אברהם אבינו ביים ברית בין הבתרים אַז ער וועט אויסלייזן די אידן פון מצרים, האָט אַ גרויסער טייל פון שבט אפרים זיך געמאַכט אַ נישט-ריכטיגן חשבון, און דורך דעם גערעכנט אַז ס'איז שוין געקומען די צייט וואָס די אידן דאַרפן אויסגעלייזט ווערן פון מצרים[2]. דאַן איז אויפגעשטאַנען אַן אייניקל פון אפרים מיטן נאָמען יגנון[3] און אויסגערופן אַז דער אויבערשטער האָט זיך צו אים באַוויזן און באַפוילן אַרויסצונעמען די אידן פון מצרים.

די בני אפרים זענען דאָך געווען מזרע המלוכה, אייניקלעך פון יוסף הצדיק, דער הערשער איבער מצרים און גלייכצייטיג אויך געווען גרויסע גבורים אין מלחמה[4], האָבן זיי דעריבער זיך גרינג געלאָזט פאַרנאַרן, און טראָצדעם וואָס זיי זענען אַלע געווען ערליך און אָפּגעהיטן[5], האָבן זיי לויט זייער פאַלשן חשבון זיך פאַרזיכערט אין זייער גרויסן כח, און אָנגעפאַנצערט מיט געווער האָבן זיי זיך אַרויסגעלאָזט אינאיינעם מיט זייערע פאַמיליעס אויפ'ן וועג קיין לאַנד פלשתים[6].

---

1) כן הוא במדרש שמו"ר כ' י', ושהש"ר ב יח, ורש"י סנהדרין דף צ"ב:

2) זיי האבן גערעכנט אז די פיר הונדערט יאר וואס השי"ת האט געזאגט 'ועבדום ועינו אותם ארבע מאות שנה' האט זיך אנגעהויבן ביי יענעם מאמענט פון ברית בין הבתרים, א זאך וואס איז נישט געווען ריכטיג, ווייל דער חשבון האט זיך באמת אנגעהויבן עטוואס שפעטער, מיט דרייסיג יאר דערויף, ביי לידת יצחק אבינו. (עי' סדר הדורות שנת ב"א תמ"ח כמה דרכים בזה, וברש"י ורמב"ן פר' בא שם).

3) במדרש ילקוט פרשת בשלח סימן רכ"ז מוזכר בשם גאנן, ומדרש ילקוט ד"ה א' ז' סי' אלף ע"ז בשם גואין.

4) פרקי דרבי אליעזר, פר' מ"ח.

5) מבי"ט בספרו בית אלקים, שער היסודות, פרק נ. אותם שיצאו שלשים שנה קודם הזמן "והיו ראויים", אלא שרצו לקרב את הזמן ונהרגו.

6) טראצדעם וואס מצרים איז געווען באוואכט מיט גרויסע כוחות הטומאה וועלכע האבן פארזיכערט אז קיינער קען נישט אנטלויפן פון דארט, האבן די בני אפרים געהאט א גרינג פעלד אריסצוגיין; די קליפות האבן זיי נישט געשטערט וויבאלד זיי האבן עובר געווען אויפ'ן ווילן פונעם אויבערשטן. אדרבה, די טומאה האט נאך צוגעהאלפן די בני אפרים צו קענען עובר זיין דעם הארבן זינד וואס איז א מרידה אין דער הבטחה פון השי"ת. (דברי יואל משפטים כד. וע"ע בפירוש זר זהב על המכילתא תירוץ נוסף איך יכלו לצאת ממקום

צוויי פאַטאַלע טעותים האָבן אָבער די בני אפרים געמאַכט. דאָס ערשטע מיט זייער חשבון אַז ס'איז שוין געקומען די צייט אַרויסצוגיין פון גלות, אַ חשבון וואָס איז איינפאַך נישט געווען אויסגעהאַלטן. צווייטנס, זענען זיי נישט געווען באַרעכטיגט צו נעמען אייגענע שריט זיך צו באַפרייען פון גלות מיט'ן כח פונעם פויסט. אפילו עס וואָלט שוין יאָ געווען די ריכטיגע צייט אויסגעלייזט צו ווערן, וואָלטן זיי אָבער געדאַרפט וואַרטן אַז השי"ת זאָל זיי געבן רשות אַרויסצוגיין פון גלות. די בני אפרים האָבן זיך אָבער פאַרלאָזט אויף זייער אייגענעם חשבון און כוחות, נישט וואַרטנדיג אויף אַ הימלישן צייכן אָדער שליחות פון הקב"ה. דערמיט האָבן זיי פאַרלייקנט דעם ישועת ה' און זענען דערפאַר שטאַרק באַשטראָפט געוואָרן[7].

די ריזיגע מאַסע פון די בני אפרים וואָס האָט זיך געציילט אין די הונדערטער טויזנטער[8] האָט זיך אַרויסגעלאָזט אויפ'ן וועג אַרויס פון מצרים, אָן אפילו זיך צוגרייטן געהעריגע שפייז און צידה לדרך. זיי האָבן גערעכנט אַז זיי וועלן קויפן זייערע געברויכן פון די פלשתים מיט געלט, און אויב וועלן זיך די פלשתים קעגנשטעלן, וועלן זיי אַוועקנעמען זייער תבואה מיט געוואַלד, מיטן כח פון געווער און זייער שטאַרקקייט.

דער עונש: "והרגום אנשי גת"

וויבאַלד עס איז דאַן נאָכנישט געווען די ריכטיגע צייט פון דער גאולה און צוליב דער ביטערער עבירה פון נעמען אַליינס אַ גאולה פאַר דער צייט, האָט דער גרויסער עונש פון הימל נישט געשפעטיגט צו קומען. אָנקומענדיג קיין פלשתים האָבן זיי באַגעגנט די אָרטיגע פאַסטוכער מיט זייערע שאָף, און די בני אפרים האָבן זיי געבעטן זיי צו פאַרקויפן עטליכע בהמות צום עסן. ווען די פאַסטוכער האָבן זיי אַנטזאָגט, זאָגנדיג אַז ס'איז נישט זייער שאָף און זיי דאַרפן פרעגן זייערע האַרן, האָבן די בני אפרים מיט כח צוגענומען די בהמות.

שאין עבד יכול היה לברוח כנודע ממדרשי חז"ל).

7) **יפה קול** (שהש"ר ב כ): "שלא האמינו בה', שחשבו שהקץ שאמר ה' לאברהם היינו שיארע שיהיה להם כך שיצאו בחוזק ידם, לא שה' יושיעם "בהשגחתו"... חשבו כי בחרבם וזרועם יושעו, שאם היו מאמינים בה' לא היו יוצאים עד ינתן להם אות ומופת כי מה' היה הדבר, שאף שבא גואון ואמר להם שה' שלחו, לא היה ראוי להאמין בו... ועוד שמסורת היה בידם שהגואל שיבא ויאמר בלשון פקוד פקדתי אתכם הוא אמת, וכיון שלא בא בלשון זה לא היה לחוש לו, אלא ודאי כי לא האמינו בפקידת ה' ותשועתו ולא חששו להשבעתו שלא יתעוררו לצאת עד יהיה חפץ בה' ולכן עברו על הקץ.

והרמב"ם באגרות תימן כתב וז"ל: "דע שהקץ גלות מצרים לא נודעה אמיתתו ונפל בו ספק, **מהם מי שסבר שארבע מאות שנה אלו משעה שירד יעקב אבינו למצרים, ואחרים חשבו משהתחיל השעבוד והיא שנת שבעים לאחר שירד יעקב אבינו למצרים, ואחרים חשבו אותה משעה שנאמרה נבואה זו לאברהם אבינו והוא מעמד בין הבתרים.** וכשמלאו ארבע מאות שנה למעמד בין הבתרים יצאו ממצרים קצת בני ישראל קודם שעמד משה רבינו שלשים שנה, ועלה בדעתם שכבר תם הקץ, והרגום המצרים **והכבידו עליהם השעבוד**, כן הודיעונו החכמים ז"ל (סנהדרין צב:, מכילתא שמות), ועל האנשים ההם אשר טעו בחשבונם ודמו שכבר באה הגאולה ויצאו אמר דוד בני אפרים נושקי רומי קשת הפכו ביום קרב (תהלים עח ט), והקץ האמיתי היה ארבע מאות שנה משנולד יצחק... ולא יתבאר זה עד שעמד הנביא הגדול ונמצא שמיום שנולד שיצאו ממצרים מאות שנה בשוה".

8) 200,000 לויטן נוסח אין פרקי דרבי אליעזר (פמ"ח ותרגום יונתן ר"פ בשלח), און 300,000 לויט די גירסא פון מדרש (שמו"ר כ י).

די פאַסטוכער האָבן אַלאַרמירט די שטאָטישע איינוואוינער, די פלשתים פון גת[9], וועלכע זענען מיט הייס-געווער אַרויס אין אַ קאַמף מיט די בני אפרים. דעם אַנדערן טאָג האָבן די בני גת גערופן פאַר הילף אויך די שכנים פון די שטעט אַרום וואָס האָבן אינאיינעם באַקעמפט די בני אפרים וועלכע זענען געפאַלן אינעם קאַמף. זייענדיג אויסגעמוטשעט פונעם לאַנגען וועג, הונגעריג און דאָרשטיג, זענען זיי אַלע רח"ל אויסגעהרג'ט געוואָרן און זייערע קערפער זענען געבליבן ליגן אויפ'ן פרייען פעלד אינעם טאָל פון גת פאַר הונדערטער יאָר[10]. פאַרבליבן זענען בלויז עטליכע מענטשן פון דער גאַנצער מחנה וועלכע זענען צוריקגעגאַנגען קיין מצרים פאַרציילן פאַר די אידן איבער דער ביטערער טראַגעדיע[11].

לויט'ן ענגלישן אַרכעאָלאָג עדוואַרד ראָבינסאָן, זענען די חורבות פון אַן אַלטער שטאָט נעבן דעם פּאַלעסטינער דאָרף "טל-עס-סאַפי", די איבערבלייבענישן פון דער שטאָט גת, וואו די בני אפרים זענען געפאַלן אין מלחמה קעגן די פלשתים

דער זיידע, אפרים בן יוסף, פון די שבטי קה, האָט נאָך דאַן געלעבט און עספּיעט צו טרויערן אויף זיינע אייניקלעך וועלכע זענען אַזוי ביטער געשטראָפט געוואָרן צוליב זייער געאיילטע שריט[12].

לויט איין דעה אין חז"ל[13] האָבן זיך די אידן אין מצרים ביז דאַן געפונען אין רואיגע אומשטענדן און נאָכנישט געווען פאַרקנעכטעט פאַר די מצריים. די שווערע צייטן און דער קישוי

9) כן הוא בדברי הימים א' ז' פסוק ס- סא, ובמד"ר שמות שם. אבל בפרקי דר"א ובשאר מקומות (אגרת תימן) כתבו שהמצריים רדפו אחריהם והרגו מהם, וכתב לתרץ בפירוש זר זהב על המכילתא שמתחלה הרגו מצריים מקצתם ושוב כשבאו לארץ פלשתים הרגום אנשי גת.

10) די געפאלענע בני אפרים זענען נאך געבליבן ליגן כדומן על פני השדה פאר לאנגע יארן, ביז יחזקאל הנביא האט מחיה מתים געווען זיינערע ביינער אין בקעת דורא, מיט הונדערטער יאר שפעטער. זע יחזקאל לז א.

11) ספר הישר.

12) דברי הימים א ז, כב, 'ויתאבל אפרים אביהם ימים רבים ויבאו אחיו לנחמו'. ועיין סנהדרין צב: וספר הישר.

13) פרקי דרבי אליעזר (פמ"ח): "רבי אליעזר אומר כל אותן השנים שהיו ישראל יושבין במצרים היו יושבין בטח ושאנן עד שבא יגנון מבני בניו של אפרים". וצריך ביאור קצת שהרי קישוי השיעבוד התחילה כבר מלפני פ"ו שנים קודם שיצאו ישראל ממצרים, ואולי מדרשות חלוקים הם. או אפשר לדייק מלשון הרמב"ם באגרות תימן: "וכשמלאו ארבע מאות שנה למעמד בין הבתרים יצאו ממצרים קצת בני ישראל קודם שעמד משה רבנו שלשים שנה, ועלה בדעתם שכבר תם הקץ, והרגום המצרים **והכבידו עליהם השעבוד**", משמע

השיעבוד האָט זיך לויט דער דעה ערשט אָנגעהויבן באַלד דערנאָך, פון ווען די בני אפרים האָבן פּרובירט זיך צו באַפרייען אויף די אייגענע הענט[14], און דאָס האָט גורם געווען אַז אַלע אידן זענען צוליב דעם באַשטראָפט געוואָרן[15].

טראָץ זייער גוטע כוונה און ערליכקייט, זענען די בני אפרים געוואָרן אָפּגעסטעמפּלט אין חז"ל אין אַ טונקעלן בליק, צוליב דעם וואָס זיי האָבן דוחק געווען דעם קץ הגאולה און זיך געוואָלט באַפרייען פאַר דער צייט. די מדרשי חז"ל[16] דרשנ'ען אויף זיי די פאָלגנדע פסוקים: "לא שמרו ברית אלקים ובתורתו מאנו ללכת"[17] - זיי האָבן נישט געהיטן דעם געבאָט פון השי"ת און האָבן אַנטזאָגט צו גיין מיט זיין תורה - און דעם פסוק: "לא האמינו באלקים ולא בטחו בישועתו"[18] - זיי האָבן נישט געגלייבט אין השי"ת און זיך נישט פאַרזיכערט אין זיין ישועה[19].

זיך דערלערנט די לעקציע

ווירקליך האָבן אידישע קינדער אין מצרים גוט דערהערט און באַגריפן דעם טראַגישן עונש וואָס איז געקומען און אַרויסגענומען אַ לעקציע דערפון. געווען איז דאָס מיט דרייסיג יאָר שפּעטער ווען משה רבינו איז געקומען קיין מצרים אין שליחות פון השי"ת אויסצולייזן די אידן פון גלות, זענען אָבער די אידן געווען באַזאָרגט צי די צייט איז שוין טאַקע געקומען. זיי האָבן שוין גוט געוואוסט די האַרבקייט און ווי הייקל עס איז אַ נישט-ריכטיגע גאולה און ווי ווייט מען דאַרף זיך

מזה שהי' אז הכבדת השעבוד יותר משנים הקודמים.

14) אין ספה"ק דברי יואל (פר' ויחי עמ' תק) ווערט ערקלערט די סיבה פארוואס גאנץ כלל ישראל איז באשטראפט געווארן צוליב די זינד פון די בני אפרים. ווייל מיר געפינען נישט אז די אידן זאלן מוחה זיין אויף די בני אפרים ווען זיי האבן זיך געראכטן ארויסצוגיין. און מעגליך האבן אידישע קינדער זיך צוגעקוקט פון דער זייט און געוואלט אויספרובירן צי די בני אפרים וועלן אין דער ענדע מצליח זיין זיך צו באפרייען מיט די אייגענע כוחות. דערפאר איז געקומען דער שטראף אויך אויף די איבעריגע טיילן פון אידישן פאלק וואס האבן צוגעלאזט אז אזוינס זאל פאסירן.

ועיי"ש עוד בישוב כל השיטות בדברי חכז"ל מתי התחיל השעבוד בגלות מצרים.

16) מכילתא בשלח פתיחתא.

17) תהלים עח י.

18) שם פסוק כב.

19) שהש"ר ב יח. - אין ספה"ק ויואל משה (סימן כה) איז מבואר, אז די סיבה פארוואס חז"ל דרשנ'ען אויף די בני אפרים די פסוקים "לא האמינו באלקים ולא בטחו בישועתו", וויבאלד ווען מען טוט א פעולה זיך אויסצולייזן פאר דער צייט איז עס א חסרון אמונה. אפילו ס'איז געווען בלויז א טעות, איז עס פארט א טעות וואס איז נוגע אין די עקרי אמונה און איז גאר הארב.

וזל"ק: "דבעושין פעולות בעצמם לגאולה טרם שמצאו חזון מאת ה' שהגיע הזמן, הוי בזה חסרון אמונה, כדמצינו גם בשיר השירים על בני אפרים שטעו בחשבון, שחשבו משנגזרה גזירה, ומשנולד יצחק התחיל וכתוב שם במדרש רבה, שנפלו מהם חללים הרבה, "מפני שלא האמינו בה' ולא בטחו בישועתו, על שעברו על הקץ, ועברו על השבועה". ובמכילתא דרש עוד על בני אפרים הכתוב 'לא שמרו ברית אלקים ובתורתו מאנו ללכת', על כל פנים חזינן, דאף בבני אפרים שלא הי' אלא טעות, מכל מקום כיון שהוא טעות הנוגע לאמונה, קרא עליהם את הכתובים הנזכר לעיל, ונענשו בעונש מר רחמנא ליצלן".

רביה"ק זי"ע פירט אויס דערויף: "ומכל שכן בקץ הגאולה, שהוא טמיר ונעלם ולא נתגלה אפילו לנביאים, ואין לנו שום ידיעה ואף אין מקום לטעות, אלא עינינו צופיות למרום שיתגלה לנו מן השמים על פי דרך התורה והמסורה, אם כן אין שום ספק שעשיית פעולה קלה כל שהיא לנצח בזרוע בשר טרעם שהגיע הזמן, הוא נגד האמונה בה' ובתורתו הקדושה".

גוט באַוואָרענען זיכער צו מאַכן אַז ס'שוין געקומען די ריכטיגע צייט וואָס השי"ת וויל אויסלייזן די אידן[20].

דאַן האָט זיך כלל ישראל באַנוצט מיט'ן סימן פון "פקוד פקדתי".

איידער'ן הסתלקות פון יוסף הצדיק האָט ער אָנגעזאָגט פאַר די אידן[21], "אנכי מת ואלקים פקוד יפקוד אתכם והעליתם את עצמותי מזה אתכם" - איך גיי אַוועק פון דער וועלט און השי"ת וועט אייך געדענקען און אויסלייזן, דאַן זאָלט איר אַרויפטראָגן מיינע ביינער פון דאָ. אָט די צוויי ווערטער "פקוד יפקוד" איז געווען דער סימן וואָס יוסף הצדיק האָט געהאַט מקובל פון זיין הייליגן פאָטער יעקב אבינו, אַז די גענויע ווערטער וועלן גענוצט ווערן דורכ'ן אויסלייזער פון אידן אין מצרים, ווען די ריכטיגע צייט וועט קומען[22].

גענוי אַזוי איז טאַקע געווען. ווען דער אויבערשטער האָט דאָס ערשטע מאָל מבשר געווען פאַר משה רבינו די בשורה פון גאולת מצרים ביי דער ברענענדיגער סנה אין מדבר, האָט אים דער אויבערשטער דאַן געזאָגט[23]: **"לך ואספת את זקני ישראל ואמרת אליהם ה' אלקי אבותיכם נראה אלי, אלקי אברהם יצחק ויעקב לאמה, פקוד פקדתי אתכם ואת העשוי לכם במצרים."** השי"ת האָט געזאָגט פאַר משה ער זאָל צונויפנעמען די זקני ישראל און זיי איבערגעבן דאָס לשון פון "פקוד פקדתי", און השי"ת זאָגט אים ווייטער: **"ושמעו לקוליך"** - דאָס אידישע פאָלק וועט צוהערן צו דיין קול, אויף וואָס חכמינו ז"ל זענען מפרש אין מדרש[24], **"מיד ושמעו לקולך, למה? שמסורת גאולה הוא בידם, שכל גואל שיבא ויאמר להם פקידה כפולה, גואל של אמת הוא"** - וויבאַלד דו וועסט זיי זאָגן מיט דעם לשון (פקוד פקדתי), וועלן זיי דיך צוהערן, ווייל דער סימן איז שוין איבערגעגעבן געוואָרן צו זיי פון יעקב און יוסף אַז מיט דעם לשון וועלן זיי ווערן אויסגעלייזט.

פאַרשידענע שיטות געפינען מיר אין די רייד פון חכמינו ז"ל וויאַזוי דער סימן איז אָפגעהיטן און איבערגעגעבן געוואָרן בסוד ביי אידישע קינדער דורכאויס דעם לאַנגען גלות מצרים[25].

---

20) תוס' מס' סוטה (דף יג.) **וכיון שבא משה הלכו זקני ישראל אצלה, לפי שכבר נכשלו על ידי בני אפרים שיצאו שלשים שנה לפני הקץ ונמלכו עתה בה, ואמרה להם מה לשון אמר לכם המושיע הזה, אמרו לה פקוד פקדתי, אמרה להם א"כ הוא הוא**

21) בראשית נ כד.

22) אגב, דער מלאך וואס האט געלערנט מיט'ן הייליגן בית יוסף ז"ל, האט אים אנטפלעקט, אז דעריבער האט יוסף הצדיק געזאגט דאס לשון "פקוד יפקוד", ווייל ער האט געזען מיט רוח הקודש אז זיינע אייניקלעך, די בני אפרים, וועלן זיך טרויען זיך זעלבסט צו באפרייען מיט די אייגענע כוחות, און זיי וועלן דורכפאלן, דעריבער האט ער געזאגט א דאפעלטן לשון "פקוד יפקוד" דערמיט צו אנדייטן אז דייקא ווען די ריכטיגע עת פקידה וועט קומען, נאר דעמאלטס זאל מען ארויפטראגן זיינע ביינער, נישט חלילה איידער דער ריכטיגער צייט. (מגיד משרים פר' בא)

23) שמות ג טז.

24) שמו"ר ג ח.

25) אין פרקי דרבי אליעזר (פרק מח) ווערט געברענגט, אז דער סוד פון דער גאולה אין מצרים איז געווען איבערגעגעבן פאר סרח בת אשר, און ווען משה ואהרן זענען אנגעקומען צו די זקני ישראל און זיי דערציילט אז השי"ת וויל זיי שוין אויסלייזן און געמאכט די אויסטערלישע וווּנדער על פי ה', זענען די אידן אריבער צו סרח בת אשר און איר געפרעגט דערוועגן, און הערשט ווען זיי האבן איר געזאגט אז משה רבינו האט זיך באנוצט מיט'ן לשון פון "פקוד פקדתי", האט סרח זיי באשטעטיגט און פארזיכערט אז דאס איז דער

אָבער אַלענפאַלס לויט אַלע דעות דינט די געשיכטע פון גאולת מצרים אַלס אַ געוואַלדיגער לימוד לדורות אויף שטענדיג, אַז אפילו נאָכדעם וואָס משה רבינו און אהרן הכהן זענען אָנגעקומען צו אידן מיט דער פריידיגער בשורה אַז ס'איז שוין אָנגעקומען דער זמן הגאולה, און טראָצדעם וואָס אהרן הכהן איז דאָך שוין געווען אַ נביא נאָך איידער משה רבינו איז צוריקגעקומען פון מדין[26], און טראָצדעם וואָס אויך משה רבינו האָט שוין באַוויזן ווינדער ווען ער האָט מיט יאָרן פריער אומגעברענגט אַ מצרי מיטן הייליגן שם המפורש און דערצו האָט זיין שוועסטער מרים נאָך איידער זיין געבורט נביאות געזאָגט אַז ער וועט זיין דער אויסלייזער פון אידן, האָט כלל ישראל זיך אָפגעהאַלטן פון גלייבן די בשורה פון דער גאולה ביז זיי זענען געווען פאַרזיכערט אַז אַלע סימנים וואָס זיי האָבן געהאַט מקובל פון די אבות הקדושים שטימען אַקוראַט[27].

אָט דאָס איז געווען די רעאַקציע פון אידישע קינדער אין גלות מצרים און דאָס איז אַ געוואַלדיגער לימוד וואָס דאַרף באַגלייטן אידישע קינדער אין אַלע שווערע צייטן און גלות'ער, צו וואַרטן און האָפן בלויז אויף דער ישועה פונעם אויבערשטן און זיך נישט לאָזן איבעררעדן פון סיי וועמען, נאָר טאַקע בלויז אַרויסקוקן אויף דער צוגעזאָגטער גאולה דורך משיח צדקינו ב"ב.

אמת'ער גואל פון אידן, ווייל אזוי האט זי געהאט מקובל פון אירע עלטערן אז דער אויסלייזער וועט זאגן אט דעם לשון, און בלויז דאן האבן די אידן אנגעהויבן גלייבן די הבטחות און נביאות פון משה רבינו איבער דער נאנטער גאולה.

אין מדרש רבה (שם ה א) שטייט, אז דער סוד אז דער גואל וועט זיך באניצן מיט'ן לשון פון "פקוד פקדתי" איז אריבערגעגאנגען בירושה פון יוסף צו זיין ברידער לוי, (וואס איז נסתלק געווארן דער לעצטער פון די שבטי קה). לוי האט דאס איבערגעגעבן פאר זיין זון קהת און קהת האט עס ווייטער אנפארטרויעט זיין זון עמרם, דער פאטער פון משה רבינו.

דערפאר, זאגט דער מדרש, האט השי"ת געפירט אז משה רבינו זאל פארטריבן ווערן פון דער שטוב פון זיין פאטער עמרם אין זיין פריער יונגט, אינעם יארגאנג פון צוועלף יאר, און דארפן וואנדערן קיין מדין, כדי ער זאל זיך נישט דרייען ארום זיין טאטן און נישט געוואויר ווערן פון דעם סוד, אזוי ארום וועלן אידישע קינדער שפעטער קענען האבן די פולשטענדיגע צוטרוי אין זיין נבואה מיט'ן קלארן וויסן אז דאס איז טאקע בלויז על פי ה'.

ווידער דער רמב"ן דרינגט אויף פון די רייד אין מדרש (רבה ג' יא), אז גאנץ כלל ישראל האט געוואוסט פון דער הבטחה פון "פקוד פקדתי". עס איז אבער געווען א באזונדערער צוזאג פון השי"ת און א קלארער צייכן אז קיינער וועט נישט קומען זאגן אט דעם לשון פאר דער ריכטיגער צייט. אידן האבן געהאט א הבטחה פונעם רבוש"ע אז דער מענטש וואס וועט קומען אין נאמען פון השי"ת און זאגן דעם לשון, ער איז דער ריכטיגער אויסלייזער, און בעפאר אים וועט עס קיינער נישט זאגן, אפילו אלע האבן עס געוואוסט.

מיט דער זעלבער נקודה פון רמב"ן זאגט רביה"ק מסאטמאר זי"ע א וואונדערליכע הערה בנוגע אליהו הנביא, אז קינד און קייט וויסן פונעם 'סוד' אז אליהו הנביא וועט זיך באווייזן א טאג אדער דריי טעג איידער משיח וועט קומען, אבער מיט דעם אלעם האט קיין איין איינציגער משיח שקר נישט געמאכט דעם דאזיגן 'קונץ' צו ברענגען אליהו הנביא א טאג פריער לבשר הבשורה! אפילו שבתי צבי, וואס האט שוין געהאט נתן העזתי און אויך געקענט חכמת הכישוף, האט נישט געמאכט דעם 'טריק', והוא פלאי, אך ורק ווייל דער מסבב כל הסיבות האט זיכער געמאכט אז קיין איין משיח שקר זאל נישט נוצן דעם סימן פון שיקן אליהו הנביא איידער זייער פאלשער גאולה.

26) תנחומא שמות כז, ושמו"ר ג טז.

27) חידושי תורה תשט"ז ס"ג פר' שמות.

קאַפּיטל ב'

אויפשטאַנד פון בר כוזיבא

די דורכגעפאַלענע ערלויבעניש

געוועז איז דאָס אין די יאָרן נאָכן שרעקליכן חורבן פון צווייטן בית המקדש, ווען די הייליגע שטאָט ירושלים איז געלעגן פאַרוויסט און צעשטערט, דאָס בית המקדש פאַרברענט און דאָס אידישע פאָלק דערנידערט און פאַרטריבן אין גלות אדום.

ספעציעלע מטבעות וואס די רוימישע אימפעריע האט געלאזט גיסן צו פייערן זייער נצחון אויף דאס אידישע פאלק, מיט די אויפשריפט "Judaea Capta" –"יהודה איז געפאנגען". רעכטס זיצט איינגעבויגן א פרוי (וואס סימבאליזירט יהודה) און קלאגט אונטער א טייטלבוים, ווען לינקס שטייט א באוואפענטער רוימישער סאלדאט.

איייניגע יאָר נאָכן חורבן, אין יאָר ג' תת"פ, האָבן די אידן אויסגע'פועל'ט און באַקומען אַן ערלויבעניש פונעם רוימישן קעניגרייך, צוריק אויפצובויען דאָס בית המקדש, וואָס וועט זיין אונטער דער רוימישער הערשאַפט. די גוטע בשורה האָט אויפגעהייטערט אידישע קינדער איבעראַל, וועלכע האָבן אָנגעהויבן שטראָמען קיין ירושלים, אין שפיץ פון די חכמי הדור.

די רשעות'דיגע כותים זענען אָבער געוואויר געוואָרן פונעם פלאַן, זענען זיי געגאַנגען אָנרעדן פאַר'ן קייסער אַז אויב וועט דאָס בית המקדש געבויט ווערן, וועלן די אידן זיך צוריק זעלבסטשטענדיג גרופירן און אויפהערן צאָלן שטייערן. זיי האָבן פאָרגעשלאָגן פאַר'ן קייסער אַז טראָצדעם וואָס ער האָט שוין געגעבן זיין ערלויבעניש צו בויען דאָס בית המקדש און ס'פאַסט נישט פאַר'ן קייסער צוריקצוציען פון

זיין הבטחה, כי כתב אשר נחתם בטבעת המלך אין להשיב, איז אָבער דאָ אַ פּאַסיגער אויסוועג דאָס צו צעשטערן. דער קייסער זאָל שיקן אַ פאַרלאַנג צו די אידן אַז מ'זאָל טיילוויז טוישן דעם פונקטליכן מקום המקדש און דאָס אויפבויען עטליכע אמות אָפּגערוקט פונעם אָריגינעלן אָרט - אַ זאַך וואָס איז נישט ערלויבט לויט דער תורה הק' צו טוישן אָן קיין נבואה מן השמים. דאָס וועט זיין אַ גוטער מיטל צו צעשטערן דעם גאַנצן פּלאַן, ווייל דורכדעם וועלן די אידן נישט האָבן קיין ברירה און מוזן אָפּשטעלן די בוי-אַרבעט פונעם בית המקדש.

דער קייזער האָט זיך געלאָזט איבעררעדן און געשיקט אַזאַ פאַראָרדענונג. פאַרשטענדליך אַז מיט'ן אָנקום פון דער נייער פאַראָרדענונג האָבן אַלע פאַרשטאַנען אַז דער פּלאַן צו בויען דאָס בית המקדש איז צעפאַלן, וויבאַלד עס קען נישט געבויט ווערן ווי די הלכה פאָדערט. דער פאַרזאַמלטער ציבור אידן האָט אָנגעהויבן וויינען, אַ געוויין וואָס איז דערנאָך פאַרוואַנדלט געוואָרן אין אַ געוואַלדיגן אויפברויז. ס'האָבן זיך אָנגעהויבן הערן פון צווישן די פאַרזאַמלטע רופן פאַר אַן אויפשטאַנד קעגן דער רוימישער מלוכה, כדי מען זאָל קענען ווייטער אויפבויען דאָס בית המקדש אומגעשטערט.

די חכמים האָבן געזען דעם אויפברויז פון פאָלק און האָבן געוואָלט פאַרמיידן אַז עס זאָל נישט פאַסירן אַ רעוואָלט, וואָס גרעניצט זיך מיט'ן האַרבן איסור פון עובר זיין אויף די שלש שבועות[1], האָבן זיי צווישן זיך געזאָגט, "זאָל קומען אַ חכם און באַרואיגן דעם ציבור," און באַלד אויפ'ן אָרט איז איינשטימיג באַשלאָסן געוואָרן אַרויסצושיקן רבי יהושע בן חנני' אַז ער זאָל אַדרעסירן דאָס צובראָכענע פאָלק.

דער הייליגער תנא רבי יהושע בן חנני' האָט טאַקע באַרואיגט דעם פאַרזאַמלטן ציבור מיט'ן פאָלגנדן משל: ס'האָט זיך אַמאָל געמאַכט אַז אַ מעכטיגער לייב האָט פאַרציקט זיין שפּייז און אַ ביינדל איז אים געבליבן שטעקן אין האַלז. אין זיין ענגשאַפט האָט ער פאַרשפּראָכן אַז ווער עס וועט אַרויסנעמען דעם ביין וועט באַקומען אַ באַלוינונג. איז געקומען אַ פויגל מיטן נאָמען "קורא מיצראה" און אַריינגעשטעקט איר לאַנגען האַלז אינעם פּיסק פונעם לייב און אַרויסגענומען דעם ביין. ווען זי האָט געבעטן איר פאַרשפּראָכענע באַלוינונג פונעם לייב האָט דער לייב איר געזאָגט: "גיי אַרום פאַרציילן אַז דו ביסט אַריין אין פּיסק פונעם לייב און אַרויסגעגאַנגען פון דאָרט אָן קיין שאָדן. דאָס אַליין איז גענוג אַ גרויסער שכר."

דערמיט האָט רבי יהושע בן חנני' געטרייסט די אידן: "**דיינו שנכנסנו לאומה זו בשלום ויצאנו בשלום**" - מיר דאַרפן זיך פרייען אַז אפילו מיר זענען דאָ צווישן די ציינער פון די חיות, כאָטש

1) מדרש לקח טוב שה"ש ח' ד'.

קענען מיר דאָס דורכגיין בשלום. ער האָט באַרואיגט די אידן נישט חלילה צו נעמען שריט מיט די אייגענע הענט און דורכשווערצן די ביטערע צייטן דאָס בעסטע וואָס שייך[2].

רדיפות און גזירות דורך די רוימישע הערשער

אין אַלגעמיין איז אָבער די תקופה געווען גאָר שווער פאַר כלל ישראל. די נאָכפאָלגנדע יאָרן איז געווען די ביטערע עפּאָכע וואָס ווערט אָנגערופן בלשון חכמינו ז"ל "דורו של שמד".

שטייענדיג אייניגע יאָר נאָכ'ן שרעקליכן חורבן הבית, האָט די האַרצלאָזע רוימישע אימפּעריע גוזר געווען אויף אידישע קינדער שווערע און ביטערע גזירות מיט'ן ציל אויסצורייסן די תורה פון די אידן. דער קיסר אדריאַנוס שחיק טמיא האָט אויסגעטראַכט פינסטערע גזירות אויפ'ן אידישן פאָלק, דערונטער אַ פאַרבאָט צו היטן שבת קודש, מקיים זיין מצות ברית מילה און ליינען קריאת שמע. אידישע קינדער האָבן אָבער ווייטער מקיים געווען די מצוות ה', וואָס האָט זיך געגרעניצט מיט אומבאַגרייפליכע מסירות נפש און פאַרשידענע תחבולות וויאַזוי זיך אויסצובאַהאַלטן פון די רוימישע געזעצגעבער וועלכע האָבן געלאָקערט אין יעדן ווינקל.[3]

א מטבע וואס די רוימער האבן ארויסגעגעבן צו אפצייכענען אפ די גרינדונג פון "איליה קאַפּיטולינה" אין ירושלים, אויף איין זייט א בילד פון אדריאנוס קיסר שחיק טמיא און אויף דער צווייטער זייט וויאזוי מען גראבט די יסודות פון די נייע שטאט

די רוימער האָבן פאַרוואַנדלט די הייליגע שטאָט ירושלים אין אַ קולטור-צענטער מיט סטאַטועס און רוימישע עבודה זרה'ס. די שטאָט ירושלים האָט אונטער זייער הערשאַפט באַקומען דעם נייעם נאָמען "איליה קאַפּיטולינה", און אויפ'ן הר הבית איז אויפגעשטעלט געוואָרן אַ ריזיגע געביידע פאַר דער רוימישער עבודה זרה. דאָס אַלעס האָט רייף געמאַכט דעם באָדן אַז דאָס דערביטערטע

2) ב"ר סד.

3) עיין יבמות עב.: "ר"י אומר לא ימול מפני הסכנה וכו' והלא הרבה מלו בימי בן כוזיבא", ופירש"י "בימי בן כוזיבא שמשכום עכו"ם באונס כו' וגברה יד בן כוזיבא ונלחם בהם ונצחם וכו' וחזרו ומלו בימיו", זעט מען פון דא אז די גזירות פון שבת, חודש און מילה זענען שוין געווען נאך איידער דער מרידה, ובמסכת ב"ב דף ס: אמר ר' ישמעאל כו' מיום שפשטה מלכות הרשעה [רומי] שגוזרת עלינו גזירת קשות ומבטלת ממנו תורה ומצוות ואין מנחת אותנו ליכנס לשבוע הבן וכו' דין הוא שנגזור על עצמנו כו'" והנה ר' ישמעאל נפטר עוד לפני מלחמת ביתר, ווי עס ווערט אויפגעוויזן דורך די חוקרי הדורות פון מסכת שמחות (פ"ח).

פאַלק זאָל אַרויסגיין אין אַ רעוואָלט קעגן דער רוימישער הערשאַפט, ווען אין שפּיץ פון דער מרידה איז געשטאַנען דער וואונדערליכער גבור חיל שמעון בר כוזיבא.

רעוואָלט פון בר כוזיבא מיט אויסטערלישע גבורות

אומגעפער אין יאָר ג"א תת"פ, אַרום צוויי-און-פופציג יאָר נאָכ'ן חורבן בית שני, איז אַנטשטאַנען אַ גרויסע באַוועגונג ביי כלל ישראל, אין שפּיץ פונעם העלדישן מאַן "שמעון בר כוסיבא", אָדער ווי ער ווערט אָנגערופן בלשון חז"ל "בר כוזיבא", וועלכע האָבן רעוואָלטירט קעגן די רוימער און אויפגעשטעלט אַן אייגענע אידישע קעניגרייך אין ארץ ישראל. חכמינו ז"ל אין מדרש[4] באַצייכענען די תקופה פון בר כוזיבא אַלס איינער פון די דורות וואָס האָט פּרובירט צו דוחק זיין דעם קץ מיטן נעמען אַ גאולה איידער דער צייט און זענען אין דער ענדע טראַגיש דורכגעפאַלן.

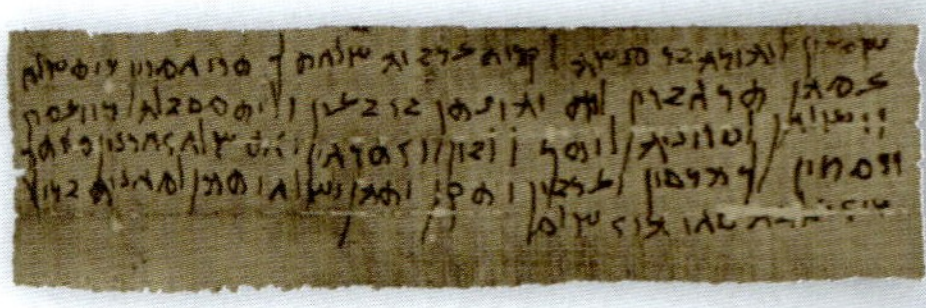

א בריוו וואס בר כוזיבא האט געשריבן צו זיינע קאמאנדירן אין עין גדי וואו ער בעט צווישן אנדערע אז מען זאל אים שיקן ד' מינים צום מלחמה-פראנט אין ביתר.

בר כוזיבא זעלבסט איז געווען א גרויסער מענטש, אן איש קדוש ונורא[5], ער האט אונטערגענומען דעם אויפשטאנד, כדי צו ערמעגליכן אידן צו מקיים זיין די תורה ומצוות השם, נאכדעם וואס אדריינוס האט גוזר געווען שרעקליכע גזירות קעגן די אידן. לעצטנס האבן פארשער געפונען בריוון וואס בר כוכבא האט געשיקט פאר זיינע מלחמה קאמאנדירן, וואו דארט שרייבט ער זיך אונטער מיט'ן נאמען "שמעון בר כוסיבא נשיא ישראל". אין די בריוון איז אויך קענטיג אז ער איז געווען מדקדק בקלה כבחמורה, ווען ער בעט צווישן אנדערע ער אז מען זאל אים שיקן ד' מינים צום מלחמה-פראנט.

שמעון בר כוזיבא האָט איינגעזאַמלט אַ מעכטיגע מיליטער פון פיר-הונדערט-טויזנט קרעפטיגע און העלדישע אידישע קעמפער, וועלכע זענען בעפאָרדעם אויספּרובירט געוואָרן מיט די שווערסטע מעטאָדן אויף צו קענען ווערן אָנגעשלאָסן אין זיין מיליטער[6]. די קעמפער האָבן זיך אַריינגעלאָזט אין אַן אייפערדיגן קאַמף מיט די רוימער, אַ קאַמף וואָס איז צוערשט געקרוינט געוואָרן מיט אויסטערלישער הצלחה.

---

4) שה"ש ב כ.

5) ווי רביה"ק זי"ע ציי׳גט איבער מיט קלארע ראיות אין ספה"ק ויואל משה (מאמר א׳ סי׳ ל"ח ועוד)

6) ירושלמי תענית (פ"ד ה"ה), עיי"ש.

בר כוזיבא האָט זיך באַרימט געמאַכט מיט זיינע אומגלויבליך-העלדישע טאַטן אינעם קאַמף קעגן די רוימער[7]. צווישן אַנדערע פלעגט ער אַרויפגיין אויפ'ן מויער פון דער שטאָט און אַריינכאַפן צווישן זיינע פיס די מעכטיגע שטיינער וועלכע זענען געשליידערט געוואָרן דורך די רוימישע מאַשינעריי, און דאַן מיט קראַפט עס צוריקוואַרפן אויף די קעפ פון די רוימער, וואָס האָט אומגעברענגט פילע פון זייערע אַרמייען[8]. ער איז צומאָל אויך אַראָפגעשפרונגען פונעם מויער מיט אָפענע הענט צו דער אַנדערער זייט וואו די רוימער זענען געשטאַנען, און אויסגע'הרג'עט גרויסע מחנות פון זיי.

אַ הייל אין מדבר יהודה וואו לויט אַרכעאָלאָגן האָבן זיך די סאָלדאַטן פון בר כוזיבא'ס מיליטער אויסבאַהאַלטן דורכאויס זייערע קאַמפן

דער אברבנאל שרייבט אַז חכמינו ז"ל האָבן נישט צופיל ערוועגט איבער די העלדישע טאַטן פון בר כוזיבא קעגן די רוימער, אָבער אין די רוימישע ביכער פון יענע און שפּעטערדיגע צייטן ווערן יאָ געשילדערט טייל פון די פילע מלחמות און זיגרייכע שלאַכטן וואָס בר כוזיבא האָט אָנגעפירט, באַגלייט מיט העלדנמוט און גרויזאַמקייט קעגן די פיינט[9]. דאָס מיליטער פון בר כוזיבא האָט זיך אויסגעשפרייט צו אלכסנדרי' של מצרים, און זיך פאַרברייטערט איבער'ן גאַנצן ראַיאָן פון מצרים און בבל. איבעראַל וואו ער האָט דערגרייכט האָט ער פאַרגאָסן דאָס בלוט פון די פיינט און אָפגעראַכטן גרויסע זיגן און אַ שרעק איז אַלעמען באַפאַלן[10].

בר כוזיבא מיט זיין אַרמיי האָבן באַוויזן צוריק צו דעראָבירן גרויסע טיילן פון ארץ ישראל און ווידעראַמאָל באַפעסטיגן אַ אידישע קעניגרייך אין לאַנד. ער האָט איינגענומען אַסאַך שטעט אין די בערג פון יהודה און זיך געררוקט אַלס נענטער איינצונעמען ירושלים, וואו ער האָט וואַרשיינליך געפּלאַנט צוריק אויפצובויען דאָס בית המקדש.

7) חז"ל שילדערן זיינע געוואלדיגע מלחמה-קרעפטן אין מדרש איכה רבה ב,ב.

8) איכה רבתי ב ב.

איבער דער גרויסער קראפט פון די שטיינער, שילדערט יוסיפון, אז איין אזא שטיין האט באטראפן א גבור וואס איז געשטאנען אויף דער חומה און עס האט מיטגענומען זיין קאפ אויף א שטרעקע פון א פרסה! בר כוזיבא האט מיט זיין אומבאגרייפליכן כח געכאפט אזעלכע שטיינער און עס צוריקגעשליידערט צו די רוימער.

9) עיקר מקור הרומי הוא ההיסטוריון דיו קסיוס, שחי כ'150 שנה אחרי המרד.

10) ישועות משיחו, אברבנאל (ח"ב פ"ד).

די מלוכה פון בר כוזיבא האָט אָנגעהאַלטן צוויי-און-אַהאַלב יאָר[11]. די ריזיגע שטאָט ביתר, וועלכע איז נאָכן חורבן געווען די גרעסטע אידישע שטאָט אין ארץ ישראל, איז דערקלערט געוואָרן אַלס זיין הויפטשטאָט.

ווי מאַכטפול דער אויפשטאַנד פון בן כוזיבא איז געווען, קען מען זען דערפון וואָס אין לויף פון די מלחמה-יאָרן האָט אדריינוס קיסר נישט געשריבן צום סענאַט דעם געהעריגן נוסח, "פרידן צו אייך און אייערע קינדער, ווייל פרידן [איז] צום קייזער און זיין מיליטער". דער אידישער אויפשטאַנד האָט פאַרטיליגט אַ גאַנצן לעגיאָן פונעם רוימישן מיליטער, דער צוויי-און-צוואָנציגסטער לעגיאָן "דיאטריאנה".

דאָרט אין ביתר האָט בר כוזיבא זיך געקרוינט אַלס קעניג און צו דער געלעגנהייט זענען געגאָסן געוואָרן ספעציעלע מטבעות[12] אָפצוצייכענען מיט שטאָלץ די נייע אידישע מלוכה. אידישע קינדער האָבן זיך צוריק געהויבן דעם קאָפ; מערערע האָבן זיך דאַן גע'מל'ט[13] און צום ערשטן מאָל אין אַ לאַנגער צייט געקענט פאָרזעצן צו מקיים זיין די מצוות התורה אָן שרעק.

אַ מטבע, געגאָסן דורך בר כוזיבא. דער כתב איז דער אַלטער "כתב עברי" שריפט וואָס אידן האָבן גענוצט בזמן בית ראשון, (בלשון הגמרא: "כתב דעץ", אָדער: "כתב לבונאי". עיין סנהדרין כא ע"ב). אויף איין זייט זעט מען אַ בילד פונעם ביהמ"ק מיט זיין נאָמען "שמעון" (ש-מ אויף דער רעכטער זייט, ע-ו-ן אויף דער לינקער זייט). אויף דער אַנדערער זייט זעט מען אַ לולב מיט די ווערטער "לחרות ישראל" — צו די פרייהייט פון אידן.

די חכמים פאַר'משפט'ן בר כוכבא

אויך דער גרויסער תנא רבי עקיבא האָט אין דער ערשטער תקופה[14] מיטגעהאַלטן מיט דער מלוכה פון בר כוזיבא און אויף אים גע'דרשנ'ט דעם פסוק[15] "דרך כוכב מיעקב - דרך כוכבא מיעקב" אַז ער איז דער משיח וואָס וועט אויסלייזן די אידן[16], און ער האָט אים אין יענער צייט אָנגערופן מיט'ן נאָמען "בר כוכבא".

11) סנהדרין צג. ושם צז. ובספה"ק ויואל משה (מאמר שלש שבועות סי' מה ד"ה אבל), שישנם מדרשים חלוקים בזה, ולכמה מדרשים נמשכה הצלחתו ט"ו שנים.

12) בבא קמא (דף צז:).

13) יבמות עב., ירושלמי שבת פי"ט ה"ב.

14) לויט ווי עס שטייט אין ספר יוחסין להרא"ז (מאמר א, ובסדר הדורות, וע"ע במהרש"א סנהדרין צג.) האט רבי עקיבא שפעטער צוריקגעצויגן און אנערקענט אז בן כוכבא איז דער נישט-ריכטיגער משיח. עי' ספה"ק ויואל משה סימן נ"ב.

15) במדבר כד יז.

16) מדרש איכה רבה שם, ירושלמי שם.

די אורזאך פארוואס מ'האט פון הימל צוגעלאזט אז דער גרויסער תנא רבי עקיבא זאל אין אנהויב זיך טועה זיין מיט בר כוזיבא,

די הייליגע חכמים ז"ל האָבן אָבער אויספּרובירט בר כוזיבא אויב ער פאַרמאָגט די געוואַלדיגע הויכע מדריגה פון 'מורח ודאין' וואָס ווערט געברענגט אויף משיח צדקינו, ('מורח ודאין' איז אַן אייגנשאַפט וואָס משיח וועט האָבן צו קענען מיט זיין כח הקדושה פסק'ענען ביי אַ דין תורה ווער ס'איז גערעכט בלויז מיט'ן שמעקן) און בר כוזיבא איז דורכגעפאַלן די פראָבע.

אסאך מטבעות פון בר כוזיבא האבן געהאט בילדער פון די כלי שיר מיט וואס די לוים האבן געזונגען אין ביהמ"ק. דאס פאלק האט נאך גוט געדענקט און געבענקט צו די עבודה אין ביהמ"ק און דאס האט ליידער געברענגט א פריצייטיגע אויפוואכונג פאר גאולה

די חכמים האָבן דאַן אַנערקענט אַז ער איז נישט דער ריכטיגער משיח און געזען אין אים אַ געפאַר פאַר אידישע קינדער, און האָבן אים דעריבער פאַר'משפט צו מיתה. וויאַזוי ער איז געשטאָרבן איז אַ מחלוקה צווישן די מפרשים.[17]

טראָץ זייער גרויסע אהבת ישראל האָבן די הייליגע חכמים באַגריפן אַז די שרעקליכע עבירה פון דחיקת הקץ איז אַזוי האַרב און געפאַרפול, אַז ווען ס'האָט זיך ענדגילטיג אַרויסגעשטעלט אַז בר כוזיבא איז דער נישט-ריכטיגער משיח, האָבן זיי מוותר געווען אויפ'ן גאַנצן אידישן קעניגרייך פאַר דער ריכטיגער צייט. טראָצדעם וואָס זיי האָבן געוואוסט אַז דאָס וועט קאָסטן פאַר כלל ישראל אַ טייערן פרייז, האָבן זיי פאַרשטאַנען אַז די עבירה פון נעמען אַ מלוכה פאַר דער ריכטיגער צייט וועט חלילה גורם זיין פיל ערגערע צרות פאַר אידן, דעריבער האָבן זיי אויסגעקליבן די גרינגערע אָפּציע פון אויפגעבן די מלוכה, אַלס טיילווייזע הצלה פאַר אידן![18] אין דער ענדע איז טאַקע דער משיח שקר אומגעברענגט געוואָרן אַלס אַן עונש אויפ'ן ביטערן זינד פון דחיקת הקץ.

זענען העכערע זאכן וואס מיר קענען נישט באגרייפן.

אין ספה"ק ויואל משה סימן ל"ט שרייבט רביה"ק מסאטמאר זי"ע: "אין דער צייט וואס איך בין געשטאנען ביים קבר פון רבי עקיבא, ווען איך בין געווען זומער תשי"ט אין טברי', איז מיר ארויפגעקומען אויפן געדאנק צו פארענטפערן די רייד פון רבי עקיבא אז ער האט זיך נישט טועה געווען, נאר ס'איז געווען א גרויסע סיבה פון הימל פארוואס מען האט געפירט אז ער זאל אזוי דרשנ'ען". דער טעם נפלא האט דער רבי שפעטער מגלה געווען אין די דברות קודש שמות ס"ג תשכ"ו, געדרוקט אין ספה"ק טיב לבב שמות עמוד שמ"ט, אז דערמיט איז עטוואס אראפגענומען געווארן דער גרויסער חרון אף פון אידישע קינדער וואס די עבירה פון דחיקת הקץ איז גורם, וויבאלד אויך רבי עקיבא האט זיך טועה געווען. עיי"ש באריכות.

17) סנהדרין צג ב. לויט'ן כסף משנה און לחם משנה (מלכים פי"א ה"ג) האבן אים די חכמים ז"ל ממש גע'הרג'עט, אבער לויט'ן אברבנאל (משמיע ישועות) און רדב"ז (הלכות מלכים שם) האבן זיי אים נאר דן געווען למיתה און פון הימל האט מען געשיקט א שלאנג זאל אים אומברענגען.

18) ספה"ק ויואל משה (סי' קלט) וז"ל: "וכבר הבאתי מה שמבואר בגמרא על בן כוזיבא שחכמים קטלוהו, ובין אם יהי' כפשוטו כמ"ש הכ"מ והלח"מ שחז"ל קטלוה ממש, ובין אם יהי' הפירוש כדעת האברבנאל והרדב"ז דלא קטלוה ממש אלא שדנו אותו למיתה ועי"ז נהרג ע"י האומות, עכ"פ לכו"ע לפי דברי הש"ס נהרג ע"י החכמים וכו'. וא"כ הי' הוא עמוד גדול לישראל נגד האויבים להצילם מהם ולעמוד כנגדם, ואח"כ כשנהרג בן כוזיבא הי' ר"ל בהיפך שהרגו האויבים הרג רב בישראל יותר ממה שהי' בזמן החורבן כמבואר בגמרא ובמדרשים ואמרו ז"ל שבאותה שעה נגדעה קרן ישראל ואינו עתיד להחזיר עד שבא בן דוד, וא"כ הי' הריגת בן כוזיבא סכנה גדולה ועצומה לכלל ישראל שגרם הרג רב ר"ל.

וקשה לכאורה למה עשו זה חז"ל להורגו, הלא המה ידעו הכל ברוח קדשם, וגם בדרך הטבע הי' מובן לדבר ברור שכיון שהוא הי'

די ביטערע ענדע

די רעזולטאַטן פונעם דחיקת הקץ איז געווען גאָר ביטער. בר כוזיבא האָט זיך באַפעסטיגט אין דער שטאָט ביתר, וועלכע איז באַלאַגערט געוואָרן דורך די רוימישע אַרמייען דורכאויס דריי-און-אַהאַלב יאָר[19]. דער רוימישער קייזער אדריינוס האָט צוזאַמגעברענגט אַלע מעכטיגע רוימישע אַרמייען און געשטעלט אין שפּיץ זיין בעסטן גענעראַל, וועלכער האָט איינגענומען איין שטאָט נאָך דער אַנדערע, ביז ווען ער איז אָנגעקומען צו דער באַלאַגערונג פון בר כוזיבא'ס הויפּטשטאָט ביתר.

טראָץ די פילע און מעכטיגע רוימישע אַרמייען, האָבן זיי אָבער נישט מצליח געווען איינצונעמען די שטאָט. די רוימער האָבן אָנגעוואָנדן פאַרשידענע מיטלען צו צעברעכן די מויערן, אָבער די אידישע קעמפער, אונטער'ן אויפזיכט פון בר כוזיבא, האָבן אַלעס צעשטערט. די שטראָף איז שוין אָבער געווען אָנגעשריבן פון הימל, און דאַן האָט פּאַסירט אַ שרעקליכע זאַך.

צוזאַמען מיט בר כוזיבא האָט אין דער שטאָט זיך אויפגעהאַלטן דער גרייז-גרויער צדיק רבי אלעזר המודעי, אַ תלמיד פון רבי יוחנן בן זכאי און אַ פעטער פאַר בר כוזיבא. ער איז געזיצן אַ גאַנצן טאָג איינגעהילט אין אַ זאַק מיט אש און געבעטן דעם אויבערשטן אַז ער זאָל נישט ברענגען קיין שטראָף אויף די אידן פון ביתר. אַדאַנק זיינע הייליגע תפילות האָבן די רוימער בשום אופן נישט געקענט איינעמען די שטאָט.

די רוימער האָבן נישט געקענט פאַרשטיין וויאַזוי ס'איז מעגליך פאַר די אידן אָפּצושלאָגן אַזוי לאַנג די מעכטיגע אַטאַקעס פון זייער ריזיגן מיליטער, און אדריינוס איז שוין געווען גרייט אויפצוגעבן און פאַרלאָזן דעם פּלאַץ, ביז ווען איינער פון די פאַרשאָלטענע כותיים[20] האָט אים אויסגעזאָגט דעם סוד, אַז די סיבה פונעם רוימישן דורכפאַל ליגט פאַרשטעקט אין אַ ווינקל פון אַ שול אין ביתר. דער געמיינער כותי האָט זיך אויסגעדרוקט אַז "ווי לאַנג דער האָן וואַלגערט זיך אין אש, וועסטו זיי נישט קענען בייקומען".

כ"כ אמיץ לב בגבורים וכ"כ עשה נקמה בשונאי ישראל, שוב אחר מיתתו יש סכנה עצומה מנקמת האויבים כמו שהי' בעוה"ר, ולא בחנם עשו זה חכז"ל שהרגוהו.

ועל כרחך כיון שראו שאינו מלך המשיח א"כ הוי במלכותו לפני הזמן של ביאת המשית סכנה גדולה לכלל ישראל ומי יודע מה הי' עוד אילו היה מתארך ממלכתו יותר, וע"כ בחרו חכז"ל את הרע במיעוטו להורגו ולבטל ממלכתו, וראו בזה הצלה פורתא. המתבונן באמת יוכל לראות מזה עד היכן הדברים מגיעים במלכות ישראל לפני ביאת המשיח כי נורא הוא", ע"כ.

(19) ירושלמי תענית (פ"ד ה"ה).

(20) די כותיים - וועלכע ווערן אויך גערופן "שומרונים", וויבאלד זייער צענטער איז געווען אין שומרון - זענען געווען א פאלק פון גרים וועלכע שטאמען פון "כותה", און זיי זענען געברענגט געווארן דורך סנחריב מלך אשור קיין שומרון וואו זיי זענען אדורך א געצווינגענע גירות. זיי זענען אבער נישט געווען קיין עכטע גרים אין הארץ, און זיי האבן כסדר געשפילט אלס פריינט אדער פיינט פון אידישן פאלק, לויט וויאזוי ס'האט זיי בעסער געלוינט.

אדריינוס האָט געוואָלט אויסדרייען זיין גאַנצע מיליטער צו פרובירן איינצונעמען די שול און אומברענגען דעם צדיק רח"ל, אָבער איינער פון די כותיים האָט זיך דאַן געוואָנדן צו אדריינוס און ערקלערט אַז ער וועט עס שוין 'ערלעדיגן'. יענער רשע האָט זיך אַריינגעג'גנב'עט אין ביתר דורכ'ן שמוץ-אָפּלויף. ער איז צוגעגאַנגען צו רבי אלעזר אין ביהמ"ד און זיך געמאַכט ווי ער רוימט אים עפּעס אַריין אין אויער.

רבי אלעזר איז געווען אַזוי פאַרטיפט אינעם דאַווענען, אַז ער האָט בכלל נישט געזען און נישט געהערט אַז עפּעס גייט דאָ פאָר. די אַרומיגע אידן אָבער וואָס האָבן דאָס צוגעזען, האָבן באַלד אַראָפּגעהאַלטן דעם כותי און אים געברענגט צו בר כוזיבא, וועלכער האָט אים גענומען אויף אַ שטרענגען פאַרהער: "וואָס האָסטו גערעדט צו מיין פעטער?"

דער כותי האָט ווייטער געשפילט דעם שפיל און געזאָגט פאַר בר כוזיבא אַז "אויב איך וועל דיר אויסזאָגן די סודות פון מיין קעניג וועט ער מיך הרג'ענען, און אויב איך וועל דיר נישט אויסזאָגן די סודות וועסטו מיך הרג'ענען. ס'איז מיר ענדערש אַז מיין קעניג זאָל מיך הרג'ענען, ווי דו זאָלסט. איך האָב גערעדט מיט רבי אלעזר וועגן איבערגעבן די שטאָט פאַר די רוימער."

בר כוזיבא איז געוואָרן מלא חימה און געהייסן ברענגען רבי אלעזר צו אים. בר כוזיבא האָט גענומען רבי אלעזר אויף אַ קרייץ-פאַרהער וואָס ער האָט גערעדט מיט דעם כותי, אויף וואָס רבי אלעזר האָט, פאַרשטייט זיך, נישט געוואוסט וואָס צו ענטפערן, נישט באַמערקנדיג די גאַנצע זאַך מיט דעם כותי.

בר כוזיבא איז אַריין אין אַ שרעקליכן צאָרן. ער האָט דערלאַנגט אַ שטויס פאַר רבי אלעזר, פון וואָס דער גרייז-גרויער צדיק איז אויפ'ן פלאַץ אומגעקומען רח"ל. דאַן איז אַרויס אַ בת קול: "דו האָסט גע'הרג'עט רבי אלעזר און אויסגעטרוקנט די האַנט פון די אידן און זייער רעכטן אויג, דעריבער וועט די האַנט און אויג פון כלל ישראל ווערן אויסגעטרוקנט." דאָס האָט ליידער פאַרזיגלט דעם גורל פון בר כוזיבא און פון די צענדליגער טויזנטער אידן אין ביתר[21].

אינעם טרויעריגן טאָג המיועד לפורעניות, תשעה באב, האָט אַ ריזיגע אַרמיי פון אַכציג טויזנט באַטאַליאָנען פון די רוימישע אַרמייען, אַריינגעדרונגען אין דער שטאָט און איר גרויזאַם פאַרוואַנדלט אין אַ באַשיינפערליכן בלוט-באָד. מיליאָנען אידן זענען ברוטאַל דערמאָרדעט געוואָרן און דאָס בלוט פון די געפאַלענע האָט געשטראָמט ווי אַ ברויזנדער טייך. דער טייך פון בלוט האָט דערגרייכט אַזוי הויך, אַזש אויב אַ פערד איז אַריין דערין איז ער איינגעזונקען געוואָרן ביז דער נאָז. דאָס בלוט איז געפלאָסן פערציג מיל ביז'ן טייך, פון וועלכן עס האָט זיך ווייטער

21) דער דאזיגער סיפור ווערט געברענגט אין ירושלמי (תענית פ"ד, דף כד.), און אויך מיט געוויסע קליינע שינויי נוסחאות אין מדרש איכה רבתי (פ"ב סי' ד).

געצויגן אַ רויטע ליניע פאַר פיר מיל. די דאָרטיגע גוים האָבן פאַר די קומענדיגע זיבן יאָר נישט געדאַרפט באַמיסטיגן זייערע פעלדער, וויבאַלד זיי זענען געווען דורכגעווייקט מיט אידיש בלוט[22].

בר כוזיבא זעלבסט איז געפונען געוואָרן אַ טויטער אין דער שטאָט[23]. דער רוימישער קייזער אדריינוס האָט געוואָלט וויסן ווער ס'האָט באַוויזן אומצוברענגען דעם אומנאַטורליכן גרויסן גבור, און איינער פון די רוימער האָט זיך אויפגעטון אַז ער האָט אים גע'הרג'עט. אָבער ווען אדריינוס האָט באַפוילן צו ברענגען בר כוזיבא'ס קערפער, האָט מען געטראָפן אַ גיפטיגן שלאַנג אַרומגעוויקלט דערויף. האָט דער רשע אדריינוס אויפגעהויבן די אויגן צום הימל און זיך אָנגערופן: "ווען נישט זייער אייגענער באַשעפער האָט אומגעברענגט דעם גבור, וואָלטן מיר אים קיינמאָל נישט געקענט באַזיגן און נישט געקענט איינעמען די שטאָט."

חורבות פון די פאַרצייטישע שטאָט ביתר, וואו אידיש בלוט האָט זיך געגאָסן ווי וואַסער

דער גרויסער חטא פון נעמען אַ גאולה פאַר דער צייט, האָט ליידער גורם געווען אַזאַ שרעקליכע און ביטערע ענדע[24].

22) די גמרא אין מס' גיטין שילדערט די הארצרייסנדע עפיזאדן פון די גרויסע הריגות אין דער שטאט ביתר.

23) זע הערה 45-46

24) מיט א גרויסן אריכות געפינען מיר אין די ספרים פון הגאון רבי יעקב עמדין זצ"ל, וואו די טראגישע געשיכטע ווערט ציטירט אלס באווייז אז אפילו מען פירט זיך אין די וועגן פון דער תורה ברענגט אבער דער חטא זעלבסט פון עובר זיין אויף די שבועות גרויסע צרות און פורעניות אויף אידן ל"ע. (עיין בסידור היעב"ץ על פרק שירה, ובאריכות בספרו (מגדל עז סוף עליית הטבע אות ז').

וז"ל היעב"ץ: "טפשים מתעתעים כבר כוזיבא כדוד אלמוסר רש"ם ורא"ל וזולתם, המשתמשים בהשבעות וקבלה מעשיות, **פתאים עברו ונענשו, אע"פ שהיתה כוונתם לטובה, ולא עברו תורות ולא נתקו מוסרות, מכל מקום עברו על השבועה שהשביע הקב"ה את ישראל שלא ידחקו את הקץ.** הן המה היו לצור מכשול ואבן נגף לבנ"י לעורר עליהם קנאת ושנאת האומות, ולהרחיק מהם השגחת השי"ת הנפלאה אשר לא סרה להראות כחה בגלות החל הזה להקים על סלע רגלינו נגד כל הקמין עלינו בכל דור ודור לכלותינו והקב"ה מצילנו.

ואיך יתכן לחבוש להתיר עצמו לכבוש המלכות ע"פ עצת נפתולים למהרה, יועצי עצה נבערה, על אלה הכיתות והדומים נאמר ומן המשכילים יכשלו לצרוף בהם וגו' כי עוד למועד. ואשרי המאמינים בני אברהם יצחק ויעקב ולא יחושו ולא יהרסו

דער פאַרלוסט איז געווען אַזוי ווייטאָגליך, אַז חז"ל דרוקן זיך אויס אויף די בלוטיגע געשעענישן: **"אין יענער צייט איז פאַרשניטן געוואָרן דער קרן ישראל; די שטאַרקייט פון אידן, און עס וועט מער נישט צוריקקומען ביז משיח'ס טאָג."**[25]

הטוב והמטיב שניתנו לקבורה

פאַר לאַנגע יאָרן זענען די הרוגי ביתר נישט ערלויבט געוואָרן באַערדיגט צו ווערן. אדריינוס קיסר האָט פאַרמאָגט אַ גרויסן ווייגאָרטן אויף אַ שטח פון אַכצן מיל אויף אַכצן מיל, און די קערפּער זענען ל"ע דאָרט געליגן אויסגעלייגט איינס אויפ'ן צווייטן ווי אַ צוים. הערשט מיט יאָרן שפּעטער האָט מען ענדליך ערלויבט זיי צו ברענגען לקבורה. חכז"ל האָבן דאַן מתקן געווען צו זאָגן ביים בענטשן די ברכה פון "הטוב והמטיב"[26].

לעלות בחומה, את שלום העיר הגלו שמה ידרשו ויחלו את פני ה' להשיב את שבותם, אשרי המחכה ויגיע, כן נזכה בב"א מעמל נפשינו נראה ונשבע". עכ"ד.

25) רא"ש ברכות פ"ז סימן כ"ב. ועי' גיטין (נז.) "גדע בחרי אף כל קרן ישראל, אלו שמונים אלף קרני מלחמה שנכנסו לכרך ביתר". אולם בירושלמי (סוכה פ"ה) משתמש בלשון הזה ממש על חורבן אלכסנדריא, שהי' כמה שנים לפני מרד בר כוזיבא, עיי"ש.

26) לויט ווי הגאון רבי שמשון רפאל הירש זצ"ל אבד"ק פראנקפורט ערקלערט, האבן חכז"ל אין יענער צייט געפונען פאר וויכטיג צו ווארענען אידן אז מען זאל נישט פרובירן נאכאמאל איבערצו'חזר'ן דעם ביטערן טעות זיך צו נעמען די גאולה מיט די אייגענע הענט. דערפאר האבן זיי מתקן געווען אין דער ברכה פון בענטשן צו זאגן מערערע מאל 'הוא' היטיב, 'הוא' מיטיב, 'הוא' ייטיב, 'הוא' ימלוך עלינו, 'הוא' ישבור עול הגוים מעל צווארינו, וכו', כדי צו באטאנען איינמאל און נאכאמאל אז נאר השי"ת אליין פירט כלל ישראל און נאר ער וועט אונז אויסלייזן ווען די צייט וועט קומען. דאס זאל דינען ווי א מוסר השכל פאר די שפעטערדיגע דורות אין גלות אז מען זאל נישט פרובירן חלילה זיך צו באפרייען דורך מענטשליכע כוחות.

וז"ל רש"ר הירש בסידורו (עמ' קמח): "מרד בר כוכבא נתגלה כטעות רבת פורענות, **והיה צורך להזהיר את בית ישראל בכל הדורות שלא יחזרו על הנסיון הזה, כי לא בכוחם ובעוצם ידם יחזירו את עטרת ישראל ליושנה. לא, חובה עליהם למסור את עתיד האומה להנהגת השי"ת לבד.** משום כך כאשר הוקל לאומה אחרי תבוסתה וניתנה לה רשות לקבור את מאות אלפי חללי ביתר, ובכך ראתה את תחילת הרווחה, התקינו חכמי יבנה את ברכת הטוב והמטיב שהיא ברכה רביעית של ברכת המזון. **ברכה זו קובעת לנצח את מפלתה בדברי תודה, כדי שנלמד לקח לדורות עולם, שנסיר את דעתנו מעזרת בשר ודם** ונשליך את יהבנו על השי"ת לבדו. הוא הטיב, הוא מטיב, הוא ייטיב לנו וכו', הוא גמלנו, הוא גומלינו, הוא יגמול בעדינו, הוא ימלוך עלינו, הוא ישבור עול גלות מעל צווארנו.

הטוב והמטיב. בשלוש הברכות הללו נדלו אותם הענינים, שעליהם צריך לשים לב מן התורה בברכת המזון. בשעה שמרד בר כוכבא בימי אדריאנוס הוכיח את עצמו כסטיה הרת-אסון, **מצאו שזהו הזמן להזכיר לתודעה היהודית לעולמי עד את האזהרה, לעולם לא לנסות שוב בכוחות עצמם להקים את העצמאות הלאומית. אלא יש להניח עתיד לאומי זה לשקול דעת של הנהגת ה' לבדו.** אי לזאת, כאשר האומה המדוכאת והנרמסת נשמה שוב לרווחה, אז קידמו בברכה את עצם נתינת הרשות לבדה, לקבור את מאות הרוגי חללי ביתר, וראו בכך ראשית תקופה טובה יותר. לאור מאורע זה ניתקנה ע"י חכמי יבנה ברכה נוספת לברכת "ובנה ירושלים". בברכה זו הוכרזה ההודאה: ה', ואך ה' לבדו, בעבר כולו ובהווה נתן ונותן כל טוב, בו שמחנו ושמחים עכשיו, הוא לבדו הוא, ממנו ית' נוכל לייחל בעתיד כולו לאותו הטוב, שאנו מקווים, הוא הטיב, הוא מטיב, הוא ייטיב לנו וכו', הוא ימלוך, הוא ישבור וכו', רק הוא ית'. עכ"ל.

הגאון רבי יונתן שטייף זצ"ל אבד"ק קהל עדת יראים, אין זיין ספר חדשים גם ישנים למסכת חולין (הקדמה, עמ' לג בדפי הספר), ציטירט די פייערדיגע רייד פון רש"ר הירש זצ"ל, און ערוועגט אז דער גרויסער עונש איז געקומען צוליב דעם וואס אידן האבן דאן עובר געווען אויף די שלש שבועות.

וז"ל: "והחכם ר' שמשון רפאל הירש ז"ל בסידורו כתב שחכז"ל רמזו זה בברכת המזון בברכה רביעית בהטוב והמטיב שתקנו על הרוגי ביתר, אחרי שראו שטעו במשיח, שחשבו שבר כוכבא הוא המשיח ועשו מלחמות גדולות ולבסוף ראו שח"ו לנו ללחום או למרוד כי זה מהשבועות שהשביע הקב"ה לישראל עת שהלכנו לגולה אל תמרדו וכו', כדכתיב השבעתי אתכם, וע"כ תקנו ואמרו בהנוסח הזה אלו התיבות הטוב והמטיב וכו' 'הוא' היטב 'הוא' מטיב 'הוא' ייטיב לנו, **שכפלו תיבת הוא שלשת פעמים כדרך שהי' רגיל בדברי חכז"ל להוציא מלב הצדוקים לכפול כל ענין ג' פעמים**, כדמצינו (מנחות סה.) בקצירת העומר שכפלו ג' פעמים מגל זה מגל זה, אקצור אקצור וכו', **וכ"כ כאן כדי לקבוע האמונה בלב ישראל שנדע מעתה שלא נבטח על משיחי שקר ולא נשתדל לעזור בעצמינו, כי אם נבטח בשמו הגדול לבד**, שבודאי יקיים הבטחתו שהבטיחנו אם יהי' נדחך בקצה השמים משם יקבצך", ע"כ.

די טרויעריגע פרשה פון בר כוזיבא איז געווען אַ פיינפולע לעקציע און אַ לימוד לדורות פאַר אידישע קינדער אין גלות וויאַזוי צו באַטראַכטן אַזעלכע סאָרט פאַלשע גאולות וואָס ברענגען אין דער ענדע בלויז דאָס פאַרקערטע חלילה[27].

27) אינטערעסאנט איז צו פארצייכענען, אז דער ציוניזם, דער היינטיגער גלגול פון דחיקת הקץ אין דער מאדערנער עפאכע, האט זינט איר גרינדונג זיך שטענדיג אינדענטיפיצירט מיט בר כוזיבא און זיין דורכגעפאלענעם רעוואלט. בר כוזיבא זעלבסט ווערט ביי זיי פארערכענט אלס א נאציאנאלער העלד וואס האט געקעמפט פאר זיין לאנד, און האלטן אים אלס א ביישפיל צו גיין אין זיינע פיסטריט.

די רעוויזיאניסטישע אפטיילונג פאר דער ציוניסטישער יוגנט, וועלכע איז אויפגעקומען און זיך געפירט אונטער דער פירערשאפט פון זאב זשאבאטינסקי שר"י און האט זיך באפאסט מיט ארויפשלעפן יונגטליכע קיין ארץ ישראל און "אויסרייסן דעם טיפישן גלות איד", האבן זיך אין די ערשטע יארן א נאמען געגעבן 'בית"ר', אלס אנדענק פון דער געפאלענער שטאט ביתר אין דער בר כוזיבא עפאכע.

די ציונים אין זייער פרואוו צו פארגעטערן בר כוזיבא און אים אהערשטעלן ווי א 'זייעריגן' חלילה, פאלציפיצירן פארשידענע 'ראיות' פון די גמרא און זיי לייגן אראפ זיין קאמף קעגן די רומיים ווי א ריין נאציאנאליסטישער, כאילו בר כוזיבא האט פשוט געוואלט די אידן זאלן האבן אן אייגן לאנד.

אבער ווי ערוועגט פריער איז דאס נישט ריכטיג, בר כוזיבא איז געווען א גרויסער מענטש וואס האט געוואלט אפשטעלן די שרעקליכע גזירות קעגן אידן און אידישקייט און טאקע דערפאר האט ער געהאט די שטיצע פון כמעט אלע חכמים ביים אנהייב, ווי דער רמב"ם (הל' מלכים פרק י"א ה"ו) דרוקט זיך אויס אויף רבי עקיבא "**ודימה הוא וכל חכמי דורו שהוא** [בר כוזיבא] **המלך המשיח**".

די גרויסע עבירה פון דחיקת הקץ האט אבער עווענטועל געפירט דערצו אז די חכמים זאלן אים פאר'משפט'ן למיתה, און בר כוזיבא איז אריינגעפאלן אין פארשידענע טעותים, ספעציעל דער טראגישער גרייז פון אומברענגען רבי אלעזר המודעי - וואס בר כוזיבא האט מסתמא געהאלטן אז ער איז חייב מיתה אלס מורד במלכות - און דערמיט געברענגט דעם שרעקליכן אומגליק פון "חורבן ביתר" אויף כלל ישראל, ווי אויספירליך געשילדערט.

קאַפּיטל ג׳

אגרת תימן

דער קשר פונעם רמב״ם מיט די אידן פון תימן

די היסטאָריע פון דער אידישער קהלה אין תימן איז באַזונדער און אייגנאַרטיג דורכאויס דעם לאַנגען גלות אין וואָס מיר געפינען זיך. צוליב זייער געאָגראַפישע ווייטקייט, זענען די אידן אין תימן במשך לאַנגע יאָרן געווען פיזיש אָפּגעזונדערט און כמעט גענצליך אָפּגעהאַקט פון די גרויסע אידישע צענטערן, אָבער טראָצדעם האָבן זיי מיט ערליכקייט און עקשנות אָנגעהאַלטן די אידישע מסורה און אָפּגעהיטן די תורה און מצוות בשלימות.

דער קבר פון רמב״ם אין טבריי׳

דער קשר וואָס די אידן אין תימן האָבן במשך די יאָרן אָנגעקניפּט מיט די חכמי התורה און גדולי הדור פון די אַנדערע לענדער, איז פאַרשטאַרקט געוואָרן אין דער תקופה פון הייליגן רמב״ם זי״ע, נאָכדעם וואָס די תימנ׳ער מנהיגים האָבן פאַרבעטן דעם רמב״ם ער זאָל אויסשפּרייטן זיין שוץ און תורה אויטאָריטעט אויף זיי. אין לויף פון דער תקופה האָבן זיי ווירקליך שטענדיג געניאָסן פון זיין הייליגער הדרכה און השפעה, צו יעדער געלעגנהייט. די הערצה פון דער תימנ׳ער געמיינדע צום רמב״ם קומט אַמבעסטן צום אויסדרוק פונעם פאַקט, אַז ווי לאַנג דער רמב״ם האָט געלעבט האָבן זיי געזאָגט ביי קדיש דעם נוסח ״בחייכון וביומיכון ובחיי דרבנא משה בן מימון״[1].

1) אזוי שרייבט דער הייליגער רמב״ן אין א בריוו פאר די רבנים אין צרפת (כתבי רמב״ן עמ׳ שכא).

פאַר הונדערטער יאָרן האָבן די מוסולמענער הערשער טאָלערירט די אידן אין זייערע לענדער, און ווי לאַנג זיי האָבן געצאָלט די "דהימי"[2] שטייערן, האָבן זיי ערלויבט די אידן אָנצוגיין אומגעשטערט מיט תורה און מצוות. אָבער אין יענער תקופה האָבן אידן אין פילע מוסולמענער לענדער ביטער געליטן פון רדיפות און נגישות פון זייערע הערשער אויף טריט און שריט.

דער רמב"ם אַנטלויפט

דאָס איז געקומען נאָכדעם וואָס אין דער ענדע פון עלפטן יאָרהונדערט למספרם איז אויפגעשטאַנען אַ נייער כת ביי די מוסולמענער, וועלכע האָט זיך גערופן "אל-מוואַחידון". די נייע גרופע איז באַשטאַנען פון עקסטרעמע מוסולמענער וועלכע האָבן געוועלטיגט איינגענומען גאַנץ צפון-אַפריקע, ווי אויך אל-אַנדאַלוזיען [די מוסולמענער טייל פון דרום-שפּאַניע, וואו מוסולמענער האָבן געהערשט הונדערטער יאָרן], און זיי האָבן אָנגעהויבן אויסצוטיילן צרות צרורות פאַר אידישע קינדער און גוזר זיין אויף זיי שרעקליכע גזירות, ווען די סאַמע הויכפּונקט איז געווען ווען זיי האָבן געגעבן פאַר די אידן די פאָלגנדע דריי ברירות: שמד, טויט אָדער גירוש.

דער רמב"ם זעלבסט איז אין זיין יוגנט געווען געצוואונגען צו אַנטלויפן אינאיינעם מיט זיין גאַנצער משפחה, פון דער שפּאַנישער שטאָט קאָרדאָוואַ - וועלכע איז דאַן געווען די הויפּטשטאָט פונעם דערמאַנטן מוסולמענישן אל-אַנדאַלוזיען קעניגרייך אויפ'ן איבערישן האַלב-אינזל - צוליב די רדיפות קעגן די אידן דורך די פאַנאַטישע אל-מוואַחידון. דערנאָך האָבן זיי אויך געמוזט אַנטלויפן פון מאַראָקאָ, צוליב וואָס די פאַנאַטישע עקסטרעמיסטן זענען אויך אַהין אָנגעקומען.

צענדליגער יאָרן שפּעטער, ווען דער רמב"ם האָט שוין געוואוינט אין מצרים און געוואָרן פון די אויסגערופנסטע גדולי הדור, אין דער תקופה פון די גדולי הראשונים, איז פאָרגעקומען אַן אויפשטאַנד אין דער ווייטער תימן, און דאָס לאַנד איז אונטער דער נייער פירערשאַפט געוואָרן שטאַרק פאַנאַטיש, וואָרשיינליך צוליב דער השפעה פון די אל-מוואַחידון אין אַפריקע. דער תימנ'ער אימאַם "עבד-אל-נבי" האָט אַרויסגעגעבן אַ גזירת שמד אויף די אָרטיגע אידישע בירגער

---

2) נאכדעם וואס מוכאמעד, דער גרינדער פון איסלאם, האט איינגענומען געגוג לענדער פאר זיין נייער רעליגיע, האבן די מוסולמענער באשלאסן צו ערלויבן אלע בירגער אונטער זייער הערשאפט אנצוגיין מיט זייער אייגענער רעליגיע, אבער זיי האבן ערפינדן א ספעציעלן סטאטוס, "דהימי", פאר אלע בירגער אין זייערע לענדער וועלכע האבן נישט אנגענומען דעם איסלאם. די "דהימיס" זענען באטראכט געווארן אלס צווייטע-קלאס בירגער און האבן געדארפט צאלן ספעציעלע הויכע שטייערן.

די קריסטן און געצנדינער אין די אלע לענדער האבן אין גרעסטן טייל מסכים געווען אנצונעמען די איסלאמישע רעליגיע זיך צו באפרייען פון שטייערן און אנדערע שוועריקייטן, אבער אידישע קינדער, להבדיל, האבן זיך געפריידט אז די מוסולמענער לאזן זיי היטן די תורה הק' אומגעשטערט ווי לאנג ס'איז נאר אויסגעאנגען צו שטייערן - אנדערש ווי אין די קריסטליכע לענדער, וואו די אידן זענען אויסגעשטאנען שרעקליכע רדיפות און הריגות צוליב זייער אידישקייט.

און די אָנגייענדע צרות האָבן געפירט דערצו אַז די צעבראָכענע אידן לאָזן זיך גרינגערהייט לאָזן פאַרפירן פון אָנגעבליכע אויסלייזער מיט פאַלשע הבטחות פון גאולה און משיח.

דער נייער משיח

אין יאָר ד' אלפים תתק"ל לפ"ג איז אין תימן אויפגעשטאַנען עמיצער וואָס האָט זיך פאַררופן אַלס דער משיח וועלכער איז געשיקט געוואָרן פון הימל אויסצולייזן די אידן. דער נייער 'משיח' האָט אָנגעצונדן די געפילן פון די אָרטיגע געפלאָגטע אידישע איינוואוינער, וועלכע זענען, ווי ערווענט, אויסגעשטאַנען שרעקליכע גזירות פון דער באַרבאַרישער מוסולמענער הערשאַפט, און האָבן זיך דערפאַר שנעל צוגעכאַפּט צו דער פריידיגער בשורה, מיט דער האָפענונג וואָס דער משיח שקר האָט מיט זיך געטראָגן.

דער פאַרשוין איז אַרומגעגאַנגען פון שטאָט צו שטאָט, און די מאַסן האָבן זיך נאָכגעשלעפּט נאָך אים. עס האָבן אָנגעהויבן קורסירן קלאַנגען פון ווינדערליכע מופתים וואָס דער נייער משיח טוט באַוויזן. ער האָט איינגעפירט נייע נוסחאות ביים דאַווענען און פאַרלאַנגט פון זיינע נאָכפאָלגער אַז מען זאָל פאַרטיילן דאָס גאַנצע געלט פאַר צדקה, ווען אינדערצווישן איז דער עקסטאַז און שפּאַנונג אַרום אים געוואַקסן פון טאָג-צו-טאָג.

די אידישע געמיינדע-פירער אין תימן האָבן דאַן געשיקט דורך אַ בריוו אָנצופרעגן דעם הייליגן רמב"ם זיין מיינונג אויף דעם נייעם משיח און איבער די ביטערע צרות וואָס זיי שטייען אויס פון דער מוסולמענער רעליגיע. דערויף איז געקומען דער אַנטוואָרט פונעם רמב"ם, אין פאָרעם פון אַ לענגערן בריוו, שפּעטער באַקאַנט אַלס דער "אגרת תימן".

יסודות הדת אין "אגרת תימן"

אינעם אגרת תימן שטעלט דער הייליגער רמב"ם פאָר מיט קלאָרע ווערטער, בלשונו הזהב, אין אַ רייכער שפּראַך, דער יסוד פון דער אמונה און די האָפענונג וואָס מיר האָבן צו דער ריכטיגער ישועה וואָס וועט זיין נאָר דורך משיח צדקינו.

די האַרציגע רייד אינעם אגרת תימן טריפט מיט טרייסט-ווערטער און התחזקות פאַר כלל ישראל אין זייערע גלות-יאָרן. דער רמב"ם טוט דאָרט ברייט ערקלערן די פאַרזיכערונג וואָס אידן האָבן אַז די תורה וועט קיינמאָל נישט פאַרגעסן ווערן, און טוט שטאַרקן די גייסט פון אידישע קינדער נישט צו ווערן געפאַלן פון די שווערע נסיונות, אין אַלע אירע פאָרמאַטן און אומשטענדן.

אין באַצוג צום נייעם משיח שקר וואָס איז אויפגעשטאַנען אין תימן, טוט דער רמב"ם גאָר שטאַרק אָנזאָגן די אָרטיגע איינוואוינער אַז מען זאָל זיך חלילה נישט לאָזן פאַרפירן פון אים. מיט

מערערע איבערצייגנדע ראיות ווייזט ער אויף אַז דער מענטש איז זיכער נישט דער אויסלייזער פון אידן, און טוט דערפאַר בעטן די אידישע געמיינדע זיך באַצייטנס אָפּצוטרייסלען פון דעם פאַלשן גואל און נישט האָבן קיין שייכות מיט'ן דחיקת הקץ, וואָס קען חלילה ברענגן אויף זיי אַ שווערן אומגליק.

ספר
אגרת תימן
המכונה
פתח תקוה
לחזק ידים רפות ומוסדי הדת אשר
עמודיה ירופפו והפוסחים על שתי
הסעיפים ישובו מדרכם ויחיו.
חבירה גם חקרה הגבר הגדול שר התורה רבינו
משה בן מיימון המכונה רמב"ם זללה"ה.
הובא לבית הדפוס ע"י הק' יואל בהרב
החסיד מו' זכרי' אליעזר ליפא
סור זללה"ה מלבוב.
כמ"ש באמשטרדם
בשנת
יראת ד' תוסף דעת
נפ"ק
Lemberg, gedruckt bei Franz Galinski.
1850.

שער בלאַט פון "אגרת תימן להרמב"ם"

אין דער ענדע פירט דער הייליגער רמב"ם אויס מיט די פאָלגנדע הייליגע רייד:

"שלמה המלך האָט צוואויסן געטון מיט זיין רוח הקודש, אַז דאָס אידישע פאָלק, זיצנדיג אַזוי לאַנג אין גלות, וועט פּרובירן זיך אויפצואוועקן איידער דער פּאַסיגער צייט, און עס וועט זיי אין רעזולטאַט באַטרעפן צרות. דעריבער האָט ער געוואָרנט דערוועגן און אונז באַשוואוירן אין שיר השירים: השבעתי אתכם בנות ירושלים וכו'.

איר, מיינע ברידער און באַליבטע, היט אָפּ אונזער שבועה און וועקט נישט אויף די גאולה איידער דער צייט. און דער האַר פון דער וועלט מיט זיין גרויס גענאַדע וועט געדענקען, אייך און אונז, מיט'ן מדת הרחמים אונז צוזאַמצונעמען און אויסלייזן פונעם פינסטערן טאָל וואו מיר זענען באַזעצט, און ליכטיג מאַכן אונזערע אויגן און הערצער."

די רייד פונעם רמב"ם האָבן זיך אַרויסגעשטעלט צו זיין ריכטיג, גענוי ווי פאַרגעשריבן. דער משיח שקר איז אין דער ענדע געברענגט געוואָרן צום דאָרטיגן קעניג וועלכער האָט אים אויספרובירט, און ווען ער איז דורכגעפאַלן האָט מען אים אומגעברענגט. פאַר דער אידישער געמיינדע אין לאַנד האָט די גאַנצע געשיכטע אָפּגעקאָסט אַ ווייטאָגליכן פרייז, ווען די הערשאַפט האָט אויף זיי אַרויפגעלייגט שווערן שטראָפן אַלס קנס פאַר'ן פאַראורזאַכן אומרוען אין לאַנד.

דער אגרת תימן איז פאַרבליבן ביי אידן דורכאויס אַלע שווערע צייטן אין גלות, אַלס אַ ליכטעלע פון טרייסט און האָפענונג אין פיין און אין ליידן, דינענדיג אַלס אַ וועגווייזער פאַר אידישע קינדער וויאַזוי צו באַקעמפן מיט שטאָלץ און העלדנמוט די ערשיינונג פון אַלע סאָרטן באַוועגונגען וועלכע שטייען אויף אויף כלל ישראל, אונז אָפּצורייסן פון אונזער אמונה און תורה, און עס בלאָזט אַריין הויפנס מיט שטאַרקייט און קוראַזש פאַר אידישע קינדער אויסצוואואַרטן מיט געדולד אויף דער ריכטיגער גאולה וואָס וועט קומען בקרוב בימינו.

קאַפּיטל ד׳

רבי יוסף דילה ריינה

רבי יוסף דילה ריינה[1]

ס׳איז נישט קלאר פונקטליך אין וועלכע צייט די געשיכטע האט זיך אפגעשפילט, וויפיל מ׳וויסט איז אז ס׳האט זיך אפגעשפילט קנאפע צוואנציג אדער דרייסיג יאר פאר גירוש שפאניע.

יענע יארן זענען געווען זייער שטורמישע ביי כלל ישראל, ספעציעל פאר׳ן ספרד׳ישן אידנטום וועלכע האט דאן געוואוינט אויפ׳ן איבערישן האלב אינזל - וואס איז היינט שפאניע און פארטוגאל, און איז יענע יארן געווען צעטיילט צווישן פארשידענע קריסטליכע און מוסולמענישע

1) די געשיכטע פון רבי יוסף דילה ריינה ווערט דערמאנט גאר בקיצור דורך מערערע גדולי ישראל. אבער דער סיפור המעשה ווערן נישט געהעריג אויסגעשמועסט דורך קיינעם פון די אלע גדולי ישראל, וועלכעווארפן נאר אריין פארשידענע נקודות פון וואו מ׳קען ארויסנעמען די געשיכטע.

דער ערשטער מקור צו די געשיכטע איז א בריוו פון א ספרד׳ישן מקובל, רבי אברהם ב״ר אליעזר הלוי, וועלכער איז דורכגעגאנגען דעם גירוש שפאניע, און האט אראפגעשריבן די מעשה אין יאר ה׳ אלפים רע״ט. פון זיינע ווערטער זעט מען קלאר אז די געשיכטע איז עפעס וואס איז געווען באקאנט אין די באהאלטענע וועלט פון די חכמי המקובלים. ער דערמאנט אויך אז ער האט געזען די מעשה אראפגעשריבן דורך א מקובל בעפאר אים.

קנאפע 200 יאר שפעטער האט א געוויסער שרייבער פארשפרייט א ״מעשה נורא דרבי יוסף דילה ריינה״, וואס ס׳איז ניכר פון תוכו כברו אז א היפשער טייל פון די געשיכטע איז אויסגעזויגן געווארן פון פינגער דורכ׳ן שרייבער זעלבסט. יענער בעל מספר איז לויט געוויסע גירסאות געווען א באהאלטענער שבתי צבי׳ניק וועלכער האט עטליכע יאר דערויף זיך עפנטליך גע׳שמד׳ט אין איטאליע, אבער אין טייל ערטער איז די מעשה וואס ער האט אראפגעשריבן געווארן נאכגעברענגט כאילו דאס איז געווען מקובל.

אזויפיל זעט מען יא פון די געשיכטע אז ביים אידישן פאלק איז געווארן איבערגעגעבן מפה לאוזן איבער די פארכטיגע געשיכטע וואס האט זיך אפגעשפילט מיט רבי יוסף דילה ריינה און וועמענ׳ס פרטים זענען כמעט נישט באקאנט געווארן, וואס האט איבערגעלאזט דאס פלאץ פאר דעם שרייבער צו פארדינען אפאר גראשן דורך נעמען עטליכע באקאנטע דעטאלן און עס פארוואנדלען אין א פאנטאסטישע מעשה - ס׳שיינט אויך אז ער האט צווישן די שורות געזוכט אריינצורוקן זיינע מחשבות זרות און די דיעות כוזבות פון די שבתאים.

מיר דערציילן די מעשה באזירט אויף דאס ביסל פרטים וואס מיר ווייסן יא קלאר אז ס׳האט זיך אפגעשפילט, לויט ווי ס׳ווערט דערמאנט דורך די גדולי ישראל במשך הדורות.

מלוכה'לעך, וועלכע האבן אומאויפהערליך געקעמפט צווישן זיך - ווי אויך אויף די אנדערע זייט פונעם מיטללענדישן ים אין מאראקא און אלזשיר.

במשך די יארן זענען דארט אויפגעשטעלט געווארן ריזיגע אידישע קהילות וועלכע האבן ארויסגעגעבן א רייע פון די גרעסטע תורה לייבן אין אידישער היסטאריע, אבער בערך אין די צייטן פון די קרייץ-צוגן, ווען די וועלט האט בייגעוואוינט א שטארקן אויפשטייג אין דעם רעליגיעזן קאמף צווישן די קריסטן און מוסולמענער, האבן אידן איבער דער גארער וועלט שטארק געליטן פון ביידע זייטן, און די אידן אין שפאניע זענען נישט געווען קיין אויסנאם.

צוערשט האבן די אידן שטארק געליטן פון די מוסולמענער, ספעציעל נאך וואס דער ווילדער מוסולמענישער שבט "אל-מוואחידון" האט איינגענומען צפון אפריקע און שפעטער אויך דרום שפאניע. די "אל-מוואחידון" זענען געווען גאר פאנאטישע מוסולמענער און האבן גוזר געווען שווערע גזירות און רדיפות קעגן די ספרד'ישע אידן וועלכע האבן זיך נישט געוואלט טויפן צום איסלאם.

אין די זעלבע צייט איז אנגעגאנגען די "רעקאנקוויסטע"[2], און אין טייל ערטער האבן אידן געהאלפן די קריסטליכע הערשער איינצונעמען די טעריטאריע, כדי זיך צו באפרייען פונעם יאך פון די אונטערדריקנדע מוסולמענער. אנהייב האבן טאקע די דאנקבארע קריסטן זיך זייער גוט באצויגן צו די אידן, און טייל פון זיי זענען געווארן נאנטע מקורבים למלכות, אבער דאס האט נישט לאנג אנגעהאלטן, און די אנטעסימיטישע קירכע האט ווידער אנגעהויבן אירע העצערייען און פרעפלערייען קעגן די אנוועזנדע אידן.

אין די צווייטע העלפט פון דרייצנטן יארהונדערט למספרם האט אין אייראפע געבושעוועט די "שווארצע מגיפה", א שרעקליכע כאלערע רח"ל וואס האט אומגעברענגט אזויפיל ווי א פערטל אייראפע! אבער די מגיפה האט בעיקר באטראפן די גוי'אישע באפעלקערונג אין אייראפע. די אידן האבן מערסטנס אויסגעמיטן די מגיפה פאר 2 סיבות, קודם צוליב וואס אידן פירן א פיל ריינערן לעבן ווי דעם גוי, וואס ריינקייט האלט אפ אסאך קרענק ה"י, און צווייטנס, דאס וואס די אידן זענען געווען אפגעזונדערט אין געטאס און אידישע קווארטאלן האט אויך זיי געהאלפן אויסמיידן די מגיפה וואס האט געבושעוועט אויף די גוי'אישע גאס.

---

2) פאר א משך פון הונדערטער יארן האבן די קריסטן געקעמפט צוריק איינצונעמען דעם איבערישן האלב-אינזל פאר'ן קריסטנטום. אינדערצייט וואס הונדעטער טויזנטער קרייץ-ציגלער זענען ארויפגעגאנגען קיין ארץ ישראל איר צו דעראבירן פון די מוסולמענער, האבן גלייכצייטיג די קריסטן אויך געקעמפט ארויסצושטויסן די מוסולמענער פונעם דרום-מערב ווינקל פון אייראפע, דער איבערישער האלב-אינזל (די טעריטאריע וואו ס'געפינען זיך היינט שפאניע און פארטוגאל).

דער אומאויפהערליכער קאמף, די "רעקאנקוויסטע" [וואס באדייט אין אידיש "די ווידער-עראבערונג", דאס צוריק איינעמען], האט געדויערט הונדערטער יארן, ווען די קריסטן האבן צוביסלעך איינגענומען איין שפאנישן פראווינץ נאכ'ן אנדערן, אין יעדן פראווינץ וואס זיי האבן איינגענומען איז אויפגעשטעלט געווארן א פרישע קריסטליכע מלוכה'לע, ביז אין יאר רנ"ב ווען די קריסטן האבן איינגענומען גראנאדא, די לעצטע מוסולמענישע פעסטונג, און באלד דערויף האבן זיי דורכגעפירט דעם "גירוש שפאניע", מיט'ן ציל צו 'ריינ'גן' דעם גאנצן איברישן האלב-אינזל פון יעדן וואס איז נישט קיין קריסט.

אבער דאס וואס אידן האבן מער וויניגער אויסגעמיטן די מגיפה האט דוקא ארויסגערופן א שטארקן אויפברויז ביי די גויים, און די גלחים האבן גענומען העצן די מאסן אז אידן האבן פארגיפטעט די וואסער ברונעמס און דאס האט געברענגט די מגיפה. אדאנק די העצערייען האבן אויסגעבראכן פאגראמען אין פילע אייראפעאישע שטעט, און אידן זענען פארטריבן געווארן פון א רייע גרויסע שטעט און לענדער.

די פאגראמען און רדיפות האבן גורם געווען דערצו אז דאס אייראפעאישע אידנטום האט אויסגעוואנדערט פון מערב אייראפע צו מזרח, אבער אין שפאניע, וואו די קריסטן זענען נאכנישט געווען אזוי שטארק, האבן די איבערקערענישן צוערשט געהאט א קנאפע השפעה.

עווענטועל האבן אבער די קריסטליכע גלחים נישט געקענט צולאזן אזא 'דיסקרימינאציע', אז מ'רודפ'ט אידן דארף מען רודפ'ן איבעראל, און איבער שפאניע האט זיך אויך אנגעהויבן א טומל קעגן די אידן.

דער קלימאקס פון די העצערייען האט זיך אויסגעשפילט ביי די טרויעריג-בארימטע "גזירות קנ"א", ווען עס זענען פארגעקומען מערערע פאגראמען דורך די קריסטליכע באפעלקערונג אין די שפאנישע שטעט ווי סאראגאסא, טאלעדא, קארדאווע, מאדריד, בארצעלאנא, אא"וו. שטעט וועלכע האבן זיך בארימט געמאכט מיט די גדולים וואס זיי האבן ארויסגעגעבן במשך די יארן זענען יעצט געווארן חרוב, טייל קהלות זענען געווארן גענצליך אפגעווישט. צווישן אנדערע זענען אויך אומגעברענגט געווארן רבי יהודה נכד הרא"ש מיט זיין משפחה און זיינע תלמידים.

דורכאויס די דאזיגע פאגראמען איז אויך אויסגעוואקסן די ערשיינונג פון "אנוסים". טייל שפאנישע אידן האבן ליידער נישט געקענט ביישטיין דעם נסיון, און ווען די קריסטליכע רוצחים האבן זיי געשטעלט פאר די ברירה פון שמד אדער רציחה האבן זיי אויסגעקליבן זיך צו שמד'ן ווי איידער אומצוקומען אויף קידוש השם.

ווען די פאגראמען האבן זיך אפגעשטעלט האט מען זיך דערזען אז כמעט אלע שפאנישע קהלות זענען חרוב געווארן, און טויזנטער אידן זענען איבערנאכט פארוואנדלט געווארן אין 'קריסטן'. די אידן האבן זיך געוואלט אומקערן צו די אידישע אמונה, אבער לויט די קריסטליכע דאגמע איז געקומען טויט-שטראף פאר א משומד וואס איז צוריק געווארן א איד. דאס האט געפירט צו איינע פון די טרויעריגסטע ערשיינונגען אין אידישן גלות: "אנוסים", אדער "מאראנען"[3] ווי זיי זענען גערופן געווארן אין שפאניש.

3) "מאראנען" איז א שפעט נאמען וואס די קריסטן האבן געגעבן פאר די אנוסים, וויבאלד ס'איז ענליך צום שפאנישן ווארט פאר "דבר אחר".

פאר די פאלגנדע הונדערט יאר, ביז'ן גירוש אין יאר רנ"ב, האט אנגעהאלטן דער אונטערגאנג פונעם אמאל-גלאררייכן ספרד'ישן אידנטום. א גרויסער טייל פון די "אנוסים" האט באהאלטענערהייט אפגעהיטן תורה ומצוות מיט מסירות נפש, וואס האט אויפגעברויזט די גלחים און וועלטליכע פעלקער צום גרינדונג פון די "אינקוויזיציע", וועמענ'ס הויפט ציל איז געווען דאס אויספארשן און שפיאנירן אויף די "מאראנען" צו פארזיכערן אז זיי זענען געטרייע קריסטן.

נאנט צו די ענדע פון די דאזיגע הונדערט יאר האט[4] זיך געפינען א גרויסער מקובל מיט'ן נאמען רבי יוסף דילה ריינה, וואס ביים זען די אויסטערלישע פיין און ליידן פון די ספרד'ישע אידן האט ער מחליט געווען אז כלל ישראל קען מער נישט ווארטן. דאן האט אויסגעקוקט ווי כלל ישראל גייט אונטער און כאילו די קריסטן גייען באוויזן אויסצופירן זייער בייזוויליגן פלאן צו פארניכטן דאס אידישע פאלק היל"ת.

רבי יוסף האט דעריבער באשלאסן אז ער וועט זיך אונטערנעמען א געוואגטן שריט און נוצן זיינע געוואלדיגע קענטעניסן אין "קבלה מעשית"[5] צו מתקן זיין די וועלט און מעורר זיין די גאולה שלימה, זאל זיין וואס זאל זיין. ער האט געטון וואס ער האט געטון און ער האט אראפגעברענגט דעם ס"מ זעלבסט כדי אים צו באצווינגען און אזוי ברענגען צום תיקון השלם. זיינע פעולות האבן געמאכט א געוואלדיגע איבערקערעניש אין די עולמות העליונים. הימל און ערד האבן גע'רעש'ט אז אט אט קומט דער זמן הגאולה.

איז אבער נאכנישט געווען באשערט דער זמן הגאולה, און פון הימל האט מען אזוי געפירט אז רבי יוסף איז געשטרויכלט געווארן. ווען ער האט שוין געהאלטן ביי די לעצטע פאזע און אט אט מכניע געווען דעם ס"מ, איז רבי יוסף אליין אריינגעפאלן אין זיינע לאפעס ווען דער ס"מ האט אים איבערגערעדט אז ער זאל אים געבן עפעס בשמים, וואס איז גערעכנט געווארן אזויווי ער

4) אין די ביכל "מעשה נורא דרבי יוסף דילה ריינה" שילדערט ער די מעשה כאילו רבי יוסף האט געוואוינט אין צפת און ער האט דארט געטון וואס ער האט געטון, אינאיינעם מיט זיינע תלמידים. אבער ווי געזאגט זענען א גרויסער טייל דעטאלן פון יענעמ'ס מעשה נישט קראנט, און ס'איז שטארק מסתבר אז רבי יוסף האט דוקא געוואוינט ערגעץ צווישן די ספרד'ישע מקובלים אין זיין תקופה.

5) אין קבלה איז פאראן צוויי חלקים, דער חלק הלימוד פון תורת הנסתר, און דערנאך איז דא דער חלק המעשה, וואס די גדויסע מקובלים קענען נוצן דעם כח פון די שמות הקדושים צו טוישן די סדרי הבריאה, ווי באשאפן א גולם אד"ג, אבער די חכמי המקובלים האבן אלעמאל געפערליך געווארנט קעגן זיך באנוצן מיט "קבלה מעשית", און זיי נוצן טאקע אויך רבי יוסף דילה ריינה אלסביישפיל איבער די סכנה דערפון.

דער הייליגער רמ"ק אין ספר פרדס רמונים שרייבט קעגן דעם באנוץ פון קבלה מעשית, "ונתמעטו אנשי מעשה וחששו שמא ישתמש בהם אדם שאינו הגון, כמו יוסף דילה ריינה המחריבים בית אלקינו ומרבים את פרצותינו ולטעם זה לא נחקור שמוש השמות". דאס זעלבע שרייבט הרה"ק רבי חיים וויטאל זי"ע אין שערי קדושה (ח"ג ש"ו) "וקח ראיה מרבי יוסף דילא ריינה ורבי שלמה מולכו שנשתמשו בקבלה מעשית ונאבדו מן העולם, וכל זה לסבה הנזכרת כי אין טוב בלתי רע, ולא עוד אלא שמכריחים אותן בעל כרחן על ידי השבעות, ואז מפתים אותן ומטין אותן לדרכים לא טובים עד שמאבדים נפשם, וגדולה מזו כי כל דרכי ההשבעות האלו העלימום הראשונים ואין אנו בקיאים היטב בדרכיהן וראוי להתרחק מהם בתכלית."

רבי חיים וויטאל דערמאנט עס אויך אין **ספר הגלגולים פרק סו:** "האר"י ראה לר' יוסף דילירריינה מגולגל בכלב אחד שחור על שנשתמש בקבלה מעשית והקטיר לע"ז כנודע במעשה ההוא שהוריד לאמון מנוא".

וואלט מקטיר געווען קטורת צו די עבודה זרה[6], און האט געגעבן כח פאר'ן ס"מ זיך מתגבר צו זיין אויף רבי יוסף און אים גאר פאנגען אינעם שטנ'ס נעץ. רבי יוסף איז אנגעקומען אין שאול תחתית און כלל ישראל איז נאך ליידער געבליבן אין לאנגן ביטערן גלות.

קנאפע 20 יאר שפעטער האט דאס ספרד'ישע אידנטום געליטן די ביטערע פירות פון רבי יוסף'ס מעשים, ווען עס איז דורכגעפירט געווארן דער טרויעריג-בארימטער גירוש שפאניע וואס האט דראסטיש געטוישט דעם ריכטונג פון די אידישע, און די וועלט'ס, היסטאריע.

די געשיכטע פון רבי יוסף דילה ריינה איז גענוצט געווארן דורך פילע גדולי ישראל במשך הדורות אנצואווייזן אויף דעם שרעקליכן סוף וואס באטרעפט די וועלכע ווילן דוחה זיין את הקץ און ברענגען די גאולה פאר דער צייט, און וויאזוי דאס האט שווערע נאכפאלגן פאר גאנץ כלל ישראל[7].

6) אין די דערמאנטע "מעשה נורא דרבי יוסף דילה ריינה" שילדערט ער אז ווען רבי יוסף האט שוין געהאלטן אט אט ביים מכניע זיין דעם ס"מ איז אים אריין א מחשבה פון גאוה, און דאן האט דער ס"מ געבעטן פון אים אביסל בשמים, וואס ווען רבי יוסף האט עס אים געגעבן איז עס פאררעכנט געווארן אלס קטורת לעבודה זרה און דאס איז געווען זיין דורכפאל.

ווי געזאגט פריער קען מען נישט צופיל געטרויען דעם שרייבער פון דעם ביכל, אבער ס'שיינט אז דער דאזיגער פרט איז יא ריכטיג, און אז ס'איז אזוי איבערגעגעבן געווארן פון דור צו דור, וויבאלד עס שטימט אויך מיט די ווערטער פון די גדולי ישראל איבער די געשיכטע [זעט צב"ש די ווערטער פון רבי חיים וויטאל אין די פריערדיגע הערה].

ועי' בחידו"ת לרביה"ק מסאטמאר זי"ע (פר' ואתחנן) שמביא שם הסיפור כפי שכתבנו בפנים, ומבאר שם רבינו באריכות שהיות שרצה רבי יוסף לדחוק את הקץ, שזהו בפני עצמו הוא כבר סוג של ע"ז וכפירה, סיבבוהו מן השמים שיכשל בהקטירו קטורת זרה ממש וכך בא אל קיצו, עיי"ש.

7) **תולדות יעקב יוסף פר' שלח:** גם בתיקון למעלה לא יכניס את עצמו בהכרח שיעשה מבוקשו דיש בזה סכנה כמ"ש בפסוק אם תעירו ואם תעוררו את האהבה עד שתחפץ (כתובות קיא.) ומעשה של ר' יוסף דלרייני יוכיח וד"ל.

מלא העומר איכה ב' ט': כי ענין נביאי השקר ...רק לפי גודל המדריגה הי' מתגבר כח הקליפה שהי' רוצה להכשיל ולהטעות כמו שנודע כמה פעמים במעשה ר' יוסף דילריינו... אף שהי' להם מדריגה נתגבר עליהם כח הקליפה

שו"ת חתם סופר ח"ו סימן פ"ו: ומ"ש רש"י שלהי כתובות בפי' שלא לדחוק את הקץ שלא להרבות בתפלה, שלא להרבו"ת דייקא, כגון יוסף דילריינא וכדומה.

קאַפּיטל ה׳

אנשי פּאָרטוגאַל

שוואַרצע וואָלקנס אויף דער אידישער פּאָרטוגאַל

אין יאָר ה׳ אלפים רנ״ב איז פּאַרגעקומען די טרויעריג-באַרימטע קאַפּיטל-געשיכטע פון "גירוש שפּאַניע", ווען הונדערטער טויזנטער ספרד'ישע אידן זענען געצוואונגען געוואָרן איבערצולאָזן זייער האָב-און-גוטס און זיך אַרויסלאָזן וואַנדערן איבער דער ברייטער וועלט - אַ קאַפּיטל וואָס האָט דראַמאַטיש געטוישט די היסטאָריע פון כלל ישראל און די גאַנצע וועלט אין אַלגעמיין.

ספר יוחסין
השלם
להרב ... רבי אברהם זכות ז״ל
להורות שלשלת קבלת התורה ממשה רבינו ע״ה עד זמן המחבר ז״ל.
הפרושים, הנוזרים הנקראים איסים, והצדוקים.
ווארשא
בדפוס ר׳ יצחק גאלדמאן נ״י
שנת תרל״ו לפ״ק
СЕФЕРЪ ІОХСИНЪ.
ВАРШАВА
Типографія И. Гольдмана, Мурановская № 24.
1876.

ספר היוחסין פון רבי אברהם זכותא

וואָס איז אָבער אַביסל ווייניגער באַקאַנט זענען די ליידן און צרות וואָס די אידן אין דער שכנות'דיגער פּאָרטוגאַל האָבן געהאַט אויסצושטיין אין דער זעלבער תקופה. אין יאָר רנ״ב זענען מאַסן אידן אַנטלאָפן פון שפּאַניע קיין פּאָרטוגאַל, אין שפּיץ פון די גדולי ספרד, רבי יצחק אבוהב[1] און רבי אברהם זכותא[2]. לויט טייל שאַצונגען האָבן אויסגעוואַנדערט אַזויפיל ווי 70,000 אידן, וואָס אינאיינעם מיט דער עקזיסטירנדער פּאָרטוגעזישער קהלה, איז דער ציפער פון אידן אין פּאָרטוגאַל אָנגעקומען

1) רבי יצחק אבוהב איז געווען דער לעצטער פון די חכמי קאַסטיליע. ער ווערט אפט דערמאַנט אין בית יוסף, צומאל אלס "רבינו הגדול מהר״י אבוהב". ער איז נפטר געווארן בשנת ה׳ אלפים רנ״ג, ווייניגער ווי א יאר נאכ'ן אנקומען קיין פארטוגאל. (זיינע תלמידים זענען געווען הגאון מהר״י בירב און רבי אברהם זכות ז״ל).

2) פון די גרעסטע גדולי ספרד יענע תקופה, און איינער פון די באַרימטסטע אסטראנאמיקער איבער דער וועלט אין זיין צייט.

צו אַריבער 100,000, און איז יענע צייט געווען אַזויפיל ווי צען פּראָצענט פון דער גאַנצער פּאָרטוגעזישער באַפעלקערונג.

צוערשט זענען די אידן נישט אויסגעשטאַנען קיין ספּעציעלע רדיפות דורך דער פּאָרטוגעזישער הערשאַפט, וואו עס האָט נאָך דאַן נישט עקזיסטירט קיין אינקוויזיציע. די שפּאַנישע פּליטים האָבן טאַקע געדאַרפט צאָלן אַ ריזיגע סומע געלט צו קענען געזעצליך בלייבן וואוינען אין פּאָרטוגאַל, אָבער אַ גרויסער טייל פון די אָרעמע פּליטים זענען פאַרבליבן אין די פּאָרטוגעזישע גרעניצן אומגעזעצליך, און די אָרטיגע אידן האָבן זיי אַרויסגעהאָלפן מיט אַלע מעגליכקייטן.

אין יאָר רנ"ג איז דער אַלטער פּאָרטוגעזישער קעניג געשטאָרבן און אויפ'ן טראָן איז אַרויף זיין פּלימעניק, קעניג מאַנועל-דער ערשטער. די ערשטע יאָרן איז מאַנועל געווען דווקא גוט-געזינגט צו אידן. ער האָט געהאַט אָנגעקניפּט אַ שטאַרקע באַקאַנטשאַפט מיט די צוויי דערמאַנטע גדולי ישראל, ספּעציעל מיט רבי אברהם זכותא, וועלכער האָט זאָגאַר געאַרבעט אינאיינעם מיט פּאָרטוגעזישע שיפסלייט, און אַדאַנק זיינע אַסטראָנאָמיע מאַפּעס, האָבן זיי באַוויזן אויפצוקומען מיט'ן ים-וועג צו דער ווייטער אינדיע, עפּעס וואָס האָט פאַר אַ שטיק צייט פאַרוואַנדלט פּאָרטוגאַל אין אַ וועלט'ס גרויסמאַכט.

פאַר דער שכינות'דיגער שפּאַניע האָט אָבער נישט געשמעקט אַז די אידן זיצן אַזוי פראַנק-און-פריי אין פּאָרטוגאַל, און זיי האָבן גענומען אויסאיבן אַ שטאַרקן דרוק אויף פּאָרטוגאַל אַז זיי זאָלן אויפשטעלן אַן אייגענע אינקוויזיציע און פאַרטרייבן אַלע אידן פון דאָרט. אינצווישן האָבן די גלחים און שונאי ישראל אין פּאָרטוגאַל זיך אויך געהויבן די קעפּ. דער ריזיגער צופלוס פון צענדליגער טויזנטער אידן האָט אויפגעוועקט זייער שנאת ישראל קעגן אַלע אידן אין פּאָרטוגאַל, וואָס האָט אויך אַסאַך צוגעגעבן צום דרוק קעגן די אידן.

דער געצווינגענער שמד

דער קלימאַקס פונעם דרוק איז געקומען פיר יאָר שפּעטער, אין יאָר רנ"ו, ווען דער יונגער קעניג מאַנועל האָט געוואָלט הייראַטן די טאָכטער פון די טרויעריג-באַרימטע רשעים - דער שפּאַנישער קעניג פערדינאַנד און קעניגין איזאַבעלא, און איזאַבעלא האָט פאַרלאַנגט אַלס תנאי צום שידוך אַז ער זאָל פאַרטרייבן די פּאָרטוגעזישע אידן פון לאַנד, אויף וואָס מאַנועל איז באַלד איינגעגאַנגען.

צום ערשט האָט מאַנועל אַרויסגעגעבן אַ גזירת גירוש צו פאַרטרייבן אַלע אידן פון פּאָרטוגאַל וואָס ווילן זיך נישט טויפן צום קריסטנטום, אָבער זיינע ראַטגעבער זענען געווען

זייער אומצופרידן אַז די צענדליגער טויזנטער אידן וועלן פאַרלאָזן דאָס לאַנד מיט זייער גאַנצן פאַרמעגן און זייערע מסחר'ישע טאַלאַנטן. דעריבער איז דער קעניג געפאַלן אויף אַ טייוולאָנישן פּלאַן.

עטליכע מאָנאַטן נאָכ'ן אַרויסגעבן די גזירה איז אַרויסגעקומען אַ קייזערליכער באַפעל אַז אַלע אידן זאָלן זיך פאַרזאַמלען ביי די ברעגעס פון ליסאַבאָן, וואו זיי וועלן אַרויפשטייגן אויף שיפן און ווערן אָפגעפירט צו אַנדערע לענדער. אָבער ביים אָנקומען צום פּאָרט זענען די אידן געוואָרן אַריינגעצוואונגען אין אַ גרויסן לאַגער, וואו עס איז דורכגעפירט געוואָרן אַ מאַסיווער צוואַנגס-שמד. גלחים זענען אַרומגעגאַנגען צווישן די פאַרזאַמלטע און געשפּריצט זייער 'שמייליגע וואַסער' אויף אַלע אידן אין לאַגער און זיי דערקלערט אַלס קריסטן.

לויט'ן פּאָרטוגעזישן געזעץ איז זיך געקומען טויט-שטראָף פאַר עמיצן וואָס האָט זיך גע'שמד'ט און האָט זיך דערנאָך אומגעקערט צו אידישקייט, אפילו אויב ער איז געוואָרן גע'שמד'ט מיט געוואַלד. די אַלע אידן זענען געצוואונגענערהייט מיטאַמאָל דערקלערט געוואָרן אַלס קריסטן.

פּאָרטוגעזישע אינקוויזיציע

צוויי יאָר שפּעטער איז אַרויסגעגעבן געוואָרן אַ געזעץ וואָס האָט בכלל פאַרבאָטן פאַר די פריש-געוואָרענע "קאָנווערסאָס" (אנוסים) אַרויסצופאָרן פון לאַנד אָן אַ קייזערליכע ערלויבעניש. ווייניג האָבן באַוויזן צו אַנטלויפן פון לאַנד, אָבער צווישן די געציילטע וועלכע זענען יאָ אַנטלאָפן באַצייטנס איז געווען רבי אברהם זכותא.

די פּיין און ליידן פון די פּאָרטוגעזישע אידן האָבן זיך אָבער נישט דאָ אָפּגעשטעלט. די שנאה צו די נייע קאָנווערסאָס איז געווען פונקט אַזוי שטאַרק ווי די שנאה צו זיי אַלס אידן, דערצו נאָכדעם וואָס רוב אויסגע'שמד'טע אידן זענען געוואָרן 'אנוסים' און האָבן אין געהיים ווייטער אָפּגעהיטן תורה ומצוות.

ניין יאָר שפּעטער, אין יאָר רס"ו, האָט דער קעניג פאַרלאָזט דאָס לאַנד צוליב אַ מגיפה וואָס האָט דאָרט געבושעוועט. די גלחים האָבן באַשולדיגט אַז די מגיפה איז געקומען וויבאַלד די אנוסים האַלטן אידישקייט אין געהיים, און אין דער ערשטער נאַכט פסח האָט אויסגעבראָכן אַ ווילדער פּאָגראָם אין ליסאַבאָן, ווען איבער 2,000 אנוסים זענען רח"ל אומגעברענגט געוואָרן אין די הענט פונעם צעיושעטן המון.

שפּעטער זענען אַסאַך פון די אנוסים געצוואונגען געוואָרן צו גיין וואוינען אין ספּעציעל-דעזיגנירטע שטעט, און אין יאָר רצ"ו איז עווענטועל געגרינדעט געוואָרן די פּאָרטוגעזישע

אינקוויזיציע, וועלכע האָט זיך קאָנצענטרירט אין דורכפירן שרעקליכע פייניגונגען קעגן יעדן וואָס איז פאַרדעכטיגט געוואָרן אין אָפּהיטן אידישקייט באַהאַלטענערהייט.

דער אָנזאָג פון הימל: נישט רעוואָלטירן קעגן די פעלקער

ערגעץ דורכאויס יענער תקופה האָט זיך אָנגעהויבן וועבן אַ פּלאַן ביי טייל פון די אָרטיגע אידישע איינוואוינער, אַרויסצוגיין אין אַ קאַמף קעגן די אכזריות'דיגע הערשער און איינעמען די קעניגרייך, אַזוי אַרום וועלן די אידן ווייטער קענען אָנגיין מיט'ן לעבן און מקיים זיין די מצות ה' און די תורה אומגעשטערט.

איידער די אידן האָבן אָנגעהויבן נעמען שריט, האָט אַ געוויסער עלטערער געטליכער מאַן צווישן זיי אָנגעפרעגט אין הימל דורך אַ שם, אויב דאָס איז די ריכטיגע שריט וואָס מעג געטון ווערן. פון הימל איז אָבער געקומען דער ענטפער אַז ניין; "אם תעירו ואם תעוררו את האהבה עד שתחפץ". דער אויבערשטער האָט באַשוואוירן אידן מיט דריי שבועות און איינס דערפון איז אַז מען זאָל נישט מורד זיין אין הקב"ה[3] און נישט ווידערשפעניגן אין דער שבועה.

די אידן אין פּאָרטוגאַל האָבן צוגעהאָרכט צום ענטפער פון הימל און אין רעזולטאַט איז טאַקע דער פּלאַן נישט אויסגעפירט געוואָרן.

אָט די געשיכטע איז פאַרשריבן געוואָרן אין ספר "זכות אבות"[4], דורכ'ן געטליכן מקובל רבי אברהם גאַלאַנטי זצ"ל, און ברענגט צום אויבערפלאַך די גרויסע האַרבקייט וואָס די עבירה פון דחיקת הקץ שטעלט מיט זיך פאָר.

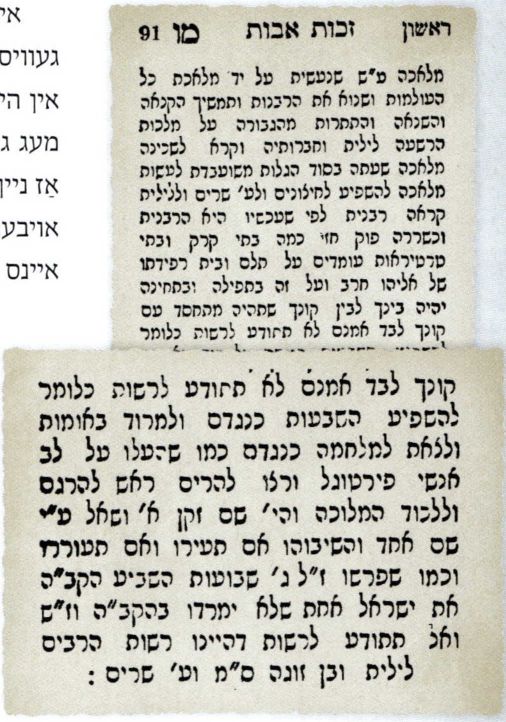

ראשון זכות אבות מו 91

מלאכה ע"ש שנעשית על יד מלאכת כל העולמות ושנוא את הרבנות ותמשיך הקנאה והשנאה והתגרות מהגבורה על מלכות הרשעה לילית וחברותיה וקרא לשכינה מלאכה שעתה בסוד הגלות משועבדת לעשות מלאכה להשפיע לחילונים ולע' שרים וללילית קראה רבנית לפי שעכשיו היא הרבנית וגבירה פוק חזי כמה בתי קרקע ובתי טרטיראות עומדים על תלם ובית רפידתו של אליהו חרב ועל זה בתפלה ובתחינה יהיה בינך לבין קונך שתהיה מתחסד עם קונך לבד אמנם לא תתודע לרשות כלומר

קונך לבד אמנם לא תתודע לרשות כלומר להשפיע השבעות כנגדם ולמרוד באומות וללאת למלחמה כנגדם כמו שעלו על לב אנשי פירטוגל ורצו להרים ראש להרגם וללכוד המלוכה והי' שם זקן א' ושאל ע"י שם אחד והשיבוהו אם תעירו ואם תעוררו וכמו שפרשו ז"ל ג' שבועות השביע הקב"ה את ישראל אחת שלא ימרדו בהקב"ה וז"ש ואל תתודע לרשות דהיינו רשות הרבים לילית ובן זוגה ס"מ וע' שרים :

די פאַרכטיגע געשיכטע פאַרשריבן אין ספר זכות אבות

3) רביה"ק מסאטמאר זי"ע איז מדייק (אין ספה"ק ויואל משה סימן ע"ה) פון די ווערטער "מען זאל נישט מורד זיין אין הקב"ה", אז די עבירה פון דחיקת הקץ ווערט פאררעכנט ווי א רעוואלט כביכול קעגן דעם רבוש"ע זעלבסט און א מרידה במלכות שמים וואס האט געשיקט אידן אין גלות. טראצדעם וואס דער דחיקת הקץ וואלט געקענט ראטעווען אידן פון א זיכערן שמד און פיין, האט מען פון הימל נישט ערלויבט דאס צו טאן.

4) אבות (פ"א מ"י).

קאַפּיטל ו'

הקדוש רבי
שלמה מולכו הי"ד

פון 'דיעגאָ דע-פּיערס' צו אַ פּולקאָמער מחזיר בתשובה

דיעגאָ דע-פּיערס איז געבוירן געוואָרן אין אַ גאָר שטורמישער תקופה, צו אַ משפחה פון פּאָרטוגעזישע מאַראַנען, אנוסים. זיין געבורט, בערך אין יאָר ה' אלפים ר"ס, איז געקומען געציילטע יאָרן נאָכדעם וואָס די פּאָרטוגעזישע אידן זענען אַדורך זייער געצווינגענעם שמד און בלויז געציילטע יאָרן בעפאָר'ן שרעקליכן פּאָגראָם אין ליסאַבאָן, ווי פריער דערמאַנט.

דיעגאָ איז אויפגעצויגן געוואָרן אין שטוב פון זיינע איינפלוסרייכע עלטערן, און פון יוגנווייז אָן האָבן אַרויסגעשיינט זיינע געבענטשטע כשרונות און זיין נאַטורליכע כאַריזמע. טראָץ וואָס אין זיין עלטערנ'ס הויז האָט ער כמעט נישט געהערט גאָרנישט איבער אידישקייט, האָט יעדעס ווינקל אין פּאָרטוגאַל אים דערמאַנט כסדר אַז ער געהער צו די פאַרהאַסטע "קאָנווערסאָס". דאָס האָט אים אָבער נישט אָפּגעהאַלטן פון שטייגן גאָר שנעל אויפ'ן פּאָליטישן לייטער, און אין יונגען עלטער איז ער געוואָרן אויפגענומען אַלס סעקרעטאַר אינעם קייזערליכן הויף.

ווען דיעגאָ איז אַלט געווען נישט מער פון 22 יאָר, האָט זיין פּאָזיציע אין קייזערליכן הויף אים ערמעגליכט זיך צו באַגעגענען און זיך צו באַקענען מיט'ן קאָלירפולן פיגור פון דוד הראובני[1], ווען

1) אנהייב פון זעכצנטן יאר הונדערט למספרם איז ערשינען אין רוים א מאדנער פארשוין, אויסגעדארט און מיט א שווארצן פנים, אנגעטון אין מאדנע קליידער און רייטנדיג אויף א ווייסן פערד, מיט'ן נאמען דוד הראובני. דוד איז געווען א מערקווירדיגער פיגור וואס האט פארכאפט די פאנטאזיע פון אומצאליגע אידן. ער האט גערעדט א צעבראכענעם לשון הקודש, און זיך אנגעגעבן אז ער שטאמט פון די עשרת השבטים און אז ער איז א שליח פון "יוסף, דער קעניג פון חיבר" צו העלפן באפרייען די אידן פון גלות און אינאיינעם ארויפגיין קיין ארץ ישראל.

צו זיין גרויס מזל איז אים געלונגען אפצוקויפן דעם פויבסט מיט זיינע דמיונות. דער פויבסט איז געווען זייער דערשראקן פון דער

דער לעצטער איז געקומען באַזוכן אין קייזערליכן הויף אין פּאָרטוגאַל אין אַ פּרואוו צו טרעפן אינעם קייזער אַ שותף פאַר זיינע אַוואַנטוריסטישע פּלענער.

דוד האָט נישט באַוויזן אָנצוצינדן דעם קייזער'ס אינטערעסע אין זיינע פּלענער, אָבער זיין ערשיינונג האָט געהאַט אַן אויסטערלישן רושם אויף דער פייערדיגער נשמה פונעם יונגען דיעגאָ און האָט אויפגעפלאַקערט אין אים פאַנטאַזיעס פון דער אידישער גאולה וואָס וועט באַפרייען אַלע אידן פון גלות, ספּעציעל די פּאָרטוגעזישע אידן וועלכע האָבן אַזוי שרעקליך געליטן אונטער די גרויזאַמע קאַטאָליקן.

צו דיעגאָ'ס אַנטוישונג האָט דוד הראובני צוערשט נישט געוואָלט האָבן קיין פאַרקער מיט אים. דאַן האָט דיעגאָ אַנטשלאָסן דורכצופירן אַ דראַסטישן שריט. אין אַ געהיימען קעלער האָט דיעגאָ דע-פּיערס זיך גע'מל'עט ווי אַ כשר'ער איד און זיך געגעבן דעם אידישן נאָמען "שלמה מולכו". דער מסירות נפש'דיגער שריט האָט טאַקע געהאַט דעם געווינטשענעם אַפעקט, און דוד האָט אים איינגעשלאָסן אין זיין גלאָבאַלער רייזע.

די אינטערסאנטע אינטערשריפט פון ר' שלמה מולכו

פאַר'ן פּאָרטוגעזישן קעניג איז אָבער דער דאָזיגער שריט פון 'שלמה' זיך אומצוקערן צום גלויבן פון זיינע עלטערן, געווען אַ 'פאַרברעכן' אויף וואָס עס קומט דער טויט, און שלמה איז געווען געצוואונגען צו אַנטלויפן פון פּאָרטוגאַל. אויפ'ן ראַט פון דוד הראובני איז ער אַנטלאָפן קיין טערקיי, וואו ער האָט זיך פאַר אַ צייט אויפגעהאַלטן אין סאַלוניקי. דאָרט האָט ער זיך באַגעגנט מיט די צוויי גדולי הדור - רבי יוסף טייטצאַק[2] און רבי יוסף קאַרו, מחבר פון ספרי בית יוסף ושולחן ערוך - און זיי האָבן לויט אַלע וואַרשיינליכקייטן געלערנט מיט אים נגלה און נסתר.

רעפארמאציע, וועלכע האט זיך דאן אנגעהויבן אנטוויקלען און האט באדראעט די העגעמאניע פון דער קירכע. אין פארצווייפלונג האט דער פויבסט זיך אנגעכאפט אין יעדן שטרוי, און די פאנטאזיע אז ער וועט קענען נוצן די אידן איינצונעמען ארץ ישראל פון די מוסולמענער - עפעס וואס וואלט שטארק געהויבן די מאכט און אנזען פון דער קירכע - האט אים פארפירט צו גלויבן די פאנטאסטישע געשיכטעס פון דוד הראובני, וועלכער האט פארשפראכן פאר'ן פויבסט אז די אידישע גבורים וועלן איינעמען אר"י און זיך מכניע זיין אונטער אים. ער האט נאר פארלאנגט פונעם פויבסט וואפן און פינאנציעלע שטיצע. דער פויבסט האט אים דאן געגעבן א ווארעמען בריוו צום קעניג פון פארטוגאל, א הייסער קאטאליק, און פאר דעם צוועק האט דוד דאן באזוכט אין פארטוגאל צו קריגן פונעם קעניג די פארשפראכענע וואפן און געלט.

2) דער מהר"י טייטצאק איז געווען פון די גדולי הדור אין יענע תקופה, און איז אויך געווען פון די גולי ספרד, ביים גירוש. דער בית יוסף ברענגט אפט זיינע פסקים און דברי תורה - פון די געציילטע בני דורו וועמען דער בית יוסף ציטירט - און דרוקט זיך אויס אויף אים "אור ישראל וקדושו עטרת בני הגולה העומד לנס עמים ולצפירת תפארה" (שו"ת אבקת רוכל סי' נ"א).

ביז אַ קורצער צייט איז דער יונגער אומוויסנדער רבי שלמה, צו אַלעמענ'ס ערשטוינונג, פאַרוואַנדלט געוואָרן אין אַ בעל דרשן נפלא, סיי אין תורת הנגלה און סיי אין נסתר. זיינע פייערדיגע דרשות האָבן אָנגעהויבן ציען מאַסן צוהערער, וועלכע זענען נאָכמער איבערראַשט געוואָרן ביים הערן אַז דער יונגער תלמיד חכם האָט בלויז אַ קורצע צייט פריער נישט געקענט קיין צורת אות.

ר' שלמה איז אַרומגעגאַנגען פון שטאָט צו שטאָט און מעורר געווען פילע פאַרבלאָנזשעטע נשמות זיך אומצוקערן צו אבינו שבשמים. זיין מערקווירדיגע געשיכטע וויאַזוי ער איז אַליין אַרויפגעקומען אויפ'ן אמת פון דער אידישער אמונה, האָט געהאַט אַ געוואַלדיגע השפעה אויף פילע וואַקלדיגע אידן. דער לעגענדאַרער דייטשער שתדלן רבי יוסלמאַן דרוקט זיך אויס אויף אים אין זיין טאָג-בוך, "ורבים השיב מעון".

די צעריסענע אייראָפּע

יענע יאָרן זענען פאָרגעקומען גרויסע איבערקערענישן איבער דער וועלט. ס'איז נישט געווען קיין לאַנגע צייט נאָכ'ן גירוש שפּאַניע, וואָס האָט איבערגעלאָזט אַן אומבאַגרייפבאַרן רושם אויף דער אידישער וועלט, אָבער אויך די אַלגעמיינע וועלט האָט געקאָכט און געטומלט. די מאַכטפולע אָטאָמאַנישע אימפּעריע פון טערקיי, אונטער דעם 'גרויסן סולטאַן סוליימאַן', איז דאַן געווען אין אירע בעסטע יאָרן, הערשנדיג אויף גאַנץ מזרח-אַזיע און די באַלקאַן לענדער; האַלב אונגאַרן האָט געהערט צו איר און זי האָט כסדר באַדראָעט איינצושלינגען די גאַנצע קריסטליכע אייראָפּע.

צווישן די קריסטן זעלבסט האָט מאַרטין לוטער נאָרוואָס געהאַט געגרינדעט די פּראָטעסטאַנטישע באַוועגונג. די גרויסע דייטשלאַנד איז געווען צעפּיצלט און לוטער'ס רעפאָרמאַציע האָט אָנגעטראָפן אַ ברייטע פעלד. אַ גרויסער טייל פון דייטשלאַנד'ס פירשטן האָבן זיך אָנגעשלאָסן מיט די פּראָטעסטאַנטן, און דער פויפסט אין רוים האָט געשפּירט אַז די קירכע'ס העגעמאָניע וואַקלט זיך.

דער באַרימטער קייזער קאַרל-דער פינפטער האָט געהערשט איבער האַלב אייראָפּע און איבער מערערע לענדער וועלכע האָבן אָפט געהאַט געגנזייטיגע אינטערעסן. טראָץ וואָס ער איז אויפגעוואַקסן אין שפּאַניע און געווען אַ פאַרברענטער קאַטאָליק, איז ער געווען גענוג פּראַגמאַטיש צו פאַרשטיין אַז אינעם צעריסענעם דייטשלאַנד קען ער נישט אומגיין מיט אַן אייזערנעם פויסט קעגן די פּראָטעסטאַנטן, און ער האָט אין אַ געוויסער מאָס געלאָזט אָנגיין די פּראָטעסטאַנטישע באַוועגונג אין די שטעט וואו זי איז געווען גאָר שטאַרק.

דאָס, און אַנדערע פאַקטאָרן, האָבן געפירט דערצו אַז אויך צווישן דעם מאַכטפולן און קאַטוילישן קייזער קאַרל און דעם קאַטוילישן פויפסט, האָבן געהערשט אָנגעשטרענגטע באַציאונגען, אַזוי אַז דער פויפסט האָט זיך געטראָפן אין אַן ערנסטן קלעם, באַרינגלט מיט פיינט פון אַלע זייטן, פון אינעווייניג און פונדרויסן, ווען איבער אַלעם דראָעט ווי אַ שאָטן דער טערקישער סולטאַן און זיינע מעכטיגע אַרמייען, וועלכע זוכן צו דעראָבערן די גאַנצע קריסטליכע אייראָפע פאַר'ן איסלאַם און טערקיי'ס הערשאַפט.

אין דער דאָזיגער תקופה איז ערשינען דער געשטאַלט פון דעם יונגען רבי שלמה מולכו. אויב זענען נישט גענוג געווען זיינע פייערדיגע רעדעס, האָט רבי שלמה אין יאָר רפ"ט זיך גענומען דערציילן ברבים אַז עס באַפאַלן אים מאָדנע חלומות. אַזוי לדוגמא האָט ער דערציילט אַז ער האָט געזען אין חלום וויאַזוי רוים ווערט פאַרשוועמט פון אַ גרויסער פאַרפלייצונג, און אַז זיין געבורט-שטאָט ליסאַבאָן אין פאָרטוגאַל ווערט חרוב דורך אַ שטאַרקן ערדציטערניש.

רבי שלמה האָט גלייכצייטיג אויך פאַרשפרייט צווישן די אידישע מאַסן אַז ער זעט הימלישע חזיונות וועלכע צייגן אים אַז די גאולה שלימה איז נאָנט. ער האָט זאָגאַר אָנגעגעבן עטליכע יאָרן ווען ס'איז אַ זמן התעוררות הגאולה, און אַז די גאולה וועט נישט פאַרקומען שפּעטער ווי אין יאָר ה' אלפים ש'. ער האָט דאָס אויסגענוצט צו וואָרענען די אידן אַז מ'זאָל תשובה טון באַצייטנס איידער ס'וועט זיין צו שפּעט.

אַרויס לעבעדיג פון די אינקוויזיציע פלאַמען

צו אַלעמענס ערשטוינונג איז דער טיבער טייך יענעם זומער אַריבער זיינע ברעגעס און פאַרוואַנדלט גאַנץ רוים אין איין גרויסן וואַסער, און עטליכע וואָכן שפּעטער איז ליסאַבאָן באַטראָפן געוואָרן פון אַ שרעקליכן ערדציטערניש וואָס האָט באַגראָבן טויזנטער מענטשן לעבעדיגערהייט. די שטוינענדע נבואות פון רבי שלמה וואָס זענען אַזוי פונקטליך מקויים געוואָרן, האָט אים געברענגט אומגעהויערע שעצונג און אַנערקענונג צווישן די מאַסן. ביי די אידן האָט דאָס געגעבן אַ שטאַרקן שטופּ אָנצונעמען זיינע חזיונות איבער דער גאולה, און אַ גאולה-בענקעניש האָט אַרומגעכאַפּט די אידן אין איטאַליע.

פון דער אַנדערער זייט זענען אָבער דווקא געווען אַסאַך אידן וועלכע זענען געווען שטאַרק דערשראָקן פון רבי שלמה'ס אַקטיוויטעטן. זיין אָנרייצן די מאַסן איבער דער גאולה שלימה האָט אַרויסגערופן גרויס זאָרג אַז דאָס וועט שלעכט אויסגעטייטשט ווערן דורך די גוי'אישע הערשער, אַזוי ווייט אַז טייל אידן האָבן אים דן געווען אַלס רודף און באַשלאָסן צו נוצן אַלע מיטלען אים אָפּצושטעלן. זיי זענען געגאַנגען אַזוי ווייט ביז'ן אָנהעצן די אינקוויזיציע אין איטאַליע אַז רבי

שלמה איז אַ מאַראַן וועלכער האָט זיך אומגעקערט צו אידישקייט, און דערפאַר קומט אים טויט-שטראָף!

א פאן פון ר' שלמה מולכו, געמאכט פון זיידן, מיט אויפשריפטן פון האפענונג צו די גאולה

די גלחים האָבן ווירקליך אַרויסגעגעבן קעגן אים אַ טויט-אורטייל, אָבער דער פויפסט, וועלכער האָט געהאַט געליגט שטאַרקע האָפענונגען אויף די חלומות פון רבי שלמה און דוד הראובני, האָט שטילערהייט איבערגעגעבן פאַר די אינקוויזיטאָרן אַ צווייטן מענטש וואָס האָט אויסגעזען ענליך צו רבי שלמה, און יענער איז אַרויפגעברענגט געוואָרן אויף דער אויטאָ-דאַ-פע.

ווען די מאַסן האָבן זיך איבערצייגט אַז רבי שלמה געפינט זיך ווייטער אַ לעבעדיגער אויף דער פריי, איז עס באַטראַכט געוואָרן ווי אַ פרישער 'מופת' אַז ער איז אַרויס לעבעדיגערהייט פון די פלאַמען. רבי שלמה איז אינצווישן אַנטלאָפן פון רוים, וואו די אינקוויזיציע האָט אים געזוכט אומברענגען, און ער האָט זיך פריש אַרויסגעלאָזט אינאיינעם מיט דוד הראובני צו טרעפן אַנדערע מיטלען צו דערגרייכן זייער ציל.

די וואָרענונג פון דייטשן שתדלן רבי יוסלמאַן

פאַר אַ שטיק צייט האָבן זיי בײדע זיך באַזעצט אין ווענעציע, וועלכע איז דאַן געווען אַ זעלבסטשטענדיגע און איינפלוסרייכע קריסטליכע קעניגרייך. צוערשט האָבן די ווענעציאַנער געוואָלט נוצן דעם איינפלוס פון די צוויי אידן אינעם קאַמף קעגן די טערקן, וועלכע האָבן געשטערט דעם ווענעציאַנער האַנדל אינעם מיטללענדישן ים, אָבער עווענטועל האָט מען זיי אויך אָנגערייצט קעגן דעם 'מאַראַן' וואָס האָט אַוועקגעוואָרפן דעם קריסטליכן גלויבן, און די צוויי אידן זענען געווען געצוואונגען אויך צו אַנטלויפן פון ווענעציע.

פון דאָרט האָבן זיי זיך געוואַנדן צו רעגענסבורג, דייטשלאַנד, וואו דער דערמאַנטער קייזער קאַרל האָט זיך דאַן אויפגעהאַלטן. קאַרל איז דאַן געווען טיף פאַרוויקלט אין אַ מלחמה קעגן דעם פויפסט, ווי אויך איז ער געווען מער טאָלעראַנט צו די פראָטעסטאַנטן ווי דער פויפסט. אין דער זעלבער צייט איז ער געווען פון די מאַכטפולסטע קעניגן אין זיין צייט, און רבי שלמה האָט געהאָפט אַז ס'וועט אים געלונגען צו באַווייגן דעם קייזער צוצושטעלן די וואָפן און פינאַנצן

וואָס דוד הראובני האָט געוואָלט נוצן פאַר זיין 'אידישע אַרמיי'. דערצו ווען ער האָט אים געוואָלט פאָרשלאָגן אַז די אידן וועלן קעמפן אינאיינעם מיט אים קעגן די פאַרהאַסטע טערקן.

דאָרט אין רעגענסבורג האָט זיך דאַן אויך געפונען דער דערמאַנטער לעגענדאַרער שתדלן רבי יוסלמאַן, וועלכער האָט מיט זיין וויטן בליק פאָרגעזען דעם גרויסן אומגליק פון זייערע מסוכנ'דיגע שריט, וואָס ער האָט מורא געהאַט אַז ס'וועט זיך אויך אָפּרופן אויף די דייטשע אידן און אַנדערע אידן אונטער דער לאַנגער האַנט פונעם מעכטיגן קייזער. ער האָט זיך דעריבער געאיילט צו שיקן אַ לאַנגען בריוו "אל החכם האלקי האדם הדגול המופלג בתורה, הצדיק והחסיד רבי שלמה יאיר נרו".

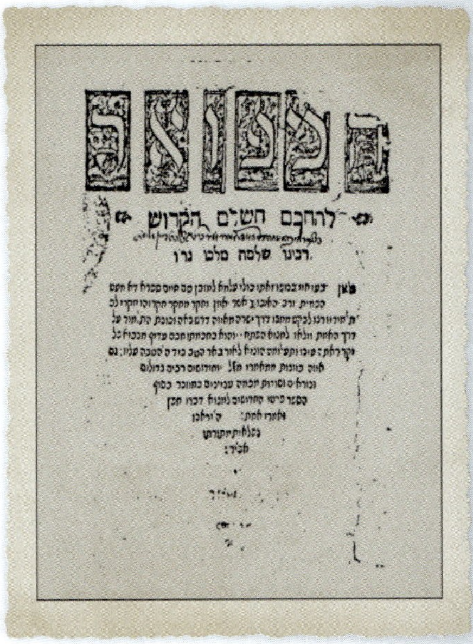
המפואר
להחכם השלם הקדוש
רבינו שלמה מלכו נרו

שער בלאט פון ספר "המפואר" פארפאסט דורך ר' שלמה מולכו מיט קבלה ענינים אויף די גאולה

אינעם בריוו דרוקט רבי יוסלמאַן אויס שעצונג צו רבי שלמה'ס מסירות נפש זיך אומצוקערן צו אידישקייט, אָבער ער בעט און וואָרנט אַז ער זאָל זיך אָפּלאָזן פון זיינע פלענער און פאַנטאַזיעס. ער וואָרנט אים אָן אַז דאָס עובר זיין אויף דער שבועה "שלא יעלו בחומה" און דאָס אויפרייצן דעם מאַכטפולן קייזער קאַרל, קען האָבן קאַטאַסטראָפאַלע קאָנסעקווענצן קעגן אידישע קינדער.

צום באַדויערן האָט רבי שלמה נישט אָנגענומען די וואָרענונג פון ר' יוסלמאַן. ווען ר' יוסלמאַן האָט געהערט אַז רבי שלמה זעצט פאָר מיט זיין פּלאַן זיך צו טרעפן מיט'ן קייזער, האָט ער אינעם זעלבן טאָג פאַרלאָזט רעגנסבורג כדי דער קייזער זאָל נישט מאַכן קיין פאַרבינדונג צווישן יענעם טרוימער און רבי יוסלמאַן.

דער טראַגישער אומקום על קידוש ה'

ווען רבי שלמה איז אָנגעקומען קיין רעגנסבורג איז אים געלונגען צו קריגן אַן אוידיענץ ביים קייזער. פונקטליך וואָס זיי האָבן גערעדט איז נישט באַקאַנט, אָבער דער באַזוך האָט זיך געענדיגט זייער טראַגיש. אַלס הייסער קאַטאָליק האָט קאַרל געצאָרנט אויפ'ן יונגען מאַראַן וועלכער האָט אַוועקגעוואָרפן דעם קריסטליכן גלויבן און זיך אומגעקערט צום שויס פון דער אידישער אמונה. דער שוץ-בריוו פונעם פויפסט האָט געהאַט אַ קנאַפּע ווירקונג אויפ'ן קייזער, וועלכער איז געווען אין שלעכטע באַציאונגען מיט'ן פויפסט, און דער קייזער האָט באַפוילן איבערצוגעבן רבי שלמה פאַר דער אינקוויזיציע אים צו פאַרברענען.

מאנטל פון ר׳ שלמה מולכו וואס ליגט אין די אידישע מוזעאום אין פראג

רבי שלמה איז דורך די אינקוויזיטאָרן געפירט געוואָרן קיין איטאַליע, וואו ער איז אַ קורצע צייט דערויף אַרויסגעפירט געוואָרן צום שייטערהויפן. די גלחים האָבן אַזוי געציטערט פון זיין אויסטערלישן כח הדיבור, אַז זיי האָבן אים אַריינגעלייגט אַ גראָבן קלאָץ אין מויל אַז ער זאָל נישט קענען רעדן צו די פאַרזאַמלטע מאַסן.

האַרט פאַר זיין טויט האָט מען אים אַרויסגענומען דעם קלאָץ און אַ גלח האָט אים געפרעגט אויב ער האָט חרטה אויף זיין שריט און איז גרייט צו ווערן צוריק אַ קריסט, אויף וואָס רבי שלמה האָט געענטפערט: ״מיין איינציגע חרטה איז נאָר אויף די 22 יאָר וואָס איך האָב געבלאָנדזשעט אין דער פינסטערער קריסטליכער רעליגיע. יעצט ווילט איר איך זאָל זיך צו איר אומקערן?! טוט מיט מיר וואָס איר ווילט!״ מיט די ווערטער איז ער אומגעקומען אויף קידוש השם.

דוד הראובני איז אויך איינגעשפאַרט געוואָרן דורך קייזער קאַרל און איז עטליכע יאָר שפעטער אומגעקומען אין אַ שפאַנישער טורמע.

די נאָכווייען פון דחיקת הקץ

ס׳איז אומקלאָר ווער פונקטליך דער דוד הראובני איז געווען און וואָס איז געווען זיין ציל מיט׳ן אויפפלאַקערן די הערצער פון אַזויפיל אידן צו זייער אייביגער באַפרייאונג, אָבער רבי שלמה מולכו איז קלאָר געווען אַ צדיק וקדוש[3], וואָס זיין גאַנצער שטרעבן איז געווען דער תיקון השלם; ס׳זאָל שוין זיין ׳יתגדל ויתקדש שמיה רבא׳.

מיט דעם אַלעם איז ער געטריבן געוואָרן דורך אַ רייץ צו דערנענטערן די גאולה שלימה דורך מענטשליכע פעולות איידער דער צייט, און דאָס האָט געפירט צו שרעקליכע נאָכווייען. נישט

3) מערערע פון די גרעסטע גדולי ישראל במשך הדורות באטיטלען רבי שלמה אלס צדיק וקדוש. דער הייליגער חרדים שרייבט אויף אים ״וכן אמר הקדוש רבינו שלמה מולכו ז״ל.״ ס׳איז באקאנט אז דער הייליגער בית יוסף, וועלכער האט געלערנט מיט רבי שלמה, ווי דערמאנט, האט משתוקק געווען אומצוקומען אויף קידוש השם פונקט ווי רבי שלמה, און אין ספר מגיד מישרים ברענגט ער וואס דער מלאך האט אים געזאגט (מגיד משרים פר׳ ברכה): ״ואזכך לאתוקדא [להשרף] בארץ ישראל ברבים לקדשא שמי בפרהסיא וכו׳, **כך שלמה בחירי זכה דמיתקרי מולכו וכו׳ וסליק לרעוא על מדבחי** [כמו שזכה ידידי שלמה הנקרא מולכו, שעלה לרצון על מזבחי]״. און אזוי נאך פיל אנדערע.

ס׳וועט אויך זיין אינטערעסאנט צו דערמאנען אז די אחרונים לערנען ארויס געוויסע הלכות פון די ציצית וואס רבי שלמה האט געטראגן. דער תוספת יו״ט אין ספר דברי חמודות (הל׳ ציצית סי׳ כ״ה) ברענגט אז ער האט געזען אין פראג צוויי פענער פון רבי שלמה, א קיטל און ציצית, און ער לערנט ארויס פארשידענע הלכות פון די ציצית. עיי״ש. וע״ע במג״א (סי׳ י״א ס״ק כ״ב) ואליהו רבא (שם ס״ק כ׳).

בלויז איז רבי שלמה זעלבסט אומגעברענגט געוואָרן אויף קידוש השם אין אַ יונגען עלטער, נאָר זיינע פעולות האָבן געהאַט שווערע פאָלגן פאַר אידן איבעראַל וואו ער איז נאָר אָנגעקומען.

אין פאָרטוגאַל איז געציילטע יאָרן שפעטער געגרינדעט געוואָרן די אָפיציעלע אינקוויזיציע, וועלכע האָט ביז דאַן נישט עקזיסטירט [טראָץ די אַלע אויבנדערמאַנטע רדיפות און גזירות שמד], אויך אין איטאַליע איז געציילטע יאָרן דערויף אַרויף אויפ'ן טראָן אַ נייער פויפסט, וועלכער איז געווען ווייניגער טאָלעראַנט ווי זיין פאָרגייער. ער האָט גוזר געווען שווערע גזירות אויף אידן, אין שפיץ פון דער טרויעריגער באַרימטער "שריפת התלמוד" וואָס איז פאָרגעקומען אום סאַמע ראש השנה אין יאָר שי"ד. כמעט צוויי יאָר שפעטער, אום תשעה באב שט"ו, האָט דער נייער פויפסט, דער רשע פאָולוס-דער פערטער, באַפוילן אַלע איטאַליענער אידן אַריינצוגיין אין געטאָ, און דאַן איז אויך איינגעפירט געוואָרן דער ערשטער סאָרט 'געלע לאַטע' וואָס אַלע אידן האָבן געמוזט אָנטון ביים אַרויסגיין פון געטאָ.

ווי דער יעב"ץ שרייבט קלאָר[4], אַז די "פאַרבלאָנזשעטע טפשים, ווי בר כוזיבא, דוד אלמוסר, רבי שלמה מולכו, און אַנדערע, וועלכע באַנוצן זיך מיט השבעות און קבלה מעשיות[5], די נאַראָנים האָבן עובר געווען און זיי זענען באַשטראָפט געוואָרן. טראָץ וואָס זייער כוונה איז געווען אַ גוטע און זיי האָבן נישט עובר געווען אויף אַנדערע מצות התורה, פאָרט האָבן זיי עובר געווען אויף דער שבועה וואָס דער אויבערשטער האָט באַשוואוירן די אידן שלא ידחקו את הקץ. זיי זענען געווען אַ שטרויכלונג און אַן אבן נגף פאַר די אידישע קינדער אויפצואוועקן אויף זיי די קנאה און פיינטשאַפט פון די פעלקער, און צו דערווייטערן פון זיי די וואונדערליכע השגחת השי"ת וואָס האָט אָפגעהיטן אידישע קינדער איבער'ן לאַנגען גלות," עיי"ש.

4) עי' בסידור היעב"ץ על פרק שירה, ובאריכות בספרו מגדל עוז סוף עליית הטבע אות ז'

5) פון די ווערטער פון יעב"ץ קומט אויס אז רבי שלמה האט זיך באנוצט מיט שמות הקדושים און קבלה מעשיות, אויך מעגליך אז ער האט געניצט קבלה מעשית פאר אנדערע צוועקן וואס איז אונז אומבאקאנט, אין זיין מיסיע צו דערנענטערן די גאולה פאר די צייט.

ס'איז כדאי אנצואווייזן אויף די ווערטער פון הגה"ק רבי חיים וויטאל זי"ע, וואס מיר האבן געברענגט אין א פריערדיגע הערה, וואו ער ווייזט אָן "וקח ראי' מרבי יוסף דילה ריינה ורבי שלמה מולכו שהשתמשו בקבלה מעשית ונאבדו מן העולם". פון זיין צוזאמשטעלן די צוויי ווייזט אויך אויס גאנץ קלאר אז רבי שלמה האט גענוצט קבלה מעשיות אין זיין פרואוו צו מקרב זיין די גאולה.

קאַפּיטל ז'

משיח שקר שבתי צבי

"זינט'ן וועלט-באַשאַף איז נישט פאָרגעקומען אַזאַ אויפטרייסלונג ביים כלל ישראל," דרוקט זיך אויס דער הייליגער חוות יאיר[1] אין באַצוג צו די טרויעריגע פאַסירונגען, די ריזיגע גאולה באַוועגונג און די אויסגעבלאָזענע האָפענונג וואָס האָט אַרומגענומען די גאַנצע אידישע וועלט אין די יאָרן פון ה' אלפים תכ"ו לפ"ג און ווייטער, וואָס האָט אָנגעהאַלטן פאַר לאַנגע יאָרן, מיט'ן אויפקום פונעם משיח שקר שבתי צבי, שר"י.

The Port of Smyrna.

די פּאָרט שטאָט איזמיר

פילע פאַלשע משיחי שקר זענען אויפגעשטאַנען צווישן אידן אין לויף פונעם לאַנגען גלות, אָבער קיינער האָט נישט אַזוי מצליח געווען אַריינצונעמען דעם גרעסטן טייל פון כלל ישראל - און איבערגעלאָזט אידישע קינדער אַזוי צעבראָכן און אַנטוישט מיט אַזעלכע פערמאַנענטע שאָדנס, אויך לאַנגע דורות נאָך זיין טויט - ווי דער גרעסטער משיח שקר אין דער היסטאָריע פון כלל ישראל, שבתי צבי.

1) אין די רשימות פון זיין ספר יאיר נתיב בכת"י (כתב יד וורשה, המכון להיסטוריה יהודית, מס' 180/1), עמ' קי"ג: "מעניני משיח המדומה שאירע בשנת תכ"ו ואילך. ולדעתי מעת שנברא העולם לא היתה חרדה כזאת בישראל, ועד היום אין אדם יודע עד מה היה לו".

דער טאַלאַנטפולער יונג

אין דער שטאָט איזמיר, טערקיי, איז אינעם טרויעריגן טאָג תשעה באב שנת שפ"ו געבוירן געוואָרן אַ יונגל צו מרדכי צבי, אַן אָרטיגער אידישער סוחר, וועלכן ער האָט אַ נאָמען געגעבן שבתי צוליב דעם וואָס ער איז געבוירן אום שבת. ווען דאָס קינד איז אויסגעוואַקסן איז ער אַריין לערנען ביים גאון רבי יוסף איסקאַפע זצ"ל, בעל ראש יוסף, פון די גרויסע רבנים אין איזמיר.

דאס אידישע קווארטל אין איזמיר

פון זיין גאָר פריער יוגנט האָט שבתי געצויגן אויפמערקזאַמקייט מיט זיין פערזענליכקייט און באַנעמונג. ער האָט געהאַט אַ גרויסן כח אין נגינה און אין רעדן, וואָס האָט אַנטציקט אַלע זיינע צוהערער. אין אַ געוויסער תקופה האָט ער אָנגעהויבן לערנען קבלה און פראַווען סיגופים. אַנשטאָט די געוועגליכע לימודים פון גמרא און שולחן ערוך, האָט ער פאַרמערט עוסק צו זיין בעיקר אין תורת הנסתר, פאַסטן און זיך טובל'ן אין קאַלטע וואַסער. זיין ספעציעלע פירונג האָט אויף אים אַרויסגערופן שעצונג, און צוביסלעך האָבן זיך צו אים צוגעשאַרט עטליכע יונגע בני תורה, וואָס האָבן געלערנט פון אים נגלה און נסתר. זיי פלעגן אָפט אַרויסגיין זיך מתבודד זיין אין די פעלדער ווייט פון די מענטשליכע אויגן, צו לערנען חכמת הקבלה[2], זיך טובל'ן אין ים און פאַסטן אַ גאַנצן טאָג.

שוין דאַן האָט שבתי זיך אַרויסגעשטעלט צו זיין אַ מאָדנער כאַראַקטער וואָס האָט דורכגעפירט קוריאָזע אַקטן. ער האָט זיך אַרומגעדרייט מיט הוילע דמיונות און געטון אַסאַך מאָדנע זאַכן.

2) אין ספה"ק מאור ושמש (פר' אמור) ווערט דערמאנט, אז דער כת פון שבתי צבי זענען צוגעקומען צו אלע זייערע זינד וויבאלד זיי האבן נישט געלערנט די הייליגע סודות התורה מיט א ריינעם גוף, זיי האבן נישט אכט געגעבן אויף טהרה און טבילת מקוה. וזלש"ק: "זאת היה מחמת שהיו לומדים תורה ולא נזהרו בטבילה זו, והכת שבתי צבי ימח שמם שהיו אז בימים ההם, ומזה נעשו אפיקורסים שלמדו ספרי קבלה בטומאת הגוף", עיי"ש באריכות.

משיח'יסטישע איינרעדענישן

אין איינעם פון די טעג האָט שבתי צבי פּראָקלאַמירט אַז ער האָט געהערט אַ כרוז אין זיין קאָפּ אַז ער וועסט זיין דער אויסלייזער פון אידן. אין זיין דמיון זענען די אבות הק' געקומען אים מבשר זיין אַז ער וועט זיין דער אויסדערוועלטער משיח ה'. דאַן האָט ער דערקלערט פאַר זיין קליקע אַז משיח איז שוין דאָ, און האָט זיך גענומען דורכפירן פאַרשידענע אַקטן וועלכע זענען פאַרבינדן מיט איסורים חמורים, אַ שטייגער ווי אַרויסזאָגן דעם שם המפורש מיט אירע נקודות, געגנוי ווי דער כהן גדול האָט געטון אין בית המקדש א.א.וו.

א בילד פון די שטאט איזמיר געמאלן אין יאר תע"ה

די רבנים פון איזמיר, דערונטער זיין רבי הג"ר יוסף אוסקאפּע ז"ל און הגאון רבי אהרן לפּאפּה זצ"ל בעל שו"ת בני אהרן, האָבן זיך דאַן צוזאַמגעזעצט און מחליט געווען צו פאַרטרייבן דעם יונג פון דער שטאָט.

פון איזמיר האָט ער געוואָגלט קיין סאַלוניקי, די גרעסטע אידישע קהלה אין טערקיי, דערנאָך קיין איסטאַנבול. איבעראַל האָט ער צוערשט באַוויזן צו באַאיינפלוסן די מאַסן און געלאָזט אויף זיי אַ גוטן רושם. זיינע שטאַרקע הרגשים און געשמאַקע נגינה האָבן צוגעצויגן מאַסן מענטשן צו אים, אָבער דערנאָך ווען זיינע אומאויסגעהאַלטענע אַקטיוויטעטן זענען באַקאַנט געוואָרן, האָט עס געצויגן די פאַרדאַמונגען און חרמות פון די שטאָטישע רבנים און ער איז געצוואונגען געוואָרן צו פאַרלאָזן די געגנט און זיך ווענדן צו זיין קומענדיגער דעסטינאַציע - ארץ ישראל.

מיט'ן נביא שקר נתן העזתי

אין ארץ ישראל האָט ער ווייטער פאָרגעזעצט זיינע מנהגים - געפאַסט משבת לשבת און אַרויס אין די פעלדער פאַר זיינע מאָדנע קבלה'שע עבודות. שפעטער איז ער געפאָרן קיין מצרים אַלס דער שד"ר צו זאַמלען געלט פאַר דער אידישער קהלה אין ירושלים, און פון מצרים האָט ער געמאַכט זיין וועג צוריק קיין עזה, וואו דאָרט האָט ער אָנגעטראָפן דעם נביא שקר נתן העזתי.

דער צוזאַמענטרעף צווישן די צוויי אין חודש אייר תכ"ה לפ"ק, איז געווען דער ביטערער אָנהויב פאַר אַ שווערער עפּאָכע. נתן העזתי איז געווען אַ מאַן וואָס האָט פונקט ווי שבתי צבי זיך באַנוצט מיט 'קבלה מעשיות' און זיך פאַלש דערקלערט אַלס אַ נביא ה'. די צוויי האָבן באַלד

געמאַכט אַ בונד איינער מיט'ן צווייטן, און פון דאָ און ווייטער האָט נתן אַגאַנזשירט די ריזיגע באַוועגונג אין שטיצע פונעם משיח שקר אין אַלע אידישע צענטערן.

ביים באַגעגעניש צווישן די צוויי איז באַשלאָסן געוואָרן אַז ס'איז געקומען די צייט פון דער 'גאולה', און שבתי צבי איז געקרוינט געוואָרן דורך נתן העזתי אַלס דער גואל צדק. נאָך אַ קורצער תקופה האָבן די חכמי ירושלים באַוויזן צו פאַרטרייבן שבתי צבי, אָבער דאַן האָט זיך שוין די טאַבע אָנגעהויבן קייקלען באַרג אַראָפּ מיט אומגלויבליכע און דראַסטישע רעזולטאַטן.

דער נביא שקר נתן העזתי האָט זיך פולשטענדיג געשטעלט אין דינסט פון שבתי צבי. פון עזה האָט ער אָנגעהויבן פאַרפלייצן די אידישע שטעט און קהלות איבער דער גאָרער וועלט מיט בריוון און קונטרסים, וועלכע שטעלן פאָר זיינע 'דברי נבואה' מיט דער גרויסער בשורה אַז משיח וועט אָט נתגלה ווערן אין פאָרעם פון שבתי צבי - אַ בשורה וואָס איז אויפגענומען געוואָרן מיט וואַקסנדער פרייד און עקסטאַז ביי אידן אומעטום.

טענץ און געזאַנג

אָנהויב ווינטער תכ"ו האָט שבתי צבי זיך צוריקגעקערט קיין איזמיר, און די בשורה איבער זיין התגלות אַלס משיח האָט זיך אָנגעהויבן פאַרשפרייטן צווישן אידן איבער דער וועלט וועלכע זענען געוואָרן העכסט איבערגענומען, שפירנדיג אַז עפּעס אויסטערליש קומט פאָר.

די בשורה איבער דעם נייעם משיח זענען אָנגעקומען געענוי אין דער ריכטיגער צייט, שטייענדיג אונטער'ן שאָטן פון די שרעקליכע פאַסירונגען וואָס האָבן באַטראָפן אידישע קינדער אין די יאָרן פון שע"ח-ת"ח, ביי דער גרויסער דרייסיג-יעריגער מלחמה וואָס האָט געבוזשעוועט אין אייראָפּע און אָנגעזייט גרויסע חורבנות אין די אידישע קהלות. דער בלוטיגער קלימאַקס איז געקומען אין די יאָרן פון ת"ח ות"ט, ווען דער פירער פון די קאָזאַקן, חמעלניצקי ימ"ש, האָט אָנגעגריפן דאָס פוילישע מיליטער און צו דער זעלבער צייט זיך אַרויסגעלאָזט מיט זיינע באַנדעס אָנזייען חורבן און טויט דורכאויס די אידישע קהלות אין צפון-מזרח אייראָפּע, וועלכע זענען פאַרפלייצט געוואָרן מיט טייכן בלוט על קידוש שמו יתברך.

לויט רמזים וואָס ווערן דערמאַנט אין זוהר הק' איז דער יאָר ת"ח געווען אַ שנת פקודה און אַ מסוגל'דיגער זמן אַז די אידן זאָלן אויסגעלייזט ווערן פון גלות[3]. דערווייל האָט אָבער דער דור

3) באזירט אויף די ווערטער פון הייליגן זוהר (בראשית דף קלח:) "דבאלף שתיתאי לזמן ארבע מאות ותמניא שנין מניה, יהיו קיימין כל דיירי עפרא בקיומיהון, ובגיני כך אתערו חבירנא על פסוקא דקרא לון בני ח"ת, ח"ת דיתערון לח"ת שנה, והיינו דכתיב (ויקרא כה יג) בשנת היובל הזאת תשובו איש אל אחוזתו, כשישתלם ה"זאת", שהוא חמשת אלפים וארבע מאות ותמניא, תשובו איש אל אחוזתו,

ליידער נישט זוכה געווען דערצו, און דאָס יאָר איז פאַרוואַנדלט געוואָרן אין דאָס פאַרקערטע, מיט מאַסן שחיטות און פאָגראָמען אויף צענדליגער טויזנטער אידישע קינדער וואָס האָבן אויסגעשטרעקט זייער האַלז אויף קידוש השם הי"ד.

אַצינד ווען די קלאַנגען איבער דער נייער גאולה האָבן אָנגעהויבן קורסירן, האָט נישט געפעלט קיין סאַך אַז דאָס צעבראָכענע פאָלק זאָל זיך אָנכאַפּן אינעם צוגעזאָגטן טרייסט און אויפנעמען די שמועות מיט אומבאַגרעניצטע פרייד און האָפענונג.

שבתי צבי האָט פאַקטיש באַוויזן פאַרשידענע וואונדערליכע זאַכן און אומנאַטורליכע מופתים וואָס האָט געברענגט איבערצוייגן מענטשן אין זיין כח. צווישן אַנדערע מאָדנע ערשיינונגען האָבן הונדערטער מענטשן אין מערערע שטעט פלוצלינג אָנגעהויבן זאָגן וואונדערליכע נביאות; פרויען און קינדער זענען אַראָפּגעפאַלן אויף דער ערד מורמלענדיג ווערטער אין לשון הקודש, באַגלייט מיט גאַנצע שטיקלעך פון זוהר, וועלכע האָבן אָנגעדייטעט אַז שבתי צבי וועט זיין דער משיח. אין דער שטאָט איזמיר אַליין זענען אויפאַמאָל געווען מער ווי צוויי-הונדערט נביאים ונביאות וואָס האָבן אַלע נבואה געזאָגט איבער שבתי צבי[4].

ווי דער הייליגער יעב"ץ שרייבט[5] האָט דער שטן דעמאָלטס באַקומען אַ געוואַלדיגן כח צו פאַרנאַרן אידן, און די כוחות הטומאה האָבן באַוויזן אַהערצושטעלן גרויסע נסים ונפלאות וואָס האָבן אויפגעטרייסלט אידישע הערצער מיט דער האָפענונג אַז שבתי צבי איז ווירקליך דער משיח וואָס וועט אונז אַרויסנעמען פון גלות, רח"ל.

אויך די גוי'אישע פעלקער האָבן זיך פאַראינטערעסירט און געשריבן אין זייערע בלעטער איבער די נייעס, אַ זאַך וואָס איז דאַן אויסגעטייטשט געוואָרן ווי די מכלומר'שע פאַרווירקליכונג פון די פסוקי הנבואה: "וראו כי כל עמי הארץ כי שם ה' נקרא עליך ויראו ממך"[6]; "והיה ביום ההוא שורש ישי אשר עומד לנס עמים, אליו גוים ידרושו"[7].

ווען די בריוון פון נתן הנביא זענען אָנגעקומען צו די אידישע קהלות, זענען אין מערערע שולן פאָרגעקומען טענץ און געזאַנג, און אַנדערע האָבן געזאָגט הלל אין אַ יום טוב'דיגער שטימונג. אידן האָבן שוין קוים געקענט אויסוואַרטן נאָך די ביטערע צרות פון ת"ח ות"ט צו מקבל זיין פני משיח צדקינו, און אַצינד איז מען זוכה צו הערן די גוטע בשורה! און עס האָט זיך זייער געוואָלט

אל נשמתו שהיא אחוזתו ונחלתו".

4) קיצור ציצת נובל צבי.

5) תורת הקנאות עמוד 9.

6) דברים כח י.

7) ישעי' יא י.

גלייבן די אַנדייטונגען אויף אַ גאולה. ס'זענען געווען עטליכע פאַרפירערישע סיבות פאַרוואָס דאָס אָנצונעמען, און מען איז פאַרנאַרט געוואָרן נאָך די פריידיגע קלאַנגען[8].

דער נאָמען פון שבתי צבי איז מפורסם געוואָרן אין דער גאַנצע וועלט - פון תימן ביז רוסלאַנד, פון ענגלאַנד ביז טערקיי, פון אונגאַרן צום ווייטן פרס. איבעראַל וואו עס האָט עקזיסטירט אַ אידישע קהלה איז אויפגעכאַפט געוואָרן דער נאָמען פונעם נייעם משיח, שבתי צבי.

די תשובה-באַוועגונג אומעטום

אין די ראַמען פון זיינע נבואות איבער'ן נאָנטן התגלות פון דער גאולה שלימה, האָט דער נביא שקר נתן העזתי אויך אויפגעפאָדערט אַז מ'זאָל אָנהויבן תשובה טון אַלס צוגרייטונג צום אָנקום פון משיח. ער האָט אַרויסגעגעבן ספעציעלע תיקונים פאַר יעדן, מיט פאַרשידענע סיגופים און תיקוני תשובה וואָס מען דאַרף זיך אונטערנעמען.

א געמאָלן בילד אין א דייטשע בלעטל ווי נתן העזתי שר"י נעמט מכלומר'שט צוזאם די פארלוירענע עשרת השבטים עפ"ל

און ווירקליך האָט זיך די תשובה-באַוועגונג פאַרשפרייט בכל תפוצות ישראל. פילע האָבן פאַרקויפט זייער גאַנצן האָב-און-גוטס און זיך געזעצט אין בית המדרש עוסק זיין אין תשובה ותיקון המעשים. אַנדערע האָבן זיך געלאָזט מסגף זיין מיט שווערע סיגופים זיך אויסצולייטערן פון די עבירות[9].

8) "והסיבה שנמשכו אחריו רוב בני ישראל הי' כי ש"ץ הי' בקי בכל הש"ס ופוסקים וכל כתבי האר"י הכל הי' רגיל על לשונו עוד בבחרותו בהיותו בן ט"ו שנים, גם עבודתו בתעניתים וסיגופים ושירות ותשבחות הי' עד להפליא בעיני כל רואיו. גם הראה אותות ומופתים נוראים והחזיר אלפים מישראל בתשובה ובכל מקום בואו עשה בעלי תשובות, כמובא כ"ז בספרי המהר"י ששפורט ובספרי היעב"ץ ובשאר ספרים המדברים מזה, ואין תימה אם הי' בכוחו עי"ז להטעות את כל העם הרעבים וגם צמאים ונפשם בהם תתעטף לשמוע מקץ הגאולה. גם הרבה גדולים עצומים טעו בו בתחלה ע"י שראו כוחות העצומים הנזכרים לעיל בעוד שלא הי' ניכר עדיין כח הטומאה אשר בקרבו להסית ולהדיח מתורה ואמונה כאשר נתגלה לבסוף". (ויואל משה סי' קעה).

9) ועי' מש"כ בשו"ת עדות ביעקב, להג"ר יעקב די-בוטון ז"ל, שחי וזכר תקופה ההוא. וז"ל (סי' יח): "אמינא ולא מסתפינא שאף אם אלו העדים של קידושין היו רשעים בגופם בכל עבירות חמורות שבתורה והיו מן הדברים שבהם נפסלים העדים לעדות אליבא דכ"ע, הנה אי הוה דבזמן עשייתם היה קודם **זמן התשובה הגדולה הנעשית בזמן ההוא של שנת ה'תכ"ו, אשר אמנה הנה כי כן כל א' וא' שבו מדרכם**

פאַלגנד ציטירן מיר פונעם גאון וקדוש מהר"י ששפורטש זצ"ל וואָס ער שרייבט אין זיין ספר ציצת נובל צבי:

"די רייד זענען אויפגענומען געוואָרן אין די הערצער פונעם המון, און אויך געמאַכט אַן איינדרוק אויף טייל פון די רבנים. גאַנץ כלל ישראל איבער דער גאָרער וועלט, פון נאָנט און דער ווייט, זענען ערוועקט געוואָרן צו אַ גרויסער תשובה. איבעראַל האָט מען תשובה געטון מיט סיגופין, תעניתים מיט הפסקות פון אַ גאַנצער וואָך, טבילה אין קאַלט וואַסער, און נאָך סיגופים וואָס מען קען ניטאַמאָל שילדערן."

פאַלגנד איז אַ לעבעדיגע שילדערונג פון ר' לייב בן עוזר, דער שמש אין ק"ק אַמסטערדאַם, וועלכער האָט מיטגעלעבט יענע תקופה, און האָט אַראָפגעשריבן די געשעענישן פון יענער צייט אָריגינעל און קראַנט[10]:

"איבעראַל וואו אידן וואוינען, אין דייטשלאַנד, פוילן, איטאַליע און גאַנץ אייראָפּע, האָבן מענטשן עוסק געווען אין אַ שטאַרקער תשובה וואָס מען קען נישט באַשרייבן, ממש לא יאומן כי יסופר. אין יעדן פלאַץ זענען געווען פילע וועלכע האָבן געפאַסט פון ערב שבת ביז ערב שבת און זיך גע'טובל'ט מידי יום ביומו. די וואָס האָבן דאָס נישט געקענט פאַרנעמען האָבן געפאַסט צוויי אָדער דריי טעג רצופים, און ווייבער און קינדער האָבן געפאַסט אַמוויינגסטנס מאָנטאָג און דאָנערשטאָג.

יעדער איז אויפגעשטאַנען ביי חצות און געזאָגט תיקון חצות, און ביים עלות השחר איז מען געגאַנגען זיך טובל'ן און זייענדיג אין מקוה האָט מען געזאָגט דעם וידוי הגדול. דער געדרענג אין מקוה איז געווען אַזוי גרויס, אַז מען האָט איינפאַך נישט געקענט צוקומען אַהין צוליב'ן גרויסן שטופעניש.

אַ גאַנצן טאָג האָט מען עוסק געווען במצות און געזאָגט תיקון היום לויט ווי מען האָט דאַן מסדר געווען. מענטשן זענען געליגן ביינאַכט אין דער שניי און זיך דאָרט געקוילערט צווישן אַ פערטל און אַ האַלבע שעה. מען האָט זיך מסגף געווען מיט שטעכעדיגע גראָזן, און יעדן טאָג האָט מען זיך געלאָזט שלאָגן מלקות מיט אַ שווערן רוט, וואָס האָט געלאָזט ערנסטע וואונדן.

הרעה ושבו בתשובה שלמה בכל לבם בכמה מיני וידוים, והיו לוקים כמה וכמה מלקיות על כל חטא וחטא ועל כל שגיאה ושגיאה גדולה או קטנה, וכמה מיני סיגופים ותעניות לאין מספר וכאלה רבות עמהם, אשר אמנה לכ"ע בזמן ההוא אכשיר דרי וכבר התשובה בזמן ההוא היא היתה אם כל חי בכל המקומות אשר שם בני ישראל הקרובים והרחוקים ומהיותם רצים לעשות רצון יצרם נהפוך הוא שהם היו רצים לעשות רצון קונם ית', אשר אמנה ודאי בתוקף תשובה הגדולה ההיא **אשר כמוה לא נהייתה וכמוה לא תוסיף עד ישקיף ויערה עלינו רוח ממרום בעגלה ובזמן קריב בהי"ת.** הרי א"כ כל מוטה ניתקה וכל עון חטא נתכפר להם וחזרו לכשרותם בלי ספק ובמקום אשר יאמר להם לא עמי המה יאמר להם בני אל חי והלואי יהיה לבבם זה להם של אותן הימים כל הימים אכי"ר".

10) סיפור מעשי שבתי צבי.

מען האָט פאַרמערט צו געבן צדקה עד אין לשער[11], און קיינער האָט נישט געוואָלט אָנרירן די מטבעות וואָס האָבן אויף זיך אַ בילד פון אַ צלם. מעסערס אָדער בעכערס וועלכע האָבן געהאַט אויף זיך אַ צלם, זענען געוואָרן צעלאָזט אָדער צעבראָכן. אַסאַך האָבן פאַרקויפט זייערע הייזער פאַר העלפט פונעם פרייז, זייענדיג אַזוי פאַרזיכערט אַז מען וועט אַרויפגיין קיין ארץ ישראל, און כדי נישט צו דאַרפן דאָ לאָזן גאָרנישט, האָט מען פאַרקויפט דאָס גאַנצע פאַרמעגן פאַר האַלב פרייז.

עס זענען נישט געווען קיין אָרעמעלייט, ווייל יעדער האָט נאָר געזוכט צו האָבן וויפיל ס'פעלט זיך אויס פאַר די סאַמע וויכטיגסטע עסן-געברויכן בלויז אויף יענעם טאָג און נישט מער, און ווער ס'האָט נישט פאַרמאָגט, האָבן אים די בעלי בתים געשפייזט לויט זיין געברויך. איבערהויפט די בני תורה האָט יעדער געזוכט אַריינצונעמען אין שטוב, זיי זאָלן קענען לערנען תורה בייטאָג און ביינאַכט, און מ'וועט אים אויסהאַלטן. אין קורצן: ס'איז נישט געווען קיין שלעכטער איד אָדער אַ רשע אין יענער צייט, ווייל יעדער האָט מהרהר בתשובה געווען, אַזאַ תשובה וואָס געדענקט זיך נישט. מען האָט גאָרנישט געטון נאָר געזיצן יומם ולילה און די בתי כנסיות און בתי מדרשות איינגעהילט אין כוונות און תשובה."

ווי עס איז מבואר אין די ספה"ק פון רביה"ק מסאַטמאַר זי"ע[12] האָבן די אמת'ע צדיקים אין יענעם דור פאַרשטאַנען אַז אָט די תשובה האָט נישט קיין חשיבות, וויבאַלד עס שטאַמט פון אַ שלעכטן קוואַל, און אין דער ענדע איז טאַקע אַנטדעקט געוואָרן אַז די באַוועגונג האָט בלויז געברענגט טומאה און עבירות. דאָס אַלעס איז געווען אַ תחבולה פון די כוחות הטומאה איבערצורעדן אידן זיי זאָלן גלייבן אין אַ פאַלשער גאולה.

אין אַלע שולן און בתי מדרשים איז איינגעפירט געוואָרן אַז די כהנים זאָלן עולה זיין לדוכן יעדן טאָג, אַזוי ווי עס איז דער מנהג אין ארץ ישראל. אויך האָט מען קובע געווען צו זאָגן דריי מאָל אַ טאָג נאָכ'ן דאַווענען קאַפּיטל כ"א פון ספר תהלים, וואו די שבתי צבי סימפּאַטיקער האָבן

11) הגאון רבינו שמואל ב"ר דוד משה הלוי סג"ל זצ"ל בעל נחלת שבעה, וועלכער האט מיטגעלעבט יענע תקופה, איז מבאר אין א תשובה די הלכה מיט א איד וואס האט מנדב געווען אסאך געלט פאר צדקה זייענדיג אונטער'ן איינפלוס פון דער ש"ץ באוועגונג, אבער שפעטער האט ער זיך דערזען אז ער קען זיך נישט ערלויבן אזעלכע סומעס.

וז"ל בשו"ת נחלת שבעה (סי' פא): "שנת תכ"ו, **שהיו עיני כל ישראל מצפים לישועה כל שעה עד שרוב העולם ורובם ככולם חשבו שלא ימשך הגלות עוד שנה או שנתיים לכל היותר** על פי כמה אותות ומופתים וכתבים שונים כידוע ומפורסם בכל הגולה.... וביני וביני באו שלוחי ארץ ישראל וגבו מעות ארץ ישראל ועל פי פיתוי וחלקלקות שפתיו של המשולח ההוא פיתה אחד מרבנן שיכתוב גם כן נדבתו מה שינדב בפנקסו... ואומדנא דמוכח שלא היה נודר סך כזה עד עולם **אם לא חישב גם כן בדעתו שבמהרה נגאל** ולא נצטרך להגבות לצורך עניי ארץ ישראל כי ההוא מרבנן אינו אמיד לסך זה מדי שנה בשנה רק לשנה או לשנתיים היה סובל איזה הכבדה **באשר באותו פעם ידוע ומפורסם שהיו כל ישראל מפזרים ממון לרוב שלא בטעם...**

ואם כן מכל שכן כאן שבשנת תכ"ו תכ"ז **היו כל העולם סבורים שיהא הגאולה בזמן מועט** ואם כן אין הדברים שבלבו בלבד רק דברים שבלב כל העולם".

12) ספה"ק על הגאולה ועל התמורה (סי' נו). וע"ע בספה"ק ויואל משה (סי' פ).

געפונען אַ 'רמז' אויף זיין נאָמען. די מנהגים זענען געוואָרן אַזוי פאַרשפרייט, אַז יאָרן דערויף האָבן נאָך גדולי ישראל געפירט אַ מלחמה אויסצורייסן די זאַכן[13]. טראָצדעם וואָס דוכנ'ען און זאָגן אַ קאַפיטל תהלים איז נישט קיין עבירה, האָבן די גאוני הדור מתריע געווען אַז יעדע זאַך וואָס קומט פון רשעים דאַרף מען דערווייטערן אפילו מ'האָט דערביי אַ גוטע כוונה. איבערהויפט אַזעלכע מנהגים וועלכע שטאַמען פון אַ כפירה'דיגער באַוועגונג איז געוויס אין כלל פון 'אין מגלגלין זכות על ידי חייב' און עס פאַרמאָגט אַ חשש אַז מען זאָל חלילה נאָכגעשלעפט ווערן נאָך מינות[14].

אין הויז-אַרעסט

פון איזמיר איז שבתי צבי געפאָרן קיין קושטא. דאָרט האָט אים אָבער אָפּגעוואַרט אַן אומאַנגענעמע איבערראַשונג ווען ער איז גענומען געוואָרן דורך דער טערקישער רעגירונג אין הויז-אַרעסט. אָבער אַדאַנק די ריזיגע שוחד געלטער וואָס זענען געפלאָסן פון זיינע אָנהענגער צו די טורמע באַאַמטע, האָבן זיי ערלויבט כמעט-פרייע צוטריט צו שבתי צבי, און אים איינגעאָרדענט אַ באַקוועמע אָרט אין דער טורמע פעסטונג, וואָס האָט באַקומען דעם אויסזען פון אַ קעניגליכן פאַלאַץ, און די שבתי צבי'ניקעס האָבן עס געגעבן אַ נייעם נאָמען, "מגדול עוז".

ערב פסח האָט שבתי צבי גע'שחט'ן אַ כבש און עס געגעסן אַלס קרבן פסח, אינאיינעם מיט די חלב דערפון, זייענדיג דערמיט עובר איסורי כריתות ל"ע, און צו די נאָכפאָלגענדע ימי בין המצרים פון יאָר תכ"ו האָט ער קאַטאָגאָריש דערקלערט אַז מען דאַרף שוין נישט פאַסטן אין די תעניתים וואָס חז"ל האָבן קובע געווען, נאָר פאַרקערט, ס'איז ערשינען אַ כרוז וואָס רופט אַלע טערקישע אידן צו מאַכן דעם טאָג פון תשעה באב פאַר אַ גרויסן יום טוב, און אָנצוצינדן ליכט אינאיינעם מיט געזאַנג, ווייל ס'איז דער טאָג וואָס שבתי צבי איז געבוירן.

---

13) עיין באריכות בשו"ת אהל יעקב (סי' סח) להגאון האלקי רבינו יעקב ששפורטש ז"ל, שו"ת נודע ביהודה (קמא, חו"מ סוף סי' טז), ובספר תורת הקנאות להגאון היעב"ץ ז"ל (עמ' עג).

14) עטליכע מאל ווען עס האט זיך געהאנדלט איבער ענליכע סארט שאלות בנוגע דעם נסיון פון אונזער דור, די טומאת הציונות און די מלכות המינות, האט רביה"ק מסאטמאר זי"ע דערמאנט אט דעם יסוד מוסד וואס די פריערדיגע גדולי ישראל בימים ההם האבן קובע געווען. עי' בספה"ק ויואל משה מאמר שלש שבועות (סי' קיב), ושם מאמר לשה"ק (סי' כו), וואו עס ווערט ערוועגט דער פסק הלכה פונעם מהר"י ששפורטש ז"ל אז אפילו א גוטע זאך וואס קומט ממקור רשע ברויך מען מרחק זיין בתכלית.

אין יאר תשכ"ז ווען עס איז געווען דרך רשעים צלחה, עס געלונגען פאר די מדינה הטמאה זיך משתלט צו זיין אויפ'ן מקום המוקדש און באקומען בעלות אויפ'ן כותל המערבי, האט רבי'ה"ק מסאטמאר זי"ע מבאר געווען כסלת נקי' דעם דעת תורה הבהירה אז מען זאל זיך אפהאלטן פון גיין צו די מקומות וועלכע זענען אריינגעפאלן אונטער די הענט פון די רשעים. איינע פון די שטארקסטע הוכחות איז געווען די אויבנדערמאנטע הוראות פונעם מהר"י ששפורטש ז"ל און שו"ת נודע ביהודה. עיין בספה"ק עה"ג ועה"ת (סי' פ"ח ואילך).

דער טאָג פון תשעה באב האָט דאַן באַקומען אַ נייער נאָמען, דער ״חג הנחמות״, און אַזוי איז עס דערמאַנט געוואָרן אין די תפלות פון דעם טאָג וועלכע זענען ספעציעל פאַרפאַסט געוואָרן דורך זיינע שטיצער, וואָס זיי האָבן אויפגעטוישט מיט די יערליכע קינות אויפ׳ן חורבן המקדש. ליידער איז אַ ריזיגער טייל פון כלל ישראל נכשל געוואָרן און מחלל געווען דעם תענית רח״ל[15].

מושיען של ישראל: הגאון רבי יעקב ששפּורטש זצ״ל

די קליפה פונעם משיח שקר האָט געברענט מיט אַן אויסטערלישער שטאַרקייט און ליידער פאַרכאַפּט מיט זיך רוב מנין ורוב בנין פונעם כלל ישראל, אַריינגערעכנט אויך דאָס מערהייט פון די רבנים און גדולים פון יענעם דור וועלכער זענען מיטגעשטאַנען מיט דער נייער משיח באַוועגונג, טייל ברצון און אַנדערע באונס. ס׳זענען טאַקע געווען אַזעלכע וואָס האָבן אין אָנהויב פּרובירט אויסצודרוקן זייער צווייפלדיגע אמונה אין דעם נייעם ׳משיח׳, אָבער זיי זענען באַלד פאַרשוויגן געוואָרן דורך די מאַסן. יעדער וואָס האָט נישט געגלייבט אין שבתי צבי איז באַטיטלט געוואָרן אַלס כופר בביאת המשיח און זיין בלוט איז געוואָרן הפקר.

הגאון האלקי רבי יעקב ששפורטש ז״ל, לוחם מלחמת ה׳ קעגן משיח שקר שבתי צבי ומחבר ספר ״ציצת נובל צבי״

אינצווישן דעם גרויסן טומל און צעמישעניש איז דאַן ערשינען דער הייליגער געשטאַלט פון דעם גרויסן גדול וקדוש אלקי, הגאון רבינו יעקב ששפורטש זצ״ל[16]. וועלכער איז געווען דער ערשטער און איינציגער וואָס האָט זיך דרייסט אַרויסגעשטעלט גאַנץ אין אָנהויב קעגן דעם בייזן שטראָם און אויסגערופן אַ חרם קעגן שבתי צבי.

15) ״ואם באת להאשים עלינו את האשם המושב עלינו בעונותינו שרבו על עסקי אכילה ושתיה ההיא של יום ט׳ באב וכו׳, הנה כי כן לא הנחת בן כשר לאברהם אבינו כאשר כל העם מקצהו כקטון כגדול חבנו בשמירת נזק עון זה במילתא דדברי סופרים אך ודאי צדיק ורחום ה׳ כו׳ כי שוגגים ומוטעים היינו בעוונות ולכל העם בשגגה ה׳ הטוב יכפר״. (שו״ת עדות ביעקב הנ״ל סי׳ י״ח).

16) ״והמהר״י ששפורט ז״ל שהיה אז גדול הדור בגאונות וקדושה יתירה, וראיתי מחכמי דורו שתארים אותו בתואר הקדוש האלקי, הוא הי׳ הראש והראשון שעמד במלחמה חזקה נגדו והפקיר את חייו כנגד כל הקמים עליו בזה״. (ויואל משה סי׳ קעה).

דער מהר"י ששפורטש האָט זיך נישט דערשראָקן פון די אותות ומופתים; ער איז נישט נתפעל געוואָרן פון דער ערנסטער תשובה-ווינט וואָס האָט געבלאָזן, און איינפאַך זיך מוסר נפש געווען אַרויסצוקומען זאָגן פאַר אידן דעם ריינעם אמת, אַז מען טאָר נישט גלייבן אין אַ גאולה וואָס איז נישט פון הימל און מיר זענען נישט ערלויבט זיך אַליין צו באַפרייען פון די גלות-קייטן[17].

אין די יאָרן נאָך דער גאַנצער שערורי' האָט דער מהר"י ששפורטש אַרויסגעגעבן לאור עולם זיין ספר "ציצת נובל צבי", וואו עס ווערט געדרוקט די ברייטע קאָרעספּאָנדענץ פון בריוון וואָס ער האָט געשיקט צו אַלע אידישע קהלות. אין די בריוון זעט מען ווי ער איז מזהיר ומוכיח אידישע קינדער נישט חלילה נאָכגעשלעפּט צו ווערן מיט דער פאַלשער גאולה וואָס קומט פון אַ בשר ודם[18].

ספר ציצת נובל צבי

17) זה לש"ק בספר ציצת נובל צבי (עמ' 62): "איך הקשיח בניה מלבה לראות מה אחריתה ללא לה לעזר ולא להועיל לריק יגיעה שלחנם מן המצוות, **וארבעה שבועות אם תעירו ואם תעוררו אל תדחקו את הקץ עד שתחפץ האהבה המתעוררת מעצמה בלי אחד שכמקרה בני אפרים אשר הפכו ביום קרב יקרם**".

ובמקום אחר כתב: "מי האמין לשמועות המטעות את שומעיהן במלים יוצאים מפי הוללים ודברים מפי נערים בוערים ובשיטות כתובות מפי ההדיוטות, מי הוא זה ואיזהו אשר חננו ה' בינה והשכל יסכל האמת הברור לנטות אחרי רבים לרעות להטות מפי קבלתים אשר הוכחשה על ידיהם, ומי יחוש לשגעונות המשתגעים שסופם הביא לידי כפירה בנביאי האמת וחכמי המשנה והגמרא, מי יטה אזן לדברי שוטה וקטן אשר אחריו נמשכו המון עם רב שתחילת דברי פיהו הוללות וסכלות ואחריתם רעה חולה אשר לא זורו במזור האמונה ולא חובשו בתחבושת האמת ולא רוככו בדברים רכים של כיבושין ופיוסין מפי זקנים עד היום, מי לא ירוק על כתבו הראשון אשר עליו בנו יסוד אמונתם אותם המאמינים לכל דבר. מי נתן לו רשות לגלות מה שלא הורשה עליו ולעבור על שבועת נביאי האמת אם הוא מכללם ח"ו, וזה נגד קבלתינו מארבע שבועות שבשיר השירים.

יתבררו ויתלבנו ויצרפו רבים העומדים בנסיונם **ויתיצבו כמו לבוש לבושת הדוחקים את הקץ והשעה**, המשכילים יבנו כי דבר אלקים יקום לעולם, בעת שיחפוץ במקום שיחפוץ על ידי איש שיחפוץ, לא איש הולך רוח ושקר". (שם עמ' 56).

"**וכן** נאמר לזה הרשע אשר זדון לבו השיאו... ואני אומר שהנביא אומר מכנף הארץ מעיר איזמי"ר הנרמז בזמירות, שמענו שצב"י לצדיק, ואינו כן, ועל זה אומר רזי לי רזי לי כלומר כי כל מה שהיו אומרים שכל מעשיו הרעים יש להם סוד ורז, הנה הוא רזי לי אוי לי... ועל זה אמר רזי לי בשביל שעקרו דברי נבואה וקבלה בביטול הצומות ועשים אחרים.

כי עוד חזון למועד ויפיח לקץ לא יכזב אם יתמהמה חכה לו וכו' , כאלו יאמר **לאותם הדוחקים את הקץ** כמו שעשה בזמן זה הרשע בקיימם שזהו המשיח האמיתי ח"ו שעוד חזון למועד ולא עכשו ואף אם יתמהמה חכה לו כי בוא יבוא ולא יאחר". (שם עמ' 192).

"**ואיך** לא תצלנה שתי אזני לבלתי שמוע את הקול האומרים, כי בגלילות המערב אשר מהם תצא תורת היהדות, עדין הם מחזיקים באמונה החדשה הזאת, ומקימים דברי נביא שקר, חלפו חקם אשר חקקו להם מחוקקי צדק ולקחו להם חוקים חדשים אשר לא שערום אבותיהם, מי יגלה עפר מעינם לראות בניהם **שלא המתינו לסבול עול הגלות, ומכ"ש שבעד דברי מהתלים דחקו את הקץ, הסיגו גבול אשר גבלו ראשונים**". (שם עמ' 204).

18) ציצת נובל צבי (עמ' 190).

טראַצדעם וואָס ער איז געווען איינער אַליין קעגן דער גאַנצער וועלט - ווי ער זעלבסט שרייבט: **"כ'האָב זיך דערזען ווי אַן איינציגע ווייצל אויף דער ערד. אויך די בעלי תורה און זייערע תלמידים שטייען מיר נישט צו דער האַנט, און די וואָס פאָלגן מיר זענען זייער ווייניג"** - האָט דער מהר"י ששפורטש נישט אויפגעגעבן די הייליגע מלחמה. אין זיינע בריוון ווייזט ער אויף מיט ראיות ברורות אַז דער משיח שקר פאַרמאָגט נישט די איינפאַכע סימני הגאולה וואָס ווערן געברענגט אין דברי חז"ל און וועלכע ווערן דערמאַנט אין די רייד פונעם רמב"ם. ער צייגט אָן אויף די האַרבע איסורים וואָס שבתי צבי האָט עובר געווען בפרהסיא - דאָס אַרויסזאָגן דעם שם המפורש במילואה, חילולי שבת, מקריב זיין אַ קרבן פסח, עסן חלב דאורייתא, מבטל זיין די תעניתים, א.א.וו. און ער בעט זיך צו אידן אַז מען אַוועקשטיין פונעם האַרבן איסור פון דחיקת הקץ וואָס דער פאַרשוין ברענגט מיט זיך.

ספר
אהל יעקב
הוה שאלות ותשובות
באמשטרדם

שו"ת אהל יעקב פון רבי יעקב ששפורטש ז"ל

רבי יעקב ששפורטש באַציט זיך אויך צום חשש אַז דער גרויסער עקסטאַז פון אידישע קינדער, וואָס ווערט פאַרשפרייט אויף צו דער גוי'אישער גאַס, וועט האָבן אַ שלעכטע השפעה אויף די אַרומיגע פעלקער, און דערנאָך, ווען דער זייפנבלאָז וועט קראַכן, וועט עס חלילה אויסגענוצט ווערן דורך די גוים זיך נוקם צו זיין אין אידישע קינדער.

אָבער זיינע ווערטער זענען ליידער כמעט געפאַלן אויף טויבע אויערן. דאָס מערהייט פונעם אידישן פאָלק איז געווען פאַר'שיכור'ט מיט דער פאַרשפראָכענער גאולה פונעם משיח שקר, און די געציילטע גדולי ישראל וואָס האָבן זיך יאָ געלאָזט הערן מיט אַ וויי-געשריי קעגן דער שרעקליכער ערשיינונג, זענען פאַרשריגן געוואָרן אַלס כופרים באמונת המשיח און מחטיאים את הרבים"[19].

19) "שהיה זמן ארוך שהיו ממש יחידים בדור שעמדו בנפשותם נגד רובא דרובא דעלמא ששמו אותם לכופרים ומחטאים את הרבים עבור שאינם מאמינים למשיח ונביאיו וכו', וכפי אשר אנו רואים בכל הספרים המדברים מזה סבלו מאותה הכת תקופה ארוכה של הרבה יותר ממאה שנים עד שנכרת זכרם. והיה בתחלה זמן ארוך שאם אותן היחידים שהכירו האמת היו יראים מאימת הדור והיו אומרים אחרי רבים להטות וכדומה ח"ו הי' אבדה פליטת יהודה, אבל הלוחמים בעד האמת אף שמועטים היו בתכלית המיעוט הן המה שהצילו את הדור". (ספה"ק ויואל משה שם).

ש"צ טויפט זיך צום איסלאַם

שבתי צבי האָט זיך שטענדיג געגרויסט אַז ער וועט עווענטועל אָנקומען צום טערקישן סולטאַן; איבערנעמען פון אים די מלוכה און אַרויפטראָגן דאָס אידישע פאָלק קיין ארץ ישראל. אָבער אין דער ענדע, ווען ער איז געברענגט געוואָרן פון זיין אַרעסט צום טערקישן סולטאַן אין קושטא, האָט ער למעשה נישט נושא חן געווען ביים סולטאַן, און דער סולטאַן האָט אים געשטעלט צוויי אויסוואַלן: אָדער נעמט ער אָן אויף זיך דעם מוסולמענישן גלויבן, אָדער ווערט ער אומגעברענגט אויפ'ן אָרט. שבתי צבי האָט נישט צופיל איבערגעקלערט; ער האָט זיך אַראָפּגעוואָרפן מיט הכנעה צו דער ערד; ער האָט איבערגעלאָזט זיין אמונה און זיין פאָלק און זיך געטויפט צום איסלאַם.

דער פאַלשער משיח וואָס האָט געזאָלט זיין דער אויסלייזער פון אידן, האָט איינפאַך פאַרראָטן די הייליגע אמונה אויף וואָס מיליאָנען אידן זענען געגאַנגען אין פייער און אין וואַסער אין אַלע אומשטענדן. אָן קיין קלער האָט ער געוואָרפן אויפ'ן דראַנג זיין עבר, און איז פשוט און פראָסט אַריבער צום מוסולמענישן גלויבן.

דאָס מערהייט פון אידישן פאָלק האָט זיך דאַן ווי אויפגעוואַכט פון אַ טיפן שלאָף. כלל ישראל האָט זיך געמאַכט דעם שווערן חשבון הנפש און זיך אָפּגעטרייסלט מיט ווייטאָג פון דעם רשע און זיין סעקטע. זיי האָבן ענדליך אַנערקענט אין די אמת'ע רייד פון די גדולי ישראל וועלכע האָבן זיך אַרויסגעשטעלט קעגן אים, און ענדליך איינגעזען אַז דער פאַרשוין איז נישט געווען מער ווי אַ פאַלשער שקר.

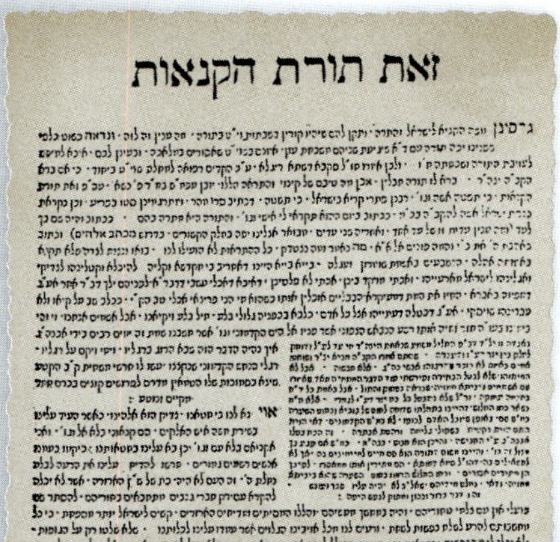
זאת תורת הקנאות

ספר "תורת הקנאות" פון הגאון רבי יעקב עמדין ז"ל

אָבער פילע אידן האָבן פאָרט נישט געקענט אַראָפּשלינגען די ביטערע רעאַליטעט, און געגאַנגען אַזוי ווייט ווי פּרובירן צו פאַרענטפערן זיין געמיינעם אַקט איבערצולאָזן דעם דת ישראל; זיי זענען פאַרבליבן געטריי צום משיח שקר וואָס איז אינדערצווישן-צייט אויסגעשפּיגן געוואָרן פון כלל ישראל.

מיט דער צייט איז די באַוועגונג, אין אַלגעמיין, צעפאַלן, אָבער עס האָבן זיך דאָך פאָרמירט אַנדערע

גרופּעס וועלכע זענען געגאַנגען אין זיינע פוסטריט, אַ שטייגער ווי די פראַנקיסטן און אַנדערע שעדליכע סעקטעס, וועלכע האָבן זיך נאָך לאַנגע יאָרן אידענטיפיצירט מיט שבתי צבי און ווערן אָנגערופן אין די ספרים פון יענער תקופה "כת ש"ץ". זיי האָבן אָנגעמאַכט צרות צרורות פאַר כלל ישראל אין לויף פון איבער הונדערט יאָר, און האָבן געוויזן קלאָר די שרעקליכע און ביטערע נאָכוויען פון דער פאַלשער גאולה וואָס שבתי צבי האָט געוואָלט ברענגען אויף כלל ישראל.

צען יאָר נאָך זיין טויפונג צום איסלאַם, אין יאָר תל"ז, האָט שבתי צבי פאַרענדיגט זיין אומווערדיג לעבן. די טראַגישע געשיכטע איז אָבער פאַרבליבן איינגעקריצט אין דער אידישער געשיכטע אַלס ביטערע לעקציע אַז אויך אויב דאָס מערהייט פון כלל ישראל ווערט נאָכגעשלעפּט צו גלייבן אין אַ פאַלשער גאולה, און אויך אויב מען זעט וואונדערליכע אַנטפּלעקונגען פון נבואות און מופתים וואָס ברענגט זאָגאַר אַ ווינט פון תשובה ותיקון המעשים, טאָר מען נישט צורירן צו די האַרבע ענינים פון דחיקת הקץ וואָס ברענגט אין דער ענדע נישט קיין גוטס.

דער גרויסער גאון רבי יעקב עמדין זצ"ל שרייבט אין זיין ספר "תורת הקנאות", אַז אין יענע יאָרן איז באמת טאַקע געווען אַן עת פקודה - אַ צייט וואָס איז געווען מסוגל אַז דער גלות זאָל זיך ענדיגן. דער שטן האָט אָבער פאַרלייגט אַלע קרעפטן און צוגעברענגט דערצו אַז דער קץ זאָל ליידער נישט צושטאַנד קומען, ווייל אידישע קינדער האָבן דוחק געווען דעם קץ און אַליין אויסגעקליבן אַ מלך המשיח; זיי האָבן נישט געוואַרט אַז השי"ת זאָל זיי שיקן משיח זיי אויסצולייזן, נאָר זעלבסט געקרוינט אַ משיח שקר[20].

* * *

אין לויף פונעם לאַנגען גלות זענען אויפגעשטאַנען נאָך עטליכע משיחי שקר וועלכע האָבן פּרובירט צו פאַרטעמען די מוחות פון כלל ישראל און האָבן - איינער מער און אַנדערע ווייניגער - באַוויזן צו באַאיינפלוסן אָנהענגער אין שטיצע, צומאָל אין די שווערע טויזנטער. מיר האָבן בלויז באַרירט די גאָר באַקאַנטע, כדי צו צייגן טיילוויין וויאַזוי גדולי ישראל אין אַלע דורות האָבן זיך דערצו באַצויגן און לוחם געווען קעגן די פאַלשע גואלים, וגם נצח ישראל לא ישקר, צו וואַרטן אויף דער אמת'ער גאולה בביאת משיח צדקינו.

20) "עבר [ש"ץ] על השבועה שהשביע הקב"ה את ישראל שלא ידחקו את הקץ, והוא דחק את השעה, לפיכך השעה דחקהו ונהפכה לו לרעה, ועונת הקץ הימין בימיו לא הגיעה, עם היות זכרתי בראשית דברי פתיחתי שנראה שהיה אז עת רצון. ורמז לדבר ג"כ מצד זמנו פרט השנה שנולד בה, אם היה כדאי לעמוד בנסיון ולא היה נותן כח לס"א להתקומם כנגדו ולא היה דוחק השעה... ודיה לתשובה שעשו אז בשנת תכ"ו, שהגינה עליהם מן הסכנה הגדולה שהיו בה מחמת שמרדו במלכות בפרהסיא (ועברו בזה ג"כ שבועה אחרת שהיו מושבעים מהקב"ה שלא ימרדו במלכות), ובחמלת ה' עליהם נמלטו מחרב היונה". (ספר תורת הקנאות לרבי יעקב עמדין ז"ל).

"**ויש** לידע כי באמת זה המעשה (של ש"ץ) לא הי' בדרך הטבע, שאי אפשר להכחיש מה שהעידו עליו גדולי ישראל שהיו באותן הימים עדי ראי' וידיעה ברורה וכו', לכן אין ספק שהי' אז עת רצון גאולה וישועה היתה קרובה לבוא, אילו לא דחקו את השעה, ועברו על השבועה כמ"ש ז"ל שש שבועות השביע הקב"ה, כדאיתא כו' שילהי כתובות, לפיכך ניתן רשות לרוח שקר להטעות את ישראל ולערבב העולם. וכן לא נח ולא שקט עד שנלכד הצבי שבור ברשתו, ובלבל את הכל והפך השעה הטובה לרעה". (שם, הקדמה).

קאַפּיטל ח'

די 'אידישע מדינה' אין ניו יאָרק

מרדכי עמנואל נח

אין יאָר תקע"ח איז מרדכי עמנואל נח, אַן אַמעריקאַנער איד, אויפגעקומען מיט אַ פּלאַן צו גרינדן אַ אידישע קאָלאָניע - נישט ממש אַ גענצליכע מדינה, אָבער פאָרט אַן אייגענע אידישע אויטאָנאָמיע, וואַרשיינליך אונטער דער אַמעריקאַנער שוץ און געזעץ - אינערהאַלב די גרעניצן פון ניו יאָרק.

דאָס אָרט וואו ער האָט באַגערט אויפצושטעלן די קאָלאָניע געפינט זיך צווישן באָפעלאָ און קאַנאַדא, נעבן די באַקאַנטע ניאַגאַרא וואַסער-פאַלן, ביי די גרעניצן פון די פאַראייניגטע שטאַטן און דערנעבנדיגער קאַנאַדא, אין דער געגנט וואָס איז היינט באַקאַנט אַלס "גרענד איילענד". ער האָט אַ נאָמען געגעבן זיין קאָלאָניע מיט'ן קאָמישן נאָמען "אררט".

אַנטוואָרט פון די אייראָפּעאישע רבנים

עמנואל נח האָט אָפּגעקויפט דעם גרויסן באָדן אין חודש תשרי תקפ"ו, פאַר דער סומע פון זיבעצן טויזנט דאָלער, און מיט גרויס פּאָמפּע האָט ער געלייגט דעם אבן הפינה פאַר דער נייער אידישער שטאָט. דער אָריגינעלער שטיין געפונט זיך ביז'ן היינטיגן טאָג אינעם באָפעלאָ מוזעאום און ס'איז קענטיג דערויף די אויסגעקריצטע ווערטער "שמע ישראל".

נח האָט אָנגעטראָגן דאָס נשיאות פון זיין אידישער קאָלאָניע פאַר די הויפט רבנים אין אייראָפּע - דער ענגלישער ספרדי'שער הויפּט-רב הגאון רבי רפאל מילדולה ז"ל, מחבר ספר חופת

נח'ס בוך

חתנים; דער אשכנז'ישער הויפט-רב הגאון רבי שלמה לעווין ז"ל (באַקאַנט אַלס רבי הירשל); און הגאון רבי אברהם אויערבאַך ז"ל, דער הויפט רב פון קאָלאָניע, פראַנקרייך. אָט דער פלאַן פונעם התמנות איז פראָמינענט פאַרעפנטליכט געוואָרן אין דער פראַנצויזישער צייטונג "זשורנאַל דע דיבאטס".

אָבער בלויז אַ וואָך דערויף, אין דער קומענדיגער אויסגאַבע פונעם זשורנאַל, פרייטאָג נאָוועמבער דעם אַכטן 1825 למספרם, האָבן די רבנים הראשיים פון ענגלאַנד און פראַנקרייך געענטפערט ווי פאָלגענד:

"ס'איז גוט אַז מר. נח זאָל פאַרשטיין אַז די רבנים הירשל (רבי שלמה לעווין)**, מילדולה** (רבי רפאל פון לאָנדאָן)**, און איך** (הרב אויערבאַך פון פראַנקרייך)**, דאַנקען אים** (פאַר'ן פאָסטן וואָס ער וויל אונז מכבד זיין)**, אָבער מיר וואַרפן אָפּ באַשטימט דעם דאָזיגן פאָסטן פאַר דער קאָלאָניע וואָס ער וויל אויפשטעלן אין די פאַראייניגטע שטאַטן."**

די רבנים שרייבן ווייטער:

"מיר מאַכן אַ דעקלעראַציע, אַז לויט די גרונדן פון אונזער אמונה ווייסט בלויז השי"ת אַליין די באַשטימטע צייט צוריקצוקערן דאָס גלות פונעם אידישן פאָלק, און בלויז ער אַליין וועט לאָזן וויסן פאַר דער גאַנצער וועלט די גרויסקייט פון אידן וואָס וועט קומען אויף אַ וועג העכער דער טבע, מיט גרויסע מופתים און וואונדער, וועלכע מען וועט נישט קענען אויפטוישן אָדער אָפּלייקענען.

אַ בילד פון גרענד איילענד, ניו יאָרק, אין יאָר 1825 למספרם (תקפ"ה). מרדכי נח האָט אָפּגעקויפט אַ שטיק לאַנד אויף דעם אייליאַנד צו בויען זיין 'אידישע מדינה'

יעדער פרואוו צו טון סיי וועלכן שריט אין דעם געביט, דורך פּאָליטישע און נאַטורליכע וועגן, צו ערגרייכן דעם ציל פון דער אַלגעמיינער אויסלייזונג פון אונזער פאָלק, איז פאַר אונז הארב פאַרבאָטן און איז אַ רעוואָלט קעגן דער הערשאַפט פון דעם באַשעפער וואָס פירט דאָס אידישע פאָלק. ווי עס ווערט געברענגט אין גמרא מסכת כתובות (דף ק"א)**, די דריי שבועות וואָס דער רבוש"ע האָט אונז באַשוואוירן דערוועגן."**

אַדאַנק דער עפענטליכע קעגנערשאַפט פון די רבנים, איז דער פלאַן פון אַזאַ קאָלאָניע אַראָפּ פון טיש, און אַ קאַלטער שטיין מיט שוואַרץ-איינגעקריצטע בוכשטאַבן ערגעצוואו אויפ'ן אַמעריקאַנעם קאָנטינענט, איז געבליבן אַן עלנדער עדות צום פלאַן פון מרדכי עמנואל נח, און ווינציג ווייסן גאָר פונעם דורכגעפאַלענעם פלאַן.

שער ששי

תקופת חובבי ציון

די חובבי ציון באַוועגונג;
דער אָנהויב פונעם אומגליק

תקצ"ו - תרנ"ו

- הרב צבי הירש קאַלישער
- קעגנערשאַפט פון גדולי ישראל קעגן חובבי ציון
- אַקטיווע שריט פון די "חובב ציון"
- דער ערשטער היתר מכירה שנת השמיטה
- תרמ"ט ערשטע קערנדלעך פון ציונות

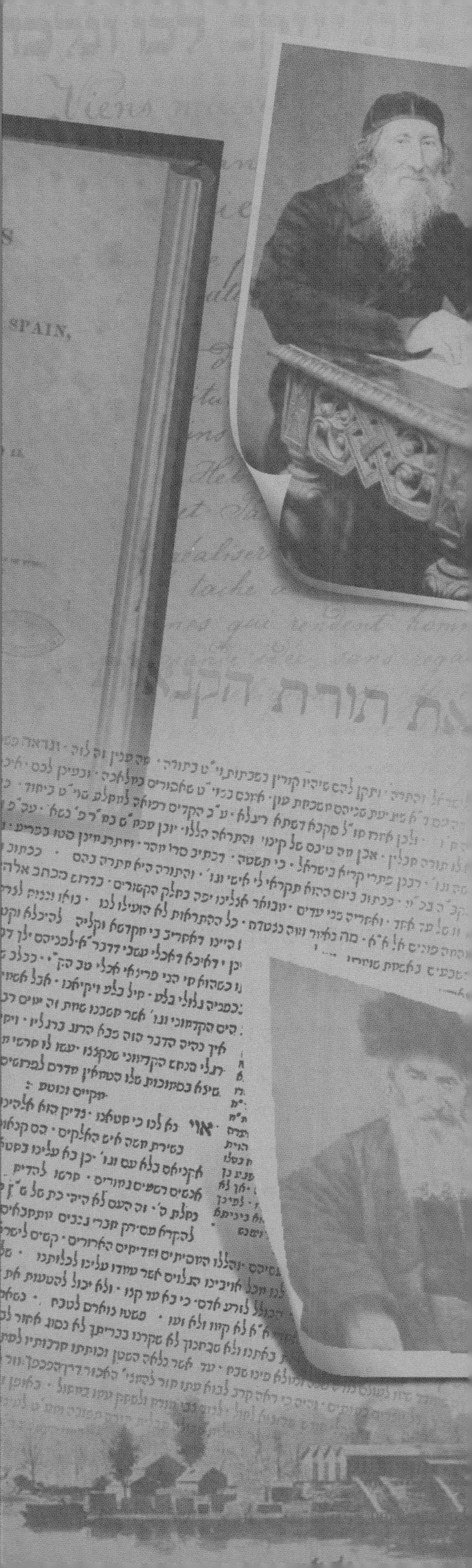

אַריינפיר

די עפּאָכע צווישן די ת"ק יאָרן און דעם אָנהויב פון די פריע ת"ר יאָרן זענען געווען גאָר באַדייטנד און העכסט-שטורמיש אויף דער וועלט-אַרענע, מיט ווייטגרייכנדע אַנטוויקלונגען, וועלכע שפּירן זיך נאָך ביזן היינטיגן טאָג. פון פראַנקרייך האָבן אָנגעהויבן בלאָזן ווינטן פון פרייהייט און גלייכבאַרעכטיגקייט פאַר אַלעמען. דער נייער גייסט פון פרייהייט און ליבעראַליזם האָט גאַנץ שנעל נאָכגעפאָלגט לענגאויס די מערב-אייראָפּעאישע לענדער און זיך פאַרשפּרייט אומעטום, אָנזאָגנדיג די גוטע בשורה פאַר די אונטערדריקטע און געליטענע פעלקער און בירגער.

אַ נייע תקופה איז אַנטשטאַנען אויך אין באַצוג צו אידן אין אייראָפּע. די עסטרייכישע אימפּעריע וואָס האָט רעגירט אויף ריזיגע טיילן פון צענטראַל-אייראָפּע, האָט פּראָקלאַמירט די א.ג. "עמאַנציפּאַציע", וואָס האָט צום ערשטן מאָל ערלויבט אידן צו זיין פרייע בירגער גלייך מיט אַלעמען. עס האָט געגעבן דאָס ערלויבעניש פאַר אידן זיך צו באַזעצן אין די גרעסערע שטעט, זיך קליידן מיט מאָדערנע אייראָפּעאישע קליידונג, זיך אַריינגלידערן אין דער געזעלשאַפט און שיקן די קינדער שטודירן אין די אַלגעמיינע שולעס איבער'ן לאַנד.

די גדולי ישראל אין יענער צייט האָבן אָבער אויפגענומען די ערשיינונג מיט אַן אומבאַהאַלטענעם ציטער און זאָרג. זיי האָבן זיך געפאָרכט אַז די פרייע ליבעראַלע ווינטן וועלן שטעלן אין געפאַר די צוקונפט פון אידישקייט אין אייראָפּע, און די נייע מעגליכקייטן וועלן אין דער ענדע פאַראורזאַכן אַז עס זאָל צעבראָכן ווערן דער שטייפער מויער וואָס האָט ביז דאַן צעטיילט צווישן דעם איד און דער גוי.

לאַנג האָט עס טאַקע נישט געדויערט ווען ס'האָט זיך אַרויסגעשטעלט די ריכטיגקייט פון זייערע רייד. די "גלייכבאַרעכטיגונג עפּאָכע" האָט געבראַנגט פאַר אידן דעם גרויסן אומגליק פון

דער פאַרשאָלטענער השכלה וועלכע האָט אָנגעזייט חורבן און שמד לענגאויס די אידישע קהלות און שטעטלעך דורכאויס אייראָפּע.

אין דער זעלבער צייט האָט אַ גייסט פון נאַציאָנאַליזם אָנגעהויבן פאַרפלייצן אייראָפּע. יעדעס אייראָפּעאיש פאָלק, פון קליין ביז גרויס, פון סלאָוואַקיע ביז דייטשלאַנד, האָט זיך גענומען אַרבעטן צו איינשטעלן איר אייגענע אידענטיטעט און "נאַציאָן", וואָס האָט עווענטועל דערפירט צום אויפשטייג פון די ווילדסטע און געמיינסטע ראַסיסטישע טעאָריעס, וועמענס ענדע האָט געברענגט די שוידערליכע צווייטע-וועלט קריג און גרויליגן נאַציזם.

אויסער וואָס דער גוי'אישער נאַציאָנאַליזם האָט געפירט צו אַן אויפשטייג פון אַנטיסעמיטיזם, וויבאַלד די מערערע ערליי נאַציאָנען און פעלקער האָבן באַטראַכט דעם איד אַלס 'פרעמדער געוויקס' וועמען מ'דאַרף רח"ל אויסראָטן פון אייראָפּע, האָט עס געברענגט אַן אַנדערע, פונקט-אַזוי-ביטערן, חורבן.

לויט'ן אור-אַלטן כלל אַז "אַזויווי עס גוי'אישט זיך אַזוי אידישט זיך", האָט דער גייסט פון נאַציאָנאַליזם אויך גענומען אַריינדרינגען אין דער אידישער מחנה. ס'האָט זיך אָנגעהויבן ביי די רעפאָרמער און משכילים וועלכע זענען געווען 'פּאַניע-בראַט' מיט זייערע גוי'אישע שכנים, ביי וועמען דאָס וואַקסנדע נאַציאָנאַליסטישע געפיל האָט ערוועקט אויך ביי פילע אידן דעם געדאַנק אַז אידן דאַרפן האָבן זייער אייגענעם 'נאַציאָן', אַן אייגן לאַנד, אַן אייגענע שפּראַך[1], אא"וו. דער דאָזיגער נאַציאָנאַליסטישער גייסט האָט אויך אַריינגעדרונגען טיף אין דער מחנה פון ערליכע אידן[2], וואו עס איז פאַלש איבערגעטייטשט געוואָרן אַלס 'בענקעניש צו דער גאולה שלימה' און די מצוה פון 'ישוב ארץ ישראל', אינדערצייט וואָס די גאַנצע זאַך איז געווען מעשה בעל דבר אַריינצושלעפּן כלל ישראל אינעם שרעקליכן זומפּ פון נעמען אַ מלוכה פאַר דער צייט.

1) און ווי הערצל האט געשריבן אין דער "יודענשטאט", וועלן אידן נישט זיין קיין פאלק ביז ווען זיי וועלן נישט האבן אויך אייגענע רוצחים און אייגענע גנבים, עפ"ל.

2) זעט צב"ש די ווערטער פון רצ"ה קאלישער זצ"ל אין זיין ספר דרישת ציון (סוף פתיחה): "בשגם תהי' זאת לנו לתהלה ולתפארת בעיני העמים, באמרם גם בני ישראל אנשים אשר רוח בהן לדרוש ולחדש נחלת אבותיהם וכו', למה אנשי איטלי' ושארי מדינות ימסרו נפשם עבור ארץ אבותיהם, על אחת כמה וכמה ארץ כזאת וכו' ואנחנו נעמוד מרחוק כגבר אין איל ולב אין? גם אנחנו תדרכי נפשינו עוז לבנות הנשמות ולהקים הנהרסות," עיי"ש.

קאַפּיטל ט'

הרב צבי הירש קאַלישער

הרב קאַלישער'ס אויפוואַכונג

פון די כמעט-איינציגע רבנים וועלכע האָבן אין דעם געזען אַלס אַ צייכן פון הימל אַלס התקרבות צו דער גאולה און געשפּירט אַז די פרייהייט וואָס באַהערשט די וועלט דורך דער נייער עפּאָכע פון "עמאַנציפּאַציע" און פרייהייט דורכאויס אייראָפּע איז אַ הכנה צו ביאת המשיח, איז געווען הגאון רבי **צבי הירש קאַלישער** ז"ל, וועלכער איז געווען ביי דער מיינונג אַז עס איז שוין צייט פאַר אידן צו באזעצן ארץ ישראל, באארבעטן איר ערד, און בויען דארט קאלאניעס, מיט דעם צו גורם זיין א התעוררות אין הימל צו מקרב זיין ביאת משיח צדקינו[1].

הגאון רבי צבי הירש קאלישער ז"ל

הגאון רבי **הירש קאַלישער** ז"ל איז געווען אַ תלמיד פון די גאונים בעל חוות דעת מליסא זצ"ל און רבי עקיבא איגר זצ"ל. ער זעלבסט איז געווען באַרימט אַלס גאון בתורה וחסיד במעשים וואָס האָט משמש געווען על כס הרבנות אין דער שטאָט טאהרן יצ"ו.

הרב קאַלישער האָט אין זיינע מיטעלע יאָרן אָנגעהויבן עוסק זיין אין פאַרשפּרייטן פאַרשידענע אייגנאַרטיגע רעיונות און געדאַנקען אין באַצוג צו ארץ ישראל; זאַכן וואָס וועלן, לויט זיין מיינונג, נאָענט ברענגען די גאולה שלימה.

---

1) מכתב הגאון הנצי"ב זצ"ל (מרא דארעא דישראל עמ' טו), וע"ע מכתב הגאון רבי אליהו גריידיצער ז"ל בהסכמתו לספר דרישת ציון ועיי"ש בהקדמה (עמ' י).

קובץ "שומר ציון הנאמן"

זיין ערשטער געוואַגטער רעיון איז געווען, ווען ער האָט אַרויסגעגעבן אַ רוף אַז אידן זאָלן אויפבויען אַ מזבח און צוריק אָנהויבן מקריב זיין קרבנות, וואָס ער האָט געוואָלט דורכפירן אַלס ערשטער פון זיינע שריט צו ברענגען די גאולה מיט השתדלות[2]. ער האָט זיך דערוועגן אַסאַך מפלפל געווען און מתווכח געווען מיט די גדולים פון יענעם דור, צווישן זיי הגאון רבי עקיבא איגר זצ"ל[3], כאָטש וואָס פאַר זיי האָט ער נישט מגלה געווען די ריכטיגע כוונות וואָס ליגן אונטער זיין פלאַן, נאָר בלויז אויפגעברענגט די שאלה צי מ'מעג היינטיגע צייטן מקריב זיין קרבנות. רבי עקיבא איגר האָט אים דערויף געענטפערט מיט אַ לענגערער תשובה, וואָס הייבט זיך אָן מיט די ווערטער "ובגוף הענין איני מסכים"[4].

אַזוי אויך זענען אַנדערע גדולי הדור נישט געווען איינשטימונג מיט אָט די רעיונות. הגאון רבי יעקב עטינגער זצ"ל בעל ערוך לנר האָט פאַרעפנטליכט אַ מאמר דערוועגן

ציון פון רבי יעקב עטלינגער ז"ל בעל ערוך לנר

2) ווי ער שרייבט אין ס' דרישת ציון (מאמר העבודה ח"א): "שתחילת הישועה בשלוט האומות עלינו, וברצונם להרשות לנו לבנות מזבח חדש בציון תכין ובעבודת בית המקדש נשמחה ונגילה בישועתו." אזוי אויך אינעם בריוו צו באראן ראטשילד אין יאר תקצ"ו (זעט שפעטער) שרייבט ער: "והיה כאשר יהיו רבים מנדחי ישראל בארץ הקדושה ובירושלים, ויעלו קרבנם לריח ניחוח לה' וירפאו את מזבח ההרוס, אז יהיו לרצון לפני אדון כל להוריד אור פניו לנגד עמו."

3) עיין תשובות חתם סופר (יו"ד סי' רל"ו).

4) כפי שנדפס בספר דרישת ציון (חלק מאמר קדישין כח.): "ועתה חל עלי להציג לעיני הקורא המשכיל פלפולין דאורייתא אשר זכיתי להיות נושא ונותן עם אדוני מורי ורבי הגאון ... מוהר"ר עקיבא איגר זצוקל"ה והא לך העתק דבריו הקדושים אות באות ... שלמא רבא ונפישא לכבוד רב חביבי כנפשי הרב וכו' מוהר"ר הירש נ"י ... **בגוף הענין איני מסכים ... ואין בידינו לעשות עד שיערה ה' ממרום רוחו עלינו להביא הגואל האמיתי להורות בצדק.**"

אחר כך הדפיס בעל דרישת ציון השגותיו על התשובה, ובעמ' לב: הדפיס תשובה שניה מהגאון רעק"א שסותר בה מהשגותיו, וסיים את דבריו בלשון זה: "**ולזה עיקר כמו שכתבתי תחילה**". שוב הדפיס בעל דרישת ציון תוכן השגותיו גם על תשובה זו מה ששלח אל הגאון רעק"א.

ובעמ' לג. כתב בסוף בזה הלשון: "**אחר כל הדברים... לא הוסיף עוד רבינו להשיב עלי, רק השיב לי שיכתוב הדברים אל חתנו הגאון החסיד מוהר"ר משה סופר זצ"ל שהיה אבדק"ק פרעסבורג.** אחר זמן מה כתב אלי רבינו הגדול מוהר"ר עקיבא איגר זצוק"ל... ברוך מתיך לשלם לכבוד רב חביבי כנפשי הרב וכו' מו"ה הירש נ"י, אודיע שאתמול השגתי תשובה מכבוד חתני הגנ"י [=הגאון נרו יאיר], וכתב בזה הלשון, מה שכתב מו"ח לבקש משרי ירושלים ליתן רשות להקריב, **הוא קפדן גדול על אתר דא לבל יקרב שם מי שאינו מאומת ישמעאלים... ואף אם היה לנו רשות...** יהיה **רק תועלת לפסחים**, כי קרבנות יחיד אין באין בטומאה, וקרבנות ציבור צריך להיות משקלי ישראל... ידידו דש"ת בלו"נ הק' עקיבא בהרב מו"ה משה גינז"ל. אחר כך השיג בעל דרישת ציון גם על תשובה זאת, וסיים: "**ולא זכיתי עוד לתשובתו על זה, כי חפץ ה' החלי אותו ונפל למשכבו עד שעלה למרום לצרור החיים כי לקח אותו מעמנו בעונותינו הרבים.**"

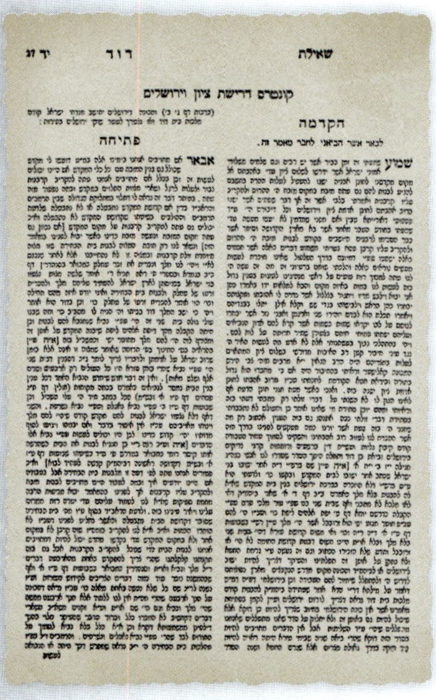
שאלת דוד יד כג

קונטרס דרישת ציון וירושלים

הקדמה

לבאר אשר הביאני לחבר מאמר זה.

פתיחה

מאמר דרישת ציון וירושלים

אין קובץ "שומר ציון הנאמן"[5], אַ תשובה וואָס איז שפּעטער געדרוקט געוואָרן אין זיין ספר שו"ת בנין ציון סימן א'. אויך הגאון רבי דוד פרידמאַן זצ"ל אבד"ק קאַרלין האָט געווידמעט אין ספר שו"ת שאילת דוד דעם באַזונדערן מאמר "דרישת ציון וירושלים", וואו ער איז שטאַרק מחולק אויף הרב קאַלישער און אסר'ט צו מקריב זיין קרבנות בזמן הזה. דאָס זעלבע ברענגט אַרויס דער ספר "מגדל דוד" פון הגאון רבי דוד אלכסנדר זצ"ל.

אָבער הרב קאַלישער האָט געהאַט אַסאַך טיפערע פּלענער. זיין הויפּט פּלאַן איז געווען צו אַראַנזשירן אַ גרויסע באַוועגונג אַז אידן זאָלן פאָרן זיך באַזעצן אין ארץ ישראל און אָנהויבן אויפבויען און אָנזייען אירע וויסטענישן און פעלדער. דאָס איז לויט אים געווען אַ וויכטיגער שטאַפּל צו דערנענטערן ביאת המשיח דורך באַנייען דאָס לאַנד און אָפּהיטן די מצוות התלויות בארץ, לויט זיין אויפטרעף אַז דורך טון פעולות בידים וועט מען דערנענטערן די גאולה.

די פּראָבע אָפּצוקויפן דעם מקום המקדש

אין זיין ערשטער פּראָבע אויסצופירן אָט די פּלענער, האָט הרב קאַלישער אין י"ב אלול שנת תקצ"ו - אין דער זעלבער צייט וואָס ער האָט אויפגעבערענגט דעם געדאַנק פון מקריב זיין קרבנות בזמן הזה - זיך געוואָנדן צום אידישן פילאַנטראָפּ, דער באַרימטער באַראָן אשר אנשיל ראָטשילד, מיט אַ פאָרשלאַג אַז ער זאָל אָפּקויפן ארץ ישראל פונעם עגיפּטישן פּאַשאַ "מוכאַמעד עלי" וואָס האָט דאַן געהערשט איבער'ן לאַנד[6], און אַזוי אָנהייבן טון פעולות צו ברענגען די גאולה שלימה.

5) פון די ערשטע סארט תורה'דיגע קובצים. עס איז ארויסגעגעבן געווארן דורך דעם ערוך לנר זעלבסט, געצילט צו באקעמפן די משכילים.

6) "מוכאמעד עלי" איז געווען דער פאשא פון מצרים. אריגינעל איז ער געשטעלט געווארן דורך דער טערקישער אטאמאנישער אימפעריע צו הערשן אויף עגיפטן, אבער דערנאך האט ער ווידערשפעניגט אין טערקיי און איינגענומען א גרויסן חלק פון וואס איז היינט דער מיטל-מזרח, בעיקר סיריע און ארץ ישראל.

אין יאר תקצ"ג האט עלי געשלאסן א שלום-אפמאך מיט טערקיי, וואס האט אים אפיציעל אנערקענט אלס הערשער איבער סיריע, וואס האט דאן ארייַנגערעכנט ארץ ישראל. אבער דער שלום האט נישט לאנג אנגעהאלטן און אין יאר תר"א איז עלי געצוואונגען געווארן דורך די אייראפעאישע גרויסמאכטן צוריק איבערצוגעבן קאנטראל פונעם שטח פאר דער טערקישער אטאמאנישער אימפעריע.

הרב קאלישער'ס פלאן איז געווען, אז וויבאלד ארץ ישראל איז ארויס פון דער שליטה פון די מאכטפולע טערקן און מוכאמעד עלי איז נישט אזא מעכטיגער הערשער, איז דאס א גוטע צייט אויסצונוצן די געלעגנהייט און אפקויפן פון אים דאס לאנד וואס וועט זיין א טובה פאר זיי ביידע, ווייל דער פאשא וועט אויך זיין גרייט פטור צו ווערן דערפון.

לכל הפחות האָט ער געבעטן אַז דער באַראָן זאָל אָפּקויפן דעם מקום המקדש צו קענען דערויף מקריב זיין קרבנות, וואָס ראָטשילד האָט אים אָבער אָפּגעזאָגט.

אַ קורצע צייט דערויף, אין יאָר ת"ה, האָט הרב קאַלישער געבעטן פונעם באַקאַנטן שר ונגיד סיר משה מאָנטיופיורי ע"ה אַן ענליכע בקשה, אַז ער זאָל אים אַרויסהעלפן מיט זיינע רעיונות פון אַרויפברענגען אידן צו באַזעצן ארץ ישראל. מאָנטיופיורי האָט טאַקע אין יענער עפּאָכע אָנגעהויבן זיך אַריינלייגן אין דער אַרבעט פון אויפבויען פאַרשידענע קאָלאָניעס און אָפּקויפן פעלדער פאַר אידן אין ארץ ישראל.

סיר משה מאָנטיופיורי אויף די עלטערע יאָרן

אין אָנהויב ווען הרב קאַלישער האָט פאַרהאַנדלט מיט די גדולים פון יענעם דור איבער זיינע פּלענער צו באַנייען דעם ישוב אין ארץ ישראל, באַטאָנענדיג אַז דאָס וועט ענדגילטיג אַרויסהעלפן די פינאַנציעלע לאַגע פון די ערליכע אידן תושבי ארץ ישראל, זענען פילע גדולים צוגעשטאַנען צום אים און געמוטיגט זיינע רייד מיט הסכמות און פעולות, אָבער ווען ער האָט אָנגעהויבן אַריינצולייגן צווישן זיינע ווערטער און אַקטיוויטעטן אויך אַזעלכע רייד פון אויפוואכונג פאַר די גאולה מיט מענטשליכע הענט און אָנגעהויבן פאָדערן אַז אידן זאָלן אַרויפגיין מאַסנווייז קיין ארץ ישראל צו באַאַרבעטן דאָס לאַנד מיט'ן ציל צו דערנענטערן דערמיט די גאולה שלימה, האָבן כמעט אַלע גדולי ישראל זי"ע זיך אָפּגעטרייסלט פון זיינע שיטות און געקוקט דערויף מיט זייער אַ פאָרזיכטיגן און אומגינסטיגן אויג.

דער ספר "דרישת ציון"

אין יאָר תרכ"ב איז ערשינען דער ספר פון הרב קאַלישער וואָס ער האָט אַ נאָמען געגעבן "דרישת ציון", וואו ער ערקלערט זיינע שטעלונגען אויף דער גאולה און ארץ ישראל. ווי אויך האָט ער דאָרט אָפּגעדרוקט דעם פולמוס וואָס ער האָט געפירט מיט די גדולי ישראל 52 יאָר פריער, איבער אַרויפגיין קיין ארץ ישראל מקריב זיין קרבנות בזמן הזה. ער ברענגט דאָרט אַרויס זיין אויפטרעף אַז דערמיט וואָס אידן וועלן אַרויפגיין קיין ארץ ישראל צו באַזעצן דאָס לאַנד, וואוינען

דאָרט און באַאַרבעטן אירע וויסטעניש, אַזוי אַרום וועט מען מעורר זיין אַ התעוררות אין הימל און ערוועקן דעם קץ הגאולה.

ספר
דרישת ציון
להברת ישוב ארץ ישראל
מאת הגאון המפורסם מופת הדור מו"ה צבי הירש קאַלישער
זצ"ל אב"ד טאהרן בעהמ"ח ספר מאזנים למשפט על חו"מ וספר אמונה ישרה על המושכלות ועוד לימוד דעת והדרך ישרה לעלות אל המסלה העולה בית אל בספרו "דרישת ציון וראשון לציון" לעשות מסלול לזה בפועל כפנו בחברת ישוב הארץ.
ונלוה עמו
ספר ראשון לציון
אשר הוסיף המחבר הן בראיות נגוחות אל דרכו בקדש והן בפלפולים שונים אשר היה לו בזה עם חכמי הדור.
הספר דרישת ציון נדפס פעם ראשונה בליק בשנת תרכ"ב, ושנית בטאהרן בשנת תרכ"ו, עם ההוספות ראשון לציון ע"י הרב הדרשן מו"ה נתן פרידלאנד בעהמ"ח ספר כוס ישועה ונחמה סלו סלו המסלה יוסף חן ועוד חבורים עם הוספות מרובה משלו ולגודל התועלת ורב האיכות נתבקש ולא נמצא לזה הדפסתיו פעם שלישית אנכי שמואל צבי וועלטסמאן מוכר ספרים מעיר קאַליש.
ווארשא
בדפוס אפרים בוימריטטער רוקא № 44
שנת תרנ"ט לפ"ק
СЕФЕРЪ ДРИШАСЪ СІОНЪ
т. е. Изслѣдованіе сіона
соч. Раввина Гирша Калишера
изд. С. ВЕЛЬТСМАНА
Типо-лит. Ф. Баумриттера Дикая 44. Варшава

שער בלאט פון ספר "דרישת ציון"

דאָס האָט שוין געברענגט אַ גרויסע התנגדות פון גדולי ישראל וועלכע האָבן זיך מתנגד געווען צו אַזעלכע און ענליכע רעיונות און נישט געוואָלט אַקצעפּטירן זיינע רייד.

ס'איז וויכטיג צו באַטאָנען אַז הרב קאַלישער אין זיינע ספרים און מכתבים ערוועגט איבערהויפּט נישט רעיונות איבער גרינדן חלילה אַ אידישע מלוכה איידער ביאת המשיח אָדער נעמען אַן אייגענע גאולה איידער דער צייט. אדרבה, ער דערמאַנט אין זיין ספר די האַרבקייט פון די שלש שבועות וואָס אידן זענען באַשוואוירן געוואָרן מפי ה', און שרייבט קלאָר אַז לויט די ג' שבועות טאָר מען נישט אַרויפגיין מיט געוואַלד קיין ארץ ישראל און מורד זיין באומות.

דער ציל פון זיינע פעולות איז נישט געווען צו גרינדן אין ארץ ישראל אַ אידישע מלוכה, נאָר בלויז איר צו באַזעצן, באַוואוינען און באַאַרבעטן אויף אַן אופן וואָס עס זאָל זיך נישט גרעניצן מיט דחיקת הקץ און גרינדן אַן אייגענע הערשאַפט אויף סיי וועלכן פאָרמאַט. אָבער אויך אויף דעם האָט ער זיך אָנגעשטויסן אין שטאַרקן התנגדות פון די גדולי ישראל וועלכע האָבן זיך געפאָרכט אַז דאָס וועט אין דער ענדע צוברענגען פעולות פון דחיקת הקץ[7].

7) וזה לשונו בספרו בדרישת ציון "מאמר קדישין" (עמ' לה): "ואמנם על דברת שבועת אלקים האמור אשר עלי' יסוגו אחור מלהקשיב לדברי הנביא (ישעי' סב ז) ואל תתנו דמי לו עד יכונן ועד ישים ירושלים תהלה בארץ, על זה אשיב אמרי לך בשתי דרכים, **האחד כי אזהרת מה תעירו ומה תעוררו הוא רק לבל נעלה ביד חזקה לחומות ירושלים כמפורש בש"ס שם שלא יעלו כחומות ופי' רש"י בחזקה וגם שלא ימרדו באומות, רק נצפה על חסד ה' שישים עין חמלתו עלינו, ברצות ה' פועל ידינו**, ולא השביענו רק שלא נהיה מן המעפילים לעלות ההרה בחזקה אבל לרצות אבני' ולפעול ארץ נושבת מה טוב ומה נעים", עכ"ל.

ובמכתב שכתב להגאון רבי מאיר אויערבאך זצוק"ל (כתבי הרב קאלישער עמ' רד): "ואשר בשנים קדמוניות במהמורות נפלו, המה היו מהמעפילים לעלות בחזקה וכמעט עברו על השבועה "אם תתעוררו", וכבר כתבתי בספרי מזה שלא כאלה חברת ישוב ארץ ישראל".

וז"ל הקדמת ספר "דעת הרבנים" נגד הציונות (י"ל בשנת תרס"ב): "**עוד זאת שמענו שרוב הדברים המכתבי הרבנים לקוחים מספר "דרישת ציון" מהגאון רצ"ק זצ"ל, אשר באמנה כי הוא רצה לייסד הכל על טהרת הקודש לפי דרך תוה"ק כתובה והמסורה, והם העטיפו את הציונות בגדי הקודש על בגדים הצואים הרחוקה מדרך הרצ"ק זצ"ל הרחק מאוד**".

אגב, אויך אין דער הסכמה פון דעם "חכם באשי" און "ראשון לציון" - הגאון ר' חיים דוד חזן ז"ל - צו דעם ספר דרישת ציון ווערט דערמאנט די הארבקייט פון עובר זיין אויף די שלש שבועות. וז"ל: "לא בחיל ולא בכח יגבר איש **חס ושלום להמרות באומות העולם ומלכי חסד אשר עטרונו ברחמים גדולים, או חלילה לעלות בחומות ללחום את מושל**, כי אם לפלא נדר או בנדבה הרצון והשלמות הלב להשלים רצון הבורא הקל ית' באתערותא דלתתא במה שבידנו לעשות בעזר אלקים".

די חרד'ישע ציונים זוכן שטענדיג זיך צו פאררופן אויף הרב קאלישער ז"ל און דער "חובבי ציון" באוועגונג, אז דאס איז געווען דער אנהויב פונעם רעיון הציוני. זיי זעלבסט האבן אבער אין דער תקופה פון התייסדות הציונות געשריבן פארקערט. אינעם ציוני'סטישן בלעטל "השחר", שנה י"א, ווערט באצייכנט ווי פאלגענד: "זה כעשרים שנה החלו לדבר בישוב ארץ ישראל עשו זאת הרצה"ק וחבריו

התנגדות גאוני אַמסטערדאַם

הגאון המפורסם רבי צבי הירש לעהרן זצ"ל[8], אינאיינעם מיט די אַנדערע גאוני אַמסטערדאַם, וועלכע האָבן זיך שאַרף אַרויסגעשטעלט קעגן די חובבי ציון מיט דער זאָרג אַז דאָס וועט ברענגען אַ התרשלות אין דער אמונה פון ביאת המשיח דורך השי"ת אַליין און וועט גורם זיין אַז אידן זאָלן עובר זיין אויף דער שבועה וואָס מיר זענען באַפוילן געוואָרן שלא ימרדו באומות העולם, שרייבן אין אַ בריוו צו די גדולים פון זייער דור (דער מהר"י אַסאַד, דער כתב סופר, דער ייטב לב, דער מהר"ם שיק און אַנדערע, זצ"ל) ווי פאָלגענד:

"מיר אידישע קינדער, מאמינים בני מאמינים אין השי"ת און אין תורת משה עבדו שבכתב ושבעל פה, גלייבן מיט אַן אמונה שלימה אין ביאת המשיח און אין די נבואות פון די נביאי ה', ווי עס איז מפורש אין רמב"ם אַז דאָס איז איינער פון די יסודות פון אונזער הייליגע אמונה.

מיר גלייבן אויך מיט אַן אמונה שלימה אין דער מצוה וואָס מיר זענען באַפוילן געוואָרן זיך צו מכניע זיין אונטער די גוי'אישע קעניגרייכן און אין די ווערטער פון חז"ל, אַז איינע פון די שבועות וואָס השי"ת האָט באַשוואוירן כלל ישראל איז, מיר זאָלן נישט רעוואָלטירן קעגן די אומות העולם; מיר זענען נישט ערלויבט צו טון קיין שום פעולה זיך צוריקצוקערן אל המנוחה ואל הנחלה. אויך אויב מיר וועלן האָבן דאָפּלט מענטשן ווי די יוצאי מצרים וואָס זענען געלערנטע מלחמה-העלדן, זענען מיר נישט ערלויבט אַרויפצוגיין און כובש זיין ארץ ישראל, נאָר מיר וועלן וואַרטן און האָפן ביז השי"ת וועט באַוויליגן אונז אויסצולייזן און צוריקברענגען צום לאַנד פון אונזערע עלטערן.

רק בשם הדת והאמונה, למען יוכלו לזכות אותנו גם במצות התלויות בארץ וכו' אבל לא את הרעיון הגדול הזה שנדבר עתה בו אנחנו כיום." (געברענגט אין ספר אור לישרים). אלזא שרייבן זיי עס קלאר אז דער רעיון פון ציונות איז נישט ארויפגעקומען אויפ'ן געדאנק פון די מייסדי חובבי ציון.

אזוי פארציילט אויך (אין א שילדערונג פונעם ערשטן ציוני'סטישן קאנגרעס) רבי אלי' עקיבא ראבינאוויטש אין זיין חיבור ציון במשפט: "גם את הגאון ר' צבי הירש קאלישער זללה"ה שהי' הראש והראשון לציון לא זכר איש על הקונגרס הראשון בשעת הזכרת נשמות ראשי המתעסקים בישוב הארץ." הפנים אז די ערשטע ציונים האבן נישט געזען אין הרב קאלישער קיין קאלעגע צו זייער אידעאלאגיע איבער זיך באפרייען פון גלות און גרינדן א זעלבסשטענדיגע מדינה איידער ביאת המשיח.

דאס זעלבע שרייבט הגה"צ ר' יצחק זעליג מסאקאלאוו ז"ל אויף זיין פאטער הגה"צ רבי ישראל מפילוב-קאצק ז"ל וואס איז צוערשט געווען פון די שטארקע שטיצער פאר די "חובבי ציון": "מר אבא הסביר פנים רק ל"החובבי ציון" אשר נתעוררו להגדיל הישוב בארץ ישראל ולייסד שם קולוניות, אבל מיום הופעת דעת דר' הערצל, הפסיק מלדבר בזה עוד ומלעשות אגודה לקנות שם אדמה." (דער קאצקער רבי, עמ' 117).

8) הגאון המפורסם רבי צבי הירש לעהרן ז"ל, איז געווען דער רב פון "קהלת היראים" אין אמסטערדאם-האלאנד, דער נשיא פון כולל רבי מאיר בעל הנס, און באקאנט אלס לוחם במסירת נפש קעגן די כיתות המשכילים וועלכע האבן זיך אנגעהויבן פארשפרייטן אין האלאנד און אין דייטשלאנד.

דער חתם סופר ז"ל שרייבט צו אים אין זיינע תשובות מיט גרויסע שבחים (ח"ה חו"מ סי' ט'): "הרבני הנגיד המפורסם צדיק ונשגב". אויך הגאון רבי יהודה אסאד זצ"ל טיטולירט אים מיט געוואלדיגע תוארים (שו"ת יהודה יעלה ח"א או"ח סי' ה'): "ובריך רחמנא מהקים מלכין דשדר לן רב חינא וחיסדא דומה למלאך ד' צבאות הוא נשיא הארץ עטרת תפארת בני עמינו נגיד ומצוה מקודש מקודש החסיד ורב בתורה ויראה המפורסם כבוד שמו מוה' צבי הירשל לעהרן הי"ו וכו', וגם לעתיד מבקשים אנחנו את פני הרב הצדיק יסוד עולם מוה' צבי הירש לעהרין נ"י להיות רועה נאמן לשה נדחה צאן קדשים כאשר עד הנה באמונה הוא עושה כל מעשיהו רד עם אל ועם קדושים נאמן יהי חן ה' עמו ויעל".

דעמאָלטס וועלן אַלע פעלקער זען אַז דער אויבערשטער איז אונזער אויסלייזער.[9]"

אויך דער גאון רבי חיים נאַטנזאָהן זצ"ל אבד"ק ווערזאַן האָט דאַן אַרויסגעגעבן זיין ספר "עבודה תמה", וואו ער באַפּאַסט זיך אָפּצוענטפערן די רייד פונעם חיבור "דרישת ציון" מיט אַ געוואַלדיגן בקיאות און חריפות. ער איז זיך שטאַרק מפלפל איבער'ן רעיון פון מקריב זיין קרבנות בזמן הזה און באַציט זיך ספּעציפיש אויך צו די רייד פון הרב קאַלישער אַז די גאולה וועט קומען צוביסלעך, אויפוויזנדיג מיט שטאַרקע ראיות די אומריכטיגקייט דערפון[10].

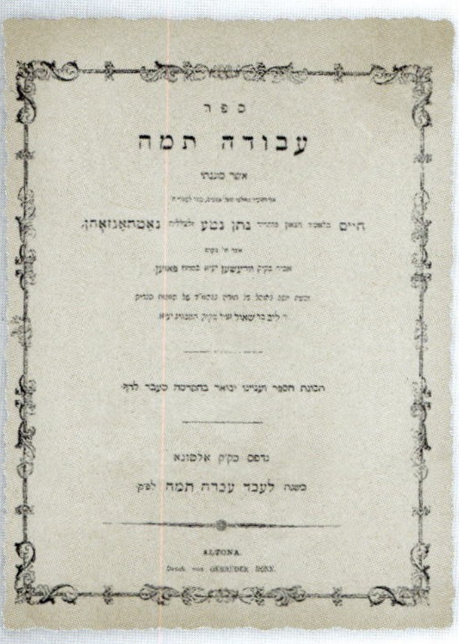
ספר
עבודה תמה
אשר סגנתי
נדפס בק"ק אלטונא
בשנת לעבד עבדת תמה לפק
ALTONA.
Druck von GEBRÜDER BONN.

שער בלאט פון ספר עבודה תמה

התנגדות גדולי וחכמי ירושלים

אין יאָר תרכ"ג באַלד, ווי נאָר ס'איז אָנגעקומען דער אָפּרוף פון הרב קאַלישער קיין ארץ ישראל, האָט הגאון רבי מאיר אויערבאַך זצ"ל, דער ראש הרבנים אין ירושלים עיה"ק, איינגעזאַמלט זיין בית דין צו דן זיין דערוועגן.

די חכמי ירושלים זענען דאַן ערשינען מיט זייער קלאָרן דעת תורה, וואָס זיי האָבן אַראָפּגעשריבן אין אַ בריוו פאַר הגאון רבי אליהו גריידיצער זצ"ל. אין דעם בריוו שרייבן די רבנים דייטליך אַרויס זייער קעגנערשאַפט צו דער מיינונג פון הרב קאַלישער אַז די גאולה העתידה וועט זיך אָנהויבן מיט מענטשליכע קרעפטן; זיי

הלבנון
هالبانون
HALBANON

די ערשטע אויסגאבע פון דעם קובץ "הלבנון"

9) "ואנחנו וכל אחינו בני ישראל מאמינים בני מאמינים בד' ובתורת משה עבדו שבכתב ושבע"פ, נאמין באמונה שלימה בביאת המשיח כחזון נביאי ד', וכמפורש בדברי הרמב"ם ז"ל (סנהדרין פ"י מ"א) כי הוא אחד מיסודי אמונתינו הקדושה.

וגם נאמין באמונה שלימה במצוה הכתובה בכתבי הקודש (משלי כ"ד כ"א) ירא ד' בני ומלך ועם שונים אל תתערב, ובמה שאמרו חז"ל (כתובות קיא.) א' מן השבועות שהשביע הקב"ה את ישראל [הוא] שלא ימרדו באומות העולם, **ואין אנחנו רשאים לעשות שום פעולה לבא אל המנוחה ואל הנחלה, גם אם יהי' לנו כפלים כיוצאי מצרים שלופי חרב מלומדי מלחמה אין אנחנו רשאים לעלות ולכבוש ארץ ישראל, כי אם נשמור ונצפה עד שיחפוץ הקב"ה לגאלינו ולהביאנו לנחלת אבותינו, ויראו כל העמים כי ד' צבאות גואלינו.**

ובכל מקומות מושבותינו נקיים גם דברי הנביא (ירמיה כט ז') "ודרשו את שלום העיר", ודברי המשנה (אבות פ"ג מ"ב) הוי מתפלל בשלומה של מלכות, ועבדים אנחנו למלכים ושרים אשר בארצות ממלכתם נשב, ולא נתערב עם שונים, ולא עם פריצי בני עמינו המחבלים כרם ד' צבאות.

ואנחנו בה' נעלוזה, ונשמח בדברי תלמוד תורתו הקדושה ובמצותיו וחוקותיו, עליהם נמסור נפשינו כאשר עשו אבותינו, כי מוצאיהם מצאו חיים ויפיקו רצון מה'." (נדפס בשו"ת ריב"א (מהאחרונים בשנות ת"ר), או"ח-יו"ד סי' א).

10) עיין עבודה תמה, שער ח' גאולת ישראל, (עמ' עג-עה).

וואַרפן אָפּ זיינע רעיונות מקריב צו זיין קרבנות, און ווייזן גלייכצייטיג אויף פון די רייד פון חכמינו ז"ל אַז בלויז מיט תשובה און תיקון המעשים וועלן מיר זוכה זיין צו דערנענטערן די גאולה שלימה, און אַלעס אַנדערש איז נישט ריכטיג[11].

די תשובה איז פאַרעפנטליכט געוואָרן אין דער צייטשריפט "הלבנון", וועלכע האָט באַוואויגן הרב קאַלישער צוריקצושרייבן פאַר די חכמי ירושלים אַ תשובה אין דער צייטשריפט, מיט דער האָפענונג זיי צו איבערצייגן אין דער ריכטיגקייט פון זיין וועג.

אין רעזולטאַט האָט אַ לענגערער און שאַרפער וויכוח דאַן נאָכגעפאָלגט איבער די בלעטער פון דער "הלבנון", וואו די גדולי ירושלים האָבן אָפּגעענטפערט הרב קאַלישער און איבערגע'חזר'ט זייער דעת תורה אַוועקצושטיין פון דער נייער באַוועגונג.

דער הויפט רב פון ירושלים עיה"ק, הגאון רבי מאיר אויערבאַך זצ"ל, האָט אין אַ לענגערער תשובה צו הרב קאַלישער באַריערט אַלע זיינע טענות און עס שאַרף אָפּגעוואָרפן. איבערהויפט באַציט ער זיך צו זיינע שריט מקרב צו זיין די גאולה שלימה און באַהויפטעט אַז נאָר השי"ת אַליינס וועט אויסלייזן די אידן פון גלות ווען די ריכטיגע צייט וועט קומען[12]. אויך אַנדערע רבני ירושלים האָבן אַנטיילגענומען אינעם תורה'דיגן ויכוח. צווישן זיי האָבן הגאון רבי יוסף שוואַרץ זצ"ל בעל "תבואות הארץ" און הגאון רבי יעקב ספיר בעל "מסעות אבן ספיר", פאַרעפנטליכט לענגערע מאמרים אויפצוצייגן דעם אמת און מברר זיין די גערעכטיגקייט פון די חכמי ירושלים[13].

הגאון רבי אליהו גוטמאַכער זצ"ל

הגאון רבי אליהו גריידיצער זצ"ל

אַ שטאַרקער שטופּ און חיזוק פאַר הרב קאַלישער איז געווען די מיטאַרבעט און שטיצע וואָס ער האָט אין אָנהויב גענאָסן פון הגאון רבי אליהו גוטמאַכער זצ"ל, באַקאַנט אַלס

11) געדרוקט אין ספר מרא דארעא דישראל (ח"ב עמ' לג).

12) עיי"ש במרא דארעא דישראל (עמ' לט) וז"ל: "אם ברוח דעת ושפת אמת ידבר, בטח יבין ויאמר כי שוא תשועת אדם ואם ה' לא יבנה בית שוא עמלו בוניו בו וכו' ועל התשובה מראש הבטחנו ואם אין תשובה אין כלום, כמ"ש רמב"ם ז"ל אין ישראל נגאלין אלא בתשובה".

13) הרב קאלישער זעלבסט ערוועגט אין א בריוו (קובץ אשר לשלמה, בערלין תר"ע), אז די מערהייט פון די גרעסטע צדיקי וגדולי ירושלים (נעמליך, הגה"ק רבי נחום שאדיקער, הגאון רבי יוסף זונדל סאלאנטער, הגאון בעל זית רענן, זצ"ל ועוד) האבן לוחם געווען קעגן אים נאך שארפער ווי הגאון רבי מאיר אויערבאך זצ"ל.

"דער גריידיצער צדיק"[14]. רבי אלי' איז אין אָנהויב באַאיינדרוקט געוואָרן פון הרב קאַלישער און זיין ספר "דרישת ציון", און ער האָט זיך אין די ערשטע צייטן פולשטענדיג צוגעשטעלט צו אָט די פלענער און זעלבסט פאַראַרבעט מעשים לטובת דער חובבי ציון, האַנט-ביי-האַנט מיט הרב קאַלישער.

אָבער מיט דער צייט, ווען ער האָט געזען די גרויסע קעגנערשאַפט פון גדולים וצדיקים דערקעגן, האָט ער זיך אין די שפּעטערע יאָרן אָפּגעטרייסלט דערפון, אויס זאָרג אַז אַזאַ סאָרט גרויסע אויפוואַכונג אַרויפצוגיין קיין ארץ ישראל וועט אין דער ענדע גורם זיין מכשולות און מבטל זיין די מצות התלויות בארץ.

הגאון רבי אליהו גוטמאַכער זצ"ל

הרב קאַלישער שרייבט אין אַ בריוו צום גריידיצער גאון: "און אַצינד האָט איר זיך אָפּגעשטעלט צוליב'ן כבוד פון הרב רבי מאיר אויערבאַך און זיינע פאַרבינדעטע. איך וואונדער זיך, זענען דען מיר איינוואוינער פון חוץ לארץ מחויב זיך אונטערצוואוואַרפן אונטער זיין פסק?!"[15]

און אַן אַנדער בריוו שרייבט הרב קאַלישער: "לויט מיין מיינונג איז דאָס אַ חילול ה' אַז עס וועט באַקאַנט ווערן איבער דער גאַנצער וועלט, אַז נאָכדעם וואָס ער האָט געשריבן אַזעלכע פייערדיגע בריוון פאַר ישוב הארץ, איז יעצט פלוצים זיין האַרץ אַוועקגעקערט געוואָרן דערפון און זיין האַנט איז געוואָרן אָפּגעשוואַכט פון עוסק זיין אין דער מצוה"[16].

ווי עס שיינט איז אָבער דער גריידיצער גאון זצ"ל שוין נישט איבערצייגט געוואָרן אין דער ריכטיגקייט פון הרב קאַלישער'ס טענות, און זיך אַרויסגעלאָזט פונעם גאַנצן עסק[17].

14) הגאון רבי אליהו גוטמאכער ז"ל איז געווען דער רב אין דער שטאט גריידיץ, דייטשלאנד, און איז געווען ברייט-באַרימט מיט זיין כח התורה און גרויסע צדקות. ער איז גלייכצייטיג געווען א געוואלדיגער פועל ישועות פאר אידן און א לוחם מלחמת ה' קעגן די בייזע השכלה און רעפארמער וועלכע האבן געבוזשעוועט אין דייטשלאנד.

15) כתבי הרב קאלישער (עמ' רלה).

16) שם (עמ' תקכ).

17) רביה"ק מסאטמאר זי"ע שרייבט אין ספה"ק ויואל משה (סי' קח) איבער ר"א גריידיצער און זיין אנהענגערשאפט צו די "חובבי ציון". וזל"ק: "ובשו"ת נפש חי' נדפס מכתבו של הר"א מגריידיץ וכתב הטעם שצריכין להיות שמה עובדי אדמה כדי לקיים המצות שמיטה ושאר מצות התלויות בארץ וכו'. והעיד הנסיון כי נהפוך הוא שבעו"ה ע"י שנתרבו שמה העובדי אדמה נתרבו העלובות ר"ל לארץ בחללם את השמיטות ובעברם על שאר מצוות התלויות בארץ ומאריכם את הגלות בעו"ה. ואילו היה רואה מה שנעשה עכשיו מפעולות עובדי האדמה, אין ספק שהיה צועק ככרוכיא נגד הרעיון הזה. ובס' סוכת שלם הנדפס ממנו נדפס לבסוף אגרת ממנו שכתב רק לשלוח מעות לא"י להחזיק שם ביהמ"ד שיעסקו שמה בתמידות בתוה"ק ולא הזכיר כלל מעבודת האדמה. ובמכתבו הנדפס בס'

אַנדערע שטיצער פאַר "חובבי ציון"

אין דער זעלבער צייט וואָס הרב קאַלישער האָט אָנגעהויבן פאַרשפרייטן זיינע מיינונגען, האָבן זיך געיאַוועט אויך אַנדערע פאַרשידענע פיגורן וואָס האָבן אָנגעהויבן פראָפּאַגאַנדירן מיט די זעלביגע געדאַנקען און אַקטיוויטעטן צו אָרגאַניזירן מאַסן עליות פון אידן קיין ארץ ישראל.

אין דער שטאָט טוירגון האָט געוואוינט אַ מגיד און דרשן הרב נתן פרידלאַנדער, וועלכער איז געווען אַ תלמיד פון הגאון רבי יוסף זונדל מסאַלאַנט זצ"ל, און האָט אין יענער צייט אויך אָנגעהויבן אַגיטירן פאַר אַן עלי' לארץ ישראל. אין יאָר תרי"ט האָט ער אַרויסגעגעבן אַ ספר "כוס ישועה ונחמה", וואו ער איז מבאר זיין שיטה אַז מען דאַרף אָפּקויפן און אויסלייזן פעלדער אין ארץ ישראל פון די גוים און זיך באַזעצן דאָרט. ער איז אַרומגעפאָרן איבער מערערע שטעט און זיך געטראָפן מיט גדולי ישראל, בעטנדיג זייער שטיצע פאַר זיינע אַקטיוויטעטן. צווישן זיי האָט הגאון רבי שמעון סופר זצ"ל פון קראָקא אים געשריבן עטליכע בריוון צו מחזק זיין דעם רעיון, אָבער האָט מיט אַ תקופה שפּעטער צוריקגעצויגן דערפון[18].

אין לויף פון זיינע נסיעות האָט ער זיך אָנגעטראָפן מיט הרב קאַלישער, מיט וועמען ער האָט געשלאָסן אַ בונד פון פריינדשאַפט. הרב קאַלישער האָט געפונען אין אים אַ פּאַסיגן שותף צו זיינע רעיונות, און אים געשאָנקען אַ וואַרעמע הסכמה צו זיין חיבור. זינט דאַן האָבן זיי געאַרבעט אינאיינעם האַנט-ביי-האַנט אַרום די אַקטיוויטעטן פון הרב קאַלישער, פאַראויסצוברענגען זיין אַגענדע פון אַ אידישן ישוב אין ארץ ישראל.

פרידלאַנדער זעלבסט פאַרציילט אין זיינע מעמואַרן אַז ווען ער איז אָנגעקומען קיין ראַדזימין - אַ חסיד'יש שטעטל וואו עס האָט דאַן געלעבט און געווירקט דער גאון וצדיק הרה"ק רבי יעקב ארי' מראַדזימין זי"ע - האָבן אים די שטאָטישע איינוואוינער באַפאַלן, און צעריסן דעם ספר "דרישת ציון" אַזש אַז ער האָט געמוזט אַנטלויפן עוד בו נשמתו[19].

94 יוסף שדה צופים א חן

הבלבולים בעקרי תוחלתנו ונשתבשו הדעות בבתותינו, כי מי כמוני השותה כמים חרפה לסבול ע"י חבורי בענין זה צרות צרורות וסכנות גדולות, אשר התירו את דמי בתוך קהל עם ועדה, וקרעו את ספרי סלו המסלה ואת ספר דרישת ציון מהגאון ר' צבי קאלישער תנצב"ה לרסיסים בתוך קרית חוצות, ודרסו ברגליהם דברי מאמרי חז"ל ותורה נביאים וכתובים הבאים בספרנו בחוקה ובמעשה שהיה בעיר קטנה ראדזימין ואין מציל מידם, רק אשה אחת הצילתני מיד הרועים הרעים בחמלת ה' עלי, זאת עשו צדיקים וחסידי ישראל כי רצו להקריבני כליל לפני ה' ביצחק בן אברהם, להתאכזר עלי כאברהם על יצחק לשם ה' ולשם זבח, והייתי בסכנה שלש פרסאות עד אשר באתי לווארשא וברכתי ברכת הגומל, ועל מה ולמה? מה פשעי ומה חטאתי? היא דרכי והלוכי בקדש בעניני תקוהנו, א"כ מי לא יאמר כדברים האלה אשר זאת הגיד מראש הפסיקתא אשר גם אותי במשפט הביא

פרידלאַנדער דערציילט אין זיין חיבור "יוסף חן" וויאַזוי מען האט אים פארשיקט פון די חסידי'שע ראַדזימין

נפש חי' כתב בעצמו שנתבטל הרעיון הזה ע"י הצדיקים היותר גדולים אלא שחלק עליהם, אבל כיון שבעצמו העיד שהמבטלים הרעיון הזה המה הצדיקים היותר גדולים בוודאי רוח ה' דבר בם לכוין האמת".

18) הרב קאלישער שרייבט אין זיינע בריוון מיט גרויס ווייטאג איבער דעם וואס די רבנים האבן צוריקגעצויגן פון זייער שטיצע פאר הרב פרידלאנדער: "ואני כתבתי תוכחת מגולה אל הגאון רבי שמעון סופר אב"ד קראקע לבל ישעה לדברי שקר".

19) יוסף חן (עמ' 186).

ערשטע קערנדל פון אַ 'אידישע מלוכה' מיט געוואַלד

צווישן די אַנדערע שטיצער פון דעם רעיון איז געווען הרב יהודה חי אלקלעי, רב פון דער שטאָט זעמלין, סערביע. הרב אלקלעי האָט זיך געטראָפן מיט אַ ספרד'ישן רב, הרב יהודה ביבאַס פון קאָרפו[20], וועלכער איז אויך פאַרכאַפּט געוואָרן פונעם נאַציאָנאַליסטישן גייסט וואָס האָט דאַן געבוזשעוועט, בעיקר נאָכ'ן זען וויאַזוי די גריעקן האָבן יענע יאָרן דערקלערט אַן אויפשטאַנד קעגן דער טערקישער אָטאָמאַנישע אימפעריע און האָבן אין יאָר תקצ"ב באַפרייט גריכנלאַנד פון די טערקן. הרב ביבאס האָט דאַן אָנגעהויבן פרעדיגן אַז אידן דאַרפן זיך באַוואָפענען און נאָכמאַכן די גריעקן, אַרויסשטויסן די טערקן פון ארץ ישראל מיט געוואַלד און גרינדן דאָרט אַ אידישע מלוכה.

ספר
גורל לה'
ה' מנת חלקי וכוסי אתה תומיך גורלי, כי חלק ה' עמו יעקב חבל נחלתו, חבלים נפלו לי בנעימים אף נחלה שפרה עלי, אשר כרת את אברהם ושבועתו ליצחק ויעמידה ליעקב לחק לישראל ברית עולם לאמר לך אתן ארץ כנען חבל נחלתכם.
חוברו
הרב הגדול המובהק מו"ה יהודה בר' שלמה חי אלקלעי ז"ל אב"ד סעמלין במדינת סערביען, נדפס על ידי המחבר פעם ראשונה בוויען בשנת תר"ז ופעם שניה באמשטרדם בשנת תרי"ח, ועתה נדפס שלישית על ידי ר' שמואל צבי ועלטמאן מקאליש
ווארשא
בדפוס ר' אפרים בוימריטטער נ"י ברחוב דזיקא 44
שנת תרס"ג לפ"ק
СЕФЕРЪ ГОРЕЛЪ ЛАДАШЕМЪ
т. е. Жребій Бога.
соч. раввина Іегуда Алкалей.
Типо-Лит. Ф. Баумриттера, Дикая 44.
ВАРШАВА 1903

דער חיבור "גורל לשם" פון אלקלעי

ביבאס ווערט פאַררעכנט צו זיין פון די סאַמע-ערשטע וועלכע האָבן ערפונדן און געמוטיגט דעם רעיון פון גרינדן אַ אידישע מלוכה מיט געוואַלד, און ווען הרב אלקלעי האָט זיך געטראָפן מיט אים אין יאָר תקצ"ט, איז ער געוואָרן גענצליך איבערגענומען פון די דאָזיגע געדאַנקען, און האָט אָפּגעשריבן עטליכע ספרים צו פאַרשפרייטן זיינע צווייפלהאַפטיגע דעות. ער איז געוואָרן פון די ערשטע פרעדיגער צו דעם סאָרט ציונית וואָס מיר קענען היינט-צו-טאָגס, כאָטש וואָס ער האָט בעפאָרצוגט אַ 'מדינה על פי הלכה'. ספּעציעל האָט ער דאָס אַרויסגעבערענגט אין זיין ביכל "גורל לשם", וואו ער האָט אַרויסגעלייגט זיין 'בלופרינט' פאר אַ אידישער מדינה[21].

יאָרן שפּעטער, ווען הרב אלקלעי איז אַרויף קיין ארץ ישראל און געוואָלט פאַרשפרייטן זיינע פסול'ע אידעען צווישן די געהויבענע אידן פונעם "ישוב הישן", איז ער פאַרטריבן געוואָרן מיט שאַנדע דורך די אָרטיגע גדולי ישראל. הגאון רבי מאיר אויערבאַך זצ"ל האָט אָנגעזאָגט בכל התוקף פאַר די אַרויסגעבער פון דער תורה-שריפט "חבצלת", נישט צו פאַרעפנטליכן קיין שום מעלדונג פון הר' אלקלעי, זייענדיג אין ירושלים[22].

20) קארפו איז אן אינזל אין גריכנלאנד, וועלכער איז געווארן בארימט ביים אידישן פאלק צוליב דער פולמוס איבער אירע אתרוגים - די "אתרוגי קארפו".

21) מערערע טיילן פון הערצל'ס בוך, דער טרויעריג-בארימטער "יודענשטאט", זענען העכסט ווארשיינליך געווען באזירט אויף די געדאנקען און פארשלאגן פון הרב אלקלעי אינעם "גורל לשם", וויבאלד ער חזר'ט איבער אסאך 'ערפינדונגען' וועלכע זענען שוין באמת געדרוקט געווארן אינעם גורל לה'. הערצל'ס טאטע האט זיך גערעכנט אלס תלמיד פון הרב אלקלעי און האט אים געהאלפן דרוקן זיינע ספרים. הערצל'ס זיידע, שמעון לייב הערצל, איז געווען דער בעל תוקע אין שול פון הרב אלקלעי.

22) 'הלבנון', תרל"ב (גליון 32).

הילף פון מזרחי׳סטישער הרב מאַהליווער

באַזונדער איז אויך געווען אינסטרומענטאַל אין די פעולות פון הרב קאַלישער דער שפּעטערדיגער פירער פון דער מזרחי, הרב שמואל מאַהליווער, רב פון ביאַליסטאָק, וועלכער האָט זיך מיט יאָרן דערויף אָנגעשלאָסן אין דער ציוני׳סטישער באַוועגונג.

מאַהליווער איז שוין געגאַנגען פיל ווייטער מיט זיינע פאַרדרייטע שיטות. אַנדערש ווי הרב קאַלישער וועלכער האָט כסדר באַטאָנט אַז זיין ציל איז אַן ערליכער אידישער ישוב אין ארץ ישראל וואָס וועט מקיים זיין די מצוות ה׳ און זיך פירן לויט דער תורה, האָט שוין הרב מאַהליווער ׳מוותר׳ געווען אויף דעם. לויט הרב מאַהליווער׳ס שיטה איז ליבערשט צו זיצן אין ארץ ישראל אָן שמירת התורה ווי וואוינען אין חוץ לארץ און יאָ מקיים זיין די תורה, רח״ל[23]. אַזוי האָט ער אויך געשריבן אינעם חיבור ״שיבת ציון״.

דער הייליגער שינאָווער רב זי״ע איז דאַן אַרויסגעקומען מיט אַ מלחמת חרמה קעגן אים, ווי דערמאַנט שפּעטער אין די פאלגענדע קאַפּיטלן.

הרב מאַהליווער האָט אַוועקגעמאַכט די ערליכע אידן וועלכע זענען זיך ממית על התורה ועל העבודה אין ארץ ישראל. לויט זיין מיינונג איז דאָס בלויז וואוינען אין ארץ ישראל נישט גענוג; דער ריכטיגער ״ישוב ארץ ישראל״ באַדייט בלויז אַרבעטן אויף די פעלדער, בויען הייזער און באַזעצן שטחים[24].

ער האָט שפּעטער אויך באַזוכט אין ארץ ישראל מיטן ציל אויפצוטרייבן שטיצע, אָבער האָט ווייט נישט מצליח געווען און פאַרלאָזט דאָס לאַנד אָן דעם מינדסטן ערפאָלג.

הרב מאַהליווער איז צוליב זיינע צווייפלהאַפטיגע שטעלונגען נישט געווען אָנגענומען צווישן די גאוני הזמן. ווען דער פינסטערער רעיון הציונות איז אויפגעקומען און פאַרשפּרייט געוואָרן דורך הערצל שר״י, איז נתגלה קלונו געוואָרן ברבים ווען ער האָט זיך צוגעשטעלט צו שטופּן דעם וואָגן פון ציונות. אין זיינע בריוון שרייבט ער אויפ׳ן אַסימילירטן הערצל גרויסע שבחים, און צום ערשטן ציוני׳סטישן קאָנגרעס אין יאָר תרנ״ו האָט ער געשיקט אַ לענגערע שטיצע-בריוו וואָס איז פאָרגעליינט געוואָרן פאַר אַלע באַטייליגטע מיט פּאַטאָס.

---

23) אט איז זיין לשון: ״הקב״ה רוצה יותר שישבו בניו בארצו אף על פי שלא ישמרו את התורה כראוי, ממה שיישבו בחוצה לארץ וישמרוה כראוי״. (ספר שמואל - פישמן, עמ׳ לח-לט).

24) ״הישיבה בארץ לבד, זולת העסק ביישובה, לא תתחשב למצוה גדולה כל כך״. (שם עמ׳ מ).

קאַפּיטל י'

קעגנערשאַפט פון גדולי ישראל קעֶגן חובבי ציון

דורכאויס דער תקופה פון די חובבי ציון זענען די סאַמע גרעסטע גדולי ישראל וצדיקי אמת אַרויסגעקומען דערקעגן מיט שאַרפע מאמרים. די געוואַלדיגע קעגנערשאַפט פון די גדולי ישראל צו דער חובבי ציון באַוועגונג איז געקומען צוליב עטליכע סיבות:

א. צוליב'ן חשש אַז אין דער ענדע וועט דאָס ברענגען מען זאָל עובר זיין אויף די שלש שבועות וואָס דער אויבערשטער האָט באַפוילן אידישע קינדער נישט אַרויסצוגיין פונעם גלות מיט די אייגענע כוחות[1].

1) די ערליכע גרינדער פון דער חובבי ציון באוועגונג האבן אין זייער צייט, פאר די משכילים האבן איבערגענומען די פירערשאפט, שארף פארלייקנט דעם חשש אז זיי ווילן אויפשטעלן א מלוכה פאר דער צייט, נאר אדרבה, זיי האבן קלארגעשטעלט זייער מיינונג אז זיי וועלן חלילה נישט עובר זיין אויף דער שבועה פון דחיקת הקץ נאר בלויז באזעצן די פעלדער און ישובים אן קיין שום ממשלה.

פאלגנד איז וואס עס שרייבט דערויף רביה"ק מסאטמאר זי"ע בספרו ויואל משה (מאמר ישוב א"י סי' קח): "ובאחד מן המכתבים שבספר חיבת הארץ הנדפס לחזק רעיון הקאלאניסטן, והי' זה עוד קודם שנולד רעיון הציוני ושם כתוב לאמור שא' מן הטעמים שמתנגדים לזה גדולי ישראל הוא בשביל שמפחדים שלא יצמח מזה שירצו לעשות מדינה ומלוכה לעצמם קודם הזמן. ואז הכחישו זה לגמרי וכתוב שמה כי בעלילות שוא חושדים אותם כי גם המה יודים שזה אסור מחמת השבועה לדחוק את הקץ, ושוב אח"כ כאשר נולד בפרהסיא הרעיון לעשות מדינה ע"י הטמא הידוע בשנת תרנ"ו, איגלאי מילתא למפרע כי ירדו הצדיקים לסוף דעתם שירצו לעשות מדינה, והי' כל זה מעשי שטן שהיה להם חיזוק רב להענין במה שנתרבו עובדי אדמה, גם נתרבו עי"ז קלי הדעת ורשעים גמורים בארץ ישראל".

אזוי שרייבט טאקע הג"ר אלכסנדר משה לפידות ז"ל (פון די גרויסע שטיצער פון די חובבי ציון) אין ספר "שיבת ציון" (ח"א עמ' 35): "היו ימים, כשהחלה התנועה הזאת לפעם בלב ישראל, שמצא לו רעיון הישוב מתנגדים רבים בקרב העם, אך עתה כמעט כל ההתנגדות עברה ובטלה מן העולם, **העם כבר נוכח לדעת כי לא לקח את אה"ק ידי התוגר בחרב ובקשת אנו אומרים, ואין חפצינו לעשות שם ממשלה**, וכל חפצינו הוא רק לעשות מפלגת אכרים עובדי אדמה וכו', **ואם כן אין בזה משום דחיקת הקץ**. עכ"ל.

ובעמ' 41 כתב רבי באלי בנימין דעמאנט וז"ל: "והיה כי תאמרו אלינו מה החרדה הזאת, הלא אין זה רק מצוה פרטית ומדוע ימצא לה גואלים כאלה, ומה כל הרעש הזה? **ואולי תדחקו בזה את הקץ** ... אבל דעו אחי ... **אין חלילה שום איסור לעלות מטעם דחיקת הקץ אחר שרק יחידים נוסעים משפחות משפחות ולא בהמון רב בבת אחת. כן חלילה לנו לחשוב בזה ממשלת ישראל**, כאשר בדאו עלינו שונאינו, **אשר על זה בודאי נשבענו בצבאות ובאילות השדה אם תעירו וכו', ואמר ר"א אמר הקב"ה לישראל אם אתם מקיימים את השבועה מוטב ואם לאו אני מתיר את בשרכם כצבאות וכאילות השדה... אם כן רחוקים אנחנו מכל מחשבה זרה ורק המצוה הזאת היא ישיבת ארץ ישראל ולבנות חרבותיה היא מטרתנו האחת ולא יותר מזה ח"ו**. וע"ע בעמ' 50 במכתב ר' זבולון ליב באריט.

אט זעט מען קלאר, אז אפילו די געציילטע שטיצער פון די חובבי ציון האבן דאס קלארגעשטעלט אז דאס האט חלילה נישט

ב. צוליב'ן חשש אַז די מאַסן אויסוואַנדערונג פון אַלערליי אידן און די באַזעצונג פון קאָלאָניעס וועט מיט זיך ברענגען אַ פאַרשוועכונג אין די מצוות התלויות בארץ, שמירת שבת און שמירת שמיטה כהלכתה, אַ פאַקטאָר וואָס האָט זיך ליידער אַרויסגעשטעלט צו זיין ריכטיג.

ג. באַזונדער איז באַטאָנט געוואָרן דער פאַקט אַז די חובבי ציון באַוועגונג האָט פון דער ערשטער מינוט אָנגעשלאָסן אין אירע רייען פאַרשידענע פרייע משכילים און פורקי עול וואָס האָבן אין דער ענדע איבערגענומען די גאַנצע פירערשאַפט פון דער אָרגאַניזאַציע און האָבן באַוויזן צו פאַרשפּרייטן פרעמדע דעות און השקפות ביי ערליכע אידן, וואָס איז עווענטועל געוואָרן דאָס קערנדל אויף וואָס ציונות האָט זיך געבויט און געוואָרן באַזירט.

רוב גדולים קעגן הרב קאַלישער'ס דעות

באלד ווען ס'האָט זיך אָנגעהויבן די תקופה פון די "חובבי ציון", האָבן די גדולי ישראל זי"ע פון יענער תקופה, מיט זייער ווייטן בליק און לעכטיגע אויגן, באַלד געזען וואָספאַראַ געפאַר די נייע באַוועגונג וועט מיט זיך ברענגען, און דער זאָרג האָט זיי באַוואויגן אַרויסצוגיין אין אַ קאַמף דערקעגן. דאָס גרעסטע מערהייט פון די גדולים אין יענער צייט האָבן זיך אָפּגעטרייסלט פון נעמען אַ טייל אין הרב קאַלישער'ס שיטות און זיינע אַקטיוויטעטן.

ווי הגאון רבי אליעזר גאָרדאָן פון טעלז זצ"ל[2] שרייבט:

"כמעט אַלע גדולים פון אונזער דור שטייען קעגן דעם רעיון."

דאָס זעלבע זאָגן עדות די אַרויסגעבער פונעם באַקאַנטן ספר "אור לישרים", דער ערשטער ספר וואָס איז ערשינען קעגן ציונות אין דער סאַמע ערשטער תקופה פון איר גרינדונג:

"מיר אַלע געדענקען נאָך דאָס השתדלות פון די רבנים הרצ"ה קאַלישער און זיינע חברים זצ"ל צו ערוועקן די הערצער פון די אידן, אין שפּיץ פון די רבנים, צו דער מצוה פון ישוב ארץ ישראל, כדי מקיים צו זיין די מצוות התלויות בארץ, וואָס אין זייערע אויגן איז דאָס געווען מסוגל צו מאַכן אַן אָנהויב פאַר דער גאולה שלימה, דערמיט צו ערוועקן אַן אתערותא דלעילא אונז צו שיקן דעם גואל צדק.

קיין שום שייכות מיט א מלוכה אין ארץ ישראל איידער דער צייט פון דער גאולה, אבער דאך האבן די ווייטע אויגן פון גדולי ישראל פאראויסגעזען אקוראט וואס עס וועט פאסירן, ווי די "חובבי ציון" זענען אריינגעשמאלצן געווארן אין דער נאכפאלגנדער ציוני'סטישער באוועגונג.

2) מרביצי תורה ומוסר כרך א' עמ' רלד.

און מיר געדענקן אויך אַז אין אויסנאַם פון עטליכע געציילטע רבנים, האָבן די חכמי התורה און די גאונים וצדיקים פונעם דור נישט מסכים געווען צו זיי, צוליב באַוואוסטע טעמים, און איינס פון דעם, ווייל זיי האָבן געזען די ענדע פון ישוב ארץ ישראל אַז דאָס וועט אַריינפאַלן אין די הענט פון רשעים נאָך זיי[3].״

ענליך שרייבט דער ״ירחון הלבנון״[4]:

״די קעגנער צו באַאַרבעטן די פעלדער זענען באַרימטע מענטשן, יודעי תורה, און די וואָס שטיצן דעם געדאַנק זענען אומבאַקאַנטע מענטשן, אָן קיין באַזונדערע רעפּוטאַציע.״

פאַרשטענדליך אַז אויך די גדולי ישראל וועלכע האָבן אין אָנהייב יאָ מסכים געווען און געשטיצט דעם רעיון, זעענדיג דערין אַן אויפוואַכונג צו באַזעצן ערליכע אידן אין די וויסטע פעלדער און דערמיט פאַרברייטערן קדושת ארץ ישראל, איז עס געווען מיט׳ן בפירוש׳דיגן תנאי קודם למעשה אַז דאָס זאָל חלילה נישט האָבן קיין שייכות מיט פאַלשע אידעען פון גאולה און אַז אַלעס זאָל געפירט דורך יראי ה׳ אידן יראים ושלמים, וואָס זאָלן נישט מטמא זיין דאָס לאַנד[5].

פאָלגנד ברענגען מיר אַראָפּ איניגע ציטאַטן פון די רועי ישראל זי״ע וועלכע האָבן געלעבט און געווירקט אין יענע יאָרן, ווען ס׳האָט זיך אָנגעהויבן וועבן פלענער פון אַרויפגיין קיין ארץ ישראל און איר באַזעצן; וואָס איז געווען זייער בליק אויף דעם און וויאַזוי זיי האָבן מיט זייערע ליכטיגע אויגן פאָראויסגעזען דעם אומגליק וואָס דאָס וועט אין דער ענדע ברענגען.

הגה״ק בעל **ישמח משה** זי״ע

הגה״ק רבי משה טייטלבוים זי״ע, בעל ישמח משה, איז געבוירן אין יאר תקי״ט לפ״ק, אין פרעמישלא; גאליציע. ער האט משמש געווען ברבנות אין דער שטאט שינאווא, און דערנאך

3) וזל״ק של רביה״ק מסאטמאר זי״ע (ויואל משה מאמר ישוב א״י סי׳ קח): ״והנה עוד טרם שהתחיל הציונות הי׳ התעוררות להרבות בעובדי אדמה בא״י, והיו קצת גדולים שהלכו ברעיון הזה והי׳ כוונתם לש״ש, אבל רוב גדולים וקדושים צווחו ככרוכי׳ נגד הרעיון הזה, והשתדלו רק לשלוח מעות מחו״ל שיעסקו שמה בא״י בתורה בטהרה. וזה כבר הדפיסו המשתדלים להחזיק רעיון הקאלאניסטן ספר חיבת הארץ והאריכו בטענות להחזקת הרעיון הזה, וכתבו בעצמם שגדולי ישראל מתנגדים לזה, אלא שהתווכחו עמם בדברים שאין בהם ממש, כאשר יראה הרואה שמה״.

4) שנה ח׳ גליון 21.

5) אינעם חיבור ״שיבת ציון״ וואס איז ערשינען אין שטיצע פון די ״חובבי ציון״ (זעה שפעטער דערוועגן) געפינען מיר מערערע מאל ווי די גדולי ישראל זענען מזהיר אז אלע פעולות דארפן געטון ווערן דורך ערליכע אידן. עיי״ש במכתב הגאון רבי אליעזר משה הורוויץ מפינסק ז״ל ובמכתב הגאון רבי משה נחמי׳ כהנוב מכאסלאוויטש ז״ל.

דאס ווערט אויך בפירוש דערמאנט דורך הגאון רבי דוד פרידמאן ז״ל אבד״ק קארלין, אז מערערע גדולי ישראל זענען זיך מתנגד צו דעם רעיון ווייל: ״רואים בזה חסרון בעצם ההנהגה מהעומדים בראש המנצחים על הרעיון, ותקנות החברה לא לפי רוחם״. לעת זקנותו ווען דער רעיון הציונות איז אנשטאנען האט טאקע הגאון רבי דוד מקארלין ז״ל ארויסגעטרעטן מיט דער גאנצער שארפקייט דערקעגן, ווי ציטירט אין פרק ״התנגדות גדולי ישראל וצדיקי אמת קעגן רעיון הציוני״.

אין דער שטאט אוהעל. דער ישמח משה זי״ע איז נתקרב געווארן צום דרך החסידות דורך זיין איידעם הרה״ק בעל ארי׳ דבי עילאי זי״ע, און איז געווארן א תלמוד מובהק פונעם הייליגן רבי׳ן פון לובלין זי״ע. ער איז געווען פון די ערשטע חסידישע רבי׳ס אויפן אונגארישן באדן וואס האט דארט איינגעפלאנצט די קערנדליך פון חסידות פאר די קומענדיגע הונדערט יאר. דער ישמח משה זי״ע איז געווען א רב רבנן פאר די גאנצע מדינה און אומגעגנט, און א תל תלפיות שכל פיות אליו פונים פון נאנט און ווייט מיט שאלות בהלכה, וואס א קליינע טייל דערפון איז געדרוקט אין שו״ת השיב משה. אזוי אויך איז ער געווען בארימט אלס אויסטערלישער פועל ישועות בקרב הארץ און טויזנטער אידן און להבדיל גוים האבן געשטראמט צו געהאלפן ווערן מיט זיינע הייליגע תפלות און קמיעות. נלב״ע כ״ח תמוז תר״א לפ״ק. זי״ע.

״רצון השי״ת שכעת לא נלך מעצמינו לארץ ישראל״

ס׳איז אינטערעסאַנט און מערקווירדיג ביז גאָר צו באַצייכענען די ווערטער וואָס הגה״ק בעל ישמח משה זי״ע האָט געשריבן אין אַ פריערדיגער תקופה, איידער די ערשטע רעיונות פון די חובבי ציון האָבן אָנגעהויבן וועבן, אין אַ בחינה פון רוח הקודש הופיע בבית מדרשו.

אין יאָר תקצ״ז לפ״ק איז אין דער שטאָט צפת פאָרגעקומען אַ שרעקליכע ערד-ציטערניש וואָס האָט איבערגעלאָזט אַ חורבן אויפ׳ן דאָרטיגן אידישן ישוב, און ליידער אויך אָפגעקאָסט מערערע אידישע פאַטאַליטעטן ה״י.

דער הייליגער ישמח משה זי״ע האָט געשריבן דערוועגן אַ בריוו צו זיין איידעם הגה״ק בעל ארי׳ דבי עילאי זי״ע, וואו ער איז תולה אַז די סיבה פאַר דער ביטערער טראַגעדיע איז צוליב דעם וואָס עס איז נאָכנישט דער רצון ה׳ אַז אידישע קינדער זאָלן זיך באַזעצן אין ארץ ישראל, נאָר פאַרבלייבן אין די גלות-לענדער אויסצוואוואַרטן די גאולה שלימה.

דער ישמח משה שרייבט צווישן אַנדערע (אין אידישער איבערזעצונג)[6]:

ציון פון הרה״ק בעל ישמח משה זי״ע אין אוהעל

6) דער מכתב קודש פון ישמח משה זי״ע באריירט עטליכע שטארק יסודות׳דיגע נקודות איבער׳ן גאנצן ענין פון ארץ ישראל, און ציטירט וואס ער האט געהערט פון זיין גרויסן רבי׳ן, דער הייליגער לובלינער זי״ע. צוליב זיין חשיבות ברענגען מיר אראפ דעם בריוו אין זיין פולן טעקסט.

״**הנה** שמעתי קול רעש גדול שכ״ת מחליט הדבר שיסע לאה״ק תובב״א, ובאמת מי לא ידע מגודל ערכה של מצוה זו, ובודאי גם אני חשקה נפשי לדבר זה, אך כבר אמרו חכז״ל (אבות פ״ב מ״א) הוי מחשב הפסד מצוה וכו׳, והוי ערום ביראה (ברכות יז.), חשבתי דרכי וראיתי כי יש הרבה מצות

"עס זעט מיר קלאָר אויס אַז די אַלע שווערע איבערלעבענישן וועלכע זענען פאַראיבער אויף ארץ ישראל און אויך דאָס יאָר פונעם ערדציטערניש ווען טויזנטער אידן זענען ליידער גע'הרג'ט געוואָרן, דאָס ווייזט אונז אַז עס איז דער רצון פון השי"ת אַז מיר זאָלן אַצינד נישט גיין פון אונזער אייגענעם ווילן קיין ארץ ישראל, נאָר אויסוואַרטן אַז משיח צדקינו זאָל אונז פירן צו אונזער לאַנד. דאָס זעט אויס לויט מיין פאַרשטאַנד אַלס אַ קלאָרע זאַך".

הרה"ק **מרוזשין** זי"ע

הרה"ק מרוזין זי"ע איז געבוירן ג' תשרי שנת תקנ"ז לפ"ק, צו זיין פאטער הרה"ק רבי שלום שכנא פון פראהבישט זי"ע, בן הרה"ק רבי אברהם המלאך זי"ע, בנו יחידו פון הרה"ק המגיד ממעזריטש זי"ע. דער הייליגער רוזשינער זי"ע איז געווען באקאנט מיט זיין פארבארגענעם דרך עמוק פון זיך פירן אויף א מלכות'דיגער קעניגליכער שטייגער. ברוך קדשו האט ער פאראויסגעזאגט דברים נפלאים אויף דעם דור פון אחרית הימים, און אלע צדיקי הדור האבן מעיד געווען אויסטערלישע הפלגות אויף זיינע הויכע מדריגות און וואונדערליכע הנהגות. נלב"ע ג' חשון שנת תרי"א לפ"ק, זי"ע.

"דאָס טוט מעכב זיין די ריכטיגע גאולה"

ווען עס האָט אָנגעהויבן פאַרשפרייט צו ווערן די רעיונות פון הרב קאַלישער ז"ל און ס'איז אָנגעקומען צו די אויערן פונעם הייליגן רוזשינער זי"ע, האָט ער דאַן געלאָזט הערן די פאָלגנדע הייליגע דיבורים:

מאד מאד ממש מחי' נפשות וצדקות פזרונות אביונים בכל עת, אשר שם בודאי אי אפשר לעשות חלק עשירית מזה, וברור אצלי כשמש שאם אסע יצא שכרי בהפסדי, שאשליך מצות נאמנים רבים ונכבדים בודאי, מספק אולי אוכל לעבוד את ד' שם יותר מכאן, ואין ספק מוציא מידי ודאי, ואצלי בלי ספק שאם ישקול הדבר בכף מאזניים, המצות הללו יכריע וכו'. - ובפירוש שמעתי מבו"ק מהרי"י ז"ל מלובלין זצוק"ל שהי' מדבר מענין נסיעה לא"י, ואמר "הכנסת אורחים שלי איך אפסיד" אם אסע לשם, הרי ששקל הפסד של מצוה ומשום זה לא נסע לאה"ק ... ע"כ יניח ידו מזה, והחשקות שחשק לעלות לארצינו הקדושה רק שהוא נמנע מפני פחד ה' שלא יעבור מצות ה' ושמרתם מאד לנפשותיכם (שאסור) [מעלה עליו] הכתוב כאלו עשאה ... כן נלפענ"ד ברור כשמש.

ולי נראה ברור מפני הרפתקאות דעדו על אה"ק שנה אחר שנה מהביזה שבזזו אותם וכו' ושנה זו מהרעשת הארץ נהרגו בעו"ה לאלפים, **זה יראה שרצון השי"ת שבעת לא נלך מעצמינו ומרצונינו לארץ ישראל, רק שנמתין שמשיח צדקינו יוליכנו לארצינו, וקרוב יום ישועה בעזהשי"ת**, כן נראה לפי שכלי בבירור לדעתי. וזאת לדעת כי כל הצדיקים אינם מסכימים על עליותיו לאה"ק. (אגרת ששלח הרה"ק בעל ישמח משה לחתנו בעל ארי' דבי עילאי בשנת תקצ"ז, נדפס בסוף ספר ישמח משה על ש"ס ומועדים).

7) פארשטענדליך אז דאס אויבנדערמאנטע איז נישט קיין סתירה צו די באקאנטע ווערטער פונעם חתם סופר (תורת משה פרשת אמור) אז די פורעניות האבן פאסירט צוליב דעם וואס די איינוואוינער אין ארץ ישראל האבן זיך באזעצט אין גליל און איבערגעלאזט ירושלים עיה"ק (כלש"ק: "כי צדיק הוא אלקינו וקנאת ירושלים עשתה זאת, כי שם שער השמים... שם הר המורי' עקידת יצחק... שם הר בית ה'... והנה לגמרי זה מקרוב מאה שנים שמו פניהם לצפת... וירושלים נשכחה לגמרי... וצדיק ד' המביט לארץ ותרעד"), וויבאלד דער חתם סופר רעדט במפורש פון די איינוואוינער אין ארץ ישראל וועלכע וואוינען סייווי דארט און באזעצן זיך נישט אין ירושלים, אבער דער ישמח משה באציט זיך צו אידן איבער דער וועלט אז דער רצון ה' איז מ'זאל פארבלייבן אין גלות און נישט ארויפגיין קיין ארץ ישראל ביז די ריכטיגע צייט וועט קומען.

"דאָס וואָרט 'גולה' באַדייט גלות. אָבער אויב לייגט מען דערין אַריין דעם אות 'אלף', דאַן ווערט דערפון דאָס וואָרט 'גאולה'. דער אל"ף איז מרומז אויף'ן 'אלופו של עולם'. דאָס הייסט, אַ גאולה וואָס קומט בלויז פון השי"ת זעלבסט קען ווערן אָנגערופן מיט'ן נאָמען גאולה און דאָס פאַרטרייבט טאַקע די 'גולה', אָבער אויב פעלט דער אלופו של עולם, נעמליך, מען נעמט זיך אַ גאולה בדרך הטבע אָן אויסוואַרטן אויף ישועת ה', דאַן איז עס נישט קיין גאולה נאָר עס בלייבט אַ 'גולה' רח"ל און **דאָס טוט מעכב זיין די ריכטיגע גאולה**[8]."

הרה"ק רבי **מאיר מפּרעמישלאַן** זי"ע

הרה"ק רבי מאיר'ל מפרעמישלאן זי"ע, איז געבוירן געווארן אין יאר תקמ"ג לפ"ק צו זיין פאטער הרה"ק רבי ארון לייב מפרעמישלאן זי"ע, בנו של הרה"ק רבי מאיר הגדול מפרעמישלאן זי"ע, תלמיד הבעש"ט הק'. שוין אלס קינד האט מען געזען ביי אים גרויסע מדרגות. שפעטער האט ער מקבל געווען פון זיינע הייליגע רבי'ס, הרה"ק רבי מרדכי מקרעמניץ זי"ע און הרה"ק דער רבי פון לובלין זי"ע. אין יאר תקע"ג, נאך די הסתלקות פון זיין גרויסן פאטער, האט ער אנגעהויבן פראווען די עבודת הקודש אין שטאט פרעמישלאן, וואו ער האט אנגעפירט זיין מורא'דיגע עבודת הקודש און געווארן באוואוסט מיט זיינע אפענע הייליגע אויגן, זיין געוואלדיגע רוח הקודש און די וואונדערליכע ישועות וואס ער האט גע'פועל'ט פאר אידישע קינדער מיט זיין אהבת ישראל און כח הקדושה. נלב"ע ביום כ"ט אייר תר"י לפ"ק. זי"ע.

---

8) מושיען של ישראל ח"ג עמ' 338.

אין איינקלאנג מיט דעם ווערט דערציילט אין ספר ישועות ישראל (ח"א אות ח) וז"ל: עוד בשנת תקצ"ז שהייתי ברוזין שמעתי מפי קדשו בשבת בעת סעודת שחרית כדברים האלה ובזה"ל: "**עס באדארף קיינער נישט פארן לארץ ישראל הקדושה, נאר דער וואס פיהלט דעם טעם פון ארץ ישראל, אדער אזוי א איד וואס וויל דינען להקב"ה און כאן קאן ער ניכט, מעג ער גם פאהרען**" וזה נכנס בלבי מאז ועד אתה, וזאת דיבר הקדוש על פי איזה המשך מאחד שבא לנסוע לארץ ישראל.

עס פארציילט הגאון רבי יעקב טייטלבוים ז"ל אין זיין ספר קול יעקב: ווען איך בין געקומען צום סקולענער רבי'ן זצ"ל האט ער מיר געבעטן איך זאל אים איבערזאגן וואס איך האב געהערט אין נאמען פון הרה"ק רבי ישראל מרוזשין זצ"ל איבער וואס עס וועט פארקומען לעתיד לבא. איך האב דאס געהערט פון מיין זיידן וואס האט עס געהערט פון זיין שווער, וועלכער האט עס געהערט פון מיין זיידן רבי אליעזר טאפריבער זצ"ל, וואס האט זיך מסתופף געווען א תקופה פון צוואנציג יאר ביים הייליגן רוזינער זי"ע, און ער האט עס געהערט פונעם רוזשינער מיט דעם לשון: "איידער ביאת המשיח וועט אראפקומען פון הימל א זויל פון פייער אזוויי ס'איז אראפגעקומען צו אליהו הנביא אויף הר הכרמל. אידן זאלט איר וויסן, אז ס'וועט נישט אראפקומען צו די נביאי אמת, נאר צו די נביאי שקר, און מען וועט דארפן קריכן אויף גלייכע ווענט כדי צו בלייבן ביי דער אמונה". (די וואונדערליכע רייד פון הרה"ק מרוזין זי"ע ווערט אויך אראפגעברענגט אין ספה"ק על הגאולה ועל התמורה סימן פ"ו).

האט מיר דער סקולענער רבי ז"ל געפרעגט אויב דער רוזשינער האט געזאגט אז דאס וועט זיין אין בית המקדש. אויף וואס איך האב געענטפערט אז איך ווייס נישט. דער רבי האט מיר געבעטן צו איבערדערציילן די ווערטער נאכאמאל און א דריטע מאל. אויף מיין וואונדער פארוואס ער איז אזוי פאראינטערעסירט צו הערן די מעשה אזויפיל מאל, האט ער מיר געענטפערט, אז ער האט געהערט פון עדים נאמנים, אז ווען הרה"ק בעל דברי שמואל פון סלאנים זצ"ל איז קראנק געווארן זיין לעצטע קרענק, האבן אים די דאקטוירים געראטן צו פארן קיין בערלין וואו ס'איז דא א מעגליכקייט דורכצופירן אן אפעראציע, אבער אויפצומארגנס האט דער דברי שמואל באשלאסן אז ער פארט נישט, נאר געזאגט דברי צוואה פאר כלל ישראל: "אידן זאלט איר וויסן, **צווייפלהאפטיגע אידן וועלן פאר ביאת המשיח פארן קיין ארץ ישראל. זיי וועלן דארט מצליח זיין מיט גרויסע נצחונות און אויפבויען א בית המקדש. געגוי ווי ביים בית ראשון וועט אויך אראפקומען א פייער פון הימל אין דעם ביהמ"ק, אבער איר זאלט וויסן אז דער פייער איז נישט פון דער סטרא דקדושה נאר פון דער סטרא אחרא.**"

דער סקולענער רבי ז"ל האט מיר דאן געבעטן איך זאל פארשפרייטן די פארכטיגע צוואה צווישן אידן, און צוגעלייגט: "אויב מען וועט מיר פרעגן איבער'ן ווארהייט פון דער צוואה, קען איך דערויף געבן א שבועה דאורייתא." (קול יעקב לר' יעקב טייטלבוים עמ' קצב)

"פאַר די קלעזמער זינגט מען נישט"

אין יענער תקופה ווען ס'האָט אָנגעהויבן קורסירן קלאַנגען איבער די נייע-פלענער פון הרב קאַלישער צו באַזעצן ארץ ישראל און דורך דעם דערנענטערן די גאולה שלימה, האָט הרה"ק רבי מאיר מפרעמישלאַן זי"ע זיך אויסגעדרוקט בלש"ק: "מאיר'ל האָט נישט ליב די וואָס זינגען פאַר די קלעזמער (כלי-זמר) קומען אָן. פאַר די קלעזמער זינגט מען נישט."[9]

הרה"ק רבי **יחיאל מאַלכסנדר** זי"ע

הרה"ק רבי יחיאל מאלכסנדר זי"ע איז געבוירן אין יאר תקפ"ח לפ"ק, צו זיין פאטער הרה"ק רבי שרגא פייוול מגריצא זי"ע, מגדולי תלמידי הרה"ק רבי ר' בונם מפרשיסחא זי"ע. ער איז נתגדל געווארן פון קינדוייז אן ביי הרה"ק רבי יצחק מווארקא זי"ע וואו ער איז נתעלה געווארן בקדושה ובטהרה אלס איינער פון די חשוב'סטע תלמידים אין ווארקא. נאך די הסתלקות פון רבי איציקל מווארקא זי"ע האט ער צוואנציג יאר זיך געווייקט בצל בנו הרה"ק רבי מנחם מענדל מווארקא זי"ע, נאך זיין פטירה האט ער מקבל מרות געווען פון הגה"ק רבי דוב בעריש מביאלה זי"ע. און הערשט נאך זיין פטירה בשנת תרל"ו לפ"ק, האט ער נאך לענגערע הפצרות אנגעהויבן פירן אן עדה קדושה אין דער שטאט אלכסנדר, וואו מאסן חסידים ואנשי מעשה זענען געקומען פון דער נאנט און דער ווייט זיך צו אנשעפן פון זיין הייליגן קוואל פון אהבת ישראל, שמחה און ענות קודש. נלב"ע י"ד שבט שנת תרנ"ד לפ"ק. בניו הק', דער ישמח ישראל מאלכסנדר זי"ע און שפעטער דער תפארת שמואל מאלכסנדר זי"ע, האבן ממשיך געווען זיין הנהגה אין דער שטאט אלכסנדר. זי"ע.

"מ'זאָל גאָרנישט האָבן צו טאָן מיט זיי!"

איינמאָל מוצאי שבת פאַר סליחות איז אָנגעקומען קיין אלכסנדער דער דערמאָנטער רבי שמואל מאָהליווער, וועלכער האָט מייסד געווען דעם פרומען פליגל אינערהאַלב די "חובבי ציון", וועלנדיג משכנע זיין דעם אַלטן אלכסנדר רבי'ן הרה"ק רבי יחיאל זצ"ל זיך אָנצושליסן אָדער לכה"פ מסכים זיין צו דער באַוועגונג. אָבער דעם רבינ'ס זון, הרה"ק בעל ישמח ישראל זי"ע, וועלכער האָט געהערט דעם ציל פון זיין קומען, האָט אים בכלל נישט געוואָלט אַריינלאָזן; ער האָט אים מדחה געווען מיט פאַרשידענע אויסריידן און תירוצים ער זאָל נישט קענען אַריינגיין צום רבי'ן. זעענדיג דאָס האָט ר' שמואל מאָהליווער זיך געפאַקט פעק און פאַרלאָזט די שטאָט.

ביי חצות הלילה איז דער אַלטער רבי זי"ע אַריינגעקומען אין בית המדרש צו סליחות. נאָכן ענדיגן סליחות איז דער רבי צוריק אַריין צו זיך אין צימער און דער עולם האָט זיך צעשפרייט צו זייערע הייזער און אכסניות, אָבער נאָך אַ האַלבע שעה איז דער רבי פלוצים צוריק ערשינען אין

9) די ווערטער פון הרה"ק רבי מאיר'ל מפרעמישלאן זי"ע פלעגט נאכזאגן זיין פלומעניק הרה"צ רבי ישראל יעקב מחוסט זצ"ל בן הרה"ק רבי מרדכי מנאדבורנא זצ"ל, ווען מען איז אים געקומען פרעגן איבער עולה זיין קיין ארץ ישראל.

בית המדרש און געפרעגט וואו דער עולם איז. ווען מ'האָט אים געענטפערט אַז יעדער איז שוין אַהיים, האָט ער געבעטן מ'זאָל יעדן נאָכאַמאָל צונויפרופן אין בית המדרש ווייל ער וויל רעדן אַ שטאַרק-וויכטיגן ענין.

עס האָט נישט געדויערט לאַנג און די גרויסע שול איז געוואָרן פול געפאַקט עד אפס מקום. נאָך עטליכע מינוט איז דער רבי אַריינגעקומען אין בית המדרש אין באַגלייטונג פון זיין זון, דער ישמח ישראל. ער איז צוגעגאַנגען צום באַלעמער און אויסגערופן בפה קדשו:

"ס'איז דאָ געוואָרן דער פלוני פון די חובבי ציון. איך וויל בעטן און אָנזאָגן, מ'זאָל גאָרנישט האָבן צוטאָן מיט זיי! דער סוף זייערער וועט זיין אַז זיי וועלן צעטרעטן די תורה מיט די פיס!"[10]

הגה"ק בעל **ייטב לב** מסיגוט זי"ע

הרה"ק רבי יקותיאל יהודה טייטלבוים זי"ע איז געבוירן בשנת תקס"ח לפ"ק, צו זיין פאטער הרה"ק רבי אלעזר ניסן מדראהאביטש זי"ע, בן הרה"ק בעל ישמח משה זי"ע. ער האט משמש געווען ברבנות אין די שטעט, סטראפקוב, איהעל, גארליץ, דראהאביטש, און בסוף ימיו אין דער שטאט סיגעט, ושם מנו"כ. דער יטב לב איז געווען פון די אויסגערופענע צדיקי הדור וגדולי ישראל וואס האט געשאקלט די מדינה מיט זיין געוואלדיגע גאונות בנגלה ובנסתר און פייערדיגע דרשות ותפלות. ער איז אויך געווען דער ערשטער חסידי'שער רבי וואס איז אויך געווען א תופס ישיבה און מרביץ תורה געווען פאר תלמידים, און בכח תורתו וקדושתו האט ער איבערגעדרייט די שטאט סיגוט אלס א מטרופולין פאר אידישקייט און געקעמפט ווי א לייב על משמר חומת הדת אין גאנץ אונגארן. נלב"ע ו' אלול שנת תרמ"ג. זי"ע.

"איך בין געווען געצוואונגען זאָפאָרט צו אַנטלויפן"

אין דער תקופה ווען עס האָט זיך אָנגעהויבן הערן פריע קלאַנגען פון די חובבי ציון רעיונות, איז דער גאון וצדיק רבי עקיבא יוסף שלעזינגער זצ"ל אויך אַרויסגעקומען מיט באַזונדערע פלענער זיך צו באַזעצן אין ארץ ישראל און דאָרט אויפשטעלן אַן ערליכע קאָלאָניע וואו מ'זאָל זיך פירן אָפגעהיטן און ערליך.

אין זיין וועג צו ארץ ישראל איז ער דורכגעפאָרן די שטאָט סיגעט, וואו ער האָט זיך אָנגעשטויסן אין שאַרפן התנגדות פונעם הייליגן ייטב לב זי"ע וועלכער האָט פרובירט אַלע מיטלען, מיט גוטן און בייזן, אים אָפצוהאַלטן פון באַגיין אָט די שריט און נישט אַרויפגיין קיין ארץ ישראל.

10) אורות רבותינו אלכסנדר עמ' טז. ועוד מסופר שם: "כמה ימים לפני פטירתו של כ"ק אדמו"ר בעל ישמח ישראל זי"ע נכנס אליו אחד ממנהיגי הציונים, וניסה להשפיע שיצטרף לאגודת "חובבי ציון" ענה לו רביה"ק: אתה חובב ציון, אתה לא מתפלל ולא מברך, ואני מתפלל שלש פעמים ביום על ירושלים ומברך ומבקש על ירושלים וכו', ואתה רוצה ללמד אותי חיבת ארץ ישראל".

רבי עקיבא יוסף זצ"ל זעלבסט שילדערט זיינע איבערלעבענישן אין סיגעט אין דער הקדמה פון זיין ספר "שמרו משפט", ווי פאָלגנד:

"עס איז געווען אין יאָר תר"ל ווען איך האָב אָנגעהויבן מיין וועג קיין ארץ ישראל וכו', ביז איך בין אָנגעקומען צו דער שטאָט סיגעט צו הגאון הצדיק וכו' בעל ייטב לב זצ"ל, וועלכער האָט מרעיש עולמות געווען קעגן מיר, אָבער האָט אויך גערעדט צו מיר מיט אַ באַזונדערער ענוה, אַזוי ווי איך וואָלט געווען דער רבי און ער דער תלמיד. ער האָט מיר געזאָגט: פאַרוואָס טוט איר דאָס און וואָס פעלט אייך דאָ? אויב איר ווילט אַ רבנות שטעלע וועל איך אייך פאַרזאָרגן דערמיט. דערביי האָט ער מיר דערמאָנט דריי-פיר פלעצער וואָס איך קען אויסוועלן צו ווערן דאָרט רב, און ער וועט עס ערלעדיגן. איך האָב אָנגעהויבן ענטפערן תירוצים וכו' אָבער כ'האָב נישט געקענט גוט אַרויסברענגען מיין האַרץ צו אים. מעגליך אַז איך האָב טאַקע דעמאָלטס געזען איין קוק, אָבער ער האָט געזען מיט צוויי בליקן ווייטער.

פתיחה

יודע הנסתרות ובוחן הלבבות אשר בידו נפש כל חי ולהטות משפט גבר נגד פני עליון:
ויהי בשנת תר"ל פ' לך לך אחרי דברי מו"ח ותלומות הבטחוני עד לקחתי את דרכי
לא"י ושכרתי לי אז מרכבה עם משמש ורייקס יצאתי לא היה לי כ"א זכה ה' וכאשר
באתי אל מקום השני כבר אזל והלך לו, אך בדרך באו עלי אנשים עם בקשות ופדיונות ועזרו
עד אשר באתי לסיגעט אל הגאון הצדיק וכו' בעל ייטב לב זצ"ל והוא הרעיש עולם כנגדי
ודיבר אלי גם בענוה יתרה כאילו אני הייתי רב והוא התלמיד (להבדיל) ואמר מה עושה פה
יאמין לי כי גם אני אוכל לומר פירך על קושיות תוס' ולומר אגדה, אך אם בא דבר הנוגע
לשער בת רבים אין לנו יד ופה כמוהו, מה עושה לנו מה חסר לו, אם רוצה רבנות אני
אתן לו כרצונו והזכיר לפני ג' או ד' מקומות וכאשר אבחר משם להיות רב שם והוא יגמר
הדבר, והתחלתי לומר תרוצים מן אוהו חלומות אמר כנגד זה יש תורה ודברי חלומים לא
מעלין ולא מורידין נסב ביחד ב"ד לבטל הדבר, אך לא יכלתי להוציא כל לבי ואולי כעין
דרז"ל ראה ראיתי אני ראיתי ראיה אחת והוא ראה שתי ראיות, ולפה למרחוק זצ"ל כלל
גדול כאשר שמע כי לא אשמע לקולו נתן פקידה במקומו ובכל גבולו מי אשר מחזיר אותי
ליסע לא"י כאילו מחזיק לפ"ע ועד הייתי מוכרח לברוח מן כל הגבול ולרכב בהרים על
סוסים ולעבור גבול זיעבענבירגען אך כאשר באתי לק"ק בעטלאן וכבדו אותי ודרשו

רבי עקיבא יוסף שלעזינגער זצ"ל דערציילט די געשיכטע אין זיין ספר "לב העברי"

נאָך אַלעם, ווען ער האָט געהערט אַז איך וועל נישט צוהערן צו זיין קול, האָט ער אַרויסגעגעבן אַ באַפעל אין זיין געגנט און אין אַלע אַרומיגע געגנטער, אַז ווער עס שטיצט מיך צו פאָרן קיין ארץ ישראל, איז גלייך ווי איינער וואָס שטיצט עוברי עבירה, ביז איך בין געווען געצוואונגען זאָפאָרט צו אַנטלויפן פונעם גאַנצן ראַיאָן און רייטן מיט פערד איבער די בערג צו אַנטרינען ווערן פון דער זיבענבערגן געגנט."

די רייד פון רבי עקיבא יוסף ווערן ציטירט אין ספה"ק ויואל משה (מאמר ישוב ארץ ישראל סימן ק"ח), וואו רביה"ק מסאַטמאַר זי"ע שרייבט דערויף, וזל"ק:

"ער זעלבסט האָט געדרוקט אין זיין ספר וואָס ס'האָט פאַסירט מיט אים ביי מיין הייליגן זיידן דער ייטב לב זלה"ה, הגם עס איז באַוואוסט אַז דער זיידע ז"ל האָט זייער ליב געהאַט ארץ ישראל און זיין שווער הגה"ק דער טאָלטשאָווער רב זצ"ל איז געפאָרן קיין ארץ ישראל לויט זיין עצה און איז טאַקע שפּעטער געוואָרן רב אין צפת. אויך דער ייטב לב אַליינס האָט אויך געהאַט צוערשט געקלערט פון פאָרן קיין ארץ ישראל, אָבער

שפּעטער האָט ער געזאָגט אַז ער זעט אַז מען דאַרף אים האָבן אין דער מדינה [בחו"ל], דעריבער קען ער נישט פאָרן."

עס ווייזט אויס אַז דאָס וואָס דער ייטב לב האָט זיך אַזוי אָנגעשטרענגט און פאַרלייגט קרעפטן אויף רבי עקיבא יוסף ז"ל אַז ער זאָל נישט פאָרן קיין ארץ ישראל, איז געווען וויבאַלד ער איז געגאַנגען מיט'ן רעיון צו גרינדן קאָלאָניעס. טראָצדעם וואָס זיין כוונה איז געווען לשם שמים, איז עס אָבער געווען אַ גרויסער שרעקליכער טעות[11].

עס איז צום באַמערקן אַז הגה"צ רבי עקיבא יוסף זעלבסט איז אָנקומענדיג קיין ארץ ישראל געוואָרן אַ פייערדיגער קעמפער קעגן די חובבי ציון גרופּעס, זעענדיג פון דער נאָנט די

11) שפעטער, ווען רבי עקיבא יוסף איז שוין געווען אין ארץ ישראל, האט ער געשטרעבט אויפצושטעלן ערליכע קאלאניעס פאר די דארטיגע איינוואוינער. רבי עקיבא יוסף האט דעמאלטס מייסד געווען מיט גרויס מסירות נפש דעם ערליכן ישוב "פתח תקוה" און גלייכצייטיג אראפגעשטעלט שארפע תקנות אז מען זאל דארט מקיים זיין אלע מצות התלויות בארץ ווי עס באדארף צו זיין, אבער צום באדויערן איז אויך דער ישוב שפעטער ארויסגעפאלן פון דער שליטה פון ערליכע אידן און עד היום געפינט זיך עס אונטער דער שליטה פון די פרייע עלעמענטן.

אין דער תקופה פון די יארן תרל"ו-תרל"ז האט זיך אין די אייראפעאישע שטעט ארומגעדרייט א איד מיט'ן נאמען ר' ישראל חיים שלום הלוי, וועלכער האט געבעטן בריוון פון גדולי ישראל פאר אן אונטערנעמונג צו באארבעטן פעלדער אין ארץ ישראל, דערמיט צו פארלייכטערן דעם מצב הפרנסה פון די דארטיגע ארעמע אידישע געמיינדעס. מערערע גדולים וצדיקים האבן אים געגעבן ווארעמע בריוון און דברי חיזוק, צווישן זיי אויך הגה"ק בעל ייטב לב זצ"ל.

יענע תקופה איז נאך געווען איידער עס האבן זיך אנגעהויבן די אפיציעלע "עליות" דורך די חובבי ציון אין די תר"מ יארן. פארשטענדליך אז דער ייטב לב דערמאנט גארנישט איבער אן עלי' לארץ ישראל אדער באארבעטן פרישע פעלדער, נאר גיט בלויז זיין ברכה פאר אזא פראיעקט פון אפקויפן הייזער און שטחים וואס וועט זיין א גרויסע הילף פאר די יושבי הארץ.

רבי עקיבא יוסף שלעזינגער ז"ל פארציילט (אין זיין ספר שמרו משפט עמ' לז), אז דער ר' ישראל חיים שלום הלוי איז געווען זיין שליח וואס האט מעורר געווען די רבנים צו שיקן חיזוק-בריוון פאר זיינע פעולות. ווייזט אבער אויס אז דער שליח האט דעם פאקטאר געזוכט אויסצובאהאלטן און עס נישט פארציילט פאר די גדולים. אין קיין איינעם פון די בריוון ווערט נישט דערמאנט דער נאמען פון רבי עקיבא יוסף אדער זיין חבורה און כולל אפילו ברמז, און מערערע גדולי ישראל ערוועגען בלויז די נקודה אז זיי שטיצן דעם געדאנק וואס וועט ברענגען א פארלייכטערונג אין פרנסה פאר די אידן אין ארץ ישראל. אזוי ווערט קלאר דערמאנט אין די בריוון, געדרוקט אין ספר "בשבח ישוב הארץ", (ערשינען בשנת תשמ"ז מיט אלע בריוון), עיי"ש במכתב הגאון רבי יעקב טויבש אב"ד יאס [עמ' 12], הגאון רבי שלום טויבש אב"ד באטשאן [עמ' 14], הגאון רבי שמואל וואלדענבערג אב"ד יארסלב [עמ' 19], הגאון רבי ר' מנחם מענדל כ"ץ [עמ' 45], הגאון רבי אורי שרגא פייבל טויבש אב"ד יאס [עמ' 19], הגאון רבי חיים וואלערשטיין אב"ד רישא [עמ' 20], הגאון יואל אונגאר אב"ד רעכניץ [עמ' 24], הגאון רבי מנחם מענדל קירטץ ראב"ד מיקלוש [עמ' 46]. וכן נראה ממכתב ר' ישראל ראבינאוויטש אב"ד יאס [עמ' 13], וכן נזכר במכתב מארץ ישראל [עמ' 55].

בנוסף דערצו שרייבן מערערע גדולים בפירוש אז זיי זענען נישט באקאנט מיט די אנגעלעגנהייטן פון דער חבורה, און זיי פארלאזן זיך אויף די בריוון פון רבנים אז דאס איז א חשוב'ע זאך. אזוי שרייבט טאקע אויך דער ייטב לב, וע"ע במכתבי הגאונים רבי יונה צבי בערנפעלד אבד"ק דעברעצין [עמ' 33], רבי יהודה ליב קנעפיר אב"ד קהל אשכנזים בקושטא [עמ' 6], רבי דוד איזאקזון אב"ד ראמאן [עמ' 9], רבי משולם דב קאלוש דיין במונקאטש [עמ' 27], רבי יעקב קטינא ראב"ד חוסט [עמ' 29], רבי פנחם חיים קליין אב"ד סעליש [עמ' 31], רבי חיים צבי ווינקלער אב"ד ראצפערט [עמ' 34], רבי יעקב קאפיל פרידמאן אב"ד נירעדהאז [עמ' 36], רבי אברהם יצחק וויינבערגער אב"ד קליינווארדיין בעל פני יצחק [עמ' 37], רבי יוסף וואלד אב"ד העלמעץ [עמ' 39], רבי פסח זינגער אב"ד קירכדארף [עמ' 40], ר' משה תאומים אב"ד הארادענקא בעל דבר משה [עמ' 49].

ס'איז טאקע מערקווירדיג צו פארצייכענען אז הרה"ק מדאראג זצ"ל אין זיין בריוו (עמ' 35) נעמט זיך אויס מיט א שטארקן תנאי אז אלעס זאל זיך פירן על פי תורה. הגם בימים ההם איז נאך נישט געווען קיין מדובר ביי די פרייע חובבי ציון גרופעס צו באזעצן דאס לאנד, האט ער שוין מרגיש געווען אז אזא זאך דארף א שמירה מעולה ורוח ה' דבר בו. וזל"ק: "גם אנכי באתי להצטרף את עצמי עם כבוד הרבנים נ"י אשר מסכימים שיהי' טוב ונכון לקנות שדות בארץ הקדושה תוב"ב **להחזיק בזה ידי עניי אה"ק תוב"ב, ורק באופן שיהיו הממונים אשר יתעסקו בענין זה יראי ה' באמת, שיתנהג הכל ע"פ דת תורתינו הקדושה.** א"ד הבעה"ח היום יום א' פ' במדבר, ל"ח למב"י תרל"ז לפ"ק, ה"ק שמואל פרענקל מב"ח חונה פה ה' דאראג יצ"ו".

שרעקליכע קלקולים וואָס זיי האָבן פאַראורזאַכט אין הייליגן לאַנד; ער האָט געשריבן אויף זיי גאָר שאַרפע ווערטער, און געוואָרנט אַז מען זאָל נישט האָבן דאָס מינדסטע התחברות מיט זיי[12].

הרה"ק **רבי יהושע מבעלזא** זי"ע

הרה"ק רבי יהושע מבעלזא זי"ע איז געווען דער יונגסטער קינד און ממלא מקומו פון הרה"ק דער שר שלום מבעלזא זי"ע. נאנט צו פערציג יאר האט ער געפירט אידישע קינדער און באלאכטן די וועלט מיט זיין תורה, קדושה און עבודה. הרה"ק רבי יהושע זי"ע איז געווען פון די גרעסטע חסידי'שע רבי'ס און מנהיגי ישראל אין זיין דור, וואס איז געשטאנען בראש פון דעם פייערדיגן קאמף קעגן די מחבלי כרם ה' צבקות. אונטער זיין הייליגע הנהגה איז "בעלז" געווען א פעלזן פעסטע חומה בצורה קעגן יעדע מינדסטע פגיעה אין די תורה הק'. נלב"ע כ"ג שבט תרנ"ד לפ"ק. זי"ע.

"לבל נסייע ידי עוברי עבירה"

אין א בריוו פון הרה"ק מציעשנוב זי"ע איבער דעת קדשו פון זיין פאָטער הרה"ק משינאָווא זי"ע, דערמאַנט ער אויך דעת קדשו פון זיין שווער הרה"ק מהר"י מבעלזא זי"ע:

"ווען רבי צבי הירש קאַלישער האָט אָנגעהויבן מיט דער באַוועגונג, האָבן די גאוני אמת און די צדיקי הזמן געשריבן דערגעגן - מיין הייליגער טאַטע ז"ל (הרה"ק משינאווע זי"ע) און מיין הייליגער שווער (הרה"ק מהר"י מבעלזא זי"ע)

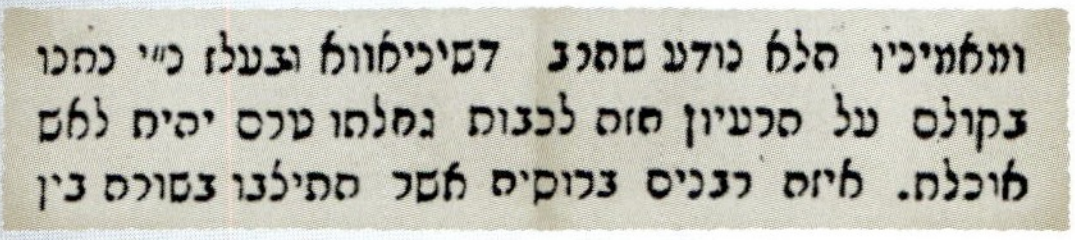
ומאמינים הלא נודע שהרב דשיניאווא ובעלז נ"י נתנו
בקולם על הרעיון הזה לבנות נחלתו טרם יהיה לחם
אוכלה. איזה רבנים בבוקים אשר התילנו בטורם בין

"הלא נודע שהרב דשיניאָווא ובעלז נ"י נתנו בקולם על הרעיון הזה"
אין דער תורה'דיגער אויסגאַבע 'תל תלפיות' ווערט באַריכטעט, אַז ס'איז דאַך באַקאַנט ווי דער שיניאָווער רב זי"ע און דער בעלזער רב רבי יהושע'לע זי"ע האָבן אַלאַרמירט קעגן דעם רעיון הציונות, אויסצולעשן דעם קויל, נאָך איידער ס'ווערט פאַרוואַנדלט אין אַ פייער וואָס פאַרלענדט.

---

12) וז"ל בספרו (תורת הקנאות בסוף ספר תוכחות מוסר לחותנו הגה"ק רבי הילל מקאלאמיא זצ"ל): "ותזכרו תמיד על מאמרם ז"ל (יבמות קג.) כל טובתן של רשעים רעה היא, ואל תאמינו כי ע"י הועד הגדול מפאריז **אשר הרעו לנו יותר מעמלק והמן** וכו', האם מאלה תקוו כי המה ישיבו את שבות ישראל. עד מתי לא תראו כי לא לייסד "כפרים" בארץ אבותינו כוונתם, רק להרבות "כופרים", למלאות ארץ הקודש בשקאלעס ובתי זונות זה מגמתם.

והנה מי אשר ידע טיב הישוב והחברא "חובבי ציון" ראשי' מנהיגי' ומנהלי' יודע **כמה הוא רחוק כי יסובב טובה אמיתית לכלל ישראל על ידיהם**, כי המה זוללים וסובאים ונואפים ומלגלגים על ה' ותורתו, ואהבת ישראל רחוק מלבבם, כי **המה מהערב רב אשר התגלו בדור האחרון להתעות את ישראל מד' ותורתו ה"י**. ועתה ראו נא אם לא נתייסדו הקולוניות היפך דעת התורה... ותדעו כי הוא מן הנמנעות כי יראי ה' יעשו אגודה אחת עם בעל השכלה מעופשת אשר תכליתה אכילה ושתי' וניאוף, כמו שאי אפשר לעשות אגודה אחת יונים (כנסת ישראל נמשלו ליונים) עם עכברים (עכברי רשיעי), אין שלום אמר ה' לרשעים, **ומי אשר יש לו התחברות ואהבה עמהם בלתי ספק יש בו שמץ מינות יהי' מי שיהיה**".

וע"ע בספרו ברית עולם האחרון (ס' ע"ב ועוד) ובספרו שמרו משפט תנינא (עמ' יג.): "ועתה פרשה ציון בידיה אין מנחם לה... ומי ירחם עליך ירושלים במעמד כזה בעניים ומרודים עתה כעיר נצורה עם אויביך סביב כופרים אשר הקדימו עצמן בדרכם מן דרך טיטוס להכניס זונות לקודש הקדשים ולהחריב כבני אדום האומרים ערו ערו עד היסוד בה גו' עם מצודות פרושות... **ועתה נהפך ואני דומה במעמדי כעין אשר נפל במלחמתו ונשבר או נשבה ר"ל**. ובעמ' יט. כתב: "ועתה חדשים מקרוב באו... בנים סוררים וכופרים כאלו אין הדעת סובלו ועתה בקשו גם להעמיד פסל אשר לא עלה על הדעת, גם מגדל כדור הפלגה, ובשם גימנאזיום קראו אסיפות לעומתם".

און נאָך, און זיי האָבן נישט מסכים געווען דערצו, ווייל זיי האָבן געזען וואָס עס וועט אַרויסקומען דערפון[13]**.**"

אויך ווען אין דער שטאָט באַריסלאָוו האָט זיך געגרינדעט אַ גרופע פון די חובבי ציון, האָט הרה"ק רבי יהושע מבעלזא זי"ע געשיקט אַ שאַרפן בריוו קעגן זייערע פעולות, וואו ער שרייבט צווישן אַנדערע:

"לבל נסייע ידי עוברי עבירה, ולבלתי התחבר עם רשעים ממדינות שונות, מסיתים ומדיחים, מצודדים נפשות ישראל להלכד ברשתם ולהרוס את עמודי החברה עד היסוד, ואת הכסף המונח באוצרות יקדישו לדבר מצוה."

דער מכתב קודש האָט געהאַט אַזאַ געוואַלדיגן אָפקלאַנג, אַז די חובבי ציון גרופע אין באַריסלאָוו איז אויפגעלעזט געוואָרן, און אַדאַנק דער השפעה פונעם בעלזער רב זי"ע איז במשך לאַנגע יאָרן נישט געווען קיין אָרגאַניזירטע חובבי ציון גרופעס איבער גאַנץ גאַליציע[14].

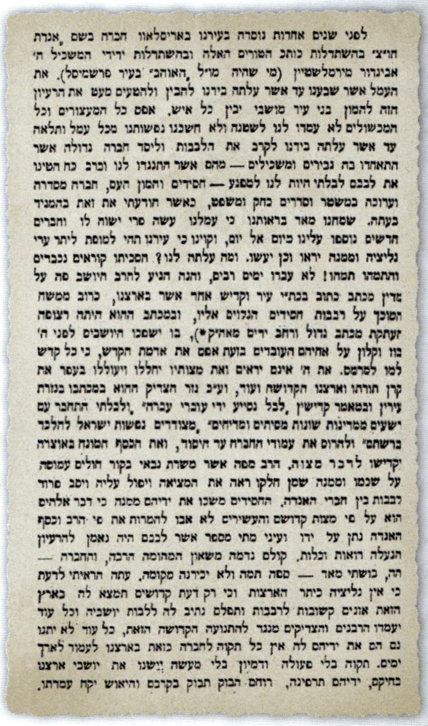
לפני שנים אחדות נוסדה בעירנו באריסלאוו חברה בשם „אגדת חו"צ" בהשתדלות כותב הטורים האלה ובהשתדלות ידידי המשכיל ה' אביגדור מירסלשטיין (מי שהיה מו"ל „האוהב" בעיר פרשמיסל). את העמל אשר שבענו עד אשר עלתה בידנו להבין ולהטעים מעט את הרעיון הזה להמון בני עיר מושבי יבין כל איש. אפס כל המעצורים וכל המכשולים לא עמדו לנו לשטנה ולא חשכנו נפשותנו מכל עמל ותלאה עד אשר עלתה בידנו לקרב את הלבבות וליסד חברה גדולה אשר התאחדו בה גבירים ומשכילים — מהם אשר התנגדו לנו וכרב כח הטינו את לבבם לבלתי היות לנו למפגע — חסידים והמון העם, חברה מסדרה וערוכה במשטר וסדרים כחק ומשפט, כאשר הודעתי את זאת בהמגיד בעתה. שמחנו מאד בראותנו כי עמלנו עשה פרי ישוה לו וחברים חדשים נוספו עלינו כיום אל יום, וקוינו כי עירנו תהי למופת ליתר ערי גליציה וממנה יראו וכן יעשו. ומה עלתה לנו? הסכיתו קוראים נכבדים והתמהו תמהו! לא עברו ימים רבים, והנה הגיע להרב היושב פה על מדין מכתב כתוב בכת"י עיר וקדיש אחד אשר בארצנו, כרוב ממשה הסוכך על רבבות חסידים הנלוים אליו, ובמכתב ההוא היתה רצופה זעתקת מכתב גדול ורחב ידים מאהיק*), בו ישפכו היושבים לפני ה' בוז וקלון על אחיהם העובדים בזעת אפם את אדמת הקדש, כי כל קדש למו למרמס. את ה' אינם יראים ואת מצותיו יחללו ויעוללו בעפר את קרן תורתו וארצנו הקדושה ועוד, וע"כ גזר הצדיק ההוא במכתבו בגזרת עירין ובמאמר קדישין „לבל נסייע ידי עוברי עבירה" „ולבלתי התחבר עם רשעים ממדינות שונות מסיתים ומדיחים" „מצודדים נפשות ישראל להלכד ברשתם" ולהרוס את עמודי החברה עד היסוד, ואת הכסף המונח באוצרה יקדישו לדבר מצוה. הרב פה אשר משרת גבאי בקור חולים עמוסה על שכמו וממנה שמן חלקו ראה את המציאה ויפול עליה ויסב פרוד לבבות בין חברי האגדה. החסידים משכו את ידיהם ממנה כי דבר אלהים הוא על פי מצות קדושם והעשירים לא אבו להמרות את פי הרב וכסף האגדה נתן על ידו ועיני מתי מספר אשר לבבם היה נאמן להרעיון הנעלה רואות וכלות. קולם נדמה משאון המהומה הרבה, והחברה — הה, בושתי מאד — ספה תמה ולא יכירנה מקומה. עתה הראיתי לדעת כי אין גליציה כיתר הארצות וכי רק דעת קדושים תמצא לה בארץ הזאת אזנים קשובות לרבבות ותפלס נתיב לה ללבות יושביה וכל עוד יעמדו הרבנים והצדיקים מנגד להתנועה הקדושה הזאת, כל עוד לא יתנו גם הם את ידיהם לה אין כל תקוה לחברה כזאת בארצנו לעמוד לארך ימים. תקוה בלי פעולה ודמיון בלי מעשה ייַשנו את יושבי ארצנו בחיקם, ידיהם תרפינה, רוחם הבוק תבוק בקרבם והיאוש יקח עמדתו.

דער "המגיד" באדויערט אז דער בריוו פון **הרה"ק רבי יושע'לע מבעלזא זי"ע** האט פארמאכט די **"אגודת חובבי ציון"** אין באריסלאוו

גאַליציע אויסגעהיטן פון די חובבי ציון

טראָץ דעם וואס די חובבי ציון באַוועגונג האָט אָנגעהויבן שלאָגן וואָרצלען לענגאויס אידישע שטעט און געגנטער אין אייראָפּע, איז אָבער די אידישע גאַס אין גאַליציע, וואו דער איינפלוס פון די דאָרטיגע צדיקים איז געווען שטאַרק, אין אַלגעמיין נישט נאָכגעשלעפּט געוואָרן נאָך זייער פּראָפּאַגאַנדע פון אויפשטעלן קאָלאָניעס און 'אויסלייזן ארץ ישראל'. זעלבסטפאַרשטענדליך אַז די ציוני'סטישע באַוועגונג, וואָס איז פון אָנהויב אָן געגרינדעט געוואָרן דורך אָפענע אפיקורסים, האָט אין יענע יאָרן בכלל נישט מצליח געווען צו באַקומען ערנסטע שטיצע אָדער מאָמענטום ביים גאַליציאַנער אידנטום, הויפּטזעכליך אַדאַנק דעם קאַמף פון די דאָרטיגע צדיקי אמת דערקעגן.

13) וזל"ק: "אם הי' דבר זה לפני עשרים שנה כאשר התחיל רצ"ה קאלישער וחביריו, וגאוני אמת וצדיקי זמנינו צווחו ככרוכיא אאמו"ר ז"ל חותני הרה"צ ז"ל ועוד, ולא הסכימו על זה כי ראו את הנולד, אזי הי' שייך לדון לכף זכות מי שירצה להחזיק בידם. לא כן עתה אשר ראינו צרת נפשותינו אשר הביאו לנו הרעיונות הללו, אשר **עי"ז קמו הציונים והמזרחיים אשר אומרים לקל דעת דרכיך לא חפצנו**, **ופורקים עול תורה ומצוות בריש גלי**, ובמסתרים תבכה נפשינו ונפש כל היראים במדינת רוסיא על חורבן והירוס הדת, תחפצו עתה עוד הפעם לחדש הרעה".

14) המגיד, 1890 גליון 35 עמ' 285.

די משכיל'ישע צייטונגען האָבן טאַקע אָפט באַדויערט דעם פאַקט אַז די חובבי ציון גרופעס קענען זיך פשוט נישט ערלויבן צו הייבן דעם קאָפּ און אַריינשטעלן דאָרט אַ פוס, צוליב'ן געוואַלדיגן התנגדות פון די רבנים צו דעם רעיון[15].

הרה"ק רבי **יהודה לייב איגר** זי"ע, בעל תורת אמת

הרה"ק רבי יהודה לייב איגר זי"ע איז געבוירן אין יאר תקע"ו לפ"ק. זיין פאטער איז געווען הגאון רבי שלמה איגר ז"ל, בעל "גליון מהרש"א" על הש"ס, בנו של הגאון רבי עקיבא איגר זי"ע. אלץ אינגערמאן איז ער נתקרב געווארן צו דער פוילישער דרך החסידות און איז געפארן קיין קאצק. דארט אין קאצק האט ער זיך מדבק געווען צו הרה"ק רבי מרדכי יוסף מאיזביצא זי"ע, און איז שפעטער געווארן מגדולי מובחרי תלמידיו. נאך די פטירה פון הרה"ק מאיזביצא זי"ע האבן א גרויסע טייל פון די חסידים, אין שפיץ פון הרה"ק רבי צדוק הכהן מלובלין זי"ע, אים מכתיר געווען אלס אלוף לראשם. ער האט אנגעהויבן פירן זיין הויף אין דער שטאט לובלין וואו ער האט משפיע געווען אוצרות פון תורה ויראה פאר עדת צאן מרעיתו. עס זענען פארבליבן פון אים די ספרים תורת אמת און אמרי אמת על התורה, מיט טיפע געהויבענע תורות על דרך החסידות. נלב"ע כ"ו בשבט תרמ"ח. זי"ע.

"אָבער משיח אַליין איז נאָכנישט דאָ"

אין די שריפטן פון איינעם פון די חובבי ציון, אַ געוויסער מאיר מאַיראָוויטש, געפינען מיר אַ מערקווירדיגן און אומבאַקאַנטן עדות איבער'ן דעת תורה פון הרה"ק רבי יהודה לייב איגר זי"ע, איבער די חובבי ציון באַוועגונגען וועלכע איז פאַרשפרייט געוואָרן בסוף ימיו.

מאַיראָוויטש פאַרציילט אין זיינע זכרונות אַז איידער ער איז אַרויפגעפאָרן קיין ארץ ישראל, האָט ער ערהאַלטן אַ פערזענליכן פאַרלאַנג פון הרב שמואל מאַהליווער, אַז ער זאָל אויפ'ן וועג אָפּשטאָטן אַ באַזוך אין לובלין צו טרעפן הרה"ק רבי יהודה לייב איגר זי"ע, און אים באַאיינפלוסן צו שטיצן די סאָרט אַקטיוויטעטן פון מאַכן אַן עלי' און באַזעצן ארץ ישראל. דער צדיק האָט אים אָבער אָפּגעזאָגט און זיין שליחות האָט זיך געענדיגט מיט אַ דורכפאַל.

מאַיראָוויטש שילדערט זיין דורכגעפאַלענע שליחות, ווי פאָלגנד:

15) צום ביישפיל שרייבט דער המגיד (1890 גליון 32 עמ' 258).

"**ידאב** לבנו לראות כי בארץ גאליציה, ארץ המלאה יהודים, כן ירבו מפלגות ומפלגות שונות, אדוקים וחופשים, חסידים ומשכילים וכו', בארץ הזאת לא מצא הרעיון הקדוש הזה מסילות, כי לתמהון לבבנו אין בכל ארץ גאליציה אף חברה אחת קטנה לטובת ארץ ישראל.

"**המצב** של החקלאים בארץ לא ידוע בגאליציה, כי לא רבים קוראים את העיתונים המדווחים על המצב בארץ. אף רב אחד אינו פועל לטובת "חיבת ציון" הואיל וכמעט כל הרבנים הושבו על כסא הרבנות על ידי הרבנים, והם מתנגדים לכל פעולה למען ישוב ארץ ישראל.

ענליך באקלאגט זיך דער "המגיד" אין יאר תרמ"ב (גליון 11): "אונזערע רייד האבן נאכנישט גע'פועל'ט אויף די הערצער פון אונזערע ברידער אין גאליציע."

"אויף מיין וועג צו דער שיף אין אָדעסא, האָב איך ערפילט דעם פאַרלאַנג פון הרב מאַהליוועֶר און זיך אויפגעהאַלטן אין לובלין. איך האָב געפונען דאָס וואוינאָרט פונעם רבי'ן און אום צוויי אַזייגער נאָכמיטאָג בין איך אַריין צו אים.

"דער וואַרט-צימער איז געווען פול מיט חסידים, וועלכע האָבן געקוקט אויף מיר מיט וואונדער. נאָכדעם וואָס איך האָב איבערגעגעבן פאַר'ן שמש דעם אורזאַך פון מיין קומען, האָט מען מיר געעפענט די טיר.

"אין אַ פאַרטונקלטן צימער, אָנגעפולט מיט ספרים און אַן ארון קודש ביים ווינקל, איז געשטאַנען אַן אַלטער אַכציג-יעריגער איד, איינגעוויקלט אין אַ טלית, זיין פנים לויטער און ריין, זיין באָרד שניי-ווייס, וכולו אומר הדרת קודש. איך האָב דורש געווען בשלומו און נאָמען פונעם ראַדומער רב (הר' מאַהליוועֶר) און אין נאָמען פון אַלע פאַרזאַמלטע ביי דער לעצטער חובבי ציון אסיפה אין וואַרשא. איך האָב אים געזאָגט אַז דער ציל פון מיין באַזוך איז צוליב'ן שרעקליכן מצב פונעם אידישן פאָלק. איך האָב פאַרציילט איבער דער יונגער באַוועגונג 'חיבת ציון', און אים געבעטן זיין שטיצע און השפעה אויף זיינע חסידים, צו ערוועקן זייער ליבשאַפט פאַר דער ציון באַוועגונג.

"דער רבי האָט אויסגעהערט מיינע רייד מיט וואונדער און מיר באַלד געענטפערט: "געֶרעכט, מיין קינד, **אפשר האַלטן מיר שוין טאַקע ביי ימות המשיח, אָבער משיח אַליין איז נאָכנישט דאָ...**"[16]

די קורצע אָבער דרינגליכע רייד פון דעם גאון וקדוש איז געווען גענוג צו צעוואַרפן די גאַנצע האָפענונג וואָס די חובבי ציון האָבן געלייגט אויף אים. מיט אָט די איניגע ווערטער האָט דער צדיק קלאָרגעשטעלט אַז ביז משיח צדקינו וועט מקבץ זיין נדחי ישראל, איז נישט ערלויבט צו טון קיין השתדלות אין דעם ענין.

די שליחות צו הרה"ק רבי לייבעלע איגר זי"ע איז טאַקע גענצליך דורכגעפאַלן און דער שליח איז אַוועקגעפאָרן אַנטוישט און אָפּגעפרעגט.

הרה"ק רבי יצחק מבוהוש זי"ע

הרה"ק רבי יצחק מבוהוש זצ"ל איז געבוירן ה' אלול תקצ"ה, צו זיין פאטער הרה"ק רבי שלום יוסף מסאַדיגורא זצ"ל, בנו בכורו פון הרה"ק מרוזין זי"ע. רבי יצחק האט צוערשט געוואוינט אין פאטיק, אין יאר תרט"ז איז ער אריבער קיין איזמאיל, בעסאראביע. עטליכע יאר שפעטער האט ער זיך באזעצט אין באהוש, מאלדאוויע, וואו טויזנטער חסידים האבן געשטראמט צו ווילן אין דעם חסידי'שן הויף ולהתבשם מאור צדקתו וקדושתו. נלב"ע י' אלול ה'תרנ"ו. זי"ע.

16) רשומות, כרך ו', עמ' 233. החסידות ושיבת ציון עמ' 23.

צעטומלט די חובבי ציון

הרה"ק רבי יצחק מבוהוש זצ"ל, דער ערשטער פון דער בוהושער דינאַסטיע, איז בשעתו געווען פון די גרעסטע און באַרימסטע רביים אין רומעניע. זייענדיג באַקאַנט אַלס חכימא דיהודאי וצדיק נשגב, האָבן די חובבי ציון אין רומעניע פרובירט מיט אַלע מעגליכקייטן אים צו באַאיינפלוסן אַרויסצוקומען אין שטיצע פון זייערע פלענער.

שוין אין יאָר תרמ"ב האָט די א.ג. "חברה ליישוב ארץ ישראל" זיך געוואָנדן מיט אַ בריוו צום בוהושער רבי'ן ער זאָל זיך אָנשליסן מיט שטיצע צו די פעולות פון דער אָרגאַניזאַציע[17], אָבער רבי איציקל האָט קאַטעגאָריש אָפּגעוואָרפן זייער בקשה. אין זיין בריוו, דאַטירט י"ב אייר תרמ"ב, שרייבט ער אַז "דער רעיון שטערט די הילף פאַר אחינו בני ישראל", און דרוקט אויס זיין בקשה אַז די אַגיטירער זאָלן ליבערשט פרובירן צו שתדל'ן פאַר אידנס-וועגן ביי די אָרטיגע רעגירונגען[18].

מיט עטליכע יאָר שפּעטער, בשנת תרמ"ז לפ"ק, נאָכדעם וואָס עס איז געגרינדעט געוואָרן אין רומעניע אַ חובבי ציון-פאַרבאַנד אונטער'ן נאָמען "דורש לציון", האָבן זיי זיך נאָכאַמאָל געוואָנדן דורך לענגערע בריוון צו הרה"ק רבי איציקל זצ"ל, אָבער אויך דאָס מאָל איז עס געווען אָן ערפאָלג. אין די בלעטער פון "המליץ"[19] איז געדרוקט די גאַנצע קאָרעספּאָנדענץ צווישן די חובבי ציון און הרה"ח ר' אברהם מרדכי סגל ע"ה, דער משב"ק פונעם בוהושער רבי'ן, וואו ער וואַרפט אָפּ זייערע פלענער.

אויך הרב שמואל מאַהליווער האָט געשיקט אַ שליחות צום בוהושער רבי'ן זצ"ל וואו ער בעט הילף פאַר די ניי-געגרינדעטע ישובים פון די חובבי ציון אין ארץ ישראל - "פתח תקוה" און "יסוד המעלה", אָבער רבי איציק'ל האָט געענטפערט מיט אַ בריוו און שליח מיוחד אַז ער וויל נישט נעמען קיין אחריות אויף די סאָרט אַקטיוויטעטן[20].

ווען די חובבי ציון פון קאַטאָוויץ זענען אַמאָל געווען ביי רבי איציק'ל און אים דערקוטשעט אַז ער זאָל זיי העלפן מיט שטיצן די עלי' קיין ארץ ישראל, האָט זיי דער צדיק געפרעגט: "פאַרוואָס ווילט איר דוקא גיין קיין פאַלעסטינע?" האָבן זיי געענטפערט: "דאָס איז דאָך אונזער לאַנד!" האָט זיי רבי איציק'ל שאַרף צוריקגעזאָגט: "זענט איר דען מער פון די דעמאָלטסדיגע אידן [בזמן החורבן] וואָס זענען פאַרטריבן געוואָרן פון ארץ ישראל צוליב זייערע מעשים?! זענט איר קלוגער פון די וואָס זענען שוין געזעסן אין ארץ ישראל פאַר הונדערטער יאָר און האָבן נישט געקענט פאַרבלייבן דאָרט צוליב זייערע עבירות?! זענט איר שטערקער פון זיי?!"

17) חיבת ציון ברומניה ישראל קלוינער, עמ' 26.

18) כתבי מנחם מבש"ן עמ' 26.

19) שנת 88' למספרם, מגליון 32 והלאה.

20) תולדות חיבת ציון עמ' 433 434-.

פאַרשטענדליך אַז די אמת'ע ווערטער האָבן צעטומלט די חובבי ציון שליחים וועלכע זענען אַרויס פון דאָרט מיט חלישת הדעת[21].

דער אפיקורס מאיר דיזנהויף שר"י, שפעטערדיגער מעיאָר פון תל אביב, באַקלאָגט זיך טאַקע אין אַ בריוו אין יאָר תרמ"ז, אַז די חסידים פון בוהוש, טאָלנא און סאַדיגורא, ווילן נישט אַרויסהעלפן די פעולות פון ישוב ארץ ישראל[22].

הגאון רבי **שמשון רפאל הירש** זצ"ל

הגאון רבי שמשון בן רפאל הירש זצ"ל איז געבוירן בשנת תקס"ח לפ"ק אין דער שטאט האמבורג, און איז געווען דער פירענדער תורה פערזענליכקייט פון דער ארטאדאקסישער געמיינדע אין דייטשלאנד, אין אירע שווערסטע צייטן, ווען די בייזע ווינטן פון השכלה האבן געוואלדיג צעשטערט און אפגעווישט די מערהייט פון פרומע אידישע קהלות אין דייטשלאנד. מיט א פייערדיגע קנאות האט ער געקעמפט קעגן דער רעפארם באוועגונג און האט מיט מסירת נפש געגרונדעט אן ארטאדאקסישע קהלה און בתי חינוך וואס האט געראטעוועט דאס לעצט פארבליבענע הייפעלע פון אידישקייט דארט אין לאנד. רש"ר הירש ז"ל האט אויך געשריבן פילצאליגע חיבורים צו אפשלאגן די העסליכע טענות פון די רעפארמער און צו ערקלערן מיט שטאלץ די שיינקייט פון די תורה הק'. נלב"ע כ"ז טבת תרמ"ט לפ"ק.

"איך בין געווען אַ שאַרפער מתנגד צו הרב קאַלישער ז"ל"

דער באַרימטער גאון וצדיק רבי שמשון רפאל הירש זצ"ל פון דייטשלאַנד איז געווען פון די שטאַרקע קעגנער צו הרב קאַלישער און האָט אויסגעדרוקט זיין התנגדות צו אַלע זיינע פלענער. הרב קאַלישער האָט אים מערערע מאָל געבעטן צוצושטיין צו זיינע פלענער, אָבער רבי שמשון רפאל האָט אים שטענדיג אָפּגעוואָרפן און ערקלערט זיין שיטה אַז מיר מוזן איינפאַך פאַרזעצן די אַלטע וועגן פון אונזערע עלטערן; מתפלל זיין און מרבה זיין מיט מעשים טובים כדי מקרב צו זיין די גאולה שלימה און נישט מיט נייע דרכים פון באַזעצן דאָס לאַנד בדרך הטבע[23].

21) ספר אהלי יעקב לבנו ר' יעקב מהוסיאטין, עמ' שפו.

22) אט אזוי שרייבט דיזנהויף אין זיין פארביסענע און בייסיגע בריוו: "שנים המה המכשילים היותר גדולים העומדים לנו על דרכינו פה, והם 'החסידים', או מוטב 'המתחסדים', האומרים רע לכל אשר לא מפי רבם יצא, והם המה חסידי באאש, טאלנא, וסאדאגערא... לא אחת ולא שתיים הראונו לדעת פה כי החסידים יתאמצו בכל עוז להפיר את כל מחשבותינו ע"ד קבוצת כסף, כי לדעתם, לא ייתכן לאנשים אשר צעירים לימים אשר בצל ה"צדיקים" לא יחסיו לקבץ כסף בשביל דבר שבקדושה כארץ ישראל... רבים יאמרו כי לו הרשה הצדיק מבאאש לתת נדבות לישוב ארץ ישראל, כי אז הזילו כל החסידים את כספיהם מכיסיהם. כאשר אזכור אני שאמרו הרבנים בדרוזגעניק, כי ישתדלו לכתוב להרבנים ולראשי החסידים אודות הרעיון של ישוב ארץ ישראל ותחיית האומה, אולי ידעת דבר אודות הענין הזה, תוצאות חליפת המכתבים אשר אולי היתה בין הרבנים והצדיקים, או אולי ידעת עוד אגודות אשר גם אותן תולעת החסידיזמוס תאכל כעש, וע"כ נחוץ איפוא שכל האגודות אשר מכת ארצן הם החסידים לדבר ביניהן ולטכס עצה איך להסיר את אבני הנגף האלה מדרכינו... הודיענו את דעתך ועצתך כי גדול המכשול הזה". (כתבים לתולדות חיבת ציון כרך ב' עמ' 298).

23) וז"ל בספרו שו"ת שמש מרפא, אגרות ומכתבים י"ב: להרב **צבי הירש קלישר**, אב"ד טהורן. נכבדתי לדבר מכ"ת נ"י מיום ג' העבר, אשר בשנים יאשימנו מעלתו נ"י חינם... ואם דעתי קצרה מהכיר את הטוב והאמת אשר יפרחו כפי דעתו הרמה מהשתדלותו בענין ישוב א"י, ואת אשר לבבו למצוה וגם חובה גדולה יחשוב, לקט שכלי לא כן ידומה. ואני בעניי אשר אין לי עסק בנסתרות, **אין טוב לי כי אם להחזיק בדרך הכבושה מאבותינו קדמונינו נ"ע, אשר לא שמו לנגד עינינו כי אם להיות חרדים בכל מאמצי כוחינו לתקן דרכינו בדרך**

אין אַ בריוו וואָס ער שרייבט אין יאָר תרמ"ו לפ"ק צו הרבני רבי יעקב ליפשיץ ז"ל פון קאָוונא, שוין נאָך דער פטירה פון הרב קאַלישער, באַצייכנט ער דעם פאַקט ווי פאָלגנד:

"אין באַצוג צו מהר"צ קאַלישער ז"ל איז גאָרנישט באַוואוסט צו מיר אָדער צו מיינע פאַרבינדעטע. איך בין געווען אַ שאַרפער מתנגד צו הרב קאַלישער ז"ל איבער דעם ענין. מער ווי דריי און פיר מאָל האָט ער צו מיר געשריבן און מיר געשיקט זיינע בריוון און חיבורים און מיך געמוטשעט צו שטיין אין שפּיץ פון זיין עצה איבער דעם ענין פון ישוב ארץ ישראל, ביז אין דער ענדע איז ער געקומען צו מיר מיט שאַרפע רייד כאילו איך בין מעכב די גאולה וכו', אָבער איך האָב אים געבעטן זיך אָפּצולאָזן פון מיר איבער דעם ענין, ווייל דאָס וואָס איז ביי זיי אַ גרויסע מצוה איז ביי מיר נישט קיין קליינע עבירה, און דעריבער קען איך בכלל נישט צוקומען אין אַ פאַראייניגטער מיינונג מיט אים. איך האָב געשריבן מיינע טעמים און הסברים און דאַן האָב איך געפונען מנוחה פון אים[24]."

הגאון רש"ר הירש

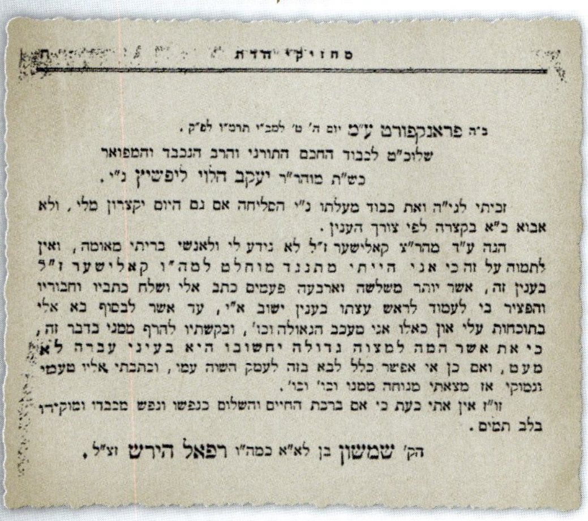

מחזיקי הדת

ב"ה פראנקפורט ע"מ יום ה' ט' למב"י תרמ"ו לפ"ק.

שלוכ"ט לכבוד החכם התורני והרב הנכבד והמפואר

כש"ת מוהר"ר יעקב הלוי ליפשיץ נ"י.

זכיתי לגי"ה ואת כבוד מעלתו נ"י הסליחה אם גם היום יקצרון מלי, ולא אבוא כ"א בקצרה לפי צורך הענין.

הנה ע"ד מהר"צ קאלישער ז"ל לא נודע לי ולאנשי בריתי מאומה, ואין לתמוה על זה כי אני הייתי מתנגד מוחלט למה"ו קאלישער ז"ל בענין זה, אשר יותר משלשה וארבעה פעמים כתב אלי ושלח כתביו וחבוריו והפציר בי לעמוד לראש עצתו בענין ישוב א"י, עד אשר לבסוף בא אלי בתוכחות עלי און כאלו אני מעכב הגאולה וכו', ובקשתיו להרף ממני בדבר זה, כי את אשר המה למצוה גדולה יחשובו היא בעיני עברה לא מעט, ואם כן אי אפשר כלל לבא בזה לעסק השוה עמו, וכתבתי אליו טעמי ונמוקי אז מצאתי מנוחה ממנו וכו' וכו'.

זו"ז אין אתי בעת כי אם ברכת החיים והשלום כנפשו ונפש מכבדו ומוקירו בלב תמים.

הק' שמשון בן לא"א כמה"ו רפאל הירש זצ"ל.

דער בריוו פון הגאון רש"ר הירש ז"ל געדריקט אין ספר "מחזיקי הדת" פון רבי יעקב ליפשיץ ז"ל

התורה לפני אלוקינו ולהרים מכשול מקרבנו, ולצפות לגאולה בכל יום אם בקולו נשמע, ומעולם לא שמו על שכמינו דרך הגאולה ע"י חיזוק ותיקון אדמת קודש, כי אם ע"י חיזוק ותיקון לבבינו ומעשינו לתושיה.

ואם השגתי קצרה מראות עלות שחר הגאולה בקרוב כמה בתים גדולים כעת למלכות, אשר כמעט כולם זולתי האדון האחד והיחיד דפה יצ"ו רחקו מדרכי התורה והמצוה, ועם חדשים פורקי עול הדת ימנו. **והוכיתי בסנורים מלדמות בלבבי אשר קלי הדת יבחר אלקי' להיות שלוחים לפניו.** ואם לא יכולתי להכיר בהשתדלות להרבות עבודת אדמת קודש, כי אם דרך טוב למעט העוני והמחסור אשר אחינו ב"י על אדמת אבותינו נאנחים תחתיהם אם הי' אפשר, אכן מה אעשה כל הבאים משם וכל מיודעי אשר היו שם יבטיחוני כי מן הנמנע לבוא בזה לשום תועלת המועיל באמת, מחמת צוק העיתים וקלקול מצב המדינה. וגם דאגתי לא תנוח אשר רק בזה נעשה עוד מכשול על אדמת קודש בחילול שבת ובעבירה על מצוות התלויות בארץ... ובזה יצאתי ידי חובתי בענין הזה. וה' יאיר עינינו ויציל דרכינו מלכד וימהר לשלוח מלאך בריתו אשר הבטיחנו לפנות דרך לפני משיחו והשב לבב כולנו אל אבינו שבשמים, ויחיש גאולתנו ופדות נפשנו כאות נפשו. יום א' ט"ז שבט תרכ"ד לפ"ק".

24) ב"ה פראנקפורט ע"מ יום ה' ט' למב"י תרמ"ו לפ"ק.

שלוכ"ט לכבוד החכם התורני והרב הנכבד והמפואר כש"ת מוהר"ר יעקב הלוי ליפשיץ נ"י.

...הנה ע"ד מהר"צ קאלישער ז"ל לא נודע לי ולאנשי בריתי מאומה, ואין לתמוה על זה כי אני הייתי מתנגד מוחלט למה"ו קאלישער

אין זיינע ספרי מחשבה דערמאנט הגאון רש"ר הירש ז"ל עטליכע מאל אז די תורה הק' איז געגעבן געווארן דייקא אין מדבר שממה, צו ווייזן אז דעם מציאות און קיום פון אידישן פאלק איז נישט אנגעוויזן אין א לאנד אדער ספעציפישע אָרט. פארקערט אונזער תכלית איז די תורה ומצות, און דער נתינת הארץ איז בלויז געווען א מיטל אנצוקומען צו די מטרה פון דביקות בתורה ומצות.

בלויז דערפאר זענען אידן פארבליבן דבוק צו זייער אמונה אויך זייענדיג אזוי ווייט פון ארץ ישראל, ווייל נישט דאס לאנד איז דער עצם ותכלית פונעם אידישן פאלק. אידן זענען געווארן א פאלק זייענדיג אין א מדבר און אידן קענען ווייטער פארבלייבן א פאלק אויך ווען מען געפינט זיך אין גלות צעשפרייט צווישן די וועלט לענדער[25].

זעהט נאך קלארע ווערטער פון הגאון רש"ר הירש ז"ל אין דעם קאפיטל "אויפשטאַנד פון בר כוזיבא" הערה 54.

ז"ל בענין זה, אשר יותר משלשה וארבעה פעמים כתב אלי ושלח כתביו וחיבוריו, **והפציר בי לעמוד לראש עצתו בענין ישוב א"י**, עד אשר לבסוף בא אלי בתוכחות עלי און כאילו אני מעכב הגאולה וכו', **ובקשתיו להרף ממני בדבר זה, כי את אשר המה למצוה גדולה יחשוב, היא בעיני עבירה לא מעט**, ואם כן אי אפשר כלל לבא בזה לעמק השוה עמו, וכתבתי אליו טעמי ונמוקי אז מצאתי מנוחה ממנו... הק' שמשון בן לא"א כמה"ו רפאל הירש זצ"ל". (נדפס בספר מרא דארעא ישראל עמ' כז).

25) אותם חיי המדינה העצמאיים של ישראל בימי קדם לא היו עצם ותכלית לעממות ישראל אלא שימשו אמצעי לבצע בו את יעודו הרוחני. מעולם לא שימשו ארץ וקרקע קשר לאיחודו, אלא המשימה המשותפת של התורה היא שהטילה עליו את הקשר הזה.

ומשום כך גם נשארה עדיין האחדות בתומה אף בהיותו רחוק מארצו, ולפיכך קיימת עדיין האחדות שעה שהוא נעשה אזרח בכל מקומות גלותו, עד אשר יבוא יום וה' יאחד את בני ישראל גם איחוד חיצוני בארץ. להיות להם לדוגמה ולמופת ולהתגלות ה', אך אין בכוחנו להגשימו למעשה בעצם ידינו. (אגרות צופן אגרת ט"ז)

במדבר קיבל (עם ישראל) את התורה ובכך היה לעם במדבר. בלא ארץ ובלא אחוזת אדמה היה לגוף אשר נשמתו תורתו, ובכך היה לממלכת כהנים, לשמור כעם בתוך האנושות את מצוותיה של תורת ה', דוגמת כהן בתוך עמו. ולהיותו גוי קדוש העומד לבדד בקדושתו ואינו מתערב במעלליהם ובשאיפותיהם של שאר העמים, ושומר בחייו הוא על קדושת האנושות התורה.

מילוי הרצון האלקי הם לו אחוזת אדמתו ומטרתו, לכן אין עממותו נזקקה לדברים בני חלוף, אינה מותנית בדברים חולפים, עומד הוא לעד ברוח ונפש כדבר ה'.

אולם כעם עליו להורות לעמים כי ה' הוא מקור כל הברכה, והוא המאציל לנו את הברכה כי אין לנו אלא לקדש את עצמנו לעשות רצונו כדי שנקבל מידי ה' בשפע של אמצעים, לכן ניתנו לו לאחוזה ארץ וברכותיה, ניתנה לו מערכת מדינה, אך לא כמטרה ניתנו אלה, אלא כאמצעים למלא דברי התורה, ושמירתה היא איפוא התנאי היחידי לקיומו, ובאשרו זה עליו לעמוד נבדל מן העמים למען לא ילמד מהם להעריץ את אשרו זה כתכלית חייו, בל יאבד כמוהם בהערצתם את אלילי הקנין וההנאה. (אגרות צופן - אגרת ז')

הננו מחויבים גם בארצות מושבנו בגולה להתאבל על חרבן ארצנו ולצפות ולקוות, כי ישיב ה' את שבות עמו ויקבץ את נדחי ישראל בעת רצון מלפניו, אבל בידיעה נכונה, כי כל אלה יבואו בעתם ובזמנם ורק באופן אם ישראל ימלא את מלואי חובותיו עפ"י התורה והמצוה, אף החובה ההיא תאסור עלינו ע"י איזה אמצעי חיצוני, להוציא בחזקה לפועל את ההתאחדות הכללית ע"י קנין הארץ. (חורב, מערכת המצוות, פרק כה - חובות המדינה והאזרח)

קאַפּיטל י"א

אַקטיווע שריט פון די "חובבי ציון"

קיין ערפאָלג אין אסיפות און פעולות פון הרב קאַלישער

אין יאָר תרכ"א לפ"ק האָט הרב קאַלישער אָנגעהויבן מיט פּאַקטישע שריט צו פאַרווירקליכן זיינע פּלענער. אינאיינעם מיט הרב נתן פרידלענדער, האָט ער באַשטימט אַ קאָנפערענץ, געווידמעט צו מוטיגן זיין פּראָיעקט פון ישוב ארץ ישראל. די קאָנפערענץ איז פאָרגעקומען אין דער איראַנער הויפט-שטאָט טעהראַן, מיט דער באַטייליגונג פון עטליכע רבנים, צווישן זיי אויך הגאון רבי אלי' גריידיצער ז"ל. אין די פיסטריט פון דער אסיפה איז אין פראַנקפורט אויפגעשטעלט געוואָרן די אָרגאַניזאַציע "חברה לישוב ארץ ישראל", וואָס האָט זיך באַפאַסט מיט אַקטועלע אַקטיוויטעטן צו באַזעצן און אויפבויען דאָס הייליג לאַנד.

די חובבי ציון באַוועגונג האָט זיך אָבער פון דער סאַמע ערשטער מינוט נישט אָפּגעהאַלטן פון אָנשליסן אין אירע רייען אויך פרייע עלעמענטן און משכילים פון ערגסטן סאָרט. הרב קאַלישער האָט גאָר אָנגעקניפּט נאָנטע באַציאונגען מיט דער אָרגאַניזאַציע פון פּאַריז "כל ישראל חברים" (מער באַקאַנט אַלס דער "כי"ח אַליאַנץ"), וואָס איז געפירט געוואָרן דורך פרייע עלעמענטן, און אַלע אירע מיטגלידער זענען געווען אויסגערופענע משכילים און פורקי עול.

הרב קאַלישער האָט זיך באַפריינדעט מיט'ן גרינדער און פירער פון דער אַליאַנץ - אַ פרייער משכיל מיטן נאָמען קאַרל נאטער - און האָט אים באַווירקט צו אינוועסטירן געלט און כח צו מוטיגן פעלד-אַרבעט אין ארץ ישראל. די כי"ח אָרגאַניזאַציע איז טאַקע געווען די וואָס האָט געעפנט די ערשטע פרייע שולע פאַר פעלד-אַרבעט אין דער "מקוה ישראל" קאָלאָניע, אַ שולע וואָס האָט אין לויף פון די יאָרן פאַרשפרייט השכלה און העברת הדת אין אַלע הינזיכטן, און געברענגט אַסאַך ווייטאָג און עגמת נפש פאַר די ערליכע רבנים אין ארץ ישראל.

אַדאַנק דעם שטאַרקן התנגדות פון מערערע גדולי ישראל, האָט הרב קאַלישער נישט דערלעבט צו זען הצלחה אין זיין האָרעוואַניע, ווען אין יאָר תרל"ה, אינמיטן ברען פון זיינע פעולות, איז ער נפטר געוואָרן. מען דאַרף נישט אַרויסברענגען מער פון דעם פאַקט אַז אין לויף פון די עטליכע צוואָנציג יאָר וואָס הרב קאַלישער האָט געאַרבעט צו זאַמלען נדבות פאַר ישוב ארץ ישראל, האָט ער באַוויזן צונויפצוקלייבן בלויז אַרום זעקס טויזנט דאָלאַר, וואָס דערמיט האָט ער געקויפט אַ שטיקל באָדן אין ארץ ישראל.

ברייטע התנגדות אין אידישע צענטערן

הרב קאַלישער האָט זיךווירקליך געהאַט געוואָנדן צו מערערע צדיקים וגדולי הדור זיי זאָלן אים אַרויסהעלפן מיט זיינע רעיונות. עס זענען פאַרהאַן מערערע בריוון וואו ער שרייבט צו הרה"ק רבי אברהם טשעכנובער זצ"ל[1] און צו די צדיקים פון ליובאַוויטש און קאַפּוסט זצ"ל[2], אָבער אַלע האָבן אָפּגעוואָרפן די סאָרט געדאַנקען און עס נישט געוואָלט אָננעמען, ווי זיין רעכטע האַנט, דר. חיים לוריא, יו"ר פון "חברה ליישוב ארץ ישראל" דרוקט אויס זיין כעס אויף די "רבי'ס, די נסים מאַכער" (עפ"ל), וואָס האָבן זיך אַנטזאָגט צו העלפן די אָרגאַניזאַציע[3].

אַ שליח פון הרב קאַלישער פאַרציילט[4], אַז אין רוסלאַנד האָט ער אָנגעטראָפן מערערע חסידים פון די שטעט ליובאַוויטש, ליאַדי, קאַפּוסט, און אויך אַ צאָל מתנגדים, וואָס האָבן אַלע זיך אָפּגעזאָגט פון שטיצן דעם רעיון. דאָס זעלבע באַקלאָגט זיך דר. לוריא אין אַן עפנטליכן רוף, אַז די רבנים פון רוסלאַנד און פוילן האָבן זיך נישט צוגעשטעלט צו דער אָרגאַניזאַציע, און דעריבער האָבן די חובבי ציון נישט באַקומען קיין שום הילף פון דער ברייטער אידישער גאַס אין די לענדער[5].

אין יאָר תרמ"ח איז אַרומגעפאָרן אין די רוסישע שטעט אַן אַגענט פון די חובבי ציון, ר' חיים זונדל מכאבי, וועלכער האָט זיך גערופן מיט'ן צונאָמען "דער מגיד פון קאַמיניץ", מיט'ן ציל צו באַאיינפלוסן די אָרטיגע אידן זיך אָנצושליסן אין דער באַוועגונג. ער שרייבט אַז ער האָט מורא געהאַט צו גיין באַזוכן הרה"ק רבי שלמה זלמן מקאַפּוסט[6] זי"ע, ווייל "די גרעסטע מתנגדים צו

1) יוסף חן עמ' 12.

2) כתבי הרב קאלישער עמ' תצג.

3) החסידות ושיבת ציון עמ' 18.

4) כתבי הרב קאלישער עמ' תי"ג.

5) המגיד תרכ"ב גליון 26, עמ' 202.

6) הרה"ק רבי שניאור שלמה זלמן שניאורסון זצוק"ל, בן הרה"ק רבי יהודה לייב שניאורסון זצוק"ל, בן הרה"ק בעל צמח צדק מליובאוויטש זצוק"ל נכד בעל התניא זי"ע. נפטר כ"ז אייר תר"ס לפ"ק.

אונזערע ענינים זענען די קאַפּוסטער חסידים, ווייל זיי ווייסן זיכער אַז ער (הרה"ק מקאַפּוסט) וועט נישט מסכים זיין דערצו בשום פנים[7]."

דער זעלביגער קאַמיניצער 'מגיד', חיים זונדל, שרייבט וואָס ער האָט געהערט פון מערערע קוידנובער חסידים וואָס האָבן איינשטימונג נאָכגעזאָגט וואָס זיי האָבן זעלבסט געהערט פון זייער רבי'ן הרה"ק רבי אהרן פערלאָוו זי"ע, דער קוידנובער רבי, פון די באַרימטע צדיקי הדור בימיו, אַז: "**ווער עס וועט געבן געלט פאַר די חובבי ציון, וועט פאַרלירן זיין שכר בעולם הבא אויף אַלע צדקות וואָס ער האָט געטון און וואָס ער וועט טון כל ימי חייו! והי' במקום אשר יאמר להם 'חובבי ציון' יאמר להם 'חובלי ציון'**[8]."

שער בלאט פון ספה"ק מגן אבות פון הרה"ק רבי שלמה שניאור זלמן מקאפוסט זי"ע

אַזוי שפּעט ווי אין יאָר תרס"ב, שרייבט אַ מיטגלידער פון די חובבי ציון אין פּיעטריקוב, פון די גרעסטע אידישע צענטערן אין פוילן, אַז "ביז פאַר עטליכע יאָר צוריק איז נישט געווען אין דער גרויסער שטאָט פּיעטרוקוב אפילו איין חובב ציון[9]."

פרייע אידישע גרופּעס אַלס "חובבי ציון"

עס האָט גענומען אַ היבשע צייט ביז ווען די חובבי ציון באַוועגונג אין אַלגעמיין האָט אין די נאָכפאָלגנדע יאָרן זיך אָנגעהויבן פאַרשפּרייטן[10], גייענדיג אין דער זעלבער צייט מדחי אל דחי,

7) כתבים לתולדות חיבת ציון, ח"ב שם, עמ' 570.

8) כתבים לתולדות חיבת ציון ח"ב עמ' 570.

9) המליץ 27.2.1902.

10) אסאך פרייע אידן האבן אין יענער תקופה געהערט צו די רעפארמער, וועלכע האבן אליין שטארק באקעמפט די חובבי ציון און שפעטער די ציונים, מיט דער טענה אז די אידן דארפן זיך אויסמישן צווישן די ארומיגע פעלקער און אזוי זיך 'באפרייען פון גלות', עפ"ל, וואס פאר דער דאזיגער סיבה האבן זיי דאך אויסגעמעקט פון סידור יעדן זכר פון שיבת ציון, רח"ל.

הערשט ווען די פרייע רשעים האבן זיך ארומגעזען אז די רעפארם דינט נישט דעם ציל; צופיל אידן זענען פארבליבן ערליכע מדקדקים במצוות; פון דער אנדערער זייט האט דער פלייץ פון אנטיסעמיטישע גזירות און רדיפות איבערצייגט קלאר אז רעפארם און עמאנציפאציע איז נישט די ריכטיגע לעזונג צום אנטיסעמיטיזם, דאן האט ציונות זיך אנגעהויבן פארשפרייטן צווישן די אפגעפרעמדעטע אידן, וואס האבן דערין געזען א פאסיגן ערזאץ צו דער דורכגעפאלענער לערע פון השכלה און רעפארם. פון דארט האט עס אויך אריינגעדרונגען צווישן שומרי תורה ומצוות, וועלכע זענען געווארן באגייסטערט פונעם רעיון זיך צו באזעצן אין ארץ ישראל, אין אן 'אייגן' לאנד - וואס דאס איז ווירקליך געווען די באהאלטענע כוונה פון די פרייע מייסדי הציונות, הערצל ימ"ש

אַנשליסנדיג מיט זיך ריזיגע באַנדעס פון פרייע און משכיל'ישע אַקטיוויסטן אין אַלע אידישע שטעטלעך.

די באַוועגונג האָט אָנגעהויבן זיך אויסשפרייטן און באַקומען מאָמענטום אין די יאָרן פון תר"מ און ווייטער, אַ דאַנק די אומגעהויערע שווערע ליידן פון די אידן אין רוסלאַנד אין יענער צייט. אין יענע יאָרן זענען אין די אידישע שטעט דורכאויס רוסלאַנד און אין דער אומגעגנט אָפגעראָכטן געוואָרן בלוטיגע פאָגראָמען דורך די שונאי ישראל, מיט דער שטילער גוטהייסונג פון דער אָפיציעלער צאַרישער רעגירונג, און שווערע גזירות האָבן כסדר אַרויסגעשפּראָצט קעגן די אידישע איינוואוינער זיי ענג צו מאַכן און פאַרביטערן דאָס לעבן.

דאָס אַלעס האָט באַוואויגן מיליאָנען אידן איבערצולאָזן רוסלאַנד וואו מען איז אויסגעשטאַנען ביטערע פאַרפאָלגונגען, און נעמען דעם וואַנדער-שטעקן זיך צו באַזעצן אין אַנדערע לענדער. קנאַפּע צוויי מיליאָן אידן זענען אין יענער תקופה אָנגעקומען קיין אַמעריקע, און די איבעריגע האָבן געזוכט גליקן ערגעץ אַנדערש, מיט דער האָפענונג אויף אַ רואיגערן לעבן.

די חובבי ציון האָבן דעריבער געפונען אַ ברייט פעלד פאַר זייערע פלענער אין די רוסישע שטעטלעך און געגנטער, וואו זיי האָבן פּראָפּאַגאַנדירט ביי דער יונגט איבערצולאָזן רוסלאַנד און אָנהויבן אַ פרישן לעבן אין ארץ ישראל. אין מערערע אידישע געגנטער האָבן זיך געגרינדעט אָפּטיילונגען פון דער חובבי ציון באַוועגונג, אונטער פאַרשידענע נעמען, ווי "אחוות ציון" אין פעטערבורג; "אוהבי ציון"; "בני ציון" אין מאָסקווע; "שיבת ציון"; "אהבת ציון" אין ווילנא; "קיבוץ נדחי ישראל" אין מינסק; "שארית ישראל" אין וואַרשא; "עזרא" און "זרובבל" אין ווילנא, און נאָך. צו די אַלע גרופּעס האָבן זיך אָנגעשלאָסן מערערע משכילים און פאַרדאָרבענע עלעמענטן, וועלכע האָבן געזוכט צו פאַרשפרייטן השכלה און עקירת התורה אין ארץ ישראל, גענוי ווי אין אייראָפּע.

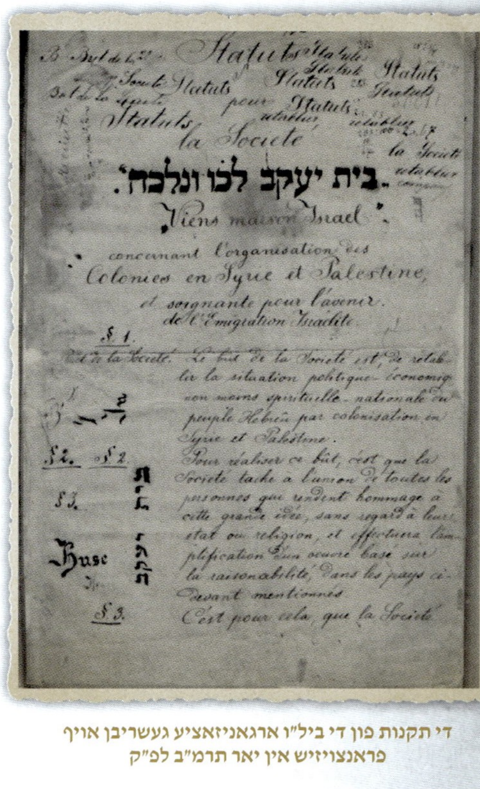
Statuts
la Société
"בית יעקב לכו ונלכה".
"Viens maison Israel".
concernant l'organisation des Colonies en Syrie et Palestine, et soignante pour l'avenir de l'Emigration Israélite.
§ 1.
Le but de la Société est, de rétablir la situation politique-économique non moins spirituelle-nationale du peuple Hébreu par colonisation en Syrie et Palestine.
§ 2.
Pour réaliser ce but, c'est que la Société tache à l'union de toutes les personnes qui rendent hommage à cette grande idée, sans regard à leur état ou religion, et effectuera l'amplification d'un oeuvre basé sur la raisonabilité, dans les pays ci-devant mentionnés.
§ 3.
C'est pour cela, que la Société

די תקנות פון די ביל"ו אָרגאַניזאַציע געשריבן אויף פראַנצויזיש אין יאָר תרמ"ב לפ"ק

באַזונדער איז אָרגאַניזירט געוואָרן אַ באַוועגונג אונטערן נאָמען ביל"ו, באַזירט אויף די ראשי תיבות פונעם פסוק "בית יעקב לכו ונלכה". די גרופּע איז

וחביריו, צו נוצן דעם נאַטורליכן גלוסט צו ארץ ישראל אלס מיטל וויאזוי אויסצו'שמד'ן כלל ישראל, רח"ל.

באַשטאַנען פון באַנדעס פרייע אידישע סטודענטן וואָס האָבן שטודירט אין אוניווערזיטעטן לענגאויס רוסלאַנד און ליטא, און האָבן פראָפּאַגאַנדירט אויף אַן עלי' קיין ארץ ישראל. אַ צאָל פון אירע מיטגלידער האָבן עס טאַקע אויסגעפירט בפועל און אַרויפגעפאָרן קיין ארץ ישראל באַארבעטן דאָס לאַנד.

די דעמאָלטסדיקע גדולי ישראל זי"ע - הגה"ק מהר"ש מליובאַוויטש זצ"ל און הגאון רבי חיים בריסקער זצ"ל - האָבן דאַן מיט ווייטאָג באַטאָנט אַז די ביל"ו אָרגאַניזאַציע האָט פאַרגעסן פונעם עיקר, און נישט פאַרענדיגט דעם פסוק בית יעקב לכו ונלכה "באור השם". זיי האָבן בכוונה אַרויסגענומען דעם אייבערשטנ'ס נאָמען, אַ פאַקטאָר וואָס האָט אַמבעסטן אָפּגעשפיגלט דעם גרעסטן באַוויז וואו אַהין די סאָרט גרופעס האָבן געצילט און וואָס ס'איז געוואָרן די מטרה פון דער באַוועגונג[11].

קאָנגרעס פושקאָן

די ערשטע קאָנפערענץ פון די חובבי ציון איז אָפּגעהאַלטן געוואָרן אום כ' טבת שנת תרמ"ב לפ"ק, אין פוקשאַן, רומעניע. ביי דער אסיפה, באַרימט אַלס דער "קאָנגרעס פוקשאַן", האָבן זיך פאַראייניגט צענדליגער דעלעגאַטן פון פאַרשידענע לענדער, דער איבערוויגנדער טייל פון זיי פרייע משכילים. זיי האָבן דאַן אויפגעשטעלט דעם "ועד המרכזי ליישוב ארץ ישראל וסוריה", וואָס איז געווען די ערשטע אָרגאַניזאַציע באַזירט אויף זיך צו באַפאַסן מיט אַ פּאַקטישער עלי' קיין ארץ ישראל.

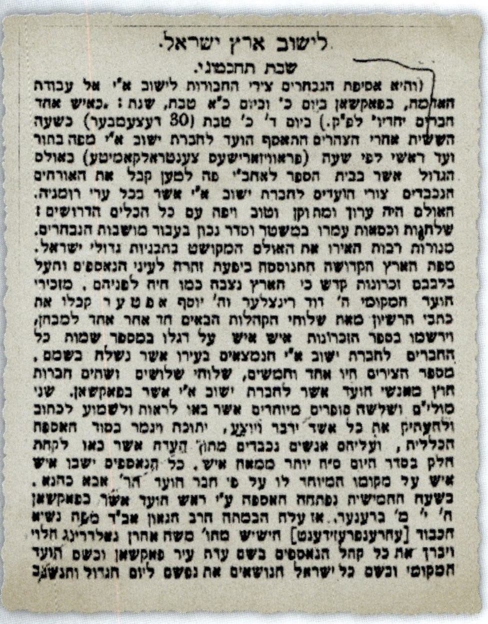
לישוב ארץ ישראל.
שבת תחכמוני.
(והיא אסיפת הנבחרים צירי החבורות לישוב א"י אל עבודה האדמה, בפאקשאן ביום כ' וביום כ"א טבת, שנת: "כאיש אחד חברים יחדיו" לפ"ק.) ביום ד' כ' טבת (30 דעצעמבער) כשעה הששית אחרי הצהרים התאסף הועד לחברת ישוב א"י מפה בתור ועד ראשי לפי שעה (פראוויזארישעס צענטראלקאמיטע) באולם הגדול אשר בבית הספר לאחב"י פה למען קבל את האורחים הנכבדים צירי הועדים לחברת ישוב א"י אשר בכל ערי רומניה. האולם היה ערוך ומתוקן וטוב ויפה עם כל הכלים הדרושים: שלחנות וכסאות עמדו במשטר וסדר נכון בעבור מושבות הנבחרים. מנורות רבות האירו את האולם המקושט בתבניות גדולי ישראל. מפת הארץ הקדושה התנוססה ביפעת זהרה לעיני הנאספים ותעל בלבבם זכרונות קדש כי הארץ נצבה כמו חיה לפניהם. מזכירי הועד המקומי ה' דוד רינצלער וה' יוסף אפטער קבלו את כתבי הרשיון מאת שלוחי הקהלות הבאים חד אחר אחר למבחן, וירשמו בספר הזכרונות איש איש על דגלו במספר שמות כל החברים לחברת ישוב א"י הנמצאים בעירו אשר נשלח בשמם. מספר הצירים היו אחד וחמשים, שלוחי שלושים ושתים חברות חוץ מאנשי הועד אשר לחברת ישוב א"י אשר בפאקשאן. שני סופרים ושלשה סופרים מיוחדים אשר באו לראות ולשמוע לכתוב ולהעתיק את כל אשר ידבר ויוָעָץ, יתוכח ויגמר בסוד האספה הכללית, ועליהם אנשים נכבדים מחוץ העדה אשר באו לקחת חלק בסדר היום סך יותר ממאה איש. כל הנאספים ישבו איש איש על מקומו המיוחד לו על פי חבר הועד הר' אבא כהנא. כשעה החמישית נפתחה האספה ע"י ראש הועד אשר בפאקשאן ה' י' מ' ברענער. אז עלה הבמה הרב הגאון אב"ד מפה נשיא הכבוד [עהרענפרעזידענט] הישיש מהו' משה אהרן גאלדרינג הלוי ויברך את כל קהל הנאספים בשם עדת עיר פאקשאן ובשם הועד המקומי ובשם כל ישראל הנושאים את נפשם ליום הגדול והנשגב

א באַריכט פון דעם קאָנגרעס פוקשאַן

מיט עטליכע חדשים דערויף, אום י' אלול תרמ"ב לפ"ק, איז פונעם באָרטן אין גאַלאַץ, רומעניע, טאַקע אַרויסגעפאָרן די ערשטע שיף

---

11) ציונות ודת עמ' 33, ספר התולדות של אדמו"ר מהר"ש עמ' 38.

הגה"ק מהר"ש מליובאוויטש זצ"ל האט צוליב די נייע ווינטן פון חיבת ציון, צוריקגעצויגן פון אן אלטן פלאן וואס ער האט געהאט, אפצוקויפן א הויז אין ארץ ישראל און זיך דארט ענדגילטיג באזעצן. זינט דער ערשיינונג פון די גרופעס האט ער מבטל געווען די מחשבה און עס קיינמאל נישט אויסגעפירט אויף למעשה. (שיבת ציון עמ' 95)

קיין ארץ ישראל, אַראַנזשירט דורכ'ן אויבנדערמאַנטן "ועד המרכזי". אין דער נאָכפאָלגענדער תקופה זענען נאָך עטליכע שיפן אַרויפגעפאָרן קיין ארץ ישראל, און די פרישע עולים האָבן דאָרטן געגרינדעט די קאָלאָניעס "ראשון לציון"[12], "ראש פינה" און "זכרון יעקב", וואָס האָבן נאָכגעפאָלגט מיט נאָך צענדליגער אַזעלכע סאָרט ישובים.

די ערשטע קאָלאָניעס וועלכע האָבן זיך אָנגעשטויסן אין געוואַלדיגע פינאַנציעלע שוועריגקייטן, האָבן זיך דאַן, אין חודש תשרי תרמ"ג, געוואָנדן צום באַראָן "אַדמונד דשעימס דע-רוטשילד", וועלכער האָט אויסגעקויפט מערערע קאָלאָניעס און אַריינגעגאָסן אַסאַך געלטער פאַר זייער עקזיסטענץ און צוקונפט.

פאַרזאַמלונג אין קאַטאָוויץ

אין חשון פון יאָר תרמ"ה האָבן זיך ווידעראַמאָל די חובבי ציון פאַרזאַמלט אין אַן אָפיציעלער קאָנפערענץ אין דער גרעניץ-שטאָט קאַטאָוויץ, צווישן רוסלאַנד און דייטשלאַנד. אין שפּיץ פון דער אָרגאַניזאַציע זענען געשטאַנען אויסגערופענע משכילים און עוקרי תורה, די טרויעריג-באַרימטע אפיקורסים יהודא לייב פינסקער[13] און משה לייב לילנבלום[14] שר"י - וועלכע האָבן

12) די קאלאניע איז געווען דער סאמע ערשטער ציוני'סטישער ישוב אין ארץ ישראל, געגרינדעט געווארן ט"ו אב שנת תרמ"ב לפ"ק.

13) פינסקער איז געווען א פינסטערער משכיל וועלכער האט געהאסט די אידישע תורה און אמונה און האט יארן לאנג געפרעדיגט פאר אסימילאציע און אגיטירט אז אידן זאלן זיך אויסמישן מיט'ן רוסישן פאלק ל"ע. הערשט אין תרמ"ג האט פינסקער ארויסגעגעבן א ביכל אין דייטש מיט'ן נאמען "אוטועמאנציפאציאן!" וואס באדייט "זעלבסט-באפרייאונג", אין וועלכן ער דערקלערט אז די רעפארמער זענען דורכגעפאלן אינעם פרואוו צו ענדיגן אנטיסעמיטיזם דורך אסימילאציע, און אז אנשטאט דארפן אידן גרינדן אן אייגן לאנד, וואס דאס וועט זיין דער ענטפער פאר אנטיסעמיטיזם. ער זאגט קלאר אז ס'מוז נישט זיין דוקא ארץ ישראל, אבער דארט וועט עס זיין דאס גרינגסטע וויבאלד דאס אלגעמיינע פאלק איז אזוי פארבינדן מיט ארץ ישראל.

אלס אביישפיל פון זיין שנאת ישראל איז גענוג צו ציטירן איניגע ווערטער פון זיין בוך: "אידן זענען פרעמדע וואס קענען נישט פארשטעלן קיין ווארטזאגער ווייל זיי פארמאגן נישט קיין היימלאנד. וויבאלד זיי האבן נישט קיין לאנד מיט גרעניצן זיך צו באשיצן דערין, איז אויך זייער ארימקייט גרעניצלאז. **אונזער ציל איז נישט דאס 'הייליג' לאנד; אונזער ציל איז 'אונזער' לאנד**" [עפ"ל]. (מתוך 'המהפכה הציונות' עמ' 106)

אין דעם הינזיכט איז פינסקער געווען דער ערשטער פון די ציוני'סטישע אידעאלאגן וואס האט פארשפרייט די פאלשע אידעע, כאילו דאס גרינדן אן אייגן אידיש לאנד און דאס ארויסגיין וואוינען פון צווישן די אייראפעאישע אנטיסעמיטן, וועט זיין די ענדגילטיגע לעזונג אפצוטון דאס שנאת ישראל צווישן די גוים. [עפעס וואס מ'זעט שוין היינט ווי לעכערליך דאס איז, ווען די מדינה איז דער סאמע מקור פון אנטיסעמיטיזם איבער דער גארער וועלט, מיט שוידערליכע קאנסעקווענצן פאר אידן גלאבאל, ה"י.]

14) לילנבלום איז געבוירן און אויפגעוואקסן געווארן אין אן ערליכער אידישער שטוב אין דער ליטא. אלס בחור איז ער פארכאפט געווארן אין דער

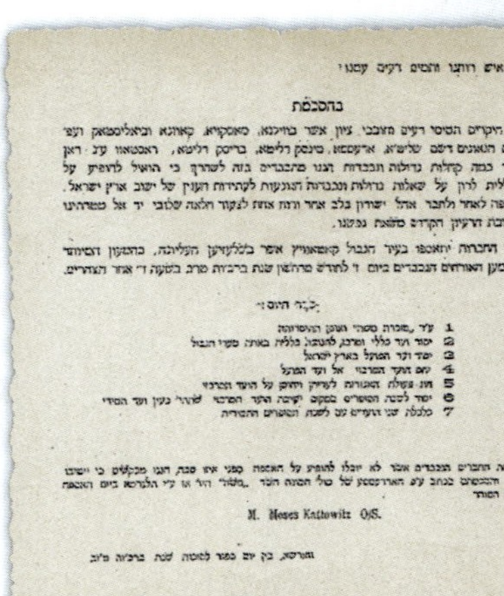
בהסכמת
M. Moses Kattowitz O/S.

איינלאדענונג צום קאַטאָוויץ קאָנפערענץ

שוין געהאַט אויף זייער רעקאָרד ביטערע קאַמפן קעגן ערליכע אידן אין רוסלאַנד - אינאיינעם מיט אַזעלכע רבנים ווי הרב מאַהליוועֶר און נאָך געציילטע.

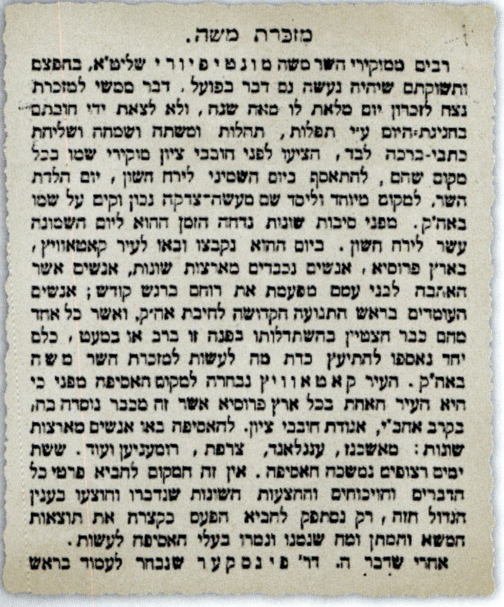

מזכרת משה.

רבים ממוקירי השר משה מונטיפיורי שליט"א, בחפצם ותשוקתם שיהיה נעשה גם דבר בפועל. דבר ממשי למזכרת נצח לזכרון יום מלאת לו מאה שנה, ולא לצאת ידי חובתם בחגיגת־היום ע"י תפלות, תהלות ומשתה ושמחה ושליחת כתבי־ברכה לבד, הציעו לפני חובבי ציון מוקירי שמו בכל מקום שהם, להתאסף ביום השמיני לירח חשון, יום הלדת השר, למקום מיוחד וליסד שם מעשה־צדקה נכון וקים על שמו באה"ק. מפני סיבות שונות נדחה הזמן ההוא ליום השמונה עשר לירח חשון. ביום ההוא נקבצו ובאו לעיר קאטאוויץ, בארץ פרוסיא, אנשים נכבדים מארצות שונות, אנשים אשר האהבה לבני עמם מפעמת את רוחם ברגש קודש; אנשים העומדים בראש התנועה הקדושה לחיבת אה"ק, ואשר כל אחד מהם כבר הצטיין בהשתדלותו בפנה זו ברב או במעט, כלם יחד נאספו להתיעץ כדת מה לעשות למזכרת השר משה באה"ק. העיר קאטאוויץ נבחרה למקום האסיפה מפני כי היא העיר האחת בכל ארץ פרוסיא אשר זה מכבר נוסדה בה, בקרב אחב"י, אגודת חובבי ציון. להאסיפה באו אנשים מארצות שונות: מאשכנז, ענגלאנד, צרפת, רומעניען ועוד. ששת ימים רצופים נמשכה האסיפה. אין זה המקום להביא פרטי כל הדברים והויכוחים וההצעות השונות שנדברו והוצעו בענין הגדול הזה, רק נסתפק להביא הפעם בקצרה את תוצאות המשא והמתן ומה שנמנו ונגמרו בעלי האסיפה לעשות.

אחרי שדבר ה. דר' פינסקער שנבחר לעמוד בראש

דער "המגיד" באריכטעט די אסיפה אין קאטאוויץ

אַפיציעל איז די אסיפה געווען געווידמעט צום הונדערטסטן יאָרטאָג פונעם באַרימטן אידישן שתדלן מאַנטיפיורי ע"ה, אַלס זאָרג אַז די רוסישע רעגירונג - וואו די חובבי ציון זענען געווען שטאַרק פאַרשפרייט - זאָל נישט קוקן מיט אַ בייז אויג אויפ'ן צוזאַמקום. פאַר דער זעלבער סיבה איז עס אָפּגעהאַלטן געוואָרן אין קאַטאָוויץ, וואָס געפינט זיך אינדרויסן פון די רוסישע גרעניצן.

אין די נאָכפאָלגענדע יאָרן זענען עטליכע מאָל פאָרגעקומען נאָך אַזעלכע סאָרט כינוסים. אין יאָר תרמ"ז זענען די חובבי ציון זיך צוזאַמגעקומען אין דער שטאָט דראָסגניק, און אין יאָר תרמ"ט אין דער שטאָט ווילנא.

שפּעטער, אין יאָר תרנ"ט, האָט די רוסישע רעגירונג צום ערשטן מאָל געגעבן אַן אָפיציעלע ערלויבעניש פאַר די חובבי ציון זיך צו אָרגאַניזירן אַלס אַ גרופּע אונטער'ן נייעם נאָמען "הוועד האודיסאי". דאָס איז געקומען אין רעזולטאַט פון דער געשאַפענער לאַגע, ווען די טערקישע אימפעריע, וועלכע האָט דאַן געהערשט אויף ארץ ישראל, האָט אָנגעהויבן צו ברעקלען און אַלע אייראָפּעאישע לענדער האָבן געזוכט אַריינצושטעקן אַ פיסל אין ארץ ישראל.

די רוסישע רעגירונג האָט דעריבער געהאַט אַן אינטערעסע אַז די 'עולים' פון די חובבי ציון אין רוסלאַנד, וועלכע זענען דאָך זייערע בירגער, זאָלן אָנקומען קיין ארץ ישראל און דינען דאָרט ווי זייערע פאַרטרעטער, דעריבער האָבן זיי געגעבן אַן ערלויבעניש צו גרינדן אַזאַ אָרגאַניזאַציע וואָס זאָל זיך באַפאַסן צו אַגיטירן פאַר אַן עלי' קיין ארץ ישראל.

השכלה און האט אויסגעדרייט זיין רוקן צו דער תורה הק' מיט א שרעקליכן הפקירות. זיינע ארטיקלען אין דער השכלה'דיגער "המליץ", זענען געווען פול מיט גיפט קעגן אידן און אידישקייט. די פאגראמען וואס האבן דאן געבושעוועט אין רוסלאנד האבן אים באוואויגן צו זוכן א נייע 'לעזונג' אנשטאט אסימילאציע, און ער איז געווארן אקטיוו אינערהאלב די חובבי ציון.

ספר "שיבת ציון"

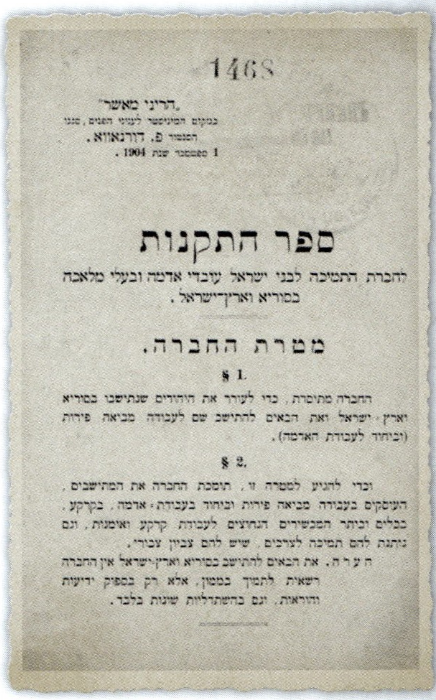
1468

"הריני מאשר"
במקום המיניסטר לעניני הפנים, סגנו
הסנטור פ. דורנאווא.
1 סעפטעמבר שנת 1904.

ספר התקנות

להברת התמיכה לבני ישראל עובדי אדמה ובעלי מלאכה
בסוריא וארץ־ישראל.

מטרת החברה.

§ 1.

החברה מתיסדת, כדי לעורר את היהודים שנתישבו בסוריא וארץ־ישראל ואת הבאים להתישב שם לעבודה מביאה פירות (וביחוד לעבודת האדמה).

§ 2.

וכדי להגיע למטרה זו, תומכת החברה את המתישבים, העוסקים בעבודה מביאה פירות וביחוד בעבודת־אדמה, בקרקע, בכלים וביותר המכשירים הנחוצים לעבודת קרקע ואומנות, וגם נותנת להם תמיכה לצרכים, שיש להם צביון צבורי.

הערה. את הבאים להתישב בסוריא וארץ־ישראל אין החברה רשאית לתמוך בממון, אלא רק בספק ידיעות והוראות, וגם בהשתדלות שונות בלבד.

די תקנות פון דעם "וועד האודיסאי"

אין יאָר תרנ"ב איז ערשינען דער ספר "שיבת ציון" דורך אברהם יעקב סלוצקי, וואו דאָרט זענען ערשינען בריוון פון פאַרשידענע גדולים מחזק צו זיין די אַקטיוויטעטן פון די חובבי ציון.

עס זענען נאָך דאַן געווען פאַרשידענע גדולי ישראל וועלכע האָבן צוערשט געשטיצט דעם רעיון פון קויפן פעלדער אין ארץ ישראל. די גדולים האָבן פאַרשטענדליך זיך בלויז באַצויגן דערצו מיט דער ריינער כוונה אַז דערמיט זאָלן ערליכע אידן קענען אָנזייען פעלדער און זיך באַזעצן אין ליידיגע פעלדער איבער ארץ ישראל, אונטער דער טערקישער הערשאַפט, וואו מען וועט קענען מקיים זיין די באַשטימטע מצוות התלויות בארץ, און גלייכצייטיג וועט דאָס דינען ווי אַ פּאַסיגער מקור פרנסה פאַר די אָרעמע ארץ ישראל'דיגע אידן. עס איז דאַן נאָכנישט עולה געווען על הדעת די כפירה'דיגע רעיונות פון זיך באַפרייען פון גלות אָדער אויפשטעלן אַ זעלבסשטענדיגע אויטאָנאָמיע אין א"י.

פאַרט האָט אַ גרויסע מערהייט פון די גדולים וצדיקים אין יענעם דור זיך נישט צוגעשטעלט צו די פלענער פון די חובבי ציון. מיט זייער חכמה און ווייטע אויגן האָבן זיי דערשמעקט אַז דער סוף פון די גרופּעס וועט נישט פירן צו קיין גוטס, איבערהויפּט ווען עס האָט זיך אַרויסגעשטעלט אַז פרייע פורקי עול האָבן איבערגענומען די לייצעס פון דער אָרגאַניזאַציע[15].

15) עיין מה שכתב הגה"ק מקאשוי ז"ל בהקדמה לספר אבות על בנים (עמ' ט' ואילך): "אמרתי אשיחה וירוח לי לעורר לב אחיי למען הציל אותם מידי פח מוקשים לבל יתפתו לקול המסיתים ומדיחים ליקח חלק במה שהם קורין גאולה לארץ. יש כת אחרת מאמינים בני מאמינים שאי אפשר להיות גאולה בידי אדם ולא בכחם ירשו ארץ, אבל התאמצו לבנות חורבות ארץ הקדושה ולגאול הארץ, **וכמה צדיקים מפורסמים בדורות שלפנינו התאמצו לעורר לב אחיהם לקבוע דירתם בארץ הקדושה שהיא מצוה חשובה מאוד לגאול את הארץ. ואלו הכיתות בימינו יש לומר עליהם כ[מו שאמר ה]חבר למלך כוזר "כוונתם רצויה אבל אין מעשיך רצוין", וטועים הם כי הצדיקים אשר השתדלו בישוב הארץ היתה כוונתם שיתיישבו שם יראים ושלמים ויתאמצו עוד יותר לחיות על פי התורה שעשו בהיותם שרויים בחוץ לארץ ובפרטית לקיים מצות התליות בארץ.** וכן היה מעת גלותינו עד היום, לא נסעו לארץ הקדושה רק קדושים וטהורים אשר מסרו נפשם לסבול כל היסורים רק לעבוד את השם בארץ הקדושה, **אבל לא כן בתנועה הציונית אשר כפרו בהשם ובתורתו בפרסום ועושים להכעיס ממש לא נמצא בשום אומה ולשון מינות ואפיקורסות והפקירות כמו שנמצא בין מנהלי התנועה ובין משרתיהם החלוצים** [כו'] ולא די שהם כופרים גמורים שונאים שנאת מות ליהודי שומר תורתו, וכי הלזה יקרא ישוב הארץ, הלא חורבן גדול כזה לא היה עוד מעולם, ועליה קונן הנביא ארץ צבי שיקרה מכל המדינות כלילת יופי משוש כל הארץ, שבה נתקיים לא יהיה קדש ולא תהיה קדשה, איכה היתה לזונה קריה נאמנה ממש כדור המבול, כל אשר יספרו רעות עליהם אינו כטפה מן הים ממה שהרעו באמת [כו'] ומעת שהתחילה תנועה הציונית לא פסקו צרות מכל העולם ממש, כל התוכחה נתקיימה, ובפרטות באומתינו הקדושה בכל מקומות פזוריהם ממש, כסדום דמינו ושערי פרנסה נסגרו ורדיפות ומלחמות עד אין קץ, ולמאמין אין זה חידוש, כי הציונים דומים במעשיהם ממש להפריצים אשר בדור החורבן, מחרפין ומגדפין לכל גדולי ישראל מי שאינו מחזיק עמהם [כו'] ועל כן מדת הדין מתוחה בעוה"ר על כל העולם.

דער באַרימטער גאון רבי מאיר שמחה מדווינסק זצ"ל, בעל אור שמח, האָט בשעתו אָפּגעשריבן אַ לענגערן בריוו פאַר'ן מו"ל פונעם ספר "שיבת ציון", וואו ער דרוקט אויס זיין זאָרג אַז אַזאַ סאָרט באַוועגונג פון חיבת ציון קען אין דער ענדע פירן צו אומגינסטיגע רעזולטאַטן; איינרעדענישן פון אַ פאַלשע גאולה און פראָבלעמען ברוחניות וגשמיות[16].

שיבת ציון

קב'ץ מאמרי גאוני הדור בשבח ישוב ארץ ישראל

יוצא לאור ע"י

אברהם יעקב סלוצקי

ווארשא

בדפוס האחים שולדבערג, דזיקא 1

שנת תרנ"ב לפ"ק

ШЕВАСЪ ЦІОНЪ

т. е.

ВОЗРОЖДЕНІЕ СІОНА

Сборникъ статей

изданіе А. Я. Слуцкаго

Томъ I.

ВАРШАВА

Въ Типографіи Братьевъ Шульдбергъ Дзика 1.

1891.

דער חיבור שיבת ציון

אין אָנהויב פונעם "שיבת ציון" איז געדרוקט אַ לענגערער בריוו פון הרב שמואל מאַהליווער, וועלכער שרייבט אַז דער וואָס וואוינט אין ארץ ישראל דאַרף נישט מקיים זיין די תורה, ווייל די מצוה פון ישוב ארץ ישראל איז אַזוי גרויס, אַז אַלעס איז ווערט כדי צו קענען באַאַרבעטן די פעלדער פון ארץ ישראל.

הרה"ק בעל דברי יחזקאל זי"ע איז בשעתו אַרויס קעגן די ווערטער בקול חוצב להבות אש. אין אַ בריוו געדרוקט אין ספר דברי יחזקאל שרייבט דער שינאָווער רב בלש"ק:

"ואכתוב למעלתו דבר אחר שראיתי בהספר אשר הדפיסו כתוב שם, שמי שדר בארץ ישראל אינו צריך לקיים התורה, כי כל הדר בארץ ישראל כמו שיש לו אלקי וכל הדר בחו"ל כמו שאין לו א'לוה, על כן גדולה ישיבת ארץ ישראל שאפילו אינם מקיימים את התורה הוא כדאי תיקון עבודת האדמה של ארץ ישראל, תיפח רוחם עד כמה הם רוצים להטעות את ישראל."

אָפּטרייסלונג פון הגאון הנצי"ב זצ"ל

הגאון רבי נפתלי צבי יהודה בערלין זצ"ל, דער נצי"ב פון וואָלאָזשין, האָט אין אָנהויב מיטגעהאַלטן מיט די

16) געדריקט אין צייטונג "דאס ווארט", ווילנא י"ד חשון תרפ"ז, ומשם בס' מרא דארעא דישראל עמ' כב.

חובבי ציון און אַנטיילגענומען אין זייערע אסיפות, מיט דער כוונה אָפּצוהאַלטן אַז די באַוועגונג זאָל נישט אַריינפאַלן אין די הענט פון די משכילים.

אין לויף פון יענע ערשטע יאָרן פון די חובבי ציון האָט דער נצי"ב זיך אַסאַך געשריבן מיט דר. פינסקער, וואו ער פרובירט אים צו באַאיינפלוסן אַז די קאָלאָניעס זאָלן זיך פירן בדרך התורה, און באַטאָנט דערביי דאָס מציאות אַז רוב גדולי ישראל זענען נישט איינשטימונג מיט דער גרופע צוליב איר חילול התורה והמצוות[17].

אָבער שפּעטער, זעענדיג ווי ווייט די אָרגאַניזאַציע איז פאַרקראָכן און אַז זיינע געבעטן פאַלן אויף טויבע אויערן, איבערהויפּט נאָך די געשעענישן פון שנת השמיטה אין יאָר תרמ"ט ווען די ניי-געגרינדעטע קאָלאָניעס האָבן מחלל געווען די מצוה פון שמיטה קעגן דער הוראה פונעם נצי"ב און די גדולי ירושלים, האָט דער גאון זיך אַרויסגעלאָזט פון די סאָרט אַגיטאַציעס און זיך אָפּגעטרייסלט פון ווערטער וואָס האָבן אַ משמעות פון חלילה זיך נעמען אַ גאולה בדרך הטבע.

פאָלגנד איז אַ ציטאַט פון אַ לענגערן בריוו וואָס דער נצי"ב האָט געשריבן אין יאָר תרנ"ב[18]:

17) אזוי שרייבט דער נצי"ב צו פינסקער: "על דבר להרחיב חוג העסק בקרב ישראל, לא חדל אני להגיד למע"כ נ"י, כי רואה אני שלא זכיתי להנות עצה ותושיה בזה, כי מאז הנני חושב אשר אם נקדיש במעשינו סדרי הישוב, להנהיג בה מנהגי מצוות התורה, והלוואי לא היינו מקילים בקדושת שביעית, ובלי ספק היה גם הנדיב ממלא אחרינו, אזי היה מוחזק בישראל כי א"י מקובצת היא עוד היום, ורוח התורה היא קיומה כמו קיום ישראל בעמים, אשר אך רוח התורה היא קיומם... ואז היה נמשכים המון עם ה' לכלכל את האיכרים בשנה זו, ואין מעצור לה' ועמו, לא כן עתה שנוהגים בה חול וטבע חו"ל, **אזי רוב גדולי ישראל, הרבנים שי' מהרהרים אחרינו, ובתר רישא גופא אזיל**, והדברים עתיקים". (קובץ מאמרים ותדפיסים, בצלאל לאנדא, עמ' 264).

אין אן אנדערן בריוו שרייבט דער נצי"ב ז"ל: "אכן ידעתי כי **רבו המפריעים הענין, וגם יש בהם גדולי ישראל יצ"ו**, ויש טעמים להם... **אמנם יש טעם נכון באשר רואים שהענין בכלל מתהלך ומתנהג ע"י אנשים שאין מהם תקוה שיוציאו מידם מתוקן כ"צ [כל צרכו], ואני ידעתי מזה, וגם הנני חושש לדבר...** כאשר הפצירו בי בעלי האספה בדרוזגעניק לקבל עלי שם גבאי יחד עם הגאב"ד מביאליסטאק והגאב"ד דק' בויסק, האף כי ידעתי שאיני הגון למשא זה כי הנני עמוס בעבודת הישיבה הק' חיי רוחי, בכ"ז [בכל זה] נעניתי לדברו, בחשבי אולי ימצא ידי לתקן בעניין, ובעת נתחברתי לישב יחד את שני הגבאים הגאונים הנ"ל, אמרתי בפה מלא כי אם לא יעלה בידינו להנהיג הליכות הענין על דעתנו, אין לי להושיט אצבע בזה... (שם, עמ' 271).

18) פאלגענד זענען איניגע ציטאטן פונעם באלערנדן בריוו וואו דער נצי"ב קומט ארויס קעגן הר' קאלישער: "כבר כתבתי בקצרה למעכ"י נ"י שאין נפשי נוחה מהספר "דרישת ציון" שהעלה הגאון וצדיק מוהרצ"ה קלישער ז"ל, כי נוסד על אור מתעה שראה בארצות המערב שניתן שווי זכיות לאחינו, והיה מדמה כי זהו הבטחת (דברים ל ג) "ושב ה' אלקיך את שבותך ורחמך", מעתה עלינו להגיע לסופיה דקרא "ושב וקבצך" וגו', אך במח"כ אינן אלא דברים בטלים... ג' - **שהרי לפני זה המקרא כתיב (שם ב) "ושבת עד ה' אלקיך ושמעת בקולו", וזה לא החל להתקיים כלל.**

עוד זאת, שיסוד דעת הגאון הנ"ל, שזהו תחילת הגאולה, ובזה מסתיים דבריו לבאר היאך נגיע לידי גאולה, ובאמת אין אדם יודע עד מה סדר הגאולה העתידה... מעתה אם ביציאת מצרים לא נתבשר סדר הגאלה עד בא העת, מכש"כ גאולה העתידה אשר היא בהרבה מלכיות שאין אחת דומה לחברתה, ואין ישראל שבקרבם דומין זה לזה במעשיהם, בודאי אי אפשר לחשוב מצד השכל היאך יעשה הקב"ה, וכבר אמר ה' (ישעי' נה ח) כי לא מחשבותי מחשבותיכם ולא דרכיכם דרכי.

אמנם כל הדברים הללו אינן נצרכים, אלא לפי שדימה הגאון שהחל אורה של הגאולה בזמנו, אבל בזמן הזה שאנו כבושין בגולה וגזירות מתחדשות, אסור לנו להזכיר רעיון של גאולה בענין ישוב הארץ... **וחלילה לנו להראות בעסק הישוב סימני גאולה**, ורק העיר ה' בלבנו להשיב שממות הארץ ולעשותה לישוב, ויותר מזה לא ידענו מאומה, ואין לנו לדבר בזה אלא לחכות בלב ולהאמין לגאולה באיזה אופן שירצה לפי מעשנו, על כן איני מסכים לשוב ולהדפיס ספר "דרישת ציון"... (מרא דארעא ישראל ח"ב עמ' טו).

"איך האָב שוין געשריבן אַז ס'איז מיר זייער נישט צום האַרצן אַז מען זאָל איבערדרוקן דעם ספר 'דרישת ציון' וואָס רבי צבי הירש קאַלישער ז"ל האָט פאַרפאַסט, וויבאַלד ס'איז געשריבן געוואָרן דורך אים מיט אַ פאַרבלענדעטער ליכטיגקייט וכו', און במחילת כבוד תורתו זענען עס דברים בטלים."

הרב מאַהליווער גרינדעט אַ "מרכז רוחני"

מיט דער צייט איז אַנטשטאַנען אַן אָפיציעלער ריס צווישן די פרומע באַטייליגטע און די פרייע פירער פון דער באַוועגונג. אין לויף פון די זיצונגען זענען געהערט געוואָרן דייטליכע דברי בלע פון די משכילים קעגן אידישקייט און דעם סמכות פון דער תורה הק'; די פרומע רבנים זענען שטאַרק אַראָפּגעריסן געוואָרן און אַ שאַרפע מיינונגס פאַרשידנהייט איז אַנטשטאַנען צווישן די אָנוועזנדע רבנים און די פרייע משכילים, ווען די לעצטע האָבן זיך באַהערשט אויף די רעזאָלוציעס פון די פאַרזאַמלונגען.

אָנגעהויבן פון יענער צייט האָבן די גדולי ישראל געפירט אַ מערכה כבידה נישט נאָר קעגן דעם רעיון פון די חובבי ציון - וואָס האָט זיך יעצט שוין קלאָר אַרויסגעוויזן אַז וויינציגסטנס טייל פון זיי פלאַנען צו גיין אַסאַך טיפער ווי סתם אַנטוויקלען אידישע ישובים אין ארץ ישראל, נאָר צו גרינדן אַן אייגענע אידישע מלוכה - נאָר אויך קעגן די רבנים וואָס האָבן זיך אָנגעשלאָסן דערינען, זעענדיג אין דער באַוועגונג אַ באַשיינפערליכע סכנה און געפאַר פאַר'ן עתיד פון ארץ ישראל און איר קדושה[19].

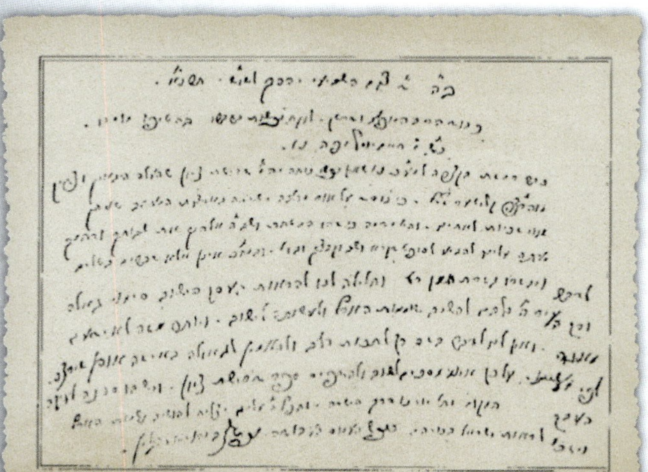

טייל פון די אָרגינעלע בריוו פון דעם נצי"ב ז"ל איבער דעם ספר "דרישת ציון"

וויבאַלד כמעט אַלע גדולי ישראל זענען אַרויס אַזוי שטאַרק קעגן די חובבי ציון, זענען די שומרי תורה ומצוות געוואָרן אַ שטאַרקע מינדערהייט אין דער באַוועגונג, און די משכילים און פרייע אידן האָבן צוביסלעך איבערגענומען קאָנטראָל פון דער אָרגאַניזאַציע.

19) מרא דארעא דישראל ח"ב.

אין יענער צייט האָט הר' מאַהליווער, וואָס איז די גאַנצע צייט געשטאַנען אינאיינעם מיט די אויסגערופענע פורקי עול אין שפיץ פון דער אָרגאַניזאַציע, באַשלאָסן צו פאָרמירן אַ באַזונדערע אָפטיילונג אינערהאַלב די חובבי ציון, געווידמעט פאַר שומרי תורה. הרב מאַהליווער האָט ביי אַלע זיינע רעדעס אַרויסגעברענגט דעם פאַקטאָר אַז רוב גדולי ישראל און דאָס מערהייט פונעם אידישן פאָלק וויל זיך נישט אָנקערן מיט דער אָרגאַניזאַציע, באַשולדיגנדיג אַז דאָס קומט אין רעזולטאַט פון די פרייע פושעים וואָס האָבן זיך באַהערשט אויף די גרופע.

אין אלול שנת תרנ"ג לפ"ק האָט הרב מאַהליווער פאַררופן אַן אסיפה אין דער שטאָט דראָסגניק, וואו ער האָט מייסד געווען אַ שפּלינטער-אָרגאַניזאַציע אינערהאַלב די חובבי ציון. די נייע גרופע האָט באַקומען דעם נאָמען "מרכז רוחני" - אין קורצן: "מזרחי" - און איז סטאַנציאָנירט געוואָרן אין דער שטאָט ביאַליסטאָק, וואו הרב מאַהליווער האָט געדינט אַלס רב.

(בדרך אגב, איז מיט יאָרן שפּעטער קאָפּירט געוואָרן דער נאָמען "מרכז רוחני" דורך דער "מזרחי" אָרגאַניזאַציע, וועלכע איז אויפגעשטעלט געוואָרן צוליב ענליכע אורזאַכן דורך די פרומע ציונים אין יאָר תרס"ב.)

די עליות דורך די חובבי ציון זענען מטמא דאָס הייליג לאַנד

צוביסלעך האָבן די חובבי ציון באַוויזן אויסצופירן זייערע פלענער און אַרויפברענגען אידן קיין ארץ ישראל צו באַאַרבעטן די פעלדער. אין די יאָרן פון תר"מ ביז תר"ס, זענען עטליכע טויזנט אידן אַרויפגעקומען קיין ארץ ישראל, אויפגעשטעלט דערפלער און ישובים און באַנייט די פעלד-אַרבעט.

די באַוועגונג פון "עלי' לארץ ישראל" וואָס האָט זיך דאַן געשטאַרקט דורך די חובבי ציון, ווערט אין די ציוני'סטישע היסטאָריע-ביכער אָנגערופן "די ערשטע עליה"[20], וואָס דאָס איז געווען

20) עס דארף ארויסגעברענגט ווערן אז דער ציל פון באטיטלען יענעם שוואונג פון עולים מיט'ן נאמען "עליה ראשונה", האט אין זיך א טיפן ציל פון די ציונים, וועלכע ווילן עוקר זיין פון היסטאריע דעם אמת'ן בליק וואס ערליכע אידן האבן אלעמאל געהאט אויף ארצינו הקדושה, און ווילן מאכן פארגעסן דער פאקט, אז במשך די אלע צייטן האבן עולה געווען קיין ארץ ישראל בלויז גאר ערליכע אידן, יראים ושלמים, וועלכע זענען ארויפגעקומען מיט דער גרייטקייט אוועקצואווארפן זייער גאנצער עולם הזה און אוועקגעבן דאס גאנצע לעבן בלויז פאר עבודת ה'. אנגעהויבן פון א קורצער צייט נאך די קרייץ-ציגן מלחמות, ווען רבינו שמשון משאנץ איז ארויף קיין אר"י, אין שפיץ פון 300 תלמידים, ביז די תלמידי הבעש"ט און די תלמידי הגר"א דורכאויס די ת"ק יארן, וואס זענען ארויף קיין ארץ ישראל צו אויסלעבן די יארן בקדושה ובטהרה.

ביים אלגעמיינעם המון עס איז געווען א דבר פשוט אז עמיצער וואס איז נישט גרייט פאר אזא געהויבענעם און ארעמען לעבן, האט נישט וואס צו זוכן אינעם הייליגן לאנד, און ס'בעסער אז ער זאל נישט ארויפגיין מטמא זיין דעם פלטרין של מלך. ביז דאס האט זיך געטוישט ווען די חובבי ציון און די ציונים האבן גענומען דורכפירן זייערע מאסיווע אגיטאציעס עולה צו זיין קיין ארץ ישראל.

די ציוני'סטישע היסטאריקער זוכן אבער אויסצורייסן די דאזיגע טייל פון היסטאריע, אז די אלע עולים זענען געווען אנשים צדיקים, חכמים וידועים, און בלויז גדולי תורה ועבודה האבן זיך געטרויעט ארויפצוגיין. דעריבער האבן זיי א נאמען געגעבן דעם ערשטן שוואונג עולים פון די חובבי ציון, וועלכע זענען געקומען איינפאך באארבעטן די ערד און בויען אן אייגענע ווירטשאפט, מיט'ן פאלשן נאמען "העליה הראשונה".

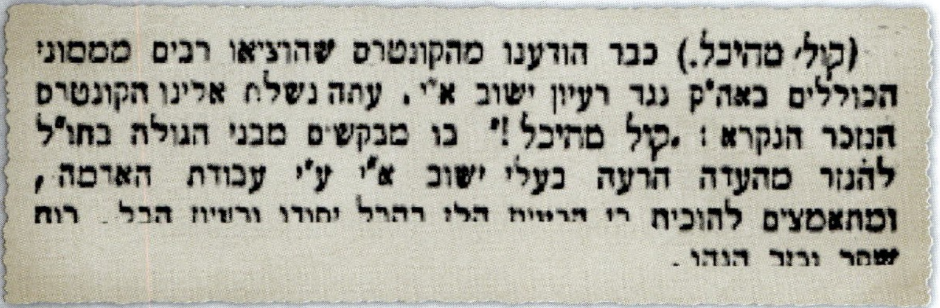
(קול מהיכל.) כבר הודענו מהקונטרס שהוציאו רבים ממסוני הכוללים באה"ק נגד רעיון ישוב א"י. עתה נשלח אלינו הקונטרס הנזכר הנקרא: "קול מהיכל!" בו מבקשים מבני הגולה בחו"ל להנזר מהעדה הרעה בעלי ישוב א"י ע"י עבודת האדמה, ומתאמצים להוכיח כי הרעיון הלז [illegible] הבל. רוח שקר [illegible] הנהו.

די משכיל'ישע "המגיד" גיסט פעך און שוועבל אויף די גדולי ירושלים נאך די ערשיינונג פון דעם כרוז "קול מהיכל"

דער אָנהויב פונעם חורבן; דאָס הייליג לאַנד האָט באַקומען אַ נייע צורה מיט'ן פלייץ פון "חובבים", ווי זיי האָבן זיך גערופן.

גאָר אַסאַך האָט דער אָריגינעלער פאַרצייטישער ישוב הישן אין ארץ ישראל געליטן פון די נייע עולים, וועלכע זענען מערסטנסטייל געווען פאַרביסענע פורקי עול, מיטגלידער אין דער השכלה-באַוועגונג, וועלכע האָבן געזוכט אַריינצוברענגען אַ נייעם גייסט פון פריקת עול אין ארץ ישראל. די נייע באַזעצער פון לאַנד האָבן זיך נישט באַגנוגנט מיט זייערע אייגענע שטעטלעך, נאָר זיי האָבן געוואָלט אַריינכאַפּן אין זייער נעץ דאָס גאַנצע אידנטום אין ארצינו הקדושה, דערפאַר האָבן זיי געגרינדעט און אויפגעשטעלט טריפה'נע שקאָלעס אין מערערע שטעט לענגאויס ארץ ישראל, וואו מען האָט מיט אַ דירעקטער כוונה אויסגעמישט קודש און חול; געלערנט טריפה'נע לימודים זייט-ביי-זייט מיט דברי תורה, להבדיל, און ס'איז זיי לײַדער געלונגען אויפצוברעכן די חומה בצורה און אַריינברענגען נייע ווינטן פון השכלה און פאַרדאָרבנקייט אין לאַנד, אפילו אויב אָנהייב איז עס נאָר געווען בקצה המחנה[21].

אין חודש שבט תרמ"ה לפ"ק, נאָכדעם וואָס די ערשטע גרופּעס פון פרייע עלעמענטן האבן זיך באַזעצט אין ארץ ישראל און עס האָט זיך אָנגעהויבן אָנזען זייערע פאַרדאָרבענע אַקטיוויטעטן וואָס האָט מטמא געווען קדושת ארץ ישראל און פאַרשוועכט די מצוות התלויות בארץ, זענען די ערליכע רבנים פונעם ישוב הישן אין ירושלים עיה"ק ערשינען מיט אַ פייערדיגן רוף - אונטערן נאָמען "קול מהיכל" - קעגן דער חובבי ציון באַוועגונג, וואָס האָט געברענגט השכלה און טומאה אין הייליגן לאַנד.

דער רוף האָט געהאַט אַ הילכיגן אָפּקלאַנג איבער דער וועלט און אַרויסגערופן בייז-בלוט ביי די השכלה-קרייזן וועלכע האָבן פאַר אַ לענגערער צייט פּרובירט אין זייערע שונד-בלעטער צו פאַרשעמען און באַרעדן דעם ערליכן ישוב אין א"י און אַראָפּגעמאָלן די חלוקה-געלטער וואָס ווערן פאַרטיילט פאַר די דאָרטיגע אידן אַלס גניבה און שווינדל, מיט'ן ציל אָפּצושטעלן די שטיצע פון אידן אומעטום פאַר צדקת עניי ארץ ישראל.

21) די הייליגע מלחמה וואס די גדולי ארץ ישראל האבן געפירט מיט די פארשאלטענע שקאלעס און די איסורים וחרמות דערקעגן, איז א באזונדערער וויכטיגער קאפיטל אי"ן אידישער היסטאריע וואס פאדערט אן אריכות פאר זיך.

די העצע האָט געפירט דערצו אַז דער "וועד הכללי", אין שפיץ פון הגאון רבי שמואל סאַלאַנט זצ"ל, זענען געווען געצוואונגען צו פאַרעפנטליכן אַ לענגערן כרוז, אונטער'ן קעפל "שאלו שלום ירושלים", אָפצושלאָגן דעם נעגאַטיוון פרסום וואָס די משכילים האָבן פאַרשפרייט און צו פאַרטיידיגן די חלוקה-געלטער, מיט אַן אויפפאָדערונג צו אידן איבער דער וועלט חלילה נישט אָפצושטעלן די קריטישע צדקה-געלטער פאַר די כוללים אין ארץ ישראל.

קאַפּיטל י"ב

דער ערשטער היתר מכירה

שנת השמיטה תרמ"ט

אויסרייסן מצוות שמיטה אונטערן מאַנטל פון פיקוח נפש

דאָס יאָר תרמ"ט איז געווען דאָס ערשטע שמיטה-יאָר זינט דער אַנטשייאונג פון די חובבי ציון קאָלאָניעס אין ארץ ישראל, און פאַרשידענע דערפלעך און ישובים זענען שוין דאַן געווען באַזעצט דורך די נייע איינוואוינער וועלכע האָבן עולה געווען קיין ארץ ישראל אין די ראַמען פון דער חובבי ציון באַוועגונג.

מיטן אָנקום פון יענעם שנת השמיטה, זענען דאָס מערסטע טייל פון די קאָלאָניסטן געווען ווייט אָפּגעפרעמדט פון תורה און מצוות און זענען דעריבער נישט געווען צופיל פאַראינטערעסירט אין אָפּהיטן מצות שמיטה וואָס וואָלט מיט אַ גשמיות'דיגן וועלטליכן בליק באַדייט אַ שאָדן פאַר זייערע פעלדער און פאַרמעגן. אין צוגאָב האָבן די פירער פון די קאָלאָניעס, אין שפּיץ פון באַראָן ראָטשילד פון פאַריז, אין פרינציפּ נישט געוואָלט איינפירן אַ אידישע לעבן אין די נייע קאָלאָניעס. אין בריוון געדרוקט אין ספר "שנת שבתון" שרייבן די פורקי עול קלאָר אַז זיי ווילן דירעקט נישט איינפירן קיין שמירת שמיטה אין זייערע ישובים, ווייל דאָס וועט ברענגען אַז די קאָלאָניעס זאָלן אין אַלגעמיין געפירט ווערן על פי תורה, אַ זאַך וואָס זיי ווילן עוקר זיין מן השורש, עפ"ל.

די חובבי ציון אָנפירער האָבן זיך אַריינגעלייגט צו דערשנאַפּן אַ היתר וואָס איז באַשטאַנען פון אַזאַ סאָרט שפּיל, אַז מען זאָל פאַרקויפן די פעלדער פאַר אַ גוי, שרייבן אַ שטר דערויף, און אַזוי אַרום וועט מען קענען אַרבעטן אינעם שמיטה-יאָר.

די שלוחים פון באַראָן ראָטשילד האָבן זיך דאַן אַרויסגעלאָזט אין אַ קאַמפּיין ביי מערערע גדולי ישראל אין חוץ לארץ. זיי האָבן אַרומגעקלעטערט צו רבנים כדי צו באַקומען אַן הסכמה צום ניי-פאַבריצירטן היתר, מיט דער טענה אַז עס האַנדלט זיך איינפאַך אין אַ שאלה פון פיקוח נפש, וויבאַלד די פרישע קאָלאָניעס וועלן נישט האָבן וואָס צו עסן און אירע הונדערטער איינוואוינער וועלן פשוט אויסגיין פאַר הונגער.

ערשטער 'היתר מכירה' אין אידישער געשיכטע

די פורקים האָבן זיך געוואָרפן מיט גרויס געלט צו באַאיינפלוסן געוויסע רבנים זאָלן זיי מתיר זיין צו באַאַרבעטן די פעלדער[1], און עס איז זיי טאַקע געלונגען צו דערווישן עטליכע ספרדי'שע רבנים וואָס האָבן זיך געלאָזט איבעררעדן פאַר געלט אַרויסצוגעבן אַ היתר מכירה, און אויף דעם סמך האָבן זיי גענומען אַרבעטן אַריינצושלעפּן אַנדערע גדולים צו מסכים זיין צום היתר.

באַזונדער האָט זיך איינגעשפּאַנט פאַר דעם צוועק דער אויבנדערמאַנטער הרב שמואל מאַהליווער, דער רב פון ביאַליסטאָק, וועלכער איז שוין געווען אָנגעפיקעוועט מיט נישט-אויסגעהאַלטענע שיטות, פאַר וועם ס'איז ענדגילטיג געלונגען צו פאַרפירן עטליכע גדולי ישראל אין חוץ לארץ מיט ליגנערישע פאַקטן אַז ס'האַנדלט זיך איבער פיקוח נפש אא"וו.

הרב מאַהליווער האָט זיך אַריינגעלייגט בעובי הקורה און איז אַרומגעפאָרן צו מערערע גדולים זיי איבערצורעדן פאַר'ן היתר און למעשה באַוויזן צו באַוועגן דעם קוטנער רב, הגאון רבי יהושע זצ"ל[2], און צו דעם האָט זיך אויך צוגעשטעלט דער בויסקער רב, הג"ר מרדכי עלאַשבורג[3]. די רבנים וואָס האָבן דעמאָלטס מתיר געווען, שרייבן קלאָר אַז דאָס איז בלויז צוליב'ן חשש פיקוח

1) שנת שבתון עמ' יד און עמ' מג. די פירער פון די חובבי ציון האבן געשיקט א באדייטנדע נדבה פאר געוויסע רבנים המתירים, און דאן האט מען ממציא געווען דעם היתר.

2) אזוי שרייבט ער אין זיין ספר שו"ת ישועת מלכו (יו"ד סי' נג), אז דער רב וואס האט אים אריינגעפירט אינעם היתר איז געווען דער ביאליסטאקער רב וועלכער איז געקומען אין שליחות פון די חובבי ציון; ער האט אים געזאגט אז דאס איז א שאלה פון פיקוח נפש פאר הונדערטער נפשות און מען מוז טרעפן א וועג וויאזוי מתיר צו זיין דאס ארבעטן אין שמיטה.

3) הרב עלאשבורג איז געווען דער רבי פון הר' קוק און פון די אקטיווע שטיצער פאר'ן היתר מכירה זיך אפצורייסן פון מצות שמיטה. אין זיין חיבור ראשית התחי' (עמ' 28) שרייבט ער אז מען האט אפילו נישט קיין רשות מחמיר צו זיין אינעם ענין פון שמיטה, און אויך אז אָן א היתר מכירה מעג מען ארבעטן אין שמיטה, כדי די קאלאניעס זאלן נישט אונטערגיין. אין א בריוו וואס ער האט פארעפענטליכט אין דער "המליץ" טיטולירט ער די שומרי השביעית אלס "עוברי עבירה" רח"ל.

נפש און אויך אַז דער היתר איז אַ צייטווייליגער אויפ'ן שמיטה-יאָר תרמ"ט לפ"ק[4], און שפּעטער האָט אויך דער קוטנער רב זיך צוריקגעצויגן פונעם גאַנצן עסק ההיתר[5].

דערנאָך האָבן די חובבי ציון מיטגלידער אַלאַרמירט דעם קאָוונער רב הגאון רבי יצחק אלחנן ספעקטאר זצ"ל, וועלכער האָט - צוליב די טענות פון פיקוח נפש - אויסגעאַרבעט אַ היתר צו פאַרקויפן די פעלדער מיט פאַרשידענע תנאים, צווישן זיי, מען זאָל פאַרקויפן די פעלדער פאַר צוויי יאָר, נעמליך אַז אַ גאַנצע יאָר איידער שמיטה זאָל עס שוין באַלאַנגען פאַר'ן גוי; בלויז גוים זאָלן אַרבעט דאָרט שמיטה און נישט אידן; עס זאָל נישט זיין קיין הערמה נאָך טאָקע באַלאַנגען פאַר'ן גוי; און נאָך תנאים. דער קאָוונער רב האָט זיך אין זיין היתר בפירוש אויסגענומען אַז דער שטר מכירה דאַרף געמאַכט ווערן דורכ'ן ירושלים'ער בית דין און מיט זייער הסכמה, און האָט דערביי באַטאָנט אַז דער היתר איז בלויז געגעבן געוואָרן אויפ'ן יאָר תרמ"ט און נישט אויף אַנדערע יאָרן[6].

דער פסק פון די רבנים האָט למעשה נישט צופרידנגעשטעלט די חובבי ציון, ווייל אין דעם

מעשים בכל יום:
א) בארצנו:
ס"ט פטרבורג. — ברגע הזה מקבלים אנחנו מאת סופרנו בביאליסטאק ה' קלעמענטינאווסקי, ממוש"ק העבר (ו' אדר), את הבשורה הטובה הזאת, אשר אנחנו ממהרים לתתה לפני קוראינו:
הנני לבשרהו כי פסק הדין על אדות שנת השמיטה באה"ק יצא להיתרא מלפני הגאונים הגדולים ר' יצחק אלחנן מקאוונא, ור' שמואל מאהליווער מביאליסטאק, ור' יהושע מקוטנא, ור' זנוויל מווארשוי שליט"א. שלשת הרבנים האחרונים היו במותב תלתא לקול קריאת הגרש"מ, והגאון רי"א שלח את פסק דינו גם הוא להגרש"מ בסוף שבוע זה. את הפסק דין הזה יודיעו תיכף להקולוניסטים באה"ק וישלחו להודיעו גם בפאריז.

דער "המליץ" באריכטעט דעם היתר פון די רבנים אן דערמאנען זייערע תנאים

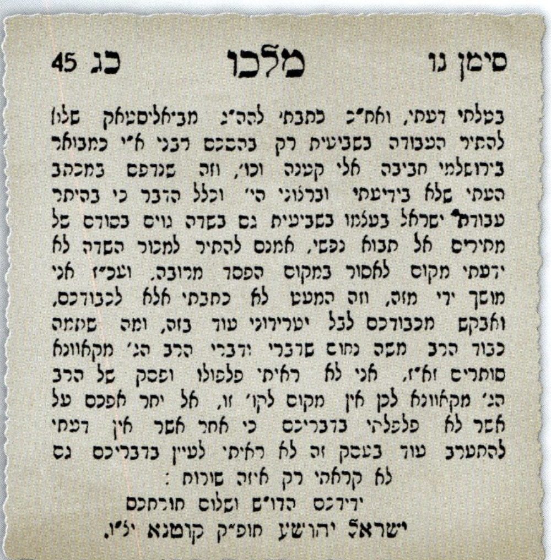
סימן נו מלכו כג 45

בפלתי דעתי, ואח"כ כתבתי להר"ג מביאליסטאק שלא להתיר העבודה בשביעית רק בהסכם דבני א"י כמבואר בירושלמי חביבה אלי קטנה וכו', וזה שנדפס במכתב העתי שלא בידיעתי וברצוני הי' וכלל הדבר כי בהיתר עבודת ישראל בעצמו בשביעית גם בשדה גוים בשודם של מתירים אל תבוא נפשי, אמנם להתיר למכור השדה לא ידעתי מקום לאסור במקום הפסד מרובה. ועכ"ז אני מושך ידי מזה, וזה המעט לא כתבתי אלא לכבודכם, ואבקש מכבודכם לבל יטרידוני עוד בזה, ומה שתמה כבוד הרב משה נחום שדברי ודברי הרב הג' מקאוונא סותרים זא"ז, אני לא ראיתי פלפולו ופסק של הרב הג' מקאוונא לכן אין מקום לקו' זו, אל יחר אפכם על אשר לא פלפלתי בדבריכם כי אחר אשר אין דעתי להתערב עוד בעסק זה לא ראיתי לעיין בדבריכם גם לא קראתי רק איזה שורות:
ידידכם הדו"ש ושלום תורתכם
ישראל יהושע חופ"ק קוטנא יע"א.

הגאון רבי יהושע מקוטנא ז"ל לייקנט אפ די באריכטן אין "המליץ" און שרייבט אז ער איז "מושך ידי מזה"

---

4) פאלגנד זענען איניגע ציטאטן פונעם אריגינעלן היתר:

"ואם נאסור עליהם לשדד את האדמה ולתקן את הכרמים תושם הארץ ותיפוק מזה חורבן הקולוניות חלילה וכמה מאה נפשות ימוגו ברעב חלילה. ע"כ **להצלת נפשות והצלת ישוב הארץ הצלת הגוף והצלת ממון** מצאנו היתר על שנה זו שנת תרמ"ט למכור בקיץ הבע"ל את השדות והכרמים וכל השייך לעבודת האדמה לנכרים וכו'. נוסח השטר הנ"ל יכתבו אצל הב"ד שבירושלם ועפ"י הסכמתם וכו'. **כל הנ"ל נעשה רק על שנת תרמ"ט אבל לא על השמיטות הבאות לאחר כן, כי אז יצטרכו להיתר חדש,** ואולי יעזור ה' ברוב רחמיו להושיע את עמו להצליח להם שלא יצטרכו להיתר כלל וישמרו השמיטה כדין תורה.

5) שו"ת ישועות מלכו (שם סי' נט).

6) פאלגנד זענען אויסצוגן פונעם צייטווייליגן היתר וואס עס האט דאן געשריבן הגאון רבי יצחק אלחנן זצ"ל: "כאשר נדרשתי זה איזה חדשים לחוות דעת ע"ד הקולוניות של היהודים המתפרנסים מעבודת האדמה בכרמים ובשדות באה"ק כי קרובה שנת השמיטה לבוא בשנת תרמ"ט, **ואם לא נבקש עצה והיתר יכול להיות כי תשום הארץ חלילה והי' חורבן לקולוניות ח"ו וזה נוגע להצלת נפשות ומי יודע וכו'.**

ובפירוש נאמר כי עצת היתר זו רק על שנת תרמ"ט הבע"ל אבל לא על שמיטות הבאות לאחר כן, כי אז יצטרכו להיתר מחדש ולעיין אי"ה וה' יהי' בעזר עמנו שלא יצטרכו להיתר כלל, וישמרו כד"ת דברי ההיתר הזה הוא עפ"י דין וד"ת. **נוסח שטר המכירה הנ"ל יכתבו אצל הבי"ד שבירושלים ועפ"י הסכמתם, כמו שכתבו כבוד הגאונים הנ"ל".**

היתר שרייבן די רבנים קלאָר אַרויס אַז אַ איד טאָר אויף קיין פאַל נישט אַרבעטן אום שמיטה. זיי זענען דעריבער געפאַלן אויף אַ המצאה נישט מפרסם צו זיין דעם היתר כלשונו, נאָר באַריכטן דערוועגן אין אַלגעמיין אַז ס'איז ערשינען אַ היתר פון די רבנים אויף אַרבעטן אום שמיטה. אַזוי איז טאַקע די נייעס געמאָלדן געוואָרן אין די משכיל'ישע צייטונגען "המליץ" און "הצבי", מיט'ן ציל צו פאַרנאַרן דעם ציבור מיט נישט-ריכטיגע אינפאָרמאַציע.

באַראָנ'ס פאָרשטייער פיטערן פאַלשע אינפאָרמאַציע

עס מוז באַטאָנט ווערן פון היסטאָרישן שטאַנדפונקט, אַז דער יסוד פונעם היתר - די טענה פון פיקוח נפש - איז איינפאַך געווען אַ פרעכער ליגנט וואָס די פאָרשטייער פונעם באַראָן און די חובבי ציון האָבן פאַרקויפט פאַר די גאוני חו"ל, אומבאַגרינדעט. דער מצב פון די קאָלאָניעס איז אינגאַנצן נישט געווען אַזוי קריטיש, ווי עס זענען קלאָר מעיד די ערליכע חכמי ירושלים אין זייער כרוז, אַז נאָך אַ חקירה ודרישה ווייסן זיי קלאָר אַז ס'איז נישט ריכטיג די שמועות איבער פיקוח נפש. דאָס זעלבע איז מעיד הגאון רבי עקיבא יוסף שלעזינגער זצ"ל אין זיין ספר שנת שבתון (עמ' ו ועמ' יז) וואָס ער פערזענליך איז באַקאַנט געווען אין די דעטאַלן פון די קאָלאָניעס, אַז דאָס איז אַ פרעכער שקר און דער נסיון איז נישט אַזוי גרויס ווי די חובבי ציון האָבן עס פראָבירט אַראָפּצומאָלן. אדרבה, די שומרי שביעית אין זיין ישוב פתח תקוה האָבן געזען אַסאַך הצלחה און סייעתא דשמיא אַדאַנק זייער אָפּהיטן די דיני התורה.

אין צוגאָב וואָלט דער באַראָן ראָטשילד לייכט געקענט געבן שטיצע און פינאַנצירן די קאָלאָניסטן במשך דעם איין שמיטה-יאָר, ווי הגה"ק רבי יהושע לייב דיסקין זצ"ל האָט זיך טאַקע געוואָנדן מיט אַ האַרציגן בריוו צום באַראָן אַז ער זאָל קעגנקומען די אידן אין ארץ ישראל און אַרויסהעלפן אַז מען זאָל קענען היטן שמיטה אין הייליגן לאַנד.

דער בריסקער רב מהרי"ל דיסקין זצ"ל שרייבט אינעם בריוו, אַז מען איז אים געקומען בעטן ער זאָל געבן אַ היתר מכירה וואָס ער וויל בשום אופן נישט געבן. דערפאַר בעט ער דעם באַראָן, היות ער האָט דאָך די געלעגנהייט צו שטיצן די קאָלאָניעס אַז זיי זאָלן נישט מוזן מחלל זיין מצות שמיטה, ווינטשט ער אים, אַז דורכדעם וועט אים אַריינקומען די ברכה אין זיינע פאַרמעגן[7].

---

7) פאלגנד איז א העתק פונעם הארציגן בריוו, געשריבן דורך מהרי"ל דיסקין זצ"ל צו באראן ראטשילד, אשר טובא איכא למידק מינה:

"**כבוד** השר המרומם באלפי ישראל ובלאומי ארץ גדול שמו ה' בערמאן המצוגה עדמונד הי"ו באראן ראטהשילד, לו ולכל המשפחה הנשגבה רוב שלום עד בל"י.

אמרות יקירי ירושלם חכמי האשכנזים יצ"ו הרבנים הג' המצוינים פעה"ק בתפארה, באגרתם הדוברת בחרדת קודש ע"ד שמיטת הארץ, הרהיבוני גם אני לשפוך שיח לפני רום כבודו. הן זה מספר ירחים כאשר באו עושי רצונו לשחר פני לדרוש ולתור למצוא היתרים לאיסור שביעית, ואנכי השבתי להם כי לא יקחני לבי לתקוע עצמי בהלכה זו, ידי לא אשית בה כל עיקר.

הלא ניקל היה להם לשית לב להתבונן, באשר לא לתפארת רוח כבודו יחשב לחפש היתרים בארבע רוחות העולם, ומלבד זה מי לא

צום באַדויערן האָט דער בריוו נישט ערהאַלטן קיין אַנטוואָרט פונעם באַראָן, וועלכער האָט אין פרינציפ געזוכט אויסצורייסן מצות שמיטה, אָבער דאָס ברענגט צום אויבערפלאַך דער שקר וואָס מען האָט דאַן פאַרשפרייט איבער פיקוח נפש און סכנה פאַר די קאָלאָניסטן אין ארץ ישראל, וואָס וואָלטן רואיג געקענט געשפייזט ווערן דורכ'ן באַראָן.

גדולי ישראל פון אומעטום קעגן דעם 'היתר מכירה'

ווי נאָר דער היתר איז באַקאַנט געוואָרן אין ירושלים, האָבן זיך צוזאַמגענומען אַלע גדולי ירושלים, אין שפיץ פון הגאון רבי יהושע לייב דיסקין זצ"ל, הגאון רבי שמואל סאַלאַנט זצ"ל, און אַנדערע, און זענען אַרויסגעקומען מיט אַ מלחמה קעגן דעם שרעקליכן מכשול. אין אַ פייערדיגן כרוז זענען זיי מזהיר מיט אַן אזהרה חמורה אַז ווער עס וועט נאָר עובר זיין אויפ'ן האַרבן זינד פון אַרבעטן בשנת השמיטה איז מבטל בידים מצות שמיטה, ופורץ גדר ינכשנו נחש וכו'. די רבנים זענען מדגיש אַז די גאונים פון חוץ לארץ וואָס האָבן מתיר געווען, איז נאָר ווייל מען האָט זיי איינגערעדט אַז עס רעדט זיך פון פיקוח נפש, והרוצה לשקר ירחיק עדותו[8].

הגאון רבי שמואל סלאנט זצוק"ל

יבין אשר בהנחל עליון יקר וגדולה לרום כבודו, לתת לו אחוזת נחלה בארה"ק, וימלא גם ידו לבנות הנהרסות זה קרוב לשני אלפים שנה, **מי לא ידע אשר בשמירת שביעית ירום כבודו ונשא עוה**, כן בישראל כן בכל לאומי הארץ, כולם יאשרוהו בראותם כי עפ"י חוקי תורה"ק יסדם כנתינתם מסיני יכוננם, או אז ישמע קול תרועות שמחה באה"ק קול ששון מעיר הקודש, קול לבשי עוזך ירושלים ארץ צבי בגדי תפארתך, כי קרובה ישועתינו לבוא למנות שמיטות ויובלות, גם חרבות אה"ק יעלוזו שדי תרומות קדש גיל תחגורנה, כי יזכרו ימי עולם בסוד אלוה עליהם ורוח קדשו מרחפת עליהם.

בטחתי כי הברכה הכתובה בתורה לשומר שביעית כהלכתנו וצויתי את ברכתי וכו', תמצא קן לה גם בפאריז באסמי רום כבודו, ובכל משלח ידו יצוה ה' את הברכה לגדלו ולנשאו כל ימי עולם ועיני רום כבודו ועינינו יראו בבוא לציון גואל בבי"א כעתירת משה.

הכותב וחותם פעה"ק ירושלם תובב"א יום ד' אמור תשעה ועשרים למספר בני ישראל, פסח שני 'לנשאו כל ימי העולם' [תרמ"ח] לפ"ק. משה יהושע יהווא ליב בן הגאון מו"ה בנימין זלל"ה מבריסק דליטא וכעת בתוככי ירושלם עיה"ק תובב"א".

8) די חכמי ירושלים זצ"ל שרייבן צווישן אנדערע: "שמוע שמענו כי איזה בני אדם אשר לא נחה דעתם בזה באמרם מי יפרנס אותנו ומאין תבוא עזרתנו אם לא נעבוד את אדמתנו בשנת השביעית והאדמה תשאה שממה, ודרשו למו לחפש אחרי היתרים לבטל מצוות ה', והחלו להשתמש באמצעים נוראים למלא חפצם ורצונם ותאות נפשם, **ולהטעות גדולי ישראל מחו"ל לבטל מצות שביעית באמרם כי נוגע הדבר לפקו"נ וביטול הישוב, ולא כן הוא, ונהפוך הוא כי מלבד שאינו לפקו"נ ולהריסת הישוב** כי עוד יהיה שמירת שנת השמיטה לטובת הישוב ולטובת הארץ כידוע לנו .

אחרי החקירה והדרישה התאספנו יחד באסיפה רבה וחכמי קרתא קדישא דירושלים, **בהסכם רבני וגאוני עירנו ה"ה הרבנים הגאונים הגדולים מוהר"ר משה יהושע ליב דיסקין ומוהר"ר שמואל סלנט, להתיישב בדבר הגדול הזה הנוגע לרבים** וחקרנו ודרשנו הפרטים הדרושים לכל אלה בעיון הדק היטב היטב, ונגמר ונמנה להודיע בשער בת רבים את גודל האיסור השמיטה, ולהקים המצוה הזאת בכל פרטיה.

חלילה לנו לחרוש ע"ז וחלילה לאיש לנגוע בקצהו ליתן יד לפרוץ בזה, ואפילו אם ימצא בדעתו להראות לו מקום היתר להקל בזה ע"י תחבולות שונות, חכמים הזהרו בדבריכם".

אויפ'ן לענגערן כרוז האבן צוגעשריבן די גאונים וצדיקים הגאון מהרי"ל דיסקין זצוק"ל און הגאון רבי שמואל סאלאנט זצוק"ל:

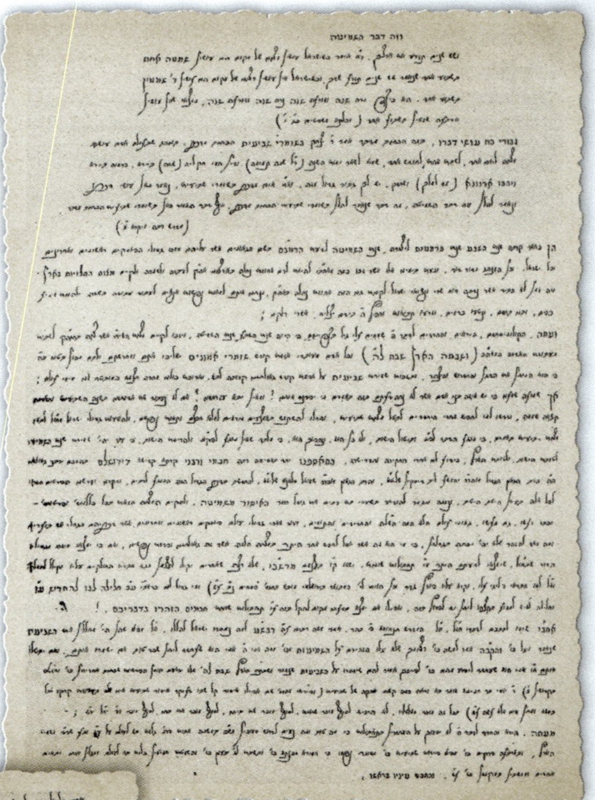
וזה דבר השמועה

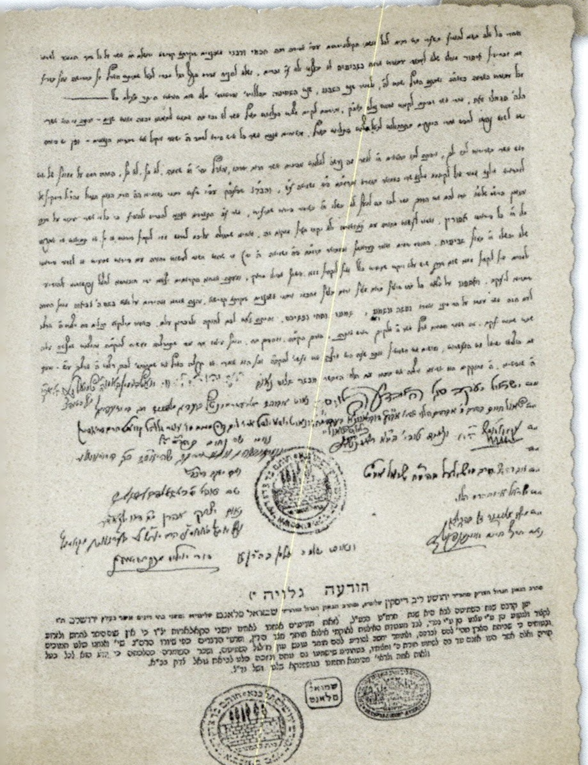
הודעה גלויה

שמואל סלאנט

ביטול היתר
מכירה פון די
חכמי ירושלים

אויך מערערע גדולי ישראל פון חוץ לארץ, ווי נאָר זיי האָבן געהערט פונעם היתר, זענען זיי אַרויס דערקעגן בכל חומר הדין. הגאון רבי יוסף דוב סאָלאָוווייטשיק זצ"ל בעל בית הלוי איז מבאר באריכות לאיסור אין שו"ת בית הלוי (ח"ג סי' א). אויך זיין שוואָגער, דער נצי"ב מוואָלאָזשין זצ"ל, שרייבט דערקעגן אין שו"ת משיב דבר (ח"ב סי' נו). מיט זיי זענען צוגעשטאַנען הגאון רבי דוד מקאַרלין זצ"ל (בספרו שאילת דוד), הגאון רבי אליעזר גאַרדן מטעלז און הרה"ק רבי יחיאל מאלכסנדר זצ"ל, (עי' שו"ת ישועות מלכו סי' נז).

ס'איז מערקווירדיג צו באַצייכענען אַז אויך די גדולי ישראל וואָס האָבן יאָ מתיר געווען די מכירה אין יאָר תרמ"ט צוליב די דערמאַנטע סיבות און טעותים, האָבן אָבער אין די נאָכפאָלגנדע יאָרן צוריקגעצויגן פונעם היתר, און זיך גאָר שאַרף אויסגעדרוקט איבער די וואָס זוכן פאַרשידענע אומאויסגעהאַלטענע קולות.

אַזוי פאַרציילט דער גאון הרידב"ז זצ"ל[9], אַז מיט עטליכע יאָר שפעטער זענען געווען אידן פון ירושלים עיה"ק אין קאָוונא, און זיי האָבן געפרעגט הגאון רבי יצחק אלחנן זצ"ל, הלמאי ער האָט מתיר געווען דעם היתר מכירה; עס איז דאָך נישט קיין פיקוח נפש? האָט ער זיי געענטפערט, אַז די פוקרים האָבן אים איינגערעדט אַז עס האַנדלט זיך פון פיקוח נפש און ער האָט שוין צוריקגעצויגן פון זיין היתר.

פון אָט די עדות'ער שטעלט זיך אַרויס אַ קלאָרע בילד וואָס עס האָט זיך אָפגעשפילט הינטער-די-קוליסן פונעם היתר, און וויאַזוי עס האָט געאַרבעט די פאַבריק פון שקר אין די הענט פון די חובבי ציון.

את אשר לא שבתה: חילול שנת השמיטה רח"ל

ווען דער שמיטה-יאָר תרמ"ט איז אָנגעקומען, זענען ליידער רוב קאָלאָניעס נישט בייגעשטאַנען דעם נסיון און נישט אויסגעהאַלטן דעם דרוק פון די איינגעשטעלטע מטעם דעם באַראָן ראָטשילד. די חובבי ציון אינאיינעם מיט זייערע קאָלעגע משכילים אין אייראָפּע האָבן

"**יען** כי קרבה שנת השמיטה לבוא, היא שנת תרמ"ט הבע"ל, לזאת מודיעים אנחנו לאחינו יושבי הקאלניות יצ"ו, כי **אין שום היתר לחרוש ולזרוע לקצור ולנטוע** הן ע"י עצמו הן ע"י נכרי, לבד מעבודת האילנות לאוקמי אילנא מותר מצד הדין, ופרטי הדברים כפי שיורו הרה"ג שי'.

ואנחנו כולנו תמוכים ובטוחים כי שביתת הארץ תהי' להם לברכה, ולמותר יחשב להודיע להם חומר עונש עון חילול השמיטה ושכר השומרה כהלכתה, כי ידוע הוא לכל בעל תורה, ואלה אשר הטו אזנם עד כה לשמוע תורת ה' ומצותיו, בטחונינו שישמעו גם עתה, ונזכה כולנו לביאת גואל צדק בב"א".

9) אין זיין הקדמה אויפ'ן פאת השלחן בית רידב"ז. ועי' גם בספר עמק הלכה להג"ר יעקב אורנשטיין ז"ל מגדולי חכמי ירושלים סוף סי' כב.

אָנגעהויבן פירן אַ שמוציגן קאַמף אין זייערע צייטונגען קעגן די רבנים פון ירושלים, און אין דער ענדע האָבן מערערע קאָלאָניעס עפנטליך מחלל געווען די מצוה פון שמיטה.

הגאון רבי עקיבא יוסף שלעזינגער זצ"ל אין זיין ספר שבת שבתון-קונטרס פעולות צדיק, באַשרייבט די תקופה ווי פאָלגנד:

"ווי עס האָט זיך דערנענטערט דאָס שמיטה-יאָר תרמ"ט לפ"ק, האָבן די אויפזעער און פקידים וואָס זענען געווען געשטעלט דורכ'ן באַראָן ראָטשילד אויף די קאָלאָניעס אַרויסגעגעבן אַ באַפעל, אַז מען מוז דאָס קומענדיגע יאָר געהעריג באַאַרבעטן די פעלדער אָן קיין שום אויסנאַמען, און מען טאָר אפילו נישט דינגען קיין אַראַבער צו אַרבעטן אַנשטאָט, נאָר מען דאַרף אַליין באַאַרבעטן די פעלדער. זיי האָבן דערביי געדראָעט אַז דער וואָס וועט נישט פאָלגן וועט נישט באַקומען קיין געהאַלט פון די באַאַמטע."

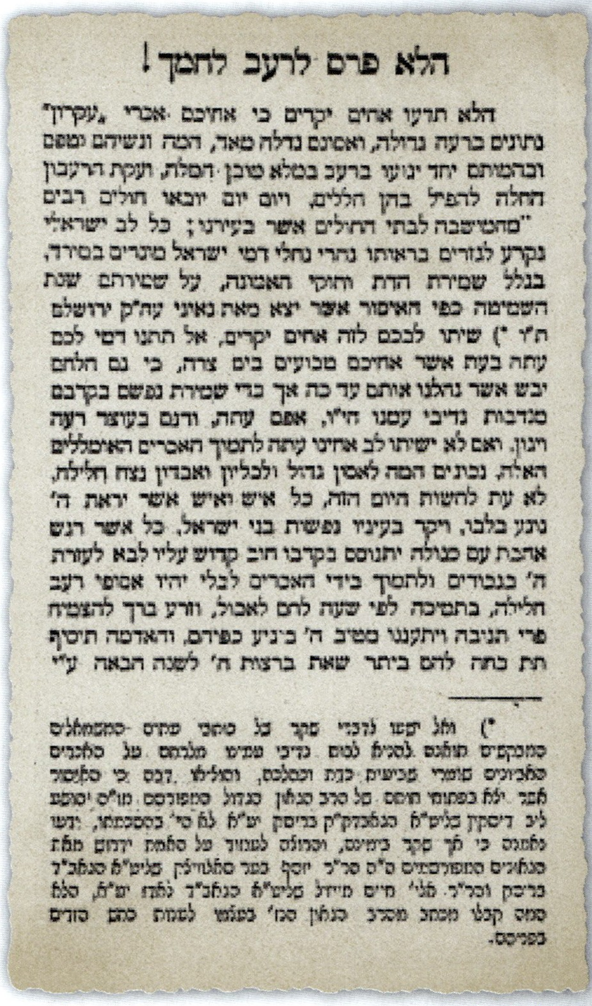
הלא פרס לרעב לחמך!

הלא תדעו אחים יקרים כי אחיכם אכרי „עקרון" נתונים ברעה גדולה, ואסונם גדלה מאד, הנה ונשיהם וטפם ובהמותם יחד ינועו ברעב בטלא טבן הסלת, ועקת הרעבון החלה להפיל בהן חללים, ויום יום יובאו חולים רבים "מהשיבה לבתי החולים אשר בעירנו; כל לב ישראלי נקרע לגזרים בראותו נהרי נחלי דמי ישראל מוגרים במירה, בגלל שמירת הדת וחוקי האמונה, על שמרותם שנת השמיטה כפי האיסור אשר יצא מאת גאוני עה"ק ירושלם ת"ו *) שיתו לבבכם לזה אחים יקרים, אל תתנו דמי לכם עתה בעת אשר אחיכם טבועים בים צרה, כי גם הלחם יבש אשר נהלגו אותם עד כה אך כדי שמירת נפשם בקרבם מנדבות נדיבי עמנו חי"ו, אפס עתה, ורגם בעוצר רעה ויגון. ואם לא ישיתו לב אחינו עתה לתמוך האכרים האומללים האלה, נכונים הנה לאסון גדול ולכליון ואבדון נצח חלילה, לא עת להשות היום הזה, כל איש ואיש אשר יראת ה' נגע בלבו, ויקר בעיניו נפשות בני ישראל, כל אשר רגש אהבת עם סגולה יתנוסס בקרבו חוב קדוש עליו לבא לעזרת ה' בגבורים ולתמוך בידי האכרים לבלי יהיו אסופי רעב חלילה, בתמיכה לפי שעה לחם לאכול, וזרע ברך להצמיח פרי תנובה ויתקנו משיב ה' כ'ניע כפירם, והאדמה תוסיף תת כחה להם ביתר שאת ברצות ה' לשנה הבאה ע"י

*) [illegible]

"הלא פרס לרעב לחמך" א האַרצרייסנדע רוף אין "חבצלת" צו העלפן די שומרי שמיטה אין "עקרון"

דאָס איז געווען דאָס ערשטע מאָל זינט'ן חורבן הבית, וואָס מצות שמיטה איז ליידער אָפיציעל צעטרעטן און פאַרשוועכט געוואָרן בריש גלי דורך זרע ישראל אין הייליגן לאַנד, באַגלייט מיט אַ רשעות'דיגער אַנטשלאָסנקייט מכשיל צו זיין אידן מיט'ן שרעקליכן זינד, מיט סטראַשונקעס און דראָאונגען.

בלויז צוויי קאָלאָניעס זענען געווען וואָס זענען געשטאַנען פעלזן-פעסט און זיך נישט געבראָכן צום דרוק פונעם באַראָן. דאָס איז געווען דער מושב פתח תקוה וואָס איז אָנגעפירט געוואָרן דורך הגרע"י שלעזינגער זצ"ל און איז בכלל נישט געווען אָפהענגיג אין באַראָן ראָטשילד, וויבאַלד זיי האָבן באַקומען אָ באַזונדערע תמיכה פון אחבנ"י יושבי חוץ לארץ, און

אויך די איינוואוינער פונעם ישוב "עקרון", וועלכע האָבן נישט געאַרבעט שמיטה, טראָצדעם וואָס זיי זענען אויסגעשטאַנען אַ קייט פון שרעקליכע רדיפות פון די אויפזעער מטעם באַראָן ראָטשילד. אויך נאָכדעם וואָס מען האָט זיי אָפגעהאַלטן די תמיכה וואָס זיי פלעגן באַקומען און אַוועקגענומען לעבנסוויכטיגע זאַכן ווי דאָקטוירים, מלמדים און פאַרשטאָפּט די וואַסער-קוועלער, האָבן זיי מיט מסירת נפש אָפגעהיטן מצות שמיטה[10].

יתר הגזם אכל הארבה

ווי עס פאַרציילט דער גאון דער רידב"ז זצ"ל, האָט דער שטראָף פון הימל נישט געשפעטיגט צו קומען. בלויז אַ יאָר דערויף איז אָנגעקומען אַ ריזיגע מחנה פון אַלע סאָרטן היישעריקן וועלכע האָבן אויפגעגעסן און פאַרלענדט אַלע פעלדער וואָס זענען אָנגעזייט געוואָרן אינעם שמיטה-יאָר באיסור[11].

שנת התשע עשרה

No. 43

חבצלת

HABAZELETH

מבשרת ציון

מ"ע יו"ל בכל שבוע יבשר וישמיע כל דבר הדרוש לחפץ לבב איש יהודי.

מאת

ישראל דוב פרומקין

ירושלם, ג' אלול התרמ"ט.

Jerusalem 30 August 5649.

Monte sur la plus haute montagne, messagère de Sion. Élève ta voix avec force, envoyée de Jérusalem! Élève-la et ne crains rien. (Isaie XL 9.)

לא עת להשות *)

א בריוו פון הגאון רבי מרדכי גימפל יפה ז"ל וואַרפט אָפּ די טענות פון די חובבי ציון און אפעלירט צו העלפן די ערליכע אידן אין "עקרון"

אָט די פּרשה וואָס איז בלויז געווען דער אָנהויב

10) אויסצוג פון א הילפס-רוף פאר די מסירות נפש'דיגע שומרי שביעית פון דעם ישוב 'עקרון', אין "החבצלת" תרמ"ט גליון 34:

"**הלא** תדעו אחים יקרים, כי אחיכם איכרי 'עקרון' נתונים ברעה גדולה, ואסונם גדלה מאוד, המה ונשיהם וטפם ובהמותם יחד יגוועו ברעב במלא מובן המלה. זעקת הרעבון החלה להפיל בהן חללים, ויום יום יובאו חולים רבים מהמושבה לבתי החולים אשר בעירנו, כל לב ישראלי נקרע לגזרים בראותו נהרי נחלי דמי ישראל מוגרים במורד בגלל שמירת הדת וחוקי האמונה על שמירתם שנת השמיטה, כפי האיסור אשר יצא מאת גאוני עיה"ק ירושלים ת"ו.

11) "וזה לכם לדעת אשר אחר החילול השמיטה הראשונה בשנת תרמ"ט שלח הקב"ה בשנה שלאחריה חגב וארבה ויאכל את כל תבואות הארץ ויצאו כולם נקיים אוי לאזנים שכך שומעות" (הקדמת פאת השלחן בית רידב"ז).

פונעם טרויעריג-באַרימטן "היתר מכירה" וואָס ווערט נאָך לײדער באַנוצט ביזן היינטיגן טאָג, איז געווען דער בעסטער באַווייז אויף דער גערעכטיגקייט פון די גדולי ישראל וואָס האָבן דאָס אַלעס פאָראויסגעזען באַלד מיט דער גרינדונג פון די חובבי ציון, אַז די אָרגאַניזאַציע וועט ברענגען אַז די מצוות התלויות בארץ זאָלן ווערן פאַרשוועכט אינעם הייליגן לאַנד[12].

ס'איז אַ טראַגי-קאָמישער פאַקטאָר אַז דייקא די קאָלאָניעס, וועלכע די מייסדים פון די חובבי ציון האָבן געוואָלט אויפשטעלן כדי צו דערנענטערן די גאולה דורך מקיים זיין די מצוות התלויות בארץ, זענען געווען די ערשטע צו פאַרשוועכן די הייליגע מצוות און גורם זיין עד היום אַז מצות שמיטה זאָל צעטרעטן ווערן מיט זינלאָזע היתרים, גענוי ווי גדולי ישראל בשעתם האָבן זיך געפאָרכט.

***

די חובבי ציון באַוועגונג און זייערע אַקטיוויטעטן זענען למעשה געווען דאָס ערשטע רינגעלע פון זיך באַנוצן מיט קדושת ארץ ישראל און מצות ישוב ארץ ישראל פאַר אומגינסטיגע אינטערעסן דורך צווייפלהאַפטיגע עלעמענטן וואָס האָבן געזוכט פוגע צו זיין בקדושתן של ישראל. די אויפוואַכונג און אירע פעולות האָט אין דער ענדע נאָכגעפאָלגט מיט דער ציוני'סטישער אידעאָלאָגיע וואָס איז אויפגעשטאַנען בלויז מיט עטליכע יאָר דערויף.

12) די גאנצע פרשה מיט אלע פילצאליגע דעטאלן און פרטים איז אויספירליך באשריבן אין מערערע ספרי תולדות והלכה, צ.ב.ש. אין דער הקדמה פון הגאון הרידב"ז לספרו פאת השלחן, ספר שנת שבתון להג"ר עקיבא יוסף שלעזינגער זצ"ל, "עמוד האש" תולדות הגרי"ל דיסקין, ספר מערכת השמיטה, ספר דבר השמיטה, ושא"ס. מיר האבן בלויז באריִרט די געשיכטע אויפ'ן שפיץ גאפל צוווארפן א בליק אויף די דעמאלטסדיגע געשעענישן וועלכע האבן איבערצייגט ווי גערעכט עס זענען געווען די גדולי ישראל וואס האבן פון דער ערשטער מינוט זיך מתנגד געווען צו די קאלאניעס.

קאַפּיטל י"ג

ערשטע קערנדלעך פון ציונות

ווי שוין ערוועגט, זענען די יאָרן אַרום ת"ר און תר"נ געווען גאָר שווער פאַר די אידן אין אייראָפּע, ברענגענדיג מיט זיך נייע אידעאַלן און שטרעמונגען פון וועלכע אויך דאָס "ציונות" איז אויסגעוואַקסן אַלס אַן אבן נגף פאַר אידישע קינדער ביז'ן היינטיגן טאָג.

דער צושטאַנד פון אידן אין אייראָפּע איז בשעתו געווען זייער וואַקלדיג. פון איין זייט איז אין מערערע אייראָפּעאישע לענדער פראָקלאַמירט געוואָרן פרייהייט, און די אידישע איינוואוינער זענען ערלויבט געוואָרן אַרויסצוגיין פון די פאַרמאַכטע געטאָס און זיך אויסמישן מיט דער אַלגעמיינער גאַס. פון דער צווייטער זייט אָבער האָט שנאת ישראל ווייטער געבושעוועט אין איר פולסטער ברוטאַליטעט. אין דרום-מערב פון דער רוסישער אימפעריע, אין דער תקופה אַרום ניסן תרמ"א-תרמ"ב, זענען פאָרגעקומען בלוטיגע פּאָגראָמען אין מערערע אידישע געגנטער, באַוואוסט אַלס "הסופות בנגב"[1]. דאָס האָט נאָכגעפאָלגט מיט די טרויעריג באַרימטע "מאי געזעצן" וואָס דער רוסישער צאַר 'אלכסנדר דער דריטער' האָט אינפאָרסירט אויף זיינע אידישע בירגער מיט גרויס רשעות. ווידעראום רומעניע, וואָס האָט געווינען זעלבסשטענדיגקייט אין יאָר תרל"ט, האָט זיך אַנטזאָגט פון געבן גלייכע רעכטן פאַר אירע אידישע בירגער און ווייטער פאָרגעזעצט מיט העסליכע געזעצן קעגן די אידן.

1) אזוי האבן די אידישע צייטשריפטן אין יענער צייט עס גערופן, דאס צו באהאלטן פונעם רוסישן צענזור.

מערערע רוסישע אידן זענען דאַן אַנטלאָפן קיין אַמעריקע און אַנדערע לענדער, אָבער נאָך פילע אַנדערע האָבן אָנגעהויבן אַגיטירן פאַר'ן אידעאַל פון באַזעצן ארץ ישראל, אַ געדאַנק וואָס האָט זיך דאַן אָנגעהויבן הערן אויף אַ ברייטן פאַרנעם. עס האָבן זיך פאָרמירט גרעסערע גרופעס - בעיקר פון פרייע משכילים - וואָס האָבן געמוטיגט צו 'לעזן די אידישע פראָבלעמען' מיט אַ פאַראייניגטן נאַציאָנאַלן כח, דורך דעראָבירן ארץ ישראל. פון פאַרשידענע ריכטונגען האָט זיך שוין אויך געהערט מיינונגען צו גרינדן און אויפשטעלן אַ אידישע מדינה, אַ זעלבסשטענדיגע אידישע שטאַט, וואָס וועט - לויט דער נייער השכלה'ישער ווערסיע - זיין די לעזונג צו אַלעמען.

דער קריסטליכער 'חובב ציון', לאָורענס אוליפאַנט

אין די לעצטע יאָרן פון דער טערקישער הערשאַפט אין ארץ ישראל, ווען די גרויסע אָטאָמאַנישע אימפעריע האָט שוין אונטערגעקרעכצט איידער איר צוזאַמפאַל, האָבן מערערע לענדער געלייגט אַן אויג אויף ארץ ישראל און געוואָלט שטאַרקן זייער הערשאַפט איבער איר. גלייכצייטיג האָט זיך ביי פאַרשידענע קריסטליכע קרייזן[2] ערוועקט אַ שטאַרקע אינטערעסע איבער דער צוקונפט פון ארץ ישראל און אַז די אידן זאָלן זיך אומקערן צו זייער לאַנד, וואָס איז געווען אַ וויכטיגער דעטאַל לויט זייער זינלאָזן גלויבן.

דער ענגלישער פּאָליטיקאַנט לאָורענס אוליפאַנט האָט דאַן אָנגעהויבן אָפן פרעדיגן פאַר אַ אידישן לאַנד. אוליפאַנט האָט געדינט אַלס מיטגלידער אינעם בריטישן פּאַרלאַמענט אין די יאָרן פון תרכ"ה-תרכ"ז, און האָט אָנגעהויבן זיך צו פאַראינטערעסירן אין דער טעמע פון ארץ ישראל און די באַזעצונג פון די אָרטיגע אידן. זיין אינטערעסע דערינען איז געקומען פון פאַרשידענע פּאָליטישע, ווי אויך פינאַנציעלע און רעליגיעזע, סיבות, וואָס האָבן אים געשטופט פאָראויסצוגיין מיט זיין פּלאַן.

נאָך זיין אינטערוועוץ האָט דער בריטישער פּרעמיער מיניסטער בענדזשאַמין דיזרעלי, ווי אויך אַנדערע הויכראַנגיגע ענגלישע און פראַנצויזישע רעגירונגס באַאַמטע, אים פאַרשפּראָכן זייער הילף פאָראויסצושטופן זיינע אַמביציעס. אין יאָר תרל"ט איז ער אַרויפגעפאָרן קיין ארץ

2) כמעט זינט דער אנטשייאונג פונעם פארשאלטענעם קריסטנטום, האבן די קריסטן געשטעלט פאר א הויפט ציל דאס איינעמען ארץ ישראל און איר שטעלן אונטער דער קריסטישער הערשאפט. די טרויעריג-בארימטע קרייצצוגן וועלכע זענען אנגעגאנגען במשך הונדערטער יארן ביים אנהויב פון צווייטן יאר טויזנט למספרם, זענען אונטערגעצונדן געווארן דורך דער קאטוילישער קירכע, מיט'ן ציל צו שענקען די הערשאפט פון ארץ ישראל פאר די קריסטן.

אין די קאטוילישע קרייזן, ווי אויך ביי אנדערע שטרעמונגען פונעם קריסטנטום, איז פארהאן א פאנטאזיע אז אידן וועלן איבערנעמען די הערשאפט אין ארץ ישראל, און דאן וועט זייער אויסלייזער, דער אותו האיש ימ"ש, זיך דארט באווייזן און צווינגען אלע אידן זיך צו שמד'ן אדער שטארבן. דאס איז די הויפט סיבה פארוואס די קאנסערוואטיווע קאטאליקן אין אמעריקע (אריינגערעכנט עטליכע פרעזידענטן און שרי המדינה) און אין אנדערע לענדער שטיצן אזוי שטארק די מדינה עד היום הזה, ווייל זיי זעען דערין א הקדמה צו זייער פאנטאזיע פון זייער אויסלייזער ימ"ש.

ישראל מיט'ן ציל זיך אומצוקוקן אויפ'ן לאַנד און באַשטימען וואו עס וועט זיין דאָס בעסטע צו באַזעצן אידן. פון דאָרט האָט ער אָפּגערייזט צו דער טערקישער הויפּשטאָט קאָנסטאַנטינאָפּאָל, פאָרצושלאָגן זיינע פּלענער פאַר דער טערקישער גרויסמאַכט. אין קאָנסטאַנטינאָפּאָל האָט ער זיך אָבער אָנגעשטויסן אין דער קעגנערשאַפט פונעם סולטאַן עבד אלחמיד, וועלכער איז געווען סקעפּטיש דערצו, זיך פאָרכטנדיג אַז דאָס איז אַ שפּיצל פון די ענגלענדער קעגן אים.

אין די יאָרן אַרום תרמ"א, נאָך די רוסישע פּאָגראָמען, האָט אוליפאַנט ווידער באַנייט זיינע אַקטיוויטעטן. אוליפאַנט איז אַרומגעפאָרן איבער גאַליציע צו העלפן אידישע אימיגראַנטן וועלכע זענען אַנטלאָפן פון רוסלאַנד, ווען טייל פון זיי האָבן פאַר אים אויסגעדרוקט זייער ווילן אַרויפצוגיין קיין ארץ ישראל אויב אוליפאַנט וועט זיי צוהעלפן זיך צו באַזעצן דאָרט.

אוליפאַנט איז דאַן אויפגעקומען מיט אַן המצאה זיך צו ווענדן מיט אַ מאַכטפולער פעטיציע צו אַלע פאַרבינדעטע לענדער וואָס קענען האָבן אַן השפעה איבערצוגעבן ארץ ישראל פאַר די אידן. די פעטיציע האָט געזאָלט אונטערגעשריבן ווערן דורך טויזנטער אידן דורכאויס אייראָפּע, און ער האָט געגלייבט אַז אַזאַ פעטיציע וועט עפענען אַלע גרעניצן און ערמעגליכן אַז דאָס לאַנד זאָל אַריבערגיין אונטער אידישער אויטאָנאָמיע.

מערערע חובבי ציון גרופּעס האָבן טאַקע אָנגעפירט אַ ברייטן קאַמפּיין און געשאַפן טויזנטער אונטערשריפטן פון רוסישע אידן וועלכע ווילן באַזעצן ארץ ישראל. אין רעזולטאַט האָט אוליפאַנט באַנייט זיינע געשפרעכן מיט דער טערקישער הערשאַפט און דאָסמאָל גראַדע אָנגעטראָפן אַן אָפענעם אויער ביים אויסערן מיניסטער סעיד פּאַחע, וועלכער האָט דאָס יאָ געזען אַלס אַ פאַסיגער פאָרשלאַג פאַר די טערקישע אינטערעסן, און ער האָט עס געוואָלט פאַרבינדן מיט אַ פּלאַן אַהערצושטעלן אַ באַן-סיסטעם אין ארץ ישראל וואָס זאָל פאַרבינדן דעם גאַנצן מיטל-מזרח, דורך די פאָנדן פון די אידישע נגידים איבער דער וועלט.

אוליפאַנט איז געפאָרן קיין רומעניע זיך צו באַטייליגן ביי דער חובבי ציון קאָנפערענץ וואָס איז דאָרט אָפּגעראָכטן געוואָרן אין חודש אייר תרמ"ב. ביי זיין רעדע פאַר די באַטייליגטע האָט ער אַזוי באַגייסטערט די צוהערער, אַז ס'איז צוזאַמגעשטעלט געוואָרן אויפ'ן אָרט זעכציג טויזנט פראַנק פאַר זיינע פּלענער.

די פרייע אידישע גאַס האָט זיך אַרויפגעכאַפּט אויף דער בשורה וואָס אוליפאַנט האָט מיט זיך געבראַכט. אַנדערע האָבן אים פאַרגליכן צו 'כורש' און אים באַטיטלט אַלס דער "משיח היהודים" אָדער "גואל ישראל". אין אויסדרוק פון שעצונג צו אים איז זאָגאַר געגרינדעט געוואָרן גרופּעס אינערהאַלב די חובבי ציון, מיט'ן נאָמען "אוליפאַנט".

באַזוך ביי הרה"ק מסאַדיגורא זצ"ל

אין יאָר תרמ"א לפ"ק האָט אוליפאַנט אָפגעשטאַט אַ מערקווירדיגער באַזוך אינעם באַרימטן סאַדיגורער הויף, וואו ער איז אויך אַריין פריוואַט אל הקודש פנימה צו הרה"ק רבי אברהם יעקב מסאַדיגורא זצ"ל.

צווישן סאַדיגורער חסידים האָבן זיך געוועבט פאַרשידענע טעאָריעס און מיינונגען אַרום דעם אינטערעסאַנטן באַזוך פונעם ענגלישן אַדלמאַן אין שטוב פונעם גרויסן חסיד'ישן מנהיג. לויט ווי דער באַקאַנטער שריפטשטעלער יצחק אבן שרייבט אין זיין ביכל "פונעם רבינ'ס הויף", האָט אים דער דאָלמעטשער[3] וואָס איז אָנוועזנד געווען ביים שמועס איבערגעגעבן דברים כהווייתן, אַז אוליפאַנט, גלויבנדיג אינעם סאַדיגורער צדיק'ס גרויסן כח השפעה אויף די אידישע קהלות, האָט אים געזוכט צו באַאיינפלוסן און באַאיינדרוקן אַז עס זאָל געגרינדעט ווערן אַ מאַסיווער געלט-פאָנד אין אַלע אידישע געגענטער וואָס וועט גענוצט ווערן אין דער פאַסיגער צייט אָפצוקויפן ארץ ישראל פון דער אויטאָנאָמישער אימפעריע נאָך אַ שטייגנדן דרוק פונעם וועלט-אידנטום.

הרה"ק מסאַדיגורא זצ"ל האָט זיך אָבער קאַטאַגאָריש אַנטזאָגט אַנטיילצונעמען אינעם פלאַן. ביי דעם שמועס האָט ער אָפגענטפערט אוליפאַנט אַז "אידן דאַרפן וואַרטן און האָפן אויף אַ גאולה בדרך נס, נישט מיט מענטשליכע כוחות".

נאָכן הערן אַזאַ דייטליכן אַנטוואָרט, האָט אוליפאַנט באַלד פאַרלאָזט דאָס סאַדיגורער הויף און ווייזט אויס מער נישט פרובירט זיין מזל ביי די חסידים אין עסטרייך אָדער רוסלאַנד[4].

אין דער ענדע איז דער קוריאָזער אוליפאַנט דורכגעפאַלן מיט אַלע זיינע פלענער. די טערקישע רעגירונג האָט ענדגילטיג אויפגעגעבן אויף זייער פלאַן פון בויען אַ באַן לענגאויס דעם מיטל-מזרח און אַזוי אַרום אויך פאַרלוירן אינטערעסע אין דער אידישער באַזעצונג אין ארץ ישראל. שפּעטער, ווען די דיפּלאָמאַטישע באַציאונגען צווישן ענגלאַנד און טערקיי זענען פאַרשטייפט געוואָרן, איז דאָס געווען דער טויט-קלאַפּ פאַר אַלע זיינע חלומות און דער מאָדנער 'כורש' איז אַראָפּ פון דער אַרענע.

דער משכיל משה העס

משה העס איז געבוירן געוואָרן אין דייטשלאַנד צו פרומע עלטערן. ער איז אויפגעוואַקסן ביי זיין זיידן וועלכע איז געווען אַ תלמיד חכם מובהק און אַ ירא שמים מרבים, וועלכער האָט אים ערצויגן

3) א איד מיטן נאמען מאזעס ווייכסעלבוים.

4) מאמר 'חברת ישוב ארץ ישראל' אין "החסידות וציון" עמ' ער-רעא.

פרסום ראשון

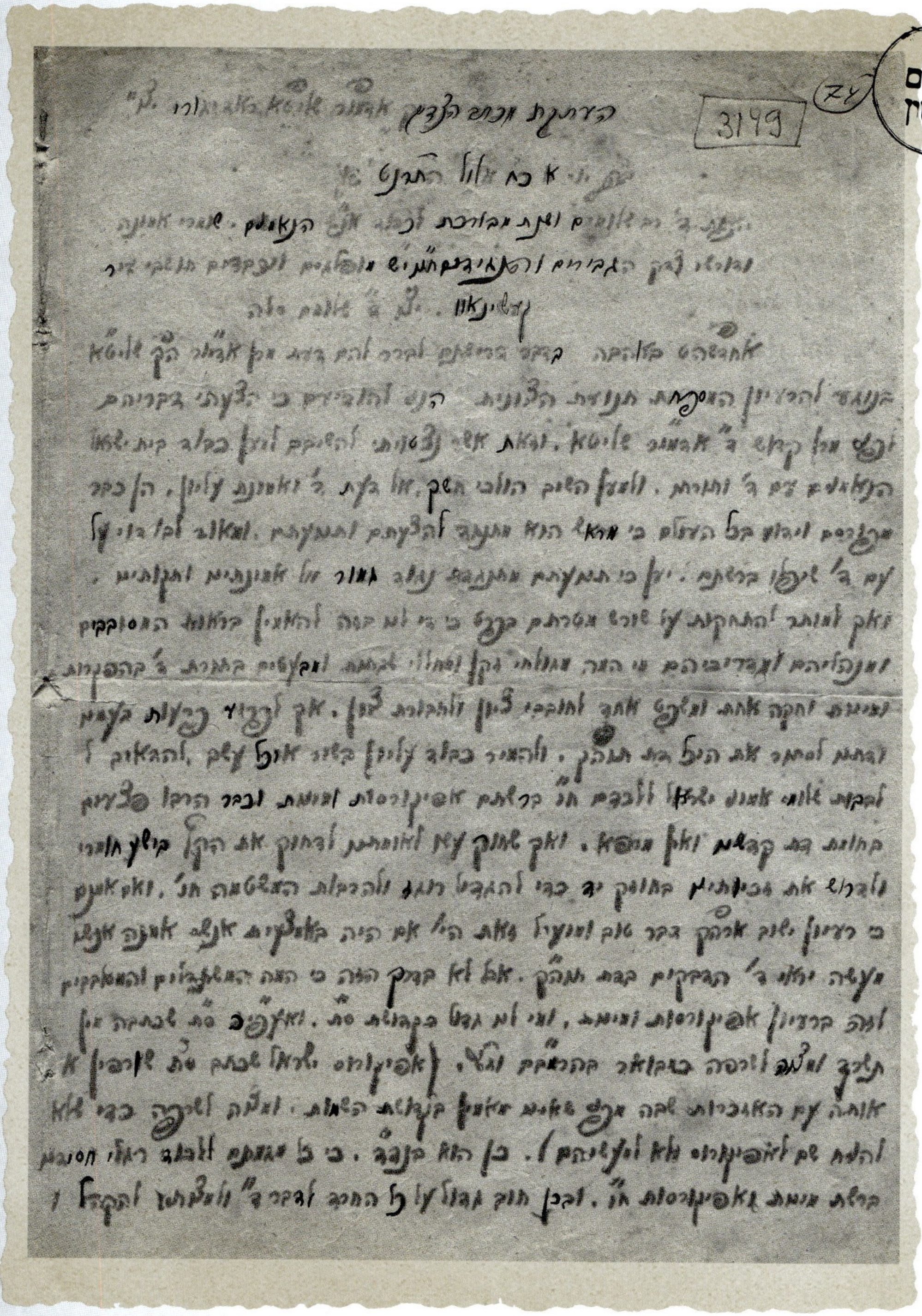

ארגינעלער בריוו מטעם בית הרה"צ רבי ישראל מסאדיגורא זי"ע, בעל אור ישראל, בנו וממלא מקומו פון הרה"ק רבי אברהם יעקב מסאדיגורא זי"ע, מיט אויסטערליש שארפע אויסדריקן קעגן דעם רעיון הציונות, געשריבן געווארן שנת תרנ"ט

העתקת מכתב הצדיק אדמו"ר שליט"א סאדיגורי יצ"ו

ב"ה יום א כ"ח אלול התרנ"ט לפ"ק

ברכות ד' רב שלומים ושנת מבורכת לכבוד אנ"ש הנאמנים, שומרי אמונה ודורשי צדק הגבירים והנגידים ת"ח י"ש מופלגים ונכבדים תושבי עיר קעשינאוו, יצו ד' שלומם סלה.

אחדשה"ט באהבה בדבר דרישתם לברר להם דעת מרן אדמו"ר הק' שליט"א בנוגע להרעיון המספחת תנועת הציונית, הנני להודיעכם כי הצעתי דבריהם לפני מרן קדוש ד' אדמו"ר שליט"א, וזאת אשר נצטויתי להשיבם למען כבוד בית ישראל הנאמנים עם ד' ותורתו, ולמען השיב הולכי חשך, אל דעת ד' ואמונת עליון.

פרסום ראשון

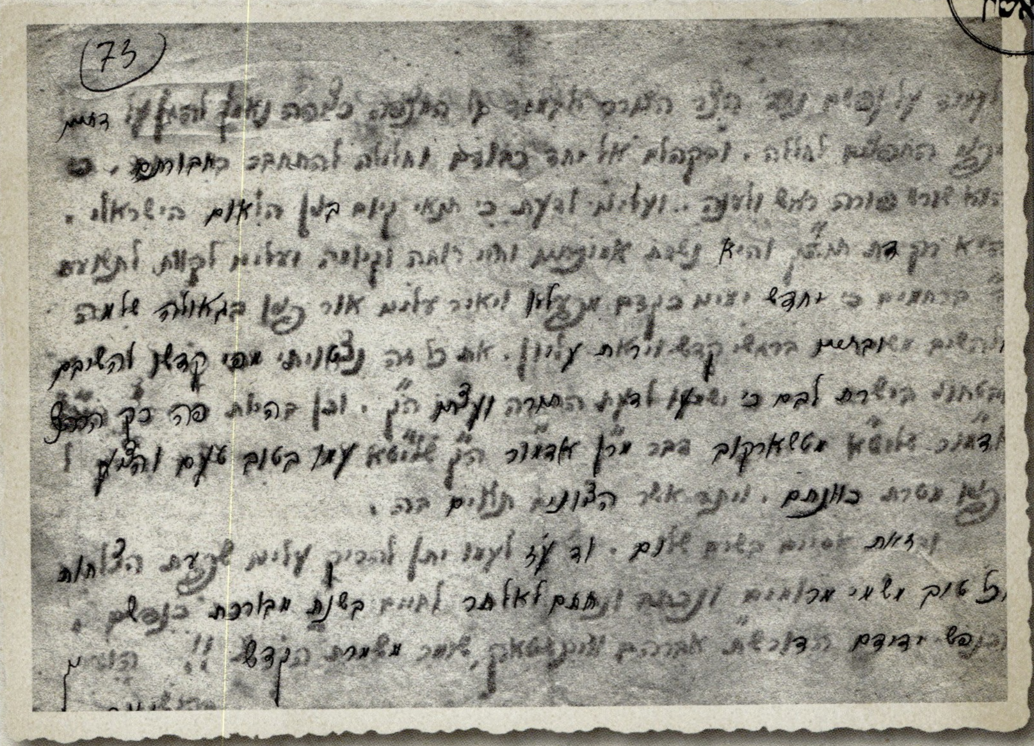

המשך פון דער ארגינעלער בריוו מטעם בית הרה"צ רבי ישראל מסאדיגורא זי"ע, בעל אור ישראל, בנו וממלא מקומו פון הרה"ק רבי אברהם יעקב מסאדיגורא זי"ע, מיט אויסטערליש שארפע אויסדריקן קעגן דעם רעיון הציונות, געשריבן געווארן שנת תרנ"ט

הן כבר מפורסם וידוע בכל העולם כי מראש הוא מתנגד להצעתם ותנועתם, ומאוד לבו דוי על עם ד' שנפלו ברשתם, **יען כי תנועתם מתנהגת נגוד גמור אל אמונתינו ותקותינו.** ואך למותר להתחקות על שורש מטרתם בפרט כי די לנו בזה להאמין בראות המסובבים ומנהליהם ומדריכיהם מי המה מגולחי זקן ומחללי שבתות ומבעטים בתורת ד' בהפקרות ומינות וחקה אחת ומשפט אחד לחובבי ציון ולחבורת ציון, אך לפרוע פרעות בעמנו ודתינו לסתור את היכל דת תוה"ק, ולהמיר כבוד עליון בשור אוכל עשב, להדאיב לבבות שלומי אמוני ישראל ללכדם ח"ו ברשתם אפיקורסות ומינות, וכבר הרבו פצעים בחומת דת קדשינו ואין מרפא, **ואך שחוק עשו לאומתינו לדחוק את הקץ בישע חומרי ולדרוש את זכיותיהם בחוזק יד** כדי להגדיל רוגז ולהרבות המשטמה ח"ו.

ואם אמנם כי רעיון ישוב ארה"ק דבר טוב ומועיל זאת הי' אם היה באמצעות אנשי אמנה אנשי מעשה יראי ד' הדבקים בדת תוה"ק, אבל לא בדרך הזה כי המה המשתדלים והמסובבים לזה ברעיון אפיקורסות ומינות, ומי לנו גדול כקדושת ס"ת, ואעפי"כ ס"ת שכתבה מין תשרף ומצוה לשרפה כמבואר בהרמב"ם וז"ל, אפיקורוס ישראל שכתב ס"ת שורפין אותה עם האזכרות שבה מפני שאינו מאמין בקדושת השמות, ומצוה לשרפה כדי שלא להניח שם לאפיקורוס ולא למעשיהם. כן הוא בנד"ד, כי כל מגמתם ללכוד רגלי חסידנו ברשת מינות ואפיקורסות ח"ו.

ובכן חוב גדול על כל החרד לדבר ד' ולמצותיו להקהל ולעמוד על נפשם נגד הצר הצורר ולעמוד על המצפה כצופה נאמן להגן על דתינו מפני החפצים לחללה, ובקהלם אל יחד כבודם וחלילה להתחבר בחבורתם, כי הוא שורש פורה ראש ולענה. **ועלינו לדעת כי תנאי קיום בנין הלאום הישראלי, היא רק דת תוה"ק והיא נשמת אמונתינו וחיי רוחה וקיומה ועלינו לקוות לתשועת ד' ברחמים כי יחדש ימינו כקדם מפעליו ויאיר עלינו אור פניו בגאולה שלמה** ולהשיב משובתינו ברגשי קדש ויראת עליון. את כל זה נצטויתי מפי קדשו להשיבם ובטחוני בישרת לבם כי ישמעו לדעת התורה ועצתו הק'. וכן בהיות פה כ"ק הרה"צ אדמו"ר שליט"א מטשארקוב דיבר מרן אדמו"ר הק' שליט"א עמו בטוב טעם והציע לפניו מטרת כוונתם, ויתד אשר הציונים תלוים בה.

ובזאת אסיים בשים שלום, וד' עוז לעמו יתן להריק עלינו שפעת הצלחות וכל טוב משמי מרומים ונכתב ונחתם לאלתר לחיים בשנת מבורכת כנפשם וכנפש ידידם הדורש"ת אברהם וויינשטאק שומר משמרת הקדש.

הועתק מקישינוב

אין אַ ריין-אידישן חינוך, אָבער די השכלה-ווינטן וועלכע האָבן געבוזשעוועט אין דייטשלאַנד האָבן אים אויך ליידער מיטגעשלעפט. ער האָט פולשטענדיג אָפּגעלאָזט זיין רעליגיע און אמונה און זיך אַריינגעוואָרפן מיט לייב און לעבן צו פאַרטיידיגן און פאַרשפרייטן די סאָציאַליסטישע/קאָמוניסטישע אידעע, אויף וועלכער ער האָט געשריבן פילע אַרטיקלען און עטליכע ביכער, אָנגעפולט מיט כפירה און אָפּענעם האַס צו דער תורה הק׳, רח״ל.

העס איז אַזוי ווייט פאַרקראָכן, אַזש ער איז פאַרוואַנדלט געוואָרן אַלס אַ פאַלנער שונא ישראל. ער האָט געשריבן אויף כלל ישראל וואָס אפילו די ערגסטע אַנטיסעמיטן אין זיינער צייט האָבן זיך נישט ערלויבט. אָבער מיט דער צייט האָט ער אַנערקענט אַז דאָס וועט אים ווייניג וואָס העלפן; אידן וועלן זיך נישט אויסמישן מיט די גוים און וועלן שטענדיג פאַרבלייבן אָפּגעטיילט אַלס אַ אידישע פאָלק, איז ער אויפגעקומען מיט׳ן געדאַנק אַז די אידן דאַרפן זיך אַרויסציען פון אייראָפּע און גרינדן אַ פאָטער-לאַנד.

דאַן האָט ער אַדאָפּטירט אַ נייע נאַציאָנאַליסטישע אידעאָלאָגיע, זייער ענליך צו דעם וואָס הערצל האָט עטליכע יאָר שפּעטער פאָרגעשטעלט. אין יאָר תרכ״ג איז ערשינען זיין ביכל ״רוים און ירושלים״, וואו ער שרייבט פאַר זיינע אַנשויאונגען.

דער נאָמען פונעם בוך ״רוים און ירושלים״ סימבאָליזירט זיין פרייע און גוי׳אישע געדאַנקענגאַנג, אַז אַזוי ווי איטאַליע איז באַפרייט געוואָרן פון אַ פרעמדער הערשאַפט, דאַרף אויך דאָס אידישע פאָלק זיך באַפרייען און אויפשטעלן איר הויפּטשטאָט, גענוי ווי איטאַליע האָט צוריק אויפגעשטעלט איר הויפּשטאָט רוים. דאָס ביכל שטעלט מיט זיך פאָר די פולקאָמע ציוני׳סטישע אידעאָלאָגיע וואָס טוט רעקאָמענדירן פאַר אידישע קינדער צו באַזעצן ארץ ישראל און דאָרט אויפשטעלן אַן אייגענע הערשאַפט.

דר. נתן בירנבוים

אִיז גָלוּת בַיי יוּדֶעְן

תר״פ

פארלאג
צענטראל־בירא פון דער „אגדת ישראל“
ציריך.

בוכדרוקעריי ג. פאן אסטהיים, ציריך, דיפאר־שטראססע 56

״אין גלות ביי יודען״ א בלעטל פון דר. נתן בירנבוים אין תר״פ, געשריבן קעגן די ציונ׳יסטישע באוועגונגען, נאכדעם וואס ער האט חוזר געווען בתשובה

דר. נתן בירנבוים אויף די עלטערע יארן ביי א קאנפרענץ נעבן הגאון רבי מאיר שפירא ז"ל

ווען ציונות איז געבוירן געוואָרן האָבן די שריפטן פון משה העס געהאַט אַ שטאַרקע ווירקונג אויף די ערשטע גרינדער. אויך הערצל ימ"ש איז זייער באַאיינדרוקט געוואָרן פון דעם ביכל[5]. משה העס איז געשטאָרבן אין יאָר תרל"ו.

דר. נתן בירנבוים

דער גרינדער פון ציונות טעאָדאָר הערצל האָט נישט געזייט אויף אַ ליידיגן באָדן. די חובבי ציון גרופעס וואָס האָבן קאַמפּיינט אויף צו באַזעצן ארץ ישראל, האָבן אים שוין געפעדערט, און מערערע פון זיי זענען שוין געווען גרייט אויך צום קומענדיגן שטאַפּל, אויפצושטעלן דאָרט אַ אידיש לאַנד.

אין וויען זעלבסט, וואו הערצל האָט פּראָקלאַמירט זיינע פּלענער, האָט שוין צוועלף יאָר איידער דאָס בוך "יודענשטאַט" איז ערשינען, זיך פאָרמירט אַ גרופּע פון פרייע סטודענטן אונטערן נאָמען "קדימה", וועלכע האָט געווידמעט אירע אַקטיוויטעטן אויפצולעבן דעם גייסט פונעם פאָלק אין ארץ ישראל.

די אָרגאַניזאַציע איז געגרינדעט געוואָרן דורך דאָקטער נתן בירנבוים, דאַן אַ יונגער סטודענט אין דער דאָרטיגער אוניווערזיטעט. בירנבוים האָט אין יאָר תרמ"א געגרינדעט אַ גרופּע אונטערן

5) טאג-בוך ב' עמ' 931.

נאָמען "אגודת קדימה", וואָס איז אייגנטליך געווען די ערשטע חובבי ציון אָרגאַניזאַציע אין עסטרייך. עטליכע יאָר דערויף האָט ער אָנגעהויבן ערשיינען מיט אַ צייטשריפט וואו ער האָט פאַרשפרייט זיינע מיינונגען און פראָקלאַמירט דאָס "אויפלעבונג פונעם אידישן פאָלק".

אין יאָר תר"נ האָט ער ערפינדן דעם נאָמען "ציוניזמוס" (ציונות), אַלס טיטל פאַר דער חובבי ציון באַוועגונג, אַ נאָמען וואָס הערצל האָט שפּעטער אַדאָפּטירט פאַר זיין באַוועגונג.

די קדימה גרופּע און זייערע פאַרבינדעטע האָבן עווענטועל זיך פולשטענדיג צוגעשטעלט אונטער דער פירערשאַפט פון הערצל ווען ער האָט פאָרגעשלאָגן זיינע פּלענער. זיי האָבן אויך גענומען אַן אַקטיוון טייל אינעם ערשטן קאָנגרעס וואָס ציונות האָט אַראַנזשירט אין באַזעל, שווייץ. בירנבוים זעלבסט איז צוערשט געשטאַנען צוהילף פון הערצל אַלס געהילף און ראַטגעבער, און ער האָט געדינט אַלס זיין פּערזענליכער סעקרעטאַר ביים ערשטן ציוני'סטישן קאָנגרעס.

אָבער עטליכע יאָר שפּעטער, אין דער תקופה פון דער ערשטער וועלט מלחמה, האָט בירנבוים זיך צוריקגעקערט לתשובה אַלס אַ ריכטיגער שומר תורה ומצוות און אָפּגעהאַקט זיינע באַציאונגען מיט דער ציוני'סטישער באַוועגונג. ער איז זאָגאַר געוואָרן איינער פון די פייערדיגסטע קעמפער קעגן ציונות, און זיינע שטורמישע שריפטן האָבן געהאַט אַ געוואַלדיגן איינדרוק אויף גרויסע מאַסן.

שער שביעי

טעאָדאָר הערצל און אויפקום פון ציונות

תרנ"ו - תרס"ד

- פרעמד און אומגלוביג
- געבורט פון ציונות
- יודענשטאַט, די דורכגעפאַלענע 'לעזונג'
- הערצל'ס אַגענדע: מוטיגן אַנטיסעמיטיזם
- קאָנגרעס "באַזעל"
- הערצל'ס רייזע קיין ארץ ישראל
- ציוני'סטישע אַקטיוויטעטן
- אוגאַנדאַ פלאַן
- הערצל'ס טויט
- רוחניות'דיגער שמד איבער גאַנץ אייראָפּע
- גייסט פון כפירה און פריקת עול

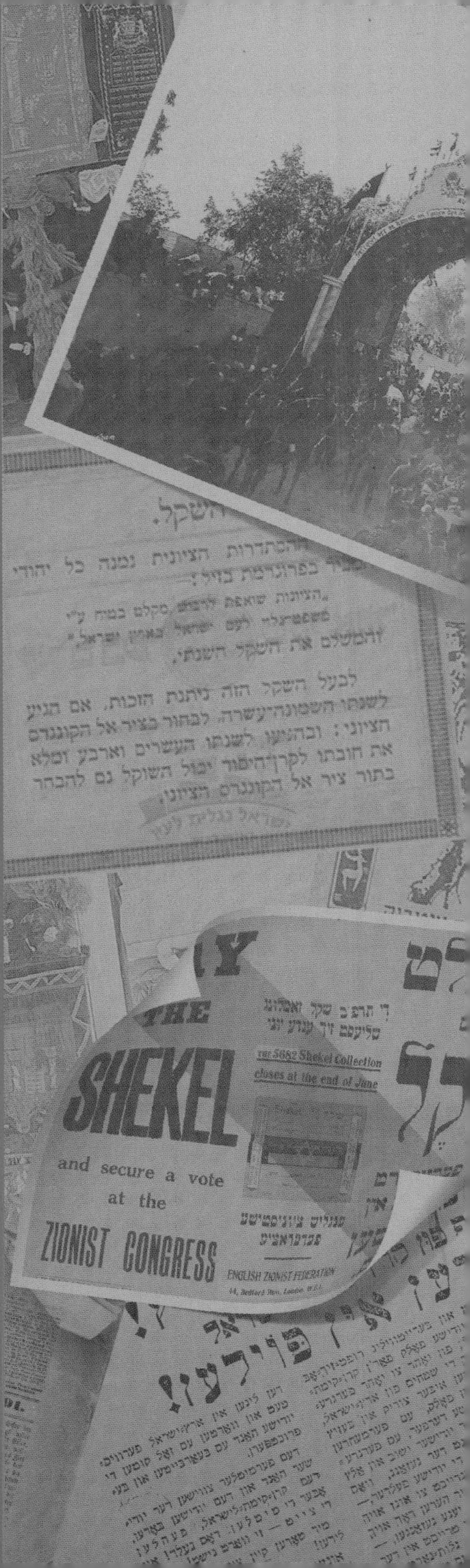

אריינפיר

די גרעסטע קליפה וואָס האָט פאַרטונקלט די וועלט מיט'ן לעצטן ביטערן נסיון וואָס אידישע קינדער גייען דורך פאַר ביאת המשיח, איז דאָס קליפת הציונות, און אָט די גרויסע טומאה איז ערפינדן און פראָקלאַמירט געוואָרן דורך אַן אַסימילירטער מאַן מזרע ישראל, מיט'ן נאָמען טעאָדאָר הערצל שר"י.

פריערדיגע צדיקים זי"ע האָבן מיט זייער כח הקדושה עדות געזאָגט אַז דער מענטש האָט פאַרקערפערט אין זיך אַ געוואַלדיגע טומאה און טיפע קליפה וואָס דאָס האָט אים געפירט צו זיין דער גרינדער פונעם רעיון הציונות. טראָץ וואָס דער עצם רעיון פון ציונות איז נישט אינגאַנצן געווען הערצל'ס אייגענע ערפינדונג און איז שוין ערוועגט געוואָרן דורך עטליכע איידער זיין תקופה, האָט אָבער אויסגעפעלט אַ געוואַלדיגער כח הטומאה צו קענען צושטאַנד ברענגען אין מציאות די אויסטערלישע העברת פי ה'.

די שרעקליכע טומאה פון דער פינסטערער נשמה

הגה"ק בעל **מנחת אלעזר ממונקאַטש** זי"ע האָט פאַרציילט, וואָס ער זעלבסט האָט געהערט פון **הרה"ק משינאָווא** זי"ע.

ווען עס האָט אָנגעהויבן פאַרשפרייט ווערן דער געדאַנק פון ציונות דורך הערצל, האָט דער הייליגער שינאָווער רב זי"ע ביי אַ געלעגענהייט פאַרציילט, אַז ווען דער רשע משה מענדלסאָן פון דעסוי (דער גרינדער פון דער השכלה באַוועגונג) איז געשטאָרבן, איז שוין די שטאָט פראַג ליידער געווען היפש באַאיינפלוסט אונטער'ן גייסט פון דער פאַרשאָלטענער השכלה-באַוועגונג, און די דאָרטיגע ראשי הקהלה האָבן געצוואונגען דעם דעמאָלטסדיגן פראַגער רב, הגאון הקדוש דער נודע ביהודה זצ"ל, אַז ער זאָל אָפּהאַלטן אַ הספד אויף מענדלסאָן.

דער נודע ביהודה האָט נאָך גרויס דרוק באַשלאָסן זיך אויפצושטעלן זאָגן אַ הספד. דער שטייגער איז דאַן געווען, אַז איידער'ן זאָגן די דברי הספד האָט מען צוערשט מקדים געווען מיט אַ שטיקל דרוש, און אַזוי האָט אויך דער נודע ביהודה דאָ געטון. ער האָט זיך אַריינגעלאָזט אין אַ לענגערן דרוש, וואָס האָט זיך באַצויגן אויף דער שאלה ווער ס'איז גרעסער, אַ מלאך אָדער אַ תלמיד חכם אויף דער וועלט, און די מסקנא פונעם דרוש איז אַרויסגעקומען מפי ספרים וסופרים, אַז אַ תלמיד חכם אויף דער וועלט איז גרעסער.

דערנאָך האָט דער הייליגער נודע ביהודה פאָרגעזעצט דעם הספד און דערציילט ווי פאָלגנד:

ווען דער אותו האיש איז געשטאָרבן און ער איז אָנגעקומען צום בית דין של מעלה, איז דאָרט אויבן אַנטשטאַנען אַ געוואַלדיגע טונקלקייט פון אַלע זיינע שמוץ און טומאות וואָס ער האָט אָנגעברענגט אויף דער וועלט. עס זענען געקומען צו פליען אומצאָליגע טויזנטער שוואַרצע מלאכים וועלכע זענען באַשאַפן געוואָרן דורך זיינע מעשים, אָבער מיט דעם אַלעם וויבאַלד ער איז דאָך געבוירן אַלס אַ איד און אַמאָל אין זיין יוגנט האָט ער געטון עטליכע קליינע מצוות, דאָס האָט געברענגט אַז אויך עטליכע קליינע ווייסע מלאכים זענען אָנגעקומען, די וועלכע זענען באַשאַפן געוואָרן פון זיינע מעשים טובים.

דאָס בית דין של מעלה האָט נישט געקענט פאַרקוקן אויף די עטליכע ווייסע מלאכים און האָבן דעריבער גע'פסק'נט אַז ער זאָל נאָכאַמאָל אַראָפקומען אויף דעם עולם, און דאָס איז געווען שבתי צבי ימח שמו וואָס האָט ווידעראַמאָל מטמא געווען די וועלט מיט זיינע פאַלשע בשורות הגאולה. ווען שבתי צבי האָט גע'פגר'ט, האָט זיך ווידעראַמאָל אָפּגעשפּילט דער זעלבער ספּעקטאַקל ביים בית דין של מעלה, און דער פסק איז ווידער אַרויס אַז ער זאָל נאָכאַמאָל אַראָפּקומען אויף דער וועלט, און דאָס איז געווען מענדלסאָן ימ"ש.

האָט דער נודע ביהודה זצ"ל דאַן אויסגעפירט: לויט'ן יעצטיגן דרוש אַז אַ פסק פון אַ תלמיד חכם איז גרעסער פון אַ מלאך, טוט איך גוזר זיין אַז קיין שום מלאך וואָס איז באַשאַפן געוואָרן פון דעם רשע'ס מעשים טובים זאָל זיך נישט באַווייזן פאַר'ן בית דין של מעלה, און אַזוי וועלן מיר שוין איינמאָל-פאַר-אַלעמאָל פּטור ווערן פון אָט דער שעדליכער נשמה און כלל ישראל וועט מער נישט ליידן אַזויפיל צרות פון איר.

ווען דער שינאָווער רב האָט דערציילט די פאָרכטיגע מעשה האָט ער מיט באַדויער צוגעלייגט: "**אָבער ווייזט אויס אַז דאָס האָט אויך נישט געהאָלפן, און אַצינד איז די טומאה נאָכאַמאָל אַראָפּגעקומען אין פאָרעם פון הערצל ימ"ש**[1]."

דער רשע וואָס האָט געזאָגט "לא יזכר שם ישראל עוד"

רביה"ק מסאַטמאַר זי"ע אין ספה"ק ויואל משה[2] דרוקט זיך אויס אויף דעם רשע: 'הטמא הידוע שאיני רוצה להעלות שמו על הכתב' - 'אבי אבות הטומאה'. און אין דער פייערדיגער נשא-תורה וואָס דער רבי זי"ע האָט משמיע געווען אין יאָר תשכ"ז נאָך די גרויסע הצלחות פון די ציונים ביי דער זעקס-טאָגיגער מלחמה, האָט ער בדמעות שליש מרעיש געווען וויאַזוי עס איז מעגליך אַז אידן זאָל האַלטן אַז דער טמא הידוע וועלכער האָט געזוכט צו שמד'ן כלל ישראל, איז געווען גערעכט מיט זיין מדינה, אין קעגנזאַץ צום דעת פון די קדושי עליון, אַלע גדולי וקדושי ישראל זי"ע פון איידער דער קריג, וזל"ק:

"קומט אויס, די אַלע צדיקים וואָס זיי האָבן געהאַט מסירת נפש און זענען געגאַנגען קדורנית לפני ה' אלקים, האָבן זיך ח"ו טועה געווען. נאָר דער ערשטער רשע וואָס ער האָט געזאָגט לא יזכר שם ישראל עוד - דער וואָס האָט דאָס געגרינדעט; ער האָט געוואָלט אויס'שמד'ן דעם כלל ישראל און ער האָט אַזוי געטאָן - דער האָט געזען דעם אמת?! ווי איז גאָר מעגליך אַ מאמין אין הקב"ה זאָל דאָס קלערן?"

גאָר פאָרכטיגע ווערטער האָט הרה"ק רבי שמחה ישכר בער מציעשינוב זי"ע אַמאָל געזאָגט אין באַצוג צו דעם פאַרשוין און דער פינסטערער אידעלאָגיע וואָס ער האָט פאַרשפרייט צווישן אידישע קינדער.

"די טומאה פונעם ציוני'סטישן אותו האיש איז אַסאַך גרעסער פונעם נוצרי'שן אותו האיש שר"י. דער אותו האיש האָט באַנייט אַ נייעם טמא'נעם גלויבן און ווער עס האָט דאָס געוואָלט אָננעמען האָט זיך געמוזט שמד'ן רח"ל, אָבער הערצל ימ"ש האָט

1) הגה"צ רבי חיים שלמה הורוויץ מסטריזוב זצ"ל, והגה"צ בעל תורת א' משאפראן זצ"ל ששמעו מהרה"ק ממונקאטש זצוק"ל.

עוד מקובל בשם הרה"ק משינאווא זי"ע שנשמתו של הערצל היה גלגול נשמתו הטמאה של אותו האיש הנוצרי. וכתב הר"ח וויטאל ז"ל שנשמתו של אותו האיש הי' גלגול נשמתו של האיש המקלל בן אשה הישראלית הנזכר בתורה בסוף פ' אמור ונרמז בר"ת הפסוק ונוקב שם י' הוא ר"ת שמו הטמא.

והוסיף הרה"ק משינאווא רמז זה בפסוק הנאמר בפ' ראה בפרשת מסית ומדיח (דברים יג ז), כי יסיתך אחיך בן אמך או רעך אשר כנפשך לאמור נלכה ונעבדה אלהים אחרים. 'אחיך בן אמך' הוא רמז על בן הישראלית שהיתה אמו מישראל ואביו מצרי, ואח"כ נתגלגל באותו האיש שג"כ הי' כן, ואח"כ נתגלגל ב'רעך' אשר כנפשך, שבלשון אשכנז מתורגם "דיין הערצל'ס פריינד", וזהו רמז על אותו האיש הערצל ימ"ש, אשר הם המה הסיתו והדיחו את עם ישראל מאת ה' ותורתו הק'. (מפי הרה"ג מו"ה צבי יעקב אבראהאם ז"ל אבד"ק טורנא, ובעמ"ח 'קורות היהדות בטרנסילבניה', הובא במוש"י ח"ג עמ' 350).

2) מאמר שלש שבועות סי' צט, ובמאמר ישוב ארץ ישראל סי' קמא.

באַנייט אַ נייעם גלויבן וואָס איז אַ כפירה בד' ובתורתו; מען קען ווייטער מקיים זיין מצוות, אַנטון צוויי פּאָר תפילין, פאָרן צו אַ רבי'ן, אָבער טיף אין האַרץ האָבן דעם גיפט פון טומאת הציונות וואָס איז כפירה בד' ובתורתו[3]."

אָט דאָס איז געווען דער בליק פון די צדיקי אמת אויף דעם רשע און זיינע פאַרשאָלטענע טאַטן, מיד ולדורות.

זכור את אשר עשה לך

דורכאויס די קומענדיגע בלעטער פונעם ספר, וועלן מיר זיך באַציען צו דעם שורש פורה ראש ולענה, דער גרינדער פונעם ציונות; זיינע מאָטיוון און פלענער; זיינע געדאַנקען און צילן, ווי עס איז דער אָנזאָג פונעם פסוק "זכור את אשר לך עמלק".

ווירקליך, דורכאויס אַלע יאָרן זינט'ן אויפקום פון ציונות און זיין פאַרשפרייטונג, זענען אידן יראי ה' אָפטמאָל אַרויסגעקומען אין דער עפנטליכקייט צו דער ברייטער אידישער גאַס, מיט ווערטער און ציטאטן פון די ראשי הציונים שר"י, וואָס שטעלן אַמבעסטן די זעלבסט-געקרוינטע 'רעטער' פונעם כלל ישראל אין זייער ריכטיגער ליכט. גדולי ישראל זי"ע האָבן אַזעלכע שריט באַגריסט און אויסגעלויבט ווי אַ וויכטיגער טאַקטיק אין דער מלחמה לה' בעמלק און אַ שריט וואָס טוט אָפּהאַלטן אידן פון אַריינפאַלן אין זייער נעץ פון מינות און כפירה.

אָט אַזוי שרייבט דער גאון וצדיק רבי חיים מבריסק זצ"ל אין זיין בריוו צו די אַרויסגעבער פונעם ספר "אור לישרים", וואָס האָט אַסאַך ציטירט פון די שריפטן און רעדעס וואָס די ציוני'סטישע פירער האָבן אין זיינער צייט געזאָגט און ערוועגט: "**די גערעכטיגקייט איז מיט אייך. ערליכע אידן ברויכן זיך צוזאַמענרעדן און ביטערליך שרייען מיט אַ פרסום צו פאַרעפנטליכן די זאַכן וואָס די ציונים זעלבסט האָבן מודיע געווען. דאָס קען זיין אַ גרויסע מעלה צום גוטן אַז די ווערטער זאָלן זיין אַ היילונג פאַר אידישע קינדער וואָס זייערע הערצער זענען נאָכנישט פאַרדאָרבן געוואָרן. אַזוי וועלן זיי וויסן אָפּצוהיטן זייערע נפשות נישט זיך מתחבר צו זיין צו אַזאַ ענין וואָס איז אַ הירוס הדת און אַ שטרויכלונג פאַר בית ישראל[4]."**

---

3) אום אני חומה, גליון כ"ה.

4) אור לישרים עמ' 55.

וזל"ק רביה"ק מסאטמאר זי"ע, ס"ג פרשת זכור תשכ"ה לפ"ק: ס"ג שבת זכור תשכ"ה:

ס'איז דא א מדרש פליאה אין פרקי דרבי אליעזר, כתוב אחד אמר זכור את אשר עשה לך וכתוב אחד אמר זכור את יום השבת לקדשו כיצד יתקיימו שניהם אלא אינו דומה זה זכור וזה זכור, זה זכרהו לקדשו ולענגו וזה זכרהו להממו ולאבדו...

נאר לעולם דער כלל איז, דער מהר"ל מפראג איז אין דעם מאריך, און דער ערבי נחל, דאס איז אמאל הכל מודים, א מענטש אין וואס די מחשבה ליגט אים, און וואס מ'איז עוסק - דער רמב"ם זאגט דאס אויך - אין וואס מ'ליגט, אין וואס א מענטש איז מעמיק, אין וואס ער איז דבוק, דארט בלייבט דער נפש... לכאורה איז דא קשיא, די תוה"ק זאגט זכור את אשר עשה לך עמלק אשר קרך בדרך ויזנב בך

אויפ'ן קלאָרן פסק ודעת תורה פונעם בריסקער רב זצ"ל זענען די ווייטערדיגע בלעטער פונעם ספר געשטעלט, צו אָבזערווירן מיט אַ ניכטערן בליק די גרינדער און פיאָנערן פונעם קליפת הציונות; באַטראַכטן זייערע פינסטערע כוונות און געמיינע ענד-צילן פון "להשכיחם תורתיך ולהעבירם מחוקי רצוניך". דאָס זענען אייגנטליך פאַקטן און איינצעלהייטן וועלכע שפיגלען אָפ מיט זיך דער ריכטיגער אָפטייטש פון "מרשעים יצא רשע".

וכו', מ'קלערט אריין אין אזעלכע גרויסע רשעים, ווי קאן מען זיך באפאסן מיט אזעלכע שפלים ובזויים, מיט נידריגע זאכן וואס זיי שטאמען פון א רשע עריץ פון א מחרף ומגדף, וואס דארף מען זיך מיט דעם באפאסן, ווי קען דאס גוט זיין...

דאס זאגט דער מדרש דארטן, זאלסט געדענקן, געדענקן דארף מען וואס צדיקים זאגן, מ'דארף געדענקן זייערע מעשים, זאגט ער ניין אז מ'געדענקט עס פאר דעם צוועק להממו ולאבדו איז דאך עס א רצון הבורא, אז מ'געדענקט עס פאר דעם צוועק, טאמער געדענקט מען פון א רשע מ'וויל להממו ולאבדו, מ'באפאסט זיך דערמיט, מ'האט גאר א גוטע מיינונג דערויף, לא תחנם לא תתן להם חן, דער עיקר, אז מ'זאל געדענקן די בחינת הרע איז טאקע נישט גוט, אז ס'איז נאר להממו לאבדו, איז דאס א רצון הבורא קען מען טאקע...

שבת ברויך מען געדענקן לקדשו ולענגו, און דעס מוז מען געדענקן - אינו דומה - להממו ולאבדו, טאמער איז טאקע נישט להממו לאבדו איז נישט גוט מ'זאל טאקע אינזין האבן, לא יזכר ולא יפקד, מ'דארף עהם נישט אינזין האבן זכר עמלק, ס'איז נישט גוט אז מ'באפאסט זיך מיט עהם, מיט די רשעים מיט די דעות מיט מינות מיט אפיקורסות, ס'דארף זיין מרוחק מן הלב, אויב טוהט מען נישט להממו ולאבדו פאלט מען אריין, ס'וועט אנהויבן צו געפעלן און ס'קריכט אריין אין דעת, איז טאקע נישט גוט. עכל"ק

קאַפּיטל י"ד

פרעמד און אומגלויביג

פרייער איד

טעאָדאָר הערצל שר"י איז געבוירן געוואָרן צו זיין פאָטער יעקב הערצל, אַ פרייער איד, וועלכער האָט אָנגעהאַלטן אַ פאַרבינדונג מיט דער נעאָלאָגישער געמיינדע אין פעסט. דאס הויז וואו ער איז געבוירן געווארן איז מיט יארן בעפאר געווען א קריסטליכע קלויסטער, און אויך שפעטער איז דאס געווארן א קלויסטער[1]. ביים געבורט האָט ער באַקומען דעם נאָמען בנימין זאב, אָבער דאָס גאַנצע לעבן זיינער האָט זיך געדרייט אַרום זיין 'עכטן' קריסטליכן נאָמען טעאָדאָר. נאָך זייענדיג אין עלטער פון צען יאָר איז דער יונגער טעאָדאָר אַריינגעשטעלט געוואָרן אין די לאָקאַלע קריסטליכע שולעס דאָרט צו ווערן ערצויגן.

אין יאָר תרל"ז, זייענדיג אַכצן יאָר אַלט, האָט זיין פאַמיליע זיך געצויגן קיין וויען, וואו דאָרט איז הערצל געגאַנגען שטודירן אין דער ווינער אוניווערזיטעט. אין די שפעטערע יאָרן איז ער אַריין אינעם פעלד פון שרייבן

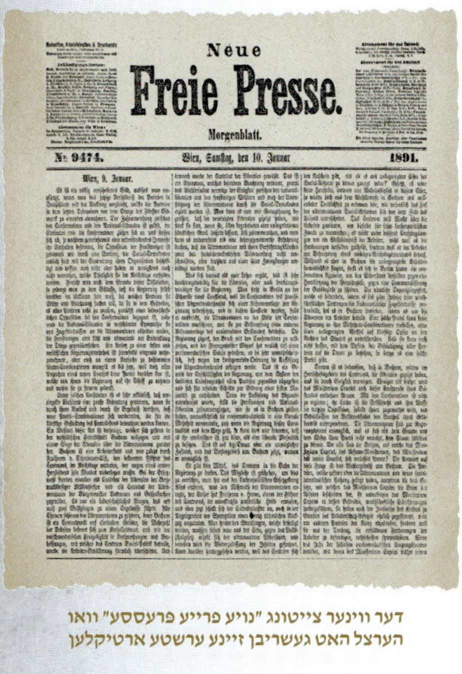
Neue
Freie Presse.
Morgenblatt.
№ 9474. Wien, Samstag, den 10. Jänner 1891.
Wien, 9. Jänner.

דער ווינער צייטונג "נויע פרייע פרעססע" וואו הערצל האט געשריבן זיינע ערשטע ארטיקלען

1) מושיען של ישראל ח"ג מפי עדים נאמנים שזכרו את העיר והבית בה נולד.

און האָט אָנגעהויבן פאַרעפנטליכן געשיכטעס און איינדרוקן פון זיינע רייזעס. אין יאָר תרנ"א, זייענדיג 31 יאָר אַלט, האָט ער אין פאַריז ערהאַלטן אַ פּאָסטן אַלס שרייבער אין דער ווינער צייטונג "נויע פרייע פרעססע".

אין זיין יוגנט האָט הערצל געהאַט אַ קנאַפּע ידיעה איבער אידישקייט אין אַלגעמיין און ער האָט אפילו קיינמאָל נישט געהערט פון אַזאַ באַגריף ווי אַ משיח וואָס וועט אויסלייזן אידן. אין עלטער פון צוועלף יאָר האָט ער צום ערשטן מאָל געליינט אין אַ דייטשן ביכל איבער דער גלויבונג פון אידן אין משיח. שוין דעמאָלטס האָט דאָס אָנגעצונדן די פאַנטאַזיע פון הערצל מיט דמיונות איבער זיינע 'אויסלייז פלענער' פאַר'ן אידישן פאָלק, עפ"ל.

ווילנדיג אין פאַריז אַלס שרייבער האָט דאָס אים געברענגט מיטצוהאַלטן פון דער נאָנט דעם אויפשטייג פון אַנטיסעמיטיזם, און דוקא אין דער זעלבער פראַנקרייך וועלכע איז געווען דאָס וויגעלע פון די אייראָפּעישע לענדער פאַר גלייכבאַרעכטיגונג און פרייהייט. אין לויף פון זיינע יאָרן אין דער אוניווערזיטעט האָט ער זיך שוין געהאַט אָנגעשטויסן מיט פאַרשידענע אינצידענטן וואו ער איז פאַרשעמט געוואָרן אַלס 'שמוציגער איד', אָבער דינענדיג אַלס שרייבער און זייענדיג מער אין דער גאַס, האָט ער זיך מער באַקענט ווי ווייט דער אַנטיסעמיטיזם איז ברייט-פאַרשפּרייט.

אַלס פרייער איד מיט אַטעאיסטישע אַנשויאונגען וואָס האָט נישט געוואוסט דאָס מינדסטע איבער אידישקייט און אמונה, האָט אים שטאַרק פאַרדראָסן די שיקאָנירונגען וואָס ער איז געווען געצוואונגען דורכצוגיין צוליב זיין אידישן אָפּשטאַם, און דאַן האָט ער אָנגעהויבן קלערן פון אַ לעזונג וויאַזוי צו ערמעגליכן אַז דער איד זאָל קענען פריי ווערן פונעם פאַרשעמונג-סטיגמאַ, פונעם 'אידישן פלעק', וואָס באַגלייט זיי איבעראָל צווישן זייערע גוי'אישע שכנים און "אויסמענטשלען" דאס כלל ישראל זיך צו קענען איינגלידערן צווישן די פעלקער ה"י.

דער "דרייפוס פראָצעס"

אין די יאָרן פון תרנ"ד-תרנ"ה איז אין פאַריז פאָרגעקומען דער טרויעריג-באַרימטער "דרייפוס פראָצעס", דער פראָצעס וואָס האָט באַשולדיגט דעם 'אידישן' אָפיציר אין דער פראַנצויזישע אַרמיי, "אַלפרעד דרייפוס", אין שפּיאָנאַזש. די באַשולדיגונג האָט זיך שפּעטער אַרויסגעשטעלט אַלס פאַלש און גרונטלאָז, אָבער האָט אין זיינער צייט געברענגט אַ שוידערליכע כוואַליע פון אַנטיסעמיטיזם איבער גאַנץ פראַנקרייך, און אפילו אויסער אירע גרעניצן.

לויט ווי הערצל האָט שפּעטער געשריבן, איז ער געווען אָנוועזנד ביים פּראָצעס אַלס זשורנאַליסט פאַר דער "נויע פרייע פרעססע", און אַז דער פּראָצעס מיט איר אַנטיסעמיטישער

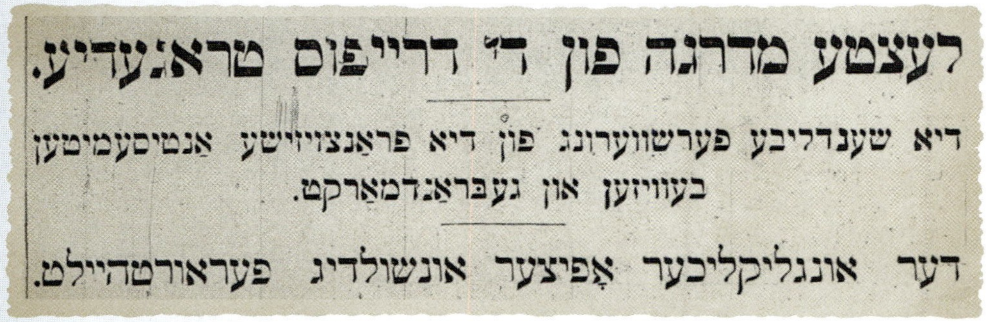

לעצטע מדרגה פון די דרייפוס טראַגעדיע.

דיא שענדליכע פערשווערונג פון דיא פראַנצויזישע אַנטיסעמיטען בעוויזען און געבראַנדמארקט.

דער אונגליקליכער אָפיצער אונשולדיג פעראורטהיילט.

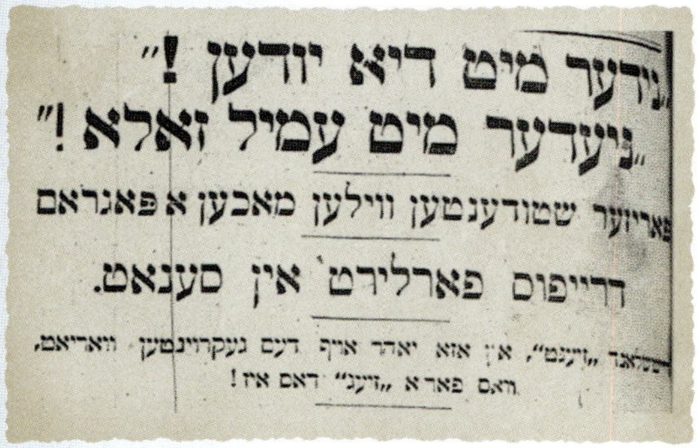

„נידער מיט דיא יודען!"

„ניעדער מיט עמיל זאלא!"

פאריזער שטודענטען ווילען מאכען א פאגראם

דרייפוס פארלירט אין סענאט.

די פרעסע באריכטן נאכדעם וואס דרייפוס איז פאראורטיילט געווארן

אונטערלאַגע איז געווען וואָס ס'האָט אים באַאיינדרוקט צו טרעפן אַן ענדגילטיגע לעזונג צו די אידישע פראָבלעמען מיט זייערע גוי'אישע שכנים.

אין פאַקט זענען אָבער אַסאַך היסטאָריקער זייער סקעפטיש צי הערצל האָט טאַקע געגלייבט בשעת מעשה אינעם אומשולד פון דרייפוס און צי ער האָט טאַקע דאָרט איינגעזען דעם שענדליכן פראַנצויזישן אַנטיסעמיטיזם, אָדער ער האָט בלויז גענוצט די שטורמישע געפילן צווישן אידן איבער'ן פראָצעס אַלס מיטל וויאַזוי זיך איינצוהאַנדלען סימפּאַטיע פאַר זיינע אידעען.[2]

2) הערצל האט אין יאר תרנ"ט געזאגט אין אן אינטערוויו מיט אן אמעריקאנער צייטונג, אז זיין אנוועזנהייט ביים דרייפוס פראצעס און זיין זיך צוהערן ווי די צערייצטע פראנצויזן שרייען "טויט צו די אידן" בשעת דאס מיליטער האט צערעמאניאל אראפגעריסן פון דרייפוס זיינע מעדאלן און מונדירן, האט אים געפירט צו דער מסקנא אז די עמאנציפאציע איז א דורכפאל און אז אידן דארפן אנטלויפן פון אייראפע צו אן אייגן-געגרינדעטער מלוכה.

דער פראבלעם איז נאר אז ס'שטימט נישט אינגאנצן מיט די פאקטן.

די דרייפוס פרשה האט זיך אפגעשפילט לענגאויס די יארן פון תרנ"ד-תרנ"ה. דורכאויס דער גאנצער צייט האט הערצל מערערע מאל געשריבן זיינע באריכטן אין דער "נויע פרייע פרעססע" איבער דער פרשה, אבער ער האט קיינמאל נישט ארויסגעברענגט אין די באריכטן כאילו דרייפוס' אידישקייט זאל דא האבן געשפילט א ראלע. אדרבא, ווען ער באריכטעט איבער דער געשיכטע וויאזוי מ'רייסט אראפ פון דרייפוס די מונדירן, שרייבט ער אז די פארזאמלטע פראנצויזן האבן געשריגן "טויט צום פאררעטער", נישט "טויט צו די אידן".

נאכמער, ביים ענדע פון גוי'אישן קאלענדאר יאר 1894, האט ער געמאכט א ליסטע פון אלע גרויסע געשעענישן וועלכע האבן זיך אפגעשפילט אין יענעם יאר, און ער רעכנט בכלל נישט אויס דעם דרייפוס פראצעס! ער דערמאנט יא אן אנדער פרשה וואס האט דאן געקאכט אין פראנקרייך - דער סקאנדאל מיט די "פאנאמא [קאנאל] אקציעס" - וואס דארט דערמאנט ער יא וויאזוי אנטיסעמיטן האבן אויסגענוצט דעם פאקט אז צוויי פראנצויזישע אידן זענען געווען פארמישט דערין צו העצן דאס פראנצויזישע פאלק קעגן

ערשטער און אָריגינעלער פּלאַן: אַ מאַסן-שמד

דער ערשטער פּלאַן וואָס איז איינגעפאַלן פאַר הערצל איז געווען צו איינפאַך אַראַנזשירן אַ גרויסע און פאַראייניגטע שמד-באַוועגונג פאַר אַלע אידן, וועלכע וועלן זיך מאַסנווייז טױפן צום קריסטנטום אויף איינמאָל, רח"ל. זיין שנאה כבושה צו די סאַמע גרונד-פרינציפּן פון דער אידישער אמונה און דעם אייביגן בונד פון אידישן פאָלק צו השי"ת און די תורה הק' האָט אים געפירט צו זיין ערשטער לעזונג פון דורכפירן אַ מאַסן-שמד, און אַזוי אַרום ענדגילטיג אויסמעקן דאָס אידישע פאָלק דורך זיך פולשטענדיג אויסמישן מיט די אַרומיגע פעלקער ה"י.

אין יאָר תרנ"ב שרייבט הערצל אין אַ בריוו צום רעדאַקטער פון דער "נויע פרייע פרעססע", וואו ער דערציילט זיינע געדאַנקען:

"איך האָב אַ זון. איך וואָלט געוואָלט זיך שמד'ן היינט אָדער מאָרגן, כדי זיין באַקאַנטשאַפט און נאָנטקייט מיט דער קאַטױלישער געזעלשאַפט זאָל זיך אָנהויבן וואָס פריער, אָבער איך קען עס דערוייל נישט טון, ווייל מיר קענען נישט איבערלאָזן אידישקייט ווילאַנג ס'איז דאָ אַ שנאה צו איר. מען דאַרף צוערשט שאַפן אַ צושטאַנד פון צוגענליכקייט צו אידן, און דערנאָך אַריבערפירן אַלע אידן ווי איינעם צום קריסטנטום[3]"

הערצל האָט געזען אין זיין שמד-פּלאַן דער מיטל וויאַזוי אידן וועלן זיך קענען איינגלידערן אין דער קריסטליכער געזעלשאַפט און ווערן איינס מיט דער באַפעלקערונג. פאָלגנד זענען זיינע שרעקליכע ווערטער וואו ער דרוקט אויס זיין באַגער אָפּצו'שמד'ן קליינע אידישע קינדער נאָך אין זייערע יונגע קינדערישע יאָרן:

אידן.

אין יאר תרנ"ו האט הערצל ארויסגעגעבן דאס ביכל "יודענשטאט", און אין יענער צייט האט כמעט יעדער אין פראנקרייך נאך געהאלטן אז דרייפוס איז שולדיג און אויך הערצל האט ווארשיינליך געגלייבט דערין. הערשט ענדע 896' (תרנ"ז) האבן אנגעהויבן אויפשווימען ערנסטע צווייפלען אין דרייפוס' שולד. במשך דעם גאנצן יאר פון 897' (תרנ"ז-תרנ"ח) האט פראנקרייך געגומען קאכן ווי א קעסל איבער דער פרשה, און אנהויב 898' (תרנ"ח) איז א גאר פראמינענטער פראנצויזישער שריפטשטעלער, אמיל זולא, ארויסגעקומען מיט א שארפן ארטיקל, אונטער'ן קעפל "איך באשולדיג", וואו ער האט זיך אנגענומען פאר דרייפוס, און דאס האט אנגעצונדן דעם ריכטיגן שטורעם וואס האט געפירט צו ריינוואשן דרייפוס אין יאר 906' למספ.

ווען הערצל האט געשריבן זיין ציוני'סטישע ביכל, איז פרשת דרייפוס נאך בכלל נישט געווען אויפ'ן אידישן באוואוסטזיין און האט גאנץ זיכער נישט געשפילט קיין ראלע אין הערצל'ס באשלוס צו פארשפרייטן דעם רעיון פון א יודנשטאט. הערשט דריי יאר שפעטער, ווען די וועלט האט שוין געקאכט און געזידט מיט'ן דרייפוס פראצעס, האט דער שטאלצער הערצל באשלאסן צו רייטן אויפ'ן וואגן און זיך זעלבסט אריינמישן אין דער דאן-היציגער פרשה, כדי צו נוצן דעם אלגעמיינעם אידישן אויפברויז אלס פראפאגאנדע פאר זיין ציוני'סטישן פלאן.

ס'איז באמת נישט קיין וויכטיגער חלק אין דער היסטאריע פון ציונות, ס'איז אבער יא א וויכטיגער חלק פונעם ציוני'סטישן פראפאגאנדע-אפאראט, וועלכע זוכט דורך דער מעשה אראפצומאלן כאילו הערצל'ס ציל פאר'ן רעיון פון ציונות איז געווען פשוט זיין זארג פאר אנטיסעמיטיזם, און ביז'ן היינטיגן טאג ווערט געלערנט אין די ציוני'סטישע שולעס פון קינדווייז אָן די דאזיגע פאלשע געשיכטע כאילו דאס האט געשפילט א שטארקע ראלע אין פירן הערצל צו ערפינדן דאס ציונות, אינדערצייט וואס דער אמת האבן מערערע גדולי ישראל זי"ע קלארגעשטעלט בשעתו, און להבדיל הערצל זעלבסט האט עס פילצאליגע מאל ערוועגט אין זיינע שריפטן, אז דער עיקר ציל איז געווען בלויז דאס אויס'שמד'ן כלל ישראל, אָן קיין שום אנדערער צוועק.

3) כתבי הרצל - כרך ב', 1טע טאגעבוך, פאריס, אביב 1895.

"מען דאַרף טויפן די אידישע קינדער צום קריסטנטום נאָך איידער זיי זענען פאַראַנטוואָרטליך פאַר זייערע שריט, נאָך איידער זיי קענען טון דערפאַר אָדער קעגן עס און איידער דאָס שמד'ן וועט ווערן אויסגעטייטשט ווי אַ שוואַכקייט פון זייער זייט. מיר מוזן אויסגעמישט ווערן מיט דער באַפעלקערונג[4]." עפ"ל.

אַ יאָר דערויף האָט ער אָנגעהויבן אין באַטראַכט צו נעמען די פּאַקטישע שריט אויסצופירן זיינע פּלענער. אין זיינע שפעטערדיגע שריפטן באַצייכנט ער אַז אין יאָר תרנ"ג האָט ער פלאַנירט זיך צו ווענדן צום העכסטן פויפסט אין רוים און אים זאָגן: "העלף אונז פון אַנטיסעמיטיזם און איך וועל ערוועקן אַ ריזיגע באַוועגונג צווישן אידן וועלכע וועלן אַריבערגיין צום שמד אויף אַ פרייען און שטאָלצן פאַרנעם."

זיין פלאַן האָט דאַן געלויטעט אַז די פירער פון דער גרויסאַרטיגער שמד-באַוועגונג וועלן אַראַנזשירן אַ מאַסן פראָפּעגאַנדע צום קריסטנטום, ווי דער רשע שרייבט דערוועגן:

"אין אַ קלאָרן זונטאָג, צוועלף אַזייגער מיטאָג, אינמיטן אַ פייערליכער צערעמאָניע מיט קלינגענדיגע גלעקלעך, וועט פּאַקטיש אָפּגעהאַלטן ווערן דער דאָזיגער ריזיגער שמד אינעם באַרימטן 'סטעפאַן' קלויסטער (אַן אַלטע טומאה אין וויען)**. נישט מיט בושה, אַזוי ווי עס האָבן עס געטון איינצעלנע ביז היינט, נאָר מיט שטאָלץ און אַן אויפגעהויבענעם קאָפּ[5]."**

הערצל'ס נאָנטקייט צום קריסטנטום

הערצל זעלבסט האָט געהאַט אַ שטאַרקע געפיל צו דער קריסטליכער רעליגיע. די טומאה פון נוצרות וועלכע האָט צווישן אַנדערן געשליידערט אויפ'ן שייטער-הויפן און ערמאָרדעט מיליאָנען אידישע קדושים דורכאויס דעם ביטערן גלות אדום, האָט שטאַרק אויסגענומען ביי אים. דער טאָג פון זייער חגא ווען די קריסטן פייערן "קראַצמער" אַלס זכר צום אותו האיש שר"י, איז יאָר-יערליך געוואָרן געפייערט ביי אים אין שטוב.

אין זיין טאָג-בוך דערמאַנט הערצל:

"יעצט האָב איך אָנגעצונדן פאַר מיינע קינדער דעם קראַצמעך-בוים צו דער היינטיגער חאָגע, און הרב גידמאַן, דער הויפט רב פון שטאָט, איז אָנגעקומען (אים פאַרהאַלטן דערוועגן)**. ווייזט אויס אַז די קריסטליכע ערשיינונג האָט אים איבערגעשראָקן[6]."**

4) פונעם בוך "הרצל", געשריבן דורך עמוס איילון, תשל"ז.

5) תיאודור הרצל - ביוגרפיה זייטן 147-145.

6) טאָג-בוך, 24 דעצעמבער, 1895, ספרי הימים, ח"א זייט 276.

זיין איינציגער זון, האַנס, איז נישט געוואָרן גע'מל'ט ביי זיין געבורט און האָט ניטאַמאָל באַקומען אַ אידישן נאָמען. צוואָנציג יאָר נאָך הערצל'ס טויט האָט האַנס ערפילט דעם וואונטש פון זיין פאָטער און זיך געטויפט צום קריסטנטום.

פאַר די מיטגלידער פון דער ציוני'סטישער באַוועגונג האָט זייער נישט געשמעקט אַז דער איינציגער זון פון זייער גרינדער זאָל אַזוי עפנטליך איבערלאָזן די אידישע רעליגיע, און האָבן דעריבער פאַרדאַמט דעם אַקט אין זייערע בלעטער. דערויף האָט האַנס הערצל פאַרעפנטליכט אַן ענטפער וואָס האָט בלויז פאַרציילט דעם אמת איבער זיין טאַטנ'ס אידישקייט און אויפגעדעקט זיין ריכטיגן פרצוף.

אָט וואָס האַנס שרייבט:

"איך בין לעצטנס אַ טעמע צו אַטאַקעס פון די ציוני'סטישע בלעטער, אָבער דאָס טוט מיר נישט וויי. איך פרעג: זענען נישט געווען די מערהייט פון אַלע דיפּלאָמאַטישע געהילפן, שלוחים און פאַרמיטלער פון מיין פאָטער אינערהאַלב זיין אַרבעט פאַר אַ אידישער מדינה, מענטשן וואָס האָבן איבערגעלאָזט זייער אידישן גלויבן? האָט מיין פאָטער נישט דערקלערט אַז 'גלויבן' איז אַ פּריוואַטע טעמע פאַר יעדן מענטש פאַר זיך, און דער עיקר איז בלויז אונזער נאַציאָנאַלע פאַראייניגונג?[7]

"מיין פאָטער האָט געהאַט אַ פּלאַן אַריינצוברענגען דאָס גאַנצע אידישע פאָלק אונטער די פליגלען פון קאַטוילישן גלויבן. איך וויל אַז די אידישע געמיינדע זאָל וויסן אַז מיין טאַטע האָט מיר נישט געמאַכט אַ ברית, דאָס באַדייט אַז לויט דער אידישער הלכה בין איך אַלעמאָל געווען אַן 'ערל', אַ גוי און נישט געהאַט קיין שייכות מיט דער אידישער געמיינדע. אויך ווען מיין טאַטע איז געוואָרן דער 'פירער פון אידישן פאָלק', האָט ער זיך אָנטזאָגט פון דער עצה פון זיינע ראַטגעבער מיך אַריינצוברענגען אין דער גלויביגער ברית מילה און מיך צו מל'ן.

"ס'איז נישט פאַרהוילן פון אייך אַז מיין טאַטע האָט געצונדן יעדעס יאָר דעם קריסטליכן קראַצמעך-בוים, אַן איינפיר וואָס ער האָט נישט אָפּגעשטעלט אויך אין זיין לעצטן יאָר. אויך האָט מיין טאַטע באַפוילן אונזערע לערערס, אַז זיי זאָלן פּרעפּלען מיט אונז די קריסטליכע געבעטן[8]."

7) די ווערטער שפיגלען אייגנטליך אפ די גרונד-פרינציפן פונעם ציוני'סטישן אידעאל אז א איד איז נישט דער וואס גלייבט אין השי"ת און איז מקיים תורה ומצוות, נאר עמיצער וואס ביישטייערט צו דער "נאציאנאלער פאראייניגונג", רח"ל מהאי דעתא.

8) נגוהות מן העבר, תל אביב תשכ"א, זייט 69.

אגב, דער כפירה'דיגער חינוך פון הערצל שר"י האט געלאזט זיינע שפורן אויף זיין גאנצער פאמיליע פון וועלכער ס'איז נישט געבליבן קיין זכר. דער פארשוין וואס האט געזוכט 'מחנך' צו זיין און 'אויסמענטשלען' כלל ישראל, האט זיין אייגענע פאמיליע נישט געהעריג ערצויגן און פאקטיש נישט איבערגעלאזט קיין אנדענק אויף דער וועלט. זיין ווייב האט נאך איר טויט געהייסן מען זאל פארברענען איר קערפער, נישט גלייבנדיג אין השארת הנפש; דער זון האנס האט זיך אין דער ענדע גענומען דאס לעבן; און דאס זעלבע האט געטון דער איינציגער אייניקל וואס איז אים פארבליבן, "סטעפאן טעאדאר". די פאמיליע פון דעם 'פארזעער פון דער מדינה' איז אויסגעמעקט געווארן, אָן איבערלאזן דאס מינדסטע שם ושארית, אקוראט ווי דער פסוק זאגט (איוב יח יז-יט): "זכרו אבד מני ארץ ולא שם לו על פני חוץ... לא נין לו ולא נכד בעמו ואין שריד במגוריו", כן יאבדו כל אויביך ה'.

וואס איז גזירת הגלות און וואס איז אנטיסעמיטיזם?

פאר די טובה פון אידישע קינדער, אז זיי זאלן זיך קענען האלטן געטריי צו די תורה דורכאויס אלע שווערע צייטן אין גלות, האט השי"ת, דער שומר ישראל, באשטימט אז עס זאל אוועקגעשטעלט ווערן א חומה בין ישראל לעמים.

"הר סיני שירדה שנאה לאומות העולם". השי"ת האט קובע געווען אז אידן זאלן זיין דערוויטערט פון די פעלקער. די גוים זאלן נישט זוכן צו האבן קיין שייכות מיט זיי און דער גוי זאל נישט וועלן אקצעפטירן דעם איד אין זיין געזעלשאפט. אייגנטליך איז דאס טאקע די גרעסטע טובה און שמירה פאר אידישע קינדער אז זיי זאלן זיך קענען האלטן אפגעזונדערט אין גלות. הן עם לבדד ישכון ובגוים לא יתחשב[1].

שוין אנגעהויבן אין גלות מצרים דערמאנט די תורה הק' אז "ויקוצו מפני בני ישראל". דאס זעלבע האט זיך איבערגעשפילט דורכאויס אלע דורות אין גלות, ווי עס איז פאראויס געזאגט געווארן אין די שירה פון פרשת האזינו, אז השי"ת וועט היטן אידן זאלן זיך נישט אויסמישן צווישן די פעלקער און אויב וועלן אידן פארט פרובירן זיך צו דערנענטערן צו די פעלקער וועט השי"ת שטענדיג ווייזן אז אידן קענען זיך מיט די אומות העולם נישט מישן. שלא שם חלקינו עמהם וגורלנו ככל המונם.[2]

אט די וואונדערליכע השגחה עליונה האט געהיטן אידן מיט די וואנט פון התרחקות צווישן די גוי'אישע פעלקער און אידישע קינדער. היסטאריע רעדט טאקע פאר זיך, במשך דעם גלות האט מען עס קלאר געזען אז ווילאנג אידן זענען געווען אפגעזונדערט און אנדערש פונעם גוי האט דאס געברענגט א הבדלה בין ישראל לעמים און קיין גוי'אישע השפעות האבן נישט אריינגעדרינגען אין די אידישע מחנה.

***

אינעם גלות זענען מיר טאקע דערוויטערט און פרעמד פונעם גוי אבער דאס באדייט נישט אז מיר דארפן ליידן שמדיות און הריגות פון די פעלקער. אדרבה, צוזאמען מיט'ן גזירת הגלות האט אונז השי"ת מבטיח געווען "ואף גם זאת בהיותם בארץ אויביהם לא מאסתים ולא געלתים לכלותם". אז

---

1) ספה"ק דגל מחנה אפרים פרשת בלק: כי מראש צורים אראנו וכו' הן עם לבדד ישכון ובגוים לא יתחשב. וע"ד הלצה י"ל אחר ששמעתי בשם אא"ז זללה"ה שפעם א' הלך למקוה בין ישמעאלים ובחזרתו מן המקוה ירא שלא יגע בו ישמעאל ושמע שני ישמעאלים מדברים זע"ז אחד לחבירו שמור עצמך שלא תיגע ביהודי הטמא הזה חלילה והוא שאמר הן עם לבדד ישכון ואינם מתערבים בגוים הטמאים והוא מחמת ובגוים לא יתחשב שאינם חשובים בין הגוים וזהו טובתם כנ"ל וק"ל.

2) כמבואר באריכות בספר נהרי אש מאמר שובה ישראל.

אפילו מיר וועלן זיין אין די לענדער פון אונזערע פיינד וועט השי"ת אונז נישט פאר'מיאוס'ן אונז צו פארלענדן, וגדול הרועה שמצילן.

דער גלות באדייט נאר אז מיר ווערן נישט אקצעפטירט אלס א טייל פון די גוי'אישע קולטור און זייער געזעלשאפט[3]. אבער ברוב רחמיו וחסדיו האט השי"ת אויסגעשטעלט אז אידן זאלן אין אלגעמיין לעבן גוט אפילו זיי זענען אין גלות. נאכמער, אין די ספרי הקדמונים ווערט ערקלערט אז די אידן זענען אפילו אין א בעסערע צושטאנד אין פרנסה אד"ג ווי די ארומיגע גוי'אישע פעלקער[4], ווייל דער אלגעמיינער גזירת הגלות איז בלויז געווען אז אידן זאלן זיין צעשפרייט אונטער די הערשאפט פון די אוה"ע, אבער נישט אז אידן זאלן ליידן הריגות און צרות ח"ו.

דערפאר געפינען מיר טאקע אז ווען אידן זענען אריבער שווערע צייטן אין גלות, הריגות אדער גירושים ר"ל, האבן די גדולי ישראל ז"ל חוקר ודורש געווען זוכנדיג צו טרעפן די חטאים וואס האבן גורם געווען די עונשים, על מה עשה ה' ככה. ווייל דאס איז אן אויסערארדענטליכע ערשיינונג וואס קומט נאר צוליב א ספעציעלע סיבה. און איז נישט א טייל פון דעם כלליות'דיגן גזירת הגלות. ווייל לויט'ן גזירת הגלות קענען אידן אויך זיין רואיג און במנוחה.

***

די אמת'ע מנהיגי ישראל האבן וויקליך קיינמאל נישט באדויערט ווען די אומות העולם האבן אונז אראפגעקוקט אדער ווען גוי'אישע בלעטער האבן אפגעלאכט פון אונז. געוויס האט ווי געטון דער חילול ה' ווען אידן זענען מושפל אבער דאס איז ליידער א חלק פונעם ביטערן גלות, וואס איז

3) ודע, כי התוכחות במארה ובמהומה ובמגערת ובדבר והעץ ופרי האדמה (דברים כ"ח פסוק ט"ו-כ"א) ושאר כל התוכחות, הם כולם עד כלותו אותך מעל האדמה אשר אתה בא שמה לרשתה (שם פסוק כ"א), אבל אחרי הגלות לא יקלל אותם רק לעבוד שם אלהים אחרים עץ ואבן (שם פסוק ס"ד), אבל פעמים שיחזור להוכיחם בארץ, כאשר אמר (פסוק ל"ו) יולך ה' אותך ואת מלכך אשר תקים עליך אל גוי אשר לא ידעת אתה ואבותיך ועבדת שם אלהים אחרים, והוא הגלות שגלינו לרומי על לכת אגריפס המלך שם, ואחרי כן ישוב ויאמר (פסוק ל"ח) זרע רב תוציא השדה וגו', ואלה התוכחות בהיותם בארץ, כי כן יאמר אחריו (פסוק ס"ג) ונסחתם מעל האדמה, שהוא הגלות...אבל אחרי היותנו בגלות בארצות אויבינו לא נתקללו מעשה ידינו ולא אלפינו ועשתרות צאננו ולא כרמינו וזיתינו ואשר נזרע בשדה, אבל אנחנו בארצות כשאר העמים יושבי הארץ ההיא, או בטוב מהם שרחמיו עלינו, כי ישיבתנו בגלות היא בהבטחה שאמר לנו (ויקרא כ"ו מ"ד) ואף גם זאת בהיותם בארץ אויביהם לא מאסתים ולא געלתים לכלותם להפר בריתי אתם כי אני ה' אלהיהם. וכבר פירשתי בסדר אם בחקותי (ויקרא כ"ו ט"ז) סוד הברית הזאת (שם פסוקים י"ד-מ"ו), וכי הוא על זמן גלותנו היום ביד החיה הרביעית (עיין דניאל ז' ז'), ואחר כן יבטיח בגאולה ממנו (רמב"ן על התורה, דברים כ"ח מ"ב).

ועי' בספר נצח ישראל מהר"ל פרק כ"ד: גזר שלא יהיו האומות משעבדים בהם יותר מדאי. ואם לא כן, לא היה קיום אל הגלות שגזר השם יתברך עליהם, כי די בעצם הגלות אף שאינו יוצא מסדר העולם, ולכך לא יוסיפו עליהם בשעבוד. וכו', וכנגד אלו ג' יש כאן ג' שבועות וכו', נגד השני - שלא יתגברו האומות לגמרי עליהם, השביעם שלא ישתעבדו בהם יותר מדאי.

4) ואם יבקש אדם בזמן הזה לראות מה שהוא דומה לענינים ההם (ניסי יצי"מ ומתן תורה), יביט בעין האמת עמדנו בין האומות מעת הגלות, וסדור ענינינו ביניהם, עם מה שאנו בלתי מסכימים עמהם בסתר ובגלוי והם יודעים בזה. ויראה, כי עניננו אפשר שיהיה קרוב מענייניהם במזונות ובטרפים, ואפשר שיהיה טוב מענייניהם בעתי המלחמות והתגרות. ותראה הבינונים והכפריים שבהם טורחים יותר מן הבינוניים שבנו והדלים אשר בקרבנו. כמו שהבטיחנו יוצרנו יתברך ואף גם זאת בהיותם בארץ איביהם לא מאסתים ולא געלתים לכלותם להפר בריתי אתם, ואמר עזרא כי עבדים אנחנו ובעבודתינו לא עזבנו אלקינו, ונאמר (תהלים קכ"ד א'ב') לולי ה' שהי' לנו יאמר נא ישראל לולי ה' שהי' לנו בקום עלינו אדם. (חובת הלבבות שער הבחינה פ"ה)

בכלליות א ביטערער חילול ה', ווי מיר זענען שטענדיג מתפלל "לא לנו ה' לא לנו כי לשמך תן כבוד" און די אנדערע תפלות אז השי"ת זאל זיך שוין אננעמען פאר זיין פארשוועכטן כבוד.

ווען דער גוי האט אפגעלאכט אדער דערווייטערט אידן איז דאס נישט באטראכט געווארן ווי א באזונדערע צרה וואס מען דארף אפשטעלן. פארקערט, עס איז באקאנט וויפיל רועי ישראל האבן אפילו געהאט א חשש אין דער תקופה ווען עס האבן אנגעהויבן בלאזן די ווינטן פון פרייהייט און גלייכבארעכטונג פאר אידן אויס זארג אז דאס וועט צעברעכן די אריגינעלע הבדלה וואס איז שטענדיג געווען צווישן אידן און גוים.)עיין דרשות חתם סופר ח"ב ת"ק(.

אין אלע דורות האט ערליכע אידן און רבנים גע'שתדל'ט ביי די קעניגן און רעגירונגען ווען עס האט זיך געהאנדלט מיט שמדיות און רדיפות, מען האט פרובירט צו אפשרייען גזירות אז מען זאל אונז נישט פייניגען פינאנציעל און פיזיש און מען זאל אונז לאזן מקיים זיין תורה ומצות אבער מען געפינט נישט אין די היסטאריע פון גלות אז אידן זאלן מטכס עצה זיין וויאזוי זיי זאלן קענען זיין אקצעפטירט ביים גוי. ווייל אז דער גוי דערווייטערט זיך פון אונז איז דאס א גאראנטי אז מיר זאלן האבן דעם ריכטיגן התרחקות פון די דרכי הגוים.

דאס איז געווען דער ריכטיגער בליק פון אידן מיט אמונה און תורה.

***

גאר אנדערש איז אבער געווען דער צוגאנג פון די פרייע נישט גלויביגע אידן, וועלכע האבן באטראכט דער באגריף אז אידן זענען אראפגעקוקט ביים גוי ווי די ארגסטע צרה. די מפירי ברית האבן דאך געשטרעבט מיט'ן גאנצן הארץ צו זיין איינגעגלידערט אין דעם גוי'אישן קולטור און געזעלשאפט, דעריבער ווען דער גוי האט זיי נאכגעשריגן אדער פארשעמט אלס "דזשיד" האבן זיי דאס נישט אויסגעהאלטן, ווען אסימילירטע אידן האבן זיך אנגעשטויסן אין פראבלעמען אין די אייראפעאישע יוניווערזיטעטן האבן זיי נישט געוואוסט וואו זיך צו אהינטון פאר צער און בושה, אין דער צייט וואס דאס איז די גרעסטע טובה פאר אידן, א השגחה עליונה צו אפהאלטן אידן זאלן זיך נישט אויסמישען צווישן גוים.

אט די א.ג. "אנטיסעמיטיזם" איז ביי ערליכע אידן א מעלה אז מיר זענען גרינגעשעצט ביים גוי, ערליכע אידן האבן געהאט דעם אייגענעם אינערליכן שטאלץ פון "אשריך ישראל מי כמוך עם נושע בה' אשר חרב גאותך", וואוסנדיג אז מיר זענען דערהויבן - לאין קיץ - פונעם טמא'נעם גוי און מיר זענען נישט פאראינטערעסירט אז זיי זאלן אונז שעצן און מכבד זיין. אבער ביי די פושעי ישראל איז דאס געווען א ביטערע פראבלעם אז מיר זענען נישט אקצעפטירט ביי די אומות העולם.

הערצל שר"י, געגנוי ווי אלע זיינע קאלעגעס, האט זיך געשעמט צו זיין א טייל פון אזא פאלק וואס איז פארשעמט און אפגעלאכט דורך די אייראפעאישע פעלקער. ער האט געהאלטן אז די

וועלט וועט זיין א בעסערע פלאץ אויב עס וועט זיך נישט ארומדרייען אומעטום א פאלק וואס איז "מפוזר ומפורד בין העמים" אָן קיין אידענטיטעט און נאציאנאליטעט. עס האט אים באנג געטון אז ער ווערט געזען ווי א טייל פון אַן אראפגעקוקט פאלק וואס איז לויט זיין פארשטאנד א פרעמדע געוואוקס צווישן די "ציוויליזירטע" גוים פון אייראפע, און ער האט געשטרעבט צו "פארשענערן" די וועלט אז דאס אידישע פאלק וואס איז א פלעק פאר די געזעלשאפט זאל זיך מער נישט ארומדרייען ווי אן איזאלירטע פאלק.

זיין ערשטע נאטורליכע לעזונג איז געווען אז אידן זאלן זיך איינפאך שמד'ן רח"ל און אזוי וועט פארשוואונדן ווערן דער אידישער פלעק פון דעם ערד קוגל, אבער ווען ער האט אנערקענט אז דאס וועט קיינמאל נישט צושטאנד קומען האט ער אנגעהויבן ארבעטן אויף דעם געדאנק צו גרונדן א זעלבסשטענדיגע אידישע מדינה וואו עס וועט ענדגילטיג אראפגענומען דעם "שאנד - פלעק" אז אידן זענען א פאלק אָן קיין לאנד און אָן קיין אידענטיטעט. אידן וועלן מער נישט זיין קיין דרויסנדיגע אביעקט אין א פרעמדע געזעלשאפט.

צו ערגרייכן אט די מיסיע, צו אראפנעמען די שאנד פלעק פון דאס אידישע פאלק דורך אַן אייגן לאנד, האט דער רשע געארבעט צו פארשפרייטן שנאת ישראל, ריכטיגע שנאת ישראל, אז אידן זאלן געפייניגט ווערן אוןליידן פון טויט און גירושים רח"ל. ווייל דאס וועט העלפן די צענטראלע מיסיע צו אויסרייניגען די וועלט פון דעם אידישן פראבלעם.

דער באגריף פון רדיפות קעגן אידן, א זאך וואס איז נישט נכלל אינעם גזירת הגלות און ערליכע אידן האבן דאס באטראכט ווי א ביטערע צרה, איז פאר די ציונים בכלל נישט געזען געווארן ווי א פראבלעם. פארקערט דאס איז גאר געווען א לכתחלה, ווייל דאס וועט ברענגן זייערע געוואונטשענע רעזולטאטען ח"ו. ווידעראום דער באגריף פון זיין דערוואַרטערט און נישט אקצעפטירט ביים גוי, וואס ביי ערליכע אידן איז דאס א מעלה, איז פאר די ציונים געווען א ביטערע צרה אויף וואס מען האט געדארפט טרעפן א "לעזונג" אין פארום פון אן אייגן לאנד.

פאר הערצל און די גרונדער פון ציונות האט נישט געשטערט אז אידן וועלן גע'הרג'ט ווערן אדער זיך שמד'ן רח"ל. פארקערט דאס איז דאך געווען דער לכתחלה'דיגער פלאן אז דאס גאנצע אידישע פאלק זאל פארשוואונדן ווערן פון די מאפע און אויסגעמישט ווערן מיט די גוים. ווען אידן וועלן ליידן און געפייניגט ווערן וועלן זיי מוזן נעלם ווערן פון די גלות לענדער צו די נייע זעלבסשטענדיגע ציוני'סטישע מדינה, און מער נישט זיין קיין לאנדלאזע פאלק.

איינגטליך זעצט אט דער מיסיע פאָר ביז'ן היינטיגן טאג. ציונות דורכאויס איר גאנצע היסטאריע האט זיך קיינמאל נישט געקימערט אויף אידיש בלוט, דער ציל איז געווען און פארבליבן צו אויסרייסן דעם "גלות איד" און איר מהות. ווען די ציונים טומלען איבער 'אנטיסעמיטיזם' איז זייער דאגה אויף די שטאלץ פון די א.ג. "אידישע נאציאנאליטעט", און אידיש בלוט איז פאר זיי א קליינע פרייז דאס צו ערגרייכן. היל"ת.

קאַפּיטל ט"ו

געבורט פון ציונות

אָפּגעזען פון זיינע פּריוואַטע מיינונגען האָט אָבער הערצל גאַנץ שנעל איינגעזען אַז דאָס אידישע פאָלק איז נישט גרייט אויפצוגעבן זייער אמונה. דער פּלאַן איז אויך אָפּגעוואָרפן געוואָרן דורך זיינע אַרומיגע וועלכע האָבן אים באַוויזן איבערצוצייגן אַז די אידן וועלן קיינמאָל נישט מסכים זיין זיך צו שמד'ן רח"ל און ער זאָל זיך באַצייטנס אָפּלאָזן פון זיינע וואַנזיניגע דמיונות.

דאַן איז ער ערשינען מיט זיין נייעם פּלאַן: צו אַגיטירן אין דער ברייטער אידישער גאַס מיט אַ ציל אויפצושטעלן אַ זעלבסשטענדיג אידיש לאַנד, וואו די אידן זאָלן האָבן אַן אייגענע הערשאַפט און זיך באַפרייען פונעם גלות-יאָך.

הגה"ק רבי שאול בראַך זצ"ל אבד"ק קאַשוי שרייבט דערויף פּאָרכטיגע ווערטער: דער צווייטער רעיון פון הערצל איז טאַקע זייער ענליך צום ערשטן, אָבער ס'איז למעשה פילפאַכיג שעדליכער ווי דער ערשטער, וויבאַלד דער רעיון הציונות האָט באַוויזן צו פאַרנאַרן צענדליגער טויזנטער אידן מיט'ן געדאַנק אַז מען קען זיין אַ איד אויך אָן תורה ומצות, ורבים חללים הפילה[1].

מאָדערנער שמד אונטער'ן שלייער פון ציונות

דער אָריגינעלער פּלאַן פון אַ מאַסן-שמד איז טאַקע קיינמאָל נישט אויפגעגעבן געוואָרן, דער

1) זה לשון הגה"ק מקאשוי זצ"ל: "וכתבו במ"ע אויקעלעט, שטרם שחידש הרעיון הציוני הי' רצונו להשתדל שישתמדו ח"ו כל ישראל ויקבלו אמונת הנוצרים, וכשהוגד מחשבתו לבעל נייע פרייע פרעססע וכן לבעל הפרעססע ועשו שחוק ממחשבתו אשר חשב על היהודים אז חידש רעיון הציוני.

וקרוב זה הרעיון השני להראשון, וגם משומדים המה ציונים, ויותר נזק הרעיון השני שנתפתו רבבות רבות מישראל לדעתם שאפשר להיות יהודי בלי תורת יהודי, ורבים חללים הפילה. (אבות על בנים הקדמה עמ' יט).

רשע האָט אָבער געזען אַז עס וועט נישט גיין אַזוי איינפאַך און גרינג אַריבערצופירן אידן צום שמד, איז ער אויפגעקומען מיט'ן געדאַנק פון אַן אייגן לאַנד וואָס מיט איר בלויזן עקזיסטענץ וועט דאָס פראַקטיצירן אַ פאַרלייקענונג אין די סאַמע גרונד-פרינציפן פון דער אידישער אמונה. דאָס שאַפונג פון ציונות איז בלויז געווען דער מיטל וויאַזוי צו עררייכן דעם געוואונטשענעם ציל, אויסצומישן די אידן מיט די פעלקער און זיי פאַרוואַנדלען אַלס אַ פאָלק צווישן די וועלט-פעלקער אָן תורה און מצות, און דערמיט געענצליך אָפמעקן דעם 'פּראָבלעם' פון אַ אידישן פאָלק.

פאָלגענד איז וואָס ער זעלבסט ערקלערט אין זיין טאָג-בוך[2], זיין פינסטערער ציל צו וואָס ער דאַרף אַ מדינה:

"דער צוזאַמשטעל פון די מערב-וועלט שטאַמען מיט די אידישע שטאַמען אויפ'ן בשותפות'דיגן גרונד פון אַ רעליגיע און אַ רעגירונג, איז די געווינטשנסטע זאַך. דער באַדייט דערפון איז אַ פולקאָמע אויסמישונג אָן קיין איבערבלייבונג, אַ געענצליכע אַסימילאַציע אינעם גאַנצן אַרום. פאַר אָט דער אַסימילאַציע דאַרף מען אַ שטאַרקע מדינה..."

הערצל האָט בפירוש געמוטיגט אַסימילאַציע און קלאָרגעשטעלט אין אַ בריוו פאַר זיין גוטן פריינט דער משכיל און פורק עול מאַקס נורדאוי שר"י, אַז אין זיין צוקונפטיגער מדינה וועט דאָס איבערהויפט נישט באַטראַכט ווערן ווי אַ פּראָבלעם, ה"י[3].

אין זיין בוך "יודענשטאַט" שרייבט ער:

די באַוועגונג וואָס איך שלאָג פאָר וועט נישט שעדיגן די אינטערעסן פון די אסימילירטע אידן פון אנדערע לענדער, פאַרקערט! בלויז נוצן וועלן זיי האבן דערפון, אלס רעזולטאַט פון מיין פלאַן וועלן זיי זיך רואיג קענען אסימילירן".

ענליך צו דעם דערמאַנט ער זיין מיינונג איבער די רבנים און דער תורה, אַז זיי וועלן נישט געפינען קיין אָרט אין דער צוקונפטיגער מדינה פון וועלכער ער האָט געטרוימט:

"וועלן מיר דען פאַרמאָגן אַ הערשאַפט אינאיינעם מיט רעליגיע?! ניין! בלויז די ווימנשאַפט איז דאָס וואָס מאַכט אונז פאַר פרייע מענטשן. יעדער מינדסטער קלער פון די רבנים צו גרינדן אַ רעליגיעזע הערשאַפט, וועלן מיר צעשטערן באַלד אין אָנהויב. מיר וועלן וויסן זיי איינצושפאַרן אין זייערע בתי מדרשים. מיר קענען געבן פאַר די רבנים רעספעקט, אָבער זיי האָבן נישט וואָס צו זאָגן דעות אין די ענינים פון דער מדינה

2) געבערענגט אין בוך "כתבי הרצל בעשרה כרכים" (אלכס ביין, כרך ט ' 47-45)

3) זכרונות נורדאו זייטן 108; מקס נורדאו, זכרונות, תרפ"ט, עמ' ק"ס.

וואָס דורך איר באַקומען זיי דעם רעספּעקט. זייער אַריינמישונג קען זיין פּאַר אונז אַ שטרויכלונג פון אינעווייניג און פון אינדרויסן."[4]

ווי פּאַסיג און דורכדרינגליך איז אַלזאָ די באַקאַנטע ווערטער וואָס הגאון רבי חיים מבריסק זצ"ל האָט זיך אַמאָל אויסגעדרוקט:

"די גרינדער פון ציונות האָבן נישט געוואָלט עררייכן אַ מדינה. זיי האָבן געוואָלט אויסרייסן די תורה פון די אידן, און דער מיטל דערצו איז געווען צו גרינדן אַ מדינה[5]."

ווען איינער האָט אַמאָל געפרעגט דעם בריסקער רב איבער זיין מיינונג אויף הערצל, האָט דער גאון זיך צופייערט און געזאָגט:

"אַסאַך טומאות זענען געווען אויף דער וועלט; כלל ישראל האָט געליטן פון מערערע כיתות וואָס האָבן געזוכט עוקר צו זיין די אמונה פון אידן, אָבער דער שטאַרקסטער קלאַפּ אויפ'ן כלל ישראל איז געווען ציונות. דערפון קענען מיר אַרויסלערנען וואָספאַראַ דורכדרינגליכע רשעים זיי זענען. זיי האָבן געוואוסט דאָס פּינטל וואו צו געבן דעם קלאַפּ[6]."

באַפרייען אייראָפּע פונעם 'אידישן פּראָבלעם'

הערצל זעלבסט האָט נישט געגלייבט אין קיין שום העכערקייט אָדער געטליכקייט[7] און זיכער נישט אַזוי אין דער גאולה העתידה און דעם נצחיות'דיגן עתיד פון כלל ישראל מיט משיח צדקינו. זיין גוי'אישער קאָפּ האָט אויסגעטראַפן אַן אָריגינעלער רעיון וויאַזוי ער וועט זיין 'דער העלפער' און 'פירער' פונעם אידישן פאָלק; ער וועט זיי פאַרוואַנדלען אַלס אַ פאָלק אייניג מיט אַלע אַנדערע פעלקער, אַזוי אַז די אידן וועלן ענדליך הערשן אויף אַן אייגן לאַנד, גענוי ווי יעדע נאַציאָן אויף דער וועלט.

דער רשע ־ פונקט ווי די משכילים אין מזרח-אייראָפּע ־ איז געוואָרן אָנגעפולט מיט זעלבסט-האַס איבער דער אידישער לאַגע צווישן די פעלקער. אַנשטאָט צו אַנערקענען אינעם "הן עם

4) מדינת היהודים, עמ' 25, מבחר כתבי הרצל.

5) הרב מבריסק עמ' 199.

6) שם.

7) הערצל ימ"ש אין זיינע שריפטן לויבט אויס און אידענטיפיצירט זיך מיט'ן האלאנדישן רשע שפינאזע ימ"ש, פון די ערשטע משכילים און א וויסטער אפיקורס וואס האט געשאפן א טונקעלע אפיקורס'ישע טעאריע פון כפירה בה' רח"ל. (תיאודור הרצל - ביוגרפיה זייטן 26-25).

לבדד ישכון ובגוים לא יתחשב" און גלייבן אינעם "הר סיני שמשם ירדה שנאה לאומות העולם", האָט ער גאָר באַרעכטיגט דעם אַנטיסעמיטיזם און געזוכט וויאַזוי צו 'פאַרבעסערן' דעם איד און אַוועקנעמען דעם אידישן 'פּראָבלעם' פון די וועלט-פעלקער.

דער בליק פון די אַסימילירטע אידן - אַ שטייגער ווי הערצל און זיינע קאָלעגעס - אויפ'ן אידישן פאָלק, איז שטענדיג געווען באַגלייט מיט אַ טיפן האַס און עקל. אייגנטליך איז דאָס פון די גרונדן אויף וואָס די פאַרשאָלטענע השכלה באַוועגונג איז געווען באַזירט. די סאַמע-ערשטע משכילים האָבן עפנטליך באַרעכטיגט דעם אַנטיסעמיטיזם און פיינט געהאַט דעם אָריגינעלן איד פונקט - און נאָכמער - ווי די גוי'אישע שונאי ישראל.

די השכלה האָט באַשולדיגט די אידן אין זייער גורל צווישן די פעלקער, און געפאָדערט אַז דאָס אידישע פאָלק דאַרף 'נאָרמאַליזירט' ווערן, כדי זיי זאָלן קענען באַקומען אַ געהעריגן שטאַנד צווישן די אומות העולם. זיי האָבן שטענדיג ווידערהאָלט אַז אידן זענען אַ שלעכט, צוריקגעבליבן פאָלק וואָס דאַרפן דרינגענד 'אויסגעמענטשלט' ווערן. די אידן גלייכן נישט קיין חכמה; אידן זענען בלאָפערס, מלוים בריבית, אויסניצערס, פּאַראַזיטן, אָפּגעזונדערטע נאָנקאָנפאָרמיסטן, א.א.וו.[8]

אין אָנהייב איז געווען אַ קלער אַז דאָס וועלן זיי עררייכן דורך דער "עמאַנציפּאַציע" וואָס האָט געזאָלט אָפּשאַפן דעם באַזונדערן אידישן שטאַנד, אַסימילירן דאָס אידישע פאָלק ל"ע און ערמעגליכן פאַר אידן זיך אויפצופירן און אויסקוקן ווי די גוים, אָבער ווען דאָס האָט זיך אַרויסגעשטעלט צו זיין אַ הילכיגער דורכפאַל און די עמאַנציפּאַציע האָט נאָר ערגער געמאַכט דעם אַנטיסעמיטיזם, האָט הערצל זיך אָנגעכאַפּט אינעם נייעם רעיון אַרויסצושיקן די אידן פון אייראָפּע, ושלום על האומות...

אין יענער תקופה, איידער ער האָט זיך אַריינגעלאָזט אין די ציוני'סטישע-פּאָליטישע אַמביציעס, האָט הערצל זיך פאַררעכנט אַלס אַ שטאָלצער דייטשער נאַציאָנאַליסט. זייענדיג אַ מיטגליד אינערהאַלב דער "אַלביא" אָרגאַניזאַציע, וואָס האָט געמוטיגט די דייטשע פאַראייניגונג אונטער'ן פאָן פון "ערע, פרייהייט, פאָטערלאַנד"[9], האָט ער זיך זיך געשפּירט ווי אַן אייראָפּעאישער בירגער וואָס פירט זיך אויף און טראַכט ווי דער טיפּישער גוי; טראָגט מיט שטאָלץ דעם דייטשן כאַראַקטער און עס אינטערעסירט אים די אינטערנאַציאָנאַלע און נאַציאָנאַלע פּראָבלעמען גענוי ווי יעדער אייראָפּעער.

---

8) אזוי זינגט דער באוואוסטער משכיל'שער פאעט יל"ג שר"י:

הן אמת, יעקב, כי עד כה נואלת
החזקת בסכלות, חכמה געלת - - -
ויהי לחם ביתך עקבה ונשך,
ותצדק גדופים, חרפות שוטניך -

9) Ehre, Freiheit, Vaterland.

הערצל איז דאַן אַרויס צו זיין פּאָליטישן וועג מיט אינטערעסע אין דער מאָדערנער געזעלשאַפט פון צענטראַל און מערב אייראָפּע. זיין רייץ צו לעזן די וועלט'ס פּראָבלעמען האָט אים צוגעברענגט צו אַגיטירן פאַר'ן 'אידישן פּראָבלעם' און אַנטיסעמיטיזם, אָבער זיין צענטראַלער ציל איז פאַרבליבן צו ווערן פאַררעכנט ווי אַ געלונגענער אַקטיוויסט אין דער מאָדערנער געשיכטע.

צווישן די שורות פון זיינע שפּעטערדיגע ביכער "יודנשטאַט" און "אַלטנוילנד", איז קענטיג אַז זיין טרוים איז נישט געווען געצילט אַז די אידן זאָלן באַפרייט ווערן פון אַנטיסעמיטיזם, נאָר אַז די אידן זאָלן ווערן 'נאָרמאַלע' מענטשן; זיך פאַרבעסערן; דעמאָקראַטיזירן די אידישע הנהגה; זיין פּראָדוקטיוו; איינפירן סאָציאַליזם וכו'. לויט זיין פאָרשלאַג וועט דער ציוני'סטישער פאָן סימבאָליזירן סאָציאַלישע עלעמענטן. דאָס איז געווען זיין ענד-ציל און מטרה, אַז דער איד זאָל ווערן אַ פאָלנער אייראָפּעער.

זיין מיסיע איז געווען צו גרינדן אַן אויפגעקלערטע אידישע געזעלשאַפט אַלס מוסטער פאַר דער גאַנצער וועלט (אַ "חברת מופת")[10]. די אידישע 'לעזונג' האָט אים געברענט נישט ווייל אידישקייט אין אַלגעמיין האָט אים פאַראינטערעסירט[11], נאָר וויבאַלד דער איד איז געווען אַן ערנסטער 'פּראָבלעם' אויך פאַר דער אייראָפּעאישער באַפעלקערונג. דאָס איז אין זיינע אויגן געווען אַ גלאָבאַלער קריזיס וואָס איז נוגע דאָס גאַנצע מענטשהייט, נישט בלויז אידן.

הערצל'ס ציל איז אַלזאָ דירעקט נישט געווען די טובה פון דער אידישער באַפעלקערונג, נאָר גאָר די טובה פון די גוים און די טובה פון אייראָפּע. ער האָט געהאַלטן אַז די אידן זענען ווי אַ דאָרן ביי די גוים און מען דאַרף זיי טראַנספּאָרטירן ערגעץ-וואו און לאָזן די גוים לעבן רואיג.[12]

אַזוי טוט ער דייטליך באַטאָנען אין זיין טאָגבוך:

"די אַנטיסעמיטן זענעןווירקליך גערעכט. זיי זענען גערעכט ביז צו דער ענדע ווייל דאָס איז ריכטיג. מען האָט נישט געקענט פון זיי ערוואַרטן אַז זיי זאָלן מסכים זיין צו טראָגן אונזער עול אין מיליטער, געמיינדע-פירערשאַפט און מסחר, אַלס דאַנק דערפאַר וואָס זיי האָבן אונז געעפנט מיט גוטסקייט די טויערן פון די געטאָס... דערמיט וואָס מיר

10) טאג-בוך פאריס 16 ביוני 1895: "...מדינת היהודים תהיה דבר מיוחד במינו, ארץ שבע השעות לא תהיה רק **ארץ המופת של נסיונות חברתיים**, לא רק בית גנזים לשכיות חמדה, היא תהיה גם **ארץ פלא בקרב התרבויות.** היא תהיה יעד לבני התרבות שיבואו לבקר אותנו כשם שבאים ללורד, למכה, לסדיגורה...".

11) טאג-בוך, פאריס 16 ביוני 1895: "נכון שבעבר היא (דהיינו שאלת היהודים) לא היתה מנת חלקי. היותי יהודי, אבל אגיד: זה היה מונח מתחת לסף הכרתי".

12) טאג-בוך, פאריס 14 ביוני 1895: "שם נוכל לחיות בשלום עם העולם כולו, **שאותו נשחרר בשחרורנו**". ושם 16 ביוני 1895: "מדינת היהודים היא צורך העולם".

וועלן זיי פטר'ן פון אונזער אָנוועזנהייט, וועלן מיר זיי אויך באַפרייען פון די קייטן פון דער מיטל-אַלטער עפּאָכע... די פעלקער וועלן אָפּאָטעמען מיט דערלייכטערונג, און אַזוי אויך אונז...״[13]

אָט דער וויסטער פאַרשוין, וואָס האָט פיינט געהאַט און זיך געשעמט מיט זיינע אידישע ברידער, נישט ווייניגער ווי די אַנטיסעמיטן און שונאי ישראל אין אַלע דורות, איז גאָר פאַרוואַנדלט געוואָרן אַלס דער 'העלפער' און 'אויסלייזער' פון אידישן פאָלק.

דער פאַלשער אויסלייזער

אויף דעם רשע'ס פריוואַטע גאוה און רום האָט געשפילט אַ גרויסע ראָלע אין זיין אַקטיווער אַרבעט דורכאויס די קומענדיגע עטליכע יאָר צו אָרגאַניזירן און גרינדן דאָס ציונות. הערצל האָט געזען פאַר זיך די געלעגנהייט צו באַהערשן דעם אונטערדריקטן אידישן פאָלק און פאַרוואַנדלט ווערן אַלס זייער 'פירער' און 'העלפער' וואָס לייזט זיי אויס פון אַלע פּראָבלעמען.

הערצל האָט געוואָלט אויספירן זיינע רעיונות פאַר יעדן פרייז, מיינענדיג דערמיט זיין אייגענעם כבוד, טומאה און איגאָ. ער איז פאַרכאַפּט געוואָרן אין אַ שגעון פון גאוה און זעלבסט-באַרימעריי ווי ער שרייבט: ״איך קלער אַז מיין נאָמען וועט ווערן געדענקט צווישן די וואָס האָבן דאָס מערסטע גוטס געטון צו דער מענטשהייט.״[14]

ווערנדיג געטריבן פון אינערליכע אַמביציעס און אַ שטאַרקן דראַנג צו גרויסקייט און רום, האָט ער זיך שוין פאָרגעשטעלט אין דמיון זיין גרויסן כבוד אַלס ״קעניג פון די אידן״. ער האָט געלאָזט דעמאָלטס פאַלן די מאָדנע ווערטער: ״אין מיין יאָרגאַנג איז אויך נאַפּאָלעאָן געוואָרן קייסער,״[15] און דרוקט זיך ווייטער אויס מיט זעלבסט-באַרימעריי: ״מעגליך אַז דאָס איז די מערסט-אינטערסאַנטסטע זאַך פון אַלעם וואָס איך שרייב אין מיינע ביכער, וויאַזוי ס'איז אַרויסגעוואַקסן די 'לעגענדע' אַרום מיר.״[16]

---

13) פאריס 14 ביוני 1895, מתוך נאום לפני מועצת המשפחה של הרוטשילדים: ״למחרת תפשוט הבשורה בכל העולם: שלום! שלום ליהודים, ניצחון לנוצרים. אנו חייבים לכרות שלום כי אין בכוחנו עוד להילחם... אכן צדקו האנטישמים... הם צדקו עד הסוף, כי הצדק היה אתם, לא היה אפשר לצפות מהם שיסכימו לשאת את עולנו בצבא, במנהל הציבורי ובמסחר למינהו, כאות תודה על כך שפתחו לפנינו בנדיבות את שערי הגטו כו'. בכך שאנו פוטרים אותם מנוכחותנו אנו מתירים גם אותם מכבלי ימי הביניים כו' חטאי אבותיהם אינם צריכים לרבות עליהם. מחילה, שלום, התפייסות בעולם כולו, ומיד מורגשת ההקלה, ממעמדות הביניים מתנקזים מיד המשכילים הבינוניים שייצרנו בשפע העובר על גדותיו, הם מתנקזים אל המוסדות הראשונים שלנו כו' העמים ינשמו לרווחה, אבל גם אנחנו״.

14) טאג-בוך, פאריס 16 ביוני 1895: ״אני סבור שיזכירו את שמי כאחד המיטיבים הגדולים ביותר של המין האנושי״.

15) מעריב, כ״ב שבט תשנ״ז.

16) טאג-בוך זייטן 486.

קאַפּיטל ט"ז

יודענשטאַט, די דורכגעפאַלענע 'לעזונג'

שוואַכע ערפאָלג ביי אידישע פילאַנטראָפּן

מיט ענערגיע האָט הערצל זיך געוואָנדן צו פאַרשידענע באַרימטע פיגורן פאָרצושלאָגן זיינע פרישע פלענער פאַר'ן אידישן פאָלק. צוערשט האָט ער פּרובירט אָנצוקלאַפּן דעם טויער ביים באַקאַנטן באַראָן דשעימס ראָטשילד פון דייטשלאַנד, וועלכער איז געווען באַרימט מיט זיינע פילאַנטראָפּישע נדבות, אָבער יענער האָט זיך באַצויגן מיט זלזול צו הערצל'ס אָריגינעלע רעיונות. דאָס זעלבע האָט ער זיך אָנגעשטויסן אין אַ דורכפאַל ווען ער האָט פּרובירט זיין מזל ביים באַראָן מאָריס הירש, וועלכער האָט אויך נישט אַרויסגעוויזן אינטערעסע צו זיינע געדאַנקען.

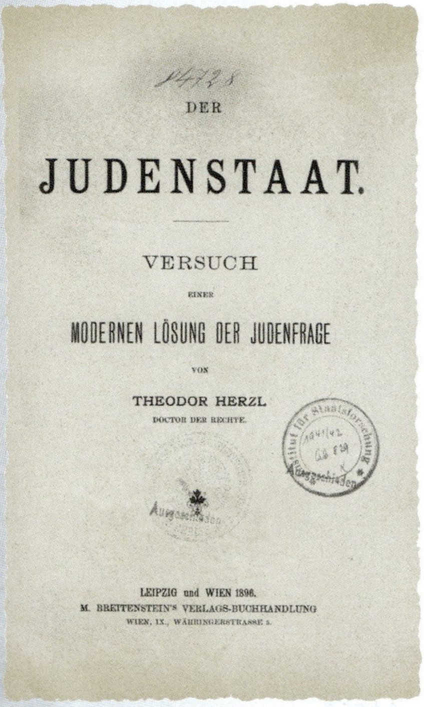
DER
JUDENSTAAT.
VERSUCH
EINER
MODERNEN LÖSUNG DER JUDENFRAGE
VON
THEODOR HERZL
DOCTOR DER RECHTE.
LEIPZIG und WIEN 1896.
M. BREITENSTEIN'S VERLAGS-BUCHHANDLUNG
WIEN, IX., WÄHRINGERSTRASSE 5.

דער יודענשטאַט

פון אַנטוישונג האָט הערצל באַשלאָסן זיך צו ווענדן צום ברייטן פּובליקום מיט אַ העפט, וואו ס'זאָל דעטאַלירט באַשריבן און ערקלערט ווערן זיינע רויע פלענער פון אַ אידיש לאַנד. דעמאָלטס האָט ער אָנגעהויבן שרייבן דעם "דער יודענשטאַט", אַ בוך וואָס האָט צום ערשטן מאָל פאָרגעשטעלט דעם ציוני'סטישן געדאַנק אין אירע אַלע קאָלירן.

"דער יודענשטאַט"

הערצל איז אַריינגעפאַלן אין אַ גאוה'דיגן טירוף שרייבנדיג דאָס בוך, וואו ער שילדערט די ציוני'סטישע אידעאָלאָגיע, מיט דער האָפענונג אַז דאָס וועט אים באַרימט און גרויס מאַכן אומעטום. ער שרייבט: "איך געדענק נישט ביי קיינעם

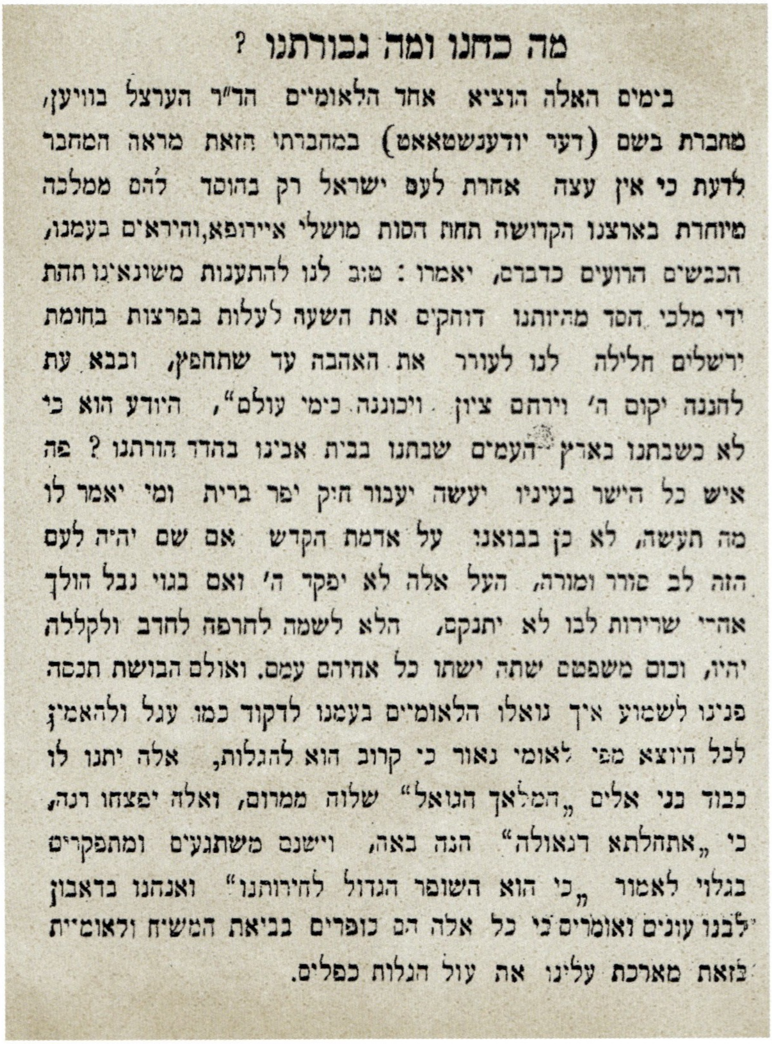
מה כחנו ומה גבורתנו ?

בימים האלה הוציא אחד הלאומיים הד"ר הערצל בוויען, מחברת בשם (דער יודענשטאאט) במחברתו הזאת מראה המחבר לדעת כי אין עצה אחרת לעם ישראל רק בהוסד להם ממלכה מיוחדת בארצנו הקדושה תחת הסות מושלי איירופא, והיראים בעמנו, הכבשים הרועים כדברם, יאמרו: טוב לנו להתעגות משונאינו תחת ידי מלכי הסד מהיותנו דוחקים את השעה לעלות בפרצות בחומת ירשלים חלילה לנו לעורר את האהבה עד שתחפץ, ובבא עת להננה יקום ה' וירחם ציון ויכוננה כימי עולם", היודע הוא כי לא כשבתנו בארץ העמים שבתנו בבית אבינו בהדר הורתנו ? פה איש כל הישר בעיניו יעשה יעבור חוק יפר ברית ומי יאמר לו מה תעשה, לא כן בבואנו על אדמת הקדש אם שם יהיה לעם הזה לב סורר ומורה, העל אלה לא יפקד ה' ואם בגוי נבל הולך אחרי שרירות לבו לא יתנקם, הלא לשמה לחרפה לחרב ולקללה יהיו, וכוס משפטם ישתה ישתו כל אחיהם עמם. ואולם הבושת תכסה פנינו לשמוע איך גואלו הלאומיים בעמנו לדקוד כמו עגל ולהאמין לכל היוצא מפי לאומי נאור כי קרוב הוא להגלות, אלה יתנו לו כבוד בני אלים „המלאך הגואל" שלוה ממרום, ואלה יפצחו רנה, כי „אתחלתא דגאולה" הנה באה, ויישנם משתגעים ומתפקרים בגלוי לאמור „כי הוא השופר הגדול לחירותנו" ואנחנו בדאבון לבנו עונים ואומרים כי כל אלה הם כופרים בביאת המשיח ולאומיות בזאת מארכת עלינו את עול הגלות כפלים.

די פרומע צייטונג "קול מחזיקי הדת" אין גאליציע אין א לענגערע מאמר נאך די ערשיינונג פון "דער יודענטשאט" צייגט אן אז די פלענער פון הערצל זענען פארבינדן מיט דחיקת הקץ און כפירה בביאת המשיח

פון מיינע שריפטן ווען איך האָב געשריבן מיט אַזאַ סאָרט געפיל. כ'האָב געשפירט ווי איך הער שעפשענישן פון פליגלען העכער מיין קאָפּ אין דער צייט וואָס כ'האָב געשריבן דאָס בוך. כ'האָב געאַרבעט דערויף ווילאַנג איך בין אַנידערגעפאַלן אָפּגעשוואַכט." דער כח הטומאה אינאיינעם מיט אַ שגעון פון גדלות האָט געבוזשעוועט אין דעם רשע אויף אַ זינלאָזן פאַרנעם.

אין דעם בוך ווערן אַראָפּגעשטעלט די טריפה'נע גרונד-פרינציפּן פון דער ציוני'סטישער אידעאָלאָגיע, וואו הערצל שלאָגט פאָר זיין 'לעזונג' פאַר'ן פאָלק. ער רעקאָמענדירט צו פאַרהאַנדלען מיט די רעגירונגען און הערשאַפטן אַוועקצוגעבן פאַר אידן אַ לאַנד, וואו זיי זאָלן וואוינען אינאיינעם און דאָרט רעגירן אונטער אַן אייגענער הערשאַפט.

אין די ערשטע פאַזעס פון ציונות איז הערצל נאָכנישט געווען אַנטשלאָסן וואו דאָס נייע אידישע לאַנד זאָל אויפגעשטעלט ווערן. אין זיין בוך שלאָגט ער פאָר צוויי ערטער: אַרגענטינע אָדער ארץ ישראל. הערשט שפּעטער האָט די ציוני'סטישע באַוועגונג איינגעזען אַז ארץ ישראל וועט בעסער דינען זייער מאָטיוון אויפצופלאַמען די געפילן פון אידן אַלוועלטליך און זיי אָנשליסן אין דער באַוועגונג.

דאָס בוך "יודענשטאַט" איז שטאַרק אויפגעכאַפּט און פאַרשפּרייט געוואָרן אין מערערע שפּראַכן און לענדער, האָבנדיג אַ ווייטן אָפּקלאַנג. עס איז געווען דער ערשטער סוקסעספולער שריט פאַר'ן רעיון הציונות, וואָס האָט געמאַכט פּאָפּולער דעם געדאַנק פון אַן אייגן לאַנד צווישן די ברייטע אידישע מאַסן.

אַגיטאַציע צו באַקומען אַ "טשאַרטער"

הערצל האָט מיט דעם בוך ערמעגליכט דעם ערשטן ווירקזאַמען שאָס פאַר דער ציוני'סטישער אידעאָלאָגיע, וואָס האָט אָפיציעל פאָרגעשלאָגן אַז דאָס אידישע פאָלק דאַרף זוכן אַן אינטערנאַציאָנאַלע באַשטעטיגונג (גערופן אַ "טשאַרטער") פון די וועלט'ס פעלקער אויף די רעכטן פון די אידן צו רעגירן און האָבן די הערשאַפט איבער ארץ ישראל.

הערצל האָט אין גרונד געהאַט אַ קאָנפליקט מיט די "חובבי ציון" וואָס האָבן געמוטיגט עליות קיין ארץ ישראל צו באַאַרבעטן די פעלדער און באַזעצן אירע באָדנס. ער האָט געהאַלטן אַז איידער מען פאָרט אַרויף באַזעצן ארץ ישראל איז צוערשט וויכטיג צו ערהאַלטן אַ פּאָליטישן כח וואָס וועט געבן די רעכט אויף ארץ ישראל פאַר'ן אידישן פאָלק, און בלויז נאָכ'ן ערהאַלטן אַזאַ געזעצליכע פאַרזיכערונג וועט מען קענען אָנהויבן אָרגאַניזירן עליות.

לויט זיין פאַרקרימטער מיינונג וואָלט אַזאַ פּלאַן ענדגילטיג געלעזט די אידן-פראַגע און אָפּגעשאַפן אַנטיסעמיטיזם, וויבאַלד די אידן וועלן מער נישט וואוינען צווישן די גוים און וועלן זיצן רואיג אין זייער אייגן לאַנד. הערצל האָט געזען אין דער געלעגנהייט אַלס אַ גלענצענדער שריט צו הייבן זיין פּרעסטיזש און רום אַלס דער "אויסלייזער פון אידן" רח"ל און אַלס דער מאַן וואָס האָט ענדליך געטראָפן דעם פּאַסיגן אויסוועג וויאַזוי צו ענדיגן אַנטיסעמיטיזם וואָס שטערט אידן זיך איינצוגלידערן צווישן די גוי'אישע פעלקער.

למה זה אתם עוברים את פי ה׳ והוא לא תצלח

ס׳איז איבעריג צו באַטאָנען דעם אומבאַגרעניצטן דורכפאַל פונעם זינלאָזן און פאַלשן "חזון" פון דעם רשע, וועלכער האָט געזוכט איבערצוקלוגן דעם גזירת הגלות און באַקעמפן די הימלישע הנהגה וואָס האָט אונז געשיקט אין גלות. דער טרוקענער פאַקט האָט באַוויזן אַז זיין 'אידן-פראַגע' איז נאָך ביז'ן היינטיגן טאָג נישט געוואָרן געלעזט, אויך נאָך צענדליגער יאָרן וואָס די ציוני'סטישע מדינה עקזיסטירט שוין.

אדרבא, פונקט קאַפויער, דאָס ציונות איז היינט די צענטראַלע סיבה וואָס ווערט גענוצט אויפצופלאַמען שנאת ישראל איבער דער גאַנצער וועלט, אפילו אין אַזעלכע לענדער וואו אַנטיסעמיטיזם איז קיינמאָל נישט געווען שטאַרק, ווי צב"ש אין די אַראַבישע לענדער וואו אידן האָבן געלעבט הונדערטער יאָרן מיט רעלאַטיווער מנוחה, אָדער אין די לענדער אין וייטן מזרח-אַזיע וואו אידן האָבן קיינמאָל נישט געוואוינט, וואו ס'איז אַנטשטאַנען אַ פלייץ פון שנאת ישראל וואָס באַדראָעט יעדן איד איבער דער גאָרער וועלט.

עס איז נישט קיין צופאַל אַז פונקט ארץ ישראל, וואו ער האָט געפלאַנט אויסצומעקן דעם געפאַרפולן צושטאַנד וואָס באַדראָעט אידן אין גלות דורכ'ן גרינדן אַ 'אידישע' מדינה, דוקא צווישן אירע גרעניצן, איז די לעצטע צענדליגער יאָרן פאַרוואַנדלט געוואָרן אַלס דער גרעסטער מקום סכנה פאַר אידן איבער דער גאַנצער וועלט. נאָכמער, צוזאמען נעמען אלע אידן אויף איין פלאץ איז די וואונטש פון שונאי ישראל צו קענען פטור ווערן פון אלע אידן אויף איינמאל.

עס איז כדאי צו דערמאנען די ווערטער פון חז"ל אין מס' פסחים (דף פז:):

"אמר רבי אושעיא מאי דכתיב (שופטים ה יא) **צדקת פרזונו בישראל, צדקה עשה הקב"ה בישראל שפזרן לבין האומות, והיינו דא"ל ההוא מינא לר' חנינא אנן מעלינן מינייכו כתיב בכו כי ששת חדשים ישב שם וגו' ואילו אנן איתינכו גבן כמה שני ולא קא עבדינן לכו מידי. אמר לו רצונך יטפל לך תלמיד אחד, נטפל ליה ר' אושעיא, א"ל משום דלא ידעיתו היכי תעבדו, תכלינן כולהו ליתנהו גבייכו, מאי דאיכא גבייכו קרי לכו מלכותא קטיעתא, אמר ליה גפא דרומאי בהא נחתינן ובהא סלקינן".**

אין אידישער איבערזעצונג:

"רבי אושעיא זאגט, וואס מיינט דער פסוק "צדקת פרזונו בישראל"? דער אויבערשטער האט געטון א צדקה מיט די אידן אז ער האט זיי צושפרייט צווישן די פעלקער, און דאס איז וואס רבי אושעיא האט געזאגט פאר א גוי'אישן מין: "[דאס נישט אויסראטן די אידן איז בלויז] ווייל איר ווייסט נישט וויאזוי דאס צו מאכן. אומצוברענגען אונז אלע קענט איר נישט, ווייל נישט אלע אידן וואוינען אונטער ענקער הערשאפט, אומצוברענגען נאר א חלק פון אונז, וועט מען אייך רופן א צעהאקטע מלוכה". האט דער מין געענטפערט: "איך שווער ביים רוימישן אפגאט, אז אקוראט דאס [איז די סיבה פארוואס מיר טוען עס נישט]".

דאס ציונות האט זיך פארמאסטן יא צוזאמצונעמען אלע אידן אויף איין פלאץ, צי ס'איז ארגענטינע אדער ארץ ישראל אא"וו, און דאס איז א באזונדערע שרעקליכע סכנה וואס נעמט אוועק די צדקה וואס דער אויבערשטער האט געטון מיט אידן אונז צו צעשפרייטן צווישן מערערע פעלקער. אפילו בגשמיות איז כסדר מערקווירדיג דעם שטארקן פיזישן געפאר פון צוזאמנעמען אלע אידן אויף איין פלאץ, וואו די רשעים קענען זיי חלילה דערגרייכן מיט איין אויסגערעכנטער אטאקע, היל"ת.

דייקא דער פלאן פון השי"ת פון צעשפרייטן אידן איבער די גאנצע וועלט, דאס טוט ראטעווען אידן, און דאס איז טאקע איינס פון די הימלישע טעמים אויף דעם גזירת הגלות. אדאנק דעם זענען מיר פארבליבן א פאלק אויך נאך א נאנט צו 2,000 יעריגן גלות.

ווי דער פאַקט צייגט, האָט די 'לעזונג' פון די אפיקורסים נישט נאָר זיך אַרויסגעשטעלט צו זיין אַ קאַלאָסאַלער דורכפאַל, נאָר דוקא אָט די 'לעזונג' זעלבסט האָט זיך ערוואָרבן דעם אויבן-אָן אַלס דער ערשטער און הויפט גורם פאַר'ן 'מאָדערנעם' אַנטיסעמיטיזם פון 21'סטן יאָר-הונדערט למספרם, קעגן אידישע קינדער בכל רחבי תבל. דער פלאַן וואָס האָט געזאָלט - לויט די ציוני'סטישע גרינדער - ברענגען מנוחה פאַר'ן אידישן פאָלק, האָט אין פאַקט געברענגט גענוי דאָס פאַרקערטע און אָנגעצונדן אַ קוואַל פון שנאת ישראל וואָס באַגלייט ליידער אידן אומעטום.

די כופרים האָבן געקלערט אַז זיי וועלן באַקעמפן דעם גזירת ה' מיט דער אייגענער פויסט און וועלן באַווייזן זיך צו נעמען דעם גורל אין די אייגענע הענט, אָבער צום

גרויסן אבסורד איז די ציוני'סטישע אידעע איבערגעדרייט געוואָרן אַלס די נומער איינס שטרויכלונג און אַ צענטער פון געפאַה, נישט נאָר פאַר די איינוואוינער פון ארצינו הק', נאָר זאָגאַר פאַר יעדער אידישער געמיינדע איבער דער גאַנצער וועלט רח"ל.

אויב אידישע בתי מדרשים און צענטערן איבער דער וועלט זענען אָנגעוויזן אויף אַ שטענדיגער וואַך קעגן שונאי ישראל; אויב איז דער איד פאַרוואַנדלט געוואָרן אַלס אַ ציל-ברעט פאַר רוצחי'שע הענט פון טעראָריסטישע באַנדעס; אויב ווערן אַלע צרות פון דער וועלט אָנגעלייגט אויף דעם איד, איז דאָס אַלעס אָן קיין צווייפל בלויז צו פאַרדאַנקן די 'לעזונג' וואָס האָט זיך געוואָלט איבערקלוגן אויפ'ן גזירת ה' דורך זיך פרובירן אַליינס אויסצולייזן.

קאַפּיטל י"ז

הערצל'ס אַגענדע: מוטיגן אַנטיסעמיטיזם

פון דער ערשטער מינוט וואָס ציונות איז געבוירן געוואָרן, האָבן אירע גרינדער, וואָס בלויז דער פּערזענליכער כבוד און דאס איינגעלידערן אידן צווישן די וועלט פעלקער איז זיי געשטאַנען פאַר די אויגן, געוואָרפן איבער'ן דראַנג דאָס אידישע פאָלק און זיך נישט צופיל גערעכנט מיט זייערע אינטערעסן אויב האָט דאָס עטוואָס אויסגעפעלט פאַר זייערע אַגענדעס.

הערצל שר"י, דער אַזוי-גערופענער 'פּאַרזעער' (חוזה) פון דער מדינה, איז געווען גאָר ווייט פאַרפרעמדעט פון כלל ישראל, פיל מער ווי אַן איינפאַכער אפיקורס. ער האָט מיט זיך געטראָגן אַ וויסטע און טיפע אַמביציע אויסצופירן דעם "ככל הגוים בית ישראל" פאַר יעדן פרייז. זיינע פלענער זענען געשטאַנען ביים אים אַלס העכסטער ציל, און ער האָט זיך ווייניג וואָס געקימערט איבער אידישע לעבנס און בלוט. אידן זענען געווען אין די אויגן פון דעם רשע און זיינע קאָלעגע-פריינט, ווי קאַנאָנען-פלייש אויסצופירן זייערע ביליגע אַגענדעס צו באַרימט ווערן אַלס 'די אויסלייזער פון אידן' ל"ע, און אויסמעקן דעם "אידישן פלעק".[1]

זייער הויפּט שטרעבן איז געווען גענצליך איבערצוטוישן און צונישט מאַכן חלילה דעם "אשר בחר בנו מכל העמים ונתן לנו את תורתו". דאָס איז אַ שטיקל ערקלערונג וויאַזוי עס איז מעגליך אַז ס'האָט זיי בכלל נישט אינטערעסירט דאָס וואוילזיין פון כלל ישראל. פאַרקערט, זיי זענען גרייט געווען און האָבן פאַקטיש מפקיר געווען דאָס אידישע פאָלק פאַר זייערע ענגע אינטערעסן.

1) ווי עס האט מעיד געווען אויף אים דער ערשטער ראש הכופרים בן גריון שר"י: "מוצאו של הרצל היה מעולמו של הלא יהודי, היו בו ההעזה והחזון להבחין בכך שסבלם של היהודים עשוי היה לשמש כדרבן לתחייתו של העם". (משה פערלמאן - "זכרונות מפי בן גוריון")

וואָס הערצל זעלבסט שרייבט

אין זיין טאָג-בוך שרייבט הערצל אַרויס אַז ער וויל אידן זאָלן ליידן רדיפות כדי זיי זאָלן זיך אַסימילירן, ווי פאָלגנד:

"עס איז וויכטיג אַז די ליידן פון די אידן זאָלן ערגער ווערן... עס וועט העלפן צו דער פאַרווירקליכונג פון אונזערע פלענער... איך האָב אַ גלענצנדן געדאַנק... איך זאָל אָנרייצן אַנטיסעמיטן צו ליקווידירן די אידישע אייגנטומען... די אַנטיסעמיטן וועלן אַרויסהעלפן דערמיט, דאַרונטער וועלן זיי שטאַרקן די אונטערדרוקונגען און רדיפות פון די אידן. די אַנטיסעמיטן דאַרפן זיין אונזערע בעסטע פריינט[2]."

אין אַ צווייטן אָרט שרייבט ער:

"אַנטיסעמיטיזם, וואָס איז אַ טיף-איינגעבויטער כח אונטער די געדאַנקען פון די מאַסן, וועט נישט שעדיגן די אידן. איך האַלט פאַקטיש אַז עס וועט ברענגען ניצן אויפצובויען די אידנ'ס כאַראַקטער און ערציאונג פון די מאַסן וואָס וועט פירן צו אַסימילאַציע. די ערציאונג קען בלויז פאַסירן דורך ליידן, און די אידן וועלן זיך צופאַסן דערצו[3]."

דאָס שרייבט דער אַזוי-גערופענער 'אידן באַשיצער'! און דאָס זענען ווירקליך געווען די אַנשויאונגען אויף וואָס ציונות האָט זיך געבויט און געוואַקסן. שנאת ישראל און אַנטיסעמיטיזם איז זינט דאַן געוואָרן אַ געצייג אין די הענט פון די ציוני'סטישע גרופעס, דערמיט צו צווינגען אידישע קינדער זיי זאָלן מוזן איבערלאָזן די גלות-לענדער און איינשטימען אַרויפצוקומען זיך באַזעצן אין דער נייער אידישער שטאַט[4].

הערצל און זיינע פאַרבינדעטע האָבן געהאַסט זייער פאָלק און זיך געשעמט מיט זייער אידישן אָפּשטאַם און שייכות. צוליב דעם האָבן זיי מיט אַלע קרעפטן געשטרעבט איבערצוטוישן דעם איד, 'קולטוריזירן' דאָס פאָלק און אַראָפּנעמען פון זיך זעלבסט דעם אידישן 'פלעק' וואָס האָט זיי באַגלייט, טראָץ זייער ווילן זיך צו אַסימילירן.

2) ערשטער טייל, זייט 16.

3) ערשטער טייל, זייט 68.

4) עס איז טראגי-קאמיש צוצוקוקן נאך ביז'ן סאמע היינטיגן טאג, ווען כסדר טוען די ציוני'סטישע אגרעסיעס און זייערע קריגערייען, צי ס'איז מיט זייערע אראבישע שכנים צי מיט די רעגירונגען פון אלע וועלט-לענדער, אויפרייצן און העכערן דאס שנאת ישראל איבער דער גארער וועלט, און ווען אידישע געמיינדעס ווערן אטאקירט פון איין עק וועלט צו דער אנדערער אדאנק דעם ציוני'סטישן הפקירות, נוצן זיי דאס זעלבסט אויס אלס מיטל אויפצופלאקערן די אידישע געמיטער אין די ארטיגע לענדער צו מאכן אן 'עליה' און זיך גיין באזעצן אין מדינת ישראל.

מ'זעט קליפ און קלאר אז די ציוני'סטישע ווירטשאפט האט נישט קיין שום פראבלעם מיט'ן פאקט אז זייערע אקטן רופן זיך אפ אויף אידישע געמיינדעס איבעראל, אריינגערעכנט אייראפע און אמעריקע, נאר אדרבא, זיי זוכן גאר צו קאפיטאליזירן דערויף פאר ביליגע פראפאגאנדע צוועקן.

דאָס גרינדן אַ אידישע שטאַט איז אַלזאָ געווען דאָס מיטל וויאַזוי צו עררייכן זייער שטרעבונג און ציל, אויסצומעקן דאָס אָריגינעלע אידישע פאָלק און דאָס פאַרטוישן אַלס אַ נאַציאָן גלייך ווי אַלע אַנדערע פעלקער וועמען זיי האָבן אַזוי רעספּעקטירט און מקנא געווען.

פיינטליכע העצע קעגן אייגענע ברידער

דער אָפענער האַס פון הערצל צו זיינע אידישע ברידער קומט צום אויסדרוק מערערע מאָל אין זיינע שריפטן. אין אַרטיקלען וואָס ער האָט געשריבן דורכאויס די יאָרן ווען ער האָט געאַרבעט פאַר זיינע פלענער צו גרינדן אַ אידישע שטאַט, באַציט ער זיך מיט עקל צו די איינפאַכע 'עמך אידן' וועלכע ליידן אונטער די גוי'אישע רעזשימען און צו דער זעלבער צייט שפייט ער אויך אויס זיינע אַנטיסעמיטישע אַנשויאונגען אַז די רייכע אידן זענען די וואָס זייען אָן שנאת ישראל מיט זייער רייכטום. מיט דעם האָט הערצל אָפן פובליצירט און פאַרשפרייט אַנטיסעמיטיזם וואָס האָט בלויז געגעבן פאַר די שונאי ישראל דעם שווערד אין דער האַנט אָנצוזייען פאָגראָמען און אַטאַקעס אויף אידן, אומגעצוימט.

אין אַן אַרטיקל וואָס הערצל האָט פאַרעפנטליכט אין דער דייטשער צייטונג "דוייצצטום", וואָס איז געליינט געוואָרן דורך טויזנטער דייטשע בירגער, שרייבט ער קלאַסישע אַנטיסעמיטישע לאָזונגען, ווי פאָלגנד:

"די רייכע אידן געוועלטיגן אויף דער וועלט. אין זייער הענט ליגט דער גורל פון די רעגירונגען און הערשאפטן. זיי רייצן אויף לענדער איינע קעגן צווייטן, און אויף זייער באַשלוס מאַכן רעגירונגען שלום צווישן זיך. ווען די אידישע עשירים זינגען, דאַן טוען די פעלקער און פירער טאַנצן, און דערווייל ווערן די אידן רייך[5]."

אויך אין זיינע טאָג-ביכער שרייבט ער די פאָלגנדע ווערטער פון וועלכע עס שפייט גרויליגע שנאה אויף אידן:

"דער אַנטיסעמיטיזם איז געוואַקסן און דערמיט אויך איך. די אידן-פראַגע האָט מיך שטאַרק געטראָפן. ס'איז געווען אַ צייט ווען איך האָב געזוכט זיך אַרויסצודרייען פון איר, דורך מיין אייגענעם ווילן, מעגליך צום קריסטנטום, אָדער צו יעדער אַנדער אָרט. איך בין דאַן געווען אַן איינפאַכער שרייבער און די אידישע פראַגע האָט מיך נאָכגעלאָקערט אין יעדן ווינקל. כ'האָב געקרעכצט און געשפעט דערפון און זיך געשפירט זייער שלעכט. ס'איז מיר דאַן בייגעפאַלן צו שרייבן אַ ביכל וואָס זאָל

5) רוח מזרחית עזה, שלומית ליר, "חטאי אבות: על האנטישמיות הסמויה של הרצל ובן גוריון".

שילדערן דעם גרויסן דיפערענץ צווישן די אַלגעמיינע ליידנדע אידישע אָרעמעלייט וועלכע ווערן אָפּגעשפּעט, און די אידישע עשירים, די וואָס שפּירן בכלל נישט דעם אַנטיסעמיטיזם, טראָצדעם וואָס זיי זענען דער הויפּט אורזאַך דערצו[6].״

אויף אַן אַנדער אָרט שרייבט ער מיט אָפענער האַס:

״נורדאו (זיין נאָנטער ראַטגעבער) **זאָגט, אַז איידער מיר וועלן גרינדן אַ אידישע מדינה דאַרפן מיר זאָרגן אַז די מזרח-אייראָפּעאישע אידן זאָלן אויסרוימען די לייז פון זייערע קליידער און די שמוץ פון זייערע קערפּער[7].״**

זיין שנאה צום אידישן פאָלק, זייט-ביי-זייט מיט זיין שעצונג צו די קריסטליכע גייסטליכע, דרוקט ער אויס מיט די פאָלגענדע טמא׳נע ווערטער:

״די קאַטוילישע גלחים זענען אויף דער העכסטער שטופע, וויבאַלד זיי זענען נישט אַזוי גלוסטיג נאָך געלט. די איינפאַכע קריסטן זענען בעסער ווי די אידישע רבנים.״ עפרא לפומי׳[8].

און נאָך אַ ׳פּערל-וואָרט׳ פון דעם רשע:

״פאַרשטענדליך אַז מיר דאַרפן געדענקן אַראָפּצוואַרפן פון זיך די עטליכע שלעכטע אידישע אייגנשאַפטן, ווי די אידישע שפּראַך, דאָס מקיים זיין די מצוות און די מנהגים, און איבערהויפּט דאָס אויסנוצעריי (פּאַראַזיטישקייט) **פון אידן[9].״**

וויפיל בייזע שנאת הדת און שנאת ישראל שפּראָצט אַרויס פון די שורות! דאס איידל, באַשיידן און ריין לעבן פון אידישע קינדער, בני קל חי, האט געגרוילט פאַר די טמאים.

הערצל האָט די, און ענליכע פּראָזן, פּובליצירט, נישט אין לשון הקודש, (אַ שפּראַך וואָס ער האָט בכלל נישט באַזיצט, זייענדיג אַ שטודירטער יונג, אָן דאָס מינדסטע שייכות צו זיין פאָלק) און נישט אין אין דער אידישער מאַמע-לשון, נאָר אין ריינער דויטש. די ווערטער זענען געשריבן געוואָרן און פאַרעפנטליכט געוואָרן פאַר׳ן ברייטן פּובליקום. די אַנטיסעמיטן און שונאי ישראל האָבן זיך דערמיט פאַסמאַקעוועט, און די אַרטיקלען פון דער ציוני׳סטישער פירערשאַפט וועלכע זענען ערשינען אין די דייטשע צייטונגען זענען מיט דורשט געשלונגען געוואָרן דורך די ליינער און האָבן געטון דאָס זייעריגע אויפצוהעצן די מאַסן קעגן די אידישע בירגער, אַ פאַקט וואָס האָט העכסט-וואַרשיינליך

6) כתבי הרצל, כרך ב׳, טאָג-בוך, פּריז, אביב תרנ״ה (1895) סמוך לשבועות.

7) רוח מזרחית עזה, שלומית ליר, ״חטאי אבות: על האנישמיות הסמויה של הרצל ובן גוריון״.

8) דו שבועון ׳תמורה׳ מס׳ 2 זייטן 13-12.

9) הועתק ב״הרצל והציונות״.

צוגעשפּילט צום אויפשטייג פון אַנטיסעמיטיזם אין מזרח-אייראָפּע, אַ באַוועגונג וועלכע האָט זיך געענדיגט מיט'ן גרעסטן בלוט-באָד אין דער אידישער היסטאָריע בלויז עטליכע צענדליגער יאָרן שפּעטער ביים ביטערן חורבן אייראָפּע.

קאָלאָבאַרירט מיט אַנטיסעמיטן

הערצל, וואָס האָט געזען אין אַנטיסעמיטיזם דעם "טרייב קראַפט" פאַר דער ציוני'סטישער באַוועגונג[10], זייענדיג ביי דער מיינונג אַז בלויז דורך האַס פון די אַרומיגע פעלקער וועט דאָס אידישע פאָלק געשטאַרקט ווערן[11], האָט דעריבער זיך באַפריינדעט און געשלאָסן אַ בונד מיט מערערע אַנטיסעמיטן, וועלכע האָבן פונקט ווי אים געמוטיגט דעם רעיון הציונות "פאַר דער טובה פונעם אידישן פאָלק".

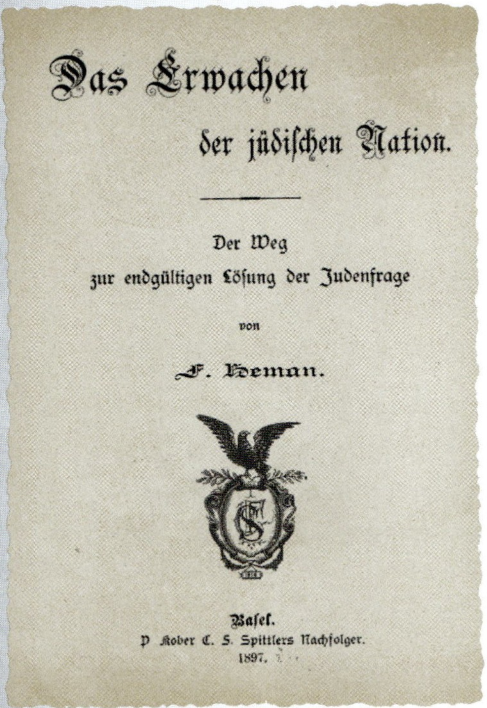

דאס אנטיסעמיטישע בוך "די ערוואַכונג פון דער אידישער נאַציאָן", וואס מוטיגט די ציוני'סטישע באַוועגונג

עס איז אין יענער תקופה ערשינען אַן אַנטיסעמיטישע בוך אויף דייטש, "די ערוואַכונג פון דער אידישער נאַציאָן", דורך אַ געוויסן אַנטיסעמיט היימאַן, אַ זון פון אַ גע'שמד'טן מומר וועלכער האָט זיך אָפּגעגעבן מיט מיסיאָנערישע אַקטיוויטעטן. אַלס טייל פון זיינע פעולות פאַר'ן קריסטנטום האָט ער געשריבן דאָס בוך וואו ער מוטיגט שטאַרק די ציוני'סטישע באַוועגונג, וואָס דאָס וועט לויט זיין זינלאָזע גלויבן ברענגען אַז אידן זאָלן זיך צוריקקערן קיין ארץ ישראל און דאָרט אַנערקענען אין יאָשקע...

אין בריוו-אויסטוישן צווישן היימאַן מיט הערצל, האָט דער לעצטער טאַקע אויסגעדרוקט זיין שעצונג צום אותו האיש שר"י און זיין שטאָלץ מיט אים, רח"ל, אָבער ער באַטאָנט גלייכצייטיג אַז ער קען דאָס נישט פּראָקלאַמירן אין דער עפענטליכקייט, צוליב זאָרג אַז מען וועט דאָס אויסנוצן קעגן אים[12].

10) "יודנשטאַט" זייט 4.

11) "נאר די דרוק וועט אונז צוריקקערן צו אונזער אריגינעלער שטארקייט. בלויז די פיינטשאפט פון די ארומיגע וועלן אונז פארוואנדלן ווי גרים אין לאנד. אָן אונזער ווילן מאכט אונז דער פיינט פאר א פאלק." ("יודנשטאט" זייט 36).

12) בין אורתדוקסיה לציונות זייט 161.

אין הערצל'ס צייטונג "די וועלט" ווערט טאַקע דאָס בוך זייער אויסגעלויבט[13], און ווי די אָרטאָדאָקסישע "איזראַליטעט" צייטונג האָט דאַן מיט איראָניע אָנגעצייכנט, איז טאַקע ראַטזאַם צו לייענען דאָס בוך, דאַדורך צו באַגרייפן די גרויסע געפאַר וואָס איז באַהאַלטן אין ציוניזם, און זיך איבערצייגן וויאַזוי זיי זענען גרייט אויסצולויבן אַ בוך אָנגעזאַפּט מיט שנאת ישראל, וואָס פּרעדיגט אַז אידן זאָלן אַריבערגיין צום קריסטנטום.

אויך אַנדערע אַנטיסעמיטישע צייטונגען האָבן אויסגעדרוקט זייער סימפּאַטיע און שטיצע מיט'ן רעיון הציונות אין יענער ערשטער תקופה. די העסליכע "דויטשע צייטונג" האָט בשעת דעם ערשטן ציוני'סטישן קאָנגרעס העפליך באַגריסט די צילן פון דער נייער באַוועגונג און דערמאַנט זייער פרייד אויב עס וועט געלונגען פאַר די ציונים אויפצושטעלן אַ אידישע רייך[14], בעת וואָס די אַנטיסעמיטישע "ליברע פעראַלע" גאַזעט האָט פאַרשפּראָכן פאַר דער ציוני'סטישער באַוועגונג זיי צו העלפן פאַרשפּרייטן דעם נייעם אידעאַל גענצליך אומזינסט, אָן קיין אָפּצאָל[15]. דאָס זעלבע איז געווען די "קרייץ צייטונג" - אַ ראַדיקאַל-קריסטליכע אַנטיסעמיטישע צייטונג - וואָס האָט אָפן געשטיצט ציונות און אַטאַקירט די רבנים פון דייטשלאַנד וועלכע האָבן זיך קעגנגעשטעלט דערצו[16].

מיט'ן פולסטן שנאת ישראל האָט עס די צייטונג "דויטשע וואַכט" אַרויסגעבערענגט אין אַן אַרטיקל, ווי פאָלגנד:

> **"דאָס זיך באַזעצן אויף אַן אייגענער טעריטאָריע און שטח אַלס אַ זעלבסשטענדיג פאָלק אונטער אַ פירערשאַפט, דאָס איז אַ זאַך וואָס דער איד האָט מורא דערפון, אָבער, פאַר דער טובה פון דער וועלט, איז מען דאָס פאַרפליכטעט אויסצופירן. מעגליך די אידן וועלן דאָס טון פרייוויליג, אָדער וועט זיין וויכטיג זיי צו צווינגען דערצו. דאָס איז די פראַגע[17]."**

ביטערע קאָנסעקווענצן פון שטייגנדע שנאת ישראל

די נאָכפאָלגן פון דער ציוני'סטישער העצע קעגן אידן אין אייראָפּע האָט ליידער נישט געשפּעטיגט צו קומען. אַלס ביישפּיל לייענען מיר אַ שילדערונג, געשריבן דורכ'ן באַרימטן

---

13) 1897 , גליון 24

14) איזראַליטעט 39, זייט 236.

15) איזראַליטעט 38, זייט 1429.

16) איזראַליטעט 38 זייט 1429.

17) 'בין אורתודקסיה לציונות', זייט 156.

היסטאָריקער הרב **יקותיאל יודא גרינוואַלד** ע״ה, אין זיין בוך ״**טויזנט יאָר אידיש לעבן אין אונגאַרן**״. פאָלגענד איז וואָס ער פאַרציילט דערוועגן:

״דאָס איז געווען גלייך נאָכדעם ווי מ׳האָט פאַרעפנטליכט הערצל׳ס טאָג-ביכער און פאַר די אידן האָט שוין קיין צרות נישט געפעלט.

איך קען נישט פאַרשטיין וויאַזוי די איבערזעצערס און דער קאָמיטעט, וועלכע האָבן פאַרשפרייט הערצל׳ס טאָג-ביכער, האָבן דורכגעלאָזט די אומפאַרשטענדליכע און נישט־אמת׳דיגע באַמערקונגען. ער האָט אָבער צוגעגרייט מאַטעריאַל פאַר די אַנטיסעמיטן, און נישט איין מאָל האָט מען אין פאַרלאַמענט אין בודאַפּעסט פאָרגעליינט זיינע ווערטער און געזאָגט: ״זעט דיזע טאָג-ביכער און שטוינט!״

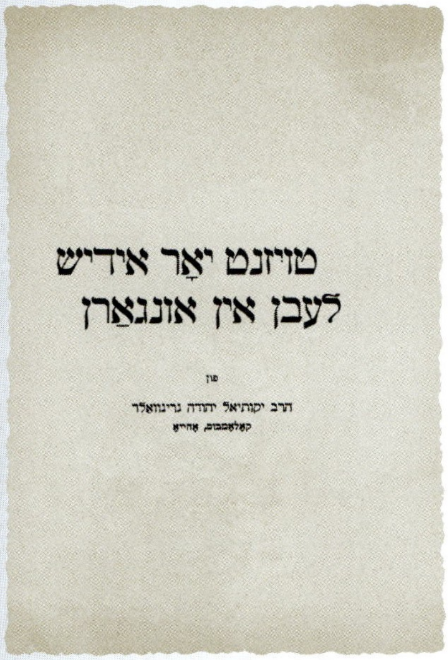
טויזנט יאָר אידיש לעבן אין אונגאַרן

פון

הרב יקותיאל יהודה גרינוואלד

קאָלאָמבוס, אָהייאָ

טויזנט יאר אידיש לעבן אין אונגארן

זעט זיין בריווז אויף זייט (דברי הימים א 261): ׳איך ווייס ניט אויב די לענדער פאַרשטייען די גרויסע סכנה וואָס ליגט אין אייער געלט. מען קען נישט פירן אַ מלחמה אָן אייך (אידן), און ווען מען וויל שלום מאַכן, מוז מען אוודאי אָנקומען צו אייך.׳ און אויף זייט 200 (דאָרט): ׳אין אונגאַרן מאַכן די אידן אַ גרויסן טעות מיט דעם וואָס זיי קויפן לאַנד. די אָרעמע פריצים, וועלכע זיינען אַרויסגעשטויסן געוואָרן פון זייער לאַנד (דורך די אידן), וועלן איבערנאַכט איבערנעמען די מאַכט, כדי איבערצופאַלן די אידן... די ליבעראַלע רעגירונג ווערט נאָר געשטיצט ביי די וואַלן דורך אידיש געלט (זייט 912 דאָרט). די אונגאַרישע אידן מאַכן אַ געוואַלדיגן טעות מיט דעם וואָס זיי קויפן באָדן. זיי באַזיצן שוין האַלב פונעם אונגאַרישן באָדן. דאָס אונגאַרישע פאָלק וועט דאָס נישט דולדן.׳

די ווערטער זיינען איינפאַכע בלבולים אויף אידן — קיין חילוק ווער עס האָט זיי געזאָגט. דער ליבעראַלער גראַף אפּאני האָט אַמאָל אין אונגאַרישן פאַרלאַמענט געענטפערט אויף דעם: ׳הערצל איז געווען משוגע. דער ציוניזם איז אַ משוגעת.׳ מיט דעם האָט ער געפּרואווט צו באַשיצן די אידן קעגן אַלע אַנטיסעמיטן, וועלכע האָבן אויפגעשטורעמט דעם אונגאַרישן פאַרלאַמענט צוליב הערצל׳ס ווערטער.״

ביז אַהער פון הרב גרינוואַלד. דוכט זיך אַז יעדעס וואָרט איז איבעריג.

אַ טראַדיציע פון האַס צום גלות-איד

הערצל איז אייגנטליך געווען דער ערשטער וואָס האָט זיך געוואַגט צו ערשיינען אין דער עפנטליכקייט מיט זיינע אַנטיסעמיטישע געדאַנקען און אָפענעם האַס צום אידישן פאָלק. אין די שפּעטערדיגע יאָרן פון ציונות האָבן זיינע געטרייע נאָכפאָלגער פאַרזיכערט אַז דער קאַמפּיין צו מוטיגן אַנטיסעמיטיזם זעצט פאָר אין זיין פולסטן גרויל. די ציוני'סטישע עליטע שרייבער און דענקער האָבן מיט זייערע פענעס פאַר'סמ'ט די לופט אין די אייראָפּעישע לענדער מיט אַ וויסטער שנאה קעגן אידן און אידישקייט.

מאז ימי התייסדות הציונות איז דער גלות-איד געווען אַ געשטאַלט וואָס די ציונים האָבן פאַר יעדן פרייז געוואָלט עוקר מן השורש זיין. די פירנדע ציוני'סטישע שישקעס דעמאָלטס און היינט האָבן געהאַסט מיט אַ געפערליכער שנאה דעם טיפּישן גלות-איד וואָס לעבט זיך רואיג צווישן די גוים און הייבט זיך נישט דעם קאָפּ מיט חוצפה קעגן זיינע שכנים.

איידער דעם זעקסטן ציוני'סטישן קאָנגרעס האָט מאַקס נורדאוי שר"י, די רעכטע האַנט פון הערצל און פון די גרינדער פון ציוניזם, געזאָגט אַ זאַץ וואָס כאַראַקטעריזירט אַמבעסטן דעם ציוני'סטישן מענטאַליטעט פון שרעקליכן האַס צום גלות-איד וואָס וויל נישט זיין אַ טייל פונעם ציוני'סטישן טרוים.

> **"די אידן וואָס ווילן זיך נישט צוריקקערן קיין ארץ ישראל, קענען פאַרבלייבן אויף זייערע ערטער ווי זייער ווילן, און אויב דער אַנטיסעמיטיזם וועט זיי ווייטער אונטערדריקן, וועלן מיר זיין געצווינגען שלום צו מאַכן מיט'ן מצב. זאָל דער צושטאַנד זיין סיי וואָס. פאַר 'די' מענטשן ברויכן מיר נישט זאָרגן[18]."**

די אייביגע ציוני'סטישע שנאה צום גלות-איד קומט צום אויסדריק אין מערערע אַרטיקלען און ביכער וואָס די ציוני'סטישע מייסדים האָבן בשעתו געשריבן, וואו זיי מאַכן שאַנד און שפּאָט פון די גלות-אידן וואָס סימבאָליזירן לויט זיי אַ מוסטער פון פאַרשעמטקייט און הכנעה. אָט דער מורא'דיגער האַס האָט זיי געטריבן צו פאַרוואַנדלען די גלות-אידן אַלס אַן איבעריגע כלי שאין בהם חפץ. ווען מען דאַרף זיי נאָגט מען פון זיי אויס דאָס מערסטע געלט, שטיצע און פאָליטישע דרוק אויף זייערע היימלענדער רעגירונגען, אָבער דער מינוט וואָס זיי זענען מער נישט רעלעוואַנט איז מען זיי מפקיר מיט'ן גרעסטן מאָס הפקירות בדיבור ובמעשה; מען קימערט זיך איבערהויפּט נישט אין זייערע אינטערעסן און מען זוכט זייער דורכפאַל.

18) "היהודים שאינם רוצים לחזור לארץ ישראל יכולים להישאר במקומותיהם כרצונם, ואם האנטישמיות תוסיף לדכא אותם גם להבא נהי' מוכרחים להשלים עם מצב זה. יהא המצב אשר יהי', לבני אדם אלה אין צורך לדאוג". (ודע מה שתשוב, צבי וינמן, זייט 71).

יוסף חיים ברענער שר"י, וואָס איז געווען פון די גרעסטע שרייבער און קעפּ אין דער ציוני'סטישער פירערשאַפט און וועמענס שרייב-ווערק זענען גענוצט געוואָרן דורך אַלע שפּעטערדיגע ציונים עד היום, האָט אין יאָר 1919 למספרם געשריבן:

"אונזער נאַציאָנאַלע אייגנאַרטיגקייט איז קיינמאָל נישט גוט געווען אין גלות. קיינמאָל זענען מיר נישט געווען אַ שעפערישע פאָלק. מיר האָבן שטענדיג געלעבט אַ לעבן פון ציגיינער און הינט. וואָס ווילט איר פון די אַנטיסעמיטן? פאַרוואָס זאָלט איר נישט וועלן פאַרשטיין דאָס פאַרשטענדליכע, דעם בליק פון שנאה און גרויל צום איד? די אידן זענען ציגיינער, שמוץ, אָפּפאַל, אוממענטשן, פאַרווינדעטע הינט." ע"כ לשונו הטמא[19].

נאָך שרייבט ער:

"די אייראָפּעאישע פעלקער וואָס האָבן אונז דערשטיקט אָן רחמנות, גלייך ווי מען דערשטיקט אַן אומווערדיגע זאַך, זענען ווערד צו כבוד. מיר זענען בכלל נישט קיין מענטשן. מיר זענען ווי שפּייעכץ פון מויל. אונזער גאַנצער אוצר (די הייליגע תורה און מצוות) **איז ווי אַ טויטער וואָרים. זיי האָבן נישט געוואָלט אַז זייערע גאַסן זאָלן פאַרפלייצט ווערן מיט די באַקאַנטע געשטאַלטן פון אַלע געטאָס, דער אָפּפאַל פון דער מענטשהייט." עפ"ל.**[20]

די געמיינע ווערטער גיט דעם געגנויעם בליק וויאַזוי די ציונים האָבן אַלץ, און זעצן פּאָה, צו באַטראַכטן אידן אין גלות. מיר זענען ביי זיי אָפּפאַל און מיסט וואָס מען נוצט אויס צום מאַקסימום און מ'וואַרפט עס גלייך אַוועק.

דער גאָר-באַקאַנטער ציוני'סטישער פירער, זאב זשאַבאָטינסקי שר"י, דער גרינדער פון דער רעוויזיאָניסטישער באַוועגונג, וואָס איז געווען דאָס רעכטע פליגל פון ציוניזם, האָט פאָרגעזאָגט זיינע פלענער איידער'ן הקמת המדינה:

נורדאוי איז געווען אזוי ווייט אפגעפרעמדעט פון זיין פאלק אז ער האט געהייראט א נישט-אידישע פרוי ר"ל. ער האט געשריבן העסליכע ארטיקלען קעגן אידן און אידישקייט, אויפגעפאדערט אז מען זאל טוישן דעם שבת'דיגן טאג צו זונטאג (אין אן ארטיקל אין "הפסגה" תרס"ג), און זיך ארויסגעשטעלט העצן קעגן דער אידישער שחיטה, (הפלס שנה ב' זייט 422).

19) מתוך 'שואה משמיים', זייט 79.

נאך 'פערל-רייד' פון דעם עוכר ישראל: "הן עם של יהודים אין בעולם. הן הגלות, סוף-סוף, יכול יכלה לנו. אין כבר עם. יש בהולים מטומטמים ומפולגי תורה בליטא, טיפשים ופראים בפולניה, הדיוטים ונבזים בגליציה, נרקבים ומעלי באשה בהונגריה ורומניה, גסים וכהים באנגליה ובאמריקה, שנוררים ומזוהמים בפלשתינה, צבועים - אנוסים ודשנים - כרסנים בגרמניה ובפרנציה ובאיטליה, וכולם, כולם ספחת הם לעצמם ולעם אשר בתוכם הם יושבים, אבל לא עם". (פנקס קטן).

20) שואה משמים זייט 79.

"אין אונזער נאַציאָנאַלער היים וועלן מיר אויסרופן אויף די דאָזיגע אידן וואָס וועלן נישט אַראָפּנעמען פון זיך די ראָסט פונעם גלות. מיר וועלן זיי דערקלערן ווי צווייט-ראַנגיגע בירגער, און מיר וועלן זיי נישט געבן קיין רעכט צו שטימען[21]."

ביי אַן אַנדער געלעגנהייט האָט זשאַבאָטינסקי געזאָגט:

"איך בין אַ ציוני אָן קיין צווייפל, ווייל דאָס אידישע פאָלק איז אַ שלעכט פאָלק; זיינע שכנים האָבן אים פיינט, און זיי זענען גערעכט[22]."

שווידערליכע ווערטער וואָס שפיגלט אָפּ דעם פינסטערן געדאַנקענגאַנג פון די ציוני'סטישע גרינדער און פירערשאַפט וואָס האָבן מיט זייער האַס צו זייער פאָלק זיך דירעקט פאַרהוילן פון דאָס הייליג לעבן פון כלל ישראל, וואָס האָבן במשך הונדערטער דורות זיך געהאַלטן באַשיידן, איידל און הייליג, פון די געמיינע ארומיגע אייראָפּעאישע גוים.

ווען דער שפּעטערדיגער ראש ממשלת הכופרים מנחם בעגין שר"י האָט איינגעשוואוירן זיין רעגירונג אום תמוז תשל"ז, האָט ער אויפ'ן פּאָדיום פונעם כנסת המינים געזאָגט[23]: "איך וועל דערמאַנען די רייד פון זשאַבאָטינסקי. איידער מיר זענען געקומען קיין ארץ ישראל האָבן מיר נישט עקזיסטירט. אינעם לאַנד ארץ ישראל איז פון פאַרשידענע צעבראָכענע פעלקער פאָרמירט געוואָרן דער 'עם העברי'[24]."

אויך בן גריון שר"י, דער ערשטער ראש ממשלת הכופרים, שרייבט אין זיין בוך "יחוד ויעוד" אויף די גלות-אידן אין זיינער צייט: "די גליות וואָס ווערן אויפגעלעזט און פאַרזאַמלען זיך אין ארץ ישראל, זענען נישט קיין פאָלק, נאָר אַ צעמישעניש פון מענטשן-שטויב, אָן קיין שפראַך, אָן קיין חינוך, אָן קיין שרשים. דאָס פאַרוואַנדלען מענטשן-שטויב צו אַ קולטוריזירטן פאָלק איז נישט קיין לייכטע אַרבעט[25]."

---

21) הארץ ב-1919; מתוך 'מחוץ למחנה' חדשות הארץ 22/10/1919.

22) "ציוני אנכי בלי ספק כי עם ישראל הוא עם גרוע מאוד, שכניו שונאים אותו, והצדק אתם." (זאב ז'בוטינסקי, בלי פאטריוטיזם, כתבים ציוניים ראשונים, זייט 13).

"**בבית** לא הי' לי כל מגע פנימי עם היהדות... רצוי שיקברוני או ישרפו גוויתי אחת היא לי.... אם יש לי מולדת רוחניות הריהו איטליה, כתבי מאדוני שירת לאופרדו וכו' העשירו והעמיקו את ציונותי..." (זאב ז'בוטינסקי, סיפור ימי).

"**יש** לאחוז באמצעים כדי לשלול מהיהדות החרדית הבלתי פרודוקטיבית כל אפשרות להשתתף בבנין ארץ ישראל, אפילו ברוסיה של טרוצקי אין זכות בחירה לילדים. לא מפני שאינם די טובים או די פקחים, אלא מפני שחסר להם הנסיון האזרחי. ואיזה נסיון אזרחי או פוליטי, תרבותי או מסחרי, ישנו לילדים בעלי הזקן והפאות העומדים לפנינו" (מקטוביץ עד ה' באייר זייט 293).

23) ודע מה שתשוב, צבי ווינמאן, זייט 39.

24) נעמליך, אז מיר זענען נישט דאס הייליג אידיש פאלק, בני אברהם יצחק ויעקב וואס השי"ת האט אויסגעוועלט פאר זיין באליבט פאלק, ווי די תורה הק' איז מעיד "היום הזה נהיית לעם", נאר א פרישע געבורט פון פארשידענע צעבראכענע פעלקער, עפ"ל.

פארשטענדליך אז די רעליגיעזע חכי"ם וועלכע זענען אנוועזנד געווען ביי דער כפירה'דיגער רעדע האבן נישט געלאזט הערן קיין פיפס אלס אות מחאה אויף די שענדליכע רייד.

25) דער זעלבסט-האסנדער רשע האט אין יאר תש"ה - ביי דער ענדע פון דער ביטערער מלחמה - געזאגט: "שגה העם היהודי בהאשימו את האנטישמיות בכל הצרות והתלאות שבאו עליו בגולה... כלום יכול וצריך כל העולם לנהוג כלפינו כמלאכי השרת? **ואנו השונים**

ביי אַ רעדע פון בן גריון, רעדנדיג פון די אידישע געמיינדעס איבער דער וועלט האָט ער געזאָגט צווישן אַנדערע:

"איר קענט מיך אָנרופן אַן אַנטיסעמיט, אָבער איך מוז עס זאָגן: מיר שטיקן זיך פאַר בושה פון די אידן אין דייטשלאַנד, פוילן און אַמעריקע. מיר באַלאַנגען נישט צום אידישן פאָלק. מיר טוען רעוואָלטירן קעגן אַזאַ אידישן פאָלק. מיר ווילן נישט זיין אַזעלכע אידן[26]."

ס'איז נישט קיין צווייפל אַז אָט די און ענליכע פראַזן און אַרטיקלען וועלכע זענען כסדר געלופטערט געוואָרן פאַר דער אַלגעמיינער באַפעלקערונג אין איראָפּע דורך די סאַמע העכסטע ציוני'סטישע שישקעס, האָבן געפּיטערט די אַנטיסעמיטן מיט זייער נויטיגער פלעגונג און אין דער ענדע געהאָלפן רייף מאַכן דעם באָדן פאַר די נאָכפאָלגענדע שרעקליכע שחיטות און הריגות וואָס כלל ישראל האָט ליידער מיטגעמאַכט אין די ביטערע מלחמה-יאָרן.

הרה"ק רבי ישכר דוב מבעלזא זי"ע שפאצירט אין מאַרינבאַד

אין זיינער צייט האָט דער הייליגער בעלזער רב, הרה"ק רבי ישכר דוב זי"ע, זיך אויסגעדרוקט מיט ווייטאָג: "די ציונים האָבן אונז פאַר'מיאוס'ט ביי די אומות[27]," אַ הייליג, אמת וואָרט וואָס איז הערשט געווי פאַרשטאַנען געוואָרן עטליכע יאָר דערויף ביי דער גרויזאַמער חורבן עפּאָכע.

מכל עם ולשון יקבלו אותנו באהבה ובאחוה, ואם הם אינם עושים זאת אנו כועסים ומתריעים על רוע לבם... האמנם נבצר מאתנו להבין שכל העמים מעצבים דמות חייהם מתוך צרכיהם ומאוייהם הם - ומסגרת קיומם ויחסיהם היא פרי מציאותם ההיסטורית, ולא יתואר כלל שזו תנסה להסתגל **לקיום ולמנטליות של היוצא דופן האוניברסלי הנקרא בשם יהדות.** לא רשע וסכל של הגוים שאנו קוראים בשם אנטישמיות - אלא **מעמדינו המשונה** שאינו הולם את **מסגרת חייהן התקינים של אומות העולם** הוא בעוכרינו, **והאנטישמיות מהי כי נלין עליו**". (אין עתיד בלי מדינה, 1945, במערכה, תל אביב תש"ט, כרך 4, זייט 212).

26) ימי הכלניות; תום שגב.

"**הנוער** החלוצי מרד בהווי היהודי הקלוקל, במציאות הגולה העלובה". (מ' בר זוהר, בן גריון, א', זייט 44).

27) קונטרס כ"ב חשון. נעתק בקונטרס 'בעלזא בתפארתה', עמ' 24.

ענליך שרייבט הרה"ק מהרי"ד זי"ע אין א בריוו (געדרוקט אין ספר אדמור"י בעלז ח"ג עמ' רנה): "ונאמר לי בשם אחד מגדולי שרי המלכות בוויען שאמר, שהציונים מכינים ח"ו שפיכות דמים בכל העולם, ע"י הסער שהם עושים בעולם שהיהודים הם סכנה להעולם ח"ו".

האתה זה עוכר ישראל

פאָלגנד זענען עטליכע אויסצוגן, קילורין לעינים, איבער די צילן פונעם 'חוזה' פונעם רעיון הציוני, די געשיכטע פון הערצל שר"י, זיינע שרעקליכע מלשינות והסתה קעגן אידישע קינדער וואָס האָבן אויפגעפלאַקערט דאָס שנאת ישראל אין אייראָפּע, פון עטליכע מקורות במשנתו פון רביה"ק מ'סאַטמאַר זי"ע.

זיין ציל: מ'זאָל אַרויסטרייבן אידן פון אייראָפּע

(מיתוך: שיחת קודש - זומער שנת תשכ"ח לפ"ק)

"ער (הערצל שר"י) איז דאָך געווען רח"ל עפּעס אַזאַ מין עוכר ישראל, אַזאַ מין מחרף ומגדף אויף דער תורה הק' און על ה' ועל משיחו, און פשוט אַ שונא ישראל נעבעך ל"ע, אַן אכזר געווען אויפ'ן כלל ישראל.

באַזונדער האָט ער דאָך די קינדער צוואה געלאָזט, ער האָט זיי ממש געזאָגט אַז זאָלן זיך שמד'ן. דער איז געווען רח"ל. קינדער וואָס זיי האָבן זיך גע'הרג'עט, אַראָפּגעוואָרפן פון שטאָק. ס'איז נישט געבליבן פון אים... אויף אַ מיאוס'ן אופן. מיינסטנס האָבן זיי זיך אַליין מאבד עצמם לדעת געווען. ס'איז נישטאָ פון אים גאָרנישט.

דאָס שרייבן אַסאַך, דאָס איז נעבעך געווען אַ שיחה בפי כל. זיי האָבן געזאָגט ל"ע אַז ס'וואַרט אַ סכנה (צוליב דער אַנטיסעמיטישער העצע פון הערצל). ס'וועט זיין אַ סוף. ס'וועט זיין כָּלָה אין אייראָפּע. איינער שרייבט אַז חלילה אַז ס'וועט נישט זיין קיין חללים בארץ דורך זיין אַרבעט, וועט עס זיין אַ נס גרעסער ווי קריעת ים סוף. ער האָט געאַרבעט צוזאַמען מיט די אַנטיסעמיטן. זיי רופן דאָך אָן מיט די נעמען. אויסגערופענע אַנטיסעמיטן האָבן זיך פאַררופן אויף אים, זיך פאַררופן אויף זיינע מאמרים, זיך אַ ראי' געברענגט. די אַלע זאַכן וואָס ס'זענען געשטאַנען אין 'דער שטירמע', די אַלע זאַכן שטאַמען פון הערצל'ן. דאָס זענען געווען זיינע חברים. זיי האָבן זיך פאַררופן אויף אים אַז ער איז געווען אַ וויכטיגער מענטש. ער האָט זיי אויסגעלערנט, ער האָט זיי געגעבן שטאָף.

דאָ איז דאָ אַ פאַריזער אַנטיסעמיט איז געווען איינער, איך ווייס נישט וויאַזוי ער האָט

1) געדרוקט אין קונטרס 'דברות קודש', פרשת שלח קרח חקת בלק מטו"מ תשכ"א.

געהייסן, איך בין נישט אַזוי באַקאַנט בהן ובשמותיהן. ער האָט דאָ אַרויסגעגעבן, האָט ער געדרוקט, זאָגט ער, ער גייט שלובי יד מיט הערצל'ן, בפירוש געזאָגט. און ער אַליין האָט אויך אַזוי געזאָגט אַז דאָס וועט העלפן, און דורכדעם וועט מען איינזען אַז מ'מוז גיין קיין ארץ ישראל. מ'זאָל טרייבן און מ'זאָל טון. דו הייסט טרייבן. דו ווייסט דאָך נאָכנישט צי דו קענסט גיין. דו ווילסט דאָך אַרבעטן רח"ל אַז מ'זאָל אַרויסטרייבן אידן. עפּעס אַזאַ מין מלשינות מיט אַזאַ מין מסירות. המן האָט זיך נישט אָנגעהויבן (קעגן די מלשינות פון דעם רשע).

אידן זענען ל"ע אַ קענסער - זאָגט ער - צווישן די אומות. נישט אידן זענען אין גלות ביי די אומות, די אומות זענען אין גלות ביי אידן, און אידן נעמען צו אַלע געלטער פון די אומות העולם און זיי ווערן רייך פונעם גוי'אישן בלוט, און אַ קריג אַרבעטן זיי אָן כדי זיי זאָלן רייך ווערן. זיי מאַכן אַ קריג און זיי טוען, און ס'וועט נישט זיין קיין מנוחה פאַר די אומות העולם אַז מ'וועט זיי נישט אַרויסטרייבן.

אַזעלכע זאַכן האָט ער געשריבן. ער האָט אַרויסגעגעבן זיין "יודענשטאַט". דאָרט אַליין שרייבט ער אויך. און דאָס איז באמת געווען זייער אַרבעט. זיי האָבן געהאַט אוידיענצן ביי די מלכים ושרים מ'זאָל זיי אויפקלערן וואָס אַן אומגליק ס'איז (ווען אידן זענען צווישן זיי). דאָס איז געווען זייער אַרבעט רח"ל, ס'זאָל ווערן, מ'זאָל אַרויסטרייבן אידן. אונזערע גדולים האָבן געשריבן געוואַלד, עפּעס אַ מין אכזריות אַז מיליאָנען אידן טרייבט מען אַרויס, און דו ווייסט דאָך נאָכנישט צי דו האָסט (אַ לאַנד זיי צו באַזעצן), רח"ל אַזוי ווי ס'איז נעבעך געווען, מ'וועט האָבן וואו צו גיין רח"ל...

"דאָס מלשינות אין 'יודענשטאַט' האָט געברענגט דאָס אומגליק"

(מתוך: דברות קודש כינוס כללי התאחדות הרבנים שנת תשכ"ח לפ"ק)

"אויסער פונעם עונש – דאָס איז דאָס געווים בפועל ממש. מען קען דאָס מברר זיין מיט גאַנצע ביכער. איך וויל נישט צופיל רעדן פּאָליטיק, אָבער דאָס ווייסט יעדער. איך געדענק נאָך אַז פאַר פופציג זעכציג יאָר זענען געווען גדולי ישראל וואָס האָבן געזאָגט אַז עס וועט נאָר זיין אַ נס אויב ס'וועט נישט געשען דאָס וואָס ס'איז געשען, וועגן דעם מלשינות וואָס זיי זענען געגאַנגען רעדן אויף אידן ביי די אומות. ס'איז טאַקע נתברר געוואָרן ביי די טענות (ביים איכמאַן פּראָצעס), מ'האָט אַזוי געזאָגט אַז דאָס האָט געברענגט נעבעך דעם אומגליק – פונעם רעכטן טמא דער ערשטער וואָס האָט דאָס אַרויסגעשריבן דאָס מלשינות אין 'יודענשטאַט'. דאָס האָט געברענגט."

"גדולי ישראל האָבן געכאַפּט אַ פּחד פון זייערע שרעקליכע מלשינות"

(מיתוך: ספה"ק ויואל משה מאמר ישוב א"י סי' קלט)

מיט אַ פּאַרוויטאָגטן האַרץ שרייבט דער רבי דערוועגן בלש"ק (אין אידישער איבערזעצונג):

"זיי האָבן געמאַכט פון מצוות ישוב ארץ ישראל אַ חק לעבודה זרה און מינות ר"ל, און די גאַנצע שטאַרקייט פון ציונות ווענדט זיך דערינען צו ציען אַ גרויסע פאָלק זאָל קומען וואוינען אין ארץ ישראל אונטער זייער ממשלה.

"אויך פון אָנהויב איז דאָס געווען זייער אַרבעט אָנצואווענדן מיטלען אַז אידן זאָלן אַרויפגיין קיין ארץ ישראל און דערמיט וועלן זיי קענען פאַרדינען זייער ענד-ציל זיך צו באַהערשן אויף אידן און זיי איבערדרייען צו זייערע מיינונגען ח"ו. זיי האָבן געטון שרעקליכע אַקטיוויטעטן דערצו. ווען דער "טמא הידוע" האָט אויסגעטראָפן דעם רעיון פון ציונות פון גרינדן אַ מדינה און אַ מלוכה, זענען זיי געגאַנגען מיט מלשינות און גרויסע מסירות ר"ל מלשין צו זיין אויף אידן פאַר די פעלקער כדי צו ערוועקן אַ שנאת האומות אויף אידן כדי זיי צו פאַרטרייבן פון זייער לאַנד, און זיי האָבן דערפאַר געדרוקט פאַרשידענע אַרטיקלען אויך אין די צייטונגען, און אַלעס כדי אידן זאָלן זיין געצווינגען צו גיין קיין ארץ ישראל אַזוי אַרום צו ערגרייכן זייער ציל. דער טמא הידוע שרייבט זעלבסט אין זיין טמא'נער העפט, זיין טאָג-בוך, אַז דאָס פאַרמערן שנאה פון די פעלקער וועט העלפן זיין רעיון.

"איך געדענק נאָך פון די פריערדיגע יאָרן אַז די גדולי ישראל האָבן געכאַפּט אַ פּחד פון זייערע שרעקליכע מלשינות, אַז די שנאה וואָס וועט געשטאַרקט דורך זייער העצע זאָל נישט ענדגילטיג צוברענגען דאָס וואָס ס'האָט ליידער געברענגט. און די גדולי ישראל האָבן דאַן געזאָגט ווען די ציונים האָבן אָנגעהויבן מיט זייער ביטערע מלשינות אויף אידן פאַר די אומות, אַז מיר וועלן ברויכן אַ גרויסן נס אַז די פעלקער זאָלן נישט חלילה אומברענגען אידן אַדאַנק די שרעקליכע מסירות וואָס די ציונים האָבן געשטאָכן דעם כלל ישראל, און בעוה"ר האָבן מיר טאַקע נישט זוכה געווען צו דעם נס און זייערע מלשינות האָבן געברענגט די פירות, און ס'האָט פאַסירט וואָס ס'האָט פאַסירט, און מיר האָבן זיך נאָך אַלץ נישט צוריקגעקערט פון אונזער טעות, ה' ירחם."

קאַפּיטל י"ח

קאָנגרעס "באַזעל"

אין יאָר תרנ"ז לפ"ק האָט הערצל צום ערשטן מאָל אַראַנזשירט אַ גרויסע קאָנפערענץ פאַר דעלעגאַטן פון מערערע לענדער, וועלכע זענען זיך צוזאַמגעקומען כדי צו גרינדן אַן אָפיציעלע אָרגאַניזאַציע אויסצופירן זיינע פלענער, וואָס האָט יעצט באַקומען דעם נאָמען "ציונות"[1]. די ערשטע ציוני'סטישע קאָנפערענץ איז געווען מיט דער באַטייליגונג פון 208 דעלעגאַטן וועלכע זענען געקומען פון 16 לענדער, און זיך אונטערגעוואָרפן אונטער זיין פירערשאַפט.

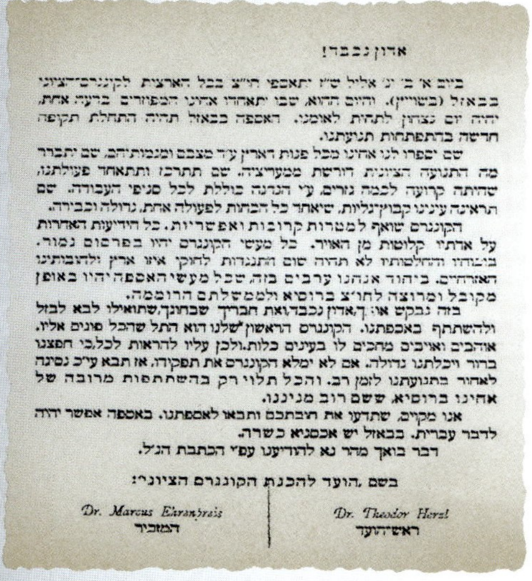

אדון נכבד!

ביום א' ב' ג' אליל ש"ז יתאספו חו"צ בכל הארצות לקונגרס־ציוני בבאזל (בשוייץ). והיום ההוא, שבו יתאחדו אחינו המפוזרים בדעה אחת, יהיה יום נצחון לתחית לאומנו. האספה בבאזל תהיה התחלת תקופה חדשה בהתפתחות תנועתנו.

שם יספרו לנו אחינו מכל פנות הארץ עד מצבם ומגמותיהם, שם יתברר מה התנועה הציונית דורשת ממעריציה. שם תתרכז ותתאחד פעולתנו, שהיתה קרועה לכמה גזרים, ע"י הנהגה כוללת לכל סניפי העבודה. שם תראינה עינינו קבוציגליות, שיאחד כל הכחות לפעולה אחת, גדולה וכבירה.

הקונגרס שואף למטרות קרובות ואפשריות. כל הידיעות האחרות על ארחתיו קלוטות מן האויר. כל מעשי הקונגרס יהיו בפרסום גמור. בטוחים החלטותיו לא תהיה שום התנגדות לחוקי איזו ארץ ולחובותינו האזרחים. ביחוד אנחנו ערבים בזה, שכל מעשי האספה יהיו באופן מקובל ומרוצה לחו"צ ברוסיא ולממשלתם הרוממה.

בזה נבקש אותך, אדון נכבד, ואת חבריך שבחוגך, שתואילו לבא לבזל ולהשתתף באספתנו. הקונגרס הראשון שלנו הוא התל שהכל פונים אליו. אוהבים ואויבים מחכים לו בעינים כלות. ולכן עליו להראות לכל, כי חפצנו ברור ויכלתנו גדולה. אם לא ימלא הקונגרס את תפקידו, אז תבא ע"כ נסיגה לאחור בתנועתנו לזמן רב. והכל תלוי רק בהשתתפות מרובה של אחינו ברוסיא, ששם רוב מנייננו.

אנו מקוים, שתדעו את חובתכם ותבאו לאספתנו. באספה אפשר יהיה לדבר עברית. בבאזל יש אכסניא כשרה.

דבר בואך מהר נא להודיענו עפ"י הכתבת הנ"ל.

בשם "הועד להכנת הקונגרס הציוני":

Dr. Theodor Herzl — ראש הועד

Dr. Marcus Ehrenpreis — המזכיר

אַן איינלאַדענונג צום ערשטן ציוני'סטישן קאָנגרעס אין באַזעל

די קאָנפערענץ האָט אָפיציעל געזאָלט פאַרקומען אין מונכען, דייטשלאַנד, אָבער צוליב דער קעגנערשאַפט פון די דייטשע רעפאָרמער איז עס פאָרגעקומען אינעם גרעניץ-שטעטל באַזעל אין שווייץ, און איז באַוואוסט אַלס די "באַזעל קאָנפערענץ". דאָרט איז צום ערשטן מאָל אַראָפּגעשטעלט געוואָרן פאַר דער עפנטליכקייט די גרונד-פרינציפן פונעם נייעם געדאַנק, און

1) דער נאמען איז ערפינדן געווארן דורך ד"ר נתן בירנבוים ז"ל אין יאר תר"נ, ווען ער איז געווען פארכאפט אין דער חובבי ציון באוועגונג. ער האט געדינט אלס הערצל'ס פערזענליכער סעקרעטאר ביי דער קאנפערענץ און דארט האט הערצל אדאפטירט דעם נאמען פאר זיין "יודענשטאט", נאכ'ן אנערקענען אז צו אפעלירן צום געוויסן פון אלגעמיינעם אידישן המון עם, מוז ער האבן א נאמען וואס זאל רעדן פון א אידישן באגריף. אבער דער כופר האט זיך נישט געקענט פועל'ן צו נוצן דאסווארט ירושלים אדער ארץ ישראל אד"ג, און דערפאר אויסגעקליבן דעם נאמען ציונות.

שפעטער איז ד"ר בירנבוים ז"ל געווארן א לעגענדארער בעל תשובה וועלכער האט שטורמיש באקעמפט דאס ציונות, ווי געשילדערט פריער אין קאפיטל 13.

דאָרט איז אויך געגרינדעט געוואָרן די "הסתדרות הציונות", מיט'ן ציל צו פאַרשפרייטן דעם געדאַנק פון ציונות און טון אַלערליי פעולות דאָס צו פאַרווירקליכן.

יענעם יאָר האָט הערצל אויך אָנגעהויבן ערשיינען מיט אַ צייטונג אויף דייטש "די וועלט", וואו ער האָט פובליצירט און געפּרעדיגט זיינע שיטות איבער דער 'לעזונג' פאַר זיין אידן-פראַגע.

תנו"ר וכירים יותץ

דער הייליגער שינאָווער רב זי"ע האָט בשעתו זיך אויסגעדרוקט אויפ'ן ערשטן ציוני'סטישן קאָנגרעס מיט'ן פסוק "יתיצבו מלכי ארץ ורוזנים נוסדו יחד על ה' ועל משיחו". און נישט אומזינסט. ס'איז געווען דאָס ערשטע מאָל ווען די מורא'דיגע טומאה פון ציונות איז פאַרקערפּערט געוואָרן אין אַ פּאַרטיי מיט אַ פּלאַן און ציל זיך צו באַפרייען פון די גלות-קייטן און רעוואָלטירן קעגן דעם גזירת הגלות פונעם מלך ישראל וגואלו.

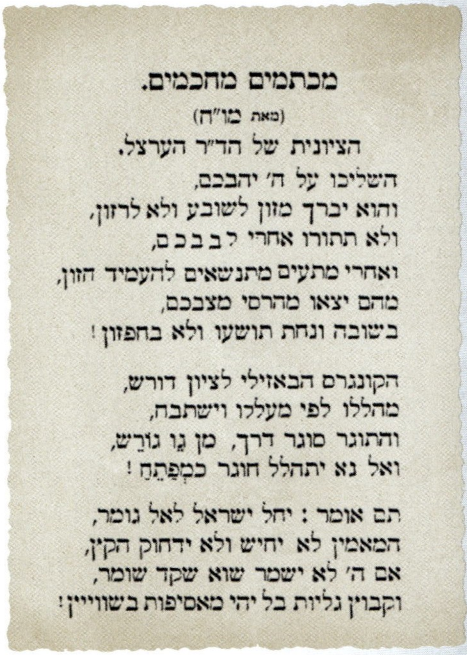

מכתמים מחכמים.
(מאת מו"ח)
הציונית של הד"ר הערצל.
השליכו על ה' יהבכם,
והוא יברך מזון לשובע ולא לרזון,
ולא תתורו אחרי לבבכם,
ואחרי מתעים מתנשאים להעמיד הזון,
מהם יצאו מהרסי מצבכם,
בשובה ונחת תושעו ולא בחפזון!

הקונגרם הבאזילי לציון דורש,
מהללו לפי מעללו וישתבח,
והתוגר סוגר דרך, מן גֵו גוֹרֵש,
ואל נא יתהלל חוגר כמְפַתֵּחַ!

תם אומר: יחל ישראל לאל גומר,
המאמין לא יחיש ולא ידחוק הקין,
אם ה' לא ישמר שוא שקד שומר,
וקבוץ גליות בל יהי מאסיפות בשוויין!

א שפּאָט – לידל מיט ליצנותא דעבודה זרה פון דעם ציוני'סטישן קאנגרעס, ערשינען אין "חבצלת" תרנ"ח לפ"ק.

רביה"ק מסאַטמאַר זי"ע האָט ביי אַ געלעגנהייט דערמאָנט אַ רמז אויפ'ן יאָר ווען די קליפּה פון ציונות איז געבוירן געוואָרן מיט דער ערשיינונג פונעם "יודענשטאַט", אַז דאָס איז מרומז אין דער תוה"ק אינעם פסוק "תנור וכירים יתץ, טמאים הם וטמאים יהיו לכם"[2], אַז דאָס גייט אַרויף אויפ'ן טומאת הציונות וואָס איז געבוירן געוואָרן אין יאָר תרנ"ו, ווי די אותיות פון תנו"ר, און דערויף איז די תורה הק' מעיד אַז "טמאים הם וטמאים יהיו לכם". וליכא מידי דלא רמיזא באורייתא.

די צילן פון די קאָנפערענץ

אין דער איינלאַדענונג צו דער "באַזעל קאָנפערענץ" איז אַרויסגעשריבן געוואָרן די צילן פון דער קאָנפערענץ. אין איינע פון די דעטאַלן איז פאָרגעשטעלט געוואָרן אַז "די קאָנגרעס וועט ערמעגליכן צו אַהערשטעלן אַ נאַציאָנאַלע פאַרזיכערטע שיצונגס-אָרט פאַר אידן וועלכע קענען

2) ויקרא יא לה.

ניִשט אָדער ווילן ניִשט זיך אַסימילירן אויף אַן אַנדער אָרט"[3].

ביים באַריכטן דעם קאָנגרעס דערציילן די צייטונגען פון יענער תקופה אַז הערצל פּלאַנט אָפּצוקויפן ארץ ישראל פון די טערקן כדי אויפצושטעלן דאָרט אַ אידישע מאָנאַרכיע, ענליך צו ענגלאַנד'ס רעגירונג סיסטעם, און אַז אויב די טערקן וועלן ניִשט זיין גרייט עס צו פאַרקויפן, וועט הערצל אויסוואַרטן ביז ווען די האַלב-

"התייצבו על ה' ועל משיחו" דער בנין אין באזעל וואו עס איז פארגעקומען דער ערשטער ציוני'סטישער קאנגרעס

צעפאַלענע אָטאָמאַנישע אימפעריע וועט אונטערגיין און דאַן וועט ער באַקומען דאָס לאַנד פון אַן אייראָפּעאישן קאָנגרעס וועלכע וועט טיילן שטיקער פונעם מיטל-מזרח לויט ווי ס'גלוסט איר. די "ניו יאָרק טיימס" ציטירט אויך אין נאָמען פון הערצל, אַז אויב די פּלענער וועלן זיך ניִשט אויסאַרבעטן, וועט ער זוכן אַן אַנדער אָרט פאַר זיין יודענשטאַט, ווי צב"ש אַרגענטינע.

אין לויף פון דער קאָנפערענץ האָט הערצל געגרינדעט די "הסתדרות הציונות העולמית", אַן אַלוועלטליכע ציוני'סטישע פעדעראַציע, וואָס זאָל דינען ווי אַ דאַך-אָרגאַניזאַציע פאַר אַלע ציוני'סטישע אַקטיוויטעטן איבער דער גאַנצער וועלט, סיי אויפ'ן דיפּלאָמאַטישן פראָנט און דאָס זעלבע אויף די פינאַנציעלע טיילן, צו ערמעגליכן דעם ציוני'סטישן טרוים פון עררייכן אַן אייגן לאַנד.

קעגנערשאַפט אין דער ברייטער אידישער גאַס

טראָץ וואָס מצד די ציוני'סטן איז דער קאָנגרעס געווען פאַררעכנט אַלס שטאַרקער סוקסעס, האָט דער גרעסטער טייל פון דער אידישער וועלט איגנאָרירט דעם קאָנגרעס אָדער עס שאַרף אַרונטערגעריסן. אין די אידישע צייטונגען פון יענער תקופה טרעפט מען וויינציג באַריכטן איבער'ן קאָנגרעס, און מערערע אַרטיקלען אין פאַרשידענע לענדער האָבן אַראָפּגעריסן הערצל און זיין פּלאַן פאַר אידישע נאַציאָנאַליזם, אַז עס וועקט אויף דעם צאָרן פון די גוי'אישע איינוואוינער אין די לענדער וואו ס'וואוינען אַסאַך אידן.

3) 'דת וציונות עימותים ראשונים', זייט 320.

ס'וועט זיין מערקווירדיג צו ציטירן די ווערטער פונעם בריטישן הויפט רב, הרב נפתלי צבי הירש (הערמאַן) אַדלער ז"ל[4], וועלכער האָט געשריבן אַ שאַרפן אַרטיקל קעגן דעם קאָנגרעס אינעם "דזשואיש כראָניקעל", אַ פרעסטיזשפולע אידישע צייטונג אין ענגלאַנד, וואו ער שרייבט צווישן אַנדערע אַז "דער געדאַנק פון ד"ר הערצל צו גרינדן אַ אידישע מדינה [אין ארץ ישראל], איז דורכאויס גרייזיג. דאָס איז קעגנגעזעצט צום אידישן לעבנסשטייגער, צו די ווערטער פון די נביאים און דער אידישער מסורה."

ערקלערונג דורך די רבנים פון דייטשלאַנד

ווען הערצל האָט געאַרבעט אויף זיינע פלענער צו אַגאַנזשירן דעם ערשטן ציוני'סטישן קאָנגרעס וואָס האָט געזאָלט אָפגעהאַלטן ווערן אין מינכען, דייטשלאַנד, זענען די רבנים פון דייטשלאַנד דאַן ערשינען מיט אַן עפנטליכער ערקלערונג וואָס איז פאַרעפנטליכט געוואָרן אין אַלע אידישע צייטונגען און אין מערערע אַלגעמיינע צייטונגען אין דייטשלאַנד, מיט דער אונטערשריפט פון פינף דייטשע רבנים און געמיינדע-פירער.

די רבנים שרייבן:

"דורך דער פאַרזאַמלונג פונעם ציוני'סטישן קאָנגרעס און דורכ'ן פרסום פון זיין סדר היום, זענען פאַרשפרייט געוואָרן אומריכטיגע אַנשויאונגען אויפ'ן תורה'דיגן באַדייט פון אידישקייט און די שאיפות פון אירע מאמינים. אָט דער אונטערגעשריבענער פאַרשטאַנד פונעם רבני'שן פאַראיין פון דייטשלאַנד זעט דעריבער פאַר אַ פליכט איבערצוגעבן די פאָלגענדע ערקלערונג.

1. די שאיפות פון די ציונים אויפצושטעלן אַ אידיש-נאַציאָנאַלע לאַנד אין פאַלעסטינע, איז אין קעגנזאַץ צו דער אידישער אמונה בביאת המשיח, לויט ווי עס שטייט אין די הייליגע שריפטן און אין די שפּעטערדיגע רעליגיעזע קוועלער.

2. דער אידישער גלויבן פאַרפליכט אירע גלויבער צו דינען דעם פאָטערלאַנד וואו

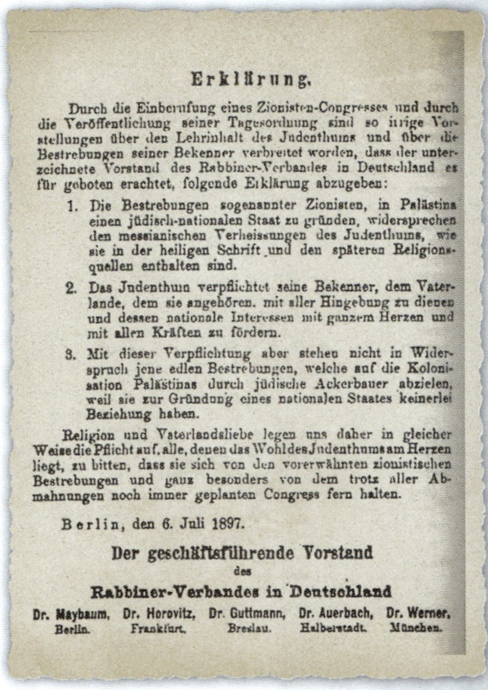
Erklärung.

Durch die Einberufung eines Zionisten-Congresses und durch die Veröffentlichung seiner Tagesordnung sind so irrige Vorstellungen über den Lehrinhalt des Judenthums und über die Bestrebungen seiner Bekenner verbreitet worden, dass der unterzeichnete Vorstand des Rabbiner-Verbandes in Deutschland es für geboten erachtet, folgende Erklärung abzugeben:

1. Die Bestrebungen sogenannter Zionisten, in Palästina einen jüdisch-nationalen Staat zu gründen, widersprechen den messianischen Verheissungen des Judenthums, wie sie in der heiligen Schrift und den späteren Religionsquellen enthalten sind.

2. Das Judenthum verpflichtet seine Bekenner, dem Vaterlande, dem sie angehören, mit aller Hingebung zu dienen und dessen nationale Interessen mit ganzem Herzen und mit allen Kräften zu fördern.

3. Mit dieser Verpflichtung aber stehen nicht in Widerspruch jene edlen Bestrebungen, welche auf die Kolonisation Palästinas durch jüdische Ackerbauer abzielen, weil sie zur Gründung eines nationalen Staates keinerlei Beziehung haben.

Religion und Vaterlandsliebe legen uns daher in gleicher Weise die Pflicht auf, alle, denen das Wohl des Judenthums am Herzen liegt, zu bitten, dass sie sich von den vorerwähnten zionistischen Bestrebungen und ganz besonders von dem trotz aller Abmahnungen noch immer geplanten Congress fern halten.

Berlin, den 6. Juli 1897.

Der geschäftsführende Vorstand
des
Rabbiner-Verbandes in Deutschland

Dr. Maybaum, Berlin. Dr. Horovitz, Frankfurt. Dr. Guttmann, Breslau. Dr. Auerbach, Halberstadt. Dr. Werner, München.

ערקלערונג דורך די רבנים פון דייטשלאַנד, וואו זיי שטעלן קלאָר אַז דער געדאַנק פון ציונות איז מנגד צו די פּרינציפּן פון דער אידישער אמונה אין ביאת המשיח

4) דער זון און נאכפאלגער פונעם בארימטן ענגלישן הויפט רב, הרב נתן אדלער זצ"ל.

זיי אָנגעהערן, מיט דער גאַנצער איבערגעגעבנקייט, און ערפילן די נאַציאָנאַלע אינטערעסע מיט גאַנצן האַרץ און מיט אַלע קרעפטן.

3. די פאַרפליכטונג שטייט אָבער נישט אין קעגנזאַץ מיט די שאיפות מיט'ן ציל צו באַזעצן אידישע פעלד-אַרבעטער אין פאַלעסטינע, ווייל דאָס האָט נישט קיין שום שייכות צו דער גרינדונג פון אַ נאַציאָנאַלן לאַנד.

די אידישע אמונה און די ליבע צום פאָטערלאַנד לייגן דעריבער אַ גלייכע פליכט צו בעטן פון אַלע וואָס אידישקייט איז זיי צום האַרצן, דאָס זיי זאָלן זיך דערווייטערן פון די ציוני'סטישע אַמביציעס וואָס זענען אויבן דערמאַנט, און ספּעציעל פונעם געפּלאַנטן קאָנגרעס וואָס וועט אָפּגעהאַלטן ווערן טראָץ אַלע וואָרענונגען.

ס'איז העכסט מערקווירדיג אַז טראָץ וואָס טייל פון די אונטערגעשריבענע 'רבנים' זענען געווען היבש ווייט פון אָריגינעלער אידישקייט און זענען שוין ליידער געווען פאַרכאַפּט מיט די בייזע ווינטן פון השכלה וואָס האָבן געבוזשעוועט אין דייטשלאַנד, האָבן אפילו אַזעלכע סאָרט רבנים פאַרשטאַנען אַז די אידעאָלאָגיע פון ציונות איז אַן איינפאַכע סתירה מיט די סאַמע גרונד-פרינציפּן פון אידישקייט, און זיי האָבן עס געזען פאַר אַ דבר פשוט אַז דער רעיון הציונות איז אַ סתירה מיט אמונה בביאת המשיח.

די ערקלערונג איז אָפּגעענטפערט געוואָרן דורך הערצל זעלבסט אין זיין אָרגאַן "די וועלט", אונטער'ן קעפל "פּראָטעסט ראַבינער". (וועלט, 7981, גליון 7, זייטן 1-2), וואו ער האָט מיט שפּאַס אָנגערופן די רבנים אַלס "פּראָטעסט ראַבינער", און ביז'ן היינטיגן טאָג ווערן די דייטשע רבנים אָנגערופן אויפ'ן לשון הטמא עברית אַלס די "רבני מחאה".

דער גלח אין שטיצע פון הערצל

וויליאַם העכלער איז געווען אַ דייטשער גלח וועלכער האָט געדינט אַלס אַ מיסיאָנער צו פאַרשפּרייטן דאָס קריסטנטום צווישן אידן. פאַר דעם צוועק איז ער אַרומגעפאָרן אין מערערע לענדער מיט'ן ציל אַריינצופאַנגען וואָס מער אידישע קינדער אין נעץ פון זיין אמונה טפילה.

ווען הערצל'ס "יודענשטאַט" איז ערשינען, האָט עס העכלער באַמערקט אין די געשעפטן אין וויען. ער האָט עס געליינט און איז געוואָרן איבערגענומען דערפון ביז גאָר. אַלס הייסער קריסט האָט ער געגלויבט אין אַ שטאַרק-פאַרשפּרייטן אָבערגלויבן וואָס איז אָנגענומען ביי פילע אָנהענגער פון דער קריסטליכער אמונה טפילה, אַז אידן מוזן זיך צוזאַמענזאַמלען...

די אָנהענגער פון דער באַקאַנטער "עוואַנגעליסטישע" באַוועגונג וואָס האָט אונטער זיך מיליאָנען פאַנאַטישע נאָכפאָלגער וועלכע העלפן שטופן די אינטערעסן פון ציונות צו יעדער צייט[5].

דער גלח העכלער האָט פון גרויס באַגייסטערונג זיך געטראָפן מיט הערצל און זיך פולשטענדיג צוגעשטעלט צו זיין קאַמפיין איבערצוגעבן ארץ ישראל פאַר די אידן. גלייכצייטיג האָט הערצל זיך געפריידט צו באַקומען די שטיצע פון אַזאַ הויכראַנגיגער קריסטליכער פערזענליכקייט וועמען ער רופט אָן "אַ וואונדערליכער מאַן" עפ"ל[6].

העכלער איז פאַרוואַנדלט געוואָרן אין הערצל'ס רעכטע האַנט. ער האָט אַסאַך אינטערוועניִרט ביי די גרויסמאַכטן אין זיינער צייט צו שענקען ארץ ישראל פאַר הערצל און זיינע פאַרבינדעטע, און האָט אויך אַנטיילגענומען אין די ערשטע זעקס ציוני'סטישע קאָנגרעסן.

5) א דבר נורא ווערט געברענגט אין ספר שלשת הרואים - זכרון דברי הרב, תולדות ימי חייו פון הגאון הצדיק רבי חיים אברהם דובער לעווין זצוק"ל, דער "מלאך" פון אמעריקע, וואס האט נאכגעזאגט פון הגאון המפורסם ר' יוסף ראזען זצ"ל, דער ראגאטשאווער גאון, אז עס שטייט אין ירושלמי אז עס איז פארהאן ביי די קריסטן א באהאלטענער סוד מעכב צו זיין ביאת המשיח דורך דעם וואס ארץ ישראל וועט מטומא ווערן. (הגה"ח רבי יעקב שור ז"ל האט ערקלערט די כוונה, אז לויט ווי דער ראגאטשאווער גאון האט געלערנט פשט אין ירושלמי, האט ער געזען די ווערטער בדברי חכז"ל.)

איז טאקע העכסט-מערקווירדיג אז ביים היינטיגן טאג זענען פארהאן מיליאנען קריסטליכע גוים וואס זענען די הייסטע שטיצער פאר מדינת ישראל און איר פאליטיק. ריזיגע גרופעס פון די עוואנגעליסטן און אנדערע פארגלויבטע קריסטן איבער דער וועלט און איבערהויפט אין די פאראייניגטע שטאטן, טוען כסדר שיקן ריזיגע געלטער און שטיצע פאר דער מדינה און פראפעגאנדירן בשבחה.

לויט דעם וואנזיניגן אבערגלויבן פון ריזיגע טיילן אינערהאלב די קריסטליכע פראקציעס איז אנגענומען ביי זיי אז אידן וועלן איבערנעמען די הערשאפט אויף גאנץ ארץ ישראל, און דערנאך וועט זייער יאשקע אותו האיש ימ"ש זיך פריש 'אנטפלעקן' און ער וועט צווינגען אלע אידן זיך צו שמד'ן, און ווער ס'וועט זיך נישט שמד'ן וועט ווערן אומגעברענגט רח"ל... פאר זיי איז די גרינדונג פון מדינת ישראל ממש א ישועה, ווייל דאס איז דער ערשטער שריט אין דער 'גוטער' ריכטונג פון צוריקברענגען דעם פאנדראק...

ביי אט די קריסטן איז דאס נישט מער ווי א מאדערנער קרייץ-צוג, און פונקט ווי מיט טויזנט יאר צוריק האבן זיי זיך מחי' געווען מיט די טויזנטער אידישע קרבנות וועלכע זענען געפאלן אינמיטן וועג פון אומקערן ארץ ישראל צו די קריסטן, האבן זיי היינט הנאה אז די אידן זענען דער שטעקן זיך צו שלאגן מיטן איסלאם. זיי מיינען נישט די טובה פון אידישן פאלק, און די סיבה פאר זייער שטיצע איז דירעקט געצילט עוקר צו זיין כלל ישראל מיט'ן שורש, היל"ת.

עס זענען גאר פארהאן מערערע היסטאריקער וואס באצייכענען די עוואנגעליסטישע גלויבן אלס דער צענטראלער אורזאך פארוואס די בארימטע "באלפור דעקלעראציע" איז מיט יארן דערויף אונטערגעשריבן געווארן דורכ'ן אויסערן מיניסטער פון ענגלאנד לטובת די ציונים. אינערהאלב דער בריטישער רעגירונג זענען דאן געווען מערערע נאאיווע קריסטליכע גלויביגע וואס האבן שטארק געשטופט דעם וואגן פון ציונות מיט דער אמונה טפילה אז אידן דארפן באהערשן ארץ ישראל, און דער גלויבן ציט נאך ביז'ן היינטיגן טאג מיליאנען קריסטן איבער דער וועלט צו שטיצן די ציוני'סטישע מדינה. די עוואנגעליסטישע באוועגונג פארמאגט מיליאנען פאנאטישע נאכפאלגער, איבערהויפט אין אמעריקע, וועלכע העלפן די אינטערעסן פון ציונות מיט אלע זייערע קרעפטן.

דאס איז אויך די סיבה פארוואס מען זעט אזא הויכע שטיצע און סימפאטיע פאר דער מדינה פונעם קאנסערוואטיוון לאגער אין אמעריקע, בעת וואס די אלגעמיינע אמעריקאנער פאלק און מידיא זענען בכלל נישט אזוי אנטציקט פון דער ציוני'סטישער פאליטיק און האנדלונג מיט זייערע שכנים, הערט מען אבער כסדר הויכע לויב-געזאנגען אויף די קאנסערוואטיווע און רעכט-געניגטע טאלק שאוס און זייערע אנדערע נייעס-נעצן - כאילו זיי מיינען אונזער טובה.

דער אמת איז אבער אז אין אלגעמיין זענען די קאנסערוואטיוון פארברענטע קריסטן, און אלס אזוי שטימט דאס ציונות מיט זייער רעליגיע און זיי שפירן פאר א פליכט דאס צו פאראויסשטיפן. פארשטענדליך אז פאר די כופרים אין דער מדינה אינטערעסירט עס גאנץ ווייניג. די ציונים זענען גערן גרייט צו נעמען דאס געלט און פאליטישע שטיצע אפילו פון די קאנסערוואטיווע קריסטן. ס'איז אבער וויכטיג צו וויסן ווער עס זענען די א.ג. 'פריינט' פון די ציונים, "זאג מיר ווער דיינע פריינט זענען און איך וועל וויסן ווער דו ביזט."

(**פאר** מער דערוועגן זעט אין די ביכער, תולדות ישראל לפני היות הציונות (מס' 12 זייט 47, ירושלים, תשמ"א, מאמר "רעיון שיבת ישראל במחשבה הפרוטסטנטית באנגליה בשנים 1790-1840"), (the Evangelical-Israeli Connection, (Jan. 1972), Middle Eastern studies, vol. 8 ((Washington post, Bill Broadway March 27, 2004).

6) יומני הערצל, 10.3.1896

קאַפּיטל י"ט

הערצל'ס רייזע קיין ארץ ישראל

דער דייטשער קייזער באַזוכט ארץ ישראל

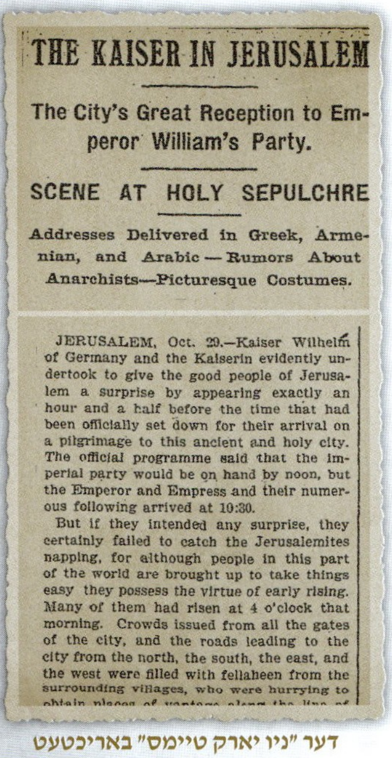

THE KAISER IN JERUSALEM

The City's Great Reception to Emperor William's Party.

SCENE AT HOLY SEPULCHRE

Addresses Delivered in Greek, Armenian, and Arabic—Rumors About Anarchists—Picturesque Costumes.

JERUSALEM, Oct. 29.—Kaiser Wilhelm of Germany and the Kaiserin evidently undertook to give the good people of Jerusalem a surprise by appearing exactly an hour and a half before the time that had been officially set down for their arrival on a pilgrimage to this ancient and holy city. The official programme said that the imperial party would be on hand by noon, but the Emperor and Empress and their numerous following arrived at 10:30.

But if they intended any surprise, they certainly failed to catch the Jerusalemites napping, for although people in this part of the world are brought up to take things easy they possess the virtue of early rising. Many of them had risen at 4 o'clock that morning. Crowds issued from all the gates of the city, and the roads leading to the city from the north, the south, the east, and the west were filled with fellaheen from the surrounding villages, who were hurrying to

דער "ניו יארק טיימס" באריכטעט דעם היסטארישן באזוך פונעם דייטשן קייזער אין ארץ ישראל

אין יאָר תרנ"ח האָט דער דייטשער קייזער דער צווייטער, ווילהעלם, אָפּגעשטאַט אַ באַזוך אין ארץ ישראל.

דייטשלאַנד איז דאַן געווען אַליאירט מיט דער טערקישער אימפעריע וועלכע האָט רעגירט איבער ארץ ישראל, און דער ציל פונעם באַזוך איז געווען צו שטאַרקן די דאָזיגע פאַרבינדונג, ווי אויך צו הייבן דעם איינפלוס פון די דייטשע אָפּשטאַמיגע וועלכע האָבן זיך באַזעצט אין ארץ ישראל, בעיקר די קריסטליכע דייטשן און די פּראָטעסטאַנטישע דייטשע קירכע, אָבער אויך להבדיל די אידישע באַפעלקערונג פון דייטשן אָפּשטאַם. די טערקן האָבן אַראַנזשירט פאַר'ן דייטשן קייזער אַ פּרעכטיגע אויפנאַמע אין ארץ ישראל. די וועגן זענען אויסגעפלאַסטערט געוואָרן, די געביידעס זענען פאַרשענערט געוואָרן און דאָס לאַנד האָט זיך אָנגעקליידעט אין אַ פייערליכער שטימונג.

אויך די ירושלים'ער אידן האָבן זיך געגרייט, מפני שלומה של מלכות, צו אַנטקעגנקומען דעם דייטשן קייזער, און באַזונדער אויפגעשטעלט אַ ספּעציעלן קעניגליכן טויער וואו דער קייזער זאָל דורכגיין אָנקומענדיג קיין ירושלים.

ירושלים'ער איינוואוינער ווארטן אפ דעם קייזער נעבן דעם קעניגליכן טויער (אויפ'ן בילד איז קענטיג די רבני ירושלים, הגאון רבי שמואל סלאנט זצוק"ל (לינקס), און רבי יעקב שאול אלישר ז"ל (רעכטס), זיצן אונטער דעם טויער אוןווארטן אויף די אנקום פונעם קייזער)

הערצל אַלס 'אידן-פאַרטרעטער'

הערצל, וועלכער האָט זייער געשעצט דייטשלאַנד און איר קולטור און האָט גערעדט בלויז אַ פליסיגן דויטש, האָט באַשלאָסן אויסנוצן די געלעגנהייט און צו דער זעלבער צייט געקומען צו פאָרן קיין ארץ ישראל מיט אַ דעלעגאַציע פון זיינע פריינט אינערהאַלב דער ציוני'סטישער באַוועגונג. ער האָט געהאָפט צו באַקומען אַן אודיענץ ביים דייטשן קייזער, און דערביי שתדל'ן ביי אים אַז ער זאָל אויסאיבן אַ דיפלאָמאַטשן דרוק אויפ'ן טערקישן סולטאַן, צו געבן פאַר אידן אַ זעלבסשטענדיגע הערשאַפט איבער ארץ ישראל.

די סוויטע פונעם קייזער גייט דורך די פרעכטיגע טויער בשערי ירושלים

און ווירקליך האָט דער קייזער צוגעשטימט זיך צו באַגעגענען מיט הערצל נאָך אַ נאָכאַנאַנדיגער חנופה-שפיל דורך די

ציוני'סטישע בלעטער און אַדאַנק דער אינטערווענץ און פאַרמיטלונג פונעם אויבנדערמאָנטן דייטשן גלח וויליאַם העכלער, די רעכטע האַנט פון הערצל, און פון די באַטייליגטע אין דער דעלעגאַציע, וועלכע האָבן פאַרשפּראָכן פאַר'ן קייזערליכן הויף אַז די ציוני'סטישע דעלעגאַציע, וואָס איז באַשטאַנען פון עטליכע שרייבער, וועלן ברייט שילדערן דעם קייזערליכן באַזוך אין אַלע וועלט-צייטונגען מיט גרויס פּאַראַדע.

הנותן תשועה
למלכים וממשלה לנסיכים, מלכותו מלכות כל עלמים,
הפוצה את דוד עבדו מחרב רעה, הנותן בים ד־־ך
ובמים עזים נתיבה. הוא יברך וישמור וינצור ויעזו־־
וירומם ויגדל וינשא למעלה מעלה את אד־־ונינו
הקיסר ווילהעלעם השני
עם אשתו הקיסרית
אגויסטא וויקטאריא
ויורש עצר פריעדריך ווילהעלעם ירום הודם
מלך מלכי המלכים ברחמיו יחיהו וישמרהו ומכל צרה ויגן ונזק
יצילהו וידבר עמים תחת רגליו ויפיל שונאיו לפנו ובכל אשר
יפנה יצליח. מלך מלכי המלכים ברחמיו יתן בלבו ובלב כל יועציו
ושריו רחמנות לעשות טובות עמנו ועם כל ישראל, בימיו
ובימינו תושע יהודה וישראל ישכון לבטח. ובא
לציון גואל, וכן יהי ר־־צון.
ונאמר אמן

ירושלים'ער אידן וואונטשן "הנותן תשועה" פאר'ן קייזער ווילהעלם

אייגנטליך איז זיין ערשטער אָפיציעלער אודיענץ ביים קייזער שוין פאָרגעקומען אין קאָנסטאַנטינאָפּאָל, וואו דער קייזער איז דורכגעפאָרן אין זיין רייזע קיין ארץ ישראל. דאָרט האָט הערצל אינטערוועניִרט ביים קייזער אַז ער זאָל פועל'ן ביים סולטאַן צו ערלויבן אַ אידישע אויטאָנאָמיע אין ארץ ישראל, אונטער דער שוץ פון דייטשלאַנד.

אָנקומענדיג קיין ארץ ישראל האָבן הערצל און זיינע פריינט זיך דערזען פאַר אַ געלעגנהייט ווען ער וועט קענען ציען אַסאַך אויפמערקזאַמקייט פונעם אַלוועלטליכן אידנטום צו זיין באַזוך און זיינע פלענער, איז ער אויפגעקומען מיט אַ געדאַנק זיך אַראָפּצושטעלן, בשעת דער אויפנאַמע פונעם קייזער, אין צענטער פונעם ספּעציעלן טויער, דער שער הכבוד, וואָס איז אָנגעגרייט געוואָרן ביים אַריינגאַנג צו דער "מקוה ישראל" קאָלאָניע, לכבודו פונעם קייזער.

ווען דער דייטשער קייזער איז אַריבערגעגאַנגען דעם טויער האָט ער דערזען הערצל דאָרט שטיין און האָט אים באַגריסט, אַ פאַקטאָר וואָס געווען פונקט גענוג פאַר די ציוני'סטישע צייטונגען צו טרומפירן מיט זייער געוואונס אַז דער קייזער האָט אַנערקענט הערצל אַלס שטאַטסמאַן און האָט אים באַגריסט[1].

1) מערקווירדיג אז דאס באגעגעניש פון הערצל מיטן דייטשן קייזער איז בטעות נישט פילמירט געווארן, אבער די ציונים, ווילנדיג אויסניצן דעם מאקסימום השפעה דערפון, האבן געפעלשט א בילד וואו עס ווערט געזען דער קייזער גיט די האנט פאר הערצל. דאס בילד האט זיך שפעטער ארויסגעשטעלט צו זיין נישט אויטענטיש.

חילול שבת קודש אינעם פלטרין של מלך

הונגעריג פאַר כבוד און אויפמערקזאַמקייט האָט הערצל שטאַרק געשטרעבט איבערצושפילן דעם ספעקטאַקל וואָס איז אים שוין געלונגען צו ערגרייכן איין מאָל, און זיך שטעלן אויך ביים טויער וואָס איז אויפגעשטעלט געוואָרן אין ירושלים.

די באַשטימטע צייט ווען דער קייזער האָט געזאָלט אָנקומען קיין ירושלים איז געווען באַשטימט אויף שבת קודש אינדערפרי, און די דעלעגאַציע וואָס איז באַשטאַנען פון אויסגערופענע פרייע פורקי עול און אפיקורסים, האָבן זיך אָן קיין קלער אַרויסגעלאָזט אין וועג מיט דער באַן אום פרייטאָג צונאַכטס כדי צו קענען אָנקומען צייטליך און נאָכאַמאָל טרעפן דעם קייזער שבת אינדערפרי.

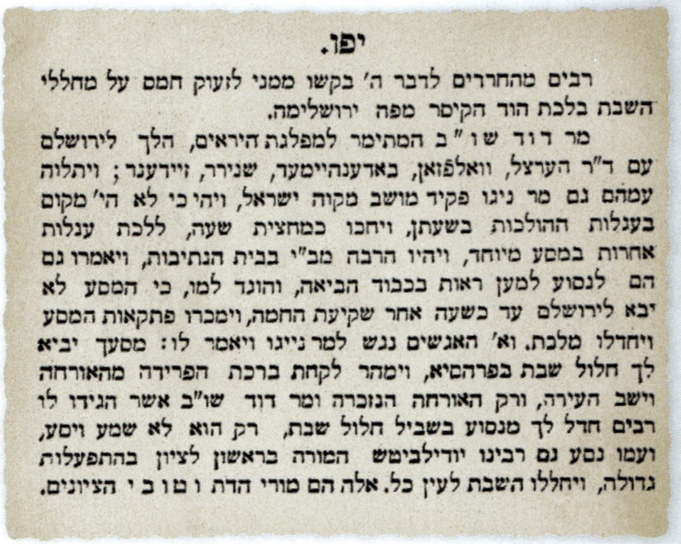

יפו.

רבים מהחרדים לדבר ה׳ בקשו ממני לזעוק חמס על מחללי השבת בלכת הוד הקיסר מפה ירושלימה.

מר דוד שו"ב המתימר למפלגת היראים, הלך לירושלם עם ד"ר הערצל, וואלפזאן, באדענהיימער, שנירר, זיידענר; ויתלוה עמהם גם מר ניגו פקיד מושב מקוה ישראל, ויהי כי לא הי׳ מקום בעגלות ההולכות בשעתן, ויחכו כמחצית שעה, ללכת עגלות אחרות במסע מיוחד, ויהיו הרבה מב"י בבית הנתיבות, ויאמרו גם הם לנסוע למען ראות בכבוד הביאה, והוגד למו, כי המסע לא יבא לירושלם עד כשעה אחר שקיעת החמה, וימכרו פתקאות המסע ויחדלו מלכת. וא׳ האנשים נגש למר ניגו ויאמר לו: מסעך יביא לך חלול שבת בפרהסיא, וימהר לקחת ברכת הפרידה מהאורחה וישב העירה, ורק האורחה הנזכרה ומר דוד שו"ב אשר הגידו לו רבים חדל לך מנסוע בשביל חלול שבת, רק הוא לא שמע ויסע, ועמו נסע גם רבינו יודילביטש המורה בראשון לציון בהתפעלות גדולה, ויחללו השבת לעין כל. אלה הם מורי הדת ו ט ו ב י הציונים.

דער "חבצלת" וואס איז ערשינען דורך יראי ה׳ אין ירושלים, שילדערט די חילולי שב"ק דורך הערצל און זיין סוויטע בתוככי ירושלים עיה"ק

ירושלים עיה"ק איז אין יענער צייט געווען אַ פעסטונג פאַר ערליכקייט און קדושה אויף אַ געהויבענעם פאַרנעם. די ירושלימ'ער אידן זענען אַלע געווען אָפּגעהיטן און הייליג. זיי האָבן שוין געהערט פון געוויסע פורשים און פושעים וואָס לערנען לימודי חול. זיי האָבן זיך אפשר צוגעוואוינט צום פראָבלעם אַז מאַנכע מאַכן צו זייערע געשעפטן נאָך חצות ערב שב"ק, און פאַרשידענע וועלכע זענען מקיל אין די טראַדיציאָנאַלע ירושלימ'ער מנהגים, אָבער אַזאַ פרעכער חילול שבת לאור היום דאָס האָבן זיי איינפאַך נישט געקענט באַגרייפן און גלייבן. און דאָ פלוצים קומט אָן די באַן בעצם יום השבת קודש מיט אַ גרופע 'אידן' וואָס ווילן זיך טרעפן מיטן קייזער אין נאָמען פון כלל ישראל.

דער ערליכער ירושלים האָט געקאָכט ווי אַ קעסל פונעם פאַקט אַז אַ דעלעגאַציע וועלכע פאַררופט זיך אַלס די פאַרטרעטער פון אידן שעמען זיך ניטאַמאָל אָפיציעל מחלל שבת צו זיין

בשאט נפש[2]. ירושלים עיה"ק האָט געשטורעמט קעגן דעם פאַרברעך בפלטרין של מלך און האָט אַנטפאַנגען הערצל און זיין באַנדע מיט אַן אָפּשיי און עקל. דער רשע איז פאַרבליבן איינזאַם און איזאָלירט פון די שטאָטישע איינוואוינער דורכאויס דער גאַנצער צייט וואָס ער האָט געוויילט דאָרט אין שטאָט, און דער גאון וצדיק רבי שמואל סאַלאַנט זצ"ל האָט אָנגעזאָגט פאַר אַלעמען אַז "מען זאָל שטיין ווייט פון דעם יונג און אים נישט געבן קיין אָרט ביים כבוד-טויער אין ירושלים"[3].

אַזוי איז טאַקע געווען. די ערליכע רבנים אין ירושלים עיה"ק האָבן באַוויזן אָפּצוהאַלטן דעם פאַרשוין און ער איז טאַקע נישט אָנוועזנד געווען ביי דער צערעמאָניע ווען מען האָט אַנטפאַנגען דעם קייזער ביי די טויערן פון ירושלים. הערצל זעלבסט פאַרציילט דאָס אין זיינע טאָג-ביכער מיט באַדויער אַז צוליב זיינע ציוני'סטישע מיינונגען האָט ער נישט געקענט אָנטיילנעמען ביי דער פאַראַדע און עס געמוזט מיטהאַלטן פון פענסטער[4] .

ירושלים שפייט אויס דעם רשע

הערצל האָט ווילנדיג אין ירושלים פרובירט אַלע זיינע מעגליכקייטן אויסצונוצן דעם באַזוך פאַר זיינע אינטערעסן און צעמענטירן זיין שטאַנד אַלס 'פירער' פון כלל ישראל, און האָט דערפאַר געשיקט אַ מעלדונג צו, להבדיל, הגה"ק רבי יוסף חיים זאָנענפעלד זי"ע, דער צוקונפטיגער מרא דארעא דישראל, אַז ער וויל זיך מיט אים טרעפן. אָבער זיין פאַרלאַנג איז פאַרשטענדליך שאַרף אָפּגעוואָרפן געוואָרן.

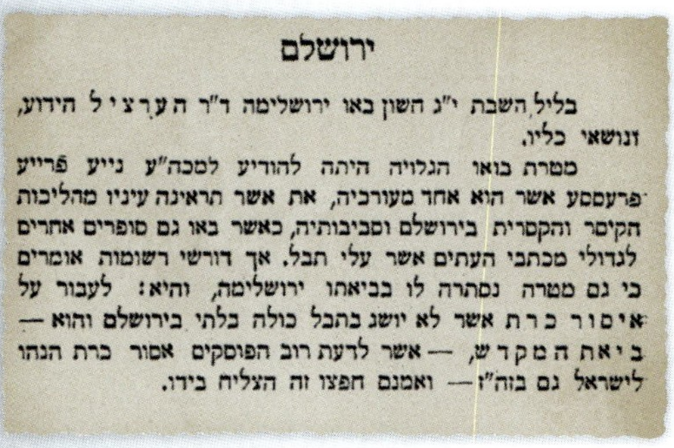
ירושלם

בליל השבת י"ג חשון באו ירושלימה ד"ר הערציל הידוע, ונושאי כליו.

מטרת בואו הגלויה היתה להודיע למכה"ע נייע פרייע פרעססע אשר הוא אחד מעורכיה, את אשר תראינה עיניו מהליכות הקיסר והקסרית בירושלם וסביבותיה, כאשר באו גם סופרים אחרים לגדולי מכתבי העתים אשר עלי תבל. אך דורשי רשומות אומרים כי גם מטרה נסתרה לו בביאתו ירושלימה, והיא: לעבור על איסור כרת אשר לא יושג בתבל כולה בלתי בירושלם והוא — ביאת המקדש, — אשר לדעת רוב הפוסקים אסור כרת הנהו לישראל גם בזה"ז — ואמנם חפצו זה הצליח בידו.

"חבצלת" איבער הערצל'ס באַזוך אין ירושלים צו אריינכאפן נאך אן איסור כרת...

ירושלים'ער אידן האָבן זיך געווערטלט מיט ביטערע איראָניע, אַז ווי עס ווייזט אויס האָט דער פוקר שוין עובר געווען אַלע עבירות אין די תורה, אָבער די עבירה פון אַרויפגיין אויפ'ן הר הבית בטומאה איז אים נאָכנישט אויסגעקומען

2) ס'איז אינטערעסאנט צו באמערקן אז די ארטיגע ציונים האבן זיך זייער געשעמט מיט'ן פאקט אז הערצל האט אזוי מיאוס פארשוועכט דעם שבת, און זיי האבן דעריבער שפעטער פארלייקנט די גאנצע זאך און גאר אהערגעשטעלט א מעשה כאילו הערצל האט דוקא נישט געוואלט פארשוועכן דעם שבת, און ער איז געגאנגען צופוסנס דעם גאנצן וועג ביז זיין האטעל...

3) מרא דארעא דישראל.

4) טאג-בוך 29 באוקטובר 1898 ירושלים: "מבעד לחלוני במלון ראיתי אחר הצהריים את הקיסר עובר בשערי הכבוד, תחלה בשער היהודי, אחר כך בטורקי, אומרים שאצל היהודים השתהה קצת יותר, אני לא הייתי בשער של היהודים, כי היו שם שתי מפלגות, האחת רצתה שאני אשא את הנאום לפני הקיסר בשם הקהילה, האחרת דומה שרצתה שאף לא אתקרב אליה עם הציונות שלי, והיות שעל פי מה שנמסר לי, החכם באשי מקושטא הציע לזה של כאן (כוונתו לראשון לציון שבארץ ישראל) שיטילו עלי חרם גדול - העדפתי שלא לבוא אף בקרבתם של בעלי המחאה האוריינטליים הללו".

עובר צו זיין וואוינענדיג אין חוץ לארץ, אַלזאָ איז ער געקומען קיין ירושלים כדי צו קענען אַריינכאַפּן אויך די עבירה...[5]

חדשות שונות

(וויען) קוראי מכ"ע הציונים בטח ראו את התהלות והתשבחות אשר ישתבח שם הדר. הערצל לאמור: בהיות קיסר ווילהעלם במושבה „מקוה ישראל" הושיט לו הקיסר ימינו וישתעשע אתו בדברי חן ואהבה. אך את הדברים אשר דבר הקיסר אתו לא שמענו עד כה, והרואה יאמין כי הדר. הערצל חתם את הדברים בלבו מפני טעם כמוס. הציונים קוו כי בשובו מירושלים הלא כשח ישמיע ברבים את נעם שיח סוד הקיסר אתו, אך לשוא תקוחם, הדר' הערצל שב בשלום ויספר בעתונו „החבל" את כל אשר ראו עיניו, אך מדבר הקיסר לא יזכיר כל הגה. והוא פלא. והנה בא מכה"ע הציוני יעוו. ווארלד ויעזוב את לבו להכחיש הכל. ואומר מפי שומע החי ומדבר כי הקיסר לא דבר נכבדות במענה פיהו על ברכת הרר' הערצעל כי אך כזאת דבר: כל אלה המשתדלים בהרמת כלכלת הנכסים ועבודת הארמה בארץ ישראל לטובת ממשלת הטירקיי ומכירים את ממשלת השלטון לממשלת הארץ, יוכלו לחשוב כי יפיקו רצון מאתי הדברים האלה ילמדונו לדעת כי ישפיע דעתו רק על רעיון הישוב ביסוד מושבות להכלית טובת המדינה ולא ליסד בתוגרמה ממשלה מדינית, ולא ארץ מולדת חדשה.

חבצלת טרייבט שפאס פון הערצל'ס אומגעלונגענע באגעגעניש מיט'ן דייטשן קייזער

מערקווירדיג ביז גאָר אַז די הייליגע שטאָט ירושלים וואָס ערוועקט ביי יעדן אידיש האַרץ געפילן פון בענקעניש און האָפענונג, איז אָבער גאָר אַנדערש באַטראַכט געוואָרן דורך דעם געמיינעם פאַרשוין, וועלכער האָט געזען פאַר זיך אַן אַנדער בילד פון אַ שמוציגער שטאָט וואָס ער האָט געהאַסט מיט אַ שנאה כבושה.

הערצל זעלבסט דרוקט אויס זיינע טיפע האַס-געפילן צו ירושלים עיה"ק, ווי פאָלגנד:

"אויב איך וועל דיך געדענקן ירושלים, וועל איך נישט געניסן פון דיין געדענקעניש. דו ביסט פאַרטעמט און פאַרשטינקען פון טויזנטער יאָר אָנגעפולט מיט אוממענטשן. אַ פינסטערע קולטור און אומריינקייט הערשט אויף דיינע גאַסן וועלכע זענען פול מיט אַן אומאַנגענעמעם גערוך,"[6] עפ"ל.

הערצל האָט דאַן אויסגעדרוקט זיין באַגער צו גרינדן די הויפשטאָט פון זיין נייע מדינה אין אַן אַנדער שענערע געגנט "נעבן אַ טייך און צווישן וועלדער"[7].

5) הרה"ק מהרש"ב מליובאוויטש זצוק"ל שרייבט דערויף אין קונטרס ומעין מבית ה': "יעדער וואס האט אפילו עטוואס פארשטאנד וועט מודה זיין על האמת אז דאס התעוררות פון הערצל און זיין געהילף נורדוי צו "ציון", קומט איבערהויפט נישט פון א אידישן געפיל וואס האט זיך ערוועקט אין זייער הארץ. דער גרעסטער צייכן דערויף איז דער פאקט אז ווען הערצל איז געווען אין ארץ ישראל האט ער זיך נאכמער דערווייטערט פון השי"ת און האט מחלל געווען די תורה ומצוות אין דער עפנטליכקייט. ער איז אריין אין ירושלים עיה"ק אינמיטן יום השבת קודש און ארויפגעגאנגען אויפן מקום המקדש, וואס אויך אלס מענטשליכקייט וואלט ער נישט געברויכט באגיין אזא שריט צו מחלל שבת זיין בפרהסי' אין דער הייליגער שטאט וואו די שכינה רוט. דאס איז געטון געווארן מיט א ספעציעלן דגוש צו ווייזן זייער טמא'נע שיטה אז דאס גאנצע ענין פון אידישקייט איז נאציאנאליזם, און דער פירער פון ציונות האט געשטעלט דעם צלם פון לאומיות וואס איז א מרידה בה' און א כפירה בתורה אויך אויפן מקום היכל ה'."

6) פאלגנד זענען אייניגע ציטאטן פון זיינע טמא'נע ווערטער, פון וועלכע עס שפראצט ארויס זיין אויסטערלישע האס און שנאה צו דער הייליגער שטאט, און די בני עלי' ושרפי מעלה פונעם ישוב הישן: "כשאהרהר בך בעתיד, ירושלים, לא יהיה זה בהנאה. המשקעים האפלים של אלפיים שנים ספוגות חוסר-אנושיות, חוסר-סובלנות וזוהמה רובצות בסמטאות המצחינות... קודם לכל אנקה אותה מזוהמתה.

...היינו על יד הכותל המערבי. אינני מסוגל להתרגש התרגשות עמוקה, שהרי במקום הזה רווחת פשיטת-יד מכוערת וספסרית. כך לפחות היה אמש והבוקר כשהיינו שם".

...חבריי יעצו לי שלא אניח את כף רגלי בכנסיית הקבר. אסור גם לדרוך במסגד עומר, ובהר הבית, מחמת החרם של הרבנים. זה מה שקרה למשה מונטיפיורי. כל כך הרבה ... וכל כך הרבה קנאות מכל עבר. (טאג-בוך - 30 באוקטובר ירושלים)

7) מעריב, כב שבט תשנ"ו.

אין זיין טאָג-בוך שרייבט ער אויך:

"די אַלטשטאָט מיט אירע הייליגקייטן וואָלט איך איינגעשפּאַרט ווי אַ סאַרדינען-שאַכטל. יעדע אַרבעט און האַנדל וואָלט איך אַרויסגעצויגן פון איר, נאָר גאָט'ס-הייזער[8] און חסד אָרגאַניזאַציעס זאָלן בלייבן אינעווייניג פון די אַלטע מויערן. די אַלע 'הייליגקייטן' וועלן זיך אָפּשטעלן ביי די אַלטע מויערן, אָבער דאָס נייע וועט זיך אויסציען ווייט פון איר". עפ"ל.

דער קייזער אַנטזאָגט זיך פון העלפן

אין דער ענדע איז הערצל אַרויס פון זיין נסיעה קיין ארץ ישראל אבל וחפוי ראש. איידער דער קייזער איז אַוועקגעפאָרן פון ירושלים האָט ער טאַקע נאָכאַמאָל אויפגענומען הערצל און זיינע באַגלייטער אויף אַן אודיענץ, אָבער ס'האָט זיך געענדיגט מיט אַן ערנסטן דורכפאַל. ביי זיין ערשטן באַגעגניש מיט'ן קייזער אין קאָנסטאַנטינאָפּאָל האָט כאָטש דער קייזער זיך גאַנץ נאָרמאַל באַצויגן צו אים, אָבער ביים באַגעגניש אין ירושלים האָט ער הערשט באַקומען דעם ריכטיגן פראַסק.

הערצל האָט דאָרט אויפגעטרעטן פאַר'ן קייזער מיט אַ לאַנגע רעדע, אין וועלכן ער האָט פּרובירט צו באַוועגן דעם קייזער אויסצונוצן זיינע פאַרבינדונגען מיט טערקיי אַז ער זאָל פּועל'ן ביי זיי צו לאָזן די אידן גרינדן אַן אייגענע מלוכה אין ארץ ישראל, עפּעס וואָס ער האָט געשילדערט אַז ס'וועט זיין אַ טובה אויך פאַר די טערקן זעלבסט.

דער דיפּלאָמאַטישער קייזער האָט געענטפערט אויף דער לאַנגער רעדע מיט זיין אייגענער רעדע, אין וועלכן ער האָט גאָרנישט דערמאַנט הערצל'ס פּלענער פאַר אַ אידישער מדינה, נאָר בלויז גערעדט אַז דאָס לאַנד פאַרמאָגט ווייניג וואַסער און שאָטן. דערנאָך האָט ער אויך גערעדט איבער געזונטהייט פּראָבלעמען און אויגן-קרענק וועלכע פּלאָגן דאָס לאַנד...

אויב איז דער נישט-ענטפער נישט געווען גענוג קלאָר, האָט דער קייזערליכער הויף שפּעטער אַרויסגעגעבן אַ מעלדונג אַז "אַ אידישע דעלעגאַציע האָט באַזוכט ביים קייזער און אים איבערגעגעבן אַן אַלבום מיט בילדער פון די יישובים וואָס [דייטשע] אידן האָבן געשאַפן"...

הערצל איז אַהיימגעפאָרן פונעם באַזוך זייער צוטראָגן.

8) דער טמא ימ"ש מיינט דערמיט א געמיש פון בתי מדרשים אינאיינעם מיט, להבדיל אלף אלפי הבדלות, קריסטליכע תיפלות און מוסולמענישע מעטשעטן, וועלכע געפינען זיך לרוב אין אלטשטאט.

פרישע בוך: "אַלט-נוי לאַנד"

זייענדיג אין ארץ ישראל אין יאָר תרנ"ט האָט זיך הערצל גענומען שרייבן אַ פרישע בוך מיט'ן נאָמען "אַלט נוי-לאַנד" (אַלטע נייע לאַנד). אינעם בוך שילדערט הערצל וויאַזוי די ציוני'סטישע באַוועגונג וועט אויפבויען ארץ ישראל אויפ'ן מאָדערנעם שטייגער, פונקט ווי אייראָפּע. ער האָט אַראָפּגעלייגט דאָרט אַ גאַנצע וויזיע מיט דמיונות און חלומות פון פלענער וואָס ער האָט געפּלאַנט דאָרט איינצושטעלן, וואָס מיט דעם האָט ער געהאָפט נישט נאָר אַוועקצונעמען די טענות פון די וועלכע האָבן פאַרפירט אַז מ'קען נישט אַרויפגיין קיין ארץ ישראל ווייל זי איז צוריקגעשטאַנען, נאָר אויך, און בעיקר, צו פאַנגען די הערצער פון די יוגנטליכע וועלכע האָבן געצויגן צו די סאָציאַליסטישע ווינטן, דורך זיי פאַרשפּרעכן אַז דאָס נייע לאַנד וועט געבויט ווערן אויפ'ן פאָרמאַט און סטיל צו וואָס זיי ציען אַזוי שטאַרק.

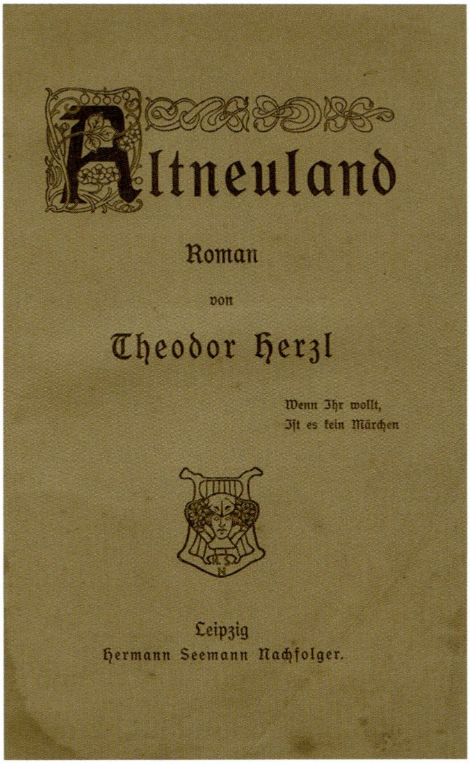

"אַלט - נוי לאַנד"

הערצל האָט פאַרעפנטליכט דאָס בוך אין יאָר תרס"ב, 902' למספרם, וועלכע איז באַלד געוואָרן שטאַרק אויפגעכאַפּט ביי די וועלכע זענען שוין געווען פאַרגאַפט פונעם ציוני'סטישן פלאַן, און האָט אויך געדינט דעם ציל פון פאַנגען די יעניגע וועלכע האָבן געבליקט אין ריכטונג פון קאָמוניזם. אויף הערצל'ס פאַרלאַנג האָט זיינער אַ פריינט איבערגעזעצט דאָס בוך אויף אידיש, די שפּראַך וואָס כמעט אַלע אייראָפּעאישע אידן האָבן דאַן גערעדט, און דאָס בוך איז פאַרשפּרייט געוואָרן צווישן די אידיש-רעדנדע מאַסן.

רוב עמך-אידן אין אייראָפּע זענען פון דעם בוך צום ערשטן מאָל געוואויר געוואָרן איבער הערצל'ס פלאַן צו גרינדען אַ יודענשטאַט אין ארץ ישראל, וואָס האָט פאַר'ן פשוט'ן איד זיך געהערט ממש ווי אַ געוואַלדיגע בשורה. (קיינער האָט דאָך נישט געוואוסט ווער הערצל איז, און "יודענשטאַט", וועלכע איז פונקט ווי דאָס יעצטיגע בוך געשריבן געוואָרן אָריגינעל אין ריינעם דויטש, האָבן די ציוני'סטן נישט איבערגעזעצט, כדי די אידיש-רעדנדע מאַסן זאָלן טאַקע נישט זען 'אַלעס' וואָס דאָרט איז געשריבן...).

קאַפּיטל כ'

ציוני'סטישע אַקטיוויטעטן

באַנק לאומי

ווען הערצל איז צוריקגעקומען פון ארץ ישראל האָט ער זיך אַריינגעוואָרפן מיט מער אייפער אין זיינע אַקטיוויטעטן צוצוגרייטן דעם באָדן פאַר זיין געפּלאַנטן "יודענשטאַט".

נאַטורליך האָט מען געדאַרפט אַהערשטעלן אַ ריזן אַפּאַראַט, לויט די פּלענער וועלכע האָבן געזאָלט עווענטועל אַרויפברענגען קנאַפּע 20 מיליאָן אידן קיין ארץ ישראל, און ווי ביי יעדער אונטערנעמונג איז דער שליסל אַלעמאָל איין זאַך: געלט. כאָטש גרויסע 'אידישע' פילאַנטראָפּן זענען באַלד פון אָנהייב מיטגעשטאַנען מיט דער ציוני'סטישער באַוועגונג, וואָלטן זיי אָבער נישט געקענט אַליין אויסהאַלטן אַזאַ מאָנסטערישע אָפּעראַציע וואָס דאָ האָט זיך פאַרלאַנגט.

א ציוני'סטישע שקל אין דער שטאט ווארשא בשנת תרס"ה לפ"ק

דאַן איז געגרינדעט געוואָרן דער "באַנק לאומי", דער ערשטער ציוני'סטישער באַנק, געווידמעט אויפצוטרייבן גרעסערע פאָנדן פאַר דער נייער ציוני'סטישער אָרגאַניזאַציע און זאַמלען געלט אָפּצוקויפן באָדן אין ארץ ישראל פאַר דער צוקונפטיגער אידישער מדינה.

באַזונדער איז אָנגעגאַנגען אַ מאַסיווע אַגיטאַציע צו פאַרקויפן מטבעות, וואָס האָבן זיך גערופן "שקלים", מיט'ן ציל צו עררייכן גרויסע סומעס פאַר די ציוני'סטישע פלענער פון כיבוש הארץ. אנגעהויבן פון דעם צווייטן ציוני'סטישן קאנגרעס האבן אַלע מיטגלידער פונעם "הסתדרות הציונות" יערליך באַצאָלט אַ שקל צו ווערן פאַררעכנט אַלס טייל פון דער אָרגאַניזאַציע.

אויפגעשטעלט דעם "קרן קיימת"

שוין ביים ערשטן ציוני'סטישן קאָנגרעס איז אַרויפגעברענגט געוואָרן דער געדאַנק פון אויפשטעלן אַ נאַציאָנאַלער פאָנד פון 'אידישן' פאָלק, אָפצוקויפן לאַנד אין ארץ ישראל. פיר יאָר דערויף, ענדע 901' למספרם, שנת תרס"א לפ"ק, ביים פינפטן ציוני'סטישן קאָנגרעס, איז געמאָלדן געוואָרן איבער דער גרינדונג פונעם "קרן קיימת לישראל", (שפעטער באַקאַנט מיט די בוכשטאַבן קק"ל), אַן אָרגאַניזאַציע וועמענס ציל איז געווען צו שנאָרן ריזיגע געלטער פון רייכע באַשטייערער און פונעם גרויסן אידישן המון, מיט'ן צוועק 'אויסצולייזן' גרויסע באָדנס אין ארץ ישראל דורך זיי אָפקויפן פון אַראַבער און אויפשטעלן דאָרט אידישע ישובים.

"צאהלט דעם שקל" פראפעגאנדע דורך די ציוני'סטישע פעדעראציע אין לאנדאן תרפ"ב

די ריזיגע געלטער זענען בעיקר געווען געווידמעט אויפצובויען "קיבוצים" איבער דער לענג און ברייט פון ארץ ישראל, וועלכע האָט נאָך דאַן געהערט צו דער טערקישער אָטאָמאַנישער אימפעריע. די קיבוצים זענען פראָפּאָגאַנדירט געוואָרן אַלס העכסטער אידעאַל, און אירע איינוואוינער זענען אַראָפגעמאָלן געוואָרן אַלס די "אויבערשטע פון שטייסל", דאָס "בעסטע פון די בעסטע" פונעם 'אידישן' יוגנט.

ווי דער שטייגער פונעם קליפת הציונות וואָס האָט געזוכט אויסצולייזן יעדע דבר שבקדושה פון איר הויכן באַדייט און דאָס מטמא זיין מיט איינפאַכע און נידריגע באַגריפן, האָבן זיי אויך אין דעם פאַל דירעקט אויסגעקליבן דעם נאָמען "קרן קיימת", גענומען פונעם באַקאַנטן הייליגן לשון המשנה, "אלו דברים שאדם אוכל פירותיהם בעולם הזה והקרן קיימת לו לעולם הבא", וואָס באַציט זיך אויף די ספעציפישע געוואַלדיגע מצוות וועלכע זענען מסוגל דערצו, און עס אַפּדאָטירט פאַר'ן

א "קרן קיימת" פאָסט מאַרק מיט זעלבסט — האָס און שפאָס פון דעם ארימען "גלות איד"

די ציונים האָט דאַן פאַבריצירט מיליאָנען פאָסט מאַרקס

סלאָגאַן צו מוטיגן זייערע נידריגע אַמביציעס פון כפירה אינעם גזירת הגלות.

די ציונים האָט דאַן פאַבריצירט מיליאָנען פאָסט מאַרקס, וואָס זענען פאַרקויפט און פאַרשפרייט געוואָרן אין אַלע אידישע געגנטער מיט סימבאָלן און בילדער פון דער קרן קיימת אָרגאַניזאַציע.

די בלויע קרן קיימת פושקעס

די פושקעס פון קרן קיימת

דער קומענדיגער שטאַפּל איז געווען צו פאַרפּלייצן די אידישע גאַס מיט אומשולדיג-אויסזעענדע פושקעס, וואו אידן זאָלן אַריינוואַרפן זייער נדבה אַנשטאָט צו געבן פאַר די אַנדערע וויכטיגע צדקה-צוועקן וואָס האָבן ביז דאַן אָנגעפולט אידישע שטיבער.

די אָנפירער פון "קרן קיימת" האָבן זיך דערשלאָגן צום געדאַנק פון פאַרשפרייטן פושקעס און אַזוי אַרום אויסקרויזן די טראַדיציאָנאַלע "רבי מאיר בעל הנס פושקעס" וועלכע האָבן זיך ביז דאַן געפונען אין יעדער אידישער שטוב און וועמענס געלטער זענען געגאַנגען פאַר די ערליכע כוללים פון לומדי תורה אין ארץ ישראל. אַצינד האָבן זיי געוואָלט פאַרקירעווען אידישע נדבות פאַר זייערע פינסטערע צילן פון אָפּקויפן לאַנד און זיך באַזעצן אין ארץ ישראל.

דער שפיל איז זיי ליידער געלונגען. אין טויזנטער אידישע היימען לענגאויס אייראָפּע זענען אַריינגעקומען די בלויע קליינע פושקעס מיט די "קרן קיימת" אויפשריפטן, און אומצאָליגע תמימות'דיגע אידישע מאַמעס האָבן איידער'ן ליכט-צינדן ערב שבת קודש אַריינגעוואָרפן זייער אָפּגעשפּאָרטע עטליכע מטבעות אין די פושקעס וועלכע האָבן פינאַנצירט דעם גרעסטן שמד וואָס האָט אָפּערירט אינעם הייליגן לאַנד.

נאָך אַן איינפיר פונעם "קרן קיימת" איז געווען די א.ג. "מפעל הקערות" יעדן ערב יום הקדוש. אין אַלע אידישע שולן זענען געזיצן ציוני'סטישע וואָלונטירן און אַקטיוויסטן און געקליבן געלט פון אידן איידער כל נדרי, פאַר די פעולות פונעם "קרן קיימת". אין די הייליגסטע שעות פונעם יאָר האָבן אידן ליידער בייגעשטייערט פאַר דער כפירה'דיגער אָרגאַניזאַציע, אַנשטאָט געבן דאָס געלט פאַר נויטבאַדערפיגע אידן וועלכע האָבן פאַרלוירן זייער געוועגליכע שטיצע אינעם הייליגן טאָג.

ס'איז נישטאָ קיין געהעריג רעקאָרדירטער חשבון, אָבער אומצאָליגע מיליאָנען פון זלאָטעס, מאַרק, פונט, פראַנק, רובל, פענגאָ און אַנדערע וואַלוטעס זענען אַריינגעפלאָסן אין די

ציוני'סטישע קאַסעס דורך טויזנטער תמימות'דיגע אידן וואָס האָבן געוואָלט האָבן אַ חלק אין דער געוואַלדיגער מצוה פון "ישוב ארץ ישראל".

די אַקציעס האָבן אויסטערליש געשאַדט פאַר די צדקה-געלטער פון די פאַרשידענע כוללים פאַר אָפּשטאַמיגע פון מערערע לענדער וועלכע האָבן זיך ביז דאַן געשפּייזט אויסשליסליך אויף דער איינגאַמע פון זייערע פושקעס, און יעצט האָבן זיי דערלייגט געוואַלדיגע סומעס פון זייערע איינקונפטן. דאָס האָט נאָכמער געהאָלפן די רייכע ציוני'סטן פאַרשטאַרקן זייער האַנט קעגן די אָרעמע אידן פון ערליכן "ישוב הישן". [ווי טראַגי-איראָניש עס הערט זיך, האָבן די ציוני'סטישע פירער, אין דער זעלבער צייט פון זייער אַלוועלטליכע מעגאַ-שנאָר אָפּעראַציעס, חוזק געמאַכט און אַרונטערגעריסן דעם הייליגן ישוב אין ירושלים עיר הקודש, אַז יענע זענען 'שנאָר-אידן', אָדער ווי זיי פלעגן עס רופן "חלוקה אידן".]

צום באַדויערן האָט זיך צו דעם מיאוס'ן אַקט אויך צוגעשטעלט אַ צאָל רבנים וועלכע האָבן זיך פאַרקויפט פאַר'ן שטן און קאַמפּיינט צווישן אידן אַז מען זאָל שטיצן די פושקעס און מחזק זיין די פעולות פון די ציונים. אַ קאַרדינאַלע ראָלע אין דער ריזיגער שנאָר-אָפּעראַציע האָט געשפּילט דער טרויעריג-באַרימטער רב קוק. דאָס בילד פון דעם הדרת פנים'דיגן געשטאַלט אין רבני'שע קליידער, באַגלייט מיט'ן טיטל "רב הראשי לישראל", האָט ערוועקט שטאַרקע געפילן ביי די תמימות'דיגע מאַסן אין אייראָפּע, ספּעציעל אין די קרייזן וואו מען איז נישט געווען געוווינט באַהאַוונט אין קעמפן מיט די רשעים און זייערע מיטהעלפער 'אין שיך און זאָקן'. אַזוי זענען אין די שטעטלעך אַרום אייראָפּע מערערע צדקה-אַקציעס אויסגענוצט געוואָרן פאַר'ן צוועק פון אויסרייסן די אידישע אמונה, רח"ל.

אָבער דאָס מערהייט פון די אמת'ע גדולי ישראל זי"ע האָבן זיך אַרויסגעשטעלט באַקעמפן די ערשיינונג און גערופן אידן נישט אַנטיילצונעמען אין דער קליפה און חלילה נישט שטיצן זייערע פאָנדן וואָס זענען געצילט צו פאַרשפּרייטן דעם רעיון הטמא צווישן אידן.

"שטיצן דעם קרן איז אַ מחטיא את הרבים"

אין אַ באַקאַנטן בריוו פון הגאון הצדיק רבי אלחנן וואַסערמאַן זצ"ל, באַציט ער זיך באַזונדער צו דער שטיצע וואָס דער ציוני'סטישער רב הראשי, הר' קוק, האָט געגעבן פאַר די געלטער וואָס די ציונים האָבן געזאַמלט פאַר זייערע אַקטיוויטעטן, און שרייבט בלש"ק:

"ס'איז באַוואוסט אַז דער וואָס שטייט אין שפּיץ פונעם רבנות הראשית, שרייבט אונטער דעם קול קורא וואָס טוט ערוועקן אידן צו געבן געלט פאַר'ן 'קרן היסוד'. ס'איז אויך באַוואוסט אַז די געלטער פונעם 'קרן היסוד' ווערן פאַרנוצט צו ערציען כופרים להכעיס. דער וואָס איז

אַלזאָ מעורר צו שטיצן דעם קרן איז אַ מחטיא את הרבים אויפ'ן אַרגסטן פאַרנעם.

דער רבינו יונה אין זיין ספר שערי תשובה, איז מפרש דעם פסוק (משלי יז ג) כור לזהב ומצרף לכסף ואיש לפי מהללו, אַז דער ריכטיגער אַנאַליז אויף אַ מענטש איז צו זען וועמען ער לויבט, און אויב מיר זעען אַז ער לויבט רשעים, דאַן ווייסן מיר אַז ער זעלבסט איז אַ רשע גמור. אַלס אַזוי איז די זאַך קלאָר אַז מען טאָר זיך נישט מחבר זיין מיט אַזאַ מענטש, און ווען איך וואָלט געווען ראוי וואָלט איך געזאָגט אַז איינער וואָס שטיצט אַזאַ פלאַן דאַרף מען לייגן אין חרם רח"ל[1]."

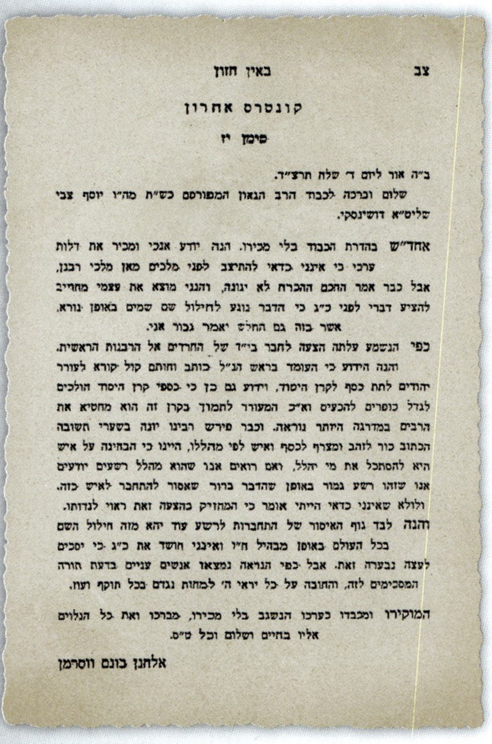

צב באין חזון

קונטרס אחרון

סימן יז

ב"ה אור ליום ד' שלח תרצ"ד.

שלום וברכה לכבוד הרב הגאון המפורסם כש"ת מה"ו יוסף צבי שליט"א דושינסקי.

אחדש"ש בהדרת הכבוד בלי מכירו. הנה ידע אנכי ומכיר את דלות ערכי כי אינני כדאי להתיצב לפני מלכים מאן מלכי רבנן, אבל כבר אמר החכם ההברח לא יגונה, והנני מוצא את עצמי מחויב להציע דברי לפני כ"ג כי הדבר נוגע לחילול שם שמים באופן נורא. אשר בזה גם החלש יאמר גבור אני.

כפי הנשמע עלתה הצעה לחבר בי"ד של החרדים אל הרבנות הראשית.

והנה הידוע כי העומד בראש הנ"ל כותב וחותם קול קורא לעורר יהודים לתת כסף לקרן היסוד, וידוע גם כן כי כספי קרן היסוד הולכים לגדל כופרים להכעיס וא"כ המעורר לתמוך בקרן זה הוא מחטיא את הרבים במדרגה היותר נוראה. וכבר פירש רבינו יונה בשערי תשובה הכתוב כור לזהב ומצרף לכסף ואיש לפי מהללו, היינו כי הבחינה על איש היא להסתכל את מי יהלל, ואם רואים אנו שהוא מהלל רשעים יודעים אנו שזהו רשע גמור באופן שהדבר ברור שאסור להתחבר לאיש כזה. ולולא שאינני כדאי הייתי אומר כי המחזיק בהצעה זאת ראוי לנדותו. והנה לבד גוף האיסור של התחברות לרשע עוד יהא מזה חילול השם בכל העולם באופן מבהיל ח"ו ואינני חושד את כ"ג כי יסכים לעצה נבערה זאת. אבל כפי הנראה נמצאו אנשים עניים בדעת תורה המסכימים לזה, והחובה על כל יראי ה' למחות נגדם בכל תוקף ועוז.

המוקירו ומכבדו כערכו הנשגב בלי מכירו, מברכו ואת כל הנלוים אליו בחיים ושלום וכל ט"ס.

אלחנן בונם ווסרמן

בריוו פון הגאון רבי אלחנן וואַסערמאַן זצ"ל "המעורר לתמוך בקרן זה הוא מחטיא את הרבים במדריגה היותר נוראה".

באַלד פאַרשטאַנען זיין מהות

אין ספר "בן לאשרי" דערציילט דער מחבר וואָס ער האָט געהערט פון הגה"צ מבולגרייא זצ"ל, בן הרה"ק מהרי"ד מבעלזא זי"ע, אַז טראָצדעם וואָס דער בעלזער רב זי"ע האָט קיינמאָל נישט געענטפערט קלאָרע תשובות ווען מען האָט אים אָנגעפרעגט בנוגע שידוכים, איז אַמאָל געווען אַן אויסנאַם, ווען אַ איד פון פרעמיסלא איז געקומען פרעגן איבער אַ שידוך וואָס דער בחור האָט אַריינגענומען אין שטוב אַ קרן קיימת פושקע. דער בעלזער רב זי"ע איז דאַן אַרויס פון זיין שטייגער און געפרעגט מיט ווינדער: "פאַרוואָס פרעגט איר בכלל? וויאַזוי קענסטו טון אַזאַ שידוך?"

הערשט שפעטער איז מען געוואויר געוואָרן אַז דער בחור איז ליידער געווען נחמץ און האָט מחלל שבת געווען אינאיינעם מיט זיינע ציוני'סטישע פריינט. ווען מען האָט דאָס איבערגעזאָגט פאַר'ן בעלזער רב האָט ער געזאָגט בלש"ק: "איך האָב געוואוסט אַז עס נישט מעגליך פאַר אַ איד וואָס זיצט על התורה ועבודה אַריינצונעמען די פושקע פון קרן קיימת וואָס אַלע גדולי וצדיקי

1) קובץ מאמרים ואגרות ח"א, ירושלים תשס"א, עמ' קנג; ולפני כן בקונטרס 'באין חזון', ירושלים תשכ"ט, עמ' צב. דער בריוו במילואו איז אויך אראפגעברענגט אין פרק "גדולי ישראל ז"ל קעגן קוק"

הדור האָבן געָ'אסר'ט. וויבאַלד ער האָט אַריינגענומען די פושקע האָב איך באַלד פאַרשטאַנען אַז ער איז שוין געווען מלא אפיקורסות פון בעפאָר[2]."

בעלזער חסידים האַלטן צוריק "קרן קיימת" יונגען

אין אַן אַרטיקל וואָס עס האָט געשריבן אַ באַקאַנטער ציוני'סטישער פובליציסט[3], וועלכער האָט אינדערהיים זיך געדרייט אין בעלז און איז שפּעטער אַראָפּ פון אידישן וועג ל"ע, דערמאַנט ער אין זיינע זכרונות דאָס שאַרפע התנגדות פון די בעלזער חסידים צום "קרן קיימת":

"אין איינעם אַ ווינטער-טאָג ווען די גאַסן זענען געווען באַדעקט מיט הויפנס שניי, האָב איך באַמערקט ווי צוויי יונגעלייט אין סטודענטישע קליידונג שפּרייזן אין ריכטונג פונעם בעלזער בית המדרש און אין די הענט האָבן זיי געהאַלטן בלוי-ווייסע "קרן קיימת" פּושקעס. איך בין זיי נאָכגעגאַנגען צו זען וואָס דאָרט וועט פּאַסירן ווען די ציוני'סטישע יונגעלייט וועלן אַריינגיין ממש אינעם 'מויל פון לייבן' אין בעלזער בית המדרש.

און אָט וואָס עס האָט פּאַסירט: ווען מ'האָט דערזען די צוויי יונגעלייט און זייערע ציוני'סטישע פּושקעס, האָבן זיך די חסיד'ישע יונגעלייט צוגעשאַרט צו זיי און זיי גענומען באַפאַלן מיט שטעך-ווערטלעך, און שפּעטער איז מען אַריבער אויך צו באַוועגן מיט די הענט... מען האָט די ציוני'סטישע יונגעלייט צוגעדריקט צום באַלעמער,

2) בן לאשרי, ברכה משולשת פר' חיי שרה, מקבילות הלולאות - סיפורים, סי' סב.

3) דער שרייבער אורי צבי גרינבערג, וועלכער האט געשטאמט פון גרויסע רבי'ס אין גאליציע, האט געשריבן דעם ארטיקל סוף ווינטער תשכ"ד, אין דער צייטונג "ידיעות רמת גן", אין די וואכן נאכדעם וואס דאס לאנד האט זיך איבערגעקערט מיט'ן באזוך פונעם פויבסט, וואס איז געקומען אהינצופארן. דער ציוני'סטישער שרייבער איז אליין געווען ביטערליך שאקירט וואס אין דער 'אידישער' מדינה רעדט מען מיט אזא ברען און קאך פונעם פויבסט, אז ער האט אפגעשריבן דעם פאלגנדן ארטיקל און דערין פארעפנטליכט אינטערעסאנטע פאקטן וואס ער האט פון אלס קינד געהערט און געזען אין בעלזא.

ער שרייבט צווישן אנדערע אויך נאך איינינגע זכרונות פון זיינע יונגט-יארן אין בעלז, און פירט אויס מיט די מערקווירדיגע ווערטער:

די גאנצע צייט האב איך געטראגן א טינא בלב צו בעלז!

אבער אין די טעג פונעם פויבסטליכן באזוך אין מדינת ישראל האב איך זיך דערמאנט אין יענער מעשה און אין די רייד פונעם בעלזער רבי'ן: ניבא וידע מה ניבא!

אין פארלויף פון די פערציג יאר וואס איך געפין זיך אין לאנד, האב איך געזען און זע אויך איצטער, דעם פראצעס פון כפירה און אפלייקענונג, וואס איז אצינד דערגאנגען צום קלימאקס מיט'ן בולמוס פון פארקריסטליכן די לופט און שריפט פון ארץ ישראל. די אטעאיסטישע שרייבער האבן מיטאמאל אנגעפאנגען צו נוצן דעם זעלבן נוסח ווי די קאטעליקען שרייבן.

אצינד בין איך גענויגט צו פירן מיין געדאנקענגאנג לויט ווי דער בעלזער רבי האט דאן מיט דריי-און-פופציג יאר צוריק געזאגט: "דער ציוניזם פירט צו שמד!" - נישט פינקטליך ממש שמד מיט דער צערעמאניע פון באשפריצן מיט "הייליג וואסער", נאר א זעלישער און געדאנקליכער שמד, א דערווייטערונג פון אידישן מקור פון אלע פריערדיגע דורות און אן איבערגאנג צו א פרעמד געביט; אן אנולירונג פון אלע טראדיציאנאלע באגריפן פון אידישן פאלק.

אַרויסגעריסן פון זייערע הענט די בלויע-ווייסע פושקעס און זיי אַוועקגעשליידערט צו דער ערד. ווען די סטודענטן-ציוני'סטן האָבן זיך אַרונטערגעבויגן אויפצוהייבן די פושקעס, האָבן די קנאי'שע יונגעלייט אַראָפּגעשלעפּט די טישטוכער און דאָס געוואָרפן אויף די יונגעלייט, דערפאַר וואָס זיי האָבן זיך געוואַגט אַריינצוקומען אין אַ מקום קדוש מיט ציוני'סטישע פושקעס."

ביז אַהער פונעם שרייבער וואָס שילדערט אַ לעבעדיג בילד וויאַזוי די פייערדיגע בעלזער חסידים האָבן מונע געווען דעם "קרן קיימת" פון אַריינקומען אין בית המדרש.

"בעסער געבן פאַר ע"ז ווי פאַר קרן קיימת"

הרב רפאל זלמן הכהן לעווין ז"ל, זון פון הגה"צ רבי חיים אברהם דוב בער הכהן לעווין זצ"ל (דער מלאך פון אַמעריקע), דערציילט אין זיינע זכרונות[4] ווי פאָלגנד:

"אין יאָר תרע"ה, אין ברען פון דער ערשטער וועלט קריג, האָבן מיר געפליכטעט צו דער שטאָט מינסק, וואו אַסאַך אידן זענען דאַן פאַרוואָגלט געוואָרן פון זייערע וואוינערטער. אויך הגאון רבי חיים מבריסק זצ"ל איז אַנטלאָפן פון זיין שטאָט און אָנגעקומען אין מינסק.

אין אַ געוויסן פרימאָרגן, ווען איך בין אַהיימגעקומען פון תפלת שחרית, זענען ביים ווינקל פון דער גאַס געשטאַנען מענטשן מיט פושקעס און געבעטן געלט פאר דער ציוני'סטישער קרן קיימת. איך האב פון זיי נישט געקענט לויז ווערן, האָב איך אַריינגעוואָרפן אַהין צוויי-דריי קאָפּיקעס און זיי האָבן מיר דערפאַר געגעבן אַ בלעכל (אַ פּין) פונעם קרן קיימת. אַזוי רעדנדיג מיט'ן פאַרקויפער האָט ער עס אַרויפגעלייגט אויף מיין העמד. שפעטער איז עס שוין געבליבן, און אַזוי האָב איך אַריינשפּאַצירט צו מיינע עלטערן אין שטוב; כ'האָב עס פאַרגעסן אַראָפּצונעמען.

מיין פאָטער ז"ל האָט דאַן געהאַלטן אינמיטן דאַווענען, און ווען ער האָט מיך דערזען האָט ער צוערשט גארנישט געזאגט. איך האב למעשה אַראָפּגענומען דאָס בלעכל פון מיינע קליידער תיכף ומיד.

שפעטער בין איך געגאַנגען אויף דער גאַס, און פונקט איז מיר אַקעגנגעקומען דער גאון רבי חיים מבריסק זצ"ל וועלכער האט שפאצירט מיט מיין פאטער. פאַר מיר איז עס געווען דאָס ערשטע מאָל וואָס איך האָב געזען דעם גאון האָט מיין פאָטער מיר געזאגט: 'געב

4) מפי הרה"ח רבי מרדכי זאב וועבערמאן שליט"א, בן הגאון רבי מאיר זצ"ל, רב דקהל נתיבות עולם, וועלכער האט עס געהערט פונעם בעל העובדא רבי רפאל זלמן ז"ל. מובא גם בספר מפיהם ומפי כתבם (ח"ב עמ' קיט), ובספר שלשת הרועים - זכרון דברי הרב.

שלום פאר'ן גדול הדור'. און זיך געוואנדן צום בריסקער רב: 'מיין זון האָט אַ שאלה ביי אייך צו פרעגן.'וואונדערט זיך רבי חיים: 'פאַרוואָס ענטפערט 'איר' אים ניט?' האָט אים מיין פאָטער געענטפערט: 'ס'איז אַ שאלה וואָס ס'איז נוגע אין אמונה!' ווען רבי חיים האָט דאָס געהערט, האָט ער זיך אָנגערופן מיט התרגשות: 'אמונה? נו זאָגט וואָס איר ווילט פרעגן.'

האָט מיין פאטער ז"ל דערציילט איבער די עטליכע פרוטות וואָס איך האב געגעבן פאר'ן ציוני'סטישן קרן קיימת. הגאון רבי חיים זצ"ל האָט אויסגעהערט מיט אַן ערנסטקייט און דאַן האָט ער געצייגט צו דער ריכטונג פון אַ גרויסער טומאה, אַ קלויסטער וואָס איז געשטאַנען אויף יענער גאַס, און געזאָגט מיט אַ שאַרפקייט: 'אויב איר האָט אַן איבעריגער זעקסער (אַ מין מטבע וואָס איז געווען אַרום דריי קאָפּיקעס) צו געבן, אָט 'די' עבודה זרה האָט ניט די טומאה וואָס די עבודה זרה (ציונות) האָט.' נעמליך אַז צו געבן געלט פאַר די ציונים איז ערגער ווי געבן פאַר דער גוי'אישער טומאה[5]."

רבי רפאל זלמן ז"ל האט צוגעלייגט "וואלט איך דעמאלט געהאט א קבר וואלט איך זיך באגראבן פאר בושה..."

צעפליקט די געלט באַנקנאָטן

הרה"ק מקאָלאָשיץ זי"ע איז אַמאָל געווען אין לאַנצוט אויפ'ן ציון הק' פון זיין זיידן הרה"ק מראָפשיץ זי"ע. ווען ער האָט דאָרט געזען די שלוחי הציונים ווי זיי קלויבן צוזאַם געלט פאַר'ן קרן קיימת, האָט ער אָנגעהויבן שרייען: "אויך ביים ציון פון הייליגן זיידן וועט מען זאַמלען געלט פאַר ציונות?!" ער האָט אַרויסגעכאַפּט די פּאַפּירענע געלט-באַנקנאָטן און עס צעפליקט אויף שטיקער.

עס איז געווען אַמאָל עמיצער וואָס האָט געפייערט אַ שבת אויפרוף פון זיין זון אין ריישא, און דער קאָלאָשיצער רב וואָס האָט דאָרט געוואוינט איז אַהינגעגאַנגען לויט יענעמס פאַרלאַנג. בשעת'ן ליינען האָט דער קאָלאָשיצער רב געהערט דעם גבאי'ן מאַכן אַ "מי שברך" און דאָס געלט האָט ער גע'שנדר'ט פאַר'ן ציוני'סטישן "קרן קיימת". איז דער קאָלאָשיצער רב צו אים צוגעגאַנגען, אים אָנגעכאַפּט און אַרויסגעפירט אינדרויסן, זאָגנדיג: "ווי וואַגסטו זיך צו מאַכן אַ מי שברך נעבן דער תורה הקדושה פאַר'ן קרן קיימת?!"[6]

5) רבי רפאל זלמן ז"ל דערציילט אז ער האט שפעטער געטראפן א ראי' צום פסק פונעם בריסקער רב זצ"ל, פון די ווערטער פון ירושלמי (שבת עט.) : **א"ר טרפון וכו' שאם יהיה הרודף רודף אחרי, שאני נמלט לתוך בתיהן של עבודה זרה ואיני נמלט לתוך בתיהן של מינין, שעכו"ם אינן מכירין אותו וכופרין בו, אבל המינין מכירין אותו וכופרין בו.**

6) דברי חנה ח"ב מדור התולדות.

"דעתי גלוי שאי אפשר לתמוך בקרנותיהם של הציונים"

אויך כ"ק אדמו"ר בעל אמרי אמת מגער זצ"ל האָט געשריבן אַ שאַרפן בריוו קעגן די "קרן קיימת פושקעס", וואו ער איז שטאַרק מתריע אַז מען זאָל חלילה נישט אַריינגעמען אין שטוב די ציוני'סטישע פושקעס. צווישן אַנדערע שרייבט ער:

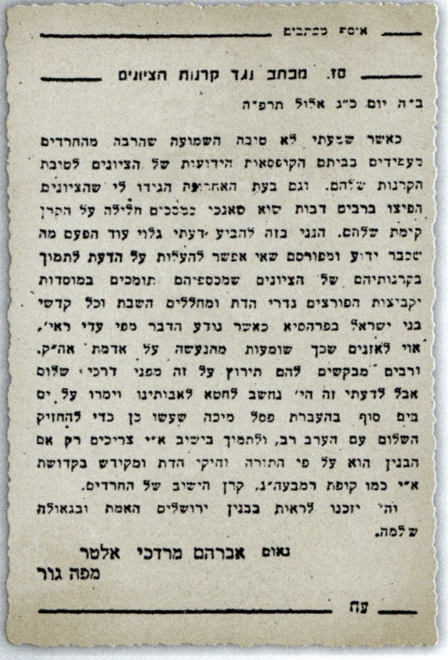
אוסף מכתבים

סז. מכתב נגד קרנות הציונים

ב"ה יום כ"ג אלול תרפ"ה

כאשר שמעתי לא טיבה השמועה שהרבה מהחרדים מעמידים בביתם הקופסאות הידועות של הציונים לטובת הקרנות שלהם. וגם בעת האחרונה הגידו לי שהציונים הפיצו ברבים דבות סוא שאנכי במסכים חלילה על הקרן קימת שלהם. הנני בזה להביע דעתי גלוי עוד הפעם מה שכבר ידוע ומפורסם שאי אפשר להעלות על הדעת לתמוך בקרנותיהם של הציונים שמכספיהם תומכים במוסדות וקבוצות הפורצים גדרי הדת ומחללים השבת וכל קדשי בני ישראל בפרהסיא כאשר נודע הדבר מפי עדי ראי', אוי לאזנים שכך שומעות מהנעשה על אדמת אה"ק. ורבים מבקשים להם תירוץ על זה מפני דרכי שלום אבל לדעתי זה הי' נחשב לחטא לאבותינו וימרו על ים בים סוף בהעברת פסל מיכה שעשו כן כדי להחזיק השלום עם הערב רב, ולתמוך בישוב א"י צריכים רק אם הבנין הוא על פי התורה והיקי הדת ומקודש בקדושת א"י כמו קופת רמבעה"נ, קרן הישוב של החרדים.

וה' יזכנו לראות בבנין ירושלים האמת ובגאולה שלמה.

נאום אברהם מרדכי אלטר
מפה גור

עה

בריוו פון בעל אמרי אמת מגער זצ"ל קעגן די ציוני'סטישע פושקעס.

"כאשר שמעתי לא טובה השמועה שהרבה מהחרדים מעמידים בביתם הקופסאות הידועות של הציונים לטובת הקרנות שלהם, וגם בעת האחרונה הגידו לי שהציונים הפיצו ברבים דברות שוא שאנכי כמסכים חלילה על הקרן קיימת שלהם.

הנני בזה להביע דעתי גלוי עוד הפעם מה שכבר ידוע ומפורסם, שאי אפשר לתמוך בקרנותיהם של הציונים, שמכספיהם תומכים במוסדות וקבוצות הפורצים גדרי הדת ומחללים השבת וכל קדשי בני ישראל בפרהסיא, כאשר נודע הדבר מפי עדי ראי', אוי לאזנים שכך שומעות מהנעשה על אדמת אה"ק.

ורבים מבקשים להם תירוץ על זה מפני דרכי שלום, אבל לדעתי זה היה נחשב לחטא לאבותינו, וימרו על ים בים סוף בהעברת פסל מיכה שעשו כן כדי להחזיק השלום עם הערב רב, ולתמוך בישוב א"י צריכים רק אם הבנין הוא על פי התורה וחוקי הדת ומקודש בקדושת א"י כמו קופת רמבעה"נ קרן הישוב של החרדים. וה' יזכנו לראות בבנין ירושלים האמת ובגאולה שלמה. נאום אברהם מרדכי אלטר מפה גור"[7].

דער "מגן דוד" סימבאָל צום דינסט פון ציונות

ביים ערשטן ציוני'סטישן קאָנגרעס אין יאָר תרנ"ו איז אָפיציעל באַשטעטיגט געוואָרן אַז דער ציוני'סטישער פאָן וועט אַנטהאַלטן דעם באַקאַנטן "מגן דוד" שטערן, ווי אַ סימבאָלישער צייכן פאַר דער אידישער מדינה.

7) געדרוקט אין ספר אוסף מכתבים (מכתב סו).

זייענדיג אַ סימן וואָס טראָגט אַ טיפן באַדייט על פי קבלה, אַלס אות וזכר צו די שש קצוות העולם ושש מדות עליונות, איז דער מגן דוד פּאַר לאַנגע דורות באַנוצט געוואָרן דורך אידישע קינדער און האָט באַשיינט אומצאָליגע שולן און ספרי קודש, דעריבער האָבן די ציונים זיך פאַרשטענדליך צוגעכאַפּט דערצו אַז דער סימבאָל זאָל אויך דינען זייערע אינטערעסן דערמיט צו באַשטעטיגן זייער שייכות מיט'ן אידישן פאָלק.

אייגנטליך האָט שוין הערצל ימ"ש פאָרגעשלאָגן דעם געדאַנק אין זיין בוך "יודענשטאַט", וואו דאָרט האָט ער דערמאַנט אַז מען זאָל נוצן דעם מגן דוד אין צענטער פון אַ ווייסן פאָן, אַרומגענומען מיט זיבן גאָלדענע שטערנדלעך און דערינען זאָל זיין אַ בילד פון אַ לייב. די פּלענער האָבן געטוישט עטליכע מאָל ווערסיע, ביז מען האָט זיך פאַרגליכן צום פאָרשלאַג פון דוד וואָלפסאָן שר"י, אַ נאָענטער פריינט פון הערצל און זיין נאָכפאָלגער אַלס צווייטער נשיא פון דער ציוני'סטישער באַוועגונג, וועלכער האָט באַשטימט אַז דער מגן דוד זאָל זיך געפינען אויף אַ בלו-און-ווייסן פאָן, ווידעראַמאָל צו קאָפּירן די אידישע מסורה און עס מדמה זיין - להבדיל עד אין קץ - צום הייליגן טלית וואָס האָט דעם קאָליר.

די גדולי וצדיקי הדור זי"ע וועלכע האָבן לוחם געווען קעגן דער קליפה פון ציונות, האָבן אין יענער תקופה באַשטימט אַז דער מגן דוד, וועלכער איז ביז דאַן געווען אַן אינטעגראַלער טייל פונעם אידישן לעבן, איז מער נישט פּאַסיג צו ווערן באַנוצט דורך ערליכע אידן, נאָכדעם וואָס די ציונים האָבן דאָס פאַרשוועכט און באַנוצן זיך דערמיט פאַר זייערע געמיינע צילן.

אע"פ שהיתה אהובה בימי האבות, עכשיו שנאה

דורך מערערע צדיקים וגדולים בימים ההם איז אָנגעוויזן געוואָרן אויף די ווערטער פון חז"ל[8], אַז פונקט ווי אַ "מצבה", אַ מזבח צו שחט'ן דערויף קרבנות פאַר אַ יחיד, איז געווען באַליבט ביי השי"ת אין די צייטן פון די אבות הק' - נח, אברהם יצחק ויעקב - אָבער איז נאָכדעם איז געוואָרן פאַרפיינטעט כביכול ביי השי"ת, ביז די תורה זאָגט אָן (דברים טז כב) "ולא תקים לך מצבה אשר שנא ה' אלקיך", צוליב דעם וואָס די גוים האָבן עס אָנגעהויבן נוצן פאַר זייערע עבודה זרה'ס, איז דאָך געוויס אַז דער "מגן דוד" סימבאָל וואָס מיר געפינען נישט איר חביבות אין דער תורה אָדער אין די רייד פון חז"ל, אַז דאָס איז געוואָרן פאַרפיינטעט ביי השי"ת און מען דאַרף זיך דערפון מרחק זיין, נאָכדעם וואָס די כופרים באַנוצן זיך דערמיט פאַר זייערע צוועקן.

8) ספרי פרשת שופטים והובא ברש"י עה"כ ולא תקים לך מצבה, מזבח אבנים ומזבח אדמה צוה לעשות, ואת זו שנא, כי חק היתה לכנענים, ואע"פ שהיתה אהובה לו בימי האבות עכשיו שנאה, מאחר שעשאוה אלו חק לעבודת כוכבים.

מכתבים מערי המדינה

וויזניץ. לפני חג הפסח שעבר ובבית הרבי אפו מצות שמורות, בין עושי מַצות-מִצוֹת אלה נמצא גם בחור אחד ציוני. ויהי בהעריכו מצה אחת וישיאהו יצרו הציוני ויחק על המצה „מגן דוד", חותם הציונים. ויהי כראות בן הרב הצדיק את הדבר הזה ותבער בו חמתו ויקח את המצה וישליכה התנורה ויקרא: „כן תשרפנה עצמותיך ועצמות כל הציונים!"

ציוני'סטישע צייטונג "המצפה" אין יאר תרס"ד, שילדערט מיט אויפברויז וויאזוי הגה"ק רבי מנחם מענדיל מווישעווע זי"ע, דאן בחייו פון זיין פאטער הגה"ק בעל אהבת ישראל מוויזניץ זי"ע, האט לוחם געווען קעגן דעם "מגן דוד"

אַזוי שרייבט הגה"ק בעל מנחת אלעזר ממונקאַטש זי"ע אין זיין ספר דברי תורה[9]: "די צורה פונעם מגן דוד איז דאָך נישט בעסער פון דער מצבה וואָס איז געווען חביבביים אויבערשטן און איז דערנאָך פאַר'מיאוס'ט געוואָרן ווייל די גוים האָבן עס געמאַכט פאר זייערע עבודה זרה'ס. כל שכן די צורה וואָס איז אַצינד פאַרפיינטעט אין די אויגן פון אַלע יראי ה' ושרידי בית ישראל, נאָכדעם וואָס די ציונים, די כופרים, וועלכע האָבן אַריינגעשטאָכן אַ מעסער אין אמונת ה' ותורתו, האָבן דערפון געמאַכט אַ נוצן פאַר זייער כפירה, דאַרף מען דאָס געוויס נישט לייגן אויף קיין שום דבר שבקדושה."

דער מונקאַטשער רב זי"ע ענדיגט צו: "אַזוי האָב איך טאַקע געהערט פון אַ צדיק גדול אחד ז"ל אין אונזער דור, וואָס האָט אַראָפּגענומען די צורה פונעם מגן דוד פון די מענטעלעך פון די ספרי תורה אָדער פרוכת, וועלכע זענען שוין געווען אויסגענייט פון די פריערדיגע צייטן, אָבער טראָץ דעם האָט ער עס אַראָפּגענומען און צעריסן צוליב'ן אויבנדערמאַנטן טעם."

עס איז באַקאַנט אַז דער צדיק וועמען דער מונקאַטשער רב זי"ע דערמאַנט, איז געווען הרה"ק רבי שלמה מבאָבוב זי"ע, אייניקל פון הייליגן דברי חיים זי"ע, וועלכער האָט שאַרף אַרויסגעטרעטן קעגן די "מגן דוד" סימבאָלן, אויך די וועלכע זענען גענייט געוואָרן איידער'ן התייסדות פון ציונות[10].

הגה"ק רבי יענקעלע מפשעוואָרסק זצ"ל האָט דערציילט אין נאָמען פונעם קאָלאָשיצער רב זצ"ל, אַז דער גאָרליצער רב זי"ע האָט אין יענער תקופה בלויז נישט געלאָזט מאַכן קיין פרישע מגן דוד'ס, ער האָט אָבער נישט געהייסן אַראָפּנעמען די וועלכע זענען נאָך געווען אויף די מענטעלעך איידער ס'האָט אויפגעשפראָצט דער רעיון הציונות. ווידער רבי שלמה'לע באָבובער האָט געהייסן אַראָפּנעמען אפילו די אַלטע מגן דוד'ס פון די ספרי תורה מענטעלעך, פונעם פרוכת און פונעם מענטעלע אויפ'ן באַלעמער[11].

9) מהדורה קמא (אות צב).

10) "א"ה, כוונתו להגה"ק מבאבוב זי"ע, ואני זכיתי להיות עד ראי' שהסיר את צורת המגן דוד ממעילי הס"ת, ולפלא שלא הזכיר את שם רבינו הקדוש ז"ל". (ארזי לבנון עמ' עה).

11) י"ג אורות (צאנז), עמ' רסב.

אויך הגה"ק מהרי"ד מבעלזא זי"ע האָט באַפוילן אַראָפּצורייסן אַלע מגן דוד'ס פון די פּרוכת'ן, פון ארון קודש און פון די שולחנ'ס אויף די באַלעמערס, זאָגנדיג אַז "זינט די ציונים האָבן זיך געגומען באַנוצן מיט'ן מגן דוד איז זיין קדושה פסול געוואָרן, וואָרום דער ציוניזם פירט צו שמד ר"ל."[12]

אויך הגאון רבי ברוך בער לייבאָוויץ זצ"ל, ראש ישיבת קאַמעניץ ובעל ברכת שמואל, ווערט דערציילט, אַז ווען ער איז אַמאָל אַריינגעקומען אין בית המדרש און געזען אַז עס איז אויסגעקריצט געוואָרן אַ מגן דוד אויף זיין שטענדער, איז ער אינגאַנצן צושטורעמט געוואָרן און געזאָגט: "ווער האָט געהאַט די העזה אויסצוקריצן אַן עבודה זרה אויפ'ן ארון הקודש פון דער תורה שבעל פה?!"[13]

דער אָפּשיי פון ערליכע אידן צום ציוני'סטישן סימבאָל בימים ההם ווערט אויך דערמאַנט דורכ'ן שימלויער רב הגאון האדיר בעל לחם שלמה זצ"ל, אין זיין ספר אבני המקום (אבן הבאר אות ג' ה') און דורך הגאון הצדיק רבי מנחם מענדל טענענבוים זצ"ל אבד"ק טאָרנא (הסכמה לספר בנו מסעות משה)[14].

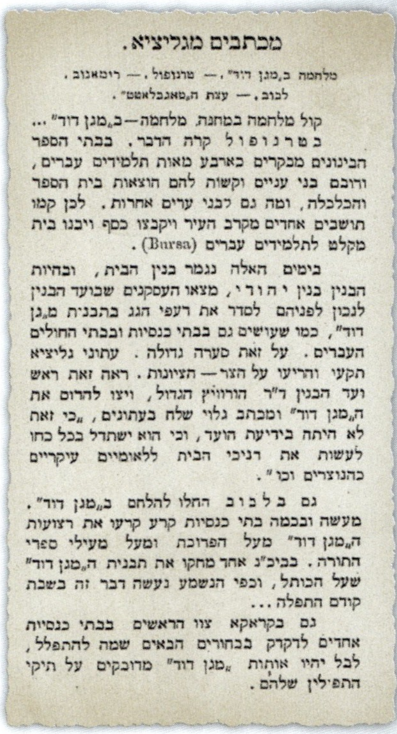
מכתבים מגליציא.

מלחמה ב„מגן דוד". — טרנופול. — רימאנוב. לבוב. — עצת ה„טאגבלאטט".

קול מלחמה במחנת. מלחמה — ב„מגן דוד"...

בטרנופול קרת הדבר. בבתי הספר הבינונים מבקרים כארבע מאות תלמידים עברים, ורובם בני עניים וקשות להם הוצאות בית הספר והכלכלה, ומה גם לבני ערים אחרות. לכן קמו תושבים אחדים מקרב העיר ויקבצו כסף ויבנו בית מקלט לתלמידים עברים (Bursa).

בימים האלה נגמר בנין הבית, ובהיות הבנין בנין יהודי, מצאו העסקנים שבועד הבנין לנכון לפניהם לסדר את רעפי הגג בתבנית מ„גן דוד", כמו שעושים גם בבתי כנסיות ובבתי החולים העברים. על זאת סערה גדולה. עתוני גליציא תקעו והריעו על הצר — הציונות. ראה זאת ראש ועד הבנין ד"ר הורוויץ הגדול, ויצו להרוס את ה„מגן דוד" ומכתב גלוי שלח בעתונים, „כי זאת לא היתה בידיעת הועד, וכי הוא ישתדל בכל כחו לעשות את רניכי הבית ללאומיים עיקריים כהנוצרים וכו'".

גם בלבוב החלו להלחם ב„מגן דוד". מעשה ובכמה בתי כנסיות קרע קרעו את רצועות ה„מגן דוד" מעל הפרוכת ומעל מעילי ספרי התורה. בביכ"נ אחד מחקו את תבנית ה„מגן דוד" שעל הכותל, וכפי הנשמע נעשה דבר זה בשבת קודם התפלה...

גם בקראקא צוו הראשים בבתי כנסיות אחדים לדקדק בבחורים הבאים שמה להתפלל, לבל יהיו אותות „מגן דוד" מרובקים על תיקי התפילין שלהם.

ציוני'סטישע צייטונג "הצפירה" אין יאר תרס"ד, שימפט אויף די גרויסע אידישע קהלות וואו מען האט דערקלערט א קאמף קעגן דעם ציוני'סטישן סימבאל, דער "מגן דוד"

---

12) אזוי זאגט עדות דער אויבנדערמאנטער פרייער שרייבער אין דער צייטונג "ידיעות רמת גן", וואס האט עס געהערט ביי זיין זיידן אין שטוב, בשנת תרע"א לפ"ק.

ער שרייבט: "פערציג יאר זענען שוין פאריבער זינט איך האב עולה געווען אהער קיין ארץ ישראל, און איך שעם זיך פאר די אידישע אותיות וואס איך דארף איצט שרייבן. כ'האב זיך דערמאנט א מעשה וואס איך האב בייגעוואוינט ביים בעלזער רבי'ן (ר' ישכר בער זצ"ל) - אומגעפער מיט דריי און פופציג יאר צוריק [תרע"א].

"**ביי** מיין זיידן אין שטוב האב איך דאן געהערט זאגן, אז דער בעלזער רבי האט באפוילן אראפצורייסן אלע מגן דוד'ס פון די פרוכת'ן פון ארון קודש און פון די טישטוכער פון די שולחנ'ס אויף די באלעמערס, ווייל 'זינט די ציונים האבן זיך גענומען באנוצן מיט'ן מגן דוד איז זיין קדושה פסול געווארן, ווארום דער ציוניזם פירט צו שמד ר"ל'!"

13) שאל אביך ויגדך ח"ג (עמ' ער).

14) דער טארנער רב שרייבט: "מעיקר הדין אסור לעשות צורת מגן דוד כמבואר בספרן של צדיקים, ופה במקומי כבר הסירו צורת דמות מגן דוד מכל דבר שבקדושה שיפרשו מכת ציונים ,וקיימו עליהם וזרעם ונרשם בפראטאקאל שאסור לעשות זו".

קאַפּיטל כ"א

אוגאַנדאַ פלאַן

אין יאָר תרס"ג האָט הערצל געזען אַז זיינע פּלענער אָפּצוקויפן אָדער באַקומען אַ טשאַרטער פון די טערקן אויף ארץ ישראל קומען אין ערגעץ נישט אָן, האָט ער זיך גענומען אַרבעטן אויף אַנדערע פּלענער וואו און וויאַזוי דורכצופירן זיין חלום פון אויפשטעלן אַ "יודענשטאַט".

רויע פלענער אַרום "אל עריש"

געווען איז עס אין דער תקופה אַרום יאַנואַר 903' למספ', ווען ער האָט גענומען ערנסט באַטראַכטן דעם "אל עריש" פּלאַן. גרויס-בריטאַניען איז דאַן געווען די גרעסטע אימפּעריע אין דער וועלט און האָט פאַרמאָגט ריזיגע טעריטאָריעס אונטער איר קאָנטראָל. די בריטישע אימפעריע האָט דאַן אויך קאָנטראָלירט אויף עגיפּטן און דעם מדבר סיני. די ציוני'סטישע עלעמענטן אין ענגלאַנד האָבן דערפאַר אויפגעברענגט אַ פּלאַן, אויסצונוצן די פּאָליטישע קאָנטאַקטן מיט בריטישע רעגירונגס-פירער, אַז זיי זאָלן ערלויבן אויפצושטעלן אַ אידישע מדינה ביי די ברעגעס פונעם מיטללענדישן ים אין מדבר סיני, נעבן דער עגיפּטישער פּאָרט-שטאָט "וואדי אל-עריש".

הערצל איז דאַן געפאָרן קיין עגיפּטן זיך צו טרעפן מיט'ן עגיפּטישן פרעמיער מיניסטער בוטרוס ראַלי און דעם בריטישן לאָרד קרומער, וועלכער האָט דאַן געדינט אַלס ענגלאַנד'ס אויפזעער אין עגיפּטן, כדי אויסצואַרבעטן מיט זיי די תנאים וויאַזוי אַזאַ פּלאַן זאָל קענען צושטאַנד קומען.

וואָנטועל איז דער פּלאַן דורכגעפאַלן, בעיקר צוליב די שווערע אומשטענדן פון אויפשטעלן אַ לאַנד אין אַ מדבר און די פילע אַנדערע טעכנישע שוועריקייטן מיט וואָס דאָס איז געווען פאַרבינדן.

אָבער נאָכ'ן אָנקניפּן קאָנטאַקטן מיט ענגלאַנד'ס פּאָליטיקאַנטן, האָט דער בריטישער אויסערן-מיניסטער דזשאָזעף טשעמבערליין[1], זיך פאַרבינדן מיט הערצל און האָט אים פאָרגעשלאָגן אַ גאָר נייעם פּלאַן.

הערצל וויל "אוגאַנדאַ" אַלס אידישע שטאַט

צווישן אירע פילע טעריטאָריעס, האָט ענגלאַנד אויך געהערשט אויף אַ גרויסן טייל פון מזרח-אַפריקע, וואָס איז דאַן געווען צעטיילט צווישן צוויי פּראָטעקטאָראַטן: דער "אוגאַנדאַ פּראָטעקטאָראַט" און דער "מזרח אַפריקע פּראָטעקטאָראַט", וואָס איז היינט דאָס אַפריקאַנישע לאַנד קעניע. ענגלאַנד האָט נאָרוואָס געהאַט געענדיגט אַ העפטיגע מלחמה מיט לאָקאַלע איינוואוינער פון דרום-אַפריקע, און זי האָט געזוכט אַ וועג וויאַזוי צו פאַרזיכערן אַז די איבעריגע חלקים פון אַפריקע אונטער איר הערשאַפט טיילן איר נישט אויס קיין צרות.

Die Welt
Erscheint jeden Freitag.
Basel, 27. August 1903 — 4. Elul 5663.
Eine Erklärung der englischen Regierung.
Sir Clement Hill*) an Mr. L. J. Greenberg.
Ministerium des Äusseren.
14. August 1903.
Sehr geehrter Herr!
Herr Chamberlain teilte dem Marquis von Lansdowne den Brief mit, den Sie unter dem 13. v. M. an ihn gerichtet haben, und der den Entwurf eines Vertrages enthielt, den Dr. Herzl zum Abschluss zwischen Sr. Majestät Regierung und der jüdischen Kolonialbank vorschlägt, und der die Errichtung einer jüdischen Siedelung in Ostafrika bezweckt.
S. Herrlichkeit hat auch die Bemerkungen erwogen, die Sie am 6. d. M. gelegentlich Ihrer Unterredung mit Sir F. Barrington und Mr. Hurst in diesem Amte machten.
Ich bin nun von Sr. Herrlichkeit beauftragt, zu sagen, dass er die Frage mit dem Interesse studiert habe, das Sr. Majestät Regierung immer an jedem wohlerwogenen Plan nehmen muss, der die Besserung der Lage der jüdischen Rasse bezweckt. Die Zeit, über die er verfügte, war zu kurz, als dass es ihm möglich geworden wäre, auf alle Einzelheiten des Plans einzugehen oder ihn mit Sr. Majestät Vertreter für das ostafrikanische Protektorat zu erörtern, er bedauert daher, dass er nicht in der Lage ist, eine endgiltige Meinung über die Angelegenheit auszudrücken.
Lord Lansdowne nimmt an, dass die Bank einige Herren in das ostafrikanische Schutzgebiet zu senden wünsche, die persönlich feststellen sollen, ob es dort freies Land giebt, das sich für die ins Auge gefassten Zwecke eignet, und wenn dies der Fall ist, wird er sich glücklich schätzen, ihnen jede Erleichterung zu gewähren, damit sie mit Sr. Majestät Vertreter die Möglichkeit erörtern, den Anschauungen entgegen zu kommen, die am nächsten Zionistenkongress in Betreff der Bedingungen ausgedrückt werden dürften, unter denen eine Niederlassung möglich sein würde.
Wenn ein Landstrich gefunden werden kann, den die Bank und Sr. Majestät Vertreter als geeignet betrachten und der Sr. Majestät Regierung empfehlenswert scheint, dann wird Lord Lansdowne geneigt sein, Vorschläge zur Errichtung einer jüdischen Kolonie oder Ansiedelung unter Bedingungen günstig aufzunehmen, die den Mitgliedern die Möglichkeit gewähren, ihre Volksbräuche zu beobachten. Zu diesem Zwecke würde er geneigt sein, wenn ein geeigneter Landstrich gefunden ist, und vorbehaltlich der Meinung der Berater des Staatssekretärs in Ostafrika, die Einzelheiten eines Plans zu erörtern, dessen Hauptpunkte sein sollen: die Gewährung eines ansehnlichen Stückes Land, die Ernennung eines jüdischen Beamten zum Oberhaupt der örtlichen Verwaltungsbehörde und die Gewährleistung voller Bewegungsfreiheit an die Kolonie für Munizipalgesetzgebung und für die Ordnung der religiösen und ausschliesslich inneren Verwaltungsangelegenheiten; dieses örtliche Selbstverwaltungsrecht muss indes das Recht Sr. Majestät Regierung unberührt lassen, eine allgemeine Oberaufsicht zu üben.
Es ist zur Zeit unnötig, die Einzelheiten der Bedingungen zu erwägen, unter denen das Land bewilligt werden würde, ob dies in Form eines Verkaufs oder einer Pacht geschehen würde, aber Seine Herrlichkeit nimmt an, dass kein Teil der Verwaltungskosten der Siedelung Sr. Majestät Regierung zur Last fallen würde, und letztere würde sich das Recht vorbehalten, das Land wieder in Besitz zu nehmen, wenn die Siedelung sich als Misserfolg erweisen sollte.
Ich bin, sehr geehrter Herr, Ihr ganz ergebenster Clement Hill.
In der Sitzung von Mittwoch, 26. August wurde die Wahl einer Kommission behufs Entsendung einer Expedition für die Erforschung des von der englischen Regierung für die Ansiedelung von Juden in Ostafrika in Aussicht gestellten Gebietes mit 295 gegen 178 Stimmen beschlossen.
*) Erster Vorsteher der Abteilung für die Schutzgebiete im Ministerium des Äusseren.

"איין ערקלערונג (פון) דער ענגלישער רעגירונג" די הויפט נייעס אין הערצל'ס צייטונג "די וועלט" דעקט די צושטימונג פון ענגלאנד צו שענקן א שטיק לאנד פאר די ציונים

טשעמבערליין, איינער פון די מאַכטפולסטע בריטישע פּאָליטישאָנס, האָט דעריבער פאָרגעשלאָגן פאַר הערצל אַז אַנשטאָט דאָס לאַנד אין עגיפּטן נעבן ארץ ישראל, איז ער גרייט צו שענקען פאַר די אידן אַ שטיק לאַנד אין אַפריקע[2], אינעם גרויס פון 5,000 קוואַדראַט מייל, וואָס דאָרט זאָל אויפגעשטעלט ווערן אַ לאַנד ספּעציעל פאַר אידן, וועלכע וועלן קומען אַהין פון גאַנץ אייראָפּע זיך דאָרט צו באַזעצן. אַזוי האָט טשעמבערליין געוואָלט פאַרזיכערן אַז מזרח-אַפריקע ווערט באַוואוינט מיט איינוואוינער וועלכע זענען סימפּאַטיש צו ענגלאַנד.

---

1) דער פאטער פונעם באקאנטן פרעמיער מיניסטער פון ענגלאנד נעוויל טשעמבערליין.

2) דאס לאנד וואס ער האט געהאט פארגעשלאגן האט זיך באמת נישט געפינען אין אוגאנדא, נאר אינעם "מזרח אפריקאנער פראטעקטאראט", וואס איז היינט דאס לאנד קעניע. אבער ווייבאלד א קורצע צייט בעפאר האט דאס לאנד יא געהאט געהערט צו אוגאנדא [נאר ס'איז אינצווישן טראנספערירט געווארן צו קעניע], איז דער נאמען פארבליבן אלס "אוגאנדא פלאן", און מיט דעם נאמען האט עס הערצל פארגעלייגט פאר'ן ציוני'סטישן קאנגרעס.

צווערשט האָט הערצל עס אָפּגעוואָרפן, אָבער ווען ער האָט אַנערקענט אַז דער אל-עריש פּלאַן איז צונישט געוואָרן, האָט ער זיך אַרויפגעכאַפּט אויפ'ן אוגאַנדאַ פּלאַן. פאַר אים פערזענליך האָט גאַנץ ווייניג פאַראינטערעסירט אַז דער יודענשטאַט זאָל זיין דוקא אין ארץ ישראל, ווי אויך האָט ער זייער שטאַרק געוואָלט אויפבויען זיין קאָנטאַקט מיט די מאַכטפולע פירער פון גרויס-בריטאַניען דורך צופרידנשטעלן טשעמבערליין, און ער האָט דעריבער ביים זעקסטן ציוני'סטישן קאָנגרעס, אום אלול תרס"ג, אַרויפגעברענגט אויפ'ן טיש דעם פאָרשלאַג אַז מ'זאָל גרינדן אַ אידיש לאַנד אין אוגאַנדאַ.

הערצל און מערערע פון זיינע קאָלעגעס, וואָס האָבן דער עיקר געוואָלט זען זייער ציל פון אַ 'אידישע מדינה' אונטער זייער קאָנטראָל אויסגעפירט, האָבן זיך אַרויפגעכאַפּט אויף דעם פאָרשלאַג מיט פרייד, ווי צו זאָגן "כאַפּ וואָס דו האָסט". זיי האָבן דאָך סיי ווי נישט געהאַט דאָס מינדסטע געפיל צו ארץ הקודש. אדרבא, אויב עפּעס האָבן זיי דוקא געהאַסט יעדע זאַך וואָס האָט אַ שייכות מיט אידישקייט. זיי האָבן דער עיקר געוואָלט האָבן אַ אידישע נאַציאָן, קאָנטראָלירן די רעגירונג און באַהערשן דאָס אידישע פאָלק מיט'ן ציל זיי צו מעביר זיין על הדת. דאָס איז געווען דער עיקר ציל פון די הויפּט אָנפירער פון דער ציוני'סטישער באַוועגונג.

ציוני'סטישע פירער צעטיילט איבער אוגאַנדאַ

אָבער טייל פון די פירער, בעיקר די ציוני'סטן פון רוסלאַנד, האָבן נישט געוואָלט הערן דערפון. זיי האָבן טאַקע אויך נישט געהאַט דאָס מינדסטע געפיל צו תורה ומצוות, אָבער זיי האָבן גע'טענה'ט אַז מיט דעם וואָס מען גייט קיין אַפריקע און מען איגנאָרירט גענצליך פּאַלעסטינע, רייסט מען דערמיט איבער דאָס לעצטע שטריקל מיט דער היסטארישער פאַרגאַנגנהייט פון כלל ישראל. חוץ פון דעם וואָס זיי האָבן גע'טענה'ט אַז די פּראָפּעגאַנדע פון די "חובבי ציון" וואָס איז שוין אָנגעגאַנגען פאַר צענדליגער יאָרן וועט שוואַכער ווערן, און אַז דער ריזן ציבור פון ערליכע אידן וועט קיינמאָל נישט איינגיין צו קומען קיין אוגאַנדאַ.

קעגן דעם וואָס הערצל האָט געזאָגט אַז אוגאַנדאַ וועט נאָר זיין דער שפּרונג-ברעט צו "ציון", האָבן זיי געענטפערט אַז אויב די אידן וועלן שוין האָבן אַן אייגן לאַנד, וועלן די וועלטס גרויסמאַכטן מער נישט זיין אינטערעסירט אין צושטעלן קיין לאַנד פאַר די אידן, וויבאַלד די 'אידן-פראַגע' וועט שוין זיין געלעזט און זיי וועלן מער נישט ערלויבן פאַר אידן איבערצונעמען קאָנטראָל פון ארץ ישראל.

אין היסטאָריע-ביכער ווערט אָנגעוויזן מיט שטוינונג אַז דייקא דער רעליגיעזער פליגל אינערהאַלב דער ציוני'סטישער פּאַרטיי, די "מזרחי" אָרגאַניזאַציע וואָס איז געגרונדעט געוואָרן

מיט איינִיגע יאָר בעפאָה, האָט זיך פולשטענדיג צוגעשטעלט צו דער מיינונג פון הערצל און פאַראויסגעשטופט דעם "אוגאַנדאַ פלאַן" מיט'ן גאַנצן קראַפט.

ווי אבסורד עס הערט זיך, האָט דאָס גרעסטע מערהייט פון די מזרחי דעלעגאַטן און מיטגלידער געשטימט אַז דער קאָנגרעס זאָל יאָ נעמען אין באַטראַכט די הצעה איבער אוגאַנדאַ. עס פאַרציילט אַן עד ראי' וואָס איז געווען אין זאַל ביים קאָנגרעס בשעת דער אָפּשטימונג איבער'ן פאָרשלאַג, ווי פאָלגנד:

"ווען עס טרעט אויף אַ רעדנער איבער ישוב אין ארץ ישראל און איז מעורר מיט שטאַרקע רייד די דעלעגאַטן זיי זאָלן נישט אַרויסלאָזן די פאָן פון ציון פון זייערע הענט, הערט זיך אַ שטאַרקע קלאַטשעריי פון דער לינקער זייט פונעם זאַל, און ביי די "מזרחיים", וועלכע זיצן אינמיטן, איז שטיל, כאילו זיי איז נישט נוגע די גאַנצע זאַך. אָבער ווען עס קומט אַרויף אויף דער פלאַטפאָרמע איינער פון די אָנהענגער פונעם ישוב אין אַפריקע און ערקלערט אַז וואוינען אין ארץ ישראל איז נישט מעגליך, דעמאָלטס זיצן די לינקע יונגטליכע שטיל און די מזרחי'סטן קלאַפּן מיט די הענט און שרייען 'הידד', מיט אַ שטאַרקער שטימע[3]."

הפנים, אַז די רעליגיעזע נאָכשלעפער האָבן געזוכט זיך צו חנפ'ן און געפעלן פאַר הערצל, דער גרינדער פון ציונות. זיי האָבן דעריבער פאַרקוקט אויפ'ן נאַטורליכן געפיל פון אַ ווילן צו ארץ ישראל און האָבן אַנשטאָט געשטיצט דעם אוגאַנדאַ פלאַן, אַלעס צופרידנצושטעלן הערצל'ן און זיך אַהערשטעלן ווי געטרייע קאָלעגעס פאַר די ציוני'סטישע פירער, כדרכם כסל למו עד היום הזה.

ביים קאָנגרעס זעלבסט האָט הערצל אויסגעפירט, און אַ גרויסע מערהייט האָט געשטימט דערצו, צו גרינדן אַ קאָמיטע וואָס זאָל נאָכגיין אַלע דעטאַלן פונעם פלאַן און זען אויב און וויאַזוי עס קען אויסגעפירט ווערן אויף למעשה.

טומל אינערהאַלב "חובבי ציון" שטרעמונגען

דער עיקר שטורעם האָט זיך אָבער אָנגעהויבן ערשט נאָך וואָס דער קאָנגרעס איז פאַרטיג געוואָרן און ס'איז באַקאַנט געוואָרן אין דער גאַס אַז דער ציוני'סטישער קאָנגרעס פלאַנט ערנסט צו גרינדן אַ לאַנד אין אוגאַנדאַ, וואָס האָט אויפגעהויבן אַ העפטיגן ווייגעשריי ביי די אַלגעמיינע ציוני'סטישע אַקטיוויסטן, ספּעציעל ביי די מיטגלידער פון דער "חובבי ציון" באַוועגונג, די ביי וועמען דער געדאַנק פון אַ אידיש לאַנד איז געווען נאָנט פאַרבינדן צו ארץ ישראל. די

3) מרשימות אברהם יעקב סלוצקי, ודע מה שתשיב, פרשת אוגנדה והרצל, עמ' 36.

תמימות'דיגע מאַסן וועלכע האָבן זיך איינגערעדט אַז דאָ זעט מען ענדליך שפּראָצן אַן "אתחלתא דגאולה" [רח"ל], האָבן דאָ געכאַפּט אַזאַ מעכטיגן פּראַסק ווען זייער 'נביא' האָט זיי אַזוי מיאוס אויסגעשפּילט און וויל זיי גאָר שיקן ערגעץ קיין אַפריקע מיט די עלעפאַנטן און מאַלפּעס.

צווישן די הויפּט קעמפער קעגן דעם "אוגאַנדאַ פּלאַן" איז געווען מנחם אוסישקין, איינער פון די הויפּטן פון די חובבי ציון און עמיצער וואָס ווערט באַטראַכט אַלס דער פאָטער פון דער רעכטער באַוועגונג צווישן די ציוני'סטן. אין פאַקט ווערן די פעדימער פון היינטיגן קאַמף צווישן די לינקע און רעכטע עלעמענטן אין מדינת ישראל געצויגן צו יענעם קאַמף אַרום דעם "אוגאַנדאַ פּלאַן", ווען ס'האָט זיך באַוויזן דער ערשטער שפּאַלט אינערהאַלב דער ציוני'סטישער באַוועגונג.

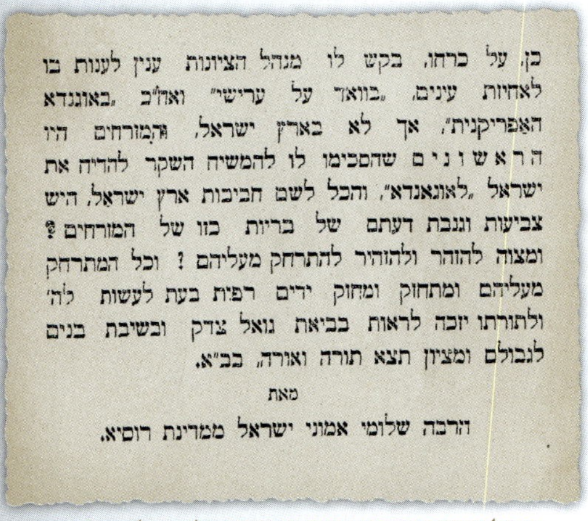
בן, על כרחו, בקש לו מנהל הציונות ענין לענות בו לאחיות עינים, „בוואד על ערישי" ואח"כ „באוגנדא האפריקנית", אך לא בארץ ישראל, והמזרחים היו הראשונים שהסכימו לו להמשיח השקר להדיח את ישראל „לאוגאנדא", והכל לשם חביבות ארץ ישראל, היש צביעות וגנבת דעתם של בריות כזו של המורחים? ומצוה להזהר ולהזהיר להתרחק מעליהם! וכל המתרחק מעליהם ומתחזק ומחזק ידים רפות בעת לעשות לה' ולתורתו יזכה לראות בביאת גואל צדק ובשיבת בנים לגבולם ומציון תצא תורה ואורה, בב"א.

מאת

הרבה שלומי אמוני ישראל ממדינת רוסיא.

"קול מחזיקי הדת" צייגט אן דעם פאלשן שלייער פון די "מזרחי" וועלכע זענען געווען די ערשטע צו שטיצן הערצל מיט זיין "אוגאנדא" פלאן

אוסישקין איז געגאַנגען אַזוי ווייט צו פאַררופן די "ועידת חאַרקוב", אין דער גרויסער אוקראַינער שטאָט חאַרקוב, אין וועלכן ער האָט פאַרלאַנגט אַז הערצל זאָל שריפטליך צוריקציען פונעם אוגאַנדאַ פּלאַן, און ער האָט זאָגאַר שטילערהייט געאַרבעט צו גרינדן אַ נייע ציוני'סטישע אָרגאַניזאַציע, אָן הערצל.

פון דער אַנדערער זייט האָבן אַסאַך פון די ציוני'סטישע שטיצער זיך יאָ צוגעכאַפּט צום פּלאַן, וויבאַלד דאָס איז געווען עפּעס וואָס האָט אויסגעזען בכדי שיעשו, אַז ס'איז אַ מציאות ס'זאָל צושטאַנד קומען, און פאַר זיי איז געווען דער עיקר צו האָבן אַן אייגן לאַנד.

בן יהודה העצט קעגן ארץ ישראל

דער ערפינדער פון דער העברעאישער שפּראַך, אליעזר בן יהודה שר"י, דער דעמאָלטסדיגער רעדאַקטאָר פונעם "הצבי" און "השקפה", איז אויך געווען פון די וועלכע האָבן זיך צוגעכאַפּט צום אוגאַנדאַ פּלאַן. ער האָט ערקלערט זיין מיינונג אַז "דוקא דורכ'ן גענצליך אָפּרייסן דער היסטאָרישער קשר צו ארץ ישראל, וועט געעפנט ווערן פאַר'ן אידישן פאָלק די געלעגנהייט אַוועקצושטעלן אַ נאַציאָנאַלן לעבנסשטייגער אויף די מאָדערנע פונדאַמענטן" עפ"ל. לויט דעם רשע איז דער אוגאַנדאַ פּלאַן געווען אַ געוואַלדיגע מעלה צו דערגרייכן דעם ציל פון ציונות, וואָס איז באַזירט אָפּצורייסן אידן פון זייער עבר, און ער האָט טאַקע גענוצט זיין צייטונג אַלס מיטל צו פאַרשפּרייטן און פּראָפּאַגאַנדירן פאַר'ן פּלאַן.

די יונגערע ציונים וואָס האָבן געוואָלט נאָר פּאַלעסטינע, האָבן געטראָפן אינעם "הצבי" דעם ציל-ברעט אויף וועמען צו שרייען און קעגן וועמען צו פאַרפירן. זיי האָבן געשריגן קעגן אים מיט שאַרפע טענות אַז דורך זיין הענצע אַז מען זאָל גיין קיין אוגאַנדאַ רייסט ער אויס אַלע פעדימער מיט דער פאַרגאַנגנהייט.

דאַן איז בן יהודה אַרויס מיט אַ לענגערן אַרטיקל אין זיין צייטונג אין וועלכן ער טענה'ט: "וואָס מאַכט איר אַ גאַנצן עסק פון דער פאַרגאַנגנהייט? מיר האָבן שוין אַלע לאַנג איבערגעריסן דעם שטריק מיט דער פאַרגאַנגנהייט; מיר האָבן שוין לאַנג נישט קיין שום שייכות מיט דער פאַרגאַנגנהייט. מיר שטאָלצירן און מיר טוען זיך גרויסן מיט דעם וואָס מיר האָבן אָפּגעהאַקט מיט אונזער היסטאָריע. נאָר די קליינע גרופּע וואָס לעבן אויף דאָס גיין זוכן זינד ביי אַנדערע מענטשן, זיי האַלטן זיך נאָך ביי דער פאַרגאַנגנהייט." עפ"ל.

פלאַן ענדגילטיג אַראָפּ פון טיש

אין דער ענדע איז אין יאָר תרס"ד פאָרגעקומען אַ "ועידת פיוס" צווישן די שטיצער און קעגנער פונעם אוגאַנדאַ פלאַן, אָבער דער פלאַן האָט שוין אָנגעהויבן צו צעפאַלן. דזשאָזעף טשעמבערליין, דער מאַכטפולער בריטישער אויסערן-מיניסטער און איניציאַטאָר פונעם אוגאַנדאַ פלאַן, איז ענדע 903' למספ' אַראָפּ פון זיין בענקל צוליב געזונטהייט פּראָבלעמען. אויך הערצל ימ"ש איז אינצווישן געשטאָרבן, ווי אויך האָט די לאָקאַלע אַפריקאַנער באַפעלקערונג אָנגעהויבן פאַרפירן קעגן דעם פלאַן אַוועקצונעמען דעם באָדן פון זיי און עס געבן פאַר די אידן. צום סוף האָט זיך פון דער גאַנצער זאַך גאָרנישט אויסגעלאָזט.

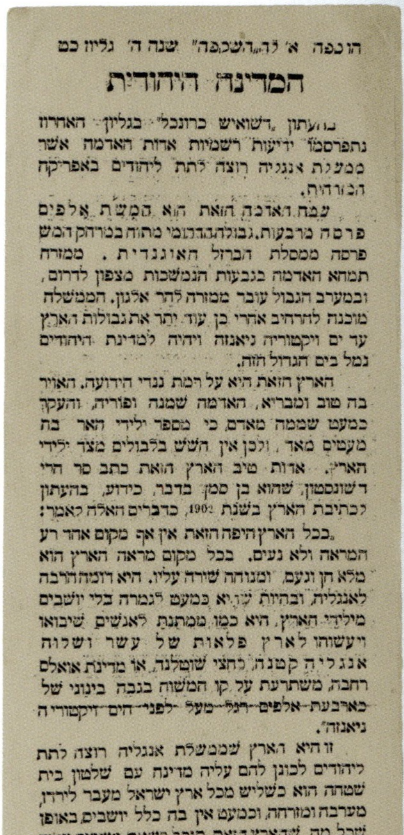
הוספה א' לה"השקפה" שנה ה' גליון כט

המדינה היהודית

בו"עתון "דשואיש כרונכל" בגליון האחרון נתפרסמו ידיעות רשמיות אדות האדמה אשר ממשלת אנגליה רוצה לתת ליהודים באפריקה המזרחית.

עמק האדמה הזאת היא חמשת אלפים פרסה מרבעות. גבולה הדרומי מתוח במרחק המש פרסה ממסלת הברזל האוגנדית. ממזרח תמתא האדמה בגבעות הנמשכות מצפון לדרום, ובמערב הגבול עובר ממזרה להר אלגון. הממשלה מוכנה להרחיב אחרי כן עוד יתר את גבולות הארץ עד ים ויקטוריה ניאנזה ויהיה למדינת היהודים נמל בים הגדול הזה.

הארץ הזאת היא על רמת נגדי הידועה. האויר בה טוב ומבריא, האדמה שמנה ופוריה, והעקר כמעט שממה מאדם, כי מספר ילידי הארץ בה מעטים מאד, ולכן אין חשש בלבולים מצד ילידי הארץ. אדות טיב הארץ הזאת כתב סר הרי דשונסטון, שהוא בן סמך בדבר, כידוע, בהעתון לכתיבת הארץ בשנת 1902, כדברים האלה לאמר:

"בכל הארץ היפה הזאת אין אף מקום אחד רע המראה ולא נעים. בכל מקום מראה הארץ הוא מלא חן ונעם, ומנוחה שורה עליו. היא דומה הרבה לאנגליה, ובהיות שהיא כמעט לגמרה בלי יושבים מילידי הארץ, היא כמו מתנת לאנשים שיבואו ויעשוהו לארץ פלאות של עשר ושלוה אנגליה קטנה, כחצי שוטלנד, או מדינת אואלס רחבה, משתרעת על קו המשוה בגבה בינוני של בארבעת אלפים רגל מעל לפני הים ויקטוריה ניאנזה".

זו היא הארץ שממשלת אנגליה רוצה לתת ליהודים לכונן להם עליה מדינה עם שלטון בית שטחה הוא כשליש מכל ארץ ישראל מעבר לירדן, מערבה ומזרחה, וכמעט אין בה כלל יושבים, באופן שכל מה שהארץ הזאת תוכל לשאת יושבים עליה יוכלו כלם להיות מבני עמנו.

"השקפה" צייטונג פון בן יהודה שר"י שילדערט דאָס אוגאַנדאַ לאַנד מיט הערליכע פאַרבן

למעשה, טראָץ וואָס דער אָריגינעלער אוגאַנדאַ-פלאַן איז דורכגעפאַלן, איז אָבער די לעקציע דערפון געבליבן קלאָר ביזן היינטיגן טאָג: די ציוני'סטן האָבן נישט געזוכט צו באַקומען ארץ ישראל צוליב איר קדושה אָדער אידישער יחוס; זייערע גרינדער און פירער זענען געווען גרייט צו גיין זאָגאַר ביז קיין אַפריקע אַבי צו עררייכן א נאַציאָן און דאַדורך אָפּ'שמד'ן כלל ישראל.

קאַפּיטל כ"ב

הערצל'ס טויט

הערצל איז געשטאָרבן אַלס יונגער מענטש אין כ' תמוז תרס"ד, אַ פאַרביטערטער און אַנטוישטער נאָך אַ שווערן קרענק. ער האָט נישט דערלעבט אויפצוטון אפילו דאָס מינדסטע פון אַלע זיינע טרוימען, אָבער די שלעכטע זומען וואָס ער האָט אָנגעפלאַנצט האָבן שוין געטון דאָס זייעריגע; די קליפה איז פאַרשפרייט געוואָרן ווייטער און טיפער און ליידער מיט זיך נאָכגעשלעפט דאָס מערהייט פון אידישן פאָלק, וואָס האָט עווענטועל געפירט צו דער שרעקליכסטער טומאה וואָס האָט זיך באַהערשט אויפ'ן אידישן פאָלק מיט דער אַנטשייאונג פון דער ציוני'סטישער מדינה אין ארץ הקודש.

לו יש חרב בידי כי עתה הרגתיו

אין באַציאונג צו הערצל'ס טויט ווערט פאַרציילט אַ מערקווירדיגער אַנעקדאָט:

דער רשע האָט דאָך נישט געגלייבט דאָס מינדסטע אין ביאת המשיח אָדער דער גאולה העתידה. נישט לאַנג איידער זיין טויט האָט זיך הערצל געטראָפן מיט'ן קעניג פון איטאַליע, וועלכער האָט אים געפרעגט אויב אידן וואַרטן נאָך אויף משיח, אויף וואָס הערצל האָט אים געענטפערט: "פאַרשטענדליך, זיין מאַיעסטעט, בלויז אין די פרומע קרייזן. אין אונזערע קרייזן פון די משכילים און אויפגעקלערטע, איז דאָס נישט פאַרהאַן[1]." עפ"ל.

1) טאג-בוך 23 ינואר 1904, ספרי הימים (ח"ו עמ' 235).

אָבער אויף אַזויפיל האָט ער יאָ פאַרשטאַנען אויסצונוצן די אידישע אמונה אין ביאת המשיח, זיך זעלבסט צו קרוינען אַלס דער "אידישער משיח", און זיך דערמיט גרויסן מיט כבוד און גאוה. אין זיינע שריפטן באַצייכנט ער מיט סיפוק אַז פאַרשידענע מענטשן האָבן אים אָנגערופן אַלס "דער משיח", רח"ל[2].

אין ליכט פון זיינע איינרעדענישן האָט הערצל אַמאָל פאַרצייכנט אַ נאַרישן חלום וואָס ער האָט געטרוימט אין זיין שלאָף מיט דברי חירוף וגידוף, ווי כאילו דער מלך המשיח האָט אים געטראָגן צו משה רבינו וואָס האָט אים באַשטימט צו העלפן אידן[3], עפרא לפומי'.

עס האָט פאַרציילט הגאון רבי אליהו לופיאן זצ"ל, וואָס ער האָט געהערט פון אַ בן בית ביי הגאון בעל חפץ חיים זצ"ל, אַז איינער האָט אַמאָל איבערגעזאָגט די אויבנדערמאַנטע ווערטער פון הערצל פאַה, להבדיל, דעם חפץ חיים זצ"ל. דער הייליגער חפץ חיים איז געוואָרן אויפגעקאָכט, און האָט זיך אַ צוקאָכטער אויפגעשטעלט פון זיין בענקל און געזאָגט: "ווען איך האָב ווען אַ מעסער אין די האַנט וואָלט איך אים געשטאָכן אין האַרץ אריין." ווי אינטערעסאַנט איז געווען אַז שפעטער האָט מען געהערט אַז הערצל איז געשטאָרבן אַלס אַ יונגער מענטש געגעני אין דער זעלבער צייט וואָס דער חפץ חיים האָט דאָס געזאָגט[4].

באבוד רשעים רנה

ווען די שמועה פון זיין טויט איז אָנגעקומען אין דער באַרימטער טעלזער ישיבה אין דער ליטא, האָט הגאון רבי יצחק אייזיק הירשאָוויטש ז"ל, פון די גרויסע מרביצי תורה אין דער ישיבה, אויסגערופן מיט אַ פרייד דעם פסוק "באבוד רשעים רנה"[5].

ענליך האָט געזאָגט הרה"ק בעל אהבת ישראל מוויזניצא זי"ע ביי אַ געלעגנהייט. ווען ער איז אַמאָל געווען ערגעץ, האָט אים אָנגעטראָפן אַ ציוני אינעם יאָרטאָג פון הערצל'ס פגירה. יענער האָט געזאָגט פאַר'ן אהבת ישראל אַז לכבוד דעם טאָג וואָלט געווען פאַסיג אָפצורעכטן אַ סעודה.

2) וזל"ק מכתבו של הרה"ק רבי אהרן האלברשטאם מצאנז זי"ע: "ראיתי לאיזה מהרבנים האלה המביאים מאמרי חז"ל בענין הגאולה, הם באים כמתקנים מסוכנים מפתים ישראל לגאול את ארץ נחלתנו על פי דרך הטבע ומעמידים את עצמם בביאת משיח צדקינו ומדברים על לב ישראל כאילו ח"ו הערצל הוא המשיח". (דברי ישכר דוב עמ' קמא).

3) תיאודור הרצל - ביוגרפיה (עמ' 25-26).

4) משיחי השקר ומתנגדיהם (עמ' 622).

5) ספר טלז ליטא (עמ' 98).

האָט אים דער וויזניצער רבי זצ"ל דערויף ריכטיג געענטפערט: "עס שטייט דאָך אין פסוק 'באבוד רשעים רנה', איז טאַקע העכסט-פּאַסיג זיך צו פרייען און עסן סעודות אין אַזאַ טאָג."[6]

הגר"ח מבריסק ווייטאָגט אויפ'ן חילול בית הכנסת

אין מערערע אידישע שטעט האָט מען אים אָבער יאָ מספיד געווען. דער גייסט פון ציונות איז שוין געווען אַריינגעכאַפּט אין אַסאַך אידישע געגענטער און דער ציוני'סטישער יוגנט האָט פאַרלאַנגט הספדים אויפ'ן פאַרשטאָרבענעם פירער.

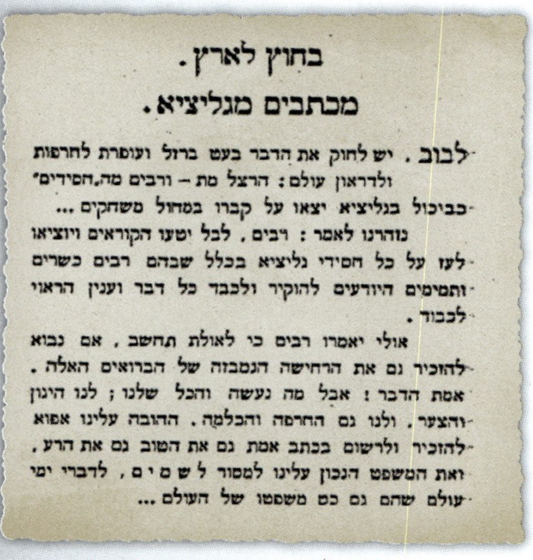

בחוץ לארץ.

מכתבים מגליציא.

לבוב. יש לחוק את הדבר בעט ברזל ועופרת לחרפות ולדראון עולם: הרצל מת – ורבים מה"חסידים" כביכול בגליציא יצאו על קברו במחול משחקים...

נזהרנו לאמר: רבים. לבל יטעו הקוראים ויוציאו לעז על כל חסידי גליציא בכלל שבהם רבים כשרים ותמימים היודעים להוקיר ולכבד כל דבר וענין הראוי לכבוד.

אולי יאמרו רבים כי לאולת תחשב, אם נבוא להזכיר גם את הרחישה הנמבזה של הברואים האלה. אמת הדבר: אבל מה נעשה והכל שלנו; לנו היגון והצער. ולנו גם החרפה והכלמה. הדובה עלינו אפוא להזכיר ולרשום בכתב אמת גם את הטוב גם את הרע, ואת המשפט הנכון עלינו למסור לשמים, לדברי ימי עולם שהם גם כם משפטו של העולם...

"הצפירה" שילדערט די פרייד צווישן חסידים אין גאליציע נאָך דעם טויט פון הערצל

עס ווערט פאַרציילט אַז מען האָט געצוואונגען הגאון רבי אליעזר גאָרדאָן זצ"ל מספיד צו זיין הערצל'ן ביי זיין פגירה, האָט ער געזאָגט אין זיין הספד: געוועינליך ווען אַ גדול בישראל שטאַרבט, שלאָגט מען זיך איבער זיין ירושה. איינער וויל כאַפּן זיינע תפילין, איינער וויל האָבן זיינע ציצית און אַנדערע שטרעבן צו באַקומען זיינע תשמישי קדושה. דאָ איז אָבער נישטאָ נישט קיין תפילין און נישט קיין ציצית. עס איז ניטאַמאָל געבליבן פון אים קיין שום דבר שבקדושה וואָס מען קען ירש'נען...

ליידער זענען אָבער יאָ אָפּגעראָכטן מערערע הספדים אין פאַרשידענע געגענטער איבער דער וועלט. נאָכמער, יאָרן לאַנג שפּעטער איז "כ' תמוז", דער טאָג פון זיין פגירה, באַשטימט געוואָרן אַלס אַ חגא פון הספדים, וואָס די ציונים האָבן גערופן אַ "יום הזכרון", ביז עס איז צוביסלעך פאַרגעסן געוואָרן אינאיינעם מיט'ן גאַנצן גלאַנץ פונעם טומאת הציונות.

אין דער שטאָט בריסק האָט דער בריסקער רב הגאון רבי חיים זצ"ל קאַטעגאָריש אָפּגעוואָרפן די פאַרלאַנגען פון די דאָרטיגע ציונים מספיד צו זיין דעם רשע, אָבער ער איז געקומען אונטער גרויס דרוק פון די מזרחי'סטן וואָס האָבן שוין נישט געפעלט אין זיין שטאָט. זיי האָבן אויך געשיקט אַן אַלטן רב וואָס האָט געהערט צו דער מזרחי זאָל אים באַאיינפלוסן

6) קדוש ישראל, (ח"ב פרק כה, אות לו, בהג"ה לעמ' תריט).

ענינים שונים.

ו.

כי צוררים הם לכם

הגיוני בעשרים בתמוז יום מות דר. תודור הערצל.

יזכור עם ישראל ראשית לאומיים בגוים הנמולים דר תודור הערצל כראשית גוים הערלים.

יזכור עם ישראל כי ראשית גוים זה כראשית גוים הראשון עמלק זנב בך ישראל סבא כל הנחשלים אחריך העייפים להאריך נפשם בההבטחה „ושב ד' אלקיך את שבותך" ולא יראים את אלקים ומלך לדחוק את הקץ.

יזכור ישראל כי בראשית קאָנגרעסיו ברור מללו ונבאר פתגמי „אין לעממות הישראלית חלק בדת ולא נחלה בתורה ואמונה איש לגזעו ולתולדתו ישראל!

יזכור את ד"ר הערצעל זה שהעמיד לעם ישראל רועים ומנהיגים נושאי נשים נכריות נאָרדא, זאנגוויל, לוציאן ברונער מארטין בובער, ועוד ועוד עד חמש עשרה נשים זרות אשר הנן עקרות אין להם ולד לעם בעליהן כי אם לגויהן והן צרות הצוררות את כנס"י הסבתא שהרה וילדה את בריאה הנפלאָה אגודת ישראל.

יזכור את ד"ר הערצעל שהקים מצביאים ומדריכים לעם ישראל בועלי בנות קאל נכר הם הרוקים העדירים האומרים כי ישאו את נפשם להשיא את עם ישראל עם ארצם מקודם ומאשר עד אז לא נפוזו זרועי ידם יקחו להם מכל בנות האדם להשקיט... —

יזכור את הערצעל אשר השפיעה מרוחו על סרי משמעתו, וחסידיו לאכול את יעקב הזקן ולהשם את נוהו בהסיעם את צאן הקדשים בעודם גדיים אל רוח שפיים זרים ולא יתגום להיות תישים בהישיבות ובתי מדרשים.

יזכור עם ישראל כי הערצעל הנהו ראשית הפרת בריתו של אברהם בין הלאומיים ובנו יחידו האָנס לא נמל עד אחר מותו בלאָנדאן

יזכור ישראל כי התורה להבאש את ריח ישראל בעיני העמים שהיא מתגורר בהם מבית מדרשו של הערצעל יצאה. הוא הורה לתלמידיו לכו כבשו את הקהילות כלומר כבשו את הקהלות שהן משלו את הממשלות והוא אמר מעט והם תלמידיו הרעים עשו הרבה להרעים את העמים והממשלות ועל כל עם ישראל יצא הקצף אוי! חלק גדול מהתלאה אשר תמצאנו ברוסיא גרמו ויסבבו הם בעזותם ובדבריהם בצואר עתק.

יזכור ישראל סבא כי הזמה התבל ופריצת העריות שנברו בדור החי הוא אשם וחייב כי הוא הכניס בהקאָנגרעסים אנשים על נשים לדבר אחד ובלולים עלו הבחורים ובתולות יחדיו וכאשר ראו הציונים כי בהקאָנגרעסים שהרב רייגעס ועוד מזרחיים צבועים משתתפים בו שם אָל במה הלאומיות יד ליד ינקה הרע עאכו"כ בנשפי חשק קרבת עריות רשות הוא ומותר. לכן גדר הצניעות נפרץ.

יזכור עם ישראל כי בהמסים והארנוניות לקופות הציוניות שיסד הערצעל יתן עם ישראל סבא גם אם לא בידו ובידיעתו כי בניו בנותיו משרתיו אמהותיו יפיתו ונוסתו לגנוב לעשוק ולהביא ולפעמים יתן הוא לשחות חפצו מאימה ופחד מפני בריונים הגובים ולאן ילך כסף התועפות? חלק הגון גנוב יגונב מאת גובריט הקטנים והגבוהים עליהם חלק הגון שכר המצביאים והמטיפים המסיתים והמותר יוצא להעביר את דור הנולד על דתו ועל פאָליטיק המכאיב כל חזקת ישראל בשארית טובה הרזה בארצות גלותו.

יזכור עם ישראל כי חבל נביאי השקר אשר יחזו לדור הצעיר משאות שוא ומדוחים מבית מדרשו של הערצעל ראשית גוים הנמולים יצאו. הוא הנהו עד היום למשל ומופת בנבואותיו הכוזבות כי מבלי משים ישיג משאַרטאר ופעם בפעם מצא לו כסות עינים אחר מדוע בושש ויאחר פעמי המשארטאר לבא פעם בפעם הליש שקריו בשמלת הרזין דרזין ובאשורי אלה אחזו רגלי תלמידיו ותלמידי תלמידיו עד שיש לנו היום חבל נביאי שקר עצום ורב כמו שנאמר בקינת ישראל נביאיך חזו לך שוא ותפל.

יזכור עם ישראל כי הוא ותלמידיו יסדו פרעסע בלשונות שונות שתעזור להוות ישראל והגדילה שברו מן הים והעולה על כלנה פרעסע הזאַרגאנית היא סיר חלאה מכל המינים שקר כזב שוא מרמה כפירה בדת הילול כל קודש עזות רהב גיב נבזה המעורר ענבות ותאות זמה בניבול פה שאין על עפר משלו ודוגמתו בניעולו ותיעובו.

א סאַרקאַסטישע "יזכור" אין "קול מחזיקי הדת" צום יאָרטאָג פון הערצל'ס טויט

מסכים צו זיין פאַר אַ הספד, אָבער דער בריסקער רב, וועלכער האָט באַלד דערשפּירט וואָס דער מזרחי'סטישער רב וויל, האָט פאַרלאָזט זיין צימער געווען ווען יענער איז אַריינגעקומען און נישט געוואָלט אויסטוישן קיין וואָרט מיט אים.

ווען די ציונים האָבן געזען אַז ס'איז נישטאָ וואָס צו פועל'ן ביים בריסקער רב, האָבן זיי אויסגערופן אויף דער אייגענער האַנט אַז עס וועט פאָרקומען אַ מעמד הספד אין דער

צענטראַלער בריסקער שול, און זיי האָבן אַריבערגעברענגט אַ מזרחי'סטישער רב פון דער אומגעגנט ער זאָל זאָגן די רעדע.

ווען דער בריסקער רב האָט זיך דערפון דערוואוסט האָט ער באַפוילן דעם משמש פונעם בית הכנסת אַז ער זאָל נישט עפענען אין יענעם טאָג די טירן פון שול. דער שמש האָט אָבער אויסגעדרוקט זיין שרעק פאַר'ן רב אַז ער פאָרכט זיך דאָס צו טון אַלס זאָרג פון נקמה, האָט אים דער בריסקער רב געזאָגט אַז ער זאָל אים געבן די שליסלען און ווען מען וועט אים קומען בעטן צו עפענען די שול זאָל ער זאָגן אַז די שליסלען ליגן ביים רב אין שטוב.

די שטוב פון בריסקער רב איז געווען פונקט קעגנאיבער דעם בית הכנסת. צו דער באַשטימטער צייט האָבן זיך שוין פאַרזאַמלט אַ מאַסע מענטשן פאַרנט פון דער פאַרמאַכטער טיר פון בית הכנסת כדי צו אַראַנזשירן דעם הספד. ווען מען האָט געזוכט דעם שמש און אים נישט געפונען, האָט דער פאַרזאַמלטער מאַסן אָנגעהויבן איינברעכן די טירן כדי צו קענען אַריינגיין אין בית הכנסת. דער בריסקער רב וואָס האָט אַלעס מיטגעהאַלטן פון זיין דירה האָט באַלד געשיקט רופן די דאָרטיגע פּאָליציי זיי איינצומעלדן אַז ס'זענען פאַרהאַן מענטשן פאַרנט פון דער שול וואָס ווילן זיך איינברעכן אין בית הכנסת... די פּאָליציי איז טאַקע אָנגעקומען און פאַרטריבן אַלע פאַרזאַמלטע.

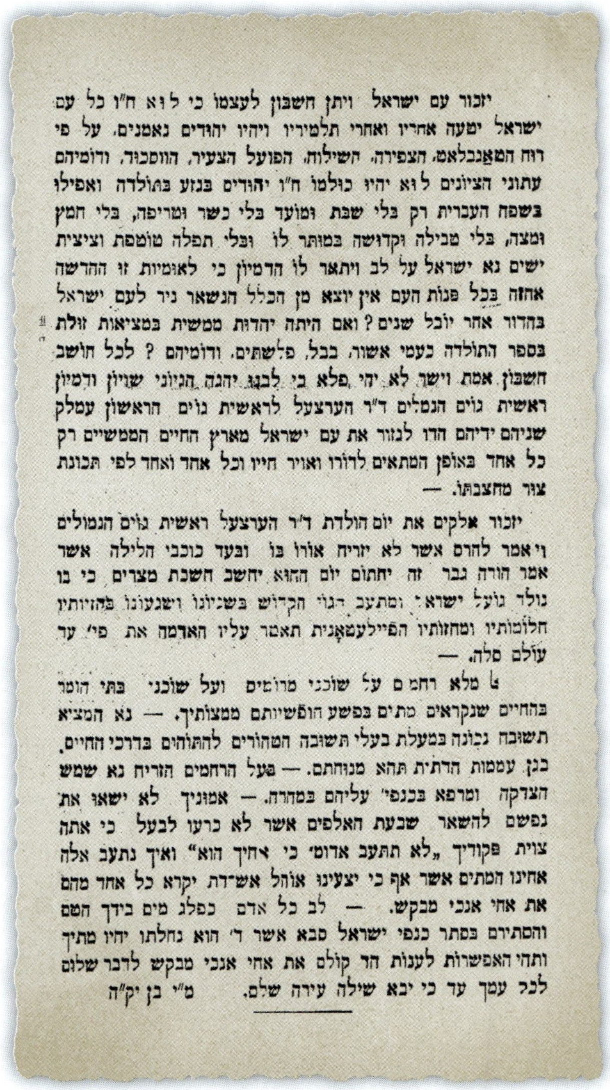
יזכור עם ישראל ויתן חשבון לעצמו כי לוא ח"ו כל עם ישראל ישעה אחריו ואחרי תלמידיו ויהיו יהודים נאמנים. על פי רוח הסאַנבלאַט, הצפירה, השילוח, הפועל הצעיר, הווסכוד, ודומיהם עתוני הציונים לוא יהיו כולמו ח"ו יהודים בגזע בתולדה ואפילו בשפה העברית רק בלי שבת ומועד בלי כשר וטריפה, בלי חמץ ומצה, בלי טבילה וקדושה במותר לו ובלי תפלה טוטפת וציצית ישים נא ישראל על לב ויתאר לו הדמיון כי לאומיות זו ההרשה אחזה בכל פנות העם אין יוצא מן הכלל הנשאר ניר לעם ישראל בהדור אחר יובל שנים? ואם היתה יהדות ממשית במציאות זולת בספר התולדה כעמי אשור, בבל, פלשתים, ודומיהם? לכל חושב חשבון אמת וישר לא יהי פלא בי לבנו יהגה הגיוני שגיון ודמיון ראשית גוים הגמלים ד"ר הערצעל לראשית גוים הראשון עמלק שניהם ידיהם הדו לגזור את עם ישראל מארץ החיים הממשיים רק כל אחד באופן המתאים לדורו ואויר חייו וכל אחד ואחד לפי תכונת צור מחצבתו. —

יזכור אלקים את יום הולדת ד"ר הערצעל ראשית גוים הגמולים ויאמר להרם אשר לא יזריח אורו בו ובעד כוכבי הלילה אשר אמר הורה גבר זה יחתום יום ההוא יחשב חשכת מצרים כי בו נולד גועל ישראל ומתעב הגוי הקדוש בשגיונו ושגעונו פהזיותיו חלומותיו ומחזותיו הפיילעטאָגית תאטר עליו האדמה את פיו עד עולם סלה. —

אל מלא רחמים על שוכני מרומים ועל שוכני בתי הומר בהחיים שנקראים מתים בפשע הופשיותם ממצותיך. — נא המציא תשובה נכונה במעלת בעלי תשובה הטהורים להתוהים בדרכי החיים. כנן עממות הדתית תהא מנוחתם. — בעל הרחמים הזריח נא שמש הצדקה ומרפא בכנפי' עליהם במהרה. — אמוניך לא ישאו את נפשם להשאר שבעת האלפים אשר לא כרעו לבעל כי אתה צוית פקודיך „לא תתעב אדומי כי אחיך הוא" ואיך נתעב אלה אחינו המתים אשר אף כי יצעינו אוהל אש־דת יקרא כל אחד מהם את אחי אנכי מבקש. — לב כל אדם כפלג מים בידך השם והסתירם בסתר כנפי ישראל סבא אשר ד' הוא נחלתו יהיו מתיך ותהי האפשרות לענות הד קולם את אחי אנכי מבקש לדבר שלום לכל עמך עד כי יבא שילה עירה שלם. מ"י בן יק"ה

א סאַרקאַסטישע "יזכור" אין "קול מחזיקי הדת" צום יאָרטאָג פון הערצל'ס טויט

למעשה אָבער האָט דער דרוק פון די ציונים נישט נאָכגעלאָזט, און דער בריסקער רב האָט אין דער ענדע נישט געקענט צוריקהאַלטן דער הספד אויף הערצל. נאָכאַמאָל האָבן זיי געברענגט דעם מזרחי'סטישן רב און ער האָט טאַקע אויפגעטרעטן מיט אַ רעדע. האָט פאַרציילט דער שפּעטערדיגער בריסקער רב הגאון רבי יצחק זאב זצ"ל, אַז ער האָט קיינמאָל נישט געזען זיין טאַטן אין אַזאַ אויפגעברויזטן צושטאַנד ווי דאַן. דער בריסקער רב האָט זיך די גאַנצע צייט פונעם הספד אַרומגעדרייט און געקרעכצט: "געוואַלד, דער חילול בית הכנסת! געוואַלד, דער חילול בית הכנסת!"[7]

שם רשעים ירקב

הערצל איז באַגראָבן געוואָרן אין וויען אין דער דאָרטיגער גוי'אישער בית הקברות, צווישן צלמים און אַנדערע קריסטליכע סימבאָלן[8], ביז אין מאָנאַט אויגוסט פון יאָר תש"ט, איין יאָר נאָך דער גרינדונג פון דער מדינה, האָבן די ציוני'סטישע פירער אַראָפּגעשיקט אַן אָפּיציעלע דעלעגאַציע וועלכע האָט אויפגעגראָבן הערצל'ס קבר און אַריבערגעברענגט זיינע פאַרפוילטע ביינער קיין ארץ ישראל. די צערעמאָניע איז דאַן באַגלייט געוואָרן מיט גרויס פּאָמפּע און פּאַראַדע דורך דער ציוני'סטישער רעגירונג און צום באַדויערן אויך מיט דער באַטייליגונג פון דעם דעמאָלטסדיגן פרומען שר הסעד יצחק מאיר לעווין, פון דער אגודה[9].

עס איז געווידמעט געוואָרן אַ ספּעציעלע געדענקמאָל-אָרט אין ירושלים וואו זיין באַגרעבעניש-אָרט איז באַצייכנט געוואָרן[10].

7) עובדות והנהגות לבית בריסק (ח"ב עמ' ריג).

8) עלי חלדי (עמ' 289).

9) ווען כ"ק אדמו"ר רבי יעקב יוסף מסקווירא זצ"ל האט געהערט אז לעווין האט באגלייט הערצל'ס ביינער, האט ער זיך אויסגעדרוקט מיט וואונדער: "און קיינער האט אים נישט נאכגעווארפן מיט קיין שטיינער?!"

10) דאס איז די געשיכטע לויט דער אפיציעלער ווערסיע, אבער באגלייבטע קוועלער פון מענטשן וואס זענען דאן אנוועזנד געווען און האבן זעלבסט אויפגעגראבן דעם קבר פון הערצל האבן שפעטער פארציילט, אז ווען מען האט געעפנט דעם קבר איז נישט געפונען געווארן קיין שפור פון דעם גאנצן געביין. אינעם קבר איז נישט געווען קיין שום איבערבלייבעניש פונעם טמא'נעם גוף. די ציוני'סטישע באאמטע האבן זיך דערזען אין א פארלעגענהייט און האבן דעריבער באשלאסן צו רעאגירן שנעל. זיי האבן צוזאמגענומען א הויפן זאמד און עס אריינגעגאסן אין אן ארון, פארשפרייטענדיג די מעלדונג אז מען האט געפונען זיינע ביינער. די דעלעגאציע האט זיך צוריקגעקערט קיין ארץ ישראל מיט'ן זעקל זאמד וואס איז באגראבן געווארן מיט א פייערליכער צערעמאניע.

אט די געשיכטע וואס דעקט אויף דעם מיאוס'ן סוף פון הערצל איז שוין עטליכע מאל ארויסגערינען פאר דער פרעסע אבער האט קיינמאל נישט געקענט אפיציעל באשטעטיגט ווערן דורך די באטרעפענדע, צוליב דעם וואס זיי האבן באקומען סטראשונקעס אויף זייער לעבן אויב זיי וועלן דערציילן דעם אמת. (מנגינת האופל- דוד שלם - פרק ב').

קאַפּיטל כ"ג

רוחניות'דיגער שמד איבער גאַנץ אייראָפּע

פון איר ערשטן טאָג האָט די קליפּה פון ציונות גענומען פאַר איר ענד-ציל צו פאַרטוישן די ריכטיגע צורה פון כלל ישראל און איר פאַרוואַנדלן אין אַ פאָלק ווי אַלע גוי'אישע פעלקער רח"ל, אָן קיין תורה און מצוות. דער רעיון פון ציונות האָט פּראָקלאַמירט אַז אידן זענען פונקט ווי אַלע אַנדערע גויי הארצות און דאַרפן דעריבער זיך נעמען דעם גורל מיט די אייגענע הענט, גענוי ווי אַלע לענדער און נאַציאָנען[1]. ציונות האָט אויך געזוכט אַהערצושטעלן אַ נייעם סאָרט איד. אויב ביז היינט האָט מען צו זיין איד געדאַרפט היטן תורה ומצוות, און אפילו להבדיל די רעפאָרמער און נעאָלאָגן האָבן זיך געהאַלטן אַלס אידן דורך אויסקליבן געציילטע מצוות און חלקים פון דער מסורה וואָס זיי האָבן אָנגעהאַלטן, האָט אָבער דאָס ציונות ערקלערט אַז מ'דאַרף מער גאָרנישט.

1) אזוי שרייבט הרה"ק מהרש"ב מליובאוויטש זצוק"ל אין קונטרס ומעין מבית ה': "איבערהויפּט אנצונעמען אזא סארט אידעאל, ארויסצוגיין פון גלות מיט א שטארקייט און זיך זעלבסט אויסלייזן מיט די אייגענע כוחות, דאס קען נישט א איד וואס האלט תורה ומצוות פועל'ן ביי זיך בשום אופן, וויבאלד דאס איז אין קעגזאץ צו דער שטארקייט פון דער אמונה און האפענונג פון אידן וואס ווארטן און האפן אויף דער ישועה בביאת משיח צדקינו במהרה וועלכער וועט אונז אויסלייזן א גאולת הגוף וגאולת הנפש, וואס בלויז מיט דער האפענונג געפינען מיר א רואיגקייט צו אונזער גייסט און בלויז אזוי קענען מיר לעבן אינעם ביטערן גלות וואו מען איז זיך מחזק מיט דער תורה און מצוות, נישט ווי די הבטחה פון הערצל וואס פארשפרעכט צו גרינדן אן אייגענע רעגירונג אין א זעלבסשטענדיגע שטאט.

ערליכע אידישע קינדער האבן געהאט די איינע האפענונג אינעם לאנגן גלות, די תקוה אויף ביאת משיח צדקינו. די אמונה פשוטה איז אלץ געווען ביי אידן און דערפאר האבן זיך אידן נישט געקענט מחבר זיין צו די ציונים וואס זוכן צו ברענגען נייע גשמיות'דיגע גאולות אלס לעזונג פאר'ן גלות.

טאקע דערפאר האט דאס ציונות געדארפט אויסטוישן דעם מהות פון כלל ישראל אז דאס איז א נייע סארט פאלק, א פאלק וואס איז נישט פארבינדן מיטן באשעפער און זיין תורה, א פאלק וואס האט א לאנד און א שפראך און א נאציאנאליזם, אן עם לאומי. אצינד ווען דאס האט זיך איינגעגעבן קען מען שוין דערהערן דעם געדאנק אז אזוי ווי אלע פעלקער לייזן זיך אליינס אויס קען זיך אויך דאס אידישע פאלק זעלבסט אויסלייזן." עכדה"ק.

צו זיין אַ איד דאַרף מען בלויז האָבן אַ לאַנד און אַ שפּראַך, "ארץ ושפה", און גאָרנישט מער, הס מלהזכיר.

אַנדערש ווי די רעפאָרמער און די נעאָלאָגן וועלכע האָבן זיך געוואָלט רופן "בעלי דת משה", אָן קיין פאַרקער צום אידישן נאַציאָן, האָבן די ציונים ערפינדן אַ באַגריף צו זיין 'אידן' אָן קיין פאַרקער צו דער אידישער אמונה און קיין שייכות צו דער תורה הק'. אַנשטאָט האָבן זיי באַשאַפן דעם טערמין פון "אידישע קולטור" ("תרבית העם", "מורשת העם היהודי"), וואָס באַדייט אַ שטייגער ווי עסן לאַטקעס אום חנוכה, גיין אויף פעלד-אויספלוגן אום חמשה עשר בשבט און שיסן מיט פייל-און-בויגן אום ל"ג בעומר, וואָס דאָס האָט אודאי נישט דאָס מינדסטע פאַרבינדונג מיט אמונה אָדער אידישקייט, נאָר אַלס טייל פון דער 'אידישער טראַדיציע' וואָס דינט אַלס שטעלפאַרטרעטער פאַר די ריינע קוועלדיגע וואַסער פון דער הייליגער תורה און מצוות.

דער ציוניזם האָט דערמיט באַוויזן צו ערוועקן אַ כוואַליע פון מינות און אפיקורסות וואָס האָט פאַרפלייצט די אידישע שטעטלעך און געגנטער דורכאויס אייראָפּע. די ציונים זעלבסט האָבן דאָס געמוטיגט און אָנגעזייט, זוכנדיג צו פאַרכאַפּן די מאַכט אויפ'ן אידישן פאָלק און ווערן זייער פאַרטרעטער, טאַקע כדי צו דערגרייכן זייער ציל, 'פטור' צו ווערן פונעם 'שווערן יאָך' פון תורה ומצוות, עפ"ל.

כיבוש הקהלות

שוין ביי דער ערעפענונג-סעסיע פונעם צווייטן ציוני'סטישן קאָנגרעס אין באַזעל אין יאָר תרנ"ח, האָט הערצל דערקלערט זיין מיסיע פון "כיבוש הקהלות". דערמיט האָט ער גערופן פאַר אַ רעוואָלוציע און אויפשטאַנד וואָס די ציוני'סטישע מיטגלידער זאָלן אָנזייען אין אַלע אידישע קהלות; מען זאָל אַראָפּוואַרפן די אויטאָריטעט פון די אַלטע רבנים און ערליכע ראשי קהלות וואָס שטעלן זיך קעגן דעם ציונות און זיי זאָלן פאַרטוישט ווערן מיט די ניי-געקרוינטע ציוני'סטישע מנהיגים.

הערצל האָט געזאָגט אין זיין רעדע[2]:

"מיר טוען אָצינד זיך באַגעגענען מיט'ן פּאַסיווען אָפּזאָג פון מענטשן וועלכע שטעלן זיך קעגן און וועהלן אויס צו בלייבן אויך אין דעם שווערן צושטאַנד. מיר באַגעגענען זיך אפילו מיט דער שנאה פון יענע קרייזן וועלכע רעדן אין נאָמען פונעם אידישן פאָלק.

2) פרוטקול הקונגרס השני.

די ערשיינונג איז ספּעציעל קענטיג אין די מחאות פון די רבנים, אָבער עס קען נישט פאַרבלייבן אַז אַזאַ געדאַנק ווי אונזער געדאַנק זאָל זיין אָפּהענגיג אין דער מיינונג פון די פירער פון דער קהלה און די דאָזיגע פּאַסטוכער פון נפשות (די רבנים) וואָס זאָרגן זיך בלויז פאַר זייער אייגענער הנאה (עפ"ל). כמעט אויף יעדן אָרט זענען נוטה נאָך אונז דאָס ברייטע פאָלק, וואָס זענען די גרעסטע טייל פון דער קהלה[3], און דעריבער דאַרף זיך אַלעס פירן אין זייער גייסט.

מיר האָבן נישט ביז היינט אָנגעוויזן אויף דעם ווידערשטאַנד... אָבער אין דער ענדע איז וויכטיג צו ברענגען אַ סוף צו דער זאַך. עס קען נישט פאַרבלייבן אַזוי ווי עס איז, אַז די פירער פון די קהלות זאָלן מאַכן אַ טומל קעגן ציונות.

אַזאַ צושטאַנד איז קעגן דעם שכל און נישט מעגליך צו פאַרבלייבן. מיר דאַרפן מאַכן אַן ענדע דערצו. אין אַלע קהלות וואָס זייערע פירער גיבן נישט פון זיך זעלבסט זייער שטיצע פאַר אונז, ברויכן מיר עפענען אַ קאַמף קעגן זיי ביי די וואַלן, און מענטשן וואָס זענען געאייגנט צו דינען אויף אַזעלכע פּאָסטנס און זענען נאָנט צו אונזער מיינונג, זיי ברויכן מיר גרויס מאַכן און אַריינברענגען אין די קהלות. מען קען זיך מער נישט באַנוצן מיט'ן כבוד פון די אידישע קהלות און זייערע מיטלען און מיט די מענטשן וואָס לעבן אויף זייער חשבון צו קעמפן קעגן דעם נאַציאָנאַליסטישן געדאַנק פון ציונות. דערפאַר קלער איך, אַז איך רעד אין אייער נאָמען, מיטגלידער פונעם קאָנגרעס, ווען איך שטעל פאָר די החלטה אַז איינע פון אונזערע נאָענטסטע צילן איז: כיבוש הקהלות."

דער גרויזאַמער שמד-קאַמפּיין

די נאָכפאָלגן פונעם גרויזאַמען פּלאַן האָט ווירקליך נישט געשפּעטיגט צו קומען. די ציוני'סטישע פּראָפּאַגאַנדע-מאַשין האָט אָנגעהויבן אַ סיסטעמאַטישן קאַמפּיין 'אויפצוקלערן' און פאַרשפּרייטן זייער אידעאָלאָגיע צווישן די מאַסן, און מיט דער הילף פון פאַרפאָרענע אידישע מאַגנאַטן איז עס זיי שטאַרק געלונגען.

3) עס איז אגב כדאי צו באמערקן א זייטיגע נקודה איבער הערצל'ס אויסטערלישע גאוה און דמיון. נישט בלויז זענען דער גרעסטער טייל ערליכע אידן געווען אויסגעשפּראכן קעגן דעם רעיון הציוני, נאר אויך להבדיל די מיליאנען רעפארמער און זייערע נאכשלעפּער זענען געווען גאר ווילד דערקעגן, ווי מיר האבן שוין פריער דערמאנט אז דעם ערשטן ציוני'סטישן קאנגרעס האט הערצל אין דער לעצטער מינוט געמוזט אוועקפירן פון דער דייטשער שטאט בוהן, צוליב קעגנערשאפט פון איינפלוסרייכע רעפארמער, און דא שטעלט ער זיך אויף זאגן אז רוב אידן זענען מיט אים...

אין גרעסערע שולן זענען געהאָנגען געוואָרן פלאַקאַטן מיט כפירה'דיגע לאָזונגען ווי "ליעבע ברידער אונד שוועסטער! דער לאַנגער 2 טויזנט יאָהריגער גלות רופט צו אונז אונד זאָגט: אם אין אני לי מי לי; אויב מיר וועלען אונז אַליין ניט העלפען, ווערשזע וועט פיר אונדז זארגען?"[4] עפ"ל, און נאָך אַזעלכע סאָרט דברי כפירה בביאת המשיח צו פאַר'סמ'ן אידישע הערצער. באַזונדער האָבן אָנגעהויבן צו ערשיינען אַ רייע פון צייטונגען און טאָג-בלעטער, געשריבן אויף לשון הקודש און אידיש, אָנגעפולט מיט אַרטיקלען און שרייב-ווערק וועלכע האָבן געשפיגן האַס און אָפּשיי אויף דער תורה און דער ריינער אמונה, און פאַרשפרייט די ציוני'סטישע אידעאַלן מיט גאָלדענע פאַרבן.

אפיקורס'ישע שרייבער פאַר'סמ'ן רבבות אידישע קינדער

עס איז אויפגעשטאַנען אַ גאַנצע אינדוסטריע פון שרייבער און דענקער, אויסגערופענע כופרים און מומרים להכעיס, וועמעס פון זיי זענען אויפגעוואַקסן ביי פרומע אידישע עלטערן און געלערנט ביי ערליכע מלמדים און ישיבות, איידער זיי זענען אַרויס לתרבות רעה. אַזוי אַרום האָבן זיי מיט ליצנות און זלזול גוט געוואוסט וויאַזוי אָפּצושפּעטן פונעם ערליכן לעבנסשטייגער און אַרויסהייבן די נייע ווינטן וועלכע האָבן אָנגעהויבן בלאָזן אַדאַנק דעם ציונות.

צווישן די אפיקורסים האָבן זיך געצייכנט אַזעלכע פאַרשוינען ווי פרץ סמולענסקין שר"י, דער אַרויסגעבער פון "השחר"; שלום יעקב אַבראַמאָוויטש שר"י, אונטער זיין פען-נאָמען 'מענדעלע מוכר ספרים'; חיים נחמן ביאַליק שר"י; און אַנדערע מינים ואפיקורסים שם רשעים ירקב, וואָס האָבן מיט זייערע גיפטיגע פענעס באַשיינפערליך פאַר'סמ'ט צענדליגער טויזנטער אידישע קינדער וועלכע זענען איבערגערעדט געוואָרן און פאַרלאָזט אין די מאַסן די וועגן פון דער תורה[5].

באַזונדער האָט זיך אַרויסגעשיילט דער טרויעריג-באַרימטער אפיקורס אשר צבי (הירש) גינצבורג שר"י, באַקאַנט מיט זיין פען-נאָמען "אחד העם". גינצבורג איז אויפגעוואַקסן אין אַ חסיד'ישן שטעטל אין אוקריינא, און האָט אין זיינע שפּעטערע יאָרן אַוועקגעוואָרפן זיין אמונה און אויסגעשטיגן אַלס אַ גרויסער פירער אינערהאַלב די חובבי ציון און דערנאָך אין די ציוני'סטישע גרופעס[6].

---

4) אור לישרים (עמ' 5).

5) אין דעם אויבנדערמאנטן ספר אור לישרים ווערן ציטירט עטליכע ביישפילן פון די שרעקליכע דברי מינות וכפירה וועלכע זענען געליפערט געווארן אין די ציוני'סטישע בלעטער בימים ההם.

6) דער ליובאוויטשער רבי הרה"ק מהרש"ב זי"ע האט זיך אויף דעם רשע אויסגעדריקט: "אפילו אויב קריעת ים סוף וואלט פארגעקומען קעגן זיינע אויגן וואלט ער נישט געגלויבט..."

דער אחד העם שר"י האָט געהאַסט די אידישע אמונה און תורה מיט אַן אויסטערלישער שנאה כבושה, און האָט פאַר יעדן פּרייז געוואָלט אַז אידן זאָלן איר פאַרגעסן. דער כופר בעיקר האָט ערקלערט אַז דאָס ציונות איז געצילט "נישט נאָר צו לינדערן די צרות פון אידן, נאָר צו לינדערן די צרות פון אידישקייט", עפרא לפומי'. ער האָט גענומען אַן אַקטיווע ראָלע אַראָפּצושטעלן זיין אויסגעשפּראָכענע ליניע ביי די ציוני'סטישע קאָנגרעסן, און פאַרפאַסט מערערע טריפה'נע ביכלעך וועלכע זענען געווען אָנגעפיקעוועט מיט דאָס אַרגסטע, אָבער זענען ליידער געליינט געוואָרן דורך טויזנטער אידישע קינדער אין אייראָפּע.

די יוגנט פאַלט פאַר די נייע ווינטן

מיט דער לאָזונג פון אַרויפגיין און "בויען דאָס לאַנד", האָבן די ציוני'סטישע פּרעדיגער איבערגערעדט דאָס יונגוואַרג, תמימות'דיגע און אומוויסנדע בחורים און מיידלעך, וועלכע זענען ענטוזיאַסטיש צוגעשלעפּט געוואָרן צו די נייע ווינטן וועלכע האָבן געבלאָזן מיט אַ גייסט פון "נאַציאָנאַלע אויפלעבונג" און "זיך צוריקקערן צום לאַנד".

אומצאָליגע עלטערן האָבן באַוויינט די יאָרן ווען מען האָט מיט געוואַלד פאַרשלעפּט זייערע קינדער באונס וברצון. אין אַנדערע פעלער האָבן ליידער געוויסע עלטערן אויך צוגעשטימט דערויף; מען איז געווען אומוויסנד. די ציונים פון זייער זייט האָבן פאַרלייגט אויסטערלישע קרעפטן פאַר זייער פּראָפּאַגאַנדע צו פאַרנאַרן די אידישע וועלט, און דער שטן האָט ליידער באַקומען אַ געוואַלדיגן כח.

אַזוי איז געלונגען צו פאַרבלענדן די אויגן פון פילע טויזנטער אידן, אויך ליידער אידן שומרי תורה ומצוות. אידן וואָס האָבן געוואוינט און געלעבט לאַנגע דורות אין גלות צעשפּרייט אין אַלע לענדער, אָבער זענען אַלץ געבליבן געטריי צו השי"ת און זיין תורה הק' און געוואַרט מיט געדולד אויף דער גאולה שלימה דורך משיח צדקינו, זענען אַצינד פאַרנאַרט געוואָרן מיט משאות שוא ומדוחים דורכ'ן פלייץ פון צייטונגען און רעדעס וועלכע האָבן געקאָרמעט די מוחות מיט די נייע טריפה'נע אידעאָלאָגיעס אַז מען דאַרף אַרויפגיין קיין ארץ ישראל, באַאַרבעטן די פעלדער, אָנבויען ביימער, אָנזייען תבואה, אויפשטעלן קאָלאָניעס און באַזעצן דאָס לאַנד.

אָט די אידן מיט זייערע קינדער זענען פאַרפירט געוואָרן 'עולה' צו זיין קיין ארץ ישראל. מאַסן אידישע קינדער פון אייראָפּע האָבן זיך גרופּירט און אַרויפגעפאָרן קיין ארץ ישראל "בויען דאָס לאַנד". דאָרט אין הייליגן לאַנד איז אויפגעשטעלט געוואָרן געמישטע קאָלאָניעס פאַר דער יוגנט, טרויעריג-באַרימט אַלס די "קיבוצים", ספּעציעל געבויט געוואָרן אויף אַ געמיינעם און פאַרדאָרבענעם פאַרנעם רח"ל כדי נאָך מער אַראָפּפירן די אידישע יוגנט פון ערליכן דרך הקדושה.

די פאַרשאָלטענע "הכשרה"

ווי געזאָגט איז דער עיקר ציל פון ציונות געווען אויסצופאָרעמען אַ נייעם סאָרט איד, אַ פורק עול וועמענס איינציגע דאגה איז די 'אידישע מדינה' און איר נאַציאָנאַליטעט, אָבער דער גרעסטער טייל פון די תמימות'דיגע מאַסן האָט נישט אָנגעהויבן צו באַגרייפן וואָס דאָס באַדייט. פאַר די אַסימילירטע אידן האָט בכלל נישט געצויגן דאָס אַרויפגיין קיין ארץ ישראל און אַרבעטן דאָרט שווער אין אירע בלאָטעס. ווידער די וועלכע האָבן יאָ געוואָלט אַרויפגיין קיין ארץ ישראל, האָבן עס בדרך כלל געמיינט מיט'ן גראָדן תמימות, אַרויפגיין צום לאַנד פון אונזערע אבות.

פאַר דעם צוועק האָבן די ציונים געגומען אַנטוויקלען די א.ג. "הכשרה". אָפיציעל האָט געהייסן אַז דער ציל פון די "הכשרה" קעמפּס איז אויסצולערנען דאָס אומוויסנדע יונגוואַרג וויאַזוי צו אַקערן אין פעלדער, אָנזייען ביימער, האָדעווען בהמות און אַלע עבודת הפרך פון אַ פאַרם, אָבער דער אמת'ער ציל פון דער "הכשרה" איז געווען, מטמא צו זיין און טריפה מאַכן די ריינע איידעלע נשמות, און אויסאַרבעטן די נייע ציוני'סטישע יוגנט וואָס זיי האָבן זיך גע'חלומ'ט[7].

אין פאַקט זענען געגוג אַ גרויסע צאָל יוגנטליכע אין אייראָפּע געקומען פון שטעטלעך און דערפלעך וואו זיי זענען אויפגעוואַקסן אויף דער שויס פון נאַטור און האָבן זיך גאַנץ פיין געקענט אַן עצה געבן מיט זייען און אַקערן, ווי אויך זיך אָפּגעבן מיט קיען, הינער און אַנדערע באַשעפענישן, זיכער גענוג לויט וויפיל זיי האָבן זיך געדאַרפט אויסצולערנען אין די עטליכע מאָנאַטן וואָס זיי זענען אַדורך די "הכשרה".

אין אמת'ן האָבן זיי אָבער אין די קעמפּס געדאַרפט באַקומען גאָר אַן אַנדער 'טרעגירונג'. מען האָט זיי דאָרט אויסגעלערנט די נייע שפּראַך עברית, ווי אויך די ציוני'סטישע אידעאָלאָגיע.

ציוני'סטישע יוגנטליכע ארבעטן פעלד ארבעט אין א "הכשרה" קעמפ

7) רביה"ק מסאטמאר זי"ע האט בשעתו געזאגט בדרך צחוק מכאיב אז "הכשרה" איז דער פאסיגער נאמען פאר די געמיינע אקטיוויטעטן, וויבאלד דאס איז א ריכטיגער 'הכשר לקבל טומאה' אויף אידישע קינדער.

סימבאלן פון די טרויעריג בארימטע גרופעס "השומר הצעיר" און "החלוץ" וועלכע האבן אפגע'שמד'ט צענדליגע טויזענטער אידישע קינדער

איבער אַלעם האָט מען אָבער זיכער געמאַכט דאָרט אין די קעמפּס אויסצורייסן פון זיי יעדן פאַרבליבענעם זכר און געפיל צו סיי וואָס עס האָט שייכות מיט אידישקייט. אַ באַזונדערן דגוש האָט מען געלייגט אויסצומישן די יונגען און מוידן אין אַ שרעקליכן תערובות און אויסגעלאַסנקייט, כדי צו פאַרזיכערן אַז עס בלייבט נישט אין זיין קיין ברעקל צניעות און באַשיידנהייט וואָס זיי האָבן געזען ביי זייערע עלטערן אין שטוב.

די "הכשרה" איז אין גרעסטן טייל דורכגעפירט געוואָרן נאָך אין אייראָפּע, וואו דאָס ציוני'סטישע יונגוואַרג איז געגאַנגען אין אַ קעמפּ זיך צו 'כשר'ן' און פאַר'טרפ'ענען מיט די געקאָרמעטע מינות וכפירה. זי איז בעיקר אָנגעפירט געוואָרן דורך דער "החלוץ" באַוועגונג, וועמענס ערשטער אָנפירער איז געווען יוסף טראָמפּעלדאָר שר"י, וועלכער האָט אויסגע'שמד'ט אומצאָליגע אידן במשך איר עקזיסטענץ ביז דער צווייטער וועלט מלחמה. דער פינסטערער "החלוץ", אינאיינעם מיט איר שוועסטער-אָרגאַניזאַציע "השומר הצעיר", איז געווען די הויפּט ציוני'סטישע קראַפט אונטער די לעגאַלע און אומלעגאַלע עליות וועלכע האָבן אָנגעהאַלטן ביז עטליכע יאָר נאָך דער צווייטער וועלט מלחמה.

"הכשרות" צו 'אַנטלויפן' קיין ארץ ישראל

ווי געשריבן איז דער גרעסטער טייל פון די "הכשרות" דירעקט געווען געצילט אויסצורייסן יעדעס ברעקל אמונה און אידישקייט פון די יונגטליכע. עס איז אָפיציעל געפּרעדיגט געוואָרן

כפירה'דיגע רעדעס פון "לית דין ולית דיין" און "מרד בגורלו של היהודי בגולה", רח"ל. די צענדליגער טויזנטער מיטגלידער פון די גרופעס זענען מושטירט געוואָרן צו רעוואָלטירן אינעם "גלות איד מענטאַליטעט" עפ"ל. עס איז אויסגעשטעלט געוואָרן אַ נייע פאָרעם וויאַזוי דער 'נייער סאָרט איד' זאָל אויסקוקן און אָט דערפאַר איז מען אויסגעשולט געוואָרן צו בוגד זיין אין די עלטערן[8], אינעם אידישן חינוך און אין דער הייליגער אמונה.

די טמא'נע אָרגאַניזאַציעס האָבן געהאַט אַ שטוינענדן סוקסעס צו פאַרכאַפּן אידישע קינדער אין זייער נעץ. זיי האָבן זיך אויסגעשפרייט אויף אַ ריזיגן פאַרנעם און אָנגעשלאָסן צענדליגער טויזנטער אין זייערע רייען. צום ביישפּיל, די "השומר הצעיר" אָרגאַניזאַציע איז געגרינדעט געוואָרן אין יאָר תרס"ב אין דער שטאָט לעמבערג. פון דאָרט איז זי אויסגעברייטערט געוואָרן איבער אַלע אידישע געגנטער אין אייראָפּע וואו זי האָט פאַרצערט די יוגנט מיט אַ פרעמדן פייער פון טומאה און כפירה, ביז איידער'ן אויסברוך פון דער צווייטער וועלט מלחמה ווען די גרופּע האָט אַנטהאַלטן אַזויפיל ווי זיבעציג טויזנט (!) מעמבערס רח"ל. ענליכע נומערן האָבן אויך פאַרמאָגט די אַנדערע שמד-אָרגאַניזאַציעס און גרופּעס.

אין טייל ערטער האָבן די ציונים געגרינדעט באַהאַלטענע אָרגאַניזאַציעס, אונטערערדישע קעמפּס, וואו די מיטגלידער זענען באַשוואוירן געוואָרן צו האַלטן אַלעס אין שטאַרקסטן געהיים פון זייערע עלטערן. מען איז אָנגעגאַנגען מיט פּלענער פאַר לאַנגע חדשים; מען האָט אַלעס גרייט געמאַכט, און נאָכדעם וואָס מען איז שוין געווען פולקאָם מסודר פאַר אַ רייזע קיין ארץ ישראל, מען איז שוין געווען אַ חבר אין אַ קיבוץ, מען איז שוין געווען אַן 'עולה', דאַן האָט מען איינגעמאָלדן די עלטערן דעם באַשלאָסענעם פאַקט, און קעגן זייער ווילן האָט מען געטון וואָס מען האָט זיי שוין פון פריער גרייט געמאַכט דערצו, און מען איז אַנטלאָפן קיין ארץ ישראל.

אַסאַך אַנדערע וואָס האָבן געשפּירט אַז זיי וועלן נישט קענען ביישטיין די צעבראָכענע בליקן פונעם טאַטן, די היסטערישע בכיות פון דער מאַמען, די וואָרענונגען אַז זיי וועלן זיך זעצן 'שבעה' נאָך אים, האָבן טאַקע בכלל נישט איינגעמאָלדן זייערע פּלענער פאַר די עלטערן, נאָר מען איז פּשוט און פּראָסט פאַרשוואונדן געוואָרן פון איין מינוט אויף דער צווייטער, נישט איבערלאָזנדיג קיין שפּורן, אָדער לייגנדיג אַ קליין צעטעלע וואו זיי מעלדן זייערע באַשלוסן קורץ און קאַלט.

אָט אַזאַ 'חינוך' האָט מען געגעבן אַלס 'הכשרה' עולה צו זיין קיין ארץ ישראל.

8) א גאר פאפולערע ליד איז דאן פארפאסט און צעשפרייט געווארן דורך די ציוני'סטישע גרופעס, באקאנט אלס "שיר הבן" וואס הייבט זיך אן מיט די אויפטרייסלנדע ווערטער: "אל תשמע בני אל מוסר אב ואל תורת אם אל אוזן תט". אט אזוי האט מען מיט אלע מיטלען דערשטיקט די געפילן און אויסגעריסן יעדע שטאם פון ערליכקייט און תמימות.

"קיבוץ", אַ שמד-פאַבריק פאַר טויזנטער

אין ארץ ישראל האָט די ציוני'סטישע באַוועגונג אין אירע ערשטע שריט אָרגאַניזירט די טרויעריג-באַרימטע "קיבוצים", אַלס מיטל וויאַזוי אַראָפּצופירן גאַנץ כלל ישראל פון וועג ח"ו.

די קיבוצים זענען אין יענע יאָרן געווען דער סאַמע שפּיץ, די סמעטענע פון דער נייער ציוני'סטישער 'רעליגיע' וואָס די כופרים ימ"ש האָבן אָנגעהויבן גרינדן, געצילט צו דינען אַלס "כור ההיתוך" [שמעלץ-טאָפּ] פונעם נייעם "ישראלי" עלעמענט וואָס זיי האָט געוואָלט שאַפן, אַ באַגריף פון אַ נייעם סאָרט 'איד' אָן שמירת התורה והמצוות רח"ל - וואָס דאָס איז דאָך געווען דער אָריגינעלער ציל פון דער ציוני'סטישער באַוועגונג.

די גאַנצע ציוני'סטישע באַוועגונג האָט זיך דאַן געדרייט אַרום דער "הכשרה" און דעם "קרן קיימת לישראל", די צוויי פונדאַמענטן פון די קיבוצים.

אָריגינעל איז אַ "קיבוץ" דאָס וואָס ווערט אָנגערופן אין אידיש אַ "קאָלכאָז", אַ וואָרט וואָס איז גוט באַקאַנט געוואָרן אויף דער אַנדערער זייט מאַפּע: די קאָמוניסטישע רוסלאַנד. אין אַ קיבוץ/קאָלכאָז אַרבעט יעדער איינוואוינער אויפ'ן פעלד, אין גאָרטן, אין שטאַל און סיי וואו עס פעלט זיך אויס. די אַרבעט ווערט איינגעטיילט דורך דער פירערשאַפט, וועלכע ווערט אויסגעקליבן פון צווישן די קיבוץ איינוואוינער. די גאַנצע פּראָדוקציע ווערט אייניג איינגעטיילט צווישן אַלע איינוואוינער, ביז ווען יעדער באַקומט אַלעס נויטיג.

פאָרט איז געווען אַ גרויסער אונטערשיד צווישן די רוסישע קאָלכאָזן און די איזראַעלישע קיבוצים, צוליב וואָס די ציוני'סטן האָבן בעיקר געצילט צו פּראָדוצירן דעם נייעם "ישראלי", דאָס נייע באַשעפעניש וואָס רייסט גענצליך איבער דעם בונד פון דער אידישער מסורה; וואַרפט אַראָפּ פון זיך דעם עול התורה און גרינדעט אַ נייעם מין 'איד'.

ציוניסטיש-קאָמוניסטישע קאָלכאָזן

פאַר דעם צוועק איז נישט גענוג געווען צו נעמען דרייסיג מענטשן, אַריינשטעלן אין אַ קיבוץ און הייסן גיין אַרבעטן לויט'ן קאָלכאָז סיסטעם. זיי האָבן דאָך געמוזט פאַרזיכערן אַז דער קומענדיגער דור ווערט ערצויגן אין אַ גייסט און אַטמאָספערע פון כפירה ומינות. דערפאַר זענען זיי געגאַנגען אַ שאַרפן טריט ווייטער ווי די קאָלכאָזן אין רוסלאַנד.

ווען אימער אַ קינד איז געבוירן אינעם קיבוץ, ווי נאָר עס איז אַלט געוואָרן עטליכע מאָנאַטן און האָט מער נישט געדאַרפט אָנקומען צו זיין מוטער, איז דאָס קינד אַוועקגענומען געוואָרן פונדערהיים און איז אַריינגענומען געוואָרן אין אַ ספּעציעלן אַנשטאַלט, וואו זיי זענען ערצויגן

א "הכשרה" קעמפ דורך די "הפועל המזרחי" אין דייטשלאנד

געוואָרן די פאָלגנדע 18-20 יאָר פון זייער לעבן אונטער'ן אויפזיכט פון ספעציעל-באַשטימטע "מדריכים" און "מדריכות". די עלטערן האָבן געקענט פאַרברענגען מיט די קינדער עטליכע שעה אין טאָג נאָדעם וואָס זיי זענען פאַרטיג געוואָרן מיט דער אַרבעט, און דערנאָך זענען די קינדער צוריקגעגאַנגען צו דער 'חינוך פאַבריק', וואו זיי האָבן געגעסן, געשלאָפן און ערצויגן געוואָרן.

דאָס איז שוין געווען עפּעס וואָס איז געווען אומדערהערט אפילו אין דער רוסישער קאָמוניסטישער אַטמאָספערע. אָפיציעל האָט עס געדאַרפט צו פלעגן אין די קינדער דעם באַוואוסטזיין אַז זיי זענען אַלע אינאיינעם איין גרויסע גרופּע, אָבער באמת איז עס געווען געצילט צו פאַרזיכערן אַז די קינדער באַקומען נישט 'חלילה' דעם מינדסטן שמעק פון מסורה פון זייערע עלטערן, נאָר ווערן ערצויגן שטרענג לויט די כפירה'דיגע מעטאָדן וואָס די ציוני'סטישע פורקי עול האָבן זיי פאָרגעשריבן.

פאַר די קיבוצים פירער און מיטגלידער זענען אויסגעקליבן געוואָרן נאָר אַזוינע יוגנטליכע וועלכע זענען געווען דורכגעדרינגען מיט כפירה ומינות און פולקאָם צוגעגרייט פאַר זייער העכסטן אידעאַל: אויסרייסן יעדעס מינדסטע געפיל צו תורה ומצוות פון די וועלכע פאַלן אַריין צו זיי אין די הענט.

אין די קאָלאָניעס האָט מען געגעסן נבילות וטריפות; עס איז אויסגעריסן געוואָרן יעדן זכר פון שבת קודש און ימים טובים; נישט קיין שמע ישראל און נישט קיין מצוות ה'; אַלע האַרבסטע עבירות זענען אָפּגעטון געוואָרן אָפן לעיני השמש. די יוגנט וואָס איז אויפגעוואַקסן אין די קאָלאָניעס האָט געלעבט אַ לעבן פון הפקירות און פריקת עול, ממש ווי בהמות, אויף אַ שרעקליכן פאַרנעם, אין אַ פולזייטיגן אַפּאַראַט פון עקירת התורה און שנאת הדת ה' ירחם.

עס איז נישט מעגליך און נישט פּאַסיג צו שילדערן די שוידערליכע געשיכטעס וויאַזוי מ'האָט אין די דאָזיגע קיבוצים געטרעטן אויף דער תוה"ק און אויסגעריסן יעדן פאַרבליבענעם אידישן און מענטשליכן פונק פון די יוגנטליכע, אַלעס מיט'ן ציל און כוונה צו טראַנספאָרמירן דאָס כלל ישראל צו אַ נייעם עלעמענט, דער מאָדערנער "ישראלי", וואָס לעבט ווי אַ בהמה און ווייסט נישט פון קיין באַשעפער און קיין אמונה חלילה.

קאַפיטל כ"ד

גייסט פון כפירה און פריקת עול

דער אויסטערלישער בראָך און רוחניות'דיגער שמד וואָס דער ציוני'סטישער גייסט האָט אָנגעזייט אין די שטעט און געגנטער לענגאויס אייראָפּע, איז ביז'ן היינטיגן טאָג דאָקומענטירט אין הונדערטער 'ספרי זכרון', וואָס זענען געשריבן געוואָרן דורך געוועזענע איינוואוינער פון מערערע אידישע שטעט.

ס'איז טרויעריג און טראַגיש צו באַטראַכטן די שרעקליכע מהפיכה וואָס האָט אומעטום פּאַסירט זינט די ציוני'סטישע אידעע האָט אַריינגעדרונגען צווישן דער יוגנט. די הונדערטער ספרי זכרון ליינען זיך ווי טרויעריגע עדות איבער אַ שפּרודלדיגן אידישן לעבן וואָס איז צוגרונד געגאַנגען אַדאַנק דאָס ציונות; איבער ישיבות און בתי מדרשים וועלכע זענען פּאַרוויסט געוואָרן און איבער צענדליגער טויזנטער אידישע קינדער וועלכע זענען נאָכגעשלעפּט געוואָרן נאָך דער טומאה און האָבן גענצליך איבערגעלאָזט דעם תורה-וועג רח"ל.

בימיו האָט הרה"ק בעל עטרת ישועה מדזיקוב זי"ע געטייטשט בדרך צחוק מכאיב די ווערטער פונעם בעל ההגדה, "ויהי שם לגוי, מלמד שהיו מצוינים שם", אַז אויב דערזעט מען "ויהי שם לגוי", אַז אידן ווערן פאַרוואַנדלט ווי די גוים מיט געמיינע פירונגען, דאַן זאָל מען וויסן אַז "שהיו מצוינים שם", דאָס איז צו פאַרדאַנקען דאָס ציונות וואָס האָט מכשיל געווען רבבות ישראל און מעביר געווען על הדת גאַנצע מדינות ה"י[1].

כדי עטוואָס צו באַגרייפן און פאַרשטיין דעם שוידערליכן רוחניות'דיגן אומגליק וואָס ציונות

1) "זה כונת בעל ההגדה ויהי שם לגוי מלמד שהיו מצוינים שם, ר"ל אם יבא איש לאיזה עיר ויראה כי תושביה אינם מתנהגים כשורה ובחוקות הגוים ילכו, ידע על בטח כי המה ציונים". (דעת זקנים פרק יא אות ג).

האָט דאַן געברענגט אויפ'ן אידישן פאָלק, איז פאַסיג צו ציטירן בלויז פון געציילטע אַזעלכע ספרי זכרון[2], וואו עס ווערן באַשריבן דאָס לעבן און שאַפן פון אידישע שטעטלעך אין אייראָפּע, וואו דאָרט באַגעגענען מיר פון דער נאָענט דאָס טרויעריג בילד פונעם טאָטאַלן חורבן וואָס איז אומעטום אָנגעזייט געוואָרן מיט דער אַנטשייאונג פון ציונות.

צוויי קאָנטראַסטן אין בורשטין

"ספר בורשטין" איז אַ ביכל וואָס שילדערט די היסטאָריע פון דער שטאָט בורשטין, וועלכע גרעניצט זיך מיט לעמבערג. פאָלגנד איז אַ לייכטע איבערזעצונג פונעם ביכל:

"אַ שפּרודלדיגער נאַציאָנאַלער לעבנסשטייגער האָט אָנגעהויבן קלאַפּן ביי דער אידישער באַפעלקערונג מיט דער גרינדונג פון די ציוני'סטישע גרופּעס. די גרופּעס האָבן איינגעזאַמלט יונגען און זיי פאָרגעזינגען די געזאַנגען און פּאָעטן פון ביאַליק. אונטער דיביימער און פעלדער זענען די יוגנטליכע געזיצן בתערובות און זיך צוגעהערט צו פּרעדיגונג איבער די געדאַנקען פון ציונות. באַזונדער איז אויפגעשטעלט געוואָרן אַ לייברערי מיט השכלה'ישע ביכער. די יוגנט האָט געפייערט יעדן ספּעציעלן טאָג אין דער ציוני'סטישער פּאַרטיי און האָבן געזאַמלט געלט אויסצולייזן ארץ ישראל."

אינעם העפט ערשיינען צוויי בילדער. דאָס ערשטע בילד איז פון דער ישיבה אין בורשטין, וואו עס ווערן געזען דאָרט נישט מער ווי ניין תלמידים, פון וועלכע דער עלטסטער איז פופצן יאָר. דאָס צווייטע בילד איז פון דער שולע אין בורשטין; אַ ריזיגע געביידע, געבויט מאָדערן

די קאָנטראַסטישע בילדער וועלכע ציינן דעם חורבן פון דער יוגנט אין דער שטאט
רעכטס: דער ישיבה אין בורשטין, וואס ציילט נישט מער פון ניין תלמידים
לינקס: די שולע אין בורשטין, א ריזיגע פראכטפולע געביידע

2) די ציטאטן אין דעם פרק זענען גענומען פונעם וואונדערליכן ספר "עשן הכבשן" להג"ר אביגדור מיללער זצ"ל, (פרק יא).

און פראַכטפול. אָט די צוויי בילדער איז אַן איינפאַכער פירוש אויפ'ן חורבן וואָס ציונות האָט געברענגט אויף אייראָפּע אין די יאָרן איידער דעם חורבן.

די "קאַלטע שול" אין סלוצק

"פנקס סלוצק" איז אַ בוך וואָס שילדערט די שטאָט סלוצק, וואו דער שרייבער באַציט זיך באַזונדער צו דער גייסטיגער דערקייקלונג פון סלוצק[3], פילע יאָרן איידער דער ערשטער וועלט-קריג עפּאָכע, אַדאַנק ציונות.

אָט ציטירן מיר איניגע ציטאַטן פונעם בוך:

"ס'איז נישט געווען קיין אָפיציעלע איבערקערעניש, אָבער צוביסלעך צוביסלעך, דורך קרומע וועגן און באַהאַלטענע רערן, האָבן אַריינגעדרונגען די ערשטע צייכנס פון אַ נייעם לעבן. טראָפּ נאָך טראָפּ האָבן די טוישונגען זיך באַקוועם געמאַכט אונטער די צרות.

"ביסלעכווייז, אָבער מיט עקשנות, איז דער שטורעם אָנגעקומען אין די הערצער פונעם יוגנט. די יונגע קינדער האָבן אָנגעהויבן לאָזן וואַקסן טשופּעס; די ישיבות זענען ליידיג געוואָרן און די שטאָט איז פול געוואָרן מיט סטודענטן און מענטשן וואָס זוכן 'תכלית'. שטייטלעך איז אַרויסגעשטויסן געוואָרן די אַלטע תורה, אין ערזאַץ פאַר די נייע אידעאָלאָגיעס. ווייטער און ווייטער איז זי פאַרשטויסן געוואָרן, ביז זי איז פאַרבליבן אין אַ ווינקל צעדריקט.

"סלוצק איז געווען אָנגעפולט מיט בתי מדרשות און בתי כנסיות. אפילו די אַרבייטער האָבן זיך געבויט באַזונדערע שולן; שניידער און שמידער, בעלי עגלה און קצבים, האָבן געהאַט יעדער זייערע אייגענע שולן. איבעראַל וואו אַ איד אין סלוצק איז געגאַנגען איז ער געשטאַנען אין געגנט פון אַ בית המדרש; איבעראַל וואו ער האָט זיך געדרייט איז ער געווען אין הויף פון אַ שול, און אין צענטער איז געווען דאָס "שול הויף", אַ הויף פול מיט שטיבלעך און בתי התפלה.

"די גרעסטע שול אין שטאָט האָט געהייסן 'די קאַלטע שול'. אָט די 'קאַלטע שול' האָט שפּעטער פאַרדינט דעם נאָמען ווייל עפּעס איז דאָרט קאַלט געוואָרן... דער קול התורה האָט זיך נאָך געהערט דאָרט אָבער ס'האָט זיך שוין אויך געהערט נייע קולות, דער קול פון די נייע ווינטן.

(3) פנסק סלוצק (עמ' 10).

"מיטאַמאָל האָט זיך אָנגעהויבן דער 'אידישער פרילינג'. די נייע שפּראַך עברית איז געוואָרן מער אויפגעכאַפּט און די אַלטע ספרים מער פאַרשטופּט אין דער זייט. די יוגנט איז אַוועקגעצויגן געוואָרן פון דער תורה. זיי זענען געוואָרן צוגעצויגן צו עברית און אירע אידעאָלאָגיעס. אָט די יונגען זענען געווען די ערשטע ציונים און שפּעטערדיגע וועג-ווייזער פאַר דער פאַרטיי."

דער קול תורה ווערט פאַרשטומט אין רובינשטוב

פאָלגנד איז פונעם בוך "ספר חרוביעשאוו":

"רובינשטוב איז געווען אַ חסיד'ישע שטעטל. יעדעס אינגעל האָט געלערנט אין חדר. ווען ער איז עלטער געוואָרן איז מען אַריבער פון חדר צו 'די שטיבל', און אַזוי זענען אויפגעוואַקסן די דורות אין רובינשטוב.

"אָבער צוויי היסטאָרישע געשעענישן האָבן פּאַסירט, וועלכע האָבן אינגאַנצן געטוישט די צורה פונעם שטעטל: די "באַלפור דעקלעראַציע" און די "באָלשעוויקן רעוואָלוציע". פון דאַן איז די יוגנט נאָכגעשלעפּט געוואָרן נאָך איינע פון די צוויי באַוועגונגען, ציונות און קאָמוניזם. מערערע זענען נאָכגעשלעפּט געוואָרן נאָך דער ציוני'סטישער אידעאָלאָגיע און אירע פּאַרטייען, זעענדיג דערינען אַ גליקליכע צוקונפט.

"אין זייערע מאַסן האָט די יונגט פאַרלאָזט די שטיבלאַך. דאָס "טריסקער שטיבל" איז פולשטענדיג אויסגעליידיגט געוואָרן. אויך דאָס "הוסיאַטנער שטיבל" וועלכע פלעגט ווירבלען בייטאָג און ביינאַכט מיט תורה און תפלה, איז כמעט פאַרשטומט געוואָרן. די יוגנט איז געוואָרן אַקטיוו און פאַרנומען מיט אַלע סאָרט פּאַרטייען און אָרגאַניזאַציעס און דער קול תורה איז איינגעשטילט געוואָרן."

אַ מהפיכה אין די בתי מדרשים און ישיבות

אינעם חיבור "בעיות הזמן"[4] שילדערט דער אַרויסגעבער זיינע זכרונות פון דער שטאָט מינסק, וואו דער מחבר הגאון רבי ראובן גראָזובסקי ז"ל[5] איז געבוירן געוואָרן.

"מינסק וואָס איז פאַרצייטנס געווען פון די סאַמע חשוב'סטע תורה'דיגע צענטערן,

4) תולדות המחבר.

5) הרב רפאל ראובן גראזובסקי ז"ל, נולד י"א כסלו תרמ"ז. חתן הגאון רבי ברוך בער לייבאוויץ זצ"ל ראש ישיבת קאמעניץ. ראש ישיבת תורה ודעת בניו יארק ור"מ ישיבת בית מדרש עליון במאנסי. נפטר כ"ב אדר תשי"ח לפ"ק.

איז אין יענע יאָרן פאַרוואַנדלט געוואָרן אין אַ צענטער פון די פאַרשידענע פרייע באַוועגונגען. אין דער שטאָט זענען פאָרגעקומען די גרונד-פאַרזאַמלונגען פון דער ציוני'סטישער באַוועגונג און אירע עטליכע אָפּטיילונגען. די אידישע יוגנט אין שטאָט האָבן זיך געפונען דאָס אָרט, טייל פון זיי אינערהאַלב דער סאָציאַליסטישער באַוועגונג, אָבער דער גרעסטער טייל אין דער ציוני'סטישער באַוועגונג.

"דער פאַראייניגטער ציל פון אַלעמען איז געווען דער שטרעבן צו 'השכלה', וואָס האָט דעמאָלטס געדינט אַלס דער צייכן אויף דער אינטעליגענץ פונעם יוגנטליכן. עס האָט זיי געטריבן דער גלויבן אינעם 'פאָרשריט' וואָס ציונות האָט געברענגט מיט זיך, און די זעלבסט-זיכערהייט פון די יוגנטליכע אַז זיי וועלן אויפבויען אַ נייע פאָלק וואָס וועט אויפשטיין אויף די חורבות פון דער 'אַלטע וועלט' ר"ל.

"די פּאָליטישע באַוועגונגען און די פאַרשידענע שטרעמונגען וועלכע האָבן פאַרפּאַסט ביכער און פּאָעטן, האָבן איינגענומען מיט אַ שטורעם די הערצער פון די יונגטליכע, וועלכע האָבן געטראָגן דאָס געזאַנג פון 'אויפלעבונג' אין זייער מויל.

"די לעצטע פעסטונגען פון ערליכער אידישקייט, די ישיבות, האָבן אויך אָנגעהויבן זיך טרייסלען פונעם טומל וואָס דער פרייער גייסט האָט אָנגעזייט. אויך דאָרט אין די ישיבות האָט דאָס ציונות געטראָפן אַ נעסט, אין פאָרעם פון פאַרשידענע באַהאַלטענע 'אגודות', וואָס איז באַשטאַנען פון גרופּעס בחורים תלמידי הישיבה וועלכע האָבן געליינט ספרי חיצונים. אויך אין די רבני'שע שטיבער האָט זיך דער פייער פאַרשפּרייט. די ביכער פון 'אחד העם' וואָס האָבן אָנגעהויבן ערשיינען זענען געליינט געוואָרן דורך אַלעמען און זאָגאַר געקויפט געוואָרן אַלס מתנות פאַר פאָרפעלקער נאָך זייער חתונה, רח"ל."

"מיליונים מישראל נפלו על ידם ברשת המינות"

רביה"ק מסאַטמאַר זי"ע אין דער הקדמה צו ספרו הק' ויואל משה, ווען ער באַווייַנט דעם גרויסן בראָך וואָס דאָס טומאת הציונות האָט אָנגעברענגט אויפ'ן אידישן פאָלק זינט איר גרינדונג, באַציט זיך אויך אויף דער גרויסער שמד-באַוועגונג וואָס איז דאַן אַנטשטאַנען ביי אלפים ורבבות אידן אין אייראָפּע דורך די ציוני'סטישע קאַמפּיינען.

דער רבי שרייבט מיט ווייטאָג בלש"ק:

"די דאָזיגע גרופּעס וועלכע האָבן פאַרשפּרייט דעם טמא'נעם געדאַנק אויפצושטעלן אַ מדינה איידער דער צייט, האָבן צוגעצויגן אידישע קינדער צו שרעקליכע מינות און

אפיקורסות אויף אַ פאַרנעם וואָס איז נישט געווען זיינס גלייכן אין דער היסטאָריע. די רשעים און כופרים טוען בעיקר אין אָנהויב פאַנגען די הערצער מיט דער גלוסטיגער תאוה צו זיין אַזוי ווי אַלע גוים, אַ פאָלק און אַ רעגירונג ווי אַלע פעלקער, און דערנאָך ווערט מען צוגעצויגן אויך צום צענטראַלן געדאַנק אַז ס'איז חלילה נישט דאָ קיין באַשעפער און אַלעס איז אָנגעוואָנדן אין דער שטאַרקייט פונעם פויסט און אין געווער. עס פעלט נישט אויס צו מאריך זיין דערינען, ווייל ס'איז באַוואוסט דאָס גרויסע איבערקערעניש וואָס די פאַרטייען האָבן צוגעפירט, ווען פילע לענדער זענען איבערגעדרייט געוואָרן צו מינות און ס'איז פאַרשפרייט געוואָרן אַ קראַפט פון מינות אין אומצאָליגע ערליכע אידישע שטיבער, אַזש אַז ממש אַ ריזיגער ציפער פון מיליאָנען אידישע קינדער זענען דורך זיי אַריינגעפאַלן אינעם נעץ פון מינות.

”און דורכדעם וואָס עס האָבן זיך צו זיי אָנגעשלאָסן אויך אַזעלכע גרופעס וואָס זאָגן אַז דער ציל און די כוונה פון זייער התחברות איז כדי צו פאַררעכטן און אַריינצוברענגען דעם תורה-וועג ביי די מינים, דאָס איז געווען דאָס מיטל אַריינצושלעפן ערליכע אידישע קינדער און זיי אָנשליסן צום טמא'נעם אידעאַל פון אויפשטעלן אַ לאַנד, וויבאַלד זיי האָבן געקלערט אַז עס זענען דאָרטן אויך פאַרהאַן אַזעלכע וואָס פאַררעכטן און אַרבעטן פאַר דער תורה. דערנאָך זענען זיי שוין אַריינגעפאַלן אינגאַנצן אינעם נעץ פון מינות דורכ'ן בריק פון די פרומע וועלכע זענען מתחבר צו די ציונים.

”אַזאַ מינות איז געוויס אויך פוגם במחשבה, און יעדער וואָס קלערט זיך צו קערן נאָך די גרופעס פאַלט אַריין אין זיין געדאַנק אַ רעיון וואָס פאַרמאָגט דערין די עיקרי ושרשי המינות ר"ל. אויך אויב שפירט ער דאָס נישט אין אָנהויב, וועט דאָס אָבער אין דער ענדע זיך אַרויסשיילן אין דער רעאַליטעט. סוף מעשה במחשבה תחלה[6]."

6) ”הכיתות האלו שהמשיכו ברעיון הטמא הזה להקים להם מדינה לפני הזמן בלי תורה, המשיכו את בני ישראל למינות ואפיקורסות נוראה אשר לא היתה כמוה מיום הוסדה הארץ. כי אף אומות העולם עובדי עבודה זרה מאמינים בהשי"ת שהוא הסיבה הראשונה, אבל אלה הרשעים כופרים בעיקר, ובתחילה ממשיכים הלבבות במה שתאוה היא לעינים, להיות ככל הגוים עם וממשלה ככל האומות, ושוב נמשכו אחריהם בעיקר הרעיון כי לית דין ודיין ח"ו והכל תלוי בזרוע בשר וכלי זיין. **ואין צורך להאריך בזה כי נודע בחוש גודל המהפכה הנוראה שהסבו הכיתות האלה, שנהפכו למינות ר"ל כמה מדינות ונפרץ כח המינות במלואו בהרבה בתי בני ישראל הכשרים עד אין שיעור. וממש מספר גדול של מיליונים מישראל נפלו על ידם ברשת המינות.**

ועל ידי שהצטרפו עמם גם כיתות שאומרים שמטרת וכוונת התחברותם אליהם הוא בכדי לתקן ולהביא בתוך המינים גם דרך התורה, זה הי' הסרסרות להמשיך מבני ישראל הכשרים לספחם אל הרעיון הטמא הזה של הקמת המדינה בחשבם שיש שם גם מתקנים ופועלים בשביל התורה, **ושוב אח"כ נופלים ברשת המינות לגמרי ע"י הגשר של הדתיים הנספחים אל הציונים. ומינות כזאת בוודאי פוגם במחשבה. וכל החושב לנטות אחר הכיתות האלה נופל במחשבה לרעיון שיש בו מעיקרי ושרשי המינות ר"ל, אף שאינו מרגיש בתחילת מחשבתו, אבל היא סוף מעשה במחשבה תחלה.**

כללו של דבר: מלבד עון החמור של העברה על השבועה עוד טמאו בית ישראל בטומאת המינות והכפירה, ואין תימה מה שהי' החרון האף הגדול הזה ויצא הקצף מלפני ה'. כמו שהזהיר הכתוב פרשת נצבים, וכו'. ועכשיו כל מי שיש לו מוח בקדקדו יוכל להכיר האמת כי אך עון המחטאים ברעיון הטמא של הציונות וכל המעשים הנעשים עבור רעיון הטמא הזה הביאו את כל הצרות והתלאות בעוה"ר על בני ישראל, עכדה"ק.

שער שמיני

פייערדיגער קאַמף פון גדולי ישראל

אריינפיר

אין מגילת שיר השירים, דאָס נצחיות'דיגע געזאַנג פון כנסת ישראל צו השי"ת, זאָגט די נבואה פון שלמה המלך ע"ה: "הגידה לי שאהבה נפשי איכה תרעה איכה תרביץ בצהרים שלמה אהיה כעטיה על עדרי חבריך" (א ז). כנסת ישראל - וועלכע איז צוגעגליכן צו באַליבטע שאָף - באַקלאָגט זיך כביכול צו השי"ת, וויאַזוי וועט זי זיך קענען דערהאַלטן אינעם שווערן הגלות צווישן די אכזריות'דיגע וועלף און די גרויסע צרות וואָס נעמען זיי אַרום.

אָבער השי"ת ענטפערט זיי (א ח): "אם לא תדעי לך היפה בנשים צאי לך בעקבי הצאן ורעי את גדיתיך על משכנות הרעים" - אויב וועט איר נישט וויסן וואו צו גיין ווייל די פאַסטיכער האָבן אייך אויפגעהערט פירן, דאַן זאָלט איר גיין אין די פיסטריט פון די שאָף; אינעם זעלבן דרך וואו די שאָף זענען געגאַנגען און די פיסטריט זענען נאָך קענטיג. באַטראַכט און קוקט אייך אים אויף די וועגן פון אייערע פריערדיגע עלטערן וואָס האָבן געהיטן מיין תורה ומצוות, און שפּאַנט אין זייערע וועגן. אָט אַזוי וועט איר קענען רואיג זיך האַלטן צווישן די פעלקער[1].

רביה"ק מסאַטמאַר זי"ע שרייבט: "די הייליגע ווערטער זענען געשריבן געוואָרן אויף אונזער צושטאַנד אין אונזער דור ווען די ביטערע טומאה פון ציונות האָט זיך מתגבר געווען אויף אידישע קינדער. דער גאַנצער דור איז נישט בכח אפילו עטוואָס מכריע צו זיין, נאָר מיר דאַרפן בלויז קוקן אויף די עקבי הצאן, די וועגן פון אבותינו ורבותינו הראשונים. קיינער וועט נישט צווייפלען אַז זייער מיינונג איז געווען קלאָר זיך צו דערווייטערן פון ציונות, פון זיי, פון זייערע

1) רש"י: אם לא תדעי לך, זו היא תשובת הרועה, אם לא תדעי לך להיכן תלכי לרעות צאנך את היפה בנשים, שחדל לו הרועה מלהנהיג אותם, צאי לך בעקבי הצאן, הסתכלי בפסיעת דרך שהלכו הצאן והעקבים ניכרים, ורעי את גדיותיך על משכנות הרועים, בין משכנות שאר הרועים שאת אצלם, וזה הדוגמא, אם לא תדעי לך כנסייתי ועדתי היפה בנשים בשאר אומות איכה תרעי ותנצלי מיד המציקים לך להיות ביניהם ולא יאבדו בניך, התבונני בדרכי אבותיך הראשונים שקבלו תורתי ושמרו משמרתי ומצותי ולכי בדרכיהם, ואף בשכר זאת תרעי גדיותיך אצל שרי האומות.

מאַסן און פון זייערע פעולות מיט'ן כלל אַז 'מרשעים יצא רשע', און געוויס איז פאַרבאָטן צו נעמען חלילה אַ טייל מיט זיי אפילו מיט קלייניקייטן, איבערהויפט אינעם מלכות וואָס עקזיסטירט מיט האַרבע שרעקליכע איסורים, אַרגער פון אַלע עבירות אין דער גאַנצער תורה[2]." עכל"ק.

אין די ווערטער פון רש"י "שחדל הרועה מלהנהיג אותך" - דער פאַסטוך האט אויפגעהערט אייך צו פירן, איז רביה"ק זי"ע מדייק, אַז דאָס באַדייט אַז געוויס וועלן זיין פאַסטוכער ביי אידן, אָבער זיי ווילן אויפהערן צו פירן. די ווערטער פון רש"י זענען געריכטעט צו אונזער יעצטיגן צושטאַנד ווען דער רועה ווערט נאָכגעשלעפט נאָכ'ן דור; ער האט אויפגעהערט צו פירן, נאָר אדרבה, דאָס דור פירט אים און שלעפן אַריין די רועי ישראל צו זייער פאַלשער מיינונג. אָט אויף דער צייט זאָגט די נבואה "צאי לך בעקבי הצאן" - זייט אייך מתבונן און שפּאַנט אין די וועגן פון אייערע פריערדיגע עלטערן[3].

ווירקליך איז די מלחמה קעגן דעם טומאת הציונות די ריכטיגע תורה צוה לנו משה מורשה. דאס איז די אַלטע אָריגינעלע דעת תורה פון אַלע פריערדיגע צדיקי אמת וגאוני ישראל אשר מפיהם אנו חיים. די קעגנערשאַפט צום רעיון הציוני איז געווען איינפאַך און פאַרשטענדליך פאַר יעדן פשוט'ן איד איידער'ן גרויסן נסיון וואָס האָט פאַרפלייצט דעם היינטיגן דור, ווי עס שרייבט רביה"ק מ'סאַטמאַר זי"ע בלשה"ק: "עס איז נישט קיין ספק אַז דאָס איז געווען דער דעת פון אַלע גדולים און צדיקים אינעם פריערדיגן דור, אַזוי ווי איך האָב געהערט און פאַרשטאַנען פון זייערע רייד וועלכע זענען מיר קלאָר כשמש בצהרים, און דער גאַנצער איצטיגער דור איז נישט בכח מכריע צו זיין אפילו אַנדערש מיט אַ קליינעם פינגער ווי דער פריערדיגער דור[4]."

רביה"ק מ'סאַטמאַר זי"ע פלעגט פילע מאָל דערמאַנען דעם פשרה'לאָזן קאַמף פון די רועי ישראל, די פריערדיגע צדיקי אמת, וועלכע האָבן לוחם געווען קעגן דעם ביטערן כת עד מיצוי דם נפשם ולבם, ווי דער רבי האָט געזאָגט ביי דער באַקאַנטער תורה פון פר' בשלח שנת תשט"ו בלשה"ק: "די פריערדיגע דורות, די קדושים אשר בארץ המה, זענען דאָך זיכער געווען צדיקי אמת. אוי וויי, וויפיל בלוט האָט געטראָפט פון די פריערדיגע צדיקים וועגן דעם כת הידוע, די וואָס האָבן

2) "ועל מצב כזה כתב רש"י ז"ל בשיר השירים... ונבואה זו היא בדורותינו שהוא במצור ובמצוק בפירצות הדור הנורא מאוד, ואין בכח כל הדור ההוא להכריע מאומה, אלא להסתכל בעקבי הצאן דרכי אבותינו ורבותינו הראשונים, ולא יסתפק בזה כל מי שיש לו מח בקדקדו, שהיה דעתם ברורה להתרחק מהציונות מהם ומהמונם ומכל פעולותיהם אשר מרשעים יצא רשע, וחלילה ליקח חבל בכל אשר להם לא מיני' ולא מקצתו, ובפרט באותה המלכות אשר היא באיסורים חמורים ונוראים יותר מכל עבירות שבכל התורה כולה". (ויואל משה, מאמר שלש שבועות, סי' קס).

3) "וכאשר נתבונן בלשון רש"י ז"ל בשיר השירים עה"כ אם לא תדעי לך היפה בנשים שכתב שחדל הרועה מלהנהיג אותך ולא אמר שלא יהי' לך רועה, דמשמע שזה ברור שיהי' רועה בישראל אלא שחדל מלהנהיג וכו'. ונראה שכיון להמצב הזה שהרועה נמשך אחר הדור אם כן חדל להיות מנהיג כי אדרבא הדור מנהיגין אותו והמה ממשיכין את רועי ישראל לדעתם הנכזבה, ועל אותו הזמן אמר צאי לך בעקבי הצאן כפירש"י ז"ל התבונני בדרכי אבותיך הראשונים". (שם סי' קסא).

4) "ואין מקום להסתפק בזה, שזה דעת כל הגדולים והצדיקים שבדור שלפנינו, כאשר שמעו אזני והבנתי מדבריהם הברורים לי כשמש בצהרים, והדור הזה כולו אין בכחו להכריע אף באצבע קטנה מדור שלפנינו". (מכתב קודש בשנת תשכ"א).

זיך געגומען די ממשלה. אוי וויי, וויפיל צער און וויפיל בלוט האָט מען געגאָגט פון די צדיקי אמת, וואָס זיי האָבן זיך מצער געווען אויף דעם כת, זיי האָבן געזען וואָס פון דעם קען אַרויסקומען. ווער ס'נעמט זיך אָן און גייט אין זייער דרך האָפן מיר אַז מ'וועלמיר מקבל זיין שכר כיוצא בהם. אַז מ'גייט אין זייער דרך, אולי מיט דעם כח וועלמיר מקבל זיין שכר כיוצא בהם."

עס איז אַ פאַקט אַז מיט בלויז אַ דור פאַר'ן אויפקום פון דער ציוני'סטישער מדינה זענען אַלע גדולי וצדיקי ישראל זי"ע, כולם פה אחד, געווען שאַרף אויסגעשפראָכן קעגן דעם רעיון הציונות און אירע פעולות. די גאונים וצדיקים האָבן מיט זייערע הייליגע אויגן איינשטימיג פאַרגעזען די שרעקליכע סכנה וואָס דער ציוניזם וועט נאָך ברענגען אויף כלל ישראל, ברוחניות ובגשמיות, און פילע האָבן אויסגעדרוקט זייער זאָרג אַז אויב ס'וועט ח"ו אויפקומען אַ אידישע מדינה, וועט דאָס זיין אַ שרעקליכער אומגליק פאַר'ן כלל ישראל און אַ באַשיינפערליכע מרידה אינעם גזירת הגלות און אינעם הנהגת ומלכות השי"ת.

פאַרשטענדליך אַז צו שילדערן דעם פולזייטיגן און פאַרצווייגטן קאַמף פון די גדולי וצדיקי הדור זי"ע קען נישט ערגענצט ווערן אין די ראַמען פון איין פרק. אין לויף פון די יאָרן זענען שוין ערשינען פילצאָליגע ספרים און מערערע קונטרסים וועלכע קלויבן צונויף די דייטליכע רייד פון אַלע גדולי וחכמי ישראל, פון אַלע שיכטן און מדינות, וועלכע האָבן מתריע געווען איבער'ן רעיון הציונות, די שרעקליכע כפירה וואָס זי טוט פאַרקערפערן און דעם פליכט זיך צו דערווייטערן פון אַלע אירע אַקטיוויטעטן, ומשם תדרשנו לטובה[5].

מיר וועלן זיך דעריבער קאָנצענטרירן צו דערמאָנען בלויז אייניגע אַנעקדאָטן, מימרות און עובדות, פון די גדולים וצדיקים זי"ע וועלכע זענען געווען באַרימט אַלס אויסגערופענע לוחמים העומדים בראש מערכות ישראל, און זענען געשטאַנען אין שפיץ פונעם פייערדיגן קאַמף קעגן ציונות נאָך אין איר אָנהויב-עפּאָכע ווען די קליפה האט אָנגעהויבן ווערן פאַרשפרייט צווישן אידן.

5) זעט די ספרים אור לישרים, דעת תורה, משכנות הרועים, אפס בלתך גואלינו ועוד.

הרה"ק בעל **דברי יחזקאל משינאָווא** זי"ע

הרה"ק רבי יחזקאל שרגא הלברשטאם זי"ע, בעל דברי יחזקאל משינאווא, בנו הגדול פון הרה"ק בעל דברי חיים מצאנז זי"ע, איז געבוירן אין דער שטאט טארניגראד אין יאר תקע"ו לפ"ק. ער האט משמש געווען ברבנות אין רודניק, ראזלא, סטראפקאוו, און שינאווא ושם מנו"כ. דער הייליגער שינאווער רב איז געווען דער צדיק הדור ורבן של ישראל וואס האט משפיע געווען פאר אידן תורה וקדושה און ישועות נפלאות, והארץ האירה מכבודו. נלב"ע ו' טבת תרנ"ט לפ"ק

"צוחו ככרוכיא אאמו"ר ז"ל ולא הסכימו על זה"

דער הייליגער שיניאָווער רב בעל דברי יחזקאל זי"ע איז געווען גאָר שטארק באַרימט מיט זיין קנאת ה' צבאות מיט דער גאַנצער שטאַרקייט אָן קיין שום ויתור. טראָץ זיין געוואַלדיגן מדת הטוב והחסד וואָס איז געווען עד אין ערך און זיין צדקות איז געווען למעלה מדרך הטבע, ווי אַ קוואַל פון וועלכן ס'האָט געשפרודלט ליבשאַפט און חמלה צו אידן, איז ער געשטאַנען איתן כחלמיש צור צו היטן דעם כרם ה' צבקות בית ישראל פון די פאַרשידענע איזמען און טומאות וועלכע האָבן געדראָעט צו פאַרפלייצן די אידישע גאַס.

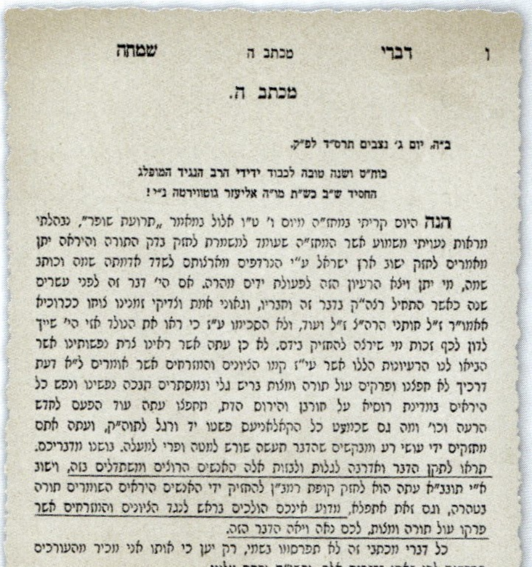
ו דברי מכתב ה שמחה

מכתב ה.

ב"ה, יום ג' נצבים תרס"ד לפ"ק.

בוח"ס ושנה טובה לכבוד ידידי הרב הנגיד המופלג
החסיד ש"ב כש"ת מו"ה אליעזר גוטווירטה נ"י!

הנה היום קריתי במוזה"ס מיום ו' ט"ו אלול במאמר „תרועת שופר", נבהלתי מראות בעיניתי משמוע אשר המוזה"ה שעומד למשמרת לחזק בדק התורה והיראה יתן מאמרים לחזק ישוב ארץ ישראל ע"י הנרדפים והרצותם לשדד אדמתה שמה וכותב שמה, מי יתן ויצא הרעיון הזה לפעולת ידים מהרה. אם הי' דבר זה לפני עשרים שנה כאשר התחיל רצה"ק בדבר זה וחבריו, וגאוני אמת וצדיקי זמנינו צוחו ככרוכיא אאמו"ר ז"ל חותני הרה"צ ז"ל ועוד, ולא הסכימו ע"ז כי ראו את הנולד אזי הי' שייך לדון לכף זכות מי שירצה להחזיק בידם. לא כן עתה אשר ראינו צרת נפשותינו אשר הביאו לנו הרעיונות הללו אשר ע"י קמו הציונים והמזרחים אשר אומרים לקל דעת דרכיך לא חפצנו ופרקים עול תורה ומצות בריש גלי ובמסתרים תבכה נפשינו ונפש כל היראים במדינת רוסיא על חורבן והירוס הדת, תחפצו עתה עוד הפעם לחדש הרעה וכו' ומה גם שכמעט כל הקאלאניעס פשטו יד ורגל לתוה"ק, ועתה אתם מחזקים ידי עושי רע ומבקשים שהדבר תעשה שורש למטה ופרי למעלה. נשמו מדבריכם. תראו לתקן הדבר ולדרוש לגלות ולבזות אלה האנשים הרעים ומשתדלים בזה, וישוב א"י תובב"א עתה הוא לחזק קופת רמב"ן להחזיק ידי האנשים היראים השומרים תורה בטהרה, וגם זאת אתפלא, מדוע אינכם הולכים בראש לנגד הציונים והמזרחים אשר פרקו עול תורה ומצות, לכם נאה ויאה הדבר הזה.

כל דברי מכתבי זה לא תפרסמו בשמי, רק יען כי אותו אני מכיר מהעורכים המודעים לכן באתי בדברים אלה, והשי"ת ירחם עלינו.

כאשר התחיל רצ"ה קאלישער וחביריו, וגאוני אמת וצדיקי זמנינו צוחו ככרוכיא, אאמו"ר ז"ל חותני הרה"צ ז"ל ועוד, ולא הסכימו על זה כי ראו את הנולד,

דער שינאָווער רב זי"ע האָט טאַקע אין זיינער צייט געפירט אַ מלחמת חרמה קעגן די חובבי ציון, ווי עס שרייבט בנו הגה"ק מציעשנוב זי"ע בלש"ק:

"ווען רבי צבי הירש קאַלישער האָט אָנגעהויבן מיט דער זאַך, האבן די גאוני אמת און די צדיקי הזמן געשריגן דערקעגן - מיין הייליגער טאַטע ז"ל (הרה"ק משינאָווא זי"ע) **און מיין הייליגער שווער** (הרה"ק מהר"י מבעלזא זי"ע) **און נאָך - און זיי האָבן נישט מסכים געווען דערויף, ווייל זיי האָבן געזען דעם נולד[1]."**

1) "אם היה דבר זה לפני עשרים שנה כאשר התחיל רצ"ה קאלישער וחביריו, וגאוני אמת וצדיקי זמנינו צוחו ככרוכיא, אאמו"ר ז"ל חותני הרה"צ ז"ל ועוד, ולא הסכימו על זה כי ראו את הנולד, אזי היה שייך לדון לכף זכות מי שירצה להחזיק בידם. לא כן עתה אשר ראינו צרת נפשותינו אשר הביאו לנו הרעיונות הללו, אשר על ידי זה קמו הציונים והמזרחיים אשר אומרים לקל דעת דרכיך לא חפצנו, ופורקים עול תורה ומצוות בריש גלי, ובמסתרים תבכה נפשנו ונפש כל היראים במדינת רוסיא על חורבן והירוס הדת, תחפצו עתה עוד הפעם לחדש הרעה". (דברי שמחה מכתב ה').

"דאָס איז חלילה אַ חורבן פאַר'ן הייליגן לאַנד"

טראָץ די חובבי ציון האָט זיך שווער איינגעגעבן אין די ערליכע געגנטער, פאָרט זענען אָבער געווען אויסנאַמען. די וואָס האָבן צוביסלעך אָנגעהויבן פאַרשפּרייטן די חובבי ציון ווינטן זענען צוערשט געווען דער אָפּפאַל פון דער יוגנט, וועלכע האָבן שוין גענייגט צו דער השכלה און אַנדערע בייזע שטרעמונגען. פון דאָרט איז עס צום באַדויערן אויך געגאַנגען ווייטער, ביז דער רב פון בראָדזשין, הרב שרגא פייוויל שרייער, האָט זיך צוגעשטעלט צו דער באַוועגונג און האָט אָפיציעל אַרויסגעטרעטן אין שטיצע פון די חובבי ציון און געמוטיגט זייערע אַגענדעס בכתב ובעל פה[2].

אום חודש שבט שנת תרנ"ז איז אין דער שטאָט טאַרנא געגרינדעט געוואָרן די גרופּע "אהבת ציון", וועלכע האָט באַוויזן ממנה צו זיין דעם גביר הרבני מו"ה זכרי' מענדל אַבּרדאַם ע"ה, אַ שינאָווער חסיד, אַלס גבאי פון אָט דער חובבי ציון אָפּטיילונג.

אינעם פּראָטאָקאָל פון דער אָרגאַניזאַציע האָבן זיך די אָנגעשלאָסענע מיטגלידער אונטערגענומען אַז די עלי' לארץ ישראל וועט זיין פולשטענדיג אויסגעהאַלטן על פי תורה; אין די ערטער וואָס זיי וועלן אויפשטעלן וועט מען זיך פירן לויט אַלע דיני השולחן ערוך און מנהגי ישראל, אָן קיין אָפּנויג[3]. די גרופּע איז אויך ערשינען מיט אַ צייטשריפט אויף לשון הקודש און אויף אידיש וואָס איז פאַרשפּרייט געוואָרן צווישן חסידים אין גאַליציע, מיט'ן נאָמען "קול מבשר ותורת אמת".

ווען הרה"ק משינאָווא זי"ע האָט געהערט דערפון, האָט ער באַלד געשריבן אַ בריוו צו ר' זכרי' מענדל, וואו ער בעט אים אַז ער זאָל זיך אָפּטרייסלען פון דער גרופּע, און דרוקט דערביי אויס זיין קעגנערשאַפט און התנגדות צו דער גאַנצער באַוועגונג. צווישן אַנדערע שרייבט דער שינאָווער רב זי"ע:

"מיט אַ צייט צוריק זענען אויפגעשטאַנען מענטשן פון אונזער פאָלק, דאָס מערהייט פון זיי שטודירטע, וועלכע האָבן געזאָגט אַז מיר וועלן זיך איבערקלוגן און מאַכן אַ ישוב אין ארץ ישראל דורך צוזאַמענקלויבן נדבות פון אחינו בני ישראל און אַהינשיקן מענטשן צו באַאַרבעטן די פעלדער, און זיי האָבן אויך פאַרנאַרט חשוב'ע מענטשן זאָלן זיך אָנשליסן מיט זיי.

2) דער בראָדשינער רב איז מיטגעשלעפּט געוואָרן מיט די נייע באַוועגונגען, און האָט זיך מיט דער צייט ליידער דערקייקלט ביז ער זעלבסט האָט אַנטיילגענומען ביי דער ערשטער ציוני'סטישער אסיפה אין גאַליציע וואָס איז פאָרגעקומען אום זומער תרנ"ח אין דער שטאָט סטאַנימלאַוו.

3) פאָלגנד איז אַן אויסצוג פונעם פּראָטאָקאָל (געברענגט אין המגיד 1897 גליון 11 עמ' 739): "בהמושבה או בהמושבות אשר יווסדו בעזרת ה' על ידי חברה 'אהבת ציון' יתנהגו יושביהם כדת תורה הק' בלי מחסור ח"ו, ואף פרט אחד מכל המוטל על יהודי כשר, ולא יפול דבר ארצה אף ממנהגים אשר נתקבלו בכל הגולה בין בני ישראל, אשר נוסדו על הש"ס והשלחן ערוך".

ווען איך האָב געהערט דערפון האָב איך געשריבן צו ערליכע און באַגלייבטע מענטשן פון ארץ ישראל, וועלכע האָבן מיר געענטפערט אַז דאָס איז אַ חורבן פאַר'ן לאַנד, ווייל די מענטשן וואָס זענען געקומען זענען בורים און קלי הדעת אָן דעם מינדסטן פונק יראת שמים, און ס'זענען פאַראַן צווישן זיי אויך אַזעלכע וואָס זענען מחלל שבת בפרהסיא.

איך וועל שרייבן איין זאַך וואָס איך האָב געזען אינעם ספר וואָס זיי האָבן געדרוקט. עס שטייט דאָרט אַז ווער עס וואוינט אין ארץ ישראל דאַרף שוין נישט מקיים זיין די תורה וכו'[4]. תיפח רוחם ווי ווייט זיי ווילן פאַרנאַרן אידישע קינדער. דערפאַר האָב איך געזאָגט פאַר פילע מענטשן, זיי זאָלן זיך נישט מתחבר זיין מיט דער חבורה, ווייל זיי ווילן צעשטערן דעם ישוב פון ארץ ישראל, די ערליכע אידן וואָס זיצן דאָרט און זענען עוסק בתורה ועבודה אין גרויס ענגשאַפט.

דערפאַר טו איך אייך מודיע זיין אַז איר זאָלט צו וויסן טאָן פאַר אחינו בני ישראל, אַז איר באַלאַנגט נישט צו דער חבורה, און ווער עס וועט שיקן געלט זאָלט איר עס צוריקשיקן, כדי עס זאָל נישט אַרויסגיין קיין שטרויכלונג פון אייערע הענט, און דאָס איז אַ גרויסע מצוה צו פאַרשפרייטן אַז קיין שום ערליכער איד זאָל זיך נישט מתחבר זיין מיט אָט דער חבורה, ווייל דאָס איז שלעכט קעגן דעם ישוב פון ארץ ישראל וואָס וועט אויפגעבויעט ווערן במהרה בימינו[5]."

דער קלאָרער דעת תורה פון דעם צדיק הדור האָט געהאַט אַ דראַמאַטישע השפעה אויף דער חסיד'ישער גאַליציע. דער גרעסטער טייל פון די אָנגעשלאָסענע מיטגלידער האָבן זיך אָפּגעטרייסלט פון די חובבי ציון און אירע אַקטיוויטעטן, און ביי די נאָכפאָלגענדע זיצונגען פון דער גרופע איז געווען קענטיג אַז מערסטנס חסידים האָבן פאַרלאָזט די אָרגאַניזאַציע. געבליבן איז בלויז אַ קליינער קומץ, דערונטער אויך דער בראָדשינער רב.

(4) דער שינאווער רב זי"ע באַציט זיך צום ספר שיבת ציון "קובץ מאמרי גאוני הדור בשבח ישוב ארץ ישראל", וואס איז ערשינען אין יאר תרנ"ב דורך אברהם יעקב סלוצקי. אנהויב פונעם ספר איז פאראן א מאמר פונעם באקאנטן ציוני'סט, דער ביאליסטאקער רב הרב שמואל מאהליווער, וואס שרייבט אט די דערמאנטע ווערטער.

(5) געדרוקט אין ספר דברי יחזקאל החדש (מכתב יט):

"**הנה** זה זמן כביר אשר קמו אנשים מבני עמינו, רובם דוקטורים, ואמרו נתחכמה לעשות ישוב לארץ ישראל ולקבל נדבות מאחב"י ולשלוח אנשים לשם לעבודת הארץ... וכשנאמרו לי הדברים כתבתי לאנשים כשרים ונאמנים ממכירינו שבארץ ישראל... ולא היו ימים מועטים השיבו כי היא חלילה חורבן הארץ, כי האנשים שבאו המה בורים וקלי הדעת ואין בהם ניצוץ יראת שמים ויש מהם מחללי שבת בפרהסיא...

ואכתוב למעלתו דבר אחר שראיתי בהספר אשר הדפיסו, כתוב שם שמי שדר בארץ ישראל אינו צריך לקיים התורה כי כל הדר בארץ ישראל כמו שיש לו אלקי וכל הדר בחו"ל כמו שאין לו אלוה, על כן גדולה ישיבת ארץ ישראל שאפילו אינם מקיימים את התורה הוא כדאי תיקון עבודת האדמה של ארץ ישראל. תיפח רוחם עד כמה הם רוצים להטעות את ארץ ישראל.

לזאת אמרתי לאנשים רבים שלא יתחברו עם החבורה הזו, כי הם רוצים לעשות הריסות ישוב ארץ הקדושה שיושבים שם ועוסקים בתורה ועבודה במצור ובמצוק... וחלילה דמי השלוח של הפוחזים אלו ימעטו חלילה את נדבות הקופות ונוגע לסכנת נפשות של

ר' זכרי' מענדל אברדאם זעלבסט האָט פאַרעפנטליכט אַ מעלדונג אין דער "קול מחזיקי הדת" צייטשריפט, וואו ער דערקלערט זיין רעזיגנאַציע פון דינען אין דער גרופע, צוליב דעם וואָס די צדיקי הדור האָבן זיך אַרויסגעשטעלט דערקעגן[6].

דער שונד-קאַמפּיין קעגן שינאָווער רב

די היילגע מלחמה פונעם רועה ישראל האָט אָנגעצונדן דעם צאָרן פון די אויפגעקלערטע משכילים וואָס זענען געשטאַנען אין שפּיץ פון דער אָרגאַניזאַציע, און געברענגט אַ קעגן-רעאַקציע פון זייערע שונד-בלעטער צו באַשמוצן און אַטאַקירן דעם שינאָווער רב זי"ע. איבערהויפּט האָט די משכיל'ישע צייטונג "המגיד" זיך עפנטליך אַרויסגעשטעלט אין אַ שמוציגן קאַמף קעגן אים, פאַר זיין דרייסטן אַרויסטריט קעגן זייער אָרגאַניזאַציע.

צו זייער דינסט האָבן די חובבי ציון אויך איינגעשפּאַנט דעם אויבנדערמאָנטן בראדשינער רב, וועלכער האָט פאַרעפנטליכט אין די בלעטער פונעם "המגיד" אַ לענגערע תשובה אָפּצופרעגן דעת תורתו פון שינאָווער רב זי"ע און אָפּוואַרפן זיינע רייד בנוגע די חובבי ציון און זייערע פעולות.

דער שינאָווער רב זי"ע האָט דערויף צוריקגעשריבן אַ צווייטע תשובה וואו ער ווידערהאָלט זיין דעת תורה און שטעלט קלאָר אַז "אָט די חבורה האָט מתיר געווען אַז ארץ ישראל זאָל באַזעצט ווערן דורך פורקי עול התורה והמצוות, אַזוי ווי זייער הויפּט שרייבט אין דער הקדמה פון זיין ספר, און דאָס טוט חרוב מאַכן ארץ ישראל און אירע איינוואוינער.

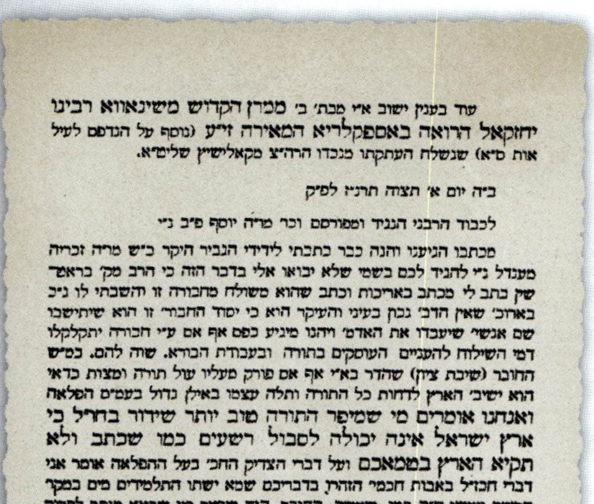
עוד בענין ישוב א"י מכת' ב' ממרן הקדוש משינאווא רבינו יחזקאל הרואה באספקלריא המאירה זי"ע (נוסף על הנדפס לעיל אות ס"א) שנשלח העתקתו מנכדו הרה"צ מקאלישין שליט"א.

ב"ה יום א' תצוה תרנ"ז לפ"ק

לכבוד הרבני הנגיד ומפורסם וכו' מו"ה יוסף פ"ב נ"י

מכתבו הגיעני והנה כבר כתבתי לידידי הגביר היקר כ"ש מו"ה זכרי' מענדל נ"י להגיד לכם בשמי שלא יבואו אלי בדבר הזה כי הרב מק' בראשק כתב לי מכתב באריכות וכתב שהוא משולח מחבורה זו והשבתי לו ג"כ בארוכ' שאין הדב' נכון בעיני והעיקר הוא כי יסוד החבור' זו הוא שיתישבו שם אנשי' שיעבדו את האדמ' ויהנו מיגיע כפם אף אם ע"י חבורה יתקלקלו דמי השילוח להעניים העוסקים בתורה ובעבודת הבורא. שוה להם. כמ"ש החובר (שיבת ציון) שהדר בא"י אף אם פורק מעליו עול תורה ומצות כדאי הוא ישיב' הארץ לדחות כל התורה ותלה עצמו באילן גדול בעמ"ס הפלאה ואנחנו אומרים מי שמיפר התורה טוב יותר שידור בחו"ל כי ארץ ישראל אינה יכולה לסבול רשעים כמו שכתב ולא תקיא הארץ בטמאכם ועל דברי הצדיק החכ' בעל ההפלאה אומר אני דברי חכז"ל באבות חכמי' הזהרו בדבריכם שמא ישתו התלמידים מים במקו' הרעים ויעשו ח"ה כמו שעשה החובר הזה שספר פו שבא"י מותר לפרוק של תורה. תיפח רוחו וב"ה אני אמרתי הפשט בדברי ההפלאה וישרים המה רק פושעים יכשלו בם ועיקר תקותינו הוא להחזיק ישיבת א"י במשען לחם עד יושיענו הש"י ויקבצינו לעשות רצונו ואז יקומו בני יעמדו זרים וירעו צאנכם ויעבדו את האדמה עבורנו אך עתה אין שום טובה במה שיסעו לשם לעבוד את האדמה ואם יש [illegible] ספק בדבר כתבו להממונים דכולל גאליציען בירושלים ת"ו ובצפת ת"ו ובטבריא ת"ו ואז תדעו כי צדקו דברי ס"ד לא יבואו אלי לדבר עמי בדבר הזה כי לא אוכל להסכים על חבורה זו.

דברי ידידו הדו"ש וכצפה לבש"ט מכל ישראל

הק' יחזקאל שרגא הלבערשטאם

העתק פון דעם בריוו פון הרה"ק משינאווע זי"ע אין ספר "תיקון עולם"

נפשות צדיקים אשר הם באמת ישוב ארץ ישראל עתה בגולה.

לכן הנני מודיע לכם שתודיעו לאחב"י שאינכם בחבורה זו, ומי שישלח לידכם תשלחו לו בחזרה שלא יצא תקלה על ידכם ח"ו... וזאת מצוה גדולה לפרסם שלא יתחבר שום בעל נפש לחבורה זו, כי ברע הוא נגד ישוב ארץ ישראל שתבנה ותכונן במהרה בימינו. דברי ידידו מחו' דוש"ת ומצפה לבש"ט בתוך כלל ישראל. הק' יחזקאל שרגא הלברשטאם.

6) קול מחזיקי הדת, תרנ"ז כ' אדר א'.

דעריבער בעט איך אייך איר זאָלט מיר מער נישט שרייבן דערוועגן, ווייל איך וועל נישט מסכים זיין דערצו בשום אופן שבעולם."[7]

אין אַן אַנדער בריוו, געשריבן אין דער זעלבער תקופה, דרוקט זיך דער שינאָווער רב אויס, וזל"ק:

"אויף דעם וואָס איר האָט געפרעגט פאַרוואָס די צדיקים לייגן זיך נישט אַריין אין דער גרופּע פון די וואָס שיקן מענטשן צו באַאַרבעטן די פעלדער אין ארץ ישראל, זאָלט איר וויסן אַז די גרופּע איז קעגן דער טובה פון ארץ ישראל."[8]

איבעריג צו זאָגן אַז דער פסק פון הייליגן שינאָווער רב האָט געהאַט אַ ווייטן אָפּקלאַנג און באַדייטנדן רושם אָפּצוהאַלטן עטוואָס די שעדליכע כיתות פון אַריינדרינגען אין אידישע געגנטער, אויף אַזוי ווייט אַז אויך די ציוני'סטישע בלעטער האָבן זיך באַקלאָגט אויפ'ן גרויסן שאָדן וואָס די בריוון פון שינאָווער רב האָט אויף זיי געברענגט.

די צייטונג "המגיד" ציטירט דעם אויבנדערמאַנטן מכתב קודש און שרייבט דערויף:

"עס זענען פאַראַן פילע קעגנער צום געדאַנק פון באַזעצן ארץ ישראל, אָבער מיר טוען זיך נישט קימערן איבער זיי און

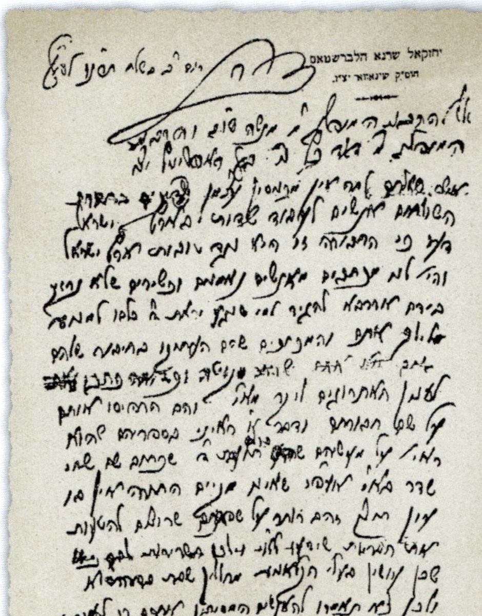
יחזקאל שרגא הלברשטאם
חופ"ק שינאווא יצ"ו

כתי"ק פון הרה"ק משינאווע זי"ע "דעו כי החברה הזאת היא נגד טובת ארץ ישראל"

"**אשר** שאלתם למה אין מכניסים עצמן צדיקים בחברת השולחים אנשים לעבוד שדות בארץ ישראל, דעו כי החבורה זו היא נגד טובת ארץ ישראל, כי היו אצלינו מאנשים נאמנים וכשירים ואמרו שלא נחזיק בידם, אדרבא להגיד למי שנוגע יראת ד' בלבו למנוע מלילך אתם... ודבר א' ראיתי בספריהם שהיא ראי' על מעשיהם שהם כולם תועבות ד', שכתב שם שמי שדר בארץ ישראל אעפ"י שאינו מקיים התורה אין בו עון, תיצק זהב רותח על שפתותם שרוצים להטעות את הבריות שיסעו לארץ ישראל וילכו בשרירות לבם כמו שכן עושים בעל הקלאניע מחללין שבת בפרהסיא.

"**ולכן** צא תאמרו להאנשים המסיתין אתכם, רק לראות לחזק ישוב הארץ בהרבות לשלוח שקלי קודש לישובים על התורה ועל העבודה, אז ירים ד' קרנינו וישיב שבותינו במהרה בימינו. הק' יחזקאל שרגא הלברשטאם.

7) די בריוון זענען אין זיינער צייט געדרוקט געווארן אין דער "המגיד" צייטשריפט אום ז' און ט"ז אדר א' שנת תרנ"ז, און זענען שפּעטער נעתק געווארן אין ספה"ק דברי יחזקאל החדש מכתבים יח-יט.

8) דברי יחזקאל (כתבי קודש מכתב כ), דאטירט ביום ב' בשלח תרנ"ז לפ"ק:

גייען עס אַדורך מיט אַ שווייגעניש. אַנדערש איז אָבער ווען עס איז די רעדע פון איינעם פון די גרעסטע רבנים וואָס שטעלט זיך אַרויס קעגן אַלע שטיצער פונעם רעיון הישוב, דאַן טוט אונזער האַרץ איינפאַלן און אונזער זעל ווערט איינגעבויגן[9]."

יתייצבו על ה' ועל משיחו

דער שינאָווער רב זי"ע איז נסתלק געוואָרן ו' טבת תרנ"ט לפ"ק, בלויז אייניגע יאָר נאָכדעם וואָס דער רעיון הציונות איז פּראָקלאַמירט געוואָרן און די גאַנצע נייע באַוועגונג איז נאָך איבערהויפּט נישט געווען שטאַרק באַקאַנט אין דער אידישער גאַס.

די אויבנדערמאַנטע בריוון זענען געשריבן געוואָרן אין באַצוג צו די חובבי ציון, און די הייליגע ווערטער זענען גענוג צו וואַרפן אַ ליכט אויף זיין הייליגן מיינונג כלפּי די באַוועגונגען וואָס האָבן זיך דאַן אָנגעהויבן צו פאַרשפּרייטן.

אָבער אויך שפּעטער האָט דער צדיק פאַראַרבעט מעשים קעגן די ציונים. אין יאָר תרנ"ו לפ"ק, ווען הערצל דער גרינדער פון ציונות, האָט אַראַנזשירט די ערשטע ציוני'סטישע קאָנפערענץ, באַוואוסט אַלס די "באַזעל קאָנפערענץ", האָט דער שינאָווער רב זי"ע זיך אויסגעדרוקט אויפ'ן קאָנגרעס מיט'ן פּסוק "יתיצבו מלכי ארץ ורוזנים נוסדו יחד על ה' ועל משיחו" און אַרומגערעדט איבער דער אויסטערלישער טומאה וואָס דער רשע טוט פאַרקערפּערן אין זיך[10].

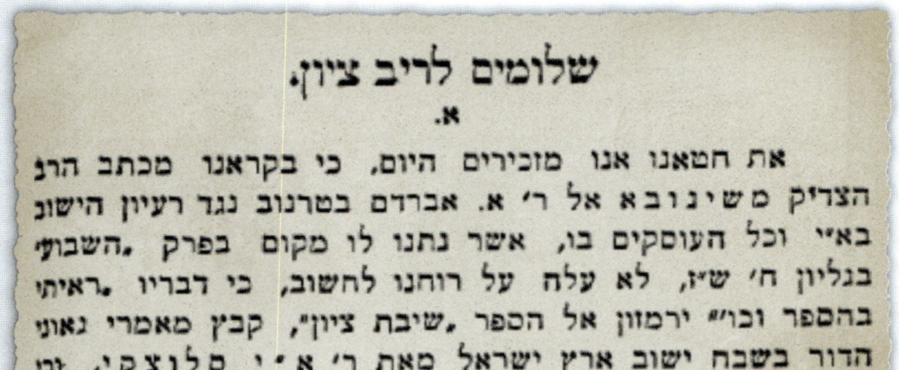

שלומים לריב ציון.

א.

את חטאנו אנו מזכירים היום, כי בקראנו מכתב הרג
הצדיק משינובא אל ר' א. אברדם בטרנוב נגד רעיון הישוב
באי"י וכל העוסקים בו, אשר נתנו לו מקום בפרק „השבוע"
בגליון ח' ש"ז, לא עלה על רוחנו לחשוב, כי דבריו „ראיתי
בהספר וכו'" ירמזון אל הספר „שיבת ציון", קבץ מאמרי גאוני
הדור בשבח ישוב ארץ ישראל מאת ר' א"י סלוצקי, וכ'

א סעריע ארטיקלען אין דער משכיל'ישער "המגיד" אונטער'ן קעפל "שלומים לריב ציון" האבן וואכן לאנג געגאסן פעך און שוועבל אויפ'ן הייליגן שינאווער רב זי"ע צוליב זיין התנגדות צו דעם רעיון הציונות

9) המגיד אדר א' תרנ"ז לפ"ק.

10) ווי אויספירליך פאַרציילט אנהויב קאפּיטל י"ח - קאָנגרעס באַזעל.

דער אָנפאַל אויפ'ן שינאָווער רב

ווען דער שינאָווער רב האָט לעת זקנתו געוויילט אין קור-אָרט אין שטאָט קרעמניץ, איז אים אַמאָל אַ גוי פלוצים באַפאַלן מיט ווילדע קולות און געוואָלט רח"ל אַרויספליקן די דיוקנא קדישא, ביז די משמשים בקודש האָבן אים פאַרטריבן און באַשיצט דעם צדיק.

די ציוני'סטישע בלעטער האָבן אויסגענוצט די געשיכטע, שרייבנדיג אַז אפשר יעצט וועט דער שינאָווער רב שוין איינזען ווי ביטער עס איז פאַר אידן אין גלות און מסכים זיין מיט זייער אידעלאָגיע אַז מען דאַרף האָבן אַ מדינה. אָבער די חרדי'שע צייטונג "מחזיקי הדת" האָט שפּעטער אויפגעדעקט אַז די אַטאַקע איז געווען אַן אונטערגעשטעלטע זאַך; די ציונים האָבן דירעקט אָנגעדרייט אַז מען זאָל באַפאַלן דעם שינאָווער רב כדי זיי זאָל אים קענען ווייזן ווי ביטער עס איז פאַר אידן אין גלות און ווי וויכטיג מען דאַרף האָבן אַן אייגענע מדינה[11].

תכלית שנאה שנאתים!

הגה"צ רבי ישכר בער ראָטענבערג זצ"ל, וואוידיסלאָווער רב, האָט פאַרציילט וואָס ער געהערט פון זיין טאַטן הגה"צ רבי יעקב יצחק אלחנן זצ"ל[12].

אין יאָר תרנ"ז לפ"ק, נאָכ'ן ערשטן ציוני'סטישן קאָנגרעס אין באַזעל, שווייץ, האָט אים זיין פאָטער הרה"ק רבי אברהם פנחס שלום פון אַפּטע זצ"ל גענומען צום שינאָווער רב זי"ע, און דער שינאָווער רב האָט אים דאַן געזאָגט בזה"ל:

"עס איז געקומען צו מיר אַ דאָקטער פון יעריסלאָוו, זאָגנדיג אַז ער וויל רעדן מיט מיר, אָבער קיינער זאָל זיך דאָרט נישט געפינען. איך האָב זיך נישט געוואָלט מייחד זיין מיט אַ מגולח, ער האָט זיך אָבער געהאַלטן ביי זיינס; ער וויל זיך אויסדריקליך טרעפן ביחידות. האָב איך געזאָגט צו זלמן דער גבאי, אַז ער זאָל לאָזן די טיר אָפן, אַז ס'זאָל נישט זיין קיין יחוד.

ווען איך האָב אים געפרעגט וואָס ער וויל, האָט ער מיר געזאָגט אַז ער וויל איך זאָל צוהעלפן די ציונים, און אַלס שכר וועט ער מיך באַלוינען און טעגליך צושטעלן אַ וואָגן מיט דייטשן פאַר חסידים...

---

11) מחזיקי הדת, כ"ב אב, תרנ"ז. הובא בספר "רבינו הקדוש מצאנז" (ח"ב עמ' קלט).

12) געברענגט אין ספר שיח זקנים (ח"א עמ' רנב).

האָב איך אים געזאָגט: איך וויל ענק נישט קענען און איך וויל נישט קענען ענקערע געלט. דוד המלך זאָגט אין תהלים: תכלית שנאה שנאתים!

זיי האָבן מעליל געווען אויף רבי דוד משה (הרה"ק מטשאָרטקוב זצוק"ל) אַז ער איז אַ ציוני'סט. חס ושלום! רבי דוד משה איז אַ ירא שמים, נאָר דאָרט (אין טשאָרטקוב) איז דאָ אַ רב אַ זקן אשמאי, און ער איז אַ ציוני'סט, זאָגט מען אַז דער טשאָרטקאָווער איז אַ ציוני'סט, עס זאָל אויסקוקן אַז מען מיינט רבי דוד משה חס ושלום. רבי דוד משה איז אַ ירא שמים און איך מאַך אייך אַ שליח אַז איר זאָלט דאָס פאַרציילן אין פוילן."

דער וואוידיסלאָווער רב זצ"ל האָט אויסגעפירט: "איך האָב אַסאַך מאָל געהערט די מעשה פונעם זיידן ז"ל, און שפּעטער פון מיין טאַטן. ס'איז ביי זיי געווען ווי אַ חוב צו פאַרציילן די מעשה בכל עת מצוא."

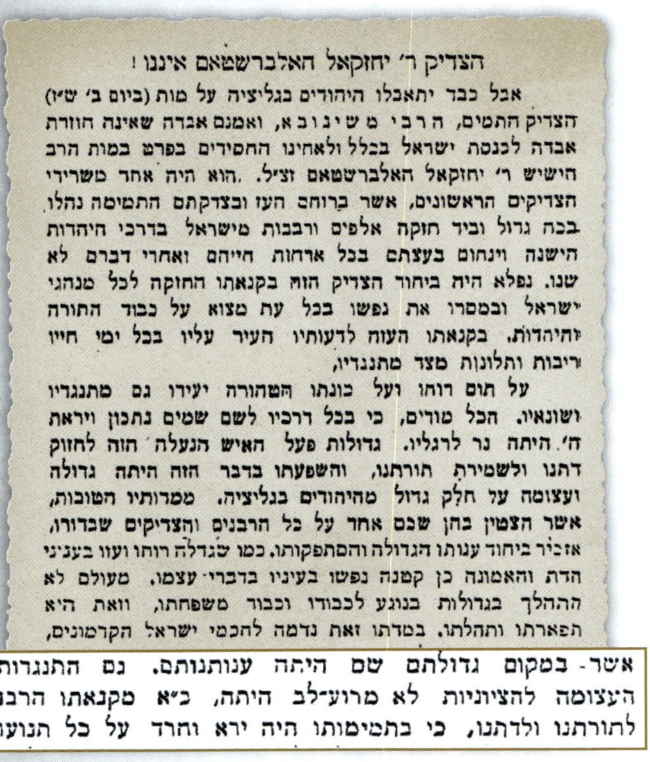
הצדיק ר' יחזקאל האלברשטאם איננו!

אבל כבד יתאבלו היהודים בגליציה על מות (ביום ב' ש"ז) הצדיק התמים, הרבי משינובא, ואמנם אבדה שאינה חוזרת אבדה לכנסת ישראל בכלל ולאחינו החסידים בפרט במות הרב הישיש ר' יחזקאל האלברשטאם זצ"ל. הוא היה אחד משרידי הצדיקים הראשונים, אשר ברוחם העז ובצדקתם התמימה נהלו בכח גדול וביד חזקה אלפים ורבבות מישראל בדרכי היהדות הישנה וינחום בעצתם בכל ארחות חייהם ואחרי דברם לא שנו. נפלא היה ביחוד הצדיק הזה בקנאתו החזקה לכל מנהגי ישראל ובמסרו את נפשו בכל עת מצוא על כבוד התורה והיהדות. בקנאתו העזה לדעותיו העיר עליו בכל ימי חייו ריבות ותלונות מצד מתנגדיו.

על תום רוחו ועל כונתו הטהורה יעידו גם מתנגדיו ושונאיו. הכל מודים, כי בכל דרכיו לשם שמים נתכון ויראת ה' היתה נר לרגליו. גדולות פעל האיש הנעלה הזה לחזוק דתנו ולשמירת תורתנו, והשפעתו בדבר הזה היתה גדולה ועצומה על חלק גדול מהיהודים בגליציה. ממדותיו הטובות, אשר הצטין בהן שכם אחד על כל הרבנים והצדיקים שבדורו, אזכיר ביחוד ענותו הגדולה והסתפקותו. כמו שגדלה רוחו ועזו בעניני הדת והאמונה כן קטנה נפשו בעיניו בדברי עצמו. מעולם לא ההלך בגדולות בנוגע לכבודו וכבוד משפחתו, וזאת היא תפארתו ותהלתו. במדתו זאת נדמה להכמי ישראל הקדמונים, אשר במקום גדולתם שם היתה ענותנותם. גם התנגדותו העצומה להציוניות לא מרוע-לב היתה, כ"א מקנאתו הרבה לתורתנו ולדתנו, כי בתמימותו היה ירא וחרד על כל תנועה

נאָך די פּטירה פון הרה"ק משינאווע זי"ע דערמאנען די בלעטער זיין פייערדיגע מלחמה קעגן דעם רעיון הציונות

ציונות איז אויך אַן עבודה זרה

ווען הרה"ח רבי דוד ארי' בריזל ז"ל איז אַריין צום שינאָווער רב זי"ע זיך געזעגענען איידער ער איז געפאָרן קיין ארץ ישראל, האָט אים דער שינאָווער רב געזאָגט בלש"ק:

"דו ווייסט דאָך אַז איך שיק נישט קיין מענטשן קיין ארץ ישראל, אָבער דו ביזט אַנדערש.

אָבער אַזויפיל זאָלסטו וויסן, ווען אַ איד זאָגט שמע ישראל דאַרף ער לייקענען אין אַלע עבודה זרה'ס פון דער וועלט. ציונות איז אויך אַן עבודה זרה און מען דאַרף אינזין האָבן אויך דאָס צו לייקענען."[13]

13) רבינו הקדוש מצאנז (ח"ב עמ' קלט). רבינו הקדוש משינאווא (עמ' תנ).

איבער זיך באַנוצן מיט די ציוני'סטישע "כרמל" וויין

אויך לגבי די ציוני'סטישע סימבאָלן און פראָפּאַגאַנדע מיטלען האָט הרה"ק משינאָווא זי"ע זיך שאַרף באַצויגן, ווי עס ווערט געזען פון די פאָלגענדע געשיכטע.

ווען זיין אייניקל הגה"ק מקאָלאָשיץ זצ"ל איז געווען אַ יונג קינד, איז ער אַמאָל זייער קראַנק געוואָרן. אַ געוויסער מומחה האָט דעמאָלטס גע'עצה'ט אַז ס'וועט זיין גוט פאַר זיין רפואה אַז מ'זאָל אים געבן צו טרינקען פון אַ געוויסן סאָרט וויין, וואָס איז בלויז געווען געווען צו באַקומען אָדער פון אַ גוי'אישער פירמע אָדער פון דער ציוני'סטישער "כרמל" וויין פירמע. (די ציונים האָבן אין יענער תקופה אויפגעשטעלט די "כרמל" וויין פירמע אין מערערע לענדער, כדי עס זאָל זיי ברענגען איינקופטן צו קענען באַזעצן און אָפּקויפן שטחים אין ארץ ישראל.)

ווען דער גרויסער זיידע הרה"ק משינאָווא זי"ע האָט געהערט דערפון, האָט ער נישט ערלויבט צו נוצן די כרמל וויין, נאָר אַנשטאָט געהייסן קויפן די געהעריגע גוי'אישע וויין, זאָגנדיג: "כרמל איז דאָך יין נסך, און אויב איז ער אַזוי קראַנק אַז ער מעג צוליב רפואה טרינקען יין נסך, דאַן איז בעסער ער זאָל טרינקען גוי'אישע יין נסך און נישט פון די כרמל וויין, צוליב מראית עין אַז די וואָס ווייסן נישט זאָלן זיך נישט טועה זיין אַז ביים שינאָווער רב אין שטוב גיבט מען צו טרינקען בשעת הדחק פון די ציוני'סטישע ווינען." און אַזוי האָט מען טאַקע געטון[14].

"וואָס וועט זיין מיט די ציוני'סטן?"

הגה"צ רבי איציקל מפשעוואָרסק זצ"ל שרייבט אין אַ בריוו[15]: "איך האָב געהערט פון הרב הצדיק מקאָלאָשיץ זצ"ל הי"ד, אַז כ"ק מרן הקדוש מציעשנוב זי"ע האָט זייער געוויינט נאָך דער פטירה פון זיין טאַטן הקדוש משינאָווא זצוקללה"ה, און ער האָט געזאָגט: 'דער טאַטע איז נישט דאָ. וואָס וועט זיין מיט די ציוני'סטן?' עס איז זיכער אַז דערמיט האָט מכוון געווען ברוח קדשו צו אונזערע צייטן."

- אור לישרים -
ערשטער פרסום פון גדולי ישראל קעגן רעיון הציוני

פון די סאַמע ערשטע ספרים וועלכע זענען ערשינען אין דער אידישער גאַס קעגן דער ציוני'סטישער באַוועגונג און פאַרעפנטליכט דעם דעת תורה פון די גדולי ישראל דערוועגן, איז

14) געברענגט אין ספר י"ג אורות (ח"א עמ' ריב).

15) נדפס בס' דברי יואל מכתבים (ח"ב סי' קלט).

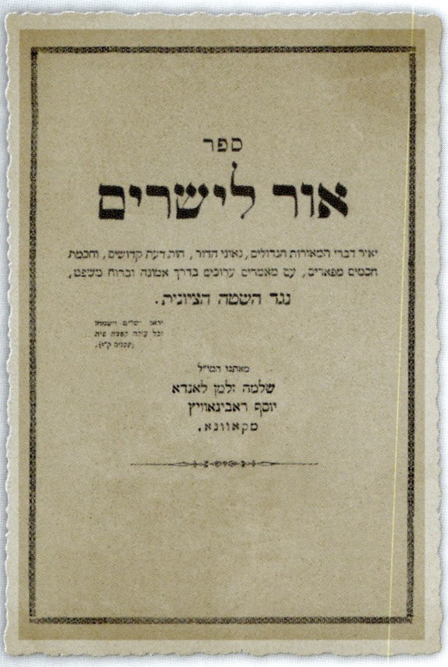
ספר
אור לישרים
יאיר דברי המאורות הגדולים, גאוני הדור, ודעת קדושים, חכמת חכמים מפאריס, עם מאמרים ערוכים בדרך אמונה וברוח משפט,
נגד השטה הציונית.
יראו ישרים וישמחו
וכל עולה קפצה פיה
(תהלים קז).
מאתנו המו"ל
שלמה זלמן לאנדא
יוסף ראבינאוויץ
מקאוונא.

דער באַרימטער ספר "אור לישרים", וואָס איז געדרוקט געוואָרן אין וואַרשא אין יאָר תר"ס לפ"ק, בלויז געציילטע יאָרן נאָך דער גרינדונג פון ציונות דורך הערצל שר"י און זיינע חברים. דער ספר "אור לישרים" איז געווען דער ערשטער עפנטליכער שאָס וואָס האָט געעפנט דעם קאַמף פון די אמת'ע גדולי ישראל קעגן דעם רעיון הציונות[16].

דער ספר איז ערשינען און אַרויסגעגעבן געוואָרן דורך אַ גרופע ערליכע עסקנים פון קאָוונא, וועלכע האָבן אָנגעפירט אַ פאַרצווייגטע מערכה קעגן די פאַרשידענע השכלה'ישע און ציוני'סטישע גרופעס וועלכע האָבן זיך געיאָוועט אין אידישע געגנטער. אין שפּיץ פון די עסקנים איז געשטאַנען דער לעגענדאַרער איש האשכולות הרב יעקב ליפשיץ ז"ל, וועלכער איז געווען דער פערזענליכער סעקרעטאַר און פאַרטרויאונגס-מאַן פון הגאון רבי יצחק אלחנן ספעקטאָר זצ"ל, דער קאָוונער רב. צו זיין רעכטער האַנט זענען אויך צוגעשטאַנען די עסקנים פון "כולל הפרושים" אין קאָוונא, געגרינדעט דורך הגאון רבי ישראל סאַלאַנטער זצ"ל.

די "לשכה השחורה - הטהורה"

רבי יעקב ליפשיץ ז"ל און די ערליכע עסקנים פון קאָוונא זענען שוין אין די פריערדיגע יאָרן געווען פאַרוויקלט אין אַ מלחמה קעגן די חובבי ציון, צוליב'ן התנגדות פון די גדולי ישראל זי"ע וואָס האָבן באַלד געזען די גרויסע סכנה וואָס עס וועט אין דער ענדע ברענגען. די קאָוונער עסקנים זענען געווען פון די סאַמע ערשטע וועלכע האָבן עפנטליך באַקעמפט די חובבי ציון און אַדאַנק זייער אינטערוועניץ זענען צעשטערט געווארן מערערע חובבי ציון גרופעס. אויך

16) שוין אין יאר תרנ"ט איז ערשינען א קונטרס "בר הדיא או חלום הירצל" פון ר' דובער בעריש טורש ז"ל, וואס איז געווידמעט אויפצוצייגן די שעדליכקייט פון דער ניי-געגרינדעטער ציוני'סטישער באוועגונג. אויך אין יאר תר"ס האט הרה"ח רבי מאיר הכהן ראזענפעלד ז"ל, א חסיד'ישער איד פון אוסטראוועצ, געדרוקט א קונטרס "מגדל בבל החדש", וואו ער פארציילט אז די "חסידים האבן פיינט די ציונים בתכלית שנאה". אין די מכתבי קודש אין ספר דברי שמחה פון הרה"ק מציעשנוב זי"ע געפינען מיר אז עס זענען אויך דאן ערשינען קעגן דעם רעיון הציוני די ספרים "תנור של חמאה" און "שנאת חנם".

אבער דער ספר "אור לישרים" איז למעשה געווען דער ערשטער וואס האט מפרסם געווען דעם דעת תורה פון די גדולי וצדיקי הדור, און איז דעריבער עד היום פארבליבן ווי א ביין אין האלז ביי די ציוני'סטן.

דער לעגענדארער שתדלן און קעמפער קעגן די עוקרי תורה רבי יעקב ליפשיץ ז"ל, סעקרעטאר פון הגאון רבי יצחק אלחנן ז"ל

אַצינד זענען זיי געווען די ערשטע אָנצוהייבן די מלחמה קעגן ציונות אויף אַן אַקטיוון פאַרנעם דורך פובליצירן דעם ספר "אור לישרים".

די ציונים האָבן אין זייערע בלעטער אָנגעפירט מיט אַ בייזוויליגער העצע קעגן די קאָוונער עסקנים, אין שפּיץ פון רבי יעקב ליפשיץ ז"ל. אין זייער כעס האבן זיי באצייכנט די ערליכע עסקנים אין קאוונע מיטן צונאָמען די "לשכה השחורה". דאס האבן זיי געטון מיט א דאפלטער כוונה. ערשטנס האבן זיי דערמיט געמיינט אפצושרעקן די רבנים און עסקנים פאר דער צארישער מאכט. א "לשכה" - א קאנצליי- וואס פירט אן מיט צענטראלע טעטיגקייטן אָן דער דערלויבעניש פון דער מאכט איז געווען א רעוואלוציאנערער פארברעכן. די ציונים וועלכע האבן געהעצט אין "המליץ" אז אין קאוונע געפינט זיך א "שווארצע קאנצליי" האבן דאַדורך געזוכט צו אפשרעקן די עסקנים פון פארזעצן זייער עבודת הקודש. באזונדער האבן זיי גענוצט דאס ווארט "לשכה השחורה" צו פארשווארצן דאס פנים פון די ארטאדאקסישע רבנים און עסקנים אין די אויגן פון די מאסן.

ווידעראום די ערליכע רבנים און עסקנים האבן זיך נישט אפגעשראקן און אליין אנגעהויבן באצייכענען מיט שטאלץ די ארבעט פון דעם קאוונער צענטער אלס די "לשכה הטהורה"... לשון נופל על לשון.

עזרת סופרים:

הלשכה השחורה.

במקום המשפט שמה הרשע. העיר קאוונא שזכתה להיות אכסניא לאותו צדיק הגאון ר' יצחק אלחנן ז"ל, אשר במשך ימי דור שלם עמד בראש היהדות בארצנו וככל דבר אשר נפל בישראל היו כל העינים נשואות לקאוונא, מן העיר הזאת יצא גם יועץ רע חושב בליעל העומד בראש עדה קטנה של כותבי פלסתר, צבועים ונוכלים אשר זדון לבם ונכליהם הרעים לא ידעו כל גבול וזה כמה שנים שהם מפיצים כתבי פלסתר לאלפים ולרבבות, בודים דבות שוא ועלילות שקר על כל איש או חברה אשר לא יהן על פיהם... מחרחרים ריב ושולחים מדנים בין אחים. העיר הזאת שהיתה לתהלה בארצנו וממנה יצאו לכל קצוי ארץ תורה ואורה, היתה גם למעון תנים, מערה פריצים ו"לשכה שחורה".

די משכילים אין "המליץ" שימפן קעגן די פעולות הקודש פונעם "לשכה הטהורה"

מערערע מאָל זענען די עסקנים אויסגעשטאַנען איינפאַכע סכנות נפשות פון די אויפגעהעצטע ציוני'סטישע יוגנטליכע וואָס האָבן געזוכט איינצושטילן דעם קול מלחמה און פאַרשטומען די עסקנים, וועלכע האָבן אָבער פאָרגעזעצט מיט אַ מסירת נפש דעם הייליגן קאַמף[17].

17) אזוי שרייבט הגה"צ רבי חיים יעקב נפתלי זילבערבערג ז"ל אין א בריוו צו הגה"ק רבי יוסף חיים זאננענפעלד זצוק"ל: "רציתי לבקר את הלשכה הטהורה בקאוונא שהדפיסו קונטרס אור לישרים וכו', והנה התענגתי לראות איך אנשים נכבדים יראי אלקים עובדים את הש"י בעיון רב ובמעשי ידיהם עוסקים תמיד בכתיבת קונטרסים להדפסה, גם מכתבים לעורר את גדולי הדור הטרודים בגירסא, וכל עשייתם בנוגע

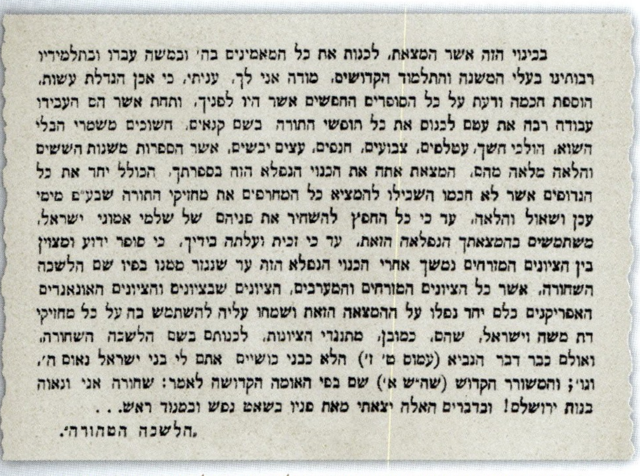

בכינוי הזה אשר המצאת, לכנות את כל המאמינים בה' ובמשה עברו ובתלמידיו רבותינו בעלי המשנה והתלמוד הקדושים, מודה אני לך, עניתי, כי אכן הגדלת עשות, הוספת חכמה ודעת על כל הסופרים החפשים אשר היו לפניך, ותחת אשר הם העבידו עבודה רבה את עצם לכנות את כל תופשי התורה בשם קנאים, חשוכים משטרי הבלי השוא, הולכי חשך, עטלפים, צבועים, חנפים, עצים יבשים, אשר הספרות משנות הששים והלאה מלאה מהם, המצאת אתה את הכנוי הנפלא הזה בספרתך, הכולל יחד את כל הגרופים אשר לא חכמו השכילו להמציא כל המחרפים את מחזיקי התורה שבע"פ מימי עכן ושאול והלאה, עד כי כל החפץ להשחיר את פניהם של שלמי אמוני ישראל, משתמשים בהמצאתך הנפלאה הזאת, עד כי זכית ועלתה בידיך, כי סופר ידוע ומצוין בין הציונים המזרחים נמשך אחרי הכנוי הנפלא הזה עד שנגזר מטנו בפיו שם הלשכה השחורה, אשר כל הציונים המזרחים והמערבים, הציונים שבציונים והציונים האונאגרים האפריקנים כלם יחד נפלו על ההמצאה הזאת ושמחו עליה להשתמש בה על כל מחזיקי דת משה וישראל, שהם, כמובן, מתנגדי הציונות, לכנותם בשם הלשכה השחורה, ואולם כבר דבר הנביא (עמוס ט' ז') הלא כבני כושיים אתם לי בני ישראל נאום ה', וגו'; והמשורר הקדוש (שה"ש א') שם בפי האומה הקדושה לאמר: שחורה אני ונאוה בנות ירושלם! ובדברים האלה יצאתי מאת פניו בשאט נפש ובמנוד ראש. . .

„הלשכה הטהורה".

א מאמר אין די חרדי'שע צייטשריפט "הפלס" איז ממליץ אויף דעם שפעט-נאמען פון די ציונים "לשכה השחורה" דעם פסוק "שחורה אני ונאוה"...

***

צווישן די בלעטער פונעם ספר אור לישרים ווערט אין עטליכע פרקים ברייט אויסגעשמועסט דעם האַרבן מכשול און חורבנות וואָס די טומאת הציונות האָט שוין געשאַפן ביים כלל ישראל און די האַרבקייט פון זיך מתחבר זיין צו די ציונים.

דער פרק ו' פונעם קונטרס ווערט אָנגערופן "דעת קדושים", דאָרט זענען צונויפגעקליבן בריוון פון די גדולי הדור גאוני ארץ ומצוקי תבל וועלכע זענען מרעיש עולמות קעגן דער טומאת הציונות וואָס האָט באַטראָפן אידישע קינדער. עס זענען דאָרט געדרוקט בריוון פון די גדולי ישראל אין יענער תקופה, צווישן זיי: הגאון רבי דוד פרידמאַן זצ"ל מקאַרלין; הגאון רבי אליהו חיים מייזל זצ"ל אב"ד לאָדזש; הגאון רבי חיים מבריסק זצ"ל; הגאון רבי יוסף ראָזין זצ"ל, דער ראָגאָטשאָווער גאון פון דווינסק; הגאון רבי אליקום שלמה שפירא זצ"ל פון הוראָדנא; הגאון רבי נפתלי אַדלער זצ"ל, רב הראשי פון לאָנדאָן[18]; און הגאון הקדוש רבי שלום דובער שניאורסאָהן, דער מהרש"ב מליובאַוויטש זי"ע.

לעניני הכלל להציל את שארית הפליטה מני שחת, כי הפושעים ימ"ש המסיתים ומדיחים בפולין ורוסיא מפיצים מבול של ארס נחש צפעוני דעות חפשיות כפירה ומחשבת ניאוף ר"ל, במכ"ע שלהם בלה"ק ובזארגאן וביכלעך בלשונות אלו לאלפים, ובני דור החדש חוטפים זאת בארבעה ידים כי נפשו של אדם מחמדתו ומינות משכי ר"ל, וצריכין אנו רחמים.

בעלי ה'לשכה הטהורה' בקאוונא הולכים במסינ"פ, וכמה פעמים היו בחשש סכנת נפשות ממש מהפושעים הרודפים ימ"ש, ע"כ מצוה רבה לחזק לבבם הטהור בכל מה דאפשר". (קובץ מכתבים עמ' צה).

אויך הרה"ק מהרש"ב פון ליובאוויטש זי"ע לויבט אויס די הייליגע ארבעט פון די "לשכה" אין א בריוו (אגרות קודש מהרש"ב, מכתב תשפ"ט): "וראוים המה הלשכה דקאוו' לתמוך בידם כי מתעסקים המה בחריצות ובטוב."

18) אט זענען אייניגע אויסצוגן פון א דרשה וואס רבי נפתלי אדלער ז"ל האט אין יענער צייט געזאגט, און עס דערנאך געשיקט פאר די ארויסגעבער פון "אור לישרים" (געדריקט אויף עמ' 63):

"**מושבעים** ועומדים אנחנו לבלתי עשות מאומה, על אחת כמה וכמה שאין לנו לזוז מדברי הנביא בספר אשר שלח אז אל הגולה. אחי! הנני מתבונן על התנועה הזאת בדאגת נפש, יען אחשוב אותה למתנגדת לתורת היהדות ולהפוליטיקא, וסכנת אסון צרורה בה, ועל כן אינני רואה בה את הערך הנכבד של אהבת ציון...

בספרי הנביאים לא נאמר כי שיבת ציון תלוי' בהשתדלותנו ולעת אשר נחפץ אנחנו. מפורש נאמר כי גאולתינו תבוא רק על ידי ה' בעת אשר יעלה רצון מלפניו לשלוח לנו משיחו, וכל העמים יתאימו ויתאחדו להשיב את אחינו הנפוצים לארץ אבותינו. היש גם רמז קל ואיזה רושם מאותות המשיח בעת הזאת? בשם השם יאמר הנביא ישעי' (ס) "אני ה' בעתה אחישנה", כי בבוא עתה של הגאולה - אז אחישנה. על המקרא בשה"ש "השבעתי אתכם בנות ירושלים אם תעירו" וגו' דרשו חז"ל שהשביענו הקב"ה בשלש שבועות לבל ידחקו את הקץ וכו' לפני בואו.

הנני נמנע מלהביא ציטאטין רבים לדבר הזה, ורק בשם אווטאריטאט ידוע, הנני אומר כי התקוה אשר השרישה דתנו בלבבנו, לא תוכל להביא אותנו לאינטריגעס, לתחבולות דיפלומטיות, למרד ולקטטות למען רשת את ארץ אבותינו ולעשות בה מלוכה. להיפך אמונתינו לבקש שלום העמים אשר בצלם אנחנו חוסים ולקחת חלק בעבודתם הלאומית ואשרם ולצפות בדומי' לעת אשר יבואו דברי נביאים הטובים. ואם ימצא חברים נלהבים אשר (לו יצויר כי) יצליחו לכבוש בידם את פלשתינא בכח הנשק או לרכוש אותה להם

הגאון רבי **חיים מבריסק** זצוק"ל

הגאון רבי חיים סאָלאָווייטשיק זצ"ל מבריסק איז געבוירן אין יאָר תרי"ג אין דער שטאָט וואַלאָזשין צו זיין פאָטער הגאון רבי יוסף דוב (יאָשע בער) זצ"ל בעל בית הלוי. ער האט חתונה געהאַט מיט דער טאָכטער פון הגאון רבי רפאל שפירא זצ"ל, דער זון פון הגאון רבי לייבעלע שפירא ז"ל פון קאָווונא און אַן אײדעם פון הגאון דער נצי"ב פון וואַלאָזשין. אין יאָר תר"מ איז רבי חיים אויפגענומען געוואָרן אַלס אַ ר"מ אין דער וואַלאָזשינער ישיבה, וואו ער האט געזאגט שיעורים צוועלף יאָר רצופות. דארט איז ער געווען מפורסם אַלס דער חריף שבחריפים, עוקר הרים וטוחנם זה בזה בסברא, מיט הונדערטער תלמידים.

ווען זיין פאטער דער בית הלוי ז"ל איז נפטר געוואָרן, איז ער אויפגענומען געוואָרן אַלס ממלא מקומו, אַלס רב פון דער שטאָט בריסק, וואו ער האט זיך שטאַרק איבערגעגעבן צו דינען דעם ציבור און פירן אַלע ענינים פון דער גרויסער קהילה ברוחניות ובגשמיות מיט מסירת נפש. זיין שטוב איז אויך געווען אַן אָפענע שטוב פאַר יעדן מר נפש און יעדן אָרעמאַן מיט אן אומבאגרייפליכע מדת החסד און הכנסת אורחים.

הגאון רבי חיים זצ"ל איז געווען דער גאון הדור און דער מורה דרך לרבים. ער האָט אַנטיילגענומען ביי פילע אסיפות פון רבנים, אין ווילנא, פעטערבורג, און נאָך, צו טאָן שתדלות פאַר'ן כלל ישראל. איבעראַל איז ער געווען אַ בחינה פון "ראש המדברים", מיט זיינע טיפע דורכדרינגליכע מיינונגען און מיט זיינע שאַרפע מאמרים.

באזונדער איז ער געווען באַקאַנט אַלס דער איש האמת און פייערדיגער לוחם פאַר כבוד שמים. ער האָט פיינט געהאַט פשרות און ויתורים און ווי אַ לייב באַקעמפט די וואָס האָבן פורץ געווען חומת הדת. ער האָט זיך געשלאָגן מיט די משכילים און די ציונים מיט אירע אַלע קאָלירן, צו פאַרשפרייטן אמת'ע תורה ביי אידן און נישט צולאָזן קיין שינויים ביי כלל ישראל. נלב"ע כ"א אב תרע"ח, אין דעם קור-אָרט אָטוואָצק נעבן וואַרשא. זי"ע.

"דעם פאַסיגן וועג וויאַזוי אַרויסצוגיין קעגן זיי"

הגאון רבי חיים מבריסק ז"ל ארומגענומען מיט אידישע סאלדאטן ביי דער ערשטער וועלט מלחמה

דער ערשטער בריוו איז געשריבן געוואָרן דורך הגאון האדיר דער בריסקער רב רבי חיים סאָלאָווייטשיק זצ"ל, דאַטירט י"ט אלול תרנ"ט לפ"ק, און די אַנדערע בריוון פון די גדולי ישראל האָבן נאָכגעפאָלגט שפּעטער, נאָך אַ שטיקל צייט-אָפּשניט, אום חודש טבת תר"ס לפ"ק. דאָס אַלעס איז אַדאַנק דעם וואָס דער בריסקער רב האָט אין זיין בריוו שאַרף אַרויסגעטרעטן מיט זיין דעת תורה אַז די ערליכע רבנים זאָלן אָפּן אַרויסקומען און פאַרשרייען די ציונים, אַנדערש ווי ס'איז געווען אָנגענומען ביז דעמאָלטס אַז ס'איז בעסער דאָס צו פאַרשווייגן ווילאַנג ס'איז אַ

בקנות אותה מיד בעליה, אין לנו לחשוב זאת גם ברק זריחת תקותינו העתידה, זאת היא הדרך אשר קבלוה ראשי האומה בכל העתים, רק לחכות מבלי עשות מאומה.

צרות רבות ורעות כבר עברו עלינו, ואלה האנשים אשר הציעו באיזה עת לייסד מדינת יהודים, היו אנשים כאלה הנתעים אחרי שבתי צבי...

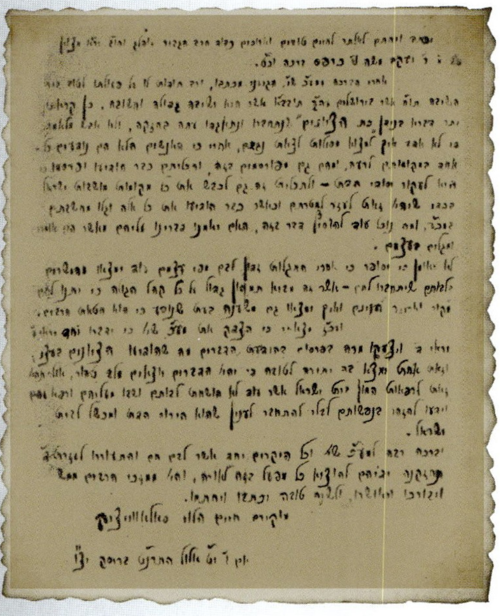

ארגינעלע העתקה פון דעם בריוו פון הגאון רבי חיים מבריסק זצ"ל וואס איז בשעתו קאפירט און ברייט פארשפרייט געווארן

קליינע און נישט-פאַרשפרייטע באַוועגונג. דער דייטליכער דעת תורה פון בריסקער רב זצ"ל האָט בשעתו טאַקע געברענגט אַ גרויסע אויפוואַכונג און געפירט צו דער ערשיינונג פונעם "אור לישרים"[19].

הגאון רבי חיים מבריסק זצ"ל שרייבט צווישן אַנדערע:

איך האָב געזען אייערע ווערטער איבער'ן כת הציונים וואָס האָבן זיך פאַראייניגט און צוזאַמגענומען מיט אַ שטאַרקייט. איך שעם זיך נישט צו זאָגן אַז איך קען נישט געפינען דעם פאַסיגן וועג וויאַזוי אַרויסצוגיין קעגן זיי, נאָכדעם וואָס די מענטשן זענען דאָך באַוואוסט יעדער איינער אויף זייער פלאַץ צום שלעכטס, און זייער ענד-ציל האָבן זיי דאָך שוין געלאָזט וויסן און מפרסם געווען אַז דאָס איז אויסצורייסן די יסודות הדת, און פאַר דעם ציל ווילן זיי אויך איינעמען אַלע אידישע געגנטער, כדי דאָס זאָל זיי זיין פאַר אַ הילף צו זייער ציל, ווי זיי האָבן שוין דאָס אַלעס קלאָרגעשטעלט און אויפגעדעקט אין זייערע צייטונגען. וואָס קענען מיר נאָך מוסיף זיין דערצו? וועלן אונזערע ווערטער דען מער זיין באַגלייבט ווי דאָס וואָס זיי זעלבסט זאָגן און אַנטפּלעקן אויף זיך?!

ס'איז נישט צום גלייבן, אַז אויך נאָכדעם וואָס זיי אַליין האָבן שוין אָפן אַנטדעקט זייערע בייזוויליגע פּלענער, זענען נאָך פאַרהאַן תמימות'דיגע מענטשן וואָס זענען זיך מתחבר צו זיי, אַ זאַך וואָס ברענגט אַ גרויסן וואונדער ביי יעדן אַז מען גיט נאָך אַ פּלאַץ פאַר זייערע זאַכן.

אָבער מיט דעם אַלעמען האָב איך געפונען אַז די גערעכטיגקייט איז מיט אייך. די ערליכע אידן

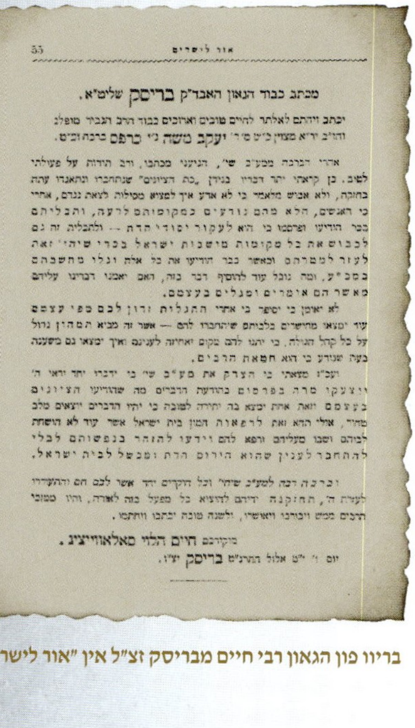

55 אור לישרים

מכתב כבוד הגאון האבד"ק בריסק שליט"א.

יכתב ויחתם לאלתר לחיים טובים וארוכים כבוד הרב הנגיד מופלג והו"ב יר"א מצוין כ"ש מו"ר יעקב משה נ"י פרפס ברכת זכו"ם.

אחרי הברכה מכ"ע שי', הגיעני מכתבו, ורב תודות על פעולתו לטוב. כן קראתי יקר דבריו בנידון „כת הציונים" שנתחברו ונתאגדו עתה בחזקה, ולא אבוש מלאמר כי לא ארע איך למצוא מסלות לצאת נגדם, אחרי כי האנשים, הלא מהם נודעים במקומותם לרעה, ותכליתם כבר הודיעו ופרסמו כי הוא לעקור יסודי הדת — ולתכלית זה גם לכבוש את כל מקומות מושבות ישראל בכדי שיהי' זאת לעזר למטרתם וכאשר כבר הודיעו את כל אלה וגלו מחשבתם בסכ"ע, ומה נוכל עוד להוסיף דבר בזה, ואם יאמנו דברינו עליהם מאשר הם אומרים ומגלים בעצמם.

לא יאומן כי יסופר כי אחרי התגלות זדון לבם מפי עצמם עוד ימצאו מחשיכים בלבותם שיתחברו להם — אשר זה מביא תמהון גדול על כל קהל הגולה, כי יתנו להם מקום ואחיזה לעינים ואיך ימצאו גם משענה בעת שנודע כי הוא חטאת הרבים.

ועכ"ז מצאתי כי הצדק את מע"כ שי' כי ידבקו יחד יראי ה' ויצעקו מרה בפרסום בהודעת הדברים מה שהודיעו הציונים בעצמם וזאת אחת יכנא בה יהיה לטובה כי יהיו הדברים יוצאים מלב טהור, אולי הדא ואת לרפאות המון בית ישראל אשר עוד לא הושחתו לבותם ושבו מעליהם ורפא להם וידעו להזהר בנפשותם לבלי להתחבר לענין שהוא הירוס הדת ומכשל לבית ישראל.

וברכה רבה למע"כ שיחי' וכל הוקרים יחד אשר לבם חם והתעוררו לעזרת ה', תחזקנה ידיהם להוציא כל מפעל בזה לאורה, והיו ממזכי הרבים מכש וכבודו ואושרו, ולשנה טובה יכתבו ויחתמו.

מוקירם חיים הלוי סאלאווייציג.

יום ו' י"ט אלול התרנ"ט בריסק יע"א.

בריוו פון הגאון רבי חיים מבריסק זצ"ל אין "אור לישרים"

19) הרב מבריסק (עמ' 229), מרא דארעא דישראל (עמ' כב).

ברויכן זיך צוזאַמרעדן און שרייען ביטער מיט אַ פּרסום צו פאַרעפנטליכן די זאַכן וואָס די ציונים זעלבסט האָבן מודיע געווען. דאָס קען זיין אַ גרויסע מעלה צום גוטן אַז די ווערטער וואָס גייען אַרויס פון די ריינע הערצער זאָלן זיין אַ היילונג פאַר'ן המון פון אידישע קינדער וואָס זייערע הערצער זענען נאָכנישט פאַרדאָרבן געוואָרן, אַזוי וועלן זיי וויסן אָפּצוהיטן זייערע נפשות נישט זיך מתחבר צו זיין צו אַזאַ ענין וואָס איז אַ הירוס הדת און אַ שטרויכלונג פאַר כלל ישראל[20].

הגאון רבי אליהו חיים מייזל זצוק"ל אבד"ק לאָדזש

הגאון רבי אליהו חיים מייזל זצ"ל, איז געווען מפורסם אין פראזאנא, ליאמזשא און לאדזש סיי מיט זיין כח התורה און סיי מיט זיין מדת הצדקה החסד והרחמים און אהבת ישראל. מיט "אביר רועי ישראל הנאמנים" איז ער טיטולירט געווארן ביי אסיפות הרבנים אין פעטערבורג, וואו ער איז געווען דער מוציא ומביא און ראש המדברים. מיט זיין געוואלדיגער חכמה האט ער געוואוסט וויאזוי צו גיין נגד רוחם של כל אחד, און אוועקנעמען שטרויכלונגען וואס די אומגעבעטענע אפוטרופוסים פון אידן אין פעטערבורג האבן אונטערגעשטעלט. די שרי המלוכה, אפילו שונאי ישראל, פלעגן אים אויסהערן, וויסנדיג אז ער איז אן אויסטערלישער חכם. ער איז געווען א מאיר עיני חכמי הגולה בהוראה וסברא. זייענדיג ניינציג יאר האט ער נאך געפירט זיין קהילה ביד רמה. ער איז נסתלק געווארן אין לאדזש אום י"ד אייר תרע"ב אלט זייענדיג 91 יאר, און צענדליגער טויזנטער אידן זענען געגאנגען באגלייטן די מטה.

דער לאָדזשער רב, הגאון רבי אליהו חיים מייזל זצ"ל, שרייבט אין זיין בריוו:

די ציונים האָפן נישט צו ציון. זיי זאָגן אַז אונזער האַנט איז שטאַרק און אונזער מויל איז מיט אונז און זיי וואַרטן נישט אויף דער ישועה פון השי"ת. זיי האָבן אָנגעטון אַ שלייער כדי צו פאַפן די תמימות'דיגע הערצער און זיי פאַרנאַרן אין זייער נעץ. דעריבער, יעדער מענטש וואָס פאַרמאָגט יראת שמים אין זיין האַרץ זאָל זיך דערווייטערן פון זיי, ער זאָל נישט גיין אין זייערע וועגן, זיך פאַרמיידן פון זייערע שריט, און גלייבן אַז נישט אין זייערע הענט ליגט אונזער ישועה נאָר צום אויבערשטן איז די ישועה.

הגאון רבי דוד פרידמאַן זצ"ל מקאַרלין

הגאון רבי דוד פרידמאן ז"ל פון קארלין איז געווען פון די גרעסטע פוסקים און תורה ריזן פון דאס ליטווישע אידנטום בימיו. בנוסף צו זיין פענאמענאלע גדלות בתורה בהוראה וביראה, איז ער געווען א געוואלדיגער כלל – טוער וואס האט ברוב חכמתו אויפגעטון זייער אסאך פאר צרכי בני ישראל. אין יאר תרכ"ח לפ"ק איז ער אויפגענומען געווארן אלס רב אין דער שטאט קארלין, וואו ער האט משמש געווען ברבנות נאנט צו פופציג יאר ביז צו זיין פטירה אין יאר ד' אדר תרע"ה לפ"ק. זי"ע.

---

20) אור לישרים (עמ' 55). זעט אויך אין קאפיטל "קומענדיגער שטאַפּל: געבורט פון ציונות" דורכדרינגליכע ווערטער פונעם בריסקער רב אז ציונות האט פוגע געווען אין דער נקודה הפנימיות פון דער אמונה.

הגאון רבי דוד פרידמאַן פון קאַרלין זצ"ל שרייבט[21]:

מיין מיינונג אין דער זאַך איז באַקאַנט, אַז איך רעכן די שיטה פון ציונות גענוי ווי די שיטה פון שבתי צבי שר"י, און ס'איז אַ צעטרעטונג מיט די פיס אויף אַלעם הייליגסטן.

השי"ת זאָל זיך דערבאַרעמען אויף זיין פאָלק און זיך אָננעמען פאַר זיין לאַנד און זיין תורה וואָס די פרעמדע זענען געקומען און איר פאַרשוועכט, און ער זאָל פאַרבויען די פירצות הדת וואָס זענען צעבראָכן געוואָרן דורך זייערע שריט.

די אויסטערלישע השפעה פונעם "אור לישרים"

איידער דער ספר אור לישרים איז ערשינען, האָבן די ציונים און זייערע פרומע נאָכשלעפער פרובירט אַראָפּצומאָלן אַ בילד אַז דאָס מערהייט פון אידישן פאָלק איז אין שטיצע פונעם ציוניזם, און זענען ביי דער מיינונג אַז ציונות איז נישט קיין סתירה צו אידישקייט.

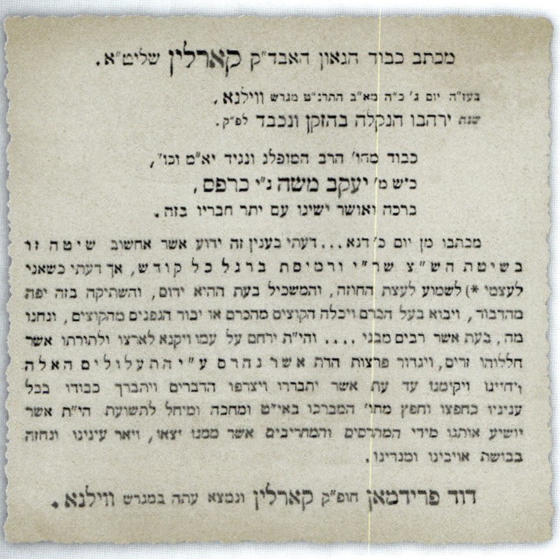
מכתב כבוד הגאון האבד"ק קארלין שליט"א.

בעז"ה יום ג' כ"ה מא"ב התר:"ט מגרש ווילנא,
שנת ירהבו הנקלה בהזקן ונכבד לפ"ק.

כבוד מהו' הרב המופלג ונגיד יא"מ וכו',
כ"ש מ' יעקב משה נ"י כרפס,
ברכה ואושר ישינו עם יתר חבריו בזה.

מכתבו מן יום כ' דנא... דעתי בענין זה ידוע אשר אחשוב שיטה זו בשיטת הש"צ שר"י ורמיסת ברגל כל קודש, אך דעתי כשאני לעצמי *) לשמוע לעצת החוזה, והמשכיל בעת ההיא ידום, והשתיקה בזה יפה מהדבור, ויבוא בעל הכרם ויכלה הקוצים מהכרם או יבור הגפנים מהקוצים, ונחנו מה, בעת אשר רבים מבני.... והי"ת ירחם על עמו ויקנא לארצו ולתורתו אשר חללוהו זרים, ויגדור פרצות הדת אשר נהרס ע"י העלולים האלה, יחיינו ויקימנו עד עת אשר יתבררו ויצרפו הדברים ויתברך כבודו בכל עניניו כחפצו וחפץ מחו' המברכו באי"ט ומחכה ומיחל לתשועת הי"ת אשר יושיע אותנו מידי המהרסים והמחריבים אשר ממנו יצאו, ויאר עינינו ונחזה בבושת אויבינו ומנדינו.

דוד פרידמאן חופ"ק קארלין ונמצא עתה במגרש ווילנא.

בריוו פון הגאון רבי דוד פרידמאן פון קארלין זצ"ל: **"איך רעכן די שיטה פון ציונות געגוי ווי די שיטה פון שבתי צבי שר"י"**

די ערשיינונג פונעם ספר אור לישרים האָט אָבער צום ערשטן מאָל באַוויזן קלאָרצושטעלן מיט אַ שטאַרקייט, אַז פרומע אידן קענען נישט אָננעמען אַזאַ רעיון ווייל דאָס איז קעגן די עיקרי האמונה. עס האָט אַרויסגעברענגט דעם פאַקטאָר אַז דאָס מערהייט פון אידן שומרי תורה ומצוות זענען אויסגעשפּראָכן קעגן דעם רעיון הציוני זיך אַליין צו וועלן באַפרייען פונעם גלות און נישט וואַרטן אויף ישועת ה'.

דער ספר האָט קאָנצעטרירט אַ פילפאַרביגן ספעקטער פון אַלע ערליכע אידישע קרייזן און שיכטן. עס אַנטהאַלט בריוון פון גדולי ישראל פון רוסלאַנד און פוילן, פון ארץ ישראל און פון ענגלאַנד, און האָט געברענגט פאַר דער ברייטער אידישער גאַס די קלאָרע שטעלונגען פון די גרעסטע און אָנגעזעענסטע אויטאָריטעטן ביי כלל ישראל בימים ההם; רבנים מפורסמים, גדולי ישראל וצדיקי הדור, זייט ביי זייט מיט פאַסיגע מאמרים פון פרומע שרייבער און דענקער. דערמיט איז אויפאַמאָל אַוועקגעבלאָזן געוואָרן

---

21) אור לישרים (עמ' 54).

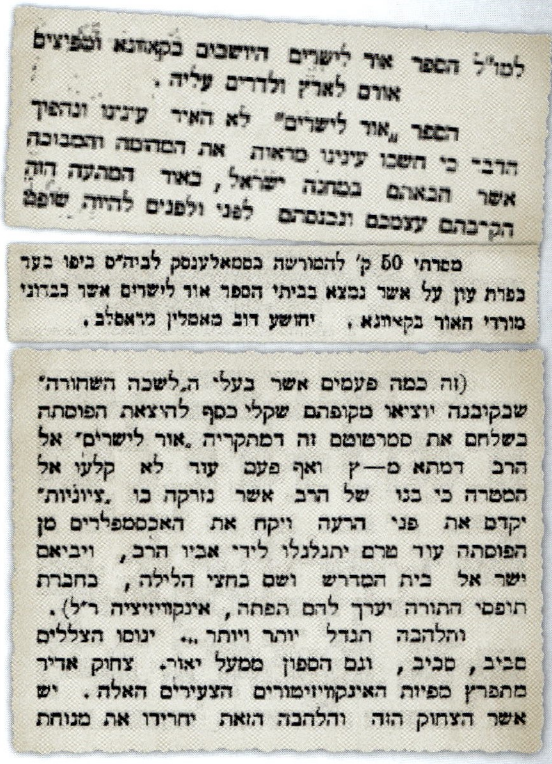
למו"ל הספר אור לישרים היושבים בקאוונא ומפיצים אורם לארץ ולדרים עליה.

הספר „אור לישרים" לא האיר עינינו ונהפך הדבר כי חשכו עינינו מראות את המהומה והמבוכה אשר הבאתם במחנה ישראל, באור המהעה הזה הקריבתם עצמכם ונכנסתם לפני ולפנים להיות שופט

מסרתי 50 ק' להמורשה בסמאלענסק לביה"ס ביפו בעד כפרת עון על אשר נמצא בביתי הספר אור לישרים אשר כבודוני מורדי האור בקאוונא. יהושע דוב מאמלין מראסלב.

(זה כמה פעמים אשר בעלי ה„לשכה השחורה" שבקיבנה יוציאו מקופתם שקלי כסף להוצאת הפוסתה בשלחם את סמרטוטם זה דמתקריה „אור לישרים" אל הרב דמתא מ—ץ ואף פעם עוד לא קלעו אל המטרה כי בנו של הרב אשר נזרקה בו „ציוניות" יקדם את פני הרעה ויקח את האכסמפלרים מן הפוסתה עוד טרם יתגלגלו לידי אביו הרב, ויביאם ישר אל בית המדרש ושם בחצי הלילה, בחברת תופסי התורה יערך להם הפתה, אינקוויזיציה ר"ל).

והלהבה תגדל יותר ויותר... ינוסו הצללים סביב, סביב, וגם הספון ממעל יאור. צחוק אדיר מתפרץ מפיות האינקוויזיטורים הצעירים האלה. יש אשר הצחוק הזה והלהבה הזאת יחרידו את מנוחת

העצע און אויפברויז אין די ציוני'סטישע בלעטער קעגן דעם ספר "אור לישרים"

די גאַנצע ציוני'סטישע פּראָפּאַגאַנדע און אַוועקגעשטעלט געוואָרן מיט אַ קלאָרקייט אַז דאָס רעליגיעזע אידנטום איז זיך שאַרף מתנגד צו דער נייער באַוועגונג.

דער ספר אור לישרים האָט אין זיינער צייט געהאַט אַזאַ אויסטערלישן אָפּקלאַנג אויף דער אידישער גאַס, אַז דאָס האָט אַרויסגענומען די ציונים פון גלייכגעוויכט. אין פילע אַרטיקלען און רעדעס דורך ציוני'סטישע פרעדיגער און שרייבער זעט זיך אָן זייער אויפברויז און צאָרן אויפ'ן ספר און אויף דער שאַרפער השפעה וואָס דאָס האָט געלאָזט ביי כלל ישראל.

די ציונים האָבן זיך געשפּירט אַזוי שטאַרק באַדראָעט פונעם ספר, אַז זיי זענען ערשינען מיט אַ קעגנזייטיגן קונטרס "בין אור לחושך", וואָס פּרובירט צו פאַרענטפערן און אָפּוועגנדן די דברי אמת וצדק פונעם "אור לישרים", אָבער אָן ערפאָלג.

מלחמת גדולי וצדיקי פוילן

ספר
דעת הרבנים
כולל מכתבים מרבני גאוני זמננו המצוינים
שליט"א נגד הרעיון הציוני:
הובא לבית הדפוס ע"י
אברהם ברוך שטיינבערג
מווארשא
ווארשא
Сеферъ ДААТЪ ГОРАБОНИМЪ
т. е. Мнѣніе Раввиновъ
Собралъ А. Б. Штейнбергъ
ВАРШАВА 1902.
Въ Типо. Р. Унтерфельдера, Гусья № 21.

אין יאָר תרס"ב איז ערשינען אין וואַרשא דער ספר "דעת הרבנים", וואו עס איז געדרוקט געוואָרן בריוון פון גדולי ישראל אין פוילן קעגן דעם כת הציונות וואָס איז געשיקט געוואָרן צום מחבר, אויפ'ן זעלבן שטייגער ווי דער ספר "אור לישרים".

דער ספר "דעת הרבנים" איז געדרוקט געוואָרן דורך אַן אַנאָנימער מוצא לאור, אונטער'ן נאָמען "אברהם ברוך שטיינבערג", וואָס איז לויט היסטאָריע-קוועלער הגאון רבי יעקב נפתלי זילבערבערג זצוק"ל פון וואַרשא, וועלכער איז געווען פון די פייערדיגע לוחמים קעגן ציונות און האָט שוין בעפאָר דעם אויך אַרויסגעגעבן עטליכע קונטרסים, ווי דער קונטרס "על הציונות"

בשנת תר"ס אין וואַרשא און דער קונטרס "ראשית דבר יראת אלקים".

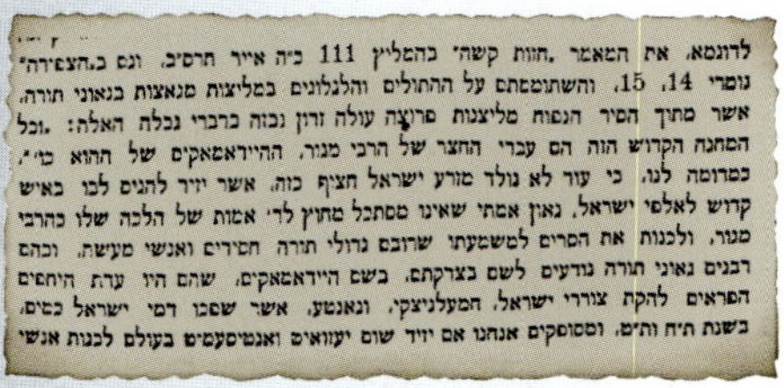
לדוגמא, את המאמר „חוות קשה" בהמליץ 111 כ"ה אייר תרס"ב, וגם ב„הצפירה" נומרי 14, 15, והשתוממתם על ההתולים והלגלוגים במליצות מנאצות בגאוני תורה, אשר מתוך הסיר הנפוח מליצנות פרוצה עולה זדון נבזה כדברי נבלה האלה: „וכל המחנה הקדוש הזה הם עבדי החצר של הרבי מגור, ההיידאמאקים של ההוא כי"ד, כפרוסה לנו, כי עוד לא נולד מזרע ישראל חציף כזה, אשר יזיד להגים לבו באיש קדוש לאלפי ישראל. גאון אמתי שאינו מסתכל מתוך לד' אמות של הלכה שלו כהרבי מגור, ולכנות את הסרים למשמעתו שרובם גדולי תורה חסידים ואנשי מעשה, וכהם רבנים גאוני תורה נודעים לשם בצדקתם, בשם היידאמאקים, שהם היו עדת היחפים הפראים להקת צוררי ישראל, המעלניצקי, וגאנטע, אשר שפכו דמי ישראל כמים, בשנת ת"ח ות"ט. ומסופקים אנחנו אם יזיד שום יעווא"ס ואנטיסעמיט בעולם לכנות אנשי

דער "הפלס" איז מוחה קעגן די דברי בלע אויף הרה"ק בעל שפת אמת מגור זי"ע

אין דער הקדמה צום ספר שרייבן די אַרויסגעבער, אַז "נאָכדעם וואָס די ציונים פאַרשפרייטן בריוו אין די צייטונגען כאילו בשם גדולי ישראל, צו פאַרנאַרן דעם המון עם אַז די רבנים האַלטן מיט זיי, און כדי נישט צו לאָזן אַז דער ציבור זאָל גלייבן אַז די רבנים זענען מחזיקים בדעת הציונות, האָבן מיר געטון כמעשה היראים וחרדים לדבר ה' וואָס האָבן אַרויסגעגעבן דעם ספר אור לישרים, אויפצואווייזן פאַר אַלע מבקשי אמת אַז דער אמת איז גאָר פאַרקערט; די גדולי התורה זענען מזהיר זיך צו דערווייטערן פון ציונות."

צווישן די פרקים פונעם ספר זענען פאַרהאַן גאָר שאַרפע און יסודות'דיגע בריוון פון מערערע באַוואוסטע פוילישע גדולי תורה וחסידות, ווי הרה"צ רבי **יעקב משה מוואָלבאָרז** זצ"ל בן הרה"ק בעל עבודת ישכר, וואָס פאַרציילט אַז זיין פאָטער זי"ע האָט אַסאַך געוואָרנט זיינע מענטשן קעגן די ציוני'סטן; הרה"ק רבי **פנחס מנחם אלעזר ראָטענבערג** מפילץ, בעל השפתי צדיק זצ"ל; הגאון רבי **שבתי הכהן ראַפּופּורט** זצ"ל אב"ד פינטשוב; הרה"ק רבי (נתן שלמה) **בצלאל** אב"ד לוביטש ומגדולי תלמידי הרה"ק רבי שלמה לייב מלענטשנא זי"ע; הרה"צ רבי **שמחה יאיר** זצ"ל האב"ד פיעטריקוב בעהמ"ח אורה ושמחה עה"ת, מגדולי תלמידי קאָצק-גער-אלכסנדר; הרה"צ רבי **שמחה בונם** זצ"ל האב"ד זאַכלין, תלמיד חביב מהרה"ק הרמ"מ מקאָצק זי"ע וידידו הטוב של הרה"ק רבי יחיאל מאיר גאָסטינין זי"ע; הרה"צ רבי **יעקב יוסף הכהן** זצ"ל אב"ד גלאָביצק, בנו של הרה"ק בעל חסד לאברהם מראָדאָמסק זי"ע; הגאון רבי **אפרים שלמה זלמן** זצ"ל אב"ד ליפנא, בעל עוז מלך, און נאָך אַסאַך גדולים וצדיקים וואָס דערמאַנען אַלע אַז דאָס ציונות איז אַ הכחשה אין דער אמונה פון ביאת המשיח און מען דאַרף זיך דערווייטערן דערפון כמטחוי קשת[22].

דער פאַקט אַז מערסטנס בריוו אינעם ספר דעת הרבנים זענען געשריבן געוואָרן פון די פוילישע צדיקים וחסידי עליון, האָט אַרויפגעברענגט דעם צאָרן פון דער ציוני'סטישער פרעסע, וואָס האָבן ביליג אַטאַקירט די גאַנצע פוילישע חסידות של מעלה. דער "המליץ" שרייבט מיט עזות קעגן **הרה"ק בעל שפת אמת מגור זי"ע**: "די גאַנצע הייליגע מחנה זענען קנעכט פונעם הויף פונעם גערער רבי'ן, זיינע היידמאַקים." (המליץ כ"ה אייר תרס"ב) דאָס האָט נאָכגעפאָלגט מיט אַ שאַרפער רעאַקציע דורך דער חרדי'שער צייטשריפט "הפלס", וואָס האָט אויפגעוויזן ווי פאַרלוירן די ציונים זענען נאָך אַזעלכע אמת'ע ווערטער פון גדולי ישראל[23].

22) דער ספר "דעת הרבנים" ווערט אויך דערמאָנט לשבח אין א בריוו פון הרה"ק מציעשנוב זי"ע, געדרוקט אין ספר דברי שמחה (מכתב ג).

23) הפלס (תרס"ג, עמ' 226, מאמר "ציונות מזרחית").

הרה"ק מהרי"ד מבעלזא זי"ע

הרה"ק רבי ישכר דוב רוקח זי"ע, איז געבוירן בשנת תרי"ד לפ"ק, צו זיין פאטער הרה"ק רבי יהושע מבעלזא זי"ע, בן הרה"ק השר שלום מבעלזא זי"ע. נאך די פטירה פון זיין טאטן בשנת תרנ"ד האט ער איבערגענומען דאס רבנות פון דער שטאט בעלזא. טויזנטער אידן פון איבער גאנץ גאליציע און אונגארן זענען געווען סרים למשמעתו, דערונטער די סאמע גרעסטע גדולי תורה ורבנים. דער בעלזער רב האט געפירט דאס דור מיט חכמה ופקחות קדושה וטהרה, און געהיט די אידישע מחנה פון אלע בייזע ווינטן מיט א שטארקייט. נלב"ע בליל שבת קודש כ"ב מר-חשוון תרפ"ז לפ"ק. זי"ע.

מלחמת אש דת השערה

אחד המיוחד פון די רועי ישראל וועלכע האָבן פון דער ערשטער מינוט באַגריפן די טיפקייט פון דער גרויסער טומאה וואָס ציונות טוט מיט זיך פאַרשלייערן, איז געווען הגאון הקדוש רבן של ישראל, דער הייליגער בעלזער רב, הגה"ק מהרי"ד זי"ע, וועלכער האָט אַלע זיינע לעבנס-טעג געקעמפט קעגן דעם כת הציונות און געשטאַנען על המשמר זיי זאָלן נישט פאַרשפּרייטן זייערע טמא'נעם פליגל צווישן אידישע קינדער. דער בעלזער רב האָט זיך באַנוצט מיט די זעלבע כלי מלחמה וואס זיין הייליגער פאָטער, הרה"ק מהר"י מבעלזא זי"ע און די אנדערע גדולי ישראל, האָבן אָנגעוואָנדן קעגן די משכילים, זיי נישט צו ערלויבן אַ דריסת הרגל אין אידישע הערצער. דאס זעלבע האט ער דערקלערט קריג מיט זייער נאָכפאָלגער, די ציוני'סטישע באַוועגונג.

דער בעלזער רב זי"ע איז בימיו געשטאַנען בראש מערכת ישראל, גודר גדר געווען און זיך געשלאָגן מיט די פורצי הגדר מיט אַ מלחמתה של תורה. וועלט-באַרימט איז געווען די מלחמה וואָס ער האָט געפירט מיט שטאָלץ קעגן די אַלע כיתות למיניהם, צוערשט די משכילים, דערנאָך די ציונים, מזרחי און אגודת ישראל.

יעדן שבת ביי שלש סעודות, ווען דער סדר פון אַלע רבי'ס איז צו זאָגן דברי תורה און מוסר פאַר די חסידים, איז איינע פון די הויפּט נקודות אויף וועלכער דער בעלזער רב האָט זיך באַצויגן געווען, די ציונים און די מזרחי'סטן. דער בעלזער רב האָט וועכנטליך גערעדט וועגן די איסורים

וואָס שטעקן אין דער ציוני'סטישער באַוועגונג און די האַרבקייט זיך מתחבר צו זיין צו איר. זיין שוואָגער הגה"ק רבי שמחה ישכר דוב האַלבערשטאַם זצ"ל, דער ציעשינובער רב, שרייבט דערוועגן אין אַ בריוו: "אם אמנם אשר כ"ק גיסי שי' ועוד איזה צדיקים מדברים על שלחנם להתרחק מהם[24]."

די קורצע דרשה פאַר כל נדרי

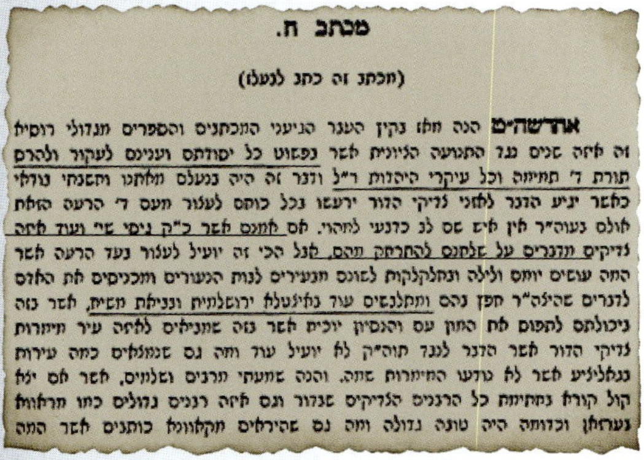

מכתב ח.

(מכתב זה כתב לגעלן)

אחדשה"ט הנה אלו נקין העבר הביעני המכתבים והספרים מגדולי רוסיא זה איזה שנים נגד התנועה הציונית אשר נפשוט כל יסודתם ועניינם לעקור ולהרס תורת ד' תמימה וכל עיקרי היהדות ר"ל ודבר זה היה נעלם מאתנו והשגחתי גדולי כאשר יגיע הדבר לאזני צדיקי הדור ירעשו בכל כוחם לעמוד מעם ד' הרעה הזאת אולם בעוה"ר אין איש שם לב כדבעי לאהוי. אם אמנם אשר כ"ק גיסי שי' ועוד איזה צדיקים מדברים על שלחנם להתרחק מהם, אבל הכי זה יועיל לעמוד נגד הרעה אשר המה עושים יומם ולילה ומתלקלקות לבוגם מצעירים לבות הנערים ומכניסים את האדם לדברים שהילה"ר חפץ בהם ומתלבשים עוד באיצטלה ירושלמית וגאולת משיח, אשר בזה יכולתם לתפוס את האדם עם והגסין יוכיח אשר בזה שמגלים לאיזה עיר מיתרות צדיקי הדור אשר הדבר לנגד תוה"ק לא יועיל עוד וזה גם שמגלים כמה עירות בגאליציע אשר לא נודעו המיתרות שוה. והנה שמעתי מרבים ושלומים, אשר אם יצא קול קורא מחתימות כל הרבנים הצדיקים שבדור וגם איזה רבנים גדולים כמו מרוסיא ומארהין וכדומה היה טובה גדולה וזה גם שהירחים מקאווצ' כותבים אשר המה

הרה"ק מציעשינוב זי"ע שרייבט אין א מכתב קודש אז זיין שוואגער הרה"ק מבעלזא זי"ע רעדט ביי זיין שלחן הטהור מען זאל זיך דערווייטערן פון ציונות

אַמאָל יום הקדוש ביינאַכט, ווען טויזנטער חסידים האָבן זיך אַריינגעשטופּט אין בית המדרש פונעם בעלזער רב און זיך געגרייט צו "כל נדרי" און אַ הייליגע גייסט האָט געשוועבט אין בית המדרש; קיינער האָט זיך נישט געוואַגט אַרויסצוזאָגן אַ וואָרט פון מויל, נאָר אַלעס איז געשטאַנען מיט אָנגעשפּיצטע אויערן צו הערן פונעם בעלזער רב דברי התעוררות צום יום הדין, איז דער בעלזער רב אַרויף אויפ'ן באַלעמער און געגעבן אַ רוף אויס מיט אַ הימל'ישן געשריי: "ס'איז אסור זיך מתחבר צו זיין מיט די ציונים און די מזרחיים און זייער גאַנצער כת!"

דאָס איז געווען די גאַנצע דברי מוסר יענעם יום הקדוש. קיין וואָרט נישט מער. דאָס אַלעס האָט דער בעלזער רב געזאָגט צו צעברעכן די הערצער פאַר דער תפילה פון "כל נדרי"[25].

---

24) דברי שמחה (מכתב ח).

אין דעם גליון משמרת חומתנו תשי"ז איז געדריקט א לענגערע דברי תורה וואס הרה"ק מבעלז זי"ע האט געזאגט ביים שלחן הטהור ליל ש"ק פרשת בהר-בחקתי שנת תרפ"ב ווילנדיג אין דער שטאט האלשיץ, וואס איז פארשריבן געווארן דורך אן אנוועזענדער מלה במלה. פאלגענד זענען איניגע שטיקלעך מתוך דב"ק:

והארץ לא תמכר לצמיתות, כי לי הארץ, כי גרים אתם עמדי... היינו שכל זמן שהיו ישראל שרויין על אדמתם היתה שם השראת השכינה, לא כן עתה בהגלותנו משם נסתלקה השכינה משם אתנו ביחד, והיא אתנו בכל מקום גלותנו, השכינה אתנו בתוך אחינו בנ"י הכללות ישראל...לאפוקי אותן הפוקרים הרשעים שיש להם מלוכה מאנדאט פאלעסטינע, והם חושבים עצמם בבחינת תושבים, להם אין שמה השראת השכינה.... והנה כתיב ולא תקיא הארץ אתכם בטמאכם אותה, כדאיתא בגמרא ארה"ק אינה מחזקת עוברי עבירה, ובטח אר"י לא תחזיקם ותקיאם, ויהי' להם סוף שחור ולא ישאר בידם... וזו גם כן הכוונה העליונה ית' לפזר ולטלטל אותנו להיות מפוזר ומפורד בארבע כנפות הארץ במקומות הפחותים בכדי לקרב ולייחד הכל אל הקדושה. וזה צריכים אנו לדעת שאנו בבחינת גרים, וגלינו בשביל זה לקרב הכל להקדושה... ומתי נהי' תושבים - ככל אבותינו, היינו כשנלך בדרך אבותינו.

וזה פירוש הכתוב ד' שומר את גרים יתום ואלמנה יעודד ודרך רשעים יעות, ימלוך ד' לעולם א' ציון, היינו לאותם אישי ישראל שהם בבחינת גרים הן בארה"ק הן בחו"ל אותם השי"ת שומרם, אמנם לאותם שיש להם דרך והמה נחשבים בעיניהם לתושבים אותם יעותם. ימלוך ד' לעולם א' ציון, היינו שידוע דמלכות דוד המלך ע"ה ומלכות שמים הכל אחד, וזה כוונת דוד המלך ע"ה שיתגלה מלכותו ית' לנצח, ובזה יתקומם מלכות ד' א' ציון, היינו שעל ידי גילוי אלקותו ית' נזכה לציון, דאותן אישי ישראל המקבלים עליהם מלכות שמים המה שייכים לציון, ולא הפוקרים האלה, ורק אנו יש לנו שייכות לציון.

25) קול ישראל (ח' סיון תרפ"ז).

אַמאָל האָט דער בעלזער רב געזאָגט, אַז ביי די ברכה "שלא עשני גוי" האָט ער אויך אינזין נישט צו ווערן קיין ציוני, ווייל זיי זוכן נאַציאָנאַליזם און ווילן עס זאָל ווערן "ככל הגוים בית ישראל".

אָפּגעשטופּט דעם אָנקום פון משיח צדקינו

ווי באַקאַנט האָבן צדיקים מעיד געווען אויפן יאָר תרנ"ט לפ"ק אַז דאַן וועט זיין אַן עת פקידה און זמן מוכשר וואָס איז מסוגל אויף ביאת המשיח. ווען דאָס יאָר איז ליידער אַריבער און מ'האָט געפרעגט דעם בעלזער רב זי"ע פאַרוואָס משיח איז נאָכנישט געקומען, האָט ער געקרעכצט און געזאָגט: "משיח איז שוין געווען גרייט צו קומען, אָבער די ציונים האָבן אָפּגעשטופּט זיין אָנקום. ווער ווייסט אויף ווילאַנג זיי האָבן דאָס אָפּגעשטופּט?"[26]

"פּע, ציוניזם!"

עס האָט דערציילט אַן אַלטער איד וואָס איז אַלס בחור געווען אַ "מה יעשה'ניק" און נוטה געווען צו ציונות, אַז זיין טאַטע, וועלכער איז געווען אַ חסיד נלהב פון הרה"ק מהרי"ד מבעלזא זי"ע, האָט אים אַמאָל גענומען קיין בעלזא. ווען זיי זענען אַריין אל הקודש פנימה, האָט זיין פאָטער זיך אויסגערעדט צום בעלזער רב דאָס עגמת נפש וואָס ער האָט פונעם זון וועלכער איז נוטה צו ציונות. האָט רבי ישכר דוב זי"ע געגעבן אַ הייב אויף זיינע צוויי הייליגע הענט און געשריגן עטליכע מאָל: "פּע! ציוניזם!"

האָט דער זקן אויסגעפירט: "פון דעמאָלטס אָן, ווען אימער כ'האָב געזען אַ ציוני האָט עס מיר געגרוילט"[27].

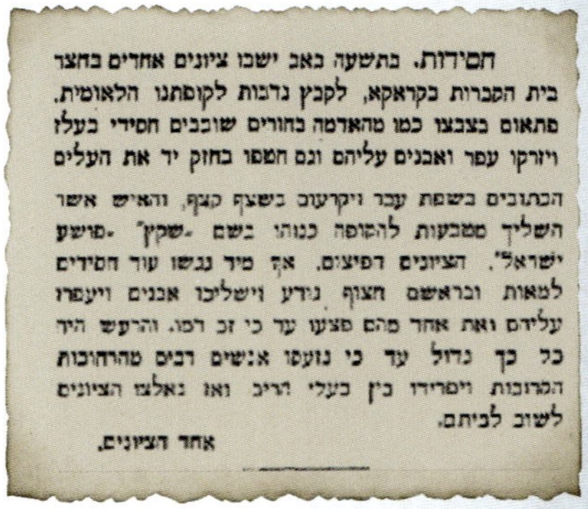
חסידות. בתשעה באב ישבו ציונים אחדים בחצר בית הסברות בקראקא, לקבץ נדבות לקופתנו הלאומית. פתאום בצבצו כמו מהאדמה בחורים שובבים חסידי בעלז ויזרקו עפר ואבנים עליהם וגם חטפו בחזק יד את העלים הכתובים בשפת עבר ויקרעום בשצף קצף, והאיש אשר השליך מטבעות להקופה כנוהו בשם „שקץ" „פושע ישראל". הציונים דפיצים. אך מיד נגשו עוד חסידים למאות ובראשם חצוף נודע וישליכו אבנים ויעפרו עלידם ואת אחד מהם פצעו עד כי זב דמו. והרעש היה כל כך גדול עד כי נועצו אנשים רבים מהרחובות הקרובות ויפרידו בין בעלי הריב ואז נאלצו הציונים לשוב לביתם.

אחד הציונים.

די ציוני'סטישע צייטשריפט "המצפה" וואָס פלעגט ערשיינען אין קראָקא, ברויזט אויף בעלזער חסידים, אין זייער אויסגאַבע פון פרשת עקב תרס"ח, הלמאי זיי האָבן באַוואָרפן מיט שטיינער די וואָס האָבן געזאַמלט געלט פאַר'ן ציוני'סטישן "קרן קיימת".

אינזין האָבן ביי ברכת ולמלשינים

מרן הגה"ק מסאַטמאַר זי"ע האָט אַסאַך מאָל דערמאָנט די עדות'שאַפט פון אַ תלמיד חכם וואָס האָט געהערט פון

26) אדמור"י בעלזא (ח"ג).

27) שיח זקנים (ח"ו עמ' פז).

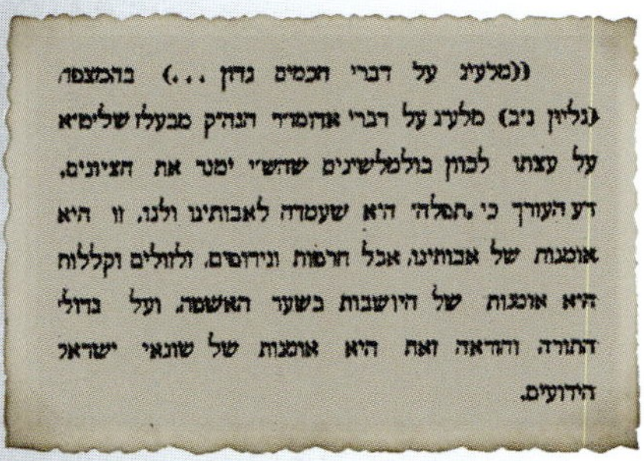
((מלעג על דברי חכמים נדון ...) בהמצפה (גליון נ"ב) מלעג על דברי אדמו"ר הגה"ק מבעלז שליט"א על עצתו לכוון בולמלשינים שהש"י ימגר את הציונים. דע העורך כי "תפלה" היא שעמדה לאבותינו ולנו. זו היא אומנות של אבותינו, אבל חרפות וגידופים, ולזולים וקללות היא אומנות של היושבות בשער האשפה, ועל גדולי התורה והדאה זאת היא אומנות של שונאי ישראל הידועים.

אין גליון "מחזיקי הדת" ווערט ציטירט, ווי די ציוני'סטישע "המצפה" האָט אָפּגעשפּעט פונעם בעלזער רב, וואָס האָט געהייסן מ'זאָל ביי "ולמלשינים" אינזין האָבן די ציונים

בעלזער רב מהרי"ד זי"ע, אַז מ'דאַרף אינזין האָבן ביי ברכת ולמלשינים די ציונים און די מזרחיים![28]

הגה"צ דער נאַסוידער רבי ז"ל פון וויליאַמסבורג האָט דערציילט: ווען איך בין געווען זעקס יאָר אַלט, האָבן מיר געוואוינט אין נאַסויד און מיין טאַטע ז"ל האָט מיר געקויפט אַ קליינעם מחזור. כל נדרי נאַכט האָב איך געהערט פון זיידן דער הייליגער נאַסוידער רב זצ"ל שרייען: "ציוני'סטן ימח שמם! על דעת המקום וכו'", און איך, זייענדיג אַ קינד, האָב געמיינט אַז אָט דער נוסח שטייט אינעם מחזור.

ווען כ'האָב אַמאָל דערציילט די מעשה פאַר'ן סאַטמאַרער רב זי"ע, האָט ער געשמייכלט און מיר געזאָגט: "דו דערציילסט מיר פון דיין זיידן וואָס איז געווען אַ שאַרפער, איך וועל דיר אָבער דערציילן פונעם פריערדיגן בעלזער רב, וואָס ער איז געווען אַן אדם גדול, אַ מנהיג ישראל, אַ שטאַטסמאַן און אַ רבי פון טויזנטער חסידים, ער האָט זיך אָבאַכט געגעבן אויף יעדן וואָרט וואָס ער האָט אַרויסגערעדט, און פאָרט האָט ער געזאָגט אַז ביי ברכת ולמלשינים דאַרף מען אינזין האָבן אויך די ציונים[29]."

קעגן פאַרשלייערן ציוניזם אין ישוב ארץ ישראל

דעם בעלזער רב האָט גאָר שטאַרק וויי געטאָן ווען אידן האָבן גערעדט מיט התפעלות פון ישוב ארץ ישראל, אין דער צייט וואָס ס'האָט געמיינט איינפאַכע ציוניזם.

אַמאָל איז געקומען צום בעלזער רב עמיצער מיט אַ קוויטל און מזכיר געווען זיין זון וואָס האָט זיך געגרייט אַרויפצופאָרן קיין ארץ ישראל, האָט אים דער בעלזער רב געפרעגט: "נאָר דאָס איז דיר אַ חילוק?! און וויאַזוי ער וועט זיך דאָרט פירן, וואו ער וועט וואוינען און וואָס וועט זיין מיט שמירת שבת און אַנדערע אידישע דינים - מיט

28) דערמאָנט ברמז אין חידו"ת ס"ג פר' תרומה תשי"ד, אויך געדרוקט אין חידו"ת למסיבות פר' תצוה.

29) שיח זקנים (ח"ז עמ' קל).

דעם אַלעם ביסטו שוין צופרידן?!" האָט דער איד געענטפערט מיט אַ שטילער שטימע, אַז זיין זון איז פאַרכאַפּט אין אהבת ארץ ישראל.

"וואָס, אהבת ארץ ישראל?" - האָט דער בעלזער רב זיך געגעבן אַ בייזער מיט אַן אש קודש. "גייט אַריין צו מיר אין בית המדרש, וועט איר דאָרט טרעפן בחורים וואָס זיצן און לערנען. אין יעדנס האַרץ פון זיי אַלע שטעקט אַסאַך מער אהבת ארץ ישראל ווי אין טויזנט ציונים! דאָס איז נישט קיין אהבת ארץ ישראל. דאָס איז אַראָפּוואַרפן דעם עול התורה והמצוות!"

הגאון הגדול דער טאַרנאָפּלער רב זצ"ל, בעל חבצלת השרון, שרייבט אין אַ בריוו צו אַ גדול אין יאָר תרס"ד: "ולא אוכל לכבוש מילתא ששמעתי מאדמו"ר הרה"צ מבעלז שליט"א", בנוגע דאָס וואָס די תלמידים פונעם מגיד הגדול ממעזריטש זי"ע האָבן אים געפרעגט פאַרוואָס ער פאָרט נישט קיין ארץ ישראל, האָט ער געענטפערט דאָס וואָס ס'שטייט אין רמב"ן, אין חרדים און אין אַסאַך ספרים, אַז דער וואָס קומט קיין ארץ ישראל דאַרף זיין זייער נזהר אין שמיטה און אין אַלע מצוות התלויות בארץ, ווייל מ'איז אינעם היכל פונעם מלך, דעריבער דאַרף יעדער מענטש ציטערן ביים קומען קיין ארץ ישראל, ער זאָל זיין אַ ירא שמים בכפל כפליים ווי ער איז געווען אין חוץ לארץ און וויסן אַז ער געפינט זיך בבית המלך.

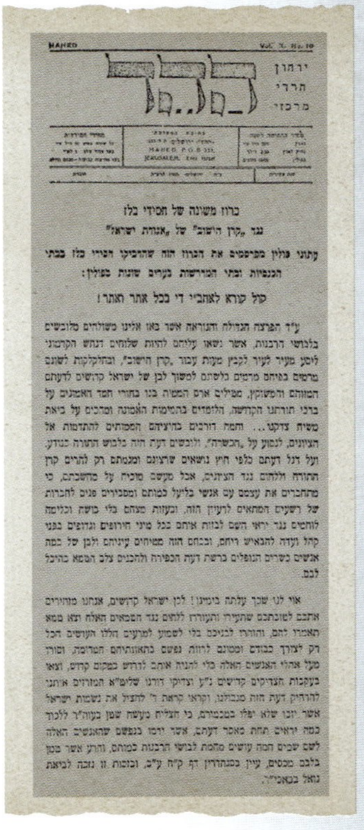
HAHED Vol. X. No. 10

ההד

ירחון חרדי מרכזי

כרוז משונה של חסידי בלז

נגד „קרן הישוב" של „אגודת ישראל"

קהתני פולין מפרסמים את הכרוז הזה שהדביקו חסידי בלז בבתי הכנסיות ובתי המדרשות בעריה שונות בפולין:

קול קורא לאחבי ד' בכל אתר ואתר!

ע"ד הפרצה הגדולה והנוראה אשר באו אלינו משולחים מלובשים בלבושי הרבנות, אשר נשאו עליהם להיות שלוחים דנחש הקדמוני ליסע מעיר לעיר לקבץ מעות עבור „קרן הישוב", ובחלקלקות לשונם מרמים בפיהם מרמים בלשונם למשוך לבן של ישראל קדושים לדעתם המזוהם והמשוקץ, מטילים ארס המטה בנו בחורי חמד האמונים על ברכי תורתנו הקדושה, הלומדים בתמימות האמונה ומחכים על ביאת משיח צדקנו... והמה דורכים בחוצותם המסיתים להתדמות אל הציונים, לנסוע על „הכשרה", ולובשים דעה זוה בלבוש התורה כנודע. ועל דגל דעתם כלפי חוץ נושאים שרצונם ומגמתם רק להרים קרן התורה ולהלחם נגד הציונים, אבל מעשם מוכיח על מחשבתם, כי מתחברים את עצמם עם אנשי בליעל כמותם ומסבירים פנים לחברות של רשעים המתאים לרעיון הזה, ובעזות מצחם בלי בושת וכלימה לוחשים נגד יראי השם לבזות אותם בכל מיני חירופים וגדופים בפני קהל ועדה להבאיש ריחם, ובכחם הזה מטיחים עיניהם ולבן של כמה אנשים כשרים הנופלים ברשת דעת הכפירה ולהכניס צלם הטמא בהיכל לבם.

אוי לנו שכך עלתה בימינו! לכן ישראל קדושים, אנחנו מזהירים אתכם לטובתכם שתעירו ותעוררו להלחם נגד הטמאים האלה וצאו טמא תאמרו להם, והוהרו לבניכם בלי לשמוע למרעים הללו העושים הכל רק לצורך כבודם וממונם להוות נפשם בתאוותיהם התרומות, וסורו מעל אהלי האנשים האלה בלי להניח אותם לדרוש במקום קדוש, וצאו בעקבות הצדיקים קדושים נ"ע וצדיקי דורנו שליט"א המזהירים אותנו להרחיק דעת הזה מגבולנו, וקראו קראת ד' להציל את נשמות ישראל אשר יזכו שלא יפלו במכמורים, כי הצלית נעשה שפן בעוה"ר ללכוד כמה יראים תחת מאסר דעתם, אשר ידמו בנפשם שהאנשים האלה לשם שמים המה עושים מחמת לבושי הרבנות כמותם, והרע אשר טמן בלבם מכסים, עיין בסנהדרין דף ק"ח ע"ב, ובזכות זו נזכה לביאת גואל בבאי"ר.

אין דער חודש'ליכער אויסגאַבע "ההד", וואָס די מזרחי פלעגט אַרויסגעבן אין ירושלים, איז אין תמוז תרצ"ה געווען באַריכטעט וועגן אַ 'מאָדנעם כרוז' וואָס די בעלזער חסידים האָבן געלאָזט הענגען אין די בתי מדרשים אין פוילן קעגן דעם "קרן הישוב" פון "אגודת ישראל". דאָס שפיגלט אָפּ וויאַזוי בעלזער חסידים האָבן געהאַלטן פון ציונות און אגודה.

אין ארץ ישראל זענען דאָ פושעים חלוצים

כ"ק אדמו"ר רבי משה מרדכי מלעלוב זצ"ל האָט דערציילט:

זיין פאָטער הרה"ק רבי שמעון נתן נטע מלעלוב זצ"ל, זון פון הרה"ק רבי דוד צבי שלמה זי"ע מלעלוב-ירושלים, איז אין יאָר תרע"ג אַרויסגעפאָרן אויף אַ קורצער נסיעה קיין חוץ לארץ, אָבער פונקט האָט דעמאָלטס אויסגעבראָכן די ערשטע וועלט קריג; די וועגן זענען געוואָרן פאַרשפאַרט און מ'האָט מער נישט געקענט צוריקפאָרן, נישט דורך די ים'ען און נישט דורך דער יבשה, ווייל אַלעס איז געווען פאַרשלאָסן. זייענדיג אין אַ פרעמד לאַנד אָן קיין משפחה, האָט ער זיך בלית ברירה באַזעצט אין קראָקא, די עיר מלאה חכמים וסופרים וועלכע מען האָט גערופן "ירושלים ד'גאַליציע" און זיינע קינדער זענען אינצווישן נתגדל געוואָרן אין ירושלים ביים זיידן הרה"ק רבי דוד'ל בידערמאַן זצ"ל פון לעלוב-ירושלים.

כ"ק אדמו"ר רבי משה מרדכי זצ"ל איז אָבער געקומען קיין קראָקא צום טאַטן, זייענדיג נאָך דאַן אַ בחור, און אויף אַ שבת נאָך ראש חודש אלול איז ער געפאָרן צו הרה"ק מהרי"ד מבעלזא זי"ע, וועלכער האָט אין יענער תקופה געוואוינט אין האַלאַשיץ.

ווען רבי משה מרדכי איז אַריבער נעמען שלום, האָט אים דער בעלזער רב זי"ע אָפגעשטעלט, כאָטש ס'איז נישט געווען זיין געוועגליכער סדר מפסיק צו זיין אינמיטן שלום-געבן. ער האָט אים אַ פרעג געגעבן ווער ער איז. דערנעבן איז געשטאַנען דעם רב'ס זון הרה"ק מהר"א מבעלזא זי"ע, וועלכער האָט אים געקענט, האָט ער געענטפערט פאַר'ן טאַטן ווער דאָס בחור'ל איז. האָט דער בעלזער רב ווייטער געפרעגט: "וואו וואוינט דער טאַטע?" האָט רבי משה מרדכי געענטפערט: "אין קראָקא."

האָט דער בעלזער רב זי"ע רעאַגירט: "גוט, אין קראָקא איז גוט צו וואוינען, ס'איז דאָך אַ שטאָט פון יראת שמים. אָבער אין ארץ ישראל זענען דאָ פושעים חלוצים."

די "התקוה" וואָס האָט אים קראַנק געמאַכט

אין לעצטן יאָר פון זיין לעבן האָט דער בעלזער רב זיך משתתף געווען ביי אַ חתונה, וואו עס זענען געווען אָנוועזנד עטליכע ציוני'סטישע אַקטיוויסטן וועלכע האָבן אָנגעהויבן זינגען די ציוני'סטישע הימנע "התקוה". דעם הייליגן בעלזער רב'ס גייסט איז צעשטורעמט געוואָרן הערנדיג דעם געזאַנג פון די ציוני'סטישע מושחתים און פון זיין טיפן צאַרן און טיפן פאַרדרוס איז ער קראַנק געוואָרן.

פון יענער מחלה איז דער בעלזער רב מער נישט אויפגעשטאַנען ביז ער האָט צוריקגעגעבן זיין ריינע נשמה צום באַשעפער[30].

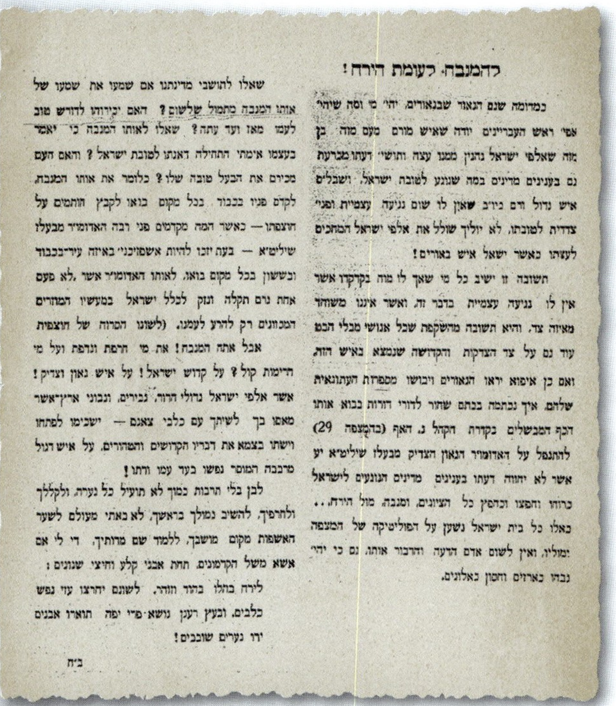
לדהמנבה, לעומת הירח!

כמדומה שגם הגאור שבגאורים, יהי' מי וסה שיהי' אפי' ראש העבריינים יודה שאיש מורם מעם מזה בן מזה שאלפי ישראל נהנין ממנו עצה ותושי' דעתו מכרעת גם בענינים מדינים במה שנוגע לטובת ישראל, ושבלים איש גדול ורם כזיו שאין לו שום נגיעה עצמית ופני' צדדית לטובתו, לא יוליך שולל את אלפי ישראל המחכים לעצתו כאשר ישאל איש באורים!

תשובה זו ישיב כל מי שאך לו מוח בקדקדו אשר אין לו נגיעה עצמית בדבר זה, ואשר איננו משוחד מאיזה צד, והיא תשובה מהשקפה שבל אנושי מבלי הבט עוד גם על צד הצדקות והקדושה שנמצא באיש הזה, ואם כן איפוא יראו הגאורים ויבושו מספרות העתונאית שלהם, איך נכתמה בכתם שחור לדורי דורות בבוא אותו הכף המבשלים בקדרת הקהל ג. האף (בהמצפה 29) להתנפל על האדומו"ר הגאון הצדיק מבעלז שליט"א יע אשר לא יחווה דעתו בענינים מדינים הנוגעים לישראל כרוחו וחפצו וכהסין כל הציונים, ומנבח מול הירח... כאלו כל בית ישראל נשען על הפוליטיקה של המצפה ימוליו, ואין לשום אדם הדעה והדבור אותו. גם כי יהי' גבהו כארזים וחסון כאלונים.

שאלו לתושבי מדינתנו אם שמעו את שמעו של אותו המנבח מתמול שלשום? האם יכירוהו לדורש טוב לעמו מאז ועד עתה? שאלו לאותו המנבח כי יאמר בעצמו אימתי התחילה דאגתו לטובת ישראל? והאם העם מכירים את הבעל טובה שלו? כלומר את אותו המנבח, לקדם פניו בכבוד בכל מקום בואו לקבץ חותמים על חוצפתו — כאשר המה מקדמים פני רבה האדומו"ר מבעלז שליט"א — בעת יזכו להיות אשפיזכני' באיזה עיר-בכבוד ובששון בכל מקום בואו. לאותו האדומו"ר אשר לא פעם אחת גרם תקלה ונזק לכלל ישראל במעשיו המוזרים המכוונים רק להרע לעמו. (לשונו הסרוח של חוצפית

אבל אתה המנבח! את מי חרפת וגדפת ועל מי הרימות קול? על קדוש ישראל! על איש גאון וצדיק! אשר אלפי ישראל גדולי הדור, גבירים, ונבוני ארץ-אשר מאסו בך לשיתך עם כלבי צאנם — ישכימו לפתחו וישתו בצמא את דבריו הקדושים והטהורים. על איש דגול מרבבה המוסר נפשו בעד עמו ודתו!

לבן בלי תרבות כמוך לא תועיל כל גערה, ולקללך ולחרפך, להשיב גמולך בראשך, לא באתי מעולם לשער האשפות מקום מושבך, ללמוד שם מדותיך, די לי אם אשא משל הקדמונים, תחת אבני קלע וחיצי שנונים:

לירח בהלו בהוד וזהר, לשונם יחרצו עדי נפש כלבים, ובעץ רענן נושא פרי יפה תוארו אבנים ירו נערים שובבים!

ב"ח

דער בעלזער צייטונג "מחזיקי הדת" איז מוחה אויף די געמיינע ארטיקלען אין די ציוני'סטישע פרעסע קעגן דעם גאון ישראל וקדושו מהרי"ד מבעלזא זי"ע.

30) קונטרס כ"ב חשון (עמ' פט).

הוספה לקול מחזיקי הדת BEIALGE ZU „KOL MACHSIKE HADAS“ Nr. 33

הודעה ואזהרה!!!

אמר לה ינאי מלכא לדביתהו, אל תתיראי, לא מן הפרושים ולא ממי שאינן פרושין אלא מן הצבועים שדומין לפרושים שמעשיהם כמעשה זמרי ומבקשים שכר כפנחס (סוטה כ״ב).

כבר היתה אמתלא הגונה למי שיש בידם למחות, לפטור עצמם מהודעה ואזהרה לתמימי דרך, להיות נשמרים מאד לנפשותיהם, מהכפירה בעקרי הדת המתנכרת בתמונת „חבת ציון“ ובשם „ציוניות“. שהרי מלבד מעשיהם ודרכיהם הגלוים וידועים של הציונים המעידים על חפשיותם לגמרי מאמונה ודת, הלא גם נאמנה מאד עדות עצמם בכל כתבי עתיהם והוברותיהם, שבהם הם מבארים היטב, שהציוניות היא בעצם ועקר רעין הגאולה והתמירה מדת משה וישראל, ללאומיות האומה, שהיא באמת אסופת חוץ מקרב הגוים ולא מישראל היא, אשר לדעתם הרעה, מסוגלת היא יותר לאחד את כל היהודים כאיש אחד חברים, תחת שהדת תבדיל בין עובד ה׳ לאשר לא יעבדהו. על כן ימירו את כבוד הדת בהלאומיות הזרה שהסבו שמה ציוניות. וכבר הורו ראשי הציונים להלכה, שהכופר בבורא ית׳ ובנתינת תורתו, ובהשגחתו, והוא בן חורין לעצמו, אם הוא רק אוהב עמו ושואף לחירותו הרי הוא יהודי נאמן, במובן ידוע, יותר מהצדיק באמונתו המקים את התורה במסירת נפשו עליה. („המליץ“ תרנ״ט 241). הפקחים שבציונים, יודעים הם כמו שיודע כל בר דעת, שמדינת יהודים ומקלט בטוח בא״י ברשיון המורקים ובהסכם הממשלות, הוא דבר נמנע בדרך הטבע, ואי אפשר להתקים אפילו שעה אחת במוח בעל שכל בריא, וההשתדלות לישוב א״י ומדינת יהודים אינה אלא אונאה וגנבת דעת של מחוסרי סבלנות, שהנקל להגביר דמיונם ורצונם על כל דעת וחשבון, וגם להשעותם אחריהם אל הרעה והדבור כי שוא עבוד אלקים, ואין תקוה בה׳ ובישועות משיחו, מבלעדי הישועה שתושיע לה ידה של האומה בעצמה, בכחה של הלאומיות שתביא לה את האחרות.

ואחרי אשר מצד החמרי מביטים כל חכמי לב על הציוניות כעל רעיון רוח מתעה, ומצד הדת נחשבת היא בעיני כל שלומי אמוני ישראל כמשיחיות שקר של ש״צ שר״י בצורת העת החדשה, לא היה על כן כל נחיצות להודיע ולהזהיר בלתי אם לאלה שבהפקירא ניחא להו, והם הלא המה ברשות לבם ואין לבם ברשותם, לשמוע ולהקשיב.

והנה קמו מתוך הציונים אנשים בעלי תורה במדה ידועה, ששעו בהציוניות, א׳ שהתמכרו לה, מפני חשבונות עצמם שיפה היא וטובה להם, והם מבינים היטב נכון שלא תוכל הציוניות להתקים, ומה גם לא להתפשט בתוך האומה בצורתה התפשית כמי שהיא, מבלי שתהא לה איזה אחוזה בקדושה, כמו שתמיד, השקר שאין לו רגלים תולה עצמו באמת שבפיו, ועל כן העמיקו עצה עמוקה משאול, להיות סרסרים לציונות בערמומיות יראת שמים צבועה ואהבת תורה מלאכותית, והם באים לטהר בק״ן טעמים של שוא את השרץ שבידם, היא הציונית, שבאמת בתוך תוכה היא כפירה בעקר, לאמר שהרעיון שבה הוא כלו טהור קדש, אלא שחפשים ופורקי עול תורה הנאחזים בה טמאוה, פרעוה לשמצה, ולכן התגודדו מפני מראית עין לאגודת „ציונים מזרחים“, כמתרחקים מן הכעור של כנסיות אנשים ונשים במחולות, וכמשתדלים להיות ציונים שומרי תורה, גם בהיותם חברים ומשותפים בלב אחד עם כל הציונים החפשים ועובדים שכם אחד עבודת „העד הפועל בווין“ ומקיימים החלטות הקונגרסים בבזל, ומסורים בכל לבם נפשם ומאדם למנהלי הציוניות הידועים והמודיעים בעצמם שאין להם שום אמונה ודת כלל, וכל מצוה שהחזיקו בה הציונים על פי משיח השקר שלהם מדקדקים בה „המזרחים“ יותר מהם, כגון „לכבוש את הקהלות“ בתקיפות ובחוצפא יתירא, ובנתינת חתיתם במתנגדיהם, ובאספת כספים לצורך האגיטאציע, וכהנה.

והמזרחים הללו, שאין ביניהם לבין חבריהם הציונים אלא שנוי השם והצביעות בלבד. כדי להטהר ולהתקדש הם מבקשים ומוצאים להם איזה קלי הדעת מתוך בעלי בתים בני תורה, שהיתה הציוניות מנקרת במוחם מכבר ונמנעו להתחבר עמם מפני הבושה, ועתה הוו „למזרחים“, שהתגודדו ופירשו עצמם מביהמד״ר ויסדו להם חברות ש״ס או משניות. ואליהם נספחו גם ציונים ידועים לכופרים לא רק בתורה כי גם בנותן התורה, והם מצטרפים ומתחברים לחברה ש״ס מזרחית, מפני שהשעה צריכה לכך לצרך הפרסרות ואחזת עינים, וכפי שמסיחים לפי תומם במכתב חוזר מהמורשה הציוני „מספוצקין“ מנחם אב תרס״ב בפרק העצות נכבדות מאת המזרחי, וז״ל: „במקומות שונים קבעו שעור גמרא כעין אמצעי למשוך על ידו את לב החרדים לציונות“. ואחרי אשר למוד התגדה הוא רק אמצעי למשוך את התמימים אחרי הכפירה, לא נתמה עוד לראות את אלו המזרחים שלפני שעה קלה ישבו מסובים בחברה ש״ס בהאי ניסא. בעצמם מתערבים בהאי גיסא בהלולא וחנגא של תערובות אנשים ונשים, ודורשים דרשות של דופי בפסוקים ומאמרי חז״ל שמגלים בהם פנים לאפיקורסות לצורך הציונות. וכדי להראות שבהמתה יש להם נמצאים גם רבנים, וכמו לקים בעצמם דברי רשב״י במדרש רבה בראשית פ׳ ו׳ כל פרצה שאינה מן הגדולים אינה פרצה, נמצאו להם איזה רבנים, שבזכות ציונותם היו גם לגדולים. הגעו בעצמכם, הרבה מאלף רבנים, כמ״ב נמצאים ברוסיא ופולין, וכן במדינות עסטרייך גאליציען אונגארן ואשכנז, שרובם ככולם גדולי ישראל. וכהם כמה גאונים גדולים, צדיקים וחסידים קדושים וטהורים, וכולם מתכבדים להיות כאבותינו אבלי ציון המצפים לישועה על פי הכלל המונח „היום אם בקולו תשמעו“. והני רבנן, נבדלו מעל אחיהם ורבותיהם בכל תפוצות ישראל הגדולים מהם הרבה מאד בחכמה ובמנין, ופרצו גדרי עולם, והם רק מעטים אחד במדינה ושנים מארץ רבה, לא יעלה מספרם לעשרים, ונכנסו להציונות לפרוץ פרצה בישראל, ועלה הפורץ לפניהם „לראש המזרחים“, שכבר נבדלו ופירשו רבנים עצמם ממנו, כפי שנודע לאיש המבקש גדולות לו למצוא דוקא בין המשמאילים באמונות ודעות. וככה הרבנים האחרים האלה מתחברים „המזרחים“ לפרוש מצודתם לנפשות תמימים לצודם אל הציונות בסמיות עינים ובכל מיני אמצעים מגונים ומשונים, ביחוד במקומות שאין מכירים אותם ותרמיתם. המכשלה המיוחדת להמזרחים, היא ההסתה שמסיתים את בחורי הישיבות, שמשניאים בעיניהם את מנהליהם וראשי ישיבותיהם, ומבזים ומשקצים את דרך הלמוד הישן הנהוג מרבנן קשישאי ואומרים להם שיש דרך ההגיון בתלמוד שלא ידעו רבותינו מעולם ממנו, וראש המזרחים הורה את דרך ההגיון השגעוני הזה בספריו „אורים גדולים“ „וחותם תכנית“ ועוד זאת שנחוץ לדעת המזרחי לצרף אל למוד הגפ״ת גם ידיעות חיצוניות, ולתכלית זו מכניסים בחשאי ליד הבחורים ספרים חיצונים וספרי מינים ומארסים בהם אותם.

☜ נבקש להדביק העלה הזה בבהכנ״ס ובבתי־מדרשות. ☞

— 10 —

על כן אחינו, שלומי אמוני ישראל, חזקו ונתחזקה בעד עמנו ותורתנו, לעמוד בפרץ, לא בחיל ולא בכח, גם לא בטענות ובוכוחים עם הציונים והמזרחים יחד, שאין אנו רשאים להתוכח עמם כלל, כי אם בעמידתנו בדעה חזקה שלא ליתן את הרעיון הציוני המזרחי המשחית לבוא אל בתינו, ולהתרחב ולהתפשט יותר, בזה שנפרסם ברבים בדבור ובכתב את הדברים והאמת הללו.

א) שהציונות בעצמה מיוסדת על ההכחשה בהשגחת ה' ית', בעקרי שכר ועונש ובביאת הגואל, והלאומיות הדוברת בה, אינה אלא התמלאות מחרבנה של הדת הקדושה והאמונה בה' ובנביאיו ובחכמי התורה שבע"פ הקדושים, ולפיכך, גם אלו יצויר, שתתנהג על ידי יראים ותיקים בכונה טובה אי אפשר לה שלא תהרוס את האמונה והדת, ובכן אין הציונות מהרסת הדת מפני שמהרסי הדת נוהגים אותה, כי אם להפך, מהרסי הדת נוהגים בה מפני שאין אמצעי טובה להם להרוס הדת כהציונות, ורב כחה להתעות מדרך התורה גם יראים וחרדים שנלכדים ברשתה.

ב) ולא עוד אלא שצריכים אנו לברר, שאפילו אם היתה איזה ממש באמונת כמה מחלושי הדעת, שיש איזה אפשרית של תקוה לעשות אתחלתא דגאולת הארץ הקדושה בממוננו ובהשתדלותנו, הרי ההשתדלות הזאת אסורה לנו על פי אזהרת חז"ל הקדושים, והנסיון כבר הוכיח כי בכל עת ובכל מקום שהתחילו להשתדל בכגון זה, הביאו כמה גזירות וצרות חמריות ורוחניות על ישראל, ואין שואלין לאדם ביום הדין עשית לישועה כי אם צפית לישועה, ואין לנו רק התקוה והיחול עם קיום התורה והמצות, ועל אחת כו"כ שכל עקר הרעיון לבקש ולמצוא מקלט בטוח בא"י מיוסד על שוא נתעה, ואינו אלא אמתלא לעקירת עקרי האמונה ולהרוס יסודי הדת.

ג) לידע ולהודיע ברבים, שאסור ליתן אפילו פרוטה אחת בידיהם ובידי שלוחיהם היוצאים ופושטים ידיהם להוציא דמים (תרתי משמע) מישראל בתורת גבית שקלים שיצאה מתקנת הועד שבווין, שלוקחים בחזקה או בפתוים של ערמה מהמוני עמנו שנותנים בטעות על ארץ ישראל ולכל הנדבות המשונות, כמו הפאנד, שהתחכמו להמציא להם, ואפילו הקערות שמעמידים בעיוהכ"פ בכח הסכמת אחדים מגדולי הרבנים שהיתה כונתם על ישוב א"י כדי שיקיימו אחינו העובדים שם את המצות התלואות בארץ, ובאו הציונים והפכו הקערה שלא תזכר ולא תפקד שום מצוה התלואה בארץ, והעקר לידע ולהודיע שלא יוציאו אפילו פרוטה אחת מכל הממון שמאספים על ארץ ישראל גופא, כי מלבד מה שהממון שלוקחים מבלי שום חשבון מתדבק הרבה בכפיהם של הגובים, הנה בעצמם מודים הציונים שכל אלו השקלים, והנדבות מיוחדים רק לצרכי האגיטאציע להרחבת הציונות, לשכר סופריהם, להמטיפים שלהם לנסיעות ולדרשות, וחלילה לאיש להקל דעתו ולאמר מה איכפת לי אם אתן גם לעגל זה שאני נתבע, כשם שאשליך על שארי הכלים שאני נותן, אם מפני הכבוד, או מפני המורא שלא לנפול בפיהם של הני עזי נפש דחציפין, לפי שכל הנותן פרוטה אחת להציונות הוא כזורק וכו' ונותן למהרסי הדת „כובשי הקהלות" כח להרוס יותר ולחזק בידם הכבישה וההטעאה יותר ויותר, וכל הגורם להרבות כח בהם, הוא ממעט את הדמות מהדת והיהדות המסודות בידינו מסיני.

ד) אעפ"י שאמר דוד המלך עה"ש (תהלים קל"ט) משנאיך וגו' ובמתקוממיך אתקוטט, אעפ"כ אנו איננו רשאים להתגרות בהם בימינו, ואפילו לגרום למחלוקת, אבל במה דברים אמורים, כשהם עושים לעצמם מה שלבם חפץ, אבל כשהם מביאים ומעלים על הבימות בבתי כנסיות ומדרשות על כרחנו מטיפים שנתפקרו והתמכרו להם לדרוש לפני הקהל הקדוש, דברים הסותרים עקרי האמונה והדת עלינו למחות בכל תוקף.

ה) להשכיל בינה לכל הירא ורך הלבב, שאין כחם וגבורתם של אלו החפשים אלא בחרופיהם וגדופותם ולצנותם בכתבי עתיהם, כפי שכבר הכירו רבים כי אין חרפה לאדם של צורה כהתהלה שאלו מהללים אותו במכתבי עתים שלהם, ואין מכובד אמתי בעיני מכובדים כמי שמחרפים ומגדפים אותו ומזלזלים בו בליצנותם ובשקריהם, וכטפש טפלות מליצות של שטות שלהם ואינו משיב ועונה כלום.

ו) מצוה לפרסם את החנפים המזרחים סרסרי הציונות המעמדת את היהדות על רגש הלאומי בלבד ולא על התורה והמצוה, כמסורת אבות, ואומרת שאין עזרתנו אלא בעצמנו, להמציא לנו מקלט בטוח ומדינת יהודים בא"י רק בכח עצמנו וכי ישועתנו תלואה רק ברצוננו, וכים אחד ואחדות גמורה להמזרחים עם הציונים בכל הדעות וההחלטות של הקנגרסים החפשים ואין בין הציונים להמזרחים אלא שנוי השם כדי לסמא את העינים ולהתעות את הלבבות בסימני טהרה שהם פושטים לשמירת הדת לצרך ההטעאה והסרסרות, ובוש לא יבושו והכלם לא ידעו לעשות אספות להציונות בשם ישוב א"י גם אחרי שהודה משיח השקר מנהל הציונות שאי אפשר להוציא לפעולות לא רק מדינת יהודים כי אפילו רק „שטעטל" א י א פ ש ר להשיג ושעל כן, על כרחו, בקש לו מנהל הציונות ענין לענות בו לאחוות עינים, „בוואד על עריש" ואח"כ „באוגנדא האפריקנית", אך לא בארץ ישראל, והמזרחים היו ה ר א ש ו נ י ם שהסכימו לו להמשיח השקר להדיח את ישראל „לאוגאנדא", והכל לשם חביבות ארץ ישראל. היש צביעות וגנבת דעתם של בריות כזו של המזרחים? ומצוה להזהר ולהזהיר להתרחק מעליהם! וכל המתרחק מעליהם ומתחזק ומחזק ידים רפות בעת לעשות לה' ולתורתו יזכה לראות בביאת גואל צדק ובשיבת בנים לגבולם ומציון תצא תורה ואורה, בב"א.

מאת

הרבה שלומי אמוני ישראל ממדינת רוסיא.

די "מחזיקי הדת" צייטונג, וואס איז ערשינען דורך בעלזער חסידים, האָט רעגלסמעסיג געשריבן און מעורר געווען קעגן ציונות און זייערע פעולות. אין אַ גילוי דעת אונטערגעשריבן פון "שלומי אמוני ישראל ממדינת רוסיא" שרייבט די "מחזיקי הדת":

"הציונות בעצמה מיוסדת על ההכחשה בהשגחת ה' יתברך, בעיקרי שכר ועונש ובביאת הגואל, והלאומיות הדוברת בה אינה אלא התמלאות מחורבנה של הדת הקדושה ובאמונה בה' ובנביאיו ובחכמי התורה שבעל פה הקדושים, לפיכך גם אילו יצוייר שתתנהג על ידי יראים ותיקים בכוונה טובה, אי אפשר לה שלא תהרוס את האמונה והדת.

הגה"ק **מהרש"ב מליובאַוויטש** זצוק"ל

הרה"ק רבי שלום דובער מליובאוויטש זי"ע, איז געבוירן אין ליובאוויטש כ' חשון תרכ"א לפ"ק, צו זיין פאטער הרה"ק רבי שמואל זי"ע, בן הרה"ק רבי מנחם מענדל זי"ע, דער צמח צדק, חתן הרה"ק רבי דובער זי"ע, דער מיטעלער רבי פון ליובאוויטש זי"ע, בן הרה"ק בעל התניא מליאדי זי"ע.

דער מהרש"ב זי"ע איז נאך אויפגעוואקסן על ברכיו פון זיין זיידן דער צמח צדק זי"ע, פון וועמען ער האט מקבל געווען זיין הייליגן דרך בתורה ובעבודה. און בשנת תרנ"ט לפ"ק האט ער אנגעהויבן פירן די עדה הק' מיט טיפע מאמרים אין חסידות און הדרכה פאר זיינע צענדליגער טויזנטער חסידים. ער האט געגרינדעט די ישיבה "תומכי תמימים" און געדינט ווי א געטרייער טאטע ברוחניות ובגשמיות פאר די גאנצע רוסישע אידנטום אין זייערע שווערע תקופות. דער מהרש"ב איז געווען א חכם הרזים וואס האט פאראויסגעזען די מאורעות הזמן מיט א טיפן דרינגליכן בליק, און מיט זיין גאלדענעם פעדער האט ער אפגעשריבן הפלא'דיגע מאמרים און בריוו צו קעמפן קעגן די רשעים מיט אן עמקות און חכמה נפלאה. נלב"ע ב' ניסן שנת תר"פ לפ"ק. זי"ע.

פון די אויסגערופענע גדולי ישראל מיט 100 יאָר צוריק, וועלכער איז געווען שטאַרק באַקאַנט מיט זיין פייערדיגן קנאות און פשרה'לאָזן קאַמף קעגן די ציונים, מזרחי און אגודה, איז געווען דער ליובאַוויטשער רבי, דער מהרש"ב זי"ע, וואָס האָט נאָכאַנאַנד געוואָרנט אין זיינע דברי תורה און כתבי קודש צו זיין מובדל ומופרש פון די ציונים און נישט האָבן קיין שום התחברות מיט זיי און זייערע רעליגיעזע נאָכשלעפער.

דער מהרש"ב זי"ע איז געווען פון די ערשטע און גרעסטע לוחמים קעגן ציוניזם און איז געשטאַנען בראש הלוחמים צווישן די גדולי ישראל, גאונים און צדיקים, קעגן די מהרסי ומחריבי דת קדשינו ועוכרי ישראל. מיט מערערע בריוון און קונטרסים האָט ער אויפגעקלערט דאָס אידישע פאָלק מען זאָל זיך דערווייטערן פון ציוניזם אין אַלע אירע פאָרמען, און מיט פייערדיגע ווערטער האָט דער צדיק נ"ע און מנהיג ישראל בדורו געוואָרנט אידן החרדים לדבר ה' וועגן די שענדליכע מעשים תעתועים וואָס די ציונים באַגייען, די גייסטישע און פיזישע חורבנות וואָס זיי זענען עלול גורם צו זיין אין ארץ ישראל און אין ירושלים עיה"ק אויב ס'וועט זיי געלונגען זיך משתלט צו זיין אין ארץ הקדושה.

אַלס טייל פון זיין מלחמת הקודש האָט דער מהרש"ב געגרינדעט אַ ספעציעלן קרן וועלכן ער האָט געניצט מלחמה צו האַלטן קעגן די ציונים. אין

אגרות קודש מהרש"ב[31] ווערט דערציילט וועגן איינעם פון די נגידים, ר' מנחם מאַניש מאָנעסזאָהן פון פעטערבורג, וואָס האָט מנדב געווען סכומים הגונים פאַר'ן באַזונדערן קרן מיט וועלכן דער מהרש"ב האָט זיך באַנוצט פאַר זיין מלחמה קעגן ציונות.

דער מהרש"ב זי"ע האָט זאָגאַר געשיקט אַ שליח מיוחד, הרה"ח רבי אליעזר משה מדייבסקי ע"ה, פונעם שטעטל חאַוורול, וועלכער איז ספעציעל געפאָרן קיין קאָוונא, און בשליחותו מטכס עצה געווען, אינאיינעם מיט די אַנדערע עסקנים פון דער "לשכה השחורה" - רבי יעקב ליפשיץ ז"ל, רבי משה כרפס ז"ל, רבי שלמה זלמן לאַנדאָ ז"ל און רבי שמעון מעריקל ז"ל - וויאַזוי צו באַקעמפן די נייע ציוני'סטישע באַוועגונג[32].

"דעם פאַסיגן וועג וויאַזוי אַרויסצוגיין קעגן זיי"

אינעם דערמאַנטן ספר אור לישרים, איז באַזונדער באַרימט דער אריכות'דיגער און קלאָרער בריוו פונעם מהרש"ב זי"ע, וואו ער שטעלט אַראָפּ בדברים קילורין לעינים די פעלזן-פעסטע יסודות אַרום דער גאַנצער סוגיא פון גלות וגאולה. ער באַטאָנט אַז דער פראָבלעם פון ציונות איז אויסדריקליך בלויז צוליב דעם וואָס זיי ווילן פאַרכאַפּן אַ גאולה מיט די אייגענע הענט אָן וואַרטן אויף ישועת ה'. דער מהרש"ב שרייבט הייליגע רייד וואָס לייגט זיך ווי אָפּענע רוח הקודש אַז אויב די ציונים וועלן חלילה באַהערשן ארץ ישראל וועלן זיי איר מטמא זיין און פאַרשמוצן מיט אַלעם ערגסטן, ל"ע.

דער מהרש"ב זצ"ל שרייבט דברים כדרבונות, ווי פאָלגנד[33]:

איבער אייער פראַגע וועגן די ציונים און זייער באַנק [באַנק לאומי], וועל איך ענטפערן אין קורצן:

אויך אויב די מענטשן וואָלטן געווען גאַנץ מיטן אויבערשטן און זיין תורה און עס וואָלט געווען אַ מקום צו טראַכטן אַז זיי וועלן דערגרייכן זייער ציל, טאָרן מיר זיך נישט צוהערן צו זיי איבער דער זאַך, צו מאַכן א גאולה מיט אונזער אייגענעם כח. מיר זענען דאָך נישט ערלויבט צו דוחק זיין דעם קץ הגאולה אפילו דורך פאַרמערן מיט צופיל געבעט (רש"י כתובות דף קיא.)**.**

און זיכער אַזוי מיט גשמיות'דיגע כוחות און תחבולות, נעמליך אַרויסצוגיין פון גלות מיט'ן כח פון אונזער פויסט, טאָרן מיר נישט, און נישט אַזוי וועט זיין גאולתינו ופדות

---

31) אגרת תק"כ אין די הערה.

32) החסידות ושיבת ציון (עמ' 40).

33) אור לישרים (עמ' 57), והועתק באגרות קודש מהרש"ב (סי' פו).

נפשינו, איבערהויפט ווען דאָס איז קעגן אונזער אמת'ער האָפענונג, ווייל אונזער גאַנצע האָפענונג איז אַז הקב"ה זאָל אונז ברענגען משיח צדקינו במהרה בימינו און אונזער גאולה זאָל זיין דורך הקב"ה אַליינס, ווי עס שטייט אין מדרש רבה אויפן פסוק 'כי עמך מקור חיים', אַז די גאולה וואָס איז געווען דורך משה און אהרן איז נישט געווען אַ גאַנצע גאולה און מען איז צוריק אין גלות. אַזוי אויך די גאולה דורך חנני' מישאל ועזרי', אפילו ס'איז געווען דורך דער נבואה פון ירמיהו און די שפּעטערדיגע נביאים וואָס זענען דאַן געווען מיט זיי. אָבער אינעם יעצטיגען גלות ליגט אויף אונז צו האָפן בלויז אויף אונזער ישועה און גאולה דורך הקב"ה אַליינס, נישט דורך א בשר ודם, און דעריבער וועט אונזער גאולה זיין אַ גאַנצע.

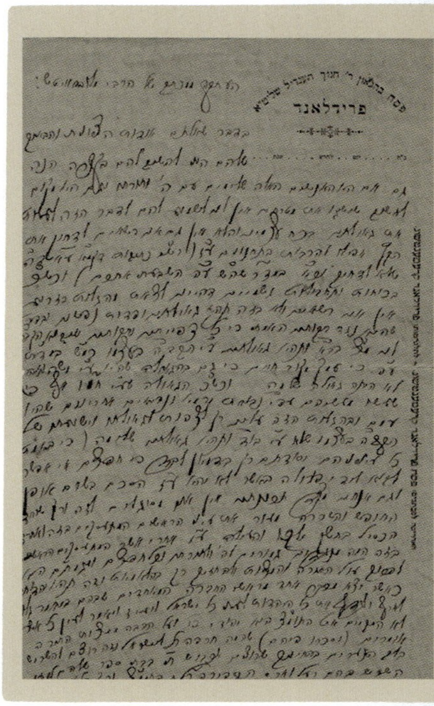
פרידלאנד

ארגינעלע העתקה פון דעם בריוו פון הרה"ק מהרש"ב זי"ע וואס איז געדריקט געווארן אין "אור לישרים"

אויב עס וועט ח"ו געלונגען פאַר זיי צו הערשן אויף ארץ ישראל אַזוי ווי זייער שטרעבן, וועלן זיי עס מטמא זיין און באַשמוצן מיט זייערע שמוציגע און שלעכטע מעשים, און זיי וועלן דערמיט פאַרלענגערן דעם גלות. אונזערע ברידער, זייט אייך מתבונן אויב אין די סאָרט ענינים וויל דען דער אויבערשטער, און אויב דורך זיי וועט זיין די ישועה פאַר אידן. ניין, ניין. מיר וועלן דאָס נישט מקבל זיין בשום אופן. אויך די גוטס פון די מענטשן וועלן מיר אָוועקוואַרפן. נישט אין אַזאַ גוטס זענען מיר פאַראינטערעסירט, נאָר אין די גוטס וואָס דער אויבערשטער וועט אונז געבן.

דערפאַר, ווער ס'איז געטריי צו השי"ת און זיין תורה, זאָל זיך נישט מתחבר זיין צו די וואָס טוען שלעכטס, נאָר אדרבה, מ'זאָל זיך קעגנשטעלן קעגן זיי מיט אַלעם וואָס איז מעגליך, און ווילאַנג עס וועט זיין דער ווילן פון השי"ת אונז אויסצולייזן, ליגט אויף אונז צו מקבל זיין דעם יאָך פונעם גלות וואָס טוט פאַרציי ען אונזערע עבירות.

דער בריוו פונעם מהרש"ב האָט דעמאָלטס געמאַכט אַ געוואַלדיגן רושם. עס האָט געעפנט די אויגן פון פילע טויזנטער אידן, און די ציונים וועלכע האָבן דאָס נישט געקענט דערהייבן זענען שאַרף אַרויס קעגן אים[34].

רביה"ק מסאַטמאַר זי"ע ברענגט די דערמאַנטע ווערטער פונעם מהרש"ב, און לייגט צו: "אַזוי איז געווען דער דעת פון אַלע גדולים וצדיקים, ווי מען קען זען דאָרט (אינעם קונטרס אור לישרים), און אַזוי האָבן מיר אַלע געהערט פון אַלע גדולי ישראל במשך פון אַלע דורות[35]."

תופס געווען די טומאה עמוקה פון ציונות

הרה"ח ר' ישי בוכינגער ע"ה האָט נאָכדערציילט אַז מרן רביה"ק מסאַטמאַר זי"ע האָט זיך אַמאָל אויסגעדרוקט, אַז דער מהרש"ב בעומק קדושת שכלו האָט מער תופס געווען די טומאה עמוקה פון ציונות, מער פון אַסאַך אַנדערע גרויסע מענטשן.

דאָס איז טאַקע קענטיג אינעם אויבנדערמאַנטן מכתב קודש וואָס דער מהרש"ב זי"ע האָט געשריבן און איז נאָך געדרוקט געוואָרן בחייו, וואו דער מהרש"ב איז מברר אַז אפילו אויב די ציונים וואָלטן געווען שלמים עם ה' ותורתו טאָר מען נישט נעמען קיין גאולה מיט די אייגענע כוחות; מען טאָר נישט דוחק זיין את הקץ, און אונזער גאולה וועט נאָר זיין דורך הקב"ה אַליין, און דערצו זענען זיי אַלע פורקי עול התורה והמצוות וועלכע ווילן אַראָפּפירן דעם גאַנצן כלל ישראל, ווי דער מהרש"ב דרוקט זיך אויס: "ואם ח"ו יעלה בידם להחזיק בארץ כמו שמדמים בנפשם, יטמאו וישקצו אותה בשיקוציהם ומעלליהם הרעים ויאריכו בזה ח"ו את אורך הגלות".

דער מהרש"ב האָט געזען אינעם רעיון פון ציונות אַ "גיפט און סם וואָס הרג'עט און פאַרברענט די נשמה"[36], און איז זעלבסט מעיד אויף זיך אַז ער האָט זיך שטאַרק אַריינגעלייגט אינעם ענין, ווייל "דאָס רירט אָן צום קיום פון עצם נקודת היהודות ממש"[37].

---

34) אין ס' דברי יואל מכתבים (ח"א עמ' קכט) איז געדרוקט א בריוו פון מרן הק' מסאטמאר זי"ע, געשריבן צו הגאון רבי יעקב לאנדא זצ"ל אבד"ק בני ברק, וואו דער רבי שרייבט אים וועגן דעם וואס די גדולי וצדיקים פון דור איידער דער קריג האבן געוואוסט די הארבקייט פון נישט האבן קיין שום קשר מיט די ציונים. דער רבי איז מעתיק וואס ס'איז געדרוקט אין ספר אור לישרים: "ונדפס שמה על זה מכתב מהגה"ק מהרש"ב מליבאוויטש זלה"ה שנדפס זה בחיים חיותו, וז"ל שם באמצע המכתב: 'ובפרט זה לא יוכלו היראים להשתתף עמהם כי המה לא ישמעו לדברי היראים בעניני הדת והחינוך, ויעשו מעשיהם כחפץ החופש הנטועה ומושרש בנפשם, ועוד יעיזו לאמר שגם היראים מסכימים בזה, והרבה מהמון מאחב"י יאמינו בתמימות שכל מעשיהם הם גם בהסכמת היראים והחרדים. ואם יתחלקו מאתם אח"כ ויצעקו מרה נגדם, אפילו אם יתנו לדבריהם מקום במכ"ע, לא תפעל כל כך בהתחלקותם וגם השתתפותם הקודמות, וכאשר אנו רואים עתה לאחד מן הגדולים שלהם שיצא ונתחלק מהוועד הפועל לנגד להם, מכל מקום לא פעל בהתחלקותו והתנגדותו עתה כמו מה שפעל קודם השתתפות שלו, עכ"ל. - און דער רבי פירט אויס: "זעט מען ווי וויאזוי דער מהרש"ב האט מעיד געווען אז דאס וואס מען איז זיך מיט זיי אין אנהויב מתחבר איז מען מקלקל, ווייל עס העלפט נישט נאכדעם אפילו אויב מען שרייבט שארף קעגן זיי."

35) ויואל משה (מאמר שלש שבועות סי' קיז).

36) "מכתבו נכון הגיעני. ומאוד עגמה נפשי לראות אשר עוד הפעם שומע אל המטיפים הרשעים המשחיתים ומחבלים ר"ל כרם ישראל לקצץ בנטיעות ולנטוע שורש פורה ראש ולענה, הרעיון הציוני אשר בו רעל וארס הממית ושורף את הנשמה ר"ל. אחרי אשר כבר נתגלה קלונם ברבים וכפרותם ורשעתם כבר נראה ונגלה לעין כל". (אגרות קודש מהרש"ב מכתב קל).

37) "וכולם ענינים גדולים ובהם ענינים העומדים ברומו של עולם, כמו בדבר הלמודיות במדינתינו ודבר הציונות, אשר נכנסתי בזה הרבה

די געוואַלדיגע השפעה פונעם מכתב קודש

מערקווירדיג אַז דער אויבנדערמאַנטער בריוו פונעם מהרש"ב זי"ע אין ספר "אור לישרים" איז געדרוקט געווארן אין אַ באַזונדערער אויפלאַגע וואָס איז פאַרשפרייט געוואָרן אין צענדליגער טויזנטער עקזעמפלאַרן בכל תפוצות ישראל און געשאַפן אַ מורא'דיגן רעש איבער דער אידישער גאַס, אַזש אַז די ציוני'סטישע רבנים האָבן פרובירט מיט אַלע מעגליכקייט צו פאַרוואַסערן די ריזיגע השפעה וואָס דאָס האָט געשאַפן, ווי עס איז קענטיג אין די קונטרסים "בין אור לחושך" און "אל קריינא דאגרתא", וועלכע זענען דאַן ערשינען צו פאַרענטפערן די פייערדיגע ווערטער פון ליובאַוויטשער רבי'ן זי"ע[38].

אין אַ בריוו וואָס דער מהרש"ב זי"ע שרייבט אין יענער תקופה, באַציט ער זיך צו די ווילדע אַטאַקעס וואָס די ציוני'סטישע בלעטער האָבן אונטערגענומען קעגן אים, ווי פאָלגנד:

"ווען איך האָב געשריבן דעם בריוו האָב איך געוואוסט אַז די הינט וועלן בילן און פאַרפירן, און איך האָב מסכים געווען דערצו, וויבאַלד איך האָב געזען די וויכטיגקייט דערינען אַז עס איז נוגע צום יסוד וקיום הדת, און איך האב בכלל נישט קיין חרטה דערויף, ווייל געלויבט השי"ת האָט עס אַסאַך אויפגעטון פאַר אונזער מטרה[39]".

"ניט מיט אונזער ווילן זענען מיר אַוועק פון ארץ ישראל"

ביי אַן אסיפת הרבנים וואָס איז פאָרגעקומען אין ווילנא בשנת תרס"ה, האָט דער מהרש"ב געזאָגט:

בהתעסקות גדולה, באשר נוגע לכללות קיום עצם נקודת היהדות ממש. (אגרות קודש מהרש"ב, כרך ו', מכתב א' קפא).

38) אין דעם חיבור "על הציונות" וואס איז ערשינען אין ווארשא בשנת תר"ס שרייבן די ארויסגעבער (עמוד 17) ווי פאלגענד: "הן זה מקרוב יצא מכתב אדמו"ר הקדוש מליבאוויטש אל כל שלומי אמונה להתנגד אל הציונית בקול חזק ואדיר, כי מנהליה חותרים תחת אשיות הדת, אשר בכוחו לעשות רושם נורא על אלפי רבבות ישראל לבלתי גשת אל הציונים."

אין קובץ יגדיל תורה (שנה ב', קונטרס כ"ד) ווערט געברענגט א מאמר פון יענע תקופה וואס שרייבט: "ובהיפך האדמו"ר המפורסם בכל קצוי ארץ מליבאוויץ שליט"א הפיץ מכתב בכתב יד קדשו נגד הציונית עשה רושם אדיר, מלבד מה שפקח עיני רבבות אלפי ישראל, כידוע לכל, הנה כה פעל על החפשים ולא נחה דעתם עד שחברו והדפיסו קונטרס מיוחד נגדו בשם "קריינא דאגרתא" וזה הוא האות היותר נעלה עד כמה קלע המטרה במכתב קדשו".

אויך דער מהרש"ב זי"ע זעלבסט דערמאנט דאס אין זיינע בריוו (אגרות קודש כרך ג' מכתב תקצ"ב) "המכתב בדבר הציונות בדרך כלל פעל הרבה לטובה ת"ל, ומכמה מקומות דורשים ומבקשים לשלוח להם המכתב, והנני שולח לכל דורש בלי שום יראה כלל כי אין לי ממה ליראות".

39) "ומה ש'המליץ' פער פיו אין ליתן לב ע"ז, כי בעת שכתבתי את המכתב ידעתי שהכלבים ינבחו ויצעקו מרה, ואני הסכמתי ע"ז באשר ראיתי גודל הנחיצות בזה שנוגע ליסוד וקיום הדת אשר המהרסים חותרים חתירה תחתי'. השי"ת יפר עצתם... ואינני מתחרט כלל ע"ז, כי תה"ל פעל הרבה למטרת כוונתינו, ומכל דברי המנגדים ומהחרפות שלהם אינני מתפעל כלל וכלל. ותקותי חזקה שהי"ת יסכר את פיהם". (אגרות קודש מהרש"ב, אגרת תרמו).

"ניט מיט אונזער ווילן זענען מיר אַוועק פון ארץ ישראל און ניט מיט אונזערע כוחות וועלן מיר זיך צוריקקערן קיין ארץ ישראל. אבינו מלכינו ית' האָט אונז פאַרטריבן אין גלות, והוא ית' וועט אונז אויסלייזן און צאַמנעמען די פאַרשטויסענע פון אַלע וועלט-עקן און זיי פירן דורך משיח צדקינו צו אונזער לאַנד[40]."

איבער אַריינלייגן ציונות אין דער תורה הק'

אין איינע פון די בריוון שרייבט דער מהרש"ב זי"ע:

"ווער ס'איז מגלה פנים בתורה שלא כהלכה; ער צייגט אָן דאָס ציונות אין דער תורה בכלל און אין דא"ח (פנימות התורה) בפרט, איז ער אַזויווי ער שטעלט אַ צלם אין היכל און ווי דער וואָס האָט משריץ געווען צחנתו בבית קודש הקדשים, לא יאבה ה' סלוח לו. השי"ת מיט זיין גרויס רחמנות זאָל אַוועקנעמען פון אידישע קינדער דעם דאָזיגן פאַרשאָלטענעם רעיון און ער זאָל אַריינגעבן אין זייערע הערצער תשובה צו טאָן צו אים באמת[41]."

קעגן פעולות פון באַזעצן לאַנד אין ארץ ישראל

דער מהרש"ב האָט זיך אפילו מתנגד געווען צו דאָס באַאַרבעטן פעלדער און גרינדן ישובים אין ארץ ישראל, אויך ווען עס האָט נישט קיין שייכות מיט בויען אַ לאַנד. ווי אַ חכם עדיו מנביא האט ער געזען אַז די אַלע סאָרט פעולות וועלן ענדגילטיג נישט ברענגען קיין אמונה און קדושה פאַר ארץ ישראל[42].

חבלי משיח גיט מען אומזינסט...

צום מהרש"ב זי"ע איז אַמאָל געקומען אַ דעלעגאַציע פון פרייע שרייבער און דענקער, צווישן זיי די אפיקורסים סאָקאָלאָוו און אחד העם שר"י, מיט'ן פאַרלאַנג אַז ער זאָל זיך אָנשליסן אין אַ

40) ספר המאמרים, קונטרסים, כרך ראשון, קונטרס יד. ספר התולדות אדמו"ר מהרש"ב (עמ' 60).

וע"ע שם (עמ' 230) מתוך דרשתו לתלמידי הישיבה: "ישנם כאלה המאמינים בגאולה בכח עצמו, כדוגמת ה"חברה החדשה" המהפכים את הפסוק "בונה ירושלים ה' נדחי ישראל יכנס", ואומרים שאת נדחי ישראל הם יכנסו והם יהיו בוני ירושלים, הלואי שלא יגרמו לחורבן רוחני וגשמי חדש, והשי"ת ישמרינו מהם ומהמונם".

41) אגרות קודש מהרש"ב (מכתב קל).

42) "ב"ה. יום ג', כ"ג מנ"א תער"ב לפ"ק, נאות דשא זאאלשיע. כבוד ח"ג הנכבד יחי'.

אד"ש. היום הראני... נ"י מכתב תשובה מכבודו על שאלתו בשמי בדבר התייסדות מושבה באה"ק. והנני להודיעו אשר בלי ידיעתי כתב... הדברים האלה, ואני לא דברתי אתו אף דיבור קל בדבר הזה, וכמאז כן עתה אני הנני בניגוד גמור לדבר התייסדות מושבות באה"ק. ומכאן מודעה רבא שבאם יבא בשמי עוד דברים כאלה, אין להם שום יסוד כלל וכלל, והשי"ת יחיש וימהר גאולתינו ופדות נפשינו. והנני דודו המכבדו כערכו, שלום דובער". (אגרות קודש מהרש"ב, מכתב שלז).

כרוז וואָס רופט צו שטיצן די ציוני'סטישע אָרגאַניזאַציעס. פאַרשטענדליך אַז דער מהרש"ב האָט זיי קאַטאַגאָריש אָפּגעוואָרפן זאָגנדיג: "משיח וועט איר טאַקע נישט ברענגען, אָבער חבלי משיח וועט איר ברענגען אַסאַך..." ווען עמיצער פון די ציונים האָט זיך אָנגערופן: "אָן חבלי משיח קען דאָך משיח נישט קומען," האָט דער מהרש"ב רעאַגירט בחכמתו: "חבלי משיח גיט מען אומזינסט אָן געלט. איר דאַרפט נישט זאָרגן דערפאַר..."[43]

דער רשע איז מודה; ליובאַוויטש איז אַ שטאַרקע פעסטונג

דער אבי אבות הטומאה "אחד העם" שר"י, איז אַרומגעפאָרן לענגאויס רוסלאַנד צו אַגיטירן פאַר זיינע נאַציאָנאַלע געדאַנקן. ווען ער האָט זיך צוריקגעקערט פון זיין רייזע האָט ער פאַרציילט פאַר זיינע פריינד אַז אין אַלע פלעצער האָט ער שטאַרק מצליח געווען, אויסער אין די געגנטער וואָס זענען אונטער'ן איינפלוס פון ליובאַוויטשער חסידים. דאָרט האָט ער געהאַט ערנסטע דורכפעלער, וויבאַלד "ליובאַוויטש האָט געבויט אַ שטאַרקע פעסטונג וואָס וועט אָנהאַלטן אַמווייניגסטנס נאָך פערציג יאָר"![44]

מפרסם זיין פאַר די אומות אונזער התנגדות צו ציונות

ווען יונגטליכע ציוני'סטישע באַנדעס האָבן אַמאָל אַגיטירט קעגן דער רוסישער רעגירונג, האָט דער מהרש"ב זי"ע גערופן צו אָרגאַניזירן אַן אָפיציעלע פאַרדאַמונג קעגן די גרופעס, מיט אַ קלאָרשטעלונג אַז אידן זענען געטריי פאַר דער רעגירונג און מיר זענען זיך מתנגד בכל תוקף ועוז צו ציוניזם, סיי על פי תורה און סיי צוליב דעם פרידן פונעם לאַנד וואו מיר וואוינען[45].

43) ספר קול יעקב להג"ר יעקב טייטלבוים ז"ל, (עמ' קסא).

44) "וכאשר שמע זאת הרה"ק זי"ע נתמלא פיו שחוק של הנאה, ואמר אין זה אמת עד ארבעים שנה, רק עד ביאת המשיח". (קול יעקב עמ' יד).

45) "ראשית דבר לסדר ולקרוא מחאה נגד מעשה הצעירים, ולהביע רגשי עבודתינו הנאמנה למלכנו יר"ה וכו'.

והנני מציע בזה, אשר בהמחאה תהי' מבואר מפורש אשר סיבת משובת הצעירים הוא משתי סיבות, האחת מפני התרחקם מתוה"ק באופן נורא ומבהיל, והשנית מפני הציונות שהתעוררה והתגברה רגש הלאומי בלב ההמון בכלל והצעירים בפרט, והיא המביאה אותם לצאת מסדרי ההגדרה, ורוח אחרת נהייתה בהם.

ואנחנו הננו מנגדים בכל תוקף ועוז אל הציונות מצד הדת ומצד שלום המדינה. ובאסיפתינו זאת נשתדל למצוא דרכים לקרב גם את צעירי אחינו אל תוה"ק, אשר תקוותינו תאמצינו שהממשלה יר"ה אשר בחסדה נתנה לנו הרשיון על האסיפה הזאת, תחזק ידינו בהדרכים אשר נמצא אל הרעיון הנשגב הזה, ותתן לנו היכולת להשיג מטרתינו האדיר, ובשם ה' ובשם תוה"ק הננו מזהירים את אחינו כל אשר נגע יראת ה' בלבבו להבדל מהרעיון הציוני לגמרי ולהזהר מחברתם.

ב. לסדר קול קורא אל הצעירים על משובת נפשם (הדימיקראטיעס), להוכיחם ע"ז מצד תוה"ק, ואשר בזה המה מביאים רוגז על כל אחינו יושבי מדינתינו, ואם ח"ו תסיר הממשלה יר"ה את השגחתה מאתנו, הלא מסוכנים אנחנו ח"ו בנפשנו ממש, וכאשר אנחנו מצידינו נהי' נאמנים ומסורים אל הממשלה יר"ה, תקוותינו חזקה אשר תטה חסדה עלינו ותשגיח עלינו לשמור אותנו ומטובה הגדול תענקינו לחיותינו כיום הזה. והקול קורא יהי' בלשה"ק וזשרגאן ויודבק בכל הבתי כנסיות.

וצריכים למסור למומחים לדבר לסדר המחאה והקול קורא בהשכל ודעת ויבקר מהרבנים הג', ויחתמו עליהם כל הרבנים הנאספים. (אגרות קודש מהרש"ב, מכתב רכד).

קעגן דער מזרחי און אירע רבנים

דער מהרש"ב האָט גלייך ביים אָנהויב פון גרינדונג פון ציונות אויך אַרויסגעברענגט דעם חורבן וואָס וועט אַרויסקומען פון די אַלע פּאַרטייען וועלכע שטעלן זיך צו דערצו. דער מהרש"ב האָט באַקעמפט דאָס ציוניזם און קאָלאָניאַליזם און שפּעטער אויך די "מזרחי" און "אגודה".

אין אַ מכתב קודש שרייבט ער דברים כדרבונות אויף דער "מזרחי" פּאַרטיי:

"די כיתה איז ממש ווי די ערשטע (ציונות)**, אָן קיין שום חילוק אין איר אינערליכן ציל, און עס איז פיל אַרגער ווי ציונות, ווייל עס פאַרדעקט איר כוונה און באַהאַלט עס אין אַ שלייער פון אַ הייליגן לבוש, דאַרף מען מער נזהר זיין דערפון. איר זאָלט אייך דערווייטערן פון זיי כמטחוי קשת און נישט האָבן דאָס מינדעסטע שייכות מיט זיי[46]."**

חכם עדיף מנביא

צווישן די פילע בריוון פונעם מהרש"ב זי"ע ווערט קלאָר נתברר די איסורים פון נעמען אַ מדינה פאַר דער צייט, דעם אמת'דיגן באַדייט פון מצות ישוב ארץ ישראל און דעם איסור פון באַנוצן די טמא'נע שפּראַך "עברית". דער מהרש"ב איז די אַלע ענינים מברר אויפ'ן קלאָרסטן און שאַרפסטן אופן.

עס דאַרף באַמערקט ווערן אַז אָט די פּאָראויסזאָגונגען און אזהרות פונעם מהרש"ב מליובאַוויטש זי"ע מיט אַזויפיל יאָר צוריק, זענען פולשטענדיג מקויים געוואָרן אין דער ציוני'סטישער מדינה כדברי נבואה ממש. עס איז באמת זעלטן צו טרעפן אַזעלכע קלאָרע שטעלונגען און אַזוי קלאָר אַרויסגעברענגט אויף אַ תורה'דיגן אופן, ווי מען קען דאָס זען ביים רש"ב זי"ע. ווי אַ חכם הרואה את הנולד האָט ער פאָראויסגעזען די געשעענישן פון אונזער תקופה מיט אַן אויסערגעוועהנליכער חכמה. דער וואָס לערנט אַדורך זיינע פילע בריוו און מאמרים קעגן ציונות מוז באַאיינדרוקט ווערן פון זיין פעסטן דעת תורה קעגן דער כפירה און טומאה פון ציונות. עס שרייט אַרויס זיין אמת'ע שיטה פאַר פולשטענדיגע התבדלות מרשעים און דעם פליכט וואָס ליגט אויף אידן זיך צו קלאַמערן אין דער אמת'דיגער אמונה צו האָפן און צו וואַרטן אויף ביאת משיח צדקינו נאָר דורך השי"ת אַליין במהרה בימינו.

(46 "ב"ה. יום ב' ז"ך אלול תרס"ב לפ"ק. ליובאוויטש. כבוד ידידי המפורסם וו"ח נכבד י"א כו'.

מכתבו נכון הגיעני, בדבר שאלתו אודות הכיתה החדשה מזרחיים אין הזמן כעת להאריך בדברים, אך בקיצור הנני להודיע דעתי באמיתיות הענין אחר העיון, אשר הכת הזאת היא ממש כהראשונה בלי שום חילוק כלל בכוונתה הפנימית, ועוד היא גרועה ממנה הרבה שמכסה היא כוונתה ומעלמת אותה תחת מסוה לבוש הקדושה, וצריכים להזהר ממנה ביותר... ואם אותי הוא שואל, ומדעתי הוא יעשה, יתרחק מהם כמטחוי קשת, ואל יגע בכל אשר להם, ובזה יהי' שלום לו והשי"ת יטיב לו הכו"ח בגו"ר כאות נפשו". (אגרות קודש מהרש"ב, מכתב קיא).

דער ויכוח געדרוקט אין קונטרס "ומעין מבית השם"

דער מהרש"ב האָט אַמאָל געהאַט אַ לענגערן שמועס מיט הרב ר' שלמה אהרן אהרנסאָן פון דער שטאָט ניעזשין, וועלכער איז געקומען זיך אָננעמען פאַר די ציונים און די שיטת הציונות, נאָכדעם וואָס דער מהרש"ב האָט קעגן זיי געשריבן אַ שאַרפן בריוו אין שנת תר"ס. דער שמועס האָט זיך באַצויגן איבער'ן רעיון הציונות. דער הייליגער מהרש"ב זי"ע האָט געענטפערט אייניגע פראַגעס וועלכע יענער האָט אַרויסגעריקט, אין וועלכע ער האָט פרובירט צו מצדיק זיין די ציונים און זייער שיטה.

די טענות און די ענטפערס זענען דערנאָך אַראָפּגעשריבן געוואָרן מיט אַ גרויסן אריכות דורכ'ן מהרש"ב זי"ע, וואו ער האט אַליין אָפּגעשריבן די ספּעציפישע טענות וואָס הרב אהרנסאָן האָט אים פאָרגעשטעלט לטובת ציוניזם און די תשובות וואָס ער האָט אים געענטפערט דבר דבור על אופניו, אין וועלכן דער מהרש"ב ווענדט אָפּ מיט קלאָרקייט אַלע טענות. דאָס אַלעס איז געדרוקט געווארן דורך בנו אדמו"ר הריי"צ זצ"ל אָנהויב פונעם קונטרס "ומעין מבית ה'" און עס איז אויך געדרוקט אין "אגרות קודש" פונעם מהרש"ב (כרך א' סי' קכב).

צוליב איר געוואַלדיגן אינהאַלט איז כדאי צו ציטירן אַ חלק פון דער תשובה וואָס דער מהרש"ב האָט געענטפערט, וואו ער איז מאריך בכלליות אין דער גאַנצער שעדליכקייט פון ציונות (אין לייכטער איבערזעצונג):

די ערשטע טענה:

א. חז"ל זאָגן אונז ביים אותו האיש, אַז דורכדעם וואָס מען האָט אים אין אָנהויב אָוועקגעשטויסן, האָט ער זיך אָפּגעשיידט פון אידישן פאָלק און באַגאַנגען אַזאַ פאַרראַט. דאָס זעלבע מיט די ציונים. דורך דעם וואָס מען טוט זיי מרחק זיין און מ'שטויסט זיי אַוועק, טיילט מען זיי אָפּ פון כלל ישראל און זיי גייען נידעריגער.

תשובה: די רייד פון חכמינו ז"ל איבער'ן אותו האיש זענען געזאָגט געוואָרן אויף דער תקופה איידער ס'איז אַנטדעקט געוואָרן זיין שאַנדע און זיין מדת הרע איז געווען באַהאַלטן און באַגראָבן אין אים. אויב וואָלט מען אים דאַן מקרב געווען, וואָלט אפשר נישט אַנטפּלעקט געוואָרן זיין שלעכטס און ס'וואָלט נישט פּאַסירט דאָס וואָס ס'איז אין דער ענדע געשען. אויך אין אים זעלבסט וואָלט דער שלעכטס זיך באַהאַלטן מער און מער און מעגליך וואָלט זיין חלק הטוב הנגלה זיך מתגבר געווען אויף זיין רע הנעלם און אים

איבערגעדרייט צום גוטן; דורכדעם וואָס מען וואָלט אים מקרב געווען, וואָלט ער נתקרב געוואָרן צו די חכמים און נישט געקומען צו זיינע שעדליכע פעולות.

אָבער נישט אַזוי איז לגבי דעם ענין פון די ציונים, וואָס זיי זענען דאָך שוין אַרויס מיט אַ שטאַרקייט און אָפנקייט צו פראָקלאַמירן זייער כפירה'דיגע שיטה פון נאַציאָנאַליזם, אויף וואָס זיי קענען בשום אופן נישט אויפגעבן, וויבאַלד דאָס איז דער עיקר יסוד פון זייער אידעאָלאָגיע.

אויב מיר וועלן זיי מקרב זיין, וועט דאָס צוברענגען אַז בלויז מיר זאָלן זיך דערנענטערן צו זיי ח"ו און נישט אַז זיי זאָלן זיך צוריק דערנענטערן צו אונז. אויך אויב מיט איניגע מינדערוויכטיגע זאַכן וועלן זיי צושטימען און אָננעמען די ווערטער פון די פרומע אידן, וועט עס בלויז זיין צו פאָפן, אָבער אין די צענטראַלע יסודות וועלן זיי גאָרנישט אויפגעבן. מיט זייערע כיטרע טאַקטיקן וועלן זיי פאַנגען אַסאַך תמימות'דיגע נפשות, דערמיט וואָס זיי וועלן אָנצייגן מיט די פינגער און וועלן מיט פאַרשידענע אופנים פאַרשפרייטן אַז אויך די פרומע אידן זענען איינשטימיג מיט זיי. מיר דאַרפן דעריבער טון פונקט דאָס פאַרקערטע וואָס חז"ל זאָגן ביים אותו האיש אַז מען וואָלט אים נישט געדאַרפט אָפּשטופן מיט ביידע הענט. מיט די ציונים מוזן מיר זיך פירן פאַרקערט.

די צווייטע טענה:

ב. נאָך אַלעם זענען געווען פילע מענטשן וואָס זענען געווען ווייט און אָפּגעפרעמדט פון אידישקייט און האָבן נישט געוואָלט זיך רופן אַלס אידן, אָבער יעצט אַדאַנק דער ציוני'סטישער באַוועגונג שטאָלצירן זיי מיט'ן אידישן נאָמען און געהערן זיך אָן צווישן אידן.

תשובה: איר זאָגט אַז על כל פנים האָט ציונות גע'פועל'ט ביי מענטשן וואָס זענען געווען ווייט פון אידישקייט אַז זיי זענען נתקרב געווארן, און איך פרעג "מיט וואָס" זענען זיי נתקרב געוואָרן? האָבן זיי דען אָנגעהויבן היטן תורה ומצוות?! ניין. אדרבה, פון קיום התורה והמצוות און אמונה בהשי"ת זענען זיי נאָכמער דערווייטערט געוואָרן דורך דער ציוני'סטישער באַוועגונג.

די ציונים האָבן באַוויזן צו פאַראורזאַכן אַ גרעסערן און פיל ערגערן שאָדן פון די משכילים שר"י. די משכילים האָבן געגעבן פאַר'ן אידישן פאָלק אַ 'צוגאָב' צו דער תורה, נעמליך, מיט'ן פאַרשפרייטן זייערע געדאַנקען אַז מען דאַרף 'אויך' לערנען די לימודים חיצונים און השכלה אין צוגאָב צו די לימודי קודש. און היות די אַלע טריפה'נע לימודים

זענען דאָך אין קעגנזאַץ צו דער תורה, האָט אין לויף פון דער צייט גובר געווען די אַלע לימודים, און די אַלע וואָס האָבן זיך פאַרטיפט דערינען זענען פאַרוואַנדלט געוואָרן אין כופרים און פוקרים וואָס האָבן פון זיך אַראָפגעוואָרפן דעם עול מלכות שמים און עול התורה, ווי מיר זעען מיט די אויגן.

אָבער נאָך אַלעם, דער משכיל ווייסט אַז ער האָט אָפגעקערט פונעם דרך התורה והמצוות און ער איז נישט קיין איד, איז דעריבער פאַרהאַן אַ האָפענונג אַז אפשר וועט ער זיך אַמאָל כאַפּן וואו ער איז פאַרקראָכן און וועט זיך צוריקקערן צו זיין באַשעפער. מיר ווייסן דאָך אַז "ישראל אף על פי שחטא ישראל הוא"; ער האָט נאָך אַ פונק פון געטליכקייט, קען דאָס אים ברענגען אַן אויפוואַכונג צו תשובה און קיום התורה, איבערהויפּט ווען עס באַדראָעט אים צרות אָדער פיין, ווי מיר האָבן געזען ביי די פּאָגראָמען אין קיעוו אַז פילע אידישע סטודענטן האָבן אָנגעהויבן לייגן תפילין וכדומה.

אַנדערש איז אָבער די ציונים וואָס האָבן זיך פילפאַכיג מער איבערגעקלוגט צום שלעכטס. זיי האָבן פּראָקלאַמירט די שיטה פון נאַציאָנאַליזם 'אַנשטאָט' די תורה ומצוות, אַזוי ווי מאַנדעלשטאַם (אַ באַרימטער ציוני'סטישער פיגור) שרייבט אין זיין עפנטליכן בריוו אַז "נישט דער וואָס איז מקיים די מצוות איז אַ איד, נאָר דער וואָס איז אַ ציוני, אויך אויב ער לייגט נישט תפילין און היט נישט שבת" ר"ל. דאָס זעלבע שרייבט די צייטונג "השלוח" פאַראַנגענעם יאָה, אַז אויך ווער ס'איז עובר אויף אַלע מצוות שבתורה ה"י, אויב איז ער אַ "נאַציאָנאַליסט" איז ער אַ פיינער איד.

דער ציל פון די אַלע ציוני'סטישע אַרטיקלען זענען מיר קלאָר, אַז זייער גאַנצער שטרעבן איז אַוועקצושטעלן אַ קביעות ביי אידישע קינדער, אַז די גאַנצע תורה ומצוות איז בלויז אַן עצה אַז דאָס אידישע פאָלק זאָל זיך צוזאַמהאַלטן, און היינט, מיט דער אַנטשייאונג פון ציונות פעלט דאָס שוין נישט אויס.

וואָס עס קומט אַרויס פון אַלע מאמרים פון די ציונים, זעען מיר מיט די אויגן. זייער גאַנצער שטרעבן און פלאַג איז אַריינצוברענגען - און זיי טוען דאָס טאַקע - אַ נייע זאַך ביי אידן, אַז דאָס האַלטן תורה ומצוות איז בלויז אַ מיטל צו האַלטן אידן פאַראייניגט, אָבער נישט אַז דאָס איז אַ חוב וואָס מען מוז טון. דער דאָזיגער געדאַנק איז גרינג אַריינצוברענגען אין דער יוגנט פון אונזער פאָלק, וועלכע זענען אָנגעגרייט דאָס צו פאַרנעמען. און ווען עס פאַרווירקליכט זיך דער געדאַנק ביי זיי, באַטראַכטן זיי זיך אַז זיי זענען אינגאַנצן פטור פון תורה ומצוות. זיי טראַכטן אַז זיי דאַרפן נישט דעם מיטל, איבערהויפּט ווען זיי האָבן שוין אַן

אַנדערן מיטל דערצו. ווי זיי זענען דאָס מסביר, אַז אויב עס וואָלט געווען נאָר איין איד אין דער וועלט וואָלט ער דאָך נישט געדאַרפט איינהאַלטן די תורה ומצוות, נאָר וויבאַלד עס זענען פאַראַן אַסאַך אידן - השי"ת זאָל זיי פאַרמערן - פעלט דאָס אויס אַלס אַ מיטל אַז מען זאָל זיך צונויפהאַלטן, און יעצט פאַרטוישן זיי די תורה פאַר'ן נאַציאָנאַליזם, און דער נאַציאָנאַליזם איז דער מיטל זיך צוזאַמענצוהאַלטן.

נאָך דעם אויפטו, איז ווער עס גייט אַריין צו די ציונים באַטראַכט זיך נישט אַז ער איז עפעס מחויב אין תורה ומצוות, און ממילא איז נישט דאָ קיין האָפענונג אַז ער וועט נאָך אַמאָל תשובה טאָן, און אפילו מען זאָל אים אָפּפרעגן זיינע טעאָריעס וועט ער בשום אופן נישט תשובה טאָן, וויבאַלד ער איז לויט זיין חשבון אַן ערליכער איד, ווייל ער איז דאָך אַ געטרייער נאַציאָנאַליסט.

איז דאָך שוין די זאַך קלאָר פעסטגעשטעלט מיט פעסטע לאָגיק, אַז דער געדאַנק פון ציוניזם, נישט נאָר וואָס דאָס האָט נישט דערנענטערט די וואָס זענען געווען ווייט פון אידן, נאָר עס האָט זיי נאָך אַסאַך מער דערווייטערט. זיי האָבן נאָך איבערגעפירט ערליכע אידן פון קלאָרן שכל און אויסגעריסן פון זיי דעם גאַנצן ענין פון הייליגקייט, פון תורה און די אמונה אין השי"ת און קיום המצוות. מיט דעם וואָס זיי האָבן אַוועקגענומען דעם חיוב צו האַלטן תורה ומצוות און איינגעוואָרצלט אין זיי אַז מיט'ן נאַציאָנאַליזם איז מען אַ ריכטיגער איד. ממילא יעדער ווער ס'ווערט געכאַפּט ביי זיי גייט גלייך אין אָפּגרונד ר"ל, און עס איז נישטאָ קיין האָפענונג ח"ו פאַר זיי ביז צום סוף.

די ציונים, דאָס הייסט זייערע הויפּטן, און די קלענערע אָן שכל וואָס ווערן נאָכגעשלעפּט נאָך זיי, פירן אויס זייערע שלעכטע מעשים מיט בלאָף און מיט רשעות'דיגע מיטלען. זיי פרעדיגן מיט טויזנטער אַרטיקלען און צענדליגער טויזנטער ווערטלעך - וואָס ציען צו דאָס האַרץ - אין אידיש, אין עברית און אין לאַנדס-שפּראַך, זייער עיקר יסוד, אַז דאָס גאַנצע ענין פון אידישקייט איז נאַציאָנאַליזם.

ווער עס האָט נאָר אַביסל שכל וועט מודה זיין אויפ'ן אמת, אַז די גאַנצע דערוועקונג פון הערצל און נאַרדוי צו ציון, איז נישט עפעס אַ געטליכע דערוועקונג וואָס האָט זיך דערוועקט אין זיי.

די ליבשאַפט פון אונזערע ערליכע ברידער צו ארצינו הק' נעמט זיך פון דער געטליכער הרגשה וואָס זיי האָבן, און זייער גאַנצער ווילן איז אין השי"ת און אים צו דינען. צוליב דעם ווילן זיי וואוינען אויפ'ן אָרט וואָס השי"ת האָט דערין אויסגעוועלט. ה' הבוחר בציון

ובירושלים. די ליבשאַפט איז אַן אינערליכע געפיל און שטאַרקע אהבה צום פלאַץ און זיי וואָלטן ממש געקושט די ערד - וואָס דאָס איז זייער גאַנצער לעבן - אויב השי"ת וועט זיי מזכה זיין צו קענען קומען קיין ארץ ישראל, וואָס צו דעם גלוסט יעדעס אידיש האַרץ און זעל.

אַנדערש איז אָבער די סיבה פונעם התעוררות צו ציון ביי די פירער פונעם ציונות, בפרט הערצל און נאַרדוי, ווי מען האָט דאָס קלאָר געזען ווען הערצל איז געווען אין ארץ ישראל. ער איז דאָרט נאָך מער דערווייטערט געוואָרן פון השי"ת און האָט אָפענערהייט פאַרשוועכט תורה ומצוות. ער איז אַריינגעפאָרן אין ירושלים עיה"ק ת"ו ווען עס איז שוין געווען שבת, און איז געגאַנגען אויפ'ן מקום המקדש, וואָס אפילו אַלס מענטשליכקייט האָט ער דאָס נישט געטאָרט טאָן, מחלל שבת צו זיין אָפענערהייט אין דער הייליגער שטאָט און אויפ'ן פלאַץ פונעם בית המקדש צו טאָן את הרע בעיני ה', ה' ירחם. נישט אַנדערש נאָר אַז דאָס איז געטאָן געוואָרן מיט אַ ספּעציעלער הדגשה פאַרצושטעלן זייער טמא'נע שיטה, אַז דאָס גאַנצע אידישקייט איז נאַציאָנאַליזם. דער ראש הציונים האָט אויפגעשטעלט דעם צלם פון נאַציאָנאַליזם - וועלכע איז אַ מרידה אין אויבערשטן און כפירה אין תורה ומצוות - אויך אויפ'ן פלאַץ פון בית המקדש.

די ריכטיגע סיבה פון דער דערוועקונג פון די הויפּט ציונים, וועלכע פאַרנאַרן און פאַרשטויסן און רעדן איבער דאָס אידישע פאָלק אַוועק פון השי"ת און פון זיין תורה, צו ציון און ירושלים, איז ווייל די אברים וואָס האָבן זיך שוין לאַנג אָפּגעשאָקלט פונעם גוף ישראל אין חוץ לארץ, האָבן זיך שוין לאַנג אויסגעמישט מיט די גוים און מען איז פאַראייניגט געוואָרן מיט זיי ביז מען איז געוואָרן איין פאָלק מיט די גוים. אַזאַ איד פון דייטשלאַנד האָט זיך גערעכנט ווי אַ דייטש, איינער פון עסטרייך האָט זיך גערעכנט ווי אַן עסטרייכער, און דער פון ענגלאַנד האָט זיך גערעכנט ווי אַ ענגלענדער. אַזוי אין אַלע לענדער. ער האָט גערעכנט אַז דאָס איז זיין פאָלק און זיין געבורט פלאַץ. די קעניגרייך באַלאַנגט צו אים פונקט ווי צו אַלע איינוואוינער פון לאַנד וואו ער געפינט זיך, און זיי האָבן זיך געלעבט - לויט זייער מגושם'דיגן דעת - אַ רואיג און צופרידן לעבן און מען האָט זיך משדך געווען מיט די פעלקער פון די לענדער צו ווערן איין פאָלק.

אָבער השי"ת וואָס וויל אַז אידן זאָלן ווערן אויסגעלייזט דורך משיח, און ווי די גמרא זאָגט אַז אידן ווערן נישט אויסגעלייזט נאָר דורך תשובה, האָט אויפגעשטעלט אונטערדריקער און פיינט אויף זיין פאָלק, וואָס זיי טיילן אויס צרות און אונטערדריקן זיי. דאָס זענען די אַנטיסעמיטן פון יעדן לאַנד. און ווי נאָר די אַנטיסעמיטן זענען שטאַרק

געוואָרן, האָבן זיי אָנגעפאַנגען אָפּצושיידן די אידן פון זיך און זיי צו דערמאָנען אַז זיי זענען אידן. און נאָך מער האָבן זיי אָנגעפאַנגען צו שטופן מיט געוואַלד און צו שרייען "אַוועק מיט די אידן". איבעראַל וואו יענע אידן געפינען זיך - צווישן די גרויסע פון לאַנד און אירע פריצים, ווי זיי זענען צוגעוואוינט - און וואָס דאָרט ווילן זיי טרעפן זייער פּלאַץ, קוקן די גוים אויף זיי ווי אויף פרעמדע און דערווייטערן זיי, אָבער די דאָזיגע אידן ווילן דוקא זיין אין די מדריגה פון מיניסטאָרן, און וואָס מער מען שטופט זיי אַוועק, ווילן זיי אַלץ מער זיך אַרויף שטופן, זיך צו דערהויבן און זיך צו באַרימען מיט זייער רייכטום און קלוגשאַפט. זיי פאַר'מיאוס'ן אונטערטעניגקייט.

מיר ערליכע אידן אחינו החרדים, ווייסן אַז מיר זענען אונטער'ן יאָך פונעם גלות, און מען דאַרף זיין אונטערטעניגט ביי יעדן מעמד און מצב וואָס זאָל זיין. אפילו אין די צייטן ווען עס זענען געווען צווישן אונז אַזעלכע וואָס האָבן זיך געדרייט אין קעניגליכע הויפן, האָבן זיי געהאַט הכנעה, ווייסנדיג אַז זיי זענען אין גלות אונטער אַ פרעמד פאָלק. אַז מיר מוזן טראָגן דעם יאָך פונעם גלות וויבאַלד אַזוי איז דער רצון ה' כדי צו פאַרגעבען אונזערע זינד, ביז ווען השי"ת וועט זיך מרחם זיין אויף אונז און אונז אויסלייזן במהרה בימינו אמן. דערפאַר טרעפן מיר זיך אַ פּלאַץ, מיר האָבן אַן אָרט אפילו נאָך דעם שווערן יאָך וואָס מען לייגט אַרויף אויף אונז פון צייט צו צייט, און אויך נאָך די רדיפות און אַרויסשטויסערייען וואָס מיר האָבן געליטן. אַזוי איז די טבע פון אַ ווייכע זאַך, צו זיין נאָכגיביג ווען אַ האַרטע זאַך פאַלט אַרויף אויף דעם.

אָבער די דערמאַנטע ציונים טראַכטן אַז זיי זענען בכלל נישט אין גלות, נאָר אַז זיי זענען דייטשן, פראַנצויזן אָדער ענגלענדער, און דאָס לאַנד אין וועלכן זיי וואוינען דאָס איז זייער פּלאַץ און זייער לאַנד. זיי האָבן בכלל נישט די טבע פון אונטערטעניגקייט, און דערפאַר נאָך די דערמאַנטע רדיפות און אַרויסשטויסערייען האָבן זיי פאַרלוירן זייער פּלאַץ, זיי האָבן ביי זיך נישט קיין אָרט און אויך נישט קיין עקזיסטענץ. מיר ערליכע ברידער עקזיסטירן און האַלטן זיך דערמיט וואָס מיר זענען אידן דורך איינהאַלטן די תורה ומצוות, אָבער די דערמאַנטע אידן, זייער גאַנצער באַשטאַנד איז נאָר דאָס וואָס זיי זענען דייטשן, אָבער ווען מען שטופט זיי אַרויס מיט געוואַלד, האָבן זיי דאָך גאָרנישט קיין באַשטאַנד און מוזן זיך מאַכן עפּעס פאַר זיך אַליין. און מיט וואָס זאָלן זיי האָבן אַ באַשטאַנד פאַר זיך אַליין? מיט תורה ומצוות? דאָס ווילן זיי דאָך נישט, נאָר מיט דעם אַז זיי וועלן זיין אַ פאָלק צווישן אַנדערע פעלקער און מיט דעם וועלן זיי בלייבן אַ מציאות פאַר זיך.

און טאַקע נאָר דאָס איז די סיבה פון זייער שטאַרקע דערוועקונג און זייער צוריקקומען

צו אידן, נאָר כדי צו זיין אַ פאָלק, און דוקא אַ אידיש פאָלק, וואָס די סיבה פון די דערוועקונג איז געווען נאָר צוליב דעם נויט. ווי מיר האָבן שוין געזאָגט אַז זיי דאַרפן האָבן עפעס צום זיך אויפהאַלטן, און דאָס בעסטע פלאַץ פאַר דעם איז - פאַרשטענדליך - ארץ ישראל. אָבער עס איז ביי מיר קיין שום ספק, אַז הערצל און נאָרדוי זיי אַרט גאָרנישט צי דאָס לאַנד איז ארץ ישראל, דאָס איז בלויז אַ טפל צום עיקר געדאַנק צו זיין אַ פאָלק מיט אַ לאַנד. דאַכט זיך מיר אַז ביים דריטן קאָנגרעס, ווען איינער האָט פאָרגעשלאָגן אַ פלאַץ אין קפריסין, האָט הערצל אָנגענומען דעם פאָרשלאַג, נאָר די ציונים פון אונזער לאַנד האָבן פאַרפירט אויף דעם, און דעריבער איז עס אָפּגעוואָרפן געוואָרן.

אָבער כדי אַריינצוברענגען ביי אונזערע ברידער דעם געדאַנק פון זיין אַ פאָלק און אַ הערשאַפט פאַר זיך, פאַרשטייט זיך אַז דער וועג דערצו איז צו ערוועקן צווישן פאָלק דעם געדאַנק פון נאַציאָנאַליזם, וואָס דורך דעם וועט מען זיך דערוועקן צו זיין אַ פאָלק פאַר זיך.

דאָס אַליין איז אָבער נישט גענוג, נאָר מען מוז אויך אַוועקנעמען פונעם פאָלק דעם וועג פון תורה ומצוות ר"ל, אָדער וויי ניגסטנס עס שוואַך מאַכן ווי וויט מעגליך, און צו פאַרשטאַרקן דעם נאַציאָנאַליזם איבער די תורה. ווייל ווי באַוואוסט אַז די וואָס האַלטן זיך אָן אין תורה און מצוות זענען נישט גרייט דאָס צו פאַרטוישן אויף אַ נייע צורה.

און בפרט אָנצונעמען אַזאַ באַשלוס, אַרויסצוגיין פון גלות מיט געוואַלד און זיך אויסלייזן מיט'ן אייגענעם כח, דאָס קען נישט פועל'ן ביי זיך דער וואָס האַלט זיך צו תורה ומצוות בשום אופן. דאָס איז דאָך קעגן די שטאַרקע אמונה און האָפענונג פון אידן, וועלכע האָפן און וואַרטן אויף די ישועה, ווען משיח וועט קומען און אונז אויסלייזן דעם גוף מיט די נשמה. מען וועט דערהויבן ווערן צו גאָר הויכע מדריגות, וואָס דייקא מיט די דאָזיגע האָפענונג וואָס איז איינגעוואָרצלט אין אונז, געפינען מיר אַ באַרואיגונג פאַר אונזער נפש. און דוקא דערמיט לעבן מיר אין דעם ביטערן גלות, מען איז זיך מחזק איינצוהאַלטן די תורה ומצוות. נישט מיט הערצל'ס צוזאָג אַז מען וועט האָבן אַן אייגענע הערשאַפט און לעבן אַ גשמיות'דיג לעבן. נאָר מיט דער האָפענונג אויף גאולתינו ופדות נפשינו וואָס השי"ת וועט אונז אויסלייזן דורך משיח צדקינו בב"א.

כדי אויסצופירן זייער געדאַנק, איז אויסער דעם וואָס זיי מוזן איבערבייטן דעם פריערדיגן אידישן געשטאַלט כדי עס זאָל קענען אָננעמען אַ נייעם פאָרעם, מוזן זיי דאָס אויך טאָן כדי אַז דער וועג פון תורה און מצוות זאָל זיי נישט שטערן זייערע פאַרדאָרבענע פלענער, און דאָס איז די סיבה פאַרוואָס זיי האָבן זיך פאַרלייגט אַוועקצופירן דעם פאָלק

פונעם וועג פון תורה ומצוות, ה"י, און צו פאַרשטאַרקן דעם געדאַנק פון נאַציאָנאַליזם[1].

אַזוי זענען זיי געגאַנגען פון איין שלעכטס צום אַנדערן, און דאָס איז אויך דער טעם פאַרוואָס זיי ווילן איינעמען דעם חינוך אונטער זייערע הענט און איינוואָרצלען אין די הערצער פון די קינדער דעם געדאַנק פון נאַציאָנאַליזם, און אַז דאָס איז דער עיקר אידישקייט און נישט די תורה ומצוות. דעריבער לערנען זיי מיט די קינדער אַ קאַפּיטל אין דברי הימים און אויך אין אַנדערע ספרים פון תנ"ך מיט זייערע פירושים וואָס זיי טראַכטן אויס אין די פסוקים זייער דערמאַנטע כוונה פון נאַציאָנאַליזם. און אַזוי רעדן זייערע פרעדיגער זייערע געמיינע דרשות. הערצל האָט אַליין געזאָגט ביים צווייטן אָדער דריטן קאָנגרעס אַז ביי זיי גייט אַרויס אויף דעם אַזויפיל און אַזויפיל געלט, און אַז דאָס איז ביי זיי אַ גרויסער עיקר וואָס אָן דעם קען מען נישט זיין.

און אַלעס גייט צו דער זעלבער כוונה, אָפּצוהאַלטן דאָס האַרץ פונעם פאָלק פון די הייליגע אמונה און פון תורה ומצוות, און אַנשטאַט דעם איינוואָרצלען דעם געדאַנק פון נאַציאָנאַליזם, און אַז דאָס איז אידישקייט. און ווי עס פאַרשטייט זיך, אַז דער עיקר באַשעפטיגונג ביי זיי איז מיט די יוגענט וואָס זיי זענען שוין צוגעגרייט געוואָרן צו דעם, דורך די פרייהייט וואָס זיי האָבן שוין פון פריער. און אַזוי אויך מיט די קינדער וואָס ווייסן נאָך גאָרנישט און מען קען זיי אויפהאָדעווען צו וואָס מען וויל, און זייער גורל איז אין די הענט פון זייערע ערציער.

די ציונים לייגן אַריין אַלע כוחות אין דער וועלט דורך זייערע פרעדיגער און שרייבער,

1) דער מהרש"ב טוט דא ערקלערן אז די גאנצע סיבה פארוואס די ציונים האבן ערפינדן זייער רעיון פון 'לאומיות', אויפצוטוישן דאס מהות פון כלל ישראל, איז אויך געווען נאר צוליב דעם וואס זיי האבן געוואוסט אז אויב וועט כלל ישראל פארבלייבן מאמינים בה' ובתורתו אזוי ווי ביז יעצט וועלן זיי נישט קענען מקבל זיין 'זייער' גאולה, עס איז נישט מעגליך מקבל צו זיין א גאולה וואס איז אנדערש ווי די אמונה אין ביאת המשיח.

איבערהויפט צו אננעמען אזא סארט אידעאל, ארויסצוגיין פון גלות מיט א שטארקייט און זיך זעלבסט אויסלייזן מיט די אייגענע כוחות, דאס קען נישט א איד וואס האלט אן תורה ומצוות פועל'ן ביי זיך בשום אופן, וויבאלד דאס איז אין קעגזאץ צו די שטארקייט פון די אמונה און האפענונג פון אידן וואסווארטן און האפן אויף די ישועה בביאת משיח צדקינו במהרה וועלכע וועט אונז אויסלייזן גאולת הגוף וגאולת הנפש, וואס בלויז מיט דער האפענונג געפינען מיר א רואיגקייט צו אונזער גייסט און בלויז אזוי לעבן מיר אין דעם ביטערן גלות און מען איז זיך מחזק מיט שמירת התורה והמצוות, נישט ווי די הבטחה פון הערצל וואס פארשפרעכט צו גרינדן אן אייגענע רעגירונג אין א זעלבסשטענדיגע שטאט.

ערליכע אידישע קינדער האבן געהאט די איינע האפענונג אינעם לאנגן גלות, די תקוה אויף ביאת משיח צדקינו, די אמונה פשוטה איז אלץ געווען ביי אידן און דערפאר האבן זיך אידן נישט געקענט מחבר זיין צו די ציונים וואס זוכן צו ברענגן נייע גשמיות'דיגע גאולות אלס 'לעזונג' פאר'ן גלות.

טאקע דערפאר האט דאס ציונות געדארפט אויסטוישן דעם מהות פון כלל ישראל אז דאס איז א נייע סארט פאלק, א פאלק וואס איז נישט פארבינדן מיטן באשעפער און זיין תורה, א פאלק וואס האט א לאנד און א שפראך און א נאציאנאליזם, אן עם לאומי. אצינד ווען דאס האט זיך איינגעגעבן קען מען שוין דערהערן דעם געדאנק אז אזוי ווי אלע פעלקער לייזן זיך אליינס אויס קען זיך אויך דאס אידישע פאלק זעלבסט אויסלייזן.

אַז צוביסלעך זאָלן זיי נאָכציען אויך די גדולים און אַלטע מענטשן נאָך זיי. ווייל די וועלט אין וועלכע מיר לעבן איז ליידער אַ פאַרקערטע וועלט בעוה"ר. אין פריערדיגע דורות האָבן די גרויסע געוויזן דעם וועג פאַר די קליינע, אָבער היינט איז פאַרקערט, די גרויסע ווערן געפירט פון די קליינע, און דער טאַטע טוישט זיך לויט'ן געשטאַלט פון זיין זון.

און דאָס איז די קרענק פונעם היינטיגן דור, פון די עלטערנ'ס שוואַכקייט. נישט נאָר וואָס די עלטערן נעמען זיך נישט דעם קוראַזש צוריק צוהאַלטן די קינדער פון זייער ווילדקייט, פון צושטערן די געזעצן פון השי"ת און די געזעצן פון מענטשליכקייט, און זיי צו פירן אויף דעם גוטן און ריכטיגן וועג, נאָר זיי ווערן מיט די צייט אַליין צוגעצויגן נאָך די פאַסקודנע וועגן פון די קינדער, און עס איז נישט דאָ דאָס פלאַץ מאריך צו זיין אין דעם ענין.

ציוניזם דאַרף האָבן אַ קולטור (גוי'אישע בילדונג און לימודים), און אַזאַ קולטור איז ביים ציוניזם פון די הויפט יסודות, וואָס אָן דעם איז איר אוממעגליך צוצוקומען צו איר ציל. און דאָס וואָס מען האָט געזאָגט ביים דריטן קאָנגרעס אַז זיי האָבן גאָרנישט מיט קולטור, און אַזוי אויך אין געוויסע אַרטיקלען אין די צייטונגען ווי זיי שרייבן אַזוי, דאָס איז נאָר ווייל אַסאַך אידן האָבן פאַרפירט דערקעגן, דערפאַר זאָגן זיי אַז זיי האָבן גאָרנישט דערמיט, אָבער אין אמת'ן האַלטן זיי זיך אָן דערין מיט די גאַנצע פעסטקייט ווייל זיי קענען נישט זיין אָן דעם. ווי עס איז געשטאַנען אין די צייטונג "הצפירה" (אַ ציוני'סטישער צייטונג) אַ באַמערקונג אויף אַ גרויסן אַרטיקל פון אַ שרייבער, וואָס ער שרייבט אַז די ציונים האָבן גאָרנישט מיט קולטור, האָט אויף דעם באַמערקט דער רעדאַקטאָר אַז די אמת'דיגע ציונים האַלטן נישט אַזוי, און עס איז אוממעגליך פאַר'ן ציוניזם אָן קולטור.

אויף יעדן פלאַץ וואו זיי זענען, באַשעפטיגן זיך די ציונים מיט לערנען דברי הימים מיט דער יוגנט און פראָסטע מענטשן מיט'ן פירוש פון גרעץ און סמאָלענסקין, און אַזוי אויך מיט לערנען תנ"ך אויף דעם זעלבן וועג, צו טייטשן די פסוקים מיט אויסגעטראַכטע פירושים. און דאָס איז זייער באַשעפטיגונג אין די שולן אין שבת און יו"ט. זיי באַשעפטיגן זיך אַסאַך מיט חינוך אַ גאַנצע צייט, און אַלעס מיט די זעלבע כוונה אויסצורייסן אידישקייט און צו איינפלאַנצן נאַציאָנאַליזם.

איז דאָך יעצט קלאָר פאַר יעדן אַז די ציונים, נישט נאָר וואָס זיי דערנענטערן זיך נישט צו אידישקייט, נאָר זיי ברענגען אינגאַנצן אום זייער נשמה ר"ל. זיי נעמען צו מיט אַ כוונה אויך דאָס באַהאַלטענע אינעווייניגסטע געפיל פון זייער נפש צו ערליכע אידן, אַזוי אַז עס איז נישטאָ קיין האָפענונג אַז זיי וועלן זיך אַמאָל צוריקקערן צו השי"ת, אויך נישט מיט אַ שטאַרקער האַנט פון אויבן.

און דאָס וואָס זיי באַרימען זיך מיטן נאָמען "ישראל", דאָס מיינט נאָר דער נאָמען פונעם פאָלק, און אין דעם באַשטייט זייער גאַנצע אידישקייט. אָבער פונעם פשוט'ן אמת'דיגן אידישקייט וואָס דאָס איז איינצוהאַלטן די תורה ומצוות און האָבן אמונה אין השי"ת, פון דעם זענען זיי אינגאַנצן דערווייטערט דורך דעם ציוני'סטישן געדאַנק. השי"ת זאָל צעשטערן זייער עצה און ער זאָל דערהייבן דעם קרן התורה והיהדות און דעם קרן פון אחב"י פאַר'ן כבוד פון זיין גרויסן נאָמען.

די דריטע טענה:

ג. מיט וואָס איז אונזער כח שטאַרק לוחם צו זיין קעגן דעם רעיון הציונות. לכאורה איז עס אַ פאַרלוירענער קאמף און אַ זאַך וואָס מען קען נישט דערגרייכן, איז אַ שאָד אָנצוהויבן?

תשובה: ס'זענען דאָ פילע פון אונזערע אידישע ברידער וועלכע האָבן פאַרשטאַנד, אָבער דערגרונטעווען זיך נישט צו דער טיפקייט פונעם פראָבלעם. ווען מען זאָגט זיי עס, פאַרשטייען זיי און זענען מקבל די רייד. אָט די מענטשן ווען זיי הערן פון די ציונים איבער'ן גוטס פון זייער רעיון, איבערהויפט ווען דאס קומט פאַרשלייערט אין אַ כשר חזיר-פיסל, ווערט אין זייער האַרץ אָנגענומען דאָס ענין און זיי זענען זיך נישט מתבונן צו פאַרשטיין דאָס שלעכטס דערינען. אָבער ווען מען טוט זיי אַנטפלעקן דעם אמת'ן פרצוף פונעם ציונות ווערן זיי ערוועקט צו פאַרשטיין דעם חומר הדבר, צוליב דעם וואָס בעצם זענען זיי ערליכע אידן און ווילן היטן דעם דבר ה'. אַ גרויס חלק פון כלל ישראל גייט אַריין אין דער קאַטעגאָריע, כן ירבו.

דערנאָך זענען דאָ אַסאַך אידן וואָס ווערן שנעל איבערצייגט און גלייבן וואָס מען זאָגט זיי. ווען זיי הערן פון די ציוני'סטישע פרעדיגער איבער ארץ ישראל און זייערע גלענצנדע הבטחות אַז מ'וועט וואוינען אַ געשמאַק לעבן על אדמתם, ווערן זיי איבערגעגעבן דערפאַר און טוען וואס מען פאַרלאַנגט פון זיי.

ווען דאָס אידישע פאָלק וועט אָבער הערן אַז די רבנים און די גדולי התורה שרייען ביטערליך אויף דעם רעיון און וויפיל שלעכטס עס ליגט באַהאַלטן דערינען, וועלן זיי אינגאַנצן אָפּטרעטן דערפון. מיר זענען מחויב זיך מוסר נפש צו זיין און ראַטעווען אחינו בני ישראל פון די מיילער פון די פאַרציקנדע לייבן (די ציונים), וועלכע ווילן זיי מעביר זיין על הדת, ה' ישמרינו, און השי"ת וועט זיין בעזרינו און אונז ברענגען אינגיכן משיח צדקינו אמן.

הגאון רבי **יהושע לייב דיסקין** זצוק"ל מבריסק

הגאון רבי משה יהושע לייב דיסקין זצ"ל, איז געבוירן אין דער שטאט וואלקאוויסק אין יאר תקע"ז לפ"ק. ער האט ממשש געווען ברבנות אין די שטעט לאמזשע, מעזריטש, קאוונע, שקלאוו, און בריסק, וואו ער איזבארימט געווארן אין די גאנצע מדינה אלס דער גאון הגאונים און קדוש עליון מפורסם.

ארי עלה מבבל, אין יאר תרל"ח לפ"ק האט ער זיך געצויגן קיין ירושלים עיה"ק, וואו ער איז געשטאנען אלס דער שר צבא ה' בראש מערכות ישראל. מיט זיין אויסטערלישע קדושה האט ער געשיצט אויף די הייליגע שטאט און געהיטן אירע מויערן מידי זדים, אזש אז אפילו די אויסגעשפראכענע משכילים און ציונים האבן געציטערט צוווידערשפעניגן הדר גאון קדשו נלב"ע כ"ט טבת שנת תרנ"ח לפ"ק.

אין די יאָרן איידער דער צווייטער וועלט קריג, האָט אין ירושלים געקעניגט הגה"ק רבי יהושע לייב דיסקין זצ"ל און אַרום אים אַ חבורה פון לייבן, אויסגערופענע אדירי תורה און הייליגע אידן.

דער רעיון פון ציונות האָט זיך אָנגעהויבן פאַרשפרייטן אין די לעצטע יאָרן פון רבי יהושע לייב'ס לעבן, און מיט זיין רגש קודש האָט ער דערשפירט אַז עס שוועבט אַ געפאַר אויף דער צוקונפט פונעם אידישן פאָלק מיט אָט דער באַוועגונג. דער גאון ז"ל האָט דאַן באַאויפטראַגט צוויי פון זיינע נאָנטע תלמידים, הגאונים רבי זרח בראַווערמאַן ז"ל און רבי משה פרענקנטאַל ז"ל, אַרויסצושיקן בריוון אין זיין נאָמען פאַר די גדולי הדור אין חוץ לארץ, אַז עס זאָל דרינגענד פאַררופן ווערן אַ פאַראייניגטע אסיפה צו מטכס עצה זיין וויאַזוי מען קען מקדם זיין את פני הרעה און אויסמיידן דעם ביטערן נסיון איידער עס וועט זיין צו שפעט. אין דעם בריוו האָט ער באַטאָנט אַז אַ געוואַלדיגער געפאַר שוועבט אויף כלל ישראל און עס מוז געטון ווערן שריט צו באַקעמפן די טומאה וואָס קען חלילה ברענגען גרויסע שאָדנס פאַר'ן אידישן פאָלק.

דער בריסקער רב מהרי"ל דיסקין ז"ל האָט אויסגעדרוקט זיין באַגער און מיינונג אַז די גדולי ישראל זאָלן זיך באַלד צונויפנעמען בעצה אחת

מצבת הגאון רבי יהושע לייב דיסקין זצ"ל אויפ'ן הר הזיתים

צו מחרים זיין די ציונים און זיי אויסשליסן פון כלל ישראל; זייער ווייַן זאָל זיין יין נסך און מען זאָל זיך נישט משדך זיין מיט זיי געוני ווי חז"ל האָבן געטון מיט די כותים[47]. ער פאַרענדיגט זיינע ווערטער: "איך בין זיכער, אויב מיר וועלן נישט טון אין דער ריכטונג, וועט כלל ישראל אין דער ענדע ביטער חרטה האָבן דערויף."

צום באַדויערן איז פון דער אסיפה גאָרנישט געוואָרן. פילע גדולים האָבן נאָך דאַן נישט אַנערקענט די גרויסע געפאַר פון ציונות. מאַנכע האבן גע'טענה'ט אַז די פירער און אָרגאַניזירער פון ציונות זענען ממילא אָפענע אפיקורסים און כופרים, קיין שום ערליכער איד וועט זיי סיוע נישט צוהערן, און ס'איז דעריבער אַ שאָד זיך מטפל צו זיין דערמיט.

אַלענפאַלס איז די אסיפה נישט צושטאַנד געקומען, און כל ימיו האָט עס דער בריסקער רב באַדויערט זאָגנדיג: "עס וועט קומען אַ צייט ווען מען וועט איינזען אין דער גערעכטיגקייט פון מיין פאָרשלאַג."[48]

הגאון **בעל שדי חמד** זצ"ל

הגאון רבי חיים חזקיהו מדיני זצ"ל, איז געבוירן ז' חשון תקצ"ג לפ"ק, אין ירושלים עיה"ק. בשנת תרכ"ז לפ"ק איז ער גערופן געווארן דורך די אידישע קהלה אין דער שטאט קארא-סאו – באזאר, אין האלב – אינזל קרים, צו משמש זיין בכתר הרבנות. דארט איז ער זייער נתפרסם געווארן, זיין נאמען איז געגאנגען ווייט איבער די גאנצע אידישע וועלט, און מכל רחבי תבל האט מען זיך געווענדן צו אים מיט שאלות בהלכה וואס איז שפעטער פארעפנטליכט געווארן אין זיין מאנומענטאלע ווערק, דער ספר "שדי חמד". בשנות זקנותו, אין יאר תרנ"ט לפ"ק, איז ער צוריק ארויף געפארן קיין ארץ ישראל. אין יאר תרס"ב לפ"ק איז ער נתמנה געווארן אלס רב פון דער שטאט חברון עיה"ק. צווישן זיינע חיבורים זענען די ספרים: שו"ת מכתב לחזקיהו, שו"ת אור לי, פקועות שדה, און בעיקר די 18 בענדער פון זיין בארימטן ספר "שדי חמד" וואס האט אויפגעשאקלט די אידישע וועלט מיט איר אויסטערלישע היקף, בקיאות און גאונות אין אלע אקטועלע שאלות בהלכה. נלב"ע כ"ד בכסלו תרס"ה לפ"ק. זי"ע.

הגאון הצדיק רבי חיים חזקיהו מדיני זצ"ל, בעל מחבר ספרי שדי חמד, האָט אויך אין יענער תקופה געשריבן אַ בריוו פאַר די אַרויסגעבער פונעם ספר "אור לישרים", זיי צו שטאַרקן און מוטיגן אין זייער קאַמף. אָבער צוליב דעם וואָס דער בריוו איז הערשט אָנגעקומען קיין קאָווונא נאָכדעם וואָס דער ספר איז שוין ערשינען פון דרוק, איז עס נישט געדרוקט געוואָרן ביז לעצטנס, ווען עס איז געפונען געוואָרן דער כתב יד.

---

47) מערקווירדיג אז מיט עטליכע יאר שפעטער שרייבט הגה"ק מציעשנוב זצ"ל אין זיינע בריוו געוני דאס זעלבע, אז עס איז ריכטיג אויסצושליסן די ציונים גענצליך פון כלל ישראל: "והנה אם הי' באפשרי מרשות הממשלה לעשות תקנה שלא לצרפם לשום דבר שבקדושה היינו למנין עשרה ולפסוק עליהם דין אינו יהודי ממש שלא למול להם בן, דבר זה היה גדר גדול" (דברי שמחה מכתב ד).

"**כי** זה הרבה שנים מעת אשר נודע לי מהותם וענינים אשר יכולים להיות יהודי בלי תורה ומצוות, אמרתי מהנכון היה שיתאספו הרבנים ולעשותן כגוים גמורים לכל הדברים". (שם מכתב יב).

48) מרא דארעא דישראל (ח"ב עמ' מד).

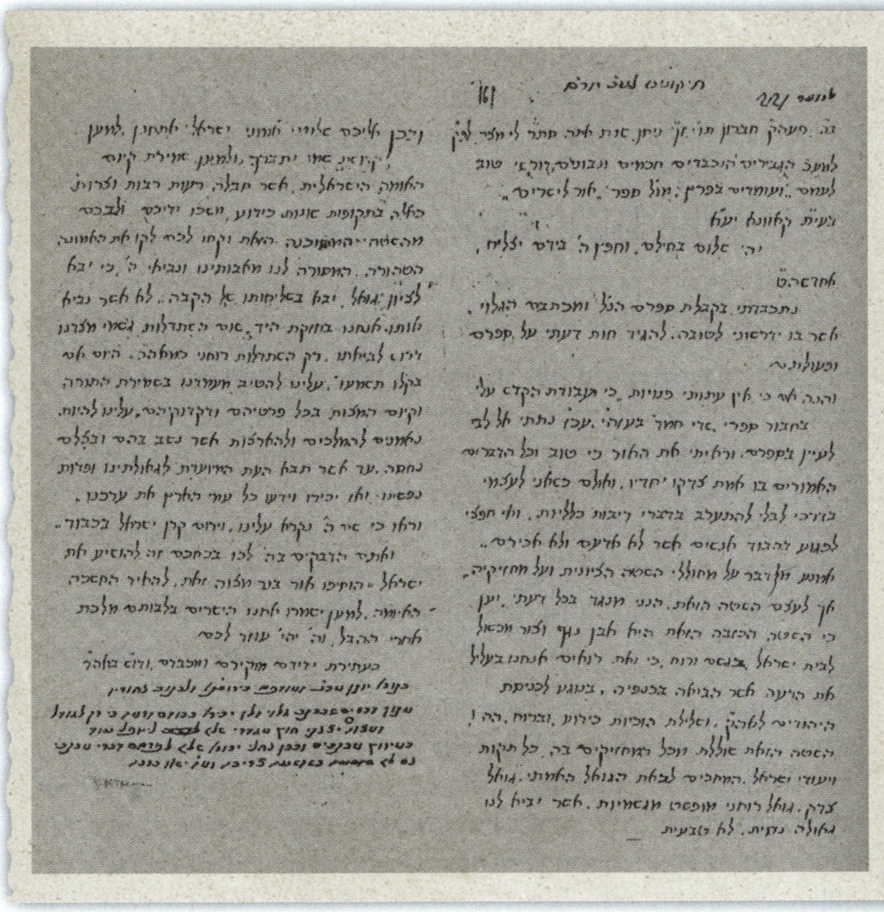

ארגינעלער כתי"ק פון דעם בריוו

אינעם בריוו שרייבט דער גאון קלאָרע ווערטער איבער'ן רעיון הציונות, ווי פאָלגנד:

"אך לעצם השיטה הזאת, הנני מנגד בכל דעתי, יען כי השיטה הכזבה הזאת היא אבן נגף וצור מכשול לבית ישראל בגשם ורוח... הה! השיטה הזאת שוללת מכל המחזיקים בה כל תקות ויעודי ישראל המחכים לביאת הגואל האמיתי, גואל צדק, גואל רוחני מופשט מגשמיות, אשר יביא לנו גאולה ניסית, לא טבעית"[49].

49) "ב"ה פעיה"ק חברון ת"ו ז"ך ניסן שנת אתה סת"ר לי מצר לפ"ק. למע"כ הגבירים הנכבדים חכמים ונבונים דורשי טוב לעמם ועומדים בפרץ, מו"ל ספר "אור לישרים" בעי"ת קאוונא יע"א. יהי' שלום בחילם, וחפץ ה' בידם יצליח,

אחדשה"ט. נתכבדתי בקבלת ספרם הנ"ל ומכתבם הגלוי, אשר בו ידרשוני לטובה, להגיד חוות דעתי על ספרם ופעולתם. הנה אם כי אין עתותי פנויות כי עבודת הקודש עלי בחיבור ספרי "שדי חמד" בעזה"י עם כל זה נתתי אל לבי לעיין בספרם, וראיתי את האור כי טוב וכל הדברים האמורים בו אמת צדקו יחדיו, ואולם כשאני לעצמי בדרכי לבלי להתערב בדברי ריבות כלליות, ואי חפצי לפגוע בכבוד אנשים אשר לא אדעם ולא אכירם, אמנע מלדבר על מחוללי השיטה ציונית ועל מחזיקיה.

אך לעצם השיטה הזאת, הנני מנגד בכל דעתי, יען כי השיטה הכזבה הזאת היא אבן נגף וצור מכשול לבית ישראל בגשם ורוח, כי

הרה"ק בעל **דברי בינה מביאַלא** זצ"ל

הרה"ק רבי יצחק יעקב ראבינאוויטש זי"ע, איז געבוירן אין שידלאוועצ אין קאנגרעס פולין, אלס דער דריטער און יונגסטער זון פון הרה"ק רבי נתן דוד משידלאוועצ זי"ע, בן הרה"ק רבי ירחמיאל מפרשיסחא זי"ע בנו יחידו פונעם יוד הק' פון פרשיסחא זי"ע. ער איז געווען אן איידעם ביי הרה"ק רבי יהושע מאוסטראָווא זי"ע, בעל "תולדות אדם", בן הרה"ק רבי שלמה לייב מלענטשנא זי"ע.

נאך זיין שווער'ס פטירה בשנת תרל"ג לפ"ק האט ער אנגעהויבן פירן די רבי'שע הויף אין ביאלא פאר טויזנטער חסידים פון איבער גאנץ פוילן. דער ביאלער רבי האט געשריבן אסאך חידושי תורה. ער האט איבערגעלאזט צענדליגער קאסטענעס מיט כתבי ידות. רוב דערפון זענען פארלוירן געגאנגען אין דעם חורבן אייראפע. עס זענען פארבליבן לפליטה זיינע ספרים דברי בינה על תורה ומועדים, און ישרי לב אויף עניני שבת. נלב"ע כ"ג אדר ב' תרס"ה לפ"ק. זי"ע.

הרה"ק בעל דברי בינה מביאַלא זי"ע איז געווען פון די גרעסטע קעגנער פון די ציונים נאָך ביים אָנהויב גרינדונג. זאָפאָרט ווען די קליפת הציונות איז אויפגעקומען האָט דער ביאַלער רבי זי"ע געזען אַז דאָס איז גאָר אַ מסוכנ'דיגע באַוועגונג וואָס וועט ברענגען אַ ביטערן אומגליק אויפ'ן כלל ישראל.

דער תכלית איז להעביר על הדת

ווען דער דברי בינה זי"ע איז אַמאָל געזיצן ביי אַ סעודת ראש חודש בביתו נאוה קודש אינאיינעם מיט זיינע קינדער, איז אַרויפגעקומען אַ שמועס וועגן דער ציוני'סטישער באַוועגונג. די ברידער האָבן צווישן זיך אויסגעשמועסט דעם ציל פון די ציונים; איינער האָט געזאָגט אַז זיי האָבן אינזין געלט און אַן אַנדערער האָט געזאָגט אַז זיי מיינען שלטון און שררה. ווען זיי האָבן געענדיגט האָט דער ביאַלער רבי זיך אָנגערופן: "זיי האָבן נישט אינזין נאָר צו פאַנגען אידישע נשמות און זיי אַריבערפירן צום שמד! אָבער צו דער מטרה פון קענען פאַנגען די נפשות, האָבן זיי

זאת רואים אנחנו בעליל את הרעה אשר הביאה בכנפיה, בנוגע לכניסת היהודים לארה"ק, ושלילת הזכויות כידוע. הה! השיטה הזאת שוללת מכל המחזיקים בה כל תקות ויעודי ישראל המחכים לביאת הגואל האמיתי, גואל צדק, גואל רוחני מופשט מגשמיות, אשר יביא לנו גאולה ניסית, לא טבעית.

ובכן אליכם שלומי אמוני ישראל אתחנן, למען קדושת שמו יתברך, ולמען שמירת קיום האומה הישראלית, אשר סבלה רעות רבות וצרות, כאלה בתקופות שונות כידוע, משכו ידיכם ולבכם מהשיטה המסוכנה הזאת וקחו לכם לקו את האמונה הטהורה המסורה לנו מאבותינו ונביאי ה', כי יבוא לציון גואל, יבא בשליחותו של הקב"ה, לא אשר נביא אותו בחזקת היד, שום השתדלות גשמי מצדינו דרוש לביאתו רק השתדלות רוחני כמאה"כ "היום אם בקולו תשמעו", עלינו להטיב מעמדינו בשמירת התורה וקיום המצות בכל פרטיהם ודקדוקיהם, עלינו להיות נאמנים להמלכים ולהארצות אשר נשב בהם ובצלם נחסה עד אשר תבא העת המיועדת לגאולתנו ופדות נפשנו ואז יכירו וידעו כל עמי הארץ את ערכנו. וראו כי שם ה' נקרא עלינו, וירום קרן ישראל בכבוד.

ואתם הדבקים בה' לכו בכחכם זה להושיע את ישראל, הוסיפו אור בנר מצוה זאת, להאיר החשיכה האיומה, למען ימשכו אחינו הישרים בלבותם מלכת אחרי ההבל, וה' יהי' עוזר לכם. כעתירת ידידם מוקירם ומכבדם ודו"ש באה"ר". (אגרות שדי חמד ח"א דף רט"ו).

ציון פון הרה"ק בעל דברי בינה מביאלא זצ"ל נעבן זיין שווער הרה"ק רבי יהושע מאוסטראָווא זי"ע

געדאַרפט טרעפן עפעס אַ תוכנ'דיגע זאַך וואָס זאָל זיי העלפן אויספירן זייערע הסתות, האָבן זיי עס אַריינגעלייגט אין דמות פון מצות ישוב ארץ ישראל."

מיט דעם צביעות איז אין אָנהויב געווען אַ בחינה פון רבים חללים הפילה, און אויך חסידים ואנשי מעשה זענען אַריינגעכאַפּט געוואָרן אין דער באַוועגונג, אָבער דער דברי בינה זי"ע האָט זיך באַלד אַרויסגעשטעלט דערקעגן און אַרויסגעשריגן פון זיך אַז דאָס איז אַ המשך צו דער השכלה באַוועגונג וואָס האָט שוין געהאַלטן ביי די שטאַפּלען פון גסיסה, אין אַ צייט וואָס אַלע פירער און זייערע קינדער זענען אַריבער צום שמד.

ציונות לייקנט אין יעודי הנביאים פון גאולה בידי ה'

הרה"ק מביאַלא זי"ע האָט אויסגענוצט די הייליגע סדר-נאַכט מרעיש עולמות צו זיין קעגן די ציונים; ער האָט מתפלל געווען צו השי"ת אַז זיי זאָלן אויסגעריסן ווערן און בטל ווערן פון דער וועלט, ווייל ער האָט געזען דערין עיכוב ישועתן של ישראל.

אין זיין הגדה "דברי בינה" רעדט ער אַרום באריכות וועגן דער ביטערן כת. עס איז ממש וואונדערליך צו זען ווי אַ צדיק אמת פאַר העכער הונדערט יאָר צוריק האָט געזען דעם גרעסטן פּראָבלעם פון כלל ישראל אינעם חטא פון ציוניזם, אַז ער האָט פסח ביינאַכט מתפלל געווען אַז זיי זאָלן אונטערגיין פון דער וועלט און נישט קענען פאַרפירן כלל ישראל.

אין איינע פון די שטיקלעך (ד"ה לבלתי תת משחית) טייטשט ער אויס דעם פיוט ביים סוף הגדה, "שתי אלה רגע תביא לעוצית בפסח". ער שרייבט באריכות וועגן דעם פערטן גלות, דער גלות אדום, וועלכע ווערט גערופן "יושבת בארץ עו"ץ", ווייל אַלעס וואָס זיי פלאַנען שלעכטס צו טאָן די אידן און מאביד זיין די תורה הקדושה, באַהאַלטן זיי עס אין מכלומר'שטע גוטע עצות. זיי חנפ'ן אידן מיט זייערע גלאַטע צינגלעך זיך צו חבר'ן מיט זיי, כדי זיי זאָלן זיך קענען ערנערן מיט זייער פרנסה, דורך זיך אויסגלייכן מיט די גוי'אישע פעלקער, אידן זאָלן נישט זיין אַזוי פאַרפיינטעט ביי די אומות העולם. דעריבער ווערן זיי אָנגערופן "עוצית" פון לשון "עצות".

און ער איז ממשיך. ס'איז ידוע אַז אין אַלע גלות'ער זענען געווען אידן פושעים וועלכע האָבן זיך מקרב געווען צו די גוים און אומות העולם, און דורך זייער פאַרמיטלונג האָבן די גוים געקענט דורכפירן זייערע פעולות און גזירות. ווייל אין אמת'ן איז אוממעגליך אַז אַן אומה ולשון זאָל האָבן שליטה אויף אידן, נאָר דורך די פושעים און מורדים וועלכע נעמען אָן ברצון זייערע אַלע דיעות נפסדות און פאַלשע חכמות, דורך זיי ווערט נתגלה דער כח הרע אויף דער וועלט. זיי זענען די וואָס פירן דורך אַלע גזירות רעות מן הכח אל הפועל ר"ל.

דער ביאַלער רבי זי"ע שרייבט ווייטער:

"היינט זענען בעוונותינו הרבים נתרבה געוואָרן די כופרים און אפיקורסים וועלכע זענען די מעקלער צווישן גוים און אידן. זיי געבן איבער צו אידן די שלעכטע עצות פון די גוי'אישע מלכיות, און זיי טענה'ן גאָר אַז זיי האָבן נאָר אינזין אונזער טובה, מיר זאָלן קענען עקזיסטירן צווישן זיי. און בפרט די שלעכטע חברה - דער קשר של רשעים וועלכע רופן זיך "ציונים" - וואָס לייקענען אין ביאת המשיח במהרה בימינו, אין קדושת הארץ און אין אַלע הבטחות פון דער תורה הק' און די יעודי הנביאים, וועלכע ווייזן קלאָר מיט'ן פינגער אַז די גאולה וועט זיין למעלה מדרך הטבע ומשכל האנושי, ווי עס שטייט "עין לא ראתה אלקים זולתך יעשה למחכה לו". זיי ווילן מבטל זיין פון אידן די אמונה פשוטה און אַריינברענגען די דעה נפסדה אַז אַלעס איז בדרך הטבע ח"ו; מ'דאַרף נאָר אָפּקויפן קרקעות אין ארץ ישראל און אַרבעטן פעלד-אַרבעט, דאָס איז ביי זיי דער תכלית אויף וואָס מיר האָפן; אידן זאָלן זיין פּראָסטע פויערן און גערטנער. זיי לערנען אונז עצות וויאַזוי צוצוקומען צו דעם, ווי באַוואוסט צו יעדן וואָס יראת ה' איז נוגע ללבו אַז אַלע זייערע רייד און ליגנס זענען קעגן אויבערשטן און זיין תורה הקדושה."

פירט אויס דער ביאַלער רבי זי"ע:

"אַלע אונזערע בקשות זענען, אַז דער אויבערשטער זאָל זיי אָפּמעסטן פורעניות מדה כנגד מדה. דאָס מיינט "שתי אלה" - די צוויי פורעניות - וועלכע ווערן דערמאָנט אין פסוק "שכול ואלמון", "רגע תביא לעוצית" - זאָלסטו ברענגען אויף די רשעים וועלכע

ווערן אָנגערופן עוצית. ס'זאָל זיי באַטרעפן אין איין רגע, באופן אַז זיי זאָלן נישט קענען געראַטעוועט ווערן דערפון. ווייל אַ צרה וואָס קומט פלוצים איז נישטאָ קיין צייט צו טרעפן עצות און תחבולות וויאַזוי זיך צו ראַטעווען דערפון. "בפסח", עס זאָל יעצט נתעורר ווערן דער רצון העליון וואָס איז נשפע און נשתלשל געוואָרן אינעם הייליגן טאָג פסח. וואָס דעמאָלטס האָט יעדער געזען עין בעין אַז גאולתן של ישראל איז למעלה מדרך הטבע וסדר הזמן, און נאָר פון השי"ת אַליין וועט קומען ישועתינו ופדות נפשינו.

הגאון בעל **אבני נזר מסאָכאָטשאָוו** זצ"ל

הגאון הקדוש רבי אברהם בורנשטיין זי"ע, דער אבני נזר פון סאכאטשאוו, איז געבוירן אין יאר תקצ"ט לפ"ק, אין בענדין, פוילן. זיין פאטער איז געווען הגאון רבי זאב נחום זצ"ל אב"ד ביאלא, מצאצאי הרמ"א והש"ך, און ביי די 13 יאר איז ער געווארן אן איידעם ביי הרה"ק מקאצק זי"ע.

דער אבני נזר זי"ע האט משמש געווען ברבנות אין פארציווא, קראשנאוויטש, נאשלעסק, און אין סאכאטשאוו. ער האט מעמיד געווען תלמידים גדולים מופלגים און האט געשריבן די גאונות'דיגע חיבורים "אגלי טל" אויף ל"ט מלאכות שבת, און שו"ת אבני נזר. נלב"ע י"א אדר שנת תר"ע לפ"ק. זי"ע.

הגאון הקדוש בעל אבני נזר פון סאָכאָטשוב זצ"ל איז בימיו געווען אַן אויסגערופענער פייערדיגער לוחם מלחמתה של תורה קעגן דעם קליפת הציונות[50]. זיין תלמיד נאמן הגאון הגדול

(50) הציונים הדתיים במאמריהם והבליהם מנסים להתלות באילן גדול ולהשתמש בדבריו מה שכתב בתשובת אבני נזר (יו"ד סי' תנד) לפרש בדברי רש"י (כתובות קיא.) על השבועה שלא יעלו בחומה, יחד ביד חזקה, שהפירוש הוא בדרך מלחמה ולא ברשות. ומתעלמים בזה מפורשת ממלחמתו הק' של האבני נזר בעצמו נגד כתות הציונים למיניהם.

ומרן רביה"ק זי"ע בספרו ויואל משה (מאמר א סי' פו) כתב דברים ברורים לבאר דברי האבני נזר זצ"ל: "והנה גם מה שכתב באבני נזר על השבועה שלא יעלו בחומה שהפירוש הוא בדרך מלחמה שלא ברשות, ולקח זה מלשון רש"י ז"ל ביד חזקה, לא אמר זה אלא על השבועה שלא יעלו בחומה, אבל על השבועה השלישית שלא ידחקו את הקץ, אדרבא כתב רש"י ז"ל דקאי על המרבה בתחנונים, אף שאינו עושה שום פעולה לא בדרך מלחמה ולא שום פעולה אחרת שבעולם אלא מרבה בתחנונים בלבד, כי על עצם הענין של מהירות הגאולה חלה השבועה, ואין נפקא מינה בזה כלל דעת האומות אם הוא ברשות אם לאו. והלא יתר מזה כתב המהר"ל שלא רק אם האומות מסכימים חלה השבועה, אלא אף אם האומות כופין אותם בכפי' של מיתה וכל מיני עינויים קשים ר"ל, אסור לעבור על השבועה, ומכל שכן כשאין כופין אותם אלא נותנין להם רשות לצאת מן הגלות שזה ודאי לא עלה על דעת שום פוסק שבעולם שיש איזה היתר בזה. עכ"ל.

עוד כתב שם: "גם באותה השבועה שלא יעלו בחומה, שהבין באבני נזר מלשון רש"י ז"ל שכתב ביד חזקה שהפירוש הוא בדרך מלחמה, כבר ביארתי באריכות שאין כן דעת פוסקים ראשונים ואחרונים, וביארתי לשון רש"י ז"ל בזה. וגם זה ודאי ברור שמה שהבין באבני נזר מלשון ביד חזקה שפירש בדרך מלחמה וכדומה, הכוונה על האומה היושבת שם, שאם צריכים ללחום עמה ודאי דהוי ביד חזקה, ומה ששאר האומות מסכימים לא מעלה ולא מוריד, וכי יש להאומות דין סנהדרין לדון מה יעשו ישראל על פי רוב דעות שביניהם. ואם נימא בדעת רש"י ז"ל שמה שאמר שלא יעלו ביד חזקה שהוא שלא ברשות, צ"ל שהקפידה התוה"ק שלא יעשו ישראל בענין זה יד חזקה, והוא כעין השבועה שלא ימרדו שהקפידה התוה"ק שלא למרוד בהאומה שיושבין ביניהם, ואם כל שאר האומות שבכל העולם יאמרו לישראל למרוד בהאומה שיושבין ביניהם בודאי שאין בזה היתר למרוד, כיון דסוף סוף היא מרידה, וזה אסרה התורה הקדושה, וכמו כן הוא בעליה לארץ ישראל, דאם העליה הוא עכ"פ ביד חזקה אין בכח כל שאר האומות להתיר. זה הוא דבר פשוט וברור אף לפי דעת האבני נזר. עכ"ל.

וראי' נחרצת לדברי רביה"ק זי"ע, מדברי נכדו של הגאון בעל אבני נזר זצ"ל, (הרב אהרן ישראל בורשטיין בנו של הגה"צ בעל שם משמואל זצ"ל בספרו "מראה הדשא"), כי משלחת ובראשה ה"שם משמואל" בנו של האבני נזר ז"ל יצאה בשנת תרנ"א במטרה לרכוש קרקעות בא"י בעידודו ובברכתו של ה"אבני נזר", ומספר שם שבסוף לא יצא הדבר לפועל עקב שלא רצו להתחכם על התנגדות הממשלה, ולעבור בזה על השבועות שהשביע הקב"ה את ישראל. וז"ל "לבסוף שמו עיניהם בשטח אדמה בגליל שהיתה יכול להתאים למטרתם, אלא שנפלה עליהם כמהלומה גזירת השלטונות האוסרת על נתיני חוץ (הכוונה לנתיני רוסיא) לרכוש נחלאות בא"י, וכן

הגאון החסיד רבי מיכאל אליעזר פאָהרשלעגער זצ"ל

המפורסם רבי מיכאל אליעזר פאָהרשלעגער זצ"ל האָט מעיד געווען אויף זיין גרויסן רבי'ן, אַז ער איז געווען דער ערשטער פון די גאוני וצדיקי פוילן וואָס האָט מרעיש געווען קעגן די ציונים און זיי געוואָלט מחרים און מבדיל זיין מעדת ישראל[51].

אין אַ לענגערן מכתב קודש וואָס דער אבני נזר זצ"ל האָט געשריבן איבער די טריפה'נע שולעס וואָס די ציונים האָבן אויפגעשטעלט, איז ער זיך מתאונן מיט אַ שטאַרקן ווייטאָג אויף דער כפירה וואָס ציונות האָט אַריינגעברענגט צווישן אידן, און באַצייכנט דעם פאַקט אַז אַדאַנק זייערע מעשים איז אידיש בלוט געוואָרן הפקר פאַר די שונאי ישראל[52].

הגבילה להם את הרשות לשהות בא"י למעלה מג' חדשים. אמנם אנשים שונים הציעו להם לרכוש את האדמה ולרשום אותה על שמו של תושב מקומי, אך המשלחת לא הסכימה לכך, אחרי שהסכמת השלטון היתה אבן פינה בכל המבנה ההלכתי, וגם ביטול השבועה שלא יעלו בחומה" ע"כ. כלומר הלכה למעשה, בטלו המשלחת בשליחות האבני נזר רכישת קרקע בא"י מפני יראתם לעבור על השבועה שלא יעלו בחומה, מפני האומה היושבת שם.

זאת ועוד, שהאבני נזר זצ"ל בדבריו לא ביטל כלל השבועות ולא החליש את תוקפם, שכותב במפורש שאם ננתק עצמנו מהם יהיה זה כניתוק הגוף מהנשמה או כניתוק הנשמה ממקורה, ותסור ממנו ההשגחה ח"ו, והן מחייבות מצד שהעבירה עליהם היא ניתוק הנשמה ממקורה והסרת ההשגחה העליונה ממנו ח"ו.

יתירה זו נמצאנו למדין מתוך תשובתו, אשר השלש שבועות מחייבות את כל בית ישראל, ולא אמרינן בזה אין למדין מדברי דברי אגדה, כלשונו: "ובדברי אגדה העלימו הדברים, כי באגדה גנוזים רוב הסודות כמ"ש האר"י ז"ל, על כן לא רצו לגלות הדברים. וגם אגדה זו מוקשה מאד. ומה' אשאל עזר לעמוד על אגדה זו כדי לעמוד על ההלכה התלויה בה" ע"כ. הרי כתב במפורש כי מאגדה זו בגמ' ובמדרש יוצאת הלכה, אלא שהלכה זו גנוזה בדברי אגדה שבהם גנוזים סודות והדברים באים בצורה המעלימה סודות אלה, והדבר מקשה על בירור ההלכה התלויה בה ולכן צריך עזר רב מה' לעמוד על ההלכה. (ופשוט שמה שכתב אח"כ שאינם ענין של הלכה, הוא לא כדי לפטור מחיובם או להחליש את תוקפם, אלא רק כדי ליישב מדוע לא הובאו בפוסקים כנ"ל. וכעי"ז כתב בספה"ק ויוא"מ מאמר שלש שבועות בסוף סימן ע"ט, וכ"ה גם שם ריש סימן פ' ובכ"מ דמה שאסור לנו לעבור על השבועות תהוא כי הם מעשה של כפירה, ולא מצד איסור השבועות, ועי"ש בסימן ע"ח, דמה שהוצרך להשביע הוא בכדי להגדיל את העונש, "דאף שלפי הדין אין השבועה חלה על דורות הבאים, מ"מ הודיעה הנבואה שהקפיד הקב"ה להטיל על זה עונש כמו שבועה, ובזה הוא נמשל לשבועה".)

ועוד בענין זה עי' בשו"ת מנחת אלעזר (ח"ה סי' טז).

51) וז"ל בתוך דבריו: "והנה בדבר המאמר מהרה"ג הצדיק מסאטמאר שליט"א, ידוע למר רבה נ"י תהלה לא' כי מסכים אני עמו עוד יותר ויותר, גם אני מתפאר כי כשבאה הידיעה מאותה המפלצת לעירנו לוביטש הייתי כבן ט' שנים, והיו כמה יראים ות"ח חסידים שהיו שמחים בזה, ואני הייתי בדעתי כמו עתה בעזה"י, ואח"כ כשהייתי עם אבי ז"ל [אצל] רבהגה"ק [בעל אבני נזר] שמעתי כמה היה מרעיש על זה, וכמדומה שהוא היה הראשון מגאוני וצדיקי פולין שהרעיש על זה, והיה נמי בדעתו להחרימם ולהבדילם מכלל ישראל, גם היה אצלו ג' רבנים ובראשם הרב מלידא, וכמעט שלא רצה לדבר עמם ביחידות, ורק ברבים, שחשדם להחליף את דבריו, בכך שלח להם לאמר, ולבסוף כן היה.

והנה כאשר ראיתי מה שכתב האדמו"ר מסאטמאר שליט"א, נפל בדעתי מאמר על כל הענין הזה שכבר היה כזה בימי ירמי' הנביא ממה שנכתב בספה"ק ירמי', ולבאר היטב שכל אחד יבין. (מכתב הגאון רבי מיכאל אליעזר פאהרשלעגער ז"ל, תלמידו של הגאון בעל אבני נזר, נדפס בקובץ המאור ושוב בספר תולדותיו "מיכאל באחת").

52) מתוך מכתבו של הגאון בעל אבני נזר זצ"ל (אגרות שפירין, סימן פ', הודפס בשעתו ע"י בית דין דק"ק קראקא עם עוד פסקי רבנים בנושא):

פאָלגענד זענען איינִיגע ציטאַטן פונעם מכתב קודש אין אַ לייכטער איבערזעצונג:

"די אַלע מסיתים ומדיחים וועלכע זענען אויפגעשטאַנען אויף אידן, האָבן נישט אַזוי מצליח געווען ווי דער כת וואָס רופן זיך ציונים. זייער אַסאַך זענען געפאַלן דורך זיי און פאַרוואַנדלט געוואָרן צו כופרים גמורים אין אַלע עיקרי הדת. און דאָס אַלעס צוליב דעם וואָס זיי האָבן אָנגעטון אַ פאַלש מאַנטל צו לייקענען אין השי"ת. זיי האָבן געלייגט אַ מאַסקע פון חיבת הקודש אויף זייער געזיכט, כאילו זיי האָבן ליב דאָס הייליג לאַנד פון וואו מיר זענען פאַרטריבן געוואָרן צוליב אונזערע זינד. אָט די פאַלשע ליבשאַפט האָט זיי

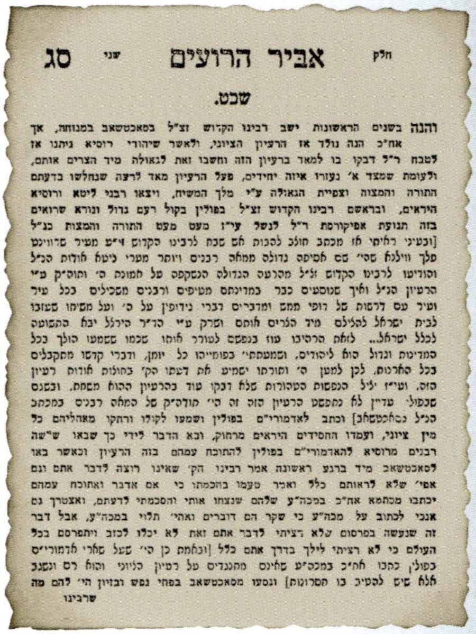
חלק אביר הרועים שני סג

שכט.

והנה בשנים הראשונות ישב רבינו הקדוש זצ"ל בסאכטשאב במנוחה, אך אח"כ הנה נולד אז הרעיון הציוני, ולאשר שיהודי רוסיא ניתנו אז לטבח ר"ל דבקו בו למאד ברעיון הזה וחשבו זאת לגאולה מיד הצרים אותם, ולעומת שמצד א' נעורו איזה יחידים, פעל הרעיון מאד לרעה שנחלשו בדעתם התורה והמצוה וצפיית הגאולה ע"י מלך המשיח, ויצאו רבני ליטא ורוסיא היראים, ובראשם רבינו הקדוש זצ"ל בפולין בקול רעם גדול ונורא שרואים בזה תנועת אפיקורסת ר"ל לנשל ע"ז מעט מעט התורה והמצות כנ"ל [ובעיני ראיתי אז מכתב הולך להכות את שכח לרבינו הקדוש ז"ע מעיר סדווינס פלך ווילנא ססי' עם אסיפה גדולה ממאה רבנים ויותר מערי ליטא אודות הנ"ל והודיעו לרבינו הקדוש זצ"ל מהרעה הגדולה הנשקפה על אמונת ה' ותוה"ק ע"י הרעיון הנ"ל ואיך שנוסעים כבר במדינתם מטיפים ורבנים משכילים בכל עיר ועיר עם לדרשות על דופי ממש ומדברים דברי נידופין על ה' ועל משיחו שעזבו לבית ישראל להצילם מיד הצרים אותם ופרק ע"י הד"ר הירצל יבא התשועה לכלל ישראל... לזאת הרהיבו עוז בנפשם לעורר אותו שכמו ששמעו הולך בכל המדינות וגדול הוא ליהודים, ושמעתתי' בפומייהו כל יומן, ודברי קדשו מתקבלים בכל האזנים, לכן למען ה' ותורתו ישמיע את דעתו הק' בחוצות אודות רעיון הזה, וע"ז יצאו הנפשות הטהורות שלא דבקו עוד בהרעיון הזה משמם, ובפנים שנפלו עדיין לא נתפשט הרעיון הזה זה הי' תודה"ק של המאה רבנים במכתב הנ"ל נ"כ... וכתב לאדמורי"ם בפולין ושמעו לקולו ורחקו מאהליהם כל מין ציוני, ועמדו החסידים היראים מרחוק, ובא הדבר לידי כך שבאו ש"שה רבנים מרוסיא להאדמורי"ם בפולין להתוכח עמהם בזה הרעיון וכאשר באו לסאכטשאב מיד ברגע ראשונה אמר רבינו הק' שאינו רוצה לדבר אתם וגם אפי' שלא לראותם כלל ואמר טעמו בחכמתו כי אם אדבר ואתוכח עמהם יכתבו מכתמא אח"כ במכה"ע שלהם שנצחו אותי והסכמתי לדעתם, ואצטרך גם אנכי לכתוב על מכה"ע כי שקר הם דוברים ואהי' תלוי במכה"ע, אבל דבר זה שנעשה בפרסום שלא רציתי לדבר אתם זאת לא יכלו לכזב ויתפרסם בכל העולם כי לא רציתי לילך בדרך אתם כלל [ובאמת כן הי' שעל שארי אדמורי"ם בפולין כתבו אח"כ במכה"ע שאינם מתנגדים על רעיון הציוני והוא רק ונעשה אלא שיש להטיב בו הסרונות] ונסעו מסאכטשאב בפחי נפש ובזיון הי' להם מה שרבינו

דער ספר "אביר הרועים" פאַרציילט איבער דעם קאַמף פונעם אבני נזר זצ"ל קעגן דעם רעיון הציונות און וויאַזוי די ציונים האָבן אים פאַרפאָלגט מיט ביטערע רדיפות

"ב"ה, סאכאטשוב. בהיותינו יושבים משמים וחתחתים מתולדות הימים ומהתהפכות הזמנים, ופתאום נשמע קול שועת בת עמי מארץ מרחקים מב"ד רבה דק"ק קראקא, כי עלה הכורת ממדינת מעהרין ד"ר יונג שמו לייסד שמה בית התערובות ללימודי קודש וחול יחד. ונלוו אליו איזה אנשים כל עורב למינו. הם אנשים מכת המכנים עצמם בשם ציונים. ומדאגה בדבר פן ימשיכו אליהם אנשים אשר אין דעתם שלימה להבין כי זה הוא רשת פרושה ליד מעגל לצודד נפשות תמימי דרך. ע"כ יצאו לקדם ברועים הם רועי ישראל להזהיר את העם לבל יתלכדו בפח יקוש אשר טמן להם הד"ר יונג, ולהבינם כי מות בסיר. וכל אוכליו יאשמו. אנן מה נענה אבתרייהו?...

הביטו וראו בימינו אלה כל המסיתים והמדיחים שעמדו על ישראל לא עשו כל כך חיל כאשר עשו הכת המכנים עצמם ציונים, אשר רבים חללים הפילו שנעשו כופרים גמורים בכל עיקרי הדת, וכל כך למה, מחמת שלבשו אדרת שער למען כחש בה' אלקי ישראל. ששמו מסוה חיבת הקודש על פניהם לחובב את ארצינו הקדושה שגלינו ממנו בעוונותינו, וחיבת הקודש זה הכשירם לקבל טומאה, כי בשביל מעט טוב שהי' נראה בהם למי שעיניו טרוטות, טח מראות עיניו לגמרי ומהשכיל לבותם להבין את סף רעל הטמון בקרבם. עד שלא שמעו לקול הורים ומורים המזהירים לבלתי יתפתו בעצת נחש הנחושת, ומרעה אל רעה יצאו עד אשר רבים מהם בוש לא יבושו להרים יד בתורת ה' בפרהסיא ומכחישים בעקרי הדת, ומהם כחשו בה' ואמרו לא הוא, ובכן אל יפלא בעינינו כי רבים מהכת ההוא נמשכו בעבותות אהבה אל הצעת הד"ר יונג, כי כמוהו כמוהם משורש רע הוא נחש הקדמוני מוצאם ותחבולותיהם תחבלותיו, תועבת ה' גם שניהם...

האומנם בטח נמצא ביניכם חכמים בעיניהם שיתברכו בלבבם לאמור שכוחם יפה להזהר שלא יאונה להם כל רע מפאת בית התערובות כמו שקרה לראשונים. ושבכל אלה ישארו נאמנים לה' ולתורתו, נאמר להם אל נא אחי תרעו. כי אין חכם כבעל הנסיון, ומאחר שהנסיון מעיד להיפך אין אחר הנסיון כלום. וידועים דברי הספורנו ואתחנן ד פסוק ג. ["כי אמנם אותם שחטאו בעבודת בעל פעור לא התכוונו לזה בתחילה... חשב כל אחד מהם שזה לא יקרה לו כלל, והנה קרה ההפך, כי... אין גם אחד מהם שנשמר בחכמתו מהכשל בעבודה עצמה, עד שהשמידו ה' אלהיך].

ובכן אחי ועמי חוסו על נפשיכם ונפש בניכם היקרות, והצילו אותם מרדת שחת, וצא טמא קרו לד"ר יונג ולהצעתו. דבקו בה' ובתורתו שמרו מצותיו וחיו. הקשיבו לקול הורים ומורים אפי' שיאמרו לכם על מה שהוא ימין בעיניכם שמאל ועל שמאל ימין, האמינו שכל מה שיאמרו אליכם ימין הוא ימין ושמאל שמאל, ולא תהי' לכם זאת לפוקה. הביטו נא וראו מי נתן למשיסה יעקב וישראל לבוזזים במדינתינו בימינו אלה, ודמי אלפים ורבבות נפשות נקיי אנשים ונשים וטף וגמולי חלב שלא פשעו נשפך כמים ארצה והומתו במיתות משונות ואכזריות אשר תסמר שערות ראש השומע ועפעפיהם יזלו מים, כי כל זה נמשך מפאת הכת המכנים עצמם ציונים שלא שמעו לקול הורים ומורים ומרעה אל רעה יצאו לצרור בכנפיהם "רוח מרידה במלכות שמים וארץ יחד", ואלמלי שמעו לקול הורים ומורים לא באה אלינו כל הצרה הזאת. עתה תנו לב לדעת כי זאת התורה מורשה קהלת יעקב, היא חיינו ואורך ימינו, וכל הפורש ממנה כפורש מחייו, האמינו בה' ובתורתו ובלומדי' הנושאים את דגלה והצליחו בזה ובבא, עד יערה ה' עלינו רוח ממרום ושבו בנים לגבולם אמן כיה"ר. ונכתב ונחתם בספר גאולה וישועה כנפש המעתיר. הק' אברהם חופ"ק הנ"ל.

געגעבן די מעגליכקייט צו פאַרשפּרייטן זייער טומאה ביי מאַנכע וואָס פאַרשטייען נישט דעם ענדגילטיגן גיפט וואָס ליגט באַהאַלטן ביי זיי."

דער אבני נזר איז מעיד, אז פילע וועלכע זענען תמימות'דיג אַריינגעפאַפּט געוואָרן אין זייער בייזווייליגן נעץ האָבן זיך געגליטשט זייער ווייט, און צוגעקומען ביז כפירה אין השי"ת און מרים יד זיין אין דער תורה הק'.

ער שרייבט בלשון קדשו:

"באַטראַכט און זעט ווער עס איז שולדיג אין די ביטערע געשעענישן אין אונזער מדינה דורכאויס דער לעצטער תקופה, ווען צענדליגער טויזנטער ריינע נפשות ישראל, אנשים נשים וטף, זענען ליידער אומגעברענגט געוואָרן און זייער בלוט איז פאַרגאָסן געוואָרן ווי וואַסער מיט מיתות משונות וואָס טרייסלט אויף אַלעמען מיט טייכן טרערן. דאָס אַלעס האָט פּאַסירט צוליב דעם כת וואָס רופט זיך ציונים, וואָס האָבן נישט צוגעהערט צו זייערע עלטערן און רבי'ס און זענען אַרויס צום שלעכטן מיט אַ מרידה במלכות שמים וארץ. ווען זיי וואָלטן ווען אויסגעהערט דעם קול פון עלטערן און רבי'ס וואָלט ווען נישט געקומען דאָס שלעכטס אויף אונז."

טרעט נישט איבער מיין שוועל

אין ספר אביר הרועים[53], די תולדות פונעם אבני נזר זצ"ל, ווערט פאַרציילט באריכות איבער דער הערָאישער מלחמה וואָס דער גרויסער גאון וצדיק האָט געפירט מיט די כיתות הציונים. אָט איז וואָס זיין תלמיד ונאמן ביתו שילדערט:

ווען דער ציוני'סטישער רעיון איז געבוירן געוואָרן, האָבן די אידן אין רוסלאַנד זיך געפינען אין שאָטן פון ביטערע רדיפות און שחיטות ר"ל, דעריבער זענען זיי שטאַרק באַגייסטערט געוואָרן פונעם געדאַנק, קלערנדיג אַז דאָס וועט זיי אויסלייזן פון אַלע וועלכע פייניגן זיי. דער רעיון אָבער האָט זייער שלעכט משפיע געווען אויף אידן, וואָס זענען אָפּגעשוואַכט געוואָרן פון תורה ומצוות און פון דער האָפענונג אויף דער גאולה דורך משיח צדקינו.

דאַן זענען ערשינען די ערליכע רבנים פון ליטא און רוסלאַנד, אין שפּיץ פון הגאון בעל אבני נזר זי"ע, מיט אַ געוואַלדיגן קול רעש גדול ונורא, אַז זיי זעען אינעם ציונות אַן אפיקורס'ישע באַוועגונג רח"ל וואָס טוט צוביסלעך דערווייטערן אידישע קינדער פון תורה ומצוות.

53) ארויסגעגעבן געווארן דורך זיין תלמיד ונאמן ביתו רבי צבי יהודה הלוי מאמלאק ז"ל, נדפס בשנת תרצ"ח לפ"ק (ח"ב סי' שכט, עמ' סג).

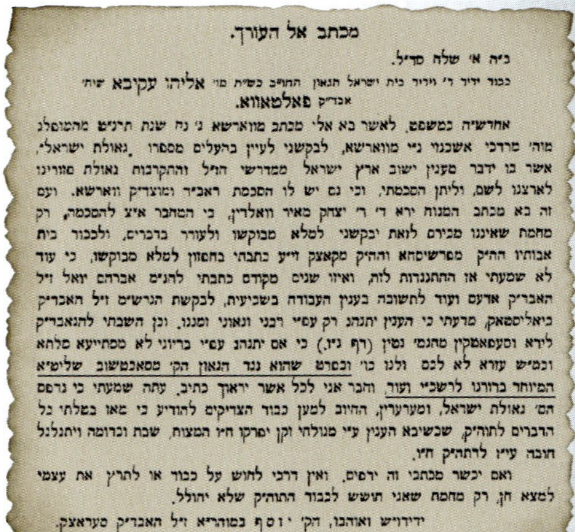

מכתב אל העורך.

ב״ה א׳ שלח סד״ל.

כבוד ידיד ד׳ וידיד בית ישראל הגאון התהו״ב כש״ת מו׳ אליהו עקיבא שי׳ אבד״ק פאלטאווא.

אחדשה״ט כמשפט. לאשר בא אלי מכתב מווארשא ג׳ נח שנת תרנ״ט מהמופלג מוה׳ מרדכי אשכנזי נ״י מווארשא, לבקשני לעיין בהעלים מספרו „גאולת ישראל״, אשר בו ידבר מענין ישוב ארץ ישראל ממדרשי הז״ל והתקרבות גאולת מורינו לארצנו לשם, וליתן הסכמתי, וכי גם יש לו הסכמת ראב״ד ומו״צדיק ווארשא. ועם זה בא מכתב המנוח ירא ד׳ ר׳ יצחק מאיר וואלדין, כי המחבר א״צ להסכמה, רק מחמת שאיננו מכירים לזאת יבקשני למלא מבוקשו ולעורר בדברים, ולכבוד בית אבותיו הה״ק מפרשיסחא והה״ק מקאצק זי״ע כתבתי בחפזון למלא מבוקשו, כי עוד לא שמעתי אז ההתנגדות לזה, ואיזו שנים מקודם כתבתי להג״מ אברהם יואל ז״ל האבד״ק אדעס ועוד לתשובה בענין העבודה בשביעית, לבקשת הגרש״מ ז״ל האבד״ק ביאליסטאק, מדעתי כי הענין יתנהג רק עפ״י רבני וגאוני זמננו. וכן השבתי להגאבד״ק לידא וסעמאטקין מהגמ׳ נט״ן (דף נ״ז.) כי אם יתנהג עפ״י בריוני לא מסתייעא מלתא וכמ״ש עזרא לא לכם ולנו כו׳ ובפרט שהוא נגד הגאון הק׳ מסאכטשוב שליט״א המיוחד בדורנו לרשב״י ועוד, והבר אני לכל אשר יראך כתיב. עתה שמעתי כי נדפס הס׳ גאולת ישראל, ומערערין, החיוב למען כבוד הצדיקים להודיע כי מאז בשלתי כל הדברים לתוה״ק, שכשיבא הענין ע״י מגלחי זקן יפרקו ח״ו המצות, שבת ותרומה ויתגלגל חובה ע״ז לרתה״ק ח״ו.

ואם יכשר מכתבי זה ידפיס. ואין דרכי לחוש על כבוד או להרץ את עצמי למצא חן, רק מחמת שאני חושש לכבוד התוה״ק שלא יחולל.

ידידו״ש ואוהבו, הק׳ יוסף במוהר״א ז״ל האבד״ק סעראצק.

הגאון הנודע רבי יוסף לעווינשטיין זצ״ל אבד״ק סעראצק שרייבט אין בריוו צום עורך פון ״הפלס״ קעגן דעם רעיון הציונות **״ובפרט שהוא נגד הגאון הק׳ מסאכטשוב שליט״א״**

אַ פייערדיגער בריוו איז דאַן אָנגעקומען צום אבני נזר זצ״ל פון דער שטאָט שערווינט אין דער אומגעגנט פון ווילנא, וואו עס איז פאָרגעקומען דערוועגן אַ גרויסע אסיפה פון אַריבער הונדערט רבנים פון דער ליטא, און זיי האָבן מודיע געווען פאַר׳ן אבני נזר איבער׳ן גרויסן פראָבלעם וואָס לויערט אויף דער אמונה און דער תורה הק׳ דורך ציונות. זיי האָבן געשילדערט וויאַזוי עס פאָרן אַרום פון שטאָט צו שטאָט פאַרשידענע רעדנערס, רבנים און משכילים, און טרעטן אויף מיט דרשות של דופי מיט שרעקליכע רייד אַז מען זאָל פאַרגעסן פון דער תקוה צו ביאת המשיח און נאָר דורך דר. הערצל וועט קומען די ישועה פאַר אידן.

די רוסישע רבנים האָבן געבעטן דעם אבני נזר, אַז היות זיין וואָרט איז וואָגיג אומעטום און זיין דעת תורה ווערט נתקבל בכל תפוצות ישראל, זאָל ער משמיע זיין דעתו הק׳ ברבים איבער דעם רעיון. דאָס וועט אַסאַך העלפן מינימיזירן די שרעקליכע שאָדנס וואָס ציוניזם ברענגט. דאַן האָט דער אבני נזר טאַקע געשריבן אַ בריוו וואָס האָט שטאַרק אָפגעקלונגען.

די ציונים וואָס האָבן דאָס פאַרשטענדליך נישט אויסגעהאַלטן, האָבן באַשלאָסן אַראָפצושיקן זייערע אַגענטן איבערצורעדן דעם אבני נזר. אין יענער תקופה זענען געקומען צו פאָרן דריי באַאיינפלוסטע ׳רבנים׳ פון רוסלאַנד, זיי האָבן באַזוכט ביי מערערע אדמורי״ם און גדולים לענגאויס פוילן, זיי צו איבערצייגן איבער די מעלות פונעם רעיון הציונות.

ווען די רבני׳שע דעלעגאַציע, אין שפיץ פון הרב ריינעס, דער גרינדער פון דער מזרחי פאַרטיי[54], איז אָנגעקומען קיין סאָכאָטשאָוו, האָט דער אבני נזר זצ״ל באַלד באַפוילן אַז ער וויל בכלל נישט רעדן מיט זיי און וויל זיי זאָגאַר נישט זען. ער האָט ערקלערט זיין שאַרפע קעגנערשאַפט, זאָגנדיג: ״אויב וועל איך רעדן און זיך מתווכח זיין מיט די ציוני׳סטישע אַגענטן, וועלן זיי געוויס שפּעטער שרייבן אין זייערע בלעטער אַז זיי האָבן מיך באַזיגט און איך האָב מסכים געווען צו זיי, און איך וועלן זיין געצווינגען צו פאַרעפנטליכן אין די צייטונגען אַז זיי

54) די דריי רבנים זענען געווען הרב יצחק יעקב ריינעס, הרב שלמה יצחק דראזער אב״ד שעביז בפלך וויטעפסק און הרב שמואל יעקב ראבינאוויטש. (מאמר ראשונים לציון, קובץ במסילה, אדר ניסן תש״ז עמ׳ יד). אזוי איז אויך מעיד דער קונטרס ״מראה הדשא״ ובמכתב הרב פארשלעגער הנ״ל, אז אין שפיץ פון דער רבני׳שער דעלעגאציע וועמען דער אבני נזר האט נישט געוואלט טרעפן, איז געווען הרב יעקב יצחק ריינעס - דער גרינדער און יו״ר פון דער ״מזרחי״ פארטיי. (אגב, הרב ריינעס זעלבסט פארציילט איבער׳ן באזוך אין די הגהות פאר׳ן ערשטן קול קורא פון דער מזרחי - כ״ח אדר תרס״ב).

פאַרקויפן שקר אין מיין נאָמען, אַזוי אַז אַלעס וועט זיין אָפּהענגיק אין די בלעטער. אָבער אַצינד ווען איך רעד ניטאַמאָל צו זיי, וועט דאָס האָבן אַ ברייטן פרסום איבער דער גאַנצער וועלט אַז כ'האָב זיי נישט געוואָלט טרעפן, און דאָס וועלן זיי נישט קענען פאַרלייקענען."

די 'רבנים' האָבן זיך עטליכע טעג אַרומגעדרייט אין סאָכאַטשאָוו מיט דער האָפענונג זיך אַריינצובאַקומען אין שטוב פונעם אבני נזר, אָבער אָן ערפאָלג[55]. זיי האָבן טאַקע פאַרלאָזט סאָכאַטשאָוו בפחי נפש און מיט גרויסע בזיונות. און נאך די מעשה האבן די ציונים אין שטאט אנגעהויבן געפערליך רודפ'ן דעם אבני נזר זצ"ל מיט הארבע מסירות ורדיפות.

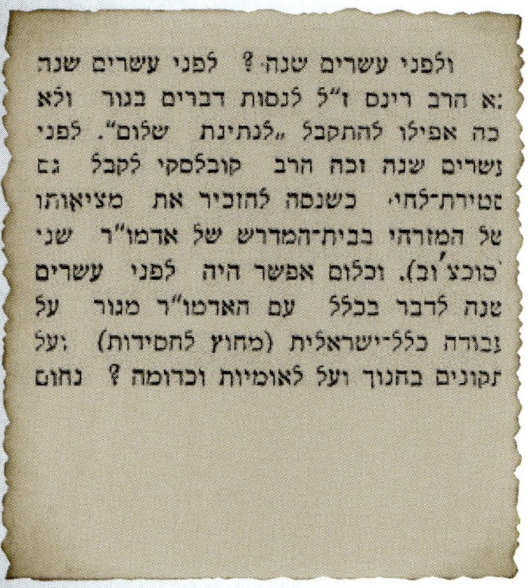
ולפני עשרים שנה? לפני עשרים שנה
:א הרב רינס ז"ל לנסות דברים בגור ולא
כה אפילו להתקבל „לנתינת שלום". לפני
עשרים שנה זכה הרב קובלסקי לקבל גם
סטירת־לחי כשנסה להזכיר את מציאותו
של המזרחי בבית־המדרש של אדמו"ר שני
סוכצ'וב). וכלום אפשר היה לפני עשרים
שנה לדבר בכלל עם האדמו"ר מגור על
עבודה כלל־ישראלית (מחוץ לחסידות); על
תקונים בחנוך ועל לאומיות וכדומה? נחום

א שרייבער אין דעם ציוני'סטישן "דאר היום" פאַרציילט אז ווען הרב ריינעס איז געקומען קיין גור האט מען אים ניטאמאל געלאזט געבן שלום פאר'ן שפת אמת זצ"ל, און אין סאכאטשאב האט מען געגעבן קלעפ **אויב מען האט נאר דערמאנט דאסווארט "מזרחי"...**

מערקווירדיג אַז שפּעטער האָט זיך אַרויסגעשטעלט ווי גערעכט דער אבני נזר זצ"ל איז געווען מיט זיין פאָראויסשאַצונג, ווען די בלעטער האָבן געשריבן אויף אַנדערע פוילישע גדולים און אדמו"רים, אַז נאָך די באַזוכן האָבן זיי טאַקע מודה געווען אַז בעצם איז דער רעיון הציונות אַ גוטער, נאָר מען דאַרף פאַררעכטן עטליכע פּראָבלעמען. אויסער אויפ'ן אבני נזר האָבן זיי טאַקע דאָס נישט געטרויעט צו שרייבן נאָך דער קאַלטער אויפנאַמע וואָס זיי האָבן ערהאַלטן אין סאָכאַטשאָוו[56].

"איטשע ביזט אַ ציוני'סט?"

הר"ר יצחק יעקב ארליך ע"ה וועלכער איז געווען אַלס אינגערמאַן ביים אבני נזר פאַרציילט אין זיינע מעמואַרן[57], ווי פאָלגנד:

---

55) אין ספר משכנות הרועים (ח"ג עמ' א'שא), ווערט געברענגט פון אן עדות נאמן וועלכער איז געווען דערביי ווען הרב ריינעס און הרב מאהליווער פון דער מזרחי זענען אמאל געקומען צום אבני נזר זי"ע און ער האט זיי נישט געוואלט אויפנעמען זאגנדיג: "אסור להסתכל בפני רשע". זיי האבן זיך געדרייט אין סאכאטשאב א גאנצע וואך אבער זענען נישט ערלויבט געווארן אריינצוקומען אין שטוב פונעם אבני נזר. שפעטער זענען זיי געפארן צו הגה"ק בעל שפת אמת מגור זצ"ל, און ווען ער האט געהערט וואספארא "קבלת פנים" זיי האבן באקומען אין סאכאטשאב, האט ער זיי אויך נישט געלאזט אנטפאנגען און זיי נישט אויפגענומען.

56) די ציונים האבן דעמאלט מפרסם געווען אין דער צייטונג "הצפירה" אז דער בארימטער בוברויסקער רבי, הגה"צ רבי שמרי' נח זצ"ל, האט מסכים געווען צו דער שיטה פון די "חובבי ציון", טראצדעם וואס ער האט קאטעגאריש אפגעזאגט די מזרחי רבנים בעת זייער באזוך ביי אים אין שטוב.

דער בוברויסקער רבי האט דאן אריינגעשטעלט אן עפנטליכער מכתב קודש אינעם "הפלס" גליון 17 תרס"ג, וואו ער שטעלט קלאר אז די שמועות וואס די ציונים פארשפרייטן איז שקר.

57) אלה תולדות, ח"ג תל אביב ניסן תשל"ד (עמ' 263).

"אַלס אינגערמאַן האָב איך עטוואָס זיך אָנגעשלאָסן צו די מזרחי'סטישע אידעען, אָבער דער אבני נזר האָט נישט געוואוסט דערפון.

"אַמאָל בין איך געווען ביים אבני נזר אין שטוב, און דער רבי האָט גערעדט מיט זיין זון הגה"צ רבי שמואל זצ"ל בעל שם משמואל איבער די ציונים און זייער אַקטיוויטעטן. פלוצים האָט רבי שמואל זיך אָנגערופן: 'דאָ איז איטשע. ער איז דאָך אַ ציוני'סט, ווייסט ער מסתם בעסער אַלע דעטאַלן.'

"ווי נאָר איך האָב געהערט די ווערטער האָבן מיינע ציין אָנגעהויבן טרייסלען און איך בין געוואָרן פאַרגליווערט פון שרעק, און דער רבי פרעגט מיר: 'איטשע, ביזט אַ ציוני'סט?' מיט אַ ציטער האָב איך געענטפערט: 'איך האָב געמיינט אַז דאָס איז גוט.'

"דער רבי האָט מיר געגעבן אַ מאַך אַוועק זאָגנדיג 'עי...' און אויפגעפאָדערט איך זאָל זיך אָפּלאָזן דערפון.

"פאַרשטענדליך אַז מער האָב איך נישט איבערגעטרעטן דעם שוועל פון די ציוני'סטישע פאַרטייען..."[58]

סובל זיין מיט הכנעה דעם גלות

אויך דער זון און ממלא מקום פונעם אבני נזר זי"ע, הגה"צ בעל שם משמואל מסאָכאַטשאָוו זצ"ל, שרייבט אין זיין ספר שם משמואל פרשת שמות: "הרה"ק אדמו"ר הר"ר בונם מפרשיסחא זצללה"ה האָט געזאָגט, אַז ווען אַ גוי שרייט נאָך אַ איד מיט שפעט-רייד און דער איד ענטפערט אים אָפּ, טוט ער דערמיט פאַרלענגערן דעם גלות רח"ל, עכ"ד. מיר דאַרפן ליידן דעם גלות מיט אַ דערהויבנקייט, פאַרקערט ווי דער כת הידועה וואס קענען נישט סובל זיין די כניעה און סבלות פונעם גלות[59]."זצ"ל, שרייבט אין זיין ספר שם משמואל פרשת שמות: "הרה"ק אדמו"ר הר"ר בונם מפרשיסחא זצללה"ה האָט געזאָגט, אַז ווען אַ גוי שרייט נאָך אַ איד מיט שפעט-רייד און דער איד

58) דער אבני נזר האט געהאט א תלמיד הרב י.ל. קובלסקי, וועלכער איז ליידער נאכגעשלעפט געווארן נאך די בייזע ווינטן און זיך אנגעשלאסן אין דער מזרחי. ווען דער אבני נזר האט דאס געהערט האט ער אים פארגעהאלטן און געבעטן אז ער זאל זיך אפלאזן דערפון, אבער צום באדויערן איז שוין יענער געווען צו שטארק פארזינקען אין דער קליפה און די ווארעמע ווערטער פון זיין רבי'ן האבן נישט געהאלפן.

זינט דעמאלט איז ער געווען אפגעפרעגט און דערווייטערט פונעם סאכאטשאווער הויף, אויף אזוי ווייט אז ווען מען האט געדרוקט די תשובות אבני נזר האט מען משמיט געווען דעם נאמען פון דעם אויבנדערמאנטן תלמיד, און ביי די תשובות וואס דער אבני נזר האט געשריבן צו אים האט מען אנשטאט געשריבן "מה שהשיב להרב פלוני בעיר פלונית". (החסידות ושיבת ציון עמ' 189)

59) "והרה"ק אדמו"ר הר"ר בונם זצללה"ה מפרשיסחא אמר, שבאם הגוי קורא על ישראל דברי זלזול והישראל עונה לגוי לעומתו, הרי הוא מאריך את הגלות רח"ל עכ"ד, אלא יסבול את הגלות בהתנשאות הנפש היפוך הכת הידועה שאינם יכולים לסבול הכניעה וסבלות הגלות ובזה נזכה לפאר תחת אפר בב"א".

ענטפערט אים אָפּ, טוט ער דערמיט פאַרלענגערן דעם גלות רח״ל, עכ״ד. מיר דאַרפן ליידן דעם גלות מיט אַ דערהויבנקייט, פאַרקערט ווי דער כת הידועה וואס קענען נישט סובל זיין די כניעה און סבלות פונעם גלות[60].״

הרה״ק רבי ברוך מגאָרליץ זצ״ל

הרה״ק רבי ברוכ׳ל גאָרליצער זי״ע איז געבוירן אין שנת תקפ״ט, דער פינפטער זון צו זיין גרויסן פאָטער מרן הגה״ק מצאַנז זי״ע בעל דברי חיים, און צו זיין מוטער די ערשטע רעביצין פון צאַנזער רב, מרת רחל פיגא ע״ה אַ טאָכטער פון הגה״ק רבי ברוך פרענקל תאומים זצ״ל פון לייפניק דער ברוך טעם. ער איז געוואָרן אַן איידעם ביי מרן הגה״ק בעל ייטב לב מסיגעט, וועלכער איז אין יענער צייט געווען רב אין סטראָפּקוב. בזוו״ש האָט ער חתונה געהאַט מיט די טאָכטער פון הרה״ק רבי שמואל שפירא זי״ע פון לאנצוט, אַ זון פון הייליגן בני יששכר זי״ע.

אין יאָר כת״ר בערך איז ער אויפגענומען געוואָרן אַלס רב אין רודניק וואו ער האָט געפירט דאָס רבנות ביד רמה והקים הדת על תילה במשך דרייסיג יאָר. נאָכדעם האָט ער זיך אַריבערגעצויגן לשמש ברבנות אין גאָרליץ. דער גאָרליצער רב איז געבליבן באַוואוסט מיט זיין גרעניצלאָזע שנאה צו די דרכי השקר און די פורצי כרם בית ה׳. ווי עס שטייט אויף זיין מצבה: ״מעודו היתה עבודתו לחזק דת תוה״ק על קוטב האמת במסירת נפש בלי משא פנים״. נלב״ע א׳ אדר תרס״ו לפ״ק. זי״ע.

א געמאלן בילד מיוחס צו הרה״ק רבי ברוך מגארליץ זי״ע. (אנגעבליך איז דאס בילד געמאלן געווארן ווען דער גארליצער רב איז געווען אין וויען לצורכי רפואה בשעת א סעודת ראש חודש ווען ער איז געגאנגען מיט דעם קאלפיק)

שבת מברכין חודש אלול שנת תרס״ה לפ״ק, אַ האַלב יאָר פאַר זיין הסתלקות, איז הרה״ק רבי ברוך מגאָרליץ זצ״ל געווען אין באָד-אָרט טשאַבניץ אין פוילן, וואו ס׳זענען זיך צוזאַמגעקומען אַ גרויסער עולם און אַסאַך רבנים. דער גאָרליצער רב איז געווען דער זקן הרבנים, האָט ער געבענטשט ראש חודש. צום סוף פון ״יחדשהו״ האָט ער געענדיגט: **״ולגאולה קרובה, אָבער נישט דורך די ציונים ימח שמם, ונאמר אמן.״** עס זענען געווען דערביי אַסאַך מזרחי׳סטן וועלכע האָבן עס נישט געקענט דערהערן, זענען זיי אַרויסגעלאָפן. אַסאַך זענען אפילו אַרויסגעשפרונגען פון פענסטער[61].

הרה״ק בעל דברי שמחה מציעשנוב זצ״ל

הרה״ק בעל דברי שמחה פון ציעשנוב זצ״ל איז געבוירן אין סטראפקאוו בשנת תר״ל לפ״ק, צו זיין פאטער הרה״ק משינאווא זי״ע בן הרה״ק בעל דברי חיים מצאנז זי״. (זיין מוטער מרת חנה רחל איז געווען א טאכטער פון הג״ר צבי הירש רומערז ז״ל אב״ד לעשנוב. זיין שוועסטער איז געווען הרבנית מלכה, די רביצין פון השר שלום מבעלזא זי״ע) און איידעם ביים מיטעלן בעלזער רב, הרה״ק רבי יהושע׳לע זי״ע בן השר שלום מבעלזא זי״ע. א קליינע

60) ״והרה״ק אדמו״ר הר״ר בונם זצללה״ה מפרשיסחא אמר, שבאם הגוי קורא על ישראל דברי זלזול והישראל עונה לגוי לעומתו, הרי הוא מאריך את הגלות רח״ל עכ״ד, אלא יסבול את הגלות בהתנשאות הנפש היפוך הכת הידועה שאינם יכולים לסבול הכניעה וסבלות הגלות ובזה נזכה לפאר תחת אפר בב״א״.

61) משכנות הרועים (ח״א עמ׳ רכ) מפי נכדו הרה״צ מנאסויד ז״ל. די מעשה ווערט אויך דערמאנט מיט אויפברויז אין דער ציוני׳סטישער ״הצפירה״ צייטונג, אפריל תרס״ד.

טייל פון זיינע הייליגע דברי תורה און מכתבי קודש זענען געדריקט געווארן אין ספר "דברי שמחה". נלב"ע כ' טבת תרע"ד זי"ע.

דער הייליגער ציעשנובער רב, הגה"ק רבי שמחה ישכר בער האַלבערשטאַם זי"ע, איז געווען באַרימט אַלס איינער פון די גרעסטע לוחמי מלחמת ה' וואָס האָט בחרף נפשו געפירט אַ ביטערע קריג קעגן דער ציוני'סטישער קליפה ווען דער רעיון איז נאָך געווען אין די ערשטע יאָרן. ער האָט געקעמפט דערקעגן ממש מיט מסירות נפש, און אין זיין ספר דברי שמחה זענען געדרוקט מערערע שאַרפע בריוון וואָס ער האָט געשריבן קעגן די ציונים.

מיט זיין געוואַלדיגן כח הקדושה ואמונה האָט דער ציעשנובער רב זי"ע פון דער סאַמע-ערשטער מינוט באַגריפן די פנימיות'דיגע טומאה וואָס ציונות טוט מיט זיך פאַרקערפערן. זיינע מכתבי קודש ברענען ווי אַ פייער מיט ווייטאָג און זאָרג אויף דער כפירה פונעם עצם רעיון הציונות, די טומאה וואָס איז באַזירט אויף זיך וועלן אויסלייזן מיט'ן אייגענעם פויסט פונעם גלות און נישט וואַרטן אויף ישועת השי"ת, און ער איז דעריבער מתריע אויך קעגן ציונות אין אַ פרומען שלייער, ווייל דער פראָבלעם מיט ציונות איז נישט צוליב די כופרים וואָס האָבן דאָס געשטיצט, נאָר דער געדאַנק זעלבסט איז אַ כפירה און הכחשה צו דער תורה הק' און דער אידישער אמונה.

ער שרייבט צווישן אַנדערע בלש"ק:

"ווייי פאַר די אויערן וואָס הערן. דאָס האַרץ ווערט צעריסן אין צוועלף שטיקער הערנדיג זייערע רייד און זייערע מודעות וואָס זיי קלעבן אויס אויף די ווענט פון די בתי כנסיות און בתי מדרשים צו לייקענען עפנטליך אין דער האָפענונג פון דער גאולה מיט שרעקליכע ווערטער וועלכע שטעכן ווי שפּיזן בזה"ל: אם אין אני לי מי לי וכו', ווערטער וואָס איז אסור צו הערן און דערמיט פילן זיי אָן די וועלט.

...זענען אויפגעשטאַנען די וואָס פאַררופן זיך מזרחיים, בלויז מיט אַ שינוי השם, אָבער באמת מיט זייער אינערליכער מיינונג גייען זיי אינאיינעם מיט די ציונים. ווייל דאָס שלעכטס פון די ציונים איז נישט ווייל זינדיגע מענטשן שטייען דערמיט, נאָר דער אמת איז פאַרקערט, דאָס ציונות איז אַ פאַרשאָלטענע קרענק זעלבסט, אַ כפירה און אַ הכחשה צו אונזער אמונה[62]."

62) פאלגענד איז דער גאנצער לענגערער מכתב קודש, וואס איז לימוד לדורות וויאזוי די פריערדיגע צדיקי אמת האבן באטראכט דעם פינסטערן רעיון הציונות און דעם עומק הטומאה וואס דאס אנטהאלט, אויך ווען עס איז פארשלייערט אין א רעליגיעזער צורה. געדרוקט אין ספר דברי שמחה מכתב ג'.

"**לשמע** אוזן שמעתי אשר נתכבדתי בעמוד הקלון במכה"ע "המצפה", אמרתי אודיע נא דברי לפני אחב"י מה זה ועל מה זה.

הן צעקת "הציונים" ומגמתם נעלמה מרבת בני עמי ובמדינותינו הי' בהעלם גמור, אך בחסד עליון כי לא אלמן ישראל התעוררו והתנדבו אנשים יראים ושלמים מקאוונא (ברוסיא) וע"י פעולתם בגוף ובממון השתדלו ופעלו אשר הוציאו כמה חיבורים מהם "דעת הרבנים", "אור לישרים" וכו', אשר באלו החיבורים מאספים את כל היוצא "המכתבי עתים" של הציונים מה נעשה על ידיהם

מרן הגה"ק מסאַטמאַר זי"ע האָט פילע מאָל אַרומגערעדט וועגן דעם ציעשנובער רב'ס הייליגע מלחמה קעגן ציונות. דער רבי האָט זיך אַמאָל אויסגעדרוקט אַז דער ציעשנובער רב איז געווען פון די ערשטע צווישן די גדולים וואָס האָבן פאָרגעזען די שרעקליכע סכנה פון גרינדן אַ אידישע מדינה פאַר ביאת המשיח.

בכל אתר ואתר, ומחאות נלהבים מגאוני רוסיא נ"י נגדם, וכאשר בקיץ העבר רצו לשלוח ארסם למדינת אונגארן שלחו מהתם את חיבורים האלו וגם מכתבים פרטים, ואז גם כל הרבנים הגה"צ נ"י יצאו לעזרתם במחאה גדולה נגדם, והן ידוע אשר יהודי בלא תורה ומצוות אינו יהודי, ועל אמונה הזאת כבר נהרגו ונשרפו מאתנו לאלפים ולרבבות וכן האמונה קשורה בלבינו עד עולם ועד בעזהשי"ת.

ועתה בחסדי השי"ת אשר מלכי האומות יר"ה בחסדם נותנים לנו חופש להחזיק ולקיים דת תוה"ק באין מפריע באו ועמדו עלינו מהע"ר כמאה"כ מהרסיך וגו', ובאמונה חדשה שוא ונתעה להאמין בהבלי "הרצל" ו"נורדו" שהמה יקנו לנו מדינות ומלך יתן לנו, ועבור בטחון שוא ונתעה הזה ירצו לגזול מאתנו כל מחמדינו ומאוינו אשר למורשה לנו עד עולם ולהחליף תוה"ק בלאומיות [כאשר נגלה כן בארץ היהודים להרצל], ותחת פאר התפילין להלביש צורת מגן דוד [כהטפת מטיפים בקישינוב מובא באור לישרים], וממלאים בעתותיהם בוז וקלון על הנביאים התנאים והפוסקים [כמבואר דופות מאמריהם בשם אמרם בס' "אור לישרים" עפרא לפומייהו] אשר אוי לאזנים שכך שומעות ורואות והלב נקרע לשנים עשר קרעים בשמוע דבריהם ומודעותיהם אשר ידביקו על כותלי ביהכ"נ וביהמ"ד להכחיש בפומבי את תקוות גאולתנו בדברים בוטים כמדקרות חרב, בזה"ל אם אין אני לי מי לי וכו', דברים שאסור לשומען ובדברים כאלו ימלאו את חלל דעלמא.

ואח"ז קמו אלה המכונים בשם המזרחיים רק בשינוי השם לבד, ובאמת פנימיותם ושיטתם אחוזי יד המה עם הציונים, כי רעת הציונים איננה מפני שאנשים חטאים הם המחזיקים בה, כי האמת הוא בהיפך, הציונית מחלה ממארת היא בעצמותה, כפירה והכחשה לדתינו, ואשר ע"כ החטאים האלה מחזיקים בה ו"המזרחיים" האלה אומרים לטהר את הציונית הרי הם חפצים לטהר את השרץ במקוה טהרה, ועל כל רעתם ילבישו א"ע באיצטלא ירושלמית להביא לנו משיח, ובין כך ובין כך מבעירים את לבות בני הנעורים ופשוטי עם במכתבי עתותיהם בדברי בוז ולצון על כל קודש ועל רבנן ותלמידיהון, ומכניסים את האדם לדברים שהיצה"ר חפץ בהם "נשפי חשק", "חג המכבים", והכל לטובת מצב ישראל בעוה"ר, וכמה ישיבות עלו על מוקד ה"מינות" וכמה נפשות נאבדו מאמונת תורתינו הקדושה כאשר עינינו רואות במדינתינו, וכאשר ישאגו מר הרבנים הגאונים מרוסיא ומה יתפארו בהבעלי תשובות שלהם איזה תשובה כהוגן עשו מי הניח דרכו בעבורה, האם מקודם כחשו אשר לא מבני ישראל המה והאם עתה סרו מדרכם מלחלל שבת ומועד בפומבי, ואך זאת ירשו בלבותם תחת מקודם ידעו כי לא לד' ולתורתו המה והוקירו איש ישר הולך בדרכי התורה ורבנן ותלמידיהון, ואילו פתחו את מוחם שרק המה ישראלים גמורים, ואותם השופכים את נפשם בתפלת "את צמח" "בונה ירושלים" כלא המה, ויש בידי קבוצת מכתבים מרבני גדולי רוסיא אשר יצעקו בקול מר צורח - לאמר - על אלו המזרחיים שמחבלים כרם ד' צבאות, קול ד' חוצב להבות אש להזהיר את בני ישראל באזהרה חמורה להתרחק מהם ומדרכיהם ולמנוע מנתיבותיהם, כי המה לדמים יארבו יצפנו לנפשותם, כי בכל המקומות אשר נצמדו ונתחברו עליהם בני הנעורים מבחורי חמד מבנ"י אשר היו נטועים בגן ד' כרם ד' צבאות כגן ד' כלו משקה תורה ויר"ש מימי דעת חכמה ותבונה. ועתה בעוה"ר נלכדו בפח המקודש "מזרחיות" ו"ציונית" סרו עולם עול מלכות שמים מעל צואריהם, ופרקו עול התורה לילך בדרך שובב לאמור לידינו רמה שפתינו אתנו מי אדון לנו, וכופרים בדרשת חז"ל ומבלים כל ימיהם בעתותיהם אשר מלאים בוז וקלון מדברים סרה על ד' ועל משיחו, והרבה מהם אשר יצאו לגמרי לתרבות רעה ר"ל, כי אך מחשבותם והגיונם כל היום להתיר כל איסורין שבתורה ולהשליך הגדרים והסייגים שגדרו חז"ל יען כי כן ראו מראשי הציונים והמזרחיים אשר בחרו להם למורה דרך וכן יעשו גם המה.

ועתה מי אשר יש לו ידיעות אלו ויותר האם יכול לעמוד על נפשו מבלי לצעוק מר בקול גדול על אלו אשר רוצים לגזול נפשינו בנשיקה, וגזירותיהם קשים יותר עוד מגזירת המן אשר ידעו הכל אנשים ונשים וגו' כי נמכרו להשמיד וגו', והי' ישראל באגודה אחת עומדים בבכי וצעקה והשי"ת ריחם עליהם, ובעצותיהם הגופות שמחות ורק הנפשות נאבדות ואין הכל יודעים לצעוק על נפשם ועל זרעם, ולכן מי שיש לו ידיעה, האם החובה אין מוטל עליו להציל נפשות תמימים מכפירה גמורה, אם כי הנסיון יוכיח כי לאותם אשר כבר נלכדו ברשת הכפירה לא יועיל ולא יציל שום מחאה כאשר הורונו חכז"ל שאני מינות וכו', כי ר"ל כבר נעשה להם הכל כהיתר ואין מפחידים משום דבר, וכל דברי חכמים בעיניהם כדברי היתול, ובפרט במקום שסותר אמונתם הנכזבה "בלאומיות", אולם לאנשי ישרי לב אשר לא מעדו עוד רגלם מדרכי אבותינו דרך התורה והיראה, לאלו בודאי יועיל כי ישראל קדושים הם, ומבואר בפירוש אבות להגריעב"ץ זלה"ה בפ"ב מ"ו בזה"ל "כי מי שאינו נכנס במחלוקת על המתייצבים על דרך לא טוב, אינו חושש לעלבון תורת קונו, ואינו נכנס בגדר אנשים" עכלה"ק. וכמו כן עושים כל גדולי וצדיקי דורנו וכל מי אשר ניצוץ ישראל בקרבו למען הציל את יתר הפליטה.

זאת אשר מצאתי לי לחובה להשיב נגד חוצפת "המצפה", ועל יתר הבליו ושקריו לא אשיב כי שקר ענה בי ולא אענה עוד מעתה. והשי"ת יחוס וירחם עלינו ויבוא בעל הכרם ויכלה את קוציו ונזכה במהרה לגאולתנו. כ"ד הכותב וחותם במר נפש ומצפה לישועה. שמחה ישכר בער הלברשטאם.

אידיש בלוט וועט זיך גיסן אין די גאַסן

אַמאָל האָט דער ציעשנובער רב געזאָגט ברוח קדשו, אַז עס וועלן קומען טעג וואָס אידיש בלוט וועט זיך גיסן אויף די גאַסן אַזוי ווי וואַסער, און מענטשן וועלן דעמאָלטס גיין לייענען וואָס די צייטונגען שרייבן דערויף, אָבער זיי וועלן זיך נישט מתבונן זיין אַז דאָס אַלעס קומט אין עון הציונות!

דער ציעשנובער רב האָט זיך אַזוי שטאַרק גענומען צום האַרצן פונעם טומאת הציונות און נישט געקענט סובל זיין די קליפה, אַז פון גרויס צער האָט דאָס אים מקצר ימים געווען. ער אַליין איז געווען רגיל צו זאָגן: "דאָס ציוניזם פירט מיך אַוועק פון דער וועלט."

בזיונות פון די רשעים, דער גרעסטער כבוד

ווען די רשעים האָבן געזען אינעם ציעשנובער רב אַ שטער צו זייערע צילן, האָבן זיי אָנגעהויבן אים צו באַשמוצן נאָכאַנאַנד אין זייערע צייטונגען מיט אַלערליי השמצות און בזיונות.

מרן הגה"ק מסאַטמאַר זי"ע פלעגט נאָכזאָגן בשם דעם ציעשנובער רב, אַז אַ טאָג וואָס די צייטונגען באַשמוצן אים נישט, דאַרף ער מהרהר בתשובה זיין, און דער סאַטמאַרער רבי פלעגט דערויף מוסיף זיין: "זעט אויס אַז זיי פאַרגינען אונז נישט קיין הרהור תשובה"...

וואס וועט זיין מיט די ציוני'סטן

הרה"ק רבי איציקל מפשעוואָרסק זי"ע שרייבט אין אַ בריוו צו מרן הק' מסאַטמאַר זי"ע:

"איך האָב געהערט פון הרב הצדיק מקאָלאָשיץ זצ"ל הי"ה, אַז דער הייליגער ציעשנובער רב זצ"ל האָט זייער געוויינט נאָך דער פטירה פון זיין פאָטער הקדוש משינאַווע זצוקללה"ה, זאָגנדיג: "דער טאַטע איז נישט דאָ, וואָס וועט זיין מיט די ציוני'סטן?"[63]

ערוועלט דעם גוי ליבערשט ווי דעם ציוני'סט

אין דער הויפטשטאָט פון דער עסטרייך-אונגאַרישער רעפובליק, איז אין יאָר תרס"ז פאָרגעקומען וואַלן צום 'רייכסראַט' פאַרלאַמענט. ווי דער שטייגער האָבן בירגער פון איבער'ן

63) נדפס בס' דברי יואל מכתבים (ח"ב מכתב קלט).

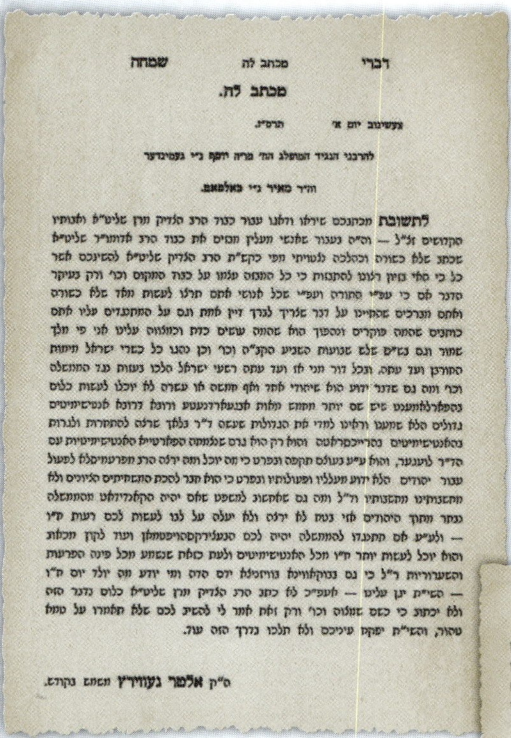

דברי מכתב לה שמחה

מכתב לה.

צעשינוב יום א׳ תרס״ז.

להרבני הנגיד המופלג הה׳ מו״ה יוסף נ״י גטמינדער

והר״ר מאיר נ״י באלמאנ.

לתשובת מכתבכם שיראו ולאנו עבור כבוד הרב הצדיק מרן שליט״א ולאבותיו הקדושים זצ״ל — והש״י נעבור שאנשי מעלין חכמים את כבוד הרב לאדמו״ר שליט״א שכתב שלא כשורה וכהלכה גלגוריתי תפי כקש״ת הרב הצדיק שליט״א להסינכם אשר כל כי סאי בזיון רצונו להתנגות כי כל המנוה עצמו על כבוד המקום וכו׳ ורק בעיקר הדבר אם כי עפ״י התורה ועפ״י שכל אנושי אתם תרצו לעשות מאד שלא כשורה ואתם הנרכים שהקיינו על דבר שצריך לגרך דין אמת וגם על המתעדים עליו אתם כותנים שהמה פוקרים והפוך הוא שהמה עשים כדת וכמצווה עלינו אני פי מלך שמור וגם בנ״ים שלא שבועות השביע הקב״ה וכו׳ וכן נהגו כל כשרי ישראל מיום החורבן ועד עתה, ובכל דור ודור ועד עתה רשעי ישראל הלכו בעזות נגד הממשלה וכו׳ ומה גם שדבר ידוע הוא שיהודי אחד ואף חמשה או עשרה לא יוכלו לעשות כלום בהפארלאמענט פיס שם יותר ממחצ מאות אבגעארדנעטע ורובא דרובא אנטיסעמיטים גדולים הלא שמענו וראינו למדי את הנבולות שעשה ד״ר בלאך שרצה להתחרות ולגרום בהאנטיסעמיטים בהרייכסראטה והוא רק הוא גרם שנלמתה הפארטייא האנטיסעמיטיות עם הד״ר לועגער, והוא ע״י בעולם תקפה ובפרט כי מה יוכל ומה ירצה הרב תפרעמיסלא לפעול עבור יהודים הלא ידוע מעלליו ופעולותיו ובפרט כי הוא חבר לכת המשמידים הליונים ולא מתשגותינו מתשבותיו וח״ל ומה גם שאתשוב למשפט שאם יהיה הקאנדידאט מהממשלה נבחר מתוך היהודים אזי בטח לא ירצה ולא יעלה על לבו לעשות לכם רעות ח״ו — ולע״ע אם תתנגדו להממשלה יהיה לכם הבעזירקסהויפטמאן ועוד לקרן זכרות והוא יוכל לעשות יותר ח״ו מכל האנטיסעמיטים ולעת כזאת שבשמע מכל פינה הפרעות והשערוריות ר״ל כי גם בגאליציא בוויכוח ידם הדם ומי יודע מה יולד יום ח״ו — הש״ית יגן עלינו — לעפ״כ לא כתב הרב הצדיק מרן שליט״א כלום בדבר הזה ולא יכתוב כי כשם שמצוה וכו׳ ורק זאת אמר לי להשיב לכם שלא תאמרו על טמא טהור, והש״ית יפקח עיניכם ולא תלכו בדרך הזה עוד.

ה״ק **אלטר געווירץ** משמש בקודש.

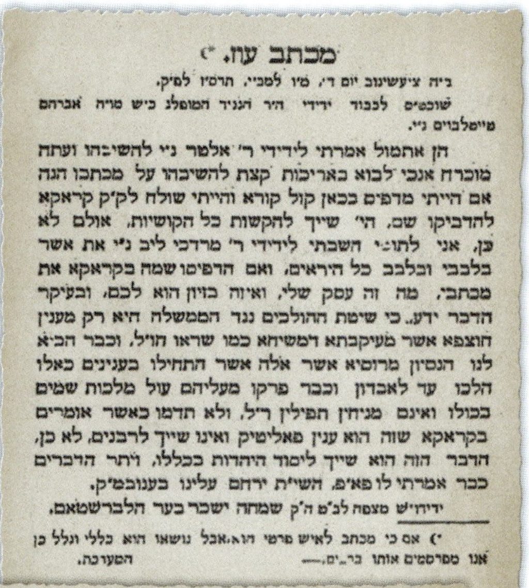

מכתב עח.*)

ב״ה ציעשינוב יום ד׳, מ״ו למטבי. תרס״ז לפ״ק.

שוכט״ם לכבוד ידידי הר׳ הנגיד המופלג כ״ש מו״ה אברהם טייטלבוים נ״י.

הן אתמול אמרתי לידידי ר׳ אלטר נ״י להשיבהו ועתה מוכרח אנכי לבוא באריכות קצת להשיבהו על מכתבו הנה אם הייתי מדפים בכאן קול קורא והייתי שולח לק״ק קראקא להדביקו שם, הי׳ שייך להקשות כל הקושיות. אולם לא כן, אני לתומי השבתי לידידי ר׳ מרדכי ליב נ״י את אשר בלבבי ובלבב כל היראים, ואם הדפיסו שמה בקראקא את מכתבי, מה זה עסק שלי, ואיזה בזיון הוא לכם, ובעיקר הדבר ידע. כי שיטת ההולכים נגד הממשלה היא רק מענין חוצפא אשר מעיקבתא דמשיחא כמו שראו חז״ל. וכבר הבי״א לנו הנסיון מרוסיא אשר אלה אשר התחילו בענינים כאלו הלכו עד לאבדון וכבר פרקו מעליהם עול מלכות שמים בכולו ואינם מניחין תפילין ר״ל. ולא תדמו כאשר אומרים בקראקא שזה הוא ענין פאליטיק ואינו שייך לרבנים, לא כן, הדבר הזה הוא שייך ליסוד היהדות בכללו, ויתר הדברים כבר אמרתי לו פא״פ. השי״ת ירחם עלינו בענובמ״ק.

ידידו״ש מצפה לב״מ ה״ק שמחה ישכר בער הלברשטאם.

*) אם כי מכתב לאיש פרטי הוא, אבל נשאו הוא כללי וגלל כן אנו מפרסמים אותו בר״ים.— המערכת.

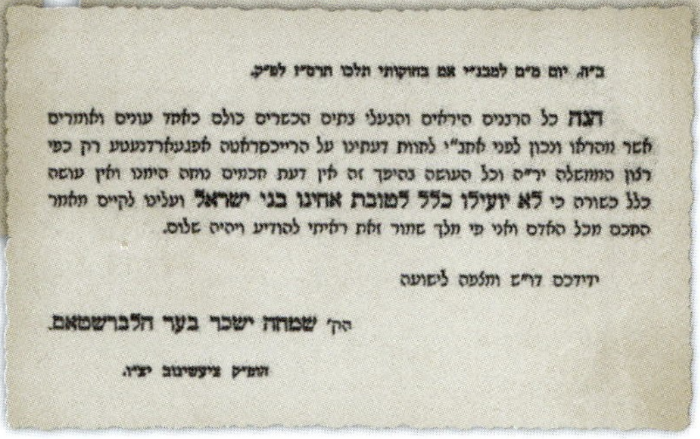

ב״ה, יום מ״ם למטבי״ אם בחוקותי תלכו תרס״ז לפ״ק.

הנה כל הרבנים הירא״ים והבעלי בתים הכשרים כולם כאחד עונים ואומרים אשר מהראוי ונכון לפני אתב״י לחוות דעתינו על הרייכסראטה אפגעאורדנעטע רק כפי רצון הממשלה יר״ה וכל העושה בהיפך זה אין דעת חכמים נוחה הימנו ואין עושה כלל כשורה כי **לא יועילו כלל לטובת אחינו בני ישראל** ועלינו לקיים מאמר הסכם מכל האדם ואני פי מלך שמור וזאת ראיתי להודיע ויהיה שלום.

ידידכם דו״ש ומצפה לישועה

הק׳ **שמחה ישכר בער הלברשטאם.**

המו״ק ציעשינוב יצ״ו.

עטליכע בריוו פון הרה"ק מציעשנוב זי"ע אין די תקופה פון די וואלן צום 'רייכסראַט' אין יאר תרס"ז לפ"ק (באדיבות מכון שמן רוקח)

גאַנצן לאַנד געהאַט די רעכטן צו וועלן אינעם באַשטימטן טאָג, און אַזוי אַרום קלויבן די קאַנדידאַטן לויט זייער באַשלוס.

די דעמאָלטסדיגע וואַלן האָבן אָבער פאַר די אידישע קהלות געהאַט אַ באַזונדערע באַדייט, ווען אין אַן אומגעוועגליכער ערשיינונג, האָט אַ געוויסער מזרחי'סטישער רב אַרויסגעשטעלט זיין קאַנדידאַטור צו לויפן אַלס פאַרלאַמענט מיטגלידער, בעת וואָס זיין קעגנער איז געווען אַ גוי, אַ שונא ישראל, וואָס האָט נישט באַהאַלטן זיין אויסגעשפּראָכענע שנאת ישראל.

אין אַלגעמיין האָט אין דער אידישער גאַס געהערשט אַ גייסט פון שטיצע פאַר דעם איד, איבערהויפט ווען מען האָט גאַנץ גוט געוואוסט אַז פונעם גוי'אישן אַנטיסעמיט וועט מען געוויס נישט לעקן קיין האָניג. פאַרשטענדליך אַז די ציוני'סטישע גרופעס, וועלכע האָבן זיך אָנגעהויבן

אויסשפרייטן לענגאויס אייראָפּע, האָבן מיט גרויס ענטוזיאַזם געשטיצט דעם אידישן קאַנדידאַט, וואָס האָט פאַרשפּראָכן צו דינען געטריי זייערע אינטערעסן.

דאַן האָט אָבער הרה"ק מציעשינוב זצוק"ל פאַרעפנטליכט זיין קלאָרן דעת תורה פאַר אידן איבער דער גאַנצער מדינה, אַז מען זאָל חלילה נישט וועהלן פאַר'ן ציוני'סט און ענדערש לאָזן זיין קעגנער געווינען.

דער צדיק אמת, וואָס האָט תשובה געטון אין אַ טאָג וואָס די ציוני'סטישע בלעטער האָבן נישט געשימפּט קעגן אים, האָט זיך נישט אָפּגעשראָקן פון די חוצים ובליסטראות וואָס זענען געוואָרפן געוואָרן אין זיין ריכטונג פון די ציוני'סטישע אינטערעסן. אין דער גרויסער אידישער שטאָט קראָקא זענען אויסגעהאָנגען געוואָרן פלאַקאַטן מיט אַ ספּעציעלן מכתב קודש, געשריבן בכתי"ק פונעם ציעשינוב'ער רב ז"ל, וואו ער באַציט זיך צו די דברים העומדים על הפרק, און רופט אידן צו מקיים זיין דעם 'אני פי מלך שמור'.

ב"ה, יום מ"ם למבנ"י אם בחוקותי תלכו תרס"ז לפ"ק. הנה כל היראים והבעלי בתים הכשרים כולם כאחד עונים ואומרים אשר מהראוי והנכון לפני אחב"י לחוות דעתינו על הרייכסראטה אפגעארדנעטע רק כפי רצון הממשלה יר"ה, וכל העושה בהיפך זה אין דעת חכמים נוחה הימנו ואין עושה כלל כשורה, כי לא יועילו כלל לטובת אחינו בני ישראל, ועלינו לקיים מאמר החכם מכל האדם (קהלת ח ב) **אני פי מלך שמור, זאת ראיתי להודיע ויהי' שלום. ידידכם דו"ש ומצפה לישועה הק' שמחה ישכר בער הלברשטאם חופ"ק ציעשינוב יצ"ו**

איבעריג צו זאָגן אַז ערליכע אידן אין דער גאַנצער אומגעגנט האָבן אויסגעפאָלגט דעם פּסק און נישט אָפּגעגעבן זייער שטימע פאַר דעם איד, וואָס האָט ענדגילטיג געפירט צו זיין דורכפאַל אין די וואַלן.

שבת קודש פרשת נשא שנת תרס"ז לפ"ק איז אָנגעקומען די בשורה צום ציעשנובער רב ז"ל אַז דער ציוני'סט האָט פאַרלוירן די וואַלן, ותחי רוחו. דער צדיק האָט זיך געפונען אין אַ באַשיינפערליכן דערהויבענעם מצב פון שמחה, און אַ לענגערע ווייל אַרומגערעדט ביי די הייליגע טישן פון דער געוואַלדיגער הצלחה.

דער ציעשנובער רב האָט זיך אינמיטן דעם טיש געוואָנדן צו זיין פעטער הגה"צ רבי שמעון מפּאטאליטש ז"ל, וועלכער איז אויף יענעם שבת געקומען צופאָרן קיין ציעשנוב לחסות בצל קדשו, זאָגנדיג: "עס זאָל ביי אייך נישט זיין קיין וואונדער אַז איך רעד ביים שב"ק טיש פון אַזעלכע זאַכן. דער פּסוק זאָגט (במדבר ד כו) ואת כל אשר יעשה להם ועבדו, אויף וואָס דער תרגום טייטשט: וית כל די יתמסר להון ויפלחון. דאָס באַדייט אַז יעדער מענטש האָט זיין באַזונדערע

עבודה וואָס ער באַקומט פון הימל, און דאָס איז זיין עבודה אויף דער וועלט. 'דאָס' איז 'מיין' עבודה!"[64]

דער גרויסער תלמיד פונעם ציעשנוב'ער רב, הרה"ק רבי איציקל מפשעוואָרסק זצ"ל, פלעגט דערציילן די אויספירליכע געשיכטע יעדעס יאָר פרשת נשא, צום יאָרטאָג פון יענעם קידוש ה'. רבי איציקל האָט געהאַט די זכי' צו זיין אַנוועזנד בשעת מ'איז געקומען זאָגן די בשורה פאַר'ן צדיק אַז דער איד איז נישט ערוועלט געוואָרן, און פלעגט שילדערן די אומגעהויערע שמחה וואָס איז געווען קענטיג אויפ'ן ציעשנובער רב זי"ע זיך אויסדרוקנדיג: "איך זע נישט אַזאַ שמחה ביי אַ איד, חוץ ביאת המשיח!"

דאָס הייליג האַרץ האָט זיך געפריידט מיט'ן כבוד שמים וואָס איז נישט נתחלל געוואָרן, און האָט געזען אין דער מפלה פונעם ציוני'סט אַ ווירקליכע בשורה טובה. טראָץ וואָס דער קעגנער אין די וואַלן איז געווען אַ קנאַפער יודן-פריינט, האָט דער צדיק געזען דערין אַזאַ סאָרט 'בוחר את הרע במיעוטו' און אויסגעקליבן נישט צו שטיצן דעם ציוני'סט וועלכע וועט זיך דערמיט דערקלערן אַלס רעפרעזענטאַט ביי דער רעגירונג אין נאָמען פון זיינע אידישע וויילער.

הרה"ק בעל **שפת אמת** זי"ע

הגה"ק רבי יהודה ארי' לייב אלטער זי"ע איז געבוירן אין יאר תר"ז העעל"ט, צו זיין פאטער הגה"ק רבי אברהם מרדכי זי"ע, בן הגה"ק בעל חידושי הרי"ם מגור זי"ע. אלס יונג קינד איז זיין טאטע נסתלק געווארן און ער איז אויפגעוואקסן ביים זיין דער חידושי הרי"ם זי"ע, ביי וועמען ער האט מקבל געווען רוב תורתו וחסידותו.

אין יאר תר"ל, פיר יאר נאך די הסתלקות פון זיין זיידן און נאך די פטירה פון הרה"ק רבי העניך מאלכסנדר זי"ע, איז ער נתמנה געווארן אלס דער ממשיך דרכם בקודש. אונטער זיין הנהגה איז דער גורער הויף פארוואנדלט געווארן אין א ריזיגע צענטראלע כח פון אידישקייט איבער גאנץ פוילן. פון זיינע עמקות'דיגע דברי תורה זענען אפגעשריבן געווארן די ספרים שפת אמת עה"ת און אויך חידושים אויף ש"ס און יורה דעה. נלב"ע ה' שבט תרס"ה לפ"ק.

די ציוני'סטישע בלעטער אין יאר תר"ס לפ"ק פארציילן מיט אויפברויז אז הרה"ק בעל שפת אמת מגור זי"ע האט באפוילן אז אלע וועלכע זענען נחשד מיט ציונות זאלן פארטריבן ווערן פון די "שטיבלעך". וויבאלד דאס ציונות איז מינות וכפירה און די ציונים זענען כופרים ופושעים בישראל ובאלקיו.

בשם די צוויי רביים, הרה"ק בעל שפת אמת מגור זי"ע, און הרה"ק בעל ישמח ישראל מאלכסנדר זי"ע, זענען ארומגעפארן צוויי שלוחים מיוחדים צו אלע רבנים איבער שטעט און שטעטלעך דורכאויס פוילן, צו בעטן און אויפפאדערן אז אויב וועט זיי אנקומען א בריוו מיט א

64) די געשיכטע אין קורצן ווערט דערמאנט אין ספר דברי שמחה (ליקוטים): "בפרשת נשא תרס"ז בעת הבחירה להרייכסראט יצא כ"ק אדמו"ר הגה"ק זי"ע בקול אומר קרא נגד רב א' שרצו לבחור אותו, ובשבת קודש הנ"ל נתבשר כ"ק אדמו"ר זצוק"ל שלא נבחר. והיה לו שמחה גדולה ודיבר הרבה מענין זה אצל שלחנו הטהור".

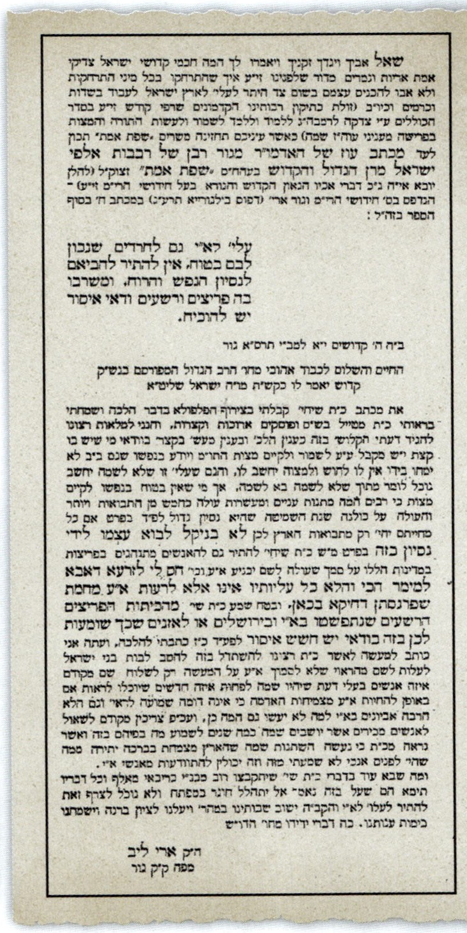

שאל אביך ויגדך זקניך ויאמרו לך המה חכמי קדושי ישראל צדיקי אמת אריות וגברים מדור שלפנינו זי"ע איך שהתרחקו בכל מיני התרחקות ולא אבו להכניס עצמם בשום צד היתר לעלי' לארץ ישראל לעבוד בשדות וכרמים וכיו"ב (זולת כתיקון רבותינו הקדמונים שרפי קודש זי"ע בסדר הכוללים ע"י צדקה לרמבה"נ ללמוד וללכד לשמור ולעשות התורה והמצות בפרישה מענייני עוה"ז שמה) כאשר עיניכם תחזינה משרים "שפת אמת" תכוף לעד מכתב עוז של האדמו"ר מגור רבן של רבבות אלפי ישראל מרן הגדול והקדוש בעהח"ס "שפת אמת" זצוקל"ל (ולהלן יובא איזה ג"כ דברי אביו הגאון הקדוש והנורא בעל חידושי הרי"ם זי"ע) – הנדפס בס' חידושי הרי"ם וגור ארי' (דפוס בילגורייא תרע"ג) במכתב ח' בסוף הספר בזה"ל:

עלי' לא"י גם לחרדים שנכון לבם בטוח, אין להתיר להביאם לנסיון הנפש והרוח, ומשרבו בה פריצים ורשעים ודאי איסור יש להוכיח.

ב"ה ה' קדושים י"א למב"י תרס"א גור

החיים והשלום לכבוד אהובי מהו' הרב הגדול המפורסם בנש"ק קדוש יאמר לו כקש"ת מו"ה ישראל שליט"א

את מכתב כ"ת שיחי' קבלתי בצירוף הפלפולא בדבר הלכה ושמחתי בראותי כ"ת מטייל בש"ס ופוסקים ארוכות וקצרות, והנני למלאות רצונו להגיד דעתי תקלוש' בזה כענין הלכ' ובענין מעש' בקצר. בודאי מי שיש בו קצת יש מקבל ע"ע לשמור ולקיים מצות התרי"ם וידע בנפשו שגם ב"ב לא ימחו בידו אין לו לחוש ולמצוה יחשב לו, והגם שעלי' זו שלא לשמה יחשב נוכל לומר מתוך שלא לשמה בא לשמה. אך מי שאין בטוח בנפשו לקיים מצות כי רבים המה מתנות עניים ומעשרות עולה כחמש מן התבואות ויותר והעולה על כולנה שנת השמיטה שהיא נסיון גדול לפיד בפרט אם כל מחייתם יהי' רק מתבואות הארץ לכן לא בניקל לבוא עצמו לידי נסיון כזה בפרט מ"ש כ"ת שיחי' להתיר גם להאנשים מתנהגים בפריצות במדינות הללו על סמך שעלה לשם יבניע א"ע וכו' חס לי לזרעא דאבא למימר הכי והלא כל עליותיו אינו אלא לרשת א"ע מחמת שפרנסתן דחיקא בכאן, ובטח שמע כ"ת שי' מהכיתות הפריצים הרשעים שנתפשטו בא"י ובירושלים או לאזנים שכך שומעות לכן בזה בודאי יש חשש איסור לפע"ד כ"ז כתבתי להלכה, ועתה אני כותב למעשה לאשר כ"ת רצינו להשתדל בזה להסב לבות בני ישראל לעלות לשם מהראוי שלא לסמוך א"ע על המעשה רק לשלוח שם מקודם איזה אנשים בעלי דעת שיהיו שמה לפחות איזה חדשים שיוכלו לראות אם באופן להחיות א"ע מצמיחות האדמה כי אינה דומה שמועה לראי' וגם הלא הרבה אביונים בא"י למה לא יעשו גם המה כן, ועכ"פ צריכין מקודם לשאול לאנשים מכירים אשר יושבים שמה כמה שנים לשמוע מה בפיהם בזה ואשר נראה מכ"ת כי נעשה השתנות שמה שהארץ מצמחת בברכה יתירה ממה שהי' לפנים אנכי לא שמעתי מזה וזה יכולין להתוודעות מאנשי א"י.
ומה שבא עוד בדברי כ"ת שי' שיתקבצו רוב מבנ"י כריבאי מאלף וכל דבריו תימא הם שעל בזה נאמ' אל יתהלל חוגר במפתח ולא נוכל לצרף ואת להתיר לעלו' לא"י והקב"ה ישוב שבותינו במהרה ויעלנו לציון ברנה וישמחנו כימות עניתנו. כה דברי ידידו מהו' הדו"ש

הק' ארי' ליב
מפה ק"ק גור

בריוו פונעם שפת אמת זי"ע קעגן די כתות הציונים

מכתבים מווארשא.

ויהי ביום חג השבועה, בהתאסף המון רב בעיר „גור", ויקראו אל חדרו רבנים אחדים ועשירים ושתדלנים אחדים, ואז הוציאו קרוביו ממנו את המלים האלה: „אין ליהודי ישר להתחבר עם הרשעים" (כן ספר לי בתמימות אחד גדולי החסידים).

ויהי אך יצא הדבר מפיו, ויצאו הרצים דחופים ומבוהלים בדבר „שלו יחיה" אל כל בתי האכסניאות ויספרו לכל החסידים, כי „הוא יחיה" צוה להתרחק מהציונים הרשעים...

בזה כלתה מלאכות קרובי הרבי, והפראים עושים עתה את שלהם, כמעשי המתגוששים בחינה, סכים בעברת, זדון את כל מי שחושדים אותו בציונות, רודפים באף ובחמה, מגרשים משטיבליהם גוררים עמם לחייהם.

די ציוני'סטישע בלעטער פארציילן איבער דעם שבועות אין גור

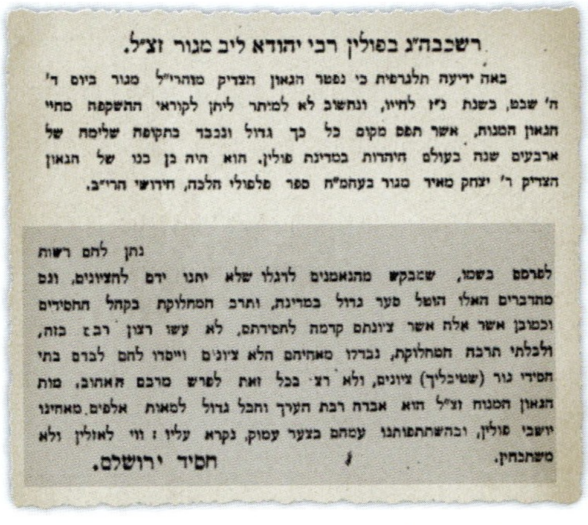

רשכבה"ג בפולין רבי יהודא ליב מגור זצ"ל.

באה ידיעה תלגרפית כי נפטר הגאון הצדיק מוהרי"ל מגור ביום ד' ה' שבט, בשנת נ"ז לחייו, ונחשב לא למיותר ליתן לקוראי ההשקפה מחיי הגאון המנוח, אשר תפס מקום כל כך גדול ונכבד בתקופה שלימה של ארבעים שנה בעולם היהדות במדינת פולין. הוא היה בן בנו של הגאון הצדיק ר' יצחק מאיר מגור בעהמ"ח ספר פלפולי הלכה, חידושי הרי"ם.

נתן להם רשות לפרסם בשמו, שמבקש מהנאמנים לרגלו שלא יתנו ידם להציונים, וגם מתדברים האלו הוטל סער גדול במדינת, ותרב המחלוקת בקהל החסידים וכמובן אשר אלה אשר ציונתם קדמה לחסידתם, לא עשו רצון רבם בזה, ולבלתי תרבת המחלוקת, נבדלו מאחיהם הלא ציונים וייסדו להם לבדם בתי חסידי גור (שטיבליך) ציונים, ולא רצו בכל זאת לפרש מרבם האהוב, מות הגאון המנוח וצ"ל הוא אבדה רבת הערך וחבל גדול למאות אלפים מאחינו יושבי פולין, ובהשתתפותנו עמהם בצער עמוק, נקרא עליו: ווי לאולין ולא משתכחין.

חסיד ירושלם.

נאָך די הסתלקות פונעם שפת אמת זי"ע דערמאנען די צייטונגען זיין פייערדיגע מלחמה קעגן די ציונים

שאלה איבער דאס ציונות, זאלן זיי ענטפערן אז דאס איז מינות ואפיקורסות ר"ל וכל הדבק בה כדבק בעבודה זרה.

בעצם היום טוב שבועות שנת תר"ס לפ"ק, ווען אין גור האבן זיך פארזאמלט טויזנטער אידן צו פראווען דעם יום טוב מיט הרה"ק בעל שפת אמת זי"ע, האט ער אריינגערופן צו זיך אין חדר אייניגע רבנים, נגידים און שתדלנים, און זיי מוסר מודעה געווען אז "אן ערליכער איד זאל זיך נישט מתחבר זיין צו די רשעים".

דער שפת אמת זי"ע האט ווירקליך אין יאר תרס"א לפ"ק געשריבן א בריוו קעגן די אלע כתות וואס זוכן ארויפצוברענגען אידן קיין ארץ ישראל, וואו ער ערוועגט אז בלויז השי"ת וועט אונז

צוריקקערן און אונז ארויפברענגען קיין ציון במהרה[65]. (געדרוקט אין ספר חידושי הרי"ם גור אריה מכתב ח' בסוף הספר, ומשם הועתק ב'תיקון עולם' אות ס'.)

הרה"ק מקאָלאָשיץ זצ"ל הי"ד

הרה"ק מקאלאשיץ זצוק"ל איז געווען א זון פון הגה"צ רבי מנחם מענדל האלברשטאם ז"ל אב"ד פריסטיק, בן הגה"צ רבי ארי' לייבוש ז"ל אב"ד דוקלא, בן הרה"ק רבי דוד מקשאנוב זי"ע, בן מרן הרה"ק בעל דברי חיים מצאנז זי"ע. זיין מאמע הרבנית פיגא בילא איז געווען א טאכטער פון הרה"ק משינאווא זי"ע בן מרן הדברי חיים מצאנז זי"ע. ער איז געווען אן איידעם ביי הרה"ק רבי משה מבארדיוב זצ"ל, זון פון הרה"ק רבי ברוך גארליצער זי"ע, בן מרן הדברי חיים מצאנז זי"ע.

אשר קינא לאלקיו

דער קאָלאָשיצער רב הגה"ק רבי חנה האַלברשטאַם זי"ע האָט געפירט אַ מלחמת קודש בכל עת מצוא, אויסצורייסן די ציוני'סטישע עבודה זרה פון צווישן אידישע אידן, ווי עס ווערט אויספירליך געשילדערט אין זיין ספר דברי חנה.

דער קאלאשיצער רב האט געטייטשט דעם פסוק "נפשי לה' משומרים לבוקר שומרים לבוקר". אז איבער די טעמע פון ציונות און ארץ ישראל, איז דא וואס זאגן אז אז פונקט ווי לגבי פרנסה טוט מען זיך נישט פארלאזן אויף קיין נס, נאר דער מענטש דארף טון וואס איז אין זיין מעגליכקייט און השי"ת העלפט אים צו, ווי עס איז מפורש אין פסוק "וברכתיך בכל אשר תעשה", דאס זעלבע זאל זיין בענין ארץ ישראל אז מען זאל ח"ו דארפן טון וואס איז אין אונזער מעגליכקייט. דערפאר זאגט דוד המלך ע"ה "נפשי

הגה"ק מקאלאשיץ זי"ע ביי א באזוך אין דער שטאט מונקאטש

65) ועי' בספרו שפת אמת פר' שלח שנת תרנ"א: כי הנה בודאי כיבוש הארץ הי' דבר גדול מאוד שנתחבטו עליו אבות הראשונים והשי"ת נשבע להם להורישם הארץ... **והוא אינו בכח אנושי רק כמ"ש ברצות ה' דרכי איש כו' אויביו ישלים כו' לכן פנה כנען ופינה את הארץ כאשר הגיע העת.** וכל טעות המרגלים הי' במה שרצו לכבוש בכח עצמותם. **ואותו הדור היו גבורי כח צבאות ה' אבל מלחמת ארץ כנען אינו בכח האדם כמ"ש כי לא בחרבם ירשו ארץ.** ולכן מפורש חטא המעפילים במ"ש ותחגרו איש כו' כלי מלחמתו כו' ולכן לא הצליחו. וכ' במד' ויעפילו שהביאו חשיכה כו'. כי מה שהי' מוכן להתגלות אור הצפון בא"י שהי' מוכן לכנוס בכלל נחלת ה' וע"י חטאם נחשך אותו ההארה. וכאשר ראינו בתחילת הבטחתו ית' לאברהם אע"ה לך לך כו' אשר אראך. כי כל נתינת א"י הוא בביטול כל השגת האדם רק ברצות ה' כמ"ש כי ימינך כו' ואור פניך כי רציתם. וכמ"ש כלב אם חפץ בנו ה'. וע"ז כ' בתחבולות תעשה לך מלחמה בתחבולות של מצות.

להʼ משומרים לבוקר״, איך היט און ווארט און האף אויף די גאולה, און איך בין פון די ערליכע אידן וואס טוען נישט קיין שום זאך בענין ארץ ישראל, נאר ווארטן אויפ׳ן פרימארגן פון די גאולה, ווי דער פסוק זאגט ״כימי צאתך מארץ מצרים אראנו נפלאות[66]״.

דער פשעוואָרסקער רבי הגה״ק רבי יענקעלע זצ״ל האָט דערציילט, אַז ער האָט איינמאָל געהערט דעם קאָלאָשיצער רב רעדן וועגן די ציונים, און מיט אַ לשון רך ותחנונים האָט ער זיך מתמרמר געווען פאַרוואָס זיי פירן זיך אַזוי און זינקען איין אידן אין תהום. מען האָט געזען אַז זייער גורל און מצב השפל והטמא רירט אָן זיין הייליג האַרץ, און עס צעבלוטיגט זיין ריינעם נפש פון גרויס אהבת ישראל.

הרה״ח רʼ פנחס באַקאָן ע״ה, וועלכער האָט אַלס קינד געוואוינט אין ריישא, האָט דערציילט, אַז ער איז אַמאָל איין פאַרטאָגס אַרויס פון שטוב און געגאַנגען אין ביהמ״ד לערנען. האָט ער באַגעגנט אויפ׳ן וועג דעם קאָלאָשיצער רב גיין אין מקוה. ווען זיי זענען אינאיינעם אַריבער פאָרנט פון דער געביידע ״בית עם״, אַ פלאַץ וואו די ציונים פלעגן זיך צונויפקומען און האַלטן פאַרזאַמלונגען, האָט אים דער קאָלאָשיצער רב געהייסן זאָגן דריי מאָל דעם פסוק ״שקץ תשקצנו ותעב תתעבנו כי חרם הוא״.

אַ פאַר׳סמ׳טער מנהל אין דער תלמוד תורה

דער בריק וואָס האָט אַריבערגעפירט דאָס ציונות צו חרדי׳שע אידן שומרי תורה ומצוות, איז אויפגעבויט געוואָרן דורך דער מזרחי, וועלכע זענען געווען אַזעלכע וואָס כלפי חוץ האָבן זיי איינגעהאַלטן מצוות מעשיות, אָבער אינעווייניג האָט געבושעוועט אַ גיפט.

ווען דער קאָלאָשיצער רב האָט געוואוינט אין ריישא איז אויפגענומען געוואָרן אַלס מנהל אין דער שטאָטישער תלמוד תורה עמיצער וואָס איז שוין געווען נחמץ מיט מזרחי׳סטישע אַנשויאונגען. האָט זיך דער קאָלאָשיצער רב אויפגעשטעלט אין סאַמע יו״ט שבועות ביי זיך אין בית המדרש, און אויסגערופן אַז מען זאָל מער נישט געבן קיין געלט לטובת דער ת״ת, ווייל דער מנהל קען פאַר׳סמ׳ען די תלמידים מיט זיינע שעדליכע השקפות. ענדערש זאָל מען פאַרשפאַרן אַזאַ ת״ת.

66) עיי״ש בקונטרס דברי תורה: ״נפשי להʼ משומרים לבוקר שומרים לבוקר, דהנה בענין הציונות בא״י יש אומרים דכמו בענין פרנסה אין סומכין על הנס רק האדם עושה מה שביכלתו והשי״ת עוזר לו, וכמו שמפורש בפסוק וברכתיך בכל אשר תעשה, כמו כן בענין ארץ ישראל צריכים לעשות מה שביכלתינו, לזה אמר דוד המלך ע״ה נפשי להʼ משומרים לבוקר, אני שומר וממתין ומחכה על הגאולה, ואני מאותן היראים והחרדים שאין עושים שום דבר בענין ארץ ישראל רק שומרים לבוקר לבד, וכמו שהפסוק אומר כימי צאתך מארץ מצרים אראנו נפלאות.

ווען הרב החסיד המפואר ר' ראובן עקשטיין ע"ה, אַ דזיקובער חסיד און פון די ראשי הת"ת, האָט געהערט פון דער דרשה האָט ער שנעל אָפגעזאָגט יענעם מזרחי'סטישן מנהל פון זיין פּאָסטן.

פלטרין של מלך

די ציונים און די מזרחיים פלעגן פאַרשפרייטן אַז זיי זענען עוסק אין מפיץ זיין די מצוה פון "ישוב ארץ ישראל". דער קאָלאָשיצער רב פלעגט קאָכן דערקעגן, אַז נישט גענוג וואָס די ציונים טוען עבירות אין חוץ לארץ, דאַרפן זיי נאָך פאָרן קיין ארץ ישראל, וואו מען פאַלט אַסאַך טיפער ווען מ'זינדיגט, כדי צו מאַכן די פשעים מיטן תכלית השלימות וההידור...

נאָך האָט דער קאָלאָשיצער רב געטייטשט אויפ'ן פסוק "כי אין לבוא אל שער המלך בלבוש שק" (אסתר ד ב). ארץ ישראל איז דאָך דער פלטרין של מלך, ווי קען זיך אַ מענטש טרויען דאָרט אַריינצוגיין מיט עבירות, פאַרשמירט און מזוהם. ער פלעגט טייטשן דעם פסוק (תהלים קטז ט) "אתהלך לפני ה'". פריער דאַרף מען זיך פירן בדרך התורה הק', און נאָר נאָכדעם קען מען גיין "בארצות החיים", וואָס ווייזט אויף ארץ ישראל (כפירוש הרד"ק).

והיא לא תצלח

אָפּענע דברי נביאות ורוח הקודש זענען אַמאָל אַרויס פון הייליגן קאָלאָשיצער רב'ס מויל וועגן דעם מדינת הציונים, וואָס ווערן נעבעך פולשטענדיג מקויים ביז צום היינטיגן טאָג.

עס איז געווען ווען חסידים זענען געשטאַנען און געשמועסט צי די ציונים וועלן מצליח זיין אינעם אויפשטעלן אַ מדינה, צי נישט. האָט דער קאָלאָשיצער רב אַרויפגעלייגט זיין הייליג האַנט אויף דער מזוזה און זיך אָנגערופן: "אפילו אויב עס וועט זיי געלונגען צו האָבן אַ מדינה, וועלן זיי אָבער נישט האָבן דאָרט קיין מנוחה!"

איבעריג צו זאָגן אַז מדבריו לא נפל ארצה. אַזוי איז עס נעבעך ביז צום היינטיגן טאָג, וואָס אינעם מדינת הציונים איז נישטאָ קיין מנוחה, נאָר כסדר'דיגע מלחמות און טעראָריסטישע אַטאַקעס באַגלייט מיט שפיכות דמים ה"י, השי"ת ירחם על עמו ועל ארצו ויפרוש סוכת שלום עלינו ועל כל עמו ישראל ועל ירושלים.

מקום מוכן לפורעניות

איינער האָט אַמאָל געפרעגט דעם קאָלאָשיצער רב אויב ער זאָל פאָרן קיין ארץ ישראל, האָט ער געענטפערט: "יונגערהייט האָב איך געהאַט אַ גרויסע תשוקה אַרויפצופאָרן קיין ארץ ישראל, עד

כדי כך אַז איך האָב געוואָלט איבערלאָזן מיינע עלטערן און אַרויפגיין צופיס קיין ארה"ק. אָבער היינט וואָס די ציונים האָבן זיך דאָרט באַזעצט, זאָג איך אַז ס'איז אסור זיך צו באַזעצן דאָרט, ווייל ס'איז אַ מקום מכון לפורעניות!"

אַן אַנדערס מאָל האָט דער קאָלאָשיצער רב געזאָגט: "אויך שפּעטער אין די יאָרן האָב איך אַמאָל געהאַט אַ שטאַרקע השתוקקות צו פאָרן קיין ארץ ישראל אויף אַ קורצער צייט לחזות בנועם ה' ולחונן עפר ארה"ק, אָבער איך האָב זיך צוריקגעהאַלטן צוליב מראית העין, מענטשן זאָלן נישט זאָגן אַז מיין מיינונג האָט זיך געטוישט און מען מעג שוין פאָרן."

בלייבן אַ 'דעתו לחזור'

עס איז געווען עמיצער וואָס האָט געפרעגט דעם קאָלאָשיצער רב איידער דער מלחמה, וואוהין ער זאָל אַנטלויפן מיט זיינע צען קינדער. האָט אים דער קאָלאָשיצער רב געענטפערט אין אַ בריוו: "קיין ארץ ישראל זאָלסטו נישט פאָרן, ווייל ס'וועט שאַטן פאַר דיינע קינדער, נאָר קיין אַמעריקע!"

אַן אַנדערער איד וואָס האָט געדאַרפט פאָרן קיין א"י, האָט אים דער קאָלאָשיצער רב געזאָגט: "אויב מוזטו פאָרן, וואָס קען איך טאָן? אָבער דאָס בעט איך זאָלסט מיר צוזאָגן, אַז דו וועסט האַלטן די שני ימים טובים של גליות" (דאָס מיינט אַז ער בלייבט א 'דעתו לחזור', מיט דער כוונה צוריקצוקומען)...

אין זכות פונעם זיידן דער שינאָווער רב זי"ע

דער פשעוואָרסקער רבי זצ"ל האָט נאָכגעזאָגט וואָס דער קאָלאָשיצער רב האָט זיך אַמאָל אויסגעדרוקט: "דאָס גאַנצע ענין פון ציונות און אירע נאָכשלעפער איז אַ קליפה דקה מן הדקה, וואָס ס'איז שווער עס צו קענען-לערנען קלאָר. גדולים וטובים האָבן זיך דעריין טועה געווען. ווען נישט וואָס איך בין נתגדל געוואָרן ביים הייליגן זיידן דער שינאָווער רב, ווער ווייס אויב אויך איך וואָלט זיך נישט טועה געווען אין זיי."

ווען מען האָט דאָס נאָכדערציילט פאַר מרן הגה"ק מסאַטמאַר זי"ע, האָט ער זיך אויסגעדרוקט: "אין יענער צייט איז עס נאָך געווען אַ קליפה דקה מן הדקה, אָבער היינט זעט שוין יעדער איין די טומאה וואָס שטעקט דעריין."

שוא עמלו בוניו בו

איינער האָט אַמאָל דערציילט פאר'ן קאָלאָשיצער רב מיט אַ התרגשות וואָס ער האָט געליינט אין צייטונג וויאזוי מען בויט די שטאָט תל אביב פיר-און-צוואנציג שעות אין טאָג, און אין איין טאָג בויט מען אויף גאַנצע גאַסן, האט דער צדיק אַ קרעכץ געגעבן און געזאָגט: "דאס הייסט געבויט?! זיי מאַכן דאך חורבנות!"

הגה"ק בעל **בית אברהם מסלאָנים** זצ"ל

הגאון הקדוש רבי אברהם וויינבערג זצ"ל, בעל בית אברהם, איז געבוירן געווארן אין יאר תרמ"ד לפ"ק, צו זיין פאטער הגה"ק רבי שמואל מסלאנים זי"ע, בעל דברי שמואל, נכד הגה"ק בעל יסוד העבודה מסלאנים זי"ע. נאך די הסתלקות פון זיין פאטער בשנת תרע"ו לפ"ק, האבן א גרויסע טייל פון זיין פאטער'ס חסידים זיך געקלאמערט צו אים און מקבל געווען מלוא חפנים תורה אמונה וחסידות, צוערשט אין ביאליסטאק און שפעטער אין בעראנאוויטש. נלב"ע בפתע פתאום א' אייר תרצ"ג לפ"ק. זי"ע.

קיין ציונים - בלויזע רשעים

דער סלאָנימער רבי בעל בית אברהם זצ"ל, שרייבט אין אַ בריוו פייערדיגע דיבורים קלורים לעינים בנוגע ציונות:

"דאָס ענין פון ציונות איז מתנגד צו דער אמונה, סיי אין תורה שבעל פה, סיי אין נביאים, אין תורה מן השמים און אין תורה שבכתב - און צוליב דעם טעם זעלבסט האָבן מיר עס מרחק געווען ביז'ן לעצטן עק.

דער בית אברהם זצ"ל

"מיר רעדן נישט פון די פרייע ציונים וואָס האָבן פון זיך אינגאַנצן אַראָפגעוואָרפן דעם עול מלכות שמים. זיי זענען נישט קיין ציונים נאָר בלויזע רשעים. מיר טוען אָנדייטן אויף די מזרחי'סטן וואָס פונדרויסן קוקן זיי אויס ערליך און טוען אפילו עוסק זיין בתורה ותפלה, אָבער די נקודת האמת והאמונה פעלט זיי. עס זענען פאַרהאַן פון זייערע גדולים וועלכע שפירן

שוין דאָס, אָבער די גאוות און פניות פונעם עגל מסיכה וואָס איז געמאַכט פון גאָלד און זילבער לאָזט זיי נישט זיך צוריקקערן בתשובה ר"ל[67].

לא יטמא בעל בעמיו - צום "לאומיות"

ביי אַ געלעגנהייט האָט דער צדיק געטייטשט דעם פסוק (שמות כא א) לנפש לא יטמא בעמיו, זאָגנדיג בזה"ל: "איר זאָלט ניט מטמא זיין דעם נפש מיט דעם 'בעמיו', לענין רשעי זמנינו וואָס זאָגן בלויז עם[68]," באַציענדיג זיך צו די ציונים וועלכע האָבן געפרעדיגט מיט דער שיטה פון לאומיות, אַז אידן זענען אַ פאָלק ווי אַלע פעלקער און דאַרפן זיך נעמען דעם גורל מיט די אייגענע הענט[69].

אין א בריוו פאר הגה"צ רבי מרדכי חיים סלאנים זצ"ל, איז דער בית אברהם זצ"ל זיך מתאונן אויף דעם שרעקליכן שמד וואס די ציונים און די מזרחי האבן געברענגט אין אלע אידישע געגנטער. דאס איז א פארשאלטענע נגע וואס האט זיך פארשפרייט אומעטום, און דאס הארץ ווערט צעריסן אויף שטיקלעך זעהנדיג ווי ס'איז כמעט נישט פאראן א אידישע שטוב אדער משפחה וואס זיי האבן נישט פאר'סמ'ט[70].

67) "כב' היקר המשכיל אם ירצה ע"ד טוב אם ירצה מו"ה...

קבלתי מכתבך כו' ואמהר להשיבך את אשר יזמין ה'. והנה כתבת כי הנך מחזיק במדת אמת ומבקש אתה שאמונתך יהי' תקוע כיתד במקום נאמן - אם תעמיק ותתבונן תבין כי אמת ואמונה תרי רעין דלא מתפרשין, כי באין אמונה האמת שלו שקר, וע"ז כתיב (משלי יב יט) ועד ארגיעה לשון שקר, כי במשך הימים א"א לו לעמוד. וא"ת האיך עומדים כל הדברים השקרים, הוא מפני כי באמת המה מאמינים אבל בדבר שאסור להאמין, התבונן בזה.

וטוב שפירשת ענין הציונות, כי ענין הציונות מתנגד לאמונה, הן בתושבע"פ והן בנביאים והן בתורה מן השמים והן בתורה שבכתב. - ומפני זה הטעם עצמו שהוא נגד לאמונה הרחקנו אותו עד קצה האחרון.

אין אנו מדברים באלו הציונים החפשים שפקרו מעליהם עול מלכות שמים לגמרי, כי אין אלו ציונים - רק רשעים. רק אנו רומזים אל המזרחיים אשר בחיצונותם המה פורשים טלפים, ואפילו עוסקים בתורה ותפלה, אבל נקודת האמת והאמונה חסר להם, - ויש מגדוליהם שכבר מרגישים זאת, אבל הגיאות והפניות מעגל המסכה הנעשה מזהב וכסף א"א להם לחזור בתשובה ר"ל.

בוא וראה אשר על שבנא וסיעתו אשר דרש ברבוואתא יותר מן חזקי' מלך יהודא, אמרו חז"ל קשר של רשעים אינו מן המנין. ואיך נוכל להרים ראש כנגד מאמחז"ל הזה אשר מרפסי אגרא, אדרבא זה כל עמלינו לזכות לנקודת אמת ואמונה, ופרי כל עבודתינו במסירת נפשינו ונפש בנינו ובנותינו אולי ישארו יהודים נאמנים לה' ולתורתו, להאמין פשוט בי"ג עיקרי הדת.

ובודאי מראה היצה"ר כל החסרונות על האנשים המחזיקים באמונה ומוציא עלילות שוא ומדוחים, ובאמת דבר שצובעים יכול לעשות צבע וגוון הדור בכלילת יופי, אבל דבר שצומח מעיקרא קשה שיהי' כ"כ הגוון הדור מאוד וראי' מאתרוגים אמיתיים ומורכבים, וכן בכל דבר, והאדם יראה לעינים, אבל החכם מבין היטב מה אמת ומה שקר, ולזה צריך הבנה טובה ונקודה אמיתית ועזר השי"ת, כי אנו נמצאים בעוה"ז שכולו שקרים, - ולזאת שים אזנך כאפרכסת לשמוע דברי חכמים, ולבך הט לתבונה, וככתוב אם כמטמונים תחפשינה אז תבין יראת ה' (משלי ב ד-ה). ...וזכות אבות יעמוד לנו זכות האמונה שלימה וברורה שלהם שנלך בעקבותיהם ונשתה בצמא את דבריהם וישמח לבנו ותגל נפשינו בישועתו ית"ש באמת באמור לציון מלך אלקיך. כ"ד ידידך דו"ש וחפץ טובך אשרך כל הימים. (החומה תשכ"ט)

68) מקונטרס אמרות קודש, מובא בספר משכנות הרועים (ח"ב עמ' תקו).

69) זע אויך אין ספר בית אברהם (מכתב יט) איבער די ציוני'סטישע שולעס וועלכע האבן מטמא געווען אידישע קינדער ל"ע.

70) ובפרט שנתפשט הנגע בעלי ראתן מהציונים והמזרחים רח"ל בכל תפוצות הגולה, אין עיר או משפחה או אפי' בית כמעט שלא ימצא הנגע אם רב אם מעט, הלא זהו נגע צרעת הממארת ומשקה מים המאררים ומרים לתלמידים ובני בית הקטנים והגדולים. אשר בכל עת מצוא חשבון מהנעשה במחנה העברים תתפלץ הלב לרסיסים, ואין עצה ואבדה חכמה מבנים מה לעשות וכו', והסכנה מענינים

ווען דער בית אברהם איז געווען אויף א באזוך אין ארץ ישראל האט מען גערעדט פון א געוויסן פערזענליכקייט וואס האט זיך געבראכן פאר די ציונים און איז אריין דינען אין די ציוני'סטישע "ראבינאט" דער בית אברהם האט זיך זייער געוואונדערט דערויף. ווען מען האט אים געזאגט אז ביי יענעם אינדערהייט האט געהערשט א שרעקליכע הונגער און ער האט געשפירט אז ס'איז פיקוח נפש אויב ער וועט נישט באקומען א פאסטן ביי זיי, האט דער בית אברהם אבער נישט געוואלט אננעמען די פארענטפערונג אגנדיג: "און וואס איז אז מען שטארבט פאר'ן אויבערשטן?". (קובץ שיחות קודש, זכרון צדיק, דף שכח)

הגה"ק רבי **ישראל הינוקא מ'סטאָלין** זצ"ל

הגה"ק רבי ישראל מסטאלין זי"ע, 'דער ינוקא', איז געבוירן אין יאר תרכ"ט לפ"ק, צו זיין פאטער הרה"ק רבי אשר הצעיר סטאלין זי"ע, בן הרה"ק רבי אהרן מסטאלין זי"ע בעל בית אהרן, בן הרה"ק רבי אשר מסטאלין זי"ע, בן הרה"ק רבי אהרן הגדול מקארלין זי"ע. זיין פאטער איז נסתלק געווארן תרל"ג, ווען ער איז בלויז אלט געווען 4 אהאלב יאר. טראץ דעם האבן אים די חסידים מכתיר געווען צו פירן די עדה, און דערפאר האט ער באקומען דעם נאמען 'דער ינוקא'. ער איז נסתלק געווארן דעם צווייטן טאג ראש השנה תרפ"ב לפ"ק, ווילנדיג פאר רפואה אין דער געגנט פון פראנקפורט, ושם מנו"כ.

קיינמאָל פון גיהנום נישט אַרויסגיין

אין ספר "ילקוט דברי אהרן"[71] איז געדרוקט פּאַרכטיגע ווערטער וואָס הרה"ק רבי ישראל מסטאָלין זי"ע, באַקאַנט אַלס "דער ינוקא", האָט גערעדט צו זיינע קינדער ווען ער האָט זיך געזעגנט פון זיי איידער ער איז נסתלק געוואָרן פון דער וועלט, וואו ער האָט צווישן אַנדערע זיי געזאָגט: "דעות כוזבות איז אויך עבודה זרה, צום ביישפּיל ציונות. וויל איך און איך בעט ביי אייך, אַז איר זאָלט מיר זאָגן אַזוי ווי די קינדער האָבן געזאָגט פאַר יעקב, 'שמע ישראל ה' אלקינו ה' אחד'."

אַזוי געפינען מיר טאַקע אויך אין זיין צוואה וואו ער דערמאַנט לגנאי די ציוני'סטישע גרופּעס: "ער זאָל זיך דערווייטערן פונעם שקר און נישט זיין אויסגעמישט אינאיינעם מיט די שלעכטע גרופּעס, איבערהויפּט די ציונים און די מזרחיים."

אלו רח"ל מרחפת בכל עת ובכל שעה, ואין מקום לנוס. כי לא פעם אחת עולה במוח לוא הי' מקום לנוס כי אז לא הייתי מסתכל על שום דבר כי אין כח לעצור, ורק אין בשר מרגיש וכו' ונעשה לטבעיות ומחפשים רק שלא יתפשט הנגע ביותר, אשר על זה גם כן אין עצה ותחבולה ורק לה' הישועה. (קובץ שיחות קודש סלאנים, מכתב קו)

ומה שראה שאני מפקפק בכלל על עבודת הארץ וכו', לאשר המה הציונים לקחו זאת למצוה כזו שכל התורה נכלל בזה, בהכרח מעט לקרר תאותם לידע ולהודיע וכו', ובהכרח בשעה שהמה צועקים, עת לחשות. (שם מכתב ק"ח)

71) מערכת דברי ישראל (עמ' קיט).

ביי אַ געלעגנהייט האָט ער זיך אויסגעדרוקט אויף די פרומע ציונים מיט דעם לשון: "אַ יוד אַ רב אין וואַרשע, אַ גוטער יוד, וואָס ער זיצט אַ גאַנצין טאָג אין טלית ותפילין על התורה ועל העבודה, און וועט קיינמאָל פון גיהנום נישט אַרויסגיין, דהיינו אַ ציוני![72]"

"איך האָב מרגיש געווען אַ הגשמה אין דער לופט"

אויך זיין זון הגה"ק רבי אברהם אלימלך מקאַרלין זי"ע האָט מתריע געווען קעגן די ציוני'סטישע כיתות, זאָגנדיג: "דער אויר איז פול מיט מינות און אפיקורסות. ס'איז ניט דאָ קיין עצה צוא דעם נאָר חסידות. וואָס מיינט מען חסידות? זיצין אין איינעם. פון ציונים און מזרחיים איז ניט דאָ וואָס צו ריידין. דאָס איז די סט"א אַליין[73]".

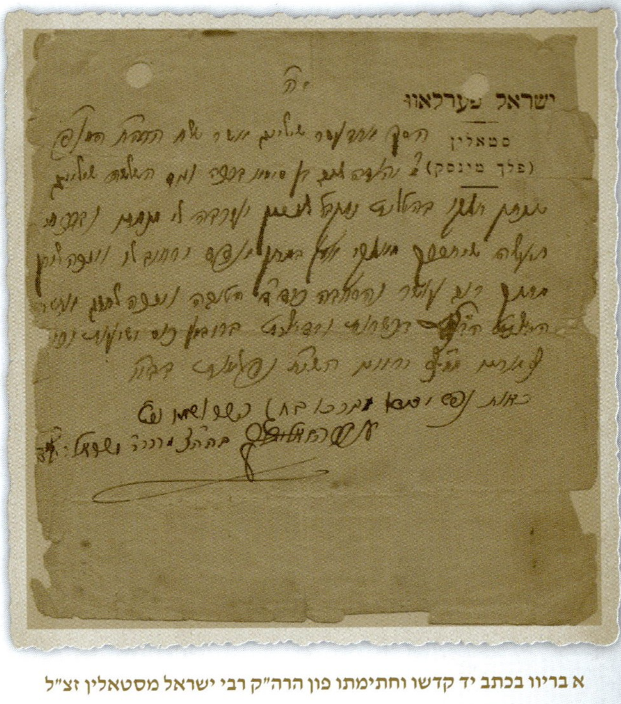
ישראל פערלאוו
סטאלין
(פלך מינסק)

א בריוו בכתב יד קדשו וחתימתו פון הרה"ק רבי ישראל מסטאלין זצ"ל

אַן אַנדערס מאָל ווען ער איז געווען אין ארץ ישראל האָט דער צדיק זיך באַצויגן צו די פרישע עולים פון די ציוני'סטישע עליות, זאָגנדיג: "דאָ אין ארץ ישראל איז די מלחמה פיל שטערקער און שווערער ווי אין חוץ לארץ. דאָ איז דער מקום הקדושה, איז פאַרהאַן זה לעומת זה אַ גרויסע קליפה ל"ע. אין די עטליכע טעג וואָס איך בין שוין דאָ אין ארץ ישראל האָב איך מרגיש געווען אַ הגשמה אין דער לופט וואָס איז פול מיט אפיקורסות אומעטום.

"די צווישנהייט פון די בעלי עבירה אין ארץ ישראל און פון חוץ לארץ איז, אַז דאָרט טוען זיי עס מחמת תאוה אָבער דאָס טוען זיי עס להכעיס[74]".

72) ברכת אהרן, מערכת דברי ישראל (עמ' קמז).

73) ברכת אהרן, מערכת פרי אלימלך (עמ' קצג).

74) שם (עמ' קעב).

הרה"ק רבי **דוד משה מטשאָרטקוב** זי"ע

הרה"ק רבי דוד משה מטשארטקאוו זצ"ל איז געבוירן דעם צווייטן טאג שבועות, ז' סיון שנת תקפ"ז אלס דער פינפטער זון פון הייליגן רוזשינער זי"ע. נאך זיין פאטער'ס פטירה בשנת תרי"א האט ער אנגעהויבן פירן די רבי'שע הויף אין פאטיק, און בשנת תרכ"ה האט ער זיך געצויגן און באזעצט אין טשארטקאוו וואו ער האט געפראוועט אידישע קינדער נאנט צו פערציג יאר ושם מנו"כ. נלב"ע הושענא רבה כ"א תשרי תרס"ד לפ"ק. זי"ע.

"למורת רוח כל ציוני... ובתוכם גם אנכי הכותב"...

אין יאָר תר"ס לפ"ק איז געדרוקט געוואָרן אַ ביכל "על הציונות" דורך אַ געוויסן פרומען ציוני'סטישער סימפּאַטיקער וועלכער האָט געשטרעבט אַריינצוברענגען 'תיקונים' אין דער ציוני'סטישער פּאַרטיי, מיט'ן פאַרלאַנג אַז די ציוני'סטישע פירער זאָלן זיך אויך רעכענען מיט די שומרי תורה ומצוות.

צווישן אַנדערע באַקלאָגט זיך דער שרייבער אויף בריוון פון הגאוה"ק מטשאָרטקוב, באָיאַן און סאַדיגורא זצ"ל, וועלכע זענען ערשינען און פאַרשפרייט געוואָרן אומעטום, מיט שאַרפע רייד קעגן דעם רעיון הציונות, ווי פאָלגנד:

"הן זה מקרוב יצא מכתב אדמו"ר הקדוש מליבאוויטש אל כל שלומי אמונה להתנגד אל הציונית בכח חזק ואדיר, כי מנהליה חותרים תחת אשיות הדת, אשר בכחו לעשות רושם נורא על אלפי רבבות ישראל לבלתי גשת אל הציוניים, וכן אדמו"ר הק' מטשארטקוב בגאליציען שליט"א ואדמו"ר הק' מביאן שליט"א ואדמו"ר הק' מסאדיגורא, וכן מכמה גאונים זקני הרבנים אשר קולם נשמע מקהל רב, הפיצו מכתבים מחרידי לב כאלה. לדאבון לב ולמורת רוח כל ציוני מפלגת האמונה ובתוכם גם אנכי הכותב."

קאַליע געמאַכט די גאולה

אויך בנו וממלא מקומו הגה"ק רבי **ישראל מטשאָרטקוב** זצ"ל האָט זיך אויסגעדרוקט לגבי די ציונים בזה"ל:

"מערערע מאָל איז געווען אַ התעוררות הגאולה, אָבער ס'איז נתקלקל געווערן צוליב די זינה. נאָך בזמן הבית איז געווען אַ התעוררות הגאולה און דער אותו האיש הנוצרי ימ"ש איז אָנגעקומען און עס מקלקל געווען. אין יאָר ת"ח איז געווען אַ התעוררות הגאולה אָבער שבתי צבי האָט עס קאַליע געמאַכט. אויך אין אונזערע צייטן איז געווען אַ שטאַרקע התעוררות אין הימל צו דער גאולה, און בעוה"ר זענען די ציונים געקומען און עס מקלקל געווען. השי"ת זאָל זיך דערבאַרעמען אויף אונז[75]."

הגה"ק בעל **קדושת יום טוב מסיגעט** זי"ע

הגה"ק רבי חנני' יו"ט ליפא טייטלבוים זי"ע, דער קדושת יום טוב, איז געבוירן אין יאר תקצ"ו לפ"ק, צו זיין פאטער הגה"ק בעל יטב לב מסיגוט זי"ע, בן הגה"ק רבי אלעזר ניסן מדראהאביטש זי"ע, בן הגה"ק בעל ישמח משה זי"ע.

ער האט זיך מסתופף געווען בצל קדשו פון הרה"ק בעל בעל דברי חיים מצאנז זי"ע און בצל אביו הק'. אין יאר תרכ"ד לפ"ק איז ער אויפגענומען צו משמש זיין ברבנות אין דער שטאט טעטש. און יאר תרמ"ד האט ער ממלא געווען מקום אביו מיט דאס רבנות און די ישיבה פון סיגעט וואו ער איז באקאנט געווארן אלס דער צדיק נשגב רב רבנן, עמוד ההוראה והצדקה, און דער גבור ואיש מלחמה במלחמתה של תורה. נלב"ע כ"ט שבט תרס"ד לפ"ק. זי"ע.

אין דער תקופה פון די ראשית התייסדות הציונות איז דער הייליגער קדושת יום טוב זי"ע געווען פון די ראשי ומנהיגי הדור. ווען ער האט געזען אז דער רעיון הציוני הייבט אן פארשפרייט ווערן צווישן אידישע קינדער, איז ער געווען אויפגעשוידערט געווארן וויסנדיג די געוואלדיגע געפאר וואס די כפירה וועט ברענגען אויף כלל ישראל. דער קדושת יום טוב זי"ע האט ארויסגעצויגן די שווערד פון איר האלטער און האט זיך געשטעלט בראש מערכות ישראל צו קעמפן קעגן די ביטערע כת, און דערוואטערן אידישע קינדער פון האבן א שייכות דערמיט. ער האט געשריבן עטליכע צו אידישע געגנטער אז מען זאל זיך חלילה נישט מתחבר זיין מיט דעם רעיון לא מיני' ולא מקצתה.

רביה"ק מסאַטמאַר זי"ע האָט דערמאַנט די מלחמה פון זיין פאָטער מרן בעל קדושת יום טוב זי"ע, אין די דברות קודש ס"ג פרשת משפטים שנת תשי"ג, ביומא דהילולא, בלש"ק: **"איך געדענק**

---

75) אזוי דערציילט הרב שמואל הלפרין ז"ל (ספר ביאורים לפירוש יעב"ץ על תהלים): "כן שמעתי בעצמי מפיו קדשו ז"ל אצל שפת הים בטראווע מינדע שנת תרפ"ח". הועתק בקונטרס ילקוט דעת תורה. ובספר קול יעקב להג"ר יעקב טייטלבוים ז"ל (עמ' קכג) ששמעו מר' שמואל הנ"ל.

נאָך ווען דער טאַטע ז"ל האָט נאָר געהערט אַן אפס קצהו פונעם ענין פון ציונות, האָט אים דאָס ענין באַרירט עד דכדוכה של נפש, און ער האָט געשריבן עטליכע בריוו דערקעגן."

דער שאַרפער בריוו קיין ווייטצען

אין אונגאַרן איז ערשינען צייטנווייז אַ תורה'דיגער ירחון מיטן נאָמען "תל תלפיות", וואָס איז געדרוקט געוואָרן אין דער שטאָט ווייטצען, וואו דאָרט פלעגט פאַרעפנטליכט ווערן פאַרשידענע דברי תורה והלכה פון מערערע רבנים וחובבי תורה פון דער גאַנצער אומגעגנט.

אַזוי פרי ווי אין יאָר תרנ"ח, צוויי יאָר נאָכ'ן געבורט פונעם רעיון הציונות, איז דורכ'ן עורך געדרוקט געוואָרן אינעם קובץ אַ לענגערער מאמר, וואָס האָט באַרירט די טעמע פון ציונות אין זייער אַ פאָזיטיווער ליכט. אינעם אַרטיקל איז אַרומגערעדט געוואָרן איבער די פעולות פון די ציונים אָפצוקויפן פעלדער אין ארץ ישראל און גרינדן אַ אידישע מדינה איידער ביאת המשיח. דער שרייבער האָט אין זיינע ווערטער געצויגן מסקנות אַז אינעם יעצטיגן גלות ברויכן אידן טון השתדלות בדרך הטבע כדי מיר זאָלן זוכה זיין צו דער גאולה שלימה.

ווען דער קובץ און דער צווייפלהאַפטיגער אַרטיקל דערינען איז אָנגעקומען צום סיגוט'ער רב, מרן הגה"ק בעל קדושת יום טוב זי"ע, האָט דאָס אים זייער וויי געטון. ער האָט דערין געזען דברי כפירה ומינות וואָס קען נישט פאַרשוויגן ווערן, און האָט באַלד געשיקט אַ שאַרפן בריוו צו הגאון רבי ישעי' זילבערשטיין זצ"ל דער ווייטצענער

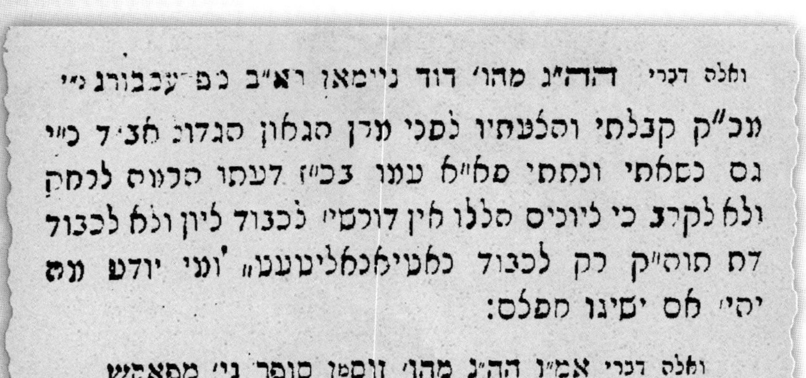

וזלה דברי הרה"ג מהו' דוד ניימאן ראב"ד נפ' עקבורג נ"י

מכ"ק קבלתי והראתיו לפני מרן הגאון הגדול אב"ד כ"י גם שאלתי ונתתי שלו' עמו בכ"ז דעתו הרמה לרחק ולא לקרב כי ציונים הללו אין דורשים לכבוד ציון ולא לכבוד דת תוה"ק רק לכבוד נאציאנאליטע" ומי יודע מה יהי' אם ישיגו חפצם:

וזלה דברי אמ"ו הה"ג מהו' זוסמן סופר נ"י מפאקש

מכתבך וגם בח"ת ראיתי ואין אני מסכים כלל להתחבר עם רשעים אשר רצו להביא הגאולה ולהכחיש משיח אשר במהרה יבא ברנה בגלות הי' ואין לנו להשען רק על אבינו שבשמים. בודאי מי שיש לו עשירות מלוה לקנות שדה וכרם לישב הארץ אבל בסודם של כופרים לא יהי' חלק עמהם:

נאך גדולי ישראל שרייבן איבער די קליפה וואס שטעקט אין ציונות

רב ומח"ס מעשי למלך, (צוליב דעם וואָס דער ירחון איז געווען אונטער זיין אויפזיכט), וואו ער טוט אים מעורר זיין איבער די שרעקליכע רייד וואָס איז פאַרעפנטליכט געוואָרן אינעם "תל תלפיות" און דער גרויסער מכשול וואָס אַזאַ מאמר איז פאַר אידישקייט.

בית וילך אשר
ה' כי רב וחסדו הג' עלי והיה כי הייתי מתאוקק
הרבה מתגעגע ומתחנן לזכות לבא לארה"ק עד שפ"א
הסכמתי בכל לב ונפש בהסכמה גמורה להשליך הגל
אחר גוי וליסע לארה"ק עם ב"ב יחי' ולהשתקע
שם. עד שכל מחשבתי ורעיוני היו שם כאלו תמש
כבר הייתי עומד על אדמת הקודש והייתי מתגעגע
הרבה עלי כגמול עלי אמו עד שכל רגע הי' קשה
עלי העיכוב פה בחוץ לארץ והי' קשה עלי לסבול
עוד האויר של חוץ לארץ ואמרתי מי יתן לי אבר
כיונה לעוף לשם חיש מהר כהיום ולכשוק אפרה אבל
מן השמים עכבוני כי מרן בעל הקדושה יו"ט
זצוקה"ה לא הניח אותי ליסע בשום אופן והייתי מוכרח
לבטל רצוני מפני רצונו הק' אם כי הי' קשה עלי
לבטל דעתי כפירש מן החיים ר"ל ונחשב אצלי לתשי"ל

הגה"צ דאלהער רב ז"ל שרייבט אין זיין ספר "בית אשר" איבער דעת קדשו פון זיין רבי'ן דער קדושת יו"ט זי"ע קעגן פארן אויף ארץ ישראל

דער קדושת יום טוב שרייבט פאַר'ן ווייטצענער רב אין זיין פייערדיגן מכתב חוצב להבות אש:

"איך האָב ערהאַלטן דעם בריוו וואָס איז פאַרעפנטליכט געוואָרן איבער דער נייער באַוועגונג וואָס די עוזבי התורה ערוועקן זיך צו מאַכן גרופּעס אונטער נאָמען פון אהבת ציון וירושלים, אָפּצוקויפן פעלדער און וויינגערטנער אין ארץ ישראל און דאָרט באַזעצן אחינו בני ישראל צו באַאַרבעטן די ערד און עסן פון אירע פּירות. ווי איך האָב געזען פון דעם בריוו, איז קענטיג אַז נאָך איידער דער שרייבער האָט זיך בפועל מתחבר געווען מיט די פושעים און כופרים וואָס טוען דאָס, האָט שוין אַריינגעדרינגען אין אים אַ שמץ פון מינות, און זיין מויל האָט אים געשטרויכלט צו שרייבן אין זיין בריוו ווערטער וואָס שוידערט אויף יעדן וואָס הערט עס, אַז אַצינד איז נישט גלייך צו גלות מצרים ווען אידן זענען געווען ראוי און כדאי צו ווערן אויסגעלייזט דורך נסים, אָבער אַנדערש איז היינט ווען מיר דאַרפן מאַכן השתדלות בדרך הטבע. דערפאַר האָב איך געקלערט אַז איך וועל אים נישט ענטפערן, אל תען כסיל כאולתו, ווייל לויט זיינע רייד זענען מיר חלילה פאַרלוירן און מיר וועלן פאַרבלייבן אין גלות אויב מיר וועלן זיך נישט זעלבסט העלפן מיט אייגענע פעולות ח"ו.

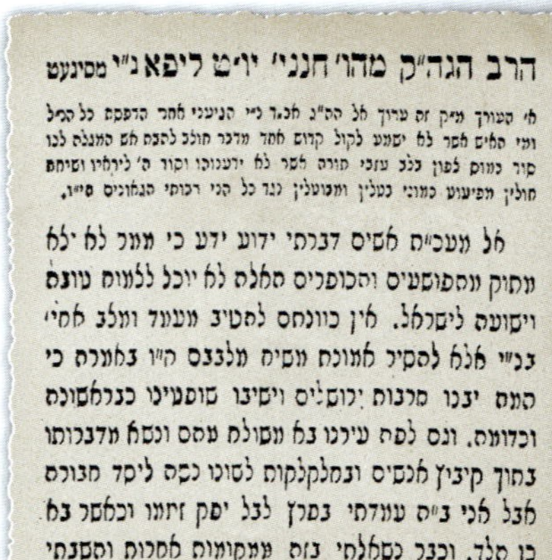
הרב הגה"ק מהו' חנני' יו"ט ליפא נ"י מסיגעט
אי סעורך מ"ק זה ערוך אל הס"ג אב"ד כ"י הניעני אחר הדפסת כל הגיל
ומי האיש אשר לא ישמע לקול קרוא אחד מדבר חולך להבא את המגלה לבו
סוד כמוס לפון כלב עזבי תורה אשר לא ידענוכו וקור ה' ליראיו ושיחם
חולין מפיעוע כמוני נעלין ומנועלין נגד כל הני רבותי הגאונים ס"ט.
אל מעכ"ת אשים דברתי ידוע ידע כי מאז לא יצא
מתוך המפושעים והכופרים שאלה לא יוכל לצמוח עוצם
וישועה לישראל. אין כוונתם להטיב מעמד ומצב אחיי
בנ"י אלא להסיר אמונת משיח מלבבם הי"ו באמרם כי
המה יבנו חרבות ירושלים וישיבו שופטינו כבראשונה
וכדומה. וגם לפה עירנו בא משולח מהם ונשא מדברותו
בתוך קיבוץ אנשים ובחלקלקות לשונו בקש ליסד חבורה
אבל הכי ב"ה עמדתי בפרץ לבל יפק זממו וכאשר בא
כן הלך. וכבר נשאלתי בזה ממקומות אחרות והשבתי
חלילה וחלילה לחבר אל כת הלזו אשר כל ראשי' המה
אפקורסים וכופרים. והי' הטוב יבנה ביתו ויסוד
מנוחתו במהרה בימינו:

בריוו פון הגה"ק בעל קדושת יו"ט זי"ע געדרוקט אין "תל תלפיות"

זאָלט איר וויסן אַז פון ביטער וועט נישט אַרויסגיין קיין זיס. פון אָט די פושעים און כופרים קען נישט אַרויסשפּראָצן קיין טובה און ישועה פאַר אידנ'ס וועגן. זייער כוונה איז נישט צו פאַרבעסערן דעם צושטאַנד פון אחינו בני ישראל, נאָר אָוועקצונעמען די אמונה פון ביאת המשיח פון זייערע הערצער ח"ו, זאָגנדיג אַז זיי וועלן אויפבויען די חורבות ירושלים און צוריק אויפשטעלן אַ ממשלה, וכדומה.

אויך דאָ ביי אונז אין דער שטאָט איז אָנגעקומען אַ דעלעגאַט פון זיי און האָט אויפגעטרעטן פאַר אַ פאַרזאַמלונג פון מענטשן. מיט זיין געשליפן צינגל האָט ער פּרובירט

צו גרינדן אַזאַ גרופּע, אָבער איך בין ב"ה געשטאַנען בפּרץ אַז זיין בייזוויליגער פּלאַן זאָל נישט צושטאַנד געקומען, און ער איז טאַקע אַרויס מיט ליידיגע הענט. איך בין שוין דערויף אָנגעפרעגט געוואָרן אויך פון אַנדערע פלעצער און איך האָב געענטפערט אַז חלילה וחלילה זיך צו באַהעפטן מיט אָט דעם כת וואָס אַלע אירע פירער זענען אפיקורסים און כופרים[76]."

קובץ "תל תלפיות" אַנטשולדיגט זיך

דער בריוו פונעם קדושת יום טוב האָט געהאַט דעם געוואונטשענעם אָפּקלאַנג און ערוועקט אַ שטורעם אויך ביי די אַנדערע גדולי ישראל זי"ע אַרויסצוקומען מיטן שאַרפסטן קעגן דעם קליפּת הציונות. אין זיינער צייט האָט מען דערויף געזאָגט מיט איראָניע אַז אין דעם פאַל איז מקוים געוואָרן דער "מעז יצא מתוק", וויבאַלד פונעם מאמר אינעם "תל תלפיות" איז גאָר אַרויסגעקומען אַ טובה אַז די גדולי ישראל פון מערערע געגנטער האָבן זיך שאַרף אַרויסגעשטעלט צו מגלה זיין דעם דעת תורה הברורה איבער ציונות.

דער עורך פון "תל תלפיות" איז ערשינען מיט אַן אַנטשולדיגונג וואו ער האָט געשריבן אַז זיינע ווערטער זענען בטל קעגן דער מיינונג פון די גדולי ישראל[77]. אויך דער וויטצענער רב זצ"ל

---

76) א חלק פון דעם בריוו איז געדרוקט געווארן אין תל תלפיות תרנ"ח עמ' 84, און דער גאנצער בריוו איז שפעטער איבערדרוקט געווארן בשלימות אין שו"ת דברי יואל יו"ד סי' קעו, וואס מיר ציטירן דא כלשון קדשו.

ב"ה. יום א' בשלח תרנ"ח לפ"ק, סיגוט.

כבוד ידידי הרב הגאון המפורסם סיני ועוקר הרים, חמדת הימים, וראש הבשמים, כש"ת מוה"ר ישעי' זילבערשטיין נ"י, אבד"ק קהל יראים בווייצען.

אחדש"ה כן הגיעני מכתב בשם מעכ"ת מאת הרבני מו"ה דוד קאטצבורג נ"י ע"ד התנועה חדשה מקרוב באה אשר עוזבי התורה מתעוררים לעשות חבורות חבורות בשם חברת אהבת ציון וירושלים, לקנות שדות וכרמים בארצנו הקדושה ולהושיב בהם אחב"י לעבוד את האדמה לאכול מפריה ולשבוע מטובה, ויען ראיתי מכותלי המכתב כי עוד טרם התחבר הכותב בפועל עם הפושעים והכופרים האלה המתעסקים בדבר זה, כבר זרקו בו שמץ מינות, ופיו הכשילו במכתבו בדברים תצילנה אוזן משמוע, שאומר כי אינו דומה במצרים כשהיינו בקיבוץ אחד היינו ראוי וכדאי לנסים, משא"כ כשאנו מפוזר ומפורד זעיר שם זעיר שם, נחוצים אנחנו להשתדלות טבעית, אמרתי אל תען וגו', ידי אל תהי בו להשיבו, כי לפי דבריו חלילה אבדה תקותנו ונשתקע בגלות ח"ו, אם לא נושיע לעצמינו בפעולת ידינו פעולה טבעית.

ולכן אך אל מעכ"ת אשים דברתי. ידוע תדע כי ממר לא יצא מתוק, מהפושעים והכופרים האלה לא יוכל לצמוח טובה וישועה לישראל. אין כוונתם להיטיב מעמד ומצב אחב"י, אלא להסיר אמונת ביאת משיח מלבבם ח"ו באמרם כי המה יבנו חורבות ירושלים וישיבו שופטינו כבראשונה וכדומה. וגם לפה עירנו בא משולח מהם ונשא מדברותיו בתוך קיבוץ אנשים ובחלקלקות לשונו נסה ליסד חבורה, אבל אני ב"ה עמדתי בפרץ לבל יפק זממו וכאשר בא כן הלך.

וכבר נשאלתי בזה ממקומות אחרות והשבתי חלילה וחלילה לחבר אל כת הלזו אשר כל ראשי' המה אפיקורסים וכופרים.

לזה יאבה כהדר"ג להזהיר את הרבני המו"ל הנ"ל, השמר והזהר לצעוד צעד כזה, ואל ידבר דבר אף חצי דבר בהעלה תל תלפיות מזה, לבל נצטרך להרעיש עליו, וה' הטוב יבנה ביתינו וישיב שבותינו במהרה בימינו. דברי המצפה להרמת התורה וקרן ישראל על ידי ישועת ה' במהרה בקרוב באהבה. חנני' יום טוב ליפא טייטלבוים. (תל תלפיות תרנ"ח עמ' 84, שו"ת דברי יואל יו"ד סי' קעו).

77) תל תלפיות שם: "אמר העורך: מכתב זה ערוך אל הה"ג אב"ד נ"י הגיענו אחר הדפסת כל הנ"ל, ומי האיש אשר לא ישמע לקול קדוש אחד מדבר חוצב להבות אש המגלה לנו סוד כמוס צפון בלב עוזבי תורה אשר לא ידענוה, וסוד ה' ליראיו ושיחת חולין מפעוט כמונו בטלין ומבוטלין נגד נגד כל הני רבותי הגאונים הי"ו".

האָט זינט דאַן אָנגעהויבן פאַרעפנטליכן אַ סעריע פון מערערע מאמרים וואו ער איז מברר מיט אַ קלאָרקייט דעם גרויסן מכשול און סכנה וואָס דער רעיון הציונות ברענגט מיט זיך.

אויך איז דאַן אָנגעקומען און פאַרעפנטליכט געוואָרן אינעם "תל תלפיות" בריוון פון די גאונים אדירים הגאון בעל שבט סופר מפרעשבורג זצ"ל[78], הגאון בעל לבושי מרדכי ממאַד זצ"ל, הגאון רבי אליעזר זוסמאַן סופר זצ"ל[79], און נאָך פילע רבנים היושבים על מדין, וועלכע האָבן געשריבן זייער קלאָרן דעת תורה קעגן דעם כפירה'דיגן מאמר.

געשטערט די ערשיינונג פון ציוני'סטישע צייטונגען

דער באַקאַנטער היסטאָריקער הרב יקותיאל יודא גרינוואַלד ע"ה שילדערט אין זיין בוך "טויזנט יאָר אידיש לעבן אין אונגאַרן", די מלחמת חרמה פון הגה"ק בעל קדושת יום טוב זי"ע קעגן די ציוני'סטישע עלעמענטן אין דער שטאָט סיגוט, ווי פאָלגנד:

"אין סיגעט זיינען דערשינען העברעאישע און אידישע וואָכן־צייטונגען. אמת, זיי האָבן ניט זוכה געווען צו אריכת־ימים...

הערש לייב גאָטליב, דער בדחן, האָט צוויי מאָל פאַרזוכט זיין מזל מיט העברעאישע צייטונגען און פיר מאָל מיט אידישע. "העברי" און "השמש" דינען די נעמען פון זיינע העברעאישע צייטונגען, און "פאָלקסצייטונג", "ציון", "אהבת ציון", "די וואָרהייט", פון די אידישע וועכנטליכע אויסגאַבעס.

ס'איז אינטערעסאַנט, אַז גלייך נאָכן ערשטן ציוני'סטישן קאָנגרעס אין באַזעל האָט גאָטליב אַרויסגעגעבן אין סיגעט אַ ציוני'סטישע צייטונג. ס'איז אמת, ער האָט אַ סך געליטן. מען האָט אים גע'רודפ'ט, געשעדיקט זיין פרנסה און צום סוף פאַרבאָטן דעם דפוס צו דרוקן די צייטונג, איז ער אָבער געפאָרן קיין ווין, און ד"ר הערצל האָט אים געהאָלפן איינצוקויפן אידישע שריפט אין ווין.

גאָטליב האָט ווייטער געפּרואווט זיין מזל. דער דרוק פון די געגנער איז אָבער געווען צו שטאַרק, און ער האָט געמוזט אויפגעבן די צייטונג, לעבנדיק פון דעמאָלטס אָן פון

---

78) ז"ל הגאון רבי דוד ניימאן ז"ל בתל תלפיות שם: "מכ"ק [=מכתב קדשו] קבלתי והצעתיו לפני מרן הגאון הגדול אב"ד נ"י, גם נשאתי ונתתי פנים אל פנים עמו, בכל זה דעתו הרמה לרחק ולא לקרב, כי ציונים הללו אין דורשים לכבוד ציון ולא לכבוד דת תוה"ק רק לכבוד נאטיאנאליטעט, ומי יודע מה יהי' אם ישיגו חפצם".

79) וזל"ק: "מכתבך בתל תלפיות ראיתי, ואין אני מסכים כלל להתחבר עם רשעים אשר רצו להביא הגאולה ולהכחיש משיח אשר במהרה יבא ברצות ה', ואין לנו להשען אלא על אבינו שבשמים. אבל בסודם של כופרים לא יהי' חלק עמהם".

בדחנות און קאָרטן־שפּילעריי. צום סוף פון זיינע יאָרן איז גאָטליב געוואָרן אַ בעל־תשובה און די צייט פאַרבראַכט און די בתי־מדרשים מיט תהלים־זאָגן."

אינעם ציוני'סטישן "המגיד" געפינען מיר ווי דער אויבנדערמאַנטער בדחן באַקלאָגט זיך אויף די רדיפות וואָס ער האָט פונעם סיגוט'ער רב, וואָס האָט אָפּגעשטעלט זיינע אַקטיוויטעטן.

הרה"ק בעל **מנחת אלעזר ממונקאַטש** זי"ע

הגה"ק רבי חיים אלעזר שפירא זצ"ל, בעל מנחת אלעזר ממונקאטש, איז געבוירן אין יאר תרל"ב לפ"ק, אין סטריזשעוו צו זיין פאטער הגה"ק רבי צבי הירש שפירא זי"ע בעל דרכי תשובה ממונקאטש, בן הגה"ק רבי שלמה שפירא זי"ע בעל שם מלמה ממונקאטש זי"ע, בן הרה"ק רבי אלעזר לאנצוטער זי"ע, בן הרה"ק בעל בני יששכר מדינוב זי"ע.

נאך די פטירה פון זיין פאטער בשנת תרע"ד לפ"ק איז ער געקרוינט געווארן אלס ממשיך דרכו אלס שטאט'ס רב אין דער שטאט מונקאטש, וואו ער איז נתפרסם געווארן איבער די גאנצע מדינה מיט זיין גאונות, חריפות, קדושה און צדקות, ער האט איבערגעלאזט נאנט צו צוואנציג ספרים נפלאים בכל מקצועות התורה און איז געשטאנען ווי א לייב על משמר קדשי ישראל. נלב"ע ב' סיון תרצ"ז לפ"ק. זי"ע.

מקנא קנאה גדולה באש

גאָר באַקאַנט איז די פייערדיגע מלחמה לה' בעמלק וואָס הרה"ק בעל מנחת אלעזר ממונקאַטש זי"ע האָט געפירט מיט מסירות נפש קעגן דער ציוני'סטישער באַוועגונג, און אַלע איזמען און גרופּעס מיט סיי וועלכן שייכות צו דער ציוני'סטישער אידעאָלאָגיע.

דער מונקאַטשער רב זי"ע האָט אין אַלע זיינע דרשות ודברות קודש מתריע געווען קעגן די כיתות הציונים למיניהם, און דאָס זעלבע זענען זיינע הייליגע ספרים פול מיט לויטערע דיבורי אמונה איבער די ענינים פון גלות וגאולה, וואַרטן אויף משיח צדקינו בהכנעה און איבער דער שרעקליכער סכנה ברוחניות וגשמיות וואָס די כיתות ברענגען אויף אידישע קינדער.

דער צדיק האָט פאַר דער מלחמה אַסאַך געליטן. די ציוני'סטישע יונגען האָבן נישט געקענט אַראָפּשלינגען זיין פשרה'לאָזן קאַמף קעגן זיי און האָבן אים אַסאַך מצער געווען מיט אַלערליי מיטלען און בייזע טאַקטיקן, אָבער ווי אַ ברויזנדער לייב האָט דאָס אים נישט אָפּגעשראָקן פון זיין מסירת נפש'דיגער מלחמה, וואָס ער האָט פאָרגעזעצט עד יומו האחרון בעוז ותעצומות[80].

80) אזוי פארציילט באריכות אויך זיין תלמיד נאמן הרה"ג מו"ה יחיאל מיכל גאלד ז"ל הי"ד אין דער הקדמה צום ספר "דרכי חיים ושלום: "ואותו ראינו גבור בארץ על דבר המרכז של כל העולם, טבור אגן הסהר היא ארץ הקדושה ומבצריה, אשר מקרוב באו פריצים ופרצו חומת מגדליה, והזהיר אותנו להתרחק מכל שאת ספחת או בהרת בחדא מחתא מחתינהו, ציונים מזרחיים ואגודיים ושאר מתחדשים נפישא מינן אינהו, וצריכין אנו להתרחק מהן וכיוצא בהן להיות מהשרידים אשר ה' קורא, ומקורו הערה מגמרא ומסברא (הלא הוא כתובה בספר "תיקון עולם", שהוא קובץ גדול מכתבי קודש ארזי הלבנון אדירי התורה בענין זה).

די הייליגע צוואה

אין יאָר תרצ"ח לפ"ק, אַ יאָר נאָכ'ן הסתלקות פונעם מונקאַטשער רב, איז ערשינען אין מונקאַטש אויף דער אידישער שפראַך דער חיבור "די הייליגע צוואה", וואו צוויי פון זיינע תלמידים נאמנים, הרה"ח מו"ה משה גאָלדשטיין הי"ד[81] און הרה"ח מו"ה צבי אלימלך קאַלוש ז"ל, שילדערן וואונדערליכע שטריכן פונעם מנחת אלעזר זי"ע, באַזירט אויף זיין צוואה.

צווישן די שורות ווערט אויך ברייט אויסגעשמועסט און פאַרציילט איבער זיין העלדישער מלחמה מיט די ציוני'סטישע גרופעס, וואָס מיר ציטירן אינעם פאָלגענדן קאַפיטל.

כי מרה אחריתם ר"ל ובכולם יש מינות

אין דער צוואה סעיף ב' שרייבט דער מונקאַטשער רב זצ"ל בלש"ק:

"איך בעט מיינע ב"ב שיחי' און מיין טאָכטער תחי', מיינע פריינד און תלמידים שיחיו, איר זאָלט אוודאי געוואָרענט זיין צו גיין אין אונזערע וועגען, וועלכער איז דער וועג פון אונזערע אבות זכותם יגן עלינו, אָהן אַ שום געדאַנק אָדער טאַהט פון די מתחדשים ח"ו, נאָר שטענדיג זיין ג-ט'ס פאָרכטיג. איר זאָלט אייך נישט באַהעפטין צו קיין שום חברה און אָרגאַניזאַציע, אפילו נישט

ב"ה

די

הייליגע צוואה

אנ'איבע' ועצונג, אויף יודיש, פון דער צוואה פון מונקאטשער רב

הגה"ק מרן

חיים אלעזר שפירא

וצללה"ה הכ"מ זי"ע

מיט פערשיעדענע ערצעהלונגען, סודות'פאָלע עפיזאָדען, און שילדערונגען פון זיין מס"נ, קנאות און עבודות ד' (כטפת מן חים) וואָס האָבען א שייכות מיט'ן אינהאלט פון דער צוואה.

פערלאג און אייגענטום:

„GRAFIA" BUCHDRUCKEREI, MUKAČEVO, Č.S.R.

פרייז — .Kč. 12

מונקאטש, תרח"ץ

1938

וכל חיבוריו מלאים על גדותיו, ובפרט בסוף שנותיו, צווה ככרוכיא והזהיר מאוד הנביא ומוכיח הגדול הלזה, לישמר מאוד גדר מזה וגדר מזה. וגם כתב התראה אחרונה וחמורה, בצוואתו הטהורה (באות ב).

וכאשר *שמענו מרבינו פעם אחת בסוף שנותיו* בדרשה בבית הכנסת הגדולה פה"ק, והיה עומד ומוכיח וצווח אתפשטותא דמשה בכל דרא ודרא, וסיפר כי היה פעם אחת בקרעניץ אצל האי סבא קדישא רבו הגה"ק מרן בעל דברי יחזקאל משינעווא זי"ע, ובבוקר הלך ליקח ממנו ברכת פרידה, ופשט מרן משינעווא התפילין שלו והלך ללותו, ואמר לו "שאם יהיה לך דבר בעבדות השם - כל רוחות שבעולם לא ינתקו אותם ממקומך, ואתה תחזיק בדעתך". וסיים רבינו, שאז היה עוד צעיר לימים, לערך כ"ה שנים, ואביו מרן בעל דרכי תשובה היה בחיים חיותו, ואמר לו כך. אך יחזקאל הנביא והחוזה צפה ברוח קדשו מה יהיה בסוף יומיא בהתגברות הכתות ומפלגות שונות שבדור (ואחז רבינו בדיקנא קדישא שלו), ואמר "עכשיו שיש לי זקן לבן - אכרע עצמי לבעל ח"ו לכת אגודה? הס מלהזכיר! המה כרעו ונפלו ואנחנו קמנו ונתעודד", עד כאן תוכן דבריו הקדושים. (ועיין עוד שם בהקדמת ספר דרכי חיים ושלום באריכות).

81) בעמ"ס מסעות ירושלים.

צו די 'אגודיסטען' און 'ישוביסטען' וועלכע זענען צבועים און שמייכלערס, מאַכען דעם אָנשטעל פון אַן עהרליכער חברה, ווייל זייער סוף איז ביטער ר"ל. ביי די אַלע אָרגאַניזאַציעס איז דאָ מינות (ר"ל), די זענען מעכב די גאולה. מיר האָבן שוין לאַנג קעגען דעם געוואָרענט, צוזאַמען מיט די אַנדערע רבנים די גדולי און צדיקי הדור[82]."

די "אגודה" פלעגט אים בעסער וויי טון

דערויף שרייבן די תלמידים אין קונטרס "די הייליגע צוואה":

"מ'זאָל זיך נישט באַהעפטען צו קיין איינציגע אָרגאַניזאַציע ווי ציוני'סטען, מזרחי'סטען און אפילו אגודיסטען". - אויף דעם פרט וואָלט מען געקענט אָפשרייבן גאַנצע חיבורים. ווער ווייסט דען נישט, אַז דער הייליגער רב האָט זיך אין ארץ ישראל ענינים און אין ביאת המשיח דאָס גאַנצע לעבען אַהינגעגעבן. דערפאַר איז ער טאַקע געווען פלאַם פייער, ווען ער האָט געזעהן און געהערט וואָס די פאַרשידענע אָרגאַניזאַציעס ניצען אויס ארץ ישראל אויף גשמיות'דיגע ענינים און פיהרען דאָרט אויך אַן אפיקורס'יש לעבן.

דער הייליגער רב האָט געהאַט זיין באַקאַנטע שיטה, אַז די אמונה אין ביאת המשיח און אחכה לו בכל יום שיבא, איז דער הויפט גרונד-פרינציפ פון די י"ג עקרים, און ווער עס גלייבט נישט און ערוואַרט נישט תמיד אויף משיח'ס קומען, איז ממילא פוגם אין אַן עיקר פון די י"ג עקרים. דערפאַר פלעגט ער אויך אויסצוגיסען זיין גרימצאָרען אויף די אגודיסטישע קאָלאָנאַזאַציעס, וועלכע פראָפאַניזירען דאָס הייליגע לאַנד אויף אַ וואָכעדיגער זאַך, און זענען אויך מחליש די אמונה אין משיח'ן. פון די ציאָניסטען און מזרחי'סטען פלעגט ער צו זאָגען, איז דאָך שוין אָפגע'פסק'ט אַז זיי זענען כופרים, נאָר די 'אגודה' פלעגט איהם בעסער וויי צו טון, ווייל דאָרט - אַזוי פלעגט ער זאָגן - איז דאָך נאָך יאָ דאָ רבנים גדולים וועלכער העטן געקענט טון לטובת הדת, און זענען דאָך אַראָפגעפירט געוואָרען פון גראָדען וועג. דאָס האָט איהם זייער וויי געטון.

כל באיה לא ישובון

קעגען די ציאָניסטען האָט ער געקעמפט עד דכדוכה של נפש. עס האָט איהם נישט צוריקגעשראָקען די קרימינאַלע קלאַגעס און שטראָפעס וואָס די ציאָניסטען האָבען קעגען איהם אָנגעלייטעט. ער האָט מיט אויסערגעוועהנליך מסירת נפש געפיהרט די דאָזיגע מלחמת-מצוה.

82) "כב"ב שיחיו ובתי תחי' וידידיי שיחיו ותלמידיי שיחיו. נא ליזהר לילך בדרכנו שהוא דרך אבותינו זכותם יגן עלינו, בלי שום דיעות או מעשה המתחדשים ח"ו, רק ביראת ה' כל חימים, ושלא להתחבר לשום חבורה וארגינאזאציא"ן גם מהפושטים טלפים, צבועים וחנפים, כמו אגודיהטע"ן, ישוביסטע"ן וכיוצא, כי מרה אחריתם ר"ל ובכולם יש מינות (רחמנא לישזבן מדעתא דלהון) ומעכבים הגאולה בעוה"ר, וכאשר הזהרנו כבר בצירופא דרבנן גדולי וצדיקי הדור הי"ו.

גאָר געוואַלדיג פאַרפאָלגט האָט ער די העברעאישע שולען. ער האָט זיי צוזאַמען מיט אַכט און פערציג רבנים און דיינים ערקלערט פאַר בתי אפיקורסות, צוליב דעם וואָס אין זייערע שולען זענען פאַרהאַנען לימודים וועלכע זענען אין סתירה צו די דברי חז"ל. מיט מסירת נפש פלעגט ער תמיד זאָגען, אַז די עלטערן וועלכע געבן זייערע קינדער אין די העברעאישע שולען, מעגן זיי זיך שוין 'קורע' זיין פון דעם קינד, ווייל עס ווערט דאָרט אָפגעשטאָרבען פון אידישען אָפשטאַם, אַזוי ווי דער פסוק זאָגט: כל באיה לא ישובון.

דעם הייליגן רב'ס דרשות און תורות בנוגע ארץ-ישראל זענען אַלעמאָהל געווען אין פלאַמפייערדיגען טאָן. די וועלט האָט באין אופן נישט פאַרשטאַנען פאַרוואָס זיין כעס איז אַזוי גרויס אויף די חלוצים. דער הייליגער רב פלעגט אָבער עס מסביר זיין. ער האָט געזאָגט, אַז דער סערטיפיקאַט וואָס דער חלוץ באַקומט פון די ציוני'סטען-אגודיסטען איז אַ 'טויטען-שיין' און אַ 'טויפ-שיין' (שמד צעטיל), ווייל ווען מ'פאָרט היינט אויף ארץ ישראל אַנטייל צו נעהמען אין דער חלוצישער אַרבייט, איז מען באַגאַנגען אַ זעלבסטמאָרד קעגן זיין אייגענעם גוף און נשמה. ליידער האָבען זיך זיינע ווערטער, וועלכע ער האָט שוין פופצן-צוואָנציג יאָהר געוואָרענט, אַרויסגעשטעלט פאַר אַ ביטערען אמת. די הריגות און רציחות פון יאָהר תרפ"ט און פון היי-יאָהר, און בכלל די פערשידענע מאָרדן וועלכע קומען פאָר מצד די ווילדע אַראַבער, האָבען באַוויזען אַז דער הייליגער רב האָט די סערטיפיקאַטען נישט בחינם אָנגערופען "טויטן-שיינע", ווייל די אַלע דאָרטיגע חלוצים זענען דאָך געווען בחזקת סכנה. אויסער דעם זענען דאָך רובא דרובא אַוועק געריסען געוואָרען אין די כפירה שטראָמען, און האָבען אין הייליגען לאַנד בפרהסיא מחלל שבת געווען, געפיהרט צוכטען פון דברים טמאים און פאַרקויפט חזיר און נבלות וטריפות. דער צערטיפיקאַט האָט זיך טאַקע אַרויסגעשטעלט ממש כדבר איש אלקים - סיי פאַר אַ טויפן-שיין, סיי פאַר אַ טויטען-שיין.

אומוויסנדע בהמות לויפן אין גרעסטן פייער

דער הייליגער רב פלעגט אָפטמאָהל אין ענגע קרייזען פאַרענטפערן זיין גרויסן ריקזיכטסלאָזען קאַמף פאַרוואָס ער באַנוצט זיך קעגן דער חלוצישער באַוועגונג מיט די גרעסטע זלזולים און קללות. ער פלעגט דאָס צו באַגרינדען מיט דעם משל: אַז ווען איינער שלאָפט, און ס'כאַפט זיך אָן אַרום איהם אַ פייער, איז דער מענטש וואָס איז וואַך מחוייב איהם אויף צו וועקן און אָפּראַטעווען מיט פאַרשידענע געשרייען. ער מעג איהם אויך מבזה זיין און שעלטען אַז ער זאָל אַנטלויפען פון פייער, וואו ס'דראָהט איהם אַ פערניכטונג. פאַרקערט, ווען איינער וואָס ער זעט די נאָנטע סכנה און שווייגט און לאָזט דרימלען ווייטער

דעם פאַרשלאָפּענעם, ווערט ער געריכטליך צו פעראַנטוואָרטליכקייט געצויגען פאַר נישט אָפּראַטעווען אַ מענטש. איך קען נישט עובר זיין אויף דעם לאו פון "לא תעמוד על דם רעך", ווייל די נשמה מיט'ן גוף וועט זיי ח"ו דאָרט פאַרברענט ווערן. אויף ארץ-ישראל זאָל מען נאָר היינט (כל זמן משיח איז נישט געקומען) פאָרן עוסק צו זיין בתורה ובמצוות מיט תפלות ותחנונים, אויף דעם אָרט וואָס די רבי מאיר בעל הנס כוללים האָבן איינגעפירט.

דער הייליגער רב ז"ל פלעגט זיינע דרשות שטיצען אויף די באַהויפּטונגען פון די פאַרצייטישע גדולים, און באַזונדער אויף די ווערטער פון הייליגען רבי'ן ר' יונתן ז"ל וועלכע שרייבט אין זיין ספר "אהבת יונתן": אַז ווען די פעלקער וועלן איינשטימען אָבצוגעבן ארץ-ישראל פאַר אידן, זאָל מען ערשט דעמאָלטס נזהר זיין און נישט גיין דאָרטן (אָן משיח'ן), ווייל דער סוף וועט חלילה ביטער זיין. די יודען וועלן זיין צוזאַמען און ערשט דעמאָלטס איז די סכנה גרויס אַז ס'וועט זיין אַ גירוש און אַ פערניכטונג. דער הייליגער רב האָט זיך זייער גערעכענט מיט דער אזהרה פון די הייליגע צדיקים, דערפאַר האָט ער טאַקע געקלאָגט און גערעכענט מיט דער אזהרה פון די הייליגע צדיקים, דערפאַר האָט ער טאַקע געקלאָגט און געוויינט, וואָס די ציוני'סטען זענען מפקיר טויזנטער יודענ'ס לעבען און זייערע נשמות. ער פלעגט אָן צו ווייזען אין דער נאַטור, אַז ווען ס'ברענט אַ פייער וועט די בהמה לויפען אין גרעסטן פלאַם אַריין. אַזוי - פלעגט ער צו זאָגן - לויפן די אומוויסענדע אין פייער און אין די געפעהרליכסטע פלעצער.

ווען די הריגות אין ארץ-ישראל האָבן טאַקע דערנאָך וואָכען לאַנג און חדשים לאַנג אָנגעהאַלטען, האָט ער במסתרים געוויינט און געקלאָגט און געזאָגט: "מילא די שולדיגע, די פושעים וואָס ווערן גע'הרג'עט - הגם הקב"ה איז זיך מצטער אפילו אויף דמן של רשעים שנשפך (חגיגה טו: סנהדרין מו.) - זענען זיי דאָך זעלבסטמערדער אויף וועלכע מ'דאַרף נישט מתאבל זיין. די אומשולדיגע אָבער וועלכע האָבען נאָר געליטען ווייל זיי זענען געוועזען שכנים מיט די רשעים, אויף די האָט ער געקלאָגט באַזונדער. ער פלעגט נעבעך זאָגען: מיר האָבען זיי מזהיר געווען, מיר האָבען גענוג געשריגען און געוואָרענט זיי זאָלען נישט שפּרינגען אין פייער אַריין. רבונו-של-עולם וואָס נאָך האָב איך געקענט טון ווי מוחה זיין - ידינו לא שפכו את הדם הזה. אַזוי פלעגט ער אַלעמאָל באַווייִנען ווען ער האָט געהערט אַז די אַראַבישע רוצחים האָבען אַ איד גע'הרג'עט.

קרימינאַלע קלאַגעס אין געריכט

די היגע היברעאישע גימנאַזיע האָט איהם אַסאַך כח צוגענומען. ער פלעגט דאָס צו באַטראַכטען פאַר אַ מקור הטומאה. ווען ער פלעגט פאַרבייפאָרן אין דער גאַס, האָט דער פיאַקער געמוזט די קוטשען מרחק זיין ביז צום עק פון דער גאַס, און ער פלעגט ביים

דורכפאָרן זאָגן דעם פסוק (משלי טו כה) "בית גאים יסח ה'"[83]. ער פלעגט צו זאָגען, אַז מ'טאָר נישט אין זייערע ד' אמות שטיין, אַזוי ווי אין פסוק שטייט (משלי ה ח) ואל תקרב אל פתח ביתה.

ער איז אויך שטאַרק בייז געווען אויף די מנהיגים, וועלכע האָבן געהאַט אַ טבע נייטראַל צו בלייבן ביי אַ כלל-ענין. ער פלעגט אָפטמאָהל איבערצו'חזר'ן דעם פסוק (שופטים ה כג) "אורו מרוז אשר לא באו לעזרת ה' בגבורים".

העלדיש געקעמפט האָט דער רב ז"ל קעגן די ציוני'סטישע-מזרח'סטישע מעשים מיט זייערע שול-ווערקען, און בכלל קעגען זייער אַריינדרונגען אין די אידישע מוסדות. ער האָט זיך נישט דערשראָקען ווען מ'האָט קעגן איהם אין געריכט מעהרערע קרימינאַל-קלאַגעס געמאַכט, פאַר באַליידיגען יחידים און קיבוצים. ער האָט געזאָגט, אַז ירמי' הנביא האָט אויך געזאָגט (נחמי' יג כה) "ואריב עמם ואקללם", ער מוז זיך קריגען מיט די פושעים און מוז זיי פיינט האָבען, זיין האַרץ דיקטירט איהם אַזוי. דוד המלך האָט אויך געזאָגט (תהלים קלט כא-כב) "הלא משנאיך ה' אשנא ובתקוממיך אתקוטט, תכלית שנאה שנאתים לאויבים היו לי", די שונאים פון השם יתברך זענען מיינע שונאים.

83) במס' ברכות (דף נ"ח ע"ב), ת"ר הרואה בתי עכו"ם בישובן אומר בית גאים יסח ה'. וכן הוא ברמב"ם (הל' ברכות פ"י הי"ט), ובטור ושו"ע (או"ח סי' רכד סי"א). ובירושלמי (ברכות פ"ט ה"ב) איתא: "העובר לפני בתי ע"ז אומר בית גאים יסח ה'.

בית גאים יסח ה', פירש באבן עזרא: "בית גאים, שיש להם גאוה, יסח ה' ביתם ויהרסנו". וברבינו יונה פירש: "בית גאים, הם הקובעים בלבם דירתם בעולם הזה, וכל עיקר מחשבתם על יישובו, ולא יחשבו על תמורתו, ועל כן יגאה לבם בהצלחתם והתיישבם בבתי שלותם, יסח [יעקור ויהרס] השי"ת את ביתם החזק". וברלב"ג פירש: "בית גאים, בית האנשים הגאים והתקיפים, יחריב השי"ת".

זיין העלדישע מלחמות זענען טאַקע געווען בלויז לשם שמים. דאָס האָט די וועלט קלאָר געזעהן, אַז ווען ער וואָלט די אַלע עוולות פאַרשוויגען, וואָלט ער געהאַט כבוד און גאָלד אָן אַ שיעור. ער איז אָבער געווען פולשטענדיג איבערצייגט, אַז ס'איז חשוב'ער צו לעבען אין דחקות און אום-כבוד און נישט מוותר צו זיין אויף דער קיצה של יוד, ווי איידער צו האָבען קרח'ס אוצרות מיט כבוד, און צוקוקען ווי דער כבוד שמים ווערט מזולזל ח"ו.

קיבוץ גליות - נישט דורך 'בעל-פעור' דעקלעראַציעס

"לטובת די אמונה אָפהיטונג" - דאָס ענין "אמונה אין השם יתברך" איז ביים הייליגן רב ז"ל געווען אַ ענין פון וועלכען ער פלעגט נישט אויף אַ רגע מסיח דעת זיין.

צוליב דעם רב'ס שטאַרקע אויסהאַלטונג ביי דער אמונה פשוטה, האָט ער אויך אַזאַ פאַרביסען עקשנות און אַ ריקזיכטלאָזינקייט אַרויסגעוויזען לגבי די פאַרטייען וועלכע ווילען דאָס ארץ-ישראל פראָבלעם פראָפאַניזירען מיט נאַטורליכקייט סיסטעמען. ער פלעגט צו זאָגען "ושא נס לקבץ גליותינו", קיבוץ גליות וועט זיין בדרך נס מיט ביאת המשיח, און נישט דורך פעלקערבונד'ס טראַקטאַטען און דורך בעל-פעור דעקלעראַציעס.

לא יכרע ולא ישתחוה - מעג ער זיין גרויס ווי המן

זיינע שטרענגע שיטות בנוגע די ענינים וועלכע האָבען אַ שייכות צו דער אמונה, זענען געווען איינציגאַרטיג אין דער וועלט. ער פלעגט אָבער אין זיינע פייערדיגע דרשות פאַרענטפערען די פליאה פאַרוואָס ער איז כמעט אַליין געבליבען אַ "שרייער" און אַ מוחה אויף די אַלע פירצות, בשעת הונדערטער אַנדערע מנהיגים שווייגען.

ער האָט דערויף איינמאָהל אָנגעדייטעט אין אַ דרשה, אַז דער הייליגער אליהו הנביא האָט געזאָגט (מלכים א יח כב) "אני נותרתי נביא לה' לבדי ונביאי הבעל ארבע מאות וחמשים איש", אַז ער איז אַ נביא פאַר'ן באַשעפער, כאָטש קעגען איהם שטייען 450 פאַלשע נביאים. עס איז פון דעם צו זען, אַז אויך ביי דעם הייליגען נביא וועלכער האָט געוויזען אותות ומופתים אויף די דרכי השם, פונדעסטוועגען האָט ער באַגעגענט 450 פאַלשע נביאים, וועלכע האָבען קעגען זיינע הדרכות פראָפאַגאַנדע געמאַכט. מכל-שכן אונז פשוט'ע זעלנער זאָל אונז אַ וודאי נישט חידוש'ן וואָס מ'בלייבט כמעט אַליין מיט אַזוי פיל רדיפות און התנגדות. דאָס אַלעס זאָל אונז נישט אָפשרעקען, ווייל ליידער אַזוי האָבען די נביאים פראָפעצייהט אויפ'ן דור העתיד.

אין מצרים זענען ליידער אויך געווען אַ מין ערבוביא פון פאַרשידענע יודישע כתות און בלויז אַ פיפטעל פון יודישען קיבוץ זענען געבליבען מאמינים, (אַזוי ווי רש"י זאָגט אויף דעם פסוק וחמשים עלו

בני ישראל, שמות יג יח). און דער אמת זענען נאָך פאַרהאַנען טויזנטער יודען צדיקים וקדושים, וועלכע וויינען זיך אויס פאַרן באַשעפער און זענען מוכן ומזומן צו האָבען אמת'דיג מסירת נפש פאַר יודען.

ווען עס פלעגט איהם אויסקומען שווערע רדיפות האָט ער געזאָגט: "ומרדכי לא יכרע ולא ישתחוה" (אסתר ג ב), פון באַשעפער'ס תורה וועל איך נישט מוותר זיין. איך וועל מיך נישט ביקן פאַר קיין בשר ודם, מעג ער זיין גרויס ווי המן.

"דער קאָלאָניסט, אפילו אַ אגודיסטישער, איז נישט אַ מאמין"

דאָס ענין פון האָפן אויף בנין בית המקדש און ביאת בן דוד, איז ביים רב ז"ל געוועזען אַן עיקר פון זיין עבודה אויף דער וועלט. ער פלעגט צו האָבען אין דעם זיין באַקאַנטע שיטה, אַז גלייבען אין משיח'ס קומען איז נאָך נישט גענוג. אַ יוד מוז האָפן און וואַרטן אַ יעדן טאָג, אַז משיח קומט אָט אָט. ער פלעגט דאָס מדייק צו זיין אין לשון פון רמב"ם, וועלכער זאָגט אין הלכות מלכים (פי"א ה"א) "וכל מי שאינו מאמין בו או מי שאינו מחכה לביאתו, לא בשאר נביאים בלבד הוא כופר, אלא בתורה ובמשה רבינו", זעהט מען דאָך פון דעם רמב"ם, אַז ווען איינער איז אַ מאמין אַז משיח וועט קומען, נאָר ער איז נישט דורכגעדרינגען מיט דער אינערליכער האָפענונג, איז ער שוין לויט'ן רמב"ם'ס הלכה אַ כופר אין תורת משה.

אָט די הלכה איז געוועזען דער גרונדפרינציפ פון זיין שנאה צו די קאָלאָניזאַציאָנס-בעוועגונגען אין ארץ ישראל. ער פלעגט צו זאָגן, אַז ווען אַ יוד האָט אַן אמונה און האָט די האָפענונג אַז משיח וועט אינגיכען אונז אויסלייזען, וועט ער ממילא נישט גיין קאָלאָניזירען ארץ-ישראל, וועלכעס איז פאַרבינדען מיט פאַרשידענע מכשולים און מיט סכנות נפשות. דער קאָלאָניסט, אפילו אַ אגודיסטישער, איבערהויפט אַ ציוני'סטישער, איז נישט אַ מאמין אין דעם "אחכה לו בכל יום שיבא".

הושענא למען למודך - בלויז דיין אמת'דיגע תורה

פאַראַיאָהר, דעם רב'ס לעצטע הושענא רבה, די דעמאָלסדיגע דרשה איז כמעט אינגאַנצען געוועזען רעזערווירט אויף די ארץ-ישראל ענינים. ער האָט אָנגעוויזען אַז ס'איז אומריכטיג צו ערוואַרטען גאולת הארץ דורך נאַטורליכע ערשיינונגען.

ביי "הושענא למען לימודך" האָט ער דעמאָלטס געוויינט: רבונו של עולם, זיי עוקר די עבודה זרה פון דער העבראישער גימנאַזיע, ווייל דאָרט לערנט מען מינות ואפיקורסות כפירה אין תורת משה, בכדי די יודישע קינדער זאָלען נאָר לערנען דיין אמת'דיגע תורה - למען לימודך.

הרה"ק בעל **אהבת ישראל מוויזניץ** זי"ע

הרה"ק רבי ישראל מוויזניץ זי"ע, איז געבוירן ב' אלול שנת תר"ד לפ"ק, לאביו הגה"ק רבי ברוך זי"ע, בעל אמרי ברוך, בן הגה"ק רבי מנחם מענדל זי"ע, בעל צמח צדיק, בן הגה"ק רבי חיים זי"ע, בעל תורת חיים, בן הרה"ק רבי מנחם מענדל זי"ע, בעל אהבת שלום, וואס איז געווען א זון פון הרה"ק רבי יעקב קאפל חסיד זי"ע, מבני היכלא קדישא מרן הבעש"ט הק' זי"ע.

דער וויזניצער הויף איז בשעתו געווען פון די גרעסטע אימפעריעס אין די חסידי'שע רומעניע, און די טיפע השפעה פונעם אהבת ישראל זי"ע איז געווען זייער ווייטגרייכנד אויף צענדליגער טויזנטער אידן אין די געגנטער פון בוקאווינא, מארמאראש, און אונגארן. זיינע חידושי תורה זענען געדרוקט אין די ספרים אהבת ישראל, נלב"ע ב' סיון שנת תרצ"א לפ"ק. זי"ע.

דער "חסיד ציוני" איז באמת אַ "מין ציוני"

די שאַרפע שטעלונג קעגן דעם רעיון הציונות פון הרה"ק בעל אהבת ישראל זצ"ל, קומט צום אויסדרוק אין אַ בריוו, וואו ער שרייבט צווישן אַנדערע בלש"ק: **"דער מענטש וואָס רופט זיך 'חסיד ציוני' איז באמת אַ 'מין ציוני'. איך האָב שטענדיג זיך מתנגד געווען צו דער ציוני'סטישער באַוועגונג, נאָר איך וואַרט יעדן טאָג אויפ'ן אָנקום פון משיח צדקינו וואָס וועט זיך אַנטפלעקן בקרוב און וועט מאַכן נסים ונפלאות לעיני כל, אַזוי ווי נבואות פון די נביאים, און וועט אונז טראָגן לארצינו הקדושה**[84]."

84) "הגליון משבוע החולף היה לנגד עיני, וראיתי כתוב בו דברים בשמי שלא אמרתים ולא עלו על לבי מעולם. ע"כ אבקש בזה בכח חוקי הדפוס סעיף י"ט ליתן מקום לדברי אלה בעיתונכם, הנאמרים באמת ויושר: מה שנכתב שם בשמי, שאמרתי "שהרעיון הציוני הוא רעיון נשגב ואי אפשר לישראל כשר ההולך בדרכי היהדות ואדוק במצות ד' ותורתו להתנגד לרעיון הנעלה הזה", הוא שקר מוחלט, כי באמת לא הוצאתי מפי דברים כאלה. אמרתי רק שאינני מתנגד לציון, היינו לביאת גואלנו ולבנין ירושלים, אשר על זה יתפלל כל חסיד לעת מצוא, אבל לא לרעיון הציוני כשיטת תיאודור הרצל ומכס נורדו! והאיש הזה שכתב כן בשמי והמכנה את עצמו בשם "חסיד ציוני", אשר באמת הוא ""חסיד ציוני" שקר העיד בי, ויען יראתי פן יחשדוני בני עמי בדבר שאין בי ויקויים בם

אויך האָט דער וויזניצער רבי זצ"ל אַמאָל געזאָגט: איך וואָלט זייער געוואָלט פאָרן קיין ירושלים עיר הקודש, אָבער צוליב די ציונים פאָר איך נישט[85]."

ווי אַ דימאַנט אין בית הכבוד...

אויך האָט ער געזאָגט: "**מצות ישוב ארץ ישראל איז טאַקע זייער חשוב, אָבער עס איז ווי אַ דימאַנט וואָס איז אַריינגעפאַלן אין בית הכבוד. עס איז טאַקע אַ דימאַנט אָבער פאָרט פאַרשמירט.**"[86]

אין אַ שמועס מיט הגה"צ רבי ישראל מסאַדיגורא זצ"ל האָבן די צוויי גדולים גערעדט איבער ציונות, אַז דער בעל דבר האָט זיך יעדעס מאָל געקליידעט מיט אַ נייעם לבוש און געשיקט זיינע שלוחים צו פאַנגען אידישע קינדער אין זיין נעץ זיי זאָלן פורק זיין דעם עול תורה, נאָר זייערע נעמען טוישן זיך יעדע עטליכע דורות. אָנהויב איז געווען דער אותו האיש און זיין כת; שפּעטער האָבן זיי געהייסן קראים; יאָרן שפּעטער האָבן זיי געהייסן כת ש"ץ; דערנאָך האָבן זיי געטוישט נאָמען צו משכילים; היינט צוטאָגס הייסט עס ציונים, אָבער דער צד השוה צווישן זיי אַלע איז דאָס זעלבע[87].

ווען מען האט גערעדט פון די ציונים האט דער אהבת ישראל געזאגט בלש"ק: "אמאל איז געווען דער אותו האיש ימ"ש, נאכדעם איז געווען כת ש"ץ, היינט זענען זיי (די ציונים)[88].

הרה"ק רבי **שניאור זלמן מקאפוסט** זי"ע

הרה"ק רבי שניאור שלמה זלמן מקאפוסט זי"ע, בעל מגן אבות, איז געבוירן אין יאר תק"צ לפ"ק צו זיין פאטער הרה"ק רבי יהודא לייב מקאפוסט זי"ע בן הרה"ק הצמח צדיק מליובאוויטש זי"ע. נלב"ע כ"ז באייר שנת תר"ס לפ"ק. אין זיינע יונגע יארן האט ער גענאסן א געוואלדיגע התקרבות ביי זיין זיידן דער צמח צדק זי"ע, וואס האט אסאך געלערנט מיט אים תורה וחסידות. נאך די פטירה פון זיין פאטער האט ער געפירט די רבי'שע הויף אין קאפוסט פאר א משך פון 34 יאר. נלב"ע בשנת תר"ס לפ"ק. זי"ע.

איבער די פייערדיגע התנגדות פון הרה"ק שניאור זלמן מקאפוסט זי"ע, (בעל מגן אבות, זון פון הרה"ק רבי יהודא לייב מקאפוסט זי"ע בן הרה"ק הצמח צדיק מליובאוויטש זי"ע) צו די ציונים און זייער פינסטערע רעיון, איז אונז

מאמרם ז"ל החושד בכשרים לוקה בגופו, ויבואו בעל כורחם להסתפח בחברת הציונים, ע"כ הנני מודיע בשער בת רבים, שמעולם התנגדתי לתנועה הציונית בכלל ובפרט, ורק מצפה אני בכל יום ויום לביאת משיח צדקנו שיתגלה בקרוב ויעשה נסים ונפלאות לעיני כל, כאשר התנבאו ע"ז נביאינו התמימים והישרים, ויביא אותנו לארצנו הקדושה. כה דברי הק' המצפה לגאולת נפשנו במהרה דידן, הק' ישראל האגער, אבדק"ק וויזניץ והגליל יצ"ו". (קדוש ישראל" פרק כ"ד סימן ל"ו דף תרי"ט)

85) קדוש ישראל (פרק יח).

86) שם.

87) שם (פרק טז).

88) נועם שיח בשם נכדו כ"ק אדמו"ר מוויזניץ מאנסי שליט"א

געבליבן א "הודאת בעל דין" פון אן עדות דורך א געוויסער יוסף אליאש, וואס איז שפעטער געווען א ציוני'סטישער אקטיוויסט און שרייבער.

אין זיין בוך "זכרונות ציוני מרוסיה" שילדערט אליאש א באגעגעניש וואס ער האט געהאט מיט - להבדיל - דעם קאפוסטער רבי'ן זי"ע און די קעגנערשאפט צו ציונות וואס ער האט דאן געהערט פון אים. פאלגענד איז א פרייע איבערזעצונג:

"צווישן חסידים איז דאס שטעטל קאפוסט געווען באוואוסט דערמיט וואס ביז סוף שנת תר"ס האט דער געוואוינט רבי שניאור זלמן שניאורסון, אן אייניקל פונעם בעל התניא, און דאס שטעטל איז במשך דאס גאנצע יאר געווירבלט מיט חסידים פון אלע עקן, בעיקר אין די ימים הנוראים און אין די ימים טובים.

"די עיקר שוועריקייט אריינצוברענגען די אידן פון קאפוסט אונטער די פליגלען פון ציונות איז געווען פארבינדן מיט דעם פאקטאר אז די חסידי'שע שטעטל איז געווען גענצליך אונטערגעווארפן אונטער די השפעה פון דעם רבי'ן וואס האט דארט געוואוינט, און ער האט איז א מתנגד צום ציונות. נאך א שטיק צייט האב איך געהאט די געלעגנהייט צו הערן פונעם רבי'ן זעלבסט די טעמים פון זיין התנגדות צו ציונות.

"אזוי ווי אלע אידן פון קאפוסט איז מיין שווער געווען א חסיד, און געווען פון די מקורבים אין די הויף פונעם קאפוסטער רבי'ן. אין איינע פון די טעג האט ער אויסגעדריקט זיין ווילן אז איך זאל אינאיינעם מיט אים באזוכן דעם רבי'ן. איך האב אנגענומען זיין פארשלאג.

"ווען מיר זענען אנגעקומען צו די שטוב פונעם רבי'ן האט אונז שוין געווארט דער גבאי און אונז אריינגעברענגט אין א גרויסע זאך וואס האט אויך געדינט אלס דער מקום תפלה, דער מקום פון אמירת חסידות פאר'ן ציבור, און אויך דער זאל פאר די געסט. נאך עטליכע מינוט איז דער רבי אנגעקומען פון א זייטיגע צימער, ער האט אונז אויפגענומען מיט א שלום עליכם, זיך אוועקגעזעצט און אונז אויך געבעטן צו זיצן. דער רבי האט געמאכט אויף מיר א שטארקן רושם, זיינע אויגן האבן אויסגעדריקט פקחות און חכמה. פארשטענדליך אז ער איז געווען דער וואס האט אנגעהויבן דעם שמועס, ער האט זיך נאכגעפרעגט אויף מיר און איך האב אים דערציילט בקיצור מיין לעבנס געשיכטע און אויך דערמאנט מיינע ציוני'סטישע אקטיוועטעטן. ווען ער האט דאס געהערט האט ער אויסגעדריקט זיין אומצופרידנהייט פון די ציוני'סטישע באוועגונג. דער רבי האט מיר געזאגט אז אצינד זענען בעוונותינו הרבים אויפגעשטאנען "טרייפינאקעס" (דאסווארט געדענק איך פונעם רבי'ן) וואס גרויסן זיך צו ברענגען די גאולה, אבער ער, דער רבי, גלייבט נישט אז משיח צדקינו וועט האבן א שייכות מיט אזעלכע מענטשן.

"איך בין נישט אריין אין א ויכוח מיט'ן רבי'ן, בעיקר ווייל ער איז שוין געווען שוואך און קראנק. א האלב יאר דערויף איז ער דער רבי נסתלק געווארן."

הגאון רבי **מאיר אַריק** זצוק"ל

הגאון האדיר רבי מאיר אריק זצ"ל, דער בארימטער טארנער רב, האט אין זיין יוגנט מקבל תורה געווען פון הגאון הגדול בעל כוכב מיעקב מהארמילאוו זצ"ל און זיך מסתופף געווען בצל צדיקי בית טשארטקוב. ער האט משמש געווען ברבנות והרבצת תורה אין דער שטאט בוטשאטש, און דערנאך אין טורנא, און זיין נאמען איז געבליבן נערץ ונקדש זייענדיג פון די גרעסטע גדולי ישראל בימיו, מגדולי הפוסקים וממנהיגי מדינת גאליציע, וועלכער האט פארשיינט די מדינה מיט זיין אויסטערלישן כח התורה וההוראה.

זיין הסתלקות איז געווען דעם ערשטן טאג סוכות, ט"ו בתשרי בשנת תרפ"ו לפ"ק, איבערלאזנדיג אן אוצר פון גאוני'שע חיבורים נפלאים, צווישן זיי: ספר שיירי טהרה - ביאורים על סדר טהרות; ספר מנחת קנאות - חידושים על מסכת סוטה; ספר מנחת פתים - חידושים ושו"ת על ארבעת חלקי השולחן ערוך; ספר אמרי יושר - שאלות ותשובות; ספר טל תורה - הגהות, הערות וביאורים על תלמוד בבלי וירושלמי; און נאך ספרים וועלכע זענען פארלוירן געגאנגען בצוק העתים אין דער תקופה פון דער ערשטער וועלט קריג.

יעדן טאָג גערעדט קעגן די פּאַרטייען

עס פאַרציילט הגאון רבי יעקב טייטלבוים זצ"ל, רב קהל עדת יראים אין קיו- גארדן, אַ תלמיד מובהק פון הגאון האדיר רבי מאיר אַריק זצ"ל, אין זיין ספר "קול יעקב"[89]:

עס איז אַמאָל פאָרגעקומען אַן אסיפה פון דער מזרחי פּאַרטיי אין דער שטאָט וויען, און מיר תלמידים פונעם טאָרנער רב זצ"ל האָבן איבערהויפּט נישט געוואוסט איבער'ן פּראָבלעם פון דער פּאַרטיי, איבערהויפּט אַז די מזרחי האָט פאַרמאָגט אייניגע אדמורי"ם ורבנים אין אירע רייען. זענען מיר דעריבער אויך געגאַנגען צו דער אסיפה.

צומאָרגנס ווען מיר האָבן געוואָלט אַריינגיין צום טעגליכן שיעור פונעם רבי'ן זצ"ל, האָט אונז דער רבי נישט אַריינגעלאָזט. מיר האָבן נישט פאַרשטאַנען די סיבה דערצו און נישט געקענט געפינען קיין שום עוולה וואָס זאָל זיין דער גורם אַז דער רבי לאָזט אונז נישט אַריין. מיר האָבן דעריבער געבעטן איינעם פון די תלמידים, מיט'ן נאָמען ר' מיכל פרעמינגער ז"ל, ער זאָל אַריינגיין און פרעגן דעם רב "מה פשענו ומה חטאנו".

די מציבה על קברו פון הגאון רבי מאיר אריק זצ"ל

89) עמ' קב.

הגאון רבי יעקב טייטלבוים ז"ל (לינקס) מיט הג"ר אליעזר סילווער ז"ל (רעכטס)

אויף זיין אָנפראַגע האָט אים הגאון רבי מאיר געענטפערט: "תלמידים וואָס נעמען אַנטייל ביי אַזעלכע אסיפות קענען נישט גערעכנט ווערן ווי מיינע תלמידים." זענען מיר געגאַנגען צום רבי'ן מיט אַ טענה: "מיר האָבן אַ קשיא צום רבי'ן. קיינמאָל האָט איר אונז נישט געזאָגט אָדער מסביר געווען דאָס ענין. שטענדיג האָט איר נאָר געלערנט מיט אונז גמרא תוס', אָבער נישט עניני השקפה, דאַן פאַרוואָס זענען מיר שולדיג?"

דער רבי האָט אָנגענומען אונזער טענה און זינט דאַן איז ווירקליך נישט פאַראיבער אַ טאָג וואָס ער זאָל נישט רעדן צו אונז פון די ענינים! איבערהויפט איז עס געווען צוויי מאָל אין יאָר, אין די נעכט ווען עס איז אויסגעפאַלן דער פוילישער און רוסישער "ניטל", האָט ער גערעדט מיט אונז פון נאָך מעריב ביז אינדערפרי איבער די פאַרשידענע איזמען און באַוועגונגען וועלכע באַדראָען כלל ישראל. ער האָט אָנגעהויבן פונעם נוצרי ימ"ש, ביז די פאַרטייען און באַוועגונגען וואָס זענען אויפגעשטאַנען אין אונזער דור, און מיט אונז געלערנט דאָס גאַנצע ענין מיט אַן עמקות ווי אַ טיפע סוגיא.

הגאון רבי מאיר אריק זצ"ל (לינקס) מיט הגאון רבי אברהם מנחם מענדל שטיינבערג ז"ל, אבד"ק בראדי, בעל מחזה אברהם (רעכטס)

דער רבי האָט אונז דאַן געזאָגט: "האָט נישט מורא אויב איר וועט געפינען זיידענע זשיפיטשעס ביי אסיפות. גרויסע זיידענע זשיפיטשעס, אפשר אויך אדמורי"ם. ער האָט אונז דערציילט אַז ווען די נשמה פון היילגן בעש"ט האָט געזאָלט אַראָפקומען אויף דער וועלט האָט דער שטן מרעיש עולמות געווען און גע'טענה'ט אַז דער כח הקדושה פונעם בעש"ט הק'

מיט זיינע תלמידים וועלן באַלייכטן די וועלט מיט אַזויפיל קדושה וטהרה, אַזש עס וועט נישט זיין מער קיין בחירה און אידן וועלן מער נישט קענען זינדיגן. דער בית דין של מעלה האָט טאַקע מקבל געווען די טענה און געזאָגט: שטן, האָב נישט מורא. אין הכי נמי, עס וועט טאַקע זיין אַ בעל שם טוב ותלמידיו, אָבער אויך דו וועסט האָבן דיינע אדמורי"ם"... האָט הגאון רבי מאיר זצ"ל ד'ערויף אויסגעפירט: "און אָט די זענען די רבי'ס וואָס זיצן דאָרט בראש. האָט נישט מורא פון זיי!"

ער פלעגט ענדיגן זיינע ווערטער: "זאָלט איר וויסן, אַז שטענדיג מאז ומעולם, אַלעמאָל ווען ס'איז געווען משיחי שקר האָט זיך דאָס געענדיגט מיט שמד. דאָס זאָל אייך זיין אַ סימן מובהק, און איר וועט זען, טאַקע נישט אַצינד אָבער אין אַסאַך יאָרן פון יעצט, אַז די אַלע באַוועגונגען וועלכע זענען לעצטנס געגרינדעט געוואָרן - וואָס ער האָט אָנגערופן אַלס משיחי שקר - וועלן זיך ענדיגן מיט שמד רח"ל.

ציונות פירט צו אַ נאַציאָנאַלן שמד

ענליך האָט רבי מאיר אַריק זצ"ל געזאָגט ביי אַ שמועס מיט אַ געוויסן רב פון אַמעריקע: "זאָלט איר וויסן, אַז היינט פאַרשטייט מען מיך נישט, אָבער עס וועט קומען אַ צייט וואָס מען וועט מיך גוט פאַרשטיין, אָבער ביז דאַן וועט ליידער פאַלן אַסאַך קרבנות." ווען דער רב האָט פרובירט צו טענה'ן אַז מען זעט דאָך אַז ציונות האָט געראַטעוועט אידן וועלכע האָבן זיך געהאַלטן ביים שמד'ן און מיט דער אַנטשייאונג פון ציונות האָבן זיי אַנשטאָט שמד ליבערשט זיך אָנגעשלאָסן אין דער ציוני'סטישער פאַרטיי.

דערויף האָט רבי מאיר געענטפערט: "פון אַ פריוואַטן שמד האָבן זיי געראַטעוועט אַ צאָל אידן, אָבער דער סוף וועט זיין אַז זיי וועלן ברענגען צו אַ 'נאַציאָנאַלן שמד' רח"ל[90]."

פאַסיג פלעגט זיין תלמיד, רבי יעקב טייטלבוים זצ"ל, זיך אויסדרוקן: "ווער עס האָט זיך נאָר געדרייט אין די ד' אמות פון מיין גרויסן רבי'ן, רבי מאיר אַריק, האָט זיך שוין נישט געקענט טועה זיין אין די ענינים פון השקפה ודעות"![91]

דער שטן שטערט נישט די עלי'

אין דער שטאָט פרעשבורג איז אַמאָל פאָרגעקומען אַ גרויסע אסיפת הרבנים, מיט דער באַטייליגונג פון גדולי ישראל פון אַלע לענדער, דערונטער די רבנים פון אונגאַרן, צווישן זיי הגה"צ

90) קול יעקב (עמ' צה).

91) שם (עמ' ז).

רבי יוסף צבי דושינסקיא זצ"ל, דאַן רב אין גאַלאַנטא און שפּעטער גאב"ד ירושלים עיה"ק, און הגה"צ רבי הילל וויינבערגער זצ"ל הי"ד דער סערדאַהעלער רב.

די אונגאַרישע גדולים האָבן געוואָלט וויסן די שטעלונג פון אַנדערע גדולי ישראל צו ארץ ישראל. אַלע אויגן זענען געווען געוואָנדן צום גאון הדור, רבי מאיר אַריק זצ"ל, דאַן נאָך אַלס בוטשאַטשער רב, ער זאָל זאָגן זיין דעת תורה איבער דער לעצטיגער באַוועגונג פון עלי' לארץ ישראל דורך די חובבי ציון און די ציונים.

רבי מאיר זצ"ל האָט אויפ'ן אָרט זיך אויפגעשטעלט און ערקלערט במתק לשונו:

"מיר געפינען אין דער משנה אין מס' ברכות (דף מט.), אַז אַ מצוה וואָס ווערט געטון דורך אַ רבים האָט אַ געוואַלדיגע קדושה. נאָכמער, וואָס גרעסער דער עולם איז, אַלס מער קידוש שם שמים איז דאָס. דערפאַר ווען צען אידן בענטשן מזומן זאָגן זיי 'נברך לאלקינו'; ווען הונדערט אידן בענטשן אינאיינעם, זאָגט די משנה זאָלן זיי זאָגן 'נברך לה' אלקינו'; אויב איז עס טויזנט אידן זאָגט מען 'נברך לה' אלקינו אלקי ישראל', און ווען צען טויזנט אידן קומען זיך צוזאַמען אויף איין אָרט זאָגן זיי 'נברך לה' אלקינו אלקי ישראל אלקי צבקות יושב הכרובים על המזון שאכלנו'.

דערפון זעען מיר ווי גרויס דער קידוש שם שמים ברבים איז ווען טויזנטער אידן פאַראייניגן זיך מקיים צו זיין אַ מצוה. אויב ביי יעדן יחיד וואָס גייט טון אַ מצוה מאַכט אים דער בעל דבר שווער און שטערט אים אויף שריט און טריט, דאַן ווער שמועסט אַז ווען אַ רבים פאַראייניגט זיך צוזאַמען מקיים צו זיין אַ מצוה מיט אַ כוונה לשם שמים, פאַרלייגט דער שטן אַלע זיינע כוחות זיי צו שטערן.

געוויס איז עס אַזוי ביי אַזאַ גרויסער מצוה פון ישוב ארץ ישראל, וואָס חכמינו ז"ל אין ספרי (ראה יב כט) רעכענען עס אויס צווישן די מצוות וועלכע זענען שקולים כנגד כל המצוות שבתורה, איז זיכער אַז דער בעל דבר לייגט איין וועלטן דאָס צו שטערן. עס איז דעריבער קיין חידוש אַז ווען דער בעש"ט הק' און דער ווילנער גאון האָבן געוואָלט פאָרן קיין ארץ ישראל, האָט דער בעל דבר זיך פאַרלייגט און זיי האָבן זיך געמוזט אומקערן.

מיר ווייסן נישט דעם טעם וואָס האָט זיי באַוואויגן זיך אומצוקערן, אָבער דאָס איז אַמאָל קלאָר, אַז דעם שטן האָט זיכער נישט געשמעקט דאָס אַזעלכע קדושי עליונים זאָלן זוכה זיין מקיים צו זיין די מצוות התלויות בארץ. און נישט נאָר אַזעלכע גרויסע צדיקים ווי דער בעל שם און דער גאון, נאָר יעדער פּשוט'ער ערליכער איד וואָס האָט באַשלאָסן מקיים צו זיין די מצוה פון ישוב ארץ ישראל, איז אים דאָס תמיד אָנגעקומען שווער און ביטער מיט גרויסע יסורים.

עס איז מערקווירדיג אַז אין דער לעצטער צייט האָבן זיך אָנגעכאַפּט אין דער מצוה פון ישוב ארץ ישראל אַזעלכע וואָס זענען זייער ווייט פון תורה און אַ גרויסער טייל פון זיי זענען אויסגעשפּראָכענע שונאי הדת. זיי פאָרן אין די צענער טויזנטער, און דער בעל דבר וואָס געוועהנליך זוכט ער אַלע מיטלען צו שטערן פון טון מצוות, זיי שטערט ער גאָרנישט. ער העלפט זיי נאָך. ער גיט זיי אַזויפיל התלהבות און ברען און מאַכט אַזויפיל פּראָפּאָגאַנדע דורך זיינע שלוחים, פונקט פאַר דער גרויסער מצוה.

מסתמא וועט ער דערביי נאָך אַסאַך פאַרדינען. עס וועט אים נאָך אַמאָל דאָס געשעפט אַריינברענגען אַ גרויסן ריוח..."

דאָס איז געווען דער אַנטוואָרט פון דעם גאון ישראל, רבי מאיר אַריק זצ"ל, ביי דער גרויסער אסיפה אין פרעשבורג, בהתאסף ראשי עם מנהיגי ישראל, בנוגע דעם פאַלשן התלהבות וואָס האָט אַרומגענומען די מאַסן עולה צו זיין קיין ארץ ישראל מיט אַ שטיצע צום ציוני'סטישן אידעאַל[92].

והנביאים נבאו בבעל

הגאון רבי מאיר אַריק זצ"ל פלעגט ביי פאַרשידענע געלעגנהייטן פון אסיפות רבנים וגדולי ישראל, דערמאַנען דעם פסוק אין ירמי' (ב ח): "הכהנים לא אמרו איה ה', ותופשי התורה לא ידעוני, והרועים פשעו בי, והנביאים נבאו בבעל ואחרי לא ידעו הלכו", און דערביי אויסגעטייטשט דעם פסוק: "הכהנים לא אמרו איה השם" - די כהנים, וואָס זייער אויפגאַבע איז צו זיין די מנהיגי התורה און צו צייגן דעם אידישן פאָלק דעם ריכטיגן דרך, דעם דרך ה', לא אמרו איה ה', זיי האָבן געשוויגן. "ותופשי התורה לא ידעוני". תופסי התורה, דאָס מיינט מען די בעלי בתים, לא ידעוני, זיי האָבן נישט געוואוסט.

וויאַזוי וויסן זיי אָבער אַלעס פאַרקערט ווי דער דעת התורה? איז דער תירוץ ווי דער פסוק לאָזט אויס, "והנביאים נבאו בבעל". די גרויסע צרה איז אַז די נביאי השקר האָבן נישט געשוויגן, נאָר געמאַכט קאָנפערענצן, קאָנגרעסן. די נביאי השקר האַלטן זיך נישט צוריק פון זאָגן זייער מיינונג, אַזוי אַרום אַז אידן הערן נאָר דעם היפך דעת תורה. זיי האָבן אַזוי פאַרדרייט דעם קאָפּ פונעם עולם מיט זייערע משיחי השקר'דיגע ליטעראַטור, אַז דער עולם האָט אָנגעפאַנגען קלערן אפשר וועלן זיי טאַקע ברענגען אַ ישועה פאַר'ן צובראָכענעם כלל ישראל[93].

(92) שם (עמ' רכה).

(93) שם (עמ' ק, רכו).

אותו יצר הרע העבירו מלבבכם

ווען ער האָט אַמאָל גערעדט בגנות פונעם טומאת הציונות האָט הגאון רבי מאיר געזאָגט: "מגידים און רבנים גלייכן צו רעדן פון אַלטע עבודה זרה'ס. עס איז גרינג צו רעדן קעגן די צדוקים, קעגן כת ש"ץ און די שפעטערדיגע איזמען פון השכלה און רעפאָרם. דאָס זענען אַלטע עבודה זרה'ס וואָס שטערן שוין קיינעם נישט, אָבער פון די נייע עבודה זרה'ס, אַ שטייגער פונעם ציוניזם, דערפון וויל מען נישט רעדן. דאָס איז נוגע אויף למעשה, דערפאַר איז מען זיך מתעלם דערפון און מען רעדט ליבערשט פון אַלטע עבודה זרה'ס וועלכע זענען שוין עבר ובטל מן העולם.

אַזוי זעען מיר אין מדרש ילקוט אַז משה רבינו האָט געזאָגט פאַר די אידן מפי הגבורה, 'ויאמר משה זה הדבר אשר צוה ה' תעשו, אמר להם משה לישראל אותו יצר הרע העבירו מלבבכם' (ספרי שמיני). עס איז נישט קיין קונץ צו לוחם זיין אויף אַלטע יצר הרע'ס און אַלטע עבירות. די עבודה וואָס פאַרלאַנגט זיך איז דער 'אותו יצר הרע העבירו מלבבכם'. די גרעסטע קאָנצענטראַציע דאַרף זיין אויפ'ן יצרא דמינות וואָס איז שולט אין יענעם דור."

הגאון רבי מאיר שמחה מדווינסק זצ"ל

הגאון הצדיק רבי מאיר שמחה הכהן זצ"ל, דער דווינסקער רב, איז בימיו געווען פון די סאמע – גרעסטע גדולי ישראל אין מזרח אייראפע, מיט זיין געוואלדיגע כח התורה, צדקות און חכמה. באזונדער איז ער פארבליבן וועלט בארימט מיט זיינע באקאנטע טיפע חיבורים "אור שמח" אויפ'ן רמב"ם, און "משך חכמה" אויף חמשה חומשי תורה. נלב"ע ד' אלול תרפ"ו לפ"ק.

אין אנהויב פון די "חובבי ציון" באוועגונג האבן זייערע אקטיוויסטן זיך געוואנדן צו הגאון רבי מאיר שמחה זצ"ל מיט די האפענונג צו ערהאלטן א הסכמה אויף זייערע שריט. אבער רבי מאיר שמחה זצ"ל האט זיי צוריקגעשריבן א לענגערע און קלארע בריוו וואו ער רעכנט אויס זיינע חששות פון די ניי- געגרונדעטע באוועגונג, סיי וויבאלד דאס וועט פוגע זיין אין די געלטער פון קופת רבי מאיר בעל הנס פאר די ארימע לומדי תורה אין ארץ ישראל. און בעיקר זארגט ער זיך אז די סארט געדאנקען און פעולות קענען צוברענגען פאטאלע קאנסקעווענצן אז אידן זאלן חלילה פארגעסן פון די אמונה אין ביאת המשיח, וואס קען זיין א געוואלדיגע שטרויכלונג פאר כלל ישראל.

רבי מאיר שמחה זצ"ל דערמאנט אז אין די היסטאריע פון אידן אין גלות זענען שוין אויפגעשטאנען אזעלכע סארט באוועגונגען, א שטייגער ווי דער משיח שקר בימיו פונעם רמב"ם ז"ל און דער כת ש"ץ שר"י, וועלכע האבן געפרעדיגט איבער די התקרבות הגאולה און האבן

הגאון בעל אור שמח זצ"ל

דאדורך גורם געווען אז אסאך אידן האבן איבערגעלאזט די תורה הק' און זענען גענצליך פארלוירן געווארן פון כלל ישראל. ער שרייבט בזה"ל:

איר זענט נישט געקומען אויסטרעטן א וועג פאר'ן גואל צדק, ווייל אויב ער פארזוימט זיך וועלן מיר ווארטן אויף אים און ער וועט נישט בעטן די הילף פון מענטשן, דער בנין העתיד וועט אראפקומען געבויעט און פארטיג אן קיין מענטשליכע פלאג. איר זאלט נישט זאגן אז דאס איז א הכנה צו די גאולה העתידה, ווייל דאס איז א געוואלדיגע סכנה פאר די אמונה און פאר אונזער פאלק.

אין דעם לענגערן בריוו ווארפט ער אויך אפ די נאציאנאליסטישע ווינטן וועלכע האבן געבלאזן צווישן די רייען פון די "חובבי ציון" און באטאנט אז די קשר צווישן אידן אין ארץ ישראל איז נישט ווי די פראנצויזן וועלכע האבן ליב זייער היימלאנד פראנקרייך און זענען מכבד זייער הויפטשטאט פאריז, דאס איז א גוי'אישע נאציאנאליסטישע געפיל, וואס האט נישט קיין שייכות צו די אהבת ארץ ישראל און די ערליכע אידן וועלכע וואוינען דארט.[94]

אַ צווייטע נוצרות

מיט יארן שפעטער ווען די ציוני'סטישע באוועגונג האט זיך אנגעהויבן אויסשפרייטן און די חששות פון הגאון רבי מאיר שמחה זצ"ל האט זיך טאקע אנגעהויבן פארווירקליכן האט דער גאון

94) די פולע בריוו איז געדרוקט געווארן אין דער צייטונג "דאס ווארט" ווילנא מיום י"ד חשון תרפ"ז, און פון דארט אין דער צייטונג "קול ישראל" תרפ"ז גליון ט'. (מרא דארעא דישראל ח"ב דף כ"ב).

פאלגענד זענען איינינגע אויסצוגן דערפון פון דעם באלערנדן בריוו:

אם כי מצות ישיבת ארץ ישראל היא שקולה ככל המצוות, - מצות ת"ת שקולה כנגד כולם... אכן לנגוע בהספקת החכמים אשר שמים לילות כימים, ועל קופת רמב"ן על כל פרוטה ופרוטה מתני רבנן מאה פרקי, הוא עון פלילי וגדול מנשוא. הנה כל אחת ובפני עצמה היא פעולה קדושה לד' ואשה לא תצו רעותה, אם ישוב ארץ ישראל קודש הוא לד', למוד התורה והספקת החכמים בארץ היא קדש קדשים. דרשו את הארץ, ושלומה, ירושלים יעלה על לבבכם, ולמורת רוח כל איש נלבב המחזק לרבבות אלפי ישראל הניזונים מקופת רמב"ן בחיי צער, או רב אחד אשר לפי עיונו בתלמוד ופוסקים להחמיר במלאכת שביעית, קהל הסופרים קראו עליו מלא, וחיצי לעג ומשטמה יטילו ובשם שונא ציון יתארוהו.

והנה מידי דברי בזה התאפק לא אוכל מלגלות אשר היה טמון בלבבי, וגלוי למתי סודו, כי המביט בעין פקוחה בספר דברי הימים להיות ישראל בגולה, יראה פעמים לא ספורות עמדו בעמנו משתגעים ובעלי דמיון אשר חש עתידות למו, זה בזרוע ימינו, וזה במופתים בדויים וכזבים, וזה בתשובה ותענית הוליכו את העם שולל ויאמינו כי הגאולה קרובה לבוא, ובהיות דבריהם כמסים ניסס, וכל מעשיהם הרסו כקורי עכביש, יצאו רבים מקהל עדת ד' מהדת והאומה, וכחשו בתקוה העתידה והיה לפוקה ולמכשול לבית ישראל. ועם כל האזהרות שהזהיר רבינו משה בספר שופטים ואגרת תימן לבלי להטות לב לרעיון כוזב, ולבלי לחשוב אודות פעולות ודרכים להגאולה המקווה, לא הועיל לרכי הלבב ונדכאי רוח אשר בהריחם ממרחק דמיון להתנצוצות רעיון זר אודות התקוה הנועדה

דעמאלט זיך אויסגעדריקט מיט א צעבראכנקייט אז דאס ציוניזם איז "א צווייטע קריסטנטום". דהיינו, די קליפה פון ציונות איז אן איבערשפיל פון די גרויסע קליפה פון נוצרות, ה"י.[95]

אין זיין ספר משך חכמה (פרשת ויחי) שרייבט הגאון רבי מאיר שמחה זצ"ל אז ביי גלות מצרים האט שוין יעקב אבינו געלערנט מיט אידן אז זיי זאלן מאכן קיין עלי' בחומה ביז עס וועט קומען א נביא פון השי"ת. די פרשה פון "פקוד יפקוד" איז א לימוד אויף לדורות אז אידן זאלן נישט אליין ארויפגיין קיין ארץ ישראל, און מען זאל נישט איבערמאכן דעם טעות פון די בני אפרים וואס האבן געוואלט פעדערן דעם קץ הגאולה.[96]

אזוי אויך האט רבי מאיר שמחה זצ"ל אונטערגעשריבן אינאיינעם מיט אלע גדולי ישראל אויף דעם געוואלדיגן פליכט זיך צו אויסשרייבן פון די ציוני'סטישע קהלה דער "ועד הלאומי", אין ארץ ישראל.

מפי ה', הלכו כבהמה כבקעה ויהיו למרמס, בשכחם דברי ה' על יד נביאו ופתאום יבוא אל היכלו וכו'.

הנה מה נוראה היה המחזה בעת יצאו הנלהבים לאמר: זה הדרך המביאה להגאולה העתידה, ומהם חכמי וחסידי אשכנז בדמיונם אמרו כי אין לך קץ מגולה מזו וכו', וסמכו במאמרים אשר מצאו לעזר, אז כל נבון דעת הביט על זה כאשר הביטו גדולי החכמים על התקופה הנוראה בשנת ת"כ אשר כמאה שנה עכרו רוח ישראל ולבב חכמיו, אשר היה אז הדמיון יציר שבושים אשר בספרי החכמים האלודיים כן היה בתמונה הזאת יצר ההשכלה הלאומית לאמר: זאת הגאולה וזאת התמורה ובשמות קראו לזה עזרא השני כו', ועוד מעט היה סכנה נוראה להדת והאומה בכללה נשקפת כי אם חלילה לא תצליח אז יפלו מאה מעלות אחורנית מהדת והעיקרים המקובלים, תודה להשגחה העליונה כי נתנה בלבב רבני וחכמי הדור לעמוד מרחוק, וברוח כהה הביטו על מפלגות נלהבים, וקבלו חצים ובליסטראות שהשליכו עליהם הסופרים עד כי הדבר התלבש צורה אחרת למרכז מסחרי לעשירים ונכבדי ארץ, ומה הדבר הזה דבר מסחרי אשר פריו יוציא הלולים לבעליו וגם הוא קדש לד', אם לא באתם ליישר דרך להגואל צדק כי אם יתמהמה חכה לו. ולא יבקש עזר מבן אדם ובנין העתיד ידד בנוי ומשוכלל בלא עמל בן תמותה, ולא תאמרו כי זאת הכנה להתקוה העתידה, כי הסכנה גדולה להדת והאומה, ואף אם יעלה רעיון מוטעה בלבב איש, הלא מדת קונו יהי בו ליבא לפומא לא גליא.

עוד אתת אמרתי להודיע דעתי בזה... לא כאשר יאהב הצרפתי את ארץ מולדתו ויכבד בירת ארצו פאריז, כי זה רגש לאומי ואהבת ארץ מולדת אשר חוא יציר האנושית והנימוסית, לא כן אהבת ארץ ישראל דוכתא דמשה ואהרן לא זכר לה, והעם היושב בה קודש לד', לא יעבר בה זר, ולא יבוא מחזה אשר לא מעם ד' יסודה, ונשף חשק ומחזה על הבמה לאסוף מהם מעשה הצדקה יציר הבלי אירופי בל יעברנו.

הנה מטרדותי הרבים אצלתי רגעים אחדים לחוות לך את דעתי, ולגלות לך מעט מהרבה מהרעיונות הממלאים חדרי לבבי באהבת עמנו ובחיבת ארצנו הק', אשר היא משוש חיינו וכוסף רוחנו. מוקירו **מאיר שמחה כהן** חותם פה דענב', יום ד' א' אדר ב' תרנ"א לפ"ק.

95) התקופה בסערת אליהו, להגה"צ רבי ישראל אליהו ווינטרויב ז"ל, עמ' ל"ב.

96) פקוד יפקוד אתכם והעלה אתכם וגו'. הנה למדם כי לא יעלו בחומה עד בא נביא מהשי"ת ויאמר פקד וכו', וזה לימוד לדורות שלא יעלו מעצמן, ולא כמו שעשו בני אפרים שהקדימו הקץ, וגם אם יאמר להם הנביא שיעלו לארץ אחרת הוא נביא שקר, רק שיאמר שיעלו לארץ אשר נשבע לאבותינו וכמו שהיה במשה רבינו ודו"ק. (משך חכמה פ' ויחי)

אחד המקורות המפוקפקים עליו מנסה הציונות הדתית להישען כ'מקור' לכך ש"שלש השבועות" אינם נוגעים עוד להלכה, הוא סילוף מכתבו של הגאון רבי מאיר שמחה הכהן מדווינסק ז"ל (אחר התכנסות האומות בסאן רעמא, בה החליטו לאשר את ה'באלפור דעקלערציע') אשר מעכשיו 'סר פחד השבועות' וברשיון המלכים קם מצות ישוב ארץ ישראל.

מכתב זה פורסם לראשונה על ידי י. ל. מימון, מראשי הציונות הדתית בכתב עת המזרחי "התור" (גליון ג' תרפ"ב). ואין לה שום מקור מהימן באשר המו"ל הנ"ל נודע כשקרן וזייפן בחיבוריו "שרי המאה" עם הרבה סיפורים בדויים או מסולפים. במיוחד ניכר הזיוף שאין במכתב זה לא זמן ולא שם האיש אליו נשלח.

הזיוף בולט בעיקר מדברי האור שמח עצמו בספרו "משך חכמה" הנ"ל, שכתב שם בפי' אשר עלי' בחומה מותר רק אם יאמר להם נביא ה', כמו שהי' בזמן גאולת מצרים עם משה רבינו. שזה סתירה מוחלטת למה שנאמר בהמכתב שהגאולה יכולה להיות אף שלא עפ"י הנבואה כמו חורבן הבית השני.

ברם בר מן דין, אף אם נניח שהמכתב אכן נכתבה, הרי כתב והדגיש מפורש: "ואם יתן השי"ת ויתרחב הדבר ויגדל ויפרח כשושנה, כמו שנגדלו בימי ארתחשסתא, אשר היו נתונים תחת פרס, דובא-נײדא (קידושין ע"ב), ואף כי כעת תחת ממשלת ארץ-האי - עם בריטניה

הגאון רבי **ברוך בער לייבאָוויץ** זצ"ל

הגאון רבי ברוך בער לייבאוויץ זצ"ל איז געווען א תלמוד מובהק פון הגאון רבי חיים מבריסק זי"ע אין דער וואלאזשינער ישיבה. ער איז געווען דער ראש ישיבה פון דער ישיבה "כנסת בית יצחק" אין סלאבאדקע און שפעטער אין קאמעניץ וואו ער האט פארגעלערנט זיינע טיפזיניגע שיעורים נפלאים און מעמיד געווען פילע תלמידים גאונים בתורה. זיינע חידושי תורה זענען געדרוקט אינעם ספר "ברכת שמואל" און אין די ספרים "שיעורי רבי ברוך בער". נלב"ע ה' כסלו שנת ת"ש לפ"ק. זי"ע

"אוי די רשעים"

דער גאון וצדיק רבי ברוך בער לייבאָוויץ זצ"ל, דער קאַמעניצער ראש ישיבה בעל ברכת שמואל און תלמיד מובהק פון הגר"ח מבריסק זצ"ל, פלעגט רעדן מיט אַ געוואַלדיגער קאַך קעגן די ציונים און ווען ער פלעגט רעדן דערפון איז ער ממש נשתנה געוואָרן לצורה אחר.

ער פלעגט אָפט רעדן אין דער ישיבה מיט אַ ברען און קרעכצן "אוי די רשעים!" ווען ער פלעגט זיך עטוואָס אָפריען פון זיין עבודה אָדער גייענדיג אויפ'ן וועג אַהיים פון ישיבה, האָט ער גערעדט און געשריגן דערוועגן. אַזוי אויך אינמיטן בית המדרש האָט ער געקענט צורופן עטליכע בחורים און זיך אויסגערעדט זיין צער איבער די ציונים. דאַן איז ער געווען רגיל צו זאָגן: "איך שריי דאָ אין ישיבה קעגן ציונות, וואָס טו איך אויף? נאָר דאָס ענין איז ווי עס שטייט אין גמרא מס' בבא בתרא (דף לח.) אַז ווען אַ מענטש איז מוחה ווערט עס נישט קיין חזקה. דאָס זעלבע לענינינו. אַ חזקה וועט שוין נישט זיין!"[97]

המתונה - אז בטח וכו'" ושפתיו ברור מללו שהמדובר היא אך רק על עלי' והתיישבות בארץ ישראל "תחת עול מלכות ענגלאנד". וכשיטת האבני נזר (יו"ד סי' תנ"ד) בפי' דברי רש"י שהשבועה שלא יעלו בחומה מיירי בדרך מלחמה ולא בדרך רשות.

וברור שמעולם לא דנו ולא על לב להתיר הקמת מדינה עצמאית ולקיחת חירות וגאולה שאינה תחת שלטון האומות. ויתירה מזו, באותן הימים אף מדינת ענגלאנד לא הסכימה לרעיון של "מדינה יהודית", וכל המדובר הי' רק על התפתחות הרחבת ישוב א"י תחת ממשלת הבריטים ולא ע"י מלחמה נגד הבריטים או נגד הערבים שזה שוב נכלל באיסור השבועה "שלא יעלו בחומה" - ביד חזקה, וק"ו שלא עלה על לב לדון על הקמת מדינה שהוא גם העברה על ב' שבועות האחרים "שלא ימרדו באומות" ו"שלא ידחקו את הקץ" אשר לית מאן דפליג שלא נתבטלו.

וכבר הבאנו במדור הגה"ק בעל אבני נזר זי"ע שאף לפי מה שפי' השבועה "שלא יעלו בחומה" בדרך מלחמה, הכונה לא ללחום נגד האומה היושבת שם. דהיינו שהאומה המתיר העלי' צריך להיות העם השולט על הארץ, לא עמים אחרים. והמציאות הי' שהאומה היושבת בארץ ישראל, הערביים, לא הסכימו מעולם להחלטת היו-ען למען המדינה בשנת שח"ת. כך שהחלטת היו- ען לא היתה מספיקה על פי הלכה אפילו כדי להתיר עלי' לארץ, וכש"כ להקם מדינה שהוא אסור גם מצד דחיקת הקץ.

ולמעשה אכן קמה המדינה רק באמצעות מלחמה קשה; הציונים היו צריכים להילחם על כל טפח של הארץ נגד הערבים יושבי הארץ, שהי' בהחלט מציאות של "ביד חזקה" לפי כל הדעות והשיטות. בנוסף לזה כבשה המדינה שטחים רבים שלא הוקצו להם על ידי היו-ען. לפי חלוקת היו-ען היו הציונים צריכים להשיג רק 55% מהארץ, אך בסוף המלחמה בשנת תש"ח שלטו הציונים ב 78%-, כולל ירושלים, שהייתה אמורה להיות תחת שלטון היו-ען. ובשנת תשכ"ז כבשו את 22% הנותרים ועוד הרבה שטחים שמעולם לא הסכימו אומות העולם על זה.

97) מפי תלמידו רבי מרדכי שוואב ז"ל מובא במשכנות הרועים.

נישט געלאזט איבערטרעטן די שוועל פון ישיבה

ביי דעם מעמד חנוכת הבית פאר דער נייער בנין פון דער קאַמעניצער ישיבה וואס איז פארגעקומען אויף א פייערליכן פארנעם אום חנוכה שנת תרצ"ז לפ"ק, זענען אנגעקומען א קאפעליע פון די ציוני'סטישע גרופע "בית"ר" אין שטאט, און זיי האבן זיך פרייוויליג אנגעטראגן צו שפילן ביי דעם מעמד פאר אומזינסט. רבי ברוך בער זצ"ל האט אבער קאטעגאריש זיי אפגעזאגט און נישט געלאזט זיי זאלן שפילן פארנט פון די בחורים זאגנדיג: "איך וויל נישט אז די בחורים זאלן קוקן אויף זיי!".

ווען מען האט פרובירט אים צו איבעררעדן און משכנע זיין, האט רבי ברוך בער זצ"ל ערקלערט זיין שארפע שטעלונג: "דער רבי (הגאון רבי חיים מבריסק זצ"ל) האט געזאגט אז א איד דארף לעבן אויף אן אופן אז ער זאל קענען נאך זיינע אריכות ימים מסביר זיין פאר'ן בית דין של מעלה יעדע מעשה וואס ער האט געטון אויף דער וועלט. איך וועל קענען זאגן פאר'ן בית דין של מעלה אז איך האב זיי נישט געלאזט איבערטרעטן די שוועל פון מיין ישיבה".[98]

ביי יענע חנוכת הבית איז אויך אנגעקומען אויף א מזרחי'סטישער רב פון א שטעטל אין די אומגעגנט, אבער רבי ברוך בער זצ"ל האט זיך אַנטזאָגט פון אים צו געבן די האנט.[99]

די חורבן וואס ציונות האט געברענגט אויף כלל ישראל

עס האט פארציילט הרב מאיר פאנטעל ז"ל, מראשי ישיבת רבינו יעקב יוסף אין ניו יארק:

98) רבי וועלוועל דער איידלמאן עמו' 185.

99) הרב הדומה למלאך עמו' 398

"אין דער תקופה וואס די קאמעניצער ישיבה האט נאך נישט געהאט קיין אייגענעם בנין האבן די ישיבה בחורים געלערנט אין דער שטאטישער שול.

"אין א טאג איז אנגעקומען קיין קאמעניץ אַ ציוני'סטישער רעדנער, און טייל בעלי בתים, וועלכע זענען שוין געווען באאיינפלוסט פון דעם רעיון הציונות, האבן פארלאנגט אז די בחורים זאלן אפשטעלן אַ סדר הישיבה, כדי דאס בית המדרש זאל זיין ליידיג צו קענען דארט אראנזשירן אן אסיפה וואו די שטאטישע איינוואוינער זאלן קענען הערן די רעדע פון דעם פרעדיגער.

"פארשטענדליך אז מיר בחורים האבן נישט מסכים געווען צו אזא שריט, און אלעס איז אנגעגאנגען ווי געהעריג.

"יענעם שבת נאכמיטאג, ווען די בחורים זענען געזיצן אין בית המדרש און געלערנט, האבן די ציוני'סטישע עלעמענטן אין שטאט זיך צוזאמגעקליבן מיט אסאך מענטשן אין שפיץ פון דעם רעדנער. זיי האבן זיך אויסגעזעצט אויף יעדן ליידיגן ארט אין דער שול, און אפילו ארויף אויף די טישן און בענק. דער רעדנער האט זיך שוין געשטעלט ביים עמוד צו אנהויבן זיינע ווערטער.

"אבער די קאמעניצער ישיבה בחורים, האבן באשלאסן אז זיי וועלן נישט דערלאזן אזא פארברעכן אין בית המדרש, האבן זיי דעריבער פארגעזעצט צו לערנען הויעך אויפ'ן קול מיט א גערודער וואס האט נישט ערמעגליכט צו אנהייבן די רעדע.

"די סטואציע איז געווארן מער געשפאנט ווען עטליכע בעלי בתים האבן אנגעהויבן שטופן און שלאגן די בחורים. צווישן די בני הישיבה זענען אויך געווען אזעלכע וואס האבן צוריק דערלאנגט פאר די שלעגער פון וואס איינער פון די ציוני'סטישע יונגען איז ארויס א צעביילטער.

"צומארגנס ווען עטליכע בחורים האבן זיך געפינען אין שטוב פון הגאון רבי ברוך בער זצ"ל רעדנדיג מיט אים אין לערנען, האבן מיר באמערקט פון דער פענסטער אז דער

פאטער פון יענעם יונגטליכן וועלכער איז צעשלאגן געווארן שבת נאכמיטאג, דערנענטערט זיך און קומט אריין אין שטוב. זיי האבן באלד פארשטאנען אז ער קומט זיך אפרעדן אויף דעם אינצידענט וואס איז פארגעקומען א טאג בעפאר.

"דער מענטש איז אריינגעקומען און האט אנגעהויבן זאגן: "רבי, אייערע תלמידים..." אבער באלד איז די צורה פון רבי ברוך בער זצ"ל געווארן פייער רויט און ער האט אנגעהויבן שרייען מיט באנומענע קולי קולות. ער האט זיך דאן באנוצט מיט שרעקליכע אויסדרוקן אויף דעם גרונדער פון ציונות, הערצל שר"י. אזש אז מיר בחורים זענען געבליבן פארשטיינערט אויף אונזער ארט, מיר האבן געשטוינט וויאזוי דאס הייליג ריין מויל וואס האט קיינמאל נישט ארויסגעזאגט א געמיין ווארט, דער אוהב ישראל וואס אלע האבן געוואוסט זיין אויסטערלישע ליבשאפט צו יעדן איד, דרוקט זיך אויס מיט אזעלכע לשונות.

"רבי ברוך בער האט ווייטער גערעדט מיט א געוואלדיגע פייער און מיט מורא'דיגע קולות, ביז דער מענטש האט צוביסלעך פארלאזט די שטוב זעהנדיג אז ער האט סיווי נישט קיין אויסזיכטן דא.

"נאכדעם וואס ער איז ארויס פון שטוב, האבן מיר תלמידים זיך צוריק אראפגעזעצט ארום דעם טיש, און רבי ברוך בער זצ"ל האט אויסגעבראכן אין א יאמערליכן געוויין. ער האט אונז דערביי געזאגט:

קינדערלאך, מיינע טייערע קינדער, איר זענט נאך יונג, און איר געדענקט נישט די תקופה פאר ארום פופציג - זעכציג יאר צוריק צוריק, איר האט נישט קיין מושג ווי טייער און באליבט די תורה הק' איז געווען ביי כלל ישראל. ביינאכט, ווען מען איז אריין אין סיי וועלכע בית המדרש, זענען אלע טישן און בענק געווען פול מיט לומדי תורה, מען האט נישט געקענט געפינען קיין ליידיג פלאץ אויף אזוי ווייט אז די וואס זענען אנגעקומען שפעטער האבן געמוזט לערנען שטייענדיג, אזוי האט אויסגעקוקט אלע בתי מדרשים אין אידישע שטעט און דערפער.

און ווער זענען געווען די אידן ? בני ישיבה וואס "תורתם אומנותם"? ניין. דאס זענען געווען פשוט'ע בעלי בתים פון שטעטל, וואס האבן מערסטנס שעות פון טאג געארבעט שווער פאר פרנסה, אבער ווען ס'איז אנגעקומען דער אווענט זענען זיי אריין אין בית המדרש און זייערע נעכט איז געווען הייליג פאר לימוד התורה, טייל פון זיי זענען אפילו געבליבן לערנען ביז חצות אדער שפעטער. אידישע מאמעס האבן געוויגט די קליינע קינדער מיט לידער איבער די טייערקייט פון תורה. יעדער טאטע און מאמע האבן זיך געוואונטשן אז זייערע זון זאל אויסוואקסן תלמידי חכמים ויראי אלקים, און זייערע טעכטער זאלן חתונה האבן צו מענער לומדי תורה. דאס לעבן פון א איד, פון די וויג ביז צום קבר, איז געווען מלא וגדוש מיט תורה און יראת שמים.

אבער זינט עס איז אנגעקומען דאקטער הערצל און זיין ציונות זענען די בתי מדרשים ליידער אויסגעליידיגט געווארן, די תורה ליגט פארשעמט אין א ווינקל, איר כבוד איז פארשוועכט און זי איז פארבליבן עלנד ווען איר ארט האט איבערגענומען די פינסטערע אידעלאגיע וואס האט נישט קיין שום ווערט אין זיך".

"אט די שרעקליכע בילד פון רבי ברוך בער זצ"ל אין זיין יאמערליכע געוויין האט אזוי אויפגעטרייסלט אונזער נפש אז מיר וועלן דאס קיינמאל נישט פארגעסן".[100]

א רוצח דרייט זיך אין שטאט...

עס איז באַקאַנט אַז רבי ברוך בער זצ"ל פלעגט חושד זיין די ציונים אויף שפיכת דמים און זיך נישט געוואָלט מייחד זיין מיט אַ ציוני.

אמאל האט באזוכט אין קאמעניץ איינער פון די ציוני'סטישע פירער. יענעם טאג האט רבי ברוך בער זצ"ל געשפעטיגט און ער איז נישט אנגעקומען צום שיעור אין ישיבה. ווען זיין איידעם הג"ר ראובן גרוזובסקי ז"ל איז אריבערגעקומען צו אים אין שטוב פרעגן פארוואס ער קומט נישט היינט אין ישיבה. האט רבי ברוך בער געענטפערט אז לויט ווי ער האט געהערט דרייט זיך א רוצח היינט אין שטאט, און ער פארכט זיך צו גיין אין ישיבה.

ווען רבי ראובן האט זיך געוואונדערט "וועלכע רוצח ?", האט רבי ברוך בער אים געזאגט: "דער רבי (הגאון רבי חיים מבריסק זצ"ל) האט געזאגט אז די ציונים זענען חשוד אויף רציחה".[101]

***

אמאל איז רבי ברוך בער זצ"ל געווען ביי א חתונה און מען האט דארט אנגעהויבן זינגען די ציוני'סטישע הימנע "התקוה". צוערשט האט ער זיך אראפגעזעצט, דערנאך האט ער זיך אויפגעשטעלט, און דאן האט ער זיך צוריק אראפגעזעצט.

ווען מען האט אים געפרעגט דערוועגן האט רבי ברוך בער ערקלערט: "צוערשט האב איך זיך אראפגעזעצט כדי צו מוחה זיין, שפעטער האט איך זיך אויפגעשטעלט ווייל איך האב מורא באקומען, דער רבי האט געזאגט אז זיי זענען עלול אויף שפיכות דמים. נאכדעם האב איך זיך בארעכנט אז נישט מוחה זיין ווען מען זינגט "התקוה" איז ביהרג ואל יעבור האב איך זיך צוריק אראפגעזעצט כדי מוחה צו זיין![102]

100) הרב הדומה למלאך עמו' 391.

101) הרב הדומה למלאך עמו' 393

102) משכנות הרועים בשם הרה"ג רבי ברוך קאפלאן ז"ל.

***

ענליך האט אמאל פאסירט ווען א בחור איז געקומען צו רבי ברוך בער זצ"ל אים בעטן א המלצה בריוו. רבי ברוך בער האט געקענט דעם בחור און געוואוסט אז ער איז פארכאפט אין ציונות, האט ער דעריבער געבעטן דעם בחור אז ער זאל צוריק קומען נאך א האלבע שעה צו אפנעמען דאס בריוו.

אינצווישן זענען אריינגעקומען צוויי תלמידי הישיבה אין שטוב פון רבי ברוך בער זצ"ל, האט ער זיי געבעטן זיי זאלן בלייבן דארט אין שטוב ווילאנג יענער בחור קומט צוריק, ווייל: "איך האב געהערט פונעם רבי'ן (הגאון רבי חיים מבריסק זצ"ל) אז די ציונים זענען חשוד אויף רציחה, דעריבער פארכט איך זיך אז דער בחור וועט מיר אריין לייגן אין א זאק און מיר אריין ווארפן אין א טייך"... אזוי ווייט האט ער אנגענומען די ווערטער פון זיין רבי'ן קעגן די ציונים אן קיין פשטים און התחכמות.[103]

די קאמף קעגן די "תרבית" שולע:

אין לויף פון די יארן האבן די ציוני'סטישע אקטיוויסטן אין קאמעניץ פרובירט צו עפענען א שולע מיט'ן נאמען "תרבית", אויפ'ן זעלבן שטייגער ווי זיי האבן געגרינדעט אין אסאך ליטווישע שטעט, מיט'ן ציל צו אריינברענגען אין די יונגט די ציוני'סטישע געדאנקן. אבער רבי ברוך בער זצ"ל האט געקעמפט ווי א לייב און נישט צוגעלאזט אז זיי זאלן מצליח זיין. די שטאט קאמעניץ האט טאקע זוכה געווען אז ס'איז קיינמאל דארט נישט אויפגעשטעלט געווארן אזא שולע.

אין זיינע לעצטע יארן, ווען רבי ברוך בער זצ"ל איז שוין געווען אפגעשוואכט, האבן די ציונים געקלערט אז אצינד איז א שעת הכושר צו גרונדן אין קאמעניץ א "תרבית" שולע. דאס איז געווען אין די תקופה פון פסח, און ווען רבי ברוך בער האט דאס געהערט האט ער דערפון געהאט א געוואלדיגע צער, במשך דעם גאנצן יום טוב האט ער כסדר גערעדט דערפון און מען האט געזען אז עס גייט אים בנפשו.

103) *מתוך שיעורו של הגרא"י סאלאווייטשיק שליט"א.*

נאך פסח האט רבי ברוך בער געבעטן אז מען זאל צוזאמרופן אלע איינוואוינער אויף אן אסיפה אין דער שטאטישער שול.

ביי דער אסיפה האט רבי ברוך בער דערציילט:

"איך געדענק, ווען מיר זענען אנגעקומען דא אין שטאט האבן די שטאטישע איינוואוינער אויפגעבינדן די פערד און אליין געשלעפט דעם וואגן, איך האב דאס נישט געקענט סובל זיין אבער מיין איידעם ר' ראובן האט מיר בארואיגט אז דאס איז אלעס פאר כבוד התורה. איז טאקע מעגליך אז אצינד קלערט איר צו דערלאזן מען זאל אויפשטעלן אזא שולע אין אונזער שטאט וואו מען וועט לערנען שנאת התורה חלילה?"

רבי ברוך בער האט פארענדיגט זיינע ווערטער אין א טרערן געשטיקטע שטימע:

"ווי איז מיר אז איך האב דערלעבט אין מיינע עלטערע יארן וויאזוי מען ברענגט אריין אן עבודה זרה אין קאַמעניץ. וואס וועל איך ענטפערן אין הימל ווען מען וועט מיר פרעגן, אין דיין שטאט האט פאסירט אזא זאך?".

ווען ער האט געענדיגט זיין הארציגע דרשה האט ער זיך אראפגעזעצט אויף דער ערד און אויסגעטון די שוך ווי א צייכן פון אבלות, א מחזה וואס האט אויפגעטרייסלט אלע פארזאמלטע, און האט איבערגעלאזט א מורא'דיגן רושם. איבריג צו זאגן אז די פלענער איבער די "תרבות" שולע זענען אויפ'ן ארט צענישט געווארן.[104]

רבי ברוך בער האט אויך געפירט א מלחמת חרמה קעגן די "השומר הצעיר" גרופע אין קאַמעניץ און געפאדערט אז מען זאל נישט האבן דאס מינדסטע שייכות מיט זיי, זיי נישט ערלויבן צו רעדן מיט בחורים, נישט דינגען קיין צימערן א.א.וו. אין זיינע דרשות פלעגט רבי ברוך בער דערציילן מיט א געוואלדיגע פייער און שארפקייט וויאזוי די רשעים זענען מעביר על הדת אידישע קינדער.[105]

קעגן דאס פרומע ציונות; די מזרחי:

רבי ברוך בער זצ"ל האט זיך אמאל באטייליגט ביי אן אסיפת הרבים אין דעם קור - ארט דרוזגעניק. צווישן די פארזאמלטע איז אויך געווען א געוויסער רב וואס האט באלאנגט צו די מזרחי קרייזן. יענער האט זיך אויפגעטון ביי דער אסיפה אז ער האט געזאגט פאר א מחלל שבת

104) מרביצי תורה ומוסר ח"ב עמו' קנ"א.

105) הרב הדומה למלאך עמו' 400.

וועלכער האט געהאלטן אפן זיין געשעפט אום שבת אז אויב ער האט א "נאציאנאלע געפיל" דארף ער פארשליסן זיין געשעפט אום שבת, און אזוי האט ער טאקע געטון.

נאך די אסיפה האט רבי ברוך בער געזאגט פאר זיינע באגלייטער:

"מיר ערליכע אידן זאגן אז קודשא בריך הוא ואורייתא וישראל חד הוא, און קיין תורה איז בכלל נישט דא קיין כלל ישראל. ווידעראום די ציונים זאגן, אז תורה איז איין זאך און דאס אידישע פאלק איז א באזונדערע זאך חלילה. און די מזרחי זאגט אז דאס אידישע פאלק איז איין זאך און אין צוגאב האבן מיר א 'נאציאנאלע געפיל', די תורה... א געפיל קען מען יא איינהאלטן און מען קען עס נישט איינהאלטן, געוואנדן לויט וויאזוי מען וויל..."[106]

ענדערש דינען אין פוילישן מיליטער

ס'איז אמאל געקומען צו רבי ברוך בער זצ"ל איינער פון די ישיבה בחורים און דערציילט אז ער האט נארוואס ערהאלטן א באפעל אז ער מוז איינריקן אין דער פוילישער ארמיי. דער בחור איז געווען זייער באזארגט וויאזוי וועט ער קענען איבערלעבן צוויי יאר אין די פוילישע ארמיי בגשמיות און ברוחניות. האט ער דעריבער געבעטן אז רבי ברוך בער זאל אים געבן א המלצה בריוו אז מען זאל אים געבן אן ערלויבעניש צו פארן קיין ארץ ישראל, אזוי וועט ער באפרייט ווערן פון מיליטער דינסט.

צו די ערשטוינונג פון די אנוועזענדע האט רבי ברוך בער אים געזאגט מיט א תוקף: "איך וועל בשום אופן נישט געבן א המלצה בריוו דערפאר, בשום אופן". ער האט דאן דערציילט אז א יאר בעפאר האט ער געגעבן א המלצה בריוו פאר איינער פון די בני הישיבה וואס האט געדארפט איינרוקן אין די פוילישע מיליטער. יענער בחור איז טאקע באפרייט געווארן און איז געפארן קיין ארץ ישראל, אבער צו די אנטוישונג און צער פון רבי ברוך בער איז נישט געווען קיין שיעור, ווען ער האט געהערט אז דער בחור האט ליידער נישט געקענט ביישטיין די נסיונות פון די דארטיגע ציוני'סטישע גרופעס און ער איז אראפ פון וועג ל"ע.

רבי ברוך בער זצ"ל האט געזאגט פאר דעם בחור: "בעסער זאלסטו יא גיין אין דעם פוילישן מיליטער, און מיר וועלן זיך זארגן פאר דיר פון דא. מיר וועלן דיר שיקן פעקלעך, כשר'ע עסנווארג א.א.וו. און השי"ת וועט דיר שטיין צוהילף אז דו זאלסט דורכגיין די תקופה בשלום. אבער קיין ארץ ישראל צו די ציונים זאלסטו נישט פארן".

106) הרב הדומה למלאך עמו' 398.

אזוי איז טאקע געווען. דער בחור האט בלית ברירה איינגעריקט אין מיליטער. במשך די גאנצע צייט האט מען זיך געזארגט פאר אים פון ישיבה מיט אלע סארט אופנים אים צו פארלייכטערן דאס וויילן אין מיליטער, און נאך צוויי יאר איז דער בחור צוריקגעקומען שלם בגופו ובתורתו.[107]

די ארגסטע גזירה איז התחברות צו ציונות:

אין יאר תרצ"ו ווען די אגודת ישראל פארטיי אין פוילן האט געקלערט זיך צו מתחבר זיין אינאיינעם מיט די ציוני'סטישע פארטייען קלערנדיג אז עס קען דערפון ארויסקומען א טובה פאר אידן צו אפשלאגן אנטיסעמיטישע גזירות פון די פוילישע רעגירונג, האט רבי ברוך בער זצ"ל געשריבן א פייערדיגן בריוו דערקעגן. צווישן אנדערע שרייבט ער:

"חס ושלום זיך צו מתחבר זיין מיט די פארטייען, אפילו ווען מען דארף זיך משתדל זיין פאר כלל ישראל. ווייל דאס איז א גזירה וואס איז גרעסער פון אלע אנדערע גזירות.

מען דארף לאזן הערן קולות אין די ערליכע צייטונגען, און אזוי אויך מאכן א קול קורא און דאס אויסקלעבן אומעטום, צו שרייען ביטער אויף די פארטיי פירער וועלכע ווילן פארקויפן דאס כלל ישראל און די תורה צוליב די פארטייאישע זאכן וואס איר יסוד און מקור איז כפירה ר"ל. ווי עס איז שוין גוט באקאנט געווארן דורך אונזערע רבי'ס פונעם פריערדיגן דור זצוקלה"ה זיע"א, און עס איז נישטא וואס מוסיף צו זיין אויף זייערע ווערטער וואס זענען ווי פונקן פייער".[108]

באבוד רשעים:

ווען דער ציוני'סטישער דיכטער ביאליק שר"י איז געשטארבן און די גאנצע ציוני'סטישע וועלט האט אים באערט און באזינגען, האט רבי ברוך בער געשמועסט דערפון מיט ווייטאג זאגנדיג:

---

107) עובדות והנהגות לבית בריסק ח"ג עמו' ר"ג.

108) "חס ושלום לעשות חבור אל פארטיי בענין להשתדל עבור כלל ישראל, כי הוא גזירה שיותר גדולה מגזירות אחרות... צריך להשמיע קולות בהעיתונים של היראים, וגם לעשות קול קורא ולהדביק ולהשליך בכל מקום לזעוק מרה על בעלי הפארטייען שרוצים למכור את כלל ישראל והתורה בשביל דברים פארטייניים אשר יסודתו ומקורו כפירה ר"ל. כמו שידוע כבר היטב דבר זה ע"י רבותינו שבדור שלפנינו זצוקלה"ה זיע"א, ואין מה להוסיף על דבריהם שהמה כגחלי אש". (הרב הדומה למלאך עמו' 414).

"זיי געבן אים גרויס כבוד יעצט און וואס קענען מיר טון ? מיר קענען נאָר קרעכצן! אבער מיר דארפן וויסן אז אונזער קרעכץ איז אין די בחינה ווי די גמרא זאגט אין בבא בתרא דף עח ע"ב: "תצא אש ממחשבין ותאכל את שאינם מחשבין" (עס זאל ארויסגיין א פייער פון די צדיקים און פארברענען די רשעים). אונזער קרעכץ נעמט אוועק זייער גאנצע כבוד".[109]

הגה"ק בעל **קדושת ציון מבאָבוב** זצ"ל

הגה"ק רבי בן־ציון הלבערשטאם זי"ע, בעל קדושת ציון, איז געבוירן אין יאר תרל"ד לפ"ק, צו זיין פאטער הרה"ק רבי שלמה מבאבוב זי"ע, בן הרה"ק רבי מאיר נתן האלבערשטאם זי"ע, בן הרה"ק בעל דברי חיים מצאנז זי"ע.

הרה"ק רבי בן ציון זי"ע איז געווען דער רב אין ווישניצא נאך בחייו פון זיין טאטן. אין יאר תרס"ה לפ"ק נאך זיין פאטער'ס פטירה האט ער ממלא געווען מקומו אין דער שטאט באבוב און אנגעפירט דארט א פרעכטיגע חסידישע הויף. אין די באבובער ישיבות דורכאויס גאליציע האבן געלערנט הונדערטער בחורים אין וועמען ער האט אריינגעלייגט דאס פייער פון אידישקייט און חסידות. נעקד"ה ביום ד' מנחם אב תש"א, הי"ד.

אראנו נפלאות - אָן מענטשליכע הילף

דער באָבוב'ער רב הגה"ק רבי בנציון האַלברשטאם זצ"ל הי"ד, האָט די מלחמת הקודש קעגן ציונות געהאַט מקובל פון זיין הייליגן פאָטער הרה"ק מהר"ש זי"ע, וועלכער האָט זינט'ן אויפקום פון דער קליפה זיך אַרויסגעשטעלט דערקעגן בכל התוקף און זאָגאַר געהייסן אַראָפּנעמען אַלע צייכנס פון מגן דוד'ס וואָס האָבן באַצירט זיין בית המדרש.

אין א בריוו פון הרה"ק רבי שלמה מבאבוב זי"ע שרייבט ער אויף די חובבי ציון אקטיוויסטן, וועלכע האבן דאן געוואלט באהערשן די אידישע קהלות: **"די רשעים קענען אפילו נישט גערעכנט ווערן ווי**

109) נסיך ממלכת התורה עמ' 172.

שוואכע אידן, ווייל זיי זענען אינגאנצן ארויס פון כלל עדת ישראל און זיי האבן נישט קיין חלק באלקי ישראל און די תורה הקדושה".

אויך זיין זון, דער באַבוב'ער רב, האָט משריש געווען בקרב תלמידיו די אמונת אומן אין ביאת המשיח. צווישן אַנדערע האָט ער געטייטשט דעם פסוק (מיכה ז טו) כימי צאתך מארץ מצרים אראנו נפלאות, אַז מיר דאַרפן נישט מאַכן קיין כיתות און זוכן עצות צוצואיילן די גאולה דורך קיבוץ גליות און עלי' וכו', נאָר מיר דאַרפן זיך אינגאַנצן פאַרלאָזן אויף השי"ת וואָס וועט ברענגען אַ פלוצים'דיגע ישועה און אונז אַרויסנעמען אויך אָן אונזער השתדלות.

האָט ער געטייטשט: "**כימי צאתך מארץ מצרים**" - גענוי ווי ווען מיר זענען אַרויס פון מצרים האָבן מיר נישט געטון קיין שום השתדלות און הכנה דערצו, די ישועה איז געקומען פלוצים, דאָס זעלבע "אראנו נפלאות", ביי דער גאולה אויף וואָס מיר וואַרטן וועט משיח צדקינו פלוצים אָנקומען אָן קיין שום השתדלות אָדער מענטשליכע צוגרייטונגען[110].

אין מערערע תורות ודברות קודש געדרוקט אין זיין ספר קדושת ציון, איז קענטיג זיין געוואַלדיגער ווייטאָג און צער אויפ'ן רעיון הציונות[111], וועלכע איז אַ פאַרלעצונג אינעם גזירת הגלות, דער היפוך הגמור פונעם אידישן וועג און קעגן די שלש שבועות וואָס השי"ת האָט אונז באַפוילן צו וואַרטן און האָפן אויף ישועת השי"ת[112].

---

110) "כימי צאתך מארץ מצרים אראנו נפלאות [מפסוק זה יש רמז למ"ש חז"ל בניסן נגאלו ובניסן עתידין להגאל]. כ"ק אדמו"ר זצ"ל הי"ד [הקדושת ציון] ביאר פעם פסוק הנ"ל, בהקדם מ"ש חז"ל (סנהדרין צ"ז ע"א) שמשיח יבוא בהיסח הדעת, כשישראל יסיחו דעת מלחשוב אודות הגאולה. זקיני הקדוש מצאנז זי"ע אמר עד"ז בשם רבו הרה"ק מראפשיץ זי"ע שמשיח יבא פתאום, בשעה שהחנוני עומד ועושה חשבונותיו, וסוחר היין עומד ומודד את יינו, פתאום ישמעו את הקול שבא משיח. ["בשעת דער גיוועלבער וועט שטיין און רעכענען אין זיין חשבונות ביך, און דער מוזג וועט שטיין און גיסען און מעסטען וויין, פלוצלינג וועט מען הערען א קול אז משיח איז געקומען"]. ועל יסוד זה חיבר רבינו ז"ל זמר ידוע.

כך היה גם במצרים, בני ישראל עמדו אצל הים ולא ידעו מה לעשות, וארבע כיתות נחלקו מה לעשות - פתאום כהרף עין בא הישועה מאת השי"ת - נטה ידך על הים ובקעהו, בלא הכנה מצדם כלום. כך לעתיד לבא אין אנו יודעים האיך יבוא הישועה, ואיך נצא מהגלות, וכמ"ש הרמב"ם סוף הל' מלכים לא ידע אדם איך שיהיה עד שיהיה.

אין אנו צריכים לעשות כיתות ולבקש עצות למהר הגאולה ע"י קיבוץ גליות, עלי' וכו' ["מיר דארפען נישט מאכען קיין כיתות און זיכען עצות צו צואיילען די גאולה דורך קיבוץ גליות און עלי' וכו'"], אלא אנו צריכין לבטוח ולהשען ("אינגאנצן פארלאזען") על השי"ת שהוא יביא ישועה פתאומית באמצע יום א' מהימים.

וזה ביאור הכתוב, כימי צאתך מארץ מצרים, כמו אז שיצאנו מארץ מצרים שלא עשינו שום השתדלות כלום, ולא עשינו שום הכנה לזה, ופתאום באה הישועה, אראנו נפלאות, כן בגאולה הזאת שאנו מחכים, יבא משיח צדקנו פתאום, בלי שום השתדליות והכנה מעשיות מצדנו. ("אפס בלתך גואלינו", בשם הגה"ח ר' יושע וואלף זאפערן ז"ל ששמע מכ"ק אדמו"ר מהר"ש מבאבוב ז"ל בשם אביו הקדושת ציון זצ"ל).

111) "הושענא ציון המצוינת הושענא קודש הקדשים, יש לומר שכוונו בלשונם על הדור שיהי' בעקבתא דמשיחא, שראו ברוח קדשם כי באחרית הימים יעמדו פושעים אשר יקחו לעצמם שם ציון להשתמש בו על רעיונם לכבוש את ארץ ישראל בכח קודם הזמן, ואחר כך כשיראו המוני עם את שם ציון מוזכר באיזה מקום בתפלה כגון אור חדש על ציון תאיר וכו', יחשבו שעל ציון זה יסובב הכוונה ח"ו, לזה תקנו הלשון הושענא ציון המצוינת, כלומר עיר ציון שהיא מצוינת בסימני', ואיזה סימן יש לה, על זה מסיים הושענא קודש הקדשים, כלומר שכוונתינו על ציון שהיא מצוינת ומקודשת בקדושת ארץ ישראל, ולא חס ושלום על רעיון הפושעים הללו אשר מכנים עצמם בשם ציון ואין להם שייכות עם הקדושה. (קדושת ציון מועדים, הושעה"ר עמ' מה).

112) "גם צפור מצאה בית ודרור קן לה (תהלים פד ד). תיבת מצאה יש ב' במסורה, דין, ואידך ואם לא מצאה ידו די השיב לו (ויקרא כה כח), הנראה לרמז בזה, כי הנה בימינו אלה קמו להם בני בליעל הפורקים מעליהם עול התורה ועול המצוות ומדיחים את בני ישראל להיות ככל הגוים לבנות להם ממשלה עצמית ומדברים על לבם שזהו תכלית הגאולה, אבל גלוי וידוע ששקר בימינם, וכי

ווען דער ציוני'סטישער רב הראשי הר' קוק האָט באַנייט דעם אוניווערזיטעט אין ירושלים עיה"ק, האָט דער קדושת ציון זי"ע זיך שטאַרק מתרמר געווען אויף דער געוואַלדיגער טומאה וואָס איז אויפגעבויט געוואָרן על אדמת הקודש[113].

הגאון בעל **חפץ חיים מראַדין** זצ"ל

הגאון רבי ישראל מאיר הכהן קאגאן זצ"ל, דער "חפץ חיים" פון ראַדין, איז געבוירן י"א שבט תקצ"ט צו זיין פאָטער רבי אריה זאב הכהן אין זשעטל. דער חפץ חיים האָט קיינמאָל נישט משמש געווען ברבנות, אבער די גאנצע וועלט האט גע'שמ'ט מיט זיין גדלות בתורה און צדקות במעשים, אזוי אויך איז ער געוואָרן מפורסם איבער דער וועלט דורך זיינע ספרים, וואָס ער האָט אַליין פאַרשפרייט, און זיי זענען נתקבל געוואָרן מיט ליבשאַפט בכל תפוצות ישראל.

דער "חפץ חיים" איז געווען א געטרייער מנהיג פונעם כלל ישראל, און ער ווערט נאָך בחייו שוין געשילדערט ווי אַ "טאַטע" וואָס זאָרגט פאַר אידן. ער איז אויך געווען דער גרינדער פון די ישיבה אין ראַדין, וואָס איז אַלע יאָרן געשטאַנען אונטער זיין השפעה. אין צוגאָב צו זיין לימוד התורה, הרבצת התורה און עבודת הבורא, פלעגט ער נעמען אַן אַקטיוון טייל אין די אסיפות פון רבנים וואו ער האט געשפילט א וויכטיגע ראָלע צו העלפן אידן ברוחניות ובגשמיות אין אלע שווערע תקופות. נלב"ע כ"ד אלול שנת תרצ"ג לפ"ק. זי"ע.

היא ההתנגדות וההיפוך מדת יהודית, והם הם אותם הפורשים מצודתם בכל המקומות אשר דרים שם אחב"י להעבירם מעל חוקי התוה"ק, והשחיתו והתעיבו כרם חמד בית ישראל. ועיין בתרגום שיר השירים (ח, ד) עה"פ השבעתי אתכם בנות ירושלים, יאמר מלכא משיחא משביע אנא עליכון עמי בית ישראל מה דין אתון מתגרין בעמי ארעא למפק מן גלותא וכו' אתעכיבו פון זעיר עד דישיצון עממיא די עלו לאגחא קרבא לירושלם ובתר כן ידכר לכון מרי עלמא רחמי צדיקיא ויהא רעוא מן קדמוהי למפרקכון, ע"כ לשונו הנחמד. והוא ע"פ דברי הגמ' בכתובות (דף קיא.) שהשביע הקב"ה לישראל שלא ידחקו את הקץ.

ויש לרמז הענין במסורה הנ"ל, שהפסוק אומר גם צפור מצאה בית היינו כנסת ישראל שנמשלה לצפור, כאמרם ז"ל עה"פ ואת הצפור לא בתר (בראשית טו י), כשיזכו לגאולה ולעלות להר ציון, אז ימצאו בית נכון ונשא בנוי לתלפיות, כמ"ש רש"י סוכה מ"א ע"א כי מקדש העתיד שאנו מצפין בנוי ומשוכלל הוא יגלה ויבא משמים שנ' מקדש ה' כוננו ידיך (והוא ממדרש תנחומא), רק ודרור, המה הרשעים החפשיים הרוצים להיות חפשי מן המצוות ודרור יקרא להם, הם רוצים לבנות להם הקן כמו הצפור דרור שבונית לה קן ממעשי ידי', כמו כן הם דוחקים את הקץ ורוצים לבנות להם קן וממשלה ע"י עצמם, וביותר צריך הכתוב לזרז ולהזהיר את בני ישראל שלא ילכו אחריהם להיות נשפעים מדיעות כוזבות שלהם, לזה אמר, ואם לא מצאה ידו, פי' אם עדיין לא זכו ישראל לגאולה שלימה ואמיתית, לא יעלה על דעתם לעשות כמעשה הצפור דרור ולבנות להם קן ע"י עצמם, רק די השיב לו, שדי להם שישובו בתשובה שלימה, כי אין הדבר תלוי אלא בתשובה (סנהדרין צ"ז ע"ב), ואם רק יעשו תשובה אז גם צפור מצאה בית, כי יגאלנו ד' גאולה שלימה ויתגלה ביהמ"ק בנוי ומשוכלל משמים. (קדושת ציון על תנ"ך, עמ' צב).

"**היטיבה** ברצונך את ציון תבנה חומות ירושלים כי בך לבד בטחנו (סדור תפלה). לכאורה צריך ביאור הקישור עם הביטוי כי בך לבד בטחנו, אלא י"ל שמפני שמתפללים כאן לבנות ציון וחומות ירושלים, רצה להדגיש שאנו מתפללים שיהא אך ורק [ע"י] הקב"ה ולא ע"י פעולות בני אדם, שחזו מראש שיהיה כיתות עם דעות כאלו שבכח וזרוע ידם ירשו ארץ ורצו לשלול זאת. (הרה"ח ר' חיים דוד באקאן שליט"א ששמע מהרה"ק מבאבוב זצ"ל). וע"ע בספרו קדושת ציון מועדים ירמי' עמ' פז, פסח עמ' סא, ושם פרשת בהעלותך, על דבר מפלגת "אגודת ישראל".

113) "הנה בעוה"ר גברה והצליחה ידי הפושעים בארצינו הק' והקימו להם אוניוורזיטעט בעיה"ק ירושלים על הר צופים, אשר לא היתה כזאת מעולם, ואם הי' נעשית נבלה הזאת בארץ נכרי' היתה גם כן לצרה ולפוקה וכדי בזיון וקצף על חילול כבוד שמו יתברך הנורא, כ"ש וק"ו בפלטרין של מלך שבאו זרים ויחללוה ויטמאו את הארץ. אמנם זאת נחמתינו בעניינו שזה סימן מובהק כי עת קץ ממשמשת ובא, והשי"ת יגאל אותו בקרוב. דידוע כי טרם ביאת משיח צדקינו שהוא התגברות צד הקדושה יתגבר צד השני למאוד. וענין זה הוא דוגמת היולדת, אשר בעת תקריב עת לדתה שהוא ישועתה ושמחתה תגדל צערה מאוד. כן הוא הדבר הזה כי מאחר שהגאולה היא התגלות סיטרא דקדושה שאז יעביר ה' את רוח הטומאה מן הארץ, לכן מתגבר והולך כח הסט"א מקודם. עיי"ש שמפרש לשון הפסוק כמו הרה תקריב ללדת תחיל תזעק בחבלי' כן היינו מפניך ה'. (קדושת ציון מועדים, ישעי' עמ' פה).

די ציונים זענען מזרע עמלק

צווישן די גרויסע פעולות להעמדת הדת על תילה פון דעם גאון וצדיק מפורסם, דער חפץ חיים זצ"ל, הייבט זיך באַזונדער אַרויס די פילע שאַרפע מאמרים און בריוון וואָס ער האָט געניצט קעגן די רשעי ישראל, באַזונדער קעגן די ציונים. טראָצדעם וואָס ער איז געווען דער גרויסער לוחם קעגן רעדן לשון הרע, דאָך האָט ער געשריבן קעגן זיי און געהייסן מוחה זיין קעגן זייערע מעשים.

מרן הגה"ק מסאַטמאַר זי"ע שרייבט אין זיין ספה"ק על הגאולה ועל התמורה (סי' סא): "וידוע שהגה"צ בעל חפץ חיים זצ"ל שעיקר עבודתו היתה בענין שמירת הלשון, וביאר הלכה זו על בורי' להלכה ולמעשה - והעיד תלמידו הגה"צ רבי אלחנן וואסערמאַן זצ"ל משמו, שאמר על הציונים שהם עמלקים אמיתיים[114]."

די לוי' פונעם חפץ חיים זצ"ל אין ראדין

די אויבנדערמאָנטע ווערטער ברענגט הגאון רבי אלחנן זצ"ל אין נאָמען פון זיין רבי'ן דער חפץ חיים זצ"ל אינעם מאמר "אומר אני מעשי למלך" (אות ג): "איך האָב געהערט פון הקדוש בעל חפץ חיים ז"ל, אויף די יעווסעקעס, בזה"ל: 'בייא מיר איז ברור, אַז זיי זיינען פון זרע עמלק'."

רבי אלחנן ערקלערט ווייטער, אַז דאָס זעלבע איז געזאָגט געוואָרן אויף די ציונים. עס איז פאַרהאַן קיין אונטערשיד צווישן די רוסישע יעווסעקעס און די ציוני'סטישע רשעים, וועלכע זענען ביידע פון זרע עמלק. "על הללו והללו נשבע הקב"ה שאין שמו שלם ואין כסאו שלם עד שימחו מן העולם[115]."

114) וממשיך שם: "בעוה"ר אנו סובלים עכשיו הגלות מערב רב זרע עמלק, והם גוזרים גזירות רעות על הכלל ישראל שלא היתה כזאת מיום היתה ישראל לגוי, ועוד ידם נטויה ה' ישמרנו. (על הגאולה ועל התמורה סימן ס"א).

115) "והנה כתוב (שמות יז טז) 'מלחמה לה' בעמלק מדור דור', והעידה תורה בזה כי המלחמה הזאת קיימת בכל הדורות עד בוא המשיח, אלא שבדורות הקודמין עת שלטון התורה בישראל, נהלו המלחמה זרע עמלק מאוה"ע, אבל מעת שפרקנו עול התורה ממנו, שרצו זרע עמלק בתוכנו ונתרבו בינינו המומרים להכעיס, כמו היעווסעקעס הנמצאים לא לבד במדינה האדומה (רוסלאנד), כי אם בכל תפוצות ישראל, מקצה הארץ ועד קצה הארץ וגם בארה"ק, אשר המתיוונים שמה הן אותן היעווסעקעס בעצמן ואין שום הבדל ביניהם, רק שאלו כותבים בזארגון יידיש, ואלו כותבים ומפטפטים בזרגון עברי - ניי העברעאיש - אבל על הללו והללו נשבע הקב"ה שאין שמו שלם ואין כסאו שלם עד שימחו מן העולם.

ווי עס זאָגט עדות הגאון רבי חיים יעקב זילבערבערג זצ"ל פון וואַרשא, אַז ער איז געזיצן אינאיינעם מיט'ן חפץ חיים זי"ע, און זיי האָבן ביידע געקלאָגט אויפ'ן גרויסן אומגליק וואָס ציונות האָט געברענגט אויף אידישע קינדער[116].

דער אַלטער וועג פון הכנעה אין גלות

אין ספר חפץ חיים על התורה פר' דברים, ווערט געברענגט ווערטער וועלכע שפיגלען אָפּ זיין ווייטאָג און צער איבער די ציוני'סטישע שריט וועלכע זענען געוואָרן פאַרשפרייט בימיו.

דער חפץ חיים זאָגט, וז"ל:

"די תורה לערנט אונז, אַז מיר זאָלן זיך נישט קעגנשטעלן קעגן די פעלקער אפילו זיי רייצן זיך מיט אונז. מיר ברויכן גיין אין די וועגן פון יעקב אבינו מיט זיין באַהאַנדלונג צו זיין ברודער עשו.

אין לויף פון דער גאַנצער צייט וואָס מיר זענען געגאַנגען אויפ'ן אויסגעטראָטענעם וועג, האָט אונז הקב"ה געראַטעוועט פון זייערע הענט, אָבער זינט מיר זענען פאַרקראָכן פון אונזער וועג (דער דרך פון הכנעה אין גלות)**, און די נייע עלעמענטן האָבן אָנגעהויבן מיט נייע מנהגים, זיי האָבן איבערגעלאָזט דאָס געזוער פון אונזערע עלטערן און אָנגעכאַפּט דאָס**

וכל כך גדלה עניות הדעת בימינו, שחלק גדול מעמנו תומכים אותם בכספם לגדלם ולהחזיקם ולא ידעו ולא יבינו דבר ה' "בפרוח רשעים כמו עשב, ויציצו כל פועלי און, להשמדם עדי עד" (תהלים צב ח), ואז אוי למחזיקיהם ולמחניפיהם. וכן בארה"ק הדבר ברור כשמש שתקיא הארץ אותם, כי היא פלטרין של מלך ואינה מקיימת עוברי עבירה ומכ"ש עוברים להכעיס (אינני בא בזה לא לקלל ולא לברך, אלא כיון שהדברים כתובים בתורה על כרחנו יתקיימו).

ואין לטעות בדברים אלו לאמר, כי כל הנגררים אחריהם מזרע עמלק הן. חלילה לאמר כן, כי הדברים אמורים כאן רק על ראשיהן ומנהיגיהם, מוריהם ומדריכיהם, כתבניהם ודרשניהם, העומדים בראש צבאותיהם להלחם נגד הקב"ה, אלו הם מזרע עמלק, אבל כל ההמון הנספח עליהם מזרע ישראל, הולכים אחריהם כבהמה בבקעה. כמ"ש הגר"א, שע"ז נאמר (תהלים ק"ו, ל"ה) ויתערבו בגוים וילמדו מעשיהם.

116) דער בריוו איז געשיקט געווארן אין יאר תר"ס דורך הגאון רבי חיים יעקב נפתלי זילבערבערג זצוק"ל צו הגה"ק רבי יוסף חיים זאנענפעלד זצוק"ל גאב"ד ירושלים, וואו ער באקלאגט זיך אויפ'ן געוואלדיגן התפשטות פונעם כפירת הציונות.

"ב"ה י' סיון כתמ"ר יפרח לפ"ק ווארשא. שוכטו"ס לכבוד מר ידידי וידידיו הגאון הצדיק יס"ע כקש"ת מו"ה יוסף חיים ז"פ שליט"א.

מכ"ק [=מכתב קדשו] הגיעני, מוכרח אני להודיע צערינו לרבים ויבקשו רחמים עלינו - בעוה"ר רוח הטומאה של מינות מתפשט למרבה במדינתנו ע"י ספרי מינים ימ"ש וזכרם המתפוצצים בכל עבר ופינה בעוה"ר - אוי לנו שכך עלתה בימינו, ומובן מעצמו שזה מזיק מאוד גם לאותם אשר קרבת אלקים יחפצון, וזה לא כביר בהתוועדי עם יד"נ [=ידיד נפשי] הגאון צדיק נפלא בעל חפץ חיים שליט"א, הוא הודיע לי הענין בפרטות אשר לא ידעתי מזה, כ"כ ישבנו גם בכינו על צרותינו נא להעתיר להש"י שברוב רחמיו יעזור להחליש כח הטומאה ונא להודיע מזה גם לשאר צדיקים שיחיו שיעתירו בעדינו כי אין זה דבר נקל בעוה"ר - הצרה עולה עד למעלה ראש אשר אין להעלות עה"ג ה' ירחם ברב רחמיו וחסדיו על יתר הפלטה. עבדו ומכבדו ומוקירו, חיים יעקב נפתלי בן חי' קילא. (קובץ מכתבים - ב"ב תשנ"ו - מכתב ס).

געווער פון אונזערע פיינט, ווערן מיר וויניגער און עס האָט זיך אָנגעהויבן גרויסע צרות, זאָל זיך השי"ת דערבאַרעמען[117].

נישט ווערן פאַרמאַטערט פון וואַרטן אויף משיח

ביי אַ געלעגנהייט האָט דער חפץ חיים ערוועגט אַ טרעפליכן משל לגבי די ציונים און זייערע אַקטיוויטעטן צוצואיילן דעם אויסלייז פון אידן.

אַמאָל האָט מען אָנגעזאָגט אַ בשורה פאַר די מיליטער-לייט פונעם קעניג אַז דער קעניג בכבודו ובעצמו וועט היינט אַריבערקומען באַזוכן די מיליטערישע אָפּטיילונג. אַלע מיליטער-לייט האָבן זיך אויסגעשטעלט אין רייעס, באַצירט מיט זייער געווער, אין שפיץ פון די גענערעלער, און געוואַרט אויפ'ן אָנקום פונעם גרויסן קעניג. לאַנגע שעות זענען אַלע געשטאַנען אויף די פיס און געוואַרט, אָבער דער קייזער איז נאָכנישט ערשינען. איינעם פון די גענערעלער האָט אינמיטן אָנגעכאַפּט אַ מידקייט און געבעטן מען זאָל אים ברענגען אַ בענקל, וואו ער האָט זיך אָפּגערוט און איינגעדרימלט.

פלוצים אין יענער מינוט איז דער קעניג אָנגעקומען מיט דער קעניגליכער סוויטע. פאַרשטענדליך אַז ער איז באַגריסט געוואָרן דורך די מיליטער-לייט מיט אַן ערע-סאַלוט לכבודה של מלכות. ווען דער איינגעדרימלטער גענעראַל האָט זיך אינדערצווישן אויפגעכאַפּט פון זיין דרימל און שנעל זיך געוואָלט אויפשטעלן אָפּגעבן דעם כבוד פאַר'ן קעניג, האָט אים דער קייזער באַפוילן ער זאָל שוין בלייבן זיצן און אים אַרונטערגעזעצט פון זיין הויכן ראַנג.

דער חפץ חיים זצ"ל אין ראדין

דער קעניג האָט דאַן געזאָגט: אויב האָסטו נישט געקענט בלייבן אַביסל וואַרטן און שטיין אויף די פיס נאָך עטליכע מינוט אינאיינעם מיט'ן גאַנצן מיליטער, דאַן ביזטו נישט קיין געטרייער מיליטער מאַן. אַלע

117) , וזל"ק: "התורה תלמדנו לבלי לעמוד נגד האומות אפי' בשעה שמתגרות בנו, עלינו ללכת בעקבות אבינו יעקב במלחמתו עם עשו אחיו. וכברמב"ן ז"ל פרשת וישלח וז"ל: שיש בזה רמז לדורות, כי כל אשר אירע לאבינו עם עשו אחיו, יארע לנו תמיד עם בני עשו, וראוי לנו לאחוז בדרכו של צדיק, שנזמין עצמנו לשלשת הדברים שהזמין הוא עצמו, לתפלה ולדורון ולהצלה בדרך מלחמה לברוח ולהנצל, עכ"ל.

והנה כל זמן שהלכנו בדרך הכבושה הזאת הצילנו הקב"ה מידם, ומאז הודחנו מדרכנו וחדשים מקרוב באו והנהיגו מנהגים חדשים, עזבו נשק אבינו ואחזו בכלי קרב של שונאינו, הלכנו הלוך וחסור ומצאוני רעות רבות וצרות. ירחם ד' על עמנו וישיב שופטינו כבראשונה.

פשוט'ע סאָלדאַטן וואָס באַקומען אַ קליינעם געהאַלט האָבן געקענט אויסוואַרטן, און דו וואָס זיצט אויף אַ מאַכטפולער פּאָזיציע האָסט נישט געקענט וואַרטן?!

האָט דער חפץ חיים אויסגעפירט: דאָס זעלבע איז מיט אונז. מיר אַלע זאָגן "כי מחכים אנחנו לך", מיר וואַרטן אויף דער גאולה שלימה, מיר וואַרטן אויף משיח צדקינו, אָבער פאַר עטליכע מינוט ווערן מיר פאַרמאַטערט פון וואַרטן און מיר ווילן זיך אַראָפּזעצן אויף אַ בענקל? מיר דאַרפן זיין געדולדיג און רואיג אויסוואַרטן דעם אָנקום פונעם קעניג, אַז נישט וועלן מיר האָבן אַ פּנים ווי דער גענעראַל וואָס האָט אַלעס אָנגעוואוירן אַדאַנק זיין אומגעדולד. צוליב איינינע מינוטן האָט דער גענעראַל פאַרלוירן זיין אַמט.[118]

"די גוים וועלן זיי אַרויסטרייבן פון דאָרט"

הגאון רבי חיים יצחק פופקא זצ"ל, דער תלמיד פונעם חפץ חיים האָט פאַרציילט, אַז זיין גרויסער רבי האָט אַמאָל געזאָגט לגבי דעם ציוני'סטישן אידעאַל ווי פאָלגנד: "חכמינו ז"ל זאָגן, מגלגלין זכות על ידי זכאי וחובה על ידי חייב. ווי קען געמאָלט זיין אַז אַ יוד אַ מאמין זאָל טראַכטן אַנדערש, אַז ס'קען אַרויסקומען אַ זכות, אַ גוטע זאַך, על ידי חייב, אַז חכמינו ז"ל זאָגן מגלגלין זכות נאָר על ידי זכאי און חובה על ידי חייב?! לא מיבעיא אין די ענינים פון גאולה איז נישט דאָ וואָס צו רעדן! נאָר אפילו סתם אַ גוטע זאַך. אין דער צייט וואָס דער רשע באַהאַלט עס נישט, ער זאָגט אָפן ר"ל אַז ער איז אַ כופר בכל און ער שעמט זיך נישט דערמיט, פון אַזאַ רשע זאָל אַרויסקומען עפּעס אַ גוטע זאַך?!"

ווען די אַרומיגע האָבן געפרעגט: "דער רבי זעט דאָך פאָרט אַז עס בויט זיך?" האָט דער חפץ חיים זיך זייער צעקאָכט. ער האָט אָנגעהויבן אַרומשפּאַצירן אין צימער אַרויף און אַראָפּ און דאַן זיך אַרויסגעכאַפּט: "איך האָב מורא צו זאָגן, איך וויל נישט זאָגן, אָבער איך זאָג עס: די גוים וועלן זיי אַרויסטרייבן פון דאָרט[119]."

הגאון רבי אלחנן וואַסערמאַן זצ"ל הי"ד

הגאון רבי אלחנן בונם וואַסערמאַן זצ"ל האט אין זיינע ימי הבחרות געלערנט ביי הגאון רבי שמעון שקאָפּ ז"ל, הגאון רבי אליעזר גארדאן ז"ל און הגאון רבי חיים מבריסק זצ"ל. נאך זיין חתונה איז ער אנגעקומען אין יאר תרס"ז קיין ראדין, וואו ער האט געלערנט אין "כולל קדשים" ביים חפץ חיים זצ"ל, אין וועמען ער האט זיך גענצליך מדבק געווען און כל ימיו איז ער באַטראַכט געוואָרן ווי דער תלמיד מובהק בה"א הידועה פונעם חפץ חיים.

---

118) ספר "הונדערט מעשיות און משלים" מהחפץ חיים, לר"ש גריינימאן (אות יט).

119) משכנות הרועים (ח"ו).

רבי אלחנן זצ"ל איז געווען פון די גרעסטע מנהיגי ישראל און ראשי ישיבה אין אייראפע צווישן די צוויי וועלט מלחמות. זיין לויטערע השקפה בעניני השעה האט ער איבערגעגעבן בכל עת מצוא שריפטליך און בע"פ ביי דרשות, כינוסים ואסיפות הרבנים. זיינע שארפזיניגע און קלארע מאמרי אמונה ודעות איז געדרוקט אין די ספרים קובץ מאמרים ואגרות, קובץ הערות, עיקבתא דמשיחא, אומר אני מעשי למלך, דברי סופרים. נעקד"ה ביום י"א בתמוז תש"א לפ"ק. הי"ד.

די הייליגע מלחמה פונעם חפץ חיים זצ"ל איז פאַרגעזעצט געוואָרן ביתר שאת ועוז דורך זיין געטרייען תלמיד נאמן הגאון רבי אלחנן וואַסערמאַן זצ"ל הי"ד, וועלכער האָט זיך בימיו געשטעלט אין שפיץ פונעם קאַמף קעגן די ציונים. רבי אלחנן האָט געשריבן פילצאָליגע מאמרים און בריוון פון וואו עס איז מבצבץ ויוצא זיין קלאָרע דעת תורה, זיין לויטערן בליק און ריינע השקפה ברורה איבער'ן נסיון הדור פון ציונות אין אַלע אירע פאָרמען.

אין די ספרים "ילקוט מאמרים ומכתבים" און "קובץ מכתבים ואגרות" זענען צוזאַמענגעקליבן געוואָרן אַ גרויס טייל פון די פילע בריוון און מאמרים קעגן 'ציונות' און 'מזרחי'. רבי אלחנן זצ"ל שמועסט אויס מיט זיין רייכער שריפט און שאַרפער הסברה די האַרבקייט פון עובר זיין אויף די שלש שבועות וואָס השי"ת האָט באַשוואוירן כלל ישראל נישט צו רעוואָלטירן אין גלות[120], די געוואַלדיגע טומאה פונעם נאַציאָנאַליסטישן גייסט וואָס ציונות האָט אַריינגעברענגט צווישן אידן, און וואָרנט איבער דער ביטערער ענדע פון דער ציוני'סטישער מדינה וואָס וועט בלי ספק האָבן אַ שוואַרצע ענדע, ווי די תורה הק' זאָגט (ויקרא יח כח) "ולא תקיא הארץ אתכם בטמאכם אותה"[121].

די "גלות פּאָליטיק" פון אונזערע עלטערן

אין זיין קונטרס "אומר אני מעשי למלך", אין פרק "גלות פּאָליטיק פון אונזערע עלטערן", שרייבט רבי אלחנן זצ"ל דברים כדרבונות, וועלכע באַציען זיך צו די נייע מעטאָדן פון התגרות

120) בחתימת הדברים ראוי להזכיר את מאמרם "אתם נצבים היום וגו' (דברים כט ט) היסורים מציבין אתכם ומקיימין אתכם לפניו", והנה פנים הרבה לביאור דברים אלו, אבל אחד מהאופנים הוא כי בעת שהקטיגוריה רבה על שונאי ישראל והקטיגורים דורשים לעשות כליה ח"ו, וכביכול תש כח של מעלה לסתום פיותיהם, אז מקימים עלינו רודפים כנחשים צפעונים, ומכיון שישראל הם נרדפים הלא היא מדת ההנהגה העליונה: והאלהים יבקש את נרדף (קהלת ג טו), אפילו צדיק רודף רשע. ולא תוכל מדת הדין לטעון נגד זה, ובזה ישראל ניצלין מכליון ח"ו. מזה נבין כי כל כוחנו וקיומנו הוא בהיותינו נרדפים, וחלילה לנו לבקש להיות רודפים, ואחת משלש שבועות שהשביע הקב"ה לישראל: אל תמרדו באומות (כמבואר בכתובות קיא.), כי אלה ברכב ואלה בסוסים ואנחנו בשם ה' אלקינו נזכיר (תהלים כ ח). (מאמר 'דברי חכמים בנחת נשמעים', נדפס בילקוט מאמרים ומכתבים דף קא-קב).

121) "בימים האחרונים אמר לי אחד מהגאונים הגדולים שבדור: "כשאני שומע אומרים שהוא אתחלתא דגאולה, הדבר דוקר וכואב אותי". אבל באופן אחד אפשר לומר שהוא מקרב את הגאולה. הגאון מווילנא אמר שתכלית כל הצרות הבאות על ישראל בגלות היא לקרב את הגאולה. וכיון שצרה זו של מדינה יהודית, אם תהיה, היא צרה גדולה אשר כמוה לא נהייתה, יכולים אנו לקוות שתקרב את הגאולה, וכמו שהיה במצרים שקושי השעבוד קירב את הקץ. (מסוף הדרשה שנאם הג"ר אלחנן זצ"ל בכנסי' הגדולה, נדפס בילקוט מאמרים ומכתבים עמ' קלג).

"**בעיקר** הדבר אנכי במקומי עומד, כי ההסתדרות היא מהדורא שניה של המתיוונים הלוחמים ביד רמה נגד תורת ה', והדבר ברור כשמש כי תקיא הארץ אותם, כי הלא אין הקב"ה עושה תורתו פלסתר (עיין ברכות לא:), וידוע כי הארץ אינה מקיימת עוברי עבירה ומכ"ש מורדים להכעיס, וכאשר יבוא יומם, אז אוי למסייעים להם ולשותפיהם. (ילקוט מאמרים ומכתבים עמ' קסז).

באומות דורך די ציוני'סטישע פירער. די דייטליכע ווערטער פונעם גאון ישראל האָבן נאָכנישט פאַרלוירן פון זיין אַקטועליטעט ביז'ן היינטיגן טאָג, און מיר ציטירן איבער ככתבו וכלשונו:

בײ די ערשטע דורות האָבן יידן געפירט זייער גלות-פּאָליטיק לויט די אָנווייזונגען פון דער תורה. בשעת די תנאים פלעגן דאַרפן גיין אין רוים אָפּבעטן גזירות אויף יידן, פלעגן זיי פריער דורכלערנען די פרשיות פון יעקב מיט עשו, און דאָרט האָבן זיי געפונען ריכטליניעס צו האַנדלען (עיין רמב"ן פרשת וישלח).

די לעצטע צייט האָט מען דעגראַדירט די תורה. בײ דער תורה פרעגט מען נאָר שאלות וועגן קדיש זאָגן, אָבער פּאָליטישע פראַגן, ד.ה. שאלות וואָס זיינען נוגע דעם גאַנצן כלל ישראל, באַהויפּט מען אַז זיי האָבן מיט דער תורה קיין שייכות נישט. דערויף האָבן מיר פּראָפעסיאָנעלע פּאָליטיקערס און שרייבערס, און זיי זיינען די מנהיגי הדור.

און פון וועלכער קוועלע שעפּן זיי די פּאָליטישע מעטאָדן? פון זייער תורה: נהיה ככל הגוים. די תורת ה' ווערט גענצלעך איגנאָרירט. און אַזוי ווי מען דאַרף נאָכמאַכן די גוים אין גאַנצן לעבנשטייגער, דאַרף מען אין פּאָליטיק אויך נאָכטאָן די גוים מיט זייער פּאַרטייען.

אָבער זיי ווייסן נישט אָדער ווילן נישט וויסן דאָס אויב די יידן וואָלטן פון שטענדיק זיך געפירט מיט דער שיטה: נהיה כגוים, וואָלט שוין לאַנג קיין יידן נישט געווען אויף דער וועלט, אַזוי ווי עס זיינען פאַרשוואונדן פון דער וועלט פיל מעכטיקערע פעלקער. עס איז קלאָר פאַר יעדן דענקענדן מענטש, דאָס יידישע געשיכטע גייט מיט גאַנץ אַנדערע וועגן, אייגנאַרטיקע און אייציקאַרטיקע, וועלכע האָבן נישט זייער גלייכן בײ קיין אומה ולשון.

די וועלכע וועגדן אָן אַלגעמיינע מעטאָדן אין יידישע גלות-פּאָליטיק, מעסטן מיט אַ פאַלשער מאָס און וועגן מיט אַ פאַלשן וואָג. דאָס זיינען אונזערע מאָדערנע פּאָליטיקערס. זיי מעסטן מיט נישט קיין אַנטשפּרעכנדיקער מאָס. די מעטאָדן וואָס זיינען אָנגעמאָסטן פאַר די אומות וועלכע זיצן אויף זייער לאַנד, זיינען גאָרנישט צוגעפּאַסט צום יידישן מצב. יעדע

הגאון רבי אלחנן וואַסערמאַן זצ"ל הי"ד
אין קעמפּ תורה ודעת אין ניו יאָרק

רעאַלע פּאָליטיק פאָדערט מען זאָל זיך צופּאַסן צו די אומשטענדן אין וועלכע מען געפינט זיך, און אַזוי ווי דער מצב פון יידן איז אַן אויסערגעוויינטלעכער, מוזן זיין אונזערע פּאָליטישע מעטאָדן אויך פון אַ גאַנץ-באַזונדערער נאַטור. און די מעטאָדן געפינט מען נאָר אין דער תורה וועלכע האָט אַלעס פאָראויסגעזען און אַלעס פאָראויסגעזאָגט. די צוועקמעסיקייט פון די תורה-מעטאָדן האָט זיך אַרויסגעוויזן אין פאַרלויף פון טויזנטער יאָרן.

וועלכע זיינען די מעטאָדן פון דער תורה? "שלש שבועות השביע הקב"ה את ישראל, דריי שבועות האָט דער אויבערשטער באַשוואוירן ישראל: אל תמרדו באומות וכו' (כתובות קיא.). איינע פון די דריי שבועות איז: יידן זאָלן נישט זיין קיין רעוואָלוציאָנערן. ירא את ה' בני ומלך ועם שונים אל תתערב (משלי כד כא). און מען האָט אונז געוואָרנט: אויב דו וועט היטן די שבועות איז גוט, און אויב נישט, וועל איך מאַכן איר זאָלט ווערן הפקר ווי די הירשן נאָך וועלכע אַלע יאָגן זיך, זיי צו פאַנגען. השבעתי אתכם בצבאות או באילות השדה (שה"ש ב ז).

"אם ראית רשע שהשעה משחקת לו אל תתגרה בו, לך עמי בוא בחדריך, בשעה שאתה רואה השעה חצופה לא תעמוד כנגדה אלא תן לה מקום, הסתכלו בי שהרי אני נתתי מקום לשעה שנאמר השיב אחור ימיני. א"ר חייא אם ראיתם אותו - עשיו - שמבקש להתגרות בכם אל תעמדו כנגדו אלא הצפינו עצמכם עד שיעבור זעמו. אמר רבי יהודה ברבי שלום, אמרו לו ישראל: רבונו של עולם אביו מברכו ועל חרבך תחיה ואתה מסכים עמדו, ואומר לנו הצפינו את עצמכם? אמר להם - הקב"ה - אם ראיתם שמזדווג לכם ברחו לתורה שנאמר סעו ופנו לכם צפונה, ואין צפון אלא תורה שנאמר (משלי ב ז): יצפון לישרים תושיה (מדרש דברים).

"ווען דו זעסט אַז עס גייט גוט אַ רשע, רייץ אים נישט... ר' חייא זאָגט: ווען דו זעסט אַז ער - עשיו - וויל זיך אָנרייצן אויף אייך, שטעל זיך אים נישט

אַנטקעגן. באַהאַלט זיך ביז זיין צייט וועט אַריבערגיין. זאָגט רבי יהודה ברבי שלום: יידן זאָגן: רבונו של עולם! זיין - עשיו'ס - פאָטער האָט אים געבענטשט ער זאָל לעבן פון זיין שווערד, און דו גיבסט אים דיין הסכמה דערצו און זאָגסט מיר זאָלן זיך באַהאַלטן?! וואוהין זאָלן מיר לויפן? דער אויבערשטער ענטפערט: ווען איר זעט אַז ער גייט אייך אָנגרייפן, לויפט צו דער תורה.

די אַלע מאמרים זיינען איינשטימיק דאָס יידן טאָרן נישט שטעלן קיין ווידערשטאַנד געגן זייערע רודפים, און דאָס איז צוזעקמעסיק לויט דעם מצב אין וועלכן יידן געפינען זיך אין גלות.

די איינציקע ווירקזאַמע וואָפן וועלכע יידן באַזיצן, זיינען תורה ותפילה. ונצעק אל ה' אלהי אבותינו, וישמע שועתנו, מיר האָבן געשריגן צום אויבערשטער, דער גאָט פון אונזערע עלטערן, און ער האָט צוגעהערט אונזער וויי-געשריי. אין כוחינו אלא בפה. מיר זאָלן שרייען, אָבער מיר זאָלן נישט שרייען צו דער "קולטור וועלט", צו דער פעלקער ליגע, נאָר צום הימל.

בשעת מען רעדט צו די אומות העולם, זאָלן מיר נישט פאָדערן, נאָר בעטן. לשון רכה תשבר גרם (משלי כה טו), אַ "ווייכע שפּראַך ברעכט אַ קנאָכן". למה תתראו בפני אחיכם בני עשיו ובני ישמעאל. דאָ שטייט אַ וואָרענונג, יידן זאָלן זיך נישט וואַרפן אין די אויגן ביי די גוים, מיר זאָלן זיך היטן פון געבן אַ געלעגנהייט די אומות צו רעדן וועגן אונז. וואָס ווייניקער זיי וועלן געדענקען און רעדן וועגן אונז, איז אַלץ בעסער פאַר אונז.

נאָר אין איין זאַך זאָלן יידן זיין אייזן-פעסט און נישט נאָכגעבן אפילו כחוט השערה, דאָס איז בשעת זיי זיינען גוזר גזירות אויף דער תורה. בעת נבוכדנאצר האָט גוזר געווען מען זאָל זיך בוקן צו זיין צלם און חנניה מישאל ועזריה האָבן נישט געפאָלגט, האָבן זיי צו אים געזאָגט: מלכא נבוכדנאצר, אם מלכא למה נבוכדנאצר ואם נבוכדנאצר למה מלכא? אלא כך אמרו לו: אם למיסים וארנוניות מלכא את, אבל להעבירנו על דת תורתנו לאו מלכא את אלא נבוכדנאצר, את וכלבא שוין (מדרש ילקוט דניאל ג). "צו לייגן אויף אונז פאַרשידענע שטייערן ביסטו אונזער מלך, אָבער צו צווינגען אונז עובר זיין אויף דער תורה ביסטו ביי אונז גלייך ווי אַ הונט."

אין דעם הינזיכט זאָלן יידן זיין פעסט ווי אַ מויער, זיך נישט בייגן פאַר קיין שום שטורעמווינט.

דאָס זיינען אין קורצן די אָנווייזונגען פון דער תורה ווי עס זאָל זיין אונזער אומגאַנג מיט די גוים. און אַזוי האָבן זיך יידן געפירט אין אַלע צייטן, ביז די לעצטע דורות וואָס דאַן זיינען אויפגעשטאַנען מאָדערנע "פירערס" וועלכע ווילן נישט וויסן פון דער תורה

מיט אירע עצות, פירן זיי די יידישע פּאָליטיק, אַקוראַט פאַרקערט ווי די תורה לערנט אונז. יידן זאָלן קעמפן און פּאָדערן. מיט וועמען זאָל מען קעמפן? מיט די מעכטיקסטע מלוכות אין דער וועלט. מיר באַיקאָטירן און טומלען מיט קאָנגרעסן, מיר זאָלן שיסן אויף זיי מיט צייטונגס אַרטיקלען, דערמיט וועלן מיר זיי אָפּשרעקן.

נביאיך (דיינע רעדנערס און נביאי השקר) חזו לך שוא וטפל ולא גילו על עונך להשיב שבותך ויחזו לך משאת שוא ומדוחים (איכה ב יד). עס איז ידוע דאָס בעת עס איז געווען נבואה ביי יידן זיינען אויך געווען נביאי שקר. בשעת די נביאי אמת האָבן געשריגן: הודע את ירושלים את תועבותיה (יחזקאל טז ב), האָבן די נביאי השקר געזאָגט אַז זיי זיינען עוכרי ישראל, זיי זאָגן נאָר שלעכטס אויף יידן. בשעת די נביאי האמת האָבן געשטעלט זייער לעבן אין סכנה און האָבן מקיים געווען: גוי נתתי למכים ולחיי למורטים (ישעי׳ נ ו), דאַן זיינען די נביאי השקר געווען פון די אוכלי שולחן איזבל.

די אויפגאַבע פון די נביאי האמת איז געווען: וועקן יידן פון שלאָף. די נביאי השקר האָבן געזען זייער אויפגאַבע אין אַ פאַרקערטער ריכטונג, פאַרשלעפערן יידן מיט זיסע חלומות. און דאָס איז גאַנץ פאַרשטענדלעך: שווימען מיט דעם שטראָם איז לייכטער און באַקוועמער ווי שווימען געגן שטראָם.

יעצט האָבן מיר נישט קיין נבואה, אָבער נביאי שקר האָבן מיר די והותר: נאַציאָנאַלע און אינטערנאַציאָנאַלע, אוכלי שולחן איזבל, וועלכע שפייזן זיך אין פאַרשידענע פאָנדן. און אַזוי ווי דאַן האָט דער כלל ישראל שרעקלעך געצאָלט פאַר דעם וואָס זיי האָבן זיך געלאָזט פירן פון די נביאי השקר, איז יעצט די זעלבע.

דער מצב פון יידן אין יעצטיקן מאָמענט איז דער שרעקליכסטער פון דער גאַנצער צייט פון גלות. דער כח פון יידן אין אַלע צייטן איז באַשטאַנען אין זייער צוגעבונדקייט צו דער תורה. דאָס האָט זיי געגעבן גייסטיקע קרעפטן. די תורה האָט זיי געוויזן דעם וועג און האָט זיי געטרייסט, געגעבן האָפענונג און מוט. יידן האָבן געוואוסט אַז זיי זיינען נישט עלענה, דען עס איז שומר עמו ישראל.

די לעצטע דורות זיינען אויפגעשטאַנען ביי אונז משכילים וועלכע האָבן אָפּגעריסן יידן פון דער תורה, זיינען יידן געבליבן אָן וועגווייזערס, אָן טרייסט און אָן האָפענונג, זיינען זיי יעצט די עלענדסטע אין דער וועלט, און געפינען נישט קיין שום אויסוועג, נאָר זיך אַליין נעמען דאָס לעבן.

סוף דבר: כל זמן מיר לאָזן זיך פירן פון די מאָדערנע פאַרפירערס וועלכע האָבן אַריינגעפירט יידן אין קריגסצושטאַנד מיט הקב״ה, האָבן מיר נישט קיין שום אויסזיכט אַז אונזער מצב זאָל בעסער ווערן. פאַרקערט, אַלע טאָג ווערט ערגער. נאָר איין איינציק

מיטל צו אונזער רעטונג האָבן מיר: מאַכן שלום מיט השי"ת דער שומר ישראל, דאַן וועט זיין שלום על ישראל.

אם ה' לא יבנה בית שוא עמלו בוניו

ענדע יאָר תרצ"ט לפ"ק, צוויי חדשים איידער'ן אויסברוך פון דער ביטערער צווייטער וועלט מלחמה, איז אין ווילנא פאָרגעקומען אַ גרויסע אסיפה דורכ'ן "וועד הישיבות", מיט דער באַטייליגונג פונעם גרויסן גאון רבי אלחנן וואַסערמאַן זצוק"ל.

איידער דער אסיפה האָט זיך געעפנט האָט אַ שרייבער אין דער אידישער צייטונג "דאָס יודישע טאָגבלאַט" געפרעגט פונעם גאון אַ רייע פראַגעס איבער די ברענענדיגע ענינים העומדים על הפרק אין דער אידישער וועלט, די פּאָליטישע קאַמפן פון די ציונים און זייערע פּלענער צו באַהערשן ארץ ישראל, און ער האָט באַקומען קלאָרע אויסגעהאַלטענע תשובות מיט'ן ווייטן בליק פון אַ ריכטיגן דעת תורה. דער שמועס איז געווען געדרוקט אין "דאָס יודישע טאָגבלאַט" ט' תמוז תרצ"ט, און פון דאָרט איז עס איבערגעדרוקט געוואָרן אין ספר "קובץ מאמרים ומכתבים" עמ' קמ"ו, אונטערן קעפּל "אַ שמועס מיט רבי אלחנן", וואָס מיר זענען דאָ מעתיק ככתבו וכלשונו:

אויף די קאָנפערענץ האָט זיין געשטאַלט זיך אַרויסגעזען. אַרום אים האָבן זיך כסדר קאָנצענטרירט גרופּען פון רבנים און ראשי ישיבות און סתם דעלעגאַטן, וואָס האָבן געלויבט זיינע ווערטער. אַ הויך געשטאַלט, שטאַרק געבויגן מיט אַ גראָהער באָרד, מאַכט ער אַן איינדרוק פון אינערליכער מאַסיווער פעסטקייט. אַ פייערדיגער קנאי, אַ מוכיח, אַן אָהן-פּשרות'דיגער וועגווייזער, וואָס האָט אויף אַלע שאלות איין איינציגע תשובה: קוקט אַריין אין דער תורה.

דער רבי פון ליטא רעדט נישט קיין וואָרט אָן צו דערמאַנען דעם חפץ חיים זצ"ל, וועמען ער האָט געהאַלטן פאַר אַ רבי'ן, און אין די ליטווישע ישיבה-קרייזן באַטראַכט מען אים פאַר'ן נאָכפאָלגער פונעם חפץ חיים זצ"ל.

איך האָב אים געבעטן אַ שמועס פאַר'ן "טאָגבלאַט" און ער האָט מסכים געווען, הגם זיינע מיינונגען וועגן דער היינטיגער צייט האָט ער שוין אַרויסגעזאָגט אין זיין לעצט ערשינענן ספר'ל "עקבתא דמשיחא".

פראַגע: וואָס דאַרף זיין אונזער שטעלונג צום ארץ-ישראל פּראָבלעם אין איצטיגן מאָמענט?

ענטפער: לא פחות ולא יותר ווי עס שטייט אין די תורה: "ויתן להם ארצות גוים וכו' בעבור ישמרו חוקיו" (תהלים קה מד). גאָט האָט אונז געגעבן ארץ ישראל אַלס מתנה מיט אַ תנאי, און שטענדיג ווען מיר זענען מבטל דעם תנאי ווערט בטל די מתנה.

פראַגע: וואָס דאַרף זיין אונזער שטעלונג נאָכן "ווייסבוך", וואָס די ענגלישע רעגירונג האָט פאַרעפנטליכט אָפּצוהאַלטן אַ אידישע הערשאַפט אין ארץ ישראל. וואָספאַראַ מיטלען דאַרפן מיר אָננעמען?

ענטפער: לב מלכים ושרים ביד ה'. נישט די ענגלישע רעגירונג האָט די דעה איבער ארץ ישראל און נישט די אַראַבער האָבן די דעה איבער ארץ ישראל. די דעה איבער ארץ ישראל איז אין הימל. אויב מ'וויל אָנווענדן מיטלען דאַרף מען זיי אָנווענדן אין דער הויך דורך תורה ותפלה. אַלע מיטלען דאָ אויף דער ערד קענען נישט האָבן קיין פעולה.

פראַגע: אָבער וויאַזוי קענען מיר עס געבן צו פאַרשטיין פאַר די ברייטע מאַסן?

ענטפער: מ'דאַרף זיי זאָגן קלאָרע ווערטער "אם ה' לא יבנה בית שוא עמלו בוניו בו" (תהלים קכז א).

דער חפץ חיים זצ"ל האָט געשריבן אין אַ בריוו נאָך צוריק מיט עטליכע פערציג יאָר, אַז אַריינגיין קיין ארץ ישראל איז נישט שווער. שווער איז צו פאַרבלייבן דאָרט. צוויי מאָל זענען די יודען געווען אין ארץ ישראל און געמוזט פון דאָרט אַוועקגיין צוליב די זינד. א"י קען מען נאָר דערהאַלטן ווען מען היט די תורה.

פראַגע: וואָס דאַרף זיין די שטעלונג לגבי דער ריכטונג ביי יודן וואָס באַנוצן זיך מיט געגן-טעראָר קעגן די אַראַבער?

זיי דאַרפן באַטראַכט ווערן ווי רודפים אויפ'ן כלל ישראל. מיט אַזעלכע מיטלען טאָר מען זיך נישט באַנוצן.

דער שרייבער ענדיגט דעם אַרטיקל:

איך האָב דעם שמועס געמוזט איבעררייסן, ווייל די זיצונג האָט זיך אָנגעהויבן און דער עולם האָט געוואַרט צו הערן אַ וואָרט פונעם גרויסן מוכיח.

שער תשיעי

מזרחי דער פרומער ציוניזם

תרס"ב - תרצ"ט

- הר' ריינעס און זיינע פסול'ע השקפות
- שעדליכע כלאים פון 'דת' און 'לאומיות
- גדולי אונגארן שלאָגן אָפּ אַריינטריט פון "מזרחי"

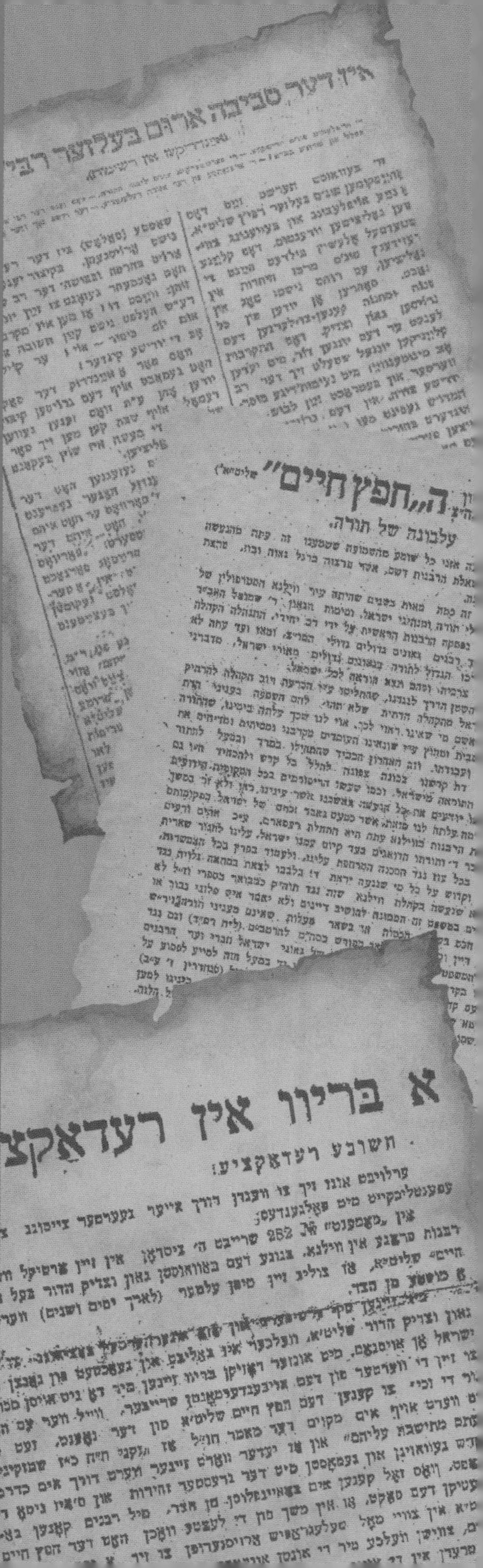

אין דער סביבה ארום בעלזער רבי

ה„חפץ חיים" שליט"א

עלבונה של תורה

א בריוו אין רעדאקציע

חשובע רעדאקציע!

אריינפיר

אין די ענדע תר"נ יאָרן האָט די קליפה פון ציונות זיך אָנגעהויבן מער און מער פאַרשפרייטן, אָבער פאַרהעלטניסמעסיג איז עס געווען אויף אַ געצוימטן פאַרנעם. צווישן אַלע אייראָפּאיִשע לענדער זענען שוין געווען עטליכע טויזנט ציוני'סטישע סימפּאַטיקער, אָבער זיי האָבן זיך אָנגעשטויסן אין אַ האַרטער וואַנט ביי רוב ערליכע אידן. כלל ישראל איז דאַן געווען צעטיילט צווישן די תורה-טרייע אידן, חסידים און מתנגדים, וועלכע האָבן געקעמפט אייפערדיג קעגן די רעפאָרמער/משכילים. ליידער האָט די רעפאָרם באַוויזן צו פאַנגען מיליאָנען אידן אין אירע לאַפּעס, אָבער קעגן דעם זענען געווען שווערע מיליאָנען שומרי תורה ומצוות. דער גרעסטער חלק פון המון עם, אפילו די וועלכע האָבן געשטיצט די רעפאָרמער און/אָדער השכלה, זענען געווען כאָטש טיילווייז שומרי תורה ומצוות, כאָטש וואָס די רעפאָרם האָט צוביסלעך אַראָפּגעפירט אירע אָנהענגער אַלס טיפער און טיפער אין שאול תחתית.

ביידע גרויסע שטרעמונגען האָבן באַקעמפט די נייע ערשיינונג פון ציונות, כאָטש צוליב קעגנגעזעצטע מאָטיוון. די רעפאָרם אידן האָבן געשטעלט אַלס זייער הויפט ציל דאָס אויסמישן זיך מיט זייערע אַרומיגע גוי'אישע שכנים און ווערן אַ טייל פון זייער נאַציאָן, צי ס'איז געווען די דייטשן אין דייטשלאַנד, די רוסן אין רוסלאַנד, די פּאָלאַקן אין פוילן, די מאַדיאַרן אין אונגאַרן, א.א.וו.

די רעפאָרם פירער האָבן דעריבער געקוקט מיט אַ קרום אויג אויף ציונות, מורא האָבנדיג אַז דאָס וועט אויפוועקן די גוי'אישע שכנים אַז די אידן זענען אַ 'פרעמדער געוויקס' אין זייער לאַנד, מיט אייגענע נאַציאָנאַליסטישע האָפענונגען איבערצולאָזן זייער 'היימלאַנד' און אַרויפגיין קיין ארץ ישראל - אינדערצייט וואָס די רעפאָרמער האָבן שוין געהאַט אַרויסגעשניטן פון זייער 'סידור' אַלע תפילות איבער שיבת ציון. דערפאַר האָבן זיי זיך שאַרף קעגנגעשטעלט דעם ציונות[1].

ווידעראום ביי ערליכע אידן און גדולי ישראל איז אודאי נישט געווען קיין פראַגע פון זיך אָנשליסן אין דער ציוני'סטישער באַוועגונג, וועמענס גאַנצער ציל איז געווען חלילה אויסצורייסן די ריכטיגע גאולה דורך השי"ת און גרינדן אַן אייגענע מלוכה פאַר משיח'ס קומען.

די פירער פון דער יונגער ציוני'סטישער באַוועגונג זענען דעריבער געשטאַנען פאַר אַ קלעם. זיי האָבן שוין באַוויזן אַריינצובאַקומען שטיצע פון אַסאַך גרויסע אידישע גבירים, אָבער זיי האָבן

1) מיר האבן שוין דערמאנט, אז דער ערשטער ציוני'סטישער קאנגרעס האט געזאלט פארקומען אין מוניך, אבער איז געצווינגען געווארן צו גיין קיין באזעל, שווייץ, צוליב דער קעגנערשאפט פון די דייטשע רעפארם פירער קעגן ציונות. און דאס איז בלויז איינע פון מערערע אזעלכעביישפילן.

געזוכט דעם ריכטיגן מיטל וויאַזוי אַריינצוכאַפּן די ברייטע אומוויסנדע מאַסן אין זייער נעץ, און דער ענגילטיגער מכה בפטיש וואָס האָט דאַן באַוויזן אַריינצושלעפּן מאַסן אידן אין דער טומאה איז געווען די גרינדונג פון דער "מזרחי" פּאַרטיי[2].

די מזרחי באַוועגונג איז באַלד פון איר גרינדונג געווען אַן אינטעגראַלער טייל פון דער אַלגעמיינער ציוני'סטישער קערפּערשאַפט, אָבער איז געווען פאַרשטעלט אונטער אַ לבוש פון תורה און רבנים. זיי האָבן אָנגעטון אַ 'קאַפּל' און פרומען פנים פאַר ציונות, וואָס איז זיי געגאַנגען גאַנץ לייכט דורך נוצן אַזוינע הייליגע באַגריפן ווי "שיבת ציון", "ישוב ארץ ישראל", "גאולה השלימה", א.ד.ג. אַדאַנק דער מזרחי האָט ציונות באַוויזן אויסצושפּרייטן זייער פּאַסטקע איבער אייראָפּע און ברענגען אַן אויפוואַכונג צום ציונות אויך ביי פרומע אידן און ערליכע קהלות.

איבער די פעולות פון מזרחי אין יענער צייט שרייבט רביה"ק מסאַטמאַר זי"ע:

"די מזרחי, וואָס זייער כח איז גרויס און שטאַרק מיט אַ פעסטער באַזע פון מענטשן און קראַפט, האָט אויפגעטון פאַר דער טובה פון ציונות און פאַר דער מדינה, פיל מער ווי אַלע אַנדערע פּאַרטייען. זיי זענען עס געווען די וואָס האָבן צוגעצויגן דאָס מערהייט פון דער וועלט צום ציונות, דורך דעם וואָס זיי האָבן זיך אָנגעקליידעט אין אַ לבוש פון תורה[3].

"דורך דעם וואָס עס האָבן זיך אָנגעשלאָסן מיט די ציונים אויך אַזעלכע גרופּעס וואָס האָבן געזאָגט אַז דער ציל פון זייער התחברות איז כדי בעסער צו מאַכן און אַריינצוברענגען אין די מינים דעם דרך התורה. דאָס איז געווען די פאַרמיטלער וואָס האָט צוגעצויגן ערליכע אידישע קינדער צום טמא'נעם רעיון פון אויפשטעלן אַ מדינה, קלערנדיג אַז עס זענען דאָ 'מְתַקְנִים' און אַרבעטער וואָס טוען פאַר דער תורה, און דערנאָך פאַלט מען שוין אַריין גענצליך אינעם נעץ פון מינות דורכ'ן בריק פון די פרומע וואָס זענען נאָכגעשלעפּט צום ציונות[4]."

2) אזוי שילדערט דער זון פון הרב ריינעס אין דער הקדמה צו זיין פאטער'ס חיבור "אור חדש על ציון", אז דער צענטראלער גורם צו פארשפרייטן דאס ציוניזם צווישן אידן שומרי תורה איז געווען די מזרחי באוועגונג:
"**ועוד** בדבר אחד נחלק על חבריו, כשהופיע על הבימה היהודית ד"ר הערצל פנים חדשות במחנה ישראל, ועד אז מוזר ונכרי לאחיו, וחולל תנועה ומהפכה שהתבטאה במלה חדשה ציונות, חקרו ובדקו הרבנים לדעת מה טיבו של עובר זה ומי אביהו, ואחרי דרישה ושקלא וטריא באו כלם למסקנא כי הציונות היא כפירה בביאת המשיח שהיא אחד מעיקרי הדת, וכי יוצרי התנועה והעומדים בראשה כולם פושעי ישראל שאין בהם רוח אמונה ודת, ועל כן הזהירו את העם בהכרזות בדרשות ובמכתבים שנשלחו לכל תפוצות ישראל ונדפסו בספר להבדל מן הרשעים האלה, ולא היה אף אחד מן הרבנים המפורסמים מגלה דעתו בניגוד להחלטה זו אחרי שכל גדולי הרבנים הסכימו.
ולא היה חולק בדבר מלבד מר אבא... ואז החליט לצאת בגלוי נגד כל הקמים על הציוניות ממחנה החרדים, בני ביתו וקרובי' ומיודעיו התחננו אליו שלא יעשה דבר שיעלה עליו אף כל הרבנים והחרדים ולהיות כאיש ריב ואיש מדון לכל חבריו, אבל הוא לא שמע אליהם ונסע אל הקונגרס הציוני, ולא עברו שלש שנים והצליח לייסד את המזרחי... והודות למרצו והשפעתו התפשט המזרחי בכל ארצות הגולה ובארץ אבותינו, והיה לכח אדיר ופעיל בציונות ובציון, ככל אשר עינינו רואות היום".

3) ויואל משה, מאמר שלש שבועות (סי' קטז).

4) ויואל משה, הקדמה.

קאַפּיטל כ"ד

הר' ריינעס און זיינע פסול'ע השקפות

סעמינאַר פאַר לימודי חול

די "**מזרחי**" איז געגרינדעט געוואָרן אין יאָר תרס"ב דורך הרב **יעקב יצחק ריינעס**, דער רב פון לידא, רוסלאַנד.

הרב ריינעס איז געווען אַ תלמיד חכם ויודע ספר, אָבער האָט אין די שפּעטערע יאָרן אָנגעהויבן פאַרשפּרייטן זיינע קרומע דעות וואָס זענען שאַרף באַקעמפט געוואָרן דורך אַלע גדולי וצדיקי הדור זי"ע.

צום ביישפּיל האָט הרב ריינעס איינגעפירט - קעגן דער אור-אַלטער מסורה און אויפ'ן זעלבן גאַנג ווי די ערשטע משכילים - אַ שולע וואו די תלמידים האָבן געלערנט סיי לימודי קודש און סיי לימודי חול, אַ זאַך וואָס איז גאָר שאַרף באַקעמפט געוואָרן דורך אַלע גדולי ישראל זי"ע און האָט זיך אַרויסגעשטעלט צו זיין אַ געוואַלדיגער מכשול וואָס האָט געברענגט שרעקליכע חורבנות און הירוס הדת.

הגה"ק **מהרש"ב מליובאַוויטש** זי"ע שרייבט דערוועגן:

"זינט די אויבנדערמאַנטע כיתה האָט באַשלאָסן צו גרינדן אַ ישיבה גדולה און זייער ציל איז צו באַשטימען אין דער ישיבה צו לערנען תורה איינאיינעם מיט אַנדערע לימודים, וועט דאָס זיין פּונקט ווי אַ סעמינאַר[1]. אויב זייער שלעכטע מחשבה וועט ח"ו

1) דאס הייסט אז ס'וועט זיין פונקט ווי די טריפה'נע סעמינארן וועלכע זענען אויפגעשטעלט געווארן דורך די משכילים און געהאלפן אראפפירן אלפים ורבבות פון אידישן וועג רח"ל.

אויסגעפירט ווערן, וועט דאָס מאַכן אַ חורבן אין דער גאַנצער אידישקייט. דאָס וואָס איז ס'נישט געלונגען פאַר די פאַרשפרייטער פון השכלה דורכצוברעכן דורכאויס עטליכע צענדליגער יאָרן, וועט די כיתה עררייכן אין אַ קורצער צייט. דעריבער איז לויט מיין דעת אַ פליכט אויף די גרויסע רבנים גאוני זמנינו אַרויסצוגיין דערקעגן מיט אַן אָפענער מחאה און פאַרעפנטליכן איר שלעכטס ברבים, כדי מען זאָל זיך נישט שטרויכלען[2]."

הערצה צום עוכר ישראל

אָבער דער גרעסטער חורבן וואָס איז אָנגעזייט געוואָרן אַדאַנק די קרומע מיינונגען פון הר' ריינעס, איז געווען זיין געטריישאַפט צו דער ציוני'סטישער אידעאָלאָגיע פון דער סאַמע-ערשטער תקופה פון איר גרינדונג. ער האָט שווער געאַרבעט אַריינצוברענגען די באַוועגונג אויך ביי ערליכע אידן, וואָס האָט עווענטועל געפירט צום התייסדות פון דער "**מזרחי**" פאַרטיי.

ווען הערצל ימ"ש האָט פאַרעפנטליכט זיין העפט "**יודענשטאַט**", און דערנאָך אַראַנזשירט די ערשטע ציוני'סטישע קאָנגרעסן אין באַזעל, האָט הרב ריינעס אויפגענומען מיט אויסטערלישן התפעלות דעם רעיון פון ציונות. ער האָט שטודירט די באַוועגונג און איז פאַרכאַפט געוואָרן מיט שעצונג צו הערצל און זיינע שיטות.

זיין בלינדע הערצה צו דעם עוכר ישראל קומט צום אויסדרוק אין אַ בריוו וואָס ער האָט אים געשריבן, וואו ער דרוקט זיך אויס צווישן אַנדערע מיט די פאָלגענדע שרעקליכע רייד:

"צו דיר, גרויסער געשעצטער מענטש טו איך זאָגן. זאָלסט וויסן אַז דו ביזט דער מענטש צו וועמען די אויגן פון אידישן פאָלק זענען געוואָנדן. שוין אַכצן-הונדערט יאָר וואָס מיר זענען פאַרוואָגלט אין פרעמדע לענדער, וויבאַלד מיר האָבן נישט געהאַט קיין נאַציאָנאַלער פירער און פּאָליטישער פיגור וואָס זאָל אונז פאַרטרעטן, ביז דו ביסט אויפגעשטאַנען צו זיין אַ פאָטער פאַר אידן און דו וועסט אַרויסגיין צו באַלייכטן אונזער וועג און אונז ראַטעווען פון ענגשאַפט. שוין אַכצן-הונדערט יאָר וואָס מיר וואַנדערן צווישן די פעלקער, ביז דו ביזט אָנגעקומען צו אונז און מיט דיין שטאַרקן גייסט טוסטו אונז ערצייגן אַ באַהעלטעניש. דערפאַר זאָלסטו וויסן, אַז אין דיר און אין דיינע ווערק

2) "מעת אשר החליטה הכיתה הנ"ל לייסד ישיבה גדולה, הנה בהישיבה הזאת כוונתם ליחד תורה עם למודיות, והיא תהי' סעמינאר ממש, ואם ח"ו תפיק מחשבתה הרעה הזאת תעשה ח"ו שמות בהיהדות כולה, ומה שלא עלה בידי הח' [החברה] מפיצי השכלה לפעול בכמה עשיריות שנים, תפעול ח"ו הכיתה הזאת בזמן קצר, ולדעתי חובה היא על הרבנים הגדולים גאוני זמנינו לצאת נגדה במחאה גלוי' ולפרסם רעתה ברבים, למען לא יכשלו בה... ואתם אחינו היראים החפצים באמת בקיום נפשם, אליכם אקרא, סורו נא מאהליהם ואל תגעו בכל אשר להם, אל תבקשו לכם חדשות ואל תדמו להיטיב מצבכם הרוחני והגשמי בחדשות כאלה השנואים ליוצרינו, לכו בדרך אבותיכם אשר היו נאמנים לה' ולתורתו בלי התחכמות יתירות, ואור התורה הי' נר לרגלם בכל ענינהם הפנימיים לבקש עצות רק ע"פ התורה לבד והשי"ת הי' בעזרם וככה יעזור לכם".

זענען אַנגעוואָנדן דאָס לעבן פונעם גאַנצן אידישן פאָלק, און פון דיר ערוואַרטן זיי אַ רעטונג און אַ האָפענונג[3]."

דוכט זיך אַז נאָך אַזעלכע געמיינע חנופה-ווערטער צו דעם כופר בה' ומשומד בפרהסיא, איז איבעריג אַרויסצוברענגען צו וואָספאַראַ שפלות און אָפּגרונד די פירער פון דער שפּעטערדיגער מזרחי האָבן זיך דערקייקלט, אַזש ביז'ן גענצליך פאַרגעסן אַז מיר אידן געפינען זיך גלות בגזירת ה' און ביז'ן קרוינען הערצל אַלס "פאָטער פון אידן" וואָס וועט ענדליך ברענגען די רעטונג פאַר כלל ישראל, עפ"ל.

בעצת רשעים ובדרך חטאים

דאָס ערשטע מאָל וואָס הרב ריינעס האָט זיך אַקטיוו באַטייליגט אין די ציוני'סטישע אַקטיוויטעטן, איז געווען ביים דריטן ציוני'סטישן קאָנגרעס וואָס איז אָפּגעהאַלטן געוואָרן אין באַזעל אין יאָר תרנ"ט לפ"ק. דער קאָנגרעס האָט געמאַכט אויף אים אַ געוואַלדיגן רושם און ער האָט זיך דאַן אָנגעשלאָסן אין דער ציוני'סטישער פאַרטיי.

מיט דער צייט האָט ער זיך אָבער אָנגעשטויסן אין פאַרשידענע חילוקי דעות מיט די לינקע שונאי הדת פירערשאַפט פון דער ציוני'סטישער באַוועגונג, וועלכע האָבן פאַר יעדן פרייז געוואָלט אויסמעקן יעדן זכר פון דער תורה הק' און אָפן דערקלערט אַ קאַמף מיט דער הייליגער אמונה און מצוות ה'.

אין לויף פונעם פינפטן ציוני'סטישן קאָנגרעס אין יאָר תרס"ב איז באַשטימט געוואָרן אַז די ציוני'סטישע באַוועגונג וועט אָפיציעל באַשטימען צייט, געלט און פאָנדן אויפצושטעלן אַ קולטור פון חינוך פאַר כפירה און מרידה אין עול התורה והמצוות. אָט די אָפּשטימונג איז געווען שוין צופיל פאַר די רעליגיעזע ציונים וועלכע האָבן דאַן באַשלאָסן צו פאָרמירן די "מזרחי" באַוועגונג, וואָס זאָל דינען ווי אַ באַזונדערע פיליאַלע אינערהאַלב די ציוני'סטישע רייען.

אין די טעג פון כ"ה-כ"ו אדר ראשון שנת תרס"ב, האָבן זיך פאַרזאַמלט אין ווילנא אַ גרופּע פון אַרום 24 ציוני'סטישע 'רבנים' און 50 רעליגיעזע אַקטיוויסטן, וואו עס איז באַשלאָסן געוואָרן צו גרינדן אַ שפּליטער-גרופּע אינערהאַלב דער צענטראַלער ציוני'סטישער פאַרטיי, מיט'ן נאָמען "מזרחי", באַזירט אויף אַ קיצור פון די ווערטער "מרכז רוחני", דער זעלבער נאָמען פון אַן ענליכער גרופּע, געגרינדעט מיט יאָרן פריער אין ביאַליסטאָק דורך הרב מאַהליווער, פון די "**חובבי ציון**".

3) מאמר "נס ציונה" בירחון "המזרח" שהופיע בקראקא תרס"ג - תרס"ד (עמ' 391). הובא בס' *משיחי שקר ומתנגדיהם* (עמ' 611).

די מזרחי איז דאַן פאָרמירט געוואָרן אַלס אַ רעליגיעזע פראַקציע אין דער צענטראַלער ציוני'סטישער באַוועגונג, און האָט ערקלערט אַז איר הויפט ציל איז "איינצונעמען די ציוני'סטישע הסתדרות פון אינעווייניג", מיט'ן איינרעדעניש אַז דורך אַריינברענגען ערליכע אידן אונטער די ציונים וועט זיי געלונגען איבערצונעמען די לייצעס פון ציונות און דאָס פאַרוואַנדלען אין אַ רעליגיעזער באַוועגונג.

הערצל פינאַנצירט ערשטע קאָסטן פון "מזרחי"

ווי מערקווירדיג עס קלינגט, איז הינטער דעם פלאַן פון גרינדן די מזרחי גאָר געשטאַנען דער מייסד פון ציונות הערצל זעלבסט, וועלכער איז פאַקטיש געווען דער וואָס האָט ערפונדן און געמוטיגט די אַנטשייאונג פון מזרחי.

הערצל האָט געשפירט אַ געברויך אויפצושטעלן אַ רעליגיעזע קערפערשאַפט אינערהאַלב דער ציוני'סטישער באַוועגונג פאַר צוויי סיבות. צוערשט ווייל ער האָט אַנערקענט אַז ער מוז אָנטון אַ רעליגיעזן שלייער פאַר'ן ציונות כדי אַריינצוכאַפן די תמימות'דיגע ערליכע מאַסן, ווי דאָס מציאות האָט געוויזן אַז אַדאַנק די ציוני'סטישע/מזרחי'סטישע רבנים, ווי **הרב מאָהליווער**, **הרב ריינעס**, **מיימון**, **הר' קוק**, א.א.וו. האָט ער עווענטועל באַוויזן אַריינצושלעפן רוב כלל ישראל אינעם ציוני'סטישן נעץ.

גלייכצייטיג האָט ער אויך געהאַט פריוואַטע פאָליטישע חשבונות, ווען ער האָט געוואָלט נוצן די "**מזרחי**" אַלס אַ קעגן-רעאַקציע צו די לינקע "**חובבי ציון**" פירער און אַנדערע אויסגעשפראָכענע ציוני'סטישע אַקטיוויסטן, וועלכע האָבן זיך נישט פאַרשטאַנען מיט אים און זיך מערערע מאָל געקריגט מיט זיינע פאָליטישע צילן. ער האָט געהאַלטן אַז צווישן די פרומע אידן וועט ער געפינען שטיצע צו זיינע שטעלונגען און דערפאַר האָט ער זיך געוואָנדן צו **יהודה לייב מיימון**, פון זיינע רעליגיעזע קאָלעגעס, אַז ער זאָל זיך אַריינלייגן און אַגיטירן אויפצושטעלן אַ ציוני'סטישע אָרגאַניזאַציע צווישן פרומע אידן. הר' מימון האָט איבערגעגעבן די אַרבעט פאַר הרב ריינעס, און ביז אַ האַלב יאָר איז פאַררופן געוואָרן דער "**כינוס היסוד**" פאַר דער "**מזרחי**".

כדי אָפצוהאַלטן די ערשטע פאַרזאַמלונג פון מזרחי, האָט ריינעס ווי פאַרשטענדליך געדאַרפט האָבן געלט. ער האָט זיך דרינגענד גענויטיגט אין דער סומע פון אַכט הונדערט מאַרק, וואָס הערצל האָט אויסגעלייגט און באַצאָלט פון זיין אייגן טאַש און אַזוי אַרום פינאַנצירט די מזרחי אין אירע ערשטע שטאַפלען[4].

4) 'מקבילים נפגשים', אהוד לוז, (עמ' 304), על פי מאמר מ'הארץ', י"ג כסלו תשט"ז.
די געשיכטע האט אויפגעדעקט יהודה לייב מיימון, ביי א פארברענג וואס איז אפגעראכטן געווארן לכבודו בשנת תשט"ז לפ"ק צו

מסיתים ומדיחים

די מזרחי איז אויפגעשטעלט געוואָרן צו פאַרטרעטן דעם פּאָליטיש-רעליגיעזן פליגל אינערהאַלב דער ציוני'סטישער באַוועגונג, אונטער דער פירערשאַפט פון הרב ריינעס און נאָך עטליכע קאַליקע 'רבנים' ווי **יהודה לייב מיימון** און הר' **גדלי' שמעלקיש**.

דער דערמאַנטער מימון איז געווען אַ קל דעת און אַ באַרימטער פושע ישראל וואָס האָט זיך צוגעטשעפּעט צו אַ רבנות פּאָזיציע אין דער שטאָט **אונגעני**, מזרח-אייראָפּע, וואו ער האָט מתיר געווען פילצאָליגע איסורים און מכשיל געווען אידן[5]. אין זיין מאמר "וואָס איז דער מזרחי?"[6] טענה'ט ער, אַז אָן קיין נאַציאָן און אויב אידן וואוינען נישט אין זייער אייגן לאַנד, איז נישט פאַרהאַן קיין תורת ישראל, עפ"ל.

ווען **ריינעס** האָט אָנגעהויבן מיט זיינע פעולות פאַר דער מזרחי, האָט הגה"ק ה**מהרש"ב מליובאַוויטש** זצ"ל דאַן געזאָגט אַ פּאָרכטיגן אויסדרוק בלש"ק:

"עס וועט זיין אַ קידוש השם אויב ריינעס וועט זיך געשנעליך אָפּשניידן זיין באָרד, מען זאָל זיך מער נישט טועה זיין אין אים"[7].

זאָל טאַקע נאָטירט ווערן לחרפה ולדראון עולם, אַז די מזרחי אָרגאַניזאַציע האָט איבערהויפּט נישט אַנטוישט איר גרינדער און מייסד הערצל שר"י. זיי האָבן ליידער עררייכט זיין ציל און זענען געווען אַן אויסטערליש-שטאַרקער שטופּ פאָראויס אַז דאָס ציונות זאָל פאַרשפּרייט ווערן אויך צווישן ערליכע אידן און פרומע קהלות. נישט אומזיסט האָט ער געזען פאַר וויכטיג צו פינאַנצירן פון זיין טאַש די ערשטע קאָסטן פון דער אָרגאַניזאַציע, און נישט אומזינסט זענען אַלע גדולי וקדושי ישראל זי"ע אַרויס קעגן איר מיט דער גאַנצער שאַרפקייט, כדי צו דערוויטערן דעם רעיון הטמא פון די אידישע גרעניצן און נישט דערלאָזן אַז די טריפה'נע אידעאָלאָגיע זאָל אַריינקומען אינעם כרם בית ה' אָנצוזייען חורבן און שמד, ווי עס האָט ליידער אין דער ווירקליכקייט געטון.

זיין 80'סטן געבורטסטאג. מיימון האט דאן דערציילט פון זיין פערזענליכער געשיכטע, זאגנדיג אז ביז היינט האט ער געהיטן די זאך אלס א סוד, אויפ'ן פארלאנג פון הרב ריינעס, אבער אצינד ווען ס'איז שוין פאראיבער אסאך צייט איז ער זיך מתיר צו דערציילן דעם סוד ברבים.

5) צום באמערקן אז כ"ק אדמו"ד מסקווירא זצ"ל, וועלכער האט אים געדענקט פון די יארן אין אוקריינא, פלעגט פיל דערציילן איבער זיינע בייזוויליגע מעשים, דערונטער אז ער האט אפגעשפארט ארום פערציג מקוואות טהרה אין דער רומענישער אומגעגנט.

6) "תעודת המזרחי" - י"ל פישמן מימון: 'הציונות הדתית והמדינה' - קובץ מאמרים לשלושים שנות המדינה, יוסף תירוש.

7) "כ"ק אדמו"ר מהרש"ב מליובאוויטש זצ"ל אמר אז כאשר התחיל הרב ריינס מלידא לייסד את המזרחי, שיהי' קידוש שמו ית' אם יגלח אותו רב את זקינו שלא יטעו שוב אחריו". (ספר תורת א', ח"א מכתב ח).

דער וואַנדערנדיגער מזרחי׳סט

הרב ריינעס און מיט אים נאָך עטליכע רבנים וואָס האָבן זיך פאַרקויפט די נשמה פאַר דער ציוני׳סטישער עבודה זרה, האָבן פאַרפאַסט פאַרשידענע ספרים צו מחזק זיין דעם רעיון פון מזרחי, און זענען אַרומגעפאָרן אין שטעטלעך לענגאויס אייראָפּע צו פרעדיגן דרשות של דופי. ספעציעל האָט זיך ׳אויסגעצייכנט׳ דערין דער דערמאַנטער **מימון**, וועלכער האָט זיך איינגעקויפט דעם טיטל ״**דער וואַנדערנדיגער מזרחי׳סט**״ צוליב זיין אומאויפהערליכע פרעדיגן אין מערערע שטעט, אַזוי האָבן זיי פאַרכאַפּט אומצאָליגע אידישע נשמות. זיי האָבן געמאַכט דעם געפאַרפולן געמיש פון דער אידישער אמונה מיט דער נאַציאָנאַליסטישער עבודה זרה.

אונטער אַ שלייער פון תורה האָבן זיי פאַרדעקט די מינות וכפירה פונעם ציוני׳סטישן רעיון, און דערמיט געמאַכט אַ בריק אַריבערצופירן מיליאָנען אידן צום ציונות.

קאַפּיטל כ"ה

שעדליכע כלאים פון 'דת' און 'לאומיות'

עבודה זרה בשיתוף

אין יאָר תרס"ב האָט הרב ריינעס פאַרעפנטליכט זיין חיבור "**אור חדש על ציון**", וואו ער פרעדיגט די נייע שיטה פון ציונות. ער האָט זיך נישט געשעמט צו גיין אַזוי ווייט ווי פּראָקלאַמירן אַז "ווער עס קלערט אַז דאָס ציונות איז נישט אויסגעהאַלטן, איז צריך בדיקה אחריו און ער איז בכלל פון המחלל את הקדשים".

די מזרחי האָט ערפינדן אַ נייעם חידוש'דיגן קאָנצעפּט, אַז פרומע אידן זאָלן בויען דאָס לאַנד 'אויף אַ תורה'דיגן אופן', און אַזוי אַרום אַריינברענגען דאָס ציונות אין דער תורה אַריין. דער נאַציאָנאַליזם וואָס ציונות האָט פאָרגעשלאָגן אַז דאָס אידישע פאָלק איז אַ פאָלק אָן תורה, האָבן זיי פאַרקליידעט אין אַ שפּאָגל-נייער שיטה פון "דת" אינאיינעם מיט "לאומיות", נעמליך אַז די תורה און נאַציאָנאַליזם גייען צוזאַמען האַנט-ביי-האַנט, רח"ל. דאָס אידישע פאָלק פאַרקערפּערט ביידע זאַכן: אַ נאַציאָן און אויך די תורה.

ביז'ן היינטיגן טאָג פאַררופט זיך די מזרחי פאַרטיי מיט'ן נאָמען "**מפד"ל**", וואָס באַדייט **מ**'פלגה **ד**'תית **ל**'אומית, צו כאַראַקטעריזירן איר כלאים'דיגער געמיש פון תורה און נאַציאָן אינאיינעם.

דער גאון וצדיק רבי **אלחנן וואַסערמאַן** זצ"ל שרייבט מערערע מאָל אין זיינע שריפטן[1] אין

1) פאלגענד איז איינע אויסצוגן פון דעם וואונדערליכן מאמר "עיקבתא דמשיחא" וואס הגאון רבי אלחנן זצ"ל האט געשריבן און פארעפנטליכט מיט א קלארער ערקלערונג איבער דער טומאה פון ציונות אין אלע אירע פארמען, וואו ער באציט זיך אויך דירעקט צו דער מזרחי'סטישער באוועגונג פון נאציאנאל - רעליגיעז:
"**די** מאדערנע נאציאנאלע אידיי ביי יידן, איז אלט אומגעפאר 60 יאר. דער פאטער פון דער אידיי ביי יידן איז געווען דער בעל

באַצוג צו דער מזרחי, אַז די נאַציאָנאַלע אידעאָלאָגיע וואָס ציונות האָט אַדאָפּטירט, די שיטה פון "לאומיות", איז ריין עבודה זרה, און איר יונגערע שוועסטער, די רעליגיעז-נאַציאָנאַלע אידעאָלאָגיע וואָס די מזרחי האָט אָנגענומען, נעמליך די שיטה פון "דתית-לאומיות", איז עבודה זרה בשיתוף; דאָס טוט איינפאַך משתף זיין שם שמים און כפירה צוזאַמען.

הגאון רבי אלחנן זצ"ל שרייבט איבער דער מזרחי[2], אַז יעדע קליפּה דאַרף האָבן אַ יניקה פון דער קדושה, וואָס באַדייט אַז דאָס ציונות זעלבסט, ווען זיי וואָלטן נישט געהאַט די כוחות

השחר הידוע וועלכער האט זיין גאנצע לעבן געקעמפט געגן די תורה. און ווי עס שיינט האט ער געדענקט אז די תורה איז שוין געשטארבן און מען דארף איר ירש'נען, האט ער דערפונדן א סוראגאט אנשטאט די תורה: די נאציאנאלע אידיי.

די שיטה באשטייט אין דעם: צו זיין א ייד איז גענוג אז מען איז נאציאנאל געזאנען. מער דארף מען נישט. זיינע נאכפאלגערס האבן דערגאנצט די תורה פון זייער רבי, דאס מען קען זיין זאגאר גע'שמד'ט, און דאך זיין גוטער נאציאנאלער ייד.

וואס איז די מיינונג פון דער תורה וועגן אזא שיטה? די הלכות וועגן דעם זיינען גאנץ קלארע:

בשלשים וששה מקומות הזהירה התורה על הגר, אין 36 פלעצער אין חומש, האט די תורה געווארנט איבער דער אויפמערקזאמקייט, מיט וועלכער מוז מען באהאנדלען דעם גר. דעם גר דארף מען צערטלען ווי מען צערטעלט א בן יחיד. פון וואנען שטאמט דער גר? ער קען זיין אן אייניקל פון המנ'ען. אבער ווי איז פארקערט א זון פון דעם גרעסטן מענטש ביי יידן וואס האט זיך גע'שמד'ט? איז 'מורידין ולא מעלין', ער איז ביי אונז נידריקער ווי א הונט. אויף א הונט איז נישטא קיין מצוה מורידין.

מיר זעען פון דעם, אז די אפשטאמלונג אליין אן תורה, שפילט ביי אונז קיין ראלע נישט. קומט אויס אז די נאקעטע נאציאנאלע אידיי איז א נייער אפגאט וואס איז נישט אנערקענט פון דער תורה, איז דאס עבודה זרה.

אין פארלויף פון דער צייט, איז ביי די נאציאנאלע געבוירן געווארן א קינד און מען האט אים א נאמען געגעבן "נאציאנאל-רעליגיעז". דער נאמען באדייט, אז רעליגיעז אליין איז נישט גענוגיק. מען דארף דערגאנצן מיט נאציאנאל. אין דעם נאמען אליין איז אנטהאלטן א כפירה אין איינע פון יסודות האמונה. עס שטייט תורת ה' תמימה, דעם אויבערשטנ'ס תורה איז גאנץ, אן א מום, עס פעלט אין איר קיין זאך נישט, און מיר זיינען פארזאגט געווארן: לא תוסיפו, וכל המוסיף גורע, איר זאלט קיין זאך נישט צולייגן - צו דער תורה - און דער וועלכער לייגט עטוואס צו, נעמט אין דער ווירקלעכקייט ארונטער, אנשטאט צוצולייגן.

עס איז קלאר, דאס וויבאלד דער מאדערנער נאציאנאליזם ביי יידן איז עבודה זרה, קומט ממילא אויס אז די נאציאנאל-רעליגיעזע שיטה איז עבודה זרה בשיתוף, אייגענטלעך איז די אידיי פון צוגעבן א צווייטע תורה שוין גאנץ אלט.

דער אופן וואס באשטייט אין צוגעבן א צווייטע תורה, ווערט פארווירקלעכט דורך די נאציאנאלע-רעליגיעזע. די לעצטע האבן געבראכט א שרעקליכע בלבול הדעת ועירבוב המושגים. פאר זיי זיינען אויפגעשטאנען איז געווען קלאר דאס א ייד איז נאר דער וועלכער אנערקענט אויף זיך דעם עול תורה. א כופר בתורה איז דער זעלבער ווי א משומד. ער איז מיט יידן קיין מחותן נישט. אבער די נאניאנאלע-רעליגיעזע זאגן אנדערש: ער איז טאקע א כופר, אבער וויבאלד ער איז נאציאנאל-רעליגיעזע איז ער משלנו. די הלכה זאגט: "כל אדם שאין בו יראת שמים אסור למנותו לשום מנוי בישראל" (רמב"ם ריש הלכות מלכים), זיינען זיי מכשיר כופרים צו זיין מנהיגים פון כלל ישראל.

טראץ דעם וואס די תורה ווארענט: אסור להתחבר לרשעים אפילו לדבר מצוה, מען טאר זיך נישט מתחבר זיין צו א רשע, אפילו דאן ווען עס האנדלט זיך צו טאן א מצוה. זאגן זיי: לא כי, מיט אונזער התחברות לרשעים וועלן מיר מחזיר למוטב זיין, ד.ה. זיי האבן געדענקט זיין קליגער און פרימער פון דער תורה. אבער די תורה לערנט אונז: אל תהי צדיק הרבה. הרבה באדייט, מער ווי די מאס. וויפיל איז די מאס? וויפל די תורה הייסט. פרימער ווי די תורה טאר מען נישט זיין.

די רעזולטאט פון התחברות לרשעים איז ארויסגעקומען ווי די תורה האט פאראויסגעזען: אנשטאט מחזיר למוטב זיין די רשעים, זיינען די נאציאנאלע-רעליגיעזע געווארן טרייע שילערס פון די פרייע, און געווענדעט זייער גאנצע גבורה געגן די נושאי דגל התורה אין אלערליי פארמען, פארמאסקירטע און נישט קיין פארמאסקירטע. זיי זיינען א בריק צווישן צוויי לאגערן: די רעליגיעזע און רעליגיעזלאזע.

נאר געוויינטלעך אויף א בריק זעט מען עוברים ושבים, אבער אויף דעם נאציאנאל-רעליגיעזן בריק זעט מען נאר עוברים, קיין שבים טרעפט מען דארט נישט.

...דאס באדייט פון אנרירן זיך אין קדושה ווערט מען נישט קדוש, אבער פון אנרירן זיך אין טומאה ווערט מען טמא. די תורה זאגט עדות: אשרי האיש אשר לא הלך בעצת רשעים וגו' - אם הלך סופו לעמוד, ואם עמד סופו לישב, ואם ישב סופו וכו' (ע"ז י"ח ע"ב). וואיל איז דער מאן וועלכער גייט נישט נאך די עצות פון די רשעים, א. א. וו. איז ער געגאנגען וועט ער אויך דארט שטיין בלייבן, איז ער שטיין געבליבן וועט ער אויך זיך זעצן צווישן זיי, האט ער זיך געזעצט, א.א.וו. די עדות פון דער תורה איז א אייביקע פאר אלע צייטן, און פאר אלערליי מענטשן. דער וואס דענקט אז ער וועט זיין אן אויסנאם פון דעם, איז א שוטה און גס רוח. דער וועלכער פאלגט די עצות פון דער תורה, איז אשרי לו.

2) אין א בריוו (בשנות תר"פ).

פון דער מזרחי, וואָלטן זיי שוין לאַנג בטל געוואָרן און נעקר געוואָרן מן העולם. בלויז די יניקה וואָס זיי האָבן פון דער מזרחי, דאָס גיבט זיי אַ כח אָנצוהאַלטן. דעריבער וועט די מזרחי לעתיד אָפּגעבן אַ דין וחשבון פאַר'ן גאַנצן פגם פון ציונות, און איבערהויפּט די אַלע רבנים וואָס זענען מיטגעשטאַנען מיט דער מזרחי זענען עתידין ליתן את הדין דערוועגן.

רבי אלחנן האָט די הייליגע מלחמה געהאַט בירושה פון זיין גרויסן רבי'ן הגאון בעל חפץ חיים זצ"ל, וועלכער האָט געפירט אַ קאַמף מיט דער טומאה פון מזרחי געגוי ווי מיט'ן רעיון הציונות זעלבסט.

הגאון רבי משה לייב שניידער ז"ל, דער שפּעטערדיגער ראש ישיבת תורת אמת אין לאָנדאָן, האָט אין זיינע יונגע יאָרן באקומען א הוראה פונעם חפץ חיים זצ"ל, אַז מען מעג מחלל שבת זיין אַרויסצונעמען אַ קינד פון דער שולע וואָס הר' ריינעס, דער פירער פון מזרחי, שטייט אין איר שפּיץ[3].

כשר'ע חזיר-פיסל פון דער מזרחי

דער הייליגער בעלזער רב, הרה"ק רבי ישכר דוב זי"ע, האָט זיך שטאַרק געזאָרגט איבער די השפעה פון די מזרחי'סטישע "דתיים-לאומיים" וואָס זענען פאַרכאַפּט געוואָרן צום ציונות, זאָגנדיג אַז די סכנה פאַר אידישקייט פון דער מזרחי איז פילפאַכיג מער ווי פון די וואָס האָבן אויסגעריסן פון זיך די אמונה אָפּענערהייט.

ער האָט דאָס ערקלערט מיט אַ משל צו אַ חזיר. ווען אַן ערליכער איד זעט אַ חזיר, ערוועקט עס אים באַלד אַן עקל און גרויל, אַנדערש ווי אַלע אַנדערע חיות און בהמות טמאות. פאַרוואָס איז דאָס אַזוי? וויבאַלד דער חזיר האָט דאָך פיסלעך מיט סימני טהרה, 'חזיר פושט טלפיו ואומר טהור אני'. דאָס איז דאָס אַרגסטע ווען אַ טמא באַווייזט זיך נאָך אַלס אַ טהור, און דאָס ערוועקט אַזאַ גיעול הנפש.

געגוי אַזוי איז דער שטייגער פון דער מזרחי פּאַרטיי. זיי ווייזן זייער כשר חזיר-פיסל, אָבער אין נאָמען פון דער תורה פאַרשוועכן זיי די תורה. דערפאַר דאַרף מען זיך גאָר שטאַרק היטן פון זיי[4].

---

3) הגאון רבי משה לייב שניידער זצ"ל מייסד וראש ישיבת "תורת אמת" בלאנדאן, התקרב למרן החפץ חיים זיע"א עוד בבחרותו, וזכה לקירבה נדירה שהלכה והתעצמה במשך השנים, כשמרן הח"ח דואג לו לשידוך ואף סידר את הקידושין בחופתו, דבר שלא עשה אף בנשואי צאצאיו שלו עצמו.
פעם שיגר את ספיקו לרבו הח"ח, שהנה יש לו בן-דוד שלומד ב"לידא", בישיבתו של מייסד המזרחי ד"ר ריינעס, והוא מסתפק עד כמה מחוייב למסור את נפשו בשביל להוציא בן דודו משם.
תשובת החפץ חיים לא בוששה מלבוא ע"י חתנו הג"ר צבי הירש לוינסאן זצ"ל (בכתב): "אפילו בשבת אפשר לנסוע לשם ולהוציאו..." והדברים מדברים בעד עצמם! (מ"י האיש החפץ חיים, עמ' 19, בשם בנו הג"ר גדלי' שניידער)

4) ס' אדמור"י בעלזא (ח"ג עמ' רנא).

די "מזרחי" איז פאַרקערט פון שכינה ב'מערב'...

אַמאָל איז איינער פון די מזרחי'סטישע רבנים, אַ בן משפחה פון מהרי"ד מבעלזא זי"ע, געקומען קיין בעלזא. געוועגליך פלעגט דער בעלזער רב שטארק מקרב זיין יענעם רב, צוליב קירבות המשפחה, אָבער ווי נאָר דער בעלזער רב האָט געהערט אַז יענער האָט זיך אָנגעשלאָסן אין דער מזרחי, האָט ער נישט געוואָלט אַריינגיין פירן טיש פרייטאָג-צו-נאַכטס ביז דער יעניגער רב גייט נישט פריער אַרויס פון בית המדרש.

איז איינער פון די חסידים צוגעגאַנגען צום מזרחי'סטישן רב עס דערציילן, און יענער האָט זיך פון דאָרט אָפגעטראָגן בבושת פנים.

מוצאי שבת איז דער מזרחי'סטישער רב אַריין צום בעלזער רב און אים געפרעגט: "וואָס איז דער פעלער פון דער מזרחי, זיי זענען דאָך רעליגיעז, זיי היטן שבת?" האָט אים דער בעלזער רב צוריקגעפרעגט: "ווייסטו פאַרוואָס זיי רופן זייער פאַרטיי אָן מיט'ן נאָמען מזרחי?" האָט יענער נישט געוואוסט וואָס צו ענטפערן, האָט אים רבי ישכר דוב זי"ע געזאָגט: "כ'וועל דיר זאָגן דעם טעם, ווייל חכמינו ז"ל זאָגן אַז די שכינה איז אַלץ אויף מערב, און זיי זענען קעגן דער שכינה!"

און דער בעלזער רב האָט צוגעלייגט: "וואָלט צו מיר געקומען עמיצער מיט אַ מאָדערנעם לבוש און אַ געשוירענער באָרד, וואָלט איך אים נאָך אויפגענומען, אָבער אַז מ'קומט מיט אַ חסיד'ישן לבוש, באַקרוינט מיט באָרד און פיאות, קען איך אַזאַ איינעם נישט אויפנעמען בפהרסיא. מ'וועט דאָך נאָך זאָגן אַז ערליכע אידן האָבן אַ שייכות מיט דער מזרחי!"

אין דער סביבה ארום בעלזער רבי'ן שליט"א

דער יוד ד' קרח תרפ"ב לפ"ק

ווי באוואוסט הערשט זייט דאס אהיימקומען פון בעלזער רבי'ן שליט"א, א נייע אויפלעבונג און באוועגונג צווישען גאליצישען יודענטום. דאס קליינע שטעדטעל אלעשיץ בילדעט היינט די רעזידענץ פונ'עם מרכז היהדות אין גאליציען, עס רוהט נישט טאג און נאכט, פאַהרען אַן יודען פון כל פנות ומחנות קענען - צו - לערנען דעם גרויסען גאון וצדיק. דאס התקרבות לענקט ער דעם יונגען דור, מיט יעדען קלייניקען יונגעל שטעלט זיך דער רב אפ מינוטענווייז מיט נעימות'דיגע מוסר ווערטער און באטראכט זיין לבוש און יודישע צורה, אין דעם גרויסן בית המדרש געפינט זיך קיין ע"ה אייניגע הונדערט בחורים יראים ושלמים וועלכע זיצען פארטיעפט אין לימוד התורה, וואס עס מאכט א שטארקען רושם אויף דעם אריינקומענדען, אזוי אז נישט ווילענדיג מוז ער אויך ארויסנעמען א גמרא און לערנען.

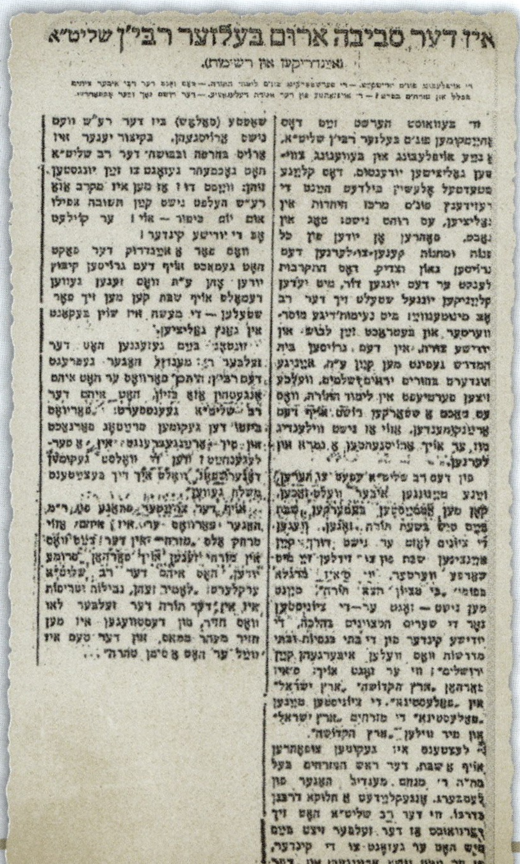
אין דער סביבה ארום בעלזער רבי'ן שליט"א
(איינדריקען און רשימות).

נעתק מתוך גליון "עתיקות" שע"י מכון שמן רוקח

פון דעם רב שליט"א עפעס צו הערען זיינע מיינונגען איבער וועלט - זאכען, קען מען אממייסטען באמערקען שבת ביים טיש בשעת תורה זאגען. וועגען די ציונים לאזט ער נישט דורך קיין איינציגען שבת פון צו זידלען זיי מיט שארפע ווערטער, **ווי ס'איז מרגלא בפומי' "כי מציון תצא תורה" מיינט מען נישט די ציוניסטען, נאר די שערים המצויינים בהלכה, די יודישע קינדער פון די בתי כנסיות ובתי מדרשות וואס וועלען איבערגיין קיין ירושלים'ן, ווי ער זאגט אויך: ס'איז פארהאן "ארץ הקדושה", "ארץ ישראל" און "פלעסטינא", די ציוניסטען מיינען "פאלעסטינא", די מזרחים "ארץ ישראל" און מיר ווילען "ארץ הקדושה".**

לעצטענס איז געקומען צופאהרען אויף א שבת דער ראש המזרחים.... אנגעקליידעט א חלוקא דרבנן כדרכו. ווי דער רב שליט"א האט זיך דערוואוסט אז דער זעלבער זיצט ביים טיש, האט ער געזאגט צו די קינדער אז ער וועט נישט אריינגיין אין דער שאטעט (סאלאש) ביז דער רע"ש וועט נישט ארויסגיין. בקיצור יענער איז ארויס בחרפה ובבושה. דער רב שליט"א האט נאכמעהר געזאגט צו זיין יונגסטען זוהן: ווייסט דו ? אז מען איז מקרב אזא רע"ש העלפט נישט קיין תשובה אפילו אום יום כיפור - אוי! ער קוילעט אפ די יודישע קינדער.

וואס פאר א איינדרוק דער פאקט האט געמאכט אויף דעם גרויסען קיבוץ יודען אָהן ע"ה וואס זענען געווען דעמאלטס אויף שבת קען מען זיך פאָר שטעלן. די מעשה איז שוין בעקאנט אין גאנץ גאליציען.

זונטאג ביים געזעגנען האט יענער געפרעגט דעם רבי'ן: היתכן, פארוואס ער האט איהם אָנגעטהון אזא בזיון, האט אים דער רב שליט"א געענטפערט: "פארוואס ביזטו דען געקומען פרייטאג פארנאכט און מיר אריינגעברענגט אין פערלעגנהייט ? ווען דו וואלסט געקומען דאנערשטאג וואלט איך דיך באצייטענס משלח געווען".

אויף דער צווייטער פראגע פארוואס ער איז אים אזוי שטארק מרחק אלס מזרחי, אין דער צייט וואס אין מזרחי זענען אויך פאראהאן פרומע יודען, האט אים דער רב שליט"א ערקלערט: "לאמיר זעהן, נבילות וטריפות איז אין דער תורה דער זעלבער לאו וואס חזיר, פון דעסטוועגן איז מען חזיר מער ממאס, און דער טעם איז ווייל ער האט א סימן טהרה"...

הרה"ק רבי שלום דובער מליובאוויטש זי"ע קעגן דער מזרחי:

הרה"ק מהרש"ב מלויבאוויטש זי"ע האָט גלייך ביים אָנהויב פון גרינדונג פון ציונות אויך אַרויסגעברענגט דעם חורבן וואָס וועט אַרויסקומען פון די אַלע פּאַרטייען וועלכע שטעלן זיך צו דערצו. דער מהרש"ב האָט באַקעמפט דאָס ציוניזם און קאָלאָניאַליזם און שפּעטער אויך די "מזרחי" אויפ'ן זעלבן שאַרפן אופן.

אין אַ מכתב קודש שרייבט ער דברים כדרבונות אויף דער "מזרחי" פּאַרטיי:

"די ביתה איז ממש ווי די ערשטע (ציונות)**, אָן קיין שום חילוק אין איר אינערליכן ציל, און עס איז פיל אַרגער ווי ציונות, ווייל עס פאַרדעקט איר כוונה און באַהאַלט עס אין אַ שלייער פון אַ הייליגן לבוש, דאַרף מען מער נזהר זיין דערפון. איר זאָלט אייך דערווייטערן פון זיי כמטחוי קשת און נישט האָבן דאָס מינדעסטע שייכות מיט זיי[5]."**

5) "ב"ה. יום ב' ז"ך אלול תרס"ב לפ"ק. ליובאוויטש. כבוד ידידי המפורסם וו"ח נכבד י"א כו'.

דער אנפאַל אויפ'ן חפץ חיים:

גאר באקאנט איז געווען די מלחמה פונעם חפץ חיים זצ"ל קעגן די ציוני'סטישע פינסטערע אַקטיוויטעטן. זייערע בלעטער האָבן דעריבער ווי זייער שטייגער אים באַשמיצט און באַשריבן אין אַרטיקלען מיט פאַרשעמענדע רייד. אויך שפעטער ווען די "מזרחי" פאַרטיי האָט פרובירט צו פאַרכאַפן אידישע נפשות אין זייער נעץ, האָבן זיי אַטאַקירט דעם חפץ חיים זי"ע אין זייערע צייטונגען.

הגאון רבי אלחנן וואַסערמאַן זצ"ל האָט אין זיינער צייט פאַרעפנטליכט אַ בריוו אין דער צייטונג "דער יוד", י"ט כסלו תרפ"ב, אונטער'ן קעפל "אַ פראָטעסט בריוו פון איינעם פון די גרעסטע גאוני הזמן - צום אָנפאַל פון 'מזרחי' אויפ'ן חפץ חיים". אין דער מעלדונג האַלט ער פאַר די מזרחי'סטישע רבנים אויפ'ן עלבון התורה[6].

מיט עטליכע יאר שפעטער, אין יאר תרפ"ט, ווען עס איז פארגעקומען אין דער שטאט ווילנא וואַלן פאר דעם "רב מטעם" פאר די ארטיגע אידישע קהלה, האבן די מזרחי'סטן אין שטאט געוואלט ערוועלן א געוויסן רב וואס איז געווען אנגעשלאסן אין די "מזרחי" פארטיי, אבער די גדולי ישראל, אין שפיץ פון הגאון

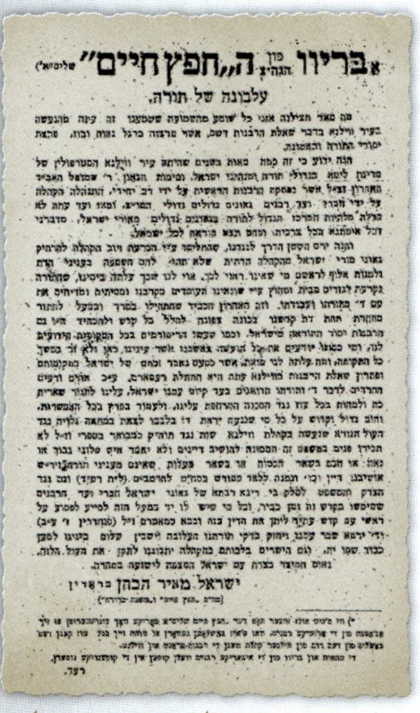
אַ בריוו פון הגה"צ ה"חפץ חיים" שליט"א
עלבונה של תורה.
...
נאום המיצר בצרת עם ישראל המצפה לישועה במהרה.
ישראל מאיר הכהן

בריוו פון חפץ חיים זצ"ל קעגן די מזרחי אין ווילנא

מכתבו נכון הגיעני, בדבר שאלתו אודות הכיתה החדשה מזרחיים אין הזמן כעת להאריך בדברים, אך בקיצור הנני להודיע דעתי באמיתיות הענין אחר העיון, אשר הכת הזאת היא ממש כהראשונה בלי שום חילוק כלל בכוונתה הפנימית, ועוד היא גרועה ממנה הרבה שמכסה היא כוונתה ומעלמת אותה תחת מסוה לבוש הקדושה, וצריכים להזהר ממנה ביותר... ואם אותי הוא שואל, ומדעתי הוא יעשה, יתרחק מהם כמטחוי קשת, ואל יגע בכל אשר להם, ובזה יהי' שלום לו והשי"ת יטיב לו הכו"ח בגו"ר כאות נפשו". (אגרות קודש מהרש"ב, מכתב קיא).

6) גערדוקט אין "דער יוד" י"ט כסלו תרפ"ב (גליון 257) ווי פאלגענד:
"**בע"ה** ט"ז לחודש כסלו תרפ"ב, בראנאוויטש
ירהבו הנער בזקן והנקלה בנכבד - יבא מי שחמורות דומות כקלות וירהב במי שקלות דומות עליו כחמורות" (חגיגה יד.). המאמר הזה נתקיים לעינינו בצאת אחד מליצני הדור להלעיג על קדוש עליון, רבן ומאורן של ישראל בעל חפץ חיים שליט"א.
והנה אין כוונתי במכתבי זה להוכיח את הכתבן הזה אשר בהבל בא ובחשך שמו יכוסה, כי לא בדברים יוסר אבן דומם כזה. אבל 'נכונו ללצים שפטים' (משלי יט כט), וכל המבזה ת"ח אין לו רפואה למכתו (שבת קיט:). וגם לא אל חבריו "הנכבדים" ברדקציא של המזרחי אבא בדברי, כי בתתם מקום לדברי נבלה כאלו בעתונם "הנכבד" הסירו את המסוה מעל פניהם, ועי"ז נראית תמונתם כמו שהיא, בלי כחל ובלי שרק, וכשם שמצוה לומר דבר הנשמע כך מצוה שלא לומר וכו' (יבמות סה:).
אבל אליכם הרבנים המזרחיים אקרא: הביטו וראו מי המה חבריכם אשר עמהם תדמו להשתתף, לבנות בית ישראל ההרוס על ידיהם ובשבילם, האם תחזיקו עוד בידי התעלולים האלו למשול בנו ולרמוס ברגל גאוה על כל הקדוש לנו? המעט לישראל עוד אויבים מבחוץ ומבפנים ונוספתם גם אתם על שונאינו לחזק את כינוסי הרשעים הרעים להם ורעים לעולם?
אפשר שלא תחושו כלל להשיב על דברי בזה, אבל הלא יום יבוא אשר תהיו מוכרחים להשיב על השאלות האלו ומה תשיבו אז?
והנה אוי לו לדור שכך עלתה בימיו, כי פחות ערך כמוני צריך להיות ממוכיחי הרבים. אבל הלא האמת לא ישתנה בשביל מיעוט ערך האומרה, וכבר אמרו רז"ל (ר"ה כה.) אשרי הדור שהגדולים נשמעים להקטנים. ועל כן רבותי קבלו את האמת ממי שאמרו, ובזה תכפרו את פני תוה"ק המתחללת ע"י מעשים כאלו. הכותב לכ' תוה"ק ולומדיה. אלחנן בונם בלאאמו"ר נפתלי בינוש ווסרמן.

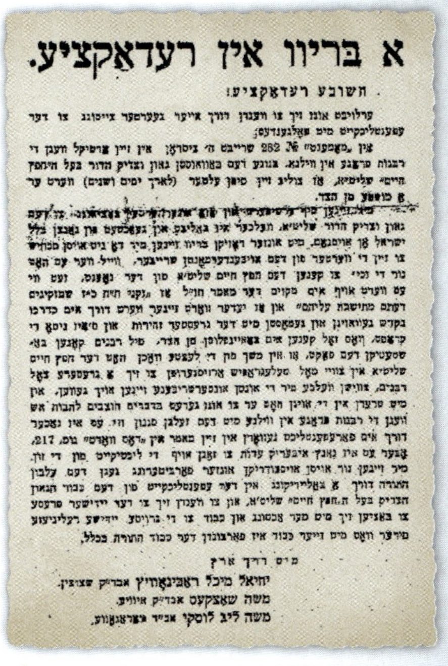

א בריוו אין רעדאקציע.

חשובע רעדאקציע!

ערלויבט אונז זיך צו ווענדן דורך אייער געערטער צייטונג צו דער עפענטליכקייט מיט פאלגענדעס:

...

מיט דרך ארץ

יחיאל מיכל ראבינאוויץ אבד"ק שצוצין.

משה שאצקעס אבד"ק איווע.

משה ליב לוסקי אב"ד גארצאנעוו.

גדולי התורה זענען מוחה קעגן די פגיעה אויפ'ן חפץ חיים זצ"ל

רבי חיים עוזר גראדזינסקי זצ"ל האבן זיך שטארק קעגנגעשטעלט צו אזא נאמינאציע.

די מזרחי'סטן, ווי זייער שטייגער, האבן אנגעהויבן באשמוצן די גדולי ישראל וואס האבן זיך מתנגד געווען קעגן זייער רב, און ווען דער חפץ חיים זצ"ל האט זיך דערוואוסט דערפון האט ער פארעפענטליכט א שארפע מחאה אונטער'ן קעפל "עלבונה של תורה" וואו ער שרייבט צווישן אנדערע:

"והנה ירט השטן לנגדינו... ולמנות אלוף לראשם מי שאינו ראוי לכך, אוי לנו שכך עלתה בימינו, שהתורה נקרעת לגזרים, מבית ומבחוץ ע"י שונאינו העומדים בקרבינו... וחוב גדול וקדוש על כל מי שנגעה יראת ה' בלבבו, לצאת במלחמה גלויה נגד העוול הנורא שנעשה בקהילת ווילנא, שזה נגד תוה"ק וכו'."

אצינד האבן די מזרחי'סטן אנגעהויבן א העצע קאמפיין קעגן דעם רבן של ישראל, דער חפץ חיים זצ"ל. אין דעם טריפה'נעם בלאט "מאמענט" איז געדרוקט געווארן א גאנצער מאמר וואס באשולדיגט אז דער חפץ חיים איז "נכשל געווארן" מיט'ן איסור פון לשון הרע און הלבנת פנים...

דער חפץ חיים זצ"ל האט זיך אבער נישט אפגעשראקן פון זייערע זידלערייען און האט באלד געשריבן א "מכתב גלוי" וואו ער שטעלט קלאר אז ווען עס קומט צו א פלאץ פון הריסת הדת איז אודאי א מצוה רבה וחובה גדולה צו טון אלעס וואס מען קען לגדור גדר ולעמוד בפרץ, און עס איז נישט פארהאן קיין שום איסור פון לשון הרע אד"ג, ווען מען דארף מלחמה האלטן מיט די רשעים.[7]

---

7) מכתב גלוי

שמעתי, כי בהעתון "מאמענט" נדפס מאמר מכותב אחד, שמתפלא עלי, איך לא נזהרתי בכתב מחאתי בדבר הרבנות בווילנא, באיסור לשון הרע ומחלוקת והלבנת פנים, אשר הנני בע"ה עוסק בזה כל ימי חיי, ואשר גם עתה בודאי נזהרתי בזה. גם הוציא מזה משפט שקר ומעוקל, כי לא מדעתי נעשה זאת ובהשפעת אחרים עלי נעשה.

ע"כ הנני מודיע בזה בשער בת רבים שבמקום הריסת הדת וחרבן הדת - נעשה כל זה כהלכה. כאשר ביארתי במחאתי, מצוה רבה וחובה גדולה לעשות כל מה שביכולת לתקן הדבר לגדור גדר ולעמוד בפרץ, ואין בזה שום חשש איסור.

ופליאה לי על כל גדולי ישראל, המחשים בזה ואינם יוצאים במחאה גלוי'. ובדרך כלל אודיע כי כל הענינים היוצאים מתחת ידי בחתימתי, נעשים תמיד על ידי עצמי מדבר גדול עד דבר קטן, ויש לסמוך עליהם בע"ה. ומאד מאד מתרעם אנכי על אשר בודים ומחפים עלי דברים, אשר בשקר יסודם כדי לבלבל דעת השומעים לדברי.

ומבקש אני מכל העתונים שידפיסו את מחאתי הראשונה ומכתבי זה.

דברי המיצר בצרת המוני ישראל ומצפה לישועת ד' במהרה ויתרומם קרן התורה הק'. טבת, תרפ"ט. ישראל מאיר הכהן מראדין

(המכתב נדפס בספר "מכתבי הח"ח" מכתב מ"ו)

קאַפּיטל כ"ו

גדולי אונגאַרן שלאָגן אָפּ אַריינטריט פון "מזרחי"

די "מזרחי" קומט קיין בודאַפּעסט

זינט דער גרינדונג פון דער "מזרחי" אום ווינטער תרס"ב, האָבן די רעליגיעזע ציוני'סטן זיך שנעל אָרגאַניזירט, און ביי דער פאַרזאַמלונג פון די רוסישע ציונים וואָס איז פאָרגעקומען אין מינסק, אלול תרס"ב, זענען שוין די רעליגיעזע אָנגעקומען ווי אַ פולשטענדיגע פאַראייניגטע פאַרטיי.

די צווייטע פאַרזאַמלונג פון דער מזרחי איז פאָרגעקומען אין לידא, ענדע אדר תרס"ג. דאָרט איז באַשטימט געוואָרן אַרויסצוקומען מיט אַ צייטונג, גערופן "המזרח", וואָס איז פאַרשפּרייט געוואָרן אין די יאָרן תרס"ג-תרס"ד, אָבער האָט נישט לאַנג מאריך ימים געווען.

אין יענער תקופה האָט די מזרחי פאַרטיי באַשלאָסן אויך אַריינצודרינגען אין אונגאַרן און האָבן דערפאַר אַראַנזשירט אַז די צענטראַלע פאַרזאַמלונג פון דער מזרחי זאָל אָפּגעהאַלטן ווערן חודש אלול שנת תרס"ד, אין דער שטאָט "בודאַפּעסט", די הויפּשטאָט פון אונגאַרן. דאָרט האָט געזאָלט פּראָקלאַמירט ווערן זייערע גרונד-פּרינציפּן, מיט דער באַטייליגונג פון מערערע רבנים פון דער גאַנצער מדינה און אַרום.

מאמר "דרישת ציון" לויבט אויס "מזרחי"

אַלס דער ערשטער 'שאָס' אויסצופּרובירן דעם באָדן און טאַפּן דעם דופק פונעם אונגאַרישן אידנטום זיי צו מאַכן גרייט צו מקבל זיין די מזרחי'סטישע פּראָפּאַגאַנדע, איז מיט עטליכע

חדשים בעפאַ, חודש סיון שנת תרס"ה, ערשינען אינעם באַרימטן תורה'דיגן ירחון "תל תלפיות" אַ לענגערער מאמר, וואָס לויבט אויס די מזרחי באַוועגונג וועלכע האָט דעמאָלטס אָנגעהויבן פאַרשפרייטן אירע פליגלען אין אידישע געגענטער לענגאויס אייראָפּע.

אינעם לענגערן מאמר מיט'ן נאָמען "דרישת ציון" איז ערקלערט געוואָרן פאַרשידענע הסברים איבער'ן חילוק צווישן ציונות און מזרחי, און פאַרוואָס די מזרחי איז אַ גלענצנדע געלעגנהייט און אַ פּאַסיגע באַוועגונג וואָס טוט דאָס ריכטיגע "מקרב צו זיין די גאולה".

בריוו פון הגאון בעל מעשי למלך מווייטצען זצ"ל

דער דאָזיגער מאמר וואָס האָט געזאָלט אויפפלאַמען דעם גייסט פון ציונות אין אונגאַרן, האָט אָבער למעשה אויפגעטון געגנוי דאָס פאַרקערטע, אַדאַנק די וואַכזאַמע אויגן פון די גדולי ישראל וואָס האָבן אַרויסגעטרעטן מיט דער גאַנצער שטאַרקקייט צו פאַרמיידן די ציוני'סטישע השפעה פון אידישע קינדער.

הגאון הצדיק בעל מעשי למלך זצ"ל אבד"ק ווייטצען, וועלכער איז געווען דער אחראי אויף דעם ירחון, האָט באַלד מפרסם געווען אַ שאַרפן מאמר אינעם פאָלגענדן קובץ, וואו ער איז מבאר על פי תורה די שעדליכקייט פון דער מזרחי פאַרטיי און זייערע פאַרדרייטע שיטות. דער ווייצענער רב רופט אין זיינע מאמרים צו דער פרעשבורגער קהלה זיי זאָלן חלילה נישט געבן קיין דריסת הרגל פאַר דער אסיפה פון דער מזרחי, און אַז מ'זאָל זיך אָפּטרייסלען פון זייערע אַקטיוויטעטן. ער באַטאָנט דערביי קלאָר און פאַרענטפערט זיך אַז דער אויבנדערמאַנטער אַרטיקל איז געשריבן געוואָרן אָן זיין וויסן, און ער האָט דאָס ניטאַמאָל געזען איידער ס'איז אַריינגעשטעלט געוואָרן צום דרוק.

מכתב מחאה פון הגר"ח מבריסק זצ"ל

הגאון האדיר רבי חיים מבריסק זצ"ל האָט באַזונדער אָפּגעשיקט אַ שאַרפן בריוו, וואו ער באַציט זיך צו די ווערטער וואָס זענען געווען געדרוקט אין "תל תלפיות". דער בריסקער רב שרייבט צווישן אַנדערע אַז מעגליך איז אין אונגאַרן נאָכנישט אַזוי באַוואוסט דער גרויסער חורבן וואָס די נייע כיתות האָבן געברענגט אויף כלל ישראל, דעריבער טוט ער מודיע זיין פאַר די דאָרטיגע רבנים אַז די אָרגאַניזאַציעס איז אַ שרעקליכער הירוס פאַר אַלעם וואָס איז נוגע

די תורה הק' און עס ליגט אַ פליכט צו זיך דערוווייטערן פון זיי, כדי עס זאָל זיך נישט חלילה פאַרשפרייטן אויך אין אונגאַרן[1].

מיט יאָרן דערויף האָט בנו הגרי"ז מבריסק זצ"ל פאַרציילט ווי ווייט די הייליגע מלחמה האָט געברענט פאַר זיין גרויסן פאָטער הגר"ח זצ"ל, אַז ווען זיין פאָטער האָט געענדיגט אָפּשרייבן דעם אויבנדערמאַנטן בריוו פאַר די עורכים פון "תל תלפיות", האָט ער אים געהייסן נעמען דעם בריוו און עס אַריינלייגן אינעם פאָסט-קעסטל וואָס איז די נאָנטסטע צום פאָסט-צענטער פון דער שטאָט - דאָס פאָסט-קעסטל וואָס ווערט אויסגעליידיגט דאָס שנעלסטע אויפ'ן וועג צו דער באַן - אַזוי אַרום זאָל עס אָנקומען אַמשנעלסטן קיין אונגאַרן און אויפטון דאָס זייניגע![2]

היסטאָרישער "קול קורא" פון צענדליגער גדולי אונגאַרן

דער גרויסער גאון וצדיק בעל ערוגת הבושם זצ"ל, דאַן אבד"ק חוסט, האָט בשעתו פאַרעפנטליכט אַ קול קורא וואו ער בעט זיך צו אידישע קינדער זיי זאָלן חלילה נישט אַריינגעכאַפּט ווערן אינעם נעץ וואָס די מזרחי האָט פאַר זיי אויסגעשפרייט. ער ערקלערט אַז דער עיקר מהות פון דער ציוני'סטישער באַוועגונג איז אַריינצוברענגען אַ נייע קולטור ביי אידן און איז באַזירט אויף כפירה און מינות.

אויף דעם קול קורא האָבן שפּעטער אונטערגעשריבן רוב מנין ורוב בנין פון די גדולי אונגאַרן זי"ע, צווישן זיי: הגה"ק בעל דרכי תשובה זצ"ל אבד"ק מונקאַטש; הגה"צ רבי שאול בראַך זצ"ל אבד"ק קאַשוי; הגה"ק בעל אמרי יוסף מספינקא זצ"ל; הגה"צ רבי שמואל ראָזענבערג זצ"ל אבד"ק אונסדאָרף; הגה"צ בעל בית שערים זצ"ל אבד"ק אויפאלי; הגה"צ רבי מרדכי לייב ווינקלער בעל לבושי מרדכי זצ"ל אבד"ק מאַד; הגה"צ בעל עצי חיים זצ"ל אבד"ק סיגעט; הגאון בעל פני מבין אבד"ק אויוואַראש זצ"ל; הגה"צ רבי משה דוד טייטלבוים זצ"ל אבד"ק לאַפּאַש; הגה"צ מהרי"ץ דושינסקיא זצ"ל דאַן אבד"ק גאַלאַנטא און שפּעטער גאב"ד ירושלים, און נאָך אַ לאַנגע ליסטע פון גדולי וצדיקי המדינה, וואָס כולם כאחד האָבן זיך פאַראייניגט אין דער הייליגער מלחמה מבער צו זיין דעם נגף פון מזרחי און אסר'ן זיך משתתף זיין ביי זייערע אסיפות.

1) "קבלתי מכתב ממדינת האללאנד, בו ראיתי שבמכתב עת שהוא תחת השגחת כ"ג נ"י מכונה בשם תל תלפיות נכבדות ידובר בו ע"ד ה"ציונית" או ה"מזרחית" ואשר כ"ג נ"י יכבדה. ויען כי הוא זה דבר הנוגע לכלל אחב"י, כי במדינתינו כבר החריבו חלק גדול מאחינו, וחלק היותר מרובה מבני הנעורים, והוא זה הרס גדול בכל הנוגע לשמירת דת תוה"ק. ע"כ הנני מקדים להודיע זאת לכ"ג נ"י למען יקדים פני זאת, לבל תפשה זאת במדינתכם שהוא זה ממארת לכל הנוגע לטובת בית ישראל ולכל הנוגע לחיזוק דתינו. ואחשוב כי כ"ג לא ראה את דבריהם ולא ידע מעשיהם כי כל פעולתם מיוסדת נגד דעת תורה"ק, אבל אנחנו פה שראינו ושמענו מרוב רעה המעוטפת בהם ובדבריהם ובמעשיהם, הננו להודיע זאת לכ"ג שיחי' ואבטח כי ישים מקום לדברינו. (תל תלפיות אב תרס"ד; הפלס שנה ה' חוברת א' תרס"ה).

2) ס' הרב מבריסק (ח"ג עמ' 246) בשם הג"ר מאיר הלוי סאלאווייטשיק ז"ל, וואס האט עס געהערט פון א זון פון הר' ריינעס.

— 11 —

ירחק מהם. למען לא יתנו המשחית לבוא אל בתינו ולהבל חיו כרם ד׳ צבאות.

וד׳ יזכנו לעלות לציון ברנה בב״א כעתירת נפש ידידכם מוקירכם ומכבדכם המחכה ומצפה לישועת ד׳ תשועת עולמים.

בודאפעשט, יום ה׳ לסדר ראה תרס״ד לפ״ק

אריי ליבוש ליפשיטץ

קול קורא

התנועה הציונית עשתה לה כנפים ודרור קן לה גם במדינתנו בקצה המחנה במחנות העבריים הארתדקסין וכבר שלחה את-פה מוקשיה אל מחנות היראים לקרא עצרה בעיר ואם בישראל פרעשבורג אשר מעולם היתה תל תלפיות שהכל פונים אליה ומשם יצאה הוראה לישראל. לתתה לשמצה במחנות ישראל היראים להיות לפוקה ומכשול לחובבי ציון באמת. לבשו אדרת שער למען כחש, קראו עצמם בשם „מזרחי׳ ותוכם רצוף אהבה „לציונים׳ אשר כבר נתגלה קלונם בקהל ד׳ כי אינם מיחלים לד׳ אלקנו וגם לא את דוד מלכם מבקשים. ע״כ מי האיש אשר רואה אלה „המזרחים׳ יוצאים ונכנסים למחנותינו לצודד נפשות היראים. ולא יתרונן לצאת כנגדם. להסיר מהם מסוה היראה אשר שמים על פניהם בצאתם. לכן רוח בשני הציקתני, ואלכם שלומי בני היראים אשים דברתי. סורו סורו מעל האנשים האלה ובקהלם אל תחד כבודכם. כי לא באלה חלק יעקב. ולא באלה בחר ה׳ כי אם בזאת חפץ ה׳ השכל וידוע אותי. ואותי יום יום תדרושון שירחם על פליטת עמו ישראל ויקבץ נדחינו מארבע כנפות הארץ ולהושיבנו קוממיות לארצנו.

והנה נודעתי מגדולי ישראל הצדיקים במדינת רוסי כי כל ישעם וכל חפצם רק גרמא בנזקין לעקור לימוד תוה״ק.

וז״ל הרב הגאון המפורסם מהו׳ חיים הלוי סאלאווייציק נ״י הרב אב״ד בק״ק בריסק דליטא.

קבלתי מכתב ממדינת האללאנד בו ראיתי שבמכתב שהוא תחת השגחת כ״ג נ״י מכונה בשם „תל תלפיות׳ נכבדות מדובר בו ע״ד „הציונית׳ או „המזרחית׳ ואשר כ״ג נ״י יכבדה. ויען כי הוא זה דבר הנוגע לכלל אחבנ״י כי במדינתינו כבר החריבה חלק גדול מאחינו והלק היותר מרבה מבני הנעורים. והוא זה הירוס גדול בכל הנוגע לשמירת דת תוה״ק ע״כ הנני מקדים להודיע זאת לכ״ג נ״י למען יקדים פני זאת לבל תפשה זאת במדינתכם. שהוא זה ממארת לכל הנוגע לטובת בית ישראל ולכל הנוגע להיזוק דתינו ולחשוב כי כ״ג שיחי׳ לא ראה את דבריהם ולא ידע מעשיהם כי כל פעולתם מיוסדה נגד דת תוה״ק אבל אנחנו פה שראנו ושמענו מרב רעה המעוספת בהם ובדבריהם ובמעשיהם הנני להודיע זאת לכ״ג שיחי׳ ובטח כי ישים מקום לדברינו

כ״ד ידידו דוש״ת.

חיים הלוי סאלאווייציק רב פה בריסק

וכבוד הרב הגאון מהו׳ דוב ארי׳ ריטטער שליט״א אבדק״ק ראטטערדאם ומדינת האללאנד כ׳ אלי וז״ל.

דרך כלל אני מודיע להדר״ג נ״י כי עיקר הציונית הוא קולטור בעוועגונג הממעטת את לימוד תוה״ק וכח תוה״ק ומסוכנת יותר מהרעפארם במאה שעבר במדינת דיישלאנד עכ״ל. וכן כ׳ לי כמה חכמי הדור.

אמר הנביא חזקו ידים רפות וברכים כישלות אמצו אמרי לנמהרי לב חזקו אל תיראו הנה אלקיכם נקם יבוא גמול אלקים יבוא וישיעכם. וביאר באברבנאל וז״ל צווי להכמי ישראל ולגדוליהם בכל דור ודור שכהתארך זמן הגלות וכבא עליהם צרה וצוקה יחזקו ידים הרפות מהאמונה. והברכים הכושלות מרוב הצרות יאמצו אותם. שהם ההמון בני הגלות ואם יהיו ביניהם אנשים חסרי השכל כדי שלא יתאשו יאמרו לנמהרי לב הזם (המפרשים כתבו דקאי על אותן שמצטערין על אורך הגלות ומצפין לגאולה. אך יפלא שאותן יקראו נמהרי לב. אבל לעניננו יאמר נגד אותן שמחשבין למהר הגאולה ע״י השתדלותם בדרך הטבע ולכן נקראו נמהרי לב) חזקו ואל תיראו עתיד אלקיכם לבוא בנקום גדול ונמול על שסבלתם עול הגלות ואז בתשועתו תפקחנו עיני ישראל שהם עורים מתוקף הצרות. הנה מזה נודע שהחיוב הוא על הכמי הדור לחזק ידים רפות לבלתי ימשכו אחרי החושבים למהר את הגאולה ע״י השתדלות הציונית. ולאמר להם הנה אלקיכם נקום יבוא ויושיעכם ואל יניא „הציונים׳ ואלה „המזרחים׳ את לבבכם למהר לקרב ע״י השתדלות בני אדם ואף כי כל בר ישראל צריך לחבב ציון וירושלים בכל זה אין לנו להחיש ע״י מעשי בני אדם כי אז נקראו נמהרי לב. (עיין ברכות דף י״ב שרצו לקבוע עשרת הדברות בק״ש וביטלוהו מפני המינין. כמו כן אף שחובה ציון חובה עלינו אך כעת שהדבר גורם להניא לב ישראל מתקותם לד׳ שינאלו במהרה צריכין להזהיר את העם שלא ימשכו אחרי הנמהרי לב.) לזאת אחלה פני הרבנים הגדולים לחוות דעתם לבא על החתום על קול קורא הלזה ולשלחם אלי להזהיר וללמד את העם הדרך אשר ילכון.

והנה כתבו לי כמה רבנים נ״י שנחוץ לשמוע דעת הרב הגה״צ מפ״ב נ״י וכן כתבו לי תלמידיו היושבים על מדין. וכתבתי מכתב הנוכחי לפני הרהגה״צ דפ״ב שליש״א

אחדש״ת הדרנ״י לדבר הזה יסלח נא את אשר הרהבתי עוז לבוא בשורות אלו לשאול אודות הציונית המזרחי שקראו עצרה לק״ק פ״ב אם נעשה בידיעת ובהסכמת הדרנ״י והאמת אגיד שאני לדידי אין ספק אצלי שכל זה שלא בידיעתו ושלא בהסכמתו כי מי חכם כהדרנ״י לדע פשר דבר אשר תנועה הזאת אינה מסכמת לדעת התורה והיראה (והגם שנלכדו בה איזה ת״ח ויראי ד׳ יען שחשביה למצוא אופן להטותה אל דרך התורה והיראה אבל כבר אמרו חז״ל איזה חכם הרואה את הנולד וכבוד מרן אא״ז החת״ם ז״ל פ׳ כי ממה שכבר הי׳ לעולמים נוכל ללמוד גם על העתיד. וכבר הורגנו הנסיון בבל דור ודור כי אלו המתחדשים ורוצים בחפשית מעול התורה והיראה כל בואיה לא ישובין) שעל כן לא הייתי נעשה שואל על זה אך שמעתי שרבים מסתפקין ושואלין ע״כ אחלה פני הדרנ״י ישלח נא דברו אלי למען להשיב שואלי דבר והשי״ב יחזקהו ויאמצהו עוד יחליף כח ויתחדש כנשר נעוריו לתורתו ולעבדתו הקדושה ולטובת כלל ישראל היראים במדינתנו הדושה״ת.

הק׳ ישעי׳ באאמה״ו ד״ל זילבערשטיין זצ״ל

רב דיראים בוויטצען

וזאת תשובת ההגה״צ מפ״ב שליט״א אלי.

אחדש״ת מכתבו היקר הגיעני ואשר דרש ממני שאודיע לו אם קריאת הוועד ציונית לעירי פ״ב יצ״ו נעשה בידיעתי ובהסכמתי. להוות כן אני מודיע להדרנ״י כי הוות שאני יושב זה כמה שבועות חוץ לעירי לשאוב אויר צח על כן לא נודע לי מדבר זה רק זה זמן קצר ואין לי עסק עמהם ודין ודברים כלל וכלל לא ודי בזה.

והנני בשים שלום וברכה מרובה ידידו.

שמחה בונם בה נ מ הראשב״ם זצ״ל

*) ע״ד אשר בקש ושאל אותי שנית לגלות לו דעתי בבירר יותר נכון ומובן לכל איש. בהנוגע להאסיפה של הציונים המכנים עצמם „מזרחים׳ הנני בהוספת אומר ודברים על מכתבי הראשון שהערכתי להדר״ג שבו הודעתיו מה שהי׳ אז הנחוץ לפי שעה. בקוצר אמרים להתודע ולהגלות לעם ה׳ כי לא הי׳ לי שום ידיעה ממה שהסכימו המזרחיים לקרא לעצרה ולאסיפה לפ״ב. וגם לאנשי אקרו״ט דקהלתי לא הודיעו מזה מאומה ומובן מאליו ומכ״ש לא אותי שאלו אם אני מסכים לזה עד שנודע לי הדבר מהקול קורא אשר נשלח גם אל ידי.

ואשנה ואשלש עוד הפעם כי לא הי׳ לי ולא יהיה לי עסק ודברים עמהם כלל וכלל. — והנני מסכים ומזהיר עם כל הרבנים הגאונים הגדולים במדינתנו ובמדינות אחרות שאין להתחבר ולהתקשר ולבוא לאסיפה עמהם והרחק ירחיקו מהם כל יראי ד׳ מחזיקים באמונת אבותיהם ובהבטחת נביאים. וביותר אני מפקד ומצוה לכל תלמידים הגונים בכל מקומות מושבותיהם עושים מלאכתם מלאכת הקודש באמונה

---

*) בשעת ההדפסה קבלנו מכתב זה מהה״ג דוויטצען נ״י וז״ל הגה ד״ק של הה״ג מפ״ב נ״י חמה מעטים מחזיקים מרובה וכדי להניח דעת השואלים בקשתיו שיטב לפרש דבריו יותר והגיעני מכתב זה השלוח למעלתו בזה כי פקד עלי להדפיסו ע״י הקאנצליי:

היסטאָרישער "קול קורא" פון גדולי ישראל שנת תרס"ד לפ"ק קעגן די מזרחי

— 12 —

לעשות דברי ולשמוע בקולי שלא להיות באגודה אחת עמהם ושומר נפשו ירחק מהם ומכיוצא בהם.

המצפה לישועת ה' ולבג"צ בב"א. א' לס' שופטים תרס"ד לפ"ק.

שמחה בונם בה"נ מהראשב"ם ז"ל

אלה דברי הרבנים הגאונים המפורסמים נ"י

קול קורא.

אל שלומי אמוני ישראל נשוּם מדברתנו. ונרים קול אזהרתנו בזה. הן עד כה היתה מדינתנו נקיה וזכה ממספחת תנועה הציונית, אולם בעת למשמע אוזן דאבה נפשית כל יראי השם וחושבי שמו, כי המשולחת הזאת תפ"וש מושות כנפיה גם עד כאן. וכבר קראו עצרה אל אחת מקהילות שבמדינתנו. ומאוד הומה לבנו ותשוחח עלינו נפשנו פן האיש והרעל הזה יפלס לו נתיב באין מבין עד היכן הדברים מגיעים. ע"כ למען ציון לא נחשה ולמען תוה"ק לא נשקוט בזעקה לקרא בקל קרנא משרוקיתא לאמור השמרו לכם מלהלכד ברשת זו טמונה לרגלי האמונה הנאמנה המסירה לנו מסיני. כי כנודעה למשגב וניכר לעין כל רואה כי עיקר איכותה ומהותה של תנועה הציונית אינה כ"א תנועה קולטורית אשר על אדני המינית וכפירות יסודתה ומגמתה להשקות את עדר צאן קדשים מים המארדים מבורות נשברים אשר חצבו להם בשיטת ההשכלה הנכזבת. ע"כ אחב"י השלמים עם אמונה האמיתות ציוה לנו משה מורשה קהילת יעקב. אל תלכו בדרך אתם מנעו רגלכם מנתיבתם. כי בעמקי שאול קְוָאיהם וכל בואיהם לא ישובון ולא ישיגו ארחות חיים. ושומע לנו ישכון בטח ושאנן. ובצל כנפי חסד עליון יתלונן. עד יצמח צמח צדק לפני שמש שמו ינון ושערי ציון יבנה ויכונן. כעתירת לת"ם המחכה לבנין ההר הטוב והלבנון.

הק' משה בן אאמו"ה עמרם נ"ע זצ"ל הפסק"ק הוסט

הק' שמואל ר"ב אבדק"ק הונסדארף

גם אני אתן התימת ידי להסכים על הנאמר למעלה שכל איש ישראל אשר יראת ד' בוער בלבבו ירחק א"ע מחברת פועלי און הציונים.

ב' דברים תרס"ד לפ"ק פק"ק טאלטשווא יע"א.

אברהם יצחק גליק הופק"ק הג"ל יע"א.

יהושע ברוך רייניטץ הופק"ק טשעטשעווין, דמהקרי גאלסטעטש הנני מסכים לחתום ידי לה' באזהרה אשר תפיצו בישראל

צבי הירש שפירא אבדק"ק מונקאטש.

חבר אני ליראי ה' וחושבי שמו כבוד הרבנים הגדולים הי' להיות נזהר ומזהיר מהתדבק ומהתחבר עם להקת הכת הקוראים עצמם ציוניסטען לכך בעלי תורה ואמונה לא ישמעו לקול פתאים ולא יסגו אחר ותוהו לבוא למקהלותם לאלה "מזרחי" ואלה הצפון כולם צפוני טמוני תול תחת קודש. הגעולה והתמורה תחת הגאולה והטהרה. ובא עדיה פה מרחץ קארלסבאד.

הצעיר שלום בלאאמ"ו הה"נ מהר"ר קוטנא זצ"ל אבדק"ק אייזענשטאדט והגלילות.

כל מי שיש לו מוח בקדקדו ולא אבד האמונה בלבבו יבין לשמור רגלו מלכד במצודת ציון אשר יחרשו עת פדיון. וממושלי ארץ יבקשו רשיון. ולפני ד' אין שופכים לב דוויון. ואם באר תה־והו שרים שותים מי המרים מבורות נשברים. ותנועה הציונית אינה תנועה גדולי תורה וישרים רק תנועת קטני אמנה וקולטורים. לכן בית יעקב מאמינים תתבוננו מזקנים וא' תתערבו עם שונים ולא תשענו למשענת קנים ולא תאספו באסיפתם ושפכו כמים לבבכם נוכח פני שוכן מעונים. כנפש המצפה לישועה ומלאה הארץ דעה. עמרם הק' בלום אבד"ק ב' אויפאלו: את אחי אבקש סורו נא מעל אהלי הציוניסטען ואל תגעו בקשרם פן תספו בכל חטאתם. הכ"ד המעתיר ומצפה לישועה ולהרמת קרן ישראל.

יוסף מאיר בלא"א מוה' שמואל צבי זצ"ל אבד"ק ספינקא

נודע ונשמע בין החיים מהציוניסטען איך נחשבו לנבלו חרם ממש ומהם כמה בני בליעל בלי עול תורה ויראה וגורם יעפארם. וכמה צדיקים צועקים סורו מעל האנשים האלה. והמתחבר להביה זו עליו נאמר ואשמה הנפש ההיא. ונאמר ישראל נושע בה' תשועת עולמים בב"א. הק' יודא גרינוואלד רב דפה קהל יראים בסאטמאר

הק' יהודה גרינפעלד הרב מק"ק ס' מיהאלי יע"א.

הק' יעקב שפירא הרב מק"ק טארצאל יע"א.

חבר אני לכל אשר יראוך ורוצה גם אני להיות נטפל לעושי מצוה להזהר מלהיות באגודתם אשר בללו לשונם בשפת שקר ורמי' לכנות להם שם ציונים. וציון במר תבכה אם מתורת ד' נזורו אחור. וד' ישמור אותנו מהם ומההמונם ובשם ד' נדגול.

אליעזר דייטש האב"ד דקהל יראים בבאניהאד

מרדכי יהודא במוה' ישכר ז"ל ר"ב מענטרדאם.

הק' יהושע הערשול הכהן אבד"ק קאפוש נדול יע"א.

הק' מרדכי ליב ווינקלער אבדק"ק ה' מאד

יעקב משה"ק אב"ד דיראים בני קאראלי.

יוסף ישראל דייטש בן הגאון מוה' א"ד זצ"ל אב"ד דק"ק ב' יארמוטה.

הק' יוסף וואלד בהגאון מוה' א"ז זצ"ל אבדק"ק העלמעץ והגליל באדראג.

הק' נתנאל במה"ו יחיאל הכהן פריעד הופק"ק ב' אוי ווארוש.

הק' יחזקאל פאנעט הופק"ק דעעש יצ"ו.

אלי' קליין בהגאון הצ' מוה' ש"ש זצ"ל אבדק"ק האלמין והגליל.

הק' יעקב סג"ל פראגער רב פה אדא ופ"ו.

עקיבא הכהן שטראססער אבדק"ק טאקי.

הק' יהושע פלק הלוי יונגרייז הרב ואבדק"ק סאנטאב יע"א והגליל.

שמעון פאללאק האבדק"ק בעלענעש והגלילות.

הק' שאול בראך מגייטרא יע"א אבדק"ק מאגענדארף.

מנחם מענדל בהגאון מוה' זצ"ל טענענבוים אבדק"ק מארנא.

הק' יהודא אלטמאן רב דק"ק משאטה והגליל

הק' חיים פריעד הופק"ק ס' פעטער.

הק' פנחס הלוי בילליטצער אבדק"ק סערענטש והגליל.

הנני סניף להגך אריותא גדולי וצדיקי דורינו אשר כשופר ירימו קולם להזהיר שלומי בנ"י בדברים הנאמרים למעלה.

בן ציון הייל־פרין אבדק"ק גאנאש.

הק' יעקב יוסף גינז אבדק בוסערמין.

הק' משה יוחנן שענפעלד אבדק"ק ערטהאלפאלווא יע"א.

הק' משה נימו הרב אבדק"ק ב' קערעסטור והגליל.

הק' משה דוד טייטעלבוים אבדק"ק מ' לאפאש והגליל יצ"ו.

הק' יששכר בער אב"ד דפה סענושארץ והגלילות.

הק' יוחנן וויס אב"ד דקהל יראים פה איפאלשאג והגליל האנס יע"א.

הק' זאב כהנא אבדק"ק טשארנא.

הק' יוסף מאיר טיענערמאן אב"ד דקהל יראים בנייהיזעל.

הק' יוסף ליב סופר אבדק"ק פאקש.

הק' ישראל מנחם ב־רין אבדק"ק ברעזעווישץ.

שלום בלאאמוהג"הצ מוהר"א פישל סופר וי"א הופק"ק ברעזנא והגליל.

הק' שמחה בונם ברייער אב"ד דק"ק טאב.

הק' מרדכי מאיר בינעט הופק"ק שטינאמאנגער.

יוסף צבי דושינסקי הופק"ק גאלאנטהא.

הק אשר אליקים סג"ל טשעך אבר"ק אבראהם והגליל.

הק צבי ראזענבערג הרב דק"ק נאדיפאלו והגליל.

הק' פנחס קלין בה"נ רש"ש זצ"ל אבדק"ק סעללעש יע"א

הק' אברהם ליב טראמצער רב דק"ק שאאק סעליצע.

הק' שלמה סופר בהגראשב"ס זצ"ל אבר"ק בערגסאס.

הק' שמעון בלאמ"ה: רד"צ זצ"ל אבדק"ק טיהאלאוויטץ

הק' דוד ליב ואלצער אבר"ק הומאננא

הק' שלמה זלמן עהרנרייך אבדק"ק שאמלויא.

הק' שלמה זלמן אוללמאן אבדק"ק ביסטריטץ

הק' יוסף הכהן אבדק"ק סאמאש אוייואר

נח ברוך פישער רב אב"ד דק"ק עפעריעס.

Herausgeber u. Verantwortlicher Redact. OSIAS H. WILF rote Weinstock
Druck von E. Salat Witwe des U. W. Salat, Lemberg, Kasimirgasse 35.

היסטאָרישער "קול קורא" פון גדולי ישראל שנת תרס"ד לפ"ק קעגן די מזרחי

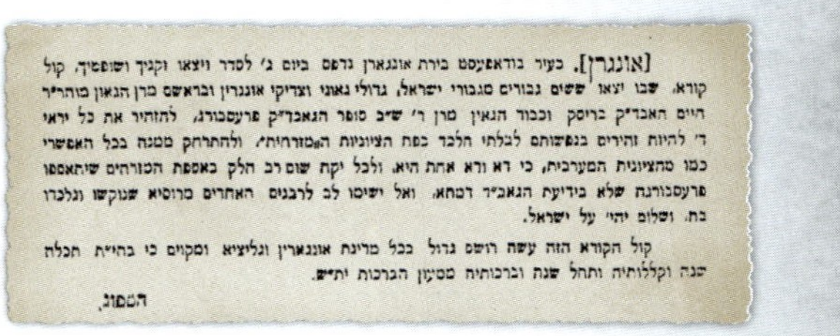
[אונגרן]. כעיר בודאפעסט בירת אונגארן נדפס ביום ג׳ לסדר ויצאו וקניך ושופטיך, קול קורא, שבו יצאו ששים גבורים סגבורי ישראל, גדולי גאוני וצדיקי אונגרין ובראשם מרן הגאון מוהר״ר חיים האבד״ק בריסק וכבוד הגאון מרן ר׳ ש״ב סופר הגאבד״ק פרעסבורג, להזהיר את כל יראי ד׳ להיות זהירים בנפשותם לבלתי הלכד בפח הציוניות המזרחיות, ולהתרחק ממנה בכל האפשרי כמו מהציונית המערבית, כי דא ודא אחת היא. ולכל יקח שום רב חלק באספת הכורהים שיתאספו פרעסבורגה שלא בידיעת הגאבי״ד דמתא. ואל ישיתו לב לרבנים האחרים מרוסיא שנוקשו ונלכדו בה. ושלום יהי׳ על ישראל.

קול הקורא הזה עשה רושם גדול בכל מדינת אונגארין וגליציא ומקוים כי בהי״ת תכלה שנה וקללותיה ותחל שנה וברכותיה מסיון הברכות ית״ש.

המסוג.

דער "הפלס" באריכטעט איבער די היסטארישע קול קורא

דער כרוז איז ברייט פֿאַרשפּרייט געוואָרן איבער׳ן גאַנצן לאַנד און אויך אין אַנדערע אידישע געגענטער. די ערליכע צייטונג "מחזיקי הדת" וואָס איז ערשינען אין גאַליציע האָט עס אויך פֿאַרעפֿנטליכט, און דער אָפּקלאַנג דערפון איז געווען געוואַלדיג שטאַרק בכל תפוצות ישראל.

באַזונדער האָט דער פרעשבורגער רב הגאון הצדיק בעל שבט סופר ז"ל אָפּגעשריבן אַ בריוו צום וויצענער רב בעל מעשי למלך ז"ל, וואו ער איז זיך מתנצל אַז די אסיפה מטעם די מזרחי איז פֿאַררופֿן געוואָרן אינגאַנצן אָן זיין וויסן און רשות; ער האָט איבערהויפּט נישט דאָס מינדעסטע שייכות דערצו און טוט זיך אָנשליסן צו דער אזהרה פון די רבנים מיט אַ ספּעציעלער בקשה צו זיינע תלמידים אַז זיי חלילה נישט האָבן קיין שייכות מיט אָט די גרופּעס[3].

די "מזרחי" קאָנפֿערענץ פֿאַלט אַדורך

דער קול קורא פון די רבנים האָט געהאַט אַ געוואַלדיגן אָפּקלאַנג און די אסיפה אין פרעשבורג איז ווירקליך געווען אַן ערנסטער דורכפֿאַל פֿאַר דער מזרחי פּאַרטיי, אויף אַזוי ווייט אַז קיין שום ערנסט-אַנערקענטער רב פון אונגאַרן און די אַרומיגע לענדער האָט נישט אַנטיילגענומען ביי דער אסיפה, ווי עס קומט אַמבעסטן צום אויסדרוק פונעם מכתב קודש וואָס הרה"ק מציעשנוב זי"ע האָט געשריבן אַלס הכרת הטוב פֿאַר די אונגאַרישע רבנים וועלכע האָבן אַזוי ערליך באַקעמפט די קליפת המזרחי: "וואויל איז אייך און ווי גוט איז אייער חלק אַז איר האָט

3) "ע"ד אשר בקש ושאל אותי שנית לגלות לו דעתי בבירור יותר נכון ומובן לכל איש בהנוגע להאסיפה של הציונים המכנים עצמם מזרחיים, הנני בהוספת אומר ודברים על מכתבי הראשון שהערכתי להד"ג שבו הודעתיו מה שהי׳ אז הנחוץ לפי שעה בקוצר אמרים, להתודע ולהגלות לעם ה׳ כי לא הי׳ לי שום ידיעה ממה שהסכימו המזרחיים לקרוא לעצרה ולאסיפה לפ"ב, וגם לאנשי אקרו"ט דקהלתי לא הודיעו מזה מאומה, ומובן מאליו ומכ"ש שלא אותי שאלו אם אני מסכים לזה, עד שנודע לי הדבר מהקול קורא אשר נשלח גם אל ידי.

ואשנה ואשלש עוד הפעם, כי לא הי׳ לי ולא יהי׳ לי עסק ודברים עמהם כלל וכלל. והנני מסכים ומזהיר עם כל הרבנים הגאונים הגדולים במדינתנו ובמדינות אחרות, שאין להתחבר ולהתקשר ולבוא לאסיפה עמהם, והרחק ירחיקו מהם כל יראי ד׳ מחזיקים באמונת אבותיהם ובהבטחת נביאים. וביותר אני מפקיד ומצוה לכל תלמידים הגונים בכל מקומות מושבותיהם עושים מלאכתם מלאכת הקודש באמונה, לעשות דברי ולשמוע בקולי שלא להיות באגודה אחת עמהם, ושומר נפשו ירחק מהם ומכיוצא בהם. המצפה לישועת ה׳ ולבג"צ בב"א א׳ לס׳ שופטים תרס"ד לפ"ק". (פליטה הנשארת, תל תלפיות, עמ׳ מט).

צו אנמערקן, אז מיט יארן שפעטער, בשנת תרצ"ג לפ"ק, ווען רביה"ק מסאטמאר זי"ע האט אפגעשריבן א פייערדיגן קול קורא קעגן דער מזרחי ארגאניזאציע וואס האט געזוכט צו גרינדן א באזע אין דער שטאט קראלי, טוט ער זיך אין אנהויב באציען צום קול קורא וואס איז ערשינען יארן פריער דורך די גדולי אונגארן זי"ע. דער רבי שרייבט: "אייערע אויגן זעען אינעם בייגעלייגטן בלעטל, אז דאס ציונות און די מזרחי איז גע'אסר'ט געווארן מיט א שארפן און שרעקליכן איסור דורך אונזערע רבי'ס אין יאר תרס"ד לפ"ק." (ס׳ דברי יואל מכתבים ח"א מכתב סז. ושם מכתב סו: "תחת המסוה המזרחי הטמא ומטמאה אשר כבר נאסרו לנו מרבותינו מדור שלפנינו".)

געהאַט די זכי' צוריקצוהאַלטן דאָס שלעכטס, און איר האָט נישט ערלויבט פאַר די משחיתים, די מזרחי'סטן, זיך צו פאַרשפרייטן אין אייער מדינה, און זיי האָבן געמוזט אַוועקפאָרן פון דאָרט פאַרשעמטערהייט[4]."

אַזוי זאָגט אויך עדות דער היסטאָריקער הרב יקותיאל יהודה גרינוואַלד ע"ה, אין זיין בוך "טויזנט יאָר אידיש לעבן אין אונגאַרן":

"די זעלבע זאַך האָט פּאַסירט ווען די מזרחי האָט געהאַט איר ערשטע קאָנפערענץ אין פּרעשבורג אין יאָר 1904. קיין איינציגע וויכטיגע פּערזענליכקייט אָדער באַוואוסטער רב האָט זיך ניט באַטייליקט אין די קאָנפערענץ, און ווען דער שרייבער פון די שורות איז אַלס פערצן-יעריג בחור'ל געפאָרן הונדערטער מייל צו די קאָנפערענץ, האָט מען אים באַטראַכט ווי אַ משוגענער..."

"הפירצה אשר פרצה הציונית והמזרחית במדינתנו אין לשער!"

דער פלאַם וואָס די גדולי ישראל אין אונגאַרן האָבן אָנגעצונדן האָט זיך אָבער נישט איינגעשטילט און איז פאַרשפרייט געוואָרן אויך אין אַנדערע מדינות, פון וואו עס זענען אַרויסגעקומען בריוו מיט'ן דעת תורה פון מערערע גדולים וצדיקים איבער דער געוואַלדיגער סכנה פון דער מזרחי און איר שעדליכע השפעה.

בשם ד' ג' טבת תרס"ה.
לכבוד ידיד ד' וידיד נפשי הרב הגאון הגדול המפורסם בישראל עמוד הוראה כש"ת מו"ה שלמה שי' ד"ר ברייער אב"ד בק"ק פראנקפורט.
אחדשה"ט ושלום תורתו באהבה. דבר לי אל כבוד גאונו. הנה הפרצה אשר פרצה הציונית והמזרחית במדינתנו אין לשער. כי אחרי כל ההשתדלות אשר עמדו כנגדם עלתה בידם לצודד נפשות נקיות ולהוליכם שולל חוץ לדרך התורה והמוסר. עתה נתאחדו יחד וילכו להם לבקש מקומות חדשים וכפי הנשמע הי' גם בפראנקפורט וכי גם שם מצאו להם ידים וכי מהאנשים התמים בעל תורתו דבר נלכדו במצודתם. לזאת הנני לבקש מאת כבוד גאונו שי'. יטיב נא להודיעני אם כן הוא ואם יש בידו להתרא בלתם מפרום. יען עינינו ראו את המחלה המתרבקת הזאת. הם תומכים שה אחת מהורה מן עדר ד', ואחרי ירוצו רבים. מהלא אמרין, תן לשמן שערה אחת והוא יאסף אליו גם את הראש גם את הזקן. לא אכחד מכתר שי' כי לפי דעתי יש לחשש הרבה אם הז יעלה בידם לצוד נפשות כאשר צדו עד כה פן יהפך חו"ז רוב העדה למינות. והייתי מאריך במכתבי אבל חלישות כחי לא יתנני להאריך גם מה שכתבתי הי' ברוב עמל.
וד' שלום יתן שלום וברכה וישמור שארית עמו לכל ירח חז מסמו נרה. והתועים ישובו ויבקשו את ד' ואת תורתו ישמרו כנפשות כל יראי ד' ובנפש נענה הדו"ש ומוקירו.
אלי' חיים מייזל.

פייערדיגע בריוו פון לאָדזשער רב זצ"ל

דער באַרימטער לאָדזשער רב, הגאון רבי אליהו חיים מייזל זצ"ל, וועלכער האָט געפירט אַ מלחמת קודש קעגן דעם גאַנצן רעיון הציונות - ווי ערוועגנט אין קאפיטל "התנגדות גדולי ישראל וצדיקי אמת קעגן רעיון הציוני" פון זיין בריוו וואָס ער האָט געשריבן ג' טבת תר"ס און געדרוקט אין ספר "אור לישרים", אַז מ'זאָל זיך מתרחק זיין פון די ציונים ווייל אונזער ישועה ליגט נישט אין קיין מענטשליכער האַנט, נאָר דער אויבערשטער קען אונז העלפן און שיקן פון אויבן דעם אמת'ן גואל - האָט אַצינד זיך געשטעלט בשער המחנה צו מתריע זיין קעגן דעם פינסטערן כת.

4) "אשריכם מה טוב חלקיכם שזכיתם לעצור בעד הרעה ולא נתתם המשחיתים המזרחיים להתפשט במדינתכם ונסעו משם בפחי נפש". (דברי שמחה מכתב ז).

אין "הפלס"[5] איז ציטירט פון אַ מאמר אין "איזראַעליט", וועגן דעם שווערן מצב נאָכדעם וואָס דאָס ציונות און די אַזויגערופענע רעליגיעזע מזרחי האָט זיך אָנגעהויבן אַריינרייסן צווישן אידן אין דייטשלאַנד און אין האָלאַנד. די חרדי'שע רבנים האָבן זיך געוואָנדן צו גדולי ישראל פון אַנדערע מדינות וואָס צו טאָן, אָבער די ציונים און מזרחיים זענען באַפאַלן יעדן וואָס האָט פרובירט מוחה צו זיין קעגן זיי, און אויך די עדה אין פראַנקפורט האָט שוין געקלערט צו שווייגן, נאָר דעמאָלטס איז דער לאָדזשער רב, וועלכער איז געווען אויסגערופן צווישן די גדולי ישראל וועמען יעדער האָט אַנערקענט אַלס אַ גדול, גאון וקדוש און זיין חוות דעת איז איבעראַל אָנגענומען געוואָרן, אַרויסגעקומען בקול חוצב להבות אש אין אַ בריוו געשריבן פאַר'ן פראַנקפורטער רב נישט אָפצולאָזן די מלחמת ה' קעגן ציונות און מזרחי, אין וועלכן ס'שטעקט אַ שרעקליכע סכנה קעגן אידישקייט.

רבי אליהו חיים שרייבט:

"הנה הפירצה אשר פרצה הציונית והמזרחית במדינתינו אין לשער... עלתה בידם לצדוד נפשות נקיות ולהוליכם שולל חוץ לדרך התורה והמוסר". יעצט האָבן זיי זיך צוזאַמגענומען און זיי גייען זוכן נייע פלעצער, און ווי מ'הערט זענען זיי אויך געווען אין פראַנקפורט... דעריבער בעט איך כבוד גאונו שי', ער זאָל אונז מודיע זיין אויב ס'איז אַזוי, און אויב ער קען זיי 'להוציא בלעם מפיהם', ווייל אונזערע אויגן האָבן געזען די דאָזיגע אָנשטעקיגע מחלה. זיי כאַפן אַרויס איין ריינע שעפעלע פונעם אויבערשטנ'ס סטאַדע און נאָך איר לויפן פילע נאָך. מ'גיט פאַר'ן שטן איין האָר און ער שלעפט שוין מיט אויך דעם קאָפּ און די באָרד. איך וועל נישט לייקענען פון כת"ר שי'. לויט מיין מיינונג דאַרף מען זייער חייש זיין, אַז אויב ס'וועט זיי ח"ו געלונגען צו פאַנגען נפשות ווי זיי האָבן געפאַנגען ביז יעצט, קען רוב עדה ווערן איבערגעקערט צו מינות ח"ו. "לפי דעתי יש לחוש הרבה אם ח"ו יעלה בידם לצוד נפשות כאשר צדו עד פה, פן יהפך ח"ו רוב העדה למינות". איך וואָלט נאָך מאריך געווען אין מיין בריוו, אָבער מיינע שוואַכע כוחות לאָזן מיך נישט מאריך זיין. אויך דאָס וואָס כ'האָב שוין געשריבן איז מיט גרויס פלאָג"...

דאָס האָט נאָכגעפאָלגט מיט אַ רייע מכתבי קודש פון גאונים וצדיקים פון פילע מדינות, וואו זיי זענען

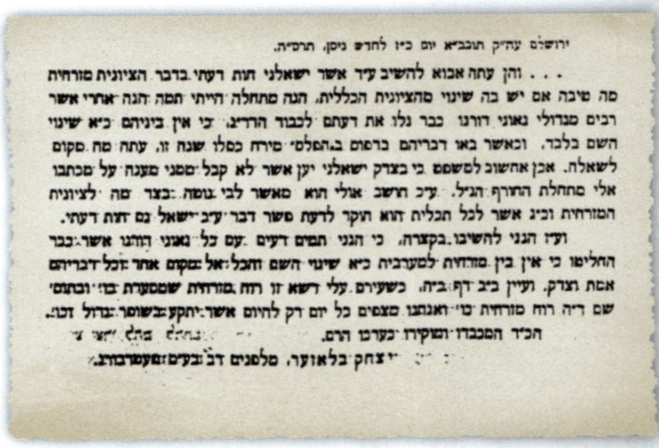
ירושלם עה"ק תובב"א יום כ"ז לחדש ניסן, תרס"ה.

. . . והן עתה אבוא להשיב ע"ד אשר ישאלני חות דעתי בדבר הציונית מזרחית מה טיבה אם יש בה שינוי מהציונית הכללית, הנה מתחלה הייתי תמה הנה אחרי אשר רבים מגדולי גאוני דורנו כבר גלו את דעתם לכבוד הדר"ג כי אין ביניהם כ"א שינוי השם בלבד. וכאשר באו דבריהם ברפוס ב"הפלס" סיוה כסלו שנה זו, עתה מה מקום לשאלה. אכן אחשוב לשפט כי בצדק ישאלני יען אשר לא קבל ממני מענה על מכתבו אלי מתחלת החורף הנ"ל. ע"כ חשב אולי תהא מאשר לבי נוטה בצד מה לציונית המזרחית וכ"ג אשר לכל תכליה הוא תוקר לדעת מער דבר ע"כ ישאל גם חות דעתי.

וע"ז הנני להשיבו בקצרה, כי הנני תמים דעים עם כל גאוני דורנו אשר כבר החליטו כי אין בין מזרחית למערבית כ"א שינוי השם והכל אל מקום אחד וכל דבריהם אמת וצדק. ועיין ב"ב דף ב"ה. כשעירם על רשא זו רוח מזרחית שמסערת בו' ובתמוי שם ר"ה רוח מזרחית בו' ואנחנו מצפים כל יום רק להיום אשר יתקע בשופר גדול וכו.

הכ"ד המכבדו ומוקירו כערכו הרם.

יצחק בלאזער, מלפנים דב"ב ... פעטערבורג.

בריוו פון הגאון רבי איציק'ל פעטערבורגער זצ"ל

5) שנת תרס"ה (עמ' 132).

מתריע קעגן דעם 'פרומען' פליגל פון ציונות און דרוקן אויס זייער שאַרפע התנגדות צו דער מזרחי פּאַרטיי. די בריוון זענען געשריבן געוואָרן פאַר הגאון רבי דוב ארי' ריטער ז"ל אבד"ק ראָטערדאַם, און איז בשעתו געדרוקט געוואָרן אינעם ירחון "הפלס" - כסלו שנת תרס"ה, וואו עס זענען צווישן אַנדערע פאַרעפנטליכט געוואָרן דעת תורתם פון הגאונים והצדיקים: הגאון רבי אליעזר ראַבינאָוויטש ז"ל אבד"ק מינסק; הגאון רבי דוד פרידמאַן ז"ל אבד"ק קאַרלין, הגאון רבי דוד טעבלי קאַצענעלבויגן ז"ל אבד"ק סוואלק,

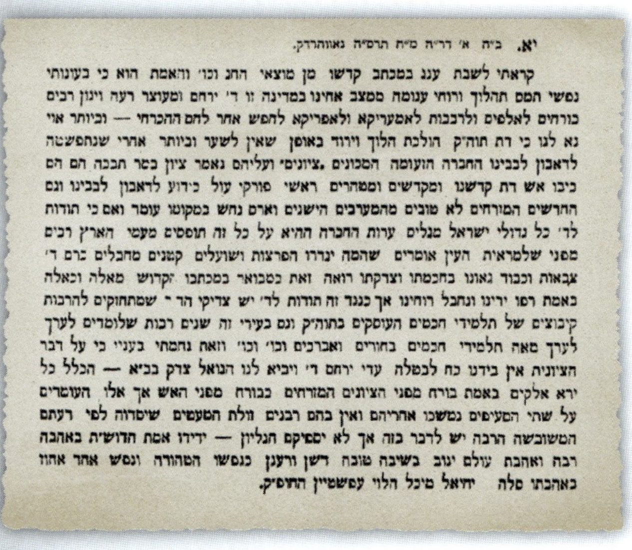
יא. ב"ה א' דר"ח מ"ת תרס"ה נאוותרדק.

קראתי לשבת ענג במכתב קדשו מן מוצאי החג וכו' ווהאמת הוא כי בעונותי נפשי תמס תהלוך ורוחי עגומה ממצב אחינו במדינה זו ד' ירחם ומעוצר רעה ויגון רבים בורחים לאלפים ולרבבות לאמעריקא ולאפריקא לחפש אחר לחם ההכרחי — וביותר אוי נא לנו כי דת תוה"ק הולכת הלוך וירוד באופן שאין לשער וביותר אחרי שנתפשטה לדאבון לבבינו החברה הועומה המכונים .ציונים' ועליהם נאמר ציון כמר תבכה הם הם כיבו אש דת קדשנו ומקדשים ומטהרים ראשי פורקי עול כידוע לדאבון לבבינו וגם החדשים המורחים לא טובים מהמערבים הישנים וארס נחש במקומו עומד ואם כי תודות לד' כל גדולי ישראל מגלים ערות החברה ההיא על כל זה תופסים מעטי הארץ רבים מפני שלמראית העין אומרים שהמה יגדרו הפרצות ושועלים קטנים מחבלים כרם ד' צבאות וכבוד גאונו בחכמתו וצדקתו רואה ואת כמבואר במכתבו יקרוש מאלה וכאלה באמת רפו ידינו ונתבל רוחינו אך כנגד זה תודות לד' יש צדיקי הד' שמתחזקים להרבות קיבוצים של תלמידי חכמים העוסקים בתוה"ק וגם בעירי זה שנים רבות שלומדים לערך לערך מאה תלמידי חכמים בחורים ואברכים וכו' וכו' וזאת נחמתי בעניי כי על דבר הציונית אין בידע כח לבטלה עדי ירחם ד' ויביא לנו הגואל צדק בב"א — הכלל כל ירא אלקים באמת בורח מפני הציונים המזרחים כבורח מפני האש אך אלו העוטרים על שתי הסעיפים נמשכו אחריהם ואין בהם רבנים זולת המעמים שיסרוה לפי דעתם המשובשה הרבה יש לדבר בזה אך לא יספיקם הגליון — ידידו אמת הדוש"ת באהבה רבה ואהבת עולם יגוב בשיבה טובה דשן ורענן כנפשו הטהורה ונפש אחר אחוז באהבתו סלה יחיאל מיכל הלוי עפשטיין התופ"ק.

בריוו פון הגאון בעל ערוך השולחן זצ"ל

הגאון רבי יוסף זינדל מאיישישאק ז"ל[6], הגאון רבי אפרים סאמינאוו ז"ל מווינדאווי, הגאון רבי חיים בערלין ז"ל, דער ראָגאָטשאָווער גאון רבי יוסף ראָזין ז"ל, הגאון רבי בנציון מביעלסק ז"ל, הגאון רבי יחיאל מיכל עפשטיין ז"ל בעל ערוך השלחן, הגאון רבי מאיר אַטלס ז"ל אבד"ק קאָברין, הגאון רבי יצחק בלאָזער ז"ל אבד"ק פעטערבורג, און נאָך פילע רבנים וגדולים.

באַזונדער איז באַרימט דער בריוו וואָס דער באַרימטער גאון וקדוש בעל אבני נזר מסאָכאָטשאָוו זי"ע האָט דעמאָלטס געשריבן, וואו ער דרוקט אויס זיין געוואַלדיגע קעגנערשאַפט קעגן די גיפטיגע ציוני'סטישע גרופעס, אָפּגעזען פון זייערע פאַרשידענע נעמען און אָפּטיילונגען, וזלש"ק:

"ושמחתי לראות רוח בינתו, כי גם בריחוק מקום השכיל לדעת ולראות את הרעל המר הכרוך בעקבות גם שניהם לרבות שינויהם, ואין לי להוסיף על דבריו רק יהי' ה' אלקיו עמו לגדור גדר בעד המספחת הלז לבל תפרוץ במדינתו."

6) "ב"ה. יום ה', כ"ו תשרי תרס"ה לפ"ק איישישאק.
מכתב רומעכ"ת קבלתי היום, ושמחתי לראות כי לא אלמן ישראל ועוד יזהירו בתוכנו חכמים עדיפי מנביאים אשר יגלה להם ה' סודו, כי כפי הנראה לא ראה חיבור אור חדש על ציון, ואלו ראה מה לנו לשאול על הפועל, כי הפעולה תעיד על פעולה, וכל גדולי מדינתינו נאנחים ונאנקים על זה ואין בידנו לתקן ה"י, ושאר הראשים והמנהלים הם הם מנהלי הציונות הידוע, רק התחכמו לכסות ערותה לאמר כי לא יצאו מדת התורה, ולא כן שמענו, בכל מקום שהתאספו הטו דרכם בנפש חפצה לפי המית ההולכים אחר החדשות, כי כל ההנהגה בידם בכל דבר, הרחמן יצילנו מהם ומהמונם ושאונם ונזכה לגאולה האמיתית, כי גם שורש הדבר איננו מקובל אצלנו, ובדרשותי בעניותי הרבתי ראיות כי כל הנהגת ישראל וכ"ש גאולתן אשר היא יסודו של עולם, אין לנו בעצמינו לעשות שום דבר רק עפ"י הקב"ה, ואף בשאר דברים אשר אנו רשאים בזה כמו רפואה ביחיד, דבר רחוק מהטבע כזה הוא אסור יותר מדרכי אמורי אשר אסרו לנו חז"ל, ואם העת סדורה לפני רמעכ"ת חפצתי לדעת דעתו הגדולה בזה. ידידו הדו"ש ומכבדו באהבה. יוסף זינדל כעת פק"ק".

אגרת חוצב להבות אש קעגן די כת המזרחי פון הגאון הקדוש רבי שמואל מסאכאטשוב זצ"ל בעל שם משמואל

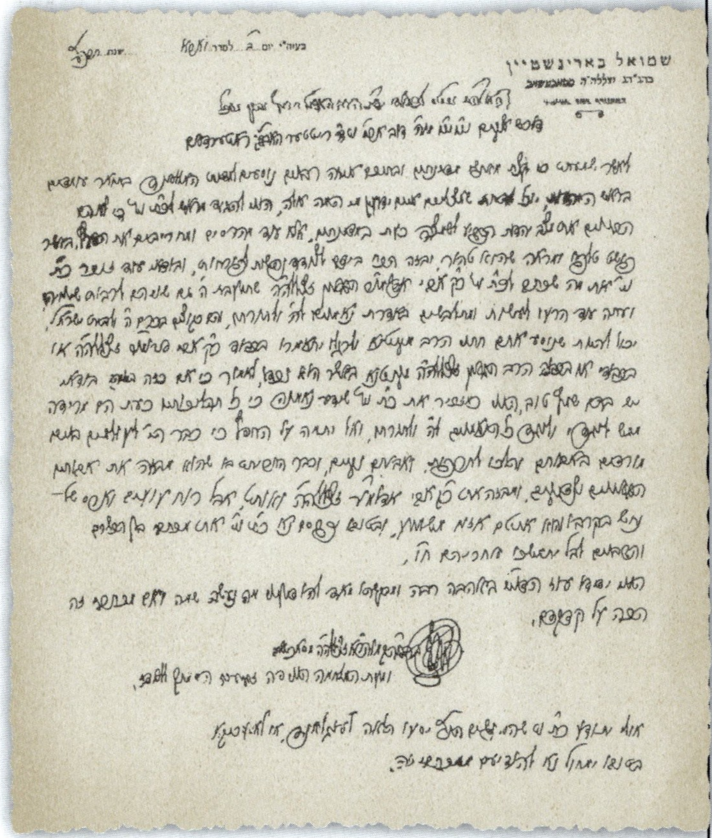

בעזהשי"ת יום ב' לסדר ויחי שנת תר"ף

החו"ש וכט"ס לכבוד ידי"נ, הרב הגדול חריף ובקי משכיל דורש אלקים כו' כו' מו"ה דוב ארי' דר' ריטטער האבד"ק אמסטערדאם.

לאשר שמעתי כי קצת מאנשי מדינתינו ובתוכם איזה רבנים, נוסעים למדינת האלאנד בתואר עומדים בראש היהדות, ולכן היות שאצליכם אינם יודעין מי המה אלה, הנני להגיד מראש לכ"ת נ"י כי לא הם הרואים את מצב היהדות הפרוע לשמצה כעת במדינתינו, אלא עוד מהרסים ומחריבים את הארץ באשר פושט טלפיו ומראה שהוא טהור, ובזה הכח בידם לצודד נפשות פורחות, ובודאי עוד זוכר כ"ת נ"י את מה שכתב לכ"ת כ"ק אבי אדמו"ר הגאון זצללה"ה, שתועבת ה' גם שניהם לרבות שינויהם, ועתה עוד הרעו לעשות בארץ ומתלבשים באדרת נאמנים לה' ולתורתו והם כקוצים בכרם ה' ולבית ישראל.

יכול להיות שנוסע אתם ... ולרגלו יתאמרו בכבוד אבי אדמו"ר זצללה"ה או בכבוד הרב הגאון זצלה"ה מקוטנא באשר הוא נכדו לאמור כי אם כזה בינם בודאי יש בהם שמץ טוב, הרינו כמזכיר את כ"ת נ"י שידע נאמנה כי כל תהלוכתיו כעת הם מרידה ממש לנגדי ולנגד כל הנאמנים לה' ולתורתו, ואל יתמה אל החפץ כי כבר הי' לעולמים בנים מורדים באבותם והלכו לחרפות ואבותם נקיים, וכבר התריתי בו שהוא מבזה את אבותיו הגאונים והצדיקים ומבזה את כ"ק אבי אדמו"ר זצללה"ה ואמרתי אבל רוח עועים וארס של נחש בקרבו והוא אוטם אזנו משמוע, ובטח יפרסם נא כ"ת את מכתבי בין הכשרים והרבנים לבל יתמשכו אחריהם ח"ו.

הנני ידידו עוד הדו"ש באהבה רבה ומבקשהו מאוד להודיענו מה נעשה שמה ואם מכתבי זה הכה על קדקדם, ואולי יתוודע כ"ת נ"י שהאנשים הנ"ל יסעו הלאה לענגלאנד או לאמעריקא בטובו ימחול נא להודיעם ממכתבי זה.

נאום שמואל בהגה"ק מוהר"א זצללה"ה מסאכאטשוב ובעת המלחמה הנני פה זגיערעש הסמוך ללאדז.

שער עשירי

די באַלפור דעקלעראַציע

און אירע ווייטגרייכנדע קאָנסעקווענצן

תרע"ד - תרצ"ט

- רוחניות'דיגער חורבן נאָך ערשטער וועלט קריג
- די באַלפור דעקלעראַציע
- באַלפור - דער אידן פריינד?
- גדולי ישראל רעאגירן צו "באלפור דעקלעראציע"
- די ווייסע ביכער

קאַפּיטל ל"ב

רוחניות'דיגער חורבן נאָך ערשטער וועלט קריג

געטוישט די וועלט-מאַפּע אויף אייביג

אינעם טרויעריגן טאָג וואָס איז געווען אָנגעגרייט פאַר אידישע צרות, אום תשעה באב שנת תרע"ד לפ"ק, האָט אויסגעבראָכן די גרויסע מלחמה, היינט באַקאַנט אַלס "די ערשטע וועלט קריג", אַ בלוטיגע לאַנג-יעריגע קריג וואָס האָט אַריינגעצויגן צענדליגער לענדער פון אַרום דער וועלט אין ענדלאָזע שלאַכטן, און האָט אין דער ענדע אָפּגעקאָסט מיליאָנען מענטשליכע קרבנות פאר אַלע קעמפערישע צדדים.

די ערשטע וועלט קריג טראָגט מיט זיך אַן ערנסטן היסטאָרישן באַדייט סיי פון וועלטליכן שטאַנדפונקט און סיי פון אידישן שטאַנדפונקט. אין אַלגעמיין איז יענע תקופה געווען אַ שטאַרקער ווענדפונקט פאַר דער ציוני'סטישער באַוועגונג וואָס האָט דעמאָלטס אויפגעבויט אַ שטאַרקן פּאָליטישן כח און אָנגעקניפּט באַציאונגען מיט דער בריטישע הערשאַפט. מ'קען רואיג זאָגן אַז בלויז אַדאַנק די מלחמה און אירע נאָכווייען האָט דאָס ציונות געקענט פאַרוואַנדלט ווערן אין דער מאָנסטערישער באַוועגונג וואָס האָט איינגעשלונגען רוב כלל ישראל.

צום ערשט דאַרף מען אין באַטראַכט נעמען די געאָגראַפיש-פּאָליטישע ענדערונגען וואָס די מלחמה האָט געברענגט, סיי איבער דער וועלט און סיי אינערהאַלב דער אַלוועלטליכער אידישער געמיינדע.

די קריג האָט זיך אַנטוויקלט צו אַ וועלט-מלחמה אין וואָס עס האָבן אַנטיילגענומען 135 פעלקער פון אַ האַלבן גלאָבוס פון פינף קאָנטינענטן, און האָט פאַרענדערט די גרעניצן אין

דער סימבאָל פון די 'אָטאָמאַנישע אימפעריע' וואס איז נאך פארבליבן ביז'ן היינטיגן טאג אויף אַ געביידע אין ירושלים עיה"ק

אייראָפּע אויף שטענדיג. עס האָט דאַן פאַסירט גלאָבאַלע געאָגראַפיע טוישונגען וואָס האָבן שוין נישט פאַסירט הונדערטער יאָרן בעפאָר. פאַרשידענע גרויסע וועלט-מאַכטן זענען צונויפגעפאַלן און אַנטרינען געוואָרן פון דער מאַפּע; גאַנצע אימפעריעס וועלכע האָבן אָנגעהאַלטן זייער שטייפע הערשאַפט פאַר הונדערטער יאָרן, זענען פון איין טאָג אויפ'ן צווייטן געוואָרן בלויזע זעלבסשטענדיגע שטאַטן מיט אַ געצוימטער רעגירונג.

איינע פון די גרויסע אימפעריעס וועלכע זענען דאַן צענומען געוואָרן, איז געווען די באַרימטע "אָטאָמאַנישע אימפעריע", אַן אַלטע מאַכטפולע אימפעריע פון די איסלאַמישע טערקן וועלכע האָט עקזיסטירט פאַר הונדערטער יאָרן און געוועלטיגט אויף פילצאָליגע גרעסערע און קלענערע לענדער.

די הויפטשטאָט פון דער אָטאָמאַנישער אימפעריע איז געווען די באַקאַנטע "קאָנסטאַנטינאָפּאָל" (גערופן דורך אַנדערע "קושטנדינא"/"קושטא", אָדער "איסטאַמבול"), די הויפטשטאָט פון טערקיי. און וויבאַלד טערקיי איז פלאַצירט ביים גרעניץ צווישן אייראָפּע און אַזיע, האָט די אימפעריע אויסגעשפרייט איר הערשאַפט סיי איבער אייראָפּע און סיי אין אַזיע.

נעקרו גליות ישראל ממקומם

דאָס אידישע פאָלק, שה פזורה ישראל, האָט אין יענער ביטערער תקופה געליטן גרויסע צרות און פראָבלעמען. דריי יאָר פון ליידן זענען אַריבער אויף אידן אין אַלע לענדער וואָס זענען געפאַלן שוצלאָזע קרבנות צו די קעמפערישע אַרמייען פוןביידע זייטן. אומצאָליגע אידישע קינדער זענען גענומען געוואָרן אין מיליטער וואו זיי האָבן געדאַרפט קעמפן אין די בלוטיגע שלאַכטן. צומאָל זענען אידן פון איין לאַנד געווען געצוואונגען צו קעמפן קעגן אידן פון אַ קעגנערישן לאַנד. הונדערטער אידישע קהלות זענען אויסגעריסן געוואָרן און פאַרוואָגלט געוואָרן פון איין פלאַץ צום צווייטן, און הונדערטער טויזנטער אידן, דערונטער מערערע גדולי וצדיקי הדור זי"ע, זענען געווען געצוואונגען צו נעמען דעם וואַנדער-שטעקן און פליכטן פון איין לאַנד צום צווייטן, מיט דער האָפענונג צו ערגרייכן עטוואָס מנוחה.

ווען די מלחמה-צינגען האָבן זיך איינגעשטילט, האָט אינאיינעם דערמיט זיך געטוישט די וועלט-מאַפע און דאָס אידישע פאָלק איז אויפגעשאָקלט געוואָרן אויף אַן אויסטערלישע פאַרנעם. גרעניצן זענען געביטן געוואָרן און שטעט זענען געטוישט געוואָרן.

צוליב די מאַסן אויסוואַנדערונגען און געלויפעריי פון איין לאַנד צום אַנדערן, האָט פאַסירט אַ שטאַרקע אויפטרייסלונג אינערהאַלב אידישע שטעט וואו די קהלה סיסטעמען זענען גענצליך צעפאַלן. דאָס האָט געברענגט דערצו אַז דער יוגנט זאָל אין די מאַסן איבערלאָזן די תורה הק' און גיין פאַשען אויף פרעמדע פעלדער. אויך די שטעט וועלכע זענען ביז דאַן געשטאַנען פעסט קעגן די בייזע ווינטן פון השכלה און רעפאָרם, האָבן צוזאַמענגעבראָכן; די ישיבות און בתי מדרשים זענען חרוב געוואָרן און אויף זייער פלאַץ האָט זיך אַריינגעכאַפט אַ ברויזנדער גייסט פון פאַרשידענע 'איזמען' - קאָמוניזם, נאַציאָנאַליזם, א.א.וו.

אַ רוחניות'דיגער חורבן האָט זיך אומעטום אויסגעשפרייט אויף אַ מאַסשטאַבליכן פאַרנעם, און די נאָכווייען פון דער מלחמה האָבן געברענגט אַ צעמישעניש און אויפוואַכונג ביי די אידישע מאַסן צו די נייע ווינטן וואָס האָבן דאַן געבלאָזן. דאָס איז נאַטורליך גוט אויסגענוצט געוואָרן דורך די ציוני'סטישע הוגי דעות, און צוביסלעך האָט זיך אָנגעהויבן פאָרמירן אַ נייע אידישע וועלט מיט פרישע קהלות און אָרגאַניזאַציעס וואו די פורקי עול האָבן זיך געהויבן דעם קאָפּ און די ערליכע אידן זענען פאַרוואַנדלט געוואָרן אין אַן אַראָפּגעקוקטן מיעוט.

באַזונדער איז אין די לענדער פון מזרח-אייראָפּע אַנטשטאַנען אַן אומבאַגרייפבאַרע רעוואָלוציע מיט דער ערשיינונג פון דער קאָמוניסטישער באַוועגונג, וועלכע האָט פאַרכאַפּט אַרום דריי מיליאָן אידן אונטער אירע לאַפּעס און זיי אָפּגעריסן פון זייערע ברידער אין די פרייע לענדער, דערונטער אויך אומצאָליגע ערליכע אידן. ווי פאַרשטענדליך האָט דאָס נאָכמער פאַרערגערט דעם אידישקייט צושטאַנד אויפ'ן אייראָפּעאישן באָדן און אָפּגעשוואַכט דעם כח

אומצאָליגע אידישע קינדער האָבן געדאַרפט קעמפן אין די בלוטיגע שלאַכטן.
אידישע סאלדאטן אין דער עסטרייך - אונגארישע מיליטער

הקהלות והרבנות איבער גאַנץ אייראָפּע, אויך ווייט פון די קאָמוניסטישע גרעניצן, אַ פאַקטאָר וואָס האָט צוגעגעבן צום תוהו ובהו און געשטאַרקט דאָס ציונות אויף אַ ריזן פאַרנעם.

קעגן די ליידן פונעם אידישן פאָלק אין אַלגעמיין האָבן די פרייע ציונים זיך געהויבן דעם קאָפּ און שטאַרק סוקסעסירט אין אייראָפּע און נאָכמער אין ארץ ישראל. דער נצחון און געווינס פון די ענגלענדער איז אויסגעטייטשט געוואָרן אַלס אַ פערזענליכער נצחון אויך פאַר די ציונים וואָס האָבן דערין געזען אַ פאַסיגע צייט צו דערגרייכן זייער ענד-ציל צו באַהערשן ארץ ישראל און דאָרט גרינדן אַן אייגענע אויטאָנאָמיע.

ביי דער ענדע פון דער וועלט-מלחמה זענען די טערקן געשטאַנען גאָר שמאָל אויפ'ן פראָנט. ווי ערוועַנט זענען די טערקן ביז דאַן געווען די געוועלטיגער אויפ'ן גאַנצן מיטל-מזרח, אָבער ווען די מלחמה-מאַפּע האָט געגעבן דעם אויבערהאַנט פאַר די ענגלענדער, האָבן אַלע פאָראויסגעזען אַז אָט אָט וועט דער טערקישער צד פאַרלירן און ארץ ישראל וועט איבערגענומען ווערן דורך די ענגלענדער.

די ציוני'סטישע גרופּעס אין ארץ ישראל האָבן, זעענדיג דעם מצב, זיך אַרויפגעכאַפּט אויף

דער געלעגנהייט, און אָנגעהויבן מיט אַ חנופה-קאַמפּיין צו געווינען צוטרוי ביי די ענגלענדער. זיי האָבן אַפּירגעזוכט אַלערליי חנופה-פּאָטענטן צו געפעלן די בריטישע, און אָנגעקניפּט באַציאונגען מיט זייערע הויכראַנגיגע באַאַמטע.

דער אידישער לעגיאָן מושטירט שפּעטערדיגע טעראָר-גרופּעס

איינע פון די ערשטע און וויכטיגע שריט וואָס די ציונים האָבן אונטערגענומען, איז געווען דאָס גרופּירן גרעסערע גרופּעס יוגנטליכע און זיי מאָביליזירן אינעם ענגלישן מיליטער זיי זאָלן קעמפן האַנט-ביי-האַנט מיט די ענגלענדער קעגן די טערקן.

די אידישע גרופּעס אינערהאַלב דעם ענגלישן מיליטער, אויך באַקאַנט אַלס "גדוד העברי", זענען געווען באַטאַליאָנען פון אידישע סאָלדאַטן צוזאַמגעשטעלט פון פאַרשידענע לענדער, וועלכע האָבן געדינט אין די ראַמען פונעם בריטישן מיליטער אין דער לעצטער שטיקל תקופה פון דער מלחמה, און האָבן געקעמפט ביי פאַרשידענע פראָנטן קעגן די טערקן.

די ציוני'סטישע פירער זענען געווען די גרינדער פון די גרופּעס, וועלכע האָבן דערביי געהאַט עטליכע צילן צו ערגרייכן. דאָס ערשטע איז פאַרשטענדליך געווען צו איינפּאַק חנפ'ענען די ענגלישע באַאַמטע אַז ווען די צייט וועט קומען און זיי וועלן ערגרייכן זייער הערשאַפט אויף ארץ ישראל זאָלן זיי ענדגילטיג מכיר טובה זיין די ציונים און זיי געבן ברייטע רעכטן איבער/אין ארץ ישראל. דאָס איז געווען דער מיטל אָנצוקניפּן באַציאונגען אַז די ענגלענדער זאָלן זיין גרייט צו קאָאָפּערירן מיט די ציונים און זיי שענקען מאַכט אויף איר איינגענומענער טעריטאָריע.

דער צווייטער, און פונקט אַזוי-וויכטיגער, ציל וואָס האָט באַוואויגן די אַנטשייאונג פון די "גדודים העבריים", איז געווען צו דינען אַלס אַן אַריינפיר פאַר דער ציוני'סטישער באַוועגונג אין אַלגעמיין, און אויפבויען אירע מיליטערישע פעאיגקייטן. דער ציוני'סטישער יוגנט האָט באַקומען אומזיסטע טרענירונג אין דער ענגלישער מיליטער און געוואָרן אויסגעשולט מיט די תכסיסי מלחמה וויאַזוי זיך צו באַנוצן מיט וואָפן אין אַ קאַמף, וואָס דאָס האָט זיי געדינט אַלס אַ פאַסיגע צוגרייטונג אויסצוגראָדן דעם וועג צו זייער טרוים פון אויפשטעלן אַ אידישע לאַנד מיט אַ מיליטערישער קראַפט און באַקעמפן די אַראַבישע איינוואוינער אין פּאַלעסטינע און אַרומיגע לענדער, וועלכע האָבן שוין דאַן געקריצט מיט די ציין קעגן די אידישע עליות און די ציונים'ס נאַציאָנאַליסטישע פּלענער.

און אַזוי איז טאַקע געווען. ס'איז געלונגען פאַר די ציונים אַז די ענגלענדער האָבן זיי אָנגענומען און אָנגעשלאָסן אַלס באַזונדערע רעגימענטן אינעם ענגלישן מיליטער. דערמיט איז געשאַפן געוואָרן דער ערשטער פיזישער בונד צווישן די ציוני'סטישע גרופּעס און די ענגלענדער,

וואָס האָט שפּעטער געשפּילט אַ ראָלע אין דער "באַלפור דעקלעראַציע". גלייכצייטיג זענען די דאָזיגע זעלנער געוואָרן גוט מושטירט וויאַזוי צו נוצן מוניציאָן און פירן שלאַכטן, און זיי זענען געווען די שפּעטערדיגע קעמפער אינערהאַלב די ציוני'סטישע טעראָריסטישע באַנדעס ווי "הגנה", "אצ"ל" און "לח"י", וועלכע האָבן אָנגעזייט מאָרד און טויט קעגן די ענגלענדער און אַראַבער אין ארץ ישראל, און אָנגעפירט מיט בלוטיגע טעראָר-שטיקלעך צו ערגייכן זעלבסשטענדיגקייט איבער ארץ ישראל.

אגב איז אין פּלאַץ צו באַטאָנען, אַז די א.ג. אידישע אָפּטיילונגען אינעם ענגלישן מיליטער האָט פאַרשטענדליך ערוועקט אַ צאָרן ביי די קעגנערישע לענדער ווי דייטשלאַנד און טערקיי וועלכע האָבן געקעמפט אויף דער אַנדערער זייט פונעם פראָנט, און האָבן אויסגעגאָסן זייער כעס אויף זייערע שוצלאָזע אידישע בירגער אַלס נקמה קעגן די אידישע קעמפער. הגאון רבי ברוך בער לייבאָוויטש זצ"ל ראש ישיבת קאַמעניץ האָט דערציילט וואָס ער האָט דאַן געהערט פון זיין רבי'ן הגאון האדיר רבי חיים מבריסק זצ"ל, וועלכער האָט זיך אויסגעדרוקט אַז מיט דעם שריט האָבן די ציונים אַ דין פון רודפים אויפ'ן כלל ישראל[1].

1) במלחמת העולם הראשונה, כשלחמו האנגלים נגד הגרמנים, ארגן מנהיג הרוויזיוניסטים 'זאב זשאבאטינסקי' גדוד של יהודים שלחמו בצבאות אנגליה, וזה גרם לשנאה עזה ליהודים. וסיפר רבינו [רבי ברוך בער לייבאוויץ] שהגר"ח התבטא שיהודים אלו הינם בגדר רודפים של כלל ישראל. והוסיף ואמר לרבינו, אם אתה תאמר זאת בשמי הרי אתה "רודף" עלי, עד כדי כך פחד מהציונים". (הרב הדומה למלאך, תולדות הגרב"ב זצ"ל פרק כח עמ' 393). הגאון רבי חיים מבריסק זצ"ל האט נאך דאן געלעבט, ער איז נסתלק געווארן בלויז עטליכע חדשים פאר די מלחמה האט זיך געענדיגט אין יאר תרע"ט לפ"ק.

קאַפּיטל ל"ג

די באַלפור דעקלעראַציע

אונטערלאַגע און השתלשלות

נאָך איידער דער ענדע פון דער ערשטער וועלט מלחמה, וואָס האָט אָפּגעקאָסט פאַר דער וועלט אין אַלגעמיין אומגעהויערע שאָדנס, האָבן די וועלט גרויסמאַכטן - נאָכ'ן אַנערקענען די קאַטאַסטראָפאַלע שאָדנס פון די נייע מאָדערנע מלחמה-טאַקטיקן און אין דער האָפענונג צו פאַרמיידן נאָך אַזעלכע קאַטאַסטראָפעס - אויפגעשטעלט די "פעלקער ליגע", אַזאַ סאָרט שירעם קערפערשאַפט וועלכע האָט זיך געזאָלט באַפאַסן מיט די וועלט'ס פּראָבלעמען, אַ שטייגער ווי איר נאָכפאָלגער, די היינטיגע "יו-ען" וועלטס אָרגאַניזאַציע. די אָרגאַניזאַציע האָט זיך איבערהויפּט באַפאַסט מיט איינטיילן און סאָרטירן פונדאָסניי די פילצאָליגע שטחים און לענדער וועלכע זענען צעשפּליטערט געוואָרן אַדאַנק דער מלחמה.

ענגלאַנד, וועלכע האָט אַרויסגעקוקט צו באַקומען דעם מאַנדאַט איבער ארץ ישראל נאָכדעם וואָס די מלחמה וועט זיך ענדיגן, האָט נאָך אינמיטן דער מלחמה פאַרעפנטליכט די באַרימטע "באַלפור דעקלעראַציע", אונטערגעשריבן דורך "אַרטור דזשעימס באַלפור", אַן איינפלוסרייכער קאָנסערוואַטיווער פּאָליטישאַן אין ענגלאַנד, וועלכער איז אין יענער תקופה געווען דער אויסערן מיניסטער פון דער בריטישער רעגירונג. באַלפור האָט געהאַט נאָנטע קאָנטאַקטן מיט די ציוני'סטישע פירער, ספּעציעל מיט חיים ווייצמאַן שר"י.

ווען ענגלאַנד האָט אין 903' למספ' געהאַט פאָרגעשלאָגן פאַר די ציוני'סטן דעם אויבנדערמאַנטן "אוגאַנדאַ פּלאַן", צו גרינדן אַ אידיש לאַנד אינעם אוגאַנדאַ פּראָטעקטאָראַט אין אַפריקע, איז באַלפור דאַן געווען דער פרעמיער מיניסטער, און ער האָט מיטגעהאַלטן

פונדערנאָנט וויאַזוי די ציונים פלאַנירן צו גרינדן אַ אידיש לאַנד אין פאַלעסטינע - וועלכע איז דאַן געווען אונטער דער הערשאַפט פון די טערקן. יעצט האָט ער באַשלאָסן דאָס אויסצונוצן פאַר ענגלאַנד'ס מלחמה אינטערעסן[1].

"די צוקונפט פון פאַלעסטינע"

דער איניציאַטאָר וואָס האָט געאַרבעט און פאָרגעשלאָגן די דעקלעראַציע איז געווען דר. חיים ווייצמאַן, פון די גרויסע ציוני'סטישע פירער אין ענגלאַנד און שפּעטערדיגער נשיא המדינה. ווייצמאַן איז געווען אַ גענייטער דיפלאָמאַט וועלכער האָט באַוויזן זיך צו באַפריינדן מיט די העכסטע עליטע אינערהאַלב דער בריטישער רעגירונג און האָט צו זיין קרעדיט גענומען דעם סוקסעס פון דער דעקלעראַציע. פאָרשער און היסטאָריקער ציינן אָבער אָן אַז די בריטישע רעגירונג האָט צוגעשטימט צו פאַרעפנטליכן דעם דעקרעט צוליב אייגענע פּאָליטישע, רעליגיעזע און סטראַטעגישע אורזאַכן[2].

נאָך ביים אָנהייב פון דער מלחמה האָט מען אין די ענגלישע פּאָליטישע קרייזן דעבאַטירט איבער דער מעגליכקייט פון איינעמען פאַלעסטינע און דעם גאַנצן מיטל-מזרח, און וויאַזוי דאָס דאַרף ווערן אויסגענוצט לטובת ענגלאַנד. סיר הערבערט סעמועל, אַ אידישער פּאָליטישאַן אין ענגלאַנד און נאָנטער פאַרבינדעטער מיט דער ציוני'סטישער פירערשאַפט, האָט באַלד ביים אויסברוך פון דער מלחמה צירקולירט אַ מעמאָראַנדום צו זיינע קאָלעגעס אין ענגלישן קאַבינעט, אונטער'ן נאָמען "די צוקונפט פון פאַלעסטינע", וואו ער האָט אַרויסגעלייגט אַ פּלאַן אַז ענגלאַנד זאָל אַנעקסירן פאַלעסטינע אַלס אַ בריטישע קאָלאָניע, און אַרבעטן צוביסלעך איר אָנצופילן מיט אידישע איינוואוינער, אַז עווענטועל זאָל עס ווערן אַ זעלבסטשטענדיגע אידיש לאַנד, פאַרבינדן מיט ענגלאַנד, ווי פאַרשטענדליך.

פריע פאַרשפּרעכונגען פאַר די אַראַבער

במשך די מלחמה-יאָרן זענען אָבער ענגלאַנד'ס פּאָליטיקאַנטן געווען צעטיילט איבער דער טעמע און צוגאַנג צום מיטל-מזרח. אין דער זעלבער צייט וואָס די ציוני'סטישע אינטערעסן

1) די דעקלעראציע איז טאקע שפעטער געווארן דער פונדאמענטאלער דאקומענט וואס האט געגעבן דעם מאנדאט פון ארץ ישראל פאר דער בריטישער אימפעריע דורך דער פעלקער-ליגע. נאר אין לויף פון זייער הערשאפט איבערן לאנד האט די בריטישע רעגירונג איינגעצוימט די באדייט פון דער דעקלעראַציע, מיט די ווייסע ביכער וואס זיי האבן פארעפנטליכט, איבערהויפט דאס דריטע ווייסע בוך פון יאר תרצ"ט. זעט אויספירליך שפעטער.

2) אביבה חלמיש, 'מבית לאומי למדינה בדרך': 'היישוב היהודי בארץ-ישראל בין מלחמות העולם'. כרך א' (עמ' 88-86).

האָבן אומאויפהערליך לאַביאירט אַז ענגלאַנד זאָל זיך פאַרבינדן מיט די ציוני'סטן, האָבן ענגלישע פּאָליטיקאַנטן פון דער אַנדערער זייט געאַרבעט מיט אַ רייע אַליאירטע אין דער אַראַבישער וועלט, וואו ס'האָבן אויף ענגלאַנד'ס איניציאַטיוו אויסגעבראָכן אַ רייע רעוואָלוציעס קעגן די טערקישע באַדריקער, עפּעס וואָס האָט געהאָלפן צעברעקלען די "אָטאָמאַנישע אימפעריע" פון אינעווייניג און געשפילט אַ וויכטיגע ראָלע אינעם זיג פון די אַליאירטע קרעפטן.

אין אויסטויש פאַר אַראַבישער שטיצע האָבן די ענגלענדער זיי פאַרשפּראָכן אַז נאָך דער מלחמה וועלן זיי קריגן זעלבסטשטענדיגקייט, און דער מיטל-מזרח וועט צעטיילט ווערן אין מערערע אַראַבישע לענדער.

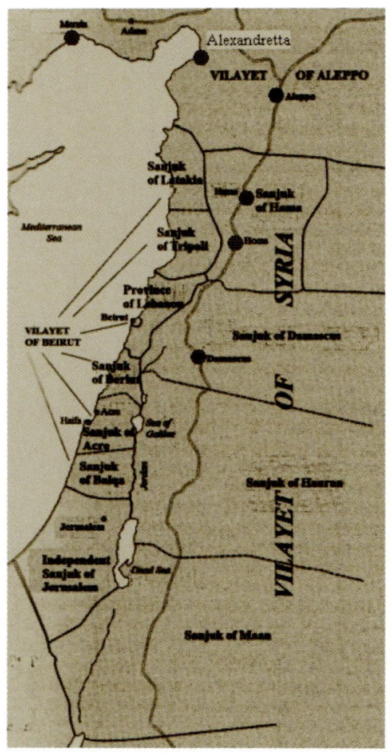

מאפע פונעם מיטל-מזרח וויאזוי עס איז צעטיילט געווארן לויט די "מעקמעהאַן-חוסעין" בריוון

דאָס מערסטע איז באַקאַנט די "מעקמעהאַן-חוסעין" בריוו אויסטוישן - פּופצן בריוון וואָס זענען געשריבן געוואָרן צווישן דעם ענגלישן הויפּט קאָמיסאַר אין עגיפּטן, "סיר הענרי מעקמעהאַן" און דעם אַראַבישן פירער "אלי אבן חוסיין", הערשער איבער חיגאַז און שעריף פון דער באַרימטער מוסולמענישער שטאָט מעקאָ, איבער'ן עתיד פון זעלבסטשטענדיגקייט פאַר די אַראַבער.

מעקמעהאַן האָט געשריבן די בריוון אין ברען פון דער ערשטער וועלט מלחמה, אין די יאָרן פון תרע"ה-תרע"ו, ווען די ענגלענדער האָבן געפירט אָפיציעלע פאַרהאַנדלונגען מיט חוסעין אַז ער זאָל שטיצן די בריטישע אינוואַדירעה, און אַלס באַלוינונג וועט אים ענגלאַנד שענקען אַ ריזיגן שטח וואָס זאָל דינען ווי אַ גרויסע אַראַבישע מלוכה אונטער זיין הערשאַפט.

אין די בריוון האָט מעקמעהאַן קלאָר געמאַכט אַז די אַראַבער וועלן באַקומען זייער זעלבסטשטענדיגקייט אין אַלע אַראַבישע לענדער פונעם מיטל-מזרח. חוסעין האָט געהאַט פאַרלאַנגט דעם גאַנצן אַראַבישן האַלב-אינזל - איראַק, סיריע, לבנון און פּאַלעסטינע, און מעקמעהאַן האָט כמעט אינגאַנצן צוגעשטימט דערצו, מיט'ן אויסנאַם פון קליינע ענדערונגען נעבן דעם גרעניץ פון טערקיי.[3]

(3 דער "חוסעין-מעקמעהאן קארעספאדענץ":
אינמיטן דער ערשטער וועלט מלחמה זענען די ענגלענדער געקומען דערויף, אז זיי קענען נוצן לאקאלע אראבישע איינוואוינער צו רעוואלטירן קעגן זייערע אונטערדריקער און קעמפן אויף זייער זייט, וואס אזוי ארום וועלן זיי האבן אן אומזיסטע ארמיי פון לאקאלע וואלונטירן וועלכע וועלן באקעמפן די אפגעשוואכטע אטאמאנישע אימפעריע פון אינעווייניג.
באמת האבן די אראבער אינעם מיטל-מזרח, אונטער דער פירערשאפט פונעם "שעריף פון מעקא", סאאיד חוסעין בן-עלי [שפעטער, קעניג פון סאודי אראביע], זיך געהאט געגרייט צו א רעוואלט נאך איידער די קריג האט אויסגעבראכן. זיי האבן זיך

נאַטורליך זענען די אַראַבער געווען אויסגעשפּראָכן קעגן דער גרינדונג פון אַ אידיש לאַנד אין אַ טעריטאָריע וואָס די אַראַבער באַטראַכטן נאָך עד היום הזה אַז עס געהער צו זיי, און זיי האָבן פאַרשטאַנען פון די ענגלענדער אַז פּאַלעסטינע וועט נישט ווערן קיין אידיש לאַנד[4].

געהאט געוואנדן צו די ענגלענדער נאך אין פעברואר 914' צו זען אויב גרויס-בריטאניען וועט שטיצן אזא רעוואלט, אבער דער ענטפער איז געווען א קאלטער.

נישט לאנג דערויף האט אויסגעבראכן די מלחמה, און טערקיי האט אריינגעטרעטן אויף דער זייט פון דייטשלאנד, וואס האט פלוצלונג איבערצייגט ענגלאנד אז זי קען האבן גרויס נוצן פון אזא אראבישן רעוואלט, וואס וועט צווינגען אראפצובינדן גרויסע טערקישע מיליטערישע כוחות צו האלטן ארדענונג, און במילא זיין א שטארקער שטער פאר טערקיי אין דער מלחמה.

חוסיינ'ס דריטער זון, עמיר פייסאל, האט דאן ארומגערייזט איבער טערקיי און עגיפטן און ער האט געזען אז די אראבישע מאסן זענען גוט אנגעהעצט קעגן טערקיי, און ביי יענעם באזוך, זייענדיג אין דמשק, האבן 2 געהיימע אראבישע אונטערגרונד גרופעס אים פרעזענטירט דעם "דמשק פראטאקאל", וואס האט אראפגעלייגט אז אויב ענגלאנד שטיצט די רעוואלוציע, זענען די אראבער גרייט אנצוהייבן א רעוואלט.

זייער איינציגער פארלאנג איז געווען, אז איינמאל די מלחמה ענדיגט זיך מיט א זיג לטובת די אליאירטע, ווילן די אראבער באקומען קאנטראל צו האבן זייער אייגענע קעניגרייך וואס זאל לויפן אויפ'ן גאנצן שטח וואס נעמט היינט אריין: סאודי אראביע, תימן, אמאן, קאוועיט, סיריע, לבנון, ירדן, מדינת ישראל, פאלעסטינע, יונייטעד ערעב עמירעיטס, קאטאר, באכריין, טיילן פון איראן און איראק, א.א.וו.

נאכ'ן "פראטאקאל" איז פארגעקומען א שטורמישע זיצונג ביי די אינערליכע מיטגלידער פון שעריף בן-עלי, וואו ס'זענען געווען שטארקע חילוקי דיעות אויב מ'זאל בכלל אונטערנעמען דעם אויפשטאנד קעגן די טערקן. עווענטועל איז באשלאסן געווארן אז מ'גייט זיך פארבינדן מיט די ענגלענדער צו בעטן זייער הילף אין דער רעוואלוציע.

שעריף חוסיין האט זיך דאן פארבינדן שריפטליך מיט סיר הענרי מעקמעהאן, בריטאניענ'ס הויפט קאמיסאר איבער עגיפטן, וואו ער האט ארויסגעלייגט זיינע פארלאנגען. מעקמעהאן האט זיך פארבינדן מיט זיינע אויבערהארן אין ענגלאנד, וועלכע זענען געשפרינגען פאר פרייד אויף די אומגעראכטענע הילף. מעקמעהאן האט דאן געענטפערט פאר שעריף חוסיין אין א בריוו, דאטירט אקטאבער 24, 1915, וואו ער צייכנט אן אז מיט'ן אויסנאם פון קליינע שינויים ביים גרעניץ מיט טערקיי, נעמט ענגלאנד אן דעם פארשלאג פונעם שעריף, און אויב די אראבער דערקלערן א רעוואלט קעגן טערקיי, וועט ענגלאנד שענקן פאר די אראבער א זעלבסטשטענדיגע אראבישע לאנד אויף דער גאנצער טעריטאריע וואס איז דארט אויסגערעכנט.

ביי די אראבער איז דער ענגלישער ענטפער אויפגענומען געווארן מיט גרויס פרייד, און אין יוני 1916 למספ' האט אן אראבישע ארמיי פון 70,000 קעמפער געעפנט א קאמף קעגן דער טערקישער הערשאפט, וואס האט עווענטועל געהאלפן גרויס-בריטאניען זיגן אינעם מיטל-מזרח פראנט, און אונטערברעכן די אטאמאנישע אימפעריע.

ס'איז דעריבער פארשטענדליך אז די באלפור דעקלעראציע איז געווען ווי א מעסער אין הארץ פון די אראבער, ווען ענגלאנד האט געהאט פארשפראכן דעם גאנצן מיטל-מזרח, און דא זענען זיי געווארן אנטוישט זעענדיג אז ענגלאנד פלאנט נישט זיך צו האלטן צום אפמאך.

4) די פונקטליכע אומשטענדן איבער די פארהאנדלונגען מיט די אראבער, וואס פונקטליך מ'האט זיי פארשפראכן און צי ענגלאנד האט יא אדער נישט פארשפראכן פאלעסטינע פאר די אראבער, איז א גאר היציגע און אומקלארע טעמע, וואס איז צו לאנג פאר אונז און קען נוצן מער ווי איין באזונדערע בוך אויסצושמועסן אלעס וואס דארט איז פארגעגאנגען. מיר ווילן דעריבער נישט אריינגיין דערין באריכות.

ס'בלייז גענוג אנצואווייזן, אז די אראבער וויינינגסטנס האבן קלאר פארשטאנען אז ענגלאנד וועט נישט איבערגעבן פאלעסטינע פאר די ציונים, און שפעטערדיגע עדות פון די העכסטראנגיגע בריטישע פאליטיקער שיינט אונטערצושטיצן די דאזיגע אראבישע באהויפטונג.

דעריבער, שפעטער ווען ענגלאנד האט אונטערגעשריבן דעם "סייקס-פיקאו אפמאך" און דערנאך די "באלפור דעקלעראציע" אין קעגנזאץ צו די דערמאנטע אפמאכן צווישן מעקמעהאן און חוסיין, האבן די אראבער געזען דערין אן אומ'יושר'דיגע - און טיילוויז פאררעטערישע - באהאנדלונג, נאכדעם וואס לויט זיי איז פאלעסטינע געווען אריינגערעכנט אין די שטחים פון די מעקמעהאן-חוסיין בריוון.

ס'איז אויך העכסט ווארשיינליך אז ס'איז געווען אן אינערליכער ריס ביי די ענגלישע פאליטיקאנטן צווישן די ליבעראלן און די קאנסערוואטיוון. די קאנסערוואטיוון, ווי באלפור, האבן בעפארצוגט צו געבן פאלעסטינע פאר די אידן, אינדערצייט וואס די ליבעראלן האבן בעפארצוגט די אראבער, א פאליטישע צעטיילונג וואס האלט נאך אן ביז'ן היינטיגן טאג צווישן ליבעראלן און קאנסערוואטיוון בנוגע די שטיצע פאר מדינת ישראל.

דער "סייקס-פיקאָו אָפּמאַך"

אין ברען פון דער ערשטער וועלט מלחמה, אין 916' למספרם, איז געשלאָסן געוואָרן דער "סייקס-פיקאָו אָפּמאַך", וואָס איז געווען אַ געהיימער אָפּמאַך צווישן פראַנקרייך און ענגלאַנד, אויסגעהאַמערט דורכ'ן פראַנצויזישן דיפּלאָמאַט "פראַנקיז פיקאָו" און דעם ענגלישן פאַרשטייער "סיר מאַרק סייקס", וויאַזוי די גרויסמאַכטן וועלן צעטיילן צווישן זיך די גאַנצע טעריטאָריע פונעם מיטל-מזרח, ד.ה. די אַראַבישע טעריטאָריעס פון צענטראַל-מערב אַזיע און צפון-מזרח אַפריקע, נאָכ'ן זיגן אין דער מלחמה.

לויט יענעם אָפּמאַך האָבן פראַנקרייך און ענגלאַנד זיך צעטיילט מיט קאָנטראָלירן אַ רייע אַראַבישע לענדער, וועלכע וועלן געפירט ווערן דורך די אָנוועזנדע אַראַבער אָבער קאָנטראָלירט ווערן דורך די פראַנצויזישע און בריטישע אימפּעריאַליסטישע גרויסמאַכטן. דער גרעסטער טייל פונעם שטח וואָס איז היינט מדינת ישראל, איז טיטולירט געוואָרן אַלס דער "ברוינער שטח"[5], און דאָס איז באַצייכנט געוואָרן אַז "עס וועט ווערן קאָנטראָלירט דורך אַן אינטערנאַציאָנאַלע אַדמיניסטראַציע", וואָס האָט געזאָלט באַשטימט ווערן נאָכ'ן זיך באַראָטן מיט רוסלאַנד, די דריטע גרויסמאַכט אין דער מלחמה[6].

---

5) אין דער מאפע וואס איז אויסגעמאלן געווארן, איז יענער שטח געווארן געפארבט ברוין, דערפאר האט עס באקומען דעם נאמען "די ברוינע עריע".

6) דער "סייקס-פיקאו" אפמאך:

צווישן נאוועמבער 1915 און מאי 1916 למספ' זענען פארגעקומען פיבערהאפטיגע פארהאנדלונגען צווישן פראנקרייך און ענגלאנד. פון ענגלאנד'ס זייט האט אנגעפירט די פארהאנדלונגען דער דיפלאמאט סיר מארק סייקס, און פראנקרייך האט געשיקט דעם דיפלאמאט פראנסוואה דזשארדזש פיקאו. (וויבאלד רוסלאנד איז דאן אויך געשטאנען אויף דער זייט פון די אליאירטע, האבן די צוויי דיפלאמאטן ברוב טובם מסכים געווען אוועקצוגעבן א קליינעם חלק אויך פאר'ן צארישן רוסלאנד.)

די צוויי האבן געהאט אויסגעצייכנט א קלארע מאפע וויאזוי מ'צעטיילט זיך מיט'ן מיטל-מזרח, ווי מ'וואלט זיך ווען צעטיילט דא מיט א הויפן ניסלעך... דער גאנצער מיטל-מזרח איז איינגעטיילט געווארן אין מערערע חלקים; איין טייל וועט ווערן גענצליך רעגירט דורך פראנקרייך, די אנדערע וועט בלויז זיין 'אונטער'ן איינפלוס' פון פראנקרייך. דאס זעלבע מיט ענגלאנד און רוסלאנד.

דער הסכם איז געווען אין דירעקטן קעגנזאץ צו דער פריערדערמאנטער פארשפרעכונג וואס ענגלאנד, דורך סיר מעקמעהאן, האט געהאט צוגעזאגט פאר שעריף חוסעין, אז ער וועט קענען גרינדן אן אראביש לאנד אויף דער גאנצער טעריטאריע וואס איז אויסגערעכנט געווארן אין דער מאפע.

אין דער זעלבער צייט איז דער הסכם אויך געווען אין קעגנזאץ צו דער שפעטערדיגער באלפור דעקלעראציע, וועלכע האט פארשפראכן די אידן א היימשטאט אין פאלעסטינע. די באלפור דעקלעראציע איז אבער כאטש נאכנישט געהאט געגעבן געווארן פאר די ציוני'סטן, פון דער אנדערער זייט אבער האבן די אראבער שוין יא געהאט אנטהאלטן די דעטאלירטע מאפע וועלכע טעריטאריעס זיי גייען באקומען, און אין דער זעלבער צייט האבן די אליאירטע אונטערגעשריבן א הסכם וואס אנולירט גענצליך דעם מעקמעהאן קארעספאנדענץ.

אבער נאך איידער די מלחמה איז פארטיג געווארן און דער הסכם האט געקענט אריינגיין אין קראפט, האט זיך אפגעשפילט אין רוסלאנד א דראמאטישע איבערקערעניש. די באלשעוויקן האבן דורכגעפירט א סוקסעספולע רעוואלוציע און אומגעווארפן די צארישע רעגירונג, וואס האט באדייט אז זיי האבן יעצט געהאט צוטריט צו די געהיימסטע דאקומענטן פונעם צארישן רעזשים.

נאוועמבער 23 1917 למספ', בלויז דריי וואכן נאך דער פארעפנטליכונג פון דער "באלפור דעקלעראציע", האט די קאמוניסטישע "פראוודא" צייטונג ארויסגעלייגט אויף דער פאדערשטער זייט די שטוינענדע אנטדעקונג איבער'ן געהיימען אפמאך וואס זיי האבן געטראפן צווישן די ארכיוון פון דער צארישער רעגירונג.

די נייעס איז פון דארט אריבער צו די מערב וועלט מידיא, און האט אויפגעריסן ווי א שטורעם. די ציונים פון איין זייט און די אראבער פון דער אנדערער זייט האבן ביידע פארפירט היתכן מ'האט זיי אזוי מיאוס אויסגענארט. ספעציעל האבן די אראבער זיך געשפירט פארראטן, נאכ'ן האבן פארגאסן אזויפיל בלוט דורכאויס דעם רעוואלט, און דא זעען זיי וויאזוי די אליאירטע

ענגלאַנד וויל צופרידנשטעלן ציוני'סטישע גרופּעס

אינצווישן, אָנהייב 917' למספרם, איז אָבער אויפגעקומען אַ נייע רעגירונג אין ענגלאַנד, וואָס האָט אַריינגעברענגט "דעיוויד לאויד-דזשאָרדזש" אַלס פרעמיער מיניסטער און "אַרטור באַלפור" אַלס אויסערן מיניסטער, וואָס ביידע האָבן געהאַט גוטע קאָנטאַקטן מיט חיים ווייצמאַן און אַנדערע ציוני'סטישע פירער, און דער וואָגשאָל האָט זיך גענומען בייגן צו דער זייט פון די ציוני'סטן.

וואָס האָט אָבער ענדגילטיג איבערגעוואויגן, איז געווען דער מצב פון דער מלחמה. ביידע זייטן אין קריג האָבן זיך איינגעגראָבן אין זייערע גריבער איבער די מערערע שלאַכטפעלדער לענגאויס אייראָפּע, און ס'האָט אויסגעזען אַז ס'איז נישטאָ קיין וועג אַרויס. די בעסטע האָפענונג פאַר די אַליאירטע איז געווען אויב זאָלן זיי באַווייזן אַריינצושלעפן די פאַראייניגטע שטאַטן פון אַמעריקע אַז זי זאָל עמטליך אַריינטרעטן אין דער קריג, אָבער פרעזידענט ווילסאָן איז געווען אויסגעשפּראָכן קעגן אַריינטרעטן אין דער מלחמה, און האָט אין 916' למספ' (שנת תרע"ו לפ"ק) זאָגאַר געווינען ווידערוויילונג נאָכ'ן הייס פאַרשפּרעכן פאַר'ן אַמעריקאַנעם פאָלק אַז ער וועט האַלטן די פאַראייניגטע שטאַטן נייטראַל אין דער בלוטיגער קריג.

ענגלאַנד איז געווען איבערצייגט אַז די ציוני'סטן האַלטן אין זייערע הענט דעם שליסל איבערצוצייגן ווילסאָן יאָ אַריינצושפּרינגען אין דער קריג. אסאך פון די נאאיווע ענגלענדער האבן ערליך אפגעקויפט די אנטיסעמיטישע פראפאגאנדע אז 'אידן פירן די וועלט', און זיי האבן דערפאר זיך געוואלט רעכענען מיט'ן אידישן איינפלוס כדי זיי זאלן 'פירן די וועלט' אין ריכטונג פון ענגלאנד... צוויי פון ווילסאָנ'ס נאָנטסטע ראַטגעבער זענען געווען אידן און הייסע ציוני'סטן

גרויסמאכטן פלאנירן זיך צו צעטיילן מיט'ן רויב.

די אראבער, וועלכע האבן ביז דאן געטריי געהאלפן פאר די ענגלענדער, זענען געווארן גאר שטארק אויפגעברויזט און האבן זיך גענומען פארפירן אז די אליאירטע האבן זיי פארראטן און אנשטאט זיי געבן פרייהייט, ווי די פארשפרעכונגען אינמיטן דער מלחמה, וועלן זיי ווייטער בלייבן פארקנעכטעט, נאר אנשטאט די טערקן וועלן יעצט הערשן פראנקרייך און גרויס-בריטאניען.

אויך דער הויכראנגיגער בריטישער פאליטישאן, סיר הענרי מעקמעהאן, וועלכער איז געווען דער הויפט קאמיסאר אין עגיפטן מטעם ענגלאנד און דער וואס האט פארהאנדלט מיט די אראבער [בעיקר מיט'ן שפעטערדיגן קעניג חוסעין פון סאודי אראביע], האט רעזיגנירט פון זיין אמט אין פראטעסט אז דער געהיימער אפמאך האט אים סתם צונאר געלייגט.

די פארעפנטליכונג פונעם אפמאך האט אסאך געשאדט פאר די אליאירטע כוחות אין דער מלחמה, נאכ'ן פארלירן אסאך פון דער אראבישער שטיצע. אמבעסטן האט זיך אויסגעדרוקט דער זשורנאליסט פיטער מאנספילד אויפ'ן פארעפנטליכן דעם געהיימען דאקומענט, אז "די בריטישע זענען געווען פארשעמט, די אראבער צעשמעטערט און די טערקן שטארק צופרידן."

אויפ'ן עצם גאנג פון דער מלחמה האט דאס פארעפנטליכן דעם דאקומענט שוין נישט צופיל אויסגעמאכט. שעריף חוסעין האט שוין יעצט נישט געהאט קיין ברירה נאר צו קעמפן מיט ציין און נעגל קעגן די טערקן, וועלכע וואלטן אים פאראורטיילט צום טויט אויב זיי וואלטן אים געפאנגען.

אויך די ציוני'סטן האבן ווייטער גענוצט זייער פאליטישן איינפלוס צו שטיצן די ענגלענדער. כאטש וואס למעשה איז זייער איינפלוס ווייט נישט געווען אזוי שטארק ווי די ענגלענדער האבן זיך איינגערעדט... האבן זיי אבער ווייטער געמוזט אגיטירן לטובת ענגלאנד און האפן אויפ'ן בעסטן.

עווענטועל איז דער אפמאך נישט אינגאנצן דורכגעפירט געווארן, אבער די נייע "פעלקער ליגע" - די פארגייערין פון דער יו-ען - האט פארמירט א רייע אראבישע לענדער אונטער'ן איינפלוס פונעם סייקס-פיקאו אפמאך, און אזוי איז געבוירן די מיטל-מזרח מאפע וואס מיר קענען היינט-צו-טאגס.

- דער לעגענדאַרער סופרים קאָורט ריכטער לואיס בראַנדייס און דער שפּעטערדיגער סופרים קאָורט ריכטער פעליקס פראַנקפורטער. אַזוי אויך האָבן זיי געהאלטן אז די רייכע אידן האבן אַ וויכטיגן טייל אין העלפן פינאַנצירן די קריג, און זייער איינפלוס האָט אַ שטאַרקע וואָרט אין וואַשינגטאָן.

אַריינגעשלעפּט אַמעריקע אין דער קריג

ווילסאָן איז עווענטועל אַריינגעשפּרונגען אין דער קריג אין אַפּריל 917' למספ', נאָך וואָס די דייטשן האָבן געזונקען 5 אַמעריקאַנער ציווילע שיפן, אָבער ס'איז קלאָר אַז זיינע אידישע ראַטגעבער האָבן אים שטאַרק געהאָלפן דעצידירן אין ריכטונג פון מלחמה. אַזוי אויך, אפילו נאָך דער מלחמה דעקלעראַציע, האָט געדויערט כמעט אַ יאָר ביז די פאַראייניגטע שטאַטן האָט גענומען ערנסט שיקן סאָלדאַטן קיין אייראָפּע. ענגלאַנד האָט געזוכט צו שטופּן ווילסאָן נאָכמער און שנעלער אַז די אַמעריקאַנער זאָלן אָנהייבן שיקן אַמוניציע און סאָלדאַטן זיי צו העלפן אין דער קריג, וואָס זיי האָבן געהאָפט צו באַקומען אַדאַנק דרוק פון די ציוני'סטן.

אין דער זעלבער צייט איז אויך פאָרגעקומען די קאָמוניסטישע רעוואָלוציע אין רוסלאַנד, וואָס האָט אומגעוואָרפן דעם צאַר און ענגלאַנד האָט זיך געטראָפן פאַר אַ נייעם מציאות אין וועלכן רוסלאַנד האַלט בכלל נישט ביים אָנגיין ווייטער מיט דער קריג. דאָס האָט געברענגט אַסאַך פון די ענגלישע הערשער צו קלערן אַז אויב זיי וועלן שטיצן די ציוני'סטישע אַגענדע, וועלן די פילע אידן מיט הויכראַנגיגע פּאָזיציעס ביי די קאָמוניסטן יאָ שטופּן די נייע רוסישע רעגירונג אָנצוהאַלטן מיט דער קריג[7].

אויסער די דערמאַנטע סיבות, האָט ענגלאַנד אויך געוואָלט האָבן קאָנטראָל אויף אַ לאַנד וואָס זאָל אָפּטיילן צווישן די אַראַבישע לענדער פאַר ווען זי האָט געהאַט פאַרשפּראָכן זעלבסטשטענדיגקייט, און נישט ערלויבן די אַראַבער פון אַזיע און אַפריקע צו פאַראייניגן דעם ראַיאָן אין איין גרויס אַראַביש לאַנד.

---

7) דא האט ווידער געשפילט א ראלע די אומוויסנהייט פון די ענגלענדער. די ציוני'סטן און די קאמוניסטן זענען געווען אויף מעסער-שטעך. אויך די אידן אינערהאלב קאמוניזם האבן ביטער באקעמפט די ציונים. די קאמוניסטישע אידעאלאגיע לויטעט אז יעדער מוז זיין גענצליך איינס, אן קיין אונטערשיד אין רייכטום, רעליגיע, געזעלשאפט, ראסע, א.א.וו. ביי די קאמוניסטן האט נישט געקענט זיין קיין ערגערע זאך ווי גרינדן א לאנד וואס איז כל כולו באזירט אויף איין ראסע. אסאך ציוני'סטן זענען אין לויף פון די יארן אומגעברענגט געווארן דורך די קאמוניסטישע רוצחים ל"ע.
דער קאמוניסטישער קאמף קעגן די ציונים איז געגאנגען אזוי ווייט, אזש זיי האבן אליין געגרינדעט א 'אידיש לאנד' אין אזערביזשאן, וואו זיי האבן געוואלט אז אלע רוסישע אידן זאלן זיך אהינציען. אין יענער מכלומר'שטער אויטאנאמיע איז די רעגירונג געפירט געווארן אין 'ריין-יידיש', אלעס אבי די אידן זאלן נישט ארויפגיין צום נייעם ציוני'סטישן לאנד אין ארץ ישראל. [טראץ וואס דאס איז געווען א שטארקע סתירה מיט דער אירגינעלער קאמוניסטישער אידעאלאגיע, ווי ערקלערט].
די ענגלענדער האבן דאס אבער בכלל נישט פארשטאנען, און זיי האבן געמיינט אז די אידישע קאמוניסטן וועלן האבן סימפאטיע און שטיצע פאר א 'אידישע מדינה'.

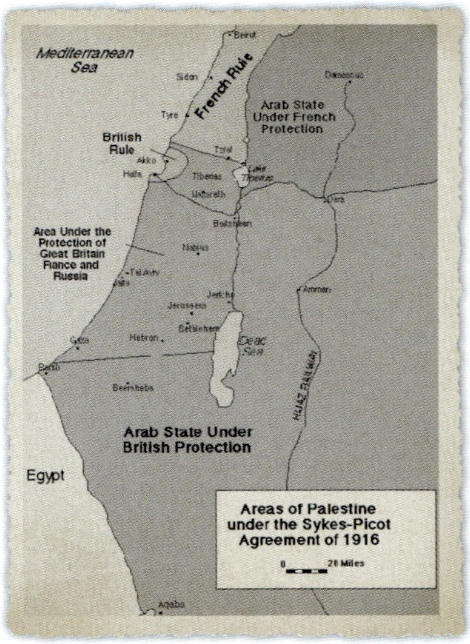

די טעריטאָריע אין מיטל מזרח וואס האט באלאנגט פאר די בריטישע מאנדאט – מיט אַזיע אויף איין זייט און דער מיטללענדישער ים מיט אַפריקע אויף דער אַנדערער זייט.

דורך שענקען פאַלעסטינע פאַר די ציוני'סטן, אין אַ לאַנד וואס וועט שטיין אונטער בריטישן קאָנטראָל, וואָלט דאָס ערמעגליכט פאַר ענגלאַנד צו נוצן פאַלעסטינע אַלס 'מעסער' וואָס שניידט אַדורך פונקט אינמיטן די אַראַבישע טעריטאָריעס - מיט אַזיע אויף איין זייט און דער מיטללענדישער ים מיט אַפריקע אויף דער אַנדערער זייט, און ממילא אָנהאַלטן אַ שטאַרקן בריטישן איינפלוס אויףביידע זייטן פון פאַלעסטינע.[8]

צו דעם אַלעם האָט צוגעשפּילט דער פאַקט אַז לאָורד באַלפור זעלבסט האָט פאַרמאָגט אַ שטאַרקע נייגונג צו דער ציוני'סטישער אידעאָלאָגיע, פונקט ווי דער נייער פרעמיער מיניסטער לאיד-דזשאָרדזש. זייענדיג שטאַרק-גלויביגע קריסטן האָבן זיי ביידע אַרויסגעוויזן אַ שטאַרקע אינטערעסע אין די ציוני'סטישע פלענער, און האָבן געזען דערין אַ פאַרווירקליכונג פון זייער נאַרישער רעליגיע. אויך אַנדערע הויכראַנגיגע באַאַמטע אין דער בריטישער רעגירונג האָבן אַלס אַ טייל פון זייער קריסטליכע גלויבן געגלייבט אַז אידן דאַרפן הערשן איבער ארץ ישראל.[9]

8) לאיד-דזשארדזש, וועלכער איז געווען פרעמיער מיניסטער אין 917' למספ', האט קלאר געזאגט אז א אידישע היימלאנד אין פאלעסטינע וועט "העלפן פארזיכערן בריטאניע'ס קאנטראל פון פאלעסטינע נאך דער מלחמה, וואס איז סטראטעגיש וויכטיג צו דינען אלס דורכגאנג צו עגיפטן און דעם סועץ קאנאל".

אגב דארף טאקע אנגעוויזן ווערן, אז ענגלאנד האט צווישן די יארן פון 935' און 948' למספ' אנגעהאלטן א קריטיש-וויכטיגן אויל-פייפליין פון כמעט 600 מייל לאנג, וואס איז געלאפן פון מאסול אין איראק ביז דעם חיפה-פארט אין פאלעסטינע, און געברענגט אויל פון איראק - וועלכע איז דאן געווען אונטער'ן בריטישן קאנטראל - צו די ברעגעס פונעם מיטללענדישן ים, פון וואו ס'איז געפארן קיין ענגלאנד.

ביז'ן היינטיגן טאג איז איינס פון די הויפט אראבישע קאנספיראציעס איבער מדינת ישראל, אז זי איז א קאלאניע פון אמעריקע און ענגלאנד וואס איז אויפגעשטעלט געווארן צו דינען אלס 'לאנגע האנט' פאר די מערב-וועלט וויאזוי אנצוהאלטן א פוס אינעם מיטל-מזרח.

9) זע דעריבער אויספירליך פריער, אנהויב קאפיטל "די מאכטפולע פעטיציע".

פאַרהאַן זאָגאַר היסטאָריע פאָרשער וועלכע צייגן אָן, אַז די צענטראַלע סיבה און הויפט שטופ פאַר דער דעקלעראַציע איז געקומען פון די וואוואַנגעליסטישע קרייזן אינערהאַלב דער בריטישער רעגירונג וואָס האָבן געזען דערינען אַ קריסטליכע אינטערעסע[10], וויבאַלד לויט זייער פאַנטאַזיע וועט אין ארץ ישראל אויפגעשטעלט ווערן אַ אידיש לאַנד, און איינמאָל דאָס וועט זיין פאַרטיג וועט זייער אויסלייזער שר"י זיך 'באַווייזן' און אויס'שמד'ן אַלע אידן, היל"ת. באַלפור זעלבסט האָט ביי אַ געלעגנהייט באַטאָנט אַז די קריסטן דאַרפן צוהעלפן די אידן אויפצושטעלן אַ מדינה[11].

די היסטאָרישע דעקלעראַציע

ביי אַ קאַבינעט זיצונג פון דער ענגלישער רעגירונג אינעם 31'סטן אָקטאָבער, 1917 למספ' (ט"ו מרחשון תרע"ח), האָט באַלפור דערקלערט, אַז אַ דעקלעראַציע אין שטיצע פון די ציוני'סטישע אַספּיראַציעס וועט ערמעגליכן פאַר גרויס-בריטאַניען "אַדורכצופירן עקסטרעם-ווערדפולע פראָפּאָגאַנדע סיי אין רוסלאַנד און סיי אין אַמעריקע".

צוויי טעג שפעטער, אין י"ז חשון תרע"ח, דעם 2'טן נאָוועמבער 1917 למספרם, האָט דער בריטישער אויסערן מיניסטער אַרטור דזשעימס באַלפור אונטערגעשריבן אַן אָפיציעלן רעגירונגס דאָקומענט, אַדרעסירט צו באַראָן ראָטשילד, וואו ער שרייבט אַז די ענגלישע רעגירונג באַטראַכט מיט אַ גוט אויג די אויפשטעלונג פון 'אַ נאַציאָנאַלע היים' פאַר'ן אידישן פאָלק אין פאַלעסטינע, און וועט טון די מערסטע השתדלות צו דערמעגליכן אָט דעם ציל.

די קורצע דעקלעראַציע, געשיקט צו ראָטשילד, ליינט זיך ווי פאָלגענד:

> **"עס איז מיר אַ פאַרגעניגן אייך איבערצוגעבן אין נאָמען פון דער רעגירונג פון זיין מאַיעסטעט, די פאָלגענדע דעקלעראַציע פון מיטגעפיל פאַר די אידישער ציוני'סטישע שאיפות.**
>
> **די רעגירונג פון זיין מאַיעסטעט באַטראַכט צום גוטנס די אויפשטעלונג פון אַ נאַציאָנאַלער היים פאַר'ן אידישן פאָלק אין פאַלעסטינע, און וועט טון די מערסטע השתדלות צו דערמעגליכן די עררייכונג דערפון, מיט'ן קלאָרן פאַרשטאַנד אַז גאָרנישט וועט נישט געטון ווערן וואָס זאָל פאַראורטיילן די ציווילע און רעליגיעזע רעכטן פון די עקזיסטירנדע נישט-אידישע געמיינדעס אין פאַלעסטינע, אָדער די רעכטן און**

10) ד"ר קציעה אביאלי-טביביאן, ייעוץ מדעי פרופ' אביבה חלמיש וד"ר רפי ואגו, "לאומיות במבחן", הוצאת מט"ח - ירושלים, 2009, עמ' 139, .From Palmerston to Balfour: collected essays by Mayir Verete/ edited by

11) 'המגדל הגאה', ברברה טוכמן.

פּאָליטישן סטאַטוס וואָס אידן געניסן אין סיי וועלכן אַנדער לאַנד.

די דעקלעראַציע איז אונטערגעשריבן געוואָרן דורכ'ן אויסערן מיניסטער אַרטור באַלפור, און איז איבערגעגעבן געוואָרן פאַר'ן באַראָן ליונעל וואָלטער ראָטשילד, מיט אַ ביטע אַז ער זאָל דאָס איבערגעבן פאַר דער ציוני'סטישער פעדעראַציע.

עס דאַרף באַטאָנט ווערן, אַז די באַלפור דעקלעראַציע איז געווען היפש איינגעצוימט פונעם נוסח וואָס וויייצמאַן האָט אָריגינעל געהאַט פאָרגעשלאָגן, עס האָט טאַקע געטראָגן מיט זיך אַן אַנערקענונג אין דאָס אויפשטעלן אַ נאַציאָנאַלע היים פאַר אידן אין ארץ ישראל, און האָט אויך באַדייט אַן אַנערקענונג אין דער ציוני'סטישער באַוועגונג אַלס די פאַרטרעטער פון אָט די פאַרלאַנגען, אבער דער בריטישער אויסערן מיניסטער האט דירעקט געניצט די טערמין "נאַציאנאלער היים" אנשטאט די ווערטער "שטאַט" אדער "היימלאַנד".

בעצם טראגט דער טערמין "נאַציאנאלער היים" נישט קיין שום באדייט אדער געוויכט אין דעם אונטערנאציאנאלן געזעץ, און איר מיינונג איז קיינמאל נישט ערקלערט געווארן קלאר דורך די בריטישע רעגירונג, און אין זיינער צייט איז דאס פארשטאנען געווארן דורך פילע אז די ציונים וועלן ערהאלטן אן אויטאנאמיע, א נאציאנאלע היים וואו אידן וועלן וואוינען אונטער די הערשאפט פון די ענגלישע מאנדאט.[12]

מיט עטליכע יאר שפעטער, אין יאר תרפ"א,

(12 Gelvin, James .The Israel-Palestine Conflict: One Hundred Years of War

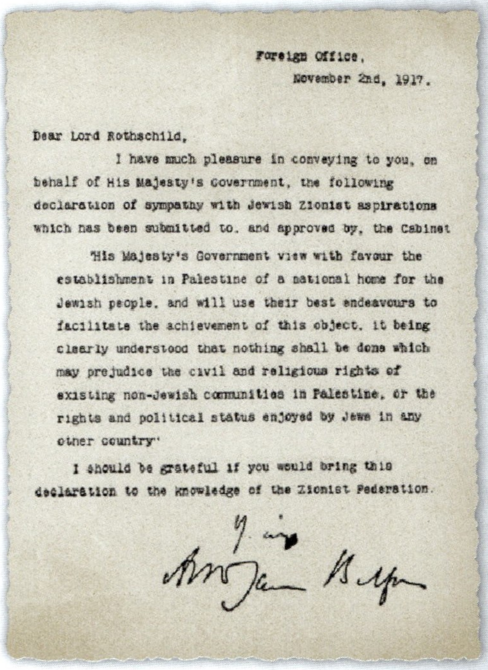
Foreign Office,
November 2nd, 1917.

Dear Lord Rothschild,

I have much pleasure in conveying to you, on behalf of His Majesty's Government, the following declaration of sympathy with Jewish Zionist aspirations which has been submitted to, and approved by, the Cabinet

"His Majesty's Government view with favour the establishment in Palestine of a national home for the Jewish people, and will use their best endeavours to facilitate the achievement of this object, it being clearly understood that nothing shall be done which may prejudice the civil and religious rights of existing non-Jewish communities in Palestine, or the rights and political status enjoyed by Jews in any other country"

I should be grateful if you would bring this declaration to the knowledge of the Zionist Federation.

Yours
Arthur James Balfour

די באַלפור דעקלעראַציע

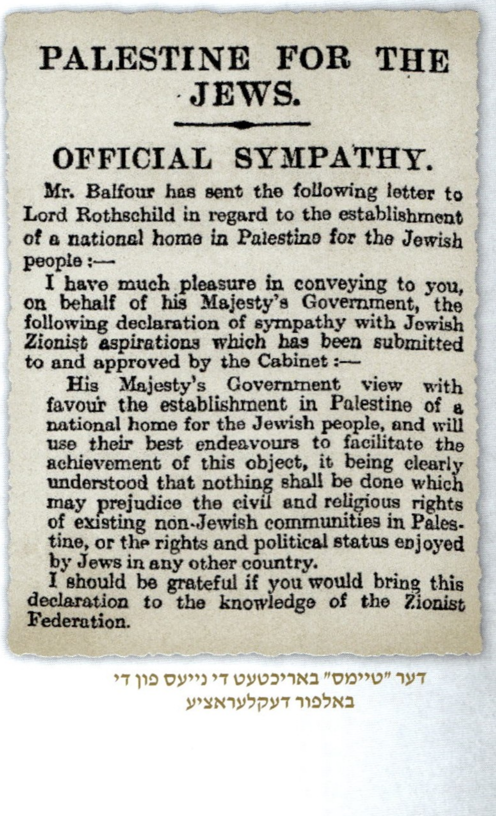
PALESTINE FOR THE JEWS.

OFFICIAL SYMPATHY.

Mr. Balfour has sent the following letter to Lord Rothschild in regard to the establishment of a national home in Palestine for the Jewish people :—

I have much pleasure in conveying to you, on behalf of his Majesty's Government, the following declaration of sympathy with Jewish Zionist aspirations which has been submitted to and approved by the Cabinet :—

His Majesty's Government view with favour the establishment in Palestine of a national home for the Jewish people, and will use their best endeavours to facilitate the achievement of this object, it being clearly understood that nothing shall be done which may prejudice the civil and religious rights of existing non-Jewish communities in Palestine, or the rights and political status enjoyed by Jews in any other country.

I should be grateful if you would bring this declaration to the knowledge of the Zionist Federation.

דער "טיימס" באריכטעט די נייעס פון די באלפור דעקלעראציע

האט די בריטישע רעגירונג זעלבסט קלארגעשטעלט אין דעם "ערשטן ווייסן בוך" (זעה שפעטער מער דערוועגן) אז די באלפור דעקלעראציע האט נישט גערעדט איבער אַ "אידישער שטאַט" נאר איבער אַ אידישער היים אין פאַלעסטינע, נעמליך אַז אידן וועלן וואוינען צווישן אַ רוב פון אַראַבער.

שיכרות'דיגע פרייד אין דער אידישער גאַס

אין אַלגעמיין האָט די דעקלעראַציע געשאָנקען פאַר דער ציוני'סטישער באַוועגונג אַ געוואַלדיגן שטופּ פאָראויס. עס איז פאַקטיש געווען זייער ערשטע פּאָליטישע ערגרייכונג און אויפגעהויבן דעם מאָראַל פון זייערע פירער. גלייכצייטיג האָט די דעקלעראַציע אַריינגעבלאָזן אַ ווינט פון פאַלשער האָפענונג ביי טויזנטער אידן איבער אַן אָנהויב פון אַ 'גאולה', חלילה.

מודעה.

ביום השבת כ"ז חשון, 2 נובמבר, שבו הובעה והתפרסמה הצהרתה הנדיבה של ממשלת בריטניה הגדולה לטובת עם ישראל—לזכר היום ההיסטורי הזה הננו מבקשים את כל גבאי ומנהלי בתי הכנסת שביפו ובמושבותיה לקשט את בתי הכנסת וארונות הקדש, ולברך את הוד מלכותו

גאורג החמישי יר"ה ומשפחתו

ואת המיניסטר החיצון מר **ארטור זמס בלפור** שע"י נתגלגלה זכות זאת ולהעתיר בעד נצחונם המוחלט של ממשלת בריטניה הגדולה ובעלות בריתה ממשלות-ההסכמה שהוא נצחון הצדק והיושר ויסוד השלום העולמי.

רצוי מאד שכל הקהל יתרכז שבת זה בבתי הכנסת הגדולים וברב עם הדרת מלך.

הרבנות המאחדת ליפו ואגפיה.

די ציוני'סטישע גאס יובל'ט פאר פרייד נאך די באלפור דעקלעראציע

די סטרא אחרא האָט זיך ליידער געהויבן דעם קאָפּ. צום ערשטן מאָל האָט אַזאַ וועלטסמאַכט אַנערקענט אין די רעכטן פון די אידן צו פאַרמאָגן אַ נאַציאָנאַלע היים אין ארץ ישראל און האָט עס באַשטעטיגט דורך אַן אָפיציעלער דעקלעראַציע, אַ פאַקטאָר וואָס האָט אָנגעצונדן די הרגשים ביי אידן אומעטום אויף די עקסטע אַקטאַוועס. אין דער אידישער גאַס עס האָט געהערשט אַ שכרות ווי קיינמאָל בעפאָר.

הר' קוק, וועלכער האָט דאַן נאָך געדינט אַלס רב אין יפו אָבער איז שוין געווען פון די הויפּט אַגיטירער לטובת ציונות[13], האָט

13) קוק האט דורכאויס דער צייט פון דער מלחמה געוויילט אין לאנדאן, און ער האט דארט פארעפנטליכט א דעקלעראציע כאילו די אידישע תורה איז פארבינדן מיט אידישער נאציאנאליטעט און א אידישן היימלאנד אין ארץ ישראל, א דעקלעראציע וואס איז אויפגעברענגט געווארן אין ענגלישן פארלאמענט דורכאויס די דעבאטעס איבער דער "באלפור דעקלעראציע" אלס 'באוויז' אז די אידישע רבנים און די אידישע תורה שטיצן א אידישע מדינה.

אלס שכר פאר זיינע העפטיגע ציוני'סטישע אקטיוויטעטן, האבן די ציונים אים ארויפגעברענגט באלד נאך דער מלחמה צו ווערן רב אין ירושלים מטעם דעם ציוני'סטישן "ועד הלאומי", ווען זיי האבן געגרינדעט דאס רבנות הראשית. זעט שפעטער מער אויספירליך.

פאַרעפנטליכט לאָזונגען אַז די דעקלעראַציע איז אַ באַשיינפערליכע 'אתחלתא דגאולה' וואָס ווערט געפירט דורכ'ן יד ה'[14], און אַנדערע זענען געגאַנגען אַזוי ווייט ווי עס צוצוגלייכן צו דער הכרזה פונעם פרס'ישן קעניג כורש, מיט טויזנטער יאָר פריער, אַז אידן זאָלן אויפבויען דאָס צווייטע בית המקדש, רח"ל[15].

אין דער שטאָט וואַרשא - וואו עס האָבן געוואוינט הונדערטער טויזנטער אידן יראים ושלמים - האָט מען איינפאַך געטאַנצט אין די גאַסן "כי פדה ה' את עמו", און פאַרשידענע רבנים האָבן זאָגאַר געהייסן זאָגן הלל 'פאַר'ן גרויסן נס'[16]. עס האָט ווירקליך אויסגעקוקט ווי אַ חלום אַז די גוים אַנערקענען שוין אַז ארץ ישראל באַלאַנגט פאַר אידן און זיי זענען גרייט צו העלפן אידן זיך דאָרט באַזעצן. דאָס אַלעס האָט פאַרכאַפּט טויזנטער אידן אין נעץ פון ציונות וועלכע האָט דאַן באַקומען אַ גרינג פעלד און זיך פאַרשפרייט ווייטער און ברייטער אין אַלע לענדער. איבעראַל זענען זיי אָנגעקומען און איבערראַשט די מאַסן מיט זייערע גליקן, דערונטער אויך אַסאַך פרומע ערליכע אידן וועלכע זענען צום באַדויערן מיטגעשלעפּט געוואָרן מיט'ן אויסטערלישן שטראָם פון הצלחת הרשעים[17].

---

14) אגרות הראי"ה (ג' קנה).

אין די ציוני'סטישע קרייזן האט געהערשט אזא אויסטערלישע שכרות, אז ווען בן יהודה שר"י, דער ערפינדער פון דער העברעאישער שפראך, איז געשטארבן מיט איניגע יאר נאך דער ערשיינונג פון דער באלפור דעקלעראציע, איז אויף זיין קבר אויפגעשריבן געווארן "ו' [שנים] להצהרת בלפור"...

15) איבריג זיך צו באפאסן מיט דעם לעכערליכן דמיון צו די פקודה פון "כורש" צו אויפבויען דעם צווייטן בית המקדש, וואס איז געווען א בפירוש'ע פקודה מפי ה'. די נביאים האבן דאס שוין פאראויסגעזאגט אז נאך זיבעציג יאר וועט מען אויסגעלייזט ווערן, און כורש זעלבסט האט באקומען דעם באפעל פון השי"ת דורך די נביאים, ווי דער פסוק זאגט אין עזרא קאפיטל א' "העיר ה' את רוח כרש מלך פרס, ויעבר קול בכל מלכותו וגם במכתב לאמר כה אמר כרש מלך פרס כל ממלכות הארץ נתן לי ה' אלקי השמים והוא פקד עלי לבנות לו בית בירושלים אשר ביהודה".

הגאון רבי בנציון שטערנפעלד זצ"ל אב"ד בילסק (פון די מסכימים אויפ'ן ספר משנה ברורה) דערמאנט די נקודה אין א בריוו קעגן דעם רעיון הציונות, וז"ל: אך באמת ידעו שהגאולה נצרכת לבוא ע"י ישועת ד' ולא ע"י השתדלות אנושי כלל וגם בתחלה מבואר 'העיר ד' את רוח כורש' שהיתה רק הערת ד' ולא ע"י השתדלות אנושי כלל. (שערי ציון דרוש ד' לפ' זכור).

אויסער דעם איז וויכטיג צו דערמאנען די ווערטער פונעם אברבנאל אין זיין ספר משמיע ישועה, מבשר שני, נבואה ג', וז"ל: ויצא לנו לימוד מפרשה זאת (דברים ל'), שהשי"ת בעצמו ישיב שבותנו, כמו שאמר ושב ה' אלקיך את שבותך. ולא תהיה כפקידת בית שני ששבו ישראל לאדמתם ברשיון כורש מלך פרס ומצותו, ולכן לא התמידה ישיבתם בארץ, להיותם על ידי ילוד אשה קצר ימים ושבע רוגז, אבל לעתיד לבא הקב"ה בעצמו ישיב שבותנו, ולכן תהיה תשובתו קיימת בקיומו.

16) ס'איז מערקווירדיג וואס עס שרייבן די מקורבי ובאי ביתו פון האדמו"ר בעל אמרי אמת מגור ז"ל, אין א בריוו צו אדמו"ר מהריי"ץ מליובאוויטש ז"ל (געדרוקט אין "החסידות ושיבת ציון" עמ' 341), אז די גערער חסידים אין ווארשא האבן געפירט א שווערן קאמף מיט די רבנים וועלכע האבן מתקן געווען צו זאגן הלל נאך דער באלפור דעקלעראציע, און שילדערן דאס גרויסע שכרות וואס האט באנומען די אידישע גאס, ווי פאלגענד:

"**גם אחרי הצהרת באלפור יצאנו תמיד בקול חוצב להבות אש נגד הציונים והמזרחיים, והזהרנו שחלילה לאמר על זה גאולה, או ענין שופר של משיח, כי זהו כפירה בעיקרי הדת וכו'**, ומי אינו יודע פה מהמלחמה שהי' לנו אף נגד רבני ווארשא שתקנו לומר הלל ביום הצהרת באלפור, והמלחמה היתה כבידה כי כל הקהל כאילו אחזתו עיוות, וכסף וזהב לא נחשב למאומה בעיני הציונים, **וממחנה החרדים יגרעו יום יום אלפי רבבות נשמות קדושות - הספתחו עליהם... בדבר ארץ ישראל למותר לנו לשנות עוד הפעם, כי כמוהו כן אנחנו ככל שלומי אמוני ישראל צעקנו על הכפירה הגדולה שישנה בזה שנותנים צורת גאולה להכרזת באלפור**...

17) די תקופה ווערט געשילדערט דורך הגה"צ רבי חיים מיכאל דוב ווייסמאנדל זצוק"ל אין זיין מאמר "מי נתן ישראל לבוזזים", וז"ל: "**אין** אדם עומד על דבר הלכה אלא אם כן נכשל בה. כבר עלינו להודות כי חכז"ל צדקו ברוח קדשם, ובחכמתם ראו את הנולד מן היפוך דבריהם. כי בתחלת הדור הזה שאנחנו חיים בו, קם איש מזרע ישראל אשר לא ידע מתורת ישראל והשביע את ישראל בפתוי דברים היפוך משבועותיו של השי"ת, ואעפ"י שהגדולים והצדיקים אשר בדור עמדו כנגדו, גברו העונות, כי נתלבשה דעתו הכוזבת בצרה של איזה תלמידי חכמים מוטעים, שנתחברו עם כל אבות הכפירה, להביא מחשבותיו של איש שנתנכר דעת התורה אליו, לידי

"די 400 יעריגע בעלות פון די טערקן אויף ארץ ישראל איז געקומען צו איר ענדע"
די טערקישע ארמיי פארלאזט ירושלים

דער "סאַן-רעמאָ" קאָנפערענץ

אַרום אַ יאָר נאָכדעם וואָס ענגלאַנד האָט פאַרעפנטליכט די באַלפור דעקלעראַציע, מיט דער ענדע פון דער ערשטער וועלט מלחמה אין יאָר תר"פ לפ"ק, האָבן די ענגלענדער ווירקליך ערהאַלטן אַ באַשטעטיגונג דורך דער ניי-געגרינדעטער "פעלקער-ליגע", ביי דער "סאַן-רעמאָ" קאָנפערענץ[18], אַז זיי וועלן ערהאַלטן די הערשאַפט איבער פאַלעסטינע, וואָס

מעשה. והורו לנו חכז"ל, כי הבא לעשות דבר נגד התורה, פותחין לו משמים, **פתחו להם בשטרותו של באלפור, ובמשך איזה שנים גברה הכפירה בארץ ישראל ובחו"ל, במדה אשר לא גברה מעולם, וכמעט שנעשו כל ישראל כופרים בעיקר של משיח בעו"ה.**

18) **דער "סען-רעמא" קאנפערענץ:**
ווען די גרויסע וועלט קריג האט זיך געענדיגט מיט'ן פולשטענדיגן זיג פון די אליאירטע, זענען די פירער פון 4 אליאירטע גרויסמאכטן זיך צוזאמגעקומען ביי א ספעציעלן קאנפערענץ אין סען-רעמא, א הערליכע בארטן-שטאט אין איטאליע, אין יאר תר"פ (אפריל 1920). די הערשער פון גרויס-בריטאניען, פראנקרייך, איטאליע און יאפאן האבן אינאיינעם באהאנדלט די צוקונפט פונעם מיטל-מזרח. עס זענען אויך געווען אנוועזנד פארשטייער פון גריכנלאנד און בעלגיע.
ביים קאנפערענץ איז די מאפע פונעם מיטל-מזרח אויסגעשניטן געווארן דורך די גרויסמאכטן, און איינע פון אירע צענטראלע אנטשיידונגען איז געווען, צי זאל דער בריטישער מאנדאט הערשן אויף ארץ ישראל, מיט א צוועק צו העלפן די אידן זאלן באקומען אין דער צוקונפט זעלבסשטענדיקייט אין ארץ ישראל (אין באציאונג צו דער באלפור דעקלעראציע). דער באשלוס איז טאקע אין דער ענדע געפאלן לטובת די ענגלענדער וועלכע האבן באקומען צוגעטיילט ארץ ישראל.

האָט דאַן אַריינגענומען דעם גאַנצן שטח וואו עס געפינט זיך היינט מדינת ישראל, ירדן און די פּאַלעסטינער טעריטאָריעס אינעם מערב-ברעג און עזה. דאַן איז עטאַבלירט געוואָרן דער "בריטישער מאַנדאַט" אין ארץ ישראל כדי אויסצופירן זייער צוזאָג.

די סאַן-רעמאָ קאָנפערענץ האָט באַשטימט אָנצושליסן אינעם מאַנדאַט אויך די באַלפור דעקלעראַציע און אַרויפלייגן אויף ענגלאַנד דאָס אחריות דאָס אויסצופירן. אין דער החלטה איבערצוגעבן דעם מאַנדאַט פאַר ענגלאַנד ווערט געשריבן: "די הערשער אויפ'ן מאַנדאַט וועלן אויך זיין אחראי אויסצופירן די דעקלעראַציע וואָס די בריטישע רעגירונג האָט פאַרעפנטליכט אין נאָוועמבער 1917, וועלכע זעט צו גוטן די גרינדונג פון אַ נאַציאָנאַלע היים פאַר'ן אידישן פאָלק אין ארץ ישראל."

דורכאויס די דריי יאָה, פון כסלו תרע"ז - דעצעמבער 1917 למספרם - ווען די פיר-הונדערט יעריגע בעלות פון די טערקן אויף ארץ ישראל איז געקומען צו איר ענדע מיט'ן אָנקום פונעם בריטישן גענעראַל אַלענבי אין לאַנד, איז ארץ ישראל געפירט געוואָרן דורך אַ מיליטערישער רעגירונג אונטער'ן קאָנטראָל פון ענגלאַנד. דאָס האָט געדויערט ביז אין יאָר תר"פ ווען עס האָט זיך אָפיציעל אָנגעהויבן די הערשאַפט פונעם בריטישן מאַנדאַט, די רעגירונג וואָס איז באַשטעטיגט געוואָרן דורך דער פעלקער-ליגע אין סאַן-רעמאָ.

דער העכסט-ראַנגיגער קאָמיסאַר מטעם דער בריטישער רעגירונג, גערופן דער "נציב העליון", וואָס איז באַאויפטראַגט געוואָרן צו רעגירן אַלס דער פאַקטישער הערשער איבער ארץ ישראל, איז געווען דער אויבנדערמאַנטער אַסימילירטער איד מיט'ן נאָמען "הערבערט לויאס סאַמועל", אַן ענגלישער פּאָליטיקאַנט און פייערדיגער ציוני'סט. מיט זיין אָנקום האָט זיך פאַקטיש אָנגעהויבן אַ נייע עפּאָכע אין דער געשיכטע פון ציונות און די דברי הימים פונעם ישוב הישן אין ארץ ישראל.

קאַפּיטל ל"ד

באַלפור - דער אידן פריינד?

די ציוני'סטישע פּאָליטיקער, היסטאָריקער און שרייבער, האָבן אַ מיסיע צו פאַרהערליכן דעם אָנדענק פון באַלפור, דער ערשטער פּאָליטיקאַנט וועלכער האָט געשאָנקען אַן אָפיציעלע אַנערקענונג פאַר דער ציוני'סטישער באַוועגונג און פאַר זייער טרוים פון אַ אידישן נאַציאָנאַלער היים אין ארץ ישראל. ער ווערט אין די ציוני'סטישע רייען באַזינגען ווי אַן אוהב ישראל און גוטהאַרציגער אידן, וועלכער האָט געהאַט איין ציל פאַר די אויגן: צו העלפן דאָס אידישע פאָלק פון אירע ליידן.

איז דאָס טאַקע דיווירקליכע רעאַליטעט? איז דאָס טאַקע דער פולקאָמער אמת איבער דעם מענטש? צו ענטפערן די פראַגע פעלט אויס צו כאַפּן אַ בליק אויף די אַנדערע שריט און ווערטער פון דעם זעלבן פאַרשוין אין די יאָרן בעפאָר און נאָך זיין דעקלעראַציע, אין שטיצע פון ציוניזם.

דאָס אַליאַנץ געזעץ:

מיט נאָנט צו צוואָנציג יאָר בעפאָר דער באַלפור דעקלעראַציע, אין יאָר תרס"ה, ווען באַלפור האָט געדינט אַלס דער בריטישער פרעמיער מיניסטער, האָט די בריטישע פאַרלאַמענט אונטער זיין הערשאַפט באַשטעטיגט און דורכגעפירט די א.ג. "אַלייענס לעגיסלעישאָן" וואָס האָט באַשטימט אַז די אימיגראַציע געזעצן פון ענגלאַנד דאַרפן ווערן קאָנטראָלירט צו באַגרעניצן די פרעמדע אימיגראַנטן וועלכע ווילן אַריינקומען און זיך באַזעצן אין לאַנד.

דער אָנגעבליכער אורזאַך פון דעם געזעץ האָט געלויטעט, אַז דאָס צילט צו פאַרמיידן פון אָרימע און פאַרברעכער אַריינצוקומען קיין ענגלאַנד, אָבער ס'איז געווען קלאָר פון דער ערשטער

מינוט אַז די צענטראַלע מיסיע פון דעם געזעץ איז געווען אָפּצושטעלן די מאַסן אימיגראַציע פון אידישע פליטים וועלכע האָבן אין יענער תקופה געשטראָמט פון מזרח-אייראָפּע קיין ענגלאַנד.[1]

אינעם צאַרישן רוסלאַנד, וואָס איז אין יענע יאָרן געווען די היים פאַר אַריבער פינף מיליאָן אידן, האָבן אידישע קינדער שרעקליך געליטן פון נאָכאַנאַנדע גזירות און רדיפות אויף אַ ביטערן פאַרנעם. אידן זענען געווען געצוואונגען צו וואוינען אין די ספּעציעלע געגנטער, גערופן "תחום המושב", ביי די גרעניצן פון פוילן און רוסלאַנד, אין שווערע אומשטענדן און אין אַ שטאַרקן געדרענג און אָרימקייט.

אין יאָר תר"מ האָבן אַ גרופּע אויפשטענדלער פּרובירט איבערצופאַלן דעם צאַר פון רוסלאַנד, ווען אַ איד איז געווען צווישן די רעוואָלטירער, און די גאַנצע אידישע באַפעלקערונג אין רוסלאַנד האָט ליידער באַצאָלט דעם פּרייז דערפאַר. אַ כוואַליע פון פּאָגראָמען האָבן אויסגעבראָכן אין מערערע אידישע שטעט און געגנטער, מיט דער פולסטער שטיצע פון דער צאַרישער פּאָליציי. דאָס האָט נאָכגעפאָלגט מיט די טרויעריג-באַרימטע "מאי געזעצן" וואָס האָט געוואַלדיג אונטערגעבראָכן די עקאָנאָמישע לאַגע פון אידן אין רוסלאַנד.

די סיטואַציע איז בלויז פאַרערגערט געוואָרן, סיי אין רוסלאַנד און דאָס זעלבע אין אַנדערע אידישע שטעט אין מזרח-אייראָפּע. פּאָגראָמען, פאַרפאָלגונגען און גזירות האָבן געמאַכט דאָס לעבן אומדערטרעגליך פאַר אידן און הונדערטער טויזנטער האָבן פאַרלאָזט זייערע היימען, גענומען דעם וואַנדער-שטעקן צו זוכן אַ רואיגערן באָדן אין אַנדערע לענדער איבער דער וועלט.

אַ גרויסע טייל פון די אימיגראַנטן זענען אָנגעקומען צו די פאַראייניגטע שטאַטן פון אַמעריקע, אָבער צענדליגער טויזנטער אַנדערע האָבן זיך באַזעצט אין לאָנדאָן, ענגלאַנד, וואו זיי האָבן געטראָפן שוץ פון די רדיפות. צווישן די יאָרן פון תרמ"א און תרס"ה זענען אַ געשאַצטע 100,000 אידן פון מזרח-אייראָפּע אָנגעקומען קיין לאָנדאָן, און האָבן אַנטוויקלט גרויסע אידישע קהלות און געמיינדעס, בעיקר אין דעם "איסט-ענד" געגנט אין לאָנדאָן.

די מאַסן אימיגראַציע פון אַזויפיל טויזנטער געפלאָגטע אידן קיין ענגלאַנד, האָט אָבער אָנגעהויבן ציען שאַרפע פאַרדאַמונגען אין דער בריטישער גאַס וואָס איז נישט געווען אָנגעפולט מיט איבעריגע אהבת ישראל. עס איז פאַרמירט געוואָרן די "בריטישע ברידער ליגע" מיט דער שטיצע פון פּראָמינענטע פּאָליטיקאַנטן וועלכע האָט אָנגעפירט מיט פּראָטעסטן און פּעטיציעס אָפּצושטעלן די אידישע אימיגראַציע. ביי די ראַליס האָבן די רעדנער געשריגן אַז ענגלאַנד דאַרף נישט ווערן דער "שמוצקאַסטן פון די קרענק פון אייראָפּע" און די צייטונגען האָבן אַראָפּגעריסן

---

1) Tony Kushner, The Persistence of Prejudice: Antisemitism in British Society During the Second World War (Manchester: Manchester University Press, 1989), p. 11.

די נייע אָנקומענדע אידן אַלס "שמוציגע, קרימינאַלע, פרעמדע וועלכע לייגן זיך אָן אויף אונזער לאַנד".

די העצע האָט געטון דאָס זייניגע, און אין יאָר תרס"ה האָט דער בריטישער פּאַרלאַמענט, אונטער דער פירערשאַפט פונעם פרעמיער מיניסטער אַרטור באַלפור, באַשלאָסן צו צוימען און מינימיזירן אידישע אימיגראַציע קיין ענגלאַנד. דער בריטישער פּאַרלאַמענט האָט דאַן באַשטעטיגט דעם "אַליאַנץ אַקט" וואָס האָט געבראָכן די טראַדיציע פון ענגלאַנד צו זיין גאַסט-פריינטליך פאַר אימיגראַנטן, און אַרויפגעשטעלט באַגרעניצונגען אָפּצושטעלן דעם שטראָם פון אידן וואָס "פאַלן צו לאַסט" אויף די בריטישע בירגער. דאָס געזעץ איז באַשטעטיגט געוואָרן מיט אַסאַך פונקטן דירעקט געצילט קעגן די אָרימע אידן פון מזרח-אייראָפּע און האָט נאָכגעפאָלגט מיט אַ שאַרפערע לעגיסלאַציע אין יאָר תרע"ד וואָס האָט באַשטימט נאָך האַרבערע באַגרעניצן פאַר אידישע אימיגראַנטן.

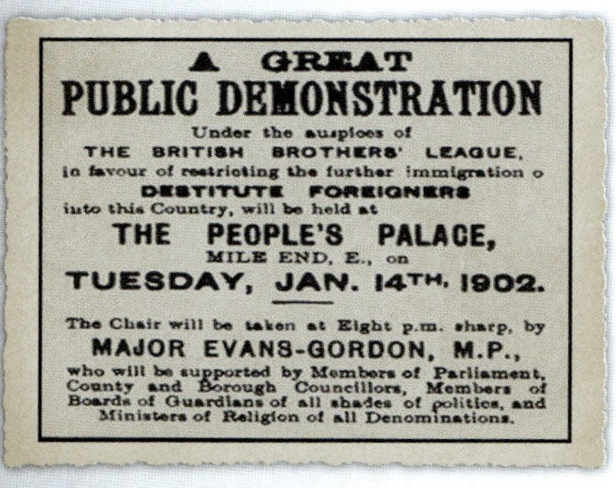
A GREAT
PUBLIC DEMONSTRATION
Under the auspices of
THE BRITISH BROTHERS' LEAGUE,
in favour of restricting the further immigration o
DESTITUTE FOREIGNERS
into this Country, will be held at
THE PEOPLE'S PALACE,
MILE END, E., on
TUESDAY, JAN. 14TH, 1902.
The Chair will be taken at Eight p.m. sharp, by
MAJOR EVANS-GORDON, M.P.,
who will be supported by Members of Parliament, County and Borough Councillors, Members of Boards of Guardians of all shades of politics, and Ministers of Religion of all Denominations.

א רוף צו א "פובליק דעמאנסטראציע" דורך די "בריטישע ברידער ליגע" קעגן די פליץ פון אימיגראנטן

ענגלישע אידן זענען געווען זייער אָנגעוויטאָגט אויף דעם געזעץ. זיי האָבן באַטראַכט די נייע לעגיסלאַציע סיי ווי אַ רשעות'דיגע באַגרעניצונג אויף די רעכטן פון פּאַרצווייפלטע אידן און סיי ווי אַ דערנידערונג אין יעדן אידישן בירגער פון ענגלאַנד, שפירנדיג אַז דאָס געזעץ טוט צילן אידן, ווייבאַלד זיי זענען אידן.[2]

די שטיצע פון באַלפור צו דעם רשעות'דיגן געזעץ:

דער פרעמיער מיניסטער באַלפור האָט געשפּילט אַ פּראָמינענטע ראָלע דורכאויס דער פּראָצעדור פון איבערגיין און באַשטעטיגן דאָס געזעץ. זיינע רעדעס ציגן אַז ער איז איז געווען גוט באַקאַנט און אינפאָרמירט איבער דער ביטערער לאַגע פון אידן אין מזרח-אייראָפּע אָבער דאָס האָט אים נישט אָפּגעהאַלטן פון שטיצן דאָס געזעץ. צ.ב.ש. אין אַ רעדע וואָס איז געזאָגט געוואָרן אינעם בריטישן פּאַרלאַמענט האָט באַלפור זיך באַצויגן צו באַריכטן איבער אַ גרויסע צאָל רוסישע אידן וועלכע זענען ערוואַרטעט צו אימיגרירן קיין ענגלאַנד, זאָגנדיג:

2) David Cesarani, The Jewish Chronicle and Anglo-Jewry, 1841-1991 (Cambridge: Cambridge University Press, 1994), p. 98.

"מיר שפירן אַז אַזאַ אינוואַזיע, וועט זיין אַן אומדערטרעגליכע איסנוצעריי פון דעם אימיגראַציע סיסטעם."[3]

טראָצדעם וואָס ער האָט דערמאַנט אַז אידן ליידן זייער אַסאַך אין אַנדערע לענדער האָט ער באַטאָנט אַז:

"אין מיין בליק האָבן מיר די רעכט אָפּצוהאַלטן יעדן איינעם וואָס טוט נישט צוגעבן צו דער שטאַרקייט פון אונזער אינדוסטריאַלער, סאָציאַלער און אינטעלעקטואַלער געזעלשאַפט."[4]

ביי אַן אַנדער זיצונג אין פּאַרלאַמענט האָט באַלפור ערקלערט זיין שטעלונג אויף אידן:

"עס וועט נישט זיין פאַר דער טובה פון אונזער לאַנד'ס ציוויליזאַציע אַז עס זאָל זיין דאָ אַ שטאַרקע קערפּערשאַפט פון מענטשן וואָס, אָפּגעזען זייער פּאַטריאָטישקייט, מעגליכקייט און פלייסיגקייט און ווי שטאַרק זיי וועלן זיך אַריינוואַרפן אינעם נאַציאָנאַלן לעבן, אָבער פאָרט, דורך זייער אייגענע שריט, פאַרבלייבן זיי אַן אָפּגעזונדערטע פאָלק, און אין צוגאָב האַלטן זיי אַ רעליגיע וואָס איז אַנדערש פון דער גרעסטער מאַריאַטעט פון זייערע לאַנדסלייט, און הייראַטן בלויז צווישן זיך."[5]

אקוראט ווי המן האט געזאגט **"ישנו עם אחד מפוזר ומפורד בין העמים... ודתיהם שונות מכל עם"...**

אין יאָר תרע"ז האָט באַלפור זיך געטראָפן מיט אידישע פאַרטרעטער פון לאָנדאָן, וועלכע האָבן זיך געבעטן צו אים ער זאָל זיך אַריינמישן אַלס דער אויסערן מיניסטער פון ענגלאַנד, גרינגער צו מאַכן די דיסקרימינאַציע קעגן אידן אין רוסלאַנד. ביי דער געלעגנהייט האָט באַלפור טאַקע באַטאָנט אַז די באַהאַנדלונג קעגן אידן איז געמיין, העכער יעדן מאָס, אָבער ער האָט צוגעלייגט אַז די רודפים האָבן אויך טענות:

"וואו אימער מען קומט אָן אין מזרח-אייראָפּע געפינט מען אַז אין איין וועג אָדער דעם אַנדערן האָט דער איד מצליח געווען. לייגט צו דערצו דער פאַקט אַז ער באַלאַנגט צו אַן אָפּגעזונדערטער ראַסע און ער גלייבט אַ רעליגיע וואָס פאַר די מענטשן אַרום אים איז דאָס אַן אָביעקט פון גע'ירש'נטע שנאה, און אין צוגאָב שאַרט ער מיליאָנען, קען מען מעגליך פאַרשטיין דעם ווילן אים אונטערצודריקן און אַוועקנעמען זיינע רעכטן וואָס קומען אים."[6]

פון באַלפור'ס קוק-ווינקל זענען אידן זענען נישט בלויז שעדליכע אימיגראַנטן, נאָר "אַ קערפּערשאַפט פון דרויסנדיגע מענטשן", "אַן אָפּגעזונדערטע ראַסע", וואָס באַלאַנגט נישט צווישן דער

(3 Bernard Gainer, The Alien Invasion: The Origins of the Aliens Act of 1905 , p. 171.

(4 Parliamentary Debates, 4th Series, vol. 145, col. 804.

(5 Parliamentary Debates, 4th Series, vol. 149, col. 155.

(6 Stein, The Balfour Declaration, p. 172.

בריטישער באַפעלקערונג. ער האָט פאַרשטאַנען פאַרוואָס מען אונטערדריקט זיי און זיי באַטראַכט ווי אַ פרעמדע געוויקס וואָס האָט נישט קיין אָרט צווישן דער אַלגעמיינער אייראָפּעאישער געזעלשאַפט.

חיים ווייצמאַן שר"י ציטירט אַ שמועס וואָס ער האָט געהאַט מיט באַלפור:

"ער האָט מיר געזאָגט, אַז לויט זיין מיינונג וועט די אידישע לעזונג געלעזט ווערן נאָר אויב די אידן וועלן זיך דאָ גענצליך אַסימילירן אָדער עס וועט אויפגעשטעלט ווערן אַ נאָרמאַלע, אידישע געזעלשאַפט אין ארץ ישראל.

ער האָט מיר אויך דערציילט אַז ער האָט אַמאָל געהאַט אַ לענגערן שמועס מיט קוזימא וואַגנער (די באַקאַנטע אַנטיסעמיטישע פרוי פונעם באַרימטן דייטשן דיכטער ריטשערד וואַגנער) אין ביירוט און אַז ער איז איינשטימונג צו פילע פון אירע אַנטיסעמיטישע אַנשויאונגען."[7]

אין אַן אַריינפיר צו אַ בוך ערקלערט באַלפור דעם באַדייט פון ציוניזם:

"אויב וועט עס זיין אַ סוקסעס, וועט דאָס טון אַ געוואַלדיגע אַרבעט פאַר די אידן, אָבער נישט בלויז פאַר זיי אַליין. לויט מיין פאַרשטאַנד איז זיין באַדייט, צווישן אַנדערע, אויך אַן ערנסטע דערלייכטערונג פאַר די לאַנגע יאָרן וואָס די מערב-וועלט ציוויליזאַציע האָט געליטן פון אַן אָנוועזנהייט פון אַ קערפּערשאַפט (דאָס אידישע פאָלק) וואָס ווערט געזען ווי אַ פרעמדע און אפילו אַ פיינטליכע. צו דער זעלבער צייט האָט מען אים אָבער נישט געקענט, נישט אַראָפּשלינגען און נישט אויסשפּייען. דערפאַר איז זיכער אַז פאַר די, אויב נישט פאַר אַנדערע, אורזאַכן, דאַרף דאָס באַקומען אונזער שטיצע."[8]

אָט דער בליק פון באַלפור איז גענוי איינשטימונג מיט דער אָריגינעלער ציוני'סטישער אידעאָלאָגיע אַז אידן זענען פאַקטיש אַ פרעמדע דרויסנדיגע געוויקס אין די גלות-לענדער און זייער איינציגע לעזונג איז זיך צו איזאָלירן אין אַן אייגענעם געטאָ-לאַנד. און אָט דער זעלבער געדאַנק ליגט אונטער דער "באַלפור דעקלעראַציע" וואָס ער האָט אונטערגעשריבן מיט עטליכע יאָר שפּעטער. פאַרשיקן אידן פון אייראָפּע און זיי אָפּשיקן קיין פּאַלעסטינע זענען געווען צוויי זייטן פון דער זעלבער אַנטיסעמיטישער מטבע.

די גרונדער פון ציונות און די שטיצער פון ציונות האָבן געהאַט איין געמיינזאַמע ציל: צו פאַרטרייבן אידן פון די גלות-לענדער און מאַכן אייראָפּע "אידן-ריין". די באַלפור דעקלעראַציע איז איינפאַך געווען אַן אימפּעריאַליסטישער ראַסיסטישער צוגאַנג צו לייזן דעם "אידן פּראָבלעם", דורך זיי באַזעצן אין אַן אייגענעם אָפּגעזונדערטן לאַנד.

7) מסד למדינת ישראל עמ' 129.

8) Arthur Balfour, 'Introduction', in Nahum Sokolow, History of Zionism 1600-1918, vol. I (New York: Ktav, 1969), p. liv.

אינערליכע קעגנערשאַפט פון אידישע פּאַרלאַמענט

איז טאקע מערקווירדיג ביז גאָר צו באַצייכענען, אַז מערערע קרייזן פון די ענגלישע אידן האָבן איבערהויפּט נישט געקוקט מיט אַ גינסטיג אויג אויף די אַנטוויקלונגען פון דער באַלפור דעקלעראַציע.

איינער פון די הויכראַנגיגע אידישע מיטגלידער אינערהאַלב דעם בריטישן פּאַרלאַמענט, אַן אַסימילירטער איד מיטן נאָמען "עדווין מאָנטעגאָו", האָט זיך אַרויסגעשטעלט צו זיין פון די גרעסטע קעמפער קעגן דער באַלפור דעקלעראַציע. דאָס פירט אונז צו אַ טראַגי-קאָמישער אַנעקדאָט, אַז אין דער צייט וואָס די פּראָטעסטאַנטישע קריסטן האָבן פּאָראויסגעשטופּט די פּראָקלאַמאַציע, איז עס גאָר געווען דער אידישער מיטגליד וואָס איז געווען דערקעגן צוליב אַ רייע אורזאַכן. (הויפּטזעכליך נישט צוליב די שלש שבועות...)

מאָנטעגאָו האָט פאַרעפנטליכט זיינע מאָטיוון אין אַ ספּעציעלן מעמאָראַנדום וואָס ער האָט איבערגעגעבן פאַר'ן בריטישן קאַבינעט אין אויגוסט 1917 למספרם, וואו דאָרט טוט ער ערקלערן זיין מיינונג אַז די דעקלעראַציע איז נישט ווייניגער ווי אַן אַנטיסעמיטישער דעקרעט [!] און אַז דאָס ציונות אין אַלגעמיין וועט בלויז שאַטן פאַר אידן איבער דער וועלט, ווי ער רופט עס אָן אַ "פּאָליטישע סאָרט שטערונג" פאַר'ן אידישן פאָלק. לויט מאָנטעגאָו וועט ציונות פירן דערצו אַז די פעלקער זאָלן אויטאָמאַטיש צובינדן אידן מיט'ן אידישן לאַנד אין פּאַלעסטינע, און אידן וועלן ווערן ווי פרעמדע עלעמענטן אין די וועלט'ס לענדער; מען וועט שיקן דעם איד קיין פּאַלעסטינע און אים נישט געטרויען מיט געטריישאַפט צו זייער היים-לאַנד.

אין דעם מעמאָראַנדום שרייבט מאָנטעגאָו צווישן אנדערע:

ווען מען זאגט פאר אידן אז פאלאסטינע איז זייער נאציאנאלער היים, וועט יעדע לאנד באלד וועלן פטור פון זייערע אידישע בירגער... לויט ווי איך האב אלץ פארשטאנען איז די אנגענומענע מיינונג ביי אידן, ביז ציוניזם איז ערפינדן געווארן, אז דאס צוריק צו ברענגען די אידן זאלן פאָרמירן א נאציאן אין דער לאנד פון וואו זיי זענען פארטריבן געווארן פאדערט א הימלישע פירערשאפט. איך האב קיינמאל נישט געהערט, אויך פון זייערע פייערדיגסטע פארעהרער, אז מר. באלפור אדער לורד ראטשילד זאלן זיין דער משיח...

When the Jews are told that Palestine is their national home, every country will immediately desire to get rid of its Jewish citizens.... I have always understood, by the Jews before Zionism was invented, that to bring the Jews back to form a nation in the country from which they were dispersed would require Divine leadership. I have never heard it suggested, even by their most fervent admirers, that either Mr. Balfour or Lord Rothschild would prove to be the Messiah (Memorandum of Edwin Montagu Submitted To The British Cabinet, August 1917)

א ציטאט פון מאָנטעגאָו'ס מעמאָראַנדום

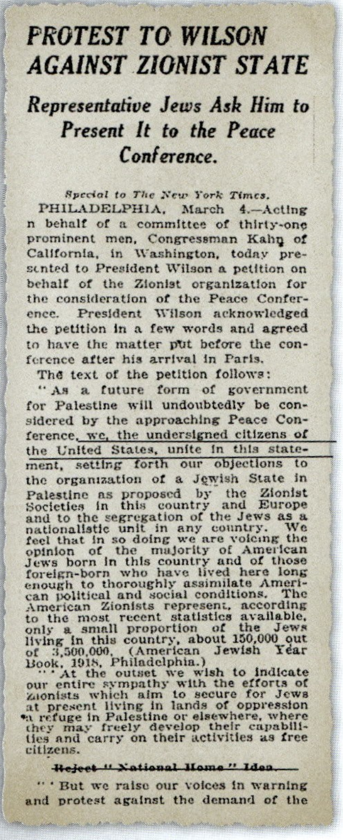

PROTEST TO WILSON AGAINST ZIONIST STATE

Representative Jews Ask Him to Present It to the Peace Conference.

Special to The New York Times.

PHILADELPHIA, March 4.—Acting n behalf of a committee of thirty-one prominent men, Congressman Kahn of California, in Washington, today presented to President Wilson a petition on behalf of the Zionist organization for the consideration of the Peace Conference. President Wilson acknowledged the petition in a few words and agreed to have the matter put before the conference after his arrival in Paris.

The text of the petition follows:

"As a future form of government for Palestine will undoubtedly be considered by the approaching Peace Conference, we, the undersigned citizens of the United States, unite in this statement, setting forth our objections to the organization of a Jewish State in Palestine as proposed by the Zionist Societies in this country and Europe and to the segregation of the Jews as a nationalistic unit in any country. We feel that in so doing we are voicing the opinion of the majority of American Jews born in this country and of those foreign-born who have lived here long enough to thoroughly assimilate American political and social conditions. The American Zionists represent, according to the most recent statistics available, only a small proportion of the Jews living in this country, about 150,000 out of 3,500,000. (American Jewish Year Book, 1918, Philadelphia.)

"'At the outset we wish to indicate our entire sympathy with the efforts of Zionists which aim to secure for Jews at present living in lands of oppression a refuge in Palestine or elsewhere, where they may freely develop their capabilities and carry on their activities as free citizens.

Reject "National Home" Idea.

"'But we raise our voices in warning and protest against the demand of the

די אנהויב פון א לענגערע עפענטליכע בריוו אין ניו יאָרק טיימס פון אמעריקאנער אידן וועלכע זענען נישט צופרידן פון די באלפור דעקלעראציע

אויך דער פרייער אפגעפרעמדטער איד האט פארשטאנען אלס א דבר פשוט אז דער רעיון פון ציוניזם איז א פרעכע סתירה צו די אלטע אידישע אמונה אז השי"ת אליין וועט אויסלייזן אידן ווען עס וועט קומען די ריכטיגע צייט.

אַדאַנק דער שאַרפער קעגנערשאַפט פון מאָנטעגאָו איז טאַקע אין דער לעצטער און אָפיציעלער ווערסיע פון דער דעקלעראַציע אַריינגעלייגט געוואָרן די ווערטער:

"...מיט'ן פאַרשטאַנד אַז גאָרנישט וועט נישט געטון ווערן וואָס זאָל פאַראורטיילן די ציווילע און רעליגיעזע רעכטן פון די עקזיסטירנדע נישט-אידישע געמיינדעס אין פאַלעסטינע, **אָדער די רעכטן און פּאָליטישן סטאַטוס וואָס אידן געניסן אין סיי וועלכן אַנדער לאַנד.**"

דאָס האָט געזאָלט פאַרמיידן זיינע חשדות און עטוואָס מינימיזירן די שאָדנס וואָס אַזאַ דעקלעראַציע קען ברענגען פאַר אידן.

מערקווירדיג, אַז אויך אין אַמעריקע האָט מען געהערט ענליכע טענער פון אידישע גרופּעס וועלכע האָבן זיך קעגנגעשטעלט צו אַ אידישער מדינה, מיט דער טענה אַז דאָס וועט ערוועקן אַנטיסעמיטיזם איבער דער וועלט. איידער דער פּאַריז שלום פאַרזאַמלונג אין יאָר 1919 למספרם, וואָס האָט געזאָלט געבן פאַר די ציונים די רעכטן איבער פּאַלעסטינע לויט דער באַלפור דעקלעראַציע, איז אַ אידישער מעמבער פון קאָנגרעס, יוליוס קאָהן, ערשינען מיט אַ בריוו צו פרעזידענט ווילסאָן, אונטערגעשריבן דורך 300 אַמעריקאַנער אידן, וואו זיי האָבן דערקלערט זייער התנגדות צו אַ אידישער מדינה אין ארץ ישראל, מיט די זעלבע סאָרט טענות ווי מאָנטעגאָו.

ס'איז אַ באַדויערנדער פאַקט, אַז אין לויף פון די יאָרן האָט זיך אַרויסגעשטעלט די ריכטיגקייט פון זייערע טענות, ווען די פאַרשפרייטונג פון דער ציוני'סטישער אידעאָלאָגיע האָט צו דער זעלבער צייט פאַקטיש געברענגט אַן אויפוואַכונג פון שנאת ישראל אין מערערע לענדער, וואו די גוים האָבן אָנגעהויבן זיך אָפּטער באַנוצן מיט'ן סלאָגאַן "אידן, גייט קיין פּאַלעסטינע". די שונאי ישראל אין אַלע לענדער האָבן זיך געפריידט צום געדאַנק פון ציונות זעענדיג דערין אַ געוואַלדיגע געלעגנהייט פּטור צו ווערן פון די אידישע איינוואוינער אין זייער לאַנד און זיי פאַרשיקן קיין ארץ ישראל[9].

9) "בפולין בין שתי מלחמות העולם חיו 3 מיליון יהודים, כלומר 10% מהאוכלוסייה. לכן העם הפולני הרגיש איום. מערכת היחסים בין הציונות והיהודים הפולנים היתה בעייתית. הפולנים קיבלו את הרעיון של הרצל וכך נולדה את הסיסמה "יהודים לכו לפלסטינה". היו מוכנים לעודד את התנועה הציונית ואפילו לעזור או להקל יציאת היהודים. הציונות לא בא לעולם על מנת לעודד המשך קיום היהודים בגולה. הכי מתאים לציונות היא אנטישמיות שדוחת את היהודים החוצה. ברגע ששערי ארצות הברית נסגרים בשנת 1924, אז היהודים משנים כיוון לארץ ישראל. מתחילה את העלייה הרביעית. זה היה האינטרס של הציונות ושל מדינות לאומיות אנטישמיות,

מאָנטעגאָו האָט צום ערשטן מאָל אַרויפגעברענגט צום אויבערפלאַך דעם חורבן און אומגליק וואָס די ציוני'סטישע אידעאָלאָגיע האָט געשאַפן פאַר אידן אין די גלות-לענדער, וועלכע האָט טאַקע פאַרשפרייט שנאת ישראל מיטן תירוץ פון "דועל לויעלטי". ד.ה. "דאָפּלטע בירגערשאַפט", עפּעס וואָס ברענגט אויף אַ חשד אַז די אינטערעסן פון אַ פרעמד לאַנד קומט בעפאַר דאָס אייגענע לאַנד וואו מ'וואוינט. דאָס איז געווען אַ בייזער בלבול אויף אידן במשך אַלע גלות-יאָרן אַז זיי זענען נישט געטריי צו זייער היימלאַנד, און האָט ליידער געקאָסט אַסאַך אידיש בלוט ה"י. אויך דער רשע היטלער ימ"ש האָט באַשולדיגט דאָס אידישע פאָלק אַז זיי זענען נישט קיין געטרייע בירגער צום לאַנד און דערמיט געהעצט די מאַסן קעגן אידן, און אַדאַנק דער ציוני'סטישער באַוועגונג איז די טענה גוט אָפּגעקויפט געוואָרן דורך די אייראָפּעאישע גוים.

די ציונים זענען מאז ומתמיד געווען געלערנט דורכצופירן אַזעלכע פעולות און לאָזן הערן סלאָגאַנען וואָס זאָל באַרעכטיגן כאילו דער פאַלשער בלבול און טענה קעגן אידן איז טאַקע יאָ אמת. דער פלאַן פון ציונות און דערנאָך די פאַקטישע אַנטשטייאונג פון דער מדינה האָט געברענגט דערצו אַז מען זאָל אָנקוקן אידן אַלס אַזעלכע וואָס טוען בעפאָרצוגן די אינטערעסן פון מדינת ישראל פאַר די אינטערעסן פונעם אייגענעם לאַנד.

פאַר די ציונים האָט זיך עס טאָפּלט געלוינט, ווייל דורך אויפרייצן אַנטיסעמיטיזם, האָט דאָס געפירט דערצו אַז מער אידן זענען גרייט געווען איבערצולאָזן אונטער זיך זייער גאַנצער האָב-און-גוטס און אַרויפגיין קיין ארץ ישראל, און אַזוי האָבן זיי פאַרשטאַרקט זייער אָנוועזנהייט און מאַכט אין זייער נייער מדינה.

ביז'ן היינטיגן טאָג טוען ליידער די אָנגייענדע ציוני'סטישע פּאָליטישע מאַנעוורעס אין די מערב-וועלט לענדער בכלליות, און איבערהויפט אין די פאַראייניגטע שטאַטן, באַשטעטיגן פאַר די אוה"ע אַז דאָס איז נישט קיין בלבול רח"ל, נאָר אַז ביי די אידישע בירגער דרייט זיך אַלעס אַרום ווי ווייט זייערע פּאָליטיקאַנטן זענען געטריי פאַר אַ פרעמד לאַנד: מדינת ישראל. עס ברענגט צום אויבערפלאַך אַז אידן קימערן זיך בכלל נישט איבער זייער מוטער-לאַנד, נאָר פאַרקערט, זיי זענען גרייט צו פאַרקויפן זייער וואוין אָרט, און די אינטערעסע פאַר זייער היים-לאַנד איז נאָר געוואָנדן ווי ווייט מען שטיצט אַ פרעמד לאַנד (מדינת ישראל).

ציונות זינט איר התייסדות האָט שטענדיג געלעבט פון אַנטיסעמיטיזם, און דאָס טוען זיי ווייטער אָנהאַלטן ביז'ן היינטיגן טאָג[10].

התחילו להישמע סיסמאות כמו "פולין לפולנים". אלו סיסמאות נגד התפיסה האזרחית. ('שוין זכיות - רב היבטיים על ארץ ישראל', מאוריסיו אזרצקי).

10) ווי רביה"ק מסאטמאר זי"ע האט געזאגט ביים כינוס הכללי אסרו חג שבועות תשכ"א בקול חוצב להבות אש וזל"ק: "ל"ע זיי מיט זייערע מעשים היינט אויכעט, "די מאראקאער יודען", קול דמי אחינו צועקים! ס'קומט בריעף, רייסנדיגע בריעף, ס'האט זיי געקאנט זיין גוט, ס'איז דארט א מלכות של חסד, און זיי (די ציונים) ארבעטן אהן "רעוועלוציאנען" און ברענגען זיי אריין אין דער גרעסטער סכנה, און ס'שטייט לא תעמוד על דם רעך! און מ'שווייגט! מ'זאל גוט קוקן הארעווען זיי אין אמעריקע אויך אנצוארבעטן "אנטיסעמיטיזם", אזוי ווי זיי האבן געהארעוועט אין יוראפ, מ'דארף גרויס רחמים אז זיי זאלן עס נישט חלילה דערגרייכן, ווארן מיט עזות און מלשינות קען מען חלילה אלעס דורכזעצן, מ'זאל גוט קוקן עט מען זען, איך וויל נישט שמועסן קיין סאך פאליטיק", עכדה"ק.

דער געדאנק ווערט אויך קלאר דערמאנט דורכ'ן גאון וצדיק דער שאפראנער רב ז"ל, וז"ל: "והאמת הוא אשר סכנה איומה מרחפת על כל ישראל בגרמא של הציונים, אשר מעשיהם בודאי עלולים לעורר השנאה בגוים, בפרט שיאמרו שיהודים הדרים במדינה זו הם אוהבי מדינה אחרת, ומחוברים לה עד שהם חשודים למעול בגוי אשר הם דרים בו ר"ל, וה' הטוב יצילנו בכל מקום שיש שם יהודים מגזירות קשות ויראנו נפלאות". (תורת א', ח"א מכתב יג).

קאַפּיטל ל"ה

גדולי ישראל רעאגירן צו "באלפור דעקלעראציע"

די "**באַלפור דעקלעראַציע**" איז ווירקליך געווען די "**אתחלתא דפורענותא**", דער פינסטערער אָנהויב פון אַ ביטערער עפּאָכע ווען די טומאה האָט עררייכט אַ גרויסן געוואונס און די כוחות פונעם ס"מ האָבן באַוויזן אַריינצוכאַפּן די אידישע וועלט אין אַ שכרות און טמטום אַז מ'האָט ערהאַלטן אָפיציעלע רעכטן פאַר אַ 'נאַציאָנאַלע היים' אין ארץ ישראל דורך אַ וועלטסמאַכט.

די אמת'ע גדולי ישראל וצדיקי אמת בימים ההם האָבן מיט ציטער און ווייטאָג נאָכגעפאָלגט די טרויעריגע אַנטוויקלונגען און געקלאָגט אויפ'ן נייעם חורבן וואָס דערנענטערט זיך אויפ'ן כלל ישראל און אויפ'ן הייליג לאַנד בעוה"ר.

הרה"ק **מהרי"ד מבעלזא** זי"ע

נאָכדעם וואָס עס זענען באַקאַנט געוואָרן די שמועות איבער דער דעקלעראַציע, זענען צוויי רבנים, אינאיינעם מיט'ן באַקאַנטן גביר הרה"ח רבי איציקל תאומים ז"ל פון פרעמיסלא, אַריינגעגאַנגען אל הקודש פנימה, אין שטוב פון הרה"ק מהרי"ד מבעלזא זי"ע, אים אָנצופרעגן זיין מיינונג איבער דער גרויסער שמחה וואָס טוט זיך אָפּ אין דער אידישער גאַס אין ליכט פון דער באַלפור מעלדונג.

דער בעלזער רב האָט זיי אויסגעהערט און דאַן זיי געענטפערט, זיך ווענדנדיג צו רבי איציקל בלש"ק:

"מילא אויף די צוויי רבנים איז מיר קיין פלא, אָבער אויף אייך, איר זייט דאָך אַ וועלטס מענטש, אַ בעל עסק, איז מיר באמת אַ פלא איר זאָלט גלייבן אַזעלכע הבלים.

נאָר עס קען חלילה זיין אַז קודם ביאת המשיח זאָל מעשה שטן מצליח זיין, און די רשעים וועלן קריגן אַ ממשלה אין ארץ ישראל, איז אַ חוב אויף יעדן איד וואָס ער מוז אַוועקפאָרן פון זיין היים, אַז ער זאָל פאָרן קיין אַמעריקע אָדער ערגעץ אַנדערש, נאָר נישט קיין ארץ ישראל, אונטער דער ממשלה פון די רשעים, ווייל זייער ממשלה איז אַ גרויסע סכנה פאַר יעדן איד בגוף ובנפש!"[1].

[מען דאַרף אין באַטראַכט נעמען די אויסטערלישע שאַרפקייט פון הרה"ק מבעלזא זי"ע קעגן דאָס פאָרן קיין אַמעריקע, אויף אַזוי ווייט אַז ער האָט אַמאָל געזאָגט אויף עמיצן וואָס איז געפאָרן קיין אַמעריקע און צוריקגעקומען מיט זיין פולער באָרד, אַז ס'וואָלט געווען אַ גוטע זאַך ווען יענער שערט זיך אָפּ די באָרד, כדי מ'זאָל זיך נישט איינרעדן אַז מ'קען בלייבן ערליך ווען מען פאָרט קיין אַמעריקע! מיט דעם אַלעם האָט ער געזאָגט מ'זאָל ענדערש פאָרן קיין אַמעריקע ווי צו דער ערוואַרטעטער ציוני'סטישער מדינה.]

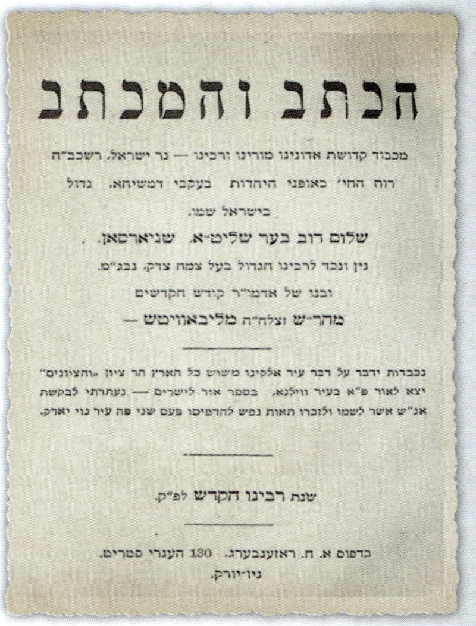

הכתב והמכתב

מכבוד קדושת אדונינו מורינו ורבינו — נר ישראל, רשכבה"ה רוח החי' באופני היהדות בעקבי דמשיחא. גדול בישראל שמו.

שלום דוב בער שליט"א שניארסאן.

נין ונכד לרבינו הגדול בעל צמח צדק, נבג"מ.

ובנו של אדמו"ר קודש הקדשים

מהר"ש זצלה"ה מליבאוויטש —

נכבדות ידבר על דבר עיר אלקינו משוש כל הארץ הר ציון „והציונים" יצא לאור פ"א בעיר ווילנא, בספר אור לישרים — נעתרתי לבקשת אנ"ש אשר לשמו ולזכרו תאות נפש להדפיסו פעם שני פה עיר נוי יארק.

שנת רבינו הקדש לפ"ק.

בדפוס א. ח. ראזענבערג. 130 הענרי סטריט. ניו-יורק.

דער קונטרס "הכתב והמכתב" וואס איז פארשפרייט געווארן אין יענע תקופה מיט דעת קדשו פונעם מהרש"ב מליובאוויטש זי"ע

הרה"ק **מהרש"ב מליובאַוויטש** זי"ע

דער מהרש"ב פון ליובאַוויטש זי"ע האָט דאַן ווי אַ חכם עדיף מנביא זיך אויסגעדרוקט אויף דער דעקלעראַציע: "**מען גרייט אָן רחמנא ליצלן נייע פאָגראָמען אויפ'ן אידישן פאָלק**" - קורצע אָבער אמת'ע ווערטער וואָס זייער ריכטיגקייט זעען מיר לײדער ביז'ן היינטיגן טאָג[2].

אין ליכט פון די אנטוויקלונגען ארום די "באלפור דעקלעראציע" האבן ליובאוויטשער חסידים געדרוקט און פארשפרייט טויזנטער עקזעמפלארן פון א קונטרס "**הכתב והמכתב**" מיט די שארפע בריוו און קלארע ווערטער פונעם מהרש"ב זי"ע קעגן דעם רעיון הציונות.

הרה"ק בעל **מנחת אלעזר ממונקאַטש** זי"ע

דער מונקאַטשער רב בעל מנחת אלעזר זצ"ל האָט אין יענער תקופה שטאַרק געפלאַמט ביי זיינע דרשות און תורות קעגן דעם רעיון הציוני וואָס האָט באַקומען שטאַרקייט אַדאַנק דער דעקלעראַציע, וואָס ער האָט אָנגערופן בליצנותא דעבודה זרה "**צרת בעל-פעור**", אַלס אַ ווערטער-שפיל אויפ'ן נאָמען "**הצהרת באַלפור**". אין זיינע תורות און ספרים פון יענער תקופה

1) מתוך 'עדות נאמנה', נדפס בילקוט מאמרים, אום אני חומה (קונטרס ו, עמ' מה).

2) קונטרס רשימות דברים (עמ' 80).

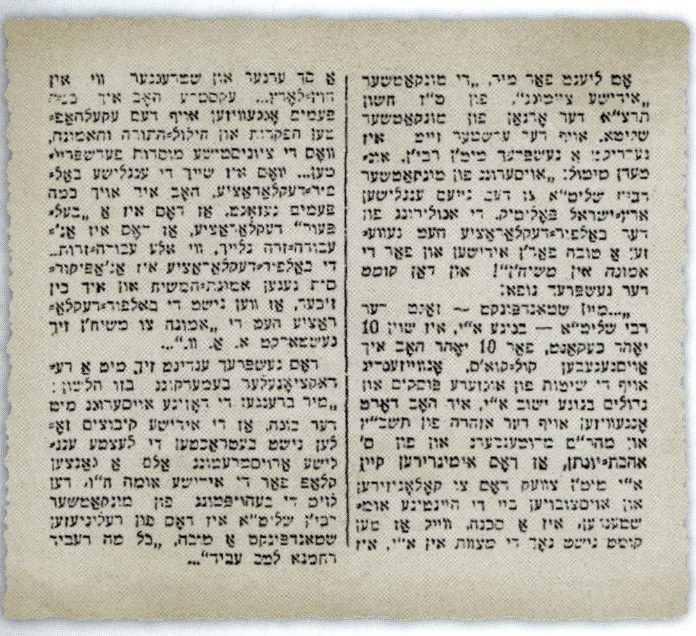
אָט ליינט פאַר מיר, „די מונקאַטשער „אידישע צייטונג", פון פ"ז חשון תרצ"א דער אָרגאַן פון מונקאַטשער שיטה. אויף דער ערשטער זייט אין געדריקט א געשפרעך מיט'ן רבי'ן. אונטער'ן טיטל: „אויסערונג פון מונקאַטשער רבי'ן שליט"א גן דעם נייעם ענגלישען ארץ-ישראל פּאָליטיק. די אבוליערונג פון דער באַלפור-דעקלאַראַציע וועט געווען א טובה פאר'ן אידישען און פאר די אמונה אין משיח'ן"! און דאן קומט דער געשפרעך גופא:

„...מיין שטאנדפונקט — זאגט דער רבי שליט"א — בנוגע א"י, איז שוין 10 יאָהר בעקאַנט, פאַר 10 יאָהר האָב איך אויסגעגעבן קול-קורא'ס, אנווייזענדיג אויף די שיטות פון אונזערע פוסקים און גדולים בנוגע ישוב א"י, איך האָב דאָרט אָנגעוויזען אויף דער אזהרה פון תשב"ץ און מהר"ם מרוטנבורג און פון ס' אהבת-יונתן, אז דאָס איטיגרירען קיין א"י מיט'ן צוועק דאָס צו קאָלאָניזירען און אויסצובויען ביי די היינטיגע אומשטענדען, איז א סכנה, ווייל אז מען קומט נישט נאָר די מצוות אין א"י, איז א סך ערגער און שווערער ווי אין חוץ-לאַרץ... עקסטרע האָב איך בכמה פעמים אָנגעוויזען אויף דעם עקלהאַפטען הפקרות און חילול-התורה והאמונה, וואָס די ציוניסטישע מוסדות פערשפרייטען... וואָס איז שייך די ענגלישע באַלפור-דעקלאַראַציע, האָב איך אויך כמה פעמים גענזאגט, אז דאָס איז א „בעל-פעור" דעקלאַראַציע, אז דאָס איז אַן עבודה-זרה גלייך, ווי אלע עבודה-זרות.. די באַלפור-דעקלאַראַציע איז אַן אפיקורסית נעגען אמונת-המשיח און איך בין זיכער, אז ווען נישט די באַלפור-דעקלאַראַציע העט די „אמונה צו משיח'ן זיך געשטאַרקט א. א. וו."...

דאָס געשפרעך ענדיגט זיך מיט א רעדאַקציאָנעלער בעמערקונג בזו הלשון: „מיר ברענגען די דאָזיגע אויסערונג מיט דער כונה, אז די אידישע קיבוצים זאָלען נישט בעטראַכטען די לעצטע ענגלישע ארויסטרעטונג אלס א גאַנצען קלאַפּ פאַר די אידישע אומה ח"ו. דען לויט די בעהויפטונג פון מונקאַטשער רבי'ן שליט"א איז דאָס פון רעליגיעזען שטאַנדפונקט א מיבה. „כל מה דעביד רחמנא למב עביד"...

די ציוני'סטישע צייטונג "היינט" שילדערט די פייערדיגע התנגדות פון הרה"ק ממונקאטש זי"ע קעגן די "בעל - פעור" דעקלעראציע

ווערן דערמאַנט פייערדיגע ווערטער וואָס דער צדיק האָט דאַן מעורר געווען אידישע קינדער נישט נאָכגעשלעפט צו ווערן פון די רשעים.[3]

הגאון רבי **יוסף חיים זאָנענפעלד** זצוק"ל גאב"ד ירושלים תו"ב

מיט'ן אָנקום פון דער בשורה איבער דער באַלפור דעקלעראַציע, האָט הגאון רבי יוסף חיים זאָנענפעלד זצוק"ל מרא דארעא דישראל, זיך אויסגעדרוקט צו זיינע מקורבים: "**ווען עס וואָלט געווען בכוחינו וואָלטן מיר געברויכט מתקן זיין אַ נייע קינות אויף ירושלים און מסדר זיין פונדאַסניי דעם נוסח פון תיקון חצות, כדי מיר זאָלן פאַרגיסן טרערן אויך אויפ'ן דריטן חורבן פונעם הייליגן לאַנד.**"

אָט אַזוי ווערט פאַרציילט אין דער הקדמה צום ספר "קומי רוני" (וואָס הגה"צ רבי אשר זעליג מרגליות זצ"ל האָט פאַרפאַסט, איבער'ן ענין פון אויפשטיין חצות קלאָגן אויפ'ן גלות):

"ווען ס'איז ערקלערט געוואָרן די אָפיציעלע מעלדונג איבער אויפשטעלן אַ נאַציאָנאַלע היים פאַר אידן אין ארץ ישראל, האָט הגאון רבי יוסף חיים זאָנענפעלד זצ"ל אַריבערגערופן דעם מחבר, הגה"ח רבי אשר זעליג מרגליות ז"ל, און אים געזאָגט: 'עס איז אונזער פליכט אין אַזאַ צייט איבערצודרוקן נאָכאַמאָל דעם תיקון חצות מיט גרויסע און שיינע אותיות, כדי מקונן צו זיין אויף שריפת בית אלקינו. איך לייג דעריבער אַרויף אויף דיר דאָס שליחות איבערצודרוקן דעם תיקון חצות און אַראָפּשרייבן אַ ספר איבער דער גרויסקייט פון אויפשטיין חצות און דעם חשיבות פון מקונן זיין אויפ'ן חורבן'."

3) וזל"ק בספרו חיים ושלום (פר' מטות, ד"ה ולמה): "אשר נתן להם ה' דייקא אה"ק אשר יתן לנו השי"ת עפ"י משיחו, וכמבואר ברמב"ם סוף הלכות מלכים, ולא אשר ילכו לקבל בעל-פעור בהקאלאניען ותחבולות הכיתות התולים ובוטחים בו, כי זהו דרך טמא לא שערום אבותינו וכו', כי זהו מעכב הגאולה וביאת הארץ, ע"י מחשבות און כאלו וזהו עיכוב הגאולה גם בימינו בעוה"ר ע"י כתות הנ"ל".

ועיין עוד בספר 'תיקון עולם' (סימן צה אות ו) דברי האגרת: "רק היו מבוסמים משמחת המאנדאט של בעל - פעור מלונדון" (מעין המעשה של פרשת כי תשא). ובשו"ת מנחת אלעזר (ח"ה סי' יב).

און אַזוי האָט טאַקע רבי אשר זעליג געטון. ער האָט דעמאָלטס אָנגעהויבן אַרבעטן אויפ'ן חיבור **"קומי אורי"** וואָס רעדט איבער די ענינים פון תיקון חצות.

הגאון **בעל חפץ חיים** זצ"ל

ווען מען האָט פאַרציילט פאַר'ן חפץ חיים זצ"ל איבער דער גרויסער שמחה וואָס האָט באַהערשט אידן מיט דער פראָקלאַמאַציע פונעם מיניסטער באַלפור, האָט דער חפץ חיים אויסגעבראָכן אין אַ יאָמערליכן געוויין און דערביי געזאָגט: **"מערערע מאָל איז שוין געווען אַן עת רצון פון הימל אויסצולייזן אידן, אָבער ס'איז איבערגעדרייט געוואָרן צום שלעכטן צוליב די עבירות פונעם דור. אַצינד פאָרכט איך זיך אַז ס'איז אויך געווען אַן ערוועקונג אין הימל צו דער גאולה שלימה, און די ציונים האָבן עס ליידער פאַרכאַפּט[4]."**

דער חפץ חיים האט אויך דעמאלט געזאָגט מיט אַ צעבראָכנקייט:

"מיר גלייבן דאך אין די הבטחה פון השי"ת אז ער וועט צוריקקערן דאס אידישע פאלק קיין ארץ ישראל מיט אפענע נסים, מיר ווייסן אז דער אויבערשטער קען אונז באצאלן, און ער וועט אונז באצאלן, עס וועט נישט זיין קיין האָר ווייניגער ווי ער האט אונז צוגעזאגט, פארוואס פרייען זיך אידן מיט אזא דעקלעראציע ?!"[5]

די מצבה פונעם חפץ חיים זצ"ל אין ראַדין

ענליך ווערט פאַרציילט, אַז מען האָט בשעתו פאָרגעליינט פאַר'ן חפץ חיים אַן אַרטיקל וואָס אַ ציוני'סטישער שרייבערל האָט פאַרעפנטליכט, וואו ער ערוועגט זיין האָפענונג אַז אין דער ענדע וועט ארץ ישראל זיין אַ זעלבסטשטענדיג לאַנד געגנוי ווי בולגאַריע (וועלכע האָט אין יאָר תרס"ח ערגרייכט זעלבסטשטענדיגקייט פון דער טערקישער אימפעריע), איז דער חפץ חיים זיך פאַרגאַנגען אין אַ האַרצרייסנדן געוויין, זאָגנדיג: **"וויאַזוי קען זיין אַזאַ זאַך, אַז שוין טויזנט-אַכט-הונדערט יאָר ליידן מיר אין גלות; אונזער בלוט גיסט זיך ווי וואַסער און מיר פאַרמערן מיט תפלות און געבעט באַפרייט צו ווערן פונעם גלות-יאָך, אַלעס כדי צו עררייכן אַזאַ זעלבסטשטענדיגקייט ווי בולגאַריע?! מיר האָבן ליידער פאַרגעסן די הבטחות פון דער הייליגער תורה און די נבואות וואָס מיר האָבן**

4) 'חפץ חיים' על התורה (פר' בא).

5) מאיר עיני ישראל, ח"ב עמ' 476.

באַקומען פון די נביאי האמת וצדק, וואָס דבר אחד מדבריהם לא ישוב ריקם!"[6]

הגאון רבי חיים מבריסק זצ"ל אינעם לעצטן יאר איידער זיין הסתלקות

הגאון רבי **חיים מבריסק** זצ"ל

אין יענער צייט האָט מען אָנגעפרעגט דעם גאון רבי חיים בריסקער זצ"ל איבער זיין מיינונג לגבי דער באַלפור דעקלעראַציע. דאס איז געווען בלויז צוויי וואכן בעפאר זיין הסתלקות, ווען רבי חיים האט געוויילט אין דער שטאָט אָטוואָצק, אבער טראָץ זיין שוואכקייט איז ער געוואָרן ווי אַ פלאַם-פייער און געזאָגט מיט אַ שטאַרקן ברען:

"מיר זענען מאמינים בני מאמינים און מיר וואַרטן אויף גאָר אַן אַנדער זאַך, אויפ'ן אָנקום פון משיח... און דאָס וועט זיין מיט גאַנץ אַנדערע וועגן. ווען משיח וועט קומען וועט אַראָפּקומען אַ בית המקדש פון פייער פון הימל, און דעמאָלטס וועט זיין דער גרויסער טאָג. בעפאָר דעם וועט קומען אליהו הנביא, ווי עס שטייט געשריבן (מלאכי ג כג) **'הנה אנכי שולח לכם את אליה הנביא לפני בא יום ה' הגדול והנורא'."**

דער בריסקער רב האָט דאַן געפרעגט מיט ווייטאָג:

"וויאַזוי קען מען אפילו קלערן אויף אַנדערע זאַכן, כאילו דאָס ציונות און זייערע פלענער האָט עטוואָס אַ שייכות צו דער גאולה?!"[7]

6) 'כל כתבי החפץ חיים' (עמ' עח).

7) 'עובדות והנהגות לבית בריסק' (ח"ב עמ' ריד-רטו). שיעורי הגרמ"ד הלוי על התורה דף תקצ"ט.

דער בריסקער רב האט דעמאלט געטייטשט די פסוקים וואס מען זאגט אין די שבעה דנחמתא, הנה אלה מרחוק יבאו, והנה אלה מצפון ומים, ואלה מארץ סנים וכו' ותאמר ציון עזבנו ה' וה' שכחנו, איז דאך לכאורה שווער אז פונקט ווען אידן קערן זיך שוין צוריק קיין ארץ ישראל יעצט איז דען די צייט אז ציון זאל זאגן עזבנו ה' ושכחנו.

האט דער בריסקער גאון געזאגט אז ארץ ישראל זיצט שוין עלנד און איינזאם במשך שנות גלותינו, הונדערטער יאר וואס ציון איז אויסגעליידיגט אוןווארט אויף אירע אידישע קינדער זאלן זיך אומקערן נאך דעם גרויסן אריכות הגלות. אבער יעצט נאך דעם גאנצן לאנגען זמן זענען די ציונים אנגעקומען קיין ארץ ישראל מיט זייער גאנצע טומאה ומינות. דעריבער ווען ציון קוקט זיך אום ווער עס איז אנגעקומען זאגט זי "ותאמר ציון עזבנו ה' וה' שכחנו', ארץ ישראל איז זיך מתאונן אז אויב נאך אזויפיל יאר ווארטן זענען די וואס קומען צוריק צו איר עוכרי ישראל אפיקורסים ופורקי עול, איז דאך חלילה א סימן אז אז עזבנו ה' ושכחנו.

אבער דער אויבערשטער ענטפערט איר באלד: 'התשכח אשה עולה מרחם בן בטנה וכו' ואני לא אשכחך כו', מהרו בניך וכו'. דהיינו השי"ת זאגט אז די וואס זענען יעצט ארויפגעקומען האבן ממהר געווען ארויפצוקומען פאר די עת הגאולה און דאס איז אודאי נישט די ריכטיגע ישועה פון אידן. און דער פסוק איז ממשיך אז דערפאר וועט צוערשט זיין: "מהרסיך ומחריביך ממך יצאו", די ציונים די מהרסים ומחריבים כרם בית ה' וועלן פארטריבן ווערן פון ארץ ישראל, און דו ציון האסט נאך א גרויסע תקוה, "שאי סביב עיניך וראו

הגאון **רבי משה קליערס** זצ"ל אב"ד טבריא

ווען הגאון הצדיק רבי משה קליערס זצ"ל, רב פון טברי' ומגדולי וזקני חסידי סלאָנים, האָט געהערט איבער דער שמחה וואָס הערשט אין דער אידישער גאַס נאָך דער ערשיינונג פון דער באַלפור דעקלעראַציע, האָט ער זיך געוואונדערט און געזאָגט:

"די דעקלעראַציע דאַרף דאָך אונז גורם זיין בלויז צער און עגמת נפש. ממה נפשך, אויב האָט דאָס נישט קיין האַפט, מאַכט מען דאָך סתם חוזק פון אידישן פאָלק, און אויב האָט עס יאָ אַ ממשות, איז דאך ביטער צו קלערן אַז נאָך אַזאַ לאַנגען און ביטערן גלות באַקומען מיר אַזאַ פאַרשעמטע גאולה! אויף דעם האָבן מיר געוואַרט צוויי טויזנט יאָר?!"

און ער האָט אויסגעפירט:

"די דעקלעראַציע איז איינפאַך נאָך אַ שווערער נסיון פון די ביטערע חבלי משיח[8]."

הגאון הצדיק רבי משה קליערס זצ"ל לערנט פאָר א שיעור אין די ישיבה "אור תורה" אין טברי'. צו זיין לינקע זייט זיצט הגה"צ רבי מאטל סלאנימער זצ"ל

כולם נקבצו באו לך", ווען משיח צדקינו וועט נתגלה ווערן ביי די גאולה שלמה, הערשט דעמאלט וועט זיין דער ושבו בנים לגבולם און אלע אידן, אלע אמת'ע קינדער אויף וועמען דו האסט געווארט אזויפיל הונדערטער יאר, וועלן ארויפקומען און זיך באזעצן אין דיר ובאו ציון ברנה ושמחת עולם על ראשם. (רשימת תלמידים ממרן הגרי"ז הלוי על סדר נביאים וכתובים)

8) 'דמויות הוד' (ח"א עמ' 179).

קאַפּיטל ל״ו

די ווייסע ביכער

דער אָנהויב פונעם בלוטיגן קאָנפליקט

די באַלפור דעקלעראַציע איז טאַקע געווען אַ גרויסער געוואונס פאַר די ציוני'סטישע פירער, אָבער פאַקטיש האָט נישט לאַנג געדויערט און ענגלאַנד האָט אָנגעהויבן זינגען אַן אַנדער ניגון אין באַצוג צו דער אידישער אָנוועזנהייט אין ארץ ישראל.

ווי ערוועהנט, האָט ענגלאַנד צוערשט געהאַט פאַרשפּראָכן פאַר די אַראַבער אַז זיי וועלן נאָך דער מלחמה האָבן קאָנטראָל אויפ'ן מיטל-מזרח, און די באַלפור דעקלעראַציע איז דעריבער אויפגענומען געוואָרן דורך די שכינות'דיגע אַראַבער מיט אָפּענער אומצופרידנהייט און אויפבראָז.

שוין צום ערשטן יאָרטאָג פון דער דעקלעראַציע האָבן די אַראַבער אינעם ראַיאָן פאָרמירט אַ סטרייק און געגרינדעט אַן אָרגאַניזאַציע צו באַקעמפן די ציונים פון זייער פּרוּוו צו באַקומען דאָס לאַנד. יענע תקופה ווערט

فلسطين
La Palestine

A Special Edition in English issued on the occasion of the visit to Palestine of LORD BALFOUR, the statesman with whose name is associated the Declaration which to the Arabs signifies the death knell of all the hopes they cherished when the victorious British Armies entered their country in 1918

J'ACCUSE!

1. THE BRITISH GOVERNMENT, of having allowed itself to become a tool in the hands of the Jews for the purpose of furthering their Nationalist aims in Palestine.

2. THE LEAGUE OF NATIONS, of seeking to administer to Palestine a Mandate which is incompatible with Article 22 of the Covenant of the League under which the Mandatory system is set up.

3. THE GOVERNMENT OF PALESTINE, of pursuing with open eyes a policy which, by granting a favoured position to the Jewish minority ...

I call upon

1. THE ROYAL PROCLAMATION

2. THE ANGLO-FRENCH DECLARATION

Imperium in Imperio

Zionist Colonization

The Balfour (1) Declaration

די מערסט פּאָפּולערע פּאַלאַסטין- אַראַבישע צייטונג "לע פּאַלאַסטיין", פּאַרעפנטליכט אַן אויפגעברויזטע עדיטאָריעל אַדרעסירט צו לאָרד באַלפור

אייגנטליך באַצייכנט אַלס דער אָנהויב פונעם בלוטיגן און ענדלאָזן מיטל-מזרח קאָנפליקט וואָס האַלט ליידער אָן ביז'ן היינטיגן טאָג.

אַזוי אַרום, טראָץ דעם צוזאָג פונעם בריטישן אויסערן מיניסטער אַרטור זשעימס באַלפור אַז ס'וועט אויפגעשטעלט ווערן אַ היימלאַנד פאַר אידן אין ארץ ישראל, איז דאָס ווייט נישט געווען דער סוף פסוק. אויסער וואָס די ענגלענדער זעלבסט האָבן געהאַט צוגעזאָגט דאָס זעלבע שטיק לאַנד פאַר די אַראַבער, איז באַלפור געווען דער אויסערן מיניסטער פון אַ רעגירונג וואָס איז געווען געמישט צווישן ליבעראַלן און קאָנסערוואַטיוון. ער האָט טאַקע פאַרמאָגט אַ מאַכטפולע פּאָזיציע אַלס פירער פון דער קאָנסערוואַטיווער פּאַרטיי, אָבער ער איז ניטאַמאָל געווען טייל פון דער אינערליכער קליקע פון דער רעגירונג פון לאָיד דזשאָרדזש, און איז אָפט געבליבן אינדרויסן פון די וויכטיגסטע מלחמה פאַרהאַנדלונגען און קאַבינעט זיצונגען.

אין דער זעלבער צייט וואָס די ציוני'סטישע אינטערעסן האָבן געשאַלט פאַר שמחה מיט דער דעקלעראַציע, האָט די אַראַבישע וועלט געקאָכט ווי אַ קעסל. די דעקלעראַציע איז דורך זיי באַטראַכט געוואָרן ווי אַ שוידערליכער פאַרראַט מצד די ענגלענדער, און ענגלאַנד האָט זיך דערזען אַז זי האָט אַריינגעביסן אין אַ זויערן עפל. זי האָט טאַקע צופרידנגעשטעלט די ציוני'סטן, אָבער פאַר'ן פרייז פון אויפרייצן די גאַנצע ריזיגע אַראַבישע וועלט. גלייכצייטיג איז דער גאַנצער באַגריף פון אַ אידישער מדינה געוואָרן אַ היציגע טעמע אין דער אינערליכער ענגלישער פּאָליטיק.

ווי דערמאַנט האָט די אינטערנאַציאָנאַלע געמיינדע אין ענדע 920' למספ' אויפגעשטעלט דעם "בריטישן מאַנדאַט" אין סאַן-רעמאָ, וואָס האָט געשאָנקען דעם לעגאַלן כח פאַר ענגלאַנד צו קאָנטראָלירן דעם גאַנצן שטח וואָס נעמט היינט אַריין מדינת ישראל און ירדן. די ענגלענדער האָבן פאַר די פאָלגנדע 28 יאָר פרובירט צו טאַנצן אויף אַלע חתונות און צופרידנשטעלן סיי די אידישע זייט און סיי די אַראַבישע זייט - וואָס האָט נאַטורליך איבערגעלאָזט ביידע זייטן אויפגעברויזט אויף די בריטישע הערשער.

דאָס האָט געברענגט אַ שטייגנדן דרוק אויף די ענגלענדער, וועלכע האָבן דעריבער, אין לויף פון זייער הערשאַפט איבער ארץ ישראל, עטליכע מאָל שטאַרק איינגעצוימט דעם באַדייט פון דער באַלפור דעקלעראַציע אין פאָרעם פון דריי א.ג. 'ווייסע ביכער' וועלכע זענען פאַרעפנטליכט געוואָרן דורך דער בריטישער רעגירונג. די ווייסע ביכער זענען געווען אַזעלכע סאָרט דאָקומענטן וואָס האָבן פאָרגעשטעלט די פּאָליסי און שטעלונג פון דער בריטישער רעגירונג, איינס אין יאָר תרפ"א, אַ צווייטע אין תרפ"ט, און איבערהויפט דאָס ווייסע בוך פון יאָר תרצ"ט, וועלכע האָבן שטאַרק באַגרעניצט די עליות פון אידן קיין ארץ ישראל; פאַרבאָטן צו פאַרקויפן פעלדער און לאַנד פאַר אידן בלויז מיט געוויסע שווערע תנאים; און אין גרעסטן טייל געזוכט צו מינימיזירן די תנאים פון דער "באַלפור דעקלעראַציע" און אָפּווייכן דערפון.

די ערשטע ווייסע בוך

אין יאָר תרפ"א לפ"ק, נאָכ'ן באַזוך פונעם לעגענדאַרן ענגלישן שטאַטסמאַן "ווינסטאָן טשורטשיל", דער דעמאָלטס'דיגער קאָלאָניאַל מיניסטער פון ענגלאַנד און שפּעטערדיגער פּרעמיער מיניסטער, אין ארץ ישראל, האָט אויסגעבראָכן אינעם ראַיאָן די טרויעריג-באַרימטע "**תרפ"א אומרוען**" דורך די אויפגעברויזטע אַראַבישע מאַסן, וועלכע האָבן ליידער אומגעברענגט 43 אידן אין יפו און אומגעגנט.

דער אויפברויז צווישן די אַראַבער איז געקומען צום אויסדרוק מיט די רציחות און געוואַלדטאַטן, ווי אויך אין אינטענסיווע פּאָליטישע דרוק, און די ענגלענדער האָבן אַלס רעזולטאַט פאַרעפנטליכט די ערשטע '**ווייסע בוך**'[1], וואָס האָט צווישן אַנדערע אַנטהאַלטן די פאָלגענדע תנאים.

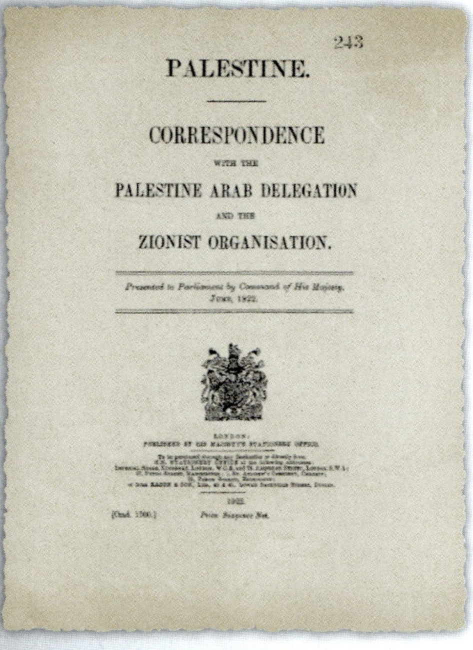
243

PALESTINE.

CORRESPONDENCE WITH THE PALESTINE ARAB DELEGATION AND THE ZIONIST ORGANISATION.

Presented to Parliament by Command of His Majesty, June, 1922.

LONDON:

די ערשטע ווייסע בוך

- ענגלאַנד וועט ווייטער שטיצן די פּרינציפּן פון דער באַלפור דעקלעראַציע, אָבער וואַרפט אָפּ די ווערטער וואָס ווייצמאַן האָט געזאָגט אין יאָר תרע"ט אַז "פּאַלעסטין וועט זיין אַזוי אידיש ווי ענגלאַנד איז ענגליש און פראַנקרייך איז פראַנצויזיש", און שטעלט קלאָר אַז דאָס איז נישט די פּאָליסי פון דער בריטישער רעגירונג. באַלפור האָט קיינמאָל נישט פאַרשפּראָכן אַ אידישע מדינה אָדער אַ אידישע רעגירונג. ער האָט בלויז גערעדט פון אַ אידישער היים אין פּאַלעסטינע, נעמליך אַז אידן וועלן וואוינען צווישן אַ רוב פון אַראַבער.
- אין איינקלאַנג מיט די אַראַבישע טענות אַז די מאַסן עליות פון ציונים שעדיגט זייערע פרנסה-קוועלער, איז באַשטימט געוואָרן אַז די עלי' פאַר אידן קיין ארץ ישראל וועט געצוימט ווערן צו אַ געווויסן צאָל יערליך; עס וועט שאַרף געצוימט ווערן דער צאָל אַרויפקומענדע צו אַ באַשטימטער קוואָטע, כדי נישט אויפצורייצן צו שטאַרק די

1) אין ענגלאנד ווערן אפט ארויסגעגעבן אפיציעלע דאקומענטן וועלכע שטעלן פאָר די רעגירונג'ס פאזיציע אויף פארשידענע טעמעס. דאס ווערט אנגערופן "White Paper". פון דארט נעמט זיך דער נאמען "ווייסע בוך".
אין פאקט זענען פאראן געוויסע וואס צייגן אָן אויף טשוירטשיל'ס "ווייסע בוך", אז דאס איז געווען דער ערשטער אזא סארט דאקומענט, און אז דער טיטל "ווייסע בוך" קומט טאקע פון טשוירטשיל'ס דאזיגן דאקומענט.

אַראַבישע איינוואוינער וועלכע זענען די איבערוויגנדע מערהייט אין לאַנד. דאָס וועט ערמעגליכן אַז דאָס לאַנד זאָל קענען דערהייבן די פרישע עולים פון אַ פינאַנציעלן שטאַנדפונקט, אָן דעם וואָס די ניי-געקומענע זאָלן ברענגען שאָדן פאַר די עקזיסטירנדע איינוואוינער.

- די געגנט פון עבר הירדן, מזרח פון ארץ ישראל, וועט ווערן אָפּגעטיילט, און אַנשטאָט דינען ווי אַ באַדן פאַר אַ "נאַציאָנאַלע אידישע היים", וועט דאָרט אויפגעשטעלט ווערן אַן אַראַבישע קעניגרייך, אונטער דער הערשאַפט פון עבדאַללאַ, דער זון פון חוסיין בן עלי, דער דערמאַנטער פירער פונעם אַראַבישן האַלב-אינזל און קעניג פון חיגאַז.

פאַרשטענדליך אַז דאָס ווייסע בוך האָט היבש אַרויסגעלאָזט די לופט פון דער באַלפור דעקלעראַציע; מיט אַזאַ צאָל אידן וואָס מען לאָזט אַרויפקומען קיין ארץ ישראל קען מען קיין ישוב נישט בויען... איבערהויפט ווען דער בריטישער מאַנדאַט האָט זיך פאַרהוילן פון פילע אַראַבער וועלכע זענען אַריבערגעקומען וואוינען אין די גרעניצן פון ארץ ישראל אומלעגאַל, אין דער צייט וואָס מען האָט שטרענג אַכטונג געגעבן אַז אידן זאָלן כמעט נישט געקענט אַרויפקומען.

די ציונים האָבן טאַקע אויפגענומען דאָס ווייסע בוך מיט געמישטע געפילן. זיי האָבן שווער געקענט אַראָפּשלינגען דעם פיל פון זייער א.ג. 'גוטע פריינט' פון ענגלאַנד. דאַן איז פאָרמירט געוואָרן די ערשטע קערנדלעך פון דער ציוני'סטישער "הגנה" טעראָר גרופּע, וואָס האָט אָפיציעל געדינט דעם ציל צו באַקעמפן די אַראַבער.

די ציוני'סטישע פירער האָבן שוין לאַנג געהאַט פאַרלאַנגט אַז זיי זאָלן האָבן די רעכט צו אייגענע זעלבסט-פאַרטיידיגונג וועכטער, און באַלד נאָכ'ן פּאָגראָם און דער מעלדונג פון ענגלאַנד איבער'ן ווייסן בוך, איז געלאָזט געוואָרן אין גאַנג די פלענער צו גרינדן אַן אייגענע פאַרטיידיגונג, וואָס האָט באַקומען דעם נאָמען "הגנה". שפּעטער איז דאָס געוואָרן די סעמי-אָפיציעלע מיליטערישע פליגל פון דער ציוני'סטישער באַוועגונג, און עווענטועל איז דאָס געוואָרן דער "צבא הגנה לישראל"[2], דאָס ציוני'סטישע מיליטער, באַקאַנט אַלס דער "צה"ל".

אָבער דאָס ערשטע ווייסע בוך איז נאָך געווען אַ קלייניקייט נעמענדיג אין באַטראַכט די נאָכפאָלגענדע ווייסע ביכער וועלכע האָבן נאָך שטערקער צוריקגעפּאַטשט אין פנים פאַר די ציוני'סטישע חלומות פון אַ 'נאַציאָנאַלער היים' מיט דער גוטהייסונג פון גרויס-בריטאַניע.

2) ווי עס וועט נאך ברייטער אויסגעשמועסט ווערן, איז איידער דער גרינדונג פון דער מדינה פארגעקומען א העפטיגן קאמף צווישן די רעכטע און לינקע עלעמענטן פון די ציונים איבער קאנטראל פון דער באוועגונג. די רעכטע טעראר גרופעס זענען געווען די טרויעריג-בארימטע "אצ"ל" און "לח"י". די לינקע זענען געווען עטוואס מעסיגער, און פאראייניגט אונטער דער "הגנה".
שפעטער בשנת תש"ח, ווען בן גוריון האט פראקלאמירט די אנטשייאונג פון דער מדינה, האט ער געוואלט פארזיכערן אז זיינע לינקע עלעמענטן בלייבן די פירער, און דורכ'ן אנרופן דאס נייע מיליטער אלס "צבא הגנה לישראל", האט עס באדייט אז די לינקע 'הגנה' איז אין קאנטראל. דאס איז אבער א לענגערער שמועס פאר זיך.

די צווייטע 'ווייסע בוך'

די צווייטע 'ווייסע בוך' איז פאַרעפנטליכט געוואָרן אין יאָר תרצ"א לפ"ק, אָקטאָבער 1930 למספרם, אין שאָטן פון די בלוטיגע תרפ"ט אומרוען וואָס האָט ליידער אָפגעקאָסט פילצאָליגע אידישע קדושים הי"ד און אויפגעשאָקלט דאָס לאַנד. נאָך לענגערע פאַרהאַנדלונגען און נאָכ'ן אויסהערן ביידע זייטן פונעם קאָנפליקט, איז פובליצירט געוואָרן דאָס ווייסע בוך דורכ'ן ענגלישן דיפלאָמאַט סידנעי וועב, באַקאַנט אַלס "לורד פאַספילד", וועלכער איז דאַן געווען דער בריטישער קאָלאָניאַל מיניסטער.

צווישן אַנדערע האָט דער דעקרעט באַשטימט אַז:

- עס איז שוין נישט פאַרהאַן קיין איבעריגע טעריטאָריע אין לאַנד, און מען טאָר מער נישט פאַרקויפן קרקעות פאַר אידן, צוליב דעם וואָס דאָס איז אַ שאָדן פאַר די אַראַבער.
- די עלי' זאָל מינימיזירט ווערן אויף אַ דראַסטישן פאַרנעם, נעמענדיג אין באַטראַכט אַז דאָס שטערט די אַרבעטס אומשטענדן אין דער אַראַבישער גאַס. ווילאַנג עס זענען פאַרהאַן אַראַבער אָן פרנסות קענען נישט אַרויפקומען נייע עולים, און ענגלאַנד האָט דעם פליכט אָפצושטעלן די עליות.
- די בריטישע רעגירונג האָט אַ דאָפלטע פאַרפליכטונג, צו די אַראַבער און צו די ציונים. דאָס ווייסע בוך שלאָגט דעריבער פאָר אויפצושטעלן אַ "לעגיסלאַטיוו קאָנסול" וואָס זאָל פאַרטרעטן די איינוואוינער און באַטראַכטן די אינטערעסן פון ביידע זייטן.

אָט דאָס צווייטע ווייסע בוך איז געזען געוואָרן ווי אַן ערנסטע ריקצוג פון דער בריטישער פאָליסי ביז דאַן און האָט פאַרטונקלט די באַלפור דעקלעראַציע, שטעלנדיג די אַראַבער און די אידן אויף אַ גלייכער ליניע. עס איז נישט דערמאַנט געוואָרן קיין וואָרט איבער דער א.ג. "נאַציאָנאַלע אידישע היים"; עס איז אַראָפגעשטעלט געוואָרן שטאַרקע שטערונגען קעגן דער באַזעצונג און עלי' פון ציונים; און עס האָט געגרופן צו פאָרמירן אַ קאָנסול וואָס פאַרטרעט ביידע זייטן, וואָס וואָלט אויטאָמאַטיש באַדייט אַז די אַראַבער וועלכע האָבן געהאַט אַ שטאַרקן רוב אין ארץ ישראל וועלן האָבן די אויבערהאַנט איבער אַלע החלטות לגבי דעם ישוב.

אַלס רעאַקציע צו דער אויסגעשפּראָכענער ליניע קעגן ציונות וואָס דער דאָקומענט האָט מיט זיך פאָרגעשטעלט, האָט חיים ווייצמאַן רעזיגנירט פון דער ציוני'סטישער פאַרטיי. דאָס איז געווען אַ מיטל צו לייגן דרוק אויף די ענגלענדער, וואו ווייצמאַן האָט געהאַט אַסאַך פאָליטישע קאָנטאַקטן. אין אַלגעמיין האָבן די ציונים אויסגעאיבט אַ געוואַלדיגן דרוק אויף דער בריטישער רעגירונג און האָבן ענדגילטיג באַוויזן צו ערהאַלטן אַ בריוו פונעם פרעמיער מיניסטער זשעימס

ראָומסי מעקדאַנעלד, געשיקט צו ווייצמאַן, אַז די אָריגינעלע פרינציפן פונעם מאַנדאַט איז נאָך אַלץ פאַרבליבן אין קראַפט און עס קומט נישט אין באַטראַכט צוריקצוציען דערפון.

דאָס איז געווען אַ נחמה פורתא נאָך דעם גרויסן קלאַפּ.

אין ליכט פון די געשעענישן זענען אויך אויסגעברייטערט געוואָרן די ציוני'סטישע טעראָר גרופעס. די "הגנה" איז טאַקע אָפיציעל געגרינדעט געוואָרן נאָך אין יאָר תר"פ, אָבער איז הערשט געוואָרן ערנסט אַקטיוו אין דער תקופה פון די "תרפ"ט אומרוען". דאָס האָט נאָכגעפאָלגט מיט די מער-עקסטרעמע אצ"ל [=הארגון הצבאי הלאומי] און לח"י [=לוחמי חירות ישראל] באַנדעס וועלכע האָבן צוערשט געקעמפט מיט די אַראַבער, אָבער אין די שפּעטערדיגע יאָרן אויך אָנגעפירט אַ גורילע-קאַמף מיט די בריטישע מאַנדאַט הערשער.

דאָס דריטע 'ווייסע בוך'

אין יאָר תרצ"ט לפ"ק, למספרם 939', האָבן די ענגלענדער אַרויסגעגעבן דאָס דריטע און היסטאָרישע 'ווייסע בוך', באַקאַנט אַלס "**דאָס מעקדאַנעלד פּאַפּיר**", אויפ'ן נאָמען פונעם בריטישן קאָלאָניאַל סעקרעטאַר "**מאַלקאָלם מעקדאַנעלד**".

אינעם ענדגילטיגן דאָקומענט האָבן די ענגלענדער דראַמאַטיש צוריקגעצויגן פון דער באַלפור דעקלעראַציע לויט ווי די ציונים האָבן איר אויסגעטייטשט, דורך דערקלערן אַז גאַנץ פּאַלעסטינע דאַרף זיין איין גרויסע לאַנד פאַר ביידע פעלקער, די פּאַלעסטינער און די אידן. עס זאָל געגרינדעט ווערן אַ פאַראייניגטע רעגירונג וועלכע זאָל געפירט ווערן דורך אידן און אַראַבער צוגלייך.

גלייכצייטיג האָבן זיי גענצליך באַגרעניצט די עליות פון אידן קיין ארץ ישראל צו אַ מינימום ציפער פאַר די קומענדיגע יאָרן[3], אַ קוואָטע פון בלויז 75,000 מענטשן במשך די קומענדיגע

3) דאס האט ליידער גורם געווען אז אומצאליגע אידן וועלכע האבן געזוכט זיך ארויסצוראטעווען פון דער ברענענדיגער אייראפע אין לויף פון די מלחמה-יארן האבן נישט באקומען קיין ערלויבעניש צו עמיגרירן קיין ארץ ישראל. די רייצערישע פעולות פון די ציונים האבן געפירט דערצו אז די ענגלענדער זאלן איינפירן א כמעט-טאטאלע באגרעניצונג פאר אידן ארויפצוקומען קיין ארץ ישראל.

עיין מה שכתב בספה"ק ויואל משה (מאמר שלש שבועות סי' קיא) וז"ל: "וגם בארץ ישראל בעת שהי' שם עוד ממשלת האנגלענדער, הסיבה מה שסגרו האנגליים שערי הארץ שלא יבואו שמה הרבה מישראל, הי' בסיבת הציונים, לפי שראו שהמה רוצים ליקח הממשלה לעצמם. וכל מי שזוכר השתלשלות הענינים יודע ברור, שלולא הציונים ברעיונם הטמא ליקח ממשלה, היו שערי הארץ פתוחים, והיו ניצולים לשמה מספר גדול מישראל עד אין שיעור וערך, ואך הן המה היו עוכרינו...

ולא עוד אלא שהציונים בעצמם אשר שלטו על סכום הרשיונות שנתנה ממשלת אנגלי' מידי שנה בשנה לעלות לא"י, הם עצמם לא רצו ליתן רשיון אלא למי שהולך בדרכיהם ומחזיק בשיטתם, שיטת הציונות המינות והכפירה ר"ל. וכל מי שרצה ליסע לא"י הי' צריך להחניף להם ולדרכיהם ואמר הכתוב במינות (משלי ה ח) הרחק מפתח ביתה, ומכש"כ שהיא סכנה עצומה למי שצריך להשכים לפתחם ולעשות כמעשיהם, כאשר כן הי' בעוה"ר שנתפסו למינות עי"ז רובי רבבות נפשות טהורות מישראל, רבים חללים הפילה ועצומים כל הרוגי', שתפסו למינות ר"ל ע"י לבוש שוא של חיבוב א"י. ולזה היו נמנעים הרבה יראים לבוא לא"י, והירא את

פינף יאָר. ווי אויך האָט עס אַרויפגעלייגט שווערע באַגרעניצונגען וואָס האָט געמאַכט כמעט אוממעגליך פאַר אידן צו קויפן באָדן אין פאַלעסטינע.

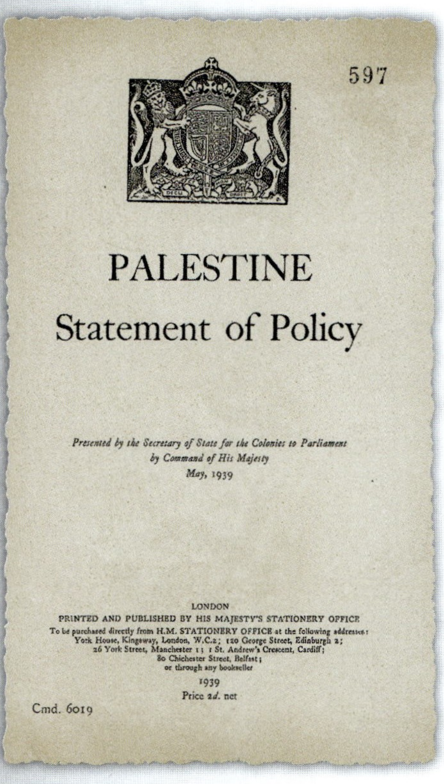
597

PALESTINE
Statement of Policy

Presented by the Secretary of State for the Colonies to Parliament by Command of His Majesty
May, 1939

LONDON
PRINTED AND PUBLISHED BY HIS MAJESTY'S STATIONERY OFFICE
To be purchased directly from H.M. STATIONERY OFFICE at the following addresses:
York House, Kingsway, London, W.C.2; 120 George Street, Edinburgh 2;
26 York Street, Manchester 1; 1 St. Andrew's Crescent, Cardiff;
80 Chichester Street, Belfast;
or through any bookseller
1939
Price 2*d.* net

Cmd. 6019

דאָס דריטע 'ווייסע בוך'

עס איז געגעבן געוואָרן ערלויבעניש צו קויפן לאַנד אויף בלויז אייניגע ערטער וואו עס זענען שוין געווען מערערע שטחים אָפגעקויפט דורך די ציונים, און נאָך אַנדערע רעגולאַציעס, געצילט צו פאַרזיכערן אַז ס'ווערט נישט אויפגעשטעלט קיין אידישע לאַנד אין פאַלעסטינע.

מיט יעדן ווייסן בוך האָבן די ענגלענדער אַלץ מער און מער צוריקגעצויגן פון זייער פאַרשפרעכונג צו לאָזן די ציוני'סטן אויפשטעלן אַ אידישע מדינה אין ארץ ישראל, ביז דעם דאָזיגן דריטן בוך אין וועלכן זיי האָבן שוין גענצליך געטוישט ליניע און פאַרגעשלאָגן אַ נייעם פּלאַן וואָס האָט געצילט צו טאָטאַל מבטל זיין די פריערדיגע אָפּמאַכן און דעקלעראַציעס לטובת די ציונים. די א.ג. 'פקודה' פונעם מאָדערנעם 'כורש' האָט מיט'ן דריטן און ענדגילטיגן ווייסן-בוך גענצליך אויסגעהויכט איר נשמה...

פאַר דער ציוני'סטישער באַוועגונג איז עס געווען ממש אַ טויט-קלאַפּ[4]. זיי האָבן געלייגט אַזויפיל האָפענונג אויף דער באַלפור דעקלעראַציע, און במשך אַלע יאָרן זינט דאַן, טראָץ די פּראָבלעמען מיט די ענגלענדער און די אַראַבער, האָבן זיי אַלעמאָל געשפּירט אַז עפּעס וועלן זיי פאָרט באַקומען. טויזנטער עולים זענען אַרויפגעקומען פון חוץ לארץ אויפ'ן סמך פון דער דעקלעראַציע און דער פאַנטאַזיע פון אַן אייגן לאַנד, און דאָ וועט זיך אַלעס אויסלאָזן מיט גאָרנישט?! די ציונים האָבן מיט אַנטריסטונג באַצייכנט דאָס דריטע ווייסע בוך מיט די צונעמען "דאָס פאַררעטערישע בוך" און "דאָס שוואַרצע בוך".

דבר ה' מפחד מדרך שיש בו סכנת המינות יותר מכל סכנה שבעולם, וקצרה היריעה מהכיל לפרט אף קצהו מהצרות והתלאות שבאו לישראל בסיבתם... והמתבונן ברעיון הציוני בפרטי מעשיהם ותחבולותיהם מתחילה ועד סוף, לא יסתפק שכל הצרות והתלאות שהגיעו לישראל הי' אך בסיבתם".

4) "הרב פריידין ז"ל היה מאנ"ש הרב ז"ל (הגה"ק רבי חיים אברהם דובער הכהן לעווין זצוק"ל ה"מלאך" מאמעריקא), אחרי הצהרת באלפור באו חברי פארלאמענט אחרים (מענגלאנד) וחיברו מה שנקרא - וייסער פאפיר (ספר הלבן), והוא הצהרה נגדית שלא להרשות עליה מבנ"י רק בצמצום גדול, והיה מזה מפלה להציונים בשעתו, ואמר הרב פריידין ע"ה להרב זצ"ל אנו צריכים לברך - ברוך שעקר עכו"ם מארצנו - ונהנה הרב עד מאוד". (קונ' זכרון דברי הרב)

ווען דער דאָקומענט איז באַקאַנט געוואָרן, האָט דאָס ערוועקט אַ געוואַלדיגן צאָרן און אויפברויז צווישן די ציוני'סטישע קרייזן. זיי האָבן פאַררופן אַן אַלגעמיינעם סטרייק איבער'ן גאַנצן לאַנד און אומעטום זענען אָפגעהאַלטן געוואָרן גרעסערע דעמאָנסטראַציעס צו פּראָטעסטירן דעם בריטישן אָפּטריט פונעם באַלפור דעקלעראַציע סטאַטוס.

ציוני'סטישע צייטונגען באַריכטן איבער געוואַלדאַטן נאָך די דריטע ווייסע בוך

די ציוני'סטישע פירער האָבן נישט געקענט אַראָפּשלינגען די פרישע אַנטוויקלונגען, און רעאַגירט מיט אויפברויז און פאַרדאַמונגען. זיי האָבן אויסגעדרייט דעם דאַשיק און דערקלערט קריג מיט ענגלאַנד, מיט עפנטליכע העצעס אַז זיי וועלן טעראָריזירן די ענגלישע פּאָליציי און סאָלדאַטן ביז ווען זיי וועלן אַנטלויפן פון ארץ ישראל און איבערגעבן די הערשאַפט פאַר די אידישע איינוואוינער.

און אַזוי איז טאַקע געווען. די ציוני'סטישע טעראָר איינהייטן "אצ"ל" און "הגנה" - וואָס האָבן ביז דאַן אָנגעפירט מיט קאַמפן קעגן די אַראַבער - האָבן זאָפאָרט געמאָלדן אַז זיי דרייען אויס איר וואָפן אויך קעגן די ענגלענדער. זיי האָבן זיך גענומען דורכפירן אַ רייע טעראָר אַטאַקעס קעגן די ענגלישע קרעפטן אין ארץ ישראל אויף אַ גרויזאַמען פאַרנעם.

ווען די צווייטע וועלט מלחמה האָט אויסגעבראָכן, האָט די "הגנה" און די "אצ"ל" געפּרווירן זייערע אַקטיוויטעטן, וואָס האָט ענדגילטיג געפירט דערצו אַז דער עקסטרעמער פליגל פון אצ"ל זאָל זיך אָפּטיילן און גרינדן די "לח"י" טעראָר גרופּע. שפּעטער ווען די מלחמה-ציינגען האָבן זיך אָפּגעקילט האָבן זיך אַלע פאַראייניגט מיט אַ געמיינזאַמען ציל און זיך בעיקר באַפאַסט מיט אָנזייען טעראָר און חורבן אויף ענגלישע צילן, אַריינגערעכנט די טרויעריג-באַרימטע אַטאַקע

אויף'ן "קינג דעיוויד" האָטעל אין וועלכן 91 מענטשן זענען אומגעקומען, דערונטער 17 אידן רח"ל, און נאָך אַנדערע קלענערע און גרעסערע טעראָר-אַטאַקעס.

(אַ לענגערע שילדערונג איבער די ביטערע פאָגראָמען וואָס איז אין לויף פון די יאָרן אָנגעגאַנגען אין ארץ ישראל, און איבער די פאַרשידענע ערליי 'אידישע' קאַמפּס און טעראָר גרופּעס, וועט נאָכפאָלגן אין די קומענדיגע פרקים.)

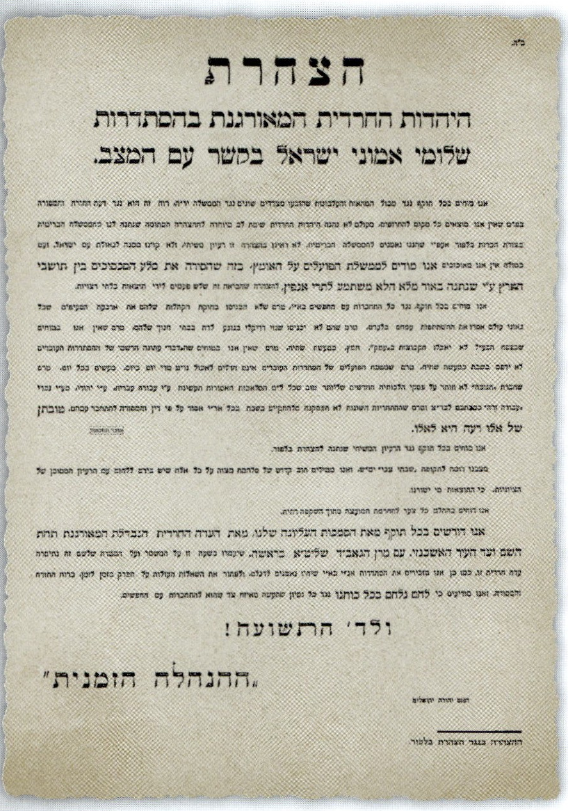
ב"ה

הצהרת

היהדות החרדית המאורגנת בהסתדרות שלומי אמוני ישראל במשר עם המצב.

[illegible] אנו מודים לממשלת הפועלים על האומץ, בזה שהסירה את סלע המכשולים בין תושבי הארץ ע"י שנתנה באור מלא הלא משתמע לתרי אנפין, [illegible]

[illegible] מובחן של אלו רעה היא לאלו.

אנו מוחים בכל תוקף נגד הרעיון המשיחי שנתנה להצהרת בלפור.

[illegible]

אנו דורשים בכל תוקף מאת הסמכות העליונה שלנו, מאת העדה החרדית הנבדלת המאורגנת תחת השם ועד העיר האשכנזי. עם מרן הגאב"ד שליט"א בראשה, [illegible] לחם נלחם בכל כחנו [illegible]

ולד' התשועה!

"ההנהלה הזמנית"

ההצהרה כנגד הצהרת בלפור.

ערליכע אידן אין ארץ ישראל דרוקן אויס צופרידנהייט פון די ווייסע- בוך דאקומענט

די אויסגעבלאָזענע 'פקידה'

עס איז איראָניש ביז גאָר, ווי ביז'ן היינטיגן טאָג האָבן די רעליגיעז-ציוני'סטישע עלעמענטן אַן אינטערעסע אָנצוצייגן אויף דער באַלפור דעקלעראַציע ווי אַ 'הימלישע ערשיינונג', עפ"ל. זיי נוצן דאָס אַלס אַ תירוץ צו באַרעכטיגן דעם איסור נורא פונעם הקמת המדינה, כאילו דאָס וואָלט געווען אַ צייכן אויף אַ 'פקידה', חס מלהזכיר[5].

5) לגופו של ענין שרייבט רביה"ק מסאטמאר זי"ע דברים קילורין לעינים איבער'ן איסור הנורא פון לקיחת הקץ לפני הזמן, אפילו אין פאל עס זענען פאראן אומות העולם וועלכע זענען מסכים דערצו. (דער רבי שרייבט דאס לגבי די יו-ען רעזאלוציע וואס האט באשטעטיגט די מדינה אין יאר תש"ח).

וזל"ק בספר ויואל משה מאמר שלש שבועות סימן פ"ו:

"**ויש** טפשים האומרים, שיען שהי' בהסכמת רוב האומות אין כאן לא איסור שבועה ולא איסור העברה על הקץ, וכל כך גבר החשכת וסמיות העינים שנפל על העולם לטעות בדברי הבלים כאלו.

והנה גם מ"ש באבני נזר על השבועה שלא יעלו בחומה, שהפירוש הוא בדרך מלחמה שלא ברשות, ולקח זה מלשון רש"י ז"ל ביד חזקה, לא אמר זה אלא על השבועה שלא יעלו בחומה, אבל על השבועה השלישית שלא ידחקו את הקץ אדרבא כתב רש"י ז"ל דקאי על המרבה בתחנונים אף שאינו עושה שום פעולה, לא בדרך מלחמה ולא שום פעולה אחרת שבעולם אלא מרבה בתחנונים בלבד, כי על עצם הענין של מהירת הגאולה חלה השבועה, ואין נפקא מינה בזה כלל דעת האומות אם הוא ברשות אם לאו...

וגם זה ודאי ברור שמה שהבין באבני נזר מלשון ביד חזקה שפירש בדרך מלחמה וכדומה, הכוונה על האומה היושבת שם שאם צריכין ללחום עמה ודאי דהוי ביד חזקה. ומה ששאר האומות מסכימים לא מעלה ולא מוריד, וכי יש להאומות דין סנהדרן לדון מה יעשו ישראל עפ"י רוב דיעות שביניהם...

ואם נימא בדעת רש"י שמה שאמר שלא יעלו ביד חזקה שהוא שלא ברשות, צ"ל שהקפידה התוה"ק שלא יעשו ישראל בענין זה יד חזקה והוא כעין השבועה שלא ימרדו, שהקפידה התוה"ק שלא למרוד בהאומה שיושבין ביניהם, ואם כל שאר האומות שבכל העולם יאמרו למרוד בהאומה שיושבין ביניהם, בודאי שאין היתר למרוד, כיון דסוף סוף היא מרידה, וזה אסרה התורה הקדושה, וכמו כן הוא בעלי' לאר"י, דאם העלי' הוא עכ"פ ביד חזקה, אין בכח שאר האומות להתיר. זה הוא דבר פשוט וברור אף לפי דעת האבני נזר".

זיי 'פאַרגעסן' אָבער צו דערמאַנען פונעם היסטאָרישן פאַקט אַז דער א.ג. 'רשות' פון ענגלאַנד האָט זיך גאַנץ שנעל אויסגעלאָזט ווי אַ זייפן-בלאָז, וואָרום "הפה שהתיר הוא הפה שאסר". די זעלבע בריטישע רעגירונג וואָס האָט צוליב אירע ענגע אַגענדעס געשאָנקען פאַר די ציונים די באַלפור דעקלעראַציע, האָט מיט בלויז עטליכע יאָר דערויף קאַטעגאָריש צוריקגעצויגן דערפון און אַרויסגעגעבן די אַנטי-ציוני'סטישע "ווייסע ביכער", וואָס האָט פאַקטיש געפירט צו אַן אָרגאַניזירטן בלוטיגן רעוואָלט דורך די ציונים קעגן דער בריטישער רעגירונג, מיט אַ שרעקליכער העברה על השבועות, מרידה באומות און הפקרת דם ישראל.

דער קומענדיגער באנד וועט בעז"ה אנטהאלטן די פאלגענדע קאפיטלען געשיכטע בקורות דברי ימי היהדות החרדית הצרופה:

- **די טמא'נע שפראך העברעאיש און איר פארפאסער**

די היסטאריע פון דעם כופר אליעזר בן יהודה - די געשיכטע פון די "תחיית השפה" מיסיע און איר באדייט - גדולי ישראל קעגן די טריפה'נע שפראך

- **דער העלדישער קאמף אין ארה"ק**

דער אנקום פון חיים וויצמאן שר"י - דאס גרינדונג פון דער "רבנות הראשית" - דער ערשטער ציוני'סטישער רב הראשי און זיינע שריפטן - לעבנס ביאגראפיע פון הקדוש רבי יעקב ישראל דע- האן הי"ד

- **די ביטערע פאגראמען אין ארה"ק - תר"פ-תרצ"ט**

דער קאנפליקט איבערן כותל המערבי - די התגרות וואס האט געברענגט שוידערליכע רעזולטאטן - אידיש בלוט גיסט זיך אין חברון הי"ד - פעולות דורך הגרי"ח זאננפעלד זצוק"ל צו בארואיגן דעם צארן - טעראר פון די ציוניסטישע פירער, תרנ"ז-תש"ח

- **אגודת ישראל**

דאס גרינדונג פון אגודת ישראל - אגודת ישראל אלס פאליטישע פארטיי אויפן וועג צום אויפגרונד - די געשעענישן ארום דעם כנסי' הגדולה אין מארינבאד - תרצ"ז

יתבררו ויתלבנו ויצרפו רבים והמשכלים יבינו

והרשיעו רשעים ולא יבינו כל רשעים